2001

中共中央党校函授教育年鉴

中共中央党校函授学院年鉴编辑部　编

中共中央党校出版社

责任编辑　张　伟
　　　　　林月春
　　　　　王慧娟
　　　　　康筱丰
装帧设计　吴家凯
版式设计　杨　华

图书在版编目（CIP）数据

中共中央党校函授教育年鉴.2001/黄士安主编.
北京：中共中央党校出版社，2002.4
ISBN 7-5035-2456-1

Ⅰ.中…　Ⅱ.黄…　Ⅲ.中国共产党-党校-函授教育-2001-年鉴　Ⅳ.D261.41-54

中国版本图书馆 CIP 数据核字（2001）第 093647 号

中共中央党校出版社出版发行
社址：北京市海淀区大有庄 100 号
电话：62805800（办公室）　62805824（发行部）
邮编：100091　　网址：www.dxcbs.net
新华书店经销
中共中央党校印刷厂印刷　河北省三河南阳装订厂装订
2002 年 4 月第 1 版　2002 年 4 月第 1 次印刷
开本：787 毫米×1092 毫米　1/16　印张：42.5
字数：1200 千字　印数：1800 册
定价：100.00 元

中共中央党校函授教育年鉴

主　编：黄士安
副主编：刘利群
张东升
欧亚平

中共中央党校函授教育年鉴
编审委员会

主任委员：黄士安（院长、编审）

副主任委员：刘利群（副院长、编审）

张东升（副院长、副编审）

欧亚平（副院长）

委　　员：孟庆崑（助理巡视员、督学办主任、编辑）

史金龙（院秘书、院办公室主任、副研究员）

鲁金波（教学处处长、编审）

王　炳（教务处处长、副编审）

吴江浩（教材处处长）

曹玉海（教材编研室主任、编审）

李小莎（行政处副处长主持工作、编辑）

魏德山（财务处处长、会计师）

林月春（年鉴编辑部主任）

中共中央党校函授教育年鉴
编 辑 人 员

总 编 辑: 张东升

副总编辑: 史金龙

编辑部主任: 林月春

责任编辑: 林月春
王慧娟
康筱丰

● 胡锦涛同志接见中央党校函授教育十五周年总结表彰大会代表，与代表亲切握手

（张 岩 摄）

● 胡锦涛同志接见中央党校毕业学员，与函院首届省部级领导干部在职研究生班毕业学员握手

（张 岩 摄）

胡锦涛同志与参加中央党校函授教育十 五周年总结表彰大会代表合影 2000. 10. 26

● 胡锦涛同志和校委领导与中央党校函授教育总结表彰大会暨2000年函授教育工作会议全体代表合影

（张 永 摄）

● 中共中央党校函授教育十五周年总结表彰大会在京举行，中央党校常务副校长郑必坚、副校长张志新、王伟光、李君如和校委委员李忠杰、孙庆聚、郝时晋、李兴山等出席大会

（姜振友 摄）

● 中央党校副校长、函授学院院长张志新与江苏省委副书记顾浩交谈

（饶 宁 摄）

● 中央党校副校长、函授学院院长张志新与安徽省委副书记乔传秀交谈

（饶 宁 摄）

● 中央党校副校长、函授学院院长张志新与空军政治部副主任、空军分院院长敬应龙交谈

（空军分院 供稿）

● 中央党校副校长、函授学院院长张志新与安徽省委党校、安徽分院负责同志座谈

（饶 宁 摄）

● 中央党校副校长、函授学院院长张志新与陕西省委党校、陕西分院负责同志座谈

（邵新强 摄）

● 中央党校副校长、函授学院院长张志新在渭南市与市委和省、市委党校负责同志座谈

（邵新强　摄）

● 中央党校副校长、函授学院院长张志新在浙江鄞县调研，听取工作汇报

（浙江分院　供稿）

● 中央党校副校长、函授学院院长张志新在空军分院领导干部集训会议上讲话

（空军分院　供稿）

● 中央党校副校长、函授学院院长张志新在铁道部分院北京学区听取汇报

（铁道部分院　供稿）

● 中央党校副校长、函授学院院长张志新在西飞集团公司参观考察

（白保存　摄）

● 总院常务副院长黄士安在北京市委机关分院暑期工作会议上讲话

（北京市委机关分院　供稿）

● 总院常务副院长黄士安与北京市工业党校负责同志交谈

（姜振友　摄）

● 总院副院长刘利群在参观江西省委党校50周年校庆展览

（罗志猛　摄）

● 总院副院长张东升在宁波学区检查工作

（浙江分院　供稿）

● 总院副院长欧亚平在空军分院检查工作

（空军分院　供稿）

● 中共中央党校2000年函授教育工作会议在北京市工业党校举行 （张 岩 摄）

● 首届省部级领导干部在职研究生班毕业，张志新副校长和总院领导黄士安、刘利群、张东升与毕业学员合影 （张 岩 摄）

● 总院常务副院长黄士安在中共中央党校2000年函授教育工作会议上讲话 （张 岩 摄）

● 中共中央党校函授学院第五次教学管理工作会议在上海市委党校举行 （李廷培 摄）

● 中央党校函授学院专业课程设置研讨会在上海市青浦区委党校举行

（上海分院 供稿）

● 中央党校函授教材工作会议在湖南省委党校举行

（饶 宁 摄）

● 中共中央党校函授学院第五次教学管理工作会议全体代表合影

（总院教学处 供稿）

● 天津市委党校举行2000年函授教育工作会议

（天津分院　供稿）

● 陕西省委党校举行2000年函授教育工作会议

（陕西分院　供稿）

● 新疆自治区党校举行2000年函授教育工作会议

（新疆分院　供稿）

● 安徽省委党校举行2000年函授教育工作会议

（安徽分院　供稿）

● 江西分院举行2000年函授工作会议

（江西分院　供稿）

● 湖北省委党校举行2000年函授教育工作会议

（徐建勤　供稿）

● 四川省委党校举行2000年函授教育工作会议

（四川分院　供稿）

● 武警分院举行函授工作会议

（武警分院　供稿）

● 重庆分院举行2000年函授工作会暨招生工作总结会

（重庆分院　供稿）

● 铁道部分院举行全路党校函授教育工作会议

（铁道部分院　供稿）

● 北京市委机关分院举行2000年暑期工作会

（北京市委机关分院　供稿）

● 图为宁夏党校函授教育2000年工作会议全体代表合影

（宁夏分院　供稿）

● 图为内蒙古自治区党校函授工作会议全体代表合影

（内蒙古分院　供稿）

● 以刘利群副院长为组长的总院检查验收组对江西分院的教育评估进行检查验收，图为验收组在听取分院汇报（罗志猛　摄）

● 北京市工业党校分院举行教育评估汇报会，图为张东升副院长听取汇报后讲话（姜振友　摄）

● 以张东升副院长为组长的总院检查验收组对浙江分院的教育评估进行检查验收，图为验收组在听取分院汇报（浙江分院　供稿）

● 以张东升副院长为组长的总院检查验收组对上海分院的教育评估进行检查验收，图为验收组在参观上海分院办学成果展（上海分院　供稿）

● 重庆分院举行教育评估汇报会，图为以欧亚平副院长为组长的总院检查验收组在听取汇报（重庆分院　供稿）

● 欧亚平副院长等同志检查空军分院教育评估情况，并与空军分院负责同志合影（空军分院　供稿）

● 以史信发同志为组长的总院检查验收组对广西分院的教育评估进行检查验收，图为验收组在听取分院汇报（广西分院　供稿）

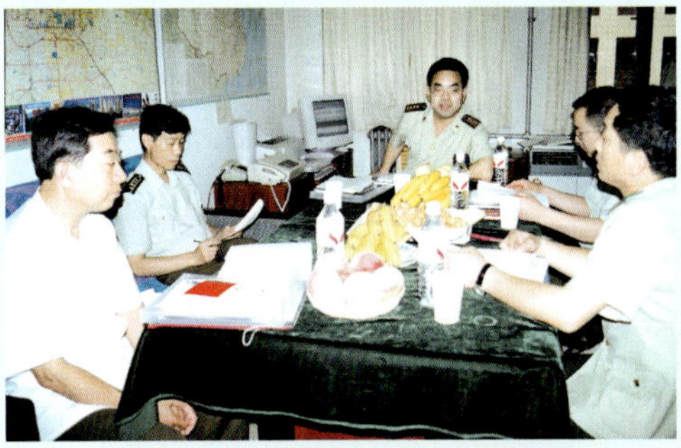

● 以总政宣传部二教局副局长王俊岩同志为组长的全军函办检查验收组对武警分院的教育评估进行检查验收，图为验收组在听取汇报（武警分院　供稿）

● 以张东升副院长为组长的总院检查验收组在新疆兵团分院进行教育评估检查验收，图为总院检查验收组成员与新疆兵团党校、分院负责同志合影　（新疆兵团分院　供稿）

● 总院检查验收组同志在查阅新疆兵团分院办学档案　（新疆兵团分院　供稿）

● 北京市工业党校分院进行教育评估总结会，总院验收组参加了会议

（北京市工业党校分院　供稿）

● 北京市工业工委副书记张俊明与总院检查验收组全体同志合影　（北京市工业党校分院　供稿）

● 上海分院召开座谈会征求市委组织部、市人事局等部门负责同志的意见　（上海分院　供稿）

● 重庆分院召开座谈会征求市组织、人事部门负责同志的意见　（重庆分院　供稿）

● 江西分院召开座谈会征求省委组织部、宣传部、省人事厅、劳动厅等部门负责同志的意见

（罗志猛　摄）

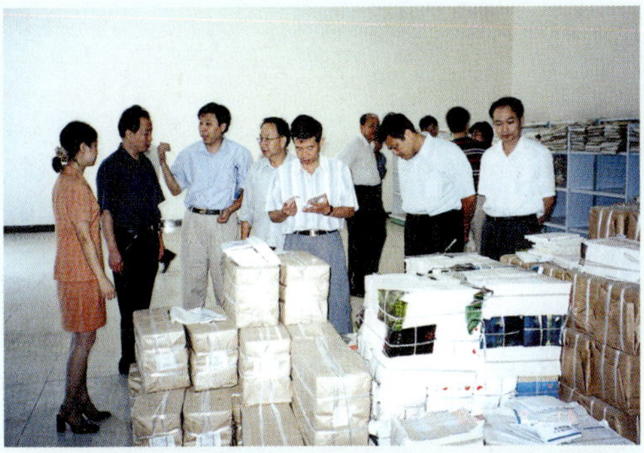

● 总院检查验收组在检查江西分院的教材库
（罗志猛　摄）

● 总院检查验收组在江西分院吉安学区检查，图为验收组在听取汇报　（罗志猛　摄）

● 总院检查验收组在重庆分院涪陵学区检查，图为验收组在听取汇报　（重庆分院　供稿）

● 总院检查验收组在浙江分院宁波学区检查，图为验收组在检查微机设备　（浙江分院　供稿）

● 总院检查验收组在上海分院虹口区辅导站检查，图为验收组在检查办学档案
（上海分院　供稿）

● 兰州军区分院教育评估验收组正在检查教育评估情况　（兰州军区分院　供稿）

● 湖北分院在十堰学区检查教学质量自评情况
（湖北分院　供稿）

● 十堰学区教学质量评估档案
（湖北分院　供稿）

● 北京市委机关分院举行开学典礼
（北京市委机关分院　供稿）

● 北京局学区举行开学典礼
（铁道部分院　供稿）

● 浙江分院举行开学典礼
（浙江分院　供稿）

● 地勘局直属站举行开学典礼
（四川分院　供稿）

● 马钢学区举行开学典礼
（安徽分院　供稿）

● 双鸭山学区举行开学典礼
（黑龙江分院　供稿）

● 陕西分院举行2000年下半年备课会

（陕西分院　供稿）

● 北京市工业党校分院举行2000年下半年开卷课备课会

（北京市工业党校分院　供稿）

● 新疆分院举行2000年秋季备课会

（新疆分院　供稿）

● 南京军区分院举行备课会

（南京军区分院　供稿）

● 内蒙古分院举行2000年备课会

（内蒙古分院　供稿）

● 海南分院举行2000年上半年备课会

（海南分院　供稿）

● 四川分院举办师资培训班
(四川分院 供稿)

● 北京市工业党校分院召开2000年下半年教学管理工作会议
(北京市工业党校分院 供稿)

● 北京市委机关分院召开2000年教学工作会议
(北京市委机关分院 供稿)

● 重庆分院召开函授教育理论和教学方法研讨会
(重庆分院 供稿)

● 铁道部分院召开2000年教学研讨会
(铁道部分院 供稿)

● 重庆分院召开教学工作会议
（重庆分院　供稿）

● 江西分院召开党校函授教育面向二十一世纪研讨会（江西分院　供稿）

● 陕西分院召开函授教育研讨暨财务工作会议
（陕西分院　供稿）

● 山西分院召开全省党校函授任课教师赛讲会
（山西分院　供稿）

● 济南局学区举行工作会和备课会
（铁道部分院　供稿）

● 宁夏分院开展教师试讲活动
（宁夏分院　供稿）

● 安庆学区石化辅导站召开教学管理座谈会
（安徽分院　供稿）

● 抚州学区开展教学竞赛，图为学区给优胜者颁奖
（江西分院　供稿）

● 十堰学区举行教学观摩课
（湖北分院　供稿）

● 济南局学区召开教学管理工作研讨会
（铁道部分院　供稿）

● 阜阳学区请在全省党校教学比赛中荣获函授组一等奖的教师李家林介绍经验

（安徽分院　供稿）

● 铁道部济南厂党校聘请山东省委党校教授讲课

（铁道部分院　供稿）

● 济南局学区开展学员上讲台活动

（铁道部分院　供稿）

● 长安辅导站举行“模拟法庭”教学活动

（河北分院　供稿）

● 芜湖学区组织学员到先进企业参观考察

（安徽分院　供稿）

● 呼和学区通过多种形式加强学员党性教育

（铁道部分院　供稿）

● 济南局学区定期召开学员党性锻炼座谈会

（铁道部分院　供稿）

● 铁道部济南厂党校在函授教育中开辟党性教育园地　　（铁道部分院　供稿）

● 铁五局学区请八路军老战士进行革命传统教育　　（铁道部分院　供稿）

● 济南局学区以“三讲”教育为契机，加强党性教育

（铁道部分院　供稿）

● 铁五局学区组织学员参观贵州息烽集中营革命英烈事迹展

（铁道部分院　供稿）

● 淮北学区组织学员参观淮海战役烈士纪念馆

（安徽分院　供稿）

● 双鸭山学区举办爱国主义教育演讲会

（黑龙江分院　供稿）

● 齐齐哈尔学区组织学员参观军史展览

（黑龙江分院　供稿）

● 齐齐哈尔学区请优秀党员作专题报告

（黑龙江分院　供稿）

● 齐齐哈尔学区在学员中开展党日活动

（黑龙江分院　供稿）

● 铁五局学区部分学员参观息烽集中营革命历史纪念馆后留影

（铁道部分院　供稿）

● 铜陵学区部分学员开展“党在我心中”理论讨论会

（安徽分院　供稿）

● 总院和分院编印的部分科研专著、经验文集、优秀毕业论文选和制度汇编等（院办公室　供稿）

● 总院和分院编印的部分科研专著、经验文集、优秀毕业论文选和制度汇编等（院办公室　供稿）

● 总院和分院编印的部分科研专著、经验文集、优秀毕业论文选和制度汇编等（院办公室　供稿）

● 总院和分院编印的部分科研专著、经验文集、优秀毕业论文选和制度汇编等（院办公室　供稿）

● 总院和分院编印的部分科研专著、经验文集、优秀毕业论文选和制度汇编等（院办公室　供稿）

● 总院和分院编印的部分科研专著、经验文集、优秀毕业论文选和制度汇编等（院办公室　供稿）

● 总院和分院编印的部分科研专著、经验文集、优秀毕业论文选和制度汇编等（院办公室　供稿）

● 总院和分院编印的部分科研专著、经验文集、优秀毕业论文选和制度汇编等（院办公室　供稿）

● 总院在镇江市委党校召开招生考试属地管理试点工作会议 （镇江学区　供稿）

● 湖北省委党校召开2000年函授招生考务工作会议 （湖北分院　供稿）

● 陕西分院召开2000年招生录取会议

（邵新强　摄）

● 重庆分院召开2000年招生录取工作会议，市委组织部、市人事局负责同志参加会议

（重庆分院　供稿）

● 浙江分院召开2000年考务工作会议

（浙江分院　供稿）

● 天津分院召开党校函授教务工作经验交流会

（天津分院　供稿）

● 江西分院召开2000年招生录取会议

（江西分院　供稿）

● 浙江分院召开全省党校函授教务工作会议

（浙江分院　供稿）

● 重庆分院召开2000年考务工作会议
（重庆分院　供稿）

● 山西分院组织教师认真评阅招生考试试卷
（山西分院　供稿）

● 宿州学区召开2000年入学考务工作会议
（安徽分院　供稿）

● 北京市工业党校分院组织教师认真评阅2000年上半年期末考试试卷
（北京市工业党校分院　供稿）

● 郑州学区严格试卷交接手续
（铁道部分院　供稿 ）

● 北京市工业党校校长方富楼在招生考试阅卷会议上要求，阅卷工作要严肃认真，一丝不苟，公平公正，标准一致
（北京市工业党校分院　供稿）

● 黄士安常务副院长等在北京市工业党校校长方富楼陪同下巡视分院考场

（北京市工业党校分院　供稿）

● 张东升副院长在山西省委党校原方副校长陪同下巡视太原考场　（山西分院　供稿）

● 淮南市市长杨爱光、市委副书记朱季历亲临淮南学区考场巡视　（安徽分院　供稿）

● 铁道部党校常务副校长兰务帛在沈阳巡视考场

（铁道部分院　供稿）

● 天津市委党校常务副校长王全文在巡视考场

（天津分院　供稿）

● 江西省委党校常务副校长曹泽华在巡视考场

（罗志猛　摄）

● 陕西省委党校常务副校长兰友仁、咸阳市人大主任胡朴旭在咸阳巡视考场　（范　勇　摄）

● 新疆区党委组织部副部长沙布.艾提江、自治区党校常务副校长兰其建、副校长王军在巡视考场

（新疆分院　供稿）

● 铁道部济南厂党委书记张伟在巡视考场

（铁道部分院 供稿）

● 总院巡考人员在天津巡考

（天津分院 供稿）

● 马鞍山学区监考人员在认真监考

（安徽分院 供稿）

● 安庆学区在考试期间营造严肃的考试氛围

（安徽分院 供稿）

● 济南局学区严格执纪，及时通报违纪学员

（铁道部分院 供稿）

● 济南局学区注重提高考务人员素质，图为考前该学区在认真培训考务人员

（铁道部分院 供稿）

● 临潼学区工作人员考前在认真研究落实考务管理责任制 （兰州军区分院 供稿）

● 总院在江西省委党校举办数据、传输软件培训班　　（罗志猛　摄）

● 上海分院举办计算机教学、教务管理培训班　　（上海分院　供稿）

● 北京市工业党校分院举办教务软件培训班　　（北京市工业党校分院　供稿）

● 铁道部分院举办教务软件培训班　　（铁道部分院　供稿）

● 四川分院对各学区主任、副主任进行计算机运用培训　　（四川分院　供稿）

● 内蒙古分院举办2000年教务工作会议暨微机培训　　（内蒙古分院　供稿）

● 国防大学分院举办教务管理软件培训班　　（国防大学分院　供稿）

● 新疆分院举办数据传输暨教务管理软件培训班，图为全体培训人员合影　　（新疆分院　供稿）

● 总院编印的部分教材

（院办公室　供稿）

● 总院编印的部分教材

（院办公室　供稿）

● 总院编印的部分教材

（院办公室　供稿）

● 总院编印的部分教材

（院办公室　供稿）

● 总院编印的部分教材

（院办公室　供稿）

● 总院编印的部分教材

（院办公室　供稿）

● 总院编印的部分教材

（院办公室　供稿）

● 总院编印的部分教材

（院办公室　供稿）

● 总院编印的部分教材

（院办公室　供稿）

● 总院编印的部分教材

（院办公室　供稿）

● 总院制作的部分音像教材

（院办公室　供稿）

● 总院研究生工作会议在山西省委党校召开，图为全体代表合影

（山西分院　供稿）

● 总院举办98级省部级在职研究生毕业论文答辩，图右二为学员陈建国（山东省委副书记）右一、三分别为陈建国的导师赵明义（山东大学教授、博导）、江流（中国社会科学院原副院长、教授、博导）左一、二、三为答辩委员会成员吴雄丞、赵曜、周锡荣（均为中央党校教授、博导）　　（张正文　摄）

● 图为98级省部级在职研究生黄新（右三、空军副政委）毕业论文答辩后与导师沈宝祥（右七、中央党校教授）、答辩委员会成员阮克庠（空军指挥学院原副院长、教授）、姜长斌、张连瑰（均为中央党校教授、博导）合影

（研究生办公室　供稿）

● 北京市委机关分院举办97级在职研究生毕业论文答辩　　（北京市委机关分院　供稿）

● 山西分院举行首届在职研究生毕业论文答辩

（山西分院　供稿）

● 浙江分院举行首届在职研究生毕业论文答辩

（浙江分院　供稿）

● 重庆分院召开99级研究生班座谈会

（重庆分院　供稿）

● 中央党校函授教育十五周年总结表彰大会表彰奖励了一批优秀教师、优秀学员和优秀管理人员，图为各分院负责人领奖时合影

（张 岩 摄）

● 天津市委党校2000年函授教育工作会议表彰奖励一批优秀学员

（天津分院 供稿）

● 中央党校函授教育十五周年总结表彰大会表彰奖励了一批优秀教师、优秀学员和优秀管理人员，图为各分院负责人领奖时合影

（姜振友 摄）

● 湖北省委党校2000年函授工作会议表彰奖励一批办学先进单位

（湖北分院 供稿）

● 全路党校函授教育工作会议表彰奖励一批办学先进单位

（铁道部分院 供稿）

● 天津市第三届党校函授教育研讨会给获奖论文作者颁奖

（天津分院 供稿）

● 铁道部分院党支部被铁道部党校评为优秀党支部，图为铁道部分院党支部代表在校表彰大会上介绍经验

（铁道部分院　供稿）

● 四川省委党校常务副校长李锡炎、副校长华孝清向被总院表彰的优秀老师颁奖

（四川分院　供稿）

● 山西分院向参加教师赛讲的优胜者颁发荣誉证书　（山西分院　供稿）

● 阜阳学区荣获全省党校教学比赛函授组一等奖的教师李家林再次获得所属党校的奖励

（安徽分院　供稿）

● 天津分院2000年优秀学员代表合影

（天津分院　供稿）

● 呼和学区举办函授大学生文化艺术节
（铁道部分院　供稿）

● 柳州学区举行师生联欢会庆祝学区成立十五周年　（铁道部分院　供稿）

● 呼和学区举办毕业学员联谊会
（铁道部分院　供稿）

● 芜湖学区举办毕业学员联谊会
（安徽分院　供稿）

● 齐齐哈尔学区学员开展排球比赛
（黑龙江分院　供稿）

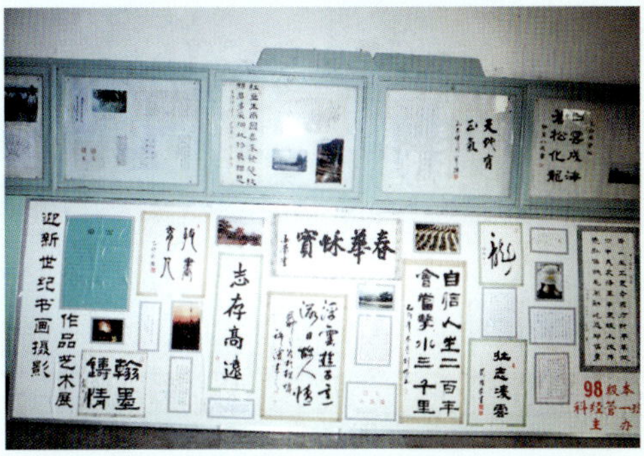

● 蚌埠学区举办学员书画摄影作品展
（安徽分院　供稿）

● 江汉油田学区所在党校举办首届艺术节
（湖北分院　供稿）

● 西北联合视导组座谈会在宁夏分院举行

（宁夏分院　供稿）

● 西南视导工作会议在重庆分院举行

（重庆分院　供稿）

● 西南视导工作会议代表观看重庆分院电视专题片

（重庆分院　供稿）

● 铁道部分院举行第五届视导委会议

（铁道部分院　供稿）

● 铁道部分院召开路局学区视导委座谈会

（铁道部分院　供稿）

● 新疆区党校常务副校长兰其建亲自担任论文答辩委员会主任委员并主持答辩

（新疆分院　供稿）

● 西安分院举行毕业论文答辩

（西安分院　供稿）

● 天津分院举行毕业论文答辩

（天津分院　供稿）

● 上海分院举行毕业论文答辩

（上海分院　供稿）

● 宁夏分院举行毕业论文答辩

（宁夏分院　供稿）

● 新疆分院举行毕业论文答辩

（新疆分院　供稿）

● 联勤部学区举行毕业论文答辩

（南京军区分院　供稿）

● 兰州军区分院举行毕业论文答辩

（兰州军区分院　供稿）

● 济南局学区举行毕业论文导师培训会

（铁道部分院　供稿）

● 淮北矿学区举行毕业论文答辩

（安徽分院　供稿）

● 铁五局学区举行毕业论文答辩

（铁道部分院　供稿）

● 空政副主任兼空军分院院长敬应龙亲自给毕业学员发毕业证书　（空军分院　供稿）

● 北京市工业党校分院举行毕业典礼

（北京市工业党校分院　供稿）

● 新疆分院举行毕业典礼

（新疆分院　供稿）

● 铁五局学区举行毕业典礼

（铁道部分院　供稿）

● 陕西分院组织学区负责人学习中央10号文件　　（陕西分院　供稿）

● 新疆分院举办学区主任培训班学习贯彻胡锦涛同志重要批示

（新疆分院　供稿）

● 北京市工业党校分院组织学区负责人学习中央10号文件

（北京市工业党校分院　供稿）

● 山西分院召开学区、直属站负责人会议传达学习胡锦涛同志批示

（山西分院　供稿）

● 重庆分院组织办学人员集中学习中央10号文件和全国党校工作会议精神

（重庆分院　供稿 ）

● 江西分院举办学区主任培训班

（罗志猛　摄）

● 江西分院举办省直班主任培训班
（罗志猛　摄）

● 空军分院举办分院领导干部集训班
（空军分院　供稿）

● 浙江分院举办分院管理人员培训班
（浙江分院　供稿）

● 空军分院举办分院直属学区任课教员、班主任集训班
（空军分院　供稿）

● 铁道部分院召开学区主任研讨会
（铁道部分院　供稿）

● 天津分院召开班主任座谈会
（天津分院　供稿）

● 四川省委党校常务副校长李锡炎参加四川分院与云南分院座谈交流办学经验

（四川分院　供稿）

● 天津市委党校常务副校长王全文与来访的兄弟分院座谈交流办学经验

（天津分院　供稿）

● 空军分院坚持每季度院长办公会制度，图为空军分院在举行分院院长办公会研究部署工作

（空军分院　供稿）

● 济南局学区对办学人员实行定期考核，持证上岗制度，图为办学人员在参加考试

（铁道部分院　供稿）

● 济南局学区开展函授专业知识竞赛

（铁道部分院　供稿）

● 安徽分院组织办学人员在皖南事变纪念馆举行悼念活动

(安徽分院　供稿)

● 马钢学区教学支部到梅花园新村举行党员入党仪式

(安徽分院　供稿)

● 浙江分院组织办学人员参观省第二监狱

(浙江分院　供稿)

● 春节前夕，上海分院举行团拜会向函授教师和管理人员拜年

(苏新民　摄)

● 马钢学区组织教师到宝钢党校参观学习

(安徽分院　供稿)

目　录

指　导　篇

实 践 篇

教学具体安排

电化教学工作

部分分院工作汇报选登

院报重要文章选登

各分院工作概述

经 验 篇

党校函授教育研究

组　织　篇

指导篇

中央 10 号文件中关于党校函授教育的规定

（二十六）“科教兴国”的“教”，包括党校教育。在我国这样的社会主义国家，党校教育事业作为以全国党政领导干部为主要对象的继续教育事业（包括以党政干部和理论骨干为对象的学位教育，以及依托党校力量举办的函授教育），是整个有中国特色社会主义教育事业的重要组成部分。……

（二十七）……面向社会办学的各类学历教育，如函授教育和在职研究生教育，要严格把关，保证质量，注意防止和克服不正之风的侵袭。

（二十八）……处级以上具有大学本科学历的党员干部，经过入学考试，在党校拥有硕士学位授予权的专业脱产学习 2 年或在职学习 3 年，学完硕士研究生规定课程并通过论文答辩，取得党校学历，待遇参照国民教育相应学历的有关规定。

（三十）中央党校函授教育要参照成人高等教育的基本要求，结合党校干部教育的特点，严格把握招生、教学、考试等环节，进一步搞好规范化管理，不断提高教学质量。学员学完规定课程，并经过以中央党校为主体，吸收组织、人事、教育部门参与组织的考试、考核，成绩合格者，取得党校函授教育学历，待遇参照国民教育相应学历的有关规定。

省级党校举办的函授教育，在省委、省政府的领导下由组织、人事、教育、党校等部门研究解决有关学历问题。

中央领导同志关于党校函授教育工作的指示

在全国党校工作会议上的讲话

（2000 年 6 月 7 日）

胡锦涛同志在全国党校工作会议上的讲话中谈到党校的性质、职能和担负的任务，要求在内部建设和教学工作中，坚持贯彻从严治校的指导方针。首先要严格党校内部的各项管理制度时指出，“特别是要加强对函授教育、在职研究生教育的管理，发扬成绩，发挥优势，同时要认真解决存在的突出问题，注重社会效益，严格学历管理，保证教学质量，以维护党校教育的声誉。”

中共中央党校文件

关于进一步办好在职研究生班的意见

中央党校在职研究生班，是我校研究生教育的一个重要组成部分，是党的干部教育的一个重要方面，是适应社会需要的一项政治性很强的工作，必须按照“统一管理，控制规模，提高质量”的要求，认真办好。

一、统一管理

1. 入学资格：严格限定招收大学本科毕业的县处级以上党员干部及党校、高校具有中级以上专业技术职务的党员。

2. 专业设置：原则上以本校硕士学位授权点为依托。

3. 规模控制：按严格控制规模的原则，由办学部门提出分专业的招生计划和招生总人数，报校委审批。

4. 课程设置：原则上按硕士学位研究生要求制定培养方案和教学计划。

5. 教学方式：集体授课与导师指导相结合。必修课的任课教师，一般应由中央党校具有指导研究生资格的本专业教师担任；外聘教师应有严格的资格认证和审批程序。

6. 考试考核：招生考试与毕业综合考试，均由在职研究生招生委员会以封闭形式统一组织命题，统一组织考试，并采取地区之间交叉监考与检查。

7. 毕业论文：由导师指导，按硕士学位研究生的要求撰写毕业论文，并分别组成答辩委员会进行答辩。

8. 组织协调：在校委领导下，成立中央党校在职研究生班协调小组，负责组织协调工作；协调小组设兼职秘书2—3人，负责联络沟通工作。

二、分区办学

1. 考虑到党校在职研究生办学的历史情况，近期暂改为函授学院与研究生院两家按统一要求，相对独立办学。

2. 严格划分地区，避免出现两个部门在同一地区重复招生的现象。从2001年开始，研究生院在京津沪渝4个直辖市招生（不含4市的驻军单位），函授学院在全国各省、自治区

及解放军全国招生。(含在京的解放军三总部)

3. 2000 年及以前招收的学员，分别由成教学院、函授学院和研究生院按原教学计划继续办完。

三、毕 业 证 书

1. 研究生院举办的由培训部与进修部毕业考入导师制研究生班、函授学院的省部级干部在职研究生甲班的学员，继续颁发中央党校毕业证书。

2. 其他在职研究生班，分别颁发各院的毕业证书。

(2000 年及以前入校的学员，其毕业证书盖中央党校钢印、下面分别盖各院院印及院长章。)

四、检 查 评 估

为不断提高教学质量，保证培养合格人才，每年由协调小组组织一次质量抽查；每两年在校委领导下组织有关专家进行一次全面的检查评估。

中共中央党校校务委员会

2000 年 6 月 13 日

关于转发《中共中央党校函授教育十五周年总结表彰大会暨 2000 年函授教育工作会议纪要》的通知

各省、自治区、直辖市委党校：

中共中央党校函授教育十五周年总结表彰大会暨 2000 年函授教育工作会议于 2000 年 10 月 25 日至 28 日在北京召开。各省、自治区、直辖市委党校和部分副省级市委党校的领导和各分院负责同志以及优秀教师、优秀学员、优秀管理人员代表等参加了会议。会议总结了中共中央党校函授教育十五年来的经验，表彰了百名优秀教师、百名优秀学员、百名优秀管理人员及优秀教材（含优秀音像教材）；会议还就进一步贯彻落实中央 10 号文件和全国党校工作会议精神进行了部署。经校领导同意，现将会议纪要转发给你们。请结合本单位实际，认真贯彻会议精神，进一步加强对函授教育工作的领导，深化教学改革，提高办学水平，努力推进党校函授教育事业的新发展。

中共中央党校办公厅

二〇〇〇年十一月二十二日

中共中央党校函授教育十五周年总结表彰大会暨2000年函授教育工作会议纪要

（2000年10月29日）

中共中央党校函授教育十五周年总结表彰大会暨2000年函授教育工作会议，于2000年10月25日至28日在北京召开。现将会议的主要内容纪要如下：

（一）

这次会议，是在新的世纪即将到来，党的十五届五中全会胜利闭幕，党校事业进入新的发展阶段的重要时刻召开的。

10月27日，中央党校函授教育十五周年总结表彰大会在中央党校召开。会前，中共中央政治局常委、书记处书记、中央党校校长胡锦涛亲切接见与会代表并合影留念。出席大会的有各省、自治区、直辖市及副省级市委党校的常务副校长或副校长，以及55个分院的负责人和“三优”代表共150人。中央党校常务副校长郑必坚，副校长张志新、王伟光、李君如，校委委员李忠杰、孙庆聚、郝时晋、李兴山、石泰峰出席了大会。郑必坚同志和张志新同志分别发表了《迎接新世纪，再创新辉煌》和《总结经验，乘势而上，把党校函授教育提高到一个新水平》的讲话。会上，宣读了《中央党校函授学院关于表彰优秀教师、优秀学员、优秀管理人员和优秀教材的决定》，校领导为获奖人员颁奖。总结表彰大会由中央党校函授学院常务副院长黄士安同志主持。

10月25日至28日，中央党校2000年函授教育工作会议在北京市工业党校召开。这次会议以“深入贯彻中央10号文件，开拓党校函授教育事业新局面”为主题，认真回顾总结十五年办学成绩和经验，明确新世纪党校函授教育的努力方向，部署了新一年的工作任务。中央党校副校长兼函授学院院长张志新，北京市市委常委阳安江，北京市工业工委书记、市经委主任金生官等出席开幕式。黄士安作《深入贯彻落实中央10号文件精神，开拓党校函授教育事业的新局面》的工作报告。

会议期间，全体代表分组讨论了郑必坚、张志新同志在总结表彰大会上的讲话和函授学院的工作报告。代表们在分组讨论中普遍认为，这次会议是落实中央10号文件和全国党校工作会议精神，开创党校函授教育新的发展阶段的一次重要会议。代表们说，锦涛同志在百忙中接见会议代表，这是党中央对党校函授教育事业的关心和支持，使我们深受鼓舞，肩上的担子更重了。代表们认为，必坚同志的讲话站在世纪的高度、全局的高度谈函授教育，站得高，看得远，给我们指明了方向；志新同志的讲话讲得实，很到位，有新意，给人以信心和力量。代表们感到这次会议主题鲜明、重点突出、会风朴实，是一个务实、简朴、创新、鼓劲的会议，会议取得圆满成功。代表们表示，一定要认真贯彻落实这次会议精神，再接再厉，乘势前进，争创一流，为把党校函授教育提高到一个新水平，在新世纪培养更多的高素质人才作出不懈的努力。

(二)

郑必坚、张志新同志的讲话，对中央党校函授教育十五周年来的成绩和经验进行了科学的总结，对新世纪党校函授教育的发展提出了新的更高的要求。

郑必坚同志在讲话中指出，十五年来，中央党校函授教育得到党中央和中央领导同志的亲切关怀，得到中央有关部门和各级党委政府的大力支持和帮助。在各级党校校委的领导下，广大函授教育工作者凭着对党的事业的赤诚之心，艰苦创业，不断开拓，闯出了一条党校开办在职干部教育的新路子，使党校函授教育成为适应社会主义现代化建设需要、多渠道培训在职党员干部的一种有效形式，为党的干部教育事业增添了新的活力。

他说，中央党校函授教育适应了改革开放和现代化建设的需要，挖掘了党校教育的潜力，发挥了党校教育体系的整体功能。十五年来，党校函授教育已为党和国家培训了140多万名领导骨干和合格人才，充分显示出它在干部队伍建设方面的巨大优势和潜力。

他指出，新世纪即将到来，面对当今世界的新变化、当代中国的新发展，党中央关于“十五”计划的建议提出了“进一步发展和提高教育质量，加大人才培养力度，建设一支宏大的高素质人才队伍”的新目标。这是中央10号文件颁发和江总书记在全国党校工作会议发表重要讲话之后，党中央对干部队伍建设特别是干部教育工作提出的新的更高的要求。他说，党校事业发展开始了一个新的阶段。历史又一次把党校推到了一个更加重要更加突出的地位。党校教育在建设党的高素质干部队伍方面负有义不容辞的责任，而作为党校教育的重要组成部分的党校函授教育也要加倍努力。

他说，中央党校函授教育是个长远的事业，也是个大有作为的事业。他希望全体同志共同努力，不断进取，勇于创新，以新的姿态，迎接新世纪，再创党校函授教育的新辉煌。党校函授教育要继续坚持以邓小平理论、党的十五大精神和江泽民同志关于新时期党校工作的一系列重要指示为指导，认真落实胡锦涛同志对党校函授教育工作的重要指示，进一步明确办学指导思想，坚持正确的办学方向，切实控制办学规模；要参照国家成人高等教育的基本要求，结合党校干部教育的特点，不断深化教学改革，继续开拓创新，帮助学员掌握基本理论、开阔世界眼光、培养战略思维和加强党性修养以及提高工作能力等方面取得新的进步；要坚持高标准，严格把握招生、教学、考试等环节，认真重视和解决存在的突出问题，进一步搞好规范化管理，提高教学质量，并且注意发挥党校的整体优势，努力在成人高等教育领域争创一流。

张志新同志在讲话中充分肯定了中央党校函授教育十五年来所取得的成绩。他说，十五年来，中函教育按照党的干部队伍建设的要求，始终把握时代脉搏，适应广大干部求知进取的需要，充分发挥了党校和党校系统的独特优势，取得了比较显著的成绩。一是开辟了干部在职教育的新途径，为党和国家培训了一大批骨干人才。二是坚持以马克思主义为主课，用科学理论武装学员，使近两百万名干部接受比较系统的马克思主义理论培训。三是开办了符合国家成人高等教育标准的学历教育，对促进干部队伍革命化、年轻化、知识化、专业化发挥重要作用。四是坚持“理论、知识、党性、能力”四统一的培养目标，全面提高干部素质。五是拓展了党校教育的功能，促进党校学科建设，稳定和锻炼师资队伍，提高教学和科研水平。

他总结了四条基本经验：一是坚持正确的办学指导思想，把函授教育工作作为一项政治性很强的党的干部教育事业来对待，始终不渝地把社会效益放在第一位，服从和服务于培养高素质人才这个大局。二是坚持“从严办学，质量第一”的办学方针，切实加强管理，努力把好招生关、教材关、教学关、考核关，按照“理论、知识、党性、能力”相统一的培训要求，狠抓教学质量，确保以质取胜。同时控制办学规模，量力而行，正确地处理需要与可能的关系。三是从严治院，加强制度建设，实行规范化管理。同时，努力加强师资队伍和管理人员队伍建设，不断提高办学主体的素质。四是正确处理中函与省函、总院与分院的关系，注意相互补充，协调发展。充分发挥党校和党校函授教育体系的整体优势。他强调指出，搞好党校函授教育，办学指导思想是灵魂，教学质量是生命，制度建设是保证，提高人员素质是根本。

他说，中央颁发10号文件并召开全国党校工作会议，标志着党校和党校函授教育事业进入了一个新阶段。在即将到来的21世纪，机遇和挑战并存，这就需要我们抓住机遇，迎接挑战，不断开拓党校函授教育事业的新局面。一是明确任务，服从大局，始终保持党校函授教育的特色。二是放眼世界，面向未来，努力突出党校函授教育的时代特征。三是强化管理，提高质量，勇于在成人高等教育领域争创一流。四是查找问题，分析原因，同心协力寻求规范党校函授教育的新途径。五是深化改革，锐意创新，以新的姿态投身党校函授教育事业。面对新的形势和任务，如何遵循教育发展的一般规律和干部教育的特殊规律，深化改革，不断创新，是需要我们认真研究的重要课题。他希望全院同志认真贯彻中央10号文件和全国党校工作会议精神，以良好的精神状态和创造性的工作，努力把党校函授教育事业提高到一个新水平。

（三）

2000年函授教育工作会议回顾总结了过去一年的工作：一是掀起了学习中央10号文件的热潮，增强了搞好党校函授教育的责任感。按照校委的部署，全国党校工作会议后，总院领导班子立即学习研究会议文件，带领和组织院机关全体人员原原本本进行学习，迅速向各分院发出通知，提出学习贯彻意见，并在上海召开座谈会，研究贯彻落实措施。特别是把学习10号文件同“三讲”教育、“三个代表”重要思想的学习相结合，认识到党校函授教育具有很强的政治内涵，自觉地以战略眼光、政治眼光看待党校函授教育，按“三讲”精神和“三个代表”的要求来办好党校函授教育。二是以教学为中心，强化教学管理，稳步推进教学改革。各分院比较普遍地实行优选教师、竞争上岗、集体备课、教案审查、新课试讲和跟班听课等制度。在职研究生办班工作受到校委肯定，进入正式举办阶段。三是推进教材精品建设，不断提高教材质量。四是进一步整治考风考纪，圆满地完成2000年招生任务。五是电化教学迈出升级换代的步伐，计算机网络化管理稳步发展。六是分院教育评估检查验收基本结束，促进了党校函授教育的巩固和发展。七是以分院建设为重点，各级办学组织自身建设取得进展。八是完成中函十五周年庆祝活动的各项筹备工作。

会议强调，2001年是新世纪首年，全院要高举邓小平理论伟大旗帜，自觉地用江泽民同志“三个代表”重要思想指导自己的思想和行动，认真贯彻落实中央10号文件精神，进一步学习贯彻胡锦涛同志关于函授教育的指示，以教学为中心，不断推进教学改革，加强教材建设，从严治考，强化管理，认真解决办学中存在的问题，提高教育质量。

会议提出明年的六项工作任务：(1) 以“三个代表”的重要思想统帅和指导党校函授教育工作。(2) 深入学习和贯彻落实中央10号文件和全国党校工作会议精神。(3) 走以质取胜，内涵发展为主的路子。（4）以教学为中心，深化教学改革。今后不但要以本科班为基础，积极办好在职研究生班，而且要积极探索各种新班次和办学模式，调整或增设新的专业，调整课程设置，经过试点，逐步推行弹性学年制，分步骤实行学分制和课程选修制。继续保持教材高水平，把中函教材建设成国内成人高等教育的一流教材。目前，要积极做好“三基本”、“五当代”教材引入中函教材体系，使它明年进入中函课堂。要依托党校远程教学网络，加强党校函授远程教学网络建设。为了适应素质教育的要求，要改革考试考核制度。（5）从严治院，严格把关，推行规范化管理。要坚定不移地贯彻执行“从严办学，质量第一”的办学方针，坚持“严进、严管、严出”的办学原则，严格把握招生、教学、考试等环节。（6）加强办学队伍建设，不断提高办学主体素质。要从造就马克思主义理论家教育家的高度，努力建设一支政治强、业务精、作风正的办学队伍。要用马列主义、毛泽东思想，特别是邓小平理论和江泽民同志“三个代表”武装全体办学人员的头脑。全体工作人员要切实改进工作作风，求真务实，真抓实干，脚踏实地，狠抓落实，出色地完成今后一年的各项工作任务。

（四）

会议认为，认真传达贯彻落实好这次会议精神，是当前全院的中心任务。根据校、院领导的要求，传达贯彻会议精神，必须做好以下几点：

1. 要认真传达贯彻会议精神。这次会议肯定和总结了十五年来党校函授教育的办学成绩和基本经验，筹划了党校函授教育在新世纪的发展，部署了新世纪开局之年的工作。会议总的精神是总结经验，发扬成绩，进一步落实中央10号文件精神，努力把党校函授教育提高到一个新的水平。各级要认真学习、理解、消化会议精神。各分院代表要尽快向校委或所属领导部门认真汇报和传达会议精神，组织全体办学人员认真学习会议文件。各分院要联系自身实际，对贯彻落实会议精神作出具体部署，采取适当形式迅速把会议精神传达下去，用以统一全院人员的思想，增强信心，搞好工作，推动党校函授教育事业的新发展。

2. 要在狠抓落实上取得成效。经过这次会议，各级组织一定要在狠抓落实上下功夫，鼓实劲、说实话、干实事、求实效，不搞形式主义、不搞花架子。对于各项工作任务要统筹兼顾，抓住重点，带动全面。当前，尤其要进一步端正办学指导思想，坚决摒弃把党校函授当作“创收手段”，片面追求经济效益的错误做法，自觉地走以质取胜，内涵发展为主的路子，把工作重点放在以质取胜上，实行从侧重量的发展到侧重质的提高的转变。目前，各级组织要按照这一精神，认真做好2001年的招生工作。

3. 要高度重视解决办学中存在的突出问题。各级组织要增强解决存在问题的紧迫感和自觉性，要对办学中不正之风的侵袭引起高度警觉，采取得力的措施，加大纠正部分学员混文凭倾向的力度，坚决反对和纠正办学中各种弄虚作假行为，培养具有真才实学的合格人才，切实解决学历贬值的问题。

4. 要切实改进思想作风和工作作风。全体办学人员要谦虚谨慎，勤奋学习，积极进取，勇于创新。要自觉地用马列主义、毛泽东思想、邓小平理论和江泽民同志“三个代表”的重要思想武装自己，努力提高思想政治素质和道德修养，廉洁自律，坚持原则，秉公办事，不徇私情，自觉抵制不正之风的侵袭。要深入实际，加强调查研究，善于培养和宣传先进典型，加强分类指导，把工作做细做实，努力把党校函授教育提高到一个新水平。

中共中央党校负责同志讲话和专文

迎接新世纪 再创新辉煌

——在中共中央党校函授教育十五周年总结表彰大会上的讲话

（2000年10月27日）

中共中央党校常务副校长 郑必坚

同志们：

我们现在时机很好。刚刚闭幕的党的十五届五中全会，对新世纪之初我国经济和社会发展，作出了全面规划。建设有中国特色社会主义的伟大事业，正以崭新的姿态步入新的发展阶段。在这样一个重要历史时刻，我们函授学院召开总结表彰大会，庆贺中央党校函授教育十五周年，实在可以说是喜逢盛世，机遇难得。昨天，锦涛同志亲切接见了与会代表并与大家合影留念。这是对党校和党校函授教育工作者的巨大关怀！现在，我代表锦涛同志和中央党校校委，向此次受到表彰的全体同志，表示热烈的祝贺！向十五年来辛勤耕耘在党校函授教育战线上的同志们，表示衷心的感谢和诚挚的问候！

十五年来，中央党校函授教育得到了党中央和中央领导同志的亲切关怀，得到中央有关部门和各级党委政府的大力支持和帮助。在各级党校校委的领导下，广大函授教育工作者凭着对党的事业的赤诚之心，艰苦创业，不断开拓，闯出了一条党校开办在职干部教育的新路子，使党校函授教育成为适应社会主义现代化建设需要、多渠道培训在职党员干部的一种有效形式，为党的干部教育事业增添了新的活力。

十五年来，中央党校函授教育适应我们国家改革开放和现代化建设的需要，挖掘党校教育的潜力，发挥党校教育体系的整体功能，在建设有中国特色社会主义的伟大事业中，为党和国家培训了140多万名领导骨干和合格人才，充分显示出它在干部队伍建设方面的巨大优势和潜力。

现在，经过了十五年的不平凡历程，函授学院认真总结经验，精心规划未来，这是非常重要的。只有这样，党校函授教育才能在今后的岁月里，把工作做得更好，更好地为建设高素质干部队伍作出贡献，更加有益于有中国特色社会主义的伟大事业。

同志们，新世纪即将到来。面对当今世界的新变化、当代中国的新发展，党中央关于“十五”计划的建议，明确指出：“领导人才是社会主义现代化事业继往开来、开拓前进的关键因素。必须从战略高度，着眼于各项事业的长远发展和人才的总体需求，培养和造就一支坚持走有中国特色社会主义道路，有较高政治理论素养和开拓精神，掌握现代科学文化和管理知识，并经过实践考验的各级各类高素质领导人才队伍。加强各级领导干部特别是年轻干部队伍建设，把这项工作作为决定我国未来发展前途的大事来抓。”同时，五中全会还提出了“进一步发展和提高教育质量，加大人才培养力度，建设一支宏大的高素质人才队伍”的新目标。这是中央10号文件颁发和江总书记在全国党校工作会议重要讲话之后，党中央对干部队伍建设特别是干部教育工作提出的新的更高的要求。这就使我们更加体会到党中央对干部队伍建设的高度重视和对干部教育工作的殷切期望，同时更加体会到党校的重要地位和所担负的庄严使命。

所有这一切表明，党校事业发展开始了一个新的阶段。历史又一次把党校推到了一个更加重要更加突出的地位。党校教育作为以全国党政领导干部为主要对象的继续教育，作为整个有中国特色社会主义教育事业的重要组成部分和科教兴国的重要力量，在建设党的高素质干部队伍方面负有义不容辞的责任。而作为党校教育的重要组成部分，党校函授教育也要加倍努力。要继续坚持以邓小平理论、党的十五大精神和江泽民同志关于新时期党校工作的一系列重要指示为指导，认真贯彻落实胡锦涛同志对党校函授教育工作的重要指示，进一步明确办学指导思想，坚持正确的办学方向，切实控制办学规模；要参照成人高等教育的基本要求，结合党校干部教育的特点，不断深化教学改革，继续开拓创新，帮助学员在掌握基本理论、开阔世界眼光、培养战略思维和加强党性修养以及提升工作能力等方面取得新的进步；要坚持高标准，严格把握招生、教学、考试等环节，认真重视和解决存在的突出问题，进一步搞好规范化管理，提高教学质量，并且注意发挥党校系统的整体优势，努力在成人高等教育领域争创一流，为提高干部队伍整体素质，为培养更多的建设有中国特色的社会主义事业的合格人才作出新的更大的贡献！

我们还希望，各级党校校委进一步加强对函授工作的领导，切实把函授教育纳入到党校教育的总体布局当中，统筹兼顾，积极推进党校函授教育事业的新发展。

同志们！中央党校函授教育是个长远的事业，也是个大有作为的事业。让我们共同努力，不断进取，勇于创新，以新的姿态迎接新世纪，再创党校函授教育的新辉煌！

谢谢大家！

总结经验　乘势而上　把党校函授教育提高到一个新水平

——在中共中央党校函授教育十五周年总结表彰大会上的讲话

（2000年10月27日）

中共中央党校副校长、函授学院院长　张志新

同志们：

在新世纪即将到来的时候，我们召开总结表彰大会，庆贺中央党校函授教育十五周年。锦涛同志在百忙之中接见与会代表。必坚同志出席了我们的会议并将发表讲话，对函授教育的长远发展提出要求。在校的校领导、校委委员和各部门的负责同志出席了会议。这些都使我们从事党校函授教育工作的同志备感亲切，深受鼓舞。我代表中央党校函授学院向出席会议的各位领导和同志们，表示衷心的感谢！向多年来关心和支持党校函授教育事业的各级党委、政府和有关方面的领导和同志们，表示诚挚的谢意！向此次荣获优秀教师、优秀学员和优秀管理人员称号的同志们，致以热烈的祝贺！向辛勤耕耘在党校函授教育战线上的广大教职员工，致以深切的敬意！

十五年来，中央党校函授教育从无到有，从小到大，经过了不平凡的发展历程。

一、应运而生——中央党校函授教育成为多渠道培养在职党员干部的一种有效形式

二十二年前，党的十一届三中全会作出了把全党工作重点转移到社会主义现代化建设上来的战略决策，实现了党的历史上具有深远意义的伟大转折。为适应社会主义现代化建设的需要，加快干部培训就成为建设有中国特色的社会主义事业中一项带有根本性、全局性的战略任务。

以培训党员领导干部为主要任务的党校系统依靠脱产培训，无法满足干部培训任务的需要。在这种形势下，由老一辈无产阶级革命家王震和著名教育家蒋南翔亲自倡导、经中央党校校委决定，于1985年3月正式创办了中央党校函授教育。

从那时起，在党中央和中央领导同志的亲切关怀下，在中央党校校委的直接领导下，全院同志团结奋斗，锐意进取，使党校函授教育事业健康、迅速地发展。

——办学层次逐步提高。从最初只开办大专班，到现在已经开办了大专班、本科班、领导干部函授班和在职研究生班。

——办学单位不断增加。从最初只有12个联办单位、仅涉及少数省市到目前已有50多个联办单位、遍及各省、自治区、直辖市和中央直属机关、中央国家机关、铁道部、新疆生

产建设兵团以及包含武警在内的军队系统。

——办学规模不断扩大。从最初的几万人，发展到拥有数十万名学员的在职干部教育实体。

——办学体系不断完善。到目前已经建立起了具有自身特色的党校函授教育体系，包括办学管理体系、班次专业课程设置体系、教材体系、考试考核体系、管理制度体系、评估督导体系。

经过十五年的发展，中央党校函授教育已经成为党校教育的重要组成部分，成为多渠道培训在职党员干部的一种有效形式，成为有中国特色社会主义教育事业的一支重要力量。

二、与时俱进——中央党校函授教育健康发展成绩显著

十五年来，中央党校函授教育按照党的干部队伍建设的要求，始终把握时代脉搏，适应广大党员干部求知进取的需要，充分发挥了党校和党校系统的独特优势，取得了比较显著的成绩：

——开辟了干部在职教育的新途径，为党和国家培训了一大批领导骨干和合格人才。到目前为止，已毕业的各级各类干部达140余万名，正在接受培训的学员还有数十万名。其中，省、部、军级干部200多名，地、厅、师级干部2000多名，县、处、团级干部50000多名。党校函授教育适应了干部更新知识的需要，各地都有一定数量的已具有本科以上学历的干部（包括具有硕士、博士学位的干部）就读中函本科。以河南分院为例，2000年招生报名中有1000多名已具有国民教育本科以上学历的干部申请进入党校函授本科学习。

——坚持以马克思主义为主课，用科学理论武装学员，使近两百万名干部接受了比较系统的马克思主义理论培训。这对于提高广大干部的马克思主义理论水平，增强干部贯彻党的基本理论和基本路线的自觉性，提高干部理论联系实际解决问题的能力，对于推进党的建设的新的伟大工程，都发挥了积极的作用。

——开办了符合国家成人高等教育标准的学历教育，并且根据改革开放和现代化建设的需要，设置了不同的专业和课程，这对于改善干部的知识结构，提高干部的文化水平，对于促进干部队伍的知识化、专业化，发挥了重要作用。1999年底，青海省首次公开选拔的10名副厅级领导干部中，就有4名中央党校函授学员。需要着重指出的是，党校函授教育还为西部地区特别是贫困地区培养了一大批“留得住的金凤凰”。这些同志已经成为西部大开发中推进各项事业的骨干力量。

——坚持“理论、知识、党性、能力”四统一的培养目标，全面提高干部素质，使广大干部能够将所学的知识直接运用到实践当中去，这对于推动我国社会主义现代化建设事业的发展，起到了不可替代的作用。仅山东、安徽两个分院统计，党校函授学员被评为全国劳动模范的有130名，获得国家级奖励的有144名，还有一大批学员晋升了职务，受到了各种表彰。

——党校函授教育拓展了党校教育的功能，促进了党校学科建设，稳定和锻炼了师资队伍，提高了教师的教学和科研水平。同时，党校函授教育也为改善办学条件，稳定教工队伍，提高办学质量，做出了应有的贡献。

中央党校函授教育之所以获得如此的发展、取得比较显著的成绩，最重要、最根本的原因，就是有党中央和中央领导同志的亲切关怀。

十五年来，党中央先后5次把中央党校函授教育写入中央文件，肯定党校函授教育的必要性，并指明发展方向，还以党规党法的形式确立了它的地位。江泽民总书记关心党校函授教育，在日理万机的情况下还看过一些函授教材并给予肯定。胡锦涛同志更是一直关心、指导党校函授教育，多次提出严格、明确的要求，作出过一系列详尽重要的指示。

此外，中央党校函授教育的发展，也离不开各级党委、政府和各有关方面的大力支持和帮助，离不开中央党校校委的正确领导，离不开全国党校系统的团结协作，离不开全院同志的共同努力。

回顾十五年的历程，有一些非常宝贵的经验值得我们倍加珍惜：

——坚持正确的办学指导思想，把函授教育工作作为一项政治性很强的党的干部教育事业来对待，始终不渝地把社会效益放在第一位，服从和服务于培养高素质人才这个大局。

——坚持“从严办学，质量第一”的办学方针，切实加强管理，努力把好招生关、教材关、教学关、考核关，按照“理论、知识、党性、能力”相统一的培训要求，狠抓教学质量，确保以质取胜。同时，控制办学规模，量力而行，正确地处理需要与可能的关系。

——从严治院，加强制度建设，实行规范化管理。同时，努力加强师资队伍和管理人员队伍建设，不断提高办学主体的素质。

——正确处理中函与省函、总院与分院的关系，注意相互补充，协调发展，充分发挥党校和党校函授教育体系的整体优势。

总之，搞好党校函授教育，办学指导思想是灵魂，教学质量是生命，制度建设是保证，提高人员素质是根本。

三、任重道远——中央党校函授教育在21世纪要继续开拓创新

中央颁发10号文件并召开全国党校工作会议，标志着党校和党校函授教育事业进入了一个新阶段。从事党校函授教育工作的同志，必须认清自己所肩负的重要历史责任。必坚同志讲过，党校函授教育事业是长远的事业，因为中华民族要振兴，中国共产党要保持先进性，党的建设要不断加强，党校函授教育就绝不可少。这就叫做任重而道远。

在即将到来的21世纪，机遇和挑战并存。这就需要我们抓住机遇，迎接挑战，不断开创党校函授教育事业的新局面：

——明确任务，服从大局，始终保持党校函授教育的特色。

中央10号文件已经从党的事业全局和党的自身建设的迫切需要出发，科学地论述了党校的重要地位和作用，提出了明确的任务要求。党校函授教育作为党校教育的重要组成部分，应当继续保持和发扬“马克思主义是主课，党性锻炼是核心”的优良传统。在用邓小平理论和江泽民同志关于“三个代表”的重要思想武装全党的重大任务方面，在建设一支忠诚于马克思主义、坚持走有中国特色社会主义道路、会治党治国治军的高素质的领导干部和合格人才方面发挥重要作用。

——放眼世界，面向未来，努力突出党校函授教育的时代特征。

当今世界，科学技术突飞猛进，知识经济已见端倪，综合国力竞争特别是人才竞争日趋激烈。我们从事党校函授教育的同志必须充分认识知识创新、人才开发对经济发展和社会进步的重大作用，更加深刻地理解教育对一个国家综合国力的巨大影响，更加深刻地理解教育的重要战略地位。党校函授教育作为“科教兴国”的一支重要力量，面对激烈的教育竞争，

只有认真研究世界范围内教育发展的大趋势，在继续教育、终身教育领域不断地适应在职党员干部提高素质的实际需要，才能增强对新形势的适应性，紧紧跟上时代步伐。因此，我们在专业和课程设置、教学内容和教学实施等方面就要努力突出时代特征。当前，首先需要在教材建设方面抓紧工作，尽早把“三基本”、“五当代”教材引入党校函授教材体系。同时，要注意增强精品意识，广揽贤才，不惜成本编写出高质量的教材，使之具有强烈的时代感。

——强化管理，提高质量，勇于在成人高等教育领域争创一流。

党校函授教育要以邓小平理论、党的十五大精神、江泽民同志关于新时期党校工作的一系列重要指示以及胡锦涛同志关于党校函授教育的一系列重要指示为指导，进一步贯彻落实中央10号文件和全国党校工作会议精神，在认真总结办学经验的基础上，深化教学改革，加强科学管理，切实控制办学规模，不断提高教学质量。同时，我们要坚持高标准严要求，努力在成人高等教育领域争创一流，实现一流教材、一流教学、一流管理，使党校函授教育迈上一个新的台阶。

——查找问题，分析原因，同心协力寻求规范党校函授教育的新途径。

我们要按照中央10号文件和全国党校工作会议精神，认真查找和剖析党校函授教育中存在的突出问题，认真分析原因，有针对性地研究整改措施。有问题并不可怕，可怕的是粉饰、掩盖和庇护存在的问题。勇于剖析问题和认真解决问题，是有责任心的表现，有高度觉悟的表现。任何事业都是在不断解决问题中前进的。深刻认识和认真解决了存在的问题，就意味着成绩，就意味着进步。在这方面，总院和分院需要同心协力，共同寻求解决问题的对策，不断提高党校函授教育质量。

——深化改革，锐意创新，以新的姿态投身党校函授教育事业。

十五年来，党校函授教育积累了比较丰富的办学经验，为今后的发展奠定了坚实的基础。面对新的形势和任务，如何遵循教育发展的一般规律和干部教育的特殊规律，深化改革，不断创新，是需要我们认真研究的重要课题。对于从事党校函授教育工作的同志来说，只有谦虚谨慎，不断学习，不断探索，努力提高自身素质，只有积极进取，发扬团结、务实、严谨、细致的工作作风，才能百尺竿头更进一步。与此同时，全院同志还要不断增强创新意识和创新精神，善于根据客观情况的变化，及时察觉和研究办学中出现的新情况新问题，不断改进和完善我们的工作。

这次会上表彰的人员，都是我们党校函授教育战线上的优秀代表。希望全院同志向他们学习，认真贯彻中央10号文件和全国党校工作会议精神，以良好的精神状态和创造性的工作，努力把党校函授教育提高到一个新水平！

谢谢大家！

认真贯彻江泽民同志“三讲”重要讲话精神 开创党校函授教育工作的新局面

——2000年党校函授教育工作的总体思路和构想

中央党校副校长　函授学院院长　张志新

2000年是新千年伊始、世纪之交的一年，这一年也是党校函授教育开办和函授学院建院十五周年。面对建设有中国特色社会主义的迫切需要，面对新形势的机遇和挑战，在新的一年里，我们要在校委领导下，振作精神，兢兢业业，进一步把党校函授教育工作做好，努力把函授教育推进到一个新的水平。最近，函授学院已根据校委工作要点，结合函授教育的实际，制定了2000年工作要点，提出了十项任务。这些我都赞成。为了进一步明确2000年党校函授教育工作的总体思路和构想，现提出几点意见，供同志们在工作中研究和掌握。

一、以江泽民同志“三讲”重要讲话精神指导函授教育工作

江泽民同志最近关于“三讲”问题的重要讲话，即中央4号文件，对于我们进一步加强党的建设和实现我国跨世纪发展目标，具有重要的指导意义。这是一个十分重要的文献，它具有很强的思想性和理论性。讲话全面地总结了党领导人民进行改革开放和社会主义现代化建设的基本经验，深刻地阐明了我们党面临的新形势和新任务。讲话抓住了根本性、全局性的重大问题，强调了党的建设。这与江泽民同志今年在中纪委第四次全体会议上和2月在广东省调研、考察时发表的要切实加强党的建设的重要讲话是紧密相联的。全院各级组织要把深入学习、贯彻江泽民同志“三讲”讲话精神作为头等大事，组织全院同志联系实际，抓住重点，深入讨论，认真领会讲话的精神，用讲话的精神指导党校函授教育工作。各级组织的负责同志和全体教学、管理人员要把认识和行动统一到讲话精神上来，增强政治意识、大局意识和责任意识，增强进一步办好函授教育的责任感和紧迫性。贯彻讲话精神，就要自觉地把党校函授教育与党的建设与党的干部队伍建设联系起来，把党校函授教育纳入到党的建设系统工程之中。这样做的重要性就在于：面向新世纪，广大人民群众要由先锋队来组织凝聚；规模宏大的现代化建设，要由先锋队来领导实施；社会文明的不断进步，要由先锋队来垂范引导；国家的长治久安，要由先锋队来维护保证。也就是说，要按照江泽民同志提出的党是三个“忠实代表”的新思想来加强党的建设，来培训党的干部队伍。因此，紧紧围绕党的建设进行党校函授教育，是我们函授教育的题中之义，是我们应该承担的责任。这就要突出函授教育培训党员干部的功能，帮助党员干部搞好理论武装，具备世界眼光，树立战略思维，增强党性修养，帮助他们提高领导水平，增强拒腐防变能力，以适应新形势新任务的需要。这是切实办好党校函授教育的至关重要的指导思想。

二、深化教学改革，提高办学质量，完善和发展党校函授教育体系

校委在2000年工作要点中，明确提出了“继续办好函授学院，深化教学改革，严格管理，努力提高办学质量，以质取胜”的要求。这是2000年党校函授教育工作的纲。在新的一年里，全院各级组织一定要高度重视这个纲，坚定不移地实行以质取胜。以质取胜是党校函授教育的生存之本和发展之道。我曾经把办好党校函授教育的基本问题概括为“办学指导思想是灵魂，教学质量是生命，制度建设是保证，提高人员素质是根本。”在十五年的办学过程中，正是牢固树立了教学质量是党校函授教育生命的观点，才使党校的函授教育从无到有，从小到大，不断得到发展，这是党校函授教育的一条基本经验。在当今条件下实行以质取胜显得更为迫切、更为重要。只有高质量的教育，才能培训出高素质的干部；只有我们坚持以质取胜，才能在激烈的竞争中，为社会所承认。

深化教学改革是以质取胜的根本措施。党校函授教育生存和发展的关键在于深化教学改革。只有深化教学改革，才能改变传统的培养人才的模式和过于呆板划一的教学制度，才能完善党校函授教育体系，增强自身的竞争力。所以，深化教学改革，是党校函授教育的根本出路。全院各级组织要增强教改的自觉性和主动性。我们在教改中，要认真学习、贯彻江泽民同志《关于教育问题的谈话》。《谈话》从国运兴衰、民族复兴的高度，对事关我国教育发展方向、教育方针和教育思想的一系列重大问题作了深刻精辟的论述。《谈话》精神，不仅适用于国民教育，也适用于党校教育和党校函授教育。在教学改革中，我们要树立正确的教育思想和教育观念，把思想政治素质教育放在首位，坚持用科学理论武装学员，帮助他们树立正确的世界观、人生观和价值观，要注重培养学员的实践能力和创新精神。在教学改革中，要按照党校函授教育的培训目标和全面提高党员干部素质的培训质量要求，逐步调整和不断完善函授教育的专业、学制和课程设置，稳妥地改革教学内容、教学方式和考试考核方式。在教学改革中，要全面加强和改进理论教育、知识教育、党性教育和能力教育，使它们之间互相渗透和贯通；要进一步解决党性教育、能力教育的手段、载体和途径，使之规范化、经常化。在教学改革的同时，各级组织要坚持不懈地贯彻执行以教学为中心的方针，狠抓各个教学环节的改进和完善，开展创“名师”、“名校”和“名牌教材”的活动，把以质取胜落到实处。

三、加强教材建设，推广电化教学，积极运用现代化教学手段

教材是知识的载体。办好函授教育，确保教学质量，第一是教材，第二是教师。教材所达到的水准，往往标志教育的实际质量。教材建设是党校函授教育带根本性的建设。经过十多年的努力，我们已经形成一套门类比较齐全、适合时代需要、适合广大干部在职学习的系列教材，受到中央领导同志的肯定和广大干部的欢迎。随着时代的发展和知识的加速更新，我们要以更高的标准和要求，进一步加强教材建设。要把“三基本”、“五当代”引入党校函授教材的工作做好；要选聘知名的专家、学者全面评审、修订原有教材和编写新教材。在修订和编写教材的工作中，要严格遵循党的基本路线和方针、政策，充分吸取当代各门学科研究的最新成果，适应国内外形势的新发展，紧跟时代步伐，又要重视突出干部自学的特点，使党校函授教材具有更高的水准。同时，要加强教材的印制、发行管理，逐步实现教材全部正式出版，要精心印刷，美化装帧、改进版式，提高教材外观质量，为实现精品教材建设目

标而努力。

运用音像教材实施电化教学是现代化教学手段之一。目前，音像教材的征订率和使用率还相当低，远远没有达到普及的程度，其原因是多方面的。要上下共同努力采取切实措施改变这种状况。运用音像教材进行电化教学，有利于总院主讲教师直接与学员见面，能使学员更好地掌握每门课程的教学要求，有利于弥补某些地方师资不足和师资结构不合理的缺陷；有利于学员灵活收看收听，方便学员补课。各级组织要强化电教意识，正确处理面授与电教的关系，做到两者相互配合，相得益彰。要加强电教课的实施力度，努力提高音像教材的制作质量和使用效果，逐步使音像教材由录像带、录音带向 VCD 光盘过渡；加强和改善音像教材的征订发行工作，努力提高电教的普及率；要积极筹建远程教学网络系统，搞好在职研究生远程教学试点。

四、认真做好分院教育评估验收工作，按照《管理制度汇编》加强函授教育的规范化管理

分院教育评估验收做了大量工作，一定要善始善终把这项工作做好。对少数尚未验收的分院要坚持标准，认真搞好验收，不能有丝毫松懈情绪。已结束验收和正在进行验收的分院都要十分重视抓好整改，完善相关制度，加强标准化、规范化管理，巩固和扩大教育评估的成果。总院要认真搞好教育评估总结。既要对中函的办学状况做出实事求是的评价，又要充分肯定教育评估的作用、成绩，总结经验，找出问题，要在评估的基础上健全和完善具有党校特色的评估、督导制度。

要继续加大贯彻执行《管理制度汇编》的力度。新版《管理制度汇编》下发以后，在全院产生了积极的影响，初步掀起了学习、宣传、落实《管理制度汇编》的热潮，促进了全院规范化管理。但是也有少数单位对《管理制度汇编》认识不足，行动不力，收效不大。因此，各级组织必须进一步加强对《管理制度汇编》的学习和宣传，提高全体学工人员对贯彻执行《管理制度汇编》重要性的认识。要使同志们明确管理制度具有法规性质，它是以“法”治院、以“法”兴院的重要举措。只有以《管理制度汇编》为依据，“严”字当头，实施各个方面的严格管理，规范办学行为，才能把党校函授教育进一步纳入标准化、规范化的轨道，确保办学质量。

五、加强思想政治工作和队伍建设，提高自身素质，改进工作作风

提高办学质量，真正实现“以质取胜”，关键在于队伍的自身素质。要认真学习、贯彻中央 4 号文件精神和江泽民同志对宣传思想工作的重要批示，继续搞好“三讲”教育和“三讲”教育“回头看”活动，要加强经常性的政治理论学习和业务学习，大力加强政治思想工作，全面提高管理人员的素质。要采取切实措施，加强以分院建设为重点的各级组织的自身建设。各级组织要一手抓领导班子建设，一手抓队伍建设。一把手要善于调动班子成员的积极性，遇事多商量，及时沟通情况，增强班子的凝聚力，充分发挥集体的作用。要切实把师资队伍、管理队伍、班主任队伍建设好，既要从严要求，鼓励大家爱岗敬业，清廉办学，克勤克俭，无私奉献，又要关心大家的切身利益和进步成长。要不断改进工作作风，提倡深入基层，深入实际，加强调查研究，实行面对面的指导；要精兵简政，精简会议、文件，勤俭办学；要倡导求真务实的精神，任何工作不抓好落实，就会流于空谈，因此，各级组织要花大力气，脚踏实地抓好各项工作任务的落实。要坚决反对不求实效的虚浮作风，反对一切形式主义和花架子。要根据“节俭、朴实、实效”的精神，搞好中函开办和函院建院十五周年庆祝活动。要全面贯彻落实胡锦涛同志关于“函授学院一定要办好”和其他一系列重要指示，进一步按照校领导关于“思考、落实、向前进”的指示精神，扎扎实实地完成全年各项任务，夺取2000年党校函授教育工作的新胜利。

认真贯彻落实《决定》 从讲政治的高度加强和改进党校函授教育工作

——在全国党校工作会议上的讲话（节选）

（2000年6月9日）

中共中央党校副校长 函授学院院长 张志新

党中央和中央领导同志很关心党校系统的函授教育，近日颁布的《中共中央关于面向二十一世纪加强和改进党校工作的决定》中有四条直接、间接地关系到党校函授教育工作。学习后，我觉得明确了以下五点：

一、党校教育（包括党校函授教育）是整个有中国特色社会主义教育事业的重要组成部分，“科教兴国”的“教”，包括党校教育。从党校教育的特点来看，是以党政领导干部为主要对象的，进行理论武装、世界眼光、战略思维和党性修养内容的教育，可以说它是教育中的灵魂教育，是整个有中国特色社会主义教育事业的极为重要的组成部分。

二、党校教育（包括党校函授教育）是以中央、省、地、县四级党校为主体的全国党校教育体系。各级党校之间要加强协调合作，发挥整体优势。

三、对党校学历（包括党校函授学历）的内涵、主体班次学历和脱产与在职研究生学历作了明确规定。

四、对“进一步实现党校教育的规范化和制度化”，建立质量评估体系、提高办学质量，提出了具体明确的要求。

五、对党校函授教育，在肯定办学必要性的同时，明确要求，“要严格把关，保证质量，注意防止和克服不正之风的侵袭”。“要参照成人高等教育的基本要求，结合党校干部教育的特点，严格把握招生、教学、考试等环节，进一步搞好规范化管理，不断提高教学质量”。我理解，这是中央对党校函授教育的关心和爱护，重点是要求我们坚持标准、规模适度、规范管理，进一步提高办学质量。这是锦涛同志多次批示一贯的办学指导思想，不仅仅是对中央党校函授教育的要求，也是对各级党校函授教育的共同要求，我们一定要认真贯彻落实好。为此，要正确处理好以下四个关系：

一、要正确处理社会效益与经济效益的关系，坚持正确的办学方向，更好地为建设党的高素质干部队伍服务。

党校函授教育的办学宗旨就是培养适应社会主义现代化建设需要的合格人才，为建设党的高素质干部队伍服务，为提高全党的马克思主义理论水平服务。它不是一件简单的事务性工作，而是一项政治性很强的党的干部教育事业。一定要始终坚持正确的办学方向，把社会效益放在第一位。在两者发生矛盾时，宁肯牺牲一些经济收益，也要服从培养高素质人才这个大局。要从执行党的《决定》的高度，对待这个问题。

二、要正确处理质量与数量的关系，坚持规范办学，以质取胜，控制规模，进一步提高办学质量。

“中函”教育创办十五年来，制定了一整套教学管理制度，各省级党校也制定了一些相关的管理制度，关键是要认真加以落实，用制度来规范各级函授的办学行为。

当前，一些地方办学规模过大，疏于管理的问题还时有发生。我们必须按照函授教育管理条例去办，使有志于提高自身素质的干部真正达到学有所成的目的。在办学规模上要量力而行，要正确处理需要与可能的关系，要按教学规律办事。要注意防止和克服“重利轻义”、“重数量轻质量”的倾向。

要把确保办学质量作为函授教育的头等大事常抓不懈。我们要认真总结办学经验，继续搞好教学评估工作。要深化教学改革，更新教育观念，坚持党校教育特色，体现时代特征，加强和改进理论教育、知识教育、党性教育和能力教育，使学员在“理论基础”、“世界眼光”、“战略思维”和“党性修养”等几个方面都得到提高，把党校函授教育提高到一个新水平。

三、要正确处理“中函”与“省函”的关系，相互补充，共同发展，充分发挥党校教育体系的整体优势。

党校函授教育从无到有、由小到大，是适应了干部教育的需要，是得益于党校具有适合干部教育的庞大的师资队伍，是受到了中央及有关部门和各省区市党委政府及有关部门的关心、支持和帮助，是充分发挥了中函和省函的各自优势。中函和省函共同构成的党校函授教育整体，既依托于党校教育体系，又丰富了党校教育体系的内容。这种体系有利于及时传达贯彻党中央和中央领导同志关于党校函授教育的指导思想和重要指示，有利于发挥中函与省函在教材、教学、管理和师资培训等方面的优势，有利于各级党校之间加强联系、相互学习、取长补短、共同提高，从而进一步发挥党校教育体系的整体优势，不断推动党校函授教育事业的健康发展。

四、要正确处理党校全局工作与党校函授工作的关系，校委要把党校函授教育作为党校干部教育的重要组成部分，切实加强领导。

为了加强领导，中央党校和各省级党校由校领导分管函授教育工作或兼任函授学院的领导，校委定期听取函授教育工作的汇报，研究决定函授教育的重大问题。要重点抓好函授教育的办学方向、领导班子建设、教师队伍和管理人员队伍建设。要总结多年办学经验，狠抓薄弱环节，采取切实有效的措施，提高管理水平和教学质量。

总之，从讲政治的高度对待党校函授教育工作，就要实事求是地正确估价党校函授教育的成绩；就要实事求是地正视党校函授教育工作存在的不容忽视的问题。以满腔热情的态度，严肃认真的精神，以对党的干部教育事业无限忠诚的责任感，认真落实中央的《决定》，进一步搞好党校函授教育工作。

切实把思想统一到中央《决定》和全国党校工作会议精神上来

——在上海召开的部分分院负责人座谈会上的讲话

(2000年7月7日)

中共中央党校副校长、函授学院院长 张志新

前不久闭幕的全国党校工作会议，是在世纪之交的重要历史时刻，在江泽民同志提出“三个代表”重要思想的大背景下，党中央召开的一次高规格的会议。中央以《决定》的形式下发了加强和改进党校工作的文件，中央政治局常委与全体代表座谈，江泽民总书记发表了重要讲话，胡锦涛同志在会议开幕时发表了重要讲话。中央领导同志身体力行抓党校工作，给各级党委作出了表率。中央《决定》和这次会议必将对二十一世纪党校工作产生重大而深远的影响。可以说，党校工作包括党校函授教育工作迎来了又一个春天。

我们必须抓住这个难得的机遇，促进党校教育包括党校函授教育的进一步发展。当务之急，就是要认真学习贯彻中央《决定》和全国党校工作会议精神。总院在这方面已经做了一些工作：院领导班子认真学习中央《决定》和全国党校工作会议精神，初步制定了《贯彻落实中央10号文件和全国党校工作会议精神的意见》，并向各分院发出了《关于认真学习贯彻中央10号文件和全国党校工作会议精神的通知》。今天，我们在上海市委党校召开座谈会，目的是在前一阶段学习文件的基础上，认真分析党校函授教育的现状，提出贯彻落实中央10号文件和全国党校工作会议精神的意见和建议，研究面向二十一世纪的党校函授教育的改革和发展问题，为年末召开的2000年全国党校函授教育工作会议做好准备。希望大家集中精力，集思广益，为加强和改进党校函授教育工作献计献策。下面，我讲两点意见，供同志们参考：

一、认真学习江泽民总书记的重要讲话，充分认识中央《决定》和全国党校工作会议的重大意义

面对国际国内形势的新情况新特点，面对我们党在新的世纪里所要完成的繁重任务，结合党的建设的实际状况，以江泽民同志为核心的党中央，审时度势，高瞻远瞩，为加强党的建设采取了一系列重大举措。今年年初，江泽民同志在分析国内外形势和总结建党经验的基础上，提出了“三个代表”的重要思想，为加强党的建设进一步指明了方向。前不久，党中央下发《关于面向二十一世纪加强和改进党校工作的决定》和召开全国党校工作会议，就是为切实提高党的干部队伍素质、全面推进党的建设伟大工程、落实“三个代表”的重要思想所采取的又一重大的举措，在加强党的建设的历史上，将写下浓重的一笔。

中央《决定》和江泽民同志、胡锦涛同志的重要讲话，都是面向新世纪进一步办好党校

包括党校函授教育的纲领性文件，对于党校事业和党校函授教育事业的发展具有十分重要的历史性的指导意义。

第一，《决定》从加强党的建设的全局高度确定了党校的重要地位。《决定》和会议都强调了加紧培养适应新世纪要求的党的领导干部，特别是中青年领导干部的极端重要性。从党的事业全局和党的自身建设的迫切需要出发，科学地论述了党校的重要地位和作用。江泽民总书记从关系党和国家兴衰存亡的高度，提出了培养一大批忠诚于马克思主义、坚持走有中国特色社会主义道路、会治党治国的新一代政治家的要求，明确指出中国的社会主义事业能不能巩固和发展下去，中国能不能在未来激烈的国际竞争中始终强盛不衰，关键看我们党能不能不断培养造就一大批高素质的领导人才，并号召全党从这样的政治高度来认识培养中青年领导干部的重大意义。在完成这项重大任务中，党校应该也完全可以发挥重要的作用，也就是《决定》中提出的“三个阵地、一个熔炉”和“全国各级党政领导干部培训轮训的主渠道”的作用。这是对党校提出的更高标准和更高要求。

第二，《决定》从国家发展战略的全局部署中确定了党校的重要地位。《决定》指出“‘科教兴国’的‘教’，包括党校教育”，并强调在我们这样的社会主义国家党校教育事业是整个有中国特色的社会主义教育事业的极为重要的组成部分。胡锦涛同志还明确提出了借鉴现代教育中的有益经验，突出党校特点、发挥党校优势，不断完善、发展有中国特色的社会主义党校教育体系的要求。从而使党校教育同整个建设有中国特色的社会主义教育事业更加紧密地联系起来，同国家和民族复兴的伟大任务更加紧密地联系起来。

第三，《决定》明确提出要加大各级领导干部特别是跨世纪中青年领导干部的培训轮训力度，适度扩大党校办学规模，作出了具有战略意义的重大部署。决定把全国县（市）委书记纳入中央党校的培训轮训范围，要求在“十五”计划期间基本上对全国县（市）委书记培训轮训一遍。各级党校都将根据各自的情况，加大对中青年领导干部的培训力度，适度扩大办学规模。这说明，党校在新的形势下任务更重了，要求更高了，责任更大了。

第四，《决定》提出了面向二十一世纪党校工作继续改革和发展的大思路。这就是以邓小平理论为指导，按照“三个代表”的要求全面提高领导干部的马克思主义政治家素质，大力推进以教学为中心的党校改革和发展，把建设有中国特色的社会主义党校事业提高到一个新水平。《决定》鲜明地提出了以全面培养领导干部的政治家素质为目标，建立和完善党校教学新布局，深化教学改革，提高教学质量的要求；提出了紧紧围绕学习邓小平理论这个中心，建设好既坚持马克思主义又适应世界大转折和中国新发展要求，主要包含“理论基础”、“世界眼光”、“战略思维”和“党性修养”等几个方面内容的教育课程新布局的要求；提出了解放思想，实事求是，大兴调查研究之风，以加强对重大现实和战略问题的调查研究为主要内容的党校科研改革的要求；提出了按照马克思主义理论家教育家的素质标准加强党校队伍建设、从严治校以及加强设施建设等方面的要求。从而进一步明确了党校改革和发展的思路和重点。中央政治局常委会在审议《决定》时，一致赞成党校的教学科研要改革，认为这是关系到我们党究竟要培养什么样干部的大问题。我们也应当从这样的高度来认识问题，切实推进党校事业的改革和发展，而且要有一种紧迫感、使命感。

二、切实把思想统一到《决定》精神上来，从讲政治的高度，加强和改进党校函授教育工作

中央《决定》对党校函授教育，在肯定办学必要性的同时，也明确提出了坚持标准，控

制规模，规范管理，进一步提高办学质量的具体要求。这也是锦涛同志多次批示的一贯的办学指导思想，不仅仅是对中央党校函授教育的要求，也是对各级党校函授教育的共同要求。对此，我们必须有清醒的认识，并切实把思想统一到中央《决定》精神上来，统一到锦涛同志的一贯指示上来。希望这次座谈会，能够有助于我们进一步思考和明确以下一些重要问题：

第一，坚持正确的办学方向，始终把社会效益放在第一位，更好地为建设党的高素质干部队伍服务。

党校函授教育的办学宗旨就是培养适应社会主义现代化建设需要的合格人才，为建设党的高素质干部队伍服务，为提高全党的马克思主义理论水平服务。它不是一项简单的事务性工作，而是一项政治性很强的党的干部教育事业。所以，党校函授教育必须坚持正确办学方向，始终把社会效益放在第一位。党校函授教育实行收费制度，保证办学需要和改善办学条件，贯彻“以学养学”的原则，适当注意经济效益是允许的。但是过多地考虑经济效益，甚至片面追求经济效益，把获取经济效益作为办学中追求的目标，或者把获取经济效益多少作为判断办学成绩大小的硬性指标，那就背离了我们的办学宗旨，就会从根本上败坏党校声誉，损害党校函授教育事业。现在，社会上对于函授教育、在职研究生学历教育，议论很多，“党校学历贬值”这种现象在某种程度上确实存在。我们既要以积极的态度解决好党校学历问题，又要防止利用党校面向社会办学而诱发腐败和不正之风。我们必须从贯彻中央《决定》的高度认真对待这一问题，宁可牺牲些经济收益，也要服从培养高素质人才这个大局。

第二，加强管理，控制规模，确保办学质量，坚持以质取胜。

这次中央《决定》和中央领导同志的重要讲话中，对党校函授教育提出了十分明确的要求。主要有三段论述：一是《决定》第十七条针对当前实际情况强调指出，“面向社会办学的各级学历教育，如函授教育和在职研究生教育，要严格把关，保证质量，注意防止和克服不正之风的侵袭”。二是《决定》第三十条对中函办学的基本要求作出明确的规定，“中央党校函授教育要参照成人高等教育的基本要求，结合党校干部教育的特点，严格把握招生、教学、考试等环节，进一步搞好规范化管理，不断提高教学质量”。“并经过以中央党校为主体，吸收组织、人事、教育部门参与组织的考试、考核，……”三是胡锦涛同志在重要讲话中指出，“特别是要加强函授教育、在职研究生教育的管理，发扬成绩，发挥优势，同时要认真解决存在的突出问题，注重社会效益，严格学历管理，保证教学质量，维护党校教育的声誉”。为此，我们要在搞好教育评估的基础上，认真总结办学经验，更新教育观念，积极推进党校函授教学改革，提高教学质量，坚持党校教育特色，体现时代特征，加强和改进理论教育、知识教育、党性教育和能力教育，使学员在“理论基础”、“世界眼光”、“战略思维”和“党性修养”等几个方面都得到提高，把党校函授教育提高到一个新水平。同时，我们要看到，办学规模过大导致疏于管理的问题也是影响办学质量的一个重要原因。所以，在办学规模上我们必须量力而行，按教育规律办事，正确处理好需要和可能的关系，防止和克服“重利轻义”、“重数量轻质量”的倾向。我们要按照锦涛同志的指示，认真执行有关制度，规范各级党校函授教育的办学行为，对不按规定办事，不听招呼，我行我素的个别单位，要严格执行纪律，取消办学资格，并追究其有关领导责任。从制度上把这个问题解决好。

第三，正确处理好中函与省函、总院与分院的关系，相互补充，共同发展，充分发挥党校教育体系的整体优势。

党校函授教育从无到有、由小到大，是适应了干部教育的需要，是得益于党校具有适合干部教育的庞大师资队伍，是受到了中央及有关部门、各省区市党委政府及有关部门的关心、支持和帮助，是充分发挥了中函和省函的各自优势。中函与省函共同构成党校函授教育体系，既依托于党校教育体系，又丰富和发展了党校教育体系。这种体系，有利于及时传达贯彻党中央和中央领导同志关于党校函授教育的指导思想和重要指示，有利于发挥中函与省函在教材、教学、管理和师资培训等方面的优势，有利于各级党校之间加强联系、相互学习、取长补短、共同提高，从而进一步发挥党校教育体系的整体优势，不断推动党校函授教育事业的健康发展。

第四，按照保持党校特色与符合国家成人高等教育基本要求的原则，深化党校函授教学改革，全面推进素质教育。

郑必坚同志强调，党校教学必须改革，不改革不足以完成中央赋予我们的重任。党校函授教育也必须改革，不改革就不能更好地为培养党的高素质干部队伍服务。党校函授教育改革应当遵循一条根本原则，就是在保持党校特色的同时，要符合国家成人高等教育基本要求。当前，党校函授教学改革需要着重抓好四项工作：一是遵照党校教学改革的方向和布局，深化党校函授教学改革，丰富教学内容，调整课程设置。党校教学改革的方向和布局是根据培养具有政治家素质的要求设计的，而党校函授教育既是党员干部教育，又是学历教育。所以，党校函授教育要从自身的特点出发深化教学改革，既要按照培养具有政治家素质的要求，又要有与国民教育相适应的专业知识的要求。二是进一步贯彻“三基本”、“五当代”的精神，搞好党校函授教材建设，不断更新教材内容，提高教材质量，使教材在保持党校特色的同时，具有鲜明的时代特征，并尽快着手编写“三基本”、“五当代”简读本。同时，加快音像教材的更新换代，抓紧试制多媒体课件，加快现代化教学手段的建设步伐。三是参照国家成人高等教育的基本要求，在学员的文化起点、学制、专业设置、开设课程门数、学时、面授、作业、讨论、电教时数以及考试考核方面都要符合国家标准。要专门组织力量进行研究论证，按国家标准进行必要的调整。四是要全面强化素质教育。加强和改进理论教育、知识教育、党性教育和能力教育，使这四种教育都得到落实，并做到相互依存，相互渗透。

第五，认真开展教育评估“回头看”活动，自查自纠存在的突出问题。

目前，历时三年的自下而上的教育评估已基本告一段落。没有结束的要抓紧进行，已结束的要认真开展教育评估“回头看”活动。自查和验收中没有认真查找问题或查找问题不力的单位，要着力抓好整改工作和复查补课，要对存在的突出问题自觉地进行认真严肃的自查自纠。我过去多次讲，在分院教育评估验收中，成绩要充分肯定，对存在的问题一定要严格剖析，认真整改。如果分院自评中不能清晰地查找存在的问题，并认真采取整改措施；如果检查验收中，不能集中精力会诊办学中不容忽视的问题，有针对性地研究整改，那么，这种自查和验收就不能算是成功的。“回头看”活动就是要在充分肯定教育评估成绩的基础上，着重检查教育评估的不足和办学中存在的突出问题。因此，各分院要对照中央《决定》和全国党校工作会议精神，认真查找和剖析存在的突出问题，认真分析原因，有针对性地研究整改措施。有问题并不可怕，可怕的是粉饰、掩盖和庇护存在的问题。勇于剖析问题和认真解决问题，是责任心强的表现，有高度觉悟的表现。任何事业都是在不断解决问题中前进的。存在的问题被深刻认识了和认真解决了，就意味着成绩，就意味着进步。要通过教育评估“回头看”活动，巩固和扩大教育评估成果，进一步促进党校函授教育健康发展。

在中央党校函授学院教材工作会议上的讲话

（2000年8月7日）

中央党校副校长　函授学院院长　张志新

同志们：

总院教材工作会议的顺利召开，得到了湖南省委领导同志和湖南省委党校校委的关怀和帮助，湖南省委党校和湖南分院的同志为会议的顺利召开作了精心的安排，提供了周到的服务，我代表总院、代表与会的全体同志，对他们表示衷心的感谢。

乘此机会，我讲两点意见：

一、各级党校和党校函授的各级组织要把中央10号文件和全国党校工作会议精神认真学习好、贯彻好、落实好

这是当前各级党校和党校函授各级组织的大事，必须集中全力，精心运作，认真把这件大事抓好。8月和9月，中央党校负责同志将分别到一些省、市、自治区调查了解中央《决定》和会议精神的学习、贯彻情况，和各级党校的同志共同商量解决学习、贯彻中遇到的一些问题，在调查研究的基础上，校委准备向锦涛同志作一次较为系统的汇报。从7月27日起，我和张东升同志等一行四人先后在江苏、安徽、湖南三省作了初步的调查研究，听取了三个省委党校校委的汇报，与三个省的省委负责同志进行了交谈，还到了部分地、市、县委党校了解情况。从初步调查的情况来看，各地学习、贯彻中央《决定》和全国党校工作会议精神的势头是好的，在党校系统内已初步形成了学习、贯彻的热潮，三个省已进行了下列工作：

（一）已向省委常委会作了汇报，省委常委进行了学习讨论，并就学习、贯彻作了部署，比较全面地议定了学习、贯彻中需要帮助党校解决的一些重要问题。三个省分别决定在今年9月或10月召开全省党校工作会议，有的省委要求把这次全省党校工作会议开成鼓舞人心的会议，有的提出要开成解决实际问题的会议。三个省都表示，不要匆忙开，要认真做好准备，一定要把会议开好。开会的时间要服从开会的质量，这些都说明各省委常委对贯彻中央《决定》和会议精神是高度重视的。

（二）已由省委党校起草省委关于贯彻落实中央10号文件和全国党校工作会议精神的意见或实施细则，各省委党校都专门进行了调查研究，有的已撰写出初稿，有的已在组织力量起草之中。

（三）各省委党校校委进行了全面的传达学习，并组织了全校教工认真进行了学习。

（四）均召开了地市级党校常务副校长会议进行了初步的学习传达，以便迅速把中央《决定》和会议精神传达下去。

（五）三个省的省委党校对扩大办学规模、教改科研、硬件建设等作了规划。省委党校扩大办学规模和扩展培训轮训对象均已经省委常委讨论决定，办学规模有的扩大一倍，有的扩大50%等。

总的说来，各省贯彻中央《决定》和会议精神，省委领导高度重视，各省委党校积极主动，领导层的认识比较深刻、全面，采取的措施比较具体可行。尤其是经过初步的传达学习鼓舞了士气，振奋了精神，进一步增强了搞好党校教育的信心和决心。但是，我们也要看到，现在的传达和学习还是初步的，学习和贯彻有待进一步深化，认识有待进一步提高，措施有待进一步议定，特别是中央《决定》和会议精神的落实工作是大量的、艰巨的和长期的。因而，我们不能有任何满足情绪，必须为学习贯彻中央《决定》和会议精神作出不懈的努力。为此提出以下三点要求：

1. 要高度重视深入学习，提高认识。学习是贯彻的基础，认识是行动的先导。只有把学习搞好了，才能使贯彻落实中央《决定》和会议精神有可靠的思想基础。如果不认真学习、钻研文件，浅尝辄止，就不可能自觉地全面地贯彻落实中央的《决定》和会议精神。因此首当其冲要深入学习。深入学习，一要有广度，二要有深度。有广度，就是要做到各级党校和党校函授各级组织的负责人、教师、班主任到每一个工作人员都要认真学习、钻研中央《决定》和江泽民、胡锦涛同志在会上的重要讲话。中央《决定》和江总书记讲话，新华社已公开发表，为我们广泛组织学习创造了有利条件。要使中央《决定》和中央领导同志的讲话精神在党校系统内做到人人明白，使贯彻落实中央《决定》和会议精神成为每一个党校工作者的自觉行动。在此基础上做好宣传工作，把中央决定变为全党的共同认识，一起努力，做好落实工作。有深度，就是要吃透文件的精神实质，把思想统一到《决定》上来。要逐条逐段，逐字逐句地学习、理解和把握中央《决定》和中央领导同志的讲话精神。要弄清决定和讲话的历史背景、科学内涵和重大意义。要从国际、国内的两个大局的高度，要从干部队伍建设和党的建设的高度，充分认识党校地位的重要性，加大培训中青年干部力度的战略意义，推行党校教学、科研改革的必要性和全面加强党校自身建设的紧迫性，把思想统一到《决定》上来，进一步推进党校教育事业的发展。

2. 要认真按照党校教学改革的方向和布局，深化教学改革。中央《决定》提出的党校教学新布局，是从国际国内形势发展的需要，以全面培养领导干部政治家素质为目标，并经中央党校近年来的实践证明，是能适应新世纪培养领导干部需要的教学布局。各级党校都要认真按照这个教学新布局，深化教学改革。比如，如何发挥党校在培训、轮训全国各级党政领导干部的主渠道作用；如何合理配置干部教育资源，充分发挥党校教育主阵地作用问题；如何进一步发展完善党校教育体系问题；各级党校在推行教改时，可参照和汲取中央党校改革的模式和经验，但一定要从自身的实际情况出发，不可照搬照套。虽然总的要求是一致的，但由于各级党校培训对象的层次不同，在学制上、课程设置上、教材采用上以及教学方法上都不尽相同。因此，必须区分省级、地市级、县级三级党校的不同情况，采取既相联系，又有区别的改革方案，要根据不同的培训对象，确定不同层次的课程设置，选用和编写不同层次的教材，采用不同的教学方法。要通过党校轮训、培训，提高干部的全面素质，帮助他们在思想上、实践上能解决实际问题，经过党校学习确实管用。这样的教改才是成功的。所以，摆在我们面前的教改任务是极其繁重的，有待我们做大量复杂细致的工作，这是各级党校的同志，尤其是负责同志必须认真考虑的问题。我们应该抓住这个重点，认真调查研究，制订切实可行的方案，各级党校应该在教学和教改上有所作为，有所突破。有作为，才有地位，没有作为，就会丧失地位。我们要抓住这次有利机遇，振作精神，克服困难，在教学、教改、科研上认真做出成绩，才能真正发挥党校培训、轮训各级党政领导干部的主渠道作用，也才能取得党校应有的地位。

3．要全面加强党校的自身建设，尤其要重视搞好队伍建设。今后党校的任务极其繁重，中央对党校提出更高、更严的要求，我们必须全面加强党校建设，以适应形势发展的需要。加强党校建设包括基础设施建设和队伍建设两个方面，基础设施建设包括教学基础设施建设、教学设备和现代化教学手段建设，其中又包括党校信息化建设和远程教学体系建设。必须制订规划，申报立项，落实经费，积极实施。不加强硬件建设，就难以适应扩大主体班次办学规模的需要，也就难以采用现代化、信息化的教学手段。在加强硬件建设的同时，要十分重视加强队伍建设，要从造就马克思理论家教育家的高度，努力建设一支政治强、业务精、作风正的高素质的教师和干部队伍，要认真落实中央《决定》提出的队伍建设的各项措施，要制订队伍建设的规划，并认真实施。在加强党校建设中，要提防见物不见人的倾向，防止和克服只注重硬件建设，忽视队伍建设的现象，搞好党校教育事业，加强硬件建设十分重要，必须抓紧，但关键还在于队伍建设。队伍建设有它的艰巨性、紧迫性和长期性。因此，各级党校在加强硬件建设的同时，要十分重视抓好队伍建设。

二、要在贯彻以质取胜的总体思路下，进一步加强党校函授教材建设

关于如何贯彻落实中央《决定》和胡锦涛同志关于搞好党校函授工作的指示精神，我在全国党校工作会议上作了发言，7月6日在上海召开的部分分院院长参加的落实中央10号文件座谈会上，作了讲话，强调函授教育工作者一定要认真学习江泽民同志的重要讲话，充分认识中央决定和全国党校工作会议的重大意义，中央的《决定》和江泽民同志、胡锦涛同志的重要讲话，都是面向新世纪进一步办好党校包括党校函授教育的纲领性文件。对于党校事业和党校函授教育事业的发展具有十分重要的历史性的指导意义。要切实把我们的思想统一到决定精神上来，从讲政治的高度，加强和改进党校函授教育工作。讲了五个问题，今天不重复了。这五个问题都是紧紧围绕坚持正确办学方向，确保办学质量来谈的。党校函授教育今后要继续贯彻和坚持正确的办学方向和以质取胜的总体思路，要严格把关，确保质量。质量对于党校函授教育来说，是生命攸关的大事。我们要认真贯彻落实中央《决定》和胡锦涛同志关于党校函授教育的一系列指示，把办学质量抓实、抓好。以质取胜不应成为一句空洞的口号。必须把以质取胜的总体思路落实到办学的全过程，落实到教学的各个环节，落实到管理的方方面面。其中包括落实到教材建设上来，以质取胜，首先必须要以优质教材取胜，教材是传播知识信息的载体，是教与学的主要依据，尤其是党校函授教育是在职在岗业余教育，以自学为主，教材在教学中的作用显得更为重要。中函开办以来是十分重视教材建设，经过长期努力已形成了一套有130多种、门类比较齐全、适应时代需要，适合广大干部在职学习的系列教材，对党校函授教育的发展发挥了重大作用。我们要在已有成绩的基础上，全面推进党校函授教材精品建设，不断提高党校函授教材质量。在这个问题上，总院的领导决心很大，要按《决定》的要求，下大力量进一步提高教材质量。要坚持正确的政治方向，忠诚于马列主义、毛泽东思想、邓小平理论，自觉地同以江泽民同志为核心的党中央在思想上政治上保持高度一致；要紧密结合国际国内两个大局，使教材具有强烈的时代感、政

治敏感性和丰富实用的内容；在编写上要广揽人才，不惜成本。

（一）要不断提高党校函授教材的编写质量，要使党校函授教材充分体现中央10号文件精神，做到保持党校特色，突出时代特征，符合国家标准。用邓小平理论和江总书记的“三个代表”的思想武装学员，在教材内容上与党中央保持高度的一致。要把最新知识和研究成果传授给学员。在教材内容所达到的水准上要符合成人高等教育的要求。要求工作人员进一步提高自身素质，加强调查研究，组织编写好适合时代要求，能满足学员学习需要的好教材。

（二）要进一步做好把“三基本”、“五当代”教材引入党校函授教材体系的工作。一方面要做好在领导干部函授班使用“三基本”、“五当代”教材的工作；另一方面，要加快“三基本”、“五当代”教材简读本编写工作，使“三基本”、“五当代”教材能尽早进入党校函授大专班和本科班的课堂。

（三）要加强党校函授教材印制、发行工作。努力提高党校函授教材的外观质量。积极推行党校函授教材征订、发行软件，教材征订、发行工作实行计算机网络化管理，提高征订、发行工作的效率，使党校函授教材工作更好地为提高办学质量服务，为培养党的高素质干部队伍服务。

函院创办十五年来，从事教材编写、印制、发行工作的同志付出了许多辛勤的劳动，作了大量的工作，也取得了可喜的成绩。我在这里，对从事这项工作的领导和工作人员表示衷心的感谢！希望同志们再接再厉，进一步提高教材质量，充分发挥党校函授教育体系的整体优势。

在中央党校函授学院在职研究生工作会议上的发言

（2000年7月28日）

中央党校校委委员、政法部主任　石泰峰

首先祝贺中央党校函授学院研究生工作会议的胜利召开！我作为参与函授学院教学工作的一名教师，就如何进一步搞好函授学院研究生工作谈一下自己的认识和想法，以及在研究生教学工作中的一些体会。

这次函授学院研究生工作会议的召开遇到了一个好时机，这就是全国党校工作会议的召开和中央10号文件的正式公布。中央10号文件明确地规定了党校函授教育和党校在职研究生教育的地位和作用，特别是明确规定了党校学历的地位和作用，这对于进一步搞好在职研究生工作确实是一个前所未有的好时机。而且最近中央党校校委就进一步办好在职研究生也作了决定，提出了对在职研究生工作“统一管理、控制规模、提高质量”的要求。

现在是在职研究生教育的前所未有的好时机，这个好时机给我们带来了机遇，但这个机遇绝不是再像过去那样一哄而起，没有控制地扩大规模，这样的结果只会毁掉中央党校的研究生工作，尤其是在职研究生工作。现在就是要进一步提高质量，进一步提高研究生的教学质量，进一步加强管理。所以校委提出“统一管理，控制规模、提高质量”的要求，要从根本上扭转前几年发生的中央党校几个单位同时在全国某一城市招收在职研究生的现象，这造成了很不好的影响。必坚常务副校长在校委几次研究在职研究生工作时也多次强调，要从“讲政治”的高度来认识在职研究生工作，万万不可掉以轻心。现在我们来讨论在职研究生工作还是要把思想统一到中央党校校委作出的决定上来，认真贯彻实施“统一管理，控制规模，提高质量”的原则要求。

我们具体承担函授学院法律专业研究生的教学过程有一些体会，提出来供大家参考，不对的地方希望大家批评。

一、重视管理工作，提高管理质量

管理的质量关系到在职研究生教育的形象、牌子，这个形象毁不得，这个牌子也砸不得。要严格管理的前提就是严格控制规模。任何一种管理手段都是有局限性的，如果规模过大、过滥，管理手段可能会失控、失效，应在控制规模的前提下，严格加强管理。要严格加强管理，首先标准要严，要高。所以校委在强调“统一管理、控制规模、提高质量”的时候，特别强调在职研究生教育与硕士生教学的结合问题，原则上有硕士学位授予权的才能办班，而且教学要与之相结合。在北京市委机关分院和北京市公安局党校办法律专业在职研究生当中，我们特别强调这一点。如教学计划基本上是根据硕士研究生的要求来制订的，不能因为是在职学习而降低标准，一定要从这个标准出发。根据这个标准来制订教学计划，同时也是考虑到有的人学完以后要申请学位。尽管不是学位研究生，我们的教学也要为研究生申请学位创造条件。所以这个标准不能低，因而严格的高标准的教学计划非常必要。第二，严格挑选教员，实施教学计划。尽管是在职研究生教学，但是在在职研究生教学的课堂上，讲课的教员不能低于硕士研究生，所以我们在在职研究生教学的教员基本上都是我们硕士研究生教学的教员。与北京市委机关分院、北京市公安局党校合办法律专业在职研究生，到目前为止，我们在这两个课堂授课的教员实际上高于校内的硕士研究生的教员，有些在硕士研究生课堂上教学的教员，我们还不允许到在职研究生课堂授课。这个标准绝不能低。有些课程我们自己人手不够，就从北京聘请国内一流专家授课。保证在职研究生教学的教员是高质量的，严要求的，从两年的体会来看，我们与函授学院在这一点上是比较默契的，那就是要紧紧地依托中央党校的教研部。如果中央党校的教研部不是教学主体，恐怕很难保证高质量、稳定的教员。再好的教学计划，如果没有教员来实施，也是一句空话。第三，要严格加强管理，就要严格加强学籍管理、日常的教学组织管理，这是保证教学计划实施的一个组织措施。学员是不脱产学习，而且相当一部分学员是各级领导干部和工作骨干，工作繁忙，工学矛盾非常突出，如何解决？最低要求是必须保证学员必要的听课时间，这个条件是不能放松的。从北京市委机关分院、北京市公安局党校来看，他们在这方面的管理是比较严的，如北京市公安局的学员在处理“法轮功”事件的繁忙时期，也没放松听课。从这么多年的实际情况看，我们对研究生管理严，学员可能在学习阶段有些想法，觉得严管理太不通情达理，一点余地也没有。但毕业后学员普遍给予好的评价。如果现在放松要求，当时学员高兴，毕业后学员的评价肯定很差，“这就是赚钱的，就是卖文凭的”。传播出去，社会影响也坏。这是学籍管理的一个重要问题。包括考试也要严格。管理越严，学员评价越好，管理越松，学员评价越低。函授学院已经有一套比较行之有效的严格的管理制度，可进一步完善它，进一步总结经验，这是提高管理的重要环节。我们在控制规模的前提下主要的工作就是在管理上下功夫，怎样从高标准上加强管理。当然管理不是目的，管理是为质量服务的。

二、提 高 质 量

在职研究生的特点是生源素质高，基础好，都是领导干部，是各级组织精心挑选过的。北京市公安局党校的生源，都由公安局领导亲自审核，将干部的在职研究生学习列入后备队伍培养的计划当中，保证了生源的素质。在高素质的生源面前，我们的教学能产生什么效果？通过三年的学习，能帮助学员解决什么问题？这是需要我们认真解决的。我们的研究生工作要确实能出人才、出精品，而且从近几年在职研究生的工作来看，有相当一批在职研究生的毕业论文水平不低于硕士研究生，许多论文都涉及到深层次的理论和现实问题。在职研究生教学过程中怎样根据学员的特点来进行教学？在职研究生的教学标准要高，要严，要与硕士研究生结合，但不是完全的简单的照搬，一定要发挥党校教学的特点，这个特点是由学员的特点决定的。有这种特点的学员，难道我们不应该做得更好吗？教学要根据学员的特点来进行。在职研究生是分专业的，与党校的主体班不一样，主体班包括各行各业的干部，“三基本、五当代”都学，但不是按专业来组织教学。研究生是有专业特点的，不完全等同于主体班，但又不完全等同于硕士班，无法照搬。在职研究生是根据工作需要来学习和补充知识的，不能完全照搬通过学习去谋职业和工作的硕士研究生的标准。教学标准必须考虑到学员的特点，不考虑这个特点的标准，在学术上可能是高的，但实际上却是降低了标准。我们的培养计划要发挥这个特点，更强调对重大理论问题、重大现实问题的研究，突出研究生教学不同于专科、本科的教学特点。这方面强调“三多”是非常必要的。第一，多读书。研究生不是以看教材为主，并不是参加所有课堂就是合格的研究生，一定要大量地阅读，而且读书比听课更重要，通过大量阅读书籍来尽可能地解决工学矛盾。对读书也有要求，不能放任自流。第二，多思考。在职研究生都是干部，都是在工作岗位上带着很多问题来学习的。通过三年的研究生学习，应该重点思考些问题，深化对问题的认识，这也是党校学员的特点。大学生一般在课堂提出问题希望教师解答，在职研究生提出问题并非出于不懂的原因，而是以提问的方式表达自己对问题的某种思考。我们的任务是给学员多大的思考空间，以及如何扩展这个空间，以便更好地发挥其想象和思考的余地。思考的前提就是大量读书，对理论进行升华，结合现实中的问题进行思索。这是在职研究生教学中应认真解决的一个环节。第三，多研讨。不研讨不称其为研究生，就我们所参与的法律专业研究生教学来看，研讨环节比较薄弱。如何进行研讨需要认真探索。个人思考是不够的，相互之间交流少，思想撞击太少，思考成果交流缺乏，这种局面应该加以改变。我们的做法是在学期授课前定出研讨题，整个学期让学员围绕这些题目去读书、思考，再通过有效的组织方式进行研讨，而且争取让学员就现实问题展开讨论，从中发现一些重大问题作为进一步研讨的对象。如公安局党校的学员基本来自公安系统，研讨的方式不仅能给学员提供聚会交流的机会，更为重要的是可从交流中提炼重大的课题进行研讨，供领导决策参考，如社会治安管理等。不论研究生管理再严、教学计划制订得再好、讲课教学再好，没有成果就是空话，拿出成果来证明质量是最有力的。从提高教学质量来看，“三多”是需要认真加强的。这方面虽有些经验，但应从制度化的角度加以完善，这是值得我们认真推敲的。

有关方面负责同志的讲话

认真落实“三个代表”的重要思想 努力提高自身素质

——在中央党校函授学院中直分院2000级开学典礼上的讲话

中直工委副书记、中直分校校长 王景茂

中直机关的广大干部职工要认真学习和落实江泽民同志“三个代表”的重要思想，增强历史使命感和政治责任感，努力提高自身素质。江泽民同志关于我们党始终成为中国先进社会生产力的发展要求、中国先进文化的前进方向、中国最广大人民的根本利益的忠实代表的重要论述，是对党的性质、根本宗旨和历史任务的新概括，是对马克思主义建党学说的新发展，是对各级党组织和党员干部提出的新要求。江泽民同志反复强调，“三个代表”是我们党的立党之本、执政之基、力量之源。按照“三个代表”的要求，建设好一支适应新形势新任务新要求的高素质干部队伍，是在新世纪里把我们党和国家建设得更好的关键所在。我们必须认真学习“三个代表”，身体力行“三个代表”，增强历史使命感和政治责任感，加强学习，努力提高自身素质。

三、函授学院在职研究生教学需进一步解决的问题

从这几年参与函授学院在职研究生工作的情况来看，我们确实需要解决一些问题。例如，函院研究生的教材问题，基本的教材是非常必要的。目前，我们基本还处在使用国民教育系统教材用书的局面，很不适应于函授学院在职干部研究生教学。国民教育体系教材是从概念、原理、体系出发，以传授知识为主，在职干部研究生学习基本知识和原理非常重要，但应更强调对基本问题的研究，这方面我们做得不够。我们有必要在现有基础上，组织力量推出一批中央党校函授学院的研究生教材或教学参考书，打破国民教育体系教材的写法，吸收一些重大理论问题、现实问题的研究成果于教材中、课堂上，这对提高课堂教学效果是非常有益的。

加强学习、努力提高自身素质的必要性和紧迫性，这是适应跨世纪国际国内形势发展的迫切需要。当今世界格局多极化趋势曲折发展，经济全球化趋势加快发展，新科技革命迅猛推进。进入21世纪后，我们就面临着全面建设小康社会，实现社会主义现代化建设第三步战略目标的艰巨任务。对于我们党来说，既有机遇，又有挑战，关键取决于我们党如何应对，取决于我们干部的素质和驾驭复杂局面的能力。而学习是获取知识、提高素质的一条基本和重要的途径。面对纷繁复杂的形势和艰巨的国内建设任务，我们一定要有危机感和紧迫感，加强学习，一刻也不能放松。加强学习，努力提高自身素质，还是中直机关工作的需要。中直系统34个单位，负有为党中央服务、为地方和基层服务、为人民群众服务的重大责任，担负着贯彻执行党的路线方针政策和宣传、教育、领导、组织群众的任务。中直机关的特殊地位对中直机关干部职工的政治、思想、文化等素质都提出了很高要求。我们必须加紧学习，以自身的高素质去适应工作的高要求。

学风问题，最根本的是要发扬理论联系实际的优良学风。一是紧密联系贯彻执行党的基本路线、推进改革开放和现代化建设的实践，运用理论深入分析研究现实问题。在联系实际学习理论过程中，既要加深对理论的理解和认识，增强全面贯彻执行党的基本路线的自觉性和坚定性，又要提高运用马克思主义基本原理认识、解决改革开放和现代化建设中各种实际问题的能力；二是紧密联系个人的工作实际。只要我们紧密联系工作实际学好理论，就能更深刻地认识到理论的威力和价值，就必然对我们所从事的业务工作和个人的健康成长有所帮助，从而进一步激发自己的求知欲望，增强学习的自觉性；三是紧密联系自己的思想实际学习理论，增强党性修养和锻炼。一定要把学习知识和党性锻炼结合起来，牢固树立正确的世界观、人生观和价值观，不断提高用无产阶级党性原则来处理一切问题的坚定性和科学性，在改造客观世界的同时努力改造主观世界。

在函授教育工作会议上的讲话

(2000年7月)

中共北京市机关工委常务副书记　王　火

同志们：

最近召开的全国党校工作会议，是世纪之交党中央召开的推进党校事业改革和发展的一次极其重要的会议，《中共中央关于面向二十一世纪加强和改进党校工作的决定》(即中央10号文件）和江泽民同志、胡锦涛同志的重要讲话，是新世纪进一步办好党校教育，包括党校函授教育的纲领性文件，对于党校函授教育事业的发展具有十分重要的历史性的指导意义。分院用两天的时间，组织各学区、辅导站的负责同志学习贯彻中央10号文件和江泽民同志、胡锦涛同志的重要讲话，是十分必要的。在这次会议上，同志们认真地学习了中央10号文件和两位领导同志的重要讲话，并结合分院办学的工作实际，就如何贯彻落实中央的《决定》，把中央党校函授教育提高到一个新的水平，进行了讨论，进一步统一了思想认识，这对今后搞好函授教育的各项工作，开创分院和学区、辅导站工作新局面，将是一个巨大推动和促进。

下面，我对学习贯彻中央10号文件，谈几点意见，也是我学习的几点体会：

一、贯彻落实中央10号文件，首先要正确认识党校教育的重要地位和作用，提高办好党校函授教育的自觉性

在党校教育的重要地位和作用方面，从建党时期起到建国以后的各个阶段，党中央和毛泽东、邓小平、江泽民同志，都有过一系列的指示和重要讲话。1995年中央颁发的《中国共产党党校工作暂行条例》，将党校的地位和作用概括为“三个阵地、一个熔炉”，更使党校工作进一步走上了规范化、制度化的轨道。今年6月，中央又颁发了《中共中央关于面向二十一世纪加强和改进党校工作的决定》，并召开了全国党校工作会议。《决定》第一次将党校教育作为整个有中国特色社会主义教育事业的重要组成部分。指出：“‘科教兴国’的教，包括党校教育。在我国这样的社会主义国家，党校教育事业作为以全国党政领导干部为主要对象的继续教育事业（包括以党政干部和理论骨干为对象的学位教育，以及依托党校力量举办的函授教育），是整个有中国特色社会主义教育事业的重要组成部分”。与此相适应，《决定》对党校的学历和党校函授教育的学历再一次作出了明确的规定。指出：“党校学历是一种包含马克思主义理论水平、文化和业务知识、党性要求、领导素质和实践能力等多种因素的综合反映”。“中央党校函授教育要参照成人高等教育的基本要求，结合党校干部教育的特点，严格把握招生、教学、考试等环节，进一步搞好规范化管理，不断提高教学质量。学员学完规定课程，并经过以中央党校为主体，吸收组织、人事、教育部门参与组织的考试、考核，成绩合格者，取得党校函授教育学历，待遇参照国民教育相应学历的有关规定”。这也进一步解决了一段时间以来，广大干部关心的中央党校函授教育的学历待遇问题，总之，10号文件和江泽民同志在全国党校工作会议上的重要讲话，进一步明确了党校教育（包括党校函授教育）在“科教兴国”中的重要地位和作用，强调指出了党校教育是整个有中国特色社会主义教育事业的重要组成部分，在培训轮训提高各级领导干部素质方面，具有不可替代的作用。《决定》还专门对党校的函授教育作出了科学的定位，对中央党校的函授教育学历作出了明确规定。通过学习《决定》，我感到有两点突出的体会，一是中央十分重视党校教育，十分重视依托党校开展的函授学历教育，这为我们党校函授教育的健康持续发展，创造了一个良好的外部条件和环境。二是中央对党校教育包括党校的函授教育提出了很高的要求，进一步明确了党校函授教育的目的、宗旨、指导思想和培养目标。这为中央党校函授教育事业的健康发展，解决了一个重大的现实问题，为中央党校函授教育事业的发展又一次提供了良好契机。在这种形势下，应该说，党校的教育，党校的函授教育面临前所未有的大好形势。现在的问题是，我们如何正确地认识和理解党校教育的重要地位和作用，如何承担起党中央赋予各级党校的重大责任和历史重任。今天在座的都是各学区、辅导站的领导同志，都是从事党校教育或党校函授教育工作的同志，对我们来说，学习中央的《决定》和江泽民同志的重要讲话，关键在于要准确领会《决定》和《讲话》的精神和要求，具体地加以贯彻落实。我认为，在我们要做的许多工作中，最主要的，还是首先要统一各办学单位领导层的思想认识，把领导同志的思想认识统一到《决定》和《讲话》精神上来，正确认识党校教育的重要地位和作用，充分认识党中央对党校教育寄予的殷切期望，充分认识党校教育必须为培养高素质的干部队伍，特别是为造就一大批中青年领导干部多作贡献。这也是党校教育的宗旨和意义所在。从而进一步明确我们办学的目的和不断提高办好党校函授教育的自觉性。

二、认真贯彻落实中央10号文件，努力把分院的函授教育工作提高到一个新的水平

《决定》除进一步明确党校教育的重要地位与作用外，还进一步对中央党校函授教育的办学原则、指导思想等提出了明确的要求，我们要认真学习、深刻领会《决定》的精神和提出的要求，按照中央提出要求，把分院的函授教育搞好，真正为北京市培养更多的“理论、知识、党性、能力”紧密结合的高素质的干部，特别是各级中、青年领导干部。

从总的方面看，分院8年来的工作是卓有成效的，成绩是显著的，发展势头是好的。但是，在肯定我们成绩的同时，我们也必须看到，我们的工作同中央《决定》的要求和中央赋予党校的重要地位和作用，同培养高素质干部队伍的历史责任相对照，还存在一定的差距，我认为主要反映在以下几个方面：

一是在办学指导思想上，认识还有待于进一步统一和提高。分院自成立以来，始终把端正办学指导思想作为各项工作的重中之重。可以说8年的办学过程，也是不断地端正办学指导思想的过程。虽然大多数办学单位的领导能比较自觉地处理好“经济效益同社会效益”的关系，但仍有少数办学单位不同程度地存在着重经济效益、轻社会效益，重数量、轻质量，重招生、轻管理的倾向。有的办学单位管理人员不够到位，必要的办学经费也投入不足。有的怕管理严了招不够学员，对执行有关规章制度降低标准，放松管理。

二是教学质量有待于进一步提高。在职干部函授教育鉴于自身的特点，给教学和管理带来了较大的难度。首先是学员来自不同的工作单位，业务性质各异，理论文化基础参差不齐，给施教增加了难度；其次，学员都是在职干部、职工，工学矛盾比较突出，给教学的组织增加了许多困难；再次，函授教育是以自学为主，面授为辅，面授的课时十分有限，在有限的课时里如何落实好教学大纲的要求，把握住教学的重点、难点，对教师提出了较高的要求。在这种不利的情况下，分院和各办学单位紧紧抓住教学这个中心环节，在教学实践中认真总结经验，研究探索函授教育的规律，为保证教学质量采取了一系列措施，做了大量卓有成效的工作。应该说，分院的教学质量总体情况是好的。但我们在教学工作中确实也存在一些突出的问题亟待解决，这在7月11日分院召开的2000年教学工作会议上，崔义民同志已经讲过了，我在这里不再重复。教学质量是一个永恒的主题，保持高质量的教学水平，需要我们各级领导、全体教师和工作人员的不懈努力。特别是随着办学规模的逐步扩大，对教师的需求也逐年增加，如何规范教师的教学，加强教师队伍的管理，加大教师的培训力度，提高教师队伍的素质，这是保证教学质量的关键。希望各单位针对存在的问题，认真研究解决的办法，使我们的教学质量在已有的基础上再有一个新的提高。

三是管理还不够到位，不同程度地存在“小马拉大车”的现象。

上面我已经讲到，由于在职干部函授教育的特点，也给管理增加了难度。学员在校时间短，工作单位分散，要达到办学的制度化、规范化，实现“理论、知识、党性、能力”四位一体的培训目标和培训宗旨，搞好管理这个环节非常重要。几年来，分院按照“从严要求，严格管理”的办学方针，做了大量的工作，制定了一系列比较完整的规章制度，管理工作已经逐步走上了制度化、规范化的轨道。但是我们还确实存在一些需要进一步解决的问题。例如，有的学区、辅导站班主任和管理人员的数量尚未达到总院规定的要求，班主任队伍的素质参差不齐，管理水平还比较低，有的班主任工作还不到位，规定的制度尚未真正落实；有的办学单位教学班过大，没有达到小班管理；班委会的作用发挥不够，班级活动开展得不够普遍等等。这些情况都需要通过努力，进一步认真解决。

目前，摆在我们面前的突出问题是，在机遇与挑战并存的情况下如何解决上述问题，更好的发挥自己的优势，使自己立于不败之地。我认为，关键在办学的质量。胡锦涛同志担任中央党校校长后，对中央党校函授教育十分关注，从 1996 年 10 月至 1999 年底，在 4 年的时间里，对函授教育作了 9 次指示、批示，集中在一点，就是坚持正确的办学方向，不断提高函授教育办学质量。他多次指出，党校函授教育“要坚持正确的办学方向，造就高素质干部队伍”。“要讲政治、讲大局，为培养人才服务”。“要坚持把质量放在第一位”。“要采取一些实实在在的措施，提高教育质量”。这就表明，胡锦涛同志关心和担心的主要问题是党校函授教育的质量问题，是党校的函授教育能否培养出高质量的学员，能否得到社会的公认和立于不败之地。我们各个办学单位的领导，都应该从这个高度来认识和理解胡锦涛同志的指示精神，紧紧抓住教育质量这个核心，使办学水平在现有的基础上不断地有新的提高。提高教育质量和办学水平，关键是要做到教师必须认真的教，学员必须认真地学，管理人员必须认真地管。为保证这三个方面的落实，分院已有一套完善的制度相配套，对我们各学区、辅导站来说，是如何落实的问题。当然，落实管理制度是一个过程，是一项长期的任务。一要领导亲自抓，层层抓落实，二要加强对制度落实情况的检查督促，三要加强调查研究，认真总结经验，及时研究解决办学中出现的新问题，新情况，使规章制度更符合实际。

同志们，分院的函授教育工作，在各级领导的重视和关怀下，在社会各方面的支持下，取得的成绩是十分显著的。为此，大家付出了十分辛勤的劳动。借此机会，我代表市直机关工委，感谢大家多年来对分院工作的支持和理解。希望大家通过这次会议，进一步深刻理解江泽民同志提出的“三个代表”的思想，进一步落实中央 10 号文件和江泽民同志在全国党校工作会议上的重要讲话，发扬成绩，努力解决办学中存在的问题，再接再厉，努力奋斗，将分院的函授教育再上一个新的水平，为培养高素质的干部队伍，作出自己的新的更大的贡献！

北京市委及市公安局负责同志对北京市公安局分院《关于各辅导站学员到课率情况的通报》的批示

一、现任市委副书记强卫

对管理水平差的分站要给予警告，再抽查仍无明显改进要取消资格。

二、市公安局政治部副主任陈友

分院领导这样抓工作，体现了严格要求，严格管理，从严治教，应当常抓不懈。

附：

关于各辅导站学员到课率情况的通报

5 月，分院对部分辅导站组织学员上课、到课率情况进行了检查，发现有不少单位课堂秩序不好，到课率低的问题后，于 5 月 24 日召开了各辅导站领导参加的工作会议，通报了情况，提出了要求，并下达了文件通知。6 月，分院为了检查各辅导站对会议的贯彻落实情况，专门组织三个巡视组对所属辅导站进行了普遍检查，这次检查采取了事先不通知，按照各辅导站的教学安排，每个辅导站检查 2 次，取平均到课率值的方法进行的，共检查了 18 个单位 33 课次。通过检查发现绝大多数的辅导站对 5 月分院的工作会议是重视的，按照分院的要求狠抓落实，抓得好的单位是：平谷辅导站、石景山辅导站、公交分局辅导站、崇文分局辅导站、丰台分局辅导站、十三处辅导站。这些单位班主任认真履行职责，课堂秩序好，学员上课到课率达到 80％以上。他们的共同特点是：

1．贯彻分院会议精神坚决，行动快。平谷、石景山辅导站会后及时将会议精神向领导进行了汇报，得到了局领导的大力支持，领导亲自给学员做动员、提要求，激发了学员刻苦学习的积极性，如平谷县局镇罗营派出所民警赵兴因病住院，让其爱人代己上课，回去后给自己补课，使广大学员深受感动，表示要以赵兴为榜样，学习他刻苦学习的精神。

2．工学矛盾、函授教育与其它办班培训的矛盾解决得好。公交分局辅导站、丰台分局辅导站，在培训年办班多的情况下，科学安排了教学计划，上课时间尽量避开中心工作多，培训班抽人多的时间，使学员到课率保持了长久的高水平。公交分局还做到了集中补课率 100％。

3．强化管理，坚持制度好。崇文、十三处辅导站以制度管人，向制度要到课率，要函授效果。坚持奖惩严明，严格执行缺课补课，每门课缺课超过 1/3 者停止本门课的期末考试的规定，也保证了到课率的提高。

这次检查，还发现朝阳、石景山、十三处、门头沟、房山等单位向学员单位下发了督促学员积极听课的通知书，做了不少工作。全分院 94％的单位课堂秩序不错，班主任在职在位，较好的履行了职责。

这次检查也发现了一些问题。如海淀、西城、东城、交管局四个辅导站的到课率还达不到 50％，更为严重的是消防局辅导站，6 月 9 日检查，原定于下午 2∶30 上课，巡视组 2∶40 只发现了 5 个人在教室门外等着，班主任还没有开门，6 月 16 日上午 9∶10，只来了 4 个人又改为不上课了，是全分院组织听课、到课率最差的辅导站。综上所述，这些单位到课率低或课堂听课组织得不好，原因是多方面的，但主要原因是有的单位办学指导思想不明确，函授教育在培训年中所摆的位置还不正，存在重眼前工作，轻长远效益的认识问题，也有的管理混乱，有制度不执行，有规定不抓落实，对那些想来就来，想走就走，不请假，目无组织、无纪律、混文凭的学员迁就姑息。还有的辅导站弄虚作假报假情况，没有上课报上课，该停考的不上报，不停考。纪律不严是影响到课率和听课秩序的一个重要原因，针对上述问题，分院开会进行了研究，要求各辅导站要抓好以下几个问题。

1．各单位要进一步端正办学指导思想，特别是在培训年工作多、办班多的情况下，处理好函授教育与其他工作关系，确实做到在有限的函授上课时间里，保证课堂授课效果。

2．对学员进行一次深入的思想动员，从根本上解决学员为什么而学，为谁而学的问题，最大限度地调动学员求知的自觉性。

3．对缺课学员一定采取补课措施，缺课不补课超过规定的一律按停考处理。凡是到课率达不到70%的辅导站要集中补课，补课报分院核查。

4．责成西城、东城、海淀、交管局辅导站根据本单位到课率低的情况拟出整改措施，于6月底报分院。

5．责成消防局辅导站拟出检查报告，于6月底报分院。

各单位接此通报后一是要向局主管领导、政治处领导进行汇报，征得领导的重视和支持。二是对办学人员进行一次强化管理、落实制度和实事求是的教育，使他们真正担负起提高本单位干警素质、做好函授教育工作的重任。三是对学员进行一次动员总结，讲评上学期以来学员的学习情况，同时宣布对缺课超标学员停止期末考试的名单。

在空军部队分院领导干部集训班上的讲话（节选）

（2000年7月24日）

空军政治部副主任、空军分院第一院长 敬应龙

同志们：

根据分院今年的工作计划，今天我们在这里举办由空军部队分院各学区主要负责同志参加的集训班。主要目的是，深入学习贯彻中共中央10号文件和全国党校工作会议精神，进一步统一思想，提高认识，总结经验，查找问题，研究加强和改进措施，进一步提高党校函授教育培养干部的质量和水平，全面推进中央党校函授学院空军部队分院的各项建设和教学工作。

目前，空军部队党校函授教育总的形势是好的，但我们应该保持清醒的头脑，看到存在的问题。在新的形势下，如何进一步端正办学指导思想，着力培养合格人才；如何提高办学水平和教学质量，保证学历教育的严肃性和正规化；如何严密组织考试工作，用实际行动维护空军部队函授分院的良好形象，这些都必须引起大家的高度重视。今后分院的工作要紧密联系空军的实际，坚决贯彻落实中央10号文件和江泽民同志、胡锦涛同志在全国党校工作会议上的重要讲话精神，以中央党校函授学院的《通知》、全军函办的要求为依据，以提高函授教育质量为中心，进一步规范办学行为，努力为培养高素质的干部队伍服务。下面，我结合空军部队党校函授教育工作的实际，对如何抓好中央10号文件和全国党校工作会议精神的落实谈两点意见。

第一，要深入学习、深刻领会中央10号文件和江泽民同志、胡锦涛同志重要讲话的精神实质。这次全国党校工作会议，是世纪之交党中央召开的推进党校教育事业改革

和发展的一次极为重要的会议。会前中央颁发了［2000］10号文件（《中共中央关于面向21世纪加强和改进党校工作的决定》），会上江泽民同志和胡锦涛同志作了重要讲话。这两个讲话，从讲政治的高度、战略的高度，论述了培养跨世纪中青年领导干部的重要意义，指明了党校工作的努力方向。中央10号文件和江泽民、胡锦涛同志的重要讲话，都是面向新世纪进一步办好党校包括党校函授教育的纲领性文件，对于党校事业和党校函授教育事业的发展具有十分重要的历史性的指导意义。当前和今后一个时期，空军部队分院和各学区、辅导站要把学习贯彻10号文件和全国党校会议精神作为一项重要的政治任务抓紧抓好。中央10号文件第二十六条明确了党校函授教育的重要地位；第二十七条针对当前实际情况，强调指出了函授教育要注意防止和克服的问题；第三十条对党校函授办学的基本要求作出了明确规定。胡锦涛同志的重要讲话中，也对党校函授教育提出了十分明确的要求。我们在学习一个文件、两个讲话的精神时，要深入领会精神实质，进一步认清党校函授教育所担负的政治责任，进一步认清办好党校函授教育的重要性，进一步明确办学指导思想，进一步确立依靠我们扎扎实实的工作争创一流函授分院的奋斗目标。每个同志都要在前一段分散学习的基础上，按照集训班的要求，集中精力，逐条逐句学习有关内容，一个问题一个问题地进行认真思考，切实提高思想认识。要对照文件，认真查找本学区在办学中存在的突出问题，制定改进的措施。

第二，要紧密联系空军部队党校函授教育工作的实际，把中央10号文件和江泽民同志、胡锦涛同志重要讲话精神落到实处。学习贯彻一个文件、两个讲话，最重要的是，紧密联系空军部队党校函授教育的实际，以更高的标准做好分院的工作。为此，我们每个从事党校函授工作的同志都要强化“四种意识”。

一要强化质量意识。质量是党校函授教育的生命。教学质量的好坏，不但关系到空军的声誉和形象，也关系到军队和党校的形象，直接影响到学员的能力素质，影响到我们培养的人才是否合格。在这个问题上，一般标准不行，中等标准不行，一定要坚持一流标准，真正使我们的教学质量和人才培养经得起实践检验，经得起历史检验。要以对国家和军队现代化建设负责、对干部成长进步负责的精神，持续不断地抓教学质量的巩固和提高，不能有丝毫松懈；要坚持有计划地稳步发展函授教育，保持适度的办学规模，防止盲目铺大摊子，造成工作上的被动；要舍得把优秀教员放到函授教学第一线，同时积极鼓励教员参加各种业务培训，促进教员知识的更新和能力水平的提高，从地方高校选聘的教师也要有真才实学，做到精兵强将上讲台，精备细讲求质量，精雕细刻育人才；要关心返聘教学和管理人员的身体健康，不压过重的担子。要把年富力强、具有中高级职称的专业技术干部补充到管理队伍中来，把学区办成坚强的办学实体和高效、充满活力的管理机构。

二要强化管理意识。提高教学质量必须加强教学管理。管理是否到位，能否落实，关键在领导、在机关。今天在座的各学区的负责同志，大多数都是承办单位的政治部主任或副主任，换句话说，我们都是兼职的。但是，兼职也要尽职，兼职不能失职，兼职要负有领导责任。办好党校函授教育，不是可有可无、可管可不管的事情，而是必须予以足够重视、切实负起责任管好的事情。希望大家端正思想，从全局和战略的高度认识党校函授教育的地位和作用，从思想上、政治上、组织上切实加强对这项工作的领导，把党校函授工作作为一项政治性很强的党的干部教育事业来干，经常关心过问，定期分析本学区开展函授教育的形势，帮助解决实际问题。要经常下去听听课，看看考场纪律，把管理工作抓实。军区空军、空降兵第十五军宣传处对所在地区空军部队党校函授学区的教学工作，负有检查、管理和指导的责任。要认真按照空军政治部《关于加强中央党校函授学院空军部队分院函授教育管理工作的意见》的要求，认真抓好责任落实。加强函授工作的组织领导，还要认真抓好各学区尤其是辅导站的工作，不断总结经验，不断完善工作程序，使今后的党校函授工作更加严谨、更趋科学。

三要强化服务意识。教育也是个市场，是市场就有竞争。要稳定生源，光靠行政命令不行，我看关键要有好的服务态度，要有很高的信誉度。我们做部队党校函授教育工作的同志，首先要时时处处为部队、为学员着想，周到热情、真心实意地为部队干部提高能力素质服务，想方设法减少部队的压力，方便学员的学习。过去，我们有些同志到部队上课或检查工作时，给部队提出了一些难以办到的个人问题，添了一些麻烦，这是很不应该的，今后不能再发生类似问题。当然，绝大多数学区在这个方面做得是不错的，希望大家注意总结这方面的经验，分院要做好推广工作。其次要坚持送教上门。坚持面向部队、服务基层的原则，把党校函授教育办到基层去，办到驻边远艰苦地区的部队去，办到空军建设最需要的地方去，这项工作今后要不断加强。

四要强化法规意识。治军要严，治校更要严，这是邓小平新时期军队建设思想的一个重要内容。中央10号文件也对党校函授教育提出了更高标准和更严要求。这些年来，分院下大力抓了制度建设，先后制定下发了4个规程规则、8个细则、12个职责及工作流程图。今年又根据总院新版的《管理制度汇编》，对分院的各项规程、细则等进行了修订，并汇集成册。应该说，我们已经有了比较健全的规章制度。这些制度、规定符合上级的有关要求，是分院多年办学经验的总结，是搞好党校函授，提高教学质量的有力保证，必须认真落实。各学区要组织全体教学和管理人员认真学习有关内容，熟悉规定要求，搞清各自职责，弄清应该做什么、应该怎么做，增强照章办学的意识。各级领导和教学管理人员要增强责任心，坚决照章办事，一丝不苟地履行职责，不折不扣地执行上级有关规定和要求，绝不能搞任何变通，不能徇任何私情。要严明奖惩，解决执法、执纪不严的问题。对违反规章制度的要严肃批评，对造成不良后果的要严肃查处。各单位一定要引起高度重视，采取有效措施，力争在考风考纪这个重要问题上再前进一步。今后，我们要经常组织学区、辅导站的教学质量大检查，听取学员的意见和方方面面的意见，以此督促和推进我们的函授教育工作不断向前发展，不断提高质量。今后，如检查中发现问题，我们要严肃处理，严重的要撤消学区的办学资格，在这一点上，决不含糊。否则，不仅无法保证教学质量，而且还会搞坏部队的风气。

同志们，这次集训，是继续搞好空军部队党校函授教育工作的一次再学习、再动员。希望大家珍惜这次机会，坐下来认认真真地学习文件，深入细致地进行思考，争取有新的收获、新的提高。回去以后，要通过扎实有效的工作，把空军部队的党校函授教育工作提高到一个新的水平，为争创一流中央党校函授分院，为空军现代化建设培养更多更好的人才而奋发努力！

省级党校负责同志的讲话

在山西分院直属班2000级党员领导干部研究生班、本科班开学典礼上的讲话

中共山西省委党校常务副校长　冯国发

同志们：

值此中央党校函授学院山西分院2000级党员领导干部在职研究生班和党员领导干部本科班开学之际，我代表省委党校校委，代表山西分院向在座的51位研究生班学员、81位领导干部本科班学员表示衷心的祝贺和热烈的欢迎！

参加今天开学典礼的研究生班和领导干部班的新学员，都是担任一定领导职务的同志（都是县处以上干部，还有四位厅级干部），都是经过组织推荐，参加中央党校组织的统一招生考试，以优异成绩考入党校的。作为中央党校函授学院层次较高的两个班次的学员，一定要在各方面带好头，努力成为党校的优秀学员。下面，我讲几点意见：

一、抓好理论基础学习，自觉增强党性锻炼

学好理论是党校学员的首要任务，也就是学习马列主义、毛泽东思想、邓小平理论，学习党的路线、方针、政策。近年来，中央党校在教学布局上作了较大改革，这些改革的措施已体现在中央《决定》中，这就是要紧紧围绕学习邓小平理论这个中心，学习好主要包括“理论基础”、“世界眼光”、“战略思维”和“党性修养”这几个方面的内容。学习理论，重点是学好“三基本”，即“马列主义基本问题”、“毛泽东思想基本问题”和“邓小平理论基本问题”，切实用马列主义、毛泽东思想、邓小平理论武装头脑，树立正确的理想、信念，并矢志不移。

去年以来，根据中央的统一部署，县处级以上领导干部分期分批开展了“三讲”教育，使广大干部的思想政治素质有了明显提高。“三讲”的第一条就是“讲学习”，对此江泽民同志反复强调，“理论素质是领导干部思想政治素质的灵魂”，“理论上的成熟是政治上成熟的基础”，号召我们要“学习、学习、再学习”，“实践、实践、再实践”。这是对年轻干部成长规律的深刻总结。所以，大家来党校参加函授学习，一定要珍惜这段时光，抓紧时间多学一点马克思主义基本理论特别是邓小平理论，争取在思想理论建设上取得明显进步。同时要把理论、历史、现状的学习和研究结合起来，下功夫培养和锻炼自身的世界眼光和战略思维能力，对当代世界和我国现代化建设诸方面基本动向、最新动态有一个基本的了解和把握。自

觉地把学习邓小平理论同对当前国际国内若干重大现实问题的研讨结合起来，培养和锻炼自身从全局高度观察和研究问题，提出见解和对策的能力。

特别需要强调指出的是，随着我国干部人事制度的改革，公开选贤任能已成为选拔任用干部的重要方式之一。马克思主义、邓小平理论和各门专业知识掌握的程度和应用能力，已成为选拔任用干部的重要标尺。党校函授教育的研究生和领导干部本科学员，应当通过系统的学习，在竞争中拥有自己的优势。

二、认真刻苦学习业务专业知识，学以致用，自觉地把所学知识转化为能力

我们处在世界科技迅猛发展，知识经济迅速崛起的新时代，面临着许多新的机遇与挑战。全体学员应当认清形势，发奋学习，深钻细研，按时、按质、按量完成教学计划规定的各门基础课和专业课的学习，争取优异的学习成绩。今天开学的两个班次都是经济管理专业，在今后的学习生活中，大家除了学习马克思主义基本理论方面的课程，还要学习许多与当前改革开放和现代化建设实际联系紧密的经济管理课程。有宏观经济管理方面的课程，如《宏观经济运行与管理》、《经济统计分析》等；有部门经济管理方面的课程，如《工业经济管理学》、《农业经济管理学》、《商业经济管理学》等；还有当代世界管理方面的最新知识，这些课程对于我们的工作实践具有重要的指导作用，大家一定要根据函授教育的要求和所学专业知识的特点，加强自学，刻苦钻研，勤于思考，并且要注重用所学理论知识分析和解决现实问题，使知识的增长和能力的提高有机地结合起来。一定要正确处理好工作和学习的矛盾，科学合理安排时间，静下心来，认真读一点书，思考一点问题。同时，大家作为研究生和本科生，还要结合实际深入研究些问题。由于大家都担任一定的领导职务，具有一定的实践经验，因此也希望同志们把工作第一线的实践知识带到党校，师生共同研讨，教学相长，共同提高。

三、自觉遵守学习纪律，保证学习任务的圆满完成

党校函授教育融“理论、知识、党性、能力”为一体，这是一个全面的、严格的、高标准的目标。为实现这一目标，函院确立了以“提高函授教育质量为中心，以深化改革为动力，抓紧抓好三项重点工作”的工作思路，就是要从课堂教学、引导自学和加强班级管理上下大功夫。分院将按照“规范办学、严格管理、质量第一”的总要求，严格加强各项管理，确保教育质量。体现在班级管理，平时考核到期末考试，环环紧扣，一丝不苟，分院对组织教学和日常管理都要坚持高标准，不能降格以求。希望全体学员尽快实现“从领导到学员”的角色转变，大家都是县处以上领导干部，在单位都是“官”。但到党校学习，就是一名普通学员，要切实做好角色转变，尊师重教，服从管理，坚决克服“混文凭”的思想，明确学习目的，端正学习态度，做到不图虚名，严格自律，求真务实。

同志们，大家即将开始党校函授的学习生活，边学习，边工作，生活节奏紧张了，负担加重了，但是我相信，有总院和校委领导的关心支持，有分院全体同志的努力工作，有各任课教师的认真指导，有各位班主任的精心管理，通过广大学员的刻苦努力，定能使大家在学习和工作的各个方面都取得长足的进步，圆满完成学习任务，实现培训目标。

预祝同志们在学习期间身体健康，工作顺利，全面进步。

在内蒙古分院97级党员领导干部在职研究生班毕业典礼上的讲话（节选）

中共内蒙古自治区党校党委书记、常务副校长 夏连仲

同志们：

今天我们在这里举行中央党校函授学院内蒙古分院97级党员领导干部在职研究生班的毕业典礼。首先，我代表内蒙古党校党委，代表中央党校函授学院内蒙古分院向经过刻苦学习、圆满完成学习任务、如期毕业的学员表示热烈的祝贺！

今天，你们就要离开母校毕业了，但毕业，绝不是学习的终结，而应是新的学习的起点。大家要认清国内外形势，继续坚持学习，不断提高自身素质。21世纪是知识和信息经济逐渐占据主导地位的世纪，江泽民同志指出，不断培养中青年领导干部，始终是我们党的一项战略任务。全党同志必须认清当前国内外形势的新情况新特点，认清我们党在新的世纪里所要完成的繁重任务，认清我们党的建设的实际状况，从而进一步认识到培养造就适应新时期要求的中青年领导干部的重要性和紧迫性。当今和未来的世界竞争，从根本上说是人才的竞争。这种人才竞争是全面的，包括领导人才在内的各个方面各个层次的人才，都面临着各种竞争。在世纪之交，我们党为了缩小全国各地区之间的发展差距，实现全国各地区的协调发展，实施了西部大开发战略，这是中西部欠发达地区难得的历史性机遇。我们要适应这一形势努力提高自身的素质，而要提高自身的素质，就必须坚持学习学习再学习，你们在党校函授的学习虽然结束了，但学习是永无止境的，特别是随着知识经济的悄然兴起，它必将对人们的生产方式、生活方式、思维方式以及现代教育产生深远的影响，这就要求我们要坚持学习。从国外教育发展的趋势上看，终身教育将是现代教育的一场革命，它要求把一个人的学前教育、学校教育、成人教育、老年教育各个阶段联系起来，对人进行系统的、不同的教育，以使人们适应现代社会、知识经济和自身发展的需要。只有坚持学习新知识，不断培养自己的能力才能造就高素质、开拓性的人才。同时，我们是在国际环境复杂多变、世界范围内竞争激烈、不确定的因素较多的情况下进行现代化建设，我们必然会遇到许多新情况、新问题、新矛盾以及新困难，我们不熟悉、不懂的东西很多，新的形势对我们提出了新的学习任务，唯一的出路就是老老实实地学习，谁不认真学习，谁就会被未来抛弃。不仅如此，从国内看，随着社会主义市场经济体制的确立和改革的不断深入，人才的竞争也会日趋激烈，大中型企业要减员增效，企业要下岗分流，机关要精简人员，可以说没有真才实学，不掌握真本领，就很难适应市场经济体制的竞争环境。所以，同志们要有一种危机感，要有一种忧患意识，决不能把学习看作是可有可无的事情。正如江泽民同志所指出的那样："一个党、一个国家、一个民族，特别是像我们这样一个大党、大国和人口众多的民族，如果没有科学理论武装和对各种新知识的掌握，就不可能有真正的腾飞，不可能有现代化前途，所以，学习问题，不仅

关系到广大干部自身进步，而且关系到国家、民族的兴衰和社会主义现代化事业的成败，我们全党、全民族都必须有这个认识。”

大家要加强党性锻炼，树立正确的世界观、人生观和价值观。品德修养和党性锻炼是一个漫长、艰苦的过程，高尚人格的形成需要付出更大的努力。增强品德修养、增强党性最根本的就是要解决世界观、人生观、价值观问题。我国在对外开放和发展社会主义市场经济的条件下，由于西方意识形态的渗透；也由于封建社会、半封建半殖民地社会遗留的腐朽思想和小生产习惯势力的影响，有的干部经不起拜金主义、享乐主义和极端个人主义思想的侵蚀，有的腐化堕落，有的甚至走上犯罪道路。因此树立正确的世界观、人生观和价值观，不论过去，现在和将来，是一个党的干部，尤其是党的领导干部必须终身解决好的问题。作为党员领导干部，要永远牢记全心全意为人民服务的宗旨，在改造客观世界的同时，不断改造自己的主观世界，要自觉的用党章和党的各项纪律规范自己的行为，严于律己，防微杜渐，坚持做到自重、自省、自警、自励，清正廉洁、勤政为民，淡泊名利、一心为公，坚决抵制社会上一些消极腐败和丑恶现象，希望大家在今后的学习中一定要紧密联系个人的思想实际，切实加强党性锻炼，不断坚定马克思主义、社会主义政治方向和政治立场，牢固树立正确的世界观、人生观、价值观，增强分辨理论是非、政治是非的能力，努力成为忠诚于马克思主义、坚持走中国特色社会主义道路、会治党治国的德才兼备的领导干部。

同志们，你们都是跨世纪的中青年领导干部，肩负着重大的历史使命，21 世纪是充满机遇和挑战的新世纪。终身教育和终身学习是社会发展的必然趋势。获得研究生学历，只是学识水平达到一个高层次的标志，党在新时期宏伟目标的实现要靠你们的聪明才智和艰苦努力，任重而道远，中国的前程是美好的，内蒙古的未来同样是美好的，希望你们自觉地适应新世纪的发展趋势，坚持不懈的勤奋学习，积极工作，努力把所学的新知识应用到工作中，在西部大开发伟大战略事业中，不断做出新的贡献。同时希望你们继续关心和支持党校函授教育事业，不忘母校。

认清形势　深化改革　加强领导
把党校函授教育工作提到一个新的水平

——在 2000 年全省党校函授教育工作会议上的讲话

（2000 年 3 月 9 日）

中共辽宁省委党校常务副校长　佟志武

全省党校函授教育工作会议，今天就要结束了。这次会议开得很好，很有收获，应该说，会议的任务是圆满地完成了。今年会议的主题是深化党校函授教育改革，强化素质教育，把党校函授教育工作提到一个新的水平。昨天上午，单院长代表函授学院对1999年工作进行了总结，对2000年的工作打算也做了说明。大会上有三个党校的领导同志作了发言，谈了一年来从事党校函授教育工作的经验、体会。大连党校的田校长提出用创新的思路发展党校函授教育，视野开阔，给人以全新的感觉。下午讨论，我听了以后也很受启发，十几位校长的发言都很有见解，提出了很多建设性意见。

今天，我想讲三个问题。

一、新世纪、新千年党校函授教育如何提高？如何发展？

在2000年这个新旧世纪交替之年，党校函授教育在新的世纪、新的千年里如何改革？如何提高？如何发展？这是摆在我们面前的一个非常突出的问题，也是我们必须认真思考的问题。我想，要讨论党校函授教育在新世纪面临的形势和发展问题，不能孤立地来谈，必须将它纳入整个党校的大的战略里来认识，来讨论，来定位，这才能体现出党校函授教育是党校教育的重要组成部分。因为函授教育是党校教育的一种具体的办学形式，只要党校存在，党校函授教育这种方式就有生命力。至于培训的对象有什么变化，培训的内容有什么调整，管理的方式有什么改变，是另外一个问题，就办学方式、形式来说党校函授教育是永远存在的，是与党校的生命相伴随的。如果游离于党校教育这个大局之外，有很多事情就不大好讨论，党校函授教育也就失去了依托，成为无本之木，无源之水。因此，今天我要先谈谈如何认识党校函授教育面临的形势必然涉及的前提性的、背景性的内容，就是怎样认识党校在新世纪、新千年面临的形势和任务。

从大的环境来说，中央历来对党校工作非常重视，决定在今年5、6月份召开全国党校工作会议，并且在会上将通过一个关于加强党校工作的决定，会议的核心内容就是强化对中青年干部的培养，为跨世纪准备人才，为十六大准备干部。这是会议的中心议题。应该说党校教育在新世纪面临的最重要的任务，就是培养高素质干部队伍，为党的干部队伍建设做出党校的特殊的、不可替代的贡献。因为现在新问题、新矛盾层出不穷，中国正处于一种社会转制、利益多元化、各种社会思潮相互激荡、国际格局发生重大变化的时期。改革、发展、稳定成为压倒一切的大局。在这样一种社会环境中，中青年干部面临的最突出问题是本领危机。毛泽东同志在延安时讲，目前最大的危机就是领导干部的本领危机。现在就是由于领导干部的知识准备不足，智慧不够，本领不强，所以才导致实践质量不高。新的复杂的形势和艰巨的任务，对领导干部的能力要求越来越高，提高领导干部的综合素质成为各级党组织一项十分紧迫的任务，党校存在的价值本身也就在这里。党校办学的目的就是通过党校的培训、教育，提高领导干部的综合素质，充实、完善领导干部的素质结构，以适应新形势新任务的要求。当然，培训方式可以是多种多样的，在职轮训是一种培训，函授教育也是一种培训，着重点都在塑造人、改造人上，提高人的思想政治素质，提高领导能力、管理能力，以适应现代化建设任务的要求。

过去的一年，在全校教职员工的共同努力下，省委党校的工作取得了一定的成绩，各方面工作都向前推进了一步。“三讲”取得一定成效，对领导班子的测评、评价都还可以，得到了大家的理解、支持。整改方案涉及的面也比较大，提出许多整改的设想，现在正逐项落实。2000年在教学方面，我们按照中央党校提出的总的教学改革方向、思路，以十五大精神为指导，以邓小平理论为中心，以“三基本”、“五当代”为基本框架，从四方面提高学员的综合素质，即：理论武装；世界眼光；战略思维；党性修养。我们在办学过程中，坚持两个“瞄准”的原则,一是瞄准辽宁领导干部的素质状况;二是瞄准辽宁省情,辽宁经济社会发展形势,还有两者之间适应状况。通过党校的培训教育,来缩小辽宁领导干部和所面临的形势、任务之间的适应方面的差距,这就是所说的提高党校办学的针对性、实效性的问题。

面对新的任务、新的形势,党校所承担的新的职能,我们的函授教育应该怎么办?昨天的会上,大家都谈了非常好的建议,我想第一位的,还是要坚定信心,要有一个好的精神状态,要正确地看待党校函授教育所面临的形势,不要过于悲观,不要妄自菲薄。可以说,各级领导对党校函授教育工作还是很重视的,胡锦涛同志多次对党校函授教育作出批示、讲话。现在,党校函授教育之所以面临一些困难,就是因为它的特点不突出。在多元化的转制时期,各方面都在求新、求异,如果我们仍然坚持老一套的办学方式,就要被淘汰。在深化函授教学改革的时候,应该突出自身的特点。如果真正能够把党校教育特点、干部教育特点突出出来,我们就有生命力。我们现在的办学形式与业大办学形式差不多,面授课程太多,面授时间太长。昨天阜新常校长讲的观点,我很受启发,面授讲得多不一定效果好,讲得多依赖性就大。党校函授毕业生经过三年的学习、培训,起码得实现这样两个目标:一是思想政治素质能得到提高,在政治上取得比较大的进步,这就是所谓的育人的问题,这也是党校的特点;再一个目标就是使学员养成自学的习惯,提高自学能力,通过自学,提高认识问题、应用理论解决问题的能力,这也是函授教育的特点。

二、党校函授教育必须深化教学改革,强化素质教育

党校函授教育是一种成人教育,教育对象是干部,必须搞素质教育。素质教育应该说是党校教育的天然优势。但在党校函授教育中素质教育怎么实现,这是需要研究的。通过深化改革,突出党校特点,突出函授特点。全员参与,大家共同探索党校函授教育规律。进行素质教育,必须进行教学改革,包括教学方式、教学内容、管理方式都要改革,要有所突破,有所创新。重要的是依据什么改。我认为,党校函授教育改革必须瞄准人才市场的需求,以需求为导向,这样才能求生存、求发展。现在办学市场竞争很激烈,有不规范的做法,我们不能被这种东西所干扰,我们要坚持从严办学,从严管理。党校函授教育的目的,是培养高素质人才,办出党校特色,办出干部教育特色,办出函授教育特色,这是我们共同的目标。这里我突出强调和党校办学特色相联系的一点,就是抓学员的思想政治教育。昨天,有的领导同志也介绍了这方面的经验,开主题班会也好,加强和学员所在单位联系也好,总之,教书一定要育人,如果不育人,就办不出党校特色,也办不出函授教育特色。方式和形式都可以探讨,但必须强化函授学员班的思想政治工作。党校函授班内也要努力营造“三讲”氛围,也要实现“熔炉”效应。党校函授毕业生不仅要学会现代化建设的本领,政治上也要强。我想,采取什么方式、措施加强与学员所在单位的联系,共同帮助他们思想政治上的进步和提高,这也可以作为一个科研题目,大家共同探讨。还有,我们可不可以统计一下,入学时的党员比例是多大,毕业时党员比例是多大。当然,这并不是说单靠三年函授学习,学员各方面会发生质的变化。这里我所要强调的是,一定要帮助学员政治上进步,这个东西不抓,就没有干部教育特色。我们必须做到以正确的舆论引导人、以科学的理论武装人,正像胡锦涛同志讲的那样,经过一年、两年、三年,帮助学员实实在在学点东西,有所提高。

三、真正加强对党校函授教育的领导

1999年,全省党校系统上下共同努力,

各级党校领导班子高度重视函授教育工作，取得了很大的成绩。昨天讨论中大家提出不少问题。应该说，各级党校，特别是市县党校领导，都十分重视党校函授教育。但这里有一个是局部性的重视，还是全局性重视的问题；是从现象上重视，还是从本质上重视的问题；是从形式上重视，还是从内容上重视的问题。这里有一个什么叫真正重视，重视到什么程度的问题。应该说，抓招生环节，组织生源，各级党校领导都是高度重视的，包括对招生的比例名额都很关注。这无疑是正确的，没有相当的办学规模，什么都无从谈起。但是对整个党校函授教育办学的质量、如何深化教学内容的改革、不断创新办学形式、探索党校函授教育的规律，就显得抓得不够。就像昨天曹校长讲的那样，重招不重管。这个管，实际还应包括教和学的问题，就是怎样才能培养出高水平的毕业生，这是一个很大的问题。因此，我认为，真正重视党校函授教育，应该体现在抓教学内容的改革、抓素质教育、抓教学形式创新、抓办学质量和办学水平上，共同努力，把辽宁党校的函授教育提高到一个新的高度、新的水平。强调加强领导，应该重点抓加强函授教育教学改革方面的领导。只有把各级党校领导的注意力转移到这方面来，才是真正加强了对党校函授教育的领导。

按照中函院的要求，我们组建了全省党校函授教育视导委员会，聘请各党校的常务副校长为视导委的委员。视导委到底应当承担什么职能，和我们现在函院、学区到底是什么样的运转关系，还有一些实际问题。对此，我们打算在4月初开一个常务副校长座谈会，把这个问题作为一项会议内容，大家一起商量一下。怎么发挥视导委的作用，加强对全省党校函授教育的研究、检查、指导。

最后，祝大家返程平安！祝党校函授教育事业兴旺发达！

（根据录音整理）

总结经验　把握机遇　深化改革　规范办学
努力把党校函授教育推向一个新的发展阶段

——在2000年全省党校函授教育工作会议上的讲话

（2000年12月6日）

中共江苏省委党校常务副校长　潘宗白

同志们：

我首先代表省委党校校委，向工作在全省党校函授战线上的教职工，向出席这次函授工作年会的全体代表表示诚挚的问候。

这次函授工作年会，是深入研究和贯彻中央10号文件和江苏省委19号文件的会议，是总结15年办学成果和办学经验的会议，是规划未来、为实现江苏“十五”奋斗目标再作新贡献的会议，也是迎接新世纪的曙光即将到来的会议。因此，这次会议的时机很好，开好这次会，必将对推动全省党校函授教育乃至整个党校工作的发展都会起到很好的积极作用。

我们江苏党校的函授教育从1985年创办到今天，已经走过了整整15年的历史。在这15年中，我们的函授教育在中央党校和江苏省委的关怀和指导下，经历了从无到有、从小到大的不平凡的发展历程，目前已发展成为江苏“科教兴省”的一支重要的生力军。党校函授离不开党校，这是不言而喻的。党校教育事业要发展，也同样离不开函授。这个结论已被越来越多的理由所证实。

第一，15年的历史证明，党校函授是多渠道培训干部的一种有效途径，是党校教育事业的重要组成部分。党的十一届三中全会作出了把全党工作重点转移到现代化建设上来的战略决策。为适应现代化建设的需要，加快干部培训步伐就成为一项带根本性、全局性的战略任务。以培训党员领导干部为主要任务的各级党校，仅仅依靠脱产培训，由于受到工学矛盾和党校容纳能力的限制，已不能满足干部培训任务的需要。在这种形势下，中央党校于1985年创办了函授教育。我省也于1985年接受中央党校的指导开办了江苏党校系统的干部函授教育。15年来，我省已毕业了近12万名的大专和本科学员。目前，从省里的厅局级机关到各市、县、乡党委、政府的领导班子，从机关到学校，从工矿企业到商场，各行各业、各条战线都有党校毕业的函授学员在那里工作，有的同志担任了领导，有的同志被评为劳动模范、先进工作者。最近我省公选21名副厅级领导干部和各地公选领导干部的选拔活动中，已经毕业的函授学员和正在读本科的函授学员，也都显示出一定的竞争优势。实践证明，党校函授是多渠道、大面积培养干部的好形式，是党校教育事业的重要组成部分，是整个有中国特色社会主义教育事业的重要组成部分。面向21世纪，要实现我国和我省新的奋斗目标，必须培训更多更适用的各类人才。适应这个形势的需要，党校必须在办好主体班次的同时办好函授教育，完成省委交给我们的干部培训任务。

第二，党校举办函授教育，锻炼和培养了党校的师资队伍，为不断提高主体班次的教学质量和党校的科研水平提供了人才队伍的保证。党校主体班次的学员主要是各级党政领导班子的主要领导干部。在高层次的班上进行专题教学，教员没有深厚的理论功底是难以胜任的。函授班是学历教育，年青教员先在函授班系统地讲授一、二门专业课，待年龄和实践知识的增长，再走上主体班次的讲台从事专题教学，这是符合人才成长规律的。党校函授举办15年来，从最初只办大专班，到现在已形成开办大专班、本科班、研究生班一条龙的班次设置体系，从最初只办经济和党政管理专业，到现在已形成经济管理、党政管理、行政管理、法律、计算机信息管理等适应干部队伍需要的多专业的专业设置体系。现在全省有函授学员6.6万人，2000多名教员在为函授班讲课。这样大的办学规模，不仅为社会培养了人才，同时也锻炼了我们自己。大家仔细地查看一下你那里教师的业务成长历史，凡是在主体班次讲台上讲课普遍受到学员欢迎的，大多是先从函授班讲课得到锻炼才有今天的业务才能的。我们省委党校的情况就是如此。因此，我们可以这样说，党校的主要任务是培训、轮训各级党政领导干部，但是如果不办学历班，年轻教员就难以得到锻炼和提高，主体班次讲台上的教员就没有后续补充力量，最终也将不能出色地办好主体班次。因此，要把党校的教育事业办好，完成中央和各级党委交给我们的培训任务，必须把函授教育办好，把党校的师资队伍建设好。

第三，函授教育是有偿教育，学费收入弥补了财政拨款的部分不足，为党校的建设开辟了一个资金来源渠道。我们江苏是全国经济发达地区，经济条件相对于边远地区比较好，但是政府要办的事很多，而且我们党校要办的事也很多。因此财政对党校的行政拨款永远不能说已满足了、钱用不了了，更何况苏北欠发达地区还需要扶贫，财政拨款的数额就更不可能满足需要。函授教育因适应现代化建设事业的需要开办15年来，通过我们自身的努力，不断提高办学质量，吸引了越来越多的各级党政干部和职工到党校来学习。我们定的学费标准虽然不高，但由于人多就形成了规模效益，各个单位的办学收入除了应付日常教学开支以外，都有一定的结余。多年来，我们贯彻中央党校“以学养学”这一经费收支的指导思想，把办学收入节余下来的资金用来改善办学条件，美化校园、美化教室、购置先进的教学设备。教师的工作环境改善了，有利于教学、科研水平的提高；学员的学习环境改善了，有利于学习效果的提高。这几年，各级党校的面貌都有很大的变化，其中就有函授办学的贡献。事业要发展，必须有资金作后盾。党校事业的发展，我们要在用好财政拨款每一分钱的前提下，在政策许可的范围内，合理合法地广开财源渠道，把党校建设得更好，在干部培训事业中做出更多的贡献。但是我在这里必须强调一点，我们各级党校的领导，各级办学单位的工作人员，必须时刻保持清醒的头脑，始终明确举办函授首先不是为了创收。如果把经济利益放在第一位，就偏离了正确的办学指导思想，在办学过程中就会发生以牺牲质量换取暂时利益的错误行为。我们办函授首先是为了社会的需要，是为培训高素质的干部队伍服务，为现代化建设服务，在这同时又把所收经费用好，用在培养教师上，用在改善办学条件上，最终用在为了提高办学质量和提高为现代化建设的服务水平上。

第四，函授教育把全省各级党校紧密地联系在一起，党校的整体功能得到了充分的发挥。函授教育自创办那天起，就实行中央党校和省、市、县各级党校联合举办、分工负责的办学模式。目前我省已有110个办学点，实行统一计划、统一教材、统一考试、统一要求的管理制度，全省各级党校已经形成网络办学体系，上下级党校之间业务联系频繁，同级党校之间也因教学活动的需要而经常来往。正因举办函授教育把各级党校紧密地联系在一起，使得我省党校系统的教学、科研信息的流通更加顺畅，各级党校之间管理经验的交流更加及时，上级党校对下级党校的业务指导也更加准确和有效，全省各地党校的教学水平和内部管理水平逐年都在不断提高和改进。因此，要把党校的教育事业搞好，必须继续办好函授教育，以函授办学为载体，把各级党校紧密联系在一起，充分发挥党校的整体功能。

以上四点认识是基于15年办学实践得出的结论，足以证明函授教育是党校教育事业的重要组成部分，党校教育事业的发展离不开函授教育的存在和发展，函授教育是个长远的事业，也是个大有作为的事业。

同志们，新世纪即将到来。面对当今世界的新变化、当代中国的新发展，党中央于今年6月颁发了10号文件并召开了全国党校工作会议；江苏省委于9月召开了全省党校工作会议并下发了贯彻中央《决定》的19号文件。中央和省委的文件都明确了党校教育事业是整个有中国特色社会主义教育事业的重要组成部分，要完善包括党校函授在内的党校教育体系。中央10号文件是新世纪指导党校工作的纲领性文件。中央10号文件的颁发，把党校推进到了一个更加突出更加重要的地位，党校事业开始了一个新的发展阶段。函授教育作为党校教育的重要组成部分，现在正面临着巩固、壮大、发展的大好时机。党的五中全会通过的我国“十五”计划的《建议》和江苏省委九届十二次会议通过的我省“十五”计划的《建议》，规划了新世纪我国、我省现代化建设头五年和实现第三步战略目标的蓝图。同时，对开发人才资源、加速发展教育事业提出了新的要求。我们一定要乘势而上，制订好自己的奋斗目标。我们要认真贯彻落实胡锦涛同志对党校函授教育工作的重要指示，进一步明确办学指导思想，坚持正确的办学方向；要参照成人高等教育的基本要求，结合党校干部教育的特点，适应世界经济一体化对干部队伍素质提出的新要求，不断深化教学改革，继续开拓创新，帮助学员在掌握基本理论、开阔世界眼光、培养战略思维和加强党性修养等方面取得新的进步；要坚持高标准，严格把握招生、教学、考试等环节，认真重视和解决存在的突出问题，进一步搞好规范化管理，提高教学质量，努力在成人高等教育领域争创一流，为培养更多的建设有中国特色社会主义的合格人才作出新的更大的贡献！

巩固提高 再接再厉
努力开创考务工作的新局面

——在2000级招生考试监考人员会议上的讲话

(2000年4月17日)

中共山东省委党校常务副校长 李新泰

同志们：

一年一度的招生考试工作又要开始了。大家知道，招生考试是新生跨入党校大门的第一次考试，也是第一关，意义非同一般，因而做好监考工作非常重要。在大家奔赴各地市之前，我代表校党委谈几点意见。

一、进一步提高对监考工作重要意义的认识，把思想真正统一到“从严办学，从严治考”上来

首先，从严办学，从严治考是贯彻中央领导同志关于党校函授教育的指示精神，端正党风、端正社会风气，维护党的形象和声誉的需要。胡锦涛同志非常关心、重视党校业余函授教育的发展。针对党校业余函授办学存在的问题，早在1996年10月他就尖锐指出：“现在有些干部又想拿文凭，又不肯下功夫学习，千方百计走捷径，个别领导干部甚至找人替考，”“这是党内消极腐败现象在干部培训领域的反映”。去年，胡锦涛同志在听取中央党校“三讲”教育汇报时，再次指出：“函授学院一定要办好。办好了，有利于引导干部学习，提高素质。这就要求进一步明确办学指导思想，严格把握招生范围、规模，严把教学、考试的质量关，帮助干部努力一年、两年、三年，实实在在学一点东西。要坚决防止和克服由于管理不严，给一些不想勤奋学习，目的在于混得一个文凭的人提供方便，否则，势必助长腐败现象，严重损害党校的声誉和形象，造成不良的社会影响。”因此，能否从严办学，从严治考，不仅仅是一个办学认真不认真的问题，而是涉及到党风和社会风气，党校的声誉和形象的问题。所以大家必须从端正党风和社会风气的高度认识从严治考的重大意义。自觉做到讲政治、讲大局、坚持原则、不徇私情，以实际行动，为端正党风和社会风气，为维护党校的声誉和形象,做出自己应有的贡献。

其次,从严办学,从严治考是干部业余教育生存和发展的需要。注重教育,注重继续教育和终身教育,已经成为各国发展战略的重要组成部分,并放到了优先发展的地位。我们党和国家高度重视科技和教育的发展,把推行科教兴国作为发展的基本战略。去年,党和国家就深化教育改革、全面推进素质教育,加强技术创新,发展高科技,实行产业化等方面作出了一系列重大决策。对各类教育提出了更高的要求,也提供了更大的发展空间。国内各大院校纷纷调整教育发展的思路,积极挖掘办学的潜力,在国内形成了扩招的热潮。教育改革和教育产业的迅猛发展,使国内成人教育和干部教育面临着激烈竞争的局面。教育的竞争,说到底是质量的竞争。谁能严把教育质量关,谁就能在竞争中获得生存发展的优势;谁忽视质量的提高,片面追求经济效益就会遭受教育规律的惩罚,最终会在教育竞争的大潮中,丧失生存与发展的机会,被挤出办学的舞台。党校业余函授教育从办学之初就确定了“从严办学、质量第一”的办学方针,并始终视办学质量为党校业余函授教育的生命线。实践证明,这一做法是完全正确的。近年来,由于我们坚持了“从严办学,从严治考,以质取胜”,使得党校的办学声誉越来越好,报考的考生越来越多,业余函授教育发展的道路越走越宽广。反之,社会上一些不严肃、不规范的办学,由于放松入学条件,放松管理,结果使办学走上了衰退的道路。教训是深刻的,不能不引起我们的警惕与反思,也促使我们更加百倍努力,下决心抓好考风考纪,确保一流的办学质量。

第三,今年考务工作的总体目标,可以概括为两句话:一个是巩固,一个是提高。由于目前存在的客观原因,治理整顿考风考纪如同逆水行舟,不进则退,要求稍一放松,取得的成果就会前功尽弃,因此,要讲巩固。没有巩固,就没有发展,就没有提高。尽管我们在去年取得了考风考纪的全面好转,我们还应清醒地看到,在某些单位仍然存在这样或那样的问题,例如,雷同卷并没有完全消失,个别违纪事件时有发生,这些问题的存在,说明我们工作仍然有需要继续提高的地方;另外,考风考纪状况也存在着地区差异,例如有的个别单位的指导思想仍然不够端正,有的分院制订的奖惩措施并没有认真兑现,起不到应有的奖励与惩戒作用,有的单位贯彻落实学院的要求不彻底,留有余地,也有少数监考人员存在不负责任、敷衍了事的现象,甚至失职、渎职等等。所以从严治考的任务依然很重。这就需要我们大家共同支持学院的工作。下去以后,要认真落实学院的有关规定,切实履行好职责,真抓实管,从严执纪,推动全省考务工作不断迈上新的台阶。

二、要认真履行职责,端正工作态度,提高业务水平

办好业余函授教育,需要有两支坚强的队伍,一支是教学队伍,一支是管理队伍。监考工作属于管理的范畴。将办学的规章、制度、要求落到实处,人是关键因素,监考者正是贯彻落实学院有关招生考试的一系列规章制度的执行者,因此,监考人员的思想、认识、作风、态度都将直接影响考务工作的状况。从去年个别单位的人民来信所反映的情况看,考试中相当一部分问题就出在监考人员身上。例如,有的监考人员不负责任,工作不认真,不投入,马马虎虎,得过且过;有的纵容、偏袒某些考生作弊;更有甚者,个别人置省院的三令五申于不顾,严重违反考试工作纪律,为个别特殊考生开绿灯,严重影响了考试工作的严肃性、公正性,败坏了党校业余函授办学的声誉和形象。这是对业余函授办学的极大干扰,也是对业余函授办学的一种极不负责任的表现,在今年的招生工作中,一旦发现,要严肃追究,从重处罚,决不手软。

这次抽调来监考的同志来自各个处室,

大家都是原则性强、工作认真、作风正派、敢抓敢管的同志。大家知道，党校业余函授教育是党校教育的一个重要组成部分，甚至是一个不可缺少的重要组成部分，正如郑必坚同志所讲，党校不能没有函授，函授不能离开党校。是党校办函授，不是函授办函授，因而，党校业余函授教育除了由业教学院处理日常工作外，也是全校教职员工本职工作的重要组成部分。希望大家树立全校一盘棋的思想，把监考工作当作自己的份内工作来完成，发挥主人翁责任感，坚持原则，不徇私情，严肃执纪，以实际行动，为促进考风考纪的全面性好转作出自己应有的贡献。

这次大家下去监考，采取的方式仍然是监标准考场。要搞好标准考场的监考工作，使之切实发挥应有的作用，必须严格落实责任制，并认真兑现奖惩政策。总结近年来治考的经验，经学校同意，今年学院制订了相应的奖惩政策。我个人认为，学院制定这一奖惩政策，是为了给大家的工作加点催化剂，确保考务工作做得更好，另一方面，也是对大家承担了责任、付出了劳动的回报，希望大家积极热情地支持这一政策。同时，也希望学院的同志们秉公办事，认真考核，奖惩兑现，使大家劳有所获，各有所得。对整个考务工作及监考工作，学院要加强领导，搞好巡查，对面上的工作要及时反馈，进行及时通报；要认真总结经验教训，对好的要总结表扬并及时推广，对出现的问题要及时解决；要严格按章程办事，按程序办事，认真负责，奖罚分明，确保整个考试任务圆满完成。

另外，大家在下去监考期间，一定要遵守工作纪律，注意言行举止，注意工作形象，在考场上，对考生既要热情服务，又要严肃执行纪律，同时又要讲究监考的艺术和方法。在考试期间要坚守岗位，一律不许外出参观或走亲访友，在吃住行等方面要廉洁自律，不要给市地的同志出难题、添麻烦，体谅并支持基层的工作。而对今年繁重的考务工作，也希望函院的同志要加强调度，精心组织，确保万无一失。

我相信大家一定会认真落实学院关于从严治考的有关规定，坚守岗位、认真负责、秉公执纪、从严监考，通过大家的辛勤劳动，一定会达到我们预期的目的，推动全省业教考风考纪再创佳绩，开创新的局面。

从战略任务高度正确认识党校函授教育为培养造就适应新世纪要求的高素质党员干部而努力

——在2000级新学员开学典礼上的讲话（节选）

（2000年8月27日）

中共湖北省委党校常务副校长 李明贵

同志们：

今天，我们在这里隆重举行2000级函授新学员开学典礼。从现在开始的几年中，同志们将在党校接受“理论、知识、党性、能力”的培训教育。这是你们人生旅程中很有意义的一段经历。借此机会，我代表中共湖北省委党校，对大家有幸到党校深造，表示衷心祝贺和热烈欢迎！

大家知道，前不久中央召开了全国党校工作会议，在这次会议上，江泽民同志就加紧培养适应新世纪要求的中青年领导干部问题发表了重要讲话。他强调指出：“历史和现实都表明，一个政党、一个国家能不能不断培养出优秀的领导人才，在很大程度上决定着这个政党、这个国家的兴衰存亡。中国的社会主义事业能不能巩固和发展下去，中国能不能在未来激烈的国际竞争中始终强盛不衰，关键就要看我们党能不能培养造就一大批高素质的领导人才。”这是我们党的一项战略任务，在这项重大任务中，党校应该也完全可以发挥重要作用。中央《关于面向二十一世纪加强和改进党校工作的决定》明确指出：党校函授教育是党校教育的重要组成部分。因此，我省党校函授教育也应当而且必须为培养中青年党员干部多做贡献。

党校运用函授教育形式培训党员干部，这是党校教育史上的一大创举。它使党校由封闭型办学变为面向社会开放型办学，为一大批难以脱产进党校培训的党员干部提供了在职利用业余时间进党校系统学习进修和深造的机会，扩大了党校教育阵地和培训面，拓展和延伸了党校教育功能。

党中央和中央领导同志高度重视党校函授教育。特别值得一提的是，江泽民同志在百忙中曾经给中央党校领导同志打电话，要看中央党校的函授教材、教学参考资料和教学指导书。在看完中央党校函授学院的四本教材后，给予了高度赞扬和肯定；胡锦涛同志多次就党校函授的有关工作作重要讲话和批示。他充分肯定党校函授教育“为加快干部队伍培训步伐，提高党员干部素质，拓展党校教育作出了积极贡献。”这是对党校函授教育事业的鼓励与鞭策，也是对党校函授教育的希望与要求。

同志们从今天开始，就是一身二任，既要做好本职工作，又要完成好党校函授学习任务，这就需要正确处理好工学矛盾，力争做到工作、学习两不误。在搞好函授学习方面，我想向大家提出几点要求：

1. 明确学习目的，端正学习态度，增强学习的驱动力。党校函授教育的培训目标和办学指导思想，对于学员来讲就是学习的目的和奋斗的目标。这里，我再强调两点：第一，要以对自己负责、对单位组织负责、对党的事业负责的态度来认真学习，不能把参加函授学习简单地看作是私人的事。学习的过程是增强党性修养的过程，希望同志们严格遵守校纪校规，按时到校上课，自觉增强党性锻炼，不断提高自身素质；第二，要正确处理好文凭与水平的关系。文凭是学员圆满修完一定学业的凭证和标志，从这个意义上讲，重视文凭是正当的，无可厚非。但是，如果单纯追求一纸文凭，而不求真才实学，即使形式上文凭到手，高学历低水平也是经不起实践检验的。工作实践的成效取决于干部的素质和水平。有文凭而没有真才实学，在激烈的竞争中没有竞争力，文凭就等于一张废纸。对于这个问题大家要格外注意。

2. 严谨治学、严格要求，强化自学。古人韩愈有一句名言：“业精于勤，荒于嬉，行成于思，毁于随”。这句话道出了治学的真谛在于勤奋。大家是在职业余学习，存在着工作与学习、家务与学习等诸多矛盾，干扰因素较多，如果不勤奋学习、不严格要求，就会使学习陷入被动以至虚度年华的境地。自学是党校函授学习的主要形式和基本渠道。教材、辅导资料、面授只能起到传递知识信息的作用。至于这些教学手段和载体所传授的知识，能否为大家接受和掌握，关键在于大家能否刻苦钻研和实际运用。“师傅引进门，修行在个人”。函授教育取得成效的关键在内因、在于自己所下的功夫。当然，强调自学，也要强调面授的质量，强调到课率。教师面授是对教材的要点、重点、难点的讲解，有利于帮助学员对理论、知识的理解和掌握。同时也是传导教学意图的有效手段。因此，我们要采取切实有力的措施，保证函授面授的教学质量。

3.重视党性锻炼，不断增强自己的党性修养。突出党性锻炼，是党校函授教育的一个明显特点。党性修养最重要的是要牢固树立全心全意为人民服务的宗旨，胸怀大志，脚踏实地，努力成为一名党和国家所需要的合格人才。表现在学习过程中，学风问题是党风的具体表现，如果学风不正，不遵守函授教育的规章制度和学习纪律，无论如何也不能说是党性强、作风好。希望同志们把学风上升到党性党风的高度来认识，在学习的各个环节中自觉加强党性锻炼。

同志们，你们的业余学习生活从今天就开始起步了，希望大家从一开始就将学习纳入正确轨道，强化自我教育、自我管理，保证学习质量，为党校函授教育争光，不辜负党和人民的希望和重托。

把握当前党校工作特点 从五个高度认识党校函授教育

——在2000年全市党校函授工作会议上的讲话（节选）

中共重庆市委党校常务副校长 **程大鹏**

党校函授教育是党校教育的重要组成部分，校委对此一贯是很重视的。这次会议既是本世纪最后一次函授工作会，又是全市党校工作会议后召开的一次函授工作会，因而有着特殊的意义。下面，我讲两个问题。

一、回顾近期工作，把握当前党校工作特点（略）

二、加强学习，从五个高度认识党校函授教育

结合中央和市委的两个《决定》以及我市情况，我认为，应从五个高度来认识党校函授教育，也就是认识党校函授教育的重要性。

一是从贯彻中央和市委两个《决定》精神的高度去认识。这两个《决定》是面向二十一世纪指导办好党校包括党校函授教育的纲领性文件，其中对党校函授教育明确提出了很高的要求，这是我们抓好党校函授教育的认识基点。要求我们深入学习两个《决定》。认真领会两个《决定》和有关的重要文件精神，真正把思想统一到《决定》精神上来，才能打下可靠的思想基础。

二是从培养政治家素质的高度去认识。中央《决定》提出，党校要“以全面培养领导干部政治家素质为目标”。鉴于党校函授学员多数是不同层次的领导干部，尤其是领导干部本科班和研究生班，学员都是处级以上领导干部，所以，也应从培养政治家素质的高度去看待党校函授教育，提高政治意识。

三是从科教兴国的高度去认识。中央《决定》明确规定：“‘科教兴国’的‘教’，包括党校教育”。自然也包括党校函授教育。作为整个有中国特色社会主义教育事业的重要组成部分,党校函授教育理应发挥重要作用。科教兴国是我国的重要战略决策。参加党校函授学习的学员多数是党员干部,其中一些还是领导干部,努力提高他们的素质和本领,对于搞好本单位本地区的工作无疑有很大的作用,进而对中国的振兴有很大的推动。

四是从维护执政党形象的高度去认识。我们党是执政党。党校是党培训轮训各级党员领导干部的“主渠道”,这是中央《决定》的新规定,表明中央对党校在轮训各级党政领导干部中的重要地位的肯定。党校还要继续发挥“三个阵地”、“一个熔炉”的作用。党校函授教育是党校教育的重要组成部分,办学的指导思想是“社会效益第一”、“教育质量第一”。培养的学员要求做到:掌握基本理论,充实专业知识,增强党性修养,提高实际能力。由于党校学员多数是党员干部,能否坚持办学的指导思想,达到培养的质量要求,直接关系到执政党的形象。

五是从振兴重庆,迎接新世纪挑战的高度去认识。重庆作为新兴的直辖市,肩负着光荣的使命,承担了艰巨的任务。例如,实施西部大开发战略,实现重庆新的振兴,靠什么?一个重要条件,就是靠具有政治家素质、德才兼备、勇于开拓的领导干部。毛主席曾经说过:“政治路线确定之后,干部就是决定的因素。”江总书记在全国党校工作会议上的讲话指出:“历史和现实都表明,一个政党、一个国家,能不能不断培养出优秀的领导人才,在很大程度上决定着这个政党、这个国家的兴衰存亡。”这些都说明了高素质的领导干部的重要性。党校函授教育在培养高素质的干部学员中有所作为,做出显著成绩,就会对振兴重庆,使重庆在西部大开发中努力冲在前面,在迎接新世纪的挑战中掌握主动权,显示出重要的作用。

从上面五个高度去认识党校函授教育,就是要解决我们的认识问题。搞好我市党校函授教育,我们的基本方针是:稳定规模,加强管理,深化改革,提高质量。为此,我提出五点希望:

一是对党校函授教育的认识要端正。我今天讲的,主要就是对党校函授教育要有正确的认识。这次会议的主题讲“端正办学指导思想”,也是为了解决认识问题,认识不正确,办学指导思想不端正,就难以提高办学质量。

二是函授办学的思路要清晰。办学的思路涉及到各个方面,开办哪些专业?招收多少新生?办学条件怎样改善?怎样加强管理?怎样着眼今后的发展?等等。都需要我们有清晰的体现进取精神的思路。各办学单位应从本单位的实际出发,以开拓精神去确定发展思路。

三是管理要加强。中央和市委的两个《决定》都谈到党校函授教育要“严格把握招生、教学、考试等环节,进一步搞好规范化管理,不断提高教学质量。”在这方面近二、三年来有进步,有成绩,但还存在不少问题,需要进一步在搞好管理上下功夫。

四是函授教学要改革。中央《决定》提出了党校教学新布局,按照这个新布局,必须深化党校的教学改革,函授也不能例外。这方面需要研究探讨的问题很多,例如,如何把“三基本”、“五当代”纳入教学内容,就是一个重要课题。

五是函授办学质量要提高。这是我们函授办学的落脚点,是我们贯彻落实两个《决定》精神的着眼点和落脚点。如何提高函授办学质量,涉及到各办学单位的领导、教师、工作人员以及学员,涉及到教学、教材、管理等各个方面。大家要多思考、多实践、多总结、多改进,使党校函授教育获得更好的社会声誉。

总之,办好我市党校函授教育,需要我们齐心协力;党校函授教育的发展势头很好,我们既要有信心,更要多努力。

抓住机遇 开拓进取
把党校函授教育事业提高到新水平

——在省委党校2000年函授教育工作会议上的讲话

中共陕西省委党校常务副校长 兰友仁

今天，我们在这里举行2000年党校函授教育工作会议，传达中央党校2000年函授教育工作会议精神，在总结今年工作的基础上部署安排明年的工作，研究党校函授教育改革和发展的一些重大问题。这是在新世纪来临之际，我省党校系统召开的一次重要会议。首先，我代表省委党校校委向大会表示热烈的祝贺，并借此机会，向长期以来为我省党校函授教育事业辛勤工作并做出成绩的广大教师、班主任及全体函授管理工作者致以亲切的问候和敬意！

当前，党校教育的形势很好。一是今年4月，江泽民同志作出了“三个代表”的重要论述，6月，中央作出了《关于面向21世纪加强和改进党校工作的决定》并召开了全国党校工作会议，进一步明确了党校是各级党政领导干部培训轮训的主渠道，是“科教兴国”的“重要组成部分”，江泽民、胡锦涛作了重要讲话，对党校提出殷切希望。这是党校发展历程中的一件大事，是新世纪加强党校建设的纲领性文件。二是前不久中央召开了十五届五中全会，作出了《关于制定国民经济和社会发展第十个五年计划的建议》，提出了迈向新世纪我国经济和社会发展的战略任务和指导方针。要完成新世纪的三大任务，实现“十五”计划的目标，夺取建设有中国特色社会主义事业的新胜利，关键在党，关键在于党的建设和干部队伍的建设。党校作为培训轮训干部的主渠道，在培养新世纪高素质的干部方面担负着重要的历史责任。因此，我们可以说，在世纪之交，党校教育，包括党校函授教育面临着良好的发展环境和重要机遇。

同时，我们也要看到党校函授教育面临着严峻的挑战，既有国际形势发展的挑战，又有来自国内方面的挑战。21世纪，国际政治的多极化，经济的市场化、全球化趋势将进一步发展，信息社会和知识经济时代的出现将给世界带来深刻变化；科学技术、综合国力的竞争，高科技、高素质人才的竞争将日趋激烈。从国内来看，随着第三次全国教育工作会议和《中共中央国务院关于深化教育改革全面推进素质教育的决定》的实施，我国各类教育正步入“快车道”而加快发展，这将对党校函授教育形成一定的压力，党校函授教育只有不断地改革，提高办学质量，走内涵发展的路子，才能继续前进和发展。

面向21世纪我省党校函授教育的总体思路是，高举邓小平理论伟大旗帜，以江泽民同志“三个代表”的思想为指导，认真贯彻落实中央《决定》和全国党校工作会议精神，认真贯彻落实胡锦涛同志关于党校函授教育的一系列指示，抓住机遇，迎接挑战，深化教育改革，推进素质教育，加强规范化管理，全面提高办学质量，增强面向新世纪培训干部的适应性，更好地为培养党的高素质干部队伍服务，为我省改革开放和社会主义现代化建设服务。就当前的工作来讲，我想提三点希望和要求：

第一，深入学习贯彻中央《决定》和全国党校工作会议精神，把思想统一到中央《决定》上来。中央10号文件和江泽民同志、胡锦涛同志的重要讲话，都是面向新世纪进一步办好党校，包括办好党校函授教育的纲领性文件，对于党校事业和党校函授教育事业的发展，具有十分重要的历史性指导意义。因此，要按照各级党校校委的统一部署，继续深入学习，要从讲政治的高度，进一步认清党校和党校函授教育在整个有中国特色的社会主义教育事业中的重要地位和作用，增强做好培养高素质干部特别是中青年领导干部的极端重要性的认识。进一步坚持正确的办学方向，正确处理好社会效益和经济效益的关系，克服和防止片面追求经济效益的错误倾向，始终不渝地把社会效益放在第一位，保证党校函授教育的健康发展。各学区、直属站要根据中央10号文件和江泽民、胡锦涛同志的重要讲话精神，认真查找和解决存在的突出问题，加强管理，从严治学，切实提高办学水平。在深入学习中，还要结合函授教育工作的实际，提出全面贯彻落实中央10号文件和全国党校工作会议精神的实施意见，振奋精神，积极进取，正视现实，积极应对，坚定步伐，继续前进。

第二，从严办学，严格管理，以质取胜。要把从严治校，加强学员管理的精神和要求贯彻到党校函授教育中去。从严治校，严格加强学员管理是党校性质所决定，是保证办学质量的需要，是培养高素质领导干部和党员干部的需要。大量事实证明，松松垮垮是培养不出高素质人才的。面对全方位办学的新情况，有些人对从严治校，严格管理产生了动摇，误认为教育放开了，质量要求不那么高了，管理不能那么严了，严了就会影响生源，企图通过放松要求、降低标准来争取生源，这种想法和做法是错误的，也是很有害的。党校的培训对象是党员领导干部和党员干部，其培训质量只能是高标准，而决不能降格以求。所以，我们一定要从严治校，严格管理，实现从侧重量的发展到侧重质的提高的转变，把工作重点放在以质取胜上。要认真贯彻中央《决定》关于规范化管理的要求，要切实提高办学层次，控制办学规模，要认真执行总院、分院各项管理制度，狠抓落实，切实做到按章办事，把各项教学与管理工作都纳入制度化、规范化轨道，要坚持以“三讲”精神和要求办好党校函授教育，增强函授教育的政治性、严肃性和原则性，维护党校的形象和声誉，端正教风、学风和考风，克服办学中一切弄虚作假行为和不正之风，切实保证党校函授教育的质量，坚持走内涵发展为主的路子。

第三，进一步加强对党校函授教育的领导。各级党校要进一步加强对党校函授教育的领导，各级党校主持工作的一把手，也是党校函授教育质量的第一负责人。校委要把函授教育列入议事日程，经常研究办学中的重大问题；要加强函授领导班子和办学队伍的建设，切实解决师资的选聘、培训以及待遇等方面的问题；要加大对函授办学的投入，改善办学条件；还要加大党校函授教育的宣传力度，增进社会各界对它的了解和支持，创造一个良好的办学环境。要加强视导检查督促，完善质量监督制度，不仅要自己监督，而且要主动接受当地组织、宣传、纪检、监察、人事、教育等部门的监督。今后的招生录取、到课考勤、考试成绩、平时作业、毕业论文答辩、党性考核结果都要公开，增强透明度，杜绝暗箱操作，便于群众监督。各级函授组织也要注意加强自身建设，勤俭办学，从严办学，转变作风，扎实工作，以自己的出色工作取得党委的支持，取得在社会上应有的地位。

实践篇

中共中央党校函授

1 中央党校函授教育十五周年总结表彰大会暨2000年函授教育工作会议在京召开，进一步贯彻落实中央10号文件和全国党校工作会议精神。胡锦涛同志亲切接见会议代表并合影留念，郑必坚、张志新同志出席会议并发表讲话。会议总结了中央党校函授教育十五年来的经验，表彰了百名优秀教师、百名优秀学员、百名优秀管理人员及优秀教材（含优秀音像教材）。

2 《学习时报·函授教育专刊》于年初发表《认真贯彻江泽民同志“三讲”重要讲话精神，开创党校函授教育工作的新局面》的署名文章，提出了2000年党校函授教育工作的总体思路和构想。总院依据中央党校2000年工作要点要求，提出了2000年函授学院的十项工作任务。

3 全院深入开展“三讲”教育“回头看”和“三个代表”重要思想的学习活动，有力地推动了教学改革。总院先后召开了教改方案研究、论证会，命题改革座谈会，专业、课程设置改革座谈会等，拟定了一批整改方案。

4 总院在上海召开座谈会，学习贯彻中央10号文件和全国党校工作会议精神，张志新同志作了《切实把思想统一到中央〈决定〉和全国党校工作会议精神上来》的讲话。

5 为进一步推进函授学院人事制度改革和进一步加强经济核算，提高管理水平，总院提出了《关于函授学院实行内部岗位聘任制的意见》和《关于函授学院加强经济核算的意见》，这两项改革方案已经校委批准。

6 中央党校校委决定在北京地区以外（不含直辖市），通过函授网络举办在职研究生教育，这标志着中函在职研究生班由试办进入正式开办阶段。

7 总院对分院教育评估的检查验收基本结束。至此，历时三年的全院范围教育评估活动告一段落。这次教育评估对规范办学、提高质量起到了重要作用，促进了党校函授教育的健康发展。

8 总院在湖南召开了教材工作会议，进一步推行教材精品建设，并提出了加强教材精品建设的十项举措。2000 年总院共编印教材 128 种，其中新编、修改 82 种，出版社出版 69 种，对于满足广大学员学习新知识和提高思想理论水平起到了重要作用。

9 科研、宣传等工作取得了积极成果，《党校函授教育学》、《党校函授教育特点规律研究》、《中共中央党校函授教育年鉴（1998）卷》等编辑出版，《光明日报》刊登系列文章，报道了中央党校函授教育十五年来所取得的显著成绩。

10 在中央党校教师节庆祝大会上，中央党校函授学院获校管理（服务）优秀集体奖，受到校委表彰。

中央党校函授学院工作总结与安排

函授学院 1999 年工作总结

1999 年初，校委对函授学院的领导班子作了调整。一年来，函授学院在校委的领导下，在副校长、院长张志新同志的直接领导下，深入贯彻落实胡锦涛同志指示，坚决执行校委决定，以“三讲”为动力，发扬扎实细致的作风，注重实效，深化改革，推动了以教学为中心的各项工作，较好地完成了校委交给的工作任务，函授工作呈现出良好的发展态势。现将 1999 年工作总结如下：

一、完成的主要工作

1. *积极开展“三讲”教育，加强函授学院自身建设*

根据校委的部署和要求，我们认真组织处以上干部和党员教授参加“三讲”教育。院领导班子认真进行思想发动，在学习文件的基础上，把自我剖析和查找办学中不容忽视的问题结合起来，在整改上下功夫，精简了会议和文件，合并了内设机构，改进了工作作风，提高了工作效率，全年节省经费开支 150 万元。由于坚决执行了校委的各项规定和要求，使“三讲”教育促进了函授学院的建设，推动了函授学院的各项工作。

2. *贯彻以教学为中心的方针，加大教学管理力度，狠抓教学质量*

一年来，我们明确提出并始终坚持以教学为中心，把重锤敲在提高教学质量上。首先，精心制订教学计划和教学具体安排。根据教学需要，我们分别拟制了 1999 年下学期 26 个班次 75 门课、2000 年上学期 20 个班次 68 门课的教学计划和教学具体安排，并提前四个月下达，为各级组织安排教学活动赢得了主动，有效地发挥了教学计划和教学具体安排的宏观指导作用。其次，加强师资管理和培训。为进一步加强师资队伍管理，充分发掘党校系统函授教育师资潜力，我们推出了实行“面授教师审批备案制度”、建立“师资档案库”、编辑“骨干教师名录”等新举措；全年召开了两次备课会，举办了一期教师培训班，集中分院、学区的部分骨干教师，请教育界有一定影响的 10 位法学和经济学专家、学者讲解教材，解答疑难问题，组织与会教师研讨、交流经验，收到了较好的效果，推动了教学工作。第三，认真做好试卷的命题制卷工作。全年组织完成了学员入学、期末和总补考等 5 次考试 112 门课的试卷命题和制卷工作，共命题 271 套，制卷 483.79 万份，是制卷最多的一年，较好地保证了质量，并及时送发到了各分院和直属学区。第四，加强了在职研究生班工作。在导师和教师的选聘、面授以及学员毕业论文的撰写和答辩等环节，加大了管理力度。研究生班的教学和管理工作稳步向前推进。1999 年全国范围内有 63 名已毕业在职研究生，通过我校科研部申请硕士学位。经考核通过，取得硕士学位资格的12名同志全部是函授学院研究生班95级、96级的毕业学员。这是对我们研究生工作的鼓励和肯定。

第三次全国教育工作会议后，我们组织全院同志认真学习会议文件，领会和贯彻会议精神，对如何进一步深化教育改革、强化素质教育，进行了认真的研究，出台了一些新举措，还有一些改革措施正在论证过程中，如“学分制”、“弹性教学计划”等。

由于我们紧紧围绕教学这个中心，在教学管理上下功夫，强化质量管理，教学质量有了一定提高。

3. 认真落实校领导指示，推出教材建设新举措

为贯彻校领导关于把“三基本”、“五当代”教材引入党校函授教材体系的指示，我们召开了专题研讨会研究具体落实措施，并经校领导批准请原编写组为党校函授教育编写“三基本”、“五当代”的简读本。为组织学员深入学习邓小平理论和党的十五大精神，我们及时修订了《江泽民重要讲话选编》。党的十五届四中全会闭幕后，为贯彻中央《关于国有企业改革和发展若干重大问题的决定》精神，我们立即对有关教材进行了修改。全年共编、审教材127种，教学辅助资料60种，总计约3800余万字，适应了形势发展的要求，更进一步提高了教材质量。此外，还制作了58门课的教学录像，复制音像教材近2万盘，音像教材质量也有明显提高。

在教材印制发行任务很重的情况下，我们及时下达印制计划，组织印厂精心印制并及时、准确发运。全年共印发教材、资料335种共1635万册，征订、下发教材185万套，新设计版面210种。多数教材装帧精美、印制优良。上学期和下学期使用的教材，均提前一个月发运到全院180个教材直发点，确保了教学需要。同时，零售教材工作也取得了很大的成绩。

4. 严把招生关、考试关和毕业关，圆满完成1999年招生、考试和学籍管理任务

1999年是全国范围报考中函考生较多的一年，达45.6万名。在招生工作中，我们按照校委批准的招生工作计划，精心安排，严密组织，严格管理，加大宏观调控力度，经过上下共同努力，层层把关，较好地完成了招生工作任务。在全年组织的5次全院性考试中，我们还狠抓考试制度的贯彻落实，狠抓考风考纪，派出34个巡考小组共70余人次，分赴全国34个分院巡考，了解情况，指导工作，总结经验，严肃处理违纪单位和有关人员，对个别管理不严的辅导站负责人，由当地组织部门撤消了县党校校长职务，收到了较好的效果。在学籍管理上，坚持“三严”、“五审”制度，从一个重要方面把住了毕业关。

5. 积极推进远程教育，计算机网络建设取得新进展

我们制定了远程教学和计算机网络建设两个规划；按照学校远程教育网络建设规划的要求，积极配合校园网络建设，抽调骨干力量直接参与工作，精心设计“函授学院信息发布系统”，为校园网的开通起了示范作用；研制的“函授网络管理信息系统一期工程”通过专家鉴定；完成了“教材编研子系统”的试点使用，开发了教材发行计算机网络管理系统；积极开发了多种形式的计算机培训；远程研究生教学已试讲2门课，效果很好。

6. 全面开展分院函授教育评估验收工作，有力地促进了党校函授教育

为贯彻落实校委指示，全面完成对各分院的党校函授教育评估检查验收工作任务，一年来我们在做好充分准备并经过试点取得经验和培训骨干的基础上，分期分批的进行逐个验收。目前已完成对28个分院的自我

评估检查验收工作，占应由总院直接检查验收的38个分院（直属学区）的73.7%（不含部队分院，部队分院的评估检查验收由总政治部统一组织）。这次评估检查验收工作，以总院处以上领导干部为主，适当抽调总院和分院一些专家、学者组成检查验收小组，由总院负责同志带队，本着坚持标准、严格要求、重在整改、着眼发展的精神，同被验收的分院一道，在充分肯定办学成绩的基础上，着重剖析办学中存在的不容忽视的问题，研究和制定整改方案，并与被验收单位认真交换意见，共商整改和发展大计。因此，评估验收工作有力的促进了党校函授教育。同时，我们初步建立了办学质量评估标准和评估体系，为今后严格检测办学质量提供了手段并积累了经验。

7．进一步完善规章制度，加强规范化管理

遵照胡锦涛同志和校领导有关指示，我们在深入研究的基础上，起草了《关于进一步加强中央党校函授教育规范化管理的意见》和《关于规范党校函授教育的意见》两个文件，已上报校委，前一个文件校委作为学校“三讲”整改材料下发。同时，我们还在汲取1996年以来全院创造的新经验、新成果的基础上，对1996年编印的《中共中央党校函授学院管理制度汇编》进行了充实和修改，并印制下发到各级组织，使中央党校函授教育的规范化管理进一步加强。

8．积极做好函授教育的各项保障工作

函授学院行政后勤保障部门胸怀全局，立足本职，勤奋工作，努力为教学这个中心工作服务。行政部门除了完成值班、车辆保障、打字复印、物资采购与管理等经常性的任务外，较好的完成了安全保卫任务，特别是把卫生工作和防火结合起来，取得了较好的成绩，受到了校领导的表扬和鼓励。财务部门坚持勤俭办学原则，严格坚持财务制度，积极进行收款工作，加强财务管理，收支清楚。院办公室在协助领导抓好中心工作、起草文件和接待等方面做了大量工作，较好地发挥了参谋助手作用。

9．努力做好机关党的工作和组织人事工作

院党总支在组织机关政治学习和搞好“三讲”教育、开展思想政治工作、促进函院精神文明建设、培养入党积极分子和发展新党员等方面，做了大量工作。在干部队伍建设方面，加大了干部的培训力度，有十几位同志参加大专、本科、研究生在职学习，提高了理论和业务素质，此外，还充实调整了处（室）领导班子，并有多位同志晋升了职务和职称。为丰富函院物质、文化生活，院工会也为大家办了不少实事、好事。

10．积极开展科研和宣传报道工作

1999年，我们制定和印发了科研工作章程，拟定了近期科研规划，并取得了一批科研成果。《党校函授教育学》、《党校函授教育特点、规律理论研究论文集》的编写和编辑工作取得进展，将按时出版并作为向建院15周年的献礼。此外，我们还先后编印下发了4本经验文集和1本优秀毕业论文选。

为进一步加强宣传报道工作，我们将院报由原来4开小报改为对开大报，并作为《学习时报》专刊已出刊10期，增强了指导和宣传效果。《学习辅导》和《函授快讯》正常出刊，加紧进行了《年鉴》1995卷、1998卷、1999卷和综合卷的编辑和征集工作。我们还遵照校领导关于加大宣传力度的指示，约请人民日报、新华社记者撰写并在人民日报上发表了有关党校函授教育的宣传报道文章，郑必坚常务副校长亲自修改函授新闻稿件，扩大了社会影响。

11．召开了1999年度党校函授教育工作会议

1999年11月中旬在广东顺德市委党校隆重召开了1999年党校函授教育工作会议。

中央党校常务副校长挤出时间到京外参加这样的函授会议还是第一次，给了与会代表很大的鼓舞。会上，郑必坚同志作了题为《抓住机遇，开拓进取，把党校函授教育事业提高到新水平》的重要讲话。副校长张志新同志作了题为《全面落实胡锦涛同志的重要指示，努力开创党校函授教育新局面》的重要讲话。会议总结了一年来的工作，交流了加强分院建设的经验，查找了办学过程中存在的不容忽视的问题，探讨了面对良好机遇和严峻挑战如何将党校函授教育推向新世纪的对策。会议达到了预期的目的，取得了圆满的成功。

1999年，全院的工作取得了明显进步和很大成绩，但也存在一些急待解决的问题，主要是教学改革相对滞后，基本上还是沿用传统的人才培养模式；有些单位办学指导思想还存在一定偏差，对坚持和维护党校函授教育的政治性、严肃性和原则性不够坚决；办学中还存在一些薄弱环节和漏洞、隐患；师资队伍建设还不能完全适应党校函授教育发展的需要；总院在队伍建设方面，思想政治工作还不够坚强有力等。这些问题都有待于我们认真研究解决。

二、主要体会

1. 认真落实胡锦涛同志指示，是做好工作的首要前提

胡锦涛同志十分关心党校函授教育工作，他的多次指示，既肯定了成绩给了我们极大鼓舞，又指出了不容忽视的问题给我们指明了努力方向，是我们搞好党校函授教育的重要指导思想。1999年，我们专门印发了《胡锦涛同志关于党校函授教育的讲话批示》，进一步狠抓了深入学习和贯彻锦涛同志指示的工作，使全院同志提高了对办好党校函授教育重要性的认识，增强了责任感和信心，极大的推动了党校函授教育的发展。

2. 积极争取校委的领导和支持，是做好工作的有力保证

函授学院的工作，是整个党校工作的组成部分，校委的正确领导和校领导的大力支持，是我们做好工作的有力保证。工作中，我们注意了主动向校委和校领导汇报工作，使校委和校领导及时了解函授学院和整个函授教育的情况，特别是在一些重大问题上及时得到校委和校领导的指示和支持，使我们工作方向更加明确，困难得到及时解决。例如，年初，校委听取了函院工作汇报后，确定了函院工作的总体思路和1999年的主要工作；国庆节期间，郑必坚同志又听取了函院工作汇报，明确指出党校函授教育要大胆改革，紧跟时代步伐，并提出了“思考、落实、向前进”的要求，等等。事实证明，校委的坚强领导和有力支持，是函院工作沿着正确方向继续向前发展的保证。

3. 不断加强自身建设，是做好工作的基础

函院是中央党校函授教育的管理机构，肩负着重要的使命。工作人员素质的高低，对中央党校函授教育有着重大的影响。为适应时代和办学任务的要求，我们狠抓了自身建设。首先，结合“三讲”教育加强了思想和作风建设。在“三讲”教育中，我们要求党员领导干部带头查摆自己的问题。认真进行剖析，积极开展批评与自我批评，广泛听取群众意见，把个人的自查同群众的帮助有机地结合起来，并针对存在的问题制定整改措施；要求一般党员干部，也从大局的高度自觉查找自己在政治上、学习上、工作上存在的不适应形势发展和工作要求的问题，分析原因，明确努力方向。通过“三讲”教育，使同志们受到了一次深刻而生动的马克思主义再教育，提高了思想觉悟，增强了党性修养，改进了工作作风。其次，精简了机构，加强了组织建设。内设机构由7个撤并到2个，精简了29名编外人员，使函院的机构和工作人员队伍更加精干。同时，还组

织了业务培训，帮助大家提高业务素质。由于加强自身建设，提高了自身素质，为完成全年工作任务，提高办学质量，奠定了坚实的基础。

4．密切同分院的合作关系，是做好工作的有效途径

分院是中央党校函授联合办学的重要层级，处理好同分院的关系，直接关系到中央党校函授教育的办学质量和发展。一年来，我们在工作中注意了尊重分院，就办学中的重大事情多同分院商量，充分听取他们的意见和建议，并积极帮助解决分院遇到的困难或问题，充分照顾分院的利益，尽可能减轻他们的负担。特别是经过校领导批准，聘请分院所在省委党校常务副校长为中函视导委委员，加大了省委党校对分院工作的领导和支持力度，并进一步密切了同分院的合作关系，从一个重要方面保证了全年工作任务的顺利完成。

（2000年3月6日）

函授学院2000年工作要点

2000年是新千年的开局之年，是世纪交替之年，也是中央党校函授教育开办和函院建院15周年。根据中央党校2000年工作要点，结合函授学院具体情况，制定函授学院2000年工作要点如下：

函授学院今年工作的总的要求是：在校委领导下，高举邓小平理论的伟大旗帜，紧密团结在以江泽民同志为核心的党中央周围，以党的十五大精神和中央四号文件为指导，全面贯彻落实胡锦涛同志关于党校函授教育工作的一系列指示，认真贯彻落实即将召开的全国党校工作会议精神，以教学为中心，深化教学改革，严格管理，努力提高办学质量，以质取胜，保持党校函授教育的发展态势，使全院工作取得新的进步。

一、继续贯彻以教学为中心的方针，深化教学改革，强化素质教育，加强教学管理，提高教学质量。要不断增强“以教学为中心”的意识，把重锤敲在教学上，牢牢抓住教学这个源头，搞活党校函授教育的全局；要根据中央党校面向21世纪教改总体布局的要求，加大教改力度，制订教改方案，特别要做好学分制的试点工作；要强化素质教育，突出党校教育特色，全面加强理论教育、知识教育、党性教育和能力教育；要加强教学计划管理，及时编制2000年下学期和2001年上学期教学计划和具体安排，加快教学大纲的编制步伐；要加强师资管理，认真开好每学期例行的备课会议，建立和完善“师资库”，完成“骨干教师名录”的编纂工作；要坚持择优聘任师资、竞争上岗，积极开展创“名校”、“名师”活动。杜绝不称职教师走进课堂的现象；要提高面授质量和抓好学员到课率，加强学员自学的指导和管理；做好院庆15周年“百名优秀教师”的推荐、审核工作。

二、加强教材建设。既要把“三基本”、“五当代”教材引入党校函授教育；又要根据“三基本”、“五当代”教材建设的精神组织力量对现有教材进行全面评审，评选优秀教材，淘汰内容陈旧的教材，对继续使用的教材进行全面修订；选聘专家编写新教材；制订教材建设的五年规划；配合教学改革对专业设置和课程设置进一步研究论证，尽早确定2001年专业和课程设置；制订和落实2001年的教材编写计划；加强教材印制、

发行管理，逐步实现教材全部正式出版，做到精心印制、美化装帧、改进版式，加强征订、发行工作。发挥我院教材优势，加强教材零售工作，以精品教材服务于党校函授教育。

三、加强电化教学和逐步推行远程教育。要推广普及电化教学，提高音像教材的制作质量和使用效果，逐步使音像教材向VCD光盘过渡，加强和改善音像教材征订发行工作，逐步提高电教的普及率；要积极筹建远程教学网络系统，搞好在职研究生远程教学，要加强远程教学技术人员和管理人员的培训，要总结、推广计算机网络建设二期试点经验；要更新设备以适应教学光盘制作和网络建设的需要。

四、加强在职研究生班工作，走升级发展的道路。领导干部在职研究生班是函院办学的最高层次。校委已经决定京外地区（直辖市除外）在职研究生班通过函院网络举办，它标志着领导干部在职研究生班由试办转为正式开办，这是校委作出的提高函授办学档次的重大决策。一定要加强在职研究生班的办班力度，认真总结近5年的试办经验，规范在职研究生班办学；要组织专家、学者逐步编写在职研究生教材，并精心选购教材，保证教材质量；要切实做好2000年在职研究生的招生工作，严格控制规模，不得突破校委批准的招生指标。精心施教，保证质量，切实加强班级管理，选聘责任心强、高水平的班主任，充分发挥班委会的作用，把政治思想工作和教学管理工作做到每一个学员身上。

五、做好2000年招生工作，整治考风考纪，加强学籍管理。要加强对各分院招生工作的宏观调控和业务指导，有效地控制招生规模，正确执行招生政策，规范招生管理，严格把好招生关；要坚持不懈地从严治考，加强考风考纪教育，把考风考纪列入党性教育和党性锻炼的重要内容，严格执行考务制度，重点搞好考试属地管理试点，取得经验，逐步推广。要认真落实学籍改革方案，加快学籍管理自动化步伐。

六、善始善终地完成分院一级教育评估验收工作，加强以分院建设为重点的各级组织建设。已结束验收的分院，要完善和落实整改方案，认真抓好整改工作；查找和解决存在问题不合要求的单位，要自觉地进行必要的复查和补课；未验收的单位，要积极做好准备迎接验收。分院一级教育评估工作要在今年4月结束，并按照校领导的要求，做好评估的总结，对中函的办学状况做出实事求是的估价。要把评估验收及其整改与加强以分院建设为重点的各级组织自身建设紧密地结合起来，全院各级组织要从自身实际出发，加强思想建设、组织建设、队伍建设、制度建设、作风建设、基础设施建设，充分发挥各级组织的职能和作用。

七、严格贯彻执行新版《管理制度汇编》，加强规范化管理。要切实加强新版《管理制度汇编》的宣传、学习，加强人员培训。各项管理必须以新版《管理制度汇编》为依据，维护新版《管理制度汇编》的权威性、严肃性和原则性。下半年各级组织要对新版《管理制度汇编》的学习和执行情况进行一次自查，发现偏差，及时纠正。要抓紧完成总院《机关内部管理制度汇编》的修订工作，使之趋于完善，促进总院各处室进一步规范化管理，不断提高工作效率和工作质量。

八、以做好各项工作的实际行动，庆祝中函开办和建院15周年。要本着“节俭、朴实、实效”的精神，结合实际工作开展一些有意义的庆祝活动，不搞花架子，注重总结办学经验，探讨办学规律，展示办学成果，扩大办学成就，加大宣传力度。撰写和刊载专文在首都有影响的新闻媒体上进行较为全面、系统的宣传；要继续办好院报、院刊（快讯）、年鉴；有计划、有分工地围绕院庆15周年开展系列宣传；要把院庆活动与年度工作会议结合起来，总结15年，更上一层楼!

九、加强机关党的工作和思想政治工作，继续搞好“三讲”教育和“三讲”教育“回头看”活动。要组织全体人员认真学习中央四号文件，学习江总书记对宣传思想工作的重要批示、在中纪委第四次全体会议上发表的《治国必先治党，治党务必从严》的重要讲话，以及在广东省高州市领导干部“三讲”教育会上的重要讲话精神，要认真加强和改进机关党的工作、工会工作和经常性的思想政治工作，健全和完善学习日制度和民主生活会制度，提倡爱岗敬业，踏实工作，克己奉公，无私奉献。组织上要关心每个人的进步成长和切身利益。要开展党组织的争先创优活动，要一手抓班子建设，一手抓队伍建设，搞好政治学习和业务学习。全院同志要端正办学指导思想，坚持正确的政治方向，强化政治意识、大局意识和责任意识；要以整风精神，认真解决和纠正办学中存在的不容忽视的问题；要从讲政治的高度端正教风教纪、学风学纪和考风考纪，要从严治院，加强对学员的管理，切实解决一些学员存在的“混文凭”倾向，维护党校函授教育的政治性、严肃性和原则性。

十、做好行政后勤保障工作，加强财务管理。进一步完善管理制度，不断提高管理水平和服务质量。积极做好安全、防火、车辆管理使用、物资采购、文书档案、服务接待等工作。严格财务管理制度，做到日清月结，账目清楚。坚持勤俭办学方针，进一步转变工作作风，精简会议、精简文件、精简人员。

全院同志要振作精神，同心同德，共同努力，为2000年函院工作再上新台阶而创造性地工作。

(2000年3月6日)

函授学院2000年下半年工作安排

根据校委和必坚、志新同志提出的要求，函授学院下半年工作总的指导思想是：在校委领导下，高举邓小平理论伟大旗帜，以党的十五大精神为指导，按照“三个代表”的要求，紧紧围绕贯彻中央10号文件和全国党校工作会议精神，进一步落实胡锦涛同志关于党校函授教育的一系列重要指示，深化教学改革，加强规范化管理，提高办学质量，虚心实干，振作精神，团结奋斗，不断开拓党校函授教育的新局面。

主要工作任务和具体分工如下：

一、按照中央10号文件和党校教学改革新的总体布局，深化教学改革，推进素质教育。9月中旬制定出《关于面向21世纪中央党校函授教育教学改革方案》报校委审批，并在适当时候召开第5次教学管理工作会议，部署教改试点。(教学处负责)

二、全面推进教材精品建设，将党校函授教材建设成为成人教育中的一流教材。9月份开始落实“三基本”、“五当代”简本编写工作，使“三基本”、“五当代”教材明年进入党校函授课堂；对现有教材全面排队。区别处理，推陈出新，广揽人才，聘请著名专家、学者编写新教材；并编写有关学科理论前沿、难点、热点问题的教学参考资料和教案参考资料；认真做好明年上学期所需教材的印制发行工作，提高教材印制质量；积极做好教材征订、发行计算机网络管理的培

训、推广工作。(教编室、教材处负责)

三、加强教务管理，研究提出落实中央10号文件关于“以中央党校为主体，吸收组织、人事、教育部门参与组织的考试、考核”的规定的实施方案，9月下旬报校委批准后与有关部门协商，认真组织实施。组织力量对招生质量进行复查，进一步强化考务管理和学籍管理。(教务处负责)

四、推广运用现代化教学手段。积极参与中央党校远程教学网络建设，9月下旬提出《函院远程网络建设规划》，明年上学期要把远程教育手段运用到党校函授本科班。要做好主讲教师的聘请落实工作。做好音像教材的升级换代，制作以VCD为载体的音像教材，以普及电化教学。积极做好应用软件的开发和完善工作。(电化教研室负责)

五、加强在职研究生班的规范化管理。认真贯彻执行中央党校关于在职研究生班统一管理的文件精神，研究制定《在职研究生班规范化管理的方案》，争取9月下旬上报校领导审批。加强与校内有关部门合作和沟通。加强在职研究生班师资队伍和班主任队伍建设，严格师资管理，进一步推行远程教学，加强在职研究生教材的编写工作，编写《研究生毕业论文写作指南》。(研究生办公室负责)

六、加强机关党的工作和组织人事工作。要巩固落实“三讲”成果，抓好领导班子的思想作风建设，认真执行民主集中制，遇事多倾听群众的意见。要进一步加强思想政治工作，要健全党的组织生活，坚持正常的学习日制度，切实抓好基本理论、时事政治和业务学习，要深入学习“三个代表”的重要思想，要加强全体干部、职工的培训，全面提高素质。要制定并严格执行岗位纪律要求，教育全院职工发扬爱岗敬业，奋发进取，踏实工作，无私奉献的精神，使总院机关成为全院各级组织的表率。要积极推进人事制度改革和内部分配制度改革，9月上旬提出《函授学院工作人员实行聘任制条例》(初稿)，并做好实行聘任制前的各项准备工作，待校委批准后，积极稳妥地组织实施。(机关党总支、院办负责)

七、做好后勤、财务保障。要把防火安全作为重中之重，抓紧抓好，做到万无一失。要积极做好各项后勤保障工作，努力改善服务态度，不断提高服务质量。9月中旬研究提出函授学院经济独立核算的方案和调整收费标准的方案，报请批准后认真实施。(行政处、财务处负责)

八、做好建院15周年庆祝大会和年度工作会议的各项筹备工作以及各项文稿起草工作，积极做好宣传报道工作。要以“深入贯彻落实10号文件精神，促进党校函授教育进一步发展”为主题，精心组织，认真开好会议。要做好教育评估验收的收尾和总结工作，并从10月份开始启动教育评估“回头看”活动，要求各级组织认真自查自纠办学中存在的突出问题，切实提高党校函授教育的办学质量。(院办牵头，各处室配合)

全院同志要有良好的精神状态，深刻认识党校函授教育面临的新形势、新任务，不断提高做好本职工作的自觉性，把压力变为动力，虚心、实干、团结、创新，圆满完成下半年函授学院的各项工作任务。

(2000年8月29日)

函授学院2000年工作总结

2000年，函授学院在校委的领导下，院领导班子带领全体同志团结奋斗、开拓创新、改进作风、踏实工作，圆满地完成了全年的各项任务，保持和发展了党校函授教育工作的良好态势，使全院的面貌发生了明显的变化。

一、一年来完成工作任务的情况

（一）组织全院上下认真学习江总书记“三个代表”的重要思想和中央10号文件以及全国党校工作会议精神，吃透其精神实质，并用以指导党校函授教育工作。江总书记“三个代表”重要思想发表后，总院立即组织全体同志认真学习，开展讨论，努力领会其精神实质，并对照检查，在各项工作中加以贯彻落实。3—4月份，按照学校统一部署，总院认真开展了“三讲”教育回头看活动，进一步落实了整改措施，巩固了“三讲”成果，增强了做好党校函授教育工作的使命感和高度责任感，增强了政治意识、大局意识和责任意识。中央颁发10号文件和召开全国党校工作会议，标志着党校教育和党校函授教育进入新的发展阶段，把党校教育和党校函授教育推到更加重要的历史地位。院领导班子对此高度重视，在全国党校工作会议闭幕后，总院迅速向各分院发出通知，提出学习贯彻中央10号文件和全国党校工作会议精神的具体要求，并且在上海召开了座谈会，研究深入学习贯彻的举措；院报院刊发评论、出专辑（四期）刊登学习贯彻的文章，造成强烈的舆论氛围。各分院纷纷行动，迅速在全院掀起了学习贯彻的热潮。通过学习，全院同志进一步增强了搞好工作的信心，看到了工作中的差距，增加了忧患意识，不少分院还主动剖析和解决存在的突出问题。

（二）成功地召开了中央党校函授教育十五周年总结表彰大会暨2000年函授教育工作会议，勾画出新世纪党校函授教育发展的蓝图。这次会议总结经验，表彰先进，面向未来，促进发展。会议期间，胡锦涛同志亲切接见了会议代表并合影留念，郑必坚、张志新同志出席会议并发表讲话。由于这次会议准备充分、简朴隆重、注重实效，会议气氛好，代表情绪高，完全达到了会议预期的目的。目前，已有20多家分院举行了年度工作会议传达贯彻这次会议精神，各分院行动快、决心大、措施实，这就为党校函授教育在新世纪的发展奠定了坚实的基础。

（三）抓紧了对教学改革问题的研究，制订了《中共中央党校函授学院面向21世纪教育教学改革方案》，并且先后召开了教改方案研究、论证会，命题改革座谈会专业、课程设置改革座谈会；最近，总院又分别在云南、广西召开了专业、课程设置研讨会和教学改革研讨会。全院各级组织进一步确立了以教学为中心的意识，重视学员创新精神和实践能力的培养，重视运用启发式、研讨式的教学方式；注意发挥学员在学习中的主体作用，重视学员学法的研究和指导，促进学员由被动学习向主动学习转变；教学内容作了局部的调整，“三基本”、“五当代”即将进入函授课堂；命题改革正在稳步推行；电化教材已开始更新换代，远程教育工作已经启动。总院及时编制和提前下达了2000年下学期和2001年上学期的涉及25

个班次、67门课程的教学计划和教学具体安排；圆满完成了全年五次考试命题、制卷任务，共命题、制卷119门次课程、301种试卷，印制308万份；修订了2001级招生考试复习纲要和编制了近三年招生考试试卷汇编；按照改革和改进的要求，分别在四川、甘肃召开了上、下两个学期的备课会；编辑、出版了优秀毕业论文选第四辑，并表彰了先进单位；聘任面授教师审批制度已开始实施，骨干教师名录编辑就绪。最近，总院还在上海召开了第五次教学管理工作会议，总结了两年来的教学管理工作，部署了今后一年的教学任务，重点讨论、研究了教改方案。

（四）在职研究生工作进入正式举办阶段，教学和管理工作有所加强。校委决定在北京地区以外（不含直辖市）通过函授网络举办在职研究生教育，这一重要决定给中函走升级发展的道路创造了广阔的空间。总院根据从严要求、择优录取、控制总量、确保质量的要求，完成了在职研究生的招生任务，录取新生799名；及时编制下达了2000级培养方案、教学计划和教学大纲；加强了教学宏观管理的力度，对分院的师资聘任、教学实施计划和毕业论文工作加强检查监督；加快了研究生教材编写的步伐，《古文选读》等5种教材已基本完稿；甲班的教学与管理工作进展顺利；圆满地完成了全年的各项考试任务和97级的毕业工作。

（五）加强了教材编审、印刷和发行工作，推进了教材精品建设。总院先后在湖南、北京召开了教材工作会议、教材咨询研讨会和教材装帧设计专家咨询研讨会，推出了教材精品建设的10项举措。全年共编印教材128种，其中新编、修改71种，公开出版36种，新编、修改教学辅助资料39种，全年编审教材、教辅资料总字数5200万字，《学习辅导》改为《学园》后，刊物质量有明显的提高；全年征订教材190多万套、印刷教材和各种资料1980万册，印、校质量有了新的提高。全年校对教材等文字材料185种、7063余万字，共纠正原稿错用字数7622字，占原稿总字数的0.11‰，新设计封面77个、新设计版式105本。

（六）严格把关，强化管理，细致、扎实地做好各项教务工作。一是在去年招生工作中，选择江苏地区进行了招生考试属地管理试点，并取得突破，摸清了一些重要情况，为解决办学中存在的某些问题积累了经验，取消了2000多名不合格的考生资格和几个违纪违规招生单位的办学资格。二是总院组织力量对部队7个分院录取新生资格进行了复查，检查了23569名新生的原始材料，对非军人新生、材料不全或手续不全的新生以及不符合录取资格的新生分别进行了处理。三是实行考场设置和试卷领取申报制度以及北京地区的7个分院的试卷由总院派员直接控制，有效地解决了规范考场设置和防止试卷泄密。四是实行了学区、辅导站重新登记申报，由总院逐一审核确认办学资格后，方可招生办学。

（七）电化教学升级换代开始启动，计算机网络化管理取得进展。全年，总院新录制电化教材35种、复制电化教材66种，制作VCD光盘为载体的电化教材10种，共复制音像教材14442盘、配发VCD光盘11139套。由于聘请专家教授认真审定、层层把关，精心制作，电化教材质量有所提高，优良率达到90%以上。总院开发、完善了《教务管理信息系统》和《教材综合信息管理系统》，研制、开发了《函授学院——分院数据通讯系统》，并举办数据传输软件培训班，现在已有40多家分院与总院网络中心连通。

（八）分院教育评估检查验收基本结束。至2000年9月，历时三年的教育评估结束。这次教育评估是对党校函授教育的一次检查、总结和整顿。通过教育评估，各级组织进一步端正了办学方向，肯定了成绩，总结了经验，查找了差距，认真整改，着重剖析和解决存在的突出问题，加大了投入，加强了办学队伍建设，改善了办学条件，增强了办学实力。同时，查处了一批办学不严肃、不规范和不具备办学条件的单位。

（九）综合协调、宣传报道和财务管理及行政后勤等方面的工作进一步加强。精心、周密地做好了十五周年总结表彰大会和年度工作会议的会务组织工作，起草了一套质量较高的会议文件，在光明日报上组织和参与撰写发表了两篇专文和一个专版，院报也连续发表了7篇系列宣传报道。全年编印院报21期计84万字、快讯28期计20万字、年鉴两卷计240万字（其中一卷正在排印）；编印了《党校函授教育学》、《党校函授教育特点规律研究》、《中共中央党校函授学院机关管理制度汇编》；办会、办文、接待、档案等方面都有所改进；视导工作取得了新的进展。总院根据各分院的要求，报经国家计委批准，调整了中函的办学收费标准；起草了《关于函授学院实行经济核算的意见》，已经校委批准，开始实施；接收并通过了中央单位票据中心对函院1998年—1999年度票据使用情况的检查，接收并通过了校财务部两次审计检查；召开了北京地区分院会议，对执行新收费标准进行了协调。总院还加强了安全保卫和防火工作，在年终校防火委检查评比中连续第三年获得满分和全校第一名；全年车队行车近18万公里、节油2000多公升，未发生违章事故；全年打字室打文稿530多万字，油印近18万张，复印10万多页；精打细算采购了一批物资，进行了固定资产的清查工作；加强了值班室的值班和文件、报刊收发工作。

（十）机关党的工作特别是经常性的思想政治工作进一步加强，人事制度改革迈出新步伐。组织院机关党员和干部认真学习了江泽民同志“三个代表”的重要思想，开展了致富思源，富而思进的教育活动，请王瑞璞、陈冬生同志分别就“三个代表”重要思想和加强思想政治工作问题讲了课。此外，还学习了中央领导同志在中纪委第四次会议上的讲话，观看了《胡长清案件警示录》和《生死抉择》，进行了反腐败教育，推动了党风廉政建设。为确保各项工作任务的顺利完成，更好地推动党校函授教育的健康发展，在深入调查研究的基础上提出了《关于函授学院实行内部岗位聘任制的意见》。这项改革措施已经校委批准，目前，制定内部岗位职责、落实内部岗位聘任制等具体工作正在积极进行。

2000年，全院的工作进步是很显著的，所取得的成绩也是喜人的，但我们也应该清醒地看到工作中仍然存在着一些不容忽视的问题。个别基层单位办学指导思想不端正，重招生轻管理，重数量轻质量，重经济效益轻社会效益，仍然不同程度地存在；有些单位对办学中不正之风的侵蚀缺乏警觉，对人情风和庸俗关系学的干扰抵制不力，对一些学员的混文凭倾向教育、纠正不力；也有个别单位存在管理不规范、不严肃、不到位的情况，这些问题都有待于我们在今后的工作中认真研究解决。

二、一年来工作的主要体会

（一）认真学习“三个代表”的重要思想，始终把贯彻落实中央10号文件和全国党校工作会议精神以及锦涛同志和其他领导同志关于党校函授教育工作的一系列指示，作为一项严肃的政治任务来对待。2000年，我们更加严肃认真地对待办学中存在的问题，切实保证办学质量；课堂上尽可能地聘请最好的教师任教；教材编印力求出精品；为解决师资力量不足的问题，不惜投入，开通远程教育。

（二）自觉地维护校委的权威，不折不扣地贯彻执行校委的各项决策。在党校工作的大局中，注意摆正党校函授教育的位置，正确对待工作成绩，真正认识到函授学院的工作成绩的取得是各方面的共同努力的结果，主要是校委的正确决策和正确领导，也是与校内各部门和全校同志的关心支持分不开的。因此，我们在工作中注意增强党校意识和全局意识，服从学校的决策和调度，从各个方面支持学校建设。

（三）考虑问题立足实际，积极稳妥地推进教育教学、人事制度等各项改革。领导班子考虑问题都是从党校函授教育的实际情况出发，努力探索党校函授教育的特殊规律，逐步调整办学思路，积极稳妥地推进教育教学改革，不断开拓创新。根据校委的指示，现在我们把工作重点放到着力提高质量上，提出了走以质取胜、内涵发展为主的办学思路；从函授学院干部队伍的现状出发，思考和处理人事制度改革问题，稳步推进内部岗位聘任制。

（四）努力调动各个方面的积极性，积极走合作办学之路。我们工作紧紧依靠各省级党校，聘请各省级党校常务副校长担任总院视导委委员，重视发挥他们的作用，密切总院与分院的关系，尊重分院的意见，遇事多与分院商量，经常召开分院负责人参加的小型座谈会，集中各方面的智慧，注重发挥函授教育网络的整体优势。另外，我们还加强同七部一所的合作办学力度，取得学校有关部门的大力支持。工作中注意调动各方面的积极性，重视发挥各分院的积极性，重视发挥各处室和全体同志的积极性，形成合力。

（五）从严治院，不断加强内部管理，努力提高干部素质。院领导班子认真坚持民主集中制，班子成员经常沟通，增强团结。同时注意搞好中心组学习，努力提高班子成员的思想理论水平。在全体干部和工作人员中注意加强思想政治工作和业务学习；不断完善各项规章制度；积极落实谈话制度，注意在工作中实现干部队伍的自我教育；稳步推进干部人事制度改革。不断寻求好的机制，推动工作，发展事业。

（2001 年 2 月 26 日）

学习贯彻中央10号文件和全国党校工作会议精神

【关于认真学习贯彻中央10号文件和全国党校工作会议精神的通知】 6月13日，总院向各分院下发了该通知。通知指出，刚刚闭幕的全国党校工作会议，是世纪之交党中央召开的推进党校事业改革和发展的一次极其重要的会议。《中共中央关于面向二十一世纪加强和改进党校工作的决定》（即中发［2000］10号文件），以邓小平理论、十五大精神、江泽民同志关于“三个代表”的重要思想以及关于新时期党校工作的一系列重要指示为指导，总结了这些年来党校工作的新鲜经验，回答了党校改革和发展中的若干重大问题，提出了新形势下进一步做好党校工作的一系列方针和原则。江泽民同志、胡锦涛同志的重要讲话，从政治的高度、战略的高度，论述了培养跨世纪中青年领导干部的重要意义，指明了党校工作的努力方向。中央10号文件和江泽民同志、胡锦涛同志的重要讲话，都是面向新世纪进一步办好党校包括党校函授教育的纲领性文件，对于党校事业和党校函授教育事业的发展具有十分重要的历史性的指导意义。

通知对认真学习贯彻中央10号文件和全国党校会议精神，提出下列要求：

一、要按照各级党校校委的统一部署，把传达学习中央10号文件和全国党校会议精神作为当前的中心工作来抓，并切实提高思想认识。各分院要加强组织领导，制定具体的学习计划，安排专门时间，集中精力，深入学习领会，统一思想认识。要从讲政治的高度，进一步认识党校函授教育作为党校教育的重要组成部分，在培养高素质干部队伍特别是培养适应新世纪要求的中青年领导干部方面所担负的政治责任，进一步认识办好党校函授教育的紧迫性和重要性，进一步明确办学指导思想，正确处理好社会效益与经济效益的关系，克服和防止片面追求经济效益的错误倾向，始终不渝地把社会效益放在第一位，保证党校函授教育事业的健康发展。

二、要根据中央10号文件和江泽民同志、胡锦涛同志的重要讲话精神，认真查找和解决存在的突出问题，加强管理，从严治院，切实提高办学水平。各分院要结合15周年院庆，按照中央10号文件和江泽民同志、胡锦涛同志的重要讲话精神，认真总结经验，对各自工作进行一次全面检查。要检查办学指导思想是否端正，责任意识、大局意识、质量意识是否增强，办学规模是否得到有效控制，管理措施是否到位，教学力量和教学设施是否符合要求，办学中是否存在不正之风。要加强管理，从严治院，以更高的标准、更严的要求，严格把握招生、教学、考试的各个环节，严格学历管理，坚持和完善各项管理制度，实行规范化办学，不断提高办学质量，树立党校函授教育的良好形象。总之，要以学习贯彻中央10号文件和全国党校会议精神为契机，切实查找和解决办学中存在的突出问题，振奋精神，积极进取，努力把党校函授教育提高到一个新水平。

三、要按照中央党校领导同志的要求，结合函授工作实际，提出全面贯彻落实中央10号文件和全国党校会议精神的实施意见。中央党校常务副校长郑必坚同志关于《自觉按照“三个代表”的要求，认真学习贯彻中央〈决定〉，努力把党校教育提高到一个新水平》的发言，就进一步认识党校的地位和作用，进一步深化党校教学和科研改革，进一步加强党校队伍和设施建设，进一步坚持从严治校等方面问题，作了全面阐述。副校长刘海藩、杨春贵、张志新、王伟光、李君如同志也分别就党校科研、教学、机关党的建设和函授教育、信息化建设、思想理论宣传等方面问题提出具体要求。中央党校领导同志的发言，对于深入学习领会中央10号文件和全国党校会议精神，正确处理党校函授教育中的社会效益和经济效益、数量和质量、中函和省函、党校工作全局和函授工作之间关系等重要问题，具有重要的指导意义。各分院要把“发言”作为重要内容列入学习计划，紧密联系实际，认真领会，并在深入调查研究的基础上，提出全面贯彻落实中央10号文件和全国党校会议精神的实施意见。

四、要加强对中央10号文件和全国党校工作会议精神贯彻落实情况的督促检查。各分院要加强对中央10号文件和全国党校工作会议精神贯彻落实情况的督促检查，并将有关情况（包括实施意见）于七月底前报送总院。

各分院还要注意总结贯彻落实中央10号文件和全国党校工作会议精神的经验，为将于年底召开的全国党校函授教育工作会议做好准备。

【关于召开学习贯彻中央10号文件和全国党校工作会议精神座谈会的通知】 6月20日，总院向有关同志下发了该通知。通知指出，为认真学习贯彻中央10号文件（即《中共中央关于面向二十一世纪加强和改进党校工作的决定》）和全国党校工作会议精神，促进党校函授教育的健康发展，定于今年7月6日在上海市委党校召开部分分院负责同志参加的小型座谈会，会期2天。

通知指出，这次座谈会具有研讨性质，将在认真学习有关文件的基础上，针对党校函授教育的现状，谋划新世纪党校函授教育的发展问题，研究提出贯彻中央10号文件和全国党校工作会议精神的意见和建议。这次座谈会还征求对年会主题报告写作提纲的意见。经研究，请您参加此次座谈会，并请您会前认真阅读有关文件，广泛征集意见，邀请有关同志研究讨论，并准备好详细的发言提纲，与会时必须提交书面材料，以供会上交流。会后,《函授快讯》将摘要发表与会代表提交的书面发言材料，务请认真准备。

【总院举行部分分院负责人座谈会】 7月7日、8日，总院于上海市委党校举行了学习贯彻中央《决定》和全国党校工作会议精神座谈会，这次座谈会是总院学习贯彻中央《决定》和全国党校工作会议精神一系列措施中的一项。出席这次座谈会的有上海、浙江、安徽、甘肃、山西、湖南、空军部队、铁道部、北京市公安局等分院的负责同志和总院有关人员共20人。7日上午，会议开始时中央党校副校长、函授学院院长张志新，总院副院长刘利群、张东升，上海市委党校主持工作的副校长奚吉人、上海市委党校副校长、分院院长张枫来、上海市委党校原常务副校长严家栋、上海市委党校副教育长李琪等同志出席。上海市区、县、局党校负责同志40余人列席了会议。会议由张东升主持。

奚吉人同志应邀首先讲话，他介绍了上海市委高度重视中央10号文件精神的传达贯彻。市委举行常委会听取了汇报，并召开全市传达中央10号文件大会，市委书记黄菊在这两次会议上均作了重要讲话。奚吉人还介绍了上海市委党校在市委、市政府关怀下进行校舍、设施建设的情况，该校4万平方米的、18层的综合大楼已拔地而起；图书馆已进行了根本性的改造，现代化信息手段功能齐全，具有时代气息和国际标准；餐厅也进行装修改造；第二期工程将重点改造学员楼、投资3亿元。二期工程完工后，上海市委党校将以高标准、现代化的齐全设施服务于党的领导干部的培训和轮训。

接着，张志新同志以《切实把思想统一到中央〈决定〉和全国党校工作会议精神上来》为题作了重要讲话。他说，中央《决定》和全国党校工作会议必将对21世纪党校工作产生重大而深远的影响。党校工作包括党校函授教育工作迎来了又一个春天。我们必须抓住这个难得的机遇，促进党校教育包括党校函授教育的进一步发展。当务之急，就是要认真学习贯彻中央《决定》和全国党校工作会议精神。他重点讲了两点意见：一是要认真学习江泽民总书记的重要讲话，充分认识中央《决定》和全国党校工作会议的重大意义。他指出，《决定》从加强党的建设的全局高度和从国家发展战略的全局部署中确定了党校的重要地位；《决定》明确提出要加大各级领导干部特别是跨世纪中青年领导干部的培训轮训力度，适度扩大党校办学规模，作出了具有战略意义的重要部署；《决定》提出了面向21世纪党校工作继续改革和发展的大思路。二是要切实把思想统一到《决定》精神上来，从讲政治的高度，加强和改进党校函授教育工作。他要求全院各级组织坚持正确的办学方向，始终把社会效益放在第一位，更好地为建设党的高素质干部队伍服务；加强管理，控制规模，确保办学质量，坚持以质取胜；正确处理好中函与省函、总院与分院的关系，相互补充，共同发展，充分发挥党校教育体系的整体优势；按照保持党校特色与符合国家成人高等教育基本要求的原则，深化党校函授教学改革，全面推进素质教育；认真开展教育评估"回头看"活动，自查自纠存在的突出问题。他强调指出，任何事业都是在不断解决问题中前进的。存在的问题被深刻认识了和认真解决了，就意味着成绩，就意味着进步。

与会代表进行了认真热烈的讨论。一致认为，张志新副校长的讲话有高度、有深度，含义深刻，非常中肯，受到很大的教育和启发。代表们认真学习中央《决定》和中央领导同志的讲话，比较好地理解和把握其精神实质，并以中央《决定》为指针，联系实际，敞开思想，比较深入地思考了党校函授教育的改革和发展问题，研究了贯彻落实中央《决定》和会议精神的举措，发表和提出了不少好的见解和有益的建议。尤其可贵的是与会代表对党校函授教育今后的发展既充满了信心，增添了前进的动力，又清醒地认识到目前我们的工作与中央10号文件和全国党校工作会议精神的要求还有相当的差距，感到责任重大，压力很大，增强了忧患意识，增强了解决存在问题的紧迫性和自觉性，并主动解剖问题，分析问题，研究措施。现在大家对重视解决存在问题的态度比以往任何时候都更积极、更坚定。

会议结束时，张东升副院长作了会议小结。他说，这次会议在中央10号文件和全国党校工作会议精神鼓舞和指引下，取得了圆满成功。这次会议准备充分，与会全体代表都提交了有分量、有见解、有措施的发言材料。这次会议规格高，多数分院是由院长或常务副院长出席会议，张志新副校长亲临会议指导，听取汇报，东道主提供了一流的会议环境和周到服务，全体代表聚精会神深入学习文件，敞开思想进行讨论，畅所欲言，探讨问题，深化了对中央10号文件和全国党校工作会议精神的理解，比较深入地研究了贯彻落实的举措，坚定了重视解决存在问题的决心，增强了严格把关，保证质量的责任心。代表们表示，一定要把质量搞上去，才不辜负中央领导同志的殷切希望。张东升副院长要求各位代表回单位后要把张志新副校长的讲话精神和会议情况向校委汇报；要原原本本地认真学习和研究文件，只有吃透了文件的精神实质，才能更好地理解和贯彻中央对党校函授教育的各项要求；要高度正视和重视解决存在的突出问题，遵照张志新副校长的意见，认真开展教育评估

"回头看"活动，切实查找问题，抓紧整改；要加强对党校函授教育发展中的一些重大问题：如控制规模、教材建设、专业、课程设置、面授辅导、素质教育、考核方式、整治考风、管理体制、队伍建设、现代化教学手段以及与高等成人教育衔接等问题的调查研究，不断改进办学工作，努力提高办学质量。

（院　办）

【认真贯彻全国党校工作会议精神　推动新形势下党校函授教育发展】黄士安同志专文：

今年6月5日，党中央作出了《中共中央关于面向二十一世纪加强和改进党校工作的决定》，并于6月7日至9日召开了全国党校工作会议。江泽民同志、胡锦涛同志在会上作了重要讲话。中央决定和中央领导同志的重要讲话，对新世纪加强和改进党校工作有重大的指导意义。今年是中央党校函授教育创办十五周年，我们要以学习贯彻中央《决定》和全国党校工作会议精神为动力，认真总结经验，努力发扬成绩，重视解决存在问题，严格加强管理，促进党校函授教育健康发展。

一、认真学习贯彻中央《决定》和全国党校工作会议精神，把思想统一到中央《决定》上来

（一）认真学习文件，统一思想。这次会议以邓小平理论、十五大精神、江泽民同志关于新时期党校工作的一系列指示为指导，认真学习贯彻中央《决定》，在总结近几年来党校工作经验的基础上，着眼于面向二十一世纪加强和改进党校工作的若干重大问题，明确了把党校事业提高到一个新水平的方针。中央《决定》和中央领导同志的重要讲话，从国际国内形势发生新变化的高度和我们党正处在新老交替的重要时期的实际情况，深刻阐述了培养造就大批高素质的领导干部和理论骨干，特别是中青年领导干部的战略意义，明确提出要加大各级领导干部特别是跨世纪中青年干部的培训轮训力度，进一步指明了党校在党的建设中的更加重要的历史地位。中央强调指出，科教兴国的"教"，包括党校教育，党校教育事业是整个有中国特色社会主义教育事业的重要组成部分，并明确规定党校教育应当成为全国各级党政领导干部培训轮训的主渠道；确定了党校工作面向二十一世纪改革发展的大思路；提出了在新形势下进一步做好党校工作的一系列方针和原则；对党校工作提出了更新、更高的要求。这些将对二十一世纪加强和改进党校工作产生积极而深远的影响。全院各级组织和全体学工人员要认真地、原原本本地学习《中共中央关于面向二十一世纪加强和改进党校工作的决定》和江泽民同志、胡锦涛同志的重要讲话，认真领会精神实质，把思想统一到中央《决定》上来。提高办好党校函授教育事业的自觉性，把党校函授教育与党的建设大局联系起来，全身心地投入党校函授教育工作。

（二）用"三个代表"的重要思想，武装头脑，指导党校函授教育工作。江泽民同志最近指出，我们党要始终成为中国先进生产力的发展要求、中国先进文化的前进方向、中国最广大人民的根本利益的忠实代表。这是我们党的立党之本、执政之基、力量之源。这一重要思想是对我们党的性质、宗旨和根本任务的新概括，是对马克思主义建党学说的新发展，是新形势下对各级党组织和党员干部提出的新要求，是面向新世纪党的建设的伟大纲领，也是面向新世纪党校教育改革与发展的重要指导思想。全院各级组织和全体学工人员要认真学习"三个代表"的重要思想，自觉地用"三个代表"的重要思想指导党校函授教育的全部工作，端正办学指导思想，坚持正确的办学方向。必须看到，认真抓好党校函授教育，提高办学质量，对于提高党员干部的党性修养、领导水平、管理能力、文化素质，拓展现代知

识，是实践“三个代表”的重要途径。只有从这个高度认识党校函授的重要性，才能热爱和办好党校函授教育事业。

（三）珍惜机遇，振奋精神，按照《决定》的要求，努力抓住机遇，做好工作。中央《决定》和这次会议十分重视，关心党校函授教育。中央《决定》明确指出，党校教育包括依托党校力量举办的函授教育。还专门对党校函授教育的基本要求和学历待遇作出明确的规定。《决定》第三十条指出，“中央党校函授教育要参照成人高等教育的基本要求，结合党校干部教育的特点，严格把握招生、教学、考试等环节，进一步搞好规范化管理，不断提高教学质量。学员学完规定课程，并经过以中央党校为主体，吸收组织、人事、教育部门参与组织的考试、考核，成绩合格者，取得党校函授教育学历，待遇参照国民教育相应学历的有关规定”。胡锦涛同志在会议上的重要讲话中，在讲到坚持贯彻从严治校的指导方针，首先要严格党校内部的各项管理制度时指出，“特别是要加强函授教育，在职研究生教育的管理，发扬成绩，发挥优势，同时要认真解决存在的突出问题，注重社会效益，严格学历管理，保证教学质量，维护党校教育的声誉”。中央《决定》和中央领导同志讲话中对党校函授教育的指示，指明了党校函授教育今后的发展方向，提出了严格的要求，特别是再一次明确了中函学历的认定问题，为党校函授教育的进一步发展创造了有利条件。这充分反映了党中央和中央领导同志对党校函授教育的极大关怀和寄予殷切的期望。这是党校函授教育发展的重要历史机遇。中央党校函授学院成立以来，拓宽了党员干部的培训渠道，对于提高各级各类党员干部的政治和文化素质，起到了有益的作用。现在，中央《决定》对我们提出了更高的要求。全院各级组织和全体学工人员要增强大局意识、政治意识和责任意识，增强办好党校函授教育的历史使命感和责任感，抓住这个历史机遇，认真做好各方面的工作，把功夫下在提高教学质量上，确保党校函授教育健康发展。

二、按照党校新的教学布局，深化党校函授教育改革

党校函授教育改革要按照保持党校特色、体现时代特征和参照高等成人教育的基本要求进行。

（一）保持党校特色，这是由于党校函授教育是党校教育的重要组成部分的需要，保持党校特色就要把党校面向二十一世纪教改和教学新布局作为深化党校函授教育改革的方向。中央《决定》指出，根据十五大提出的用邓小平理论武装全党的任务，党校教学改革的方向和布局，应是紧紧围绕学习邓小平理论这个中心，建设好既坚持马克思主义又充分适应世界大转折和中国新发展要求的，主要包含“理论基础”、“世界眼光”、“战略思维”和“党性修养”这几个方面内容的教育课程。党校函授教育要按照这个布局调整课程设置，把“理论基础”、“世界眼光”、“战略思维”和“党性修养”这几方面的课程，引入党校函授教育课程设置体系。要加大教改力度，要加强学科建设和教材建设，不断更新教材内容，提高教材内在的和外在的质量。

（二）体现时代特征，这是党校函授教育坚持“面向现代化、面向世界、面向未来”方向的需要。主要反映在两个方面：一是使教学内容具有时代性，党校函授教育的教学内容要采纳当代最新研究成果，把当代最新的知识教给学员，使党校函授教学与时代前进步伐相吻合；二是教学方法和手段具有时代性。要积极运用现代化的教学方法和手段，要积极参与全国党校系统远程教学网络工程建设，逐步创造条件实施远程教学；同时要抓紧进行音像教材更新换代，由VCD光盘逐步取代教学录像带、录音带；要加大电化教学的普及力度；现在一些单位采用电脑多

媒体进行面授教学取得了良好效果,有条件的单位要积极采用这种手段进行教学。

(三)参照高等成人教育的基本要求,这是党校函授学历教育的需要。中央领导同志曾指出“党校办学历教育,就要在文化基础、教学内容、学制、考试考核、党性修养等方面都要符合要求”。因此,我们应按照《决定》要求,进一步对照检查,在学员文化起点、学制、开设课程门数、学时以及面授、作业、讨论、电教及考核时数等方面是否存在不符合国家成人教育标准的问题。要保持相应的教学与考核难度,严格把握招生、教学、考核等环节。要使学员经过奋力拼搏,付出艰辛劳动,才能取得党校函授教育的毕业文凭。从而保证党校函授教育的毕业文凭保持足值。要以极其严肃的态度,防止利用党校面向社会办学的学历教育滋生腐败和不正之风。根据校领导的要求,要坚持抓好三条措施:第一条,对招考函授学员,要有规范的要求,严格招生入学关;第二条,严格教学,要求认真学好规定的科目内容,认真做作业,倡导学员通过自己艰苦的学习获得知识,提高水平;第三条,严格考试,以党校为主,请组织、人事、教育部门参与,一起来组织考试,抵制不正之风,以维护党校的声誉和形象。

三、从严治校,加强管理,不断提高办学质量

(一)要自觉地坚持从严治校的方针。长期的办学实践已经证明成之于严,失之于宽,松松垮垮是培养不出高素质人才的。我们要坚持不懈地贯彻“从严办学,质量第一”的办学方针。具体落实到从严治教、从严治学、从严治考上来,当前要认真纠正影响从严办学的认识误区,消除从严管理的思想疑虑,理直气壮地从严管理,认真克服和纠正办学中的任何不严格、不认真、不严肃的做法。要加强教师管理,推行教师“持证上岗”制,防止和避免不合格教师走进课堂,影响教学质量。在严格加强学员管理中,尤其要切实加强身居要职、掌握实权以及“关系户”等方面的学员的管理,不能使他们在学习中享有特权,把他们置于一般学员同样严格管理之中,并使他们明白党校对他们从严要求是对他们的真正爱护和负责,使之能够自觉地与之配合。中央《决定》明确规定“干部进党校学习,不论什么级别,都要以普通学员身份,认真遵守考勤制度、请假制度、生活管理制度、考试考核制度和廉政建设的各项规定,以高度的自觉努力完成学习任务。”党校函授教育在加强学员管理中,要认真贯彻这一要求。

(二)要进一步搞好规范化管理,认真执行总院颁发的新版《管理制度汇编》。管理制度具有法规性质,实行制度化、规范化管理,是以“法”治院、以“法”兴院的重要标志。全院各级组织和全体学工人员要自觉地以管理制度汇编为准绳,规范办学行为。要深刻认识执行各项管理制度的重要性,坚决克服办学中的随意性;要统一政令,避免政出多门;要坚持在管理制度面前人人平等,不搞因人而异;要以严肃的态度,坚决纠正和禁止任何偏离和违反管理制度的不良现象。

(三)要确保质量,让党和人民放心。党校函授教育肩负着为党培养高素质干部队伍的崇高使命,而且它经十数年的发展,已具有全国的规模和影响,它的办学质量如何,事关党的干部队伍建设,事关新时期党的建设,事关社会主义现代化建设。因而,备受各方面的关注,党和人民对它提出了很高、很严的要求,社会各界对它提出了很高、很严的要求,中央以及校委领导同志对它提出了很高、很严的要求,我们一定不能辜负他们的期望,要牢固树立质量是党校函授教育生命的观念,竭尽全力把党校函授教育的质量进一步搞上去,为培养党的高素质干部队伍作出积极的贡献!

中共中央党校函授教育十五周年总结表彰大会

【关于中央党校函授学院建院暨函授教育创办十五周年庆祝活动的通知】 3月28日，总院向各分院下发了该通知。通知指出，2000年是中央党校函授学院建院暨函授教育创办十五周年。十五年来，在中央领导同志的亲切关怀和校委的正确领导下，经过函授各级组织和全体工作人员的共同努力，中央党校函授教育坚持了正确的办学方向和办学指导思想，为党和国家培养了大批社会主义现代化建设的合格人才，取得了显著成绩。为进一步推动党校函授教育事业的发展，经中央党校校委批准，总院将本着节俭、朴实、实效的原则安排院庆活动，主要是结合工作，实实在在地做几件事情。

通知提出如下要求：

一、着重总结十五年来中央党校函授教育的基本经验，推动党校函授教育事业继续向前发展。编辑出版《党校函授教育学》、《党校函授教育特点、规律论文集》、《中函学员优秀论文集》。

二、宣传中央党校函授教育所取得的成就，扩大中央党校函授教育的社会影响。请中央领导同志为中央党校函授学院建院暨函授教育创办十五周年题词；在《人民日报》、《光明日报》等有影响的中央报刊发表专文，并在院庆期间于《光明日报》开辟专栏，对党校函授教育进行系统地宣传报道；在《学习时报》（党校函授教育专刊）开辟专栏系统介绍党校函授教育的发展历程和主要成果。

三、评选表彰百名优秀教师、百名优秀学员、百名优秀管理人员，以及一批中函优秀教材（含优秀音像教材），并对有关人员予以奖励。

四、院庆活动拟于2000年10月在北京举办，并与今年党校函授教育工作会议同时进行。

五、加强对院庆活动的组织领导。为做好院庆活动各项筹备工作，总院决定成立院庆活动领导小组，由黄士安同志任组长，刘利群、张东升、欧亚平同志任副组长，各处（室）主要负责同志为成员。各分院也要切实加强对院庆活动的领导，做好相关工作。

【关于本着节俭原则搞好十五周年院庆活动的通知】 10月8日，总院向各分院下发了该通知。通知指出，根据年初中央党校校委关于“本着节俭、朴实、实效的原则，不搞大型庆祝活动，结合工作，实实在在地做几件事情”的要求，今年院庆将以“中央党校函授教育十五周年总结表彰大会”的方式进行。为此，请各级组织不要向总院赠送礼品。

【关于认真做好庆祝中央党校函授教育创办十五周年大会暨中央党校2000年函授教育工作会议准备工作的通知】 5月18日，总院向各分院下发了该通知。通知指出，庆祝中央党校函授教育创办15周年大会暨中央党校2000年函授教育工作会议拟于今年10月在京举行，这次会议的主题初定为“总结经验，深化改革，以质取胜，乘势前进”。为开好这次会议，请抓紧做好下列准备工作：

一、协助总院拟写好这次会议的主题报告。一是请各分院负责同志就主题报告的标题、结构、内容等提出意见和建议。随通知下发主题报告写作提纲征求意见稿，供征求意见参考。对主题报告的意见和建议稿，请于6月10日前报送总院。二是各分院须报送自去年顺德会议后至今年7月底的工作综合汇报。各分院的工作综合汇报作为撰写主题报告的基础材料，除供撰写主题报告使用外，均及时在《函授快讯》上择要发表，以资交流。各分院工作综合汇报必须于7月10日前报送总院。以上两种材料均直接寄交总院年鉴编辑部林月春收。

二、认真总结深化改革、以质取胜的典型经验材料，做好大会发言、介绍的准备工作。采取普遍总结和重点准备相结合。重点准备单位，由院办另行通知。

三、认真做好“四优”评选工作。请按中校函字［2000］第9号精神做好这项工作，并于本月底前向总院报送“四优”材料。优秀教师材料报总院教学处，优秀学员、优秀管理人员材料报总院教务处，优秀教材评审意见表报总院教编室。

四、及时报送2000卷年鉴资料。请按中校函字［2000］第10号通知要求，务必于6月底前报送有关资料。1999卷年鉴资料至今未报的单位，要迅速补报。今年10月前，拟出1998卷、1999卷、2000卷三卷年鉴作为向院庆15周年的献礼，请各分院支持、配合。

五、各分院应通过各种新闻媒体积极宣传党校函授教育的办学成就，包括毕业学员在各行各业所作出的业绩和贡献，扩大党校函授教育的社会影响。

庆祝大会暨年度会议的地点、时间、出席对象等有关事项另行通知。

附：主题报告写作提纲（征求意见稿）

总结经验　深化改革
以质取胜　乘势前进
为在新世纪培养高素质
干部队伍作出更大贡献！

（庆祝中央党校函授教育开办15周年大会
暨中央党校2000年函授教育工作会议
主题报告写作提纲·征求意见稿）

引言

第一部分：中央党校函授教育15年基本总结与今后展望

一、中函15年的发展梗概

二、中函15年的办学成就

三、中函15年的基本经验

四、中函今后发展的展望

第二部分：近年来的工作回顾和今后任务

一、近年来的工作回顾

二、今后任务

（以“总结经验，深化改革，以质取胜，乘势前进”作为今后一个时期的工作方针，并以此为这次会议主题。强化全员深化改革，以质取胜的意识，切实纠正影响深化改革、以质取胜的认识误区和障碍，有针对性地提出相应对策）

结束语

【关于召开中央党校函授教育十五周年总结表彰大会暨2000年函授教育工作会议的通知】 10月12日，总院向各分院下发了该通知。通知指出，经校领导批准，中央党校函授教育十五周年总结表彰大会暨2000年函授教育工作会议，定于2000年10月25—28日在北京召开，会期4天。现将主要事项通知如下：

一、这次会议的内容：总结中央党校函授教育十五年来的经验，表彰百名优秀教师、百名优秀学员、百名优秀管理人员及优秀教材（含优秀音像教材）；进一步贯彻落实中央10号文件和全国党校工作会议精神，努力把党校函授工作提高到一个新水平。

二、参加会议人员：1. 省、自治区、直辖市委（包括中直机关工委、中央国家机关工委、铁道部、新疆生产建设兵团）党校分管函授工作的校领导和主持日常工作的分院领导各1名。2. 其它分院领导1名。3. 总政宣传部第二教育局领导2名，部队各分院的院领导各1名。4. 副省级城市市委党校分管函授工作的校领导1名。

三、会议承办单位和具体地点：本次会议由北京市工业党校承办，具体地点在北京市工业党校(北京市朝阳区花家地街19号)。

四、会议报到办法：1. 报到时间：2000年10月24日全天。2. 报到地点：北京市工业党校5号教学楼大厅。(以下略)

【关于表彰优秀教师、优秀学员、优秀管理人员和优秀教材的决定】 10月20日，总院向各分院下发了该决定。决定指出，十五年来，中央党校函授教育在党中央和中央领导同志的亲切关怀下，在中央党校校委的直接领导下，经过全院同志团结奋斗，锐意进取，以及广大学员的共同努力，得到了蓬勃发展，取得了显著成绩，为党和国家培养了140余万名建设人才和领导骨干，并涌现出了一批辛勤耕耘、精心施教的优秀教师，学习刻苦、成绩优异的优秀学员，严格管理、热情服务的优秀管理人员，以及深受教师和学员好评的优秀教材（含音像教材）。

为了表彰先进，推广经验，进一步推动党校函授教育事业健康、蓬勃的发展，在各分院推荐的基础上，经过认真评选，总院决定对赵炳贵等100名优秀教师、刘继忠等100名优秀学员、李永涛等100名优秀管理人员、吴雄丞教授等主编的38本优秀教材和王瑞璞教授等讲授录制的20部音像教材予以表彰。希望受到表彰的同志发扬成绩，戒骄戒躁，开拓创新，继续前进，为党校函授教育事业做出新的更大的贡献。

总院号召全院广大教职工和全体学员向他们学习。学习他们坚决贯彻党校函授教育办学宗旨，始终坚持正确办学指导思想的严肃态度；学习他们讲政治、顾大局，严谨治学，恪尽职守，勇于创新的开拓精神；学习他们加强科学管理，从严要求，扎实进取的工作作风。

让我们紧密团结在以江泽民同志为核心的党中央周围，高举邓小平理论伟大旗帜，同心同德，认真学习贯彻中央10号文件和全国党校工作会议精神，深化教学改革，强化科学管理，改进工作作风，提高办学质量，努力把党校函授教育提高到一个新水平，为培养高素质的干部队伍作出新的更大的贡献。

【优秀教师代表发言】 优秀教师代表赵炳贵在中共中央党校函授教育十五周年总结表彰大会上作了发言，全文如下：

各位领导、同志们：

首先，请允许我代表全体获奖教师向授予我们荣誉称号的中央党校函授学院表示衷心的感谢！同时，也向把我们推荐给中央党校函授学院的所在分院及学区表示深深的谢意！并对中央党校函授学院建院十五周年表示热烈的祝贺！

中央党校函授学院已走过十五年的风雨而辉煌的历程。十五年来，多少教师辛勤地耕耘着这块肥沃而广袤的土地，用自己的汗水培养出一批又一批的函授学员。广大教师的辛勤工作，支撑着党校函授教育这座大厦；函授教育的兴旺发达，为我们党校教师提供了施展才华的广阔空间。而我们这些获奖者，仅仅是全国所有党校函授教师的代表，我们所获得的荣誉实际上也是他们的荣誉。

我们深知，中央党校函授学院今天授予我们的荣誉，仅仅说明我们的过去，而不代表我们的将来。党校函授教育还有广阔的空间，还有许多处女地尚待我们去开垦。党校函授教育有其自身的特点与优点，其中，如何搞好素质教育，使学员在学习专业知识的同时，掌握正确的自学方法与思维方式，并直接用于指导实践，则是我们应当研究与探索的重大课题。我们函授教师要进一步潜心钻研，掌握党校函授教育固有的规律与特点，通过生动活泼、深入浅出的讲授，让学员切身感受到党校函授教育所蕴含的巨大魅力。荣誉意味着新的责任；奖励代表着新的义务。在新世纪即将到来之际，党校函授教师深感责任重大，我们一定要义不容辞地挑起函授教学这副重担。胡锦涛同志有关办好党校函授教育的批示和讲话，为我们开拓进取、大胆探索提供了指南，深化函授教学改革，探讨新的函授教育模式，成为我们努力的方向。我们决心把这次荣誉当作激励，把获奖化成鞭策，继续努力工作，为党校的函授教育作出我们应有的贡献。

谢谢大家!

(2000 年 10 月 27 日)

【优秀学员代表发言】 优秀学员代表刘继忠在中共中央党校函授教育十五周年总结表彰大会上作了发言，全文如下：

尊敬的各位领导、同志们：

首先，请允许我代表受表彰的 100 名优秀学员，向给予我们巨大荣誉的中央党校和函授学院的各位领导，向为我们的学习付出诸多心血与汗水的老师们和广大函授工作人员，表示由衷的感谢和最崇高的敬意！你们辛苦了！同时，请允许我代表全体学员对党校函授教育十五周年表示热烈的祝贺!

今年是中央党校函授教育和建院十五周年，又恰逢全国党校工作会议召开，党中央和中央领导同志对搞好党校工作和党校函授教育作出了重要指示，将极大地推动党校函授教育事业的蓬勃发展。函授教育事业喜人的发展形势，既令我们鼓舞、振奋，更让我们深感责任的重大。党和国家为我们的再学习、再提高创造了良好的条件，同时，国际国内形势的发展又对我们提出了更高的要求。我们深深感到：不学习，就无法适应“三个代表”的要求；不学习，就跟不上时代的发展；不学习，就不能更好地建设社会主义。

经过党校函授学习，我们在四个方面有了很大的收获，这对我们今后的工作、学习乃至方方面面的发展都将起到重要的作用。

第一，打下了理论基础。通过党校函授学习，我们深刻地体会到，党校是学习、研究、宣传马克思列宁主义、毛泽东思想、邓小平理论的重要阵地，是党性锻炼的熔炉。我们在高水平教授的指导下，系统地学习了马克思列宁主义、毛泽东思想、邓小平理论，学到了工作中急需的专业知识。为我们学习马克思主义理论打下了基础。

第二，开阔了世界眼光。江泽民同志指出，无论是国内改革和建设，还是处理对外开放、对外交往的事务，我们都应具备世界眼光。参加党校函授学习之前，不少同志的眼光只停留在本职工作上，认为只要对本职工作尽心尽力，没有功劳也有苦劳。通过学习我们认识到，在当前全球经济一体化的大趋势下，任何固步自封、夜郎自大的想法和行为都是错误的，不切实际的。国际国内形势紧密相联，没有世界眼光，就谈不上搞好我们的社会主义现代化建设。

第三，指导了实际工作。当前，我国正处在一个实现中华民族全面复兴的重要历史时期，我们面临的情况更加复杂，将经受更严峻的考验，肩上的担子也更加繁重。我们将把在党校函授教育中学到的知识运用到工作中去，勇于实践，扎实工作，开拓创新，更好地做好本职工作，为社会主义现代化建设服务。

第四，增强了党性修养。党性锻炼是我们每一个共产党员终生的任务。通过党性教育学习，我们在老师的指导下通过互相交流，相互帮助，不断加强自身的党性锻炼，增强党的意识，在纪律、作风等方面有了明显的进步，使我们实现党的目标的信心更加坚定了。

“合抱之木，生于毫末，九层之台，起于累土，千里之行，始于足下。”在今后的工作中，我们将时刻不忘党校老师的教诲，时刻不忘全心全意为人民服务的宗旨，从一点一滴做起，踏踏实实工作、学习，把江总书记“讲学习、讲政治、讲正气”的要求落实到行动上，为我国的现代化建设在新世纪取得全面胜利贡献自己的力量。谢谢大家。

（2000年10月27日）

【优秀管理人员代表发言】 优秀管理人员代表李永涛在中共中央党校函授教育十五周年总结表彰大会上作了发言，全文如下：

尊敬的各位领导、各位同志：

今天我们济济一堂，隆重庆祝中共中央党校函授教育创办十五周年，作为党校函授教育第一线的管理工作者，此时此刻我们内心十分激动和万分感慨。党校函授教育是党校教育的重要组成部分，是现代教育的有效形式，是加强干部在职学习的重要举措。函授教育的创建和发展，扩大了党校教育规模，完善了党校教育网络，拓展了党校干部教育功能，有效地发挥了党校在党的建设、干部队伍建设上的巨大作用。

十五年来，在党中央和中央领导同志的亲切关怀下，在中央党校校委的直接领导下，经过函授教育各级组织和全体工作人员的共同努力，中央党校函授教育坚持正确的办学方向和办学指导思想，为党和国家培养了大批社会主义现代化建设急需的领导干部和优秀人才，取得了显著成绩，是值得庆贺的。

在这次大会上，我们100名函授教育工作管理人员，被授予中央党校函授学院优秀管理人员的光荣称号，获得了表彰和奖励。作为党校函授教育这一宏大事业的组织者和管理者，我们感到无比幸福和自豪。在此，我仅代表获奖的优秀管理人员向一直关心、支持和帮助我们的各级领导、各位教师及全体学员表示衷心的感谢和崇高的敬意！

党校函授教育具有点多、线长、面广，工作千头万绪，管理难度大的特点。我们战斗在党校函授教育第一线的管理工作人员工作十分繁忙，担子很重，大都是在没白天、没黑夜、没休息日、没节假日中度过的。但是，想到我们的辛苦能够换来党校函授教育的蓬勃发展，换来我国党政军群广大干部队伍素质的不断提高，我们虽苦犹甜。回顾党校函授教育十五周年来所走过的历程，无一不渗透着广大管理工作者的勤恳与艰辛、奋斗与努力、成长与发展。

《中共中央关于面向21世纪加强和改进党校工作的决定》，用中央文件的形式，充分肯定了党校函授教育的必要性、重要性，这对我们是极大的鼓舞。我们要努力增强做好党校函授教育工作的责任感和使命感，恪尽职守，敢于负责，创造性地开展工作。只有这样，才能对得起党和人民对我们的重托，对得起党和人民给予我们的这份荣耀。

“雄关漫道真如铁，而今迈步从头越”。荣耀和成绩只代表过去，我们前面的路还很长，任务还很艰巨。在这里，我代表获奖的优秀管理人员向全体党校函授教育工作者提出倡议：我们要高举邓小平理论的伟大旗帜，以党的十五大精神和“三个代表”的重要思想为指导，坚决贯彻中央［2000］10号文件和全国党校工作会议精神，认真落实中央党校关于函授教育的总体思路、指导思想和办学方针，以教学为中心，深化教学改革，加强规范化管理，不断提高教学质量。为更多更好地培养适应社会主义现代化建设事业需要的高素质的领导干部和管理人才而努力。

祝党校函授教育事业万古长青！

（2000年10月27日）

中共中央党校 2000 年函授教育工作会议

在中共中央党校 2000 年函授教育工作会议上的讲话

中共北京市委常委 阳安江

尊敬的志新副校长、同志们:

首先我代表北京市委向前来首都参加这次大会的领导和代表表示热烈的欢迎! 向关心、支持北京地区党校函授教育事业发展的中央党校领导和兄弟省市的同志们表示衷心的感谢!

在中央党校函授学院的关心指导下，北京地区党校函授教育事业发展很快，已经成为首都实施科教兴国战略的重要举措、构建终身教育体系的重要组成部分，有力地推动了北京党政机关和企事业干部队伍建设，促进了首都经济和社会的发展。北京地区党校函授教育不断发展壮大，现在已有市属党校函授分院 3 所，在校生 3 万多人。各分院在中函院的领导下，牢牢把握正确的办学方向，坚持“从严办学、质量第一”的办学方针，突出党校教育特色，严格要求、严格管理，始终把教学质量放在第一位，十多年来为北京培养了一批党政领导干部和经济管理人才，为首都改革开放和经济建设作出了重要贡献。首都的发展与党校函授教育事业的发展是分不开的。

这次会议在北京市工业党校召开，全国党校函授教育界的领导、专家、学者汇集在北京，为我们提供了一次学习经验、研讨问题、沟通情况、寻找差距、推动工作的极好机会，并为面向 21 世纪北京地区党校函授教育改革与发展增强了活力。工业党校的领导和工作人员一定要不辜负领导的信任，搞好会议组织和生活服务，为与会的领导和代表营造一个良好的环境；中央党校领导的重要讲话和中函院领导的工作报告，全国各兄弟省市院校开展党校函授教育的好经验和好做法，我们要认真汲取，努力改进工作；特别是要认真贯彻中央 10 号文件和江泽民总书记、胡锦涛同志的重要讲话、批示精神，把北京地区的党校函授教育提高到一个新水平。

最后，预祝大会圆满成功! 谢谢大家!

(2000 年 10 月 25 日)

在中共中央党校2000年函授教育工作会议上的欢迎词

北京市工业党校校长 方富楼

各位领导、各位代表、同志们：

今天，在全国各地认真学习贯彻党的十五届五中全会精神和全国党校工作会议精神的热潮中，2000年党校函授教育工作会议开幕了。世纪之交召开这次会议，意义重大。这是认真学习贯彻中央10号文件精神和全国党校工作会议精神的重要步骤；是面向新世纪加强干部队伍建设、特别是跨世纪中青年领导干部队伍建设，推进党校函授教育事业改革与发展的重要举措。为此，我代表北京市工业党校和全体教职工对来自全国各地出席这次会议的领导和代表表示热烈的欢迎！向大会的顺利召开表示热烈的祝贺！

这次会议由北京市工业党校承办，不仅是中央党校领导和各位代表对我们的信任和关心，同时也是对我们工作的鼓舞和鞭策，为我们提供了一次难得的放眼全国、学习经验、改进工作的大好机遇。我们热切地企盼着各位领导对我们的工作给予关心和指导，提出意见和建议；我们热切地企盼着各位代表和兄弟院校的同志们来我校传经送宝，提供党校函授教育工作的好经验、好做法。我们一定不辜负领导对我们的期望，按照中央党校领导和北京市委领导的要求，尽全力把会议服务工作做好，为会议提供一个良好的环境；我们一定认真学习贯彻落实这次党校函授教育工作会议精神，深入研究和规划我校党校函授教育工作，认真学习借鉴兄弟院校送上门来的好经验、好做法，借这次会议的东风，把我们党校的各项工作再推上一个新台阶。

最后，预祝大会圆满成功！谢谢大家！

（2000年10月25日）

深入贯彻落实中央10号文件精神 开拓党校函授教育事业的新局面

——在中共中央党校2000年函授教育工作会议上的工作报告

中共中央党校函授学院常务副院长 黄士安

同志们：

我们这次年度工作会议，是在新世纪即将来临，党的十五届五中全会胜利闭幕，党校事业进入新阶段的重要时刻召开的。会议将以“深入贯彻中央10号文件精神，开拓党校函授教育事业的新局面”为主题，总结过去一年的工作，部署今后一年的工作任务，动员和组织全院同志振作精神，扎实工作，勇于创新，与时俱进，开拓党校函授教育事业的新局面。

这次会议在北京召开，得到北京市工业党校大力支持，他们认真准备，精心安排，为我们提供了良好的会议环境。今天，北京市委常委阳安江同志出席会议并作重要讲话，给予我们极大鼓舞。我代表总院和与会全体同志，对他们表示衷心的感谢和诚挚的敬意！

下面，我想讲两个问题。

一、一年来工作的简略回顾

过去的一年，对于党校函授教育来说，是不平凡的一年。它先后经历了四次大的推动：即“三讲”教育和“三个代表”重要思想学习的推动；中央10号文件颁发和全国党校工作会议胜利召开的推动；以及顺德会议和对分院教育评估检查验收的推动。使全院同志提高了认识，振奋了精神，增强了责任感，出色地完成了各项教学与管理任务。总体上看，党校函授教育呈现出良好的发展态势。

（一）*掀起了学习中央10号文件热潮，增强搞好函授教育的责任感。*按照校委的部署，全国党校会议结束后，总院领导班子立即学习研究会议文件，带领和组织院机关全体人员原原本本进行学习，迅速向各分院发出通知，提出学习贯彻的意见，在上海召开了座谈会，商讨贯彻的举措；函院报刊发评论、出专辑（四期）刊登学习贯彻的文章，造成强烈的舆论氛围。许多分院认真贯彻中央文件精神，加强和改进当前的工作，也较有成效。使全院同志受到了极大的鼓舞，增强了信心，增强了责任感和忧患意识。陕西、宁夏、内蒙古、空军部队、江西、新疆、新疆兵团等分院，主动地解剖和分析存在问题，研究解决措施。现在大家对解决存在问题的态度比以往任何时候都更积极、更坚定了。特别是把学习10号文件同“三讲教育”、“三个代表”重要思想学习相结合，认识到党校函授教育具有很强的政治内涵，要以战略眼光、政治眼光看待党校函授教育；以“三讲”精神和“三个代表”的要求，办好党校函授教育事业。从而提升了办学的思想境界，使全院的工作在更高层次上运行。

（二）*以教学为中心，强化教学管理，稳步推进教学改革。*各分院都不同程度地加大了教学管理力度，出台了一些新的举措。比较普遍地实行了优选教师、竞争上岗制度、集体备课制度、教案审查制度，新课试讲制度和跟班听课制度等。宁夏分院严格师资审核，11名教师被取消了任课资格。上海、陕西、北京市机关工委等分院加强和调整了教学指导小组。中直机关、中央国家机关等分院坚持从中央党校聘请知名教授讲课。辽宁分院推行各门课程指导教师招标制。甘肃分院开展精品课工程。空军分院在教学中实行“三精”要求，即“精兵强将上讲台、精备细讲求质量，精雕细刻育人才”。江苏、天津分院重视开展教学质量评奖活动。江苏、山东、青海、陕西、北京市工业党校、总参等一批分院加强了对教学质量的检查监督，肯定成绩，发现问题，改进工作。北京工业党校分院每学期都要开展为期三周的教学检查活动。铁道部、北京市公安局等分院还采取适当多设面授点，送教上门，方便学员就近听课，对缺课的学员实行补课制度。青海、宁夏等分院严把毕业论文评审答辩质量关，毕业论文首次答辩不通过率达10%左右。沈阳军区分院公开播放毕业论文答辩实况，接受群众监督。

顺德会议促进了教学改革的开展。各分院普遍地更新教育观念，强化素质教育，注重培养学员的创新精神和实践能力。辽宁、吉林、贵州、山东、成都军区等分院大力开展了案例教学、情景教学、模拟教学。逐步改变了单向传授、满堂灌的传统教学模式，重视开辟第二课堂，增加实践课。广东分院重视组织学员开展社会调查。成都军区分院曾先后组织学员旁听庭审 2000 多人次、参观考察工矿企业 40 多个。广东、甘肃、吉林等分院先后举行了函授教育改革研讨会。今年 4 月和 5 月，总院根据中央党校教改新布局先后举行了教改方案研讨、论证会；考试命题改革已迈出步伐，教改方案已修订到了第 8 稿，待校委审定后将付诸实施。

在职研究生办班工作受到校委肯定，进入正式举办阶段。1995 年以来，在职研究生班试办工作取得显著成绩。95 级、96 级毕业学员中，有 24 名申请硕士学位，经中央党校学位委员会组织考核，有 12 名被授予硕士学位。申请硕士学位通过率高达 50%。这表明函院在职研究生班具有较高教学质量，并得到校委认定。今年 6 月，校委正式决定，在职研究生工作统一管理，分别由研究生院和函授学院承办。除京、津、沪、渝四个直辖市外，其他各省、自治区和解放军系统在职研究生班由函院运用函授网络办学，这标志着函院在职研究生班历时 5 年的试办阶段结束，进入正式举办阶段。这有利于中函走升级发展的道路，有利于中函培养更高层次的人才。

（三）推进教材精品建设，不断提高教材质量。全年共编印教材 128 种，其中新编和修改的有 82 种，占使用教材总数的 64%，出版社正式出版的有 69 种，占使用教材总数的 54%，采用新设计封面的有 85 种，占使用教材的 66%。这些都说明教材质量有新的提高。今年，总院先后在海南、湖南召开了教材工作会议，并召开了教材装帧设计专家咨询研讨会，推出了提高教材内在质量和外观质量、推进教材精品建设的 10 项举措。总院开发了教材征订发行计算机网络管理信息系统软件，将推广使用。

（四）进一步整治考风考纪，圆满地完成 2000 年招生任务。总院与有关方面配合，在江苏进行了招生考试属地管理试点，对江苏范围内的地方、部队、铁路的招生单位实行统一审核、管理，摸清了一些基本情况，发现和查实了某些单位招生中存在的突出问题，取消了一批不合格的考生资格，撤销了一批违规办学和不具备办学条件的办学点，并为理顺内部办学关系提供了经验。全院为加大整治考风考纪的力度，采取了一系列新的措施。总院严格要求考场设置标准化，试卷相应改为 30 份一袋；严格控制考场设置与试卷的申报；对京津地区各分院试卷由总院派员直控；要求各分院对总院下派的巡考人员进行监督，并填写反馈表等。沈阳军区考场全部聘请高校教师监考，并签订责任书。青海分院招生考试中，有省委、省政府 7 名领导同志担任主考。福建分院请组织、人事、教育部门的领导和有关人员担任考风监督员，教育部门的领导同志赞扬他们组织的考试达到国家级标准。湖南分院由省委党校、省委组织部、纪检委领导带队巡考。江苏、宁夏分院实行分类管理，对执行考纪不力的单位，监考人员全部由分院直接派遣，考场由分院直接控制。一些分院严肃执纪动真格。甘肃分院上学期取消了两次舞弊被零分处理的 26 名学员的学籍，淘汰了两门主课不及格的学员 727 名，期末考试舞弊被零分处理的学员 673 名。陕西分院今年招生考试中有违纪考生 153 名，都被取消了录取资格；中共陕西省委、延安地委严肃查处了富县 3 名副县长由秘书代考事件，当事人（包括县委党校校长）均受到严厉处分。宁夏分院在今年招生考试中有 7 名处级干部被取消录取资格，在社会上震动很大，得到自治区委组织部门的充分肯定。河南分院坚持招生条件，自觉控制招生规模，录取率在 40%

左右。由于今年各级组织从严审查考生资格，从严治考，控制指标，择优录取，圆满地完成了今年的招生任务。

（五）电化教学迈出升级换代的步伐，计算机网络化管理稳步发展。全年，总院新录制电化教材35种、复审电化教材66种。电化教材升级换代已开始启动，今年下半年已制作10种供2001年上学期使用的以VCD光盘为载体的串讲课的教材。各级组织对运用现代化教学手段越来越重视。空军分院率先将优秀教员讲的考查课，制成VCD光盘并下发教学点使用，成为我院第一个使用VCD光盘进行教学的分院。该分院还进行了多媒体示范教学，为鼓励教员运用多媒体教学，相应地提高了教师讲课酬金。有些学区、辅导站主动运用多媒体课件进行教学并取得良好效果，受到学员普遍欢迎。在计算机网络化管理方面取得了新的进展。教务学籍信息管理系统进行了升级改造、教材征订发行信息管理系统完成了开发任务。上海等分院开发了教学信息管理系统和教员备课支撑系统。安徽分院已建成信息传输网络。安徽、重庆分院建立了分院网页。远程教学试点工作在继续进行，在职研究生远程教学初试取得成功，为进一步推广创造了条件。

（六）分院教育评估检查验收基本结束，促进了党校函授教育的巩固和发展。至今，历时三年的教育评估工作基本结束。这次教育评估工作是中函开办以来，投入力量最大、花费时间最长、标准要求最高、工作做得最细，具有相当广度和深度的自查自评和检查验收活动。教育评估工作客观上是一次全院范围的教育发动、总结检查、整顿提高的过程。通过教育评估，各级组织对自身的办学状况有了更为清醒的认识。在充分肯定成绩、总结经验的基础上，认真严肃地查找和剖析存在的问题，并认真整改，从而对党校函授教育工作的改进和提高，发挥了较大的促进作用。据统计，评估期间调配新增教师5208名，使各分院共有教师47792名，师资与学员比例控制在1:20以内；新增教室面积64.7万平方米，新购置教学用微机1.8万台，现可供函授使用的教室总面积为264.4万平方米，微机4.2万台；平均每个分院增订制度19项以上。在评估期间，查处了一批办学不严肃、不规范和不具备办学条件的单位。全院共撤销学区2个、辅导站115个，暂停招生或限制招生的学区34个、辅导站209个，降级处理的学区7个、辅导站18个。

（七）以分院建设为重点，各级办学组织自身建设取得进展。一是各级党校加强函授工作的领导，不少党校由常务副校长或分管副校长兼任函授工作班子的一把手。湖南省委党校发出文件规定各级党校一把手是党校函授教育的第一责任人。二是分院领导班子得到充实加强。浙江、江西、湖南等分院调整充实了分院领导班子，完善了分院内部机构设置。三是普遍加强了师资培训。吉林、上海、浙江、福建、山东、安徽、山西、河北、四川、云南、海南、宁夏等分院，先后举办了短缺师资的培训班。各分院普遍加强和改进了备课会，并通过试讲会、讲评会、教学研讨会和教学观摩示范等活动，提高师资教学水平。北京市委机关分院特邀请中央党校知名教授刘炳瑛向青年教师传授经验。北京市工业党校分院组织面授教师，旁听该校举办的高中级工商管理师资培训班课程。四是开展内强素质、外树形象的活动。湖北分院开展树形象活动。成都军区分院坚持每周半天学习日制度，每年两次的业务培训会也已制度化。湖北、西藏、广西、空军、黑龙江等分院还分别举办了学区主任培训班、班主任培训班和管理人员培训班。五是硬件建设有所加强，安徽、上海、江西等分院迁入新址办公，现代化办公手段一应俱全，面貌焕然一新。成都军区分院投资200万元，为12个学区普遍配置了车辆、程控电话、传真机、复印机和电脑等。

（八）完成了十五周年庆祝活动的筹备工作，科研和宣传报道成果显著。这次庆祝活动，体现“节俭、朴实、实效”的精神，围绕宣传办学成绩，总结基本经验，表彰奖励先进，扩大社会影响，推动党校函授教育继续发展的目的，顺利完成了各项筹备工作。胡锦涛同志将接见与会代表，郑必坚同志、张志新同志将作重要讲话，庆祝活动将会取得圆满成功。今年以来围绕院庆开展了宣传报道，6月6日、9月6日光明日报分别在头版和二版先后刊登了两篇宣传、介绍党校函授教育的署名文章，10月24日，该报对党校函授教育又进行了专版报道。院报也刊登了院庆十五周年系列报道文章，总院主持编写了《党校函授教育学》、《党校函授教育特点规律研究》、新版《中共中央党校函授学院机关管理制度汇编》、《中共中央党校函授教育年鉴（1998卷）》，以及教育评估资料汇编和优秀毕业论文选等。机关党的工作、财务行政工作、办公室综合协调工作，都取得了可喜的成绩。

我们在充分肯定工作成绩的同时，也必须高度重视办学中存在的突出问题。应该清醒地看到全院工作的不平衡。个别基层单位办学指导思想不端正，重招生轻管理，重数量轻质量，重经济效益轻社会效益的现象，仍然不同程度地存在。有的甚至不择手段乱设点、乱招生、乱办学，造成不良的影响。有些单位对办学中不正之风的侵蚀缺乏警觉，对人情风和庸俗关系学的干扰抵制不力，对一些学员的混文凭倾向教育、纠正不力。也有个别单位存在管理不规范、不严肃、不到位的情况。办学中存在的一些薄弱环节、漏洞、隐患还未得到根本性的解决。我们的工作与国际国内形势发展的要求，与中央领导同志的要求，与中央党校校委的要求，还存在不小的差距。必须引起高度重视，在今后工作中切实加以解决。

二、今后一年的工作任务

2001年是新世纪的首年，刚刚胜利闭幕的十五届五中全会，审议并通过《中共中央关于制定国民经济和社会发展第十个五年计划的建议》，江泽民同志发表了重要讲话。我们党将带领全国各族人民向新世纪进军，现代化建设进入新阶段。党中央坚定不移地实施科教兴国战略，要求培养适合现代化建设需要的创新人才。在新形势和新任务下，党校函授教育有着大好的发展机遇，同时也存在严峻的挑战。我们要高举邓小平理论伟大旗帜，自觉地用江泽民同志“三个代表”思想指导自己的思想和行动，认真贯彻落实中央10号文件，进一步学习贯彻胡锦涛同志关于函授教育的批示，以教学为中心，不断推进教学改革，加强教材建设，从严治考，强化管理，认真解决办学中存在的问题，提高教育质量。

（一）以“三个代表”的重要思想统帅和指导党校函授教育工作

江泽民同志提出的“三个代表”的重要思想，是面向新世纪党的建设的伟大纲领，也是面向新世纪党校教育和党校函授教育的重要指导思想。我们必须自觉地、坚定地以“三个代表”的重要思想统帅和指导党校函授教育工作。要用“三个代表”的重要思想，武装全院工作人员和广大学员的头脑，使之成为他们的最高行为准则。要认真反复地组织学工人员学习“三个代表”的重要思想，理解和掌握“三个代表”的伟大意义和深刻内涵，使“三个代表”在他们思想深处扎下根来，提高他们实践“三个代表”、执行“三个代表”和当好“三个代表”的自觉性和坚定性。全院各级组织要把“三个代表”的要求，贯彻到办学的全过程中去，围绕“三个代表”的要求搞好各个教学和管理环节。特别要诚心诚意地为建设党的高素质干部队伍服务，坚决摒弃把党校函授当作“创收手段”，以追求经济收入为目标的错误做法。要坚持正确的办学方向，牢固树立“社会效益第一，为建设党的高素质干部队伍服务，为社会主义现代化建设服务”的办学指导思想。

（二）深入学习和贯彻落实中央10号文件和全国党校工作会议精神

我们要深入学习中央10号文件和全国党校工作会议精神，并在工作中认真贯彻落实。中央10号文件和江泽民同志、胡锦涛同志的重要讲话，都是面向新世纪进一步办好党校，包括党校函授教育的纲领性文件，对于党校事业和党校函授教育事业的发展，具有十分重要的历史性的指导意义。要进一步深化学习。组织全院同志认真地学习领会中央10号文件和中央领导同志的讲话精神，要深刻理解和掌握文件和讲话的精神实质，防止满足于一学而过，不求甚解。在学习中要做到三个相结合，即与深入学习“三个代表”的重要思想相结合，与落实中央对党校函授教育的要求相结合，与总结经验、查找差距相结合。通过学习深化认识，统一思想，增强信心，促进工作。总院已根据中央文件、中央领导同志指示精神，以及校委的具体要求，提出了教学改革方案、在职研究生规范化管理方案、教材精品建设方案、网络建设方案、吸收有关部门参与组织考试考核方案，等等，待校委批准后，即组织实施。各级组织要在总结经验的基础上，注重查找差距，针对存在的突出问题，边整边改，促使党校函授教育进一步健康发展。

（三）走以质取胜，内涵发展为主的路子

走以质取胜、内涵发展为主的路子，是贯彻落实中央10号文件精神的实际行动，也是党校函授教育进入新阶段的必然要求和显著标志。这是为了确保质量，经过校委认真讨论采取的重大决策，也是对办学思路作战略性的调整，实行从侧重量的发展到侧重质的提高的转变，把工作的重点放在以质取胜上。要改革创新，从严治院，规范管理，以及理顺内部办学关系，完善办学体系，确保办学质量。为此，要切实提高办学层次，控制办学规模，要强化质量意识，建立和完善质量承诺制、质量责任制和质量监督制。严格把好招生关、教材关、教学关和考核关。始终坚持“理论、知识、党性、能力相统一”的培训质量要求。要健全层层质量负责制，要像湖南那样，各级党校主持工作的一把手，也是党校函授教育质量的第一责任人。要把质量负责制分解落实到每一个环节、每一道工序，做到每一项工作的质量都有人承担责任。要完善质量监督制，不仅要实行逐级监督，而且要主动接受当地组织、宣传、纪检、监察、人事、教育等部门的监督，要热忱欢迎新闻媒体的舆论监督，要充分发动广大教职员工实行群众性的监督。今后招生录取、到课考勤、考试成绩、平时作业、毕业论文答辩、党性考核结果等都要公开，增强透明度，杜绝暗箱操作，便于群众监督。对勇于举报办学中违纪行为和不正之风的人，要加以鼓励和保护。

（四）以教学为中心，深化教学改革

1. 教改的指导思想。党校函授教育教学改革的指导思想，是坚持以马列主义、毛泽东思想特别是邓小平理论、江泽民同志“三个代表”思想为指导，认真贯彻《中共中央国务院关于深化教育改革全面推进素质教育的决定》和中发［2000］10号文件精神，坚持正确的办学方向，为建设党的高素质干部队伍服务。在教改中要保持党校教育特色、突出时代特征、符合高等成人教育的基本要求，强化党性教育，注意培养学员的创新精神和实践能力。

2. 改革班次、学制、专业和课程设置。中函今后不但要以本科班为基础，积极办好在职研究生班，而且要积极探索各种新班次和办学模式；根据实际需要和党校自身条件调整或增设新的专业，按照党校教改新布局调整课程设置，使课程更加合理；经过试点，逐步推行弹性学年制，分步骤实行学分制和课程选修制，增加学员学习的自主权。

3. 加强教材建设，改革教学内容。选聘国内知名专家、教授编写教材，提高教材质量。在今后3—5年内，不但继续保持教材高水平，而且要把中函教材，建设成为国内高等成人教育的一流教材。要加大在职研究生教材编写速度，尽早与本科教材配套，完善中函教材体系。目前要积极做好“三基本”、“五当代”教材的引入工作，使它明年进入中函课堂；对现有教材全面审查分类，区别处理，推陈出新；用3—5年时间面向全国聘请名家、专家编出第二套教材，在竞争中选用；加快编写新教材的步伐，以适应推行课程选修制的需要；改进教材的装帧设计，强化校对、精心印制，不断提高教材的内在和外观质量，争取早日实现党校函授教材成为精品教材、一流教材的目标。并要积极推行教材征订发行计算机网络管理。

4. 改革教学手段，推行远程教学。依托党校远程教学网络，加强党校函授远程教学网络建设。今年已进行了在职研究生班试验性上网教学，明年在职研究生的主要课程逐步实施网上教学，并争取本科班少量主课进行网上教学试验，争取3—5年内中函的主要课程实现网上教学，逐步形成覆盖各分院、学区的远程教学网络。同时，进行电化教材的升级换代，电化教材的音像带逐步做到全部由VCD光盘替代。今后，凡新制作的电化教材一律采用VCD光盘为载体，并按教学班配发，以推动电化教学普及和方便学员个人购买使用。

5. 改革考试考核制度。为适应素质教育的要求，培养学员的创新精神和实践能力，今后考试考核内容的改革要突出理论性、应用性、综合性和灵活性，着重考核学员思考问题的广度、深度和分析解决实际问题的能力。为此，要调整考试的题型和题量；要根据不同课程、弹性学制与远程网络教学的需要，采用多种形式，努力体现成人教育特点；要建立试题库，逐步实现考试命题的自动化管理。

（五）从严治院，严格把关，推行规范化管理

1. 要坚定不移地贯彻执行“从严办学，质量第一”的办学方针，坚持和维护党校函授教育的政治性、原则性和严肃性。要从严要求，加强学员的思想政治工作，旗帜鲜明地反对和克服混文凭的不良倾向。要教育学员端正入学动机，刻苦勤奋学习，模范遵守院规院纪，全面提高自己的素质。要在学员中提倡真学，反对假学；提倡获取真才实学，反对片面追求文凭；提倡做合格的学员，反对在学习中弄虚作假。真正把从严治院，加强教学和学员管理落到实处。

2. 坚持“严进、严管、严出”的办学原则，严格把握招生、教学、考试等环节。要根据“严进”的原则，严格把握招生环节。要严格审核招生单位的招生资格，严格控制招生指标，正确执行招生政策；严格掌握报考条件，认真审核考生资格，严格执行招生考试纪律；公正、准确地阅卷评分，坚持择优录取，严格控制录取率。要根据“严管”的原则，严格把握教学环节。各级组织要加强教师管理，推行持证上岗制度，防止和避免不合格的教师进入课堂；要开展名师、名校、精品课活动；要贯彻以教学为中心的方针，严格自学、面授、作业、讨论等环节。要根据“严出”的原则，严格把好考试环节。从严治考，规范考试，加强监督，进一步端正考风考纪。今后全院各级组织的教务、学籍部门要更好地履行把关的责任，充分发挥对入口关和出口关的把关监督作用。要加强对招生单位的资格审查，加强对新生入学资格的复查和抽查；在办理毕业证

书前要对总成绩册进行必要的复核和抽查；要加强对学员党性锻炼的考核，完善和落实党性锻炼考核办法，要把对学员党性锻炼的考核结果列入总成绩册，作为综合衡量学员能否取得毕业资格的必备条件。

3. 坚决执行总院新版《管理制度汇编》，推行规范化管理。总院新版《管理制度汇编》对中函的性质、任务、培训目标、培训质量要求、班次、学制、课程设置、领导体制以及从招生到毕业的办学全过程、各个教学和管理环节都有规范要求。对具体需要操作的项目基本上都做到了程序化和标准化。只要我们不折不扣地按照总院新版《管理制度汇编》的规定执行，规范化管理就能落到实处，教学质量就能保证。当前存在的突出问题是对《管理制度汇编》贯彻执行不坚决。在执行规章制度中不严肃、不认真的事时有发生，使规章制度在执行中打折扣、变形走样；有的单位甚至有令不行、有禁不止。执行规章制度不能就事论事，必须与防止干部培训领域的消极腐败现象结合起来，与治假纠风结合起来。对一再违规的单位要取消办学资格，对严重违纪，造成恶劣影响的办学人员要严肃处理，清除出函授队伍。

（六）加强办学队伍建设，不断提高办学主体素质

要从造就马克思主义理论家教育家的高度，努力建设一支政治强、业务精、作风正的办学队伍。要用马列主义、毛泽东思想、特别是邓小平理论和江泽民同志“三个代表”的思想，武装全体办学人员的头脑；加强经常性的“三讲”教育、党性党风党纪教育，努力提高理论素养和政治素质；要鼓励教研人员刻苦钻研业务，开展教研和科研，不断提高教学水平和管理能力；要加强师德和职业道德教育，自觉遵守《工作人员守则》和《廉洁自律的规定》，廉洁自律，坚持原则，秉公办事，不徇私情，自觉抵制不正之风的侵袭。要加强师资队伍建设。要完善师资择优聘任，持证上岗制度；加大师资培训力度，开展多层次、多渠道、多形式的师资培训，尤其要加强紧缺师资的培训；鼓励教师在职进修，调整知识结构，加快知识更新的步伐；要建立师资档案库，健全和完善面授教师审批备案制度；要加强教师的考评考核和表彰奖励。要加强管理队伍建设。要加强管理队伍的选聘、管理、充实和提高；推行人事制度改革，实行聘任制，建立能上能下、能进能出、奖优罚劣的用人机制；要加强对管理人员的分类培训，建立和完善政治理论和业务学习日制度；要加强机关党的工作和经常性的思想政治工作；建立、健全内部工作运行机制和岗位责任制，增强服务意识，改善工作态度，提高工作效率；要关心他们的切身利益，充分发挥他们工作的积极性、主动性和创造性。全体工作人员要切实改进工作作风，求真务实，真抓实干，脚踏实地，狠抓落实，出色地完成今后一年的各项任务。

同志们，中函已经走过了十五年历程，随着党校教育事业的蓬勃发展，她也步入新的发展阶段。在新的一年里，让我们团结在以江泽民同志为核心的党中央周围，奋力拼搏，争创一流，为开拓党校函授教育事业的新局面而奋斗！

（2000年10月25日）

严格把关 确保质量
按照中央10号文件精神做好2001年招生工作

——在中共中央党校2000年函授教育工作会议上的讲话

中共中央党校函授学院副院长 欧亚平

同志们：

这次大会后，一年一度的招生工作即将在全院范围内展开。2001年招生工作面临的形势、2001年招生工作总的指导思想和总的要求，以及招生工作中必须掌握的问题等都是大家所关心的。我代表院领导班子就这些问题，讲一些意见。

一、2001年招生工作面临的形势

我们预测分析，2001年招生工作的形势，从宏观上和大的条件来看，对我们是有利的，本科以上班次的招生仍会有比较旺盛的需求，党校函授教育仍然会继续保持较好的发展势头。机遇大于挑战，条件胜过困难，这是总的趋势和格局。对此，我们应该充满信心，树立正确的认识。应该清楚地看到2001年招生工作是在十分有利于党校函授教育事业发展的重要历史背景下进行的。一是，中央10号文件的颁发和全国党校工作会议胜利召开，标志着党校教育和党校函授教育进入了新的阶段。中央10号文件明确指出，"'科教兴国'的'教'，包括党校教育"，明确了党校教育是整个有中国特色社会主义教育事业的重要组成部分，应当成为全国各级党政领导干部培训轮训的主渠道。这就对新世纪的党校工作也包括党校函授教育提出了新的、更高的要求。特别是中央10号文件再次重申和强调了党校及党校函授教育学历的有效性，这对于我们来说是极大的鞭策和鼓舞。同时，也为我们即将展开的招生工作创造了更加有利的条件和运作空间。二是，党的十五届五中全会胜利闭幕，通过了《中共中央关于制定国民经济和社会发展第十个五年计划的建议》，我国将进入全面建设小康社会并加快推进社会主义现代化的新的发展阶段。中央在《建议》中提出，"人才是最宝贵的资源。当今和未来的国际竞争，说到底是人才的竞争。要把培养、吸引和用好人才作为一项重大的战略任务切实抓好。普遍提高劳动者素质，建设一支宏大的、高素质的人才队伍，尤其是培养一大批急需的信息、金融、财会、外贸、法律和现代管理等专业人才"。"必须从战略高度，着眼于各项事业的长远发展和人才的总体需求，培养和造就一支坚持走有中国特色社会主义道路，有较高政治理论素养和开拓精神，掌握现代科学文化和管理知识，并经过实践考验的各级各类高素质领导人才队伍。加强各级领导干部特别是年轻干部队伍建设，把这项工作作为决定我国未来发展前途的大事来抓"。正如郑必坚同志所说的，我们党校教育干的就是这个活，有的是事情干。党校函授教育事业天地广阔，大有作为。三是，我们将成功地召开中央党校函授教育十五周年总结表彰大会和中央党校2000年函授教育工作会议，锦涛同志亲切

接见了与会代表，必坚同志、志新同志将作重要讲话，肯定成绩，总结经验，指明方向，鼓足实劲。以上情况集中地说明了一点，党校函授教育面临着前所未有的大好发展机遇和宽广的发展空间。党校函授的招生工作前景仍然宽广。只要我们毫不动摇地坚持以质取胜，保证质量，坚定信心，鼓足干劲，扎实工作，取信于民，取信于社会，我们招生工作的形势仍然是会很好的，是向前推进和发展的。我们没有理由产生“生源恐慌症”，更不能采取放宽政策，降低标准，实行所谓报名不需缴验学历证书，不问是否党员和干部，不需要通过招生考试等“三不”的办法来招揽学员。在党校函授的招生工作中，放宽条件，降格以求，惟利是图，这是绝对不容许的。因为这样做从根本上违背了党校函授教育的办学宗旨和性质。中央领导同志几年前就指出，“现在社会办学渠道很多，不严肃、不认真的问题存在不少。但是，党校与别的部门不一样，要有特别严格的要求。党校函授教育管理严格，要求高，是应该的，而且要不断加强管理”。因此，不论在何种情况下，我们的招生工作都不容许实行那种“三不”的办法或者实行什么“宽进严出”的办法。

招生工作是一项十分严肃的、政治性、政策性很强的工作，决不能把它当作一般性的事务来对待，就事论事谈招生。我们要从大局的高度、政治的高度认识招生工作的重要性。必须用“三个代表”的重要思想来统帅招生工作，只有这样，才能深刻理解我们所从事的党校函授教育的重要性，才能真正增强我们的责任感和使命感，从而在招生工作中，坚定不移地坚持正确的政治方向，严肃认真地贯彻“社会效益第一，为建设党的高素质干部队伍服务，为社会主义现代化建设服务”的办学指导思想，更好地完成 2001 年的招生工作任务。一个单位对招生工作的思想和态度，往往是这个单位办学指导思想的具体反映。招生工作的思想和态度端正与否，是对每一个办学单位能否贯彻正确的办学指导思想的严峻的检验。如果办学指导思想不端正，就必然会在招生工作中发生这样那样的问题。回顾近年来的招生工作，总的情况是好的。绝大多数分院贯彻执行总院招生工作的一系列规定是认真、严肃的，做了大量卓有成效的工作。许多单位还结合本地区、本单位实际，制定了一些行之有效的措施，基本上保证了招生的质量。但也有极少数单位还存在着一些突出问题，这是不容忽视的。有的分院之间交叉招生，造成办学体系不合理的局面；有的违规设点，不具备或不完全具备办学条件也设点招生办学；有的弄虚作假，擅自改变报名人员身份，蒙混过关；有的已到录取阶段，学区、分院还未在报名登记表上签署审查意见；有的考纪混乱，招生考试试卷运送、保管违反规定，甚至擅自提前或推迟全院的统一考试时间；有的超标收费，擅自提高报名费、学费收缴标准，甚至报名时一次收缴学习全过程的学费，等等。这些问题虽然发生在极少数单位，但危害十分严重，影响了中央党校和中函的声誉，应引起我们各级办学单位的高度重视，并采取切实措施加以解决。为此，我们必须强化三个意识：一是政治意识。要站在维护党的形象、维护中央党校和各级党校以及中函的形象、维护人民解放军的形象的高度，坚决纠正和克服过去招生工作中存在的问题。讲政治是具体的，招生工作就有政治，我们要从讲政治、讲大局的高度给党校函授招生工作定位，不断提高认识，严格条件，坚持标准，严把“入口关”，更加自觉地来维护党校函授教育事业的政治性、严肃性和原则性。二是责任意识。要本着对培养党的高素质干部队伍的战略任务负责，对各级党校以及函授事业负责，对学员的健康成长负责的精神和态度，端正办学指导思想，注重社会效益，以高度的政治责任感，坚决执行中央的指示和总院的决定，切实做到思想到位，工作到位，精益求精，恪尽职守，认真做好2001年的招生工作。三是质量意识。要充分认识质量是关系到中函教育生存和发展的攸关问题，我们必须增强危机感和使命感，树立以质量求生存、求发展的意识，认真做好2001年的招生工作，切实把好入口关。

二、2001年招生工作的指导思想和总的要求

2001年招生工作要坚定地实行以邓小平理论和“三个代表”的重要思想为指导，认真贯彻中央10号文件和校委的要求，继续实行“计划招生，控制规模，严格把关，保证质量”的招生指导思想和总要求。实行这个指导思想和总的要求的依据：一是中央10号文件第二十七条指出“面向社会办学的各类学历教育，如函授教育和在职研究生教育，要严格把关，保证质量，防止和克服不正之风的侵袭”。可以说，这是党中央对党校函授教育和在职研究生教育的总要求，我们必须首先在招生工作中贯彻和体现这一总要求；二是控制规模，以质取胜，这是校委作出的重大决策，士安同志在工作报告中根据校委决策提出今后党校函授教育要“走以质取胜，内涵发展为主的路子”。这是办学思路的一个重大战略转变，从侧重量的发展到侧重质的提高的转变。这是既定方针，不是权宜之计。只有坚定不移地实行这一正确方针，党中央以及校委对我们提出的总要求才能得以实现。因此招生工作也要实现从侧重量的发展到侧重质的提高的转变。我们提出的口号是“宁可招生少点，也要招得好点”。

根据以上精神和要求，2001年招生工作的总盘子，就全院来说，本、专科招生总人数将比2000年招生人数降低7个百分点。因此，各分院可在总院下达招生计划指标之前，按总院给你们下达的2000年录取指标为基数，调低若干个百分点，初步确定各自的招生计划。从我们了解的情况看，全军函办已作了初步研究，准备将2001年的招生指标，在2000年的基础上作较大幅度的压缩。这种做法对于提高军队系统的办学质量是有好处的、是必要的。地方各分院确定2001年招生指标时，要本着办学规模与办学能力、办学水平相适应的原则来考虑。调低7个百分点只是全院控制招生指标的平均数，各分院应结合自身实际情况，有的可高于7个百分点，有的可低于7个百分点。不搞平均主义，也不要互相攀比。

对2001年在职研究生班招生工作的基本要求是：坚持原则，从严要求；控制总量，保证质量；立足长远，稳步发展。一是在职研究生的招生人数，本着大体与2000年持平，略有发展的精神，2001年招生数量控制在900名以内（其中包括省部军级干部导师制班20名），原则上凡批准招生的分院，各招一个班，招收40名左右。二是招生单位，招生单位总数控制在20家左右，严格按照校委划定的招生区域和系统招生，即在四个直辖市以外的省、自治区和军队系统招生。具体招生单位，从具备承办在职研究生教育条件、而又有强烈办学要求的单位中择优挑选。三是招生专业，继续开办经济管理专业，试办法律专业和政治学专业治国方略研究方向，酝酿开办哲学等专业。四是申办程序，凡拟在2001年招收在职研究生的单位，都要向总院写出招生申请报告，于11月10日前送达总院研究生办公室。

总的说来，在2001年招生工作中，希望大家一是要正确处理数量与质量的关系，把质量放在第一位，坚决把规模控制住，把数量减下来。二是实事求是，量力而行，从本单位办学能力的实际出发，使招生规模与办学能力、办学水平相适应。三是下大力气认真解决以往招生工作中存在的突出问题，把2001年招生工作搞得更好。

三、招生工作中必须掌握的几个问题

按照中央10号文件要求，做好招生工作，确保招生质量，各级组织要严格把好四关：即设置招生点资格审核关、考生资格审查关、招生考试关和录取关。

（一）要坚持按章办事，严格执行招生工作的各项制度规定。中函《管理制度汇编》中有关招生工作的规定要求，是我们多年来做好招生工作的经验总结，是符合中央文件和国家教育部门基本要求的。它对招生工作的指导思想、方法步骤和程序都提出了明确要求，是我们做好招生工作的基本依据。为什么很多单位招生工作严肃认真，做得较好；而有些单位自行其是，另搞一套，在招生工作中存在很多突出问题。其中一个重要原因，就在于执行总院《管理制度汇编》中存在着差距，有些单位在执行规章制度中，组织纪律性不强，有制度不执行或不全面执行，有的公然有令不行、有禁不止。因此，我们要进一步牢固树立按章办事、以“法”办学的观念，坚决执行总院有关招生工作的一系列规定，坚持招生标准，实施规范管理，用制度来确保招生质量。

（二）要按保持党校特色与符合国家成人高等教育基本要求的原则，不断改进招生工作。根据中央10号文件关于党校函授教育要“参照成人高等教育的基本要求，结合党校干部教育的特点”的要求，我们将逐步对招生工作进行改进和改革。2001年，在本、专科招生方面的主要改进有：一是为控制招生规模，保证办学质量，总院将进一步严格控制招生指标。招生前，各分院一定要从实际出发，实事求是地上报招生计划，总院下达招生计划指标后，各分院要以此为依据部署招生工作；各分院录取审核表上报总院审查批准后的批复数，为最后核定的招生指标，任何单位不得擅自突破。凡不经请示扩大招生的数额，总院一律不予注册。二是在报名条件中增加了缴验本人身份证和工作证的要求。这样做，便于在报名时确认报考人员的真实身份。三是参照成人高等教育的基本要求，结合党校干部教育的特点，对免试生条件作了修改。在符合报名基本条件的情况下，保留了已具有大学本科学历或高级技术职称者报考本科班，已具有大学专科学历报考大专班者，荣获全国、全军荣誉称号者，可以免试入学。四是增加了照顾加分条件。凡符合报名基本条件，并荣获省部级和大军区荣誉称号者，可照顾20分；被评为地（厅、局）和军队师级以上单位劳动模范、先进生产（工作）者、模范（优秀）共产党员者，总院、分院大专毕业优秀学员报考本科班者，军队（包括武警部队）三等功以上荣立者，可照顾10分。参照成人高等教育的要求对免试生条件修改后，免试生将会有所减少，照顾加分者有较大增加，这样既扩大了对先进人物的照顾面，又减少了免试生，有利于考生平等竞争，提高招生质量。五是将每年4月下旬进行的招生考试提前到4月中旬。不少分院反映，4月下旬考试，临近五·一放假，给组织考试和阅卷工作带来不便。因此，决定提前到4月中旬举行，以保证考试和阅卷工作的顺利进行。六是鉴于近几年来报考领导干部班的人数不断下降，给分院组织教学工作造成不便，决定从2001年起停招。本科班贸易经济专业，2001年也停招。

（三）要坚持从严执纪，严肃查处招生工作中违法乱纪的行为。在这方面，许多分院坚持原则，态度鲜明，处理果断，在社会上引起强烈反响。群众反映，我们党要像党校函授抓考风考纪这样抓，党风就好了。这些从严治教，从严治考的单位不仅给党校函授增了光，也为我们党增了光。但个别办学单位发生的一些问题，也很严重，对我们的声誉造成了很大损害。2000年招生中，我们会同有关部门，对一些单位的严重违纪问题进行了查处，有的停招，有的停办。在这里，我重申一下，凡已决定停招、停办的单位，2001年不能再给这些单位下达招生计划。该停招的必须坚决停招，该停办的必须坚决停办，有令必行、有禁必止，请有关分院加强管理和进行监督。同时，希望各分院对2001年招生中出现的违纪问题，不回避，不手软，发现一起，查处一起，使中央关于“防止和克服不正之风的侵袭”的指示，在招生工作中真正得到贯彻执行，切实保证2001年的招生工作顺利、健康地进行。

（2000年10月27日）

各组代表在中共中央党校2000年函授教育工作会议上的发言摘要

第一组代表王永翔同志的发言

我们第一组由华北地区各省市区和铁道部、党校直属班的代表组成。大家认真学习了有关文件，并进行了热烈的讨论。代表们一致表示，锦涛同志在百忙中接见全体与会代表并合影留念，使我们深受鼓舞。必坚、志新同志的讲话，使我们更加感到肩上担子的分量，面向新世纪，为培养更多高素质的干部，为培养更多的建设有中国特色的社会主义事业的合格人才，我们这些从事党校函授教育工作的同志，一定要乘势而上，为党校函授教育事业再创新辉煌作出自己的贡献。黄士安同志代表总院作的工作报告，全面总结了去年十月工作会议以来党校函授教育工作，重点突出，特别是抓教学改革、师资培训、考风考纪方面、工作力度大，成绩显著，保证了党校函授教育的质量，维护了党校的声誉。

面对新世纪，党校函授教育任重道远，我们一定要高举邓小平理论伟大旗帜，自觉地用江泽民同志“三个代表”思想指导自己的思想和行动，认真贯彻落实中央10号文件精神，进一步学习贯彻胡锦涛同志关于函授教育的批示，以教学为中心，不断推进教学改革，强化管理，认真解决办学中存在的问题，提高函授教育质量。

一、以“三个代表”重要思想指导党校函授教育，认真学习和贯彻落实中央10号文件及全国党校工作会议精神。江泽民同志提出的“三个代表”的重要思想，是面向新世纪党的建设的伟大纲领，也是面向新世纪党校函授教育的重要指导思想，我们要坚定不移地用“三个代表”的重要思想统帅和指导党校函授教育工作，要将“三个代表”贯彻到办学的各个环节，进一步端正办学指导思想，牢固树立为建设党的高素质干部队伍服务的目标，走以质取胜，内涵发展为主的路子，从严治学，完善办学体系，确保办学质量，按照“理论、知识、党性、能力相统一”的质量要求，层层健全质量责任制，以实际行动落实中央10号文件精神。

二、建议总院加大培训力度，特别是对各分院的领导，从政治学习到业务知识要加大培训力度，提高分院的管理水平，要像中央党校培训县委书记一样，各分院领导也要进总院学习培训。

三、总院同志应经常到分院、学区进行调研。了解办学情况，加强工作面对面的指导，促进党校函授教育发展上新的台阶。

第二组代表王树勤同志的发言

华东片有6省1市7个单位的代表共

20人。在讨论中,围绕中央党校领导和总院领导的讲话、报告,结合本单位办学实际,谈认识,谈体会,气氛热烈,发言踊跃。

大家认为，这次会议是在即将跨进21世纪的关键时刻召开的，规格高，内容丰富，重点突出，组织周密，是一次重要的会议。锦涛同志在百忙中亲切接见与会代表并合影留念，体现了党中央领导同志对党校函授教育事业的巨大关怀，代表们深受鼓舞。必坚同志的讲话，充分肯定了十五年来函授办学的成效，指出我们正面临发展机遇，从培养跨世纪高素质领导人才队伍的高度，对我们提出了新的更高的要求，大家深感责任重大。志新同志的讲话，回顾了十五年函授办学历程，有宏观理论思考和总结，又有具体的工作部署和要求，有高度，有力度，为我们鼓了劲，增强了信心，明确了方向。士安同志的工作报告，立意清晰，充满改革创新的精神，可操作性强，使我们对明年的工作任务和重点更加明确。代表们表示，一定要认真学习，消化领导同志的讲话精神，回去后，传达好，宣传好，落实好。

通过讨论，大家在以下三个方面提高了认识，统一了思想。

一、始终不渝地坚持正确的办学指导思想，把握正确的办学方向。中央党校和总院领导同志的讲话从战略高度，对今后党校函授教育发展提出了更高的要求，大家深感责任重大，担子很重。要完成任务，必须始终坚持正确的办学指导思想和办学方向，正确处理两个效益的关系，始终把社会效益放在首位，服从和服务于培养跨世纪的高素质人才的需要，服从和服务于社会主义现代化建设大局的需要，不断增强办好党校函授教育事业的信心，不辱使命，不负厚望。

二、始终围绕教学这个中心，不断推进党校函授教育的规范化管理。领导同志的讲话反复强调教学是中心，质量是生命，管理是保证。大家表示，一定要不断强化政治意识，质量意识，管理意识，责任意识，认真贯彻落实中央10号文件和锦涛同志对函授教育的一系列批示、指示，严格执行总院下发的新版《管理制度汇编》，坚持从严办学，从严治学，同时借鉴成人高教的基本做法和要求，不断规范党校函授教育管理，确保质量，以质取胜。

三、抓住机遇，深化改革，不断推进党校函授教育事业的发展。党校函授教育十五年发展历程，不但开辟了干部在职教育的新途径，拓宽了党校教育的功能，培养了人才。同时，也积累了宝贵的经验，锻炼了办学队伍，改善了办学条件。面对新形势、新任务，机遇和挑战并存，优势与问题并存，大家认识到，要抓住机遇和迎接挑战，必须加快改革，强化自身，通过改革推进党校函授教育事业的发展。

在讨论中，大家还实事求是地分析了党校函授教育所面临的挑战和自身存在的问题。我们所面对的现实大致有如下几个方面：一是成人高教改革步伐加快，办学形式灵活，教育市场拓宽，竞争日趋激烈；二是在办学理念上，包括专业设置、教材建设、教学形式等还不能完全适应21世纪培养高素质人才的需要；三是函授教育的生源有萎缩的趋势。对此，代表们提出五点建议：

一是教学内容上，在确保“三基本”理论教育的同时，加大前沿性知识的学习，扩大选修课安排，以适应市场的需要；二是发挥网络优势和党校系统优势，进一步加大高层次学历教育，稳定发展低层次学历教育；三是积极探索非学历教育，以适应21世纪终身教育观念的发展趋势；四是着手开展超前性研究、培训。为各分院多提供一些国内外成人教育方面的动态，多召开一些超前性的专题研讨活动，适当开办一些对分院班子成员的境内、外培训，不断提高业务素质和管理素质；五是加强宏观调控，针对各地经济发展状况不同，对人才需求不同的实际，在办学单位设立审批、专业设置、课程设置、收费标准等方面，加强宏观调控。

第三组代表王军同志的发言

我们第三组(西北组)全体同志认真学习会议文件,展开了热烈的讨论。大家一致认为,这次会议受到中央领导同志的高度重视。胡锦涛同志接见了全体代表并合影留念。新闻联播节目中对会议情况作了报道。中央领导同志对函授教育的重视使会议代表深受鼓舞。中央党校校委对此次函授工作会议也十分重视。在家的校委委员全部出席了会议。郑必坚同志作了重要讲话。他指出:“中央党校函授教育是个长远的事业,也是个大有作为的事业”。使与会代表们耳目一新,对函授教育更加充满信心。张志新同志发表了“总结经验,乘势而上,把党校函授教育提高到一个新水平”的重要讲话。这个报告全面总结函授教育十五年来的巨大成就和基本经验,展望了函授教育今后的前景和远大目标,进一步增强了我们做好函授工作的信心。

黄士安同志作的题为“深入贯彻落实中央10号文件精神，开拓党校函授教育事业的新局面”的工作报告。认真总结了一年来的工作，全面部署2001年工作，大家认为这个报告具体、全面、深刻、实际，既有新意，又短小精悍。

会议期间还举行了中函院建院十五周年院庆，表彰了一批优秀教师、优秀学员、优秀管理人员和优秀教材。

大家一致表示，回去以后，要深入学习、传达、贯彻好这次会议的精神，立足本职，做好工作，为进一步开拓函授教育事业发展的新局面而努力。

在讨论中，西北组提出以下建议：

第一，要努力适应形势发展的客观需要，进一步调整好专业和课程设置，尽快把“三基本”、“五当代”的教学内容贯穿到函授教学中。尽快实施弹性学年制和学分制。继续办好在职领导干部本科班，扩大在职领导干部研究生招生规模。

第二，加快现代化教学管理手段的建设,统一规划和开发现代化教学和管理项目。充分利用、发挥远程教学优势,以保证教学质量的提高,采用现代化方法,改进管理。

第三，西部开发已成为全党工作的重点。中央党校和东部省市党校要加强同西部地区党校的合作。总院应在招生政策、规模、经费管理、教材发行、现代化教学条件建设、教师培训等方面，给予西北几省区特殊的关心、照顾。

第四组代表常大光同志的发言

我们第四组包括西南地区各省市区和中直分院、国家机关分院的代表。大家对有幸出席这次盛会感到格外高兴。第一,这次会议是在全国党校工作会议之后召开的。中央10号文件和全国党校工作会议充分肯定了党校函授教育的地位,并为党校函授教育进一步指明了方向;第二,锦涛同志在百忙中亲切接见与会代表并合影留念,体现了党中央领导同志对党校函授教育工作的巨大关怀,使会议代表以及全国党校系统从事函授教育工作的同志深受鼓舞;第三,这次会议是和党校函授教育创办十五周年庆祝表彰活动结合进行,中央党校领导和总院领导在会上作了讲话,全面总结了十五年来的经验,并对未来进行了精心规划,为面向21世纪的党校函授教育事业的发展奠定了坚实的基础。

围绕大会的主题，我们进行了热烈、深入的讨论，大家认为，中央党校领导和总院领导的讲话，对十五年来的成绩总结实事求是，对未来的规划高瞻远瞩，充满着务实精神和开阔的眼光，大家表示，一定要把这次会议的精神原原本本地带回去，尽快组织传达，认真贯彻落实，使党校函授教育事业在取得成绩的基础上，再上新的台阶。

代表们还认为，在新的世纪要使党校函

授教育事业创造新的辉煌，要重视抓好以下几项工作。

首先，要认真抓好全国党校工作会议和中央 10 号文件精神的贯彻落实。对中央 10 号文件中论及党校函授的内容，要组织人员专门学习研究，提出切实可行的实施方案，并认真抓好落实，这是新世纪党校函授教育生存和发展的依据和关键。

第二，要全面分析成人教育的形势，分析和把握市场，充分发挥党校的优势，充分发挥党校函授教育的系统优势和网络优势，协调好各分院之间的关系，进一步增强凝聚力，使其真正成为成人教育领域中的一支集团军。

第三，要认真研究在保持和突出党校函授教育特色的同时与普通成人教育接轨的问题，真正实现“理论、知识、党性、能力”四统一的培训目标，创造出自己的教育品牌，进一步扩大和加深社会对党校函授教育的正面认识程度。

第四，代表们从工作实践中深深感到，总院近年来组织的评估活动，是规范办学行为，强化管理、提高的有效措施，对于解决存在的突出问题起到十分明显的作用，使得各分院的工作在各方面都有很大的提高，建议总院进行较为全面的总结。在今后的几年中，不大可能搞如此大规模的系统评估，但可针对办学中存在的突出问题，组织一些专项检查和专题研究，采取各个击破，重点解决问题的方法，以巩固评估整改成果，切实加强管理并达到提高办学质量的最终目的。

第五组代表曾瑞芝同志的发言

我们认真学习和讨论了郑必坚同志、张志新同志的重要讲话，认真讨论和研究了黄士安同志的工作报告，欧亚平同志关于 2001 年招生工作的讲话。这些讲话和报告，深刻总结了党校函授教育十五年来的成就和基本经验，对党校函授教育的发展方向和工作，提出了更高的要求。我们将在工作实践中认真领会和贯彻落实，特别是胡锦涛同志会见了全体代表并与代表们合影留念，这是对党校工作者、党校函授工作者的巨大鼓舞，是我们进一步搞好党校工作，搞好党校函授教育的动力。

我们还认真讨论和研究了全国党校工作会议和中央 10 号文件下发以后，在工作实践中遇到的一些问题，借这次会议提出来同大家共同探讨，以便今后做好工作。

第一，关于参照成人高等教育的基本要求的问题。我们理解主要是在专业设置、课程设置和质量要求方面，达到规定的目标和水平，同时要充分考虑党校函授教育的特点和特色。党校函授教育的主要对象是党员干部，有一个提高政治素质、理论水平、领导能力、党性锻炼的特殊要求。要达到党校函授教育的政治性和专业性的高度统一，理论教育和专业教育的有机统一，应当把“三基本”、“五当代”引进党校函授教育，但“三基本”、“五当代”的函授教材如何编写，课程如何安排，课时占多大比重，需要研究解决。

第二，关于吸收组织、人事、教育部门参与组织考试、考核的问题。必须明确党校为主体，这些部门参与的程度应该有多大，采取哪些形式来参与，应研究解决。

第三，关于党校函授教育学历，待遇参照国民教育相应学历的有关规定的问题。所谓“待遇”问题，实际上是一个“学历承认”问题，希望中央党校领导与有关部门协商解决。

在党校函授教育中如何贯彻素质教育。需要组织力量，选定一些课题，进行试点，希望总院能尽早组织力量落实。

第六组代表刘斌同志的发言

东北组按照会议的统一安排，围绕必坚、志新同志的讲话和士安同志的工作报告，进行了认真、热烈的讨论。

大家一致认为，这次总结表彰会和函授

工作会议开得好。大家说，锦涛同志在百忙中亲切接见了与会代表并合影留念，使大家亲身感受到了中央领导同志对党校函授教育事业的极大关怀，进一步增强了做好新世纪党校函授教育工作的信心。必坚常务副校长、志新、伟光、君如副校长和其他校委领导出席会议，大家深受鼓舞。

代表们认为，这次会议的主题非常明确。必坚、志新和士安同志的讲话和报告站得高、讲得深、看得远。必坚同志的讲话，站在新世纪即将到来，面对当今世界的新变化，当代中国的新发展的高度，深刻论述了党校教育包括函授教育的重要地位和所担负的庄严使命，指出党校函授教育是个长远的事业，也是个大有作为的事业。勉励党校函授教育工作者要加倍努力，在成人高等教育领域中争创一流，为提高干部队伍整体素质，为培养更多的建设有中国特色的社会主义事业的合格人才作出新的更大的贡献。志新同志的讲话，简要地回顾了函授教育十五年的发展历程，总结了十五年的宝贵经验，概括了新世纪机遇和挑战并存的新形势，作出了不断开创党校函授教育事业新局面的部署。士安同志的主题报告讲得很实在，既肯定了过去一年工作所取得的成绩，又严肃地指出了工作中存在的问题和不足，对今后一年工作任务，讲话明确、具体，具有很强的可操作性。

大家在认真学习领会会议文件的基础上，对未来党校函授教育的改革和发展十分关心，结合本地区的实际情况，提出了一些建设性的意见：

一是要坚持正确的办学指导思想。大家认为，党校函授教育姓“党”，不同于其他教育，有很强的政治内涵，一定要认真贯彻中央10号文件精神和江泽民、胡锦涛同志在全国党校工作会议上的讲话精神，坚持正确的办学方向，正确处理经济效益与社会效益的关系，坚持依托党校、院校办学，严肃考风考纪，建立健全督促、检查机构，不断提高办学质量。

二是深化教学改革。大家认为，党校函授教育工作者要有主动进入市场的意识，要培植实力，办出特色，使优势更优，长处更长。打好党校这张牌，争创一流，关键在于深化改革、提高质量。在教学改革方面，有的同志提出实行弹性学制的建议，认为两门闭卷考试课不及格不准毕业，可改为补课补考的办法进行。希望总院尽早实行学分制试点。辽宁分院正在省函进行这方面的试点，愿意承担总院的试点任务。黑龙江分院把中函的管理办法引入到省函管理。

三是加强对省函的管理。大家认为，中函和省函都是党校函授教育，中央党校应对省函文凭效力、招生规模、使用教材、教学管理等方面提出指导性意见，不断规范省函管理，以维护党校声誉，发挥党校函授教育的整体优势。

四是总院要每年举办一些一线函授工作人员研讨会，如教师研讨会、班主任研讨会和领导层研讨会，以提高全院的办学水平。

第七组代表刘建华同志的发言

中央党校在世纪之交召开的这次党校函授教育工作会议意义重大。胡锦涛同志在百忙之中接见与会代表并合影留念，这对全院函授教育工作者和全体学员是一个巨大的鼓舞。中央党校领导对十五年来的函授教育工作进行了科学总结，总院对今后的函授工作作了部署，紧紧围绕从严办学，提高质量，提出了明确要求，为搞好今后的函授教育工作进一步指明了方向。

大家一致认为，军队有着服从命令听指挥的优良传统，十五年来，军队各单位在贯彻执行总院的指示上是认真坚决的，领导是坚强有力的，治学是严谨严格的，取得的成绩也是很大的。感谢总院领导和机关同志对军队系统函授教育工作的关心和支持，感谢地方各分院对军队系统办学的支持。我们回去后将向本单位领导汇报，组织办公室的同志，对会议文件进行一次认真系统的学习，紧密联系实际，研究贯彻的具体措施。许多单位还打算，召开表彰大会、教育管理人员工作会议等传达会议精神，部署明年工作。还有些单位准备利用宣传文化信息网，将这次会议的文件传达到师级单位。通过对会议精神的传达学习，把大家的思想统一到领导讲话精神上来，进一步提高函授教育质量。

我们总的考虑是:理顺体制,控制规模,加强管理,提高质量。具体抓三项工作：

一是进一步理顺办学体制：(1) 针对部队和干部学员流动较大的状况，进行编制体制调整，对过去设立的学区，该合并的合并，该撤销的撤销，该增设的增设。(2) 纠正一个机构两块牌子的问题，有的分院、学区几家函授单位领导，不便于开展工作。这次会议后，对此问题进行一次清理，统一归口，理顺关系，提高工作效率。(3) 避免交叉招生。对地方同志主动到部队报名的继续婉言谢绝，不予审批；对部队内部因驻地因素出现的就近入学等情况，各单位要认真搞好协调。

二是进一步控制办学规模。军队干部参加中央党校函授教育的人数，总的是按总院的计划来安排，具体要按照军队干部培训计划和干部队伍建设需要来确定数量。今后，军队系统将加大到军队院校离职学习的干部数量，使参加党校函授教育的人数控制在一个适当规模范围内。会后全军函办将编制一个具体计划。

三是进一步加强管理，加强管理是提高教育质量的重要保证。首先，把管理人员和教员队伍配齐配强。鉴于军队干部的流动状况，及时把空缺的人员补齐，要切实选那些热爱党校函授教育工作的精兵强将来办函授。其次，要认真学习贯彻中央 10 号文件精神和胡锦涛同志一系列指示精神，抓好总院制定的各项规章制度的落实。尤其是认真把好入学招生关，教员辅导关，学员学习时间考试关。各分院、学区领导要真正负担起教书育人的政治责任。

我们相信，随着这次会议精神的深入贯彻，在中央党校函授学院和全军函办正确领导下，军队系统的党校函授教育事业一定会越办越好，为培养跨世纪的军队现代化人才做出更大贡献！

再接再厉 狠抓落实
为在新世纪培养更多的高素质
党员干部而努力奋斗!

——在中共中央党校 2000 年函授教育工作会议上的总结讲话

中共中央党校函授学院副院长 刘利群

同志们：

我们这次年度工作会议，以及在这次会议期间举行的中共中央党校函授教育十五周年总结表彰大会，在胡锦铸同志的亲切关怀和校委的直接领导下，由于全体与会同志的共同努力，取得了圆满成功，实现了预期目的。这两个会议的召开得到北京市工业党校领导和函授分院的高度重视，他们为会议提供了热情周到的服务和良好环境，为会议顺利召开创造了条件。我代表院领导班子向北京市工业党校的领导和同志们，以及向为开好会议付出辛勤劳动的同志们表示诚挚的谢意！

下面，我就这次会议情况作简要的总结。

一、会议概况

这次会议从10月25日开始至28日结束，历时4天。各省、自治区、直辖市、部分副省级市委党校常务副校长或分管副校长以及55个分院负责人和有关方面的代表共计127人出席了会议。

10月25日上午，中央党校2000年函授教育工作会议开幕式于北京市工业党校举行。出席开幕式的有中央党校副校长、函授学院院长张志新、北京市委常委阳安江、北京市工业工委书记、市经委主任金生官、中央党校函授学院常务副院长黄士安以及副院长张东升、欧亚平等同志。阳安江同志讲了话，北京市工业党校校长方富楼致了欢迎词，黄士安作了题为《深入贯彻落实中央10号文件精神，开拓党校函授教育事业的新局面》的工作报告。会议期间，欧亚平作了《严格把关，确保质量，按照中央10号文件精神做好2001年招生工作》的讲话。

10月26日上午，胡锦涛同志亲切会见了会议全体代表并合影留念，使大家受到很大的鼓舞。

10月27日下午，中央党校函授教育十五周年总结表彰大会在中央党校育园楼举行。中央党校常务副校长郑必坚、副校长张志新、王伟光、李君如，校委委员李忠杰、孙庆聚、郝时晋、李兴山、石泰峰，函授学院常务副院长黄士安、副院长张东升、欧亚平等同志出席了大会。大会由黄士安主持，郑必坚发表了《迎接新世纪，再创新辉煌》的讲话，张志新就中央党校函授教育十五周年作了《总结经验，乘势而上，把党校函授教育提高到一个新水平》的总结性讲话。张东升宣读了《中共中央党校函授学院关于表彰优秀教师、优秀学员、优秀管理人员和优秀教材的决定》。校领导和校委委员为赵炳贵等100名优秀教师、刘继忠等100名优秀学员、李永涛等100名优秀管理人员、吴雄丞教授等主编的38本优秀教材和王瑞璞教授等讲授录制的20部音像教材颁奖。赵炳贵、刘继忠、李永涛等同志代表“三优人员”发言。大会简朴隆重，注重实效，安排紧凑，开得很成功。

会议期间，代表们认真学习了郑必坚、张志新的重要讲话以及黄士安的工作报告，分组讨论了进一步贯彻落实中央10号文件和全国党校工作会议精神的措施和办法。代表们还就欧亚平关于2001年招生工作的讲话进行了讨论。今天，7个小组的代表又在大会上相继汇报交流了各组讨论的情况。

代表们普遍反映，胡锦涛同志的会见，是对我们工作的支持和鼓励，为我们开好这次会议以及做好今后的工作增添了巨大的动力。代表们认为，校领导的讲话，充分肯定了十五年来党校函授教育取得的成绩，总结了办学的基本经验，提出了21世纪开创党校函授教育新局面的主要任务；院领导的工作报告，在全面总结上一年度工作的基础上，部署了新一年的工作任务，篇幅不长，但内容丰富，很细、很实，既肯定了成绩，又不掩饰存在的问题，明确安排了今后一年的工作，体现了改革创新精神。代表们认为，校、院领导的讲话和报告，充分体现了中央《决定》和全国党校工作会议精神，对于我们在新世纪将党校函授教育继续推向前进具有重要的指导作用。代表们还普遍感到对今后的工作心里更踏实、方向更明确了。

大家认为，这两个会议简朴、务实、富有新意，是一次高规格的会议。与会代表还纷纷表示，回去以后一定要认真贯彻落实会议精神和郑必坚同志、张志新同志的讲话精神，再接再厉，乘势前进，把党校函授教育提高到一个新水平，为在新世纪培养更多高素质人才作出不懈的努力。

会议期间，新华社、人民日报社、中央电视台、中央人民广播电台、光明日报社、北京电视台等新闻单位记者采访、报道了会议消息。

二、会议的主要收获

（一）加深了对中央《决定》和全国党校工作会议精神的理解，增强了进一步办好党校函授教育的使命感和责任感。代表们更加体会到党校的重要地位和所担负的庄严使命。郑必坚常务副校长在讲话中提出：十五届五中全会“关于建设一支宏大的高素质人才队伍”的新目标，“是中央10号文件颁发和江总书记在全国党校工作会议重要讲话之后，党中央对干部队伍建设特别是干部教育工作提出的新的更高的要求”。“党校事业发展开始了一个新阶段，历史又一次把党校推到一个更加重要更加突出的地位”。“党校教育作为以全国党政领导干部为主要对象的继续教育，作为整个有中国特色社会主义教育事业的重要组成部分和科教兴国的重要力量，在建设党的高素质干部队伍方面负有义不容辞的责任。而作为党校教育的重要组成部分，党校函授教育也要加倍努力”。与会代表普遍认为郑必坚同志这些分析十分中肯、十分重要，加深了我们对中央10号文件的理解。大家表示，一定不辜负党中央的殷切期望，一定要紧紧抓住中央10号文件为我们创造的机遇，以更加扎实的工作，进一步办好党校函授教育，培养更多适应我国社会主义现代化建设需要的高素质党员干部和骨干人才。

（二）总结交流了经验，表彰了先进，增强了做好今后工作的信心。我们较系统地总结了中央党校函授教育十五年来的基本经验，表彰了一批优秀教师、优秀学员、优秀管理人员和优秀教材。通过总结经验、表彰先进，代表们看到了差距，得到了启示，受到了鼓舞，增强了做好今后工作、进一步发展党校函授教育事业的信心和决心。大家认为，张志新副校长在讲话中以简洁的语言阐述了中央党校函授教育十五年来的基本经验：办学指导思想是灵魂，教学质量是生命，制度建设是保证，提高人员素质是根本。这是对办学经验的理论概括，是全院的宝贵财富。我们能够提炼概括出这些基本经验是党校函授教育趋于成熟的表现。与会同志表示过去我们靠了这些经验取得了显著的办学成绩，进入新世纪我们只有坚持不懈地运用、丰富和发展这些基本经验，才能再创新的辉煌。

（三）认清了形势，明确了任务，增强了做好今后工作的紧迫感。代表们普遍反映，在听了必坚、志新两位校领导的重要讲话和士安同志的工作报告后，对当前党校函授教育面临的形势认识更清楚了。代表们说：在新的世纪，国际竞争将更加激烈。我国将按照“十五”计划进入全面建设小康社会、加快推进现代化的新的重要时期。国际国内形势发展对人才的素质提出了更高的要求，作为党校教育的重要组成部分的党校函授教育将面临着更加艰巨的任务。正如必坚同志指出的，中央党校函授教育是个长远的事业，也是个大有作为的事业。我们要振奋精神，开拓创新，扎实工作，乘胜前进。代表们说：士安同志对新世纪第一年的工作作了明确的布置，尤其是他根据校领导的决策，提出“走以质取胜，内涵发展为主的路子”，具有重要意义。这是办学思路的战略性转变，即从过去侧重量的发展到今后侧重质的提高的转变。代表们认为只有实现这一转变，才能有效地贯彻落实中央10号文件对党校函授教育的要求，才能有效地提高培养人才的质量，这不是权宜之计，而是一个根本性的对策。大家表示一定要重视实现这一转变，要发扬成绩，认真吸取过去的经验，以新的姿态，团结协作，加倍努力地工作，更好地发挥党校函授教育系统的整体功能，以出色的成绩，跨入新世纪。

此外，会议期间，代表们还认真分析了党校函授教育目前面临的困难和存在的问题，并对如何适应新世纪的要求，促进党校函授教育的进一步发展，提出了许多宝贵的意见和建议。对这些意见和建议，会后我们一定认真研究，妥善处理。

三、传达贯彻会议精神需要注意的几个问题

（一）要认真传达贯彻和落实这次会议精神。这次会议，既是对过去15年工作的回顾和总结，也是对未来工作的展望和部署，意义重大。希望同志们回去以后一定要认真传达贯彻并狠抓落实。要认真传达学习郑必坚同志、张志新同志的重要讲话以及士安同志的工作报告，结合本单位的实际，在总结过去经验的基础上，安排好下一年的工作，并制定出切实可行的措施。特别要结合本单位的工作，查找存在的问题，研究解决的办法。要坚决防止和纠正过去有的单位对会议精神不及时传达，或传达贯彻不力的现象。

（二）要组织全体人员深入学习和贯彻落实中央的《决定》和全国党校工作会议精神。一要在端正办学指导思想上狠下功夫，任何时候都要把社会效益摆在第一位，时刻不忘我们的办学宗旨。各级领导要充分认识到，任何只注重经济效益而轻视甚至忽视社会效益的倾向都是同党中央的要求背道而驰的，也是与我们的办学宗旨不相容的，必须坚决反对和纠正。在端正办学指导思想的问题上，我们不仅要营造浓厚的舆论氛围，而且要用有效的实际行动来体现。二要在抓教育质量上狠下功夫。要以质取胜，走内涵发展的道路，不断深化教育改革，完善规章制度，实施科学而严格的管理，切实把握好招生、教学、考试等环节，确保教育质量，真正为党和国家培养出更多的高素质党员干部。要以中央10号文件精神，严格把关，精心运作，确保招生质量，切实完成2001年招生任务。在招生工作和其它办学工作中，各级领导和全体工作人员，要高度警惕和坚决抵制不正之风的侵袭。三要在加强办学队伍建设上狠下功夫。从造就马克思主义理论家教育家的高度，切实采取有效措施，积极创造条件，特别要加强思想政治工作，注意防止和克服不正之风的侵袭，努力建设一支政治强、业务精、作风正的高素质的教职员工队伍，尤其是要建设一支规模适当、结构合理、素质更高、能够满足党校函授教育需要的教师队伍。

（三）要按照“三个代表”的要求，进一步办好党校函授教育。我们一定要按照“三个代表”的思想，进一步提高对党校函授教育事业地位和作用的认识，认真研究和解决新形势下如何加强和改进党校函授教育工作、提高党校函授办学质量的一系列重大问题。要把“三个代表”的要求紧紧贯穿于党校函授教学的全部内容和各个环节，坚持以教学为中心，深化教学改革，建立新的教学布局，当前要继续解决好“三基本”、“五当代”教材引入党校函授教学的有关问题，提高教学质量，使作为党校教育重要组成部分的党校函授教育，更好地承担起培养造就大批适应新世纪要求的中青年领导干部的历史重任。

同志们，会议就要结束了。请各位转达总院对辛勤工作在党校函授教育战线上的领导和同志们的亲切问候！预祝大家在新世纪为党校函授教育作出新的更大的贡献！

（2000年10月28日）

表 彰 奖 励

【十五周年院庆评选奖励优秀教师、优秀学员和优秀管理人员的实施办法】 总院于3月28日，向各分院下发了该实施办法。该办法对评选表彰百名优秀教师、百名优秀学员和百名优秀管理人员的具体实施作出如下规定：

一、评选条件：按《中共中央党校函授学院管理制度汇编》中有关表彰奖励实施办法的有关条件进行评选。

二、评选名额：按“三优”分配表数额评选。每个候选人要填写推荐表一式两份。优秀教师材料报总院教学处；优秀学员、优秀管理人员材料报总院教务处。撰写的事迹材料，文字要准确、简明、生动，字数在1000字左右。

三、评选范围：凡从事党校函授教育工作3年以上的现任教师、管理人员均可参加评选。优秀学员主要从在籍学员（但个别特殊优秀的毕业学员也可以作为推荐对象）中评选。

四、奖励办法：被评为优秀教师、优秀学员、优秀管理人员的，分别由总院授予荣誉称号，并颁发证书和奖金。

【十五周年院庆评选奖励优秀教材（含音像教材）的实施办法】 总院于3月28日，向各分院发出了该办法。该办法对评选优秀教材的具体实施，作出如下规定：

一、指导思想：以邓小平理论为指导，表彰优秀，鼓励先进，充分调动编写人员的积极性，提高函授教材质量，为培养高素质干部队伍服务。

二、评奖原则：坚持公开、公平、公正和择优奖励的原则。

三、评选优秀教材的范围及数量：在现行使用的114种教材中进行评选，评优比例按1/3掌握。

四、优秀教材标准：

（一）坚持以马列主义、毛泽东思想、邓小平理论为指导，坚持党的路线、方针、政策，同党的十五大精神保持一致；理论内容、政治观点正确。

（二）结构合理，具有科学性、系统性；能反映本学科领域科研新成果，富有时代气息。

（三）基本概念、原理阐述准确，层次分明，文字通俗易懂。

（四）适合函授教学特点，适应在职干部学习需要，理论联系实际，具有实用性。

五、评选方式及步骤：

（一）请按《中函优秀教材评审意见表》所列课程征求授课教师和学员的意见；每门课程按“优”、“良”、“差”三个等级评定，同意哪一项的请打“√”，有何意见在“备注”栏内注明。

（二）成立教材评审委员会。评委会成员由总院教编室提出，并报院长办公会批准。

（三）评委会依据优秀教材标准分别对所有参评教材进行阅评，并在吸取各分院、直属学区意见的基础上，对优秀教材进行评选。

（四）评委会评选结果提交院长办公会审批。

六、优秀教材奖励办法：对获奖优秀教材，由总院发给奖金，并由参与编写优秀教材的人员按所承担任务进行分配。

关于优秀音像教材的评选，由总院电教室征求有关方面意见后，组织专家进行评审，并报院长办公会审批。奖励办法与优秀教材同。

【优秀教师名录】　总院于10月20日作出关于表彰优秀教师、优秀学员、优秀管理人员和优秀教材的决定。其中，获奖的优秀教师名录如下：

中央直属机关分院　赵国良
中央国家机关分院　王坚强
铁道部分院　曲仁港　李维敏　马文章
北京市委机关分院　章向平　孙永安
北京市工业党校分院　陈晓燕　王建民
北京市公安局分院　卢宝祥
辽宁分院　罗　美　赵炳贵　李滨虹
吉林分院　冯子为　史浩林
黑龙江分院　贾成中　赵湘江
天津分院　祝尔娟　赵国香
河北分院　安建峰　申玉兰　师新乔
山西分院　杨从善　李秋实
内蒙古分院　王静东　陈和平　毛成玉
陕西分院　王诚安　潘思彦　唐爱玲
西安分院　张　红
甘肃分院　肖安鹿　濮　政　赵羽翔
宁夏分院　杨旭东　张　廉
青海分院　孙　玮　关励姝
新疆分院　東迪生　袁智文
新疆兵团分院　强始学　陈建民
重庆分院　戚　攻　张新华
四川分院　张星炜　祁乃英
云南分院　周龙弟　谷自文
贵州分院　吕永明　谭齐贤
西藏分院　普布次仁　杨正书
河南分院　朱耀先　梁　丹　袁望东
湖北分院　张祥生　刘元玉
湖南分院　缪炳塑　文锦菊　曾祥永
广东分院　詹杨森　谭国宪
广西分院　刘毅娜　赖文葵
南宁分院　张伦书
海南分院　吴建勋　朱　强
上海分院　彭瑞初　黄文燕
山东分院　李志勇　赵　泉
江苏分院　钱存端　沈林荣　王玉珍
浙江分院　王祖强　叶振东
安徽分院　周忠俊　严慧兰　胡忠明
福建分院　林孝午　黄光泗　游伯笙
江西分院　元小勇　谭旭孙
总参分院　陈旺生
总政分院　王　蜜
总后分院　崔秋锁
总装分院　施凯峰
海军分院　吴国良
空军分院　石家祥
二炮分院　李昌俊
国防大学分院　汪振华
沈阳军区分院　王太全
北京军区分院　赵红志
兰州军区分院　胡　顺
济南军区分院　刘志喜
南京军区分院　宋方敏
广州军区分院　欧新民
成都军区分院　图登克珠
总　院　陶　湘

【优秀学员名录】　总院于10月20日作出关于表彰优秀教师、优秀学员、优秀管理人员和优秀教材的决定。其中，获奖的优秀学员名录如下：

中央直属机关分院 江绍高 王景富
中央国家机关分院 任怀旺 董 颖(女) 王克华(女)
铁道部分院 姚韶芳(女) 奚祖强
北京市委机关分院 杜 巍 孙树昆
北京市工业党校分院 裴有才 陈立新
北京市公安局分院 王聚成 刘继忠
辽宁分院 许文有 刘长清(女)
吉林分院 郝嘉彦 李福男(女) 董俊林
黑龙江分院 刘佰君 高振海
天津分院 高卫生 王树连
河北分院 于清明 孙建国
山西分院 张 国 徐树荣
内蒙古分院 吴 勇 乌 云(女) 贯高龙
陕西分院 李 昕(女) 刘进跃
西安分院 门力荣
甘肃分院 马庆华 秦应平
宁夏分院 黄德志 陈六喜
青海分院 周文奎 宗贻平
新疆分院 杨文毓(女) 车玉平
新疆兵团分院 程克强 祝培福
重庆分院 常国权 姜 平
四川分院 陈保明 李兴明
云南分院 钟世禄 张百如 张丽英(女)
贵州分院 李六羊 杨亚祥
西藏分院 周雅林 李富忠
河南分院 李存周 高登峰
湖北分院 郑 超 王 勇
湖南分院 范高潮 詹 鸣 成 雁
广东分院 莫 威 姚欣耀 唐少雄
广西分院 麦贵富 温昌伟 罗本有
海南分院 陈列雄 麦正华
南宁分院 杨玉宗
上海分院 张晓敏 姚根宝 张 清
山东分院 王 宇(女) 王军民
江苏分院 张 勇 黄建华
浙江分院 朱金根 曾月桂
安徽分院 高喜田 张承宪
福建分院 赵正根 魏国庆
江西分院 陈兰香(女) 王水银
总参分院 朱曙军
总政分院 田瑞平
总后分院 何亮东
总装分院 任大军
海军分院 陈统四
空军分院 葛松山
二炮分院 刘明松
国防大学分院 王幸生
沈阳军区分院 张妙奇
北京军区分院 李庆芳
兰州军区分院 赵合林
济南军区分院 韩中国
南京军区分院 朱文进
广州军区分院 刘粤军
成都军区分院 肖维武
武警部队分院 吴中原

【优秀管理人员名录】 总院于10月20日作出关于表彰优秀教师、优秀学员、优秀管理人员和优秀教材的决定。其中，获奖的优秀管理人员名录如下：

中央直属机关分院 赵世亮 徐正华
中央国家机关分院 马丽萍(女) 王树元
铁道部分院 梁恒荟 王长琳 杨 虹
北京市委机关分院 林大烈 李雅兰(女) 赵丽珠(女)
北京市工业党校分院 李永涛 陈天任
北京市公安局分院 王素真(女)
辽宁分院 邵东震 王玉珍(女)
吉林分院 高国田 李晓华

黑龙江分院	杨立太　邱长弘
天津分院	曹庆庆(女)　李惠英(女)
河北分院	贺彦波　张振国
山西分院	王永翔(女)　秦福林
内蒙古分院	王惠云(女)　云继明
陕西分院	李永昶　梁本荣(女)
西安分院	吕建谋
甘肃分院	王文学　石华翼　马忠信
宁夏分院	贺德正　雷金万
青海分院	申　辉　李　群　王健基
新疆分院	徐德寿　吴　勇
新疆兵团分院	徐一淮　甄永杰
重庆分院	孙　栋(女)　杨凤玲(女)
四川分院	黄天友　黄智宪
云南分院	王家凯　吴世文
贵州分院	帅爱群(女)　沈伶明
西藏分院	才旺班久　尼　玛
河南分院	肖秋英(女)　王　咸　翟兰英(女)
湖北分院	陈　湘(女)　袁　萍(女)
湖南分院	李治业　廖美琳
广东分院	黄绍清　肖　伟
广西分院	陈旦旦(女)　朱海鹏
海南分院	钟小凤(女)
南宁分院	张晓青(女)
上海分院	顾振荣　何久隆
山东分院	周生宽　张文祥
江苏分院	方根林　曹佳鸣　石春海
浙江分院	杨仲林　蒋儒标　房晓峰
安徽分院	吕德全　徐　临　赵炳元
福建分院	谢锦荣　陈毅生
江西分院	唐　峻(女)　李　洪　程素珍(女)
总参分院	姜　锋
总政分院	韩群生
总后分院	阎瑞萍
总装分院	徐碧辉
海军分院	唐建华
空军分院	杨先涛
二炮分院	龚　红(女)
国防大学分院	董　诚
沈阳军区分院	张相荣
北京军区分院	刘景智
兰州军区分院	陈扶军
济南军区分院	王国良
南京军区分院	刘　俊
广州军区分院	陈爱民
成都军区分院	傅晓英(女)
武警部队分院	于兰河

【优秀教材及主编名录】　总院于10月20日作出关于表彰优秀教师、优秀学员、优秀管理人员和优秀教材的决定。其中，获奖的优秀教材及主编的名录于后：

1. 邓小平理论简明教程（吴雄丞）
2. 马克思主义哲学简明教程（杨春贵、张绪文、侯才）
3. 干部写作概论（孙乃沅）
4. 普通逻辑学（刘建能、朱煜华）
5. 当代国际政治与中国对外关系（亓成章、张琏瑰）
6. 公共关系学简明教程（庞元正、阮青）
7. 行政管理学教程（梁振中、王仲田）
8. 领导科学概论（孙钱章）
9. 新时期党的建设概论（蔡长水）
10. 公共政策概论（刘　春、王　军）
11. 当代西方政治制度（高金海、曹玉海）
12. 中国领导思想史简编（萧少秋）

13. 中国政治制度史（史远芹）

14. 中共党史简编（于吉楠、陈诗惠）

15. 社会主义市场经济简明教程（辛守良）

16. 市场营销学（张大军）

17. 财务会计概论（奚淑琴）

18. 国内贸易经济管理（丁俊发）

19. 现代市场经济（刘炳瑛）

20. 中国区域经济管理概论（李世华）

21. 国际贸易理论与实务（孙家恒）

22. 当代西方经济学简明教程（胡希宁、谢鲁江、王 炳）

23. 宏观经济运行与管理（李兴山）

24. 中国经济地理教程（常金年、孙经蕙）

25. 国际营销（卢东斌）

26. 审计学（翁亦然、周建国）

27. 对外经济管理学（刘海藩、刘潮）

28. 法学概论（李用兵）

29. 经济法简明教程（刘隆亨）

30. 财税法教程（严振生）

31. 法学基础（武树臣）

32. 犯罪心理学（张保平）

33. 民法学总论（李仁玉）

34. 民法学教程（杨振山、谢邦宇）

35. 司法文书概论（顾克广等）

36. 律师学教程（肖胜喜、谢廷英）

37. 国际法教程（刘廷吉）

38. 市场经济法律制度概论（石泰峰）

【优秀音像教材及主讲人名录】 总院于10月20日作出关于表彰优秀教师、优秀学员、优秀管理人员和优秀教材的决定。其中，获奖的优秀音像教材及主讲人名录于后：

1. 国有资产管理教程（魏 杰）

2. 货币银行学（李 健）

3. 马克思主义哲学简明教程（张绪文）

4. 农村经济管理学（王瑞璞）

5. 中国法律史（李 力）

6. 公共行政学（徐理明）

7. 组织行为学（丁冬红）

8. 国际投资和我国利用外资概论（肖勤福）

9. 国际金融简明教程（薛宏立）

10. 刑法各论（周振想）

11. 中共党史简编（翁仲二）

12. 宏观经济运行与管理（赵长茂）

13. 金融法学（谷 凌）

14. 宪法学（许崇德）

15. 商务谈判（刘宝成）

16. 刑法总论（陈兴良）

17. 环境科学概论（吴义生）

18. 婚姻家庭法（巫昌祯）

19. 英语（韩 红）

20. 政治学原理（王福春）

【关于表彰中函学员抗洪抢险英雄谌宝同志的决定】 12月20日，总院向各分院下发了该决定，决定全文如下：

中函陕西分院安康学区镇坪辅导站97级大专班党政专业的学员谌宝同志（时任斐河乡党委副书记、乡长），于2000年6月25日在镇坪抗洪抢险战斗中，身先士卒，奋不顾身，为保卫国家和人民群众生命财产安全，不幸被泥石流推入洪水，英勇牺牲，年仅40岁。谌宝同志作为中央党校函授学员、党的基层领导干部，为了党和人民的利益，在群众最需要的时刻，舍生忘死，挺身而出，带领群众，与洪魔展开殊死的斗争，献出了自己宝贵的生命。谌宝同志可歌可泣的英雄事迹，充分反映他崇高的思想境界。经研究，决定对谌宝同志的英雄事迹在全院范围内进行通报表彰，并追认他为中函优秀学员。

总院号召，全院同志要向谌宝同志学习，学习他忠于党、忠于人民，把人民群众的利益看得高于一切的革命情操；学习他一

第五次教学管理工作会议

【关于召开第五次教学管理工作会议准备工作的通知】 10月8日，总院向各分院下发了该通知。通知指出，总院拟于11月下旬或12月上旬召开第五次教学管理工作会议，会期5天。现将会议有关事项通知如下：

一、会议的主要任务是认真落实《中共中央关于面向21世纪加强和改进党校工作的决定》和2000年函授教育工作会议精神，总结近两年的教学管理工作，交流经验，进一步明确教学管理任务；深化教学改革，加强规范化管理，强化素质教育，努力把党校函授教育提高到一个新水平。

二、参加人员：各分院分管教学工作的副院长和教学科长。

三、会议地点和报到时间另行通知。

四、会议主要日程安排：学习会议文件，讨论主题报告。总结交流近两年来教学管理和教学改革方面的经验体会。讨论和部署教学改革工作。

五、具体准备工作：分院教学改革和教学管理方面的书面材料。撰写深入教学改革，强化素质教育，加强教学管理方面的经验材料。要求每个分院至少提交一篇书面经验材料（材料末尾注明作者姓名、邮编、通信地址），一式130份带到会议上，并于11月10日前报总院教学处两份。典型经验材料撰写参考范围见附件。对总院教学改革和教学管理工作的意见和建议。

附件

深化教学改革，强化素质教育，加强教学管理方面的经验撰写材料参考范围：

1．转变教育观念，强化素质教育意识，大力推进教学改革方面的做法与经验。

2．提高教学管理人员素质和改进管理方法、手段方面的做法与经验。

3．加强师资队伍管理与建设的做法与经验。

4．对党校函授教育特别是教学管理方面的特点规律的研究。

5．21世纪党校函授教学管理发展前景。

6．突出时代特征、保持党校特色方面的经验。

7．教学改革内容的探讨。

8．坚持“理论、知识、党性、能力”相统一的培养目标方面的经验。

切听从党的指挥，党要求到哪里就战斗到哪里，千方百计地完成上级赋予的各项抗洪抢险任务的革命作风；学习他顽强奋斗，舍生忘死，越是艰险越向前，宁可牺牲自己，也要保护人民生命财产的高贵品质；学习他加强党性锻炼，把抗洪抢险当课堂，陶冶革命情操，处处严格要求自己，时刻不忘自己是党校函授学员，为中央党校函授教育争光的集体主义精神。

总院要求，全院同志要紧密地团结在以江泽民同志为核心的党中央周围，高举邓小平理论伟大旗帜，全面贯彻落实中央10号文件和全国党校工作会议精神，不断提高中央党校函授教育质量，为党和国家培养更多的高素质的领导干部和合格人才作出新的更大的贡献！

【第五次教学管理工作会议的工作报告】 12月2日，总院副院长刘利群在第五次教学管理工作会议上作了题为《深化教学改革　强化素质教育　努力把党校函授教育推向21世纪》的工作报告，全文如下：

各位代表、同志们：

中央党校函授学院第五次教学管理工作会议经过认真准备，特别是在上海市委党校的大力支持、精心组织安排下顺利开幕了。上海分院为我们提供了良好的、一流的会议条件和热情周到的服务，为此，我代表总院和与会全体代表向他们表示衷心地感谢!

近5年来，我们先后召开了四次教学管理工作会议，对强化全院的教学管理，提高教学质量起了很好的作用。为了紧跟形势，使党校函授教学工作更上一层楼，今天在这里召开第五次教学管理工作会议。这次会议的主题是：以全国党校工作会议和中央党校2000年函授教育工作会议精神为指导，以教学为中心，进一步深化教学改革，积极推进素质教育，努力把党校函授教育推向21世纪。会议将深入学习和贯彻党的十五届五中全会精神，贯彻全国党校工作会议和中央10号文件精神，认真总结近两年来党校函授教育的教学管理工作，交流经验，查找不足，并商讨如何进一步深化教学改革，强化科学管理，狠抓质量意识，将党校函授教育提高到一个新水平。下面我代表总院讲两个问题。

一、两年来教学管理工作的回顾

去年3月，中央党校校委调整了我院的领导班子。新的领导班子组成后，在志新副校长的领导下，以士安同志为核心，大家团结共事，求真务实，以教学为中心，深入探索教学改革问题，狠抓教学质量，走以质取胜、内涵发展为主的路子；强调从严治教，从严治学，从严治考，较好地完成了各项教学与管理任务。基本情况如下：

（一）进一步深化教学改革，提高教学质量

近两年来，总院和各级办学单位在教学改革方面大胆探索，勇于创新，积极进取，取得了较为丰硕的成果。

总院积极组织各职能处室进行调查研究，多次召集有关人员对教学改革进行研讨、论证，广泛征求各级办学单位的意见和要求，论证了《中央党校函授学院教学改革方案》。该方案对教学改革的指导思想、基本原则、基本内容以及保障措施做了初步论证。现在我们将这个方案拿到会议上，希望大家集思广益，充分发表意见，以便进一步完善。

总院根据中央党校教学改革的统一部署，对专业、课程的设置进行了适当的调整。从2000年下半年开始，逐步将“三基本”（马克思列宁主义基本问题、毛泽东思想基本问题、邓小平理论基本问题）、“五当代”（当代世界经济、当代世界科技、当代世界法律和中国法制建设、当代世界军事和中国国防、当代世界思潮）纳入党校函授教学课程，使党校函授课程更加突出时代特征，符合党校特色。

为了确保面授教师的整体水平，保证面授教师的授课质量，总院实行了面授教师审批备案制度。规定大专班、本科班的面授教师由学区选聘、分院审批。本科班面授教师分院审批后，由分院报总院备案。领导干部班和领导干部在职研究生班的面授教师由分院选聘，报总院审批备案。此项制度的实行，对把好教师的选聘关，进一步提高教学质量起到了积极的作用。

各分院也积极地对教学改革进行尝试。主要有：1. 建立教学竞争机制，实行择优选聘制度。各分院为了充分调动广大教师的积极性，都建立了不同程度的竞争激励机制。有的分院在教学计划确定后，向全校教师公开招标，鼓励教师参加竞争，择优上岗；有的分院推行指导教师招标制度。吸引能力强、水平高的教师积极应聘。这种竞争激励机制的建立，极大地激发了广大教师的工作热情。2. 积极进行教学方式、方法的改革。一些分院在授课方式上尝试着进行改革，如有的分院打破传统的“满堂灌”、“一言堂”的教学模式，在各班次中探索“启发式”、“模拟式”、“专题讨论式”、“答疑式”、“案例式”等新的教学模式，培养学员独立思考能力；有的分院在有条件的地方试行“情景教学”、“模拟教学”，开辟实践课堂；还有的分院积极推行多媒体示范教学，将优秀教师讲的课制成 VCD 光盘下发教学点使用，受到广大教师和学员的普遍欢迎。3. 努力推进学籍管理体制改革。有的分院选择相应的年级、班次，试行学分制和弹性学年制，增大学员的学习自主权，调动了学员的积极性和主动性；有的分院开发了教学信息管理系统和教师备课管理系统，大大提高了本院的教学管理水平。4. 积极推进考核、考试方法的改革。总院在今年 4 月召开了考试命题工作座谈会，确定了期末闭卷考试题型与题量的调整意见，会后下发了［1999］16 号通知。许多分院也都着手建立试题库，扩大标准化考试范围；有的分院在改革教学内容、教学方式的基础上，建立了合理的、综合性的考核评价体系，等等。

（二）教学规章制度进一步完善

随着党校函授事业的不断发展，办学规模的不断扩大，原先制定的教学管理规章制度已经不能完全适应党校函授教育现实发展的需要，需要对现有的教学管理规章制度进行补充和修改，为此，总院对《中共中央党校函授学院管理制度汇编》和《中共中央党校函授学院机关管理制度汇编》进行了重新编写和修定。其中，《中共中央党校函授学院管理制度汇编》在原来的基础上增加了《科研工作规程（试行）》、《学员自学管理暂行规定》等制度。《中共中央党校函授学院机关管理制度汇编》增加了《入学考试命题工作实施细则》、《期末考试命题工作实施细则》等若干规定。教学管理规章制度的编辑和修订，对于明确全院教学管理人员的工作职责，规范教学管理工作，调动广大工作人员的积极性，堵塞漏洞，弥补不足，起到了积极的作用。

各分院在认真贯彻总院下发的《中共中央党校函授学院管理制度汇编》的同时，结合本单位实际编修了各项教学管理规章制度，如《关于加强函授教育规范化管理的意见》、《面授教师聘任办法》、《关于函授教学质量优秀奖评比的暂行规定》、《辅导站考试目标管理考核百分评定标准》、《学员到课、考勤实施细则》、《学区教学工作程序》、《分院学籍管理制度》、《学区考试工作程序》、《论文行文格式的规范要求》等等。此外，全院普遍建立了请销假制度，从而使全院的管理工作更加制度化、规范化。

（三）教、学、管环节得到进一步加强

近两年来，各办学单位认真贯彻落实胡锦涛同志关于函授教育工作的一系列指示，在教、学、管方面狠下工夫、出台了许多新的举措，使教、学、管环节得到了进一步加强。

“教”，是党校函授教学过程中的一个重要环节。各级办学组织做了大量工作：1. 在教学内容上，不断更新知识，突出党校特色和时代特征的课程。根据中央党校教学改革的总布局，总院紧紧围绕学习邓小平理论这个中心，本着有利于培养学员的创新精神和实践能力、有利于加强基础教育，扩大知识面、有利于培养通才型、复合型人才的精神，对课程设置和教学计划作了调整，深受学员欢迎，尤其是领导干部班学员反应更好。有的分院针对不同培训班次、目的和要求，加大了更新知识的力度，增加外语、电脑培训内容。2. 强化了教学质量监督机制。许多分院积极采取措施加大了对教师授课的检查力度。如有的分院、学区实行教师教学质量通报制度，采用学员打分的形式对教师教学质量进行评比，大大增强了教师的工作责任心。

“学”，主要是自学，这是学员掌握知识的根本环节。要使学员在每一学习阶段都达到质量要求，首要的问题是要不断地加强自学这一环节。坚持以自学为主，面授、电授、刊授为辅的教学方式，是党校函授教育的重要特点之一。因此，许多分院都非常重视对学员强化自学意识、明确学习目的的教育，坚持常抓不懈。在思想上注意端正学员的学习态度，注意消除部分学员“混文凭”的思想，使学员养成良好的自学习惯。许多分院比较注意强化自学意识，健全自学组织，抓好自学辅导，加强自学检查；坚持以质求生存，向质量要效益，齐抓共管。如辽宁分院将自学作为强化教育的重要一环来抓。一方面，将指导自学作为授课教师的工作量，纳入面授学时之中，作为评比条件；另一方面，要求各级领导和管理人员深入基层、班组指导自学，形成一整套的自学管理体系。他们的做法是：计划安排自学，教师引导自学，典型激励自学，制度要求自学，抽样检查自学。湖北分院提出五个机制，强化班级管理，从党校函授教育最小细胞抓起，收到了良好效果。不少分院和学区十分重视抓好临时党支部、班委会和班主任工作。充分发挥临时党支部、班委会和班主任的作用，可以实现学员自我管理，自我教育，自我提高。为加强自学管理力度，青海、上海、湖北等分院还制定了自学管理办法，对自学和管理都起到了较好作用。

“管”，强化教学管理是函授教育的关键环节。为此，总院和各分院都采取了许多切实可行的保障措施，并收到了预期的效果或达到了一定的目的。这主要表现在：1. 注重从严治院，规范教学管理，不断强化质量管理。各分院注意掌握教学动态，狠抓了信息反馈工作，克服教学中的盲目性，对教学各个环节和教学全过程实行全方位的管理。如有的分院及学区积极开展“教学管理年”，实行“六加强”，弘扬“六风”活动：一是夯实机关工作，倡导严格的管风；二是重视对教师的管理，完善严谨的教风；三是加强班主任的管理，确保良好的班风；四是加强对学员的管理，巩固勤奋的学风；五是加强考试管理，弘扬严肃的考风；六是加强对学员的思想教育，维护良好的校风。由于措施得力，近年来教学质量有了明显的提高。2. 加强考勤管理。如不少分院将学员到课率作为衡量教学质量的硬指标。实行严格的考勤制度，规定累计旷课六次，按自动退学处理。由于执行严格的考勤制度，学员到课率有了明显提高，也提高了教师授课的积极性。3. 严格考务管理。从总院到各分院、学区都非常重视考务工作。总院专门制定、修改了《考务管理规程》、《考务规则》、《监考人员守则》等有关规定。每学期都派大量的巡考人员深入各分院、学区进行检查指导工作。志新和士安同志每次考试都亲自带队到第一线，掌握第一手材料。福建分院在全省推行“五制”，即监考巡视员制度、考风监督员制度、集中培训制度、“标准考室”制度和“处罚一步到位”制度，收到了良好的效果。4. 严把毕业论文关。各分院加强了对学员毕业论文的管理，对毕业论文的选题、写作格式、答辩程序加以规范，并对学员毕业论文写作加以指导，论文质量一年比一年高，基本坚持了学员毕业论文不通过率在5%左右。

（四）师资和教学管理队伍建设力度进一步加大

近两年来，各级办学单位进一步充实和加强了师资和教学管理队伍，建立、健全了有关规章制度，采取了如下重要措施：1. 建立和健全师资库。在实行面授教师审批备案制度的基础上，逐步建立、健全师资库。各分院根据总院下发的《关于编辑〈中央党校函授教育骨干教师名录〉的通知》认真抓了建立师资库的工作。总院还组织有关人员将各分院上报的骨干教师名单加以分类、整理，并输入计算机中。面授教师审批备案制和骨干教师名录的建立和认真实施，将会使教师资源配置进一步得到优化，教学质量得到进一步的提高。2. 加大了授课教师和管理人员的培训力度。近两年来，总院先后在南京、北京、成都、兰州举办了四次备课会，所备课程共8门，受培训的主讲和骨干教师达450余人。1999年8月，总院还在乌鲁木齐举办了新疆地区两个分院的面授教师培训班，受培训的教师近百人。这些备课会和培训班从形式到内容不断有所突破和创新，受到广大教师的普遍欢迎。铁道部分院、陕西分院、江苏分院等多家分院都相继召开了类似的备课会。总院对自身的教学管理人员不断加大业务和计算机培训力度，多次举办培训班对有关工作人员进行培训。西藏分院、北京市公安局分院、广西分院等单位也都相继举办了教学管理人员培训班。所有这些培训都对党校函授教育广大教师自身素质的提高，对党校函授教育教学水平和教学管理水平的提高起到了良好的促进作用。

（五）教育评估工作取得了决定性的成果，有力地促进了党校函授教学质量的提高

党校函授教育评估是落实胡锦涛同志关于党校函授教育的一系列重要指示，确保党校函授教学质量的重大举措。为了搞好评估工作，总院成立了由院长、副院长牵头的教育评估委员会，组建了工作班子，制定了分别适用于分院、学区、辅导站的评估指标体系。在各分院对学区、辅导站评估验收的基础上，从1999年5月开始到现在，在对部分分院评估验收工作试点取得经验后，组成了由4个副院长分头负责的4个验收组，按区域分片逐个进行验收。到目前为止，除个别分院外，基本上完成了对分院的评估检查验收工作，教育评估工作取得了决定性成果。通过教育评估，党校函授教育工作发生了一些可喜的变化。首先是教学的条件、环境发生了较大的变化。从办学环境看，进一步加大了各级党委及相关部门领导对党校函授教育的重视和支持程度；同时，在评估总结验收中加深了认识，检验了成果，扩大了舆论与影响，进一步得到了社会广泛的肯定和支持，改善了办学环境。从办学条件看，各办学单位加大了对教学的投入，加大了对教学软、硬件建设的力度。据统计，这几年评估期间，共投入资金12亿元，新增加教室面积64.7万平方米，新添教学用微机1.8万台，使全院供函授教学用的教室总面积增至264.4万平方米，微机4.2万台；新增加教师5208名，使各分院共有教师47792名。师资与学员的比例控制在1∶20以内。由于教学软、硬件有了较明显的改观，使党校函授教学有了较为坚实的基础。其次是各项教学规章制度进一步得到了完善。这两年，总院组织人力、物力补充修改新出版了管理制度和机关管理制度两本汇编。通过评估，各分院根据总院下发的制度汇编，结合本单位的实际情况，进一步建立、健全了本单位的教学规章制度。据初步统计，在评估期间，各分院平均增订制度19.4项，细化了总院的制度。这样，就使教学工作的运转有章可循，使党校函授教学工作进一步制度化、规范化。再次，通过教育评估，使教学中“不可忽视的问题”逐步得到了克服。在对分院的评估检查验收中，发现有的分院对总院关于考风考纪、毕业论文答辩等的规定执行不够严格。经总院检查验收组指出后，有关分院领导能够高度重视，并切实采取有效措施予以纠正。总之，这次教育评估对全国上上下下的党校函授教育工作，特别是教学工作产生了极其重大的影响。我们要进一步巩固党校函授教育评估的成果，将党校函授教学工作推上一个新的台阶。

在看到成绩的同时，我们也应看到办学过程中存在的问题。如有些地方虽然制定了较为完善的规章制度，但不少条文条例还只是停留在表面文字上，得不到完全落实；在一些地方经济效益和社会效益之间的位置还没有完全摆正，重经济效益、轻社会效益的现象还不同程度地存在；有些地方软、硬件建设还相当落后，跟不上党校函授教育发展的需要；有的地方教学管理不够严格，对待学员过于宽松，学员迟到、旷课现象严重；有些地方考风考纪不好，学员违规作弊，管理人员对之熟视无睹，处理不力，等等。这些必须引起我们的高度重视，在今后的工作中切实加以解决。

二、党校函授教育面临的形势及明年的任务

（一）党校函授教育面临的形势

21世纪即将来到，这是一个充满机遇和挑战的新世纪。随着知识网络时代的来临，世界上一个以知识和信息为基础，竞争与合作并存的全球经济一体化的新格局正在形成。从发展战略讲，新世纪经济发展的关键在人才，而人才的培养关键在教育。江泽民同志最近指出，中国的社会主义事业能不能巩固和发展下去，中国能不能在未来激烈的国际竞争中始终强盛不衰，关键就要看我们党能不能培养造就一大批高素质的领导人才。在世纪之交的重要历史时刻，党中央颁发了10号文件和召开了全国党校工作会议，标志着党校、党校教育和党校函授教育事业进入了一个新的历史阶段。首先，党校在国家发展战略的全局部署中的定位，对党校函授教育提出了更高的要求。党校教育是整个有中国特色社会主义教育事业的重要组成部分，“科教兴国”的“教”，包括党校教育，其中也包括党校函授教育。“党校教育是全国各级党政领导干部培训的主渠道”，作为党校教育重要组成部分的党校函授教育，也将要担负更为艰巨的历史重任；其次是提出了面向21世纪党校工作继续改革和发展的大思路，为党校函授教育、教学改革指明了方向。这就是以邓小平理论为指导，按照“三个代表”的要求全面提高党员干部的素质，特别是领导干部的马克思主义的政治家素质，大力推进以教学为中心的党校函授教育的改革与发展，把建设有中国特色社会主义党校函授教育事业提高到一个新水平。提出了深化教学改革，建立和完善党校函授教育体系，建设好既坚持马克思主义又适应世界大转折和中国新发展，包含“理论基础”、“世界眼光”、“战略思维”和“党性修养”等几个方面内容的教学课程新布局的要求；再次是要确保党校函授教育质量，坚持以质取胜。中央10号文件针对当前实际情况强调指出，“中央党校函授教育要参照成人高等教育的基本要求，结合党校干部教育的特点，严格把握招生、教学、考试等环节，进一步搞好规范化管理，不断提高教学质量”。这就为加强和改进党校函授教学，提出了明确的、具体的目标和方向。胡锦涛同志对党校函授教育十分关心，先后作过八次指示，特别是去年中央党校进行“三讲”期间，提出了“函授学院一定要办好。办好了，有助于引导干部学习，提高素质”的新要求，他从反腐倡廉，维护党的声誉和形象的高度提出了严格管理的要求。总之，我们应该紧跟形势，在新世纪对党校函授教学工作提出更高的要求，只有这样，才能使我们在竞争激烈的教育市场中求生存，求发展，才能完成历史所赋予我们的崇高使命。

（二）明年的任务

明年是新世纪的第一年，机遇与挑战并存，奋斗与希望同在。在中央10号文件和全国党校工作会议精神指引下，我们必须进一步落实胡锦涛同志关于党校函授教育的指示，贯彻中央党校2000年函授教育工作会议精神，坚持以教学为中心，深化教学改革，强化素质教育，加强科学管理，提高教师和管理队伍素质，确保教学质量，为在新世纪拓展党校函授教育的新局面奠定基础。

1. 以中央10号文件为指导，贯彻中央党校2000年函授教育工作会议精神

党中央10号文件和江泽民总书记、胡锦涛同志在全国党校工作会议上的讲话，充分肯定了党校函授教育的地位和作用，为面向新世纪党校函授事业的发展指明了方向。中央党校2000年函授教育工作会议以中央10号文件和江泽民、胡锦涛同志的讲话精神为指导，提出“走以质取胜、内涵发展为主的路子”，这标志党校函授教育的发展进入了新的阶段，是对办学思路所作的重大战略性调整，从侧重量的发展到侧重质的提高，以质量求生存和发展。会议还强调坚持“以教学为中心，深化教学改革”，把改革作为党校函授教育发展的动力。我们一定要深入学习和贯彻中央文件与中央领导同志的讲话精神，认真落实中央党校2000年函授教育工作会议确定的工作思路和各项任务，结合本单位、本部门的实际，在总结经验的基础上，针对存在的问题，精心制定落实方案，切实把教学摆到中心位置，全面推进教学改革，强化素质教育，加强规范化管理，力求使教学质量提高到新水平，让新世纪的开局年为党校函授教育今后的长远发展创造良好的条件。

2. 以教学为中心，深化教学改革，强化素质教育

教学改革必须遵循中央10号文件精神，坚持为社会主义现代化服务、为建设党的高素质干部队伍服务的正确方向；坚持党校特色、突出时代特征、符合成人高等教育基本要求等原则。

教学改革的基本内容包括：(1) 调整班次、学制、专业和课程设置。中函以本科班为主，拓展在职研究生班，积极探索各类新班次与新办学模式；根据社会需求和自身条件调整和增设新的专业；按照党校教学改革的新布局调整课程设置，增强专业性和适用性；增加学员的学习自主权，经试点后逐步推行弹性学年制、学分制和课程选修制。(2) 加强教材建设。改革的目标是，从明年开始，用3—5年时间使中函教材成为国内成人高等教育的一流教材。逐步完善中函教材体系，明年做到“三基本”、“五当代”开始进入课堂；启动第二套中函教材编写工作，引入竞争机制，面向全国招聘专家撰写，实行择优选用教材，确保教材质量。(3) 完善教学计划，规范教学大纲。适当增加教学计划的弹性，为实行弹性学制、学分制和课程选修制创造条件；加大教学计划执行情况的检查力度；启动教学大纲的编写试点工作，保证课程的权威性并加大教学方式、方法的改革力度。(4) 启动远程网络教学，革新教学手段。明年要在总结研究生班远程网上教学试点经验的基础上，将研究生班的主要课程实行网上教学，本科班进行网上教学试点工作；电化教材由VCD光盘取代录像带，全面推动电化教学的普及工作。(5) 改革考核考试制度。考核考试改革要遵循素质教育的要求，促进创新精神和实际能力的提高，体现函授教育的特点和规律；考核考试内容的改革要实现理论性、应用性、综合性、灵活性，注重考核学员的综合素质，考核学员思考问题的广度、深度和解决实际问题的能力；逐步调整考试的题型和题量；考核考试的方式要多样化，以适应课程的调整、弹性学制的实施和远程网络教学的开展，充分体现党校教育和成人教育的特点；启动题库建设，逐步实现考试例题的自动化管理。(6) 加大科学研究工作的力度。科学研究是教学工作的基础，是教学工作不断发展的源泉。只有把知识成果总结成各种理论体系，才有可能进行教学活动。科学研究在党校函授教育中既能发挥提高教师和管理人员理论水平的作用，又能发挥领导者的科学决策和推动教学改革的作用。我们要总

结以往开展科研工作的经验，建立和完善函授教育中的科研机制，各单位应从自身实际出发，根据工作任务的需要，展开研讨、探索活动；要广泛开展理论研讨和信息交流活动，逐步把党校函授教育的理论研讨会制度化；要加强调查研究，深入开展党校函授教育特点、规律的研究；要注意科研成果的推广应用，使科研真正为改革和提高教学质量服务，促进党校函授教育的发展。

3. 加强规范化管理，坚持以质取胜

党校函授教育 15 年来发展的经验一再表明：管理出效益，管理出质量。什么时候我们从严管理了，教学质量和社会信誉就迅速提高；什么时候放松了管理，教学质量和社会信誉就明显下降。因此，要以质取胜，就必须强化管理。

在新的一年里，加强规范管理，坚持以质取胜，我们必须在下述方面下功夫：(1) 坚持“从严办学，质量第一”、“严进、严出、严管”原则。这些已被实践证明行之有效的原则，我们必须严格遵行。当前的办学环境日趋严峻，在激烈地竞争中，只有“严”字当头，始终把教学质量摆在第一位，才能赢得信誉，在竞争中立于不败之地。若只顾贪图眼前利益，降格以求，放松管理，必然导致教学质量滑坡，影响声誉，最终遭致被淘汰的命运。(2) 把好“教学关”和“考核关”。本着从严管理的原则，首先要把好教学关。在“教”的方面，通过建立激励机制，把优秀教师请上讲台，严防不合格教师进课堂；开展名师、名校、精品课活动，调动教师主动性和积极性；加大对教师备课、授课、批改作业等环节的检查力度；采取多种形式对教师进行培训，不断提高他们的授课水平；提倡“教学相长”，充分利用学员实践经验丰富的优势提高教学水平。在“学”的方面，要加强对学员的管理，从严要求学员，做好思想政治工作，旗帜鲜明地反对和克服混文凭倾向，端正学习动机，提倡刻苦读书，全面提高自身素质；抓好学员听课率，加强对学员自学的管理，建立相应的激励机制，调动学员的学习积极性。其次，要把好“考核关”。坚持从严治考，规范考试，加强监督，进一步端正考风考纪，既要加强对新生入学资格的审查，又要对毕业学员的学习成绩全面审核把关，学员的党性锻炼考核成绩必须列入总成绩之中，考核考试成绩不合格者不得颁发毕业证书，严格按规定实行淘汰制。(3) 狠抓各种教学规章制度的落实。总院新版《管理制度汇编》不仅对中函的性质、任务、培训目标、班次、专业、课程设置等作出明确规定，而且对教学和管理的各个环节都有规范化的要求，它是全院各级组织办学行为的法规性依据和准绳。加强规范化管理，就必须不折不扣地贯彻执行总院新版《管理制度汇编》的规定，否则，规范化管理难以落到实处，教学质量就无法保证。当前要注意克服执行总院新版《管理制度汇编》不坚决的倾向。总之，各级办学单位要把落实《管理制度汇编》当作大事来抓，对于每一条、每一款都要不折不扣地认真执行。同时，要结合本地实际制订或修订相应的具体制度，以保证总院新版《管理制度汇编》得以切实贯彻执行。

4. 进一步加强教师和管理队伍建设

教师是党校函授教育的主导力量。目前，我们已经有了一支庞大的教师队伍，但随着党校函授教育的迅速发展，办学规模的逐步扩大，办学层次的不断提高，师资队伍已满足不了现实发展的需要，师资整体结构不合理需要调整，一些教师知识陈旧亟待更新，基层单位师资数量不足，高职教师更少。加强师资队伍建设成为一项紧迫的任务。要进一步完善教师择优聘任、持证上岗制度；要建立师资档案库，健全面授教师审批备案制度，做到资源共享，统一调配；各分院要加大师资培训力度，开展多层次、多渠道、多形式的培训工作，鼓励教师在职进修；总院要组织好每学期的备课会，以会代训，以点带面，重视各分院备课会质量，实行对西部地区倾斜的政策；加强对教师的考核考查工作，健全表彰奖励机制，对优秀教师予以重奖；要加强师德和职业道德教育，使他们能自觉抵制不正之风的侵蚀。

教学管理队伍是党校函授教育正常运转的基本保证。15 年来，党校函授教学管理队伍从无到有，从小到大，为党校函授教育事业作出了重大贡献。但形势的发展迫切需要充实和提高教学管理队伍。各级领导要转变观念，克服重教学轻管理的思想影响；要加强对教学管理队伍的选聘工作，积极推进人事制度改革，实行聘任制，进一步建立健全教学管理岗位目标责任制，建立健全能上能下、能进能出、奖优罚劣的激励机制；要加强对各类教学管理人员的专项培训工作，建立和完善政治理论和业务学习的制度；要加强教学管理人员的思想政治工作，增强服务意识，热爱本职工作，坚持原则，秉公办事，自觉抵制消极腐败现象的干扰；鼓励他们创造性开展工作，充分调动他们的工作主动性和积极性。

同志们，新的世纪将至，我们又迎来了党校函授教育 15 周年的大喜日子。让我们高举邓小平理论伟大旗帜，乘着十五届五中会的东风，进一步贯彻中央 10 号文件精神和中央党校 2000 年函授教育工作会议精神，坚持以教学为中心，深化教学改革，提高教学质量，将党校函授教育事业胜利地推向新世纪!

【第五次教学管理工作会议总结】 12 月 4 日，总院教学处处长鲁金波在第五次教学管理工作会议上作了会议总结，全文如下：

各位院长、各位与会代表：

中央党校函授学院第五次教学管理工作会议在中央党校校委的具体指导下，在上海市委党校和函授分院的大力支持下，经过全体与会代表的共同努力，即将结束了。在此，我代表总院和全体与会代表向给予这次会议全力支持和热情周到服务的上海市委党校校委、上海函授分院的同志们表示衷心的感谢；同时也借此机会通过全体与会代表，向多年来工作在教学第一线的教学管理人员表示亲切的问候。下面，我就会议的基本情况，并结合两年多来的教学管理工作，代表总院作会议总结。

一、会议的基本情况

出席这次会议的正式代表 100 名，来自全国 53 家分院，其中主管函授教育工作的副校长、院长和副院长 50 名；提交会议材料 80 余份，充分反映了各分院领导对这次会议的重视。几天来，与会代表认真学习了会议文件，讨论了会议的主题报告和教学改革方案，广泛交流了各自的教学管理经验，并对总院的教学管理工作提出了不少建议，会议达到了预期目的。从各小组汇报的情况看，会议的基本情况可大致概括为以下四个方面：

（一）对主题报告的认识

会议代表普遍认为这次会议的主题报告突出了教学改革，强调素质教育，主题鲜明，内容丰富，重点突出。有的代表认为，会议报告具有“全、实、新”的特点。全，即全面总结了总院和各分院两年来的教学管理工作和经验；实，是指对今后一个时期的工作重点讲得实实在在；新，即体现了全国党校工作会议精神和今年 10 月党校函授教育工作会议精神，有新意。有的代表说，会议的主题报告具有探索意识、质量意识、求实和创新意识。同时，大家认为主题报告也有不足的地方：一是内容虽然全面但比较原则化，贯彻落实起来有一定难度；二是前一部分内容较多，有的地方重复，文字不够精炼，后一部分相对单薄，讲得不够，等等。

（二）对教学改革方案的认识

会议代表一方面认为教改方案体现了改

革精神，教学改革势在必行，总院应该也有必要制定一个教学改革方案，以便从宏观上指导全院的教学改革工作。有的代表指出，该方案考虑得比较全面，该涉及的内容基本上都涉及到了，也比较客观，一些提法的定位比较准确。还有的代表认为，该方案的指导思想、基本原则、具体内容都很明确，是符合函院实际的，希望能进一步完善，尽快下发执行。另一方面，代表们也谈到了该方案还有不足的地方。有的认为改革方案比较原则，操作难度较大，应进一步制定实施细则或办法。有的认为方案中提出的弹性学制、学分制是函院今后的发展方向，但具体怎么操作，应进一步研究论证，拿出具体方案，先在有条件的单位或分院试点。有的代表还谈到，“三基本”、“五当代”、“战略思维”、“世界眼光”等都写进了教学改革方案，但在实施过程中应该考虑到函授学院的实际情况，根据不同班次、不同专业学员的特点有所区别，不能照抄照搬党校主体班的模式。

（三）问题和建议

会议代表在广泛深入的讨论中对教学管理工作中存在的问题发表了意见。主要包括以下几个方面：1. 应加大师资培训力度。代表们认为，总院每年举行两次备课会太少，同一次备课会的内容可举行两次，以便为教师提供更多的培训次数和机会。2. 教材建设有待加强。现在使用的大专班教材和本科班的教材层次不明显，有些笼统；有的教材内容陈旧、重复，希望能做一些更正补救工作。3. 要处理好“三基本”、“五当代”教材内容与不同班次、不同专业的关系；不同的班次、不同的专业讲授“三基本”、“五当代”教材，内容应有所区别、有所侧重；不同班次、不同专业中“三基本”、“五当代”的授课内容与专业课之间的比例要适当。4. 关于远程教育，建议总院租用一个电视频道，以便学员随时收看。5. 函授教育研究非常重要，建议总院成立科研处。6. 总院下放大专班后，还要加强对分院大专班的宏观指导。7. 总院应成立专门的研究考试命题工作的组织机构，以便充分发挥考试指挥棒的作用。8. 总院要加强对分院教学管理人员的培训。9. 总院要加大对分院教学管理工作的监控力度。这两年来总院对分院的检查落实工作做得不够，需要强化。10. 总院在管理上要充分考虑部队办学的特殊性，加强有针对性的指导。

（四）经验交流

这次会议交流的经验丰富，各分院为提高教学质量，强化教学管理，在实践中探索，在实践中总结，采取了许多切实可行的办法，我听了很受教育，很受鼓舞，也很受启发。除今天上午大会交流中 8 位同志讲到的以外，我认为还有以下经验值得推广。例如，有的学区开展案例教学、研讨式教学非常成功，引起了校委的重视；有的分院坚持开展“精品课”教学，对于促进教学管理、提高师资队伍的整体素质，起到了很好的示范作用。有的分院在规范师资选聘程序、拓宽授课教师思路方面也总结了许多有益的经验。在教学管理上，有的分院提出要抓“四严”，即严肃教学、严谨治学、严格考核、严密组织；有的分院注重从严管理，强调正五风，即学风、教风、班风、考风、院风等。会后我们将把这些经验汇集成册，变成全院共同的财富，以推动今后的教学管理工作。

如上所述，与会代表一致认为这次会议开得很及时，很有必要。这不仅仅是一次工作例会，同时也是深入研究新世纪如何加强函授教学管理工作的会议，是学习和贯彻落实中央 10 号文件和全国党校工作会议精神的一次重要会议。

二、会议初步形成的共识

会议代表通过几天的认真学习和研讨，初步形成以下共识。

（一）加深了对中央10号文件精神和2000年中央党校函授教育工作会议精神的理解，进一步增强了做好教学管理工作的政治责任感

刘副院长在工作报告中开宗明义地指出了这次会议的中心议题和指导思想，即以全国党校工作会议和2000年中央党校函授教育工作会议精神为指导，以教学为中心，进一步深化教学改革，积极推进素质教育，努力把党校函授教育推向21世纪。从这个意义上讲，这次会议是一次深入学习和贯彻落实“两会”精神的会议。众所周知，中央10号文件和江泽民总书记、胡锦涛校长在全国党校工作会议上的重要讲话，充分肯定了党校函授教育的地位和作用，同时也对党校函授教育提出了新的更高的要求。党校函授教育作为以全国党政领导干部为主要对象的继续教育，作为整个有中国特色社会主义教育事业的重要组成部分和科教兴国的重要力量，在建设党的高素质干部队伍方面负有义不容辞的责任。在前不久召开的党校函授教育工作会议上，明确提出“走以质取胜、内涵发展为主”的路子，标志着党校函授教育进入了新的发展阶段。中央10号文件和10月工作会议指明了党校函授教育和教学管理的方向。我们这次会议是一次再学习、再认识和抓落实的会议，我们要抓住全国党校工作会议和10月工作会议的契机，更加扎实地工作，努力开创教学管理的新局面，切实提高全院的教学质量。

（二）总结交流了教学管理经验，查找了工作差距和存在的问题

这次会议是继我院10月工作会议之后召开的，围绕着15周年院庆，各分院都进行了系统的总结和思考，因此这次会议交流的经验相当丰富。主要表现在以下几个方面：1. 与会代表的发言内容丰富，有新意，有高度，操作性较强。2. 会议共收到经验交流材料80多份，内容涉及教学管理工作的方方面面。3. 会议为大家提供了《党校函授教育学》和《党校函授教育特点规律研究》，其中《党校函授教育学》是第一部专门研究和探讨党校函授教育的学术著作，对党校函授教育的性质、任务、特点、规律，都做了明确阐述。《党校函授教育特点规律研究》，集中了总院和各分院集体研究的精华。希望大家回去以后能认真学习这两本书，用以指导我们的教学管理工作。对于党校函授教育，我们都有责任拿出自己的经验，互相切磋，共同提高。

关于工作差距和存在的问题，刘副院长在报告中讲到了五个方面：一是办学指导思想还不同程度地存在重经济效益轻社会效益的现象；二是软硬件建设不平衡，有的分院办学条件较好，有的分院差距较大，不同区域的分院存在较大差距；三是从严格管理的角度来看，有些工作还不太到位；四是制度落实上还有差距；五是考风考纪有待进一步加强。此外，我还想结合教学管理情况和各位代表共同探讨今后应该进一步重视的问题。1. 从“教”的方面来看：（1）以教学为中心的力度和素质教育的能力与水平还需进一步加强。关于素质教育的能力和水平，多数教学管理工作人员，包括我自己在内，都还欠缺，急需学习提高。（2）教学管理手段和教学方式方法还没有完全摆脱传统的模式，更新的力度与步伐和时代的发展相比还有一定差距。（3）教师队伍的数量和施教质量，与办学规模和函授教育发展的要求相比，也存在一定的差距。2. 从“学”的方面来看：（1）自学制度的落实工作有待进一步加强，还没有形成一套切实有效的自学管理办法和措施。（2）学员的到课率偏低，时好时坏。（3）少数学员的学习目的还不那么明确，有混文凭的现象。3. 从“管”的方面来看：（1）管理能力、管理水平与办学规模不那么相适应，“小马拉大车”的现象还存在。（2）机构设置、人员配备和规章制度

的落实等，也不同程度地存在这样或那样的问题。

(三) 广泛讨论了教学改革方案，进一步明确了深化教学改革和强化教学管理的基本任务

总院在去年10月工作会议上提出制定教学改革方案，教学处在今年4月份拿出初稿，并在考试命题工作座谈会上征求了18家分院的意见；5月份，总院各职能处室结合18家分院意见进行了充分讨论，暑假期间教学处又根据全国党校工作会议精神进行了补充、修订。教学改革势在必行，教学改革方案的拟订，标志着全院的教学改革即将步入新的阶段。这次会议后，我们还将继续这项工作，综合考虑大家在会上提出的意见和建议，进一步修改和完善教改方案。同时，也希望大家回去后广泛征求各方面的意见，并及时反馈给我们。没有你们的积极参与和大力支持，总院是不可能制定出一个完美的教学改革方案的。

关于强化教学管理的基本任务，刘副院长在报告中讲了四个大的方面，其中教学改革的任务有6条。一是专业、班次和课程设置；二是教材建设；三是教学计划和教学大纲；四是远程教育；五是考试考核制度；六是科研工作。我在这里重提，是希望能引起各位的足够重视，大家共同努力，完成既定任务。

三、传达、贯彻会议精神，强化教学管理，推进教学改革的意见

(一) 认真传达、贯彻会议精神，强化以教学为中心的意识

各位代表回去后，首先要向主管函授工作的副校长、院长汇报这次会议的有关情况；特别是院长在工作报告中提出的明年的教学管理和教学改革的主要任务，要认真传达到全体教学管理人员，要深入理解这次会议的中心议题，即以全国党校工作会议和10月工作会议精神为指导，以教学为中心，进一步深化教学改革，积极推进素质教育，努力把党校函授教育推向21世纪。要认真思考和充分认识这一主题的重要性，把工作重心真正转移到教学和教学管理上来，努力克服过去那种重招生轻管理、重教务轻教学的现象；特别是要配备好懂教学、会管理、爱岗敬业、肯于奉献的年富力强的教学骨干，以确保教学管理不断迈向新台阶。

(二) 准确把握总院深化教学改革的基本思路

根据目前我院的实际情况，教学改革的基本思路是，以《中共中央国务院关于深化教育改革全面推进素质教育的决定》和《中共中央关于面向21世纪加强和改进党校工作的决定》为指导，以进一步端正办学指导思想为灵魂，以强化和完善现代化的教学管理为基础，以改革教学内容为重点，同时积极推进教学方式方法和考核方式的改革，加强高素质的教师队伍的培训工作，以强化素质教育，提高教学质量。

中共中央的两个《决定》不仅进一步阐明了党校教育改革的总体布局，明确了党校教育的历史地位和重要作用，同时也对党校函授教育提出了新的更高的要求。胡锦涛同志也强调："特别是要加强对函授教育、在职研究生教育的管理……，认真解决存在的突出问题，注重社会效益，严格学历管理，保证教学质量。""进一步深化教学改革，建立新的教学布局。"端正办学指导思想是伴随党校函授教育始终的永恒主题，也是由党校函授教育的性质决定的。党校函授教育是一项政治性很强的党的干部教育事业，不是简单的知识传授或为了单纯的经济利益。所以，必须始终如一地坚持正确的办学方向，甚至宁肯牺牲一些经济收益，也要服从培养党的高素质人才这个大局。强化和完善现代化的教学管理，这是深化教学改革的基础，也是由党校函授教育的特点决定的。一个开放的庞大的办学组织如果失去了有效的统一

的管理，是很难落实它的办学方针和实现既定目标的。强化和完善现代化教育管理的关键是学籍管理。教学改革的重点是教学内容的改革，这是由党校函授教育的基本任务和培养目标决定的。中央 10 号文件指出，“党校教学改革的方向和布局，应是紧紧围绕学习邓小平理论这个中心，建设好既坚持马克思主义又充分适应世界大转折和中国新发展要求的，主要包含‘理论基础’、‘世界眼光’、‘战略思维’和‘党性修养’这几个方面内容的教育课程。”党校函授教育也要按照这个布局调整课程设置，强化学科建设，加大教改力度；并根据不同的班次、专业特点，开设多种形式的专业课程和具有时代特征的科学技术文化与技能课程。革新教学方式、方法，既是深化教学改革的重要组成部分，又是实施教学内容改革的重要手段。改革的核心是用现代化的信息手段和设备武装、组织党校函授教育的教学与科研工作。加速培训高素质的教师队伍，逐步建立起一支规模适当、结构合理、素质优良、能够充分满足党校函授教学需要的教师队伍，是深化教学改革的关键之举，也是党校函授教育进一步发展的最迫切的任务之一，全院上下必须共同努力，争取在 3—5 年内使党校函授教育的师资队伍的整体水平有一个较大的提高。

（三）教学管理工作务求实效

明年，总院教学处将力求做好以下四项工作：首先，在广泛征求各方意见的基础上，进一步完善教学改革方案，尽快报校委审定、下发和着手实施。其次，进一步完善教学计划，制定规范的教学大纲，启动弹性教学计划，争取在 2001 级新生的教学计划中有所体现。开始步子不会太大，先在讲座课或开卷课中试行。第三，积极论证和制定学分制试行办法和实施细则，尽快开展学分制试点工作。第四，强化教学管理队伍建设和教学管理工作的监控力度，抓好各项规章制度的落实。

（四）积极推进考试命题改革和题型题量的调整

考试命题改革在教学改革中占有首当其冲的位置。国家教育部的战略也是以考试制度改革为龙头，推动教育各领域的改革向深度和广度发展。为积极推进素质教育，教育部去年 2 月 13 日发布了《关于进一步深化普通高校招生考试制度改革的意见》，对深化高考改革的指导思想、主要内容、实施步骤等都作出了明确而具体的部署；接着，考试中心也对全国自学考试作出重大调整。其主要特点：一是考试命题改革明显超前于教材、教学方法、教学内容、教师结构和教学设施的改革，起到了改革龙头的作用；二是注重能力素质考核。高考改革方案对考试命题提出三点明确要求：即“更加注重对考生能力素质的考查；命题范围遵循中学教学大纲，但不拘泥于教学大纲；试题设计增加应用性和能力型题目。”6 月 13 日，中共中央国务院作出《关于深化教育改革全面推进素质教育的决定》。有鉴于此，总院在今年 4 月份召开了考试命题工作座谈会，确定了考试命题改革的指导思想和基本原则；商定了期末闭卷考试题型与题量的调整方案，会后印发了座谈会纪要。根据我院的实际情况，考试命题改革的调整方案，从明年上半年期末考试开始，根据不同的班次、不同的课程特点，逐步实施。今年下半年期末考试，大专班增加多项选择题，本科班增加单项选择题。实际上，今年上半年期末考试的试题内容已经体现了试卷调整的精神和命题改革的方向。

（五）师资培训和备课会将以教学研讨和提高教师素质为中心开展，同时要积极探索和借鉴新的教学方式方法

今年，总院在成都和兰州举行的两次备课会都比较成功，与会教师普遍认为收获很大。原因在于我们坚持以教学研讨为中心，

改变了过去那种教材主编讲授，与会教师听录，主要为了应付分院备课和学员考试的“卖、买、考”简单模式；同时，加强了对成人教育理论的研究和多媒体课件的推广。今年的两次备课会我们都邀请了甘肃分院主攻成人教育研究的鲜静林老师讲授国外成人教育理论和实践，与会教师反响强烈。有的说，“这样的课，不仅要讲给我们听，也要讲给教学管理人员听”。我们还邀请了空军分院扈树生教授上多媒体教学观摩课，也受到了与会教师的一致好评。多媒体教学是党校函授教育教学手段和教学方法的发展方向。各分院都要有所准备，并向任课教师提出这方面的要求，以促使任课教师增强多媒体教学的意识。

（六）大力开展科学研究，继续强化党校函授教育以及教学管理特点、规律的研究工作

刚才有两位大会发言的同志都提到要加强函授教育科研工作的力度。这是一项对党校函授教育事业发展具有重要意义的工作。党校函授教育事业的发展和教学质量的提高，离不开科研工作；不研究、不掌握党校函授教育的特点、规律，缺乏正确理论的科学指导，党校函授教育就难以获得健康的发展，教学管理就不可能有长足的进步，教学质量也必然会受到影响。因此，许多分院都非常重视这项工作。例如，辽宁分院、重庆分院、空军分院等已经在积极地开展这项工作。希望各个分院都积极行动起来，进行广泛、深入地研究，以保证我们的教学管理工作和党校函授教育工作沿着正确的轨道前进。希望各位代表回去以后，认真组织教学管理人员学习党校函授教育学和特点规律研究两本书。这两本书是对党校函授教育15年来办学经验、特点、规律的全面总结，我们要珍惜，要借鉴，要补充，要发展，要提高；要在此基础上继续总结经验，指导教学管理工作深入开展。

讲得不对的地方，欢迎各位代表批评指正。

最后，祝大家返程一路平安。

【第五次教学管理工作会议纪要】 12月11日，总院形成第五次教学管理工作会议纪要，全文如下：

中央党校函授学院第五次教学管理工作会议，于2000年12月1日至5日在上海市委党校召开，现将会议的主要情况纪要如下：

（一）

这次会议，是在新世纪即将来临，党校工作全面贯彻落实中央10号文件，党校函授教育事业进入新的历史发展阶段的重要时刻召开的。

参加这次会议的有各分院主管教学的副校长、院长、副院长、教学科长以及总院领导和各职能处室的负责人，共130余人。上海市委党校主持工作的副校长奚洁人同志出席了开幕式并讲话，上海市委组织部干教处处长崔天宝、宣传部教育处处长朱响应也参加了会议。

会议以邓小平理论和党的十五大精神为指导，紧紧围绕“以全国党校工作会议和中央党校2000年函授教育工作会议精神为指导，以教学为中心，进一步深化教学改革，积极推进素质教育，努力把党校函授教育推向21世纪”这个主题进行。全体代表认真学习了《中共中央关于面向21世纪加强和改进党校工作的决定》和《中共中央国务院关于深化教育改革全面推进素质教育的决定》，听取了刘利群副院长作的题为《深化教学改革，强化素质教育，努力把党校函授教育推向二十一世纪》的工作报告，并分四个小组展开了热烈的讨论。会议收到经验交流材料近80份。在分组讨论、交流经验的基础上，有8位同志在大会上发言。会议还

审议了总院提交的《中央党校函授学院教学改革方案》（征求意见稿）。为进一步加强学员毕业论文工作，会议对96、97级获得总院优秀毕业论文入选证书的88名毕业学员和获得优秀毕业论文评选组织奖的10个分院进行了表彰和奖励。总院教学处处长鲁金波作了会议总结。

与会代表一致赞同刘利群副院长的主题报告。大家认为报告内容丰富，主题鲜明，重点突出，具有“全、实、新”的特点，即全面总结了工作，任务讲得实实在在，体现了全国党校工作会议精神，突出了教学改革，强调了素质教育，有新意。同时，代表们对这个报告也提出了一些很好的修改意见。会议经过认真的学习、交流、讨论，初步达成以下共识：一是加深了对中央10号文件和中央党校2000年函授教育工作会议精神的理解，进一步增强了做好教学管理工作的政治责任感；二是总结交流了教学管理工作经验，查找了工作差距和存在的问题；三是讨论和论证了党校函授教学改革方案，进一步明确了深化教学改革和强化教学管理的基本任务；四是会议提供的《党校函授教育学》和《党校函授教育特点规律研究》等文件材料，具有较强的学术性和针对性，对深入研究党校函授教育，提高教学质量有指导意义。

代表们一致认为会议开得及时、成功。会议统一了思想，认清了形势，提高了认识，交流了经验，明确了任务，进一步增强了大家搞好教学管理工作的信心和决心，达到了预期的目的。

（二）

会议对过去两年的教学工作进行了回顾。代表们一致认为，总院新的领导班子组成后的两年来，由于各级党委的正确领导和大力支持，经过全院上下全体同志的共同努力，求真务实，认真贯彻了全国党校工作会议和中央10号文件精神，落实函授工作会议和南宁会议精神，教学管理工作取得了明显的成绩：一是进一步深化教学改革，提高了教学质量。总院按照校委的统一部署，对专业、课程设置进行了调整，逐步将“三基本、五当代”纳入党校函授教学课程；实行了面授教师审批备案制度；逐步建立了教学竞争机制，实行择优选聘制度，极大地激发了广大教师的工作热情；积极论证了中央党校函授学院教学改革方案；在电化教学、学籍管理以及考核、考试方法的改革等方面也都迈出了新的步伐。二是教学规章制度得到了进一步的完善。总院重新编写、修订和下发了新版的《中共中央党校函授学院管理制度汇编》和《中共中央党校函授学院机关管理制度汇编》。各级办学单位根据总院新下发的制度汇编，结合本单位的实际，进一步修订、完善了各项教学规章制度。三是教、学、管等教学环节得到了进一步加强。在“教”的方面，教学内容不断更新，突出了党校特色和时代特征，强化了教学质量监督机制。在“学”的方面，各级办学组织都注重加强领导，要求管理人员深入基层，强化班组自学指导，逐步形成了自学管理体系。在“管”的方面，注意从严治院，规范教学管理，不断强化全面质量管理；加强了考勤管理，严格了考务管理，严把毕业论文关。四是师资和教学管理队伍建设力度进一步加大。授课教师和管理人员的培训以及师资库的建立取得新进展。五是教育评估工作取得了决定性的成果，有力地促进了党校函授教学质量的提高。两年来，总院和各分院领导对教育评估工作十分重视，将其作为一件大事来抓。通过教育评估，教学环境、条件发生了较大的变化。函授教育中“不可忽视的问题”逐步得到克服，各级党委和相关部门的领导对党校函授教育更加重视了，并加大了对党校函授教学的投入及对教学软、硬件建设的力度。

代表们认为，两年来，我们在教学管理上取得了可喜的成绩，但还要看到，我们的工作还存在一些问题和不足，这主要表现在：有些地方虽然制定了较为完善的规章制度，但不少条文、条例还只是停留在表面文字上，没能得到完全落实，在一些地方经济效益和社会效益之间的位置还没有完全摆正；有些地方软、硬件建设还相当落后；有的地方教学管理不够严格，对待学员过于宽松，学员迟到、旷课、缺课现象较为严重；有些地方对违纪现象处理不力，等等。这些问题的存在，不仅会影响党校函授教学的质量，甚至还会损害党校函授教育事业的发展，必须引起我们的高度重视，在今后的工作中切实加以解决。

（三）

会议认真分析了党校函授教育面临的形势，明确了新的年度教学管理工作的主要任务。

与会代表一致同意刘利群副院长报告中对形势的分析。21世纪即将来到，这是一个充满机遇和挑战的新世纪。从发展战略讲，新世纪经济发展的关键在人才，而人才的培养关键在教育。在世纪之交的重要时刻，党中央颁发了10号文件和召开了全国党校工作会议，这标志着党校函授教育事业进入了新的历史阶段。党校在国家发展战略的全局部署中的定位，对党校函授教育提出了更高的要求。面向21世纪党校工作继续改革和发展的大思路，为党校函授教育、教学的改革指明了方向，为确保党校函授教育质量、坚持以质取胜，为加强和改进党校函授教学，提出了明确、具体的目标和方向。我们应紧跟形势，在新世纪对党校函授教学工作提出了更高的要求，只有这样，才能使我们在激烈的竞争中求生存、求发展，才能完成历史赋予我们的崇高使命。

会议明确了今后一个时期党校函授教学管理工作的指导思想，即在中央10号文件和全国党校工作会议精神指引下，进一步落实胡锦涛同志关于党校函授教育工作的一系列重要指示，贯彻中央党校2000年函授教育工作会议精神，坚持以教学为中心，深化教学改革，强化素质教育，加强科学管理，提高教师和管理人员队伍素质，确保教学质量，为在新世纪拓宽党校函授教育的新局面奠定基础。其具体任务是：

1. 以中央10号文件为指导，认真贯彻中央党校2000年函授教育工作会议精神。与会代表认为，中央10号文件和江泽民总书记、胡锦涛同志在全国党校工作会议上的讲话，充分肯定了党校函授教育的地位和作用，为面向21世纪的党校函授教育事业的发展指明了方向。中央党校2000年函授教育工作会议提出了“走以质取胜、内涵发展为主”的路子，这标志着党校函授教育的发展进入了新的阶段。各级办学单位要结合本单位的实际，在总结经验的基础上，针对存在的问题，精心制订落实措施，真正把教学工作列为中心位置，全面推进教学改革，强化素质教育，力求使教学质量提高到新水平，在新世纪的开局年为党校函授教育今后的长远发展创造良好的条件。

2. 以教学为中心，深化教学改革，强化素质教育。教学改革是明年乃至今后党校函授教学工作的重点。会议认为，党校函授教学改革必须遵循中央10号文件精神，坚持为社会主义现代化服务、为建设党的高素质干部队伍服务的正确方向；坚持党校教育特色、突出时代特征和符合成人高等教育基本要求等原则。教学改革的基本内容包括：（1）逐步推行弹性学制、学分制和课程选修制。积极进行试点，待取得经验后，逐步展开。（2）调整班次、学制、专业和课程设置。要积极探索各类新班次与新办学模式；根据社会需求和党校教学改革的新布局调整专业和课程设置。(3) 加强教材建设，逐步完善中函教材体系。“三基本”、“五当代”教材除根据不同的班次、专业特点以不同的版本逐步进入课堂，总院还将积极编写各种新的专业课教材。(4) 完善教学计划，规范教学大纲。适当增大教学计划的弹性度，为实行弹性学年制、学分制和课程选修制创造条件；积极探索和借鉴新的教学方式、方法。(5) 启动远程教学，革新教学手段。明年要在研究生网上教学的基础上，进行本科生网上教学试点工作；电化教材由 VCD 光盘取代录像带。(6) 改革考核、考试制度。考核、考试改革的重点是考试内容的改革，要实现考试内容的理论性、应用性、综合性和灵活性，注重考核学员的综合素质及思考问题的广度、深度和解决实际问题的能力；逐步调整与改革考试的题型和题量，方式要多样化；要逐步实现考试试题的自动化管理。(7) 加大科研工作的力度。要建立和完善函授教育的科研机构；广泛开展理论研讨和信息交流活动，深入开展党校函授教育特点、规律的研究；注重科研成果的推广应用。

3. 加强规范化管理，坚持以质取胜。会议要求大家进一步探讨质量与管理的关系。(1) 要坚持“从严办学，质量第一”、“严进、严出、严管”的原则。只有“严”字当头，始终把教学质量摆在第一位，才能赢得信誉，在竞争中立于不败之地。(2) 要切实把好“教学关”和“考核关”。在“教”的方面，要大力开展名师授课、案例教学、研讨式教学等精品课活动；加大对教师备课、授课、批改作业等环节的检查力度。在“学”的方面，要加强对学员的管理，做好思想政治工作；抓好学员的听课率，加强对学员的自学管理。在“考”的方面，要坚持从严治考，规范考试，加强监督；加强对新生入学资格的审查，认真把好学员的“毕业关”，严格实行淘汰制。(3) 要狠抓各种规章制度的落实。既要不折不扣地贯彻执行总院新版《管理制度汇编》，又要结合本单位实际制订或修改相应的具体制度，以保证新版制度汇编得以切实贯彻执行。

4. 进一步加强教师和管理队伍建设。一是，要进一步完善教师择优聘任、持证上岗制度；要完成建立师资档案库和名师录工作，健全面授教师审批备案制度；各分院要加大师资培训力度，开展多层次、多渠道、多形式的培训工作，鼓励教师在职进修；总院要继续开好备课会，实行向西部地区倾斜的政策，师资培训会和备课会应以教学研讨和提高教师素质为中心开展；加强对教师的考核考查，健全奖惩制度；加强师德和职业道德的教育。二是，要加强对教学管理人员队伍的选聘工作，积极推行人事制度改革，实行聘任制，建立健全岗位责任制，加强政治思想工作，建立奖优罚劣的激励机制；加强对各类管理人员的培训，建立、健全各种学习制度；要坚持原则，秉公办事，自觉抵制各种不正之风。

会议要求，代表们回去之后，首先要向各级党校校委汇报会议情况，争取领导对函授教学工作的支持。尽快向各级办学单位的领导和教学管理人员传达会议精神，强化以教学为中心的意识，准确把握总院深化教学改革的基本思路，研究落实措施，使教学管理工作务求实效。会议号召大家高举邓小平理论伟大旗帜，乘着党的十五届五中全会的东风，进一步贯彻中央 10 号文件及中央党校 2000 年函授教育工作会议精神，坚持以教学为中心，深化教学改革，提高教学质量，将党校函授教育事业胜利地推向 21 世纪！

第四次在职研究生工作会议

【关于召开第四次在职研究生工作会议的通知】 6月23日，总院向各有关分院下发了该通知。通知指出，总院定于7月下旬在山西省召开第四次研究生工作会议。会议的主要任务是：深入贯彻中央10号文件和全国党校工作会议精神，认真总结五年来研究生工作经验，进一步加强规范化管理，促进在职研究生教育健康发展。会议代表应是主管研究生工作的校院领导和具体负责研究生教学管理的人员。每个分院，出席1—2名。会议地点为山西省委党校（太原市坞城路师范街20号）。会期为7月28日至31日。与会代表于7月27日报到。通知并提出下列要求：

一、上报研究生工作的经验材料。经验材料主要是指贯彻落实第三次研究生工作会议精神所采取的具体措施和基本做法。如，改进教学方式、方法和手段，积极推进素质教育；不断完善规章制度，实施规范化管理；加强师资队伍建设；加强班主任工作的做法、经验和体会；实施远程教学的经验、体会和建议等。此外，有97级毕业班的分院还可以着重总结加强毕业论文写作阶段的管理和论文指导等方面的经验。经验材料，请于7月20日前上报总院研究生办公室。

二、有关分院（学区）的会议代表，务请携带99级经管专业第二学期的闭卷考试课《现代管理学》的期末考试试卷至会议，交大会会务组，以便总院组织统一阅卷。

【在第四次在职研究生工作会议上的讲话】 7月28日，中央党校科研部副主任陈高桐在中央党校函授学院在职研究生工作会议上作了讲话，全文如下：

非常高兴能参加这次会议。我很赞同前面冯校长和石泰峰主任的讲话，他们的意见和体会对于我们进一步搞好函授学院教学很有启发。因为研究生教育与科研部工作有关系，我就从科研的角度、从学位管理的角度对函授研究生教育提点想法。

我1996年调入科研部工作，一直分管学位办公室的工作，它主要是针对党校的学位研究生教育，包括硕士生和博士生的教育，也包括同等学力者在职申请硕士学位，这后一项，要先经过相应设立的相关课程的学习，还要通过国家的有关考试，才能取得获取硕士学位的资格。从1995年开始，中央党校函授学院的学位研究生教育开始起步，参加了同等学力的在职申请。迄今为止，1995级中央党校函授学院有12位学员获得了学位证书，这对函授教育产生了很好的影响，说明函授教育的质量达到了一定的水平。虽然获得学位的学员数量不多，但开了个头，还是调动了不少学员的积极性，目前在我们那儿注册的，还有200多位学员。当然，这里有函授的，也有许多不是函授的。今天在这里主要谈谈个人对这个问题的一些想法，供大家讨论问题时作参考。

首先，先对党校函授教育下一步工作的重点讲点体会，那就是应考虑把我们的在职研究生教育当作一个“品牌”来办。整个函授教育包括在职研究生教育处在一个很好的发展时机。从干部培训和进修角度来看，中央党校培训部和进修部已抓住时机作好规划，如中青班扩大规模、增设县委书记班、省部班也会相应扩大规模。函授教育除进一步巩固专科、本科教育外，在职研究生部分应很好地当成“品牌”来办，这是市场经济和干部教育的双重要求。函授研究生教育如能真正地办成一个“品牌”，不仅可向社会证明党校研究生教育的教学质量，而且能很大地推动函授研究生的教育事业。函授学院在职研究生教育在国家教育体系中是独一无二的。国民教育系统内的学位研究生主要包括两块，第一是大多数高校都有的学位研究生，包括攻读硕士和博士，这一部分从招生到培养都纳入了国家计划；第二是国家教育部委托部分建有研究生院的高校（大约 36 所）承办的在职攻读硕士学位进修班。国务院学位办和教育部只对这两类学位予以承认。而从党校的情况来看，目前至少有三、四种研究生，一是与国民教育接轨的学位研究生（硕士生和博士生），而且这部分的规模在不断扩大；二是研究生部承办的在职研究生班（分布在四个直辖市）；三是在四个直辖市以外的地区由函授学院承担的在职研究生教育；还有一部分是放在学位办承办的、与国民教育接轨的在职攻读硕士学位进修班。中央党校函授教育经过这十几年的努力，可以讲已经树起来了一个“品牌”，函授学院在职研究生教育的“品牌”也需要创立起来。如果有了这块品牌，那么在今后的研究生教育中我们就能占据有利的发展地位。否则，在职研究生教育市场的分割很可能让位于高等院校。而且，高等院校的教育也正逐渐向在职干部渗透，在这种形势下，创立“品牌”就更为重要。

党校教育创立“品牌”有很好的优势，一是基础好，二是教学队伍素质良好。创立“品牌”的一个重要方面就是准确地进行教育定位。如法国高等专科学校在法国公务员的培训中享有盛名，从成立至今已培养出很多居于高位的国家领导人，其取得如此成就是与其教育培训的定位密不可分的，它的定位就是培养政治家和政府高级公务员。中央党校及各级党校作为培养领导干部的阵地和熔炉，必须在教育定位上明确方向，以培养地方党政领导干部为己任。如果以此下功夫创出一个“品牌”，那么党校函授教育不仅在党的干部教育中占有很大分量，而且在国民教育中的分量也是很重的。

其次，函授学院要创立“品牌”，其基础就是要在教育中增加科研含量，提高教育质量。增加科研含量首先需要解决的问题是，面对函授教育的特殊对象，我们到底要教给他们什么内容？把函授教育当作“品牌”来建设，就要求函授既要有特色，又要与国民教育接轨。特色指教育对象是党政机关中担任一定领导职责的干部，他们在工作中遇到的一些问题需要在函授教育中通过教材编写、传授知识、研讨等环节加以解答，或通过学员撰写论文深入研究这些问题。这就提出了科研含量这一要求。教材编写中的科研含量不仅关乎学员学习效果的提高，而且具有科研含量的教材本身就可为创建函授教育的“品牌”工作增光添彩。在这方面，希望各级党校及教研部门能重视起来，以在职研究生教材的编写为突破口，走出目前函授这方面教材尚不甚理想的局面。科研含量还体现在课堂教学中。一次授课要在一定时间内把大量知识和信息、新理论成果介绍给学员才是一堂成功的课，这也要求教师还要具有较高的授课艺术。增加科研含量的第三环节在论文撰写过程中。国民教育体系在论文撰写阶段有一定的淘汰率，以保证论文的质量。这一做法也可引入函授教育当中来，促使学员和教员更加重视论文撰写。国务院学位办从去年始实行优秀论文奖励制，最高奖项 50 万元，中央党校也在考虑建立这样的奖励机制。对于函授学院在职研究生申请学位的论文，我们一样可以推荐，可通过采用优秀论文奖励制的办法来促进论文的写作质量。

第三，函授学院在职研究生教育与学位接轨应注意的几个问题。首先，教学计划的安排要注意与学位教育的接轨。国家学位教育有三个方面对函授教育带来影响：其一，外语与综合考试必须参加国家统一组织的考试，考试不通过，则不可能拿到学位。因此，外语教学在研究生教学中应加强。其二，对教学计划中必读的书目有严格的规定和要求，而且必须参加所规定的题库考试，这种题库是由学位办公室受国家学位办委托组织专家拟定并经核准的。其三，凡取不到学位的，只授予结业证书，函授学院在这方面可根据自己的规定，仍可拿毕业证书，这比单纯的国民教育是个优越的地方。与学位教育接轨要求我们必须加强综合考试和外语教学的力度。

其次，如何结合函授阶段的学习与申请学位阶段的学习。这个问题，中央党校函授学院已提出与我们协商。初步的设想是，将由学位办公室计划规定的选修课交由函授学院承担，学位办可承认选修的课程成绩。必修课的考试还是要根据学位办的题库进行，时间可放在函授课程学完之后的阶段，这样两个阶段的学习就不会重复浪费，这个问题还要进一步磋商研究。

再次，要处理好学位教育与函授教育的关系。如何处理好二者的关系，一个基本立足点还是应将重点放在函授教育方面。因为就目前情况来看，大部分学员由于工作关系和知识结构等原因，特别是由于不太容易在外语上过关，因而无法申请学位。所以还是要努力学习函授课程，拿到函授的学历证书。

最后，还要处理好函授教育发展和学科发展的关系。中央党校的学科建设正在稳步发展，学科类别开始增多，这对党校教育是个促进。对函授教育而言，同样也有个学科发展问题。可根据生源，考虑在更多一些的学科上进行研究生教育，这无论对培养各类人才，还是在继续申请学位方面，都是有好处的。

【在第四次在职研究生工作会议上的报告】 7月28日，总院副院长刘利群在第四次在职研究生工作会议上作了题为《认真学习贯彻中央10号文件和全国党校工作会议精神 努力把党校在职研究生教育事业提高到一个新水平》的报告，全文如下：

同志们：

中央党校函授学院第四次党员领导干部在职研究生工作会议今天正式开幕了，我代表函授学院对出席会议的全体代表表示热烈的欢迎！

我们这次会议是在世纪之交，是在全国党校工作会议刚刚结束的大好形势下召开的。会议的主题是“认真学习贯彻中发[2000] 10号文件和全国党校工作会议精神，努力把党校在职研究生教育事业提高到一个新水平”。这次会议的主要任务是：以邓小平理论、党的十五大精神和江泽民同志关于新时期党校工作的一系列重要指示为指导，认真学习贯彻《中共中央关于面向21世纪加强和改进党校工作的决定》(即中发[2000]10号文件)和全国党校工作会议精神，在总结5年来试办在职研究生工作经验的基础上，深入探讨新世纪党校在职研究生教育面临的新形势、新任务，着重研究解决当前和今后一个时期党校在职研究生教育工作的主要问题，进一步规范在职研究生办学，加大办班力度，不断提高教学质量，努力把党校在职研究生教育事业提高到一个新水平。现在，我代表总院讲三个问题，供同志们研究。

一、5年来在职研究生班试办工作的基本经验

中央党校函授学院党员领导干部在职研究生班自1995年试办至今已经整整5年了。今年6月，校委决定京外地区(直辖市除外)在职研究生班通过函授网络举办。它标志着领导干部在职研究生班由试办转为正式开办，这是校委作出的提高函授办学档次的重大决策，是在职研究生教育的一次大转折。

5年来，在职研究生班在各级党校校委关心、支持和正确领导下，在总院和各级办

学单位的精心组织下，认真贯彻、落实胡锦涛同志有关函授教育的一系列指示，坚持“社会效益第一，教育质量第一”的指导思想和“从严办学，质量第一”的办学方针，本着边实践、边探索、边总结、边改进的精神，积极探索党员领导干部在职研究生教学特点和规律，总结和摸索出了一套具有党校教育特色的办法和措施，闯出了一条适应我党高中级干部在职研究生培养的路子。目前，95、96、97级已毕业学员1000余人，其中经济管理专业24人申请硕士学位，经过加试考试，有12人取得了硕士学位。

5年的试办实践证明，中央党校函授学院开办党员领导干部在职研究生班，利用业余教育的形式为党培养高层次人才路子是对的，试办是成功的，教学质量是可以保证的，经受住了时间的考验，受到教师和学员的肯定，赢得了社会的广泛赞誉，也积累了一些经验。

（一）坚持正确的办学方向，不断端正办学指导思想，是办好在职研究生班的前提条件

胡锦涛同志曾多次指出，党校函授教育要坚持正确的办学方向，不断端正办学指导思想，坚持从严办学，确保教学质量，为培养党的高素质干部队伍服务。我们在办学中坚决贯彻落实胡锦涛同志的指示，不断端正指导思想，突出把握好三点：一是要正确处理好社会效益与经济效益的关系，始终把社会效益放在第一位，坚持为培养党的高素质干部服务，舍得在人力、物力、财力上投入。二是要牢固树立质量第一的观念，把不断提高教学质量当作头等大事来抓，从课程设置、教学大纲、教学计划的制订，教材、师资队伍建设到教学管理的各个环节，都围绕提高教学质量这个中心作文章、下功夫。三是坚持从严治学的方针，严把招生关、教材关、教学关、考核关，坚持“严进、严教、严管、严出”的原则，做到严密组织、严谨施教、严格管理、严肃纪律，确保办学质量。在办学过程中，面对全方位办学的新情况和面对激烈竞争的教育市场，我们始终清醒地认识到必须立足于以严取胜，以质取胜。降格以求只能是自毁长城，自取灭亡。在职研究生试办5年，正是我们始终如一地坚持从严办学的方针，牢牢抓住质量不放松，才使在职研究生教育从小到大健康发展，这是我们一条最根本的经验。

（二）坚持以教学为中心，不断深化教学内容和教学方法的改革，是保证教学质量的基本措施

为了培养高层次、复合型、具有创造性理论思维能力的、能担负跨世纪重任的领导人才和高级管理人才，实现“理论、知识、党性、能力”相统一的培养目标，我们在办学中始终坚持以教学为中心，不断深化教学内容和教学方法的改革。这是保证教学质量的基本措施。主要抓了以下三个方面的工作：

第一，加强教材建设，不断完善教材体系。在职研究生所用教材，由最初的向社会购买为主，逐步转向自编教材为主，这几年先后编写和编辑了《古文选读》、《〈资本论〉选读》、《现代管理学》、《现代企业管理》、《西方管理理论的产生与发展》、《金融理论与实践》，今后还将陆续编写《西方经济学》、《宏观经济管理》、《经济统计与分析》、《社会主义市场经济法律制度》等教材，逐步建立起符合在职研究生特点的、具有党校特色的教材体系。在教材编写中，注重把“三基本”、“五当代”引入在职研究生教材，注重用新科技、新知识充实教材内容。

第二，不断完善课程设置，既保持党校特色又突出时代特征。一是在保持马克思主义为主课、党性教育是核心基础上，本着既保持课程设置的相对稳定性，又注重根据形势的发展，适时、适度地进行调整，努力使在职研究生的课程设置与时代同步，与形势相适应。二是注重与国民教育系统相关专业

硕士研究生课程接轨，使其具有国民教育相关专业的理论知识水平，同时为有条件的学员申请硕士学位提供条件。三是适应领导干部所需知识面宽和工作转换的特点，按照宽口径、厚基础、博知识的要求跨专业、跨学科设课，以扩大学员的知识面，增强学员的适应能力和应变能力。同时兼顾学员所在行业分布的多样性和所在地区经济发展的特殊性，加大选修课分量，特别强调结合省(市)情、行业情况设置专题讲座，给各分院留有一定的课程选择的灵活性和自主权，以增强学员学习的针对性和实效性。

第三，在教学方式、方法和手段上，强调生动活泼、形式多样。主要抓了以下几点：一是大力改进面授教学，提倡启发式、研讨式，反对注入式，推广专题性教学法，突出讲难点、讲重点、讲热点。不仅注重传授知识，更强调教会学员掌握科学的学习方法和培养获取新知识的能力，启发学员独立思考、大胆思维、敢于质疑的品格，掌握研究问题的立场、观点和方法。二是加强实践环节，注重从理论与实践的结合上培养学员的大局意识、战略意识和实际工作能力。如实施案例教学，组织学员参加大型学术研讨会，开展学术调研，请一些实际工作部门专家、学者开设专题讲座等。三是充分利用现代化教学手段，积极推广录像教学、卫星远程教学。

(三) 注重建立、完善和落实各项规章制度，不断加强在职研究生规范化管理力度，是提高教学质量的根本保证

教学质量，关键在教学、在管理。管理靠制度，制度靠落实。5 年来，总院一直把建立、健全符合在职研究生教学特点和规律的规章制度，作为探索在职研究生规律的重要环节，作为保证教学质量的基础性建设，始终抓住不放。经过几年的努力，目前已制订和修订出包括总则、教学、教务、甲班等四个方面的 24 项制度，并已汇编为《中央党校函授学院党员领导干部在职研究生班工作手册》下发。各分院、学区根据《工作手册》结合各自实际，本着从严、从实、从细的原则制订了一系列管理制度和实施细则，这些制度进一步完善和细化了党校在职研究生管理制度，初步形成了一个内容比较齐全、涵盖面较宽、操作性较强的在职研究生教学和管理制度体系，为实施规范化、科学化管理提供了有力的制度保证。

我们遵照锦涛同志："有管理制度是好的。但最重要的是下大力量去抓，使之真正落实。不落实，制度也是空的"的要求，在建章立制的同时，总院和各分院就注重各项规章制度的落实。通过抓学习、抓培训、抓督促、抓检查等多种方式，形成落实制度的约束机制。尤其在落实招生制度、严把招生关；严格按照教师选聘和审批程序，做好教师选聘工作；加强面授管理，抓好面授教学，强化自学管理，抓好学员自学；严格期末考核，严肃考风考纪；注重党性教育等重要环节加大落实力度。

(四) 加强办学队伍建设，不断提高办学主体素质，是确保和不断提高教学质量的关键

办学队伍的质量如何，直接关系到在职研究生教育质量的高低，关系到能否担当培养高素质干部队伍的重任，关系到能否履行新时期党赋予党校干部教育的神圣使命和历史责任。加强办学队伍建设，提高办学主体素质，这一直是总院长期以来十分关注并致力解决的一项重要课题。从 1993 年以来历年 10 月函授工作会议都把这一问题作为会议的重要议题，1998 年 10 月年会还把"强化办学队伍建设，提高办学主体素质"作为会议的主题，并把 1999 年定为"办学主体建设年"，明确提出了加强办学队伍建设，提高办学主体素质的总体目标和具体要求，并采取了一系列措施。

在职研究生班，从试办之初就特别重视建立好管理机构、配备好管理人员、选配称

职的专职班主任，遴选高素质的授课教师和指导教师，并在在职研究生班的规章制度中，对各类人员的选配要求、条件、管理和使用等都有明确具体的规定，尤其对授课教师和指导教师的选聘和审批，总院一直严格把关，不合要求的不能上讲台，几乎每学期都对各分院选聘教师情况下发通报。各分院、学区，对加强办学队伍建设，提高办学主体素质都比较重视，根据分院的实际，采取了许多具体措施，保证了办学主体素质的不断提高，为在职研究生班健康发展，确保培训质量，打下了良好基础。

二、新世纪党校在职研究生教育面临的形势和任务

当今世界正发生着深刻的变革，各国都面临着激烈的国际竞争和综合国力较量的挑战。这种竞争和较量实质上是科学技术的竞争和民族素质的竞争。竞争的焦点是人才，是教育。可以说，谁掌握了21世纪的教育，谁就能在21世纪激烈的国际竞争中赢得战略主动地位。一个面向21世纪教育改革的大潮正在世界范围内兴起。

我们党和国家高度重视科技和教育的发展，推行科教兴国的战略。去年，党和国家就深化教育改革，全面推进素质教育，加强技术创新，发展高新技术等方面作出了一系列重大决策。我国教育改革已步入快车道，全方位办学，教育产业逐步形成，教育市场竞争异常激烈。

今年6月5日党中央作出了《中共中央关于面向21世纪加强和改进党校工作的决定》，并于6月7日至9日召开了全国党校工作会议。江泽民同志、胡锦涛同志在会上作了重要讲话。江泽民同志指出，历史和现实都表明，一个政党，一个国家，能不能不断培养出优秀的领导人才，在很大程度上决定着这个政党、这个国家的兴衰存亡。中国的社会主义事业能不能巩固和发展下去，中国能不能在未来的激烈的国际竞争中始终强盛不衰，关键就要看我们党能不能不断培养造就一大批高素质的领导人才。在培养跨世纪中青年领导干部这项重大任务中，党校担负着光荣而艰巨的历史使命。

中央《决定》和中央领导同志的讲话，从政治的高度、从战略全局上深刻阐述了加紧培养适应新世纪要求的中青年领导干部的极其重要性，回答了党校在改革发展中遇到的重大问题，明确了在新形势下党校的地位、作用和进一步做好党校工作的一系列方针和原则，这是新时期党校工作的纲领性文件，是做好党校工作、搞好党校函授教育和在职研究生教育的指导方针。中央《决定》明确指出，党校教育包括依托党校力量举办的函授教育。还专门对党校函授教育、在职研究生教育的基本要求和学历待遇作出明确的规定。中央《决定》和中央领导同志讲话中对党校函授教育、在职研究生教育的指示，指明了党校函授教育、在职研究生教育今后发展的方向，提出了严格的要求，特别是再一次明确了中函学历的认定问题，为党校函授教育、在职研究生教育的进一步发展创造了有利条件，这充分反映了党中央对党校函授教育、在职研究生教育的极大关怀和寄予殷切的期望，这是党校函授教育、在职研究生教育发展的历史机遇。我们要以创造性的工作，抓住这一难得的机遇，努力开创党校在职研究生教育的新局面，为培养和造就适应新世纪要求的中青年领导干部作出我们应有的贡献。

（一）坚持以教学为中心，按素质教育的要求进一步深化教学改革，不断增强在职研究生教育对新形势的适应性

一是加强教材建设。按照10号文件要求和与硕士研究生教育接轨的需要及在职学习的特点重新审查教材，与相关教研部协商，进一步完善在职研究生教材体系。重新修订和编写教材，把“三基本”、“五当代”列入教材，用新技术、新知识充实教学内容。

二是更新教学模式，改革教学方式、方

法和手段。面授教学一定要杜绝注入式，根据在职研究生特点，坚持启发式、研讨式教学，推广专题性教学法，突出讲重点、讲难点、讲热点，既要传授知识，更要注重教会学习方法和获取新知识的本领；要实施案例教学；加强实践环节，采取走出去、请进来的办法，请一些实际工作部门的专家、学者、领导开设专题讲座，组织多种形式的学术调研。要利用中央党校卫星远程教学系统网络优势，推进在职研究生远程教学，体现中央党校办学的水准。

三是进一步改革考试命题工作。在坚持闭卷、开卷、撰写论文三种考核方式的同时，在命题题型上加大改革，减少死记硬背题型，增加应用、理解内容，尽量能够通过考核检验出学员的综合运用能力、理解分析问题解决问题的能力。

（二）进一步加大宏观调控力度，规范办学，坚持“从严办学，质量第一”的办学方针

认真贯彻落实《决定》从严治校的要求，坚持“从严办学，质量第一”的办学方针，严格按照“严进、严教、严管、严出”的要求，紧紧抓住办学中的中心环节，严格要求，严谨施教，严格管理，确保办学质量。

一是严格控制办学规模，招生对象限定招收大学本科毕业的县处（团）级以上党员领导干部，建立严格的生源资格审查制度。

每年的招生专业、招生数量、招生范围，都要作出详细计划，报校委批准后执行，杜绝随意性。实施“休耕轮招”制度，凡连续三年招生的单位，原则上休耕一年，以总结经验，查找不足；在检查评估的基础上，凡办学条件不具备、办学不严肃的单位，一律取消办学资格。

二是严格考试考核。招生考试坚持统一命题、统一考试、统一阅卷、统一录取的办法，考试命题要预先报校招生委员会批准，并加大监考力度，以党校为主，请组织、人事、教育部门参与，一起来组织考试，抵制不正之风，以维护党校的声誉和形象。

三是严格师资选聘。必修课的任课教师，一般应由中央党校具有指导研究生资格的本专业教师担任（京内可直接面授，京外可通过录像或远程教学施教）；外聘教师进一步严格资格认证和审批程序，坚持持证上岗制度。

四是加强毕业论文写作阶段的管理与指导。在导师指导下，按硕士学位研究生的要求撰写毕业论文。严把选题、开题、论文写作关，严格按论文答辩程序组织答辩，严把质量关，论文答辩第一次不通过率原则上控制在5%左右，以给学员和教员保持必要的压力。

五是进一步修改完善在职研究生各项规章制度，加强规范化管理力度。凡是与文件精神不符合或要求不明确、不具体，或是相互重复、有交叉、有矛盾的都要重新修订。进一步明确总院、分院的管理职责，分工合作，建立更加灵活、顺畅的以总院为办学主体，以教研部和分院为依托的教学管理机制。

六是加强检查评估，加大监管力度。明年开始，要对各办学单位实施检查评估，凡达不到评估要求的要采取果断措施，停止招生，确保办学质量。

（三）充分发挥党校教育优势，与党校硕士学位研究生教育接轨

在专业设置上，原则上以本校硕士学位授权点为依托，以本校教学力量较强的教研室为依托，在继续办好经济管理专业和法律专业的同时，结合部队生源的需要开设科社专业或党建专业。

在课程设置上，原则上按相关专业硕士学位研究生要求制订培养方案和教学计划，既坚持马克思主义为主课、党性教育为核心的党校传统特色，又具有国民教育相关专业的理论知识水平，并为有条件的学员申请硕士学位创造条件。在深入学习理论、增强党性修养的同时，加大对现代化建设需要的经济、金融、科技、法律等知识的学习，以适

应知识经济的挑战；加大对战略管理、领导科学的学习，以提高领导干部的战略思维、战略管理能力和领导决策能力。

在学习方法上，鼓励和积极引导所在学员班加强对各级地方政府面临的现代化建设若干重要问题的学习和研究，要把学习理论与现代化建设的实际紧密联系起来，积极探讨各级政府所关注的热点、难点问题，为各级政府决策献计献策，提高在职研究生教育的针对性、实效性。

三、党校在职研究生教育今后应着重抓好的几项主要工作

面对21世纪新形势、新任务、新要求，党校在职研究生教育如何发展，怎样开创新局面，我认为就是要以邓小平理论和党的十五大精神为指导，深入学习和贯彻落实中央领导同志在全国党校工作会议上的讲话和中发［2000］10号文件精神，抓住机遇、迎接挑战，坚持正确的办学方向，不断端正办学指导思想，始终不渝地贯彻“从严办学，质量第一”的办学方针，按照党校新的教学布局，深化教学改革，进一步加大办班力度，加强规范化管理，不断提高教学质量。根据在职研究生教育实际情况，当前和今后一个时期，应着重抓好以下几项主要工作：

(一) 加强师资队伍建设，不断提高教师素质和教学水平

为了适应21世纪的新形势、新任务、新要求，在师资队伍建设方面，必须采取有效措施，予以进一步加强：

第一，严格师资选聘，推行择优选聘、竞争上岗制度。一是严格按授课教师选聘条件，确保聘任质量。二是进一步拓宽授课教师选聘渠道，不能把眼光只盯住校内教师，要充分利用社会办学资源，改善师资知识构成，加强教学与研究的力度。三是强调按专题性教学的要求选聘，坚持课程主持人制度，一门主要课程一般不少于2名教师。四是严把聘任关，按时上报总院审批。

第二，利用多种形式，采取多种渠道，加强教师的培训。总院在每年召开教师培训会的基础上，还将采取召开在职研究生班授课教师备课会的方式，进一步加强教师培训。这几年利用集中判卷的机会，联系阅卷中发现的问题，结合授课中遇到的难点，对授课内容、教学的难点、重点和教学方式方法进行广泛的交流和研讨，取得了较好的效果。青海、广东、广西、上海、江苏、云南等分院十分重视教师的培训，他们的做法很好，值得推广。

第三，坚持检查督促，完善教师管理制度。在职研究生班的授课教师多由学校和教研室进行管理，一般分院只管聘用，往往疏于管理。为加强这方面的工作，必须坚持搞好“五抓”：一是抓好教师备课，规范教案编写。在主管领导监督下，分院与教研室、课程主持人一起检查授课教师的教案，按照总院教学计划、教学大纲的要求，对课程或某一专题的教学目的、教学内容、授课的难点、重点、课时分配、教学方法等提出明确具体的要求。二是抓好集体备课。严格试讲制度，尤其是新课必须进行试教，严把试讲关。三是抓好面授。坚持领导、管理人员跟班听课制度，出现问题及时纠正；召开学员座谈会，及时收集反馈意见。四是抓好教师对学员的自学指导。对阅读书目、学习重点、要思考的问题，学习方法和研究思路都要有明确提示和要求。五是抓好教师对学员考试试卷和平时作业的评阅情况的检查，发现责任心不强，批改不认真、不严格的要及时纠正。

第四，健全激励机制，进一步调动教师的教学积极性。各分院要建立完善的检查考评制度，通过集体备课，观摩教学，领导、管理人员跟班听课，召开学员座谈会，开展评教评学等活动对那些教风好、责任心强、教学效果好的教师给予奖励。总院也将在适当时机在全院范围内开展评选优秀教师活动，专门召开评奖表彰会，宣传先进典型，

推广先进经验，以激励教师的教学积极性。

（二）进一步加强班主任队伍建设，不断提高班主任素质和管理水平

班主任处在党校函授教育的最基层，既是党校函授教育办学方针和各项方针政策、各种规章制度的执行者，又是学员党性锻炼的直接教师和从事管理工作的组织者，兼有教学管理、行政管理和思想教育的三重职能，是分院、教师、学员及单位联系的桥梁和纽带，对学风、校风、班风的养成、对保证教学质量，有着极为重要的作用。必须进一步加强班主任工作，不断提高班主任素质和管理水平，逐步建立起一支数量充足、懂教学、会管理、具有奉献精神、思想过硬、工作过硬、作风过硬的班主任队伍。

第一，坚持条件，择优选聘。要严格按照总院《党员领导干部在职研究生班班主任工作规定》择优选聘、竞争上岗。要优先选聘具有奉献精神、责任心强、懂教学、会管理、会做思想工作的同志。

第二，注重班主任的培训和管理。凡被聘任的班主任，都要进行岗前培训，坚持先培训后上岗。要使班主任对总院的办学方针、办学指导思想、各种规章制度、班主任的职责和工作任务与要求非常熟悉。坚持以老带新，传授经验，教会方法，既要敢管、严管，又要善管。

第三，分院领导要把班主任工作作为重要环节给予重视。班主任处在最基层，教学的组织实施和各项规章制度的贯彻，都要通过班主任的管理活动来落实和体现。作为分院领导，要加强检查指导，多支持他们的工作。总院明文规定要求班主任贯彻落实的，要坚决落实。

第四，强化激励机制，建立完善的考评制度。为加强班主任队伍建设，不断提高班主任队伍素质，做好教学管理工作，应建立严格的班主任工作考评制度。对表现好的同志及时给予表扬奖励；对表现一般的提出改进工作的要求；对责任心差、素质低的进行调整。

（三）充分利用党校卫星远程教学网络，积极推进党校在职研究生班远程教学

充分利用现代教学手段，积极发展卫星远程教学，是提高在职研究生班教学质量的重要措施。我们在党校远程教学系统开通时，以99级经管专业在职研究生班为试点对象，有上海、江苏、重庆三家开始利用该系统进行远程教学的探索。通过一年的实践，大家普遍认为，远程教学有利于发挥知名教授专家的骨干作用，具有教学示范作用；有利于扩大干部教育、干部学习的规模和范围，具有普及效果和辐射作用；有利于节约时间、人力和物力，提高教育的效益；有利于师资和骨干队伍的提高，实际是一个较大范围的教学观摩活动。是一种资源共享、优势互补的现代化、高质量、高效益、低成本的教学方式。目前初步开通的远程教学存在的问题主要是“三个不适应”与“三个不够”。即教员、学员、管理人员的不适应，一下子还不适应这种新的教学方式。技术保障不够到位，教学方式不够灵活，教学内容还不够丰富，中央党校已经采取了一些措施，技术保障有明显改进，教学效果有明显提高。

进一步推广远程教学，当前要着重抓好以下几点：

第一，加大投入，完善设备，搞好配套，抓好技术保障，力争在设备配置和运行方面都要逐步到位。在这方面，中央党校已经集中一定的财力和技术力量，加大远程教学发射中心的技术保障方面的建设，解决双向交流等技术问题。地方党校也要加大资金、技术力量的投入，使远程教学的接收设施、设备以及教室等辅助设备逐步配套完善。

第二，强化远程教学的师资培训。根据远程教学的要求搞好师资培训，使教员学会运用现代科技进行授课。中央党校制订了利用远程教学授课的师资培训计划和技术保障维修力量的培训计划，也希望地方党校做好

教员、教辅人员、技术保障人员的培训工作。

第三，要正确处理远程教学和各分院组织面授、辅导的关系。远程教学还处在试播阶段，在职研究生班的课程不可能全部通过远程来施教，只能是主要课、难度较大、理论性较强的专题，大量的还需要各分院教师面授。即使远程讲授的专题，也需要各分院配备教师，加强辅导。不要一搞远程教学，师资选聘也不那么认真了，教学管理不那么严格了，不能有依赖思想，要处理好关系，使远程教学与教师面授结合起来，与录像教学结合起来，把教学活动搞得更加生动活泼、形式多样。

（四）认真抓好毕业论文撰写阶段的管理和指导工作

毕业论文是检验学员3年学习的重要方式，也是培养质量的集中体现。为督促各办学单位抓好毕业论文撰写阶段的管理和指导，总院先后下发了《关于毕业论文撰写和论文答辩中应着重抓好的几项主要工作》等4个文件，并专门组织力量，分别到华北、华南、东北几个分院、学区了解97级论文撰写阶段教学管理、学习安排及导师论文指导情况、论文选题和撰写情况。从总的情况看，多数办学单位对毕业论文撰写阶段比较重视，抓得比较细、管理比较严，教师指导认真、论文质量也比较好。但也发现一些不容忽视的问题。为了切实抓好论文撰写阶段的教学管理和论文指导，确保出精品，严把毕业关，特提出以下意见：

第一，为学员选聘好毕业论文指导教师。根据《毕业论文工作暂行规定》要求，一般应在第四学期末为学员选聘好毕业论文指导教师。及早配备指导教师，便于早定研究方向、研究课题，提前收集资料。导师选聘一般采取导师与学员双向选择和分院协调指定相结合的办法，以保证每位导师指导学员最多不超过5人。选聘导师，除按《毕业论文工作暂行规定》中规定的条件选聘教师外，尤其强调导师要有时间、有精力、责任心很强，指导要到位，不能选挂名导师。选聘的导师由各分院推荐，5月底前报总院研究生办公室审批。

第二，切实加强毕业论文写作阶段的管理。进入论文写作阶段，由于集体授课减少，学员容易产生松劲思想。为此，必须抓好以下几点：一是科学安排第五学期课程，根据本单位、本地区情况，本着缺什么补什么的原则，设置一些有利于学员拓展知识、理论联系实际、培养科研能力和写作能力的专题讲座。二是帮助学员制订切实可行的毕业论文写作计划。整个计划安排应该是，前期紧凑，早出初稿，打好基础；后期从容，反复斟酌，精心修定。三是经常保持与导师、学员的紧密联系，督促导师加强对学员的指导，准确掌握学员的写作进程，及时了解和解决学员在写作过程中遇到的难题，保证学员保质保量按时完成论文撰写。

第三，导师要切实加强撰写论文各主要环节的指导。毕业论文应由学员自己独立完成，但导师的认真具体的指导对保证论文质量十分必要。导师应有严密的论文指导计划，紧紧抓住论文选题、开题、审查初稿、最后定稿几个主要环节，切实加强指导。原则上一个学期与学员见面不少于两次，实施面对面指导，并要填写指导记录。

学员在写作过程中，分院领导、教学管理人员和指导教师要随时掌握学员论文写作进展情况，引导学员综合运用所学理论知识，紧密联系现实，深入分析研究问题，及时解决学员遇到的学术难题和实际困难，给学员提供阅读资料或带着问题进行学术调研，保证按时完成初稿。

第四，学员在撰写论文时应注意的几个问题。一是它必须是论文。以论证为主，用论据说明论点，以论点支撑论题，而不能摆一堆基本素材就下结论，写成类似一份工作总结或情况报告。二是要有理论性，不能停留在感性认识阶段就事论事，而要提高到理论认识高度就事论理，进行理论概括和提炼。三是要善于从理论与实践的结合上论述问题，言之有物，言之有理。四是要求“新”、求“实”，即要有新观点、新认识，老问题有新角度，老观点有新见解、新高度，不能只是重复已有结论，而要从已知求未知。要善于综合运用所学理论，紧密结合理论热点、难点，从理论与实践的结合上找出切入点，具有自己的独到见解。

第五，认真抓好毕业论文答辩工作，切实把好毕业关。为切实做好这项工作，应着重抓好以下几点：一是加强领导，各分院、学区均应于第六学期期中（即5月中旬）成立毕业论文答辩领导小组，负责论文答辩的具体组织和安排。并根据各分院、学区毕业论文答辩人数，成立若干答辩委员会。二是认真做好答辩前的论文评阅工作。学员的毕业论文应提前一周到二周送交每位答辩委员会成员评阅。答辩委员会成员要对论文写出初评意见；并考虑答辩中提出的问题。三是组织学员做好答辩前的准备工作。要动员学员做好学术准备，熟悉自己论文的主要内容及其结构，以及涉及到的基础理论、专业理论和现实问题。四是答辩委员会要切实履行职责，严格按论文答辩程序进行，严格要求，坚持标准，公正客观，不徇私情。第一次答辩不通过率原则上掌握在5%左右。五是整个毕业论文答辩结束后，各分院、学区应对毕业论文写作阶段及论文答辩工作进行认真总结，写出经验、写出体会、总结出带规律性的认识，并报总院研究生办公室。

同志们，最后，我想用必坚同志在全国党校工作会议上讲的一句话结束我的讲话。就是“机会要抓住，认识要深化”。“机会要抓住”，就是要看到当前党中央高度重视我们党校的工作，建设有中国特色的社会主义的伟大事业迫切需要我们党校培养出大批高素质的干部，机会难得，一定要以我们创造性工作来抓住这个机会。“认识要深化”，首先就要好好学习江泽民同志提出的“三个代表”，并且不断深化对这一论述的认识。这是我们做好党校工作的根本指针，党校函授教育的教学、科研、组织、行政等各方面的工作都要始终坚持“三个代表”，身体力行“三个代表”。只有坚定地按照“三个代表”的要求去做，兢兢业业地做好工作，才能真正珍惜机遇、抓住机遇，开创党校函授教育工作的新局面，不辜负中央对我们的期望。

【在第四次在职研究生工作会议上的讲话】

7月30日，总院研究生办公室主任王炳在第四次在职研究生工作会议上作了题为《以中央10号文件和全国党校工作会议精神为指导　切实加强和改进在职研究生教育工作》的讲话，全文如下：

同志们：

中央党校函授学院党员领导干部在职研究生第四次工作会议，自7月28日至30日，历时3天，今天就要闭幕了。这次会议在山西省委、山西省委党校、山西分院领导高度重视和积极支持下，经过与会同志的共同努力，取得了圆满成功，基本达到了预期目的。在会议即将结束之际，我首先代表总院领导和研究生办公室全体同志及全体与会代表，向山西省委党校、山西分院领导和全体工作人员，为开好这次会议所给予的大力支持、精心安排和热情服务，表示衷心的感谢和最诚挚的敬意！同时，我也对各分院、学区的领导、工作人员以及与会的各位代表对本次会议所给予的支持与合作，表示衷心的感谢！几天来，与会代表认真听取各个报告、认真学习文件，积极发言，相互交流，虚心求教，深入探索问题，提出了许多富有建设性的意见和建议，这对进一步加强和改进在职研究生教学与管理工作将会产生十分重要的作用。下面，我代表总院作会议总结。主要讲三个问题：

一、会议概况

这次会议是继去年6月第三次研究生工作会议后又一次重要会议。它是在举国上下深入贯彻党的十五大精神，认真学习邓小平理论、江泽民同志“三个代表”的重要思想，以及中央10号文件和全国党校工作会议精神的大好形势下召开的。出席这次会议的有各省（市）委党校、各分院负责研究生工作的领导和工作人员、中央党校经济学部、政法部、科研部的领导，参加99级期末考试阅卷的老师，连同总院的工作人员共80名代表。

这次会议，以马列主义、毛泽东思想和邓小平理论为指导，认真学习了中发［2000］10号文件和全国党校工作会议精神；重温了胡锦涛同志和中央党校校委关于函授教育的一系列指示；听取了总院刘利群副院长所作的“认真学习贯彻中央10号文件和全国党校工作会议精神，努力把在职研究生教育事业提高到一个新水平”的主题报告。会上，山西省委党校的领导同志作了热情洋溢的讲话。中央党校校委委员、政法教研部主任石泰峰教授、科研部副主任陈高桐教授也在会上讲了话。会议收到各单位经验材料32份，在分组讨论的基础上，有6位同志在大会上作了专题发言，介绍了他们的经验和体会。与会代表认真讨论了刘利群副院长的报告。大家一致认为，主题报告，概括总结了5年来的试办经验，提出了认真学习贯彻中央10号文件和全国党校工作会议精神的意见，并明确了当前和今后一个时期需要着重抓好的主要工作。报告立意高，主题鲜明，目标明确，要求具体，措施得力，可操作性、指导性强。通过这次会议，进一步认清了形势，统一了思想，提高了认识，明确了努力方向。大家一致表示，回去后一定要认真传达贯彻落实好这次会议精神。

二、会议的主要收获

会议的收获主要有以下几点：

（一）总结了5年来试办研究生工作经验

在职研究生试办工作已经历了5个年头，去年底校委酝酿、今年6月决定京外地区（除直辖市外）在职研究生由函授网络举办，这标志着在职研究生试办工作结束，由今年开始转入正式举办，走升级发展的道路，这是在职研究生工作的一个大转折。大家认为，在这转折时期认真回顾和总结5年的试办工作，找出规律性的认识，对于加强和改进今后在职研究生工作，进一步提高办学水平是十分必要的。代表们一致认为，在职研究生试办工作之所以成功，首先是有各级党校校委的重视、关心、支持和正确领导。第二是坚决贯彻落实中央领导同志关于党校函授教育工作的重要指示，用中央领导同志的重要指示统帅办学工作，注重从根本上解决“为什么办学”、“培养什么人”和“怎样培养人”的问题，始终坚持“社会效益第一”的办学指导思想，坚持“从严办学，质量第一”的办学方针，坚持“严进、严教、严管、严出”的办学原则，以提高学员的思想政治素质为重点，强化对学员的综合素质教育，实现“理论、知识、党性、能力”相统一的培养目标，始终把培养高素质干部队伍作为在职研究生教育的唯一宗旨和根本目的。第三是有一套符合在职研究生学习的具有党校特色，又有时代特征的教材体系、教学大纲、教学计划和较为灵活的教学实施方式方法。第四注重规章制度的建设和落实。第五是注重办学队伍建设。这些都是办学中的根本问题，也是我们取得试办成功的根本经验，我们在今后办学中对这些带根本性的问题必须常抓不懈，才能确保和不断提高办学质量。

（二）认清了形势，明确了任务，进一步增强了办好在职研究生班的责任感和使命感

会议期间，代表们认真学习了中央《决定》和中央领导同志的重要讲话。大家一致认为，中央《决定》和中央领导同志讲话，

从国际国内形势发生新变化的高度和我们党正处在新老交替的重要时期的实际情况，深刻阐述了培养和造就大批高素质的领导干部和理论骨干特别是中青年领导干部的战略意义，明确提出了要加大各级领导干部特别是跨世纪中青年领导干部的培训轮训力度，进一步明确了党校在党的建设中的更加重要的历史地位。中央《决定》强调指出，科教兴国的“教”，包括党校教育，党校教育应当成为各级党政领导干部培训轮训的主渠道；确定了党校工作面向21世纪改革发展的大思路，提出了在新形势下进一步做好党校工作的一系列方针和原则，对党校工作提出了更新更高的要求。“在培养中青年领导干部这项重大任务中，党校应该也完全可以发挥重要作用”，“在培养和造就一大批优秀的年轻领导干部方面，党校肩负着重要的责任和使命”。大家感到，这是党中央赋予党校的光荣使命。党校事业关系全局、党校地位十分重要、党校工作十分光荣，大家的责任十分重大。党校函授教育和在职研究生教育，是党校教育的重要组成部分，是多渠道培养在职领导干部的一支重要力量，历史把我们党校函授教育和在职研究生教育推到更加重要的地位，理所当然的要为培养和造就跨世纪中青年领导干部作出我们应有的贡献，不辜负党中央对我们的期望。

（三）统一了认识，明确了努力方向，商讨了对策，提高了在新形势下办好在职研究生班的信心

代表们在听取主题报告、认真学习中央10号文件和中央领导同志重要讲话的基础上，进行了深入讨论，集中商讨了面对新世纪加强和改进党校在职研究生教育的基本措施。大家一致认为，中央10号文件和中央领导同志讲话，确定了党校工作面向21世纪改革发展的大思路，提出了在新形势下进一步做好党校工作的一系列方针和原则，指明了党校工作努力的方向，这都是面向新世纪进一步做好党校工作包括党校函授教育和在职研究生教育的纲领性文件。尤其在中央《决定》中明确指出，党校教育包括依托党校力量举办的函授教育。还专门对党校函授教育和在职研究生教育的基本要求和学历待遇作出明确的规定。指明了党校函授教育和在职研究生教育今后发展的方向，提出了更高的要求，特别是再一次明确了中函学历的认定问题，为党校在职研究生的进一步发展提供了有利条件，这充分反映党中央和中央领导同志对党校函授教育与在职研究生教育的极大关怀和寄予殷切的期望。这是党校在职研究生教育发展的重要历史机遇。

在新形势下如何抓住机遇，谋求在职研究生教育新的发展，大家认为，最根本的就是认真学习贯彻落实中央《决定》和中央领导同志讲话精神，把思想认识统一到中央《决定》和中央领导同志讲话精神上来，在行动上扎扎实实把中央《决定》的要求落到实处。要突出抓好以下几点：一是坚持5年来试办工作中的成功经验，对办学中带根本性的问题常抓不懈。二是根据中央《决定》和领导同志的讲话精神，认真查找和解决办学中存在的突出问题。三是按照党校新的教学布局，深化在职研究生教学改革。四是坚持从严治校的方针，进一步加大办班力度，牢固树立质量意识，在激烈的教育竞争中坚持以质量求生存，以质量求发展，以质取胜。

（四）确定了2000级录取名单

2000级在职研究生的招生工作，校委非常重视，要求严格控制规模，招生总额控制在800名以内，一个也不准突破，我们要坚决执行。这次招生我们仍采取统一命题、统一考试、统一判卷、统一录取的方针。由于各级领导重视，组织严密，工作人员认真负责，考风考纪总的来看比较好，社会反映较好。但也有个别分院重视不够、监考不得力，考风考纪存在较为严重问题。录取方案，经数次修改，报经总院领导批准，如果

没有特殊情况，就按这次会议上确定的方案定了，个别问题会后再另行研究。

（五）集中判阅了99级经济管理专业第二学期期末考试《现代管理学》试卷

这次判卷，中央党校经济学部和山西省委党校领导很支持，派出6名教授、副教授组织集中判卷。本来打算从各分院抽调主讲教师来判卷，考虑到两会合在一起人员太多，改为由中央党校和山西省委党校有关教授来判阅。这些老师很辛苦，1800来份卷子，晚上还加班加点。这次判卷基本做到公平、公正、始终如一，在判卷中既以总院制订的标准答案为依据，同时又尊重各办学单位教师的教学观点和学员的正确发挥。

集中判卷，这是总院宏观调控的重要手段之一，目的是统一检验各办学单位的教学管理和教学水平，检查学员对该课程基本理论、基本观点的掌握理解程度和综合运用能力，保证按中央党校办学水准教学。同时通过判卷发现问题，统一教学思路，统一教学重点，统一教学方法，进一步改进教学。几次集中判卷，教师们反映都比较好，起到了集中备课作用，今后我们还要坚持这样做。

三、对今后工作的几点意见

当前和今后一个时期在职研究生教育应着重抓好的几项工作，在利群同志的报告中已经讲得很清楚了，我这里再着重强调几点：

（一）汇报好、传达好、落实好这次会议精神

我们这次会议很重要、很及时。一是我们正处于世纪之交，21世纪的新形势、新特点、新趋势，给在职研究生教育提出更高的要求。二是中央《决定》和中央领导同志的讲话，为在职研究生教育的发展指明了方向，创造了有利条件，提供了难得历史机遇。三是在职研究生教育试办结束，走升级发展的转折关头。在这种情况下召开这次会议，集中大家共商在职研究生教育的新发展，为培养和造就适应新世纪要求的中青年领导干部作出我们应有的贡献，这是十分必要的。因此，同志们回去以后，要认真向校委或部门领导汇报这次会议精神，取得领导的认可和支持。要组织教学管理人员认真传达学习这次会议精神，并结合本单位实际认真抓好落实。

（二）深入学习和认真贯彻落实中央10号文件和全国党校工作会议精神

自今年6月中旬以来，全国各级党校都在认真学习贯彻中央10号文件和全国党校工作会议精神。我们这次会议的中心议题就是“认真学习中央10号文件和全国党校会议精神，努力把党校在职研究生教育提高到一个新水平”。但毕竟还是初步的，我们要把学习好、贯彻落实好中央10号文件和全国党校工作会议精神作为今后一个时期的中心工作，在各级党校校委和分院的统一安排计划下抓紧、抓好、抓实。要切实领会文件的精神实质，把我们的思想统一到文件上来。要按照中央10号文件和中央领导同志的讲话精神，查找研究生办学中存在的突出问题，并研究整改的具体措施。要按照中央10号文件和中央领导同志的讲话要求，结合研究生工作实际，提出切实可行的实施意见。

（三）按照中央党校校委“关于进一步办好在职研究生班的意见”，进一步加强规范化管理

中央党校校委对在职研究生教育非常重视，为加强在职研究生教育的领导，校委成立了以刘海藩、杨春贵、张志新三位副校长组成的协调小组。最近下发了《关于进一步办好在职研究生班的意见》，《意见》强调，中央党校在职研究生班，是我校研究生教育的一个重要组成部分，是党的干部教育的一个重要方面，是适应社会需要的一个政治性很强的工作，必须按照校委关于“统一管理、控制规模，提高质量”的要求，认真办好。并对入学资格、专业设置、规模控制、课程设置、教学方式、考试考核、毕业论文

工作、招生地区、毕业证书和检查评估等提出了明确具体的要求。我们一定要按照校委《意见》的精神，进一步加强在职研究生班规范化管理。具体办法在利群同志的报告中已经明确了，这里不再重复了。

(四) 切实加强教学中薄弱环节的管理和指导

5年来我们虽然积累了不少经验，有一套成熟的办法和措施，但与新形势的要求还有相当的差距，如某些办学单位指导思想不端正、管理不到位、制度不落实、教学方式方法陈旧、单一，仍然是制约教学质量提高的重要原因，必须切实抓好。我这里主要是强调几个具体环节。

1. 要切实抓好开卷考试和课程论文考试工作。闭卷考试每学期都是由总院统一集中判卷，各单位领导、工作人员和老师都很重视，抓得比较好。但开卷考试和课程论文由分院组织判卷，问题就比较多：一是有的单位领导和工作人员督促检查不力，要求不严；二是有的学员重视不够，不认真，一篇要5000字的论文写几百字；三是有的判卷老师责任心不强，判卷不严肃、不认真，好坏都通过。事实是这几年由分院判卷，没有出现不及格的，从我们抽查看完全不是那么回事。因此，必须切实抓好这一环节，关键是领导要重视、勤检查、严要求，不合格的就是不能通过。必要时，总院也要对一些开卷考试或论文考试实行集中阅卷或分院之间交叉判卷。

2. 切实加强自学的管理与指导，把自学真正落到实处。自学为主，是在职学习的基本方法，自学是确保质量的根本措施。现在自学存在的问题，一是领导和工作人员管理不到位；二是缺乏切实可行措施和办法；三是教师指导不力；四是有的学员自学方法不对头、自学时间不落实，自学效果不理想。从我们调查看，这种情况还相当普遍，必须抓好自学环节。我看，首先是领导重视，加强自学的管理与指导；第二建立约束机制，保持必要的外部压力和自我约束力，如健全自学制度、制订自学计划、加强检查、督促等；第三，授课教师和班主任要加强自学指导，帮助学员解决自学方法、正确处理工学矛盾、家学矛盾，切实把自学落到实处。

3. 切实加强第五学期的教学和管理工作。关于第五学期的教学与管理工作，在利群同志的报告中已经讲到了，因为存在的问题比较普遍，我这里要特别强调一下。从第五学期起，学员就要进入论文写作阶段，由总院统一安排的课程基本结束，主要是根据缺什么补什么的原则，由分院自行安排一些选修课、讲座课。但从检查看，有相当一部分分院抓得不理想，安排不具体，学员反映有些松。对学员论文写作的检查、指导也不到位。因此，必须切实抓好第五学期的教学与管理工作。周密组织，安排一些更加贴近实际的，有利于学员理论联系实际，提高科研能力、论文写作能力、解决实际问题的专题讲座，加强对地区经济、行业经济、国企改革等热点问题的研究和探索，进一步拓展学员的知识和深化对一些基本理论认识。要帮助学员制订切实可行的论文写作计划，并加强督促检查落实。要督促指导教师加强对学员论文写作的指导。

4. 切实把党性锻炼落到实处。加强党性锻炼是党校在职研究生的必修课，是区别于其他研究生的最突出特色。这次中央10号文件和中央领导同志讲话，对加强中青年领导干部的党性修养提出了明确具体的要求，我们必须切实抓好落实。党性教育，看似抽象，实则具体。在具体的落实中，要从大处着眼，起点要高，要求要严；更要从平凡细微处入手，教育学员遵守规章制度，严格执行学习纪律和考试纪律，形成良好的学风和考风，这是党性教育的具体而实在的内容。要善于把握时机，抓住机会，加强教育，如结合党的中心工作，“三讲教育”、“三个代表”重要思想的学习，贯彻落实中

教材工作会议

【关于召开教材工作会议的通知】 6月30日，总院向各分院下发了该通知。通知指出，为贯彻落实全国党校工作会议精神，提高教材印刷、发行管理质量，推进教材征订、发行计算机网络管理工作，扩大零售教材发行量，经研究，定于8月7日至9日在湖南省委党校召开教材工作会议。现将有关事项通知如下：

一、会议内容：总结教材印刷、发行质量管理工作；培训教材征订、发行计算机网络管理人员；征订零售教材和表彰、奖励零售教材先进单位与个人。

二、参加人员：此次会议分配给你单位代表名额　人。代表应是你单位的教材工作负责人。与会代表不准带家属。

三、报到时间、办法：8月6日报到，当天有车接站。其他时间到达者，请自行前往（地址：湖南省长沙市河西区石佳冲1号）。

【在教材工作会议上的讲话】 8月7日，总院副院长张东升在总院教材工作会议上作了题为《学习贯彻中央〈决定〉和全国党校工作会议精神　为全面推进党校函授教材精品建设而共同努力》的讲话，全文如下：

同志们：

我们这次教材工作会议是在中央颁发了《中共中央关于面向21世纪加强和改进党校工作的决定》，胜利召开了全国党校工作会议的情况下举行的。中央《决定》的颁发和全国党校工作会议的召开是党校教育和党校函授教育的大事。中央《决定》是面向二十一世纪党校教育和党校函授教育的纲领性文件，具有长期性、历史性的指导意义。中央《决定》和全国党校工作会议必将对二十一世纪党校工作包括党校函授教育产生重大而深远的影响。我们这次会议要高举邓小平理论伟大旗帜，深入贯彻十五大精神和“三个代表”的重要思想，认真学习贯彻中央《决定》和全国党校工作会议精神，在学习、理解、把握中央《决定》和全国党校工作会议精神的基础上，进一步研究和采取全面推进党校函授教材精品建设的举措，把党校函授教材建设提高到一个新的水平，向精品目标迈进，使教材建设更好地为培养党的高素质干部队伍服务。

一、认真学习贯彻中央《决定》和全国党校工作会议精神，把思想统一到中央《决定》上来

中央《决定》的颁发和全国党校工作会议胜利召开给党校教育包括党校函授教育创造了极为有利的条件和难得的机遇，全国党

央10号文件和中央领导同志讲话精神等，都是活生生的党性教育的好形式。

同志们，在即将进入新世纪的重要时刻，中央《决定》和中央领导同志讲话，为党校在职研究生教育的发展指明了方向，创造了有利条件，提供了难得的机遇。我们一定要认真学习贯彻好中央《决定》和中央领导同志讲话，抓住机遇，以我们创造性的工作，努力把党校在职研究生教育提高到一个新水平，为培养和造就适应新世纪需要的中青年领导干部作出我们应有的贡献，不辜负中央领导同志对我们的殷切期望。

校工作者包括党校函授教育广大学工人员鼓舞了士气，振奋了精神，大家反映，党校工作和党校函授教育工作迎来了又一个春天。当务之急是我们必须抓住这个难得的机遇，要珍惜这个机遇，不可丧失机遇，要认清形势，加紧工作，乘势而上。当前特别要认真学习贯彻中央《决定》和全国党校工作会议精神，推动党校函授教育进一步发展。总院领导班子对学习贯彻中央文件和会议精神十分重视，全国党校工作会议后，立即带头学习研究，带领和组织全体人员原原本本学习中央《决定》和会议文件，并采取了一系列措施：迅速向各分院专门发出学习贯彻中央文件和会议精神的通知；制定了《贯彻落实中央10号文件和全国党校工作会议精神的意见》；在上海召开了有部分分院负责同志参加的座谈会，统一思想，商讨贯彻的举措；院报发评论，函授快讯编发专辑三期，院报院刊刊登校院领导同志论述学习贯彻的专文，等等。由于总院动作快，力度大以及各分院的重视，已在全院范围内形成了贯彻中央《决定》和会议精神的强烈氛围，迅速掀起了学习贯彻的热潮。并受到志新副校长的肯定。他指出，“从材料看，学习是认真的，态度是积极的，措施也比较具体可行，一定要认真抓好检查和落实工作”。我们对中央《决定》和会议精神的学习还是初步的，我们不能有丝毫的满足情绪，必须进一步抓好学习贯彻，把思想统一到《决定》上来。

（一）要原原本本学习中央《决定》和会议文件。各级组织的每一位负责人、面授教师、班主任、管理人员都要认真阅读钻研中央《决定》和江泽民、胡锦涛同志在这次会议上的重要讲话，逐条、逐段、逐句地学习、理解和把握，弄清它们的历史背景、科学内涵和重大意义，吃透其精神实质，把思想统一到《决定》上来。我们只有真正把中央《决定》和会议精神学深学透了，才能进一步增强搞好党校教育和党校函授教育的政治责任感和历史使命感。

（二）要充分认识中央《决定》和全国党校工作会议的重大意义。我们要从加强党的建设的全局高度和从国家发展战略的全局部署中充分理解《决定》确定了党校的重要地位。《决定》指出“‘科教兴国’的‘教’，包括党校教育”。并强调在我们这样的社会主义国家，党校教育事业是整个有中国特色社会主义教育事业的重要组成部分。《决定》强调指出，“党校作为学习、研究、宣传马列主义、毛泽东思想、邓小平理论的重要阵地和党性锻炼的熔炉，在用集中培训轮训方式提高领导干部素质方面，具有不可替代的重要作用。必须进一步明确，党校教育是全国各级党政领导干部培训轮训的主渠道”。我们要充分理解《决定》提出要加大各级领导干部特别是跨世纪中青年领导干部的培训轮训力度，适度扩大党校办学规模的战略意义。江泽民同志强调指出，历史和现实都表明，一个政党、一个国家，能不能不断培养出优秀的领导人才，在很大程度上决定着这个政党、这个国家兴衰存亡。中国能不能在未来激烈的国际竞争中始终强盛不衰，关键就要看我们党能不能不断培养造就一大批高素质的领导人才。他要求全党同志都要从这样的政治高度来认识培养中青年领导干部的重大意义。我们还要充分理解《决定》提出了面向二十一世纪党校工作继续改革和发展的大思路。这就是以邓小平理论为指导，按照“三个代表”的要求全面提高领导干部的马克思主义政治家素质，大力推进以教学为中心的党校改革和发展，把建设有中国特色的社会主义党校事业提高到一个新水平。

（三）要正确理解《决定》对党校函授教育作出的规定和提出的各项要求。要把这个问题放在整个文件的精神实质中来理解才能取得正确的认识：一是《决定》肯定了党校函授教育办学的必要性和它的重要地位。《决定》明确指出，党校教育事业包括依托党校力量举办的函授教育。这就说明党校函授教育不仅是党校教育的重要组成部分，也是整个有中国特色社会主义教育事业的重要组成部分。它也包括在“科教兴国”的“教”的范畴之内。二是进一步明确了党校函授教育学历及其待遇。《决定》明确规定中函“学员学完规定课程，并经过以中央党校为主体，吸收组织、人事、教育部门参与组织的考试、考核，成绩合格者，取得党校函授教育学历，待遇参照国民教育相应学历的有关规定”。并规定了省函学历的解决的办法，这就较好地解决了党校函授教育长期发展中所困扰的问题。三是《决定》专门写了一条（第三十条），确定了对中央党校函授教育办学的基本要求，即“中央党校函授教育要参照成人高等教育的基本要求，结合党校干部教育的特点，严格把握招生、教学、考试等环节，进一步搞好规范化管理，不断提高教学质量”。中央对党校函授教育的基本要求我们要认真领会，坚决贯彻执行。并且要和《决定》第二十七条要求“面向社会办学的各类学历教育，如函授教育和在职研究生教育，要严格把关，保证质量，注意防止和克服不正之风的侵袭”联系起来贯彻执行。我们要十分明白中央文件特地写上这一要求，用心是良苦的，如果不能做到这一点，中央规定的党校函授教育办学的基本要求，就无法实现。所以对《决定》第二十七条的要求，我们决不可掉以轻心，要百倍提高警觉，切实加以解决。全院各级组织要坚持正确的办学方向，始终把社会效益放在第一位，更好地为建设党的高素质干部队伍服务；加强管理，控制规模，确保办学质量，坚持以质取胜；正确处理中函与省函的关系，相互补充，共同发展，充分发挥党校教育体系的整体优势；按照保持党校特色与符合国家成人高等教育基本要求的原则，深化党校函授教学改革，全面推进素质教育；认真开展教育评估“回头看”活动，自查自纠存在的突出问题。

二、全面推进党校函授教材精品建设，不断提高党校函授教材质量

（一）充分认识全面推进党校函授教材精品建设的意义。中函开办15年来，一直把编辑、出版优质教材，为培养高素质干部队伍服务，作为自己的追求目标和基本任务之一。经过15年的努力，我们已经形成了党校函授教材体系，邀请校内外（包括著名高校和中央有关部门）的知名的专家学者编写了一套门类比较齐全、适应时代需要、适合广大干部在职学习的系列教材。这套教材使用后普遍反映内容新，有理论深度，贴近现实，学了管用。曾受到江总书记的肯定。成为部分地市级、省部级领导干部自学的首选教材。并吸引了一定数量的、已具有本科以上学历和高级职称包括归国留学生、已取得博士学位的同志再进入中函本科学习。我院在教材建设方面取得了十分显著的成绩。为促进党校函授教育的发展，发挥了举足轻重的作用。但是，由于时代的发展，知识经济扑面而来，高科技日新月异，知识更新步伐加快，并且随着党校教改、教学新布局的提出，以及党校函授教育自身的发展需要，对党校函授教材建设提出更高、更新的要求。校委领导同志一再提出党校函授教育要以质取胜。其中首要的就是要以优质教材取胜。因此，我们在教材建设方面不能满足已有成绩，不能停滞不前，必须不断向自己提出更严的要求和更高的目标。近年来，我们正在全面推进的党校函授教材精品建设，就是在这样的形势和背景下提出来的。全面推进党校函授教材精品建设是自我加压、奋发进取的表现，是广大读者特别是广大党校函授学员的迫切要求，也是全院各级组织的共同任务。希望全院同志充分认识全面推进党校函授教材精品建设的意义，为实现这一目标共同作出不懈的努力。

（二）明确党校函授教材精品建设的要求。所谓“党校函授教材精品”，就是在图书

市场中，党校函授教材与同类图书相比，其内在质量与外观质量都达到一流的水平，并在印制方面符合国际标准。根据这个总要求，一方面，在内在质量上必须具有科学性、时代性和权威性。科学性就是要符合党的基本理论、基本路线和基本纲领，与党中央保持高度一致，在学科上要符合其自身的科学体系；时代性就是要充分吸收当代科学研究成果，以最新的知识武装学员，使党校函授的教学内容适应国内外形势的新发展，紧跟时代的步伐；权威性就是在学科领域中具有无可替代的地位。同时，在体例上，使它具有理论性、系统性和可操作性。从而使党校函授教材在使用上具有实用性、通俗性、可读性和广泛的适应性，拥有最广大的读者群。另一方面，在外观质量上必须符合国际印制标准，做到装帧精美，校对认真，版式规范，印刷优良，用料讲究，使读者接触到它，就能产生赏心悦目、激发阅读欲望的效果，从而，实现内在质量和外观质量的完美统一。

（三）全面推进党校函授教材精品建设的十项措施。其中提高教材内在质量方面的措施五项，提高教材外观质量方面的措施五项。这十项措施是：

1．精心编写，严格审稿，认真把关，确保党校函授教材编写质量。继续聘请中央党校、著名高校、科研部门和中央有关部门的知名的专家学者承担党校函授教材的新编和修订任务，加强责编和审定工作，提高编审质量。今后党校函授教材的编写工作，要贯彻中央《决定》精神，所有教材要符合高等成人教育的基本要求，反映党校特色，突出时代特征，体现素质教育的要求，方便学员自学，有利于实现“理论、知识、党性、能力”相统一的培训质量要求。

2．对现有教材全面审查、分类排队。这是落实中央《决定》，确保教材质量采取的一项重要措施。拟组织专家逐本过堂，把全部教材区分为可继续使用、需要修改和停止使用的三种情况。对内容陈旧，结构不合理，教师、学员意见较多的教材坚决停用。并对拟停用的教材尽快组织有关专家编写新的替代教材。对需要修改的教材也及时安排作者按照“理论、知识、党性、能力”相统一的要求抓紧修改。

3．对现有使用全套教材，首先是闭卷考试课的教材组织名家、精通学科理论的专家和中央有关部门学者型的领导编写第二套教材。在第一套教材和第二套教材的使用中引入竞争机制，择优选用，加快质量欠佳的教材的淘汰步伐。

4．组织编写有关学科理论前沿、难点、热点、疑点问题教学参考资料和教学案例资料，为面授教师拓宽教学思路，提高自身素质创造条件。

5．乘院庆15周年之机评审、表彰一批优秀教材。制定下发函授教材评优要求，制发了教材评优表，目前多数分院已报送了教材评优表，即将组织专家进行评审，产生表彰对象。

6．完成教材改版工作，实现教材版本规范化。今后教材采用大32开版本，使教材版本与国际标准接轨。实现教材版式设计规范化。

7．提高教材文字校对质量，建立和完善一支高水平编外校对人员队伍，统一认识，明确责任，交代要求，并定期召开校对人员业务座谈会，交流校对工作中纠错的技巧和经验，商讨改进工作的新措施，奖优罚劣，进一步提高教材文字校对质量。

8．突出党校教材特色，完善封面设计。召开教材封面设计专家研讨会，总结经验，精选优秀美编人员，进一步突出党校教材特色，使教材封面设计上新水平。

9．实现教材的公开出版。过去我们的教材部分由出版社出版，大部分由函院向北京市新闻出版局办理内部准印证，在内部印刷发行。今后中函的教材要全部交由出版社公开出版。这有利于在报刊上公开宣传，提高党校函授教材的档次和知名度。

10. 完善教材承印厂质量考评指标体系，提高教材印制质量。对教材承印厂实行“质量考评、末位淘汰”的竞争机制，提高承印厂的质量意识，提高他们的责任心和竞争力，进一步加强管理，改进工艺技术，确保教材印刷和发行质量。

此外，还要总结工作，交流经验、表彰先进，全面推进教材精品建设工作。今年12月，总院将召开全院教材精品建设表彰会，总结近三年来的工作，对在教材发行、印刷、校对、封面设计、零购教材工作中作出显著成绩的先进单位和个人给予表彰和奖励，表彰他们对党校函授教材精品建设作出的积极贡献。

三、加强和改进教材征订、发行工作，推行教材征订、发行计算机网络化管理

（一）教材征订、发行工作的现状与实行计算机网络化管理的必要性。中函教材征订发行有180个直发点，每年要进行四次教材征订、发行工作，其中老生教材征订、发行两次、新生教材征订、发行一次、新生入学复习纲要征订、发行一次。每年需要四次将180个直发点的订购教材数据分门别类进行汇总整理，编制成印制、发行单，分别下达到8个教材承印厂限期完成。如果教材直发点对原征订计划发生变更，还要另行造单下达到印刷厂调整。这些大量的、繁琐的数据汇总、编制、下达任务全靠手工操作，费时费力，效率不高。而且180个直发点与总院教材发行部门之间的信息传递，依靠传统的书信邮寄，时间长，稍一疏忽容易丢失，影响教材印制、发行任务的汇总、编制和及时下达，往往造成教材印制、发行工作的被动局面。在高科技飞速发展的今天，这种总院与直发点之间的传统信息传递方式以及数据整理、任务下达的手工操作方式已显得十分落后、原始，不能适应党校函授教育发展的需要。迫切需要加以改革，采用现代化的管理手段取而代之。为适应中函教学改革的新形势，经院领导研究决定，由总院研制开发了“中央党校函授学院教材综合信息管理系统”的软件，在全院推广使用，以一种全新的管理模式取代传统落后的手工管理模式。这个软件的推广使用可以快速、准确地进行信息采集，为教材印刷、发行赢得时间，提供充分的时间保障，而且使工作人员摆脱手工操作的沉重负担，有利于减少差错，提高效率；而且有利于信息的及时反馈，教材发行网点在教材征订截止日期以前，可随时更改订单数据；由于信息管道畅通，教材处能及时掌握教材征订、印刷、发行等过程中的最新动态，便于部署和协调工作。因此，采用计算机网络化管理模式加强和改进教材征订、发行工作是大势所趋，势在必行。这是我院继学籍管理采用计算机网络化管理后，又一项新举措，它标志着我院不断向现代化管理模式迈进。

（二）推行教材征订发行计算机网络化管理的方法和步骤。采用计算机网络化管理必须具备三个基本条件。一是要有功能齐全、简便实用的软件；二是要有掌握软件使用方法的管理人员；三是各网点要具有相应的硬件并实现联网。

关于软件，经过总院研制、开发，“中央党校函授学院教材综合信息管理系统”的软件已经初步完成，将在这次会议上进行演示，征求意见，再进行修改完善后即交付使用。随着教材征订发行软件的设计完成说明我们具有在教材征订、发行方面实行计算机网络化管理的条件和能力。本着积极稳妥、注重实效、慎重上网、逐步推进的原则，我们拟用两年的时间，分三步走，预计2001年下半年全面实行中函教材征订发行计算机网络化管理的目标。第一步，在部分分院开展试验性教材发行计算机网络化管理；第二步，在总结试点经验、修改网络化管理软件的基础

上，按行政区划分片推广教材征订发行网络化管理；第三步完成全面推广工作。

关于管理人员，各教材直发点必须配备具有微机操作能力的管理人员，总院计划在今年下半年分三期将各网点管理人员全面培训一遍，使其掌握教材软件操作方法和技巧。

关于硬件，各网点必须加强硬件建设，配置能兼容教材软件的微机并创造与总院联网的条件。

（三）推行教材征订、发行计算机网络化管理的关键在于加强领导。推行教材征订、发行计算机网络化管理是一件大事。及时、准确地征订、发行教材是教学正常运转的基本保障。教员和学员只有按时拿到教材，才能正常开展教学活动。而推行教材征订、发行计算机网络化管理其目的就是提高教材征订、发行的效率，加快和提高教材征订、发行的速度和准确度，及时、准确把教材发往各个网点，有利于各个网点提前把教材发到教员和学员手中，保证教学活动的正常开展。因此，各分院、学区的负责同志要切实加强这一工作的领导，将它列入议事日程，充分利用现有计算机设备，增加必要的投入，确保计算机网络建设到位，要加强微机管理人员网络管理技术和教材软件操作方法的业务培训，从事教材征订、发行工作的管理人员要能独立上机操作，运用教材软件进行教材征订、发行管理。这是一项全新的工作，希望各分院、学区的同志共同努力做好这一现代化管理的推广任务，把我们的教材发行管理提高到一个新的水平，更好地为培养党的高素质干部队伍服务。

【教材工作会议纪要】 8月16日，总院向各分院下发了教材工作纪要。全文如下：

总院于今年8月7日、8日在湖南省委党校召开了教材工作会议。现将会议主要情况纪要如下：

（一）

这次教材工作会议是在中央颁发了《中共中央关于面向21世纪加强和改进党校工作的决定》、胜利召开全国党校工作会议的情况下召开的。这次教材工作会议是学习贯彻中央《决定》和全国党校工作会议精神的一次实际行动。

出席这次会议的有部分省委党校的负责同志、各分院的负责人和教材管理人员以及总院与会人员共87人。

会议以邓小平理论为指导，认真学习江泽民、胡锦涛同志在全国党校工作会议上的讲话，全面贯彻中央10号文件和全国党校工作会议精神，认真落实中央党校校委关于教材建设的指示，以“全面推进党校函授教材精品建设”为主题，商讨教材建设的新举措，并着重研究教材征订发行计算机网络管理问题，提高教材编辑、出版、发行工作的质量和效率，为党校函授教育事业发展服务。

中央党校副校长张志新、总院副院长张东升、湖南省委党校常务副校长易炼红出席了会议。易炼红同志致了欢迎词，张志新同志作了重要讲话，张东升同志作了题为《学习贯彻中央〈决定〉和全国党校工作会议精神，为全面推进党校函授教材精品建设而共同努力》的工作报告。与会代表紧紧围绕会议主题，认真学习文件，分组对会议上的讲话、报告展开了深入的讨论。会议由总院教材处处长吴江浩主持。会议期间，还进行了“中央党校函授学院教材综合信息管理系统”软件的演示，并征询了意见。会议结束时，吴江浩处长作了会议总结。这次会议由于校院领导的高度重视，主题突出，内容紧跟形势以及由于全体同志的共同努力和会议东道主的精心安排、热情周到服务，取得了圆满成功，达到了会议预期的目的。与会代表普遍反映，开得好，很成功，富有成效。代表们认为，这次会议起点高、立意高、要求高，会议有高度;研究问题针对性强,有深度;解决问题对策措施扎实细致并有操作性,有力度。

与会代表认真学习了中央10号文件，加深了对全国党校工作会议精神的理解；深入学习领会江泽民、胡锦涛同志在全国党校工作会议上的讲话，增强了办好党校函授教育的信心；听取并讨论了张志新同志的重要讲话，受到很大的教育和鼓舞；听取并讨论了张东升同志的报告，明确了今后教材建设的基本要求和主要任务；深化了对中函教材征订发行工作实行计算机网络管理重要意义的认识，增强了为党校函授教育服务的观念。

(二)

张志新副校长在讲话中强调指出，各级党校和党校函授的各级组织要把中央10号文件和全国党校工作会议精神学习好、贯彻好、落实好，这是当前各级党校和党校函授各级组织的大事，必须集中全力、精心运作，认真把这件大事抓好。从初步调查的情况来看，各地学习、贯彻中央《决定》和全国党校工作会议精神的势头是好的，在党校系统内已初步形成了学习、贯彻的热潮。各省贯彻中央《决定》和会议精神，省委高度重视，各省委党校积极主动，领导层的认识比较深刻全面，采取的措施比较具体可行。尤其是经过初步的传达学习鼓舞了士气，振奋了精神，进一步增强了搞好党校教育的信心和决心。但是，现在的传达学习还是初步的，学习和贯彻有待进一步深化，认识有待进一步提高，措施有待进一步议定，特别是中央《决定》和会议精神的落实工作是大量的、艰苦的和长期的，我们要为此作出不懈的努力。

他提出了三点要求：一是要高度重视深入学习，提高认识。学习是贯彻的基础，认识是行动的先导。只有把学习搞好了，才能使贯彻落实中央《决定》和会议精神有可靠的思想基础。深入学习，一要有广度，二要有深度。有广度，就是要使中央《决定》和中央领导同志的讲话精神在党校系统内做到人人明白，使贯彻落实中央《决定》和会议精神成为每一个党校工作者的自觉行动，并做好宣传工作，使之成为全党的共识，一起努力做好落实工作有深度，就是要吃透文件的精神实质，把思想统一到中央《决定》上来。二是要认真按照党校教学改革的方向和布局，深化教学改革。要区分省级、地市级、县级三级党校的不同情况，采取既相联系，又相区别的教改方案。各级党校应该在教学和教改上有所作为，有所突破。有作为，才有地位，没有作为，就会丧失地位。我们要抓住这次有利机遇，振作精神，克服困难，在教学、教改、科研上认真做出成绩，真正发挥党校培训、轮训各级党政领导干部的主渠道作用，才能取得党校应有的地位。三是要全面加强党校的自身建设，尤其要重视搞好队伍建设。搞好党校教育事业，加强基础设施建设十分重要，必须抓紧，但关键要搞好队伍建设。各级党校在加强硬件建设的同时，要十分重视抓好队伍建设，要认真落实中央《决定》提出的队伍建设的各项措施，制定计划，认真实施。

在谈到教材建设时，他要求在坚持正确的办学方向和以质取胜的总体思路下，进一步加强党校函授教材建设。他强调，以质取胜，首先必须以优质教材取胜。教材是传播知识信息的载体，是教与学的主要依据，尤其是党校函授教育是对学员的在职在岗的不脱产教育，这种教育以自学为主，面授为辅，因此，教材在教学中的作用就显得尤为重要。我们要在已有成绩的基础上，全面推进党校函授教材精品建设。在这个问题上，总院领导的决心很大。要按中央《决定》的要求，下大力量进一步提高教材质量，要坚持正确的政治方向，忠诚于马列主义、毛泽东思想、邓小平理论，自觉地同以江泽民同志为核心的党中央在思想上、行动上保持高度一致；要紧密结合国际、国内两个大局，使教材具有强烈的时代感、政治敏感性和丰富实用的内容；在编写上要广揽人才，不惜成本；要不断提高党校函授教材的编写质量，要使党校函授教材充分体现中央10号文件精神，做到保持党校特色，突出时代特征，符合国家标准；要进一步做好“三基本”、“五当代”教材引入党校函授教材体系的工作；要加强党校函授教材印刷、发行工作，努力提高党校函授教材的外观质量；要积极推行教材征订、发行工作计算机网络化管理，提高教材征订、发行工作的效率，使党校函授教材工作更好地为提高办学质量服务，为培养党的高素质干部队伍服务。

（三）

会议代表一致赞同张东升副院长在工作报告中提出全面推进党校函授教材精品建设的任务和措施。大家认为15年来中函教材建设取得很大成绩，基本适应了日益发展的办学需要，受到各方面的好评。但由于时代的发展，知识经济扑面而来，高科技日新月异，知识更新步伐加快，并且随着党校教改、教学新布局的提出，以及党校函授教育自身的发展需要，必须全面推行党校函授教材精品建设。这不仅是广大党校函授学员的迫切要求，也是我们以质取胜的重大举措，也是我们自我加压、奋发进取的表现。为了实现党校函授教材精品目标，即在图书市场中，党校函授教材与同类图书相比，其内在质量和外在质量都达到一流的水平，并在印制方面符合国际标准，全体代表赞同采取下列十项措施：

1. 精心编写，严格审稿，认真把关，确保党校函授教材编写质量。要使所有的教材都能符合成人高等教育的基本要求，反映党校特色，突出时代特征，体现素质教育的要求，方便学员自学，有利于实现“理论、知识、党性、能力相统一”的培训质量要求。

2. 对现有教材全面审查、分类排队，区分为可继续使用、需要修改和停止使用的三种情况，区别对待，该停用的坚决淘汰，尽快组织有关专家编写新的替代教材，做到推陈出新。

3. 组织名家编写第二套教材，在第一套和第二套教材中引入竞争机制，择优选用。

4. 组织编写有关学科理论前沿、难点、热点、疑点问题教学参考资料和教学案例资料。

5. 乘院庆15周年之机评审、表彰一批优秀教材。

6. 完成教材改版工作，实现教材版本规范化，并创造条件逐步与国际标准接轨。

7. 建立和完善一支高水平的编外校对人员队伍，提高教材文字校对质量。

8. 突出党校教材特色，进一步做好教材封面设计工作。

9. 加快教材公开出版步伐。

10. 完善教材承印厂质量考评指标体系，提高教材印制质量。

会议期间，与会代表就推行教材征订、发行计算机网络化管理进行了讨论，一致认为，由于党校函授教材征订、发行面广量大、直发点多，而且一年内要进行四次征订、发行工作，仍使用传统的手工操作和书信传递费时费力。为提高效率，摆脱手工操作的沉重负担，以一种全新的管理模式取代传统落后的手工管理模式势在必行。在此基础上，会上对全体代表进行了“中央党校函授学院教材综合信息管理系统”软件的演示，受到欢迎，代表们对这个软件提出了一些有益的意见和建议，有利于软件的改进和完善。

教材建设

【教材装帧设计专家咨询研讨会纪要】 9月20日，总院向各分院下发了教材装帧设计专家咨询研讨会纪要。全文如下：

8月30日，总院在京召开了教材装帧设计专家咨询研讨会，现将这次会议有关情况纪要如下：

一

这次会议的目的和主题，是总结中央党校函授学院15年来教材装帧设计工作的经验，征询在教材精品建设的总目标下，教材装帧设计工作如何更加符合党校函授教育的性质和特点，进一步提高教材装帧设计水平。应邀出席研讨会的专家有叶佐英（中央党校出版社原社长）、朱锐（当代世界出版社副社长）、张守义（全国政协委员、中国美术家协会理事、中国出版协会、中国美术家协会装帧艺术委员会主任）、张志明（中国美术家协会会员、中国出版协会、北京大学出版社高级美术设计师）等同志以及总院教材处、教编室的有关人员共9人，会议由总院教材处处长吴江浩主持。总院教材编研室主任曹玉海介绍了15年来函院教材编写、出版和使用的情况。教材处综合办主任王敏生概要介绍了函授教材装帧设计基本情况和今后设想。张东升副院长出席了会议，并讲了话。他指出，为了贯彻落实中央《决定》和全国党校工作会议精神，全面推进党校函授教材精品建设，很有必要认真总结建院15年来教材装帧设计工作的经验，研究在新形势下如何将教材装帧设计工作更加贴紧党校函授教育特色，使教材从内容到形式更加符合党校函授教育发展的要求。他说，这次请各位专家到会，就是为了征求和听取专家的意见，他请各位专家敞开思想，多提建议，多加指导。他在会议结束时讲了话，感谢各位专家对党校函授教材精品建设的关心，百忙中抽出时间参加会议，并提出很好的建议，给我们很大的启示，我们要认真汲取和采纳专家的意见，促使教材装帧工作上一个新台阶。他并请专家今后继续关心函授教材建设。

二

与会专家在听取了有关情况介绍和观看了会上展示的教材样本后，就党校函授教材装帧设计，发表了一些富有建设性的意见。他们的意见主要有如下几个方面。

（一）肯定了15年党校函授教材装帧设计工作取得的成绩，装帧设计上有很大进步，发展到今天这个水平，来之不易。这表明了函院领导对教材建设的重视，也凝结了同志们的心血。

（二）装帧设计是教材精品建设的一个重要环节。教材装帧设计工作不是可有可无，教材有内在质量，有外在质量。内在质量主要在于编写质量，外在质量，就是装帧、印装质量。这两个质量缺一不可，哪一个质量都不能单独构成精品教材。教材的装帧设计非常重要，这是一种“包装”，随着社会的进步与发展，对这种“包装”将提出更高标准，这是时代的要求和科学发展的必然。

（三）要明确教材装帧工作的内涵和范围：教材的装帧设计要讲究表现，而不是再现，要用表现来强化作品的内涵。它的范围：一是标识性。标识与函院的风格应一致，让人拿到书，就知道这是党校函授教材；二是整体性。装帧设计包括封面设计、版式设计、用料、装订工艺等；三是外延性。教材除了中函使用以外，省函和社会其他办学单位也要采用。因此，既要考虑特点，也要注意共性的东西，要有市场意识；四是前瞻性，要想到下步发展，比如研究生教材；五是正规性。教材编写要正规，出版要正规，教材书名所用字体应大致规范，庄重大方。

（四）装帧设计工作要符合党校函授教材的特点，追求高文化品位。党校函授教材不同于一般出版物，它的特点一是政治性强，因为它是中央党校教材；二是权威性强，因为它是由著名的专家、学者编写；三是读者层次高，不是一般学生，而是党员领导干部和党员干部，设计工作既要讲究形式，做到形式与内涵的和谐统一，因此，设计时要做到保持党校传统特色，体现时代特征，在气势上要大气、大度、大方、大雅，要富有吸引力。教材封面用料非常重要，可考虑用特种纸。

（五）要搞系列，做套书。做套书可按班次、专业，也可按科目。

（六）党校函授教材要出精品、打品牌、树形象，要搞好宣传。可在《学习时报》上出一期介绍党校函授教材的专版，介绍函授教材的名称、编（著）者及其主要内容，以扩大知名度和影响力。

三

根据专家的意见和建议，函授教材装帧设计，拟推出以下新的举措，进一步提高教材装帧设计水平。

（一）增加书标，强化标识。拟发出《关于征集中央党校函授学院教材封面书标的通知》，发动全院各级组织和全体教职工广泛应征，经评选，报经院领导审定后，争取2001年上半年印制教材时启用。

（二）拟以大专、本科法律专业教材作为试点，做成系列套书，根据使用效果，再考虑逐步推广。

（三）进一步规范书名使用的字体，做到庄重大方，整齐美观。

（四）教材样书封面复膜改用亚光膜，停用亮光膜，提高教材封面档次。

（五）要求教材承印厂进一步提高封面印刷和书籍装订工艺水平。

（六）教编室、教材处合作，争取近期内在《学习时报》出一期介绍党校函授教材的专版。

【关于举办教材综合信息网络管理系统培训班的通知】 总院于12月2日，向各有关分院（教材直发点）下发了该通知。通知指出，为适应办学需要，全面提高教材征订、发行等工作的质量和效率，中央党校函授学院将举办教材综合信息网络管理系统软件使用培训班，为正式运作该系统做好准备。为此，总院定于12月19日至21日在海军大连舰艇学院举办培训班。

通知规定培训班内容为分配给各教材直发点软件联通密码及各点编号；讲授软件的使用方法。

通知规定参加人员为各教材直发点的教材管理（微机操作）人员。为确保下步工作的正常开展，各点必须按要求派人准时到会，不得请假或由他人替代。各点须按“代表人数分配表”中的人数执行。

通知确定会议地点为大连市解放路667号，海军大连舰艇学院要求与会代表于12月18日报到。

【关于征集中央党校函授学院教材封面书标设计方案的通知】 9月1日，总院向各分院下发了该通知。通知指出，中央党校函授学院创办15年来，教材建设取得了很大成绩，已经形成了一套具有党校函授教育特色的教材体系。根据总院提出的教材精品建设的要求，为进一步提高教材装帧设计水平，特面向全院征集教材封面书标设计方案。

一、书标内容应反映党校函授教育特点，设计要符合党校函授教材的本质要求。

二、设计构思应注重构图简练、美观、大方，设色清淡、质朴、典雅。

三、设计图案应为真实彩色图样，图的幅面不超过 10cm×10cm（做在封面上不超过 3cm×3cm）。

四、各分院可广泛发动教职员工和学员参与设计，设计样下沿须写清设计者姓名、单位、地址、邮编、电话。分院收集好后，一并寄到总院教材处。联系人：王敏生。电话 62805530。寄出时间最晚为 11 月 30 日(以发出日邮戳为准)。

五、总院将成立评选小组，对来样进行评选。凡被选中的和已入围的作品，将分别给予奖励。

【关于教学录像带改为 VCD 教学光盘的通知】 9 月 1 日，总院向各分院下发了该通知，通知对从 2001 年上半年起，将电化教学录像带逐步升级为 VCD 光盘的有关事项作出下列规定：

一、从 2001 年上半年起，新版教材的录像教学带升级为 VCD 光盘；按学员比例免费配发给教学班。请各分院接此通知后及时传达到各教学组织和办学单位，要求 2000 年 12 月底前，各级教学组织部门必须配齐 VCD 播放机并有播放教室，届时总院将到各分院抽查准备情况。

二、为体现以学养学的办学思想，教学光盘的制作、发行等费用由总院作为教材费补贴，不再向办学点和学员另外收费。按 40 名学员为一个教学班配发。发放的课程和数量以分院上报总院的在校学员人数统计表为准。VCD 盘配发后，如本单位或个人仍需订购 VCD 盘者，可直接与总院电化教研室联系订购；详细请注意每学期发放的音像教材征订单。

三、录像带改为 VCD 盘后，讲课录音保留，征订办法和价格不变。由于我院在校生年级、专业、班次多、课程量大，不可能一次性全部升级改版，拟采取新课配发 VCD 光盘，旧版考试课和讲座课仍用录像带并按过去的征订办法订购，逐年递减，争取两年时间，所有课程全部升成 VCD。光盘可以重复使用，各教学班要将所发的光盘妥善保管，以备下届学员使用。新版光盘的使用范围，我们将在教学计划和电教计划中加以说明。

四、关于更换设备问题。据了解，目前许多分院、学区的录像机已经老化，或正在更新，而音像设备已经改为数字化，有的分院已经购置了 VCD 机。本次录像带改光盘后，各单位在购置 VCD 机时，注意选择用 2.0 版机型，比较适合播放总院的教学光盘。显示系统的配备根据教室大小，用普通电视机或配备投影机均可。

专业课程设置研讨会

【关于召开专业课程设置研讨会的通知】 12月12日，总院向有关同志下发了该通知。通知指出，为适应培养高素质党员干部队伍的需要，使党校函授专业设置、课程设置更加科学、合理，中央党校函授学院拟于12月24日至30日在云南省召开函授专业课程设置研讨会，特邀请您参加。这次研讨会内容为党校函授专业课程设置的科学化。会议报到时间、地点为12月24日到昆明市大观街（大观商业城西门）函苑大厦报到。

【在专业课程设置研讨会上的讲话】 12月25日，总院副院长张东升在专业课程设置研讨会上作了题为《改革专业 课程设置 顺应时代发展要求》的讲话，全文如下：

同志们：

总院这次召开专业、课程设置改革研讨会，请同志们来出谋划策，共同商讨这个重要问题，这是一件关系到党校函授教育在新世纪进一步发展的大事。我们一定要集中精力把这件事办好。我对同志们来昆明开会表示欢迎，对云南省委党校和云南分院给予这次会议的精心安排和热情服务，表示衷心的感谢!

下面，我讲两点意见，供同志们在讨论中参考。

一、充分认识专业、课程设置在函授教育中的地位、作用和改革的必要性。专业、课程设置是办好一所学校需要解决的重要基础。专业是指根据科学分工或生产部门的分工把学业分成的门类。学校的专业设置表示培养人才的方向；课程是指开设的学科，课程设置是表示教学内容的结构体系。专业设置和课程设置是密切联系的，专业设置决定课程设置，课程设置服务于专业设置。一所学校的专业、课程设置大体上反映了这所学校培养人才的方向和为培养人才方向服务的教学内容的结构。专业和课程设置对学校的生存和发展的关系极为重大，学校的专业设置如同工厂的产品一样，一个工厂有优质产品这个厂就会有出路，这个厂才能在激烈的市场竞争中立于不败之地。同样一所学校有一个或数个好的专业，这所学校就有生命力，乃至可能发展成为名校。中央党校函授教育开办以来，由初创时开设的政治、经济两个专业，逐渐发展成为现在大专、本科开设行政管理、经济管理、法律、贸易经济等专业，在职研究生班开设经济管理、科学社会主义、政治学、法律等专业，基本适应了我们国家改革开放、现代化建设、民主法制建设和党的建设的需要；课程设置也逐渐趋于合理，形成了目前基本理论课、专业基础课、专业课和文化技能课等四类课程的结构体系，基本满足了各专业培养人才的需要。中央党校函授教育所以有今天这样的局面与全院多年来逐步改革专业、课程设置的成果密切相联系的。对于这一点必须给予充分的肯定。但是，我们也必须看到随着国际国内形势的发展，我们现行的专业、课程设置还存在不完全适应的方面，必须加以调整和改革。不久前公布的《中共中央关于制定国民经济和社会发展第十个五年计划的建议》中指出“建设一支宏大的、高素质的人才队伍，尤其是培养一大批急需的信息、金融、财会、外贸、法律和现代化管理等专业人才。”“加强学科建设，根据人才需求结构调整专业设置”。我们要根据党中央的这些指示，认真改革专业、课程设置，使它更符合社会主义现代化建设的需要，更符合培养高素质干部队伍的需要。我们还要从以下几个方面来认识它的重要意义：

一是改革专业、课程设置是深化党校函授教育改革的一项重点内容。它涉及到人才培养的方向和教学内容的整体布局，它是决定教学质量的主要方面，它属于深层次的和根本性的改革，只有将专业、课程设置的改革搞好，才能推动党校函授教育其他方面的教学改革，党校函授教育改革也才能从总体上取得成效。

二是改革专业、课程设置是党校函授教育与时俱进的必然要求。当前，高新科技迅猛发展，国内产业结构实行战略性调整和我国将要加入 WTO,这些都会对我国的政治、经济、社会生活产生深刻的变化,我们要顺应这些变化,要尽快酝酿调整和增设相关的专业和改善课程设置结构,使人才培养结构与经济结构的调整协调一致。例如,在新的世纪,信息化将成为未来的支柱产业和先导产业。加快信息产业相关人才的培养,普及计算机网络知识,是新世纪经济发展对教育提出的新的要求,也是今后教育发展的一个新的增长点。而且,信息化知识和技能也是今后广大干部必备的知识和技能。因此,信息专业是值得我们高度重视迅速开拓的专业。

三是改革专业、课程设置是提升党校函授教育竞争力的重要举措。党校函授教育面临着激烈竞争的局面，我们要积极参与竞争和应对竞争，参与和应对竞争的唯一的手段和途径是深化改革，完善体系，严格管理，以质取胜。其中增设新的专业，改善课程设置结构，拓宽专业面，增强适应性，提高吸引力是一项极其重要的措施。专业、课程设置关系到人才培养的质量。所以改革专业、课程设置是我们必须高度重视的一项工作，要花气力把它认真抓好，切实抓出成效。

二、改革专业、课程设置必须掌握的几个问题

（一）专业、课程设置改革的原则。一是要保持党校特色。专业、课程设置必须保持党校特色，与党校职能相应，要充分贯彻和体现党校教学改革的方向和布局。二是要突出时代特征。专业、课程设置必须具有时代性，适应当代国际国内形势发展变化的需要。三是要符合国家标准。专业设置和课程设置都要符合国家标准，专业的名称要符合国家规范，课程设置的类别结构和组合、开设课程的门数以及每门课程的学时、课时量都要符合国家的标准。四是要有利于培养广大干部的创新精神和实践能力。党校函授教育的课程设置既要保持理论性、时代性，又要注重实践性和实用性。

（二）借鉴普通成人高校专业、课程设置改革的经验。他山之石，可以攻玉。在改革专业、课程设置中，既要坚持从党校函授教育的实际情况出发，又要重视吸取普通成人高校的经验。要充分搜集各类普通成人高校专业、课程设置及其调整改革的资料，认真研究、鉴别，充分吸取他们的长处，为己所用。

（三）态度要积极，工作要稳妥。专业、课程设置改革具有相当的紧迫性，要抓住时机，加快行动，从紧部署，早出成效。我们要抓紧酝酿研究、抓紧搜集资料、抓紧制定方案、抓紧论证审议。切不可贻误时机，否则我们就有可能处于被动落后的地位和十分不利的境地。同时，我们也不能操之过急，一定要把工作做实、做细，深入调查研究，充分进行论证，反复酝酿比较，拿出一个比较周密的方案，审批后，稳妥地加以推行。这样我们就有可能把这项改革搞得比较成功。从而，推动党校函授教学改革深入进行，推动整个党校函授教育事业在新世纪继续向前发展，更好地为社会主义现代化建设服务，为培养党的高素质干部队伍服务。

总院视导委的组成与活动

【关于总院视导委的组成及活动问题的通知】

3月12日，总院向各分院下发了该通知。通知指出，经研究，并经校领导同意，现就总院视导委的组成及活动问题作如下规定：

一、总院视导委成员由各省（自治区、直辖市）委党校主持工作的现任常务副校长（书记）担任。免去常务副校长（书记）职务的，不再担任视导委委员；新任的常务副校长（书记），自然接任视导委委员。

二、组建各大区（片）联合视导组，继续开展各大区（片）联合视导工作。联合视导组组长由该大区（片）视导委委员民主推荐，报总院批准。副组长职数及人选，由各联合视导组研究确定。

三、各大区（片）联合视导组的活动，原则上每年举行一次。具体活动时间、地点、内容，由各大区（片）联合视导组研究确定，并报总院视导委备案。

教 育 评 估

【关于开展党校函授教育评估工作的总结报告】 2001年2月28日，总院作出了关于开展党校函授教育评估工作的总结报告，全文如下：

1997年开始、历时三年多的党校函授教育评估工作，已经基本结束。现总结报告如下：

一、基本情况

开展党校函授教育评估工作，是为进一步贯彻落实胡锦涛同志关于党校函授教育的重要指示，以及郑必坚同志的有关要求，继1996年底开展党校函授教育大检查之后，采取的又一个重大举措。函授学院成立了由院长、副院长牵头的教育评估委员会，组建了工作班子。评估过程中，先后召开27次有245人参加的专家咨询会、专题研讨会、各级办学人员和学员的座谈会等，广泛征询意见，形成了整体工作思路，并制定了比较符合实际、具有可操作性的评估工作方案、实施计划、指标体系、工作规程、操作程序等。

这次评估工作，按照先自评、后验收，先学区和辅导站、后分院，先地方、后军队的顺序，分三个阶段进行：1997年7月到1998年3月，为学区评估阶段；1998年4月到1998年12月，为辅导站评估阶段；1999年1月到2000年底，为分院评估阶段。军队各分院的函授教育评估工作，具体由总政全军党校函授教育办公室按照统一标准全面负责。

这次教育评估的最大特点，是各级领导同志的高度重视。各省级党校普遍成立了由常务副校长任组长的评估领导小组。当地党委的组织、宣传、纪检和政府人事部门的领导同志，特别是组织部的同志，自始至终参加了各项评估活动。评估工作还得到了各省（区、市）委领导同志的重视和关心。当时任河北省委书记的叶连松就党校函授教育评估工作作了针对性很强的指示，副书记赵世居就评估工作作了4次书面批示。中直机关工委常务副书记武连元，副书记王景茂、贾祥，中央国家机关工委副书记周敬东，安徽省委副书记方兆祥，江西省委副书记步正发，河南省委副书记范钦臣，湖南省委副书记郑培民，贵州省委副书记王三运，西藏自治区党委副书记巴桑，宁夏自治区党委副书记韩茂华，新疆自治区党委副书记周声涛，青海省委副书记桑加吉等以及其他省（区、市）委分管组织、纪检工作的一些省（区、市）委常委，分别会见了总院验收组的同志。各级领导的重视和支持，使这次党校函授教育评估工作得以健康、有序地开展，达到了校委关于认识到位、组织到位、评估活动到位、评估成果到位的总要求。

二、主要成果

经过三年评估，各分院认真贯彻落实锦涛同志的重要指示，进一步端正了办学指导思想，解决了一些存在的管理不够严格，办学不够规范，教师队伍数量、质量、结构不适应教学需要，以及教学设施陈旧、不配套等办学中不容忽视的问题，取得了明显成效。

（一）各级党校函授教育办学指导思想进一步端正，办学规模、班次、专业设置进一步规范

各级党校校委都把贯彻落实锦涛同志的

重要指示作为大事来抓，重点组织好校委一班人、部门负责人、函授工作人员和教师的学习和讨论，并把锦涛同志的指示分送同级党委和组织、宣传、纪检、人事部门，供他们学习和领会精神，增强了各方面共同办好党校函授教育的使命感和责任感。各级党校函授教育办学方向和办学指导思想进一步得到端正；部分党校包括个别省级党校重经济效益、轻社会效益，重数量、轻质量，重招生、轻管理的倾向，基本上得到纠正。一些省级党校为集中精力办好主体班次和函授班次，在评估期间撤并了属于社会办学性质的班次；许多省级党校自觉调整函授办学布局，使基层办学单位的办学规模、班次、专业，控制在办学能力能够达到的范围内。各分院坚持标准，撤、停了一些不合格单位。截止到2000年底，全院共调整学区50个；撤销学区2个、辅导站115个；作暂停招生处理的学区1个、辅导站62个；作限制招生处理的学区16个、辅导站147个；作降级处理的学区7个、辅导站18个。

（二）党校函授教育的各项规章制度日趋完善

各分院根据总院的规章制度，结合自身经验，普遍抓了制度的增补和完善工作。据统计，仅分院一级组织在评估期间就平均增订制度19.4项，使总院的各项制度得以细化。这些制度涉及办学、教学、教务、教材、考核、监督、奖惩，以及岗位职责、工作流程等各个方面，使函授办学有章可循，规范化管理进一步加强。现在，多数分院的招生工作、学籍工作、考务工作已经或基本实现了程序化；个别分院还实现了全部工作基本程序化。为维护规章制度的严肃性和权威性，各分院严格执行奖惩规定，发现违章事件，首先追究领导责任。有的分院在评估期间还投入大量人力，查阅学员各科作业和多次课堂测验试卷共计10万余份，查出抄袭性质的作业和试卷800余份，一律取消单科成绩。

（三）教学管理工作得到加强，教学质量进一步提高

各级函授组织加大教师管理力度，普遍推行教师择优聘任制、竞争上岗制和考评制。一些分院全面实行教师持证上岗，开展函授精品课教学观摩和评选“函授优秀教学奖”等活动。过去比较薄弱的党性教育课程，已经开始步入有计划、有步骤、有组织、有考核的轨道。一些分院在校委主持下还编印了适用于本地干部的党性教育教材，并由常务副校长亲自授课。为保证面授课效果和面授到课率，部分分院实行随堂测验制，并且严格规定，请假者必须补课，不补课不能参加期末考试，旷课一次扣学期成绩10分，旷课三次取消期末考试和期末补考资格。各级组织普遍加强作业管理，作业上交率一般不低于90%，同时严格执行总院《毕业论文工作规程》，加强论文指导和答辩的管理。此外，一些分院还十分重视科研工作，对提高教学质量发挥了重要作用。据抽样调查，学员及学员所在单位的领导和组织部门的满意率均在90%以上。

（四）一些地方考风不正的问题得到遏制

受社会不良风气的影响，考风考纪问题曾经是我院一个相当棘手的问题。开展函授教育评估以来，各分院贯彻总院“标本兼治、综合治理”的方针，一方面从深化教学改革入手，提高面授质量，强化作业管理，加强党性教育，从根本上提高学员学习的积极性和自觉性；另一方面，强化试卷保密措施和考务管理，严格执纪，营造公平竞争环境。监考方面在实行责任制、考评制、奖惩制、回避制、社会力量巡考制的同时，对作弊人员一律按零分处理，对替考人员一律取消考试资格，有的还通报考生单位，给予行政处分。有的分院还实行考试成绩异常考场、异常辅导站抽考制度。对于工作人员参

与作弊的，从严处理。有的报送监察机关拘留审查，有的给予党纪、政纪处分，个别的还对县党校领导班子作了调整。总体上看，一些地方考风不正的问题得到遏制。

（五）办学队伍建设取得显著成效，不适应函授办学需要的状况有所缓解

办学队伍建设取得的成效主要体现在三个方面：一是普遍调整了函授教育的领导体制：地方各分院由常务副校长、分管副校长或教育长兼任分院院长，实现了校院一体化领导；军队各分院则由各兵总部或大军区政治部、宣传部的领导兼任院长；二是各地按照“精兵强将办函授”的原则充实管理队伍。据统计，评估期间各地方分院新增专职管理人员 2851 名，现有总数 19038 名，加上班主任数和视导人员数，地方分院管理队伍总数已达 39747 名。三是教师队伍不适应函授教学需要的状况有所缓解。各地除采取办培训班、选送教师到高校进修、外聘教师和在地区内统一调配教师等办法改善队伍素质和专业结构外，还在地方党委和组织部门支持下调进了一批骨干教师。据统计，评估期间共调进教师 5208 名，使教师（不包括外聘教师）总数达到了 47792 名，其中高级职称的 12861 名，中级职称的 22897 名，基本形成了能够承担函授各科教学任务的相对稳定的教师队伍。现在，各地方分院教师、管理人员与学员（含省函学员）的比例符合教育部的有关规定。

（六）促进了党校硬件建设，改善了函授办学条件

各级党校抓住开展党校函授教育评估这个契机，在党委和政府支持下，普遍加大投入，加快硬件建设步伐。三年来，共投入资金近 12 亿元，新增教室面积 64.7 万平方米，新添教学用微机 1.8 万台。过去那种在函授办学中舍不得投入的情况已基本改变。现在，全院供函授教学使用的教室总面积为 264.4 万平方米，微机 4.2 万台。一些经济较发达的地区还配备了语音设备。各地都有一部分党校新盖了教学楼。一些分院和学区还实现计算机联网，远程教学网也在加紧筹建当中。各级党校较好地贯彻了“以学养学”的原则，函授学费收入首先用于函授办学需要。一些经济欠发达地区的党委和党校，也在想方设法改善党校函授办学条件。

（七）帮助学员端正了学习态度，学员学习的自觉意识明显增强

各级党校函授组织纷纷采取措施，帮助学员端正入学动机和学习态度，使学员学习的自觉意识明显增强。许多分院感到，现在希望获取真才实学的人日渐增多，混文凭的人有所减少。有的省委负责同志称赞说：“党校函授教育办得好，培训了一批领导干部和建设人才”，“党校函授教育对提高干部素质起了不可估量的作用”。1999 年底，青海省首次公开选拔的 10 名副厅级干部中，有 4 名是中函学员，占 40%。同年，甘肃省从 225 名应考干部中（其中硕士研究生以上学历者 49 名）选拔 4 名副厅级干部，结果有 2 名中函学员入选，占 50%。此外，中函本科班还吸引了一批已经具有国民教育本科以上学历的干部参加学习。2000 年，河南分院就有 1000 多名已具有国民教育本科以上学历的干部报名参加中函本科学习。

三、主要体会

在全院范围内开展教育评估，是一项严肃的政治任务和庞大的系统工程，也是党校函授教育史上的第一次。不仅头绪多、工作量大、要求高、政策性强，而且没有现成经验可供借鉴。因此，开展教育评估的过程，同时也是我们对如何开展评估的不断学习、探索、总结和积累经验的过程。我们的体会是：

（一）在工作指导思想上，必须强调以邓小平理论和党的十五大精神为指导，贯彻“三讲”教育精神，全面贯彻落实锦涛同志的一系列重要指示，重点解决好办学中不容

忽视的问题。只有这样，才能进一步端正办学指导思想，实现制度化、规范化管理，规范办学行为，提高整体办学水平，为建设党的高素质干部队伍服务。

（二）在工作方针上，既要从严要求，又要立足帮促，把评估变为群众性贯彻落实锦涛同志重要指示的自觉行动，而不能把评估搞成单纯的专家评价活动。因此，我们把教育评估划分为自评和验收两个阶段，并把基点放在自评上。

（三）在工作指导原则上，强调依靠地方各级党校校委和军队各级政治部门加强领导的原则；思想领先、启发自觉的原则；一切从实际出发，一切经过调查研究，一切经过专家论证，一切经过试点的原则；既抓结果，又抓过程，精心组织，周密安排，掌握动态，积极引导的原则；广泛听取意见，敞开大门进行评估的原则；坚持标准，严格要求，重点解决办学中不容忽视的问题，狠抓整改的原则；主动请示汇报，争取校委领导的原则，等等。这些原则，体现了党的思想路线和工作路线。坚持这些原则，是评估得以健康、有序发展，达到预期目标的重要原因。

（四）在工作要求上，必须强调“四个到位”的总体要求。函授工作千头万绪，开展教育评估必须统筹安排，见缝插针。降低或放弃上述要求，就会使评估流于形式，甚至走过场。因此，我们在制订评估实施方案、工作计划、指标体系、工作规程、政策原则、方法步骤、操作程序和约束机制时，尽量体现上述要求，并且把“四个到位”作为衡量评估工作做得好与不好的根本尺度，提出了防范评估走过场的十项措施。各级领导贯彻了上述要求，深入基层检查评估工作，对不到位的地方进行补课，基本杜绝了走过场现象。

四、主要问题和今后打算

经过15年的积极探索和不断发展，中央党校函授教育已经初步形成了独具特色的教育体系、形成了与之相适应的领导体制、办学管理体制和教学管理网络，发展势头是好的。但是，也还存在一些亟待解决的问题，主要是：教学改革相对滞后，一些基层单位办学指导思想还程度不同地存在着偏差，对坚持和维护党校函授教育的政治性、严肃性、原则性不够坚决；少数单位还存在管理不规范、不严格、不到位的问题；一些薄弱环节、漏洞、隐患并未彻底根除；有的教学环节不落实，师资队伍建设还不能完全适应形势发展的需要，等等。对此，我们必须保持清醒的头脑，增强忧患意识和解决问题的紧迫感。要认真贯彻落实中发［2000］10号文件和全国党校工作会议精神，继续坚持以邓小平理论、党的十五大精神和江泽民同志关于新时期党校工作的一系列重要指示为指导，认真落实胡锦涛同志对党校函授教育的重要指示。关于今后工作，去年召开的中央党校函授教育十五周年总结表彰大会暨2000年函授教育工作会议已经作了部署。我们打算针对存在的问题，着重做好以下几项工作：

（一）根据新形势下办学指导思想问题的新特点，进一步做好端正办学指导思想、坚持正确的办学方向的工作。

（二）按照坚持党校特色、突出时代特征、符合成人高等教育统一标准的要求，深化教学改革，引进竞争机制，加强精品教材建设。在今年内把“三基本”、“五当代”以及“十观”教材引入中函课堂。同时，积极开展远程教学工作。

（三）按照中央10号文件精神，继续做好各项教学改革的研究和实施准备，落实新版《管理制度汇编》，重点抓好教师施教和学员学习的管理工作。

（四）按照“计划招生，控制规模，严格把关，保证质量”的招生指导思想和总要求，结合党校函授教育的特点，制定控制规

向全院赠送学习时报

【关于赠阅《学习时报》的通知】 5月17日，总院向各分院下发了该通知。通知指出，《学习时报》是中央党校创办的全国唯一一家面向广大干部和知识分子的专门讲学习的报纸。这份报纸对于提高广大函授教师和管理人员的思想、政治、理论水平，搞好党校函授教学与管理有重要的指导作用。经研究，由总院出资订阅该报，按《学习时报·党校函授专刊》的相同赠阅数量发放，请各级组织查收，并积极开展读报用报活动，协助中央党校学习时报社共同办好这份报纸。

本通知，请各分院转发至各学区、辅导站。

模的目标，走以质取胜、内涵发展为主的路子。

（五）按照"标本兼治，综合治理"的方针，加强党性教育，提高教学质量，改革考试命题，规范考场，严格执纪，营造社会舆论、群众监督环境，加大违纪查处力度，争取考风进一步好转。

（六）结合贯彻中央10号文件和全国党校工作会议精神，开展教育评估"回头看"活动，重点是进一步查找办学中的突出问题，检查评估整改规划的落实情况，对少数评估走过场的单位进行补课。同时，进一步完善评估、视导的制度和体系。

【关于认真开展教育评估"回头看"活动的通知】 8月25日，总院向各分院下发了该通知。通知指出，为了全面落实中央10号文件和全国党校工作会议精神，巩固和发展党校函授教育评估工作的成果，总院决定，在分院评估检查验收告一段落后，今年下半年，由各分院开展评估"回头看"活动。

教育评估"回头看"活动主要是复查本单位办学中存在的不容忽视的问题是否抓住、抓准、抓全；整改规划和措施，是否切实可行，并开始落实；各学区、辅导站评估工作发展不平衡问题是否得到解决，少数走过场的单位是否已经补课。

教育评估"回头看"活动的时间安排、方式方法、组织领导等事项，由各分院结合本单位情况，自行决定。

重新申报学区辅导站

【关于重新申报学区、辅导站的通知】 9月8日，总院向各分院下发了该通知。通知指出，为落实中共中央《关于面向21世纪加强和改进党校工作的决定》（中发［2000］10号文件）精神，巩固党校函授教育工作评估成果，进一步规范办学秩序，理顺办学体制，提高教学质量，总院决定对各分院现有学区、辅导站进行重新申报。现将有关事项通知如下：

一、指导思想：以中发［2000］10号文件精神为指导，以总院规定的设立学区、辅导站的基本条件为标准，对全院所属学区、辅导站的办学能力和教学情况，实事求是地、全面严格地进行一次审查和评估，凡具备条件的，予以重新申报登记，对其办学存在的问题，要采取有力措施，尽快加以解决；凡不具备条件的，坚决予以撤销，对其遗留问题，要妥善处理。通过这次重新申报，使全院学区、辅导站的建设更加规范，办学能力和管理水平明显提高。

二、基本条件：学区、辅导站是中函办学的基础单位，“担负着具体组织所属教学班的教学与管理，负责落实教学计划和各项措施，保证教学质量”的重要任务。它的建设状况直接关系着中函办学指导思想、方针和规章制度的贯彻落实。为此，建立学区、辅导站的基本条件是：必须做到设置地区和单位适宜，组织机构健全，编制人员到位，教学设施完善，办学效果显著。（具体条件请看《中共中央党校函授学院管理制度汇编》第1—28页有关部分。）

三、方法步骤：

（一）评估申报。各学区、辅导站对照上述基本条件进行自我评估，如认为具备条件的，可分别向分院、学区写出申报请示。

（二）审查审批。设立辅导站，由学区进行审查，报分院审批，并报总院备案。设立学区，由分院审批，报总院复核备案。

（三）登记公布。通过重新申报，经过批准的学区、辅导站，将在适当范围内公布，以方便学员报考和接受社会监督。

各分院重新申报学区的请示和《中函学区、辅导站重新申报登记表》、《中函本科班授课点统计表》务于10月20日前上报总院（军队由全军函办汇总审核后按时上报）。

这次重新申报工作时间紧，任务重，各分院要加强组织领导，坚持条件，严格把关，确保申报质量。今后，凡设立或撤销学区、辅导站，均按上述条件和审批程序办理，并及时予以登记公布。

推行人事制度改革

【关于函授学院实行内部岗位聘任制的意见】

10月18日，校组织部和函授学院共同拟定了关于函授学院实行内部岗位聘任制的意见，并经2000年12月4日校委会批准，该意见全文如下：

一、实行内部岗位聘任制的依据和目标

1. 为推进党校函授教育改革，全面提高办学质量，促进党校函授教育事业的健康发展，根据中央10号文件、中办转发的《深化干部人事制度改革纲要》的有关精神以及我校组织人事工作的有关规定，制定《关于函授学院实行内部岗位聘任制的意见》。

2. 通过实行内部岗位聘任制，进一步改善队伍结构，提高人员整体素质，调动干部职工的积极性、创造性，增强工作责任感，认真解决干部能上能下，人员岗位能高能低的问题，逐步建立起择优汰劣、奖勤罚懒、充满生机活力的用人激励竞争机制，以及与之相联系的体现优劳优酬的分配制度。

二、内部岗位聘任的基本原则

1. 坚持按需设岗，以岗择人的原则。

2. 坚持竞争上岗，择优聘任的原则。

3. 坚持双向选择，动态管理的原则。

三、内部岗位聘任的范围和有关岗位设置

1. 范围：按照学校规定的岗位职数实行内部岗位聘任。除局级岗位之外的所有在编职工均列入实行内部岗位聘任制的范围。

2. 岗位设置：管理岗位包括院秘书、教研室正副主任、教务处正副处长、教材处正副处长、教材编研室正副主任、行政处正副处长、财务处正副处长、电化教研室正副主任以及各处（室）调研员、助理调研员、主任科员、副主任科员、科员、办事员等。专业技术岗位包括编审、副编审、编辑、助理编辑等。

四、内部岗位聘任的基本条件

1. 坚持党的基本理论和基本路线，认真贯彻校委的各项决定，热爱党校函授教育事业，政治上思想上积极要求进步。

2. 具有与受聘岗位相适应的工作能力，认真学习，勤于思考，注意总结经验，有工作责任感，工作效率比较高。

3. 一般应具有大专以上学历，身体健康。

4. 应聘各种管理岗位，除具备1—3项条件以外，必须同时具备学校规定的资格条件。

5. 应聘领导岗位，除具备1—4项条件以外，还须同时具有比较强的领导能力和组织协调能力，能够做好思想政治工作。

6. 应聘专业技术岗位，除具备1—3项条件以外，还须同时具备学校规定的专业技术职务任职资格。

五、内部岗位聘任的程序

聘任工作要按干部管理权限，在公布应聘岗位、任职条件以及应聘人员提出个人书面申请的基础上，按照下列程序进行：

1. 处级岗位，在考核与听取群众意见的基础上，由院长办公会研究聘任，并报组织部备案。

2. 科级及以下岗位，在考核与充分听取群众意见的基础上，有关处（室）提出聘任建议，由院长办公会研究聘任，并报组织部备案。

3．专业技术岗位，在考核与听取群众意见的基础上，由院长办公会研究聘任，并报组织部备案。

4．实行内部岗位聘任制后，凡涉及干部职务晋升、变动的，要事先按照干部管理权限和相关程序办理任免手续。

六、内部岗位聘任的聘期

处级及以下岗位聘期均为一年。聘期届满，聘用和受聘双方的权利和义务自动终止。

聘期内年度考核在合格以上的人员，可参加续聘。

七、内部岗位聘任中的考核问题

对受聘人员，按照学校有关规定进行平时考核与年度考核。

八、内部岗位聘任中的拒聘、辞聘、待聘和解聘问题

拒聘，指本人拒绝参加应聘，或参加应聘但拒绝接受聘任岗位。

辞聘，指本人在聘期内因各种原因而提出中止与本单位的聘任和受聘关系。

待聘，指本人参加应聘但由于各种客观原因而未被聘任。待聘时间为半年。

解聘，指受聘人员在聘期内出现不能履行或不能很好履行岗位职责，或工作表现不好，或因违法乱纪受到刑事或行政记过以上处分，或因身体状况不能履行职责等情况，聘任方可以根据有关法律法规中止和解除聘任合同。

在规定期限内，上述人员可参加临时性的工作，或接受相应的岗位培训。

九、内部岗位聘任中的待遇问题

实行内部岗位聘任制后，有关待遇问题按照存量保留、增量拉开的原则。

1．凡属内部岗位聘任制实施范围的人员，国家规定的原职级职务的待遇保留不变。

2．受聘人员按照规定享受相应的津贴。津贴由基本津贴、职务津贴和岗位津贴三部分组成。不同内部岗位的津贴差距将适当拉大，真正体现优劳优酬和向关键岗位、优秀人才倾斜的原则。

3．待聘人员、解聘人员在接受临时性工作安排的情况下，在学校规定的期限内享受基本津贴。拒聘、辞聘人员按规定不能享受此项基本津贴。

十、内部岗位聘任中待聘、拒聘、辞聘和解聘人员的管理

待聘人员人事关系可在函授学院保留半年，拒聘、辞聘、解聘人员人事关系可在函授学院保留3个月。

待聘人员待聘满半年，仍未能应聘到新的工作岗位的，按学校有关规定，交校人才交流中心管理。

拒聘、辞聘、解聘人员，人事关系在函授学院超过3个月的保留期限，仍未能应聘到新的工作岗位的，交校人才交流中心管理。

执行新的收费标准

【关于召开调整函授学费标准研讨会的通知】 6月19日，总院向有关分院下发了该通知。通知指出，国家计委价格司批准的函授学费标准的两年有效期限已满。应当重新向计委申请备案。为研讨调整学费标准问题，定于7月4日、5日两天在北京召开一次会议。

通知规定：山东、安徽、山西、天津、吉林、广东、福建、江苏、陕西、湖北、甘肃、四川、铁道部分院各派一名分院的领导参加会议。会议地点：总院；与会同志请于7月3日报到。

【关于执行新收费标准的通知】 11月28日，总院向各分院下发了该通知。通知根据国家计委办公厅《关于调整中央党校函授学院办学收费标准的通知》（计办价格［2000］906号）的精神，现制定新的收费标准如下：

一、报名考试费：大专班、本科班及领导干部班学员每人40元；在职研究生班学员每人60元（报名费调整后，仍按原标准上交总院）。

二、学费：大专班每人每学年700—1000元；本科班和领导干部班每人每学年800—1200元；在职研究生班每人每学年3400元（研究生班的学费中含教材费、资料费）。

三、教材费：大专班每人每学年120元；本科班和领导干部班每人每学年140元（邮运费另加）。

四、毕业证工本费：每证8元。

通知指出，各单位必须认真执行以上新的各项收费标准，不得另立收费项目和收费标准。尽快将获得省（市）物价部门批准的各项具体收费标准向总院备案，其中新备案的学费标准为上交总院的基数标准。

新收费标准从2001年1月1日起执行。各单位必须严格按照“老生老办法、新生新办法”的规定执行。对2000年及以前入学的学员仍执行原收费标准。

年 鉴 工 作

【关于征集2000年卷年鉴资料的通知】 4月13日，总院向各分院、总院各处室下发了该通知。通知指出，经研究决定征集《中共中央党校函授教育年鉴》2000年卷资料，现将有关事项通知如下：

一、征集资料的年限和单位

2000年卷年鉴主要反映1999年的办学情况，凡1999年有中函办学任务的分院和1999年总院设置的处室均须按期整理报送1999年办学情况的有关资料。

二、征集资料的项目和要求

（一）必报资料

1. 1999年工作概述。主要反映1999年各自的工作面貌、特点、业绩。工作概述是编入年鉴的主要材料，要精心撰写，力求写出精品，切不可将过去的工作概述照抄一遍，或完全雷同，要努力写出这一年的特色，不可每年都基本相同。工作概述采取记述并说明的文体；一定要用事实讲话，力戒空泛，要加大信息含量，事实要真实可靠；要回避第一人称；不要将省函的情况写在里面；经验教训不要单列，可寓于事实的记述之中；全文要贯通成篇，前后呼应；要有一定的分量和篇幅（5000字左右），文末要有作者署名。

2. 分院及所属科室负责人名录。

3. 分院所辖学区、辅导站负责人名录。

4. 各分院1999年编印的函授报刊、简报、经验文集、优秀论文集、宣传画册等，每集推荐一篇佳作，请在目录上做好标记。

5. 专项工作条目，由总院下列处室负责：

（1）教学工作，由教学处负责；

（2）招生、考务、学籍工作，由教务处负责；

（3）教材印制发行工作，由教材处负责；

（4）教材编审工作，由教材编研室负责；

（5）在职研究生工作，由研究生办公室负责；

（6）财务工作，由财务处负责；

（7）行政后勤工作，由行政处负责；

（8）电化教学工作，由电化教研室负责；

（9）教育评估工作，由视导委负责；

（10）培训基地工作，由烟台培训中心负责；

（11）院报院刊工作，由院报院刊编辑部负责；

（12）办公室工作，由院办公室负责；

（13）机关党的工作，由院党总支负责。

以上1、2、3、4项为分院必报资料；4、5项为总院各处室必报资料。

（二）选报资料

1. 同级党委、政府关于党校函授教育的文件及其负责同志的指示、题词；

2. 省级党校、分院负责同志关于党校函授教育的重要讲话；

3. 新闻媒体对党校函授教育的报道材料；

4. 教学改革、教学与管理的经验材料；

5. 各类学员名录：

（1）评为分院级优秀学员名录（不超过毕业学员的1%）；

（2）评为省部级、国家级英模的学员

贺 词

【在中央国家机关分院庆祝党校函授教育十五周年总结表彰大会上的祝贺词】 12月14日，总院副院长张东升在中央国家机关分院庆祝党校函授教育十五周年总结表彰大会上作了祝贺词，全文如下：

同志们：

值此世纪更替之际，中央国家机关分院隆重举行庆祝党校函授教育十五周年总结表彰大会暨分院二〇〇〇年工作会议，总结经验，表彰先进，部署工作，乘胜前进，吹响了动员全分院同志向新世纪进军的号角。我代表中央党校函授学院对全体受表彰的同志表示衷心的祝贺，并借此机会向一贯重视、关怀、支持党校函授教育工作的中央国家机关工委的领导同志和有关方面的同志们表示诚挚的感谢。

中央国家机关分院是中央党校函授教育第一批成立的分院，是全院的创始分院之一。对中央党校函授教育的发展、巩固和壮大作出了积极的贡献和发挥了重要的影响。十五年来，中央国家机关分院在中央国家机关工委的直接领导下，坚持正确的办学方向，认真贯彻“从严办学，质量第一”的办学方针，严把招生关、教学关、考核关、毕业关，精心施教，严格管理，认真抓好教、学、管、考等各个环节，取得了显著的办学效益，为中央国家机关培养了一大批高素质的各类人才，他们在各自的岗位上，把所学知识奉献给党的社会主义现代化建设事业，为促进中央国家机关各部门工作的发展，开创中央国家机关工作的新局面，作出了应有的贡献，并涌现了一批先进模范人物，受到了各方面的欢迎和赞誉。这些都说明了中央国家机关分院办学是很有成绩的，你们的工作是有意义的，也是值得肯定的。这些成绩的取得是与中央国家机关分院历届领导同志和全体办学人员，包括所属学区、辅导站的全体同志的努力是分不开的。长期以来，你们默默耕耘在党校函授教育战线上，埋头苦干，任劳任怨，顽强拼搏，无私奉献，做出了可贵的贡献。

再过十几天，我们就要胜利地跨入二十一世纪。新的世纪是充满变化和竞争的世纪，各国之间综合国力的竞争将会日益增强。人才的竞争是综合国力竞争的重要组成部分。培养人才，教育为本。在当今知识加速更新的时代，接受继续教育已成为全体公民，尤其是党和国家干部的终身任务。作为继续教育性质的党校函授教育事业有着广阔

名录；

（3）晋升为地厅师级以上职务的学员名录；

（4）晋升高级职称的学员名录。

6. 重要活动、教学与管理的图片（每幅照片均应附简短文字说明）。

以上选报资料各分院要与必报资料同样重视，积极报送。

三、征集资料报送的时间

2000年卷资料请各分院和总院各处室于今年6月底前报送结束，以便年鉴编辑部突击编纂，争取今年10月份出书，作为院庆十五周年的献礼。请各单位组织力量抓紧整理，按期报送，不要延误。不能如期报送的分院，造成该分院年鉴资料空缺，其责任自负。

教　学　计　划

【2000级党员干部大专班和本科班教学总计划(节选)】

一、培养目标和要求

培养目标：使学员分别达到具有大学专科和大学本科文化程度，比较系统地掌握马克思主义、毛泽东思想和邓小平理论，树立科学的世界观、人生观、价值观，自觉地执行党的基本路线、基本纲领，坚定地走建设有中国特色社会主义道路，努力实践全心全意为人民服务的宗旨；既具有专业理论知识和科学文化知识，又有决策判断、组织管理和开拓创新能力的、适应新世纪需要的实际本领和德才兼备的党员干部和理论人才。

要求学员努力做到：

(一) 掌握基本理论。通过自学、面授、电教和刊授，系统地掌握马克思主义、毛泽东思想和邓小平理论，并用基本理论武装头脑，树立马克思主义的世界观和人生观，掌握马克思主义的方法论。

(二) 充实专业知识。通过学习，掌握专业基础知识、专业知识和相关的科学文化知识，丰富自己，提高专业、文化水平。

(三) 增强党性。通过以“讲学习、讲政治、讲正气”为主要内容的党性党风教育，进一步树立共产主义的远大理想，增强党性，提高贯彻执行党的“一个中心，两个基本点”的基本路线的自觉性。

(四) 提高能力。将所掌握的原理和知识密切联系实际，努力培养创新精神、创造意识、创造性品格和实际创造能力，提高认识问题、解决问题的水平和实际能力。

二、学制、专业、课程和考核方式

大专班，学制：三年，专业：行政管理专业、经济管理专业和法律专业；本科班，

生存和发展空间。郑必坚同志说，“中央党校函授教育是个长远的事业，也是个大有作为的事业”。我们要充满信心，振作精神，与时俱进，在新世纪里，把党校函授教育办得更好，使它在培养高素质干部队伍方面发挥更大的作用。这是党赋予我们的历史使命和崇高责任。

我们衷心希望中央国家机关分院的各级组织和全体同志发扬成绩，总结经验，再接再厉，不断前进，在新世纪里，把党校函授教育进一步办好，使它在原有基础上，上一个新的台阶。这就要求我们要反复认真地学习理解和贯彻落实中央10号文件和全国党校工作会议精神，全面贯彻落实胡锦涛同志和中央党校校委关于党校函授教育工作的一系列指示，积极传达贯彻中央党校函授教育十五周年总结表彰大会暨二〇〇〇年函授教育工作会议精神，认清形势，深化改革，严格管理，以质取胜。要实现以上目标，我们一定要不断加强各级组织的自身建设和办学队伍建设，要从政治的高度、大局的高度，增强搞好党校函授教育的使命感和责任感。要认真改进思想作风和工作作风，狠抓落实，真抓实干，把中央领导同志和中央党校校委对党校函授教育的各项要求落到实处，维护党校函授教育的政治性、严肃性和原则性，保证党校函授教育在新世纪健康、顺利地继续向前发展，为培养党的高质素干部队伍作出更大的贡献。

预祝大会圆满成功！谢谢！

学制：二年半，专业：行政管理专业、经济管理专业、贸易经济专业和法律专业。课程本着“学马列要精、要管用”的原则；坚持以马克思主义基本理论为主课，以党性教育为核心，开设适应社会主义现代化建设和市场经济需要的专业基础、专业知识和文化知识与技能课。逐步把“三基本”（马克思列宁主义基本问题、毛泽东思想基本问题和邓小平理论基本问题）、“五当代”（当代世界经济、当代世界科技、当代世界法制和我国法制建设、当代世界军事和我国国防、当代世界思潮）引入党校函授教育课堂。考核方式：闭卷考试、开卷考试、做作业、写心得、写论文和毕业论文答辩等。党性教育，半年有心得，一年有小结，毕业有总结。

三、教学时数

每周安排 22 学时，上半年 19 周共 418 学时，下半年 20 周共 440 学时，每学年为 858 学时，大专班三年共计 2574 学时；本科班二年半共计 2156 学时。

党性教育每周安排 1 学时，在实施过程中，时间可相对集中使用。

大专班和本科班的电教辅导课与面授辅导课，每学期一般不少于 25 次，平均每周一次以上，本科班的外语辅导课，每学期 15—16 次。各分院、直属学区可根据实际情况调整电教辅导和面授辅导时数，但不得少于总院教学计划规定的最低学时。

讨论时数，每门闭卷考试课，不得少于 2 次，每次 2 学时。

自学时数，每周不得少于 12 学时。并安排一定时间阅读辅导刊物。

四、教学方针、方式和方法

教学方针：以邓小平理论和党的基本路线为指导，以研究社会主义现代化建设的实际问题为中心，坚持马克思主义基本原理同中国的具体实际相结合，贯彻理论联系实际的方针，培养德才兼备并具有高等文化程度的党员领导干部和骨干人才。

教学方式：自学和辅导相结合，坚持以自学为主。通过面授、电教等形式，尽可能给予系统的辅导。

自学，要求有个人自学计划并按计划的进度，读完规定的教材，做到课前有预习，课后有复习，并灵活运用“读”、“想”、“串”、“写”、“记”、“作”等多种自学方法。辅导，采取函授、面授、电教、刊授等多种形式。

学习马克思主义理论，采取原著和原理相结合的方法。大专班以学原理为主，本科班以学习原著（马克思主义经典文选和邓小平理论文选）为主。大专班教师应比较系统地辅导每门课程的基本原理，本科班应比较系统地讲解经典著作中的基本原理。各班次的课程均应讲清基本原理的理论和实践意义。

五、教学的指导原则和管理制度

函授教育的指导原则是，有指导的自学，坚持理论联系实际，按需施教，学以致用，自学为主。学员必须虚心接受指导，按教学计划，循序渐进的学习；教师和教学管理人员，要努力为学员服务，指导和帮助学员学习。

实行严格的教学管理和学籍管理制度。各级教学和教务管理，对学员入学、退学、报到注册和听课、作业、论文、党性教育及各门课程的考试等成绩，必须登记造册，建立学籍档案。

学员必须遵守有关规章制度，特别是听课和考试制度。每学期面授课缺课 1/3 以上者，不得参加该门课的期末考试，只能补考；旷课超过 1/3 者，取消该门课期末考试的补考资格，只能参加该门课的总补考；不得请人代考、不得请人代做作业、代写论文，不准以任何形式作弊，一旦发现，按零分处理，情节严重者，给予党纪、政纪处分。

实行奖励制度。对学习成绩优异、党性

锻炼成绩显著的学员，给予奖励和表彰。

【第十期领导干部函授班教学总计划(节选)】

一、培养目标和要求

按照中校字［1991］7号文件的规定，领导干部函授班总的培养目标是：培养忠诚于马克思主义、德才兼备的高素质领导骨干。具体目标是，通过函授教育培训，引导并帮助领导干部从以下五个方面努力提高自身素质：

（一）具有远大的共产主义理想，坚持正确的政治方向，坚定地走建设有中国特色的社会主义道路，坚决贯彻执行党的基本理论、基本路线和各项方针政策。

（二）努力实践党的全心全意为人民服务的宗旨，密切联系群众，特别是工农群众，坚决维护人民群众的利益。

（三）解放思想，实事求是，一切从实际出发，善于开拓前进，具有唯物辩证的思想方法和工作方法。

（四）模范遵纪守法，保持清正廉洁，发扬艰苦奋斗精神，自觉拒腐防变，坚决反对消极腐败现象。

（五）刻苦学习，勤奋敬业，不断加强知识积累和经验积累，具备做好本职工作的专业知识和能力。

按照上述目标，要求领导干部函授班的学员努力做到：

（一）掌握理论。系统地掌握马克思主义、毛泽东思想和邓小平理论的基本知识，并用基本理论武装头脑，掌握马克思主义的方法论。

（二）充实专业知识。通过学习，掌握有关领导干部所需要的专业基础知识、专业知识和相关的科学文化知识，丰富自己，提高专业文化水平。

（三）增强党性修养。要求通过以“讲学习、讲政治、讲正气”为主要内容的党性党风教育，解决深层次的思想问题，进一步确立共产主义世界观和人生观，坚定社会主义信念。

（四）提高实际能力。要培养创新意识和创新能力，将知识转化为能力，提高认识问题和解决问题的能力。

二、学制、课程和考核

学制：二年半。

课程设置，贯彻少而精的原则；坚持以马克思主义基本理论为主课，以党性教育为核心，开设与社会主义现代化建设相关的专业基础课、专业课和文化知识与技能课；逐步把“三基本”（马克思列宁主义基本问题、毛泽东思想基本问题和邓小平理论基本问题）、“五当代”（当代世界经济、当代世界科技、当代世界法制和我国法制建设、当代世界军事和我国国防、当代世界思潮）引入党校函授教育课堂。（课程设置和考核方式详见附表）

三、教学时数和要求

每周学习22学时，工作时间抽出两个半天共8学时，加上两个休息日，每个休息日4学时，共8学时，再加三个晚上，每晚2学时，共6学时。上半年19周共418学时；下半年20周共440学时；每学年为858学时，二年半共计2156学时。

党性教育课每周安排1学时，在实施过程中，时间可相对集中使用。每学期安排2次上课、1次讨论，采取组织社会调查等多种方式进行。

第5学期除所学课程外，还要写党性教育总结、撰写毕业论文和进行毕业论文答辩，并且认真做好毕业鉴定。

面授和电教课安排，扣除期末总复习所需时数，三门主课加起来，每周不少于一次课（4学时计），一学期面授课共20次左右。

讨论时数，闭卷考试课平均每门2次，每次2学时。

自学时数，每周不得少于18学时，并

安排一定时间阅读辅导刊物。

四、教学方针、方式和方法

教学方针：以邓小平理论和党的基本路线为指导，以研究社会主义现代化建设的实际问题为中心，坚持马克思主义基本原理同中国的具体实际相结合，坚持理论联系实际的方针。

教学方式：自学和辅导相结合，实施有指导的自学。通过面授、电教等多种手段和方法，尽可能给予比较系统的辅导。

自学，要求有个人自学计划并按计划的进度，读完规定的教材，做到课前有预习，课后有复习，并灵活运用"读"、"想"、"串"、"写"、"记"和"作"等多种自学方法。

辅导，采取函授、面授、电教、刊授等多种方式。总院负责每门课程的录像串讲课为3—6学时，其中闭卷考试课录像串讲3学时，用于总复习阶段；讲座课电教辅导6学时；毕业班撰写毕业论文有6学时的电教辅导。分院择优聘请有经验、水平高的教授、学者为面授教师，采用大课堂面授，并负责现场放录像、录音。凡未直接听面授课的学员，须补看录像，或补听录音。

学习马克思主义理论，以学习"三基本"（马克思列宁主义基本问题、毛泽东思想基本问题和邓小平理论基本问题）为主，用马克思主义基本理论特别是邓小平理论武装学员的头脑。逐步完善教材体系，在学习过程中，除简要讲清历史背景和中心思想外，对重点、难点、疑点给以必要的讲解，力求将理论系统化，使学员能完整地掌握该学科的体系。在辅导课中要求尽可能引导学员联系当前实际，特别是思想实际，以增强党性。

领导干部函授以业余学习为主，但尽量做到业余与脱产学习相结合。凡有条件的单位在每学期期末集中7—10天脱产进行复习、研讨。

五、教学的指导原则和管理制度

函授教育的指导原则是，坚持理论联系实际，按需施教，学以致用，自学为主。学员必须虚心接受指导，按教学要求，循序渐进地学习；教师和办学单位的领导，要努力为学员服务，指导和帮助学员学习。

针对领导干部的特点，建立严格的考核制度。考核采取闭卷考试、开卷考试、做作业、写论文等方式。闭卷和开卷考试课卷面成绩占总分的80%；平时作业成绩和面授考勤分，各占10%。讲座课采取写论文、写心得或做作业等方式，成绩为优秀、良好、及格、不及格。毕业论文实行答辩制度。

建立严格的教学管理和学籍管理制度。各主管办学单位必须建立学籍档案，对学员入学、退学、报到注册和听课、作业、论文、党性教育及各门课程的考试等成绩，必须登记造册，建立学籍档案。

学员必须遵守有关规章制度，特别是听课和考试制度，听课应有考勤制度；考试不得请人代考、不得请人代做作业、代写论文，不准以任何形式作弊，一旦发现，按零分处理，情节严重者给予党纪、政纪处分。

实行奖励制度，对学习成绩优异、党性锻炼成绩显著的学员，给予奖励和表彰。

附表1：2000级大专班专业、课程设置和考核方式

附表2：2000级本科班专业、课程设置和考核方式

附表3：第十期领导干部函授班课程设置和考核方式

附表 1： **2000 级大专班专业、课程设置和考核方式**

学期 \ 课程 \ 专业		行政管理专业		经济管理专业	
		课程	考核方式	课程	考核方式
2000.9—2001.1	第1学期	马克思主义哲学简明教程	闭卷	马克思主义哲学简明教程	闭卷
		政治经济学(资本主义部分)	闭卷	政治经济学(资本主义部分)	闭卷
		干部写作概论	开卷	干部写作概论	开卷
		知识经济概论	写论文	知识经济概论	写论文
		党性教育基础知识讲座	写心得	党性教育基础知识讲座	写心得
2001.2—7	第2学期	邓小平理论简明教程	闭卷	邓小平理论简明教程	闭卷
		公共行政学	闭卷	社会主义市场经济简明教程	闭卷
		中国近代史教程	开卷	财务会计概论	开卷
		现代科学技术概论	写论文	农村经济管理学	写论文
		党性教育基础知识讲座	写小结	党性教育基础知识讲座	写小结
2001.9—2002.1	第3学期	社会主义市场经济简明教程	闭卷	财政学	闭卷
		政治学原理	闭卷	经济管理原理	闭卷
		公共市政学	开卷	对外经济管理学	开卷
		社会主义社会学	写论文	公共关系学简明教程	写论文
		党性教育基础知识讲座	写心得	党性教育基础知识讲座	写心得
2002.2—7	第4学期	党的建设简明教程	闭卷	国内贸易经济管理	闭卷
		法学概论	闭卷	企业经营管理概论	闭卷
		国家公务员制度概论	开卷	法学概论	开卷
		计算机基础教程	实习	计算机基础教程	实习
		党性教育基础知识讲座	写小结	党性教育基础知识讲座	写小结
2002.9—2003.1	第5学期	经济管理学原理	闭卷	国家税收概论	闭卷
		财政学	闭卷	经济法简明教程	闭卷
		经济法简明教程	开卷	证券与期货交易简明教程	开卷
		当代国际政治和中国对外关系	写论文	中国近代经济史教程	写论文
		党性教育基础知识讲座	写心得	党性教育基础知识讲座	写心得
2003.2—7	第6学期	社会保障概论	开卷	市场营销学	开卷
		管理心理学	写论文	管理心理学	写论文
		公共关系学简明教程	写论文	环境科学概论	写论文
		党性教育基础知识讲座	写总结	党性教育基础知识讲座	写总结
		毕业论文	答辩	毕业论文	答辩

2000级大专班专业、课程设置和考核方式

学期		法律专业 课程	考核方式
2000.9—2001.1	第1学期	马克思主义哲学简明教程	闭卷
		中国宪法概论	闭卷
		法理学教程	开卷
		知识经济概论	写论文
		党性教育基础知识讲座	写心得
2001.2—7	第2学期	邓小平理论简明教程	闭卷
		社会主义市场经济简明教程	闭卷
		中国近代史教程	开卷
		现代科学技术概论	写论文
		党性教育基础知识讲座	写小结
2001.9—2002.1	第3学期	民法学教程	闭卷
		刑法概论	闭卷
		西方法律史	开卷
		犯罪心理学	写论文
		党性教育基础知识讲座	写心得
2002.2—7	第4学期	刑事、民事诉讼法教程	闭卷
		行政法与行政诉讼法教程	闭卷
		财税法教程	开卷
		中国法律史	写论文
		党性教育基础知识讲座	写小结
2002.9—2003.1	第5学期	经济法简明教程	闭卷
		涉外经济法教程	闭卷
		环境法教程	开卷
		刑事侦查学	写论文
		党性教育基础知识讲座	写心得
2003.2—7	第6学期	司法文书概论	开卷
		劳动法学教程	写论文
		计算机基础教程	实习
		党性教育基础知识讲座	写总结
		毕业论文	答辩

附表2：　　2000级本科班专业、课程设置和考核方式

学期＼课程＼专业		行政管理专业		经济管理专业	
		课程	考核方式	课程	考核方式
2000.9—2001.1	第1学期	社会主义市场经济论纲	闭卷	马克思主义政治经济学经典文选(《资本论》选编)	闭卷
		公共政策概论	闭卷	市场经济法律制度概论	闭卷
		科学社会主义经典文选	开卷	英语(第一册)	开卷
		当代中国政治制度	写论文	国民经济统计学	写论文
		党性教育基础知识讲座	写心得	党性教育基础知识讲座	写心得
2001.2—7	第2学期	邓小平理论文选	闭卷	社会主义市场经济论纲	闭卷
		行政管理学教程	闭卷	宏观经济运行与管理	闭卷
		中共党史简编	开卷	英语(第二册)	开卷
		当代世界科技简明教程	写论文	当代世界科技简明教程	写论文
		党性教育基础知识讲座	写小结	党性教育基础知识讲座	写小结
2001.9—2002.1	第3学期	人事行政概论	闭卷	货币银行学	闭卷
		行政法学	闭卷	中国区域经济管理概论	闭卷
		组织行为学	开卷	邓小平理论基本问题简明教程	开卷
		当代国际政治概论	写论文	中国经济地理教程	写论文
		党性教育基础知识讲座	写心得	党性教育基础知识讲座	写心得
2002.2—7	第4学期	领导学	闭卷	现代商学概论	闭卷
		市场经济法律制度概论	闭卷	国际金融简明教程	闭卷
		公务员应用文写作	开卷	当代世界经济简明教程	开卷
		计算机操作实用教程	实习	计算机操作实用教程	实习
		党性教育基础知识讲座	写小结	党性教育基础知识讲座	写小结
2002.9—2003.1	第5学期	当代世界法律简明教程	开卷	当代西方经济学简明教程	开卷
		当代西方政治制度	写论文	国有资产管理教程	写论文
		社会调查与统计	写论文	中国经济管理思想史简编	写论文
		党性教育基础知识讲座	写总结	党性教育基础知识讲座	写总结
		毕业论文	答辩	毕业论文	答辩

2000级本科班专业、课程设置和考核方式

学期		贸易经济专业 课程	考核方式	法律专业 课程	考核方式
2000.9—2001.1	第1学期	马克思主义政治经济学经典文选(《资本论》选编)	闭卷	社会主义法治论纲	闭卷
		市场经济法律制度概论	闭卷	民法学总论	闭卷
		英语(第一册)	开卷	马克思主义法学经典文选	开卷
		中国对外贸易理论与政策	写论文	宪法学	写论文
		党性教育基础知识讲座	写心得	党性教育基础知识讲座	写心得
2001.2—7	第2学期	社会主义市场经济论纲	闭卷	刑法总论	闭卷
		贸易经济学教程	闭卷	民法学分论	闭卷
		英语(第二册)	开卷	社会主义市场经济论纲	开卷
		当代西方经济学简明教程	写论文	当代世界科技简明教程	写论文
		党性教育基础知识讲座	写小结	党性教育基础知识讲座	写小结
2001.9—2002.1	第3学期	货币银行学	闭卷	刑法各论	闭卷
		国际贸易理论与实务	闭卷	行政法学	闭卷
		邓小平理论基本问题简明教程	开卷	公司法概论	开卷
		商务谈判	写论文	当代国际政治概论	写论文
		党性教育基础知识讲座	写心得	党性教育基础知识讲座	写心得
2002.2—7	第4学期	国际金融简明教程	闭卷	刑事诉讼法教程	闭卷
		国际税收教程	闭卷	民事诉讼法教程	闭卷
		管理会计简明教程	开卷	国际法教程	开卷
		计算机操作实用教程	实习	计算机操作实用教程	实习
		党性教育基础知识讲座	写小结	党性教育基础知识讲座	写小结
2002.9—2003.1	第5学期	国际营销	开卷	行政诉讼法教程	开卷
		国际经济法教程	写论文	国际经济法教程	写论文
		当代世界科技简明教程	写论文	金融法学	写论文
		党性教育基础知识讲座	写总结	党性教育基础知识讲座	写总结
		毕业论文	答辩	毕业论文	答辩

附表3：　　第十期领导干部函授班课程设置和考核方式

学期		课程	考核方式
2000.9—2001.1	第1学期	领导科学概论	闭卷
		马克思列宁主义基本问题	开卷
		毛泽东思想基本问题	开卷
		公共政策概论	写论文
		党性教育基础知识讲座	写心得
2001.2—7	第2学期	邓小平理论基本问题	闭卷
		现代市场经济	开卷
		当代世界法律	开卷
		当代世界科技	写论文
		当代世界军事和中国国防	免试
		党性教育基础知识讲座	写小结
2001.9—2002.1	第3学期	宏观经济运行与管理	闭卷
		货币银行学	开卷
		新时期党的建设概论	开卷
		当代世界思潮	写论文
		党性教育基础知识讲座	写心得
2002.2—7	第4学期	中国区域经济管理概论	闭卷
		当代中国政治制度	开卷
		国际贸易教程	开卷
		计算机操作实用教程	实习
		党性教育基础知识讲座	写小结
2002.9—2003.1	第5学期	当代世界经济	开卷
		当代西方经济学简明教程	写论文
		江泽民重要讲话选编	写论文
		党性教育基础知识讲座	写总结
		毕业论文	答辩

【教学计划概述】 教学计划是总院组织、实施教学工作的指导性文件，是对各分院教学工作进行宏观指导的重要手段。它规定了本学期各专业、各班次开设的课程，各门课程的教学总时数，面授、电教辅导、讨论的次、时数，自学、作业、复习考试的时数以及考试、补考的时间安排。2000 年上半年的教学计划：大专 9 个班次 3 个专业，开设 39 门课程，其中，97 级毕业班每个专业开设 3 门（2 门开卷考试，1 门写心得体会）；98 级、99 级各专业班次均开设 5 门课程（2 门闭卷考试，1 门开卷考试，1 门写论文，1 门写小结）。本科 9 个班次，开设 45 门课程，其中，98 级本科班 5 个专业，每个专业开设 5 门（2 门闭卷考试，1 门开卷考试，1 门实习或写论文，1 门写小结）；99 级本科班 4 个专业，每个专业开设 5 门（2 门闭卷考试，1 门开卷考试，1 门写论文，1 门写小结）。领导干部函授班 2 个班次，开设 10 门课程，其中，第八期 5 门课程（1 门闭卷考试，2 门开卷考试，1 门实习，1 门写小结）；第九期 5 门课程（1 门闭卷考试，2 门开卷考试，1 门写论文，1 门写小结）。2000 年下半年的教学计划：大专 9 个班次 3 个专业，开设 45 门课程，其中，98 级、99 级、2000 级大专班每个专业均开设 5 门（2 门闭卷考试，1 门开卷考试，1 门写论文，1 门写心得体会）。本科 13 个班次，开设 60 门课程，其中，98 级本科班 5 个专业，每个专业开设 4 门（1 门开卷考试，2 门写心得或做作业，1 门写总结）；99 级和 2000 级本科班各 4 个专业，每个专业开设 5 门（2 门闭卷考试，1 门开卷考试，1 门写论文，1 门写心得）。领导干部函授班 2 个班次，开设 10 门课程，两个班次均开设 5 门课程（1 门闭卷考试，2 门开卷考试，1 门写论文，1 门写心得）。2000 年教学计划和 1999 年教学计划相比，作了如下调整：1. 将本科毕业班的两门开卷考试课改为一门开卷考试课、一门讲座课；2. 根据中央党校教学改革的统一部署，“三基本”（马克思列宁主义基本问题、毛泽东思想基本问题、邓小平理论基本问题）、“五当代”（当代世界经济、当代世界科技、当代世界法制和我国法制建设、当代世界军事和我国国防、当代世界思潮）课程开始进入第十期领导干部班。3. 将“党性教育系列讲座纲要”改为“党性教育基础知识讲座”，并编写了试用教材。

（陈延军）

97 级大专班第 6 学期党政管理专业教学计划

项目 / 时间 / 课程	教材版本或印刷时间	教学总时数	面授辅导时、次数	电教辅导（录像串讲）时、次数	讨论时、次数	自学时数	作业时数	复习考试时数	考核方式	备注
思想政治工作教程	1998.10	80	20（5 次）			29	15	16	开卷	安排 10 周，每周 8 学时。考试时间由分院或直属学区统一安排。
公共关系学简明教程	1997.10	80	20（5 次）			29	15	16	开卷	安排 10 周，每周 8 学时。考试时间由分院或直属学区统一安排。
管理心理学	1998.10	50		6（2 次）		40		4	写心得	安排 10 周，每周 5 学时。写一篇心得体会。
毕业论文		208		6（2 次）		202（撰写论文和答辩）			答辩	撰写安排在前 17 周。2000 年 6 月 18 日前交稿，最后两周论文答辩。
		418	40（10 次）	12（4 次）		300	30	36		2000 年 6 月 10、11 日总补考。

97 级大专班第 6 学期经济管理专业教学计划

项目 / 时间 / 课程	教材版本或印刷时间	教学总时数	面授辅导时、次数	电教辅导（录像串讲）时、次数	讨论时、次数	自学时数	作业时数	复习考试时数	考核方式	备注
社会保障概论	1998.11	80	20（5 次）			29	15	16	开卷	安排 10 周，每周 8 学时。考试时间由分院或直属学区统一安排。
审计学	1997.10	80	20（5 次）			29	15	16	开卷	安排 10 周，每周 8 学时。考试时间由分院或直属学区统一安排。
中国经济地理教程	1997.4	50		6（2 次）		40		4	写心得	安排 10 周，每周 5 学时。写一篇心得体会。
毕业论文		208		6（2 次）		202（撰写论文和答辩）			答辩	撰写安排在前 17 周。2000 年 6 月 18 日前交稿，最后两周论文答辩。
		418	40（10 次）	12（4 次）		300	30	36		2000 年 6 月 10、11 日总补考。

97级大专班第6学期政法专业教学计划

课程 \ 时间 \ 项目	教材版本或印刷时间	教学总时数	面授辅导时、次数	电教辅导（录像串讲）时、次数	讨论时、次数	自学时数	作业时数	复习考试时数	考核方式	备注
西方法律史	1999.10	80	20（5次）			29	15	16	开卷	安排10周，每周8学时。考试时间由分院或直属学区统一安排。
犯罪心理学	1999.10	80	20（5次）			29	15	16	开卷	安排10周，每周8学时。考试时间由分院或直属学区统一安排。
刑事侦查学	1999.10	50		6（2次）		40		4	写心得	安排10周，每周5学时。写一篇心得体会。
毕业论文		208		6（2次）		202（撰写论文和答辩）			答辩	撰写安排在前17周。2000年6月18日前交稿，最后两周论文答辩。
		418	40（10次）	12（4次）		300	30	36		2000年6月10、11日总补考。

98级大专班第4学期党政管理专业教学计划

课程 \ 时间 \ 项目	教材版本或印刷时间	教学总时数	面授辅导时、次数	电教辅导（录像串讲）时、次数	讨论时、次数	自学时数	作业时数	复习考试时数	考核方式	备注
公共行政学	1999.3	133	28（7次）	3（1次）	4（2次）	62	25	11	闭卷	安排19周，每周7学时。2000年7月14日上午9:30—11:30考试，9月2日上午9:30—11:30补考。
党的建设简明教程	1999.10	133	28（7次）	3（1次）	4（2次）	62	25	11	闭卷	安排19周，每周7学时。2000年7月14日下午2:30—4:30考试，9月2日下午2:30—4:30补考。
国家公务员制度概论	1999.9	76	20（5次）			33	15	8	开卷	安排19周，每周4学时。考试时间由分院或直属学区统一安排。
微机操作基础	1999.10	57	24（6次）	6（2次）		17	10（实习）		实习	安排19周，每周3学时。实习为上机时间。
党性教育基础知识讲座（试用本）	1999.1	19	8（2次）		2（1次）	6		3	写小结	安排19周，每周1学时。分院或直属学区可结合本地区实际，采取社会调查、请英模作报告等多种方式进行。
		418	108（27次）	12（4次）	10（5次）	180	75	33		

98级大专班第4学期经济管理专业教学计划

项目 / 时间 / 课程	教材版本或印刷时间	教学总时数	面授辅导时、次数	电教辅导(录像串讲)时、次数	讨论时、次数	自学时数	作业时数	复习考试时数	考核方式	备注
工业企业经营管理概论	1999.10	133	28(7次)	3(1次)	4(2次)	62	25	11	闭卷	安排19周,每周7学时。2000年7月14日上午9:30—11:30考试,9月2日上午9:30—11:30补考。
对外经济管理学	1999.4	133	28(7次)	3(1次)	4(2次)	62	25	11	闭卷	安排19周,每周7学时。2000年7月14日下午2:30—4:30考试,9月2日下午2:30—4:30补考。
中共党史简编	1998.9	95	20(5次)			50	15	10	开卷	安排19周,每周5学时。考试时间由分院或直属学区统一安排。
环境科学概论	1999.10	38		6(2次)		28		4	写论文	安排19周,每周2学时。写一篇不少于3000字的论文。
党性教育基础知识讲座(试用本)	1999.1	19	8(2次)		2(1次)	6		3	写小结	安排19周,每周1学时。分院或直属学区可结合本地区实际,采取社会调查、请英模作报告等多种方式进行。
		418	84(21次)	12(4次)	10(5次)	208	65	39		

98级大专班第4学期政法专业教学计划

项目 / 时间 / 课程	教材版本或印刷时间	教学总时数	面授辅导时、次数	电教辅导(录像串讲)时、次数	讨论时、次数	自学时数	作业时数	复习考试时数	考核方式	备注
经济法简明教程	1999.4	133	28(7次)	3(1次)	4(2次)	62	25	11	闭卷	安排19周,每周7学时。2000年7月14日上午9:30—11:30考试,9月2日上午9:30—11:30补考。
刑事、民事诉讼法学教程	1999.4	133	28(7次)	3(1次)	4(2次)	62	25	11	闭卷	安排19周,每周7学时。2000年7月14日下午2:30—4:30考试,9月2日下午2:30—4:30补考。
西方法律史	1999.10	95	20(5次)			50	15	10	开卷	安排19周,每周5学时。考试时间由分院或直属学区统一安排。
现代科学技术概论	1999.10	38		6(2次)		28		4	写论文	安排19周,每周2学时。写一篇不少于3000字的论文。
党性教育基础知识讲座(试用本)	1999.1	19	8(2次)		2(1次)	6		3	写小结	安排19周,每周1学时。分院或直属学区可结合本地区实际,采取社会调查、请英模作报告等多种方式进行。
		418	84(21次)	12(4次)	10(5次)	208	65	39		

99级大专班第2学期行政管理专业教学计划

项目 时间 课程	教材版本或印刷时间	教学总时数	面授辅导时、次数	电教辅导(录像串讲)时、次数	讨论时、次数	自学时数	作业时数	复习考试时数	考核方式	备注
政治经济学(资本主义部分)	1999.10	133	28(7次)	3(1次)	4(2次)	62	25	11	闭卷	安排19周,每周7学时。2000年7月15日上午9:30—11:30考试,9月2日上午9:30—11:30补考。
政治学原理	1999.4	133	28(7次)	3(1次)	4(2次)	62	25	11	闭卷	安排19周,每周7学时。2000年7月15日下午2:30—4:30考试,9月2日下午2:30—4:30补考。
中国近代史教程	1998.10	95	20(5次)			50	15	10	开卷	安排19周,每周5学时。考试时间由分院或直属学区统一安排。
现代科学技术概论	1999.10	38		6(2次)		28		4	写论文	安排19周,每周2学时。写一篇不少于3000字的论文。
党性教育基础知识讲座(试用本)	1999.1	19	8(2次)		2(1次)	6		3	写小结	安排19周,每周1学时。分院或直属学区可结合本地区实际,采取社会调查、请英模作报告等多种方式进行。
		418	84(21次)	12(4次)	10(5次)	208	65	39		

99级大专班第2学期经济管理专业教学计划

项目 时间 课程	教材版本或印刷时间	教学总时数	面授辅导时、次数	电教辅导(录像串讲)时、次数	讨论时、次数	自学时数	作业时数	复习考试时数	考核方式	备注
政治经济学(资本主义部分)	1999.10	133	28(7次)	3(1次)	4(2次)	62	25	11	闭卷	安排19周,每周7学时。2000年7月15日上午9:30—11:30考试,9月2日上午9:30—11:30补考。
社会主义市场经济简明教程	1999.4	133	28(7次)	3(1次)	4(2次)	62	25	11	闭卷	安排19周,每周7学时。2000年7月15日下午2:30—4:30考试,9月2日下午2:30—4:30补考。
财务会计概论	1999.10	95	20(5次)			50	15	10	开卷	安排19周,每周5学时。考试时间由分院或直属学区统一安排。
农村经济管理学	1999.10	38		6(2次)		28		4	写论文	安排19周,每周2学时。写一篇不少于3000字的论文。
党性教育基础知识讲座(试用本)	1999.1	19	8(2次)		2(1次)	6		3	写小结	安排19周,每周1学时。分院或直属学区可结合本地区实际,采取社会调查、请英模作报告等多种方式进行。
		418	84(21次)	12(4次)	10(5次)	208	65	39		

99级大专班第2学期法律专业教学计划

课程＼时间＼项目	教材版本或印刷时间	教学总时数	面授辅导时、次数	电教辅导(录像串讲)时、次数	讨论时、次数	自学时数	作业时数	复习考试时数	考核方式	备注
马克思主义哲学简明教程	1999.4	133	28（7次）	3（1次）	4（2次）	62	25	11	闭卷	安排19周,每周7学时。2000年7月15日上午9:30—11:30考试,9月2日上午9:30—11:30补考。
民法学教程	1999.4	133	28（7次）	3（1次）	4（2次）	62	25	11	闭卷	安排19周,每周7学时。2000年7月15日下午2:30—4:30考试,9月2日下午2:30—4:30补考。
社会主义市场经济简明教程	1999.3	95	20（5次）			50	15	10	开卷	安排19周,每周5学时。考试时间由分院或直属学区统一安排。
现代科学技术概论	1999.10	38		6（2次）		28		4	写论文	安排19周,每周2学时。写一篇不少于3000字的论文。
党性教育基础知识讲座(试用本)	1999.1	19	8（2次）		2（1次）	6		3	写小结	安排19周,每周1学时。分院或直属学区可结合本地区实际,采取社会调查、请英模作报告等多种方式进行。
		418	84（21次）	12（4次）	10（5次）	208	65	39		

98级本科班第4学期党政管理专业教学计划

课程＼时间＼项目	教材版本或印刷时间	教学总时数	面授辅导时、次数	电教辅导(录像串讲)时、次数	讨论时、次数	自学时数	作业时数	复习考试时数	考核方式	备注
党务管理概论	1999.4	133	28（7次）	3（1次）	4（2次）	62	25	11	闭卷	安排19周,每周7学时。2000年7月16日上午9:30—11:30考试,9月3日上午9:30—11:30补考。
宏观经济运行与管理	1999.3	133	28（7次）	3（1次）	4（2次）	62	25	11	闭卷	安排19周,每周7学时。2000年7月16日下午2:30—4:30考试,9月3日下午2:30—4:30补考。
行政法与行政诉讼法教程	1999.9	76	20（5次）			33	15	8	开卷	安排19周,每周4学时。考试时间由分院或直属学区统一安排。
计算机操作实用教程	1999.4	57	24（6次）	6（2次）		17	10（实习）		实习	安排19周,每周3学时。实习为上机时间。
党性教育基础知识讲座(试用本)	1999.1	19	8（2次）		2（1次）	6		3	写小结	安排19周,每周1学时。分院或直属学区可结合本地区实际,采取社会调查、请英模作报告等多种方式进行。
		418	108（27次）	12（4次）	10（5次）	180	75	33		

98级本科班第4学期行政管理专业教学计划

项目/时间/课程	教材版本或印刷时间	教学总时数	面授辅导时、次数	电教辅导(录像串讲)时、次数	讨论时、次数	自学时数	作业时数	复习考试时数	考核方式	备注
市场经济法律制度概论	1999.6	133	28(7次)	3(1次)	4(2次)	62	25	11	闭卷	安排19周,每周7学时。2000年7月16日上午9:30—11:30考试,9月3日上午9:30—11:30补考。
行政法与行政诉讼法教程	1999.9	133	28(7次)	3(1次)	4(2次)	62	25	11	闭卷	安排19周,每周7学时。2000年7月16日下午2:30—4:30考试,9月3日下午2:30—4:30补考。
公务员应用文写作	1999.3	76	20(5次)			33	15	8	开卷	安排19周,每周4学时。考试时间由分院或直属学区统一安排。
计算机操作实用教程	1999.4	57	24(6次)	6(2次)		17	10(实习)		实习	安排19周,每周3学时。实习为上机时间。
党性教育基础知识讲座(试用本)	1999.1	19	8(2次)		2(1次)	6		3	写小结	安排19周,每周1学时。分院或直属学区可结合本地区实际,采取社会调查、请英模作报告等多种方式进行。
		418	108(27次)	12(4次)	10(5次)	180	75	33		

98级本科班第4学期经济管理专业教学计划

项目/时间/课程	教材版本或印刷时间	教学总时数	面授辅导时、次数	电教辅导(录像串讲)时、次数	讨论时、次数	自学时数	作业时数	复习考试时数	考核方式	备注
国际贸易理论与实务	1999.10	133	28(7次)	3(1次)	4(2次)	62	25	11	闭卷	安排19周,每周7学时。2000年7月16日上午9:30—11:30考试,9月3日上午9:30—11:30补考。
国际投资和我国利用外资概论	1999.4	133	28(7次)	3(1次)	4(2次)	62	25	11	闭卷	安排19周,每周7学时。2000年7月16日下午2:30—4:30考试,9月3日下午2:30—4:30补考。
外国经济管理思想史简编	1998.3	76	20(5次)			33	15	8	开卷	安排19周,每周4学时。考试时间由分院或直属学区统一安排。
计算机操作实用教程	1999.4	57	24(6次)	6(2次)		17	10(实习)		实习	安排19周,每周3学时。实习为上机时间。
党性教育基础知识讲座(试用本)	1999.1	19	8(2次)		2(1次)	6		3	写小结	安排19周,每周1学时。分院或直属学区可结合本地区实际,采取社会调查、请英模作报告等多种方式进行。
		418	108(27次)	12(4次)	10(5次)	180	75	33		

98级本科班第4学期涉外经济专业教学计划

课程＼时间＼项目	教材版本或印刷时间	教学总时数	面授辅导时、次数	电教辅导(录像串讲)时、次数	讨论时、次数	自学时数	作业时数	复习考试时数	考核方式	备注
国际金融简明教程	1998.10	133	28(7次)	3(1次)	4(2次)	62	25	11	闭卷	安排19周,每周7学时。2000年7月16日上午9:30—11:30考试,9月3日上午9:30—11:30补考。
企业涉外经营管理概论	1997.10	133	28(7次)	3(1次)	4(2次)	62	25	11	闭卷	安排19周,每周7学时。2000年7月16日下午2:30—4:30考试,9月3日下午2:30—4:30补考。
商务谈判	1999.10	95	20(5次)			50	15	10	开卷	安排19周,每周5学时。考试时间由分院或直属学区统一安排。
国际营销	1997.4	38		6(2次)		28		4	写论文	安排19周,每周2学时。写一篇不少于4000字的论文。
党性教育基础知识讲座(试用本)	1999.1	19	8(2次)		2(1次)	6		3	写小结	安排19周,每周1学时。分院或直属学区可结合本地区实际,采取社会调查、请英模作报告等多种方式进行。
		418	84(21次)	12(4次)	10(5次)	208	65	39		

98级本科班第4学期政法专业教学计划

课程＼时间＼项目	教材版本或印刷时间	教学总时数	面授辅导时、次数	电教辅导(录像串讲)时、次数	讨论时、次数	自学时数	作业时数	复习考试时数	考核方式	备注
刑事诉讼法教程	1999.10	133	28(7次)	3(1次)	4(2次)	62	25	11	闭卷	安排19周,每周7学时。2000年7月16日上午9:30—11:30考试,9月3日上午9:30—11:30补考。
民事诉讼法教程	1999.10	133	28(7次)	3(1次)	4(2次)	62	25	11	闭卷	安排19周,每周7学时。2000年7月16日下午2:30—4:30考试,9月3日下午2:30—4:30补考。
国际经济法教程	1999.4	95	20(5次)			50	15	10	开卷	安排19周,每周5学时。考试时间由分院或直属学区统一安排。
财税法教程	1999.10	38		6(2次)		28		4	写论文	安排19周,每周2学时。写一篇不少于4000字的论文。
党性教育基础知识讲座(试用本)	1999.1	19	8(2次)		2(1次)	6		3	写小结	安排19周,每周1学时。分院或直属学区可结合本地区实际,采取社会调查、请英模作报告等多种方式进行。
		418	84(21次)	12(4次)	10(5次)	208	65	39		

99 级本科班第 2 学期行政管理专业教学计划

项目 时间 课程	教材版本或印刷时间	教学总时数	面授辅导时、次数	电教辅导(录像串讲)时、次数	讨论时、次数	自学时数	作业时数	复习考试时数	考核方式	备注
公共政策概论	1999.10	133	28 (7 次)	3 (1 次)	4 (2 次)	62	25	11	闭卷	安排 19 周,每周 7 学时。2000 年 7 月 17 日上午 9:30—11:30 考试,9 月 3 日上午 9:30—11:30 补考。
法学基础	1999.11	133	28 (7 次)	3 (1 次)	4 (2 次)	62	25	11	闭卷	安排 19 周,每周 7 学时。2000 年 7 月 17 日下午 2:30—4:30 考试,9 月 3 日下午 2:30—4:30 补考。
中共党史简编	1998.9	95	20 (5 次)			50	15	10	开卷	安排 19 周,每周 5 学时。考试时间由分院或直属学区统一安排。
中国领导思想史简编	1999.4	38		6 (2 次)		28		4	写论文	安排 19 周,每周 2 学时。写一篇不少于 4000 字的论文。
党性教育基础知识讲座(试用本)	1999.1	19	8 (2 次)		2 (1 次)	6		3	写小结	安排 19 周,每周 1 学时。分院或直属学区可结合本地区实际,采取社会调查、请英模作报告等多种方式进行。
		418	84 (21 次)	12 (4 次)	10 (5 次)	208	65	39		

99 级本科班第 2 学期经济管理专业教学计划

项目 时间 课程	教材版本或印刷时间	教学总时数	面授辅导时、次数	电教辅导(录像串讲)时、次数	讨论时、次数	自学时数	作业时数	复习考试时数	考核方式	备注
社会主义市场经济概论	1999.10	133	28 (7 次)	3 (1 次)	4 (2 次)	62	25	11	闭卷	安排 19 周,每周 7 学时。2000 年 7 月 17 日上午 9:30—11:30 考试,9 月 3 日上午 9:30—11:30 补考。
宏观经济运行与管理	1999.3	114	28 (7 次)	3 (1 次)	4 (2 次)	45	25	9	闭卷	安排 19 周,每周 6 学时。2000 年 7 月 16 日下午 2:30—4:30 考试,9 月 3 日下午 2:30—4:30 补考。
英语(第二册) 日语、俄语	1998.10	114	56 (14 次)	6 (2 次)		15	25	12	开卷	安排 19 周,每周 6 学时。考试时间由分院或直属学区统一安排。
国民经济统计学	1999.4	38		6 (2 次)		28		4	写论文	安排 19 周,每周 2 学时。写一篇不少于 4000 字的论文。
党性教育基础知识讲座(试用本)	1999.1	19	8 (2 次)		2 (1 次)	6		3	写小结	安排 19 周,每周 1 学时。分院或直属学区可结合本地区实际,采取社会调查、请英模作报告等多种方式进行。
		418	120 (30 次)	18 (6 次)	10 (5 次)	156	75	39		

99级本科班第2学期贸易经济专业教学计划

课程＼时间＼项目	教材版本或印刷时间	教学总时数	面授辅导时、次数	电教辅导(录像串讲)时、次数	讨论时、次数	自学时数	作业时数	复习考试时数	考核方式	备注
社会主义市场经济概论	1999.10	133	28(7次)	3(1次)	4(2次)	62	25	11	闭卷	安排19周,每周7学时。2000年7月17日上午9:30—11:30考试,9月3日上午9:30—11:30补考。
现代商学概论	1999.10	114	28(7次)	3(1次)	4(2次)	45	25	9	闭卷	安排19周,每周6学时。2000年7月17日下午2:30—4:30考试,9月3日下午2:30—4:30补考。
英语(第二册) 日语、俄语	1998.10	114	56(14次)	6(2次)		15	25	12	开卷	安排19周,每周6学时。考试时间由分院或直属学区统一安排。
现代西方经济学	1999.10	38		6(2次)		28		4	写论文	安排19周,每周2学时。写一篇不少于4000字的论文。
党性教育基础知识讲座(试用本)	1999.1	19	8(2次)		2(1次)	6		3	写小结	安排19周,每周1学时。分院或直属学区可结合本地区实际,采取社会调查、请英模作报告等多种方式进行。
		418	120(30次)	18(6次)	10(5次)	156	75	39		

99级本科班第2学期法律专业教学计划

课程＼时间＼项目	教材版本或印刷时间	教学总时数	面授辅导时、次数	电教辅导(录像串讲)时、次数	讨论时、次数	自学时数	作业时数	复习考试时数	考核方式	备注
刑法总论	1999.10	133	28(7次)	3(1次)	4(2次)	62	25	11	闭卷	安排19周,每周7学时。2000年7月17日上午9:30—11:30考试,9月3日上午9:30—11:30补考。
民法学分论	1999.10	133	28(7次)	3(1次)	4(2次)	62	25	11	闭卷	安排19周,每周7学时。2000年7月17日下午2:30—4:30考试,9月3日下午2:30—4:30补考。
社会主义市场经济概论	1999.10	95	20(5次)			50	15	10	开卷	安排19周,每周5学时。考试时间由分院或直属学区统一安排。
宪法学	1999.10	38		6(2次)		28		4	写论文	安排19周,每周2学时。写一篇不少于4000字的论文。
党性教育基础知识讲座(试用本)	1999.1	19	8(2次)		2(1次)	6		3	写小结	安排19周,每周1学时。分院或直属学区可结合本地区实际,采取社会调查、请英模作报告等多种方式进行。
		418	84(21次)	12(4次)	10(5次)	208	65	39		

第八期领导干部函授班第 4 学期教学计划

项目　时间　课程	教材版本或印刷时间	教学总时数	面授辅导时、次数	电教辅导（录像串讲）时、次数	讨论时、次数	自学时数	作业时数	复习考试时数	考核方式	备注
行政法与行政诉讼法教程	1999.10	133	28（7 次）	3（1 次）	4（2 次）	62	25	11	闭卷	安排 19 周，每周 7 学时。2000 年 7 月 16 日下午 2:30—4:30 考试，9 月 3 日下午 2:30—4:30 补考。
中国历代治国思想要览	1998.10	114	20（5 次）			67	15	12	开卷	安排 19 周，每周 6 学时。考试时间由分院或直属学区统一安排。
党务管理概论	1999.4	95	20（5 次）			50	15	10	开卷	安排 19 周，每周 5 学时。考试时间由分院或直属学区统一安排。
计算机操作实用教程	1999.4	57	24（6 次）	6（2 次）		17	10（实习）		实习	安排 19 周，每周 3 学时。实习为上机时间。
党性教育基础知识讲座（试用本）	1999.1	19	8（2 次）		2（1 次）	6		3	写小结	安排 19 周，每周 1 学时。分院或直属学区可结合本地区实际，采取社会调查、请英模作报告等多种方式进行。
		418	100（25 次）	9（3 次）	6（3 次）	202	65	36		

第九期领导干部函授班第 2 学期教学计划

项目　时间　课程	教材版本或印刷时间	教学总时数	面授辅导时、次数	电教辅导（录像串讲）时、次数	讨论时、次数	自学时数	作业时数	复习考试时数	考核方式	备注
领导科学概论	1999.10	133	28（7 次）	3（1 次）	4（2 次）	62	25	11	闭卷	安排 19 周，每周 7 学时。2000 年 7 月 16 日上午 9:30—11:30 考试，9 月 3 日上午 9:30—11:30 补考。
马克思主义政治经济学经典文选（《资本论》选编）	1999.10	114	20（5 次）			67	15	12	开卷	安排 19 周，每周 6 学时。考试时间由分院或直属学区统一安排。
当代中国政治制度	1999.3	114	20（5 次）			67	15	12	开卷	安排 19 周，每周 6 学时。考试时间由分院或直属学区统一安排。
西方财政概论	1999.10	38		6（2 次）		28		4	写论文	安排 19 周，每周 2 学时。写一篇不少于 4000 字的论文。
党性教育基础知识讲座（试用本）	1999.1	19	8（2 次）		2（1 次）	6		3	写小结	安排 19 周，每周 1 学时。分院或直属学区可结合本地区实际，采取社会调查、请英模作报告等多种方式进行。
		418	76（19 次）	9（3 次）	6（3 次）	230	55	42		

98级大专班第5学期党政管理专业教学计划

项目 时间 课程	教材版本或印刷时间	教学总时数	面授辅导时、次数	电教辅导(录像串讲)时、次数	讨论时、次数	自学时数	作业时数	复习考试时数	考核方式	备注
经济管理学原理	2000.5	140	28(7次)	3(1次)	4(2次)	69	25	11	闭卷	安排20周,每周7学时。2001年1月10日上午9:30—11:30考试,3月10日上午9:30—11:30补考。
法学概论	2000.5	140	28(7次)	3(1次)	4(2次)	69	25	11	闭卷	安排20周,每周7学时。2001年1月10日下午2:30—4:30考试,3月10日下午2:30—4:30补考。
经济法简明教程	2000.5	80	20(5次)			37	15	8	开卷	安排20周,每周4学时。考试时间由分院统一安排。
当代国际政治与中国对外关系	2000.5	60		6(2次)		48		6	写论文	安排20周,每周3学时。写一篇不少于3000字的论文。
党性教育基础知识讲座(试用本)	1999.1	20	8(2次)		2(1次)	6		4	写心得	安排20周,每周1学时。分院可结合本地区实际,采取社会调查、请英模作报告等多种方式进行。
		440	84(21次)	12(4次)	10(5次)	229	65	40		

98级大专班第5学期经济管理专业教学计划

项目 时间 课程	教材版本或印刷时间	教学总时数	面授辅导时、次数	电教辅导(录像串讲)时、次数	讨论时、次数	自学时数	作业时数	复习考试时数	考核方式	备注
法学概论	2000.5	140	28(7次)	3(1次)	4(2次)	69	25	11	闭卷	安排20周,每周7学时。2001年1月10日下午2:30—4:30考试,3月10日下午2:30—4:30补考。
经济法简明教程	2000.5	140	28(7次)	3(1次)	4(2次)	69	25	11	闭卷	安排20周,每周7学时。2001年1月10日上午9:30—11:30考试,3月10日上午9:30—11:30补考。
实用管理数学基础	1997.10	80	20(5次)			37	15	8	开卷	安排20周,每周4学时。考试时间由分院统一安排。
社会保障概论	2000.5	60		6(2次)		48		6	写论文	安排20周,每周3学时。写一篇不少于3000字的论文。
党性教育基础知识讲座(试用本)	1999.1	20	8(2次)		2(1次)	6		4	写心得	安排20周,每周1学时。分院可结合本地区实际,采取社会调查、请英模作报告等多种方式进行。
		440	84(21次)	12(4次)	10(5次)	229	65	40		

98 级大专班第 5 学期政法专业教学计划

项目 时间 课程	教材版本或印刷时间	教学总时数	面授辅导时、次数	电教辅导（录像串讲）时、次数	讨论时、次数	自学时数	作业时数	复习考试时数	考核方式	备注
涉外经济法教程	1999.4	140	28（7 次）	3（1 次）	4（2 次）	69	25	11	闭卷	安排 20 周，每周 7 学时。2001 年 1 月 10 日上午 9:30—11:30 考试，3 月 10 日上午 9:30—11:30 补考。
劳动法学教程	2000.5	140	28（7 次）	3（1 次）	4（2 次）	69	25	11	闭卷	安排 20 周，每周 7 学时。2001 年 1 月 10 日下午 2:30—4:30 考试，3 月 10 日下午 2:30—4:30 补考。
国际法教程	2000.5	80	20（5 次）			37	15	8	开卷	安排 20 周，每周 4 学时。考试时间由分院统一安排。
刑事侦查学	2000.5	60		6（2 次）		48		6	写论文	安排 20 周，每周 3 学时。写一篇不少于 3000 字的论文。
党性教育基础知识讲座（试用本）	1999.1	20	8（2 次）		2（1 次）	6		4	写心得	安排 20 周，每周 1 学时。分院可结合本地区实际，采取社会调查、请英模作报告等多种方式进行。
		440	84（21 次）	12（4 次）	10（5 次）	229	65	40		

99 级大专班第 3 学期行政管理专业教学计划

项目 时间 课程	教材版本或印刷时间	教学总时数	面授辅导时、次数	电教辅导（录像串讲）时、次数	讨论时、次数	自学时数	作业时数	复习考试时数	考核方式	备注
社会主义市场经济简明教程	1999.10	140	28（7 次）	3（1 次）	4（2 次）	69	25	11	闭卷	安排 20 周，每周 7 学时。2001 年 1 月 11 日上午 9:30—11:30 考试，3 月 10 日上午 9:30—11:30 补考。
公共行政学	1999.10	140	28（7 次）	3（1 次）	4（2 次）	69	25	11	闭卷	安排 20 周，每周 7 学时。2001 年 1 月 11 日下午 2:30—4:30 考试，3 月 10 日下午 2:30—4:30 补考。
公共市政学	2000.5	80	20（5 次）			37	15	8	开卷	安排 20 周，每周 4 学时。考试时间由分院统一安排。
社会主义社会学	2000.5	60		6（2 次）		48		6	写论文	安排 20 周，每周 3 学时。写一篇不少于 3000 字的论文。
党性教育基础知识讲座（试用本）	1999.1	20	8（2 次）		2（1 次）	6		4	写心得	安排 20 周，每周 1 学时。分院可结合本地区实际，采取社会调查、请英模作报告等多种方式进行。
		440	84（21 次）	12（4 次）	10（5 次）	229	65	40		

99 级大专班第 3 学期经济管理专业教学计划

课程＼时间＼项目	教材版本或印刷时间	教学总时数	面授辅导时、次数	电教辅导(录像串讲)时、次数	讨论时、次数	自学时数	作业时数	复习考试时数	考核方式	备注
财政学	2000.5	140	28（7 次）	3（1 次）	4（2 次）	69	25	11	闭卷	安排 20 周,每周 7 学时。2001 年 1 月 11 日上午 9:30—11:30 考试, 3 月 10 日上午 9:30—11:30 补考。
工业企业经营管理概论	2000.5	140	28（7 次）	3（1 次）	4（2 次）	69	25	11	闭卷	安排 20 周,每周 7 学时。2001 年 1 月 11 日下午 2:30—4:30 考试, 3 月 10 日下午 2:30—4:30 补考。
社会调查与统计	2000.5	80	20（5 次）			37	15	8	开卷	安排 20 周,每周 4 学时。考试时间由分院统一安排。
公共关系学简明教程	1999.10	60		6（2 次）		48		6	写论文	安排 20 周,每周 3 学时。写一篇不少于 3000 字的论文。
党性教育基础知识讲座(试用本)	1999.1	20	8（2 次）		2（1 次）	6		4	写心得	安排 20 周,每周 1 学时。分院可结合本地区实际,采取社会调查、请英模作报告等多种方式进行。
		440	84（21 次）	12（4 次）	10（5 次）	229	65	40		

99 级大专班第 3 学期法律专业教学计划

课程＼时间＼项目	教材版本或印刷时间	教学总时数	面授辅导时、次数	电教辅导(录像串讲)时、次数	讨论时、次数	自学时数	作业时数	复习考试时数	考核方式	备注
刑法概论	2000.5	140	28（7 次）	3（1 次）	4（2 次）	69	25	11	闭卷	安排 20 周,每周 7 学时。2001 年 1 月 11 日上午 9:30—11:30 考试, 3 月 10 日上午 9:30—11:30 补考。
行政法与行政诉讼法教程	1999.10	140	28（7 次）	3（1 次）	4（2 次）	69	25	11	闭卷	安排 20 周,每周 7 学时。2001 年 1 月 11 日下午 2:30—4:30 考试, 3 月 10 日下午 2:30—4:30 补考。
中国近代史教程	1999.10	80	20（5 次）			37	15	8	开卷	安排 20 周,每周 4 学时。考试时间由分院统一安排。
中国法律史	2000.5	60		6（2 次）		48		6	写论文	安排 20 周,每周 3 学时。写一篇不少于 3000 字的论文。
党性教育基础知识讲座(试用本)	1999.1	20	8（2 次）		2（1 次）	6		4	写心得	安排 20 周,每周 1 学时。分院可结合本地区实际,采取社会调查、请英模作报告等多种方式进行。
		440	84（21 次）	12（4 次）	10（5 次）	229	65	40		

2000级大专班第1学期行政管理/经济管理专业教学计划

课程＼时间＼项目	教材版本或印刷时间	教学总时数	面授辅导时、次数	电教辅导(录像串讲)时、次数	讨论时、次数	自学时数	作业时数	复习考试时数	考核方式	备注
马克思主义哲学简明教程	2000.5	140	28(7次)	3(1次)	4(2次)	69	25	11	闭卷	安排20周,每周7学时。2001年1月12日上午9:30—11:30考试,3月10日上午9:30—11:30补考。
政治经济学(资本主义部分)	2000.5	140	28(7次)	3(1次)	4(2次)	69	25	11	闭卷	安排20周,每周7学时。2001年1月12日下午2:30—4:30考试,3月10日下午2:30—4:30补考。
干部写作概论	2000.5	80	20(5次)			37	15	8	开卷	安排20周,每周4学时。考试时间由分院统一安排。
知识经济概论	2000.5	60		6(2次)		48		6	写论文	安排20周,每周3学时。写一篇不少于3000字的论文。
党性教育基础知识讲座(试用本)	1999.1	20	8(2次)		2(1次)	6		4	写心得	安排20周,每周1学时。分院可结合本地区实际,采取社会调查、请英模作报告等多种方式进行。
		440	84(21次)	12(4次)	10(5次)	229	65	40		

2000级大专班第1学期法律专业教学计划

课程＼时间＼项目	教材版本或印刷时间	教学总时数	面授辅导时、次数	电教辅导(录像串讲)时、次数	讨论时、次数	自学时数	作业时数	复习考试时数	考核方式	备注
马克思主义哲学简明教程	2000.5	140	28(7次)	3(1次)	4(2次)	69	25	11	闭卷	安排20周,每周7学时。2001年1月12日上午9:30—11:30考试,3月10日上午9:30—11:30补考。
中国宪法概论	2000.5	140	28(7次)	3(1次)	4(2次)	69	25	11	闭卷	安排20周,每周7学时。2001年1月12日下午2:30—4:30考试,3月10日下午2:30—4:30补考。
法理学教程	2000.5	80	20(5次)			37	15	8	开卷	安排20周,每周4学时。考试时间由分院统一安排。
知识经济概论	2000.5	60		6(2次)		48		6	写论文	安排20周,每周3学时。写一篇不少于3000字的论文。
党性教育基础知识讲座(试用本)	1999.1	20	8(2次)		2(1次)	6		4	写心得	安排20周,每周1学时。分院可结合本地区实际,采取社会调查、请英模作报告等多种方式进行。
		440	84(21次)	12(4次)	10(5次)	229	65	40		

98级本科班第5学期党政管理专业教学计划

课程 \ 时间 \ 项目	教材版本或印刷时间	教学总时数	面授辅导时、次数	电教辅导(录像串讲)时、次数	讨论时、次数	自学时数	作业时数	复习考试时数	考核方式	备注
中国历代治国思想要览	1999.10	96	20 (5次)			45	15	16	开卷	安排12周,每周8学时。考试时间由分院统一安排。
社会调查与统计	2000.5	40		6 (2次)		26		8	写心得或做作业	安排10周,每周4学时。写一篇心得体会或做5—10道作业题。
中国政治制度史	1999.4	40		6 (2次)		26		8	写心得	安排10周,每周4学时。写一篇心得体会。
党性教育基础知识讲座(试用本)	1999.1	20	8 (2次)		2 (1次)	6		4	写总结	安排20周,每周1学时。分院可结合本地区实际,采取社会调查、请英模作报告等多种方式进行。
毕业论文		244		6 (2次)		238(撰写论文和答辩)			答辩	撰写安排在前17周,2000年12月10日前交稿,最后两周论文答辩。
		440	28 (7次)	18 (6次)	2 (1次)	341	15	36		2000年12月9、10两日总补考。

98级本科班第5学期行政管理专业教学计划

课程 \ 时间 \ 项目	教材版本或印刷时间	教学总时数	面授辅导时、次数	电教辅导(录像串讲)时、次数	讨论时、次数	自学时数	作业时数	复习考试时数	考核方式	备注
当代国际政治概论	2000.5	96	20 (5次)			45	15	16	开卷	安排12周,每周8学时。考试时间由分院统一安排。
当代西方政治制度	1999.5	40		6 (2次)		26		8	写心得	安排10周,每周4学时。写一篇心得体会。
系统科学概论	2000.5	40		6 (2次)		26		8	写心得	安排10周,每周4学时。写一篇心得体会。
党性教育基础知识讲座(试用本)	1999.1	20	8 (2次)		2 (1次)	6		4	写总结	安排20周,每周1学时。分院可结合本地区实际,采取社会调查、请英模作报告等多种方式进行。
毕业论文		244		6 (2次)		238(撰写论文和答辩)			答辩	撰写安排在前17周,2000年12月10日前交稿,最后两周论文答辩。
		440	28 (7次)	18 (6次)	2 (1次)	341	15	36		2000年12月9、10两日总补考。

98级本科班第5学期经济管理专业教学计划

课程＼项目＼时间	教材版本或印刷时间	教学总时数	面授辅导时、次数	电教辅导(录像串讲)时、次数	讨论时、次数	自学时数	作业时数	复习考试时数	考核方式	备注
管理会计简明教程	1999.4	96	20(5次)			45	15	16	开卷	安排12周,每周8学时。考试时间由分院统一安排。
国民经济统计学	1999.10	40		6(2次)		26		8	做作业	安排10周,每周4学时。做5—10道作业题。
当代西方经济学简明教程	2000.5	40		6(2次)		26		8	写心得	安排10周,每周4学时。写一篇心得体会。
党性教育基础知识讲座(试用本)	1999.1	20	8(2次)		2(1次)	6		4	写总结	安排20周,每周1学时。分院可结合本地区实际,采取社会调查、请英模作报告等多种方式进行。
毕业论文		244		6(2次)		238(撰写论文和答辩)			答辩	撰写安排在前17周,2000年12月10日前交稿,最后两周论文答辩。
		440	28(7次)	18(6次)	2(1次)	341	15	36		2000年12月9、10两日总补考。

98级本科班第5学期涉外经济专业教学计划

课程＼项目＼时间	教材版本或印刷时间	教学总时数	面授辅导时、次数	电教辅导(录像串讲)时、次数	讨论时、次数	自学时数	作业时数	复习考试时数	考核方式	备注
国际经济法教程	2000.5	96	20(5次)			45	15	16	开卷	安排12周,每周8学时。考试时间由分院统一安排。
世界经济地理教程	1998.10	30		6(2次)		18		6	写心得	安排10周,每周4学时。写一篇心得体会。
计算机操作实用教程	2000.5	50	24(6次)	6(2次)		10	10(实习)		实习	安排10周,每周5学时。实习为上机时间。
党性教育基础知识讲座(试用本)	1999.1	20	8(2次)		2(1次)	6		4	写总结	安排20周,每周1学时。分院可结合本地区实际,采取社会调查、请英模作报告等多种方式进行。
毕业论文		244		6(2次)		238(撰写论文和答辩)			答辩	撰写安排在前17周,2000年12月10日前交稿,最后两周论文答辩。
		440	52(13次)	18(6次)	2(1次)	317	25	26		2000年12月9、10两日总补考。

98级本科班第5学期政法专业教学计划

项目/时间/课程	教材版本或印刷时间	教学总时数	面授辅导时、次数	电教辅导(录像串讲)时、次数	讨论时、次数	自学时数	作业时数	复习考试时数	考核方式	备注
中国行政诉讼法教程	2000.5	96	20(5次)			45	15	16	开卷	安排12周,每周8学时。考试时间由分院统一安排。
金融法学	2000.5	40		6(2次)		26		8	做作业	安排10周,每周4学时。做5—10道作业题。
律师学教程	2000.5	40		6(2次)		26		8	写心得	安排10周,每周4学时。写一篇心得体会。
党性教育基础知识讲座(试用本)	1999.1	20	8(2次)		2(1次)	6		4	写总结	安排20周,每周1学时。分院可结合本地区实际,采取社会调查、请英模作报告等多种方式进行。
毕业论文		244		6(2次)		238(撰写论文和答辩)			答辩	撰写安排在前17周,2000年12月10日前交稿,最后两周论文答辩。
		440	28(7次)	18(6次)	2(1次)	341	15	36		2000年12月9、10两日总补考。

99级本科班第3学期行政管理专业教学计划

项目/时间/课程	教材版本或印刷时间	教学总时数	面授辅导时、次数	电教辅导(录像串讲)时、次数	讨论时、次数	自学时数	作业时数	复习考试时数	考核方式	备注
行政管理学教程	1999.4	140	28(7次)	3(1次)	4(2次)	69	25	11	闭卷	安排20周,每周7学时。2001年1月13日上午9:30—11:30考试,3月11日上午9:30—11:30补考。
行政法学	2000.5	140	28(7次)	3(1次)	4(2次)	69	25	11	闭卷	安排20周,每周7学时。2001年1月13日下午2:30—4:30考试,3月11日下午2:30—4:30补考。
当代中国政治制度	2000.5	80	20(5次)			37	15	8	开卷	安排20周,每周4学时。考试时间由分院统一安排。
组织行为学	1999.4	60		6(2次)		48		6	写论文	安排20周,每周3学时。写一篇不少于4000字的论文。
党性教育基础知识讲座(试用本)	1999.1	20	8(2次)		2(1次)	6		4	写心得	安排20周,每周1学时。分院可结合本地区实际,采取社会调查、请英模作报告等多种方式进行。
		440	84(21次)	12(4次)	10(5次)	229	65	40		

99级本科班第3学期经济管理专业教学计划

课程 \ 时间 \ 项目	教材版本或印刷时间	教学总时数	面授辅导时、次数	电教辅导(录像串讲)时、次数	讨论时、次数	自学时数	作业时数	复习考试时数	考核方式	备注
货币银行学	2000.5	140	28（7次）	3（1次）	4（2次）	69	25	11	闭卷	安排20周,每周7学时。2001年1月13日上午9:30—11:30考试,3月11日上午9:30—11:30补考。
中国区域经济管理概论	2000.5	140	28（7次）	3（1次）	4（2次）	69	25	11	闭卷	安排20周,每周7学时。2001年1月13日下午2:30—4:30考试,3月11日下午2:30—4:30补考。
邓小平理论文选	1999.4	80	20（5次）			37	15	8	开卷	安排20周,每周4学时。考试时间由分院统一安排。
中国经济地理教程	2000.5	60		6（2次）		48		6	写论文	安排20周,每周3学时。写一篇不少于4000字的论文。
党性教育基础知识讲座(试用本)	1999.1	20	8（2次）		2（1次）	6		4	写心得	安排20周,每周1学时。分院可结合本地区实际,采取社会调查、请英模作报告等多种方式进行。
		440	84（21次）	12（4次）	10（5次）	229	65	40		

99级本科班第3学期贸易经济专业教学计划

课程 \ 时间 \ 项目	教材版本或印刷时间	教学总时数	面授辅导时、次数	电教辅导(录像串讲)时、次数	讨论时、次数	自学时数	作业时数	复习考试时数	考核方式	备注
货币银行学	2000.5	140	28（7次）	3（1次）	4（2次）	69	25	11	闭卷	安排20周,每周7学时。2001年1月13日上午9:30—11:30考试,3月11日上午9:30—11:30补考。
国际贸易理论与实务	2000.5	140	28（7次）	3（1次）	4（2次）	69	25	11	闭卷	安排20周,每周7学时。2001年1月13日下午2:30—4:30考试,3月11日下午2:30—4:30补考。
邓小平理论文选	1999.4	80	20（5次）			37	15	8	开卷	安排20周,每周4学时。考试时间由分院统一安排。
商务谈判	1999.10	60		6（2次）		48		6	写论文	安排20周,每周3学时。写一篇不少于4000字的论文。
党性教育基础知识讲座(试用本)	1999.1	20	8（2次）		2（1次）	6		4	写心得	安排20周,每周1学时。分院可结合本地区实际,采取社会调查、请英模作报告等多种方式进行。
		440	84（21次）	12（4次）	10（5次）	229	65	40		

99级本科班第3学期法律专业教学计划

项目/时间/课程	教材版本或印刷时间	教学总时数	面授辅导时、次数	电教辅导(录像串讲)时、次数	讨论时、次数	自学时数	作业时数	复习考试时数	考核方式	备注
刑法各论	2000.5	140	28(7次)	3(1次)	4(2次)	69	25	11	闭卷	安排20周,每周7学时。2001年1月13日上午9:30—11:30考试,3月11日上午9:30—11:30补考。
行政法学	2000.5	140	28(7次)	3(1次)	4(2次)	69	25	11	闭卷	安排20周,每周7学时。2001年1月13日下午2:30—4:30考试,3月11日下午2:30—4:30补考。
公司法概论	2000.5	80	20(5次)			37	15	8	开卷	安排20周,每周4学时。考试时间由分院统一安排。
环境法概论	2000.5	60		6(2次)		48		6	写论文	安排20周,每周3学时。写一篇不少于4000字的论文。
党性教育基础知识讲座(试用本)	1999.1	20	8(2次)		2(1次)	6		4	写心得	安排20周,每周1学时。分院可结合本地区实际,采取社会调查、请英模作报告等多种方式进行。
		440	84(21次)	12(4次)	10(5次)	229	65	40		

2000级本科班第1学期行政管理专业教学计划

项目/时间/课程	教材版本或印刷时间	教学总时数	面授辅导时、次数	电教辅导(录像串讲)时、次数	讨论时、次数	自学时数	作业时数	复习考试时数	考核方式	备注
公共政策概论	2000.5	140	28(7次)	3(1次)	4(2次)	69	25	11	闭卷	安排20周,每周7学时。2001年1月14日上午9:30—11:30考试,3月11日上午9:30—11:30补考。
社会主义市场经济论纲	2000.5	140	28(7次)	3(1次)	4(2次)	69	25	11	闭卷	安排20周,每周7学时。2001年1月14日下午2:30—4:30考试,3月11日下午2:30—4:30补考。
科学社会主义经典文选	1999.4	80	20(5次)			37	15	8	开卷	安排20周,每周4学时。考试时间由分院统一安排。
当代中国政治制度	2000.5	60		6(2次)		48		6	写论文	安排20周,每周3学时。写一篇不少于4000字的论文。
党性教育基础知识讲座(试用本)	1999.1	20	8(2次)		2(1次)	6		4	写心得	安排20周,每周1学时。分院可结合本地区实际,采取社会调查、请英模作报告等多种方式进行。
		440	84(21次)	12(4次)	10(5次)	229	65	40		

2000级本科班第1学期经济管理专业教学计划

课程 \ 时间 \ 项目	教材版本或印刷时间	教学总时数	面授辅导时、次数	电教辅导(录像串讲)时、次数	讨论时、次数	自学时数	作业时数	复习考试时数	考核方式	备注
马克思主义政治经济学经典文选(《资本论》选编)	1999.10	140	28(7次)	3(1次)	4(2次)	69	25	11	闭卷	安排20周,每周7学时。2001年1月14日上午9:30—11:30考试,3月11日上午9:30—11:30补考。
市场经济法律制度概论	2000.5	120	28(7次)	3(1次)	4(2次)	51	25	9	闭卷	安排20周,每周6学时。2001年1月14日下午2:30—4:30考试,3月11日下午2:30—4:30补考。
英语(第一册)	1999.4	120	56(14次)	3(1次)		24	25	12	开卷	安排20周,每周6学时。考试时间由分院统一安排。
国民经济统计学	1999.10	40		6(2次)		30		4	做作业	安排20周,每周2学时。做5—10道作业题。
党性教育基础知识讲座(试用本)	1999.1	20	8(2次)		2(1次)	6		4	写心得	安排20周,每周1学时。分院可结合本地区实际,采取社会调查、请英模作报告等多种方式进行。
		440	120(30次)	15(5次)	10(5次)	180	75	40		

2000级本科班第1学期贸易经济专业教学计划

课程 \ 时间 \ 项目	教材版本或印刷时间	教学总时数	面授辅导时、次数	电教辅导(录像串讲)时、次数	讨论时、次数	自学时数	作业时数	复习考试时数	考核方式	备注
马克思主义政治经济学经典文选(《资本论》选编)	1999.10	140	28(7次)	3(1次)	4(2次)	69	25	11	闭卷	安排20周,每周7学时。2001年1月14日上午9:30—11:30考试,3月11日上午9:30—11:30补考。
市场经济法律制度概论	2000.5	120	28(7次)	3(1次)	4(2次)	51	25	9	闭卷	安排20周,每周6学时。2001年1月14日下午2:30—4:30考试,3月11日下午2:30—4:30补考。
英语(第一册)	1999.4	120	56(14次)	3(1次)		24	25	12	开卷	安排20周,每周6学时。考试时间由分院统一安排。
中国对外贸易理论与政策	2000.5	40		6(2次)		30		4	写论文	安排20周,每周2学时。写一篇不少于4000字的论文。
党性教育基础知识讲座(试用本)	1999.1	20	8(2次)		2(1次)	6		4	写小结	安排20周,每周1学时。分院可结合本地区实际,采取社会调查、请英模作报告等多种方式进行。
		440	120(30次)	15(5次)	10(5次)	180	75	40		

2000级本科班第1学期法律专业教学计划

项目 时间 课程	教材版本或印刷时间	教学总时数	面授辅导时、次数	电教辅导(录像串讲)时、次数	讨论时、次数	自学时数	作业时数	复习考试时数	考核方式	备注
社会主义法治论纲	2000.5	140	28（7次）	3（1次）	4（2次）	69	25	11	闭卷	安排20周,每周7学时。2001年1月14日上午9:30—11:30考试,3月11日上午9:30—11:30补考。
民法学总论	2000.5	140	28（7次）	3（1次）	4（2次）	69	25	11	闭卷	安排20周,每周7学时。2001年1月14日下午2:30—4:30考试,3月11日下午2:30—4:30补考。
马克思主义法学经典文选	2000.5	80	20（5次）			37	15	8	开卷	安排20周,每周4学时。考试时间由分院统一安排。
宪法学	2000.5	60		6（2次）		48		6	写论文	安排20周,每周3学时。写一篇不少于4000字的论文。
党性教育基础知识讲座(试用本)	1999.1	20	8（2次）		2（1次）	6		4	写心得	安排20周,每周1学时。分院可结合本地区实际,采取社会调查、请英模作报告等多种方式进行。
		440	84（21次）	12（4次）	10（5次）	229	65	40		

第八期领导干部函授班第5学期教学计划

项目 时间 课程	教材版本或印刷时间	教学总时数	面授辅导时、次数	电教辅导(录像串讲)时、次数	讨论时、次数	自学时数	作业时数	复习考试时数	考核方式	备注
当代西方政治制度	1999.4	96	20（5次）			45	15	16	开卷	安排12周,每周8学时。考试时间由分院统一安排。
江泽民重要讲话选编	2000.5	40		6（2次）		26		8	写心得	安排10周,每周4学时。写一篇心得体会。
社会调查与统计	2000.5	40		6（2次）		26		8	写心得或做作业	安排10周,每周4学时。写一篇心得体会或做5—10道作业题。
党性教育基础知识讲座(试用本)	1999.1	20	8（2次）		2（1次）	6		4	写总结	安排在20周,每周1学时。分院可结合本地区实际,采取社会调查、请英模作报告等多种方式进行。
毕业论文		244		6（2次）		238(撰写论文和答辩)			答辩	撰写安排在前17周,2000年12月10日前交稿,最后两周论文答辩。
		440	28（7次）	18（6次）	2（1次）	341	15	36		2000年12月9、10两日总补考。

第九期领导干部函授班第3学期教学计划

课程＼时间＼项目	教材版本或印刷时间	教学总时数	面授辅导时、次数	电教辅导(录像串讲)时、次数	讨论时、次数	自学时数	作业时数	复习考试时数	考核方式	备注
宏观经济运行与管理	2000.5	140	28（7次）	3（1次）	4（2次）	69	25	11	闭卷	安排20周，每周7学时。2001年1月13日上午9:30—11:30考试，3月11日上午9:30—11:30补考。
货币银行学	2000.5	120	20（5次）			73	15	12	开卷	安排20周，每周6学时。考试时间由分院统一安排。
新时期党的建设概论	2000.5	100	20（5次）			55	15	10	开卷	安排20周，每周5学时。考试时间由分院统一安排。
公共政策概论	2000.5	60		6（2次）		48		6	写论文	安排20周，每周3学时。写一篇不少于4000字的论文。
党性教育基础知识讲座(试用本)	1999.1	20	8（2次）		2（1次）	6		4	写心得	安排20周，每周1学时。分院可结合本地区实际，采取社会调查、请英模作报告等多种方式进行。
		440	76（19次）	9（3次）	6（3次）	251	55	43		

第十期领导干部函授班第1学期教学计划

课程＼时间＼项目	教材版本或印刷时间	教学总时数	面授辅导时、次数	电教辅导(录像串讲)时、次数	讨论时、次数	自学时数	作业时数	复习考试时数	考核方式	备注
领导科学概论	2000.5	140	28（7次）	3（1次）	4（2次）	69	25	11	闭卷	安排20周，每周7学时。2001年1月14日下午2:30—4:30考试，3月11日下午2:30—4:30补考。
马克思列宁主义基本问题	2000.5	120	20（5次）			73	15	12	开卷	安排20周，每周6学时。考试时间由分院统一安排。
毛泽东思想基本问题	2000.5	100	20（5次）			55	15	10	开卷	安排20周，每周5学时。考试时间由分院统一安排。
公共政策概论	2000.5	60		6（2次）		48		6	写论文	安排20周，每周3学时。写一篇不少于4000字的论文。
党性教育基础知识讲座(试用本)	1999.1	20	8（2次）		2（1次）	6		4	写心得	安排20周，每周1学时。分院可结合本地区实际，采取社会调查、请英模作报告等多种方式进行。
		440	76（19次）	9（3次）	6（3次）	251	55	43		

教 学 具 体 安 排

【教学具体安排概述】 教学具体安排是教学计划的具体化，由教材主编、副主编或主讲老师撰写。每学期均按不同的年级、专业、班次编写，并于开学前4个月左右下发各分院、直属学区，学员人手一册。它是实施面授、电教、讨论、自学、作业、复习考试等各种教学活动和教学管理的依据；也是教师教学、学员成绩考核和考试命题的依据；在整个教学活动中起着教学大纲的作用。其内容包括：一、目的要求；二、学习总时数；三、教学安排；四、复习考试。2000年上半年教学具体安排：大专班3个专业，9个班次，设考试课24门（闭卷课12门、开卷课12门）；本科班5个专业，9个班次，设考试课27门（闭卷课18门、开卷课9门）；领导干部函授班，2个班次，设考试课6门（闭卷课2门、开卷课4门）。2000年下半年教学具体安排：大专班3个专业，9个班次，设考试课27门（闭卷课18门、开卷课9门）；本科班4个专业，12个班次，设考试课28门（闭卷课16门、开卷课12门）；领导干部函授班，3个班次，设考试课7门（闭卷课2门、开卷课5门）。

（李钧泽　孙　波）

【《思想政治工作教程》教学具体安排】（97级大专班第6学期党政管理专业考查课）一、目的要求：通过学习，比较系统地了解思想政治工作的地位作用和目的任务，努力掌握新形势下思想政治工作的基本内容、方针、原则和科学方法，认真搞好新形势下的政工队伍建设，切实加强党对思想政治工作的领导和管理。二、学习总时数：80学时，每周8学时，10周。其中，面授5次，20学时。三、教学安排：分四个单元。第一单元（序言、第1章）：学习时数，8学时；面授1次，4学时。学习重点：学习和研究思想政治工作这门科学的重要意义；毛泽东和邓小平对党的思想政治工作学说形成和发展的重要贡献；思想政治工作的研究对象和基本规律；思想政治工作教育和管理的基本原理。第二单元（第2—4章）：学习时数，24学时；面授2次，8学时。学习重点：思想政治工作是经济工作和其他一切工作的生命线；思想政治工作是新形势下推动物质生产力和精神生产力发展的重要保证；思想政治工作在新形势下的根本任务和在当前的首要任务；思想政治工作要坚持不懈地对人们进行基本路线教育和社会主义教育。第三单元（第5—7章）：学习时数，16学时；面授1次，4学时。学习重点：思想政治工作要坚持“两手抓”的战略方针和疏导的具体工作方针；思想政治工作与物质利益相结合的原则；思想政治工作的一般工作原则；思想政治工作的科学方法。第四单元（第8、9章）：学习时数，16学时；面授1次，4学时。学习重点：正确认识和评价思想政治工作者的劳动价值；不断提高思想政治工作者的基本素质；党委要高度重视对思想政治工作的领导和管理；坚持和维护党委的政治领导核心地位。四、复习考试：第9、10周。

（陈延军）

【《公共关系学简明教程》教学具体安排】（97级大专班第6学期党政管理专业考查课）一、目的要求：通过学习，比较系统地了解公共关系学的基本理论，掌握具有中国特色的公共关系学的基本内容、原则和方法，努力提高自身的领导素质。二、学习总时数：80学时，每周8学时，10周。其中，面授5次，20学时。三、教学安排：分五个单元。第一单元（绪论、第1章）：学习时数，8学时；面授1次，4学时。学习重点：公共关系和公共关系学的基本含义；学习和研究公共关系学的现实意义；公共关系学的中国特色；公共关系学的历史沿革。第二单元（第2—5章）：学习时数，16学时；面授1次，4学时。学习重点：公共关系的基本性质和构成要素；公共关系的主要职能；公共关系的基本原则；公共关系的类型。第三单元（第6—8章）：学习时数，16学时；面授1次，4学时。学习重点：公共关系调查的内容、原则、程序和方法；公共关系策划的基本原则；公共关系宣传的要素和原则。第四单元（第9—11章）：学习时数，16学时；面授1次，4学时。学习重点：公共关系应用文的特点、地位和作用；公共关系应用文写作的一般原则和方法；公共关系交际的特点、原则与方式方法；公共关系的综合活动。第五单元（第12—15章）：学习时数，8学时；面授1次，4学时。学习重点：公共关系的组织机构；公共关系人员的基本素质和能力素质；公共关系心理；公共关系与法律道德的关系。四、复习考试：第9、10周。 （陈延军）

【《社会保障概论》教学具体安排】 （97级大专班第6学期经济管理专业考查课）一、目的要求：通过系统学习，了解和掌握社会保障的基本理论、基本政策、重要法律法规制度、基本知识和实务等重要内容，不断提高学员有关社会保障方面的理论和业务水平，进一步搞好社会保障工作。在学习过程中，以党和国家的有关方针、政策和法规为依据，注意理论联系实际，研究新情况，探索和解决实际问题，为建立有中国特色的新型的适应社会主义市场经济发展需要的社会主义社会保障体系作出贡献。二、学习总时数：80学时，每周8学时，10周。其中，面授5次，20学时。三、教学安排：分三个单元。第一单元（导论、第1—5章）：学习时数，24学时；面授2次，8学时。学习重点：社会保障的基本原理，含概念、特征、对象、作用、原则、我国社会保障制度改革的主要任务及措施；社会保险的概念、特征、作用，社会保障制度改革的措施；职工养老保险的定义、养老保险制度与退休制度的区别，改革养老保险制度的原则以及养老保险制度的类型（或层次），改革养老保险制度的措施；国家公务员社会保障制度的概念、建立国家公务员保障制度的原则、实行公务员退休制度的作用；农村社会养老保险的概念、必要性、特征、作用、原则及其改革措施。第二单元（第6—9章）：学习时数，16学时；面授1次，4学时。学习重点：社会保险制度的结构，其中，包括疾病保险的概念及其建立原则，生育保险的定义、意义和特点，工伤保险的定义、意义及其原则，医疗保险的含义及其特征、作用、原则；失业保险的概念、特征、原则以及改革失业保险制度途径；社会救济的概念、性质、作用原则及其种类；社会福利的含义、性质、作用、原则及其改革措施。第三单元（第10—14章）：学习时数，24学时；面授2次，8学时。学习重点：优抚安置制度的含义、作用、原则及其改革方向；社会保障管理体制概念的内涵，社会保障管理机构设置的原则，社会保障管理的概念和内容，完善社会保障体制的措施；社会保障基金的含义、基本特点、筹集方式、运用原则；社会保障法的含义及其调整对象，社会保障立法的作用，社会保障法制建设的原则，完善社会保障法制体系的途径；国外社会保障制度比较，主要是对世界各国的社会保障基本原理、模式、筹集运用、管理机构发展趋势进行比较。四、复习考试：第9、10周。

（陈延军）

【《审计学》教学具体安排】 （97级大专班第6学期经济管理专业考查课）一、目的要求：通过学习，正确认识国家实行审计制度的现实意义和重要作用，了解审计的程序、内容和重点，增强依法行政观念，严格依法办事，自觉关心和支持中国审计事业的发展。二、学习总时数：80学时，每周8学时，10周。其中，面授5次，20学时。三、教学安排：分四个单元。第一单元（第1章）：学习时数，8学时；面授1次，4学时。学习重点：审计的特征与属性；审计的对象与目标；审计的职能与作用；审计产生与发展的基本动因。第二单元（第2—6章）：学习时数，24学时；面授2次，8学时。学习重点：中国审计管理体系及其各类审计机构的职责、权限；审计分类及应遵循的原则；审计方法、种类及选择原则；审计程序及主要内容；审计准则的涵义及基本内容；审计依据的种类、特点；运用审计依据应注意的问题；审计证据的涵义、特征及收集、鉴定和分析的方法；审计工作底稿的内容、编制要求和方法；内部控制制度的涵义和作用；内部控制制度的评审。第三单元（第7、8、10章）：学习时数，24学时；面授1次，4学时。学习重点：资产、负债、所有者权益审计的重点及内容；收入、成本费用、利润审计的重点及内容；会计凭证、账簿、报表审计的要点；经济效益审计的涵义、特点、分类和意义；经济效益审计评价原则与标准；管理审计、业务经营审计的主要内容；电子数据处理（EDP）的审计方法及其系统内部控制制度的评审。第四单元（第9章）：学习时数，8学时；面授1次，4学时。学习重点：审计报告的类别与作用；审计报告的内容；审计报告的撰写步骤与要求；审计意见书与审计决定。四、复习考试：第9、10周。（陈延军）

【《西方法律史》教学具体安排】 （97级大专班第6学期法律专业、98级大专班第4学期政法专业考查课）一、目的要求：通过学习，有批判地吸收与借鉴西方国家法律制度、法律思想和理论方面的经验教训，以便适应我国社会主义法治建设的需要。二、学习总时数：80学时，每周8学时，10周。其中，面授5次，20学时。三、教学安排：分三个单元。第一单元（绪论、第1、2章）：学习时数，16学时；面授1次，4学时。学习重点：西方法律制度和法律理论概述；古希腊法律的发展及其基本特征；古希腊的法律思想和法律制度；古罗马法律的发展及其基本特征；古罗马的法律思想和法律制度。第二单元（第3—8章）：学习时数，16学时；面授2次，8学时。学习重点：日耳曼法的特征和基本制度；教会法的产生和基本内容；商法的产生、发展及其特征；中世纪英国的普通法和衡平法；中世纪奥古斯丁和阿奎那的法律思想。第三单元（第9—12章）：学习时数，32学时；面授2次，8学时。学习重点：英国资本主义法律的形成、英国的判例法；近代英国法律理论；美国资本主义法律的形成、美国法律的特点；近代美国法律理论；法国资本主义法律的形成；近代法国法律理论；德国资本主义法律的形成；近代德国法律理论。四、复习考试：第9、10周。（陈延军）

【《犯罪心理学》教学具体安排】 （97级大专班第6学期法律专业考查课）一、目的要求：通过学习，使学员在掌握犯罪心理学基本规律、基本知识的基础上，增强犯罪对策心理，认识到要有效预防和控制犯罪，特别是青少年犯罪，必须加强思想道德、理想信念、纪律法制教育和人生观、价值观的培养，增强免疫能力，这对于遏制违法犯罪，维护社会稳定，实现国家长治久安，具有十分重要的意义。二、学习总时数：80学时，每周8学时，10周。其中，面授5次，20学时。三、教学安排：分四个单元。第一单元（第1—5章）：学习时数，16学时；面授2次，8学时。学习重点：犯罪心理学的概念、研究对象和任务；犯罪心理构成及其构成的心理成分；犯罪心理形成的原因；犯罪心理形成以及发展变化的机制；犯罪心理的预测和预防。第二单元（第6—9章）：学习时数，16学时；面授1次，4学时。学习重点：社会环境与犯罪心理；自然背景和情景因素与犯罪心理；年龄对犯罪心理的影响；性别对犯罪心理的影响；变态心理对犯罪的影响。第三单元（第10—13章）：学习时数，16学时；面授1次，4学时。学习重点：暴力型犯罪的心理和行为特点；性强暴犯罪和恐怖犯罪心理；财物型犯罪的心理和行为特点；盗窃、抢劫、诈骗、贪污、贿赂犯罪心理；初犯、累犯、惯犯的心理；群体型犯罪心理。第四单元（第14—17章）：学习时数，16学时；面授1次，4学时。学习重点：犯罪人在侦查阶段的心理特点与对策；犯罪人在接受审讯时的心理特点与对策；犯罪人在接受审判时的心理特点与对策；犯罪人在接受监管改造时的心理特点与对策。四、复习考试：第9、10周。

（陈延军）

【《公共行政学》教学具体安排】（98级大专班第4学期党政管理专业、99级大专班第3学期行政管理专业考试课）一、目的要求：通过系统、深入地学习社会主义市场经济体制建立过程中的公共行政学基本原理和准则，提高学员的行政水平和工作能力。二、学习总时数：133学时，每周7学时，19周。其中，面授7次，28学时。三、教学安排：分四个单元。第一单元（第1、2章）：学习时数，21学时；面授1次，4学时。学习重点：公共行政学是党政干部的必修课程；公共行政学的基本原理以及运用、障碍；公共行政学的一般原理、运用以及如何扫除相应的障碍。第二单元（第3—6章）：学习时数，56学时；面授3次，12学时。学习重点：当前我国中央人民政府和地方各级人民政府机构的构架，其设置和改革必须遵循的六项基本原则；我国当前政府职能转变的四项内容和关键；我国当前政府机构改革的运作过程和成功运作的保证；这次政府机构改革是我国政府机构改革发展的新阶段。第三单元（第7、8章）：学习时数，21学时；面授1次，4学时。学习重点：何谓行政领导者、个体与集体，其产生方式有哪些；转向现代科学行政决策的标志和现代行政决策体制的构成；行政协调的类型及其机制与行政监督内外部体系主体构成。第四单元（第9、10章）：学习时数，21学时；面授2次，8学时。学习重点：行政文化、现代行政文化的涵义以及加强现代行政文化建设对政府机构改革的意义；强化我国现代行政文化“软件”建设的内容和意义；何谓行政干部队伍建设的“高素质”、“专业化”，实现高素质、专业化的途径和保证。四、复习考试：第18、19周。

（陈延军）

【《党的建设简明教程》教学具体安排】（98级大专班第4学期党政管理专业考试课）一、目的要求：通过学习，使学员比较全面、系统地掌握马克思主义建党学说的基本原理和党中央关于新的历史时期加强党的建设方针和政策，提高在改革开放和社会主义现代化建设过程中加强党的建设的自觉性，提高增强党性修养、做一名合格党员的自觉性。二、学习总时数：133学时，每周7学时，19周。其中，面授7次，28学时。三、教学安排：分四个单元。第一单元（第1、2章）：学习时数，21学时；面授1次，4

学时。学习重点：党的建设是一门科学；在发展社会主义市场经济条件下加强党的建设的重要性；马克思、恩格斯的建党思想；列宁的建党学说；毛泽东的建党思想；党的十一届三中全会以来邓小平关于加强党的建设的理论；马克思主义建党学说的基本原理。第二单元（第3、4章）：学习时数，28学时；面授2次，8学时。学习重点：建设有中国特色社会主义必须坚持和改善党的领导；党的领导的含义和实现党的领导的主要途径；在发展社会主义市场经济条件下必须加强和改进思想政治工作；中国共产党是中国工人阶级的先锋队；新时期党的建设伟大工程的总目标和加强党的建设的基本要求；党的建设必须密切联系党的基本路线，保证党的基本路线的贯彻执行；坚持党要管党的原则和从严治党的方针。第三单元（第5、6章）：学习时数，28学时；面授1次，4学时。学习重点：党的思想建设是保持党的工人阶级先锋队性质的首要条件；注重从思想上建设党是我们党建设的突出特点和优良传统；在改革开放和发展社会主义市场经济过程中必须继续把思想建设放在首位；新时期党的思想建设的根本任务和加强党的思想建设的途径及方法；党风的含义和中国共产党的三大作风；执政党的党风问题是有关党的生死存亡的问题；当前党内产生不正之风和腐败现象的原因和加强党风建设的对策。第四单元（第7—12章）：学习时数，42学时；面授3次，12学时。学习重点：民主集中制是党的根本组织原则；民主集中制的含义和实现民主集中制的基本原则；新形势下坚持和健全民主集中制要着重解决的问题；执政党的制度建设是党的建设中带有根本性的问题；正确的政治路线确定之后干部就是决定的因素；德才兼备的干部标准和干部队伍"四化"方针；党员队伍建设的重要作用和意义；共产党员的标准；新时期党员增强党性修养的主要内容和途径；党的基层组织是党在社会基层组织中的战斗堡垒；党的基层组织的任务和加强党的基层组织建设的指导方针；党的团结是党的生命，正确处理党内矛盾和斗争是巩固和发展党的重要途径；正确处理党内矛盾和斗争的基本原则；批评和自我批评是解决党内矛盾和斗争的基本方法。四、复习考试：第18、19周。

（陈延军）

【《国家公务员制度概论》教学具体安排】

（98级大专班第4学期党政管理专业考查课）一、目的要求：通过学习，使学员了解国家公务员制度的基本知识，充分认识我国建立公务员制度的必要性和重要意义，掌握我国公务员制度的基本内容和特点，提高贯彻执行公务员制度的自觉性，努力做到按公务员制度的原则、要求，提高自身的综合素质、适应能力和工作水平，做合格的国家公务员和党政管理人员。二、学习总时数：76学时，每周4学时，19周。其中，面授5次，20学时。三、教学安排：分五个单元。第一单元（第1—3章）：学习时数，12学时；面授1次，4学时。学习重点：我国公务员制度的基本内容和特点；我国建立公务员制度的重要意义；我国国家公务员的含义和范围；我国公务员义务与权利的主要内容和特点。第二单元（第4、5章）：学习时数，12学时；面授1次，4学时。学习重点：职位分类的含义及其意义；我国公务员职位分类的内容和特点；公务员录用的含义及其意义；公务员录用的原则和标准。第三单元（第6—10章）：学习时数，20学时；面授1次，4学时。学习重点：公务员考核的原则和意义；公务员奖励的原则和条件；公务员纪律的基本内容；公务员处分的种类和程序；公务员职务升降制度的主要原则和内容；我国公务员职务任免制度的主要原则和内容。第四单元（第11—13章）：学习时数，8学时；面授1次，4学时。学习重点：

我国公务员培训的类型、内容和方法；公务员交流的范围和原则；我国公务员交流的形式；公务员回避的含义和意义；我国公务员回避的种类及其范围。第五单元（第 14—18 章）：学习时数，16 学时；面授 1 次，4 学时。学习重点：公务员工资保险福利的含义及其意义；公务员工资制度的基本原则；公务员辞职辞退的条件和程序；实行公务员辞职辞退应注意的问题；我国公务员的退休方式与条件；公务员申诉控告的条件和程序；公务员申诉控告中的义务和责任；我国的公务员管理体制。四、复习考试：第 18、19 周。

（陈延军）

【《工业企业经营管理概论》教学具体安排】（98 级大专班第 4 学期经济管理专业、99 级大专班第 3 学期经济管理专业考试课）一、目的要求：通过学习，明确国有企业由生产型向经营型转变的必要性，掌握工业企业经营管理的基本理论和方法，了解工业企业经营管理活动的基本过程和内容，从而树立现代管理意识和解决现实问题的能力。二、学习总时数：133 学时，每周 7 学时，19 周。其中，面授 7 次，28 学时。三、教学安排：分四个单元。第一单元（第 1 章）：学习时数，7 学时；面授 1 次，4 学时。学习重点：工业企业经营管理的涵义和作用；工业企业由生产型向经营型转变的必要性；工业企业的经营思想和方针；企业的经营目标。第二单元（第 2 章）：学习时数，14 学时；面授 1 次，4 学时。学习重点：企业经营机制的含义；转换企业经营机制的必要性；搞活企业经营机制的意义；新的企业经营机制的主要内容。第三单元（第 3—9 章）：学习时数，49 学时；面授 3 次，12 学时。学习重点：市场的含义、特征、作用和类别；市场调查和市场预测的含义、必要性、内容、程序和方法；企业经营决策的含义、作用、内容、程序和方法；企业经营计划的任务、分类、制定和实施；产品决策的重要性、内容及方法，产品开发的程序和计划；销售决策与管理的意义、内容，企业产品定价决策应考虑的因素及产品定价策略；企业技术改造的含义、必要性，企业技术改造决策的内容、原则；企业财务决策的含义、意义和财务管理的任务，企业的资产管理、成本费用管理和利润管理；企业资金的时间价值、筹措原则，企业投资决策的类型和原则。第四单元（第 10—16 章）：学习时数，49 学时；面授 2 次，8 学时。学习重点：工业企业经营诊断的含义、重要性、分类、内容、方式和程序；全面质量管理的含义、内容和基本方法，企业进行全面质量管理的必要性及加强全面质量管理的途径和措施；价值工程中价值、功能和成本的含义，价值工程的含义、特点、基本原理和工作程序；ABC 分析法的含义、特点、基本原理及运用；目标管理的含义、内容、特点，制定目标的原则和程序，目标组织实施的内容和目标管理评价；企业文化的含义、内容、特点和作用，建设具有中国特色的企业文化的必要性、紧迫性、应遵循的原则、应抓的主要环节和步骤；企业经济核算的含义、内容、具体做法和方法。四、复习考试：第 18、19 周。

（陈延军）

【《党性教育基础知识讲座（试用本）》教学具体安排】（98 级各班次各专业第 4 学期、99 级各班次各专业第 2 学期党性教育课）一、目的要求：本学期党性教育，要围绕一两个党性修养的主要问题，紧密结合“三讲”教育，有针对性地加强学员的党性锻炼，提高党性修养。二、学习总时数：19 学时，每周 1 学时，19 周。其中，面授 2 次，8 学时。三、教学安排：各分院和直属学区应以《党性教育基础知识讲座（试用本）》（以下简称《讲座》）为依据安排教学内容。本学期在《讲座》所涵盖的六个专题中，选择一个专题作为学习重点，深入开展党性教育活动。这六个专题是：（一）加强马克思主义修养，坚定共产主义理想和信念（《讲座》第一、二、三讲）；（二）在贯彻执行党的基本路线和基本纲领的实践中加强党性修养（《讲座》第四讲）；（三）树立马克思主义世界观，全心全意为人民服务（《讲座》第五、六讲）；（四）加强党的作风修养，增强拒腐防变能力（《讲座》第七讲）；（五）坚持民主集中制原则，加强组织纪律性（《讲座》第八讲）；（六）加强科学文化和专业知识修养，正确掌握党性修养的途径和方法（《讲座》第九、十讲）。本学期安排的专题可不受《讲座》章节顺序限制，但必须通盘考虑各学期的教育内容，并注意结合"三讲"教育进行。党性教育要根据本地区、本单位实际情况采用多种形式，诸如授课、参观访问、听英模报告、开展社会调查、座谈讨论等，灵活安排，讲求实效，本学期集中开展的党性教育活动不得少于2—3次。讨论由分院或直属学区根据本学期的党性教育专题和本地实际自行选定。四、总结考核：第18、19周。（陈延军）

【《对外经济管理学》教学具体安排】（98级大专班第4学期经济管理专业考试课）一、目的要求：通过学习，明确对外经济管理的基本概念和程序，掌握对外经济管理的基本原则、政策措施及方法。密切联系国内外实际，在理论与实践的结合上探讨对外经济管理中的有关问题，以提高对外经济方面的知识和管理水平。二、学习总时数：133学时，每周7学时，19周。其中，面授7次，28学时。三、教学安排：分四个单元。第一单元（第1—5章）：学习时数，49学时；面授3次，12学时。学习重点：对外贸易的一般程序和方式；我国对外贸易在发展中存在的问题及管理的必要性；对外贸易管理的原则与各项政策措施；技术贸易的内容、特点、方式及我国技术引进存在的问题和加强其管理的途径措施；服务贸易的发展及我国服务贸易的状况与管理问题；我国外贸经营管理体制的内容及我国外贸经营管理体制的改革；关贸总协定与世界贸易组织的宗旨、原则及作用；我国加入世界贸易组织的意义及面临的挑战。第二单元（第6—10章）：学习时数，42学时；面授2次，8学时。学习重点：我国利用外资的作用、重点、规模与形式；外商投资企业的管理体制；对外商投资企业的工商行政管理、进出口与技术引进管理、劳动管理、企业内部管理；我国借用国际金融组织贷款、外国政府贷款、国际商业贷款等基本概况；贷款程序及管理内容；外债管理目标与管理体制；外债规模和结构管理；外债效益与偿还管理；当代国际跨国公司的发展及其作用；我国企业对外投资、跨国经营的特点、存在的问题及加强其管理的途径措施。第三单元（第11章）：学习时数，14学时；面授1次，4学时。学习重点：经济特区、沿海开放区及浦东开发开放区的发展概况；经济特区、沿海开放区及浦东开发开放区的作用、必要性；对经济特区、沿海开放区及浦东开发开放区管理应抓的主要工作。第四单元（第12章）：学习时数，14学时；面授1次，4学时。学习重点：外汇和外汇汇率的含义；国际技术平衡表；我国国际收支的调节；国际结算的主要工具与形式；外汇贷款的特点、使用范围；我国外汇管理的必要性；我国外汇管理的内容；我国外汇管理制度的沿革。四、复习考试：第18、19周。

（陈延军）

【《中共党史简编》教学具体安排】（98级大专班第4学期经济管理专业、99级本科班第2学期行政管理专业考查课）一、目的要求：通过系统地学习中国共产党领导全国各族人民进行新民主主义革命、社会主义革命和社会主义建设的历史，使学员结合党史学习马克思列宁主义、毛泽东思想、邓小平理论，坚持实事求是的原则，正确总结历史的经验教训，提高贯彻执行党在社会主义初级阶段基本路线的自觉性，继承和发扬党的优良传统作风。二、学习总时数：95学时，每周5学时，19周。其中，面授5次，20学时。三、教学安排：分三个单元。第一单元（导言、第1—5章）：学习时数，35学时；面授2次，8学时。学习重点：中国半殖民地半封建社会的特点和主要矛盾；中国共产党是马克思列宁主义同中国工人运动相结合的产物；第一次大革命失败的原因和教训；关于农村包围城市革命道路的理论；王明"左"倾冒险主义错误；遵义会议及其历史意义；关于新民主主义革命的理论；延安整风运动及其历史意义；中国共产党第七次全国代表大会的历史功绩；中共七届二中全会的基本内容；关于人民民主专政的理论；中国新民主主义革命胜利的基本经验。第二单元（第6—8章）：学习时数，30学时；面授2次，8学时。学习重点：建国后头三年党的中心任务和总的方针；关于新民主主义革命的理论和党在过渡时期的总路线；中国共产党第八次全国代表大会的历史功绩；关于社会主义社会矛盾的新学说；"大跃进"和人民公社化运动的错误；"文化大革命"必须根本否定及其主要教训。第三单元（第9、10章、结束语）：学习时数，20学时；面授1次，4学时。学习重点：中共十一届三中全会及其历史意义；改革开放和社会主义现代化建设的巨大成就；中国共产党第十四次全国代表大会及其历史意义；邓小平理论的历史地位、基本内容和指导意义；党在社会主义初级阶段的基本路线；中国共产党第十五次全国代表大会及其历史意义；中国共产党历史的基本经验。四、复习考试：第18、19周。（陈延军）

【《经济法简明教程》教学具体安排】（98级大专班第4学期政法专业、98级大专班第5学期经济管理专业考试课、98级大专班第5学期党政管理专业考查课）一、目的要求：通过对经济法的基础理论的学习，提高学员对经济法在市场经济运行中所起作用的认识，增强经济法制观念，并使之运用经济法的法律手段，引导和保护社会主义市场经济的健康运行和发展。二、学习总时数：133学时，每周7学时，19周。其中，面授7次，28学时。三、教学安排：分五个单元。第一单元（第1、2章）：学习时数，14学时；面授1次，4学时。学习重点：经济法的调整对象；经济法的地位和作用；经济法调整的基本原则和意义；经济法的主体；经济权利和经济义务；经济法的客体；经济法律关系的运行和保护。第二单元（第3—8章）：学习时数，28学时；面授2次，8学时。学习重点：公司的概念；有限责任公司的基本规定；股份有限公司的基本规定；违反公司法的法律责任；全民所有制工业企业法的概念及其作用；全民所有制工业企业的转换经营机制；乡镇企业、合伙企业法律的基本规定；中外合营企业、中外合作企业、和外资企业法律的基本规定；企业破产制度的基本规定。第三单元（第9—11章）：学习时数，21学时；面授1次，4学时。学习重点：反不正当竞争法、广告法、拍卖法的基本内容；产品质量法、消费者权益保护法的基本内容；合同法的基本内容。第四单元（第12—18章）：学习时数，28学时；面授2次，8学时。学习重点：计划法、价格法、统计法的基本内容；农业法、农业技术推广法、防洪法的基本内容；基本建设投资法和城市房地产管理法的基本内容；税法的原则和现行的主要税种的基本内容；中央银行法、商业银行法、证券法的基本内容；海关法和外贸法的基本内容；会计法、审计法的基本内容。第五单元（第19—23章）：学习时数，28学时；面授1次，4学时。学习重点：我国土地管理法、森林法、野生动物保护法的基本内容；我国矿产资源法、能源法的主要内容；国有资产管理法的基本内容；经济仲裁法和经济司法的基本内容。四、复习考试：第18、19周。

（陈延军）

【《刑事、民事诉讼法学教程》教学具体安排】 （98级大专班第4学期政法专业考试课）一、目的要求：通过学习，了解和掌握刑事、民事诉讼法律的基本知识和基本制度，从而更好地运用所学的知识去分析问题和解决问题。二、学习总时数：133学时，每周7学时，19周。其中，面授7次，28学时。三、教学安排：分五个单元。第一单元（第1—6章）：学习时数，28学时；面授1次，4学时。学习重点：刑事、民事诉讼法的概念；诉讼法的历史类型；诉讼法的适用范围；我国诉讼法的基本原则和制度；管辖的概念和种类；公、检、法三机关的设置、职权范围和人民检察机关对刑事诉讼实施监督。第二单元（第7—9章）：学习时数，21学时；面授1次，4学时。学习重点：刑事诉讼参与人的种类和当事人的特征；刑事诉讼证据的概念、分类、种类和我国运用刑事诉讼证据的指导原则；强制措施的概念和种类。第三单元（第10—13章）：学习时数，28学时；面授2次，8学时。学习重点：刑事附带民事诉讼的概念、特征和提起的条件；刑事诉讼期间的概念、种类和期日与期间的区别；立案、侦查、起诉的内容；审判监督程序的特点；刑事诉讼中的执行程序。第四单元（第14—19章）：学习时数，28学时；面授2次，8学时。学习重点：民事诉讼当事人的特征，共同诉讼人和第三人；民事诉讼委托代理人与法定代理人；举证责任的分担；财产保全与先予执行适用的范围；诉讼费用；民事送达方式；民事第一审普通程序的内容。第五单元（第20—22章）：学习时数，14学时；面授1次，4学时。学习重点：民事执行程序；民事特别程序；涉外民事诉讼特征、涉外民事诉讼管辖的种类。四、复习考试：第18、19周。

（陈延军）

【《政治经济学（资本主义部分）》教学具体安排】 （99级大专班第2学期行政管理专业、99级大专班第2学期经济管理专业、2000级大专班第1学期行政管理专业、2000级大专班第1学期经济管理专业考试课）一、目的要求：通过系统学习马克思主义政治经济学（资本主义部分）的基本理论，使学员掌握商品经济的原理，了解资本主义经济制度的本质及其发展规律，认识资本主义的历史趋势及其被社会主义代替的客观必然性，坚定共产主义信念，提高建设有中国特色社会主义的自觉性。二、学习总时数：133学时，每周7学时，19周。其中，面授7次，28学时。三、教学安排：分五个单元。第一单元（第1—3章）：学习时数，21学时；面授1次，4学时。学习重点：政治经济学的研究对象和学习政治经济学的意义；商品经济、价值规律和货币流通；资本主义经济制度的形成。第二单元（第4、5章）：学习时数，21学时；面授2次，8学时。学习重点：资本的本质和剩余价值的生产；资本的技术构成、价值构成和有机构成；资本主义积累的一般规律。第三单元（第6—8章）：学习时数，28学时；面授1次，4学时。学习重点：资本循环及其必须具备的条件；社会总资本及其运动的特点；社会总资本再生产的实现条件；经济危机的实质和根源。第四单元（第9—11章）：学习时数，28学时；面授2次，8学时。学习重点：剩余价值转化为利润及平均利润的形成；信用制度和股份公司；地租及其形式。第五单元（第12—14章）：学习时数，21学时；面授1

次，4学时。学习重点：帝国主义的基本经济特征；国家垄断资本主义及其基本形式；国家垄断资本主义条件下的国家对社会经济的调节。四、复习考试：第18、19周。

（陈延军）

【《政治学原理》教学具体安排】（99级大专班第2学期行政管理专业考试课）一、目的要求：通过学习，使学员从理论和实践的结合上搞清国家的实质和形式，以及与此相关的阶级、政党、人民、政治家、政治战略、民族和国际政治等知识，提高对我国政治体制改革必要性的认识，自觉地推进有中国特色社会主义民主政治的建设。二、学习总时数：133学时，每周7学时，19周；其中，面授7次，28学时；电教辅导1次，3学时。三、教学安排：分三个单元。第一单元（导论、第1、2章）：学习时数，35学时；面授3次，12学时。学习重点：国家的起源；国家的实质和主要职能；资本主义类型国家和社会主义类型国家的区别；国体和政体的相互关系；资本主义和社会主义国家机构的基本组织原则和区别；资本主义国家和社会主义国家的立法机关。第二单元（第3—7章）：学习时数，63学时；面授3次，12学时。学习重点：马克思主义的阶级和阶级斗争理论；社会主义初级阶段阶级斗争的特点和趋势；社会主义政治体制改革的必要性和方法；我国政党制度的特点和优越性；人民、政治家、阶级和政党的关系；资本主义国家和社会主义国家人民的不同地位和作用；政治战略和策略的关系及原则；政策问题和如何实现决策的科学化和民主化；社会主义民族问题的复杂性和长期性。第三单元（第8章）：学习时数，21学时；面授1次，4学时。学习重点：帝国主义国家和社会主义国家对外政策的区别。四、复习考试：第18、19周。（姚东锋）

【《中国近代史教程》教学具体安排】（99级大专班第2学期行政管理专业、第3学期法律专业考查课）一、目的要求：通过学习，使学员要掌握中国近代史的基本史实，了解近代中国国情和中国近代史的发展线索，认清帝国主义的侵略本质，懂得落后就要挨打的道理，增强爱国主义和民族自强精神，提高建设有中国特色社会主义的自觉性。二、学习总时数：95学时，每周5学时，19周；其中，面授5次，20学时。三、教学安排：分四个单元。第一单元（绪论、第1—3章）：学习时数，20学时；面授1次，4学时。学习重点：学习中国近代史的重要意义；林则徐的禁烟运动及东南沿海人民的反侵略斗争；鸦片战争失败的原因；近代史上第一批不平等条约的签订及其对中国社会的影响；太平天国的纲领和政策；太平天国革命的失败原因和历史意义；第二次鸦片战争的起因和后果。第二单元（第4、5章）：学习时数，20学时；面授1次，4学时。学习重点：洋务运动的内容、性质、作用和历史地位；中国民族资本主义近代工业的产生；英、俄势力侵入新疆和左宗棠收复新疆失地；镇南关大捷和中法签订《越南条约》；《马关条约》的签订和中日甲午战争对中国社会的影响。第三单元（第6、7章）：学习时数，20学时；面授1次，4学时。学习重点：戊戌维新运动兴起的社会背景；戊戌维新运动的理论基础和政治纲领；百日维新；戊戌维新运动的性质、失败原因和历史意义；外国传教士的侵略行径与蓬勃发展的反洋教斗争；义和团的兴起和发展。义和团反帝运动的历史意义和经验教训，八国联军的入侵和《辛丑条约》的签订。第四单元（第8—10章）：学习时数，25学时；面授2次，8学时。学习重点：中国同盟会的成立及其与保皇派的论战；武昌起义和中华民国南京临时政府的成立；帝国主义破坏革命和袁世凯窃夺革命果实；辛亥革命的失败原因、经验教训和历史意义;袁世凯的反动统治和反袁斗争,段祺瑞独裁卖国与护法运动;五四运动前的新文化运动和马克思主义的初步传播。四、复习考试:第18、19周。 (姚东锋)

【《社会主义市场经济简明教程》教学具体安排】 (99级大专班第2学期经济管理专业、第3学期行政管理专业考试课)一、目的要求:通过学习,切实搞清市场经济的基本内涵,真正弄懂社会主义市场经济的一系列重要理论问题,初步学会按照市场经济规律从事经济活动,取得做好经济工作的主动权,自觉参加社会主义改革开放和现代化建设事业。二、学习总时数:133学时。每周7学时,19周;其中,面授7次,28学时;电教辅导1次,3学时。三、教学安排:分四个单元。第一单元(第1章):学习时数,14学时;面授1次,4学时。学习重点:社会主义发展市场经济的客观性;市场经济的一般特征和功能;社会主义市场经济的基本特征;社会主义市场经济的所有制基础;社会主义市场经济的运行机制。第二单元(第2—5章):学习时数,49学时;面授3次,12学时。学习重点:经济体制的含义及模式;我国经济体制改革的目标是建立社会主义市场经济体制;现代企业制度的内涵和我国要建立的现代企业制度的基本特征;加快推进国有企业改革;市场与市场体系的涵义及市场体系的内在结构;社会主义市场体系的特征和作用;社会主义市场经济需要有效的宏观调控;社会主义市场经济宏观调控的主要任务、手段和政策。第三单元(第6—8章):学习时数,35学时;面授2次,8学时。学习重点:社会主义初级阶段个人收入分配实行以按劳分配为主体、多种分配方式并存的制度;社会主义市场经济条件下的社会保障制度;农业、农村和农民问题在我国经济发展中的重要性;深化农村改革,稳定和完善农村基本经营制度,调整农村经济结构,发展农业产业化经营;发展社会主义市场经济要求国内市场和国际市场相衔接;我国国内市场和国际市场衔接的政策设计与布局;对外经济交往中按国际经贸规划办事,推动我国市场衔接进一步发展。第四单元(第9、10章):学习时数,21学时;面授1次,4学时。学习重点:依法治国是党领导人民治理国家的基本方略;建立社会主义市场经济法律体系的基本原则;美、日、德三国市场经济体制的比较和借鉴。四、复习考试:第18、19周。 (姚东锋)

【《财务会计概论》教学具体安排】 (99级大专班第2学期经济管理专业考查课)一、目的要求:通过学习,使学员掌握财务会计的基本原理和操作方法,在工作中加以运用,解决企业财务管理和会计工作中的实际问题。二、学习总时数:95学时,每周5学时,19周;其中,面授5次,20学时。三、教学安排:分三个单元。第一单元(第1—3章):学习时数,25学时;面授2次,8学时。学习重点:会计的概念、职能、要素;会计核算的基本前提和一般原则;会计核算的基本程序和方法;会计科目、账户的含义,借贷记账法的试算平衡式;记账凭证的分类和所含内容;总分类账、明细分类的平行登记原理。第二单元(第4—7章):学习时数,30学时;面授2次,8学时。学习重点:现金管理的要求及银行转账的结算方式;应收账款、坏账损失的涵义;存货盘存制度的内容;短期投资、长期投资、长期股票投资会计处理方法;固定资产、无形资产的特点及其摊销方法;负债的定义、性质;负债的分类和计价;流动负债、长期负债及其相关的账务处理。第三单元(第8—10章):学习时数,30学时;面授1次,4学时。学习重点:所有者权益的涵义与内容;资本公积、留存收益的涵义与组成内容;企业产品销售收入确认的条件;费用的分类、成本计算的内容和程序；利润的形成和分配；财务报告的组成内容；资产负债表的编制方法。四、复习考试：第18、19周。

（姚东锋）

【《马克思主义哲学简明教程》教学具体安排】（99级大专班第2学期法律专业、2000级大专班第1学期行政管理专业、经济管理专业、法律专业考试课）一、目的要求：通过学习，使学员初步掌握马克思主义的科学世界观和方法论，增强党性，提高思想政治素质和理论思维能力，更好地坚持党的基本理论和基本路线，为建设有中国特色的社会主义而努力工作。二、学习总时数：133学时，每周7学时，19周；其中，面授7次，28学时；电教辅导1次，3学时。三、教学安排：分五个单元。第一单元（绪论、第1章）：学习时数，21学时；面授1次，4学时。学习重点：什么是哲学和哲学的基本问题，如何区分唯物主义和唯心主义；马克思主义哲学的特点和生命力，以及学习马克思主义哲学的重大意义；弄清什么是物质，什么是意识，以及他们的相互关系；深刻理解世界的物质性，树立辩证唯物主义的一元论世界观，坚持一切从实际出发、实事求是的思想路线，防止和克服主观主义。第二单元（第2、3章）：学习时数，28学时；面授2次，8学时。学习重点：唯物辩证法是关于联系和发展的一般规律的科学；事物之间的普遍联系和系统的基本特征；世界发展的永恒性，以及事物发展过程的状态和总趋势；对立统一规律是辩证法的核心和实质；矛盾的基本属性及其在事物发展中的作用；矛盾的普遍性和特殊性及其相互关系，理解这种关系对建设有中国特色社会主义的重要意义。第三单元（第4、5章）：学习时数，28学时；面授2次，8学时。学习重点：认识和实践的辩证关系；实践作为检验真理标准的“确定性”和“不确定性”；认识发展的辩证过程；真理的客观性和价值性；绝对真理和相对真理的辩证关系。第四单元（第6、7章）：学习时数，28学时；面授1次，4学时。学习重点：社会发展规律和人的自觉活动之间的关系；社会基本矛盾及其运动规律；社会主义社会基本矛盾的特点和性质及其同党在现阶段基本路线的关系。第五单元（第8—10章）：学习时数，14学时；面授1次，4学时。学习重点：马克思主义阶级斗争学说和国家学说的基本内容；社会主义社会阶级斗争的特点和坚持无产阶级专政的意义；意识形态的本质及其相对独立性，以及加强社会主义精神文明建设的重要意义；关于人民群众和个人在历史发展中的作用，树立群众观点，坚持群众路线，正确认识群众、阶级、政党、领袖之间的关系。四、复习考试：第18、19周。（姚东锋）

【《民法学教程》教学具体安排】（99级大专班第2学期法律专业考试课）一、目的要求：通过学习，使学员了解民法在市场经济法律体系中的基础和主导作用，掌握民法的基本概念和基本知识，学会运用民法手段保护自然人、法人和其他社会组织的合法民事权益，为维护社会安定和社会经济秩序，为促进社会主义市场经济发展和推动依法治国进程服务。二、学习总时数：133学时，每周7学时，19周；其中，面授7次，28学时；电教辅导1次，3学时。三、教学安排：分五个单元：第一单元（第1—3章）：学习时数，21学时；面授1次，4学时。学习重点：民法的概念、性质和基本原则；民事法律关系及其构成要素；民事权利能力和民事义务；民事权利能力和民事行为能力；合伙的概念，以及法人民事权利能力的范围及其民事行为能力实现的特点。第二单元（第4、5章）：学习时数，21学时；面授1次，4学时。学习重点：民事法律行为的概念、特征和形式；民事法律行为的成立要件和有效要件；无效民事行为和可撤销的民事行为，以及附条件和附期限的民事法律行为；代理制度以及行使代理权的原则和无权代理的认定。第三单元（第6—8章）：学习时数，40学时；面授3次，12学时。学习重点：物权法的一般原理；所有权的概念、权能内容及所有权的取得和消灭；他物权的概念、种类及常见的几种具体他物权形态；共有的分类和分割共有财产的方法，处理相邻关系的原则；债的一般原则；合同的概念、特征和分类，合同的订立和形式；不当得利和无因管理；知识产权的概念、特征、范围和种类，著作权、商标权、专利权的内容及其保护。第四单元（第9、10章）：学习时数，14学时；面授1次，4学时。学习重点：继承权的概念和特征，我国继承制度的基本原则；遗产的范围，遗嘱继承的特征及遗嘱的有效要件；法定继承和特征，法定继承人的范围和继承顺序，代位继承和转继承的区别；遗产分配的原则，接受和放弃继承、遗赠的效力；人身权的概念和特征，人格权与身份权的主要内容，以及人格权与身份权的区别。第五单元（第11、12章）：学习时数，14学时；面授1次，4学时。学习重点：民事责任的实质和法律特征；民事责任的形式，民事责任的承担和免除；侵权的民事责任、侵权责任与违约责任的比较；诉讼时效和期限的概念及其法律意义。四、复习考试：第18、19周。（姚东锋）

【《市场经济法律制度概论》教学具体安排】

（98级本科班行政管理专业第4学期、2000级本科班经济管理专业、贸易经济专业第1学期考试课）一、目的要求：通过学习，掌握市场经济是法治经济、市场法律制度的基本结构及其在市场经济体制中的作用、市场主体法律制度、市场要素法律制度、宏观调控法律制度、社会保障法律制度等基本问题，提高对市场经济法律制度理论及实践重要性的认识，运用社会主义市场经济的法律理论，市场经济的法制原则，市场经济法律制度理论为社会主义现代化建设服务。二、学习总时数：133学时，每周7学时，19周；其中，面授辅导7次，28学时，电教辅导1次，3学时。三、教学安排：分五个单元。第一单元（绪论、第1—3章）：学习时数，28学时；面授辅导2次，8学时。学习重点：市场经济是法治经济，市场经济的法制原则，市场经济法律制度的基本构成，法制在市场经济体制中的作用；法人的概念和特征，法人的分类；公司法概述，有限责任公司，股份有限公司，公司的合并、解散；合伙法律制度，合伙的特征和法律地位，合伙企业的设立，合伙的财产关系。第二单元（第4—8章）：学习时数，28学时；面授辅导2次，8学时。学习重点：合同法概述，合同的订立，合同的效力，合同的变更和撤消，合同的履行，合同的权利义务终止，违法责任；汇款、本票、支票；保证、抵押、留置；财产保险合同；证券关系主体，证券的发行和交易，上市公司收购。第三单元（第9—11章）：学习时数，21学时；面授1次，4学时。学习重点：竞争概述，不正当竞争行为；产品质量责任和义务，损害赔偿和法律责任；消费者的权利，经营者的义务，消费者权益争议的解决。第四单元（第12、13章）：学习时数，28学时；面授辅导1次，4学时。学习重点：专利权，专利的申请、审查、批准程序，专利代理，专利权的保护；商标法律制度；税法概述，流转税法、特定行为税法和资源税法，税收管理。第五单元（第14、15章）：学习时数，28学时；面授辅导1次，4学时。学习重点：中国人民银行法、商业银行法、外币、信贷和结算管理的法律规定，外汇管理的法律规定；刑事法律制度，破坏社会主义市场经济秩序罪。四、复习考试：第18、19周。（李钧泽）

【《行政法与行政诉讼法教程》教学具体安排】（98级本科班行政管理专业第4学期、第八期领导干部函授班第4学期考试课、98级本科班党政管理专业第4学期考查课）一、目的要求：通过学习，正确认识和把握社会主义行政法制建设的基本方针和基本要求，增强依法行政观念，严格依法办事，促进行政管理工作法制化。二、学习总时数：133学时，每周7学时，19周。其中，面授辅导7次，28学时，电教辅导1次，3学时。三、教学安排：分四个单元。第一单元（第1—3章）：学习时数，21学时；面授1次，4学时。学习重点：行政法学的研究对象；行政法学与行政法的区别；行政法的概念；行政法律关系；新中国行政法的发展历史；行政法在法律体系中的地位。第二单元（第4—6章）：学习时数，21学时；面授辅导1次，4学时。学习重点：行政主体的含义及其与行政法主体的区别；国家公务员的含义；我国公务员的关系；其他行政法主体应具备的条件。第三单元（第7—11章）：学习时数，56学时；面授辅导3次，12学时。学习重点：行政行为的含义与实施形式；行政程序的含义与特征；我国行政法规的立法程序；行政执法的含义与形式；行政许可与确认、认可和免除的区别；行政处罚与处分、执行罚的区别；行政复议与行政诉讼的联系与区别；我国的听证程序。第四单元（第12—15章）：学习时数，32学时；面授辅导2次，8学时。学习重点：行政违法与不当的区别；行政责任及构成要件；行政赔偿的含义与特征；行政监督的含义与特征；加强我国监督的途径；行政诉讼的含义与特征；人民法院受理行政案件的范围；共同诉讼；行政案件执行的基本条件。四、复习考试：第18、19周。（李钧泽）

【《公务员应用文写作》教学具体安排】（98级本科班行政管理专业第4学期考查课）一、目的要求：通过学习，使学员掌握一个公务员应有的写作知识和相关技能，能够处理和完成行政管理工作中的写作任务。要求学员系统地自学教材，认真地听取辅导，自觉地做好习题，掌握知识并在实践中转化为能力，提高写作水平。二、学习总时数：76学时，每周4学时，19周；其中，面授辅导5次，20学时。三、教学安排：分三个单元。第一单元（绪论、第1单元）：学习时数，32学时；面授辅导2次，8学时。学习重点：通用公文的含义，特点及写作要求；计划与总结的写作；简报与调查报告的写作；规章与法规的写作；会议纪要的写作；报告与请示的写作；批复和函的写作；通知和通报的写作；决定和决议的写作。第二单元（第2单元）：学习时数，20学时；面授辅导2次，8学时。学习重点：专用文书的含义、分类、特点及写作要求；经济分析报告和市场预测报告的写作；合同书与公证书的写作；起诉书与答辩书的写作；申诉书、上诉书与抗诉书的写作；调解书、制裁书与判决书的写作。第三单元（第3单元）：学习时数，16学时；面授辅导1次，4学时。学习重点：日常应用文的含义、分类、特点及写作要求；讲话稿与讲演稿；会议报告和述职报告；讣告和悼词；贺词与题词；感谢信与慰问信。四、复习考试：第18、19周。（李钧泽）

【《国际贸易理论与实务》教学具体安排】（98级本科班经济管理专业第4学期、99级本科班贸易经济专业第3学期考试课）一、目的要求：通过学习，使学员较好地掌握有关国际贸易理论的基本知识及实务操作技能，从而提高学员的政策理论水平，增强学员在贸易经济管理工作中分析和解决问题的能力，努力为社会主义现代化建设和发展我国外经贸业服务。二、学习总时数：140学时，20周；其中，面授辅导7次，28学时，电教辅导1次，3学时。三、教学安排：分两个单元。第一单元（第1—8章）：学习时数，77学时；面授辅导4次，16学时。学习重点：国际贸易的基本概念及其产生、发展和作用；国际分工学说；地区经济一体化的形成与发展；跨国公司的基本特征；不同时期的国际贸易政策和理论；中国对外贸易的方针、政策和原则；马克思的国际价值理论和社会再生产理论；邓小平的对外开放理论；世界贸易组织与关贸总协定的产生、发展和作用；中国与世界贸易组织；中国对外贸易管理的必要性和措施；我国外汇、商检管理的方针和我国制定关税税率的原则。第二单元（第9—13章）：学习时数，99学时；面授辅导3次，12学时。学习重点：国际贸易术语的内涵及其与合同条款的关系；三种常用的贸易术语；商品品质和包装条款的重要意义和作用；海洋运输的经营方式与管理；国际贸易常用的支付方式；商订进出口合同的程序及书面合同的重要性；贸易方式的基本概念；补偿贸易和加工贸易；国际服务贸易和国际技术贸易的含义；国际承包劳务合作的意义和作用；我国对外承包劳务合作的基本方针和经营原则。四、复习考试：第19、20周。（李钧泽）

【《国际投资和我国利用外资概论》教学具体安排】（98级本科班经济管理专业第4学期考试课）一、目的要求：通过学习，使学员比较系统地了解国际投资和利用外资的基本理论，掌握我国利用外资的政策和方式，提高贯彻执行党的基本路线的自觉性，提高利用外资的政策水平和实践能力，增强对外开放的本领，更好地为社会主义现代化建设事业服务。二、学习总时数：133学时，每周7学时，19周；其中，面授辅导7次，28学时；电教辅导1次，3学时。三、教学安排：分四个单元。第一单元（第1、2章）：学习时数，21学时；面授辅导1次。学习重点：国际投资形成的条件和原因；当代国际投资发展的基本特征；各国国际投资基本方式的概念；怎样分析和选择我国利用外资的方式。第二单元（第3—5章）：学习时数，42学时；面授辅导2次。学习重点：国际投资环境构成的因素；国际投资环境的评价；国际投资环境的改善；东道国吸引外资的法律规定和双边保证协定；国际投资争议解决的方法与基本程序；什么是跨国公司，跨国公司进行投资的基本战略；跨国公司的主要组织结构形式。第三单元（第6—9章）：学习时数，42学时；面授辅导2次，8学时。学习重点：我国利用外资的基本理论；我国利用外资的特点和作用；我国利用外资应采取的基本原则和措施；我国面向21世纪利用外资的战略要求、目标、重点；如何提高我国利用外资的水平；外商在我国投资的主要方式；我国利用外资的主要法律规定；我国对外商投资企业管理的主要内容；我国借用外资管理的主要形式；我国借用国际商业贷款要经过的主要程序；我国对外债的管理。第四单元（第10、11章）：学习时数，21学时；面授辅导2次，8学时。学习重点：我国现行外汇管理体制的主要内容；外汇风险规避的方法；我国企业跨国经营的必要性和可能性；我国企业跨国经营的主要特点和类型；我国企业跨国经营过程中存在的主要问题和对策。四、复习考试：第18、19周。（李钧泽）

【《外国经济管理思想史简编》教学具体安排】（98级本科班经济管理专业第4学期考查课）一、目的要求：通过学习，使学员掌握外国经济管理的主要理论、经验和方法，吸取和借鉴外国符合科学的经济管理经验和方法，提高经济管理能力，为促进我国现代化建设服务。二、学习总时数，76学时，每周4学时，19周；其中，面授辅导5次，20学时。三、教学安排：分三个单元。第一单元（第1、2章）：学习时数，16学时；面授辅导1次，4学时；学习重点：中世纪意大利对威尼斯兵工厂的管理办法；亚当·斯密的经济管理思想；查尔斯·巴贝奇的经济管理思想；泰罗的管理理论；吉尔布雷斯夫妇的管理思想；法约尔的管理思想；马克思·韦伯的管理思想；厄威克的管理原则；厄威克和古利克对管理原则的系统化。第二单元（第3—5章）：学习时数，28学时；面授辅导2次，8学时。学习重点：行为科学的基本含义及产生的时代背景；人群关系学说产生的背景及主要观点；马斯洛的人类需要层次理论；领导行为的几个主要理论观点；社会系统学派的管理思想；决策学派的管理思想；经验或“案例”学派的管理思想；权变学派的管理思想；管理过程学派的管理思想；西方现代管理理论的共同点、产生的新派和发展趋势。第三单元（第6、7章）：学习时数，24学时；面授辅导2次，8学时。学习重点：《共产主义原理》中的管理思想；《资本论》中的经济管理思想；《论权威》中的经济管理思想；《哥达纲领批判》的经济管理思想；列宁关于国家管理中心是经济管理的思想；列宁关于经济管理二重性原则；列宁关于经济管理的民主集中制原则；列宁关于物质利益的思想；列宁关于管理人才的培养和使用的思想。四、复习考试：第18、19周。（李钧泽）

【《国际金融简明教程》教学具体安排】（98级本科班贸易经济专业第4学期考试课）一、目的要求：通过学习，使学员认识国际金融体系及其组成部分之间的内在联系，重点掌握国际收支、外汇汇率、国际资本流动、国际货币制度的基本原理，明确我国国际金融发展的进程、政府的宏观金融调节机制和人民币汇率、外汇管理发展变化的规律。了解国际金融市场的基本业务和金融电子化新技术的最新动态。要求学员以汇率为纽带，能够运用所学的基础理论知识分析中国国际金融的具体实践，正确解释国内外国际金融的重大事件，理解和支持政府的有关金融政策。二、学习总时数：133学时，每周7学时，19周；其中，面授辅导7次，28学时；电教辅导1次，3学时。三、教学安排：分四个单元。第一单元（第1、2章）：学习时数，42学时；面授辅导2次，8学时。学习重点：国际收支、国际收支平衡、国际储备、外汇、汇率、基本汇率、套算汇率、远期汇率等概念；国际收支平衡表的主要内容；国际收支失衡的主要原因；国际收支调节手段；适度外汇储备规模；汇率决定理论；汇率变动对进出口贸易及国民经济的影响；政府干预外汇市场的措施；人民币汇率制度的特征。第二单元（第3、4章）：学习时数，35学时；面授辅导2次，8学时。学习重点：国际金融市场、外国债券、欧洲债券、欧洲货币市场、即期外汇交易、远期外汇交易、套汇交易、外汇期货交易、外币期权交易、外汇掉期业务、外汇择期业务、国际金融知识、国际货币知识、世界银行、国际开发协会、国际清算银行、布雷顿森林国际货币体系、固定汇率制、浮动汇率制、货币自由兑换等概念；货币市场业务及其特点；资本市场的特点和融资方式；欧洲货币市场形成的原因及其特点；远期外汇交易、外汇期货交易、外币期权交易、外汇掉期业务的功能及风险；国际货币基金组织和世界银行的宗旨；布雷顿森林体系的主要内容；实现货币自由兑换的条件。第三单元（第5—8章）：学习时数，42学时；面授辅导2次，8学时。学习重点：银团贷款、出口信贷、政府贷款、外债、浮动利率债券、固定利率债券、国际金融租赁、补偿贸易、票据、国际汇兑、托收、信用证、现汇贷款、对外担保、外汇管理、进口许可证、外汇留成、外汇倾销、资本项目管理、多重汇率等概念。短期贷款的种类、结构及条件；银团贷款的作用及其资本成本；欧元、美元、债券市场及其特征；国际直接投资的作用及主要方式；我国外债管理的原则、目标及内容；支票、汇票、本票的基本特征；汇款、托收、信用证的基本程序；获得外汇贷款的条件；实施外汇管理的利弊；资本项目外汇管理。第四单元（第 9 章）：学习时数，7 学时；面授辅导 1 次，4 学时；学习重点：自动柜员机 ATM、商业销售终端机 POS、SWIFT（环球银行金融电信协会）、EDI（电子数据交换）、金卡工程（电子货币工程）等概念；电子计算机运用于金融领域的优点；我国金融电子化概况。四、复习考试：第 18、19 周。（李钧泽）

【《企业涉外经营管理概论》教学具体安排】（98 级本科班涉外经济专业第 4 学期考试课）一、目的要求：通过学习，帮助学员提高对我国利用外资和企业涉外经营管理的现代化知识水平和实际工作能力，推动更多的企业走向国际市场，进行国际化经营，正确处理对外经济关系，提高涉外经营的效益。二、学习时数：133 学时，每周 7 学时，19 周；其中，面授辅导 7 次，28 学时，电教辅导 1 次，3 学时。三、教学安排：分四个单元。第一单元（第 1、2 章）：学习时数，14 学时；面授 1 次，4 学时；学习重点：我国对外开放理论与实践；我国对外开放格局的形成；企业涉外经营的产生及其含义。第二单元（第 3—5 章）：学习时数，42 学时，面授辅导 2 次，8 学时。学习重点：国际经营环境分析；中外双方合资、合作各自追求的目标利益；联合经营战略和战略联盟公司的论述；中外合资经营与中外企业合作经营的原则；企业涉外经营主要形式；BOT 方式；“三来一补”形式的分析；如何提高我国利用外资的质量和水平；当前国际技术转让的特点；我国引进技术的消化吸收与开发创新；涉外商务谈判和谈判策略；涉外商务谈判过程中出现僵局的对策。第三单元（第 6 章）：学习时数，14 学时；面授辅导 1 次，4 学时。学习重点：中外合资经营企业的一般特征；中外合资经营企业的特色；中外合资经营企业的优势和劣势；中外合资经营企业的类型；契约式的中外合作经营企业；外商投资企业的设立程序。第四单元（第 7—11 章）：学习时数，49 学时；面授辅导 3 次，12 学时；学习重点：中外合资经营企业的治理结构；中外合资经营企业的董事会及其职能作用；总经理负责制；外商投资企业设置组织机构的依据和特点；外商投资企业为什么要建立党和工会组织；外商投资企业人事管理的特点；如何正确处理合资企业中中外人员之间的关系；市场营销新理念；我国企业如何进入国际目标市场；中外合资经营企业投入资本管理；外汇风险管理；外汇收支平衡问题。四、复习考试：第 18、19 周。（李钧泽）

【《商务谈判》教学具体安排】（98 级本科班涉外经济专业第 4 学期考查课）一、目的要求：通过学习，使学员系统地了解《商务谈判》的基本原理和基本知识，明确商务谈判是我国对外经济技术交流的重要组成部分，掌握商务谈判的主要内容，提高商务谈判的认识水平和实际工作能力。二、学习总时数：95 学时，每周 5 学时，19 周；其中，面授辅导 5 次。20 学时。三、教学安排：分三个单元。第一单元（第 1—3 章）：学习时数，20 学时；面授辅导 1 次，4 学时。学习重点：商务谈判的涵义与特征；商务谈判坚持的原则和所能起的作用；商务谈判人员数量的分类；商务谈判的主要内容；商务谈判的基本程序；商务谈判需要的理论；商务谈判技巧理论的内容。第二单元（第 4—8 章）：学习时数，30 学时；面授辅导 2 次，8 学时。学习重点：商务谈判前的准备；商务谈判人员的群体构成及选择谈判人员的标准依据；商务谈判目标的确定；商务谈判计划的主要内容；商务谈判开局阶段双方应作出的共同努力；商务谈判报价阶段和磋商阶段应注意的问题；商务谈判合同的签订和履行应注意的问题；索赔要作好的准备工作；商务谈判者的心理活动及其表现；商务谈判者的追求及行为标准；辩证逻辑的构成要素。第三单元（第 9—13 章）：学习时数，35 学时；面授辅导 2 次，8 学时。学习重点：商务谈判开局的语言特征；商务谈判的叙述技巧；商务谈判开局阶段的策略；商务谈判过程中答复问题应注意的事项；对付“强硬型”谈判者的谈判策略；商务谈判中影响价格的因素；要价技巧、讨价还价技巧；商务谈判礼仪的基本准则；商务谈判的风险；商务谈判的风险规避。四、复习考试：第 18、19 周。（李钧泽）

【《刑事诉讼法教程》教学具体安排】（98 级本科班政法专业第 4 学期考试课）。一、目的要求：通过学习，使学员了解和掌握刑事诉讼法学的基本理论、基本原则和制度，注重联系司法实践，从而进一步提高运用所学知识分析和解决有关问题的能力。二、学习总时数：133 学时，每周 7 学时，19 周；其中，面授辅导 7 次，28 学时；电教辅导 1 次，3 学时。三、教学安排：分五个单元。第一单元（第 1—6 章）：学习时数，28 学时；面授辅导 1 次，3 学时。学习重点：刑事诉讼法的概念和特征，刑事诉讼法同刑法的关系，刑事诉讼法的研究对象；中国刑事诉讼法的沿革；刑事诉讼法的任务和制定依据；公、检、法三机关的设置、职权范围和人民检察机关对刑事诉讼实施监督；刑事诉讼参与人的种类和主要内容；我国刑事诉讼的特有原则。第二单元（第 7—13 章）：学习时数，28 学时；面授辅导 2 次，8 学时。学习重点：管辖的概念和种类；回避的概念、种类、理由和人员范围；辩护、辩护权、辩护人的概念、种类，代理的概念、特征和种类，强制措施的特征和种类，强制措施和刑法法律性质的区别；刑事诉讼法证据的概念、分类、种类和运用证据的指导原则；附带民事诉讼概念和当事人；期间与送达的内容与方式。第三单元（第 14—16 章）：学习时数，14 学时；面授辅导 1 次，4 学时。学习重点：立案的概念和条件；侦查的一般理论，侦查行为；提起公诉的概念和意义，不起诉，出庭支持公诉。第四单元（第 17—20 章）：学习时数，28 学时；面授辅导 1 次，4 学时。学习重点：公诉案件第一审程序的审查，开庭程序和特点，简易程序包括的案件；自诉案件的范围；第二审案件，抗诉案件的审判及上诉不加刑原则的主要内容；死刑复核的概念和程序。第五单元（第 21—25 章）：学习时数，21 学时；面授辅导 1 次，4 学时。学习重点：审判监督程序的概念和主要内容；执行主体及要求，死刑执行程序；对未成年人案件的侦查和审判应注意的问题；涉及刑事诉讼程序概念、特有原则和司法协助的条件；刑事赔偿的范围。国家不承担赔偿责任的情形。四、复习考试：第 18、19 周。（李钧泽）

【《民事诉讼法教程》教学具体安排】（98 级本科班政法专业第 4 学期考试课），一、目的要求：通过学习，使学员正确认识和把握社会主义民事诉讼法建设的基本方针、基本要求和基本理论，培养干部的法制意识，提高干部分析问题、解决问题的能力。二、学习总时数：133 学时，每周 7 学时，19 周；其中，面授辅导 7 次，28 学时，电教辅导 1 次，3 学时。三、教学安排：分五个单元。第一单元（第 1—4 章）：学习时数，14 学时；面授辅导 1 次，4 学时。学习重点：民事诉讼法的研究对象；民事诉讼法与民法的关系；民事诉讼的特点；民事诉讼法学研究的范围；民事诉讼法的效力；民事诉讼法律关系。第二单元（第5—19章）：学习时数，42学时；面授辅导2次，8学时。学习重点：民事诉讼法基本原则的设立；民事诉讼法基本制度的设立；诉讼管辖的意义；各种诉讼参加人的诉讼地位；民事诉讼证据的特点；民事诉讼中的举证责任；法院调解应遵守的原则；财产保全与先予执行的适用。第三单元（第20—28章）：学习时数，42学时；面授辅导2次，8学时。学习重点：普通程序的意义；开庭审理的任务；简易程序的特点；第二审程序的职能；特别程序的特点；再审程序设立的意义；法院裁判的效力；支付后申请的条件；公示催告的特点；企业法人破产还债程序的适用。第四单元（第29—31章）：学习时数，7学时；面授辅导1次，4学时。学习重点：执行程序与审判程序的关系；执行程序的意义及应坚持的原则；执行措施的适用；执行阻力的情形；执行回转的条件；执行难产生的原因及对策。第五单元（第32—36章）：学习时数，14学时。学习重点：涉及民事诉讼的特点；涉外民事诉讼程序的一般原则；涉外诉讼管辖的特点；涉外期间，送达和财产保全的特点；司法协助适用的条件；一般司法协助的内容与途径。四、复习考试：第18、19周。（李钧泽）

【《国际经济法教程》教学具体安排】（98级本科班第4学期政法专业、第5学期涉外经济专业考查课）一、目的要求：通过学习，使学员了解国际经济法的发展沿革、基本特征、指导原则和主要内容，及其在我国对外开放中的地位与作用，弄清基本概念和主要制度。同时，要从维护本国经济安全的实际需要出发，学会运用国际经济法实现我国经济与国际经济接轨，发展开放型经济，增强国际竞争力，解决对外经济关系中的各种法律问题，适应社会主义市场经济的需要，为利用国内国外两种资源和全方位、多层次、宽领域开拓两个市场服务，更好地推动我国国民经济的持续快速健康发展。二、学习总时数：95学时，每周5学时，19周；其中，面授5次，20学时。三、教学安排：分五个单元。第一单元（第1章）：学习时数，10学时；面授1次，4学时。学习重点：国际经济法的概念和特征；国际经济法的产生和发展沿革；国际经济法的形式及其法律渊源；国际经济法的基本原则；国际经济法的作用。第二单元（第2章）：学习时数，10学时；面授1次，4学时。学习重点：国际投资法的概念及其渊源形式；我国外资法的主要内容和基本原则；国际投资的环境与法律保护；国际投资关系中的主要法律问题；国际投资企业形成的主要方式（基本途径）；外资企业的法律特征。第三单元（第3、4章）：学习时数，20学时；面授1次，4学时。学习重点：国际贸易法的概念和调整范围；常见的三种国际贸易术语及其涵义；国际货物买卖合同的主要条款；《联合国国际货物买卖合同公约》的由来及其适用范围；国际海上货物运输法和国际海上货物运输保险法的概念；国际贸易中的主要支付手段和支付方式；国际工程承包合同的主要内容。第四单元（第5—7章）：学习时数，35学时；面授1次，4学时。学习重点：国际技术转让法的主体、客体及其法律关系的内容；国际技术转让法的几种主要规范和渊源；国际技术转让法的基本内容；国际技术转让的主要途径；国际许可合同的种类和法律特征；国际技术转让的法律适用规则；国际贷款协定的概念、特征和种类；国际信贷中常见的几种保证；发行国际债券的有关契约及其主要条款；国际税收关系的主体和客体；我国涉外税收法律制度的主要内容。第五单元（第8章）：学习时数，10学时；面授1次，4学时。学习重点：国际经济贸易仲裁的概念以及有关仲裁的国际公约或规则；比较仲裁与其他解决争议方式的异同；

我国涉外经济贸易仲裁的实践。四、复习考试：第18、19周。（孙 波）

【《公共政策概论》教学具体安排】（99级本科班第2学期行政管理专业、2000级本科班第1学期行政管理专业考试课）一、目的要求：通过学习，使学员掌握政策过程的一般规律，学习制定和执行政策的基本方法。把公共政策学的一般原理运用于工作实践，用政策科学的方法来解决政策实践中碰到的问题。提高政策水平，增强政策工作能力。在改革开放的伟大实践中进行有开创性的政策制定和执行工作，为建设有中国特色的社会主义作出应有的贡献。二、学习总时数：133学时，每周7学时，19周；其中，面授7次，28学时；电教辅导1次，3学时。三、教学安排：分四个单元。第一单元（第1—4章）：学习时数，35学时；面授2次，8学时。学习重点：公共政策的涵义和特点；公共政策环境的主要内容；公共政策在国家公共管理中的地位；公共政策的分类。第二单元（第5—8章）：学习时数，42学时；面授2次，8学时。学习重点：公共政策问题的构成、形成过程及确认要件；公共政策议程的涵义和类型；公共政策制定的机关和人员；公共政策制定的客观依据；公共政策制定的程序和原则；公共政策执行的涵义和特点；政策执行的主要影响因素。第三单元（第9—11章）：学习时数，28学时；面授2次，8学时。学习重点：公共政策评估的内容和意义；公共政策评估的标准和过程；公共政策调整的涵义和意义；公共政策调整的内容和方法；公共政策终结的涵义和意义；公共政策终结的依据和方式。第四单元(第12、13章)：学习时数，14学时；面授1次，4学时。学习重点：公共政策方法的涵义和意义；公共政策制定的方法；公共政策分析的方法；公共政策文件制定的一般要求。四、复习考试：第18、19周。（孙 波）

【《法学基础》教学具体安排】（99级本科班第2学期行政管理专业考试课）一、目的要求：通过学习，使学员了解马克思主义法学基础理论，熟悉我国现行法律知识，掌握重要部门法律的基本制度，提高运用法律知识分析和解决实际问题的能力。二、学习总时数：133学时，每周7学时，19周；其中，面授7次，28学时；电教辅导1次，3学时。三、教学安排：分四个单元。第一单元（导论，第1、2章）：学习时数，21学时；面授1次，4学时。学习重点：法的定义、本质和特征，法在上层建筑中的地位；中国社会主义法的本质、作用；社会主义民主与社会主义法制的关系，社会主义法制原则。第二单元（第3、4章）：学习时数，14学时；面授1次，4学时。学习重点：宪法的本质、特征；我国宪法的主要内容；公民的基本权利，公民的基本义务；审判工作制度。第三单元（第5—8章）：学习时数，49学时；面授3次，12学时。学习重点：民法的概念、基本原则和基本制度，民事法律关系及其构成要素；民事法律行为，代理的概念及其种类；财产所有权，合同，知识产权，婚姻，继承；民事责任；行政处罚的概念及其要件；行政复议及其特征；刑法的基本原则；犯罪概念和犯罪构成，犯罪客体和犯罪客观方面，犯罪主体和犯罪主观方面；正当防卫，犯罪的预备、未遂、中止，共同犯罪；犯罪种类，贪污、贿赂罪的犯罪构成。第四单元（第9—12章）：学习时数，35学时；面授2次，8学时。学习重点：民事诉讼法的基本原则和基本制度；诉的概念和要素，诉讼当事人的诉讼权利和义务；简易程序，特别程序，审判监督程序；刑事诉讼法的基本原则；刑事审判管辖、辩护和代理，刑事强制措施，刑事附带民事诉讼。四、复习考试：第18、19周。

（孙 波）

【《社会主义市场经济概论》教学具体安排】

(99级本科班第2学期经济管理专业考试课、99级本科班第2学期法律专业、贸易经济专业考查课）一、目的要求：通过教学活动，使学员系统而有重点地掌握社会主义市场经济的基本原理和基本知识，了解我国经济改革和现代化建设中出现的新情况和新问题，提高建设有中国特色社会主义的自觉性，增强建立社会主义市场经济体制的信心。二、学习总时数：133学时，每周7学时，19周；其中，面授7次，28学时；电教辅导1次，3学时。三、教学安排：分三个单元。第一单元（第1—4章)：学习时数，49学时；面授3次，12学时。学习重点：市场经济的含义及其产生的基本条件；市场经济的基本功能；市场经济的基本规律及其作用；我国社会主义市场经济的历史必然性及其体制的基本框架；我国社会主义初级阶段的所有制结构及其公有制的主体地位；非公有制经济在我国市场经济中的地位；经济运行机制及其作用；市场机制及其作用。第二单元（第5—9章)：学习时数，49学时；面授3次，12学时。学习重点：现代企业制度的基本特征及其基本内容；建立现代企业制度的必要性及其基本思路；建立现代企业的难点及对策；市场体系及其构成；社会主义市场体系的一般性和特殊性；社会主义市场体系的基本作用；健全和完善社会主义市场体系的一般途径；宏观调控的含义、本质及意义；政府在宏观调控中的基本职能及宏观调控机构的设置；宏观调控的任务及调控手段；社会主义市场经济条件下按劳分配的特点；把按劳分配和按生产要素分配结合起来；坚持效率优先、兼顾公平的分配原则；社会保障体系的基本内容及其作用；我国社会保障制度改革的目标和应遵循的原则。第三单元（第10、11章)：学习时数，21学时；面授1次，4学时。学习重点：建立市场经济法律制度的必要性；社会主义市场经济法律体系的构成；建立健全经济法律监督机制；对外开放是我国一项长期的基本国策；提高对外开放水平的战略措施；社会主义市场经济条件下对外开放的基本立足点。四、复习考试：第18、19周。

（孙　波）

【《宏观经济运行与管理》教学具体安排】

(99级本科班经济管理专业第2学期、99级领导干部函授班第3学期考试课）一、目的要求：通过学习，使学员认识发展社会主义市场经济，加强宏观经济管理的必要性，探索社会主义市场经济体制下宏观经济运行的规律，掌握宏观经济管理的基本原理和基本方法，做到明确概念，掌握原理，提高认识，学以致用。二、学习总时数：133学时，每周7学时，19周；其中，面授辅导7次，28学时，电教辅导1次，3学时。三、教学安排：分三个单元。第一单元（第1—3章)：学习时数，28学时；面授辅导2次，8学时。学习重点：宏观经济与微观经济的区分；宏观经济管理的概念与特征；社会主义市场经济体制下加强宏观经济管理的必要性；国家政府部门、市场体系、微观经济基础在宏观经济运行中的地位、作用；社会总供给与社会总需求的概念及社会总供求平衡的实际意义；经济周期的概念、类型与我国经济周期波动的最新特点。第二单元（第4—8章)：学习时数，42学时；面授辅导2次，8学时。学习重点：国家政府的宏观经济管理职能、机构设置和管理人员的选拔任用；宏观经济管理目标的内容、特点及制定原则；宏观经济计划管理的特点及国民经济综合平衡；宏观经济管理的经济监督、行政监督、法律监督和社会监督；宏观经济信息的概念和作用；新的国民经济核算体系的构成；宏观经济预警系统。第三单元（第9—14章)：学习时数，49学时；面授辅导3次，12学时。学习重点：产业政策的内容和作用；运用产业政策对产业结构的调节；财政政策的目标和运用；货币政策的内容；货币政策的主要工具及其作用；投资政策的主要目标和主要工具；收入政策的内容和作用；外贸对宏观经济总量平衡的影响；利用外资政策的宏观调节包括的内容；国际收支不平衡的宏观调节。四、复习考试：第18、19周。（李钧泽）

【《英语》(第二册)教学具体安排】 （99级本科班第2学期经济管理专业考试课、贸易经济专业考查课）一、目的要求：通过学习，使学员进一步巩固前一学期所学的内容，掌握本学期所学的基本语法规则、基本句型、常用单词和词组，力争运用语法知识理解语法结构复杂的长难句，能够借助词典和其他工具书阅读、翻译与《英语》第二册课文难度大致相当的英语文章，并且具有一般的听、说能力，能进行简单的日常对话，为进一步提高英语水平打下良好的基础。二、学习总时数：114学时，每周6学时，19周；其中，面授14次，56学时；电教辅导2次，6学时。三、教学安排：分三个单元。第一单元（第1—5课）：学习时数，30学时；面授4次，16学时。学习重点：由that、if、whether、who、whom、whose、which、what、when、where、how、why引导的宾语从句；过去将来时；动词不定式作主语、表语、定语、宾语、宾语补语和状语，不定式的被动形式、进行形式和完成形式，带连接代词或连接副词的不定式结构，for…to…结构；选择疑问句；反意疑问句；动名词作主语、宾语和表语，动名词复合结构；单词和词组340多个。第二单元（第6—10课）：学习时数，36学时；面授5次，20学时。学习重点：现在分词作定语、状语、表语和补语，现在分词的完成式和被动式；过去完成时；将来完成时；过去分词作定语、状语、表语和补语；现在完成进行时；过去完成进行时；由who、whom、whose、that、which、where、when、why引导的限制性定语从句，由who、whom、whose、which、where、when引导的非限制性定语从句；单词和词组280多个。第三单元（第11—15课）：学习时数，36学时；面授5次，20学时。学习重点：由that、whether、who、whom、whose、which、when、where、why、how等引导的主语从句、表语从句、同位语从句；介词后的宾语从句；由as、just as、as if、as though引导的方式状语从句，由so that、in order that、lest、for fear that、in case引导的目的状语从句，由so…that、such…that、that引导的结果状语从句，由though、although、even if、even though、whatever、no matter what、whether…or等引导的让步状语从句；情态动词can、could、may、might、shall、should、will、would、must、ought、need、dare等的意义和用法；虚拟条件句：表示与现在事实相反的虚拟条件句，表示与过去事实相反的虚拟条件句，表示将来不太可能实现的情况的虚拟条件句，倒装的虚拟条件句；虚拟语气在某些宾语从句、主语从句、表语从句、同位语从句及状语从句中的应用；单词和词组290多个。四、复习考试：第18、19周。（孙 波）

【《现代商学概论》教学具体安排】 （99级本科班第2学期贸易经济专业考试课）一、目的要求：通过学习，使学员掌握商学的基本范畴和基本原理，认识商业的地位、职能和作用，熟悉我国商业的结构、经营形式、交易方式以及商业管理体制改革的实质和方向，理论联系实际地探讨现代商业中的现实问题。二、学习总时数：114学时，每周6学时，19周；其中，面授7次，28学时；电教辅导1次，3学时。三、教学安排：分四个单元。第一单元（第1、2章）：学习时数，12 学时；面授 1 次，4 学时。学习重点：分工与商品交换、商品流通的关系；商人、商业的涵义；商人与商业的关系；现代商业的涵义与特点；商业与生产、消费、分配的关系；商业的社会职能与作用；第二单元（第 3—6 章）：学习时数，24 学时；面授 2 次，8 学时。学习重点：商业活动的特点与商业行为的涵义；商业主体及其运行的原则；商业组织及其特征；商业客体与商业客体运行的目标；商业服务体系及其发展战略；商品供求规律；买方市场与卖方市场；商业活动要素及其组成。第三单元（第 7—15 章）：学习时数，60 学时；面授 3 次，12 学时。学习重点：商业企业运营机制及其组成；降低商业流通费用的途径；评价商业经济效益的基本原则；商业经营形式及其存在的制约因素；批发商业经营、零售商业业态、连锁商业的涵义与特点；商业交易方式的涵义、作用、分类及其选择原则；直销、代销和经销；现货交易与期货交易；商业投机的涵义、作用和类型；商业风险与风险管理；商业竞争的客观性、竞争内容及其制衡；商业筹资和筹资方式；商业投资及投资要遵循的原则；优化商业资本结构与国有商业资产重组；商业价格及其作用；商业价格管理制度和任务；商业职业道德及其表现；商业信誉的内容和维护。第四单元（第 16 章）：学习时数，6 学时；面授 1 次，4 学时。学习重点：国家对商业宏观管理的必要性；国家对商业宏观管理的任务和手段；社会商业管理的客观性与职能；工商行政管理的职能和特点；商业管理体制的内容及其改革方向。四、复习考试：第 18、19 周。

（孙　波）

【《刑法总论》教学具体安排】（99 级本科班第 2 学期法律专业考试课）一、目的要求：通过学习，联系工作实际，使学员理解和掌握刑法的基本原则、犯罪和犯罪构成理论以及刑罚理论，正确区分罪与非罪、此罪与彼罪的界限，加强法律意识，提高运用刑法理论分析犯罪、正确定罪量刑的能力，更好地依法同犯罪作斗争，维护社会治安，保障改革开放和社会主义现代化建设事业的顺利进行。二、学习总时数：133 学时，每周 7 学时，19 周；其中，面授 7 次，28 学时；录像串讲 1 次，3 学时。三、教学安排：分五个单元。第一单元（第 1—3 章）：学习时数，14 学时；面授 1 次，4 学时。学习重点：刑法的性质、机能、创制和解释；我国刑法的适用范围；刑法的基本原则。第二单元（第 4—6 章）：学习时数，28 学时；面授 2 次，8 学时。学习重点：犯罪的基本特征和认定；犯罪概念和犯罪构成的关系；犯罪客体的概念、种类，犯罪客体与犯罪对象的区别；犯罪客观方面概念，危害行为和危害结果；犯罪主体的概念，刑事责任年龄，刑事责任能力；犯罪主观方面概念，犯罪故意，犯罪过失，犯罪动机与目的；正当防卫的构成条件，正当防卫，紧急避险与正当防卫的关系。第三单元（第 7—10 章）：学习时数，28 学时；面授 2 次，8 学时。学习重点：犯罪预备、未遂和中止；共同犯罪的概念和条件，犯罪集团的特征，共同犯罪人的分类及其处罚；单位犯罪的概念、特征和处罚；罪数的标准，继续犯、想象竞合犯、结果加重犯、惯犯和牵连犯。第四单元（第 11—13 章）：学习时数，28 学时；面授 1 次，4 学时。学习重点：刑罚的概念、特征，刑罚的功能、目的；刑罚的种类，非刑罚处理方法；量刑的原则，量刑情节。第五单元（第 14—16 章）：学习时数，21 学时；面授 1 次，4 学时。学习重点：累犯、自首的概念、种类、成立条件和处罚，数罪并罚的原则、适用；缓刑的概念、适用条件、考验期，减刑的概念、适用条件和执行，假释的概念、适用条件和考验；刑罚消灭的概念、特征，时效，赦免的概念、种类。四、

复习考试：第 18、19 周。（孙　波）

【《民法学分论》教学具体安排】（99 级本科班第 2 学期法律专业考试课）一、目的要求：通过学习，使学员把握民法物权的基本理论和基本制度，债权、合同的基本理论和基本制度，知识产权的基本理论和基本制度，继承权的基本理论和基本制度，进而能够运用这些理论和制度去分析现实生活中层出不穷的民法问题，学会用民法手段保护公民和法人的合法民事权益，自觉为发展社会主义市场经济服务。二、学习总时数：133 学时，每周 7 学时，19 周；其中，面授 7 次，28 学时；电教辅导 1 次，3 学时。三、教学安排：分四个单元。第一单元（第 1—6 章）：学习时数，35 学时；面授 2 次，8 学时。学习重点：物权的概念和特征，物权的效力和分类，我国物权法体系；财产所有权的概念与特征，财产所有权的内容：占有权、使用权、收益权、处分权，财产所有权的取得方式，财产所有权的民法保护方法；土地所有权，房屋所有权，相邻关系的种类和处理原则；共有的概念与特征，按份共有与共同共有；用益物权的概念与特征，企业经营权、承包经营权、土地使用权和典权；担保物权的概念与特征，抵押权、质权和留置权。第二单元（第 7—20 章）：学习时数，49 学时；面授 3 次，12 学时。学习重点：债的概念及其构成要素，债的分类，债的履行与担保，债的转移；合同的概念与特征，合同的分类，合同法的基本原则；合同订立的一般程序，合同的形式和内容，合同的成立时间、地点和方式，格式条款合同的适用范围和应注意的问题；合同效力的概念，合同生效的条件，无效合同，可撤消合同，效力未定的合同；合同的履行的概念，同时履行抗辩权、先履行抗辩权、不安抗辩权，代位权与撤消权；缔约过失责任，违约责任；买卖合同和赠与合同；租赁合同和融资租赁合同；借款合同；承揽合同和建设工程合同；运输合同，保管合同，仓储合同，委托合同，行纪合同，居间合同；技术开发合同和技术转让合同；不当得利之债和无因管理之债。第三单元（第 21—24 章）：学习时数，21 学时；面授 1 次，4 学时。学习重点：知识产权的概念与特征，知识产权法；著作权的概念，著作权的保护对象，著作权的主体，著作权的内容，邻接权；专利的概念，专利法律关系的主体，专利法律关系的客体，专利权的申请，专利权的内容，专利权的期限、终止及无效、撤消，专利侵权与专利保护；商标的概念和作用，商标权的概念与特征，商标注册，商标权的内容及续展、转让和使用许可，驰名商标及其保护，注册商标专用权的保护。第四单元（第 25—29 章）：学习时数，14 学时；面授 1 次，4 学时。学习重点：财产继承权的概念与特征，遗产的范围；法定继承；遗嘱继承与遗赠；遗赠抚养协议；遗产的处理。四、复习考试：第 18、19 周。（孙　波）

【《中国历代治国思想要览》教学具体安排】（第八期领导干部函授班第 4 学期、98 级本科班第 5 学期党政管理专业考查课）一、目的要求：通过学习中国历代治国安邦的文献资料，使学员认识和把握历代思想家、政治家有关治国从政、济世安民、理财治生、执法断狱、用人选才、修身报国的指导思想、指导原则、基本方略和领导艺术；认识中国历代治国思想、治国方略的文化价值、实用价值和借鉴作用，以史为鉴，总结治国经验，加强自身修养，不断提高自己的领导能力和领导水平，以便把社会主义各项事业办得更好。二、学习总时数：114 学时，每周 6 学时，19 周；其中，面授 5 次，20 学时。三、教学安排：分四个单元。第一单元（总论篇）：学习时数，36 学时；面授 2 次，8 学时。学习重点：认识掌握治国之道的重要性，弄清有道就能兴邦、无道必然亡国的道理；了解儒家、法家、道家等学派的治国方略及特色，把握仁政治国、以法治国、王霸兼用和无为而治方略的基本观点及其在历史上的影响和作用；了解儒家学派关于大同社会的治国思想和终极目标，认识为政必先去私和划清公私关系的重要性；认识维护国家统一、反对分裂，是中华民族的光荣传统，是中国各族人民根本利益所在，坚持和一切破坏统一、制造分裂的言行作斗争等；认识在创业与守成、打天下与坐天下不同情况下，适时调整治国方略的必要性和重要性；深刻认识创业难、守业更难的治国道理及其现实意义；认识孟子“生于忧患，死于安乐”论断的重要意义及其借鉴价值。艰苦奋斗，发愤图强，反对金钱至上、享乐主义及形形色色的腐败现象；认识在社会主义现代化建设过程中居安思危、树立忧患意识的必要性、重要性及其现实意义；认识治国者以史为鉴的必要性及意义。第二单元（理政篇、爱民篇）：学习时数，24学时；面授1次，4学时。学习重点：认识决策的重要性及其依据；认识社会变革的必要性及其与稳定的关系；认识勤政、廉政是为政之本；认识开放言路、兼听博纳，是执政者理政是否得当的基本条件和保证，关系国家的兴衰安危；深刻认识和理解“民为邦本”治国思想的重要意义及借鉴价值；古代思想家、政治家关于富民、利民、安民、使民、取民的治国思想及借鉴意义。第三单元（理财篇、执法篇）：学习时数，24学时；面授1次，4学时。学习重点：“治国之实，必本于财用”。认识理财、管理社会经济在治国安邦中的重要地位和作用；认识社会主义市场经济体制下正确处理义利关系的重要性。了解古代几种不同的义利观及其评价；了解古代农本思想及农工商协调发展思想的意义和借鉴价值；了解古代理财家调控经济发展的理论及手段；认识开源节流、崇俭反奢的理财原则及意义；了解古代货殖家的经营之道及经营谋略；认识法在统一人们行为规范中的重要地位和作用；认识古代立法、执法的基本原则及意义。第四单元（用人篇、修身篇）：学习时数，18学时；面授1次，4学时。学习重点：认识人才在治国安邦中的重要地位和作用；人才贵在识别，“乏人论”是没有根据的；认识选拔人才的标准和舍短求长、择能而使的用人方法；认识修身治国的关系；古代修身之道的基本内容及其借鉴意义。四、复习考试：第18、19周。

（孙　波）

【《领导科学概论》教学具体安排】（第九期领导干部函授班第2学期、第十期领导干部函授班第1学期考试课）一、目的要求：通过学习，使学员掌握领导科学的基本理论和方法，结合我国社会主义现代化建设和改革开放的实践，认真领会和贯彻江泽民同志关于“讲学习、讲政治、讲正气”的指示精神，自觉地改进领导方法和领导作风，提高领导工作水平，为党的事业贡献自己的聪明才智。二、学习总时数：133学时，每周7学时，19周；其中，面授7次，28学时；电教辅导1次，3学时。三、教学安排；分五个单元。第一单元（导言、第1—4章）：学习时数，28学时；面授2次，8学时。学习重点：领导科学的产生、性质、研究对象和任务；领导的产生、领导的性质、社会主义条件下无产阶级领导的实质及领导者的本质；社会主义条件下领导者的责任、权利和义务；领导环境的涵义、特征及领导者认识、适应、利用、改造环境的必要性和基本途径、方法；社会主义条件下无产阶级领导者坚持四项基本原则、理论联系实际的原则、集体领导原则和法治原则的必要性，坚持理论联系实际的原则和集体领导原则需要注意的问题，领导行为法律化的涵义和本质要求；现代领导观念与思维的原则要求，现代领导观念与思维方式的基本内容。第二单元（第5—8章）：学习时数，28学时；面授2次，8学时。学习重点：组织在领导中的作用及其组织结构理论；组织机构设计的依据、内容，组织机构设置的基本原则；我国社会主义领导体制的演变的过程及进一步深化领导体制改革的必要性；领导班子的特点、结构；领导班子结构科学化的必要性、基本标志、主要原则、基本内容和途径；知人善任在领导工作中的地位和意义；领导者正确识别干部应掌握的基本观点和方法；领导者选贤任能的原则；激励的实质、指导思想、激励目标设定需要注意的问题，激励的主要方式，思想政治工作的原则。第三单元（第9—13章）：学习时数，28学时；面授1次，4学时。学习重点：领导战略、政策在领导活动中的地位、作用及其制定的原则、程序；调查研究在领导活动中的地位、作用，调查研究应遵循的基本原则及调查研究的主要方法；预测的特征、作用、分类和方法；决策的类型、科学决策的程序、方法，领导者必备的决策素养；领导协调的类型、基本原则、方法和艺术；领导监督的分类、作用、原则和方法。第四单元（第14、15章）：学习时数，14学时；面授1次，4学时。学习重点：领导方法论基础的主要内容；基本领导方法的主要内容，主要领导方法；领导艺术的作用，领导者处理日常事务的基本原则。第五单元（第16—18章）：学习时数，21学时；面授1次，4学时。学习重点：领导作风的实质和作用，领导作风的主要内容，改进领导作风的必要性；领导者的素养和修养在领导中的作用；领导者素养的基本内容，领导者素养提高的方法和途径；领导绩效的特点和作用，领导绩效考评的内容和原则，提高领导绩效的途径。四、复习考试：第18、19周。（孙　波）

【《马克思主义政治经济学经典文选》(《资本论》选编)教学具体安排】（第九期领导干部函授班第2学期考查课、2000级本科班第1学期经济管理专业、贸易经济专业考试课）一、目的要求：通过教学实践活动，教师要引导学员认真阅读《马克思主义政治经济学经典文选》（《资本论》选编），学员要完整准确地理解马克思主义经济理论，切实掌握其分析问题的立场、观点和方法，紧密联系社会主义市场经济的实际，拓宽和增强专业学习的基础，提高理论素养和研究新情况，解决新问题的能力，增强贯彻执行党的方针政策的自觉性。二、学习总时数：114学时，每周6学时，19周；其中，面授5次，20学时。三、教学安排：分三个单元。第一单元（《文选》所选卡尔·马克思“第一版序言”、第一卷“资本的生产过程”）：学习时数，42学时；面授2次，8学时。学习重点：《资本论》的研究对象、目的和分析方法；商品二因素、劳动二重性及两者的关系；货币的起源、本质和职能；价值规律及其作用；资本的总公式及其矛盾；资本主义的生产过程；不变资本和可变资本；资本主义工资的本质；资本积累及其实质；资本积累一般规律及其历史趋势。第二单元（《文选》所选第二卷“资本的流通过程”）：学习时数，24学时；面授1次，4学时。学习重点：资本循环的三个阶段和三种职能形式；资本循环正常进行必须具备的条件；生产时间和流通时间对资本增殖的影响；生产性流通费用和纯粹性流通费用；固定资本和流动资本及固定资本的损耗；资本周转速度对剩余价值的影响；社会资本及其特点；社会资本再生产的理论前提及核心；社会资本简单再生产的实现条件；社会资本扩大再生产的前提条件和实现条件。第三单元（《文选》所选第三卷“资本主义生产的总过程”）：学习时数，36学时；面授2次，8学时。学习重点：剩余价值转化为利润；剩余价值率转化为利润率；利润转化为平均利润，价值转化为生产价格；商业资本和商业利润；借贷资本和利息；资本主义信用与银行资本及股份公司；资本主义地租及其形式；资本主义分配关系和生产关系的内在联系。四、复习考试：第18、19周。 （孙　波）

【《当代中国政治制度》教学具体安排】（第九期领导干部函授班第2学期、99级本科班第3学期行政管理专业考查课）一、目的要求：通过学习，使学员了解当代中国政治制度的基本内容及其产生、发展和演变的趋势，研究它的利弊得失，认识共产党领导下的社会主义中国政治制度的优越性，掌握其发展的规律，明确其改革的方向。二、学习总时数：114学时，每周6学时，19周；其中，面授5次，20学时。三、教学安排：分四个单元。第一单元（第1—3章）：学习时数，30学时；面授2次，8学时。学习重点：毛泽东的国体与政体理论；人民民主专政的阶级实质和职能；人民代表大会制度遵循的主要原则；全国人民代表大会的职权；全国人大常委会的机构；人民代表的权利和义务；中国共产党领导的多党合作制的政治基础和基本方针；中国共产党领导的多党合作制的特点与意义。第二单元（第4—7章）：学习时数，30学时；面授1次，4学时。学习重点：国务院的性质、地位和职权；国家行政机关的首长负责制与民主集中制的关系；当代中国司法制度的基本原则和具体司法制度；当代中国军事制度的发展；新时期人民武装力量的地位和作用。第三单元（第8、9章）：学习时数，18学时；面授1次，4学时。学习重点：民族区域自治制度的基本原则、特点和优点；民族自治机关的自治权；“一国两制”的主要内容；香港特别行政区的政治体制。第四单元（第10—13章）：学习时数，24学时；面授1次，4学时。学习重点：人民政协的性质、任务和职能；发展人民直接参与制度的必要条件；当代中国选举制度的基本原则；我国干部人事制度的主要内容。四、复习考试：第18、19周。 （孙　波）

【《经济管理学原理》教学具体安排】（98级大专班第5学期党政管理专业考试课）一、目的要求：通过学习，使学员较系统地掌握经济管理学原理的基本理论、观点和方法，提高运用所学理论研究和把握社会经济活动规律、分析和解决经济管理中现实问题的能力。二、学习总时数：140学时，每周7学时，20周；其中，面授7次，28学时；电教辅导1次，3学时。三、教学安排：分五个单元。第一单元（导言、第1—4章）：学习时数，35学时；面授2次，8学时。学习重点：经济管理原理的性质、研究对象和研究方法；经济管理的必要性、任务和基本原则；经济管理的二重性理论的内容及意义；经济管理现代化的涵义、内容，实现经济管理现代化的必要性途径；经济管理者的类别、作用和职责，经济管理者素质的基本要求及提高素质的根本途径；经济管理组织的类别、功能，建立经济管理组织的客观依据和原则；经济管理体制的内容，经济管理体制建立的客观依据。第二单元（第5—9章）：学习时数，28学时；面授1次，4学时。学习重点：人力资源、物力资源、财力资源的涵义及特点；科学技术的涵义及现代科学技术的特点，经济信息的涵义及特征；人力资源管理的意义、管理的内容及完善劳动力管理体制；物力资源管理的意义、管理的内容及发展和完善生产资料市场；财力资源管理的意义、管理的内容及完善财政、金融管理体制；科学管理的基本要求、主要任务，科学技术管理的主要内容；经济信息在经济管理中的作用，经济信息系统的涵义、结构及经济信息加工的程序；发展信息产业的必要性、措施。第三单元（第10—12章）：学习时数，14学时；面授1次，4学时。学习重点：经济管理目标的涵义、特点、作用和类别；经济管理目标的确定和实施；经济预测的涵义、作用和内容，经济预测的步骤、方法；经济决策的涵义、作用、类别及程序、方法。第四单元（第13—18章）：学习时数，35学时；面授2次，8学时。学习重点：计划的涵义及社会主义市场经济条件下计划的特点，计划在经济管理中的地位和作用；经济计划的综合平衡，建立计划管理体制的基本原则；经济监督的涵义、特点和功能，经济监督的内容、形式和种类；经济调控的涵义、任务、目标，经济调控的手段、原则；思想教育在经济管理中的特点、作用，思想教育的内容、原则和方法；依法管理经济的涵义、特征、原则和任务，加强经济管理中的法制建设；社会保障的涵义、功能和任务，建立新型的社会保障制度应坚持的指导思想和原则；完善城市社会保障体系，建立农村社会保障制度。第五单元（第19章）：学习时数，14学时；面授1次，4学时。学习重点：经济效益的涵义及分类，经济管理效益评价的涵义及作用；评价经济效益指标体系的内容；评价经济效益的方法。四、复习考试：第19、20周。（姚东锋）

【《法学概论》教学具体安排】（98级大专班第5学期党政管理专业、经济管理专业考试课）一、目的要求：通过学习，使学员比较全面系统地掌握法理学、宪法学和部门法学的基本理论和基本知识，为依法办事、依法治国，建设社会主义法治国家，打下法律知识基础。二、学习总时数：140学时，每周7学时，20周；其中，面授7次，28学时；电教辅导1次，3学时。三、教学安排：分四个单元。第一单元（第1—3章）：学习时数，28学时；面授2次，8学时。学习重点：马克思主义法学的产生和发展，法的本质和作用；法律规范和法律体系，法律关系；法律行为和法律责任；法治的概念，社会主义法制与民主，社会主义法制的基本要求；社会主义法的制定，社会主义法的适用；社会主义法制建设的重要意义、基本目标和基本内容。第二单元（第4—6章）：学习时数，35学时；面授2次，8学时。学习重点：宪法的概念，我国宪法的基本原则；我国的国体、政权组织形式、国家结构形式；我国公民的基本权利，国家机构；行政法主体、行政行为；刑法的概念、性质、法律特征，我国刑法的任务，我国刑法的基本原则；犯罪概念和特征，犯罪构成，犯罪形态；刑罚的概念、目的，我国刑罚的种类和具体运用；破坏社会主义市场秩序罪的定义和共同特征。第三单元（第7、8章）：学习时数，35学时；面授2次，8学时。学习重点：民法的调整对象、民法的基本原则；公民的民事权利能力和民事行为能力，法人的概念和特征，法人的民事权利能力和民事行为能力；民事法律行为；所有权的一般原理；债的一般原理，合同概述；著作权、专利权、商标权的概念和特征；公司法的基本原则，有限责任公司和股份有限公司的定义和设立条件；消费者权益保护法的基本原则，消费者的权利和经营者的义务，产品质量法。第四单元（第9—11章）：学习时数，28学时；面授1次，4学时。学习重点：刑事诉讼法的概念、任务、基本原则和主要制度；刑事诉讼中的立案、侦查、起诉和审判；民事诉讼法的概念、任务和特有的基本原则，民事诉讼的参加人；民事审判程序；行政诉讼的概念、作用、基本原则和受案范围；行政诉讼参加人，行政诉讼程序。四、复习考试：第19、20周。（姚东锋）

【《实用管理数学基础》教学具体安排】（98级大专班第5学期经济管理专业考试课）一、目的要求：通过学习，使学员掌握一些管理数学的常用知识和方法，在工作中加以运用，解决管理的一些实际问题，为逐步实现管理工作的科学化、现代化打下基础。二、学习总时数：80学时，每周4学时，20周；其中，面授5次，20学时。三、教学安排：本课程内容较多，考虑到教学时间及学员的实际水平，将6、7章只作为自学，不作为考试内容。其余六章分为四个单元。第一单元（第1、2章）：学习时数，20学时；面授1次，4学时。学习重点：函数的基本概念；一些常见的初等函数在经济管理中的应用和解决实际问题的方法；数列的基本概念；利用等差、等比数列解决实际问题的方法。第二单元（第3、4章）：学习时数，24学时；面授2次，8学时。学习重点：统计的基本概念；用样本估计总体的几种基本方法；概率的基本概念；利用概率的有关公式计算一些典型的应用问题。第三单元（第5章）：学习时数，16学时；面授1次，4学时。学习重点：行列式的性质和计算；矩阵的基本概念和运算法则；用矩阵的初等变换方法求解线性方程组。第四单元（第8章）：学习时数，12学时；面授1次，4学时。学习重点：决策问题的概念；风险型决策问题的期望值法和决策树法。四、复习考试：第19、20周。（姚东锋）

【《涉外经济法教程》教学具体安排】（98级大专班第5学期政法专业考试课）一、目的要求：通过学习，使学员在掌握涉外经济法的基础理论的前提下，对我国对外贸易法律制度、外商投资法律制度、涉外工业产权与技术转让法律制度、涉外金融、税收法律制度和涉外经济仲裁与诉讼法律制度有较为系统的认识。做到在整体上把握其基础理论知识，学会对涉外经济各项规律制度的领会与运用，同时，还要根据当前我国即将参加WTO组织的特殊环境，提高涉外经济管理水平，推动我国涉外经济的健康发展。二、学习总时数，140学时，每周7学时，20周；其中，面授7次，28学时；电教辅导1次，3学时。三、教学安排：分四个单元。第一单元（绪论、第1—6章）：学习时数，42学时；面授2次，8学时。学习重点：涉外经济法的概念、体系、基本原则和作用；对外贸易管理体制；对外贸易经营者，货物与技术进出口的基本法律规定；海上货物运输合同概念，货物运输的方式；提单的概念、内容、种类及其法律适用与作用；租船合同的概念、特征与种类；海上保险合同基本概况，货物承保的风险与保险险别；对外贸易支付的概念与特征；对外贸易支付工具与支付方式；海关的性质、任务、职权以及监管的范围；涉外工程承包的概念、特征、形式和涉外工程承包合同的概念、特征和内容以及工程承包的基本程序。第二单元（第7—11章）：学习时数，28学时；面授2次，8学时。学习重点：外商投资的待遇、法律保护与争端的解决；中外合资经营企业的设立、资本、组织机构及经营方式；中外合资经营企业的期限、解散和清算；中外合作经营企业与中外合资经营企业的区别；中外合作经营企业的概念、特征、设立、变更和终止；中外合作经营企业的出资、组织机构和经营管理方式；外资企业概念、特征及其设立与变更；补偿贸易与补偿贸易合同的概念、特征以及补偿贸易合同的主要内容；对外加工装配及其合同的概念、特征和合同的内容；对外加工装配与补偿贸易的异同。第三单元（第12—17章）：学习时数，42学时；面授2次，8学时。学习重点：涉外工业产权的概念、特征及其适用的国际保护公约；涉外专利、商标的法律规定；涉外技术转让的概念、特征、标的种类、转让具体方式；涉外借贷的概念、特征与种类；涉外借贷担保的概念和种类；涉外租赁的概念、特征、种类、基本程序；国际租赁合同的概念、特征及其主要条款；外汇、外汇汇率的概念、汇率的标价方法与我国现行外汇管理体制；逃汇、套汇的概念及法律责任；涉外税法的概念、特征及基本要素。第四单元（第18、19章）：学习时数，14学时；面授1次，4学时。学习重点：涉外经济仲裁的概念、机构及其意义；涉外经济仲裁基本程序；涉外经济诉讼法的概念、特征及其司法管辖权；涉外经济诉讼特别程序。四、复习考试：第19、20周。（姚东锋）

【《劳动法学教程》教学具体安排】（98级大专班第5学期政法专业考试课）一、目的要求：通过学习，使学员了解劳动法的产生和发展，掌握劳动法的基本概念、基本理论知识，熟悉各项劳动法律制度的基本内容，明确我国社会主义劳动法的性质、地位和作用，提高遵守和执行劳动法的自觉性，运用所学知识分析、解决实际工作中的一般劳动法问题，保护劳动者的合法权益，维系和发展劳动者和用人单位和谐、稳定的劳动关系，保障社会稳定，促进经济发展和社会进步。在教学过程中，要认真贯彻执行教育为社会主义事业服务、教育与社会实践相结合的方针，理论联系实际，教书育人，加强案例教学。二、学习总时数：140学时，每周7学时，20周；其中，面授7次，28学时；电教辅导1次，3学时。三、教学安排：分三个单元。第一单元（绪论、第1—4章）：学习时数，14学时；面授1次，4学时。学习重点：劳动法的概念和调整对象；《中华人民共和国劳动法》适用范围；我国劳动法的基本原则；劳动法历史；劳动法律关系要素；劳动法律事实，产生、变更、消灭劳动法律关系的条件。第二单元（第5—15章）：学习时数，105学时；面授5次，20学时。学习重点：劳动合同的概念和特征，劳动合同与劳务合同的区别，订立劳动合同的原则和要求，履行劳动合同的要求；解除劳动合同的条件和程序，解除劳动合同的经济补偿，违反劳动合同的法律责任，无效劳动合同的确认和处理；集体协商的概念和特征，集体协商代表的产生和保护；集体合同的概念和特征，集体合同与劳动合同的区别，订立集体合同的原则和程序；工作时间和休息休假；工资的概念和特征，实现按劳分配的原则，岗位技能工资制度，经营者年薪制度，基本工资形式，辅助工资形式，工资支付规则，法律规定允许扣除工资的情形及数额限制；劳动安全卫生的概念和特征，劳动安全卫生的工作方针，安全生产责任制度，安全生产教育制度，伤亡事故的概念和分类，伤亡事故的调查和处理制度；女职工和未成年工的特殊保护的概念，女职工禁忌劳动范围，女职工“四期”保护，未成年工禁忌劳动范围，未成年工健康检查制度；社会保险和福利；劳动纪律；工会和职工民主管理。第三单元（第16、17章）：学习时数，7学时；面授1次，4学时。学习重点：劳动争议处理的概念、分类和处理程序；劳动监督与法律责任。四、复习考试：第19、20周。（姚东锋）

【《国际法教程》教学具体安排】（98级大专班第5学期政法专业考查课）一、目的要求：通过学习，使干部，特别是领导干部，在对外交往和处理国际事务中，必须具备国际法知识，努力提高运用国际法的能力，善于运用国际法这个武器，来维护我们的国家利益和民族尊严。二、学习总时数，80学时，每周4学时，20周；其中，面授5次，20学时。三、教学安排：分四个单元。第一单元（第1—3章）：学习时数，20学时；面授1次，4学时。学习重点：国际法的概念及基本特征；如何正确理解和处理国际法与国内法的关系；和平共处五项原则的主要内容及其在现代国际法中的地位和作用；现代国际法的主体；国家的基本权利和义务。第二单元（第4—7章）：学习时数，20学时；面授2次，8学时。学习重点：国家领土的概念及其组成部分；划界的程序和规则；领海的概念及其法律地位；《中华人民共和国领海及毗连区法》的主要内容；有关空中劫持的国际公约及其主要内容；国籍的概念及其取得的方式；《中华人民共和国国籍法》的基本原则；试述有关空中劫持的国际公约及其主要内容。第三单元（第8—10章）：学习时数，16学时；面授1次，4学时。学习重点：国家外交机关的体系；外交特权与豁免的主要内容及其根据；条约的缔结程序；条约必须遵守的原则；国际组织的概念及特点；联合国大会的职权及其表决程序；安理会的职权及其表决程序。第四单元（第11、12章）：学习时数，16学时；面授1次，4学时。学习重点：国际争端的政治解决方法；国际法院的诉讼管辖权；国际法上战争的概念及其特点；战争法规的特点、基本原则及其主要内容；“纽伦堡原则”的内容及其意义。四、复习考试：第19、20周。（姚东锋）

【《公共市政学》教学具体安排】 （99级大专班第3学期行政管理专业考查课）一、目的要求：通过学习，使学员系统掌握社会主义市场经济建立和完善过程中公共市政学的基本原理，以探讨适应新形势的公共市政方式为重点，增强其公共市政意识和能力。二、学习总时数：80学时，每周4学时，20周；其中，面授5次，20学时。三、教学安排：分三个单元。第一单元（第1、2章）：学习时数，16学时；面授1次，4学时。学习重点：公共市政，公共市政中“市”与“市政”的特定涵义；学习公共市政学的必要性；为市民服务原理、依法治市原理、科教强市原理、市民参政原理各包括的内容和重大意义。第二单元（第3—5章）：学习时数，24学时；面授1次，4学时。学习重点：市国家权力机关的组成及其主要职权；市国家行政机关的纵向层级和横向部门及其主要职责，实现城市政府的职能转变；市国家检察机关与市国家审判机关的组成与职权；中国共产党的各级领导组织框架及其职责；市政协、各民主党派、人民团体在公共市政中的地位和作用；完善和加强城市社区建设；我国的市政过程及其阶段、环节。第三单元（第6—12章）：学习时数，32学时；面授3次，12学时。学习重点：首都城市管理的涵义、特征和功能，完善首都城市的软、硬件设施，结合首都城市自身特点搞好其规划；城市规划的涵义，编制城市规划；城市环境问题，加强城市环境管理和解决城市环境问题；城市经济行政及其包括的内容；城市基础设施管理的内容，城市基础设施管理，城市交通内容；我国当前的城市地政体制和内容，改革我国城市地政体制和规范城市土地市场；我国的城市住宅管理体制，传统的城市住房制度存在的弊端，进行住房制度改革；理解和加强城市户政管理；加强城市计划生育管理；城市社会保障的作用，我国的城市社会保障体制，进行城市社会保障体制的改革；加强城市社会治安管理，解决城市治安管理中的一些现实问题；加强城市科教文卫体管理与改革。四、复习考试：第19、20周。（姚东锋）

【《财政学》教学具体安排】 （99级大专班第3学期经济管理专业考试课）一、目的要求：通过学习，使学员比较系统地掌握财政、税收、国债、国家预算、财政体制、财政政策等方面的基本理论和基本知识；了解我国财政的发展，弄清我国现行财税体制改革的基本内容、意义、存在的问题和进一步深化完善改革的思路；认清在我国社会主义市场经济条件下，财政在国家宏观调控体系中的重要地位和作用，特别要了解近年我国实施的积极财政政策。二、学习总时数：140学时，每周7学时，20周；其中，面授7次，28学时；电教辅导1次，3学时。

三、教学安排：分五个单元。第一单元（第1章）：学习时数，14学时；面授1次，4学时。学习重点：财政及其产生；财政的职能和作用；我国社会主义财政的产生和发展。第二单元（第2—5章）：学习时数，63学时；面授3次，12学时。学习重点：财政收入的来源与分类；我国筹集财政收入的原则；我国的税收制度；我国税制建立的原则；1994年我国税制改革的成就与存在的问题；合理安排财政支出的意义及我国财政支出的原则；国债的负担与限度。第三单元（第6章）：学习时数，14学时；面授1次，4学时。学习重点：国家预算和国家决算；我国现行复式预算制度；什么是零基预算和部门预算。第四单元（第7、8章）：学习时数，21学时；面授1次，4学时。学习重点：国家预算管理体制及其改革；我国预算管理体制的演变；我国分税制财政管理体制的主要内容。第五单元(第9章)：学习时数，14学时；面授1次，4学时。学习重点：财政平衡；财政平衡与社会总供求平衡；财政赤字及弥补赤字的方式；财政政策；财政政策的目标和手段；积极的财政政策。四、复习考试：第19、20周。 （姚东锋）

【《社会调查与统计》教学具体安排】（99级大专班第3学期经济管理专业考查课）一、目的要求：通过学习，使学员掌握社会调查和统计的基础理论与方法，学会收集、整理、分析和研究数据资料的基本技能，在理论和实践结合的基础上，提高学员定量和定性分析问题的能力。二、学习总时数：80学时，每周4学时，20周；其中，面授5次，20学时。三、教学安排；分五个单元。第一单元（第1—3章）：学习时数，12学时；面授1次，4学时。学习重点：社会调查的涵义及其基本功能；社会调查学的方法论体系和理论指导；社会调查的基本类型、普查、典型调查、重点调查和抽样调查。第二单元（第4—6章）：学习时数，16学时；面授1次，4学时。学习重点：操作性定义，社会测量的涵义和测量尺度；问卷的基本形式、类型和设计技巧；五种基本调查方法的概念、特点、种类和实施技巧；信度和效度的涵义，二者之间的关系。第三单元（第7—10章）：学习时数，16学时；面授1次，4学时。学习重点：统计的涵义，统计学的研究对象，统计的功能，统计指标；数据资料的审核与整理技术；数据资料数量特征的测量方法。第四单元（第10、11章）：学习时数，12学时；面授1次，4学时。学习重点：时间数列的概念、种类；时间数列分析常用指标的计算方法；指数的概念与分类；综合指数编制方法及因素分析。第五单元（第12、13章）：学习时数，16学时；面授1次，4学时。学习重点：抽样推断的涵义；抽样误差计算方法；抽样推断方法；相关与回归的概念、种类；简单线性相关系数的计算方法。四、复习考试：第19、20周。 （姚东锋）

【《刑法概论》教学具体安排】（99级大专班第3学期法律专业考试课）一、目的要求：通过学习，使学员在刑法学的基本原理与同犯罪作斗争的实际经验相结合的基础上，理解和掌握刑法的概念、本质、任务和基本原则，犯罪、犯罪构成和刑罚的理论，以及十类罪和重点罪的定义和主要特征，学会运用刑法理论分析各种具体犯罪，正确区分罪与非罪、非罪与彼罪的界限，以便依法同犯罪作斗争。保护政策开放和社会主义现代化建设的顺利进行。二、学习总时数：140学时，每周7学时，20周；其中，面授7次，28学时；电教辅导1次，3学时。三、教学安排：分五个单元。第一单元（第1—3章）：学习时数，14学时；面授1次，4学时。学习重点：刑法的本质，我国刑法的任务、基本原则和效力范围；犯罪的概念、本质和基本特征；犯罪构成的概念；犯罪客体的概念，犯罪客体与犯罪对象的区别。第二单元（第 4—7 章）：学习时数，28 学时；面授 1 次，4 学时。学习重点：犯罪客观方面的概念和必要条件，危害行为和危害结果；犯罪主体的概念和要件，刑事责任年龄和刑事责任能力的概念及我国刑法的规定；单位犯罪的概念、主要特征和刑事责任；犯罪主观方面的概念，故意犯罪的定义和犯罪故意的种类，过失犯罪的定义和犯罪过失的种类，犯罪目的和动机；正当防卫的概念和构成要件，特殊防卫权，紧急避险的概念和构成要件。第三单元（第 8—11 章）：学习时数，21 学时；面授 1 次，4 学时。学习重点：犯罪预备、犯罪未遂和犯罪中止的概念、特征和成立条件；共同犯罪的概念和条件，犯罪集团的特点，共同犯罪人的分类及其处罚；刑罚的概念和本质，刑罚的目的，刑罚种类；累犯、自首、立功的概念及其成立条件；数罪并罚的概念及其原则；缓刑、减刑、假释的概念及其适用条件。第四单元（第 12—17 章）：学习时数，35 学时；面授 2 次，8 学时。学习重点：危害国家安全罪的概念、共同特征以及教材中第 13 章所标明的重点罪；危害公共安全罪的概念、共同特征以及教材中第 14 章所标明的重点罪；破坏社会主义市场经济秩序罪的概念、共同特征以及教材中第 15 章所标明的重点罪；侵犯公民人身权利、民主权利罪的概念、共同特征及教材中第 16 章所标明的重点罪；侵犯财产罪的概念、共同特征以及教材中第 17 章所标明的重点罪。第五单元（第 18—22 章）：学习时数，28 学时；面授 2 次，8 学时。学习重点：妨害社会管理秩序罪的概念、共同特征以及教材中第 18 章所标明的重点罪；危害国防利益罪的概念、共同特征及教材第 19 章所标明的重点罪；贪污贿赂罪的概念、共同特征以及教材中第 20 章所标明的重点罪；渎职罪的概念、共同特征以及教材中第 21 章所标明的重点罪；军人违反职责罪的概念、共同特征以及教材中第 22 章所标明的重点罪。四、复习考试：第 19、20 周。

（姚东锋）

【《干部写作概论》教学具体安排】（2000 级大专班第 1 学期行政管理专业、经济管理专业考查课）一、目的要求：通过学习，使学员写作能力有所提高，做到能写一般的机关应用文章的基本知识和干部常用文体，特别是公务文书的基本特点和写作要求，通过相应的训练和写作实践，能够写作、审订干部常用文章，具备社会主义建设时期党政干部（包括国家机关公务员、党和人民团体、事业部门的行政管理干部）和一般领导干部应有的写作能力。二、学习总时数：80 学时，每周 4 学时，20 周。其中，面授辅导 5 次，20 学时。三、教学安排：分四个单元。第一单元（引论、第 1、2 章）：学习时数，16 学时，面授辅导 1 次，4 学时。学习重点：马克思主义文风；叙述和议论；文体分类；构思和修改。第二单元（第 3、4 章）：学习时数，16 学时；面授辅导 1 次，4 学时。学习重点：公文的含义、功用、特点和类别，标印格式和写作要求，通用公文、日用公文主要文种的写作要点。第三单元（第 5、6 章）：学习时数，16 学时；面授辅导 1 次，4 学时。学习重点：经济文书的含义、功用、类别、特点与写作要求；法律文书、司法文书及诉讼文书的含义、功用、类别；主要经济文书及诉讼文书的含义、功用及其格式和写作要求。第四单元（第 7、8 章）：学习时数，24 学时；面授辅导 2 次，8 学时。学习重点：新闻文体的含义、基本规律及新闻工作的党性要求；新闻文体的分类及主要文体（消息、通讯、评论）的写作要求；正确认识理论文章，掌握其写作的基本程序和方法。四、复习考试：第 19、20 周。

（李钧泽）

【《中国宪法概论》教学具体安排】（2000级大专法律专业第1学期考试课）一、目的要求：通过学习，使学员系统地掌握宪法学的基本理论和知识，了解中国宪法、宪政的发展规律和特点，特别是1988年、1993年和1999年我国17条宪法修正案的新内容，比较深入地学懂弄通《中国宪法概论》的主要内容，增强宪法意识，为改革开放、依法治国和社会主义现代化建设服务。二、学习总时数：140学时，每周7学时，20周。其中，面授辅导7次，28学时，电教辅导1次，3学时。三、教学安排：分五个单元。第一单元（导言、第1、10章）：学习时数，28学时，面授辅导2次，8学时。学习重点：宪法学的研究对象；学习《中国宪法概论》的意义；宪法的概念和本质；资产阶级宪法的产生和发展；中国社会主义宪法的产生和发展；宪法的基本原则；中华人民共和国宪法的实施保障。第二单元（第2、3、4、9章）：学习时数，35学时；面授辅导2次，8学时。学习重点：我国是人民民主专政的社会主义国家；我国的爱国统一战线和各民主党派，中国共产党的多党合作和政治协商制度，中华人民共和国的选举制度；中华人民共和国是一个多民族的单一制国家；中华人民共和国的民族区域自治制度；正确认识中华人民共和国的特别行政区制度；正确认识中华人民共和国的国家标志——国旗、国徽、国歌和首都。第三单元（第5、6章）：学习时数，28学时；面授辅导2次，8学时。学习重点：中华人民共和国经济制度的性质、内容和基本特点，党的十五大报告以及九届全国人大二次会议的宪法修正案对此新提法；我国的分配制度；国家保护公民财产所有权和继承权；社会主义经济建设的指导思想、方针和途径；社会主义精神文明是社会主义社会的重要特征；社会主义思想道德建设；社会主义教育、科学和文化建设。第四单元（第7章）：学习时数，14学时；面授辅导1次，4学时。学习重点：公民的基本权利和基本义务的含义；中华人民共和国公民的基本权利；中华人民共和国公民的基本义务；中华人民共和国公民的基本权利和基本义务的特点。第五单元（第8章）：学习时数，21学时；面授辅导1次，4学时。学习重点：全国人民代表大会及其常务委员会；中华人民共和国主席；国务院；中央军事委员会；地方各级人民代表大会和地方各级人民政府；民族自治地方的自治机关；审判机关和检察机关。四、复习考试：第19、20周。（李钧泽）

【《法理学教程》教学具体安排】（2000级大专班法律专业第1学期考查课）一、目的要求：通过学习，掌握法的一般理论、法的结构、法的运行、法制与社会等基本问题，提高学员对社会主义法制建设和法学理论研究重要性的认识，运用法学基本理论为社会主义法制建设服务。二、学习总时数：8学时，每周4学时，20周。其中，面授辅导5次，20学时。三、教学安排：分五个单元。第一单元（绪论、第1—3章）：学习时数，16学时，面授辅导1次，4学时。学习重点：法的研究对象，法理学的地位、范围，法的本质；法的规范作用，法的社会作用；资本主义法；法的继承，法的移植。第二单元（第4—7章）：学习时数，16学时；面授辅导1次，4学时。学习重点：法律规范的概念、特征、法律规范的种类；我国社会主义法律的渊源的表现形式；规范性法律文本系统化方法；法的一般分类，法律体系的概念；法律部门的划分标准和原则，我国社会主义主要法律部门的内容；法律关系的概念、特征，法律关系的主体、内容、法律关系的产生、变更和消灭。第三单元（第8—11章）：学习时数，16学时；辅导1次，4学时。学习重点：法的制定的概念，立法的指导思想和基本原则，立法体制；法的适用的概念、特征，我国法的适用的基本要求和原则，我国法律适用的效力范围；法律解释的含义和法定解释的含义、守法、违法、法律责任；法律制裁、法律监督的概念，国家机关的法律监督。第四单元（第12—14章）：学习时数，16学时，面授辅导1次，4学时。学习重点：市场经济是法制经济，建立适应市场经济要求的法律制度，法制在市场经济体制改革中的作用；法制与民主的关系；社会主义与党的政策的关系；法律意识，法律文化，建立社会主义法律文化基础。第五单元（第15—17章）：学习时数，8学时；面授辅导1次，4学时。法与道德的异同；社会主义法制与道德；科技对法的影响，法对科技的影响；法与宗教的历史考察，社会主义法制与宗教。四、复习考试：第19、20周。（李钧泽）

【《党务管理概论》教学具体安排】（98级本科班第4学期党政管理专业考试课，98级领导干部函授班第4学期考查课）一、目的要求：通过学习，系统地掌握党务管理基本理论，总结马克思主义执政党的党务管理实践经验，加强“三讲”教育和“双学”（学邓小平理论和学党章）活动中的党务管理工作，为适应21世纪新形势、新任务的需要，建设高素质的党务干部队伍、推进党的建设新的伟大工程作贡献。二、学习总时数：133学时，每周7学时，19周；其中，面授辅导7次，28学时，电教辅导1次，3学时。三、教学安排：分五个单元。第一单元（第1—3章）：学习时数，21学时；面授辅导2次，8学时。学习重点：党务管理是一门科学；学习党务管理的方法和原则；党务管理工作的指导方针和基本原则；党务管理改革的新情况新问题；党务管理制度化建设的意义和应遵守的原则。第二单元（第4、5章）：学习时数，21学时；面授辅导1次，4学时。学习重点：怎样把握党务管理科学化的要求；党务管理工作系统化、规范化的内涵和原则；党务管理工作如何运用现代科学技术；党务管理方法的特点和原则；怎样把握党务管理方法的内容。第三单元（第6—7章）：学习时数，21学时；面授辅导1次，4学时。学习重点：党务管理者的素质；培训和考察党务管理者的要求；如何选拔素质好的党务管理者；党委应如何加强和改进党务管理工作；怎样认识党务管理干部应具备的德才兼备要求。第四单元（第8章）：学习时数，14学时，面授辅导1次，4学时。学习重点：什么是党务管理目标管理；怎样制定党务管理目标；如何实施党务管理目标；党务目标管理的创新原则和形式。第五单元（第9—17章）：学习时数，42学时，面授辅导2次，8学时。学习重点：党的组织、宣传、统战和政策研究工作管理的地位、作用、任务和指导方针；党对群众的管理的地位、作用、任务和要求；人民军队党务体制和军队机关党务管理与要求。四、复习考试：第18、19周。

（李钧泽）

【《当代国际政治概论》教学具体安排】（98级本科班第5学期行政管理专业考查课）一、目的要求：通过学习，使学员了解和把握当代国际政治的发展趋势及其特点，提高认识和分析国际事务和国际问题的能力，以更好地为我国的改革开放和四化建设服务。二、学习总时数：96学时，每周8学时，12周；其中，面授辅导5次，20学时。三、教学安排：分五个单元。第一单元（第1—3章）：学习时数，16学时；面授辅导1次，4学时。学习重点：邓小平国际战略思想的主要内容；两极格局解体的背景；多极化的发展趋势；大国关系的地位、作用及调整的特点。第二单元（第4—6章）：学习时数，16学时；面授辅导1次，4学时。学习重点：经济全球化的基本特征；全球化背景下的经济安全；高科技的发展对国际政治的影响；国际安全格局。第三单元（第7—10章）：学习时数，16学时；面授辅导1次，4学时。学习重点：发展中国家的基本经济和政治特征及其面临的机遇与挑战；世界民族问题的新特点；地区冲突的新变化；生态环境、人口、国际恐怖主义等全球性问题。第四单元（第11—13章）：学习时数，16学时；面授辅导1次，4学时。学习重点：联合国及非政府组织的地位和作用；国际法的特征及其对国际政治的影响；冷战后国际裁军与军控的进展及存在的问题。第五单元（第14—16章）：学习时数，16学时；面授辅导1次，4学时。学习重点：两极格局解体对西方国际政治学界的影响；国际政治经济学的形成及范畴；人权的概念及其基本内容；人权的国际保护；90年代初中国外交面临的局势和任务。四、复习考试：第11、12周。（孙 波）

【《管理会计简明教程》教学具体安排】（98级本科班第5学期经济管理专业考查课）一、目的要求：通过学习，提高管理会计的理论水平和实际操作能力，促使企业改善经营管理，提高经济效益。管理会计是一门应用经济科学，学习时，不仅应掌握它的基本理论，还要学会必要的技术方法。按要求完成作业题，包括计算练习题，是学好这门课程的重要途径。二、学习总时数：96学时，每周8学时，12周；其中，面授辅导5次，20学时。三、教学安排：分四个单元。第一单元（第1、2章）：学习时数，16学时；面授辅导1次，4学时。学习重点：管理会计的概念；管理会计与财务会计的区别和联系；成本按其习性的分类；混合成本及其分解；全部成本法概述；变动成本法概述；变动成本法与全部成本法的区别；变动成本法的优点及其局限性。第二单元（第3、4章）：学习时数，24学时；面授辅导1次，4学时。学习重点：预测分析概述；本量利分析概述；损益分界点的测算；利润预测；销售预测；资金预测；决策分析概述；短期经营决策分析最常用的专门方法；生产什么产品的决策分析；生产方法的决策分析；产品最佳售价的决策分析。第三单元（第5章）：学习时数，16学时；面授辅导1次，4学时。学习重点：长期投资决策概述；货币的时间价值；资本成本；现金流量；净现值法；内部报酬率法；现值指数法；投资回收期法；固定资产的投资决策；固定资产的更新决策。第四单元（第6—8章）：学习时数，24学时；面授辅导2次，8学时。学习重点：全面预算概述；全面预算编制方法；弹性预算和零基预算；责任会计概述；责任中心；对责任中心的考核；内部转换价格；标准成本法概述；成本差异的种类；成本差异的分析计算方法。四、复习考试：第11、12周。（孙 波）

【《中国行政诉讼法教程》教学具体安排】（98级本科班第5学期政法专业考查课）一、目的要求：通过学习，使学员能够掌握国家行政诉讼法的有关理论和基本精神，增强依法治国的自觉性。二、学习总时数：96学时，每周8学时，12周；其中，面授5次，20学时。三、教学安排：分三个单元。第一单元（第1—3章）：学习时数，32学时；面授辅导1次，4学时。学习重点：行政诉讼与行政诉讼法的概念；行政诉讼法律关系及其特征；行政诉讼的基本原则；行政诉讼的受案范围；行政诉讼的管辖。第二单元（第4—6章）：学习时数，24学时；面授辅导2次，8学时。学习重点：行政诉讼参加人的概念及种类；行政诉讼的证据；行政诉讼的举证责任；行政诉讼的起诉和受理。第三单元（第7—11章）：学习时数，24学时；面授辅导2次，8学时。学习重点：行政诉讼的诉讼程序和执行程序的含义；行政诉讼一二审程序和审判监督程序；行政诉讼的裁判；行政诉讼的法律适用；行政赔偿和涉外行政诉讼。四、复习考试：第11、12周。 （孙 波）

【《行政管理学教程》教学具体安排】 （99级本科班第3学期行政管理专业考试课）一、目的要求：通过学习，使学员掌握行政管理学的基本知识和理论体系，了解行政管理的基本职能、基本条件、基本过程和基本方法，进而掌握现代行政管理活动的基本规律，增强依法行政和科学行政的意识，提高行政管理工作的科学性、预见性和实际工作能力。二、学习总时数：140学时，每周7学时，20周；其中，面授辅导7次，28学时。电教辅导1次，3学时。三、教学安排：分五个单元。第一单元（绪论、第1—4章）：学习时数，42学时；面授辅导2次，8学时。学习重点：行政管理的涵义、特征和行政管理学的研究内容；行政管理职能的主要内容；行政体制的主要内容；行政组织的涵义、类型和构成要素；行政组织设置的步骤和行政组织建设的原则；行政领导的职责和过程；行政领导者的素质。第二单元（第5—8章）：学习时数，28学时；面授辅导2次，8学时。学习重点：行政信息的处理；行政决策的特点和意义；行政决策的原则和程序；行政执行的原则和方式；行政执行的基本程序；行政监督的涵义和作用；行政监督的原则和过程。第三单元（第9—11章）：学习时数，21学时；面授辅导1次，4学时。学习重点：人事行政的基本原则；中国公务员制度的基本内容和特点；财务行政的涵义、特点和功能；国家预算的编制和执行；机关管理的主要内容和要求。第四单元（第12—14章）：学习时数，21学时；面授辅导1次，4学时。学习重点：行政现代方法；行政法规的制定和实施。第五单元（第15、16章）：学习时数，14学时；面授辅导1次，4学时。学习重点：行政效率的测评原则和方法；提高行政效率的基本途径；我国行政改革的目标、内容和基本原则。四、复习考试：第19、20周。

（孙 波）

【《行政法学》教学具体安排】 （99级本科班第3学期行政管理专业、99级本科班第3学期法律专业考试课）一、目的要求：通过学习，使学员正确认识和把握社会主义行政法制建设的基本方针与基本理论，增强依法行政观念，严格依法办事，促进行政管理工作法制化。二、学习总时数：140学时，每周7学时，20周；其中，面授辅导7次，28学时；电教辅导1次，3学时。三、教学安排：分四个单元。第一单元（第1—3章）：学习时数，21学时；面授辅导1次，4学时。学习重点：行政法学的研究对象；行政法学与行政法的区别；行政法的概念；行政法律关系；新中国行政法的历史发展；法国行政法和英国行政法的特征。第二单元（第4—6章）：学习时数，21学时；面授辅导1次，4学时。学习重点：行政主体的含义及与行政法主体的区别；我国行政机关的体制；国家公务员的含义；我国国家公务员义务与权利的关系；其他行政法主体应具备的条件。第三单元（第7—13章）：学习时数，63学时；面授辅导3次，12学时。学习重点：行政行为的含义；行政行为的实施形式；行政行为的效力；行政程序的含义与特征；行政程序的原则；行政立法的含义与特征；我国的行政立法体制；行政执法的含义与形式；行政许可与行政确认的区别；行政处罚与行政处分、执行处罚的区别；行政措施的含义与特征；行政处分与纪律处分的区别；行政指导的含义；加强我国行政指导制度建设的思路；行政合同的含义与特征；行政合同在我国的发展趋势；行政司法的含义与形式；行政复议与行政诉讼的区别。第四单元（第14—16章）：学习时数，21学时；面授辅导2次，8学时。学习重点：行政法制监督的含义与特征；加强我国行政法制监督的途径；行政违法与行政不当、行政侵权的区别；行政责任的含义及构成要件；行政赔偿的含义与特征。四、复习考试：第19、20周。（高金海）

【《货币银行学》教学具体安排】（99级本科班第3学期经济管理专业、99级本科班第3学期贸易经济专业考试课、第九期领导干部班第3学期考查课。）一、目的要求：通过学习，使学员努力掌握货币银行学的基本理论和基本知识，提高自身理论素质和研究新情况、解决新问题的能力，增强贯彻执行党的方针政策的自觉性。二、学习总时数：140学时，每周7学时，20周；其中，面授辅导7次，28学时；电教辅导1次，3学时。三、教学安排：分三个单元。第一单元（第1—4章）：学习时数，49学时；面授辅导3次，12学时。学习重点：货币的形式与本质；货币制度的基本内容及其类型；信用及其与货币的关系；现代信用的作用及其形式；利息及其来源与本质；利率的决定及其影响因素；利率的功能与作用；金融市场的地位、功能及其构成要素；货币市场的构成与特点；资本市场及其特点；金融市场管理。第二单元（第5—8章）：学习时数，42学时；面授辅导2次，8学时。学习重点：金融机构在现代经济体系中的地位和作用；现代金融机构体系的发展趋势；我国金融机构体系的构成及其发展和完善；国际金融机构体系的构成及其主要作用；商业银行的职能和特点；商业银行的管理；中央银行的性质与职能；中央银行的资产负债；外汇的概念与构成；汇率的决定与作用；国际储备及其作用；国际金融市场及其作用。第三单元（第9—12章）：学习时数，35学时；面授辅导2次，8学时。学习重点：货币需求；货币供给；货币均衡；通货膨胀及其分类；通货膨胀的原因；通货膨胀对经济的影响；货币膨胀的治理；货币政策对经济的作用；货币政策目标及中介指标；货币政策工具；金融与经济发展的关系；经济货币化；金融创新与发展。四、复习考试：第19、20周。（高金海）

【《中国区域经济管理概论》教学具体安排】（99级本科班第3学期经济管理专业考试课）一、目的要求：通过学习、掌握区域经济管理的基本理论和基本知识，拓宽和提高学员专业学习的水平，紧密联系实际，增强贯彻执行党的区域发展政策和西部大开发战略的自觉性。二、学习总时数：140学时，每周7学时，20周；其中，面授辅导7次，28学时；电教辅导1次，3学时。三、教学安排：分四个单元。第一单元（第1—4章）：学习时数，42学时；面授辅导2次，8学时。学习重点：区域经济的概念和特点；区域经济管理的特征和作用；区域经济管理的性质；区域生产力的特点和区域生产力布局遵循的原则；区域经济实体的涵义和形式；经济区划的依据和经济区的类型。第二单元（第5—8章）：学习时数，42学时；面授辅导2次，8学时。学习重点：区域经济发展战略的涵义和特点；制定区域经济发展战略的原则；我国实施西部大开发战略的重要性；区域经济联合与协作的必然性和特点；区域经济联合与协作中的管理；区域投资的作用和所依据的原则；我国区域产业结构合理化的标准和选择主导产业的原则。第三单元（第9—12章）：学习时数，28学时；面授辅导2次，8学时。学习重点：判断区域劳动力数量的适度标准；我国农村剩余劳动力转移的方针；区域经济管理中的增长点；中心城市的经济特点；特区管理的特点与功能；强化管理促使特区经济和内地经济融合；区域经济效益的涵义和特点；提高区域经济效益的意义、原则和途径。第四单元（第13、14章）：学习时数，14学时；面授辅导1次，4学时。学习重点：区域经济的宏观管理必要性、特征；区域经济宏观管理任务和分级调控的依据；区域经济管理需要法制作保证的原因；法律意识的涵义和提高人民群众法律意识需要做的工作。四、复习考试：第19、20周。（高金海）

【《邓小平理论文选》教学具体安排】（99级本科班第3学期经济管理专业、贸易经济专业考查课）一、目的要求：通过对文选的系统学习，使学员全面地系统地理解和掌握邓小平理论的科学体系和基本内容，提高马列主义的理论水平和思想政治素质，增强贯彻执行党的基本路线和基本纲领的自觉性。二、学习总时数：80学时，每周4学时，20周；其中，面授辅导5次，20学时。三、教学安排：分四个单元。第一单元（《文选》代序一、二、三、四和总论）：学习时数，16学时；面授辅导1次，4学时。学习重点：邓小平理论的历史地位和指导意义；邓小平理论同马列主义、毛泽东思想的关系；马克思主义的学风问题；全面、正确理解和把握邓小平理论。第二单元（《文选》第1、2卷各篇）：学习时数，20学时；面授辅导1次，4学时。学习重点：解放思想、实事求是的思想路线；邓小平理论的形成和发展；社会主义的根本任务和各项任务。第三单元（《文选》第3卷各篇）：学习时数，24学时；面授辅导2次，8学时。学习重点：党在社会主义初级阶段的基本路线；社会主义社会的协调发展和全面进步；关于祖国统一和一国两制。第四单元（《文选》附录）：学习时数，12学时；面授辅导1次，4学时。学习重点：在实践中坚持和发展邓小平理论；党在社会主义初级阶段的基本纲领。四、复习考试：第19、20周。（高金海）

【《刑法各论》教学具体安排】（99级本科班第3学期法律专业考试课）一、目的要求：通过学习，使学员了解刑法规定的413种具体犯罪的立法背景和根据，把握各种具体犯罪的概念和构成条件，弄清各种犯罪与非罪的界限、此罪与彼罪的界限，掌握各种犯罪的量刑原则和标准。二、学习总时数：140学时，每周7学时，20周；其中，面授辅导7次，28学时；电教辅导1次，3学时。三、教学安排：分五个单元。第一单元（第1—3章）：学习时数，21学时；面授辅导1次，4学时。学习重点：刑法总则与分则的关系；罪名的确定；背叛国家罪；分裂国家罪；煽动分裂国家罪；颠覆国家政权罪；煽动颠覆国家政权罪；资助危害国家安全犯罪活动罪；叛逃罪；间谍罪；放火罪；决水罪；爆炸罪；投毒罪；破坏交通工具罪；破坏交通设施罪；破坏电力设备罪；破坏易燃易爆设备罪；组织、领导、参加恐怖组织罪；劫持航空器罪；劫持船只、汽车罪；暴力危及飞行安全罪；破坏广播电视设施、公用电信设施罪；非法买卖、运输核材料罪；违规制造、销售枪支罪；非法持有、私藏枪支、弹药罪；非法出租、出借枪支罪；丢失枪支不报罪；非法携带枪支、弹药、管制刀具、危险物品危及公共安全罪；重大飞行事故罪；铁路运营安全事故罪；重大劳动安全事故罪；工程重大安全事故罪；教育设施重大安全事故罪。第二单元（第4—11章）：学习时数，28学时；面授辅导2次，8学时。学习重点：生产、销售伪劣产品罪；生产、销售假药罪；生产、销售不符合卫生标准的食品罪；生产、销售有毒、有害食品罪；走私武器、弹药罪；走私假币罪；走私珍稀植物、珍稀植物制品罪；走私普通货物、物品罪；虚报注册资本罪；虚假出资、抽逃出资罪；欺诈发行股票、债券罪；提供虚假财会报告罪；妨害清算罪；公司、企业人员受贿罪；伪造货币罪；出售、购买、运输假币罪；变造货币罪；擅自设立金融机构罪；伪造、变造、转让金融机构经营许可证罪；高利转贷罪；非法吸收公众存款罪；伪造、变造金融票证罪；内幕交易、泄漏内幕信息罪；违法向关系人发放贷款罪；用账外客户资金非法拆借、发放贷款罪；洗钱罪；集资诈骗罪；贷款诈骗罪；票据诈骗罪；信用证诈骗罪；偷税罪；逃避追缴欠税罪；骗取出口退税罪；非法出售增值税专用发票罪；假冒注册商标罪；侵犯著作权罪；侵犯商业秘密罪；损害商业信誉、商品声誉罪；虚假广告罪；串通投标罪；合同诈骗罪；强迫交易罪；逃避商检罪。第三单元（第12、13章）：学习时数，14学时；面授辅导1次，4学时。学习重点：故意杀人罪；故意伤害罪；强奸罪，奸淫幼女罪；强制猥亵、侮辱妇女罪；绑架罪；拐卖妇女、儿童罪；诬告陷害罪；强迫职工劳动罪；侮辱罪；诽谤罪；刑讯逼供罪；打击报复会计、统计人员罪；暴力干涉婚姻自由罪；破坏军婚罪；抢劫罪；盗窃罪；诈骗罪；聚众哄抢罪；侵占罪；职务侵占罪；挪用资金罪；敲诈勒索罪。第四单元（第14—22章）：学习时数，35学时；面授辅导2次，8学时。学习重点：妨害公务罪；招摇撞骗罪；伪造、变造居民身份证罪；非法生产、买卖警用装备罪；破坏计算机信息系统罪；聚众斗殴罪；组织、领导、参加黑社会性质组织罪；非法集会、游行、示威罪；伪证罪；辩护人、诉讼代理人毁灭证据、伪造证据、妨害作证罪；打击报复证人罪；窝藏、包庇罪；拒绝提供间谍犯罪证据罪；窝藏、转移、收购、销售赃物罪；拒不执行判决、裁定罪；破坏监管秩序罪；组织他人偷越国（边）境罪；骗取出境证件罪；出售出入境证件罪；偷越国（边）境罪；故意损毁文物罪；非法向外国人出售、赠送珍贵文物罪；倒卖文物罪；妨害传染病防治罪；非法组织卖血罪；医疗事故罪；非法行医罪；逃避动植物检疫罪；重大环境事故罪；擅自进口固体废物罪；非法占用耕地罪；非法采矿罪；非法狩猎罪；走私、贩卖、运输、制造毒品罪；非法持有毒品罪；包庇毒品犯罪分子罪；非法种植毒品原植物罪；非法提供麻醉药品、精神药品罪；组织卖淫罪；强迫卖淫罪；传播性病罪；制作、复制、出版、贩卖、传播淫秽物品牟利罪；组织播放淫秽音像制品罪。第五单元（第23—26章）：学习时数，28学时；面授辅导1次，4学时。学习重点：阻碍军人执行职务罪；阻碍军事行动罪；故意提供不合格武器装备、军事设施罪；聚众冲击军事禁区罪；冒充军人招摇撞骗罪；接送不合格兵员罪；雇用逃离部队军人罪；战时故意提供虚假敌情罪；战时拒绝、故意延误军事订货罪；贪污罪；挪用公款罪；受贿罪；巨额财产来源不明罪；隐瞒境外存款罪；私分国有资产罪；玩忽职守罪；滥用职权罪；徇私枉法罪；私放在押人员罪；国家机关工作人员签订、履行合同失职罪；阻碍解救被拐卖、绑架妇女、儿童罪；招收公务员、学生徇私舞弊罪；战时违抗命令罪；指使部属违反职责罪；违令作战消极罪；拒不救援友邻部队罪；军人叛逃罪；战时自伤罪；虐待俘虏罪。四、复习考试：第19、20周。

（高金海）

【《公司法概论》教学具体安排】（99级本科班第3学期法律专业考查课）一、目的要求：通过学习，使学员系统地掌握公司法的基本理论，了解公司的产生、发展历史，熟悉现行的公司法律知识，提高应用所学知识分析、解决我国公司运行中实际问题的能力。二、学习总时数：80学时，每周4学时，20周；其中，面授辅导5次，20学时。三、教学安排：分五个单元。第一单元（第1、2章）：学习时数，16学时；面授辅导1次，4学时。学习重点：公司与公司法；公司的作用；公司法的性质与特征；有限责任公司和国有独资公司；股份有限公司和上市公司；外国公司的分支机构。第二单元(第3、4章)：学习时数，16学时；面授辅导1次，4学时。学习重点：公司设立方式与条件；公司设立的程序与效力；公司的章程；公司资本三原则；出资与转让；增资与减资。第三单元(第5—7章)：学习时数，16学时；面授辅导1次，4学时。学习重点：股份和股票；股票发行、上市与交易；公司债的发行与转让；股东；股权。第四单元(第8、9章)：学习时数，12学时；面授辅导1次，4学时。学习重点：公司治理结构确定原则；股东会；董事与董事会；监事会和经理；公司财务会计报告；公司的利润分配。第五单元(第10、11章)：学习时数，12学时；面授辅导1次，4学时。学习重点：公司的合并；公司的分立；公司组织的变更；公司的解散；公司的清算；公司的破产。四、复习考试：第19、20周。

(高金海)

【《社会主义市场经济论纲》教学具体安排】

(2000级本科班第1学期行政管理专业考试课)一、目的要求：通过系统学习社会主义市场经济理论，深入研究现实的新情况新问题，加深认识和自觉发展社会主义市场经济，建立和完善社会主义市场经济体制，推进社会生产力发展，卓有成效地建设有中国特色社会主义。二、学习总时数：140学时，每周7学时，20周；其中，面授辅导7次，28学时；电教辅导1次，3学时。三、教学安排：分四个单元。第一单元(第1—3章)：学习时数，35学时；面授辅导2次，8学时。学习重点：市场经济的含义和根源；市场经济的一般性和特殊性；社会主义市场经济的客观必然性；自觉发展社会主义市场经济；社会主义市场经济的所有制基础以及公有制的主体地位和实现形式；社会主义市场经济的运行规律；社会主义市场经济运行机制。第二单元(第4—9章)：学习时数，49学时；面授辅导3次，12学时。学习重点：经济体制的含义；我国社会主义市场经济体制的基本框架；现代企业制度及其基本特征；我国国有企业的战略性改组和建立现代企业制度；市场体系及其构成；我国市场体系的建立和完善；宏观调控及其必要性；宏观调控的对象、主要任务和手段；我国现阶段的收入分配制度和按劳分配在社会主义市场经济中的实现；效率优先、兼顾公平的原则；社会保障制度的含义和功能；我国社会保障制度的目标体系。第三单元(第10—12章)：学习时数，28学时；面授辅导1次，4学时。学习重点：经济增长及其方式；我国经济增长方式的转变；经济发展及其特征；影响经济发展的因素；经济发展战略；国际市场和我国经济走向国际市场的意义；我国加入世界贸易组织后的机遇和挑战；我国经济走向国际市场的基本形式。第四单元(第13章)：学习时数，14学时；面授辅导1次，4学时。学习重点：市场经济要求健全的法制；市场经济的法律体系；社会主义市场经济所要求的法制建设。四、复习考试：第19、20周。

(高金海)

【《科学社会主义经典文选》教学具体安排】

(2000级本科班第1学期行政管理专业考查课)一、目的要求：通过学习，使学员系统而有重点地掌握科学社会主义的基本原理，了解科学社会主义的产生、发展历程，增强运用马克思主义的立场、观点和方法解决实际问题的能力，坚持社会主义和共产主义理想，加深对邓小平理论的认识，提高贯彻执行党的基本路线和基本纲领的自觉性，坚定不移地走有中国特色社会主义的道路。二、学习总时数：80学时，每周4学时，20周；面授辅导5次，20学时。三、教学安排：分三个单元。第一单元(《文选》第一部分：马克思和恩格斯把社会主义从空想变为科学)：学习时数，24学时；面授辅导2次，8学时。学习重点：《共产党宣言》对共产主义必然代替资本主义的客观规律的阐述；《共产党宣言》关于无产阶级政党学说的阐述；《法兰西内战》对巴黎公社革命经验的科学总结；《论权威》阐述的马克思主义权威观；《哥达纲领批判》关于共产主义两个发展阶段的理论；《哥达纲领批判》关于共产主义第一阶段的分配原则；恩格斯关于唯物史观和剩余价值论是社会主义从空想变为科学的理论依据的论述；《社会主义从空想到科学的发展》所阐述的科学社会主义的基本内容。第二单元(《文选》第二部分：列宁对科学社会主义的重大发展)：学习时数，24学时；面授辅导2次，8学时。学习重点：《怎么办?》对革命理论重要意义的阐述；《社会民主党在民主革命中的两种策略》提出的无产阶级在民主革命中必须掌握领导权的原理；《国家与革命》对马克思关于共产主义发展阶段理论的发展；《青年团的任务》关于只有用人类创造的全部知识来丰富自己的头脑，才能成为共产主义者的论点；列宁关于商业是社会主义建设重要环节的论述；《论合作社》对农业社会主义改造理论的阐述；《论我国革命》对落后国家社会主义建设理论的探索；《我们怎样改组工农检查院》关于改革国家机关的论述。第三单元(《文选》第三部分：毛泽东对科学社会主义的运用和发展)：学习时数，24学时；面授辅导1次，4学时。学习重点：《新民主主义论》对无产阶级在新民主主义革命中领导权思想的阐述；过渡时期的经济形态和党的政策；毛泽东在党的七届二中全会上提出的革命胜利后必须重视执政党建设问题；人民民主专政理论的主要内容；毛泽东对过渡时期总路线的概括；《关于正确处理人民内部矛盾的问题》对社会主义社会基本矛盾的阐述；《关于正确处理人民内部矛盾的问题》提出的正确区分和处理两类矛盾的学说；《关于正确处理人民内部矛盾的问题》阐述的正确处理人民内部矛盾的方针和方法。四、复习考试：第19、20周。 (高金海)

【《英语》(第一册)教学具体安排】 (2000级本科班第1学期经济管理专业、贸易经济专业考查课)一、目的要求：系统学习英语语音知识，能正确朗读和书写英语字母，掌握英语音素的发音要领和基本读音规则，能运用国际音标和读音规则正确拼读单词；掌握基本语音语调，能正确朗读句子和课文，掌握教材中的基础语法和基本句型，能较熟练地运用所学的语法知识，理解结构较复杂的长句。能比较顺利地阅读并正确理解课文，能借助词典和其他工具书阅读、翻译与课文难度大致相当的英语文章。具有初步的听、说能力，能进行简单的日常会话。二、学习总时数：120学时，每周6学时，20周；其中，面授辅导14次，56学时；电教辅导1次，3学时。三、教学安排：分三个单元。第一单元(第1—7课)：学习时数，42学时；面授辅导5次，20学时。学习重点：英语字母，48个音素的发音要领和国际音标，字母和字母组合的读音规则，基本语调；名词的数，指示代词，人称代词(主格和宾格)，物主代词，名词所有格，动词to be和to have，there be结构，词类，陈述句，一般问句，祈使句；260多个单词和词组。第二单元(第8—12章)：学习时数，30学时；面授辅导4次，16学时。学习重点：句子成分，一般疑问句和特殊疑问句，一般存在时，现在进行时，一般过去时，一般将来时，be going to结构，反身代词，情态动词；230多个单词和词组。第三单元：(第13—17章)：学习时数，36学时；面授辅导5次，20学时。学习重点：现在完成时，形容词和副词的比较等级，物主代词绝对形式，被动语态，数词，过去进行时，状语从句；320多个单词和词组。四、复习考试：第19、20周。 (高金海)

【《社会主义法治论纲》教学具体安排】 (2000级本科班第1学期法律专业考试课)一、目的要求：通过系统学习，使学员了解社会主义法治的涵义、地位、基本要求、基本原理以及一般理论，掌握法治与政治、经济、文化的关系,提高运用基本原理解决实际问题的能力,为社会主义法制建设服务。二、学习总时数:140学时,每周7学时,20周;其中,面授辅导7次,28学时;电教辅导1次,3学时。三、教学安排:分六个单元。第一单元(第1、2章):学习时数,21学时;面授辅导1次,4学时。学习重点:社会主义法治的涵义;社会主义法治的地位;依法治国的基本要求;法治国家的意义;建设社会主义法治国家;社会主义法治发展的一般状况。第二单元(第3、4章):学习时数,28学时;面授辅导1次,4学时。学习重点:社会主义法制的基本特征;社会主义法制建设的基本内容。第三单元(第5—7章):学习时数,28学时;面授辅导2次,8学时。学习重点:依法治国与法律价值的关系;当代中国与法律权威;依法治国与民主政治的辩证关系。第四单元(第8—10章):学习时数,21学时;面授辅导1次,4学时。学习重点:依法治国与市场经济;依法治国与精神文明;依法治国与法律体系完善。第五单元(第11、12章):学习时数,21学时;面授辅导1次,4学时。学习重点:社会主义法律体制改革;依法治国与法律职业。第六单元(第13章):学习时数,7学时;面授辅导1次,4学时。学习重点:依法治国与法治意识。四、复习考试:第19、20周。

(高金海)

【《民法学总论》教学具体安排】 (2000级本科班第1学期法律专业考试课)一、目的要求:通过学习民法的基本理论、基本原则和民事主体制度、物与民事法律行为制度和民事责任制度,进一步认识和理解民法是社会主义市场经济的基本法,民事法律制度是社会主义市场经济法律制度的重要组成部分,从而提高运用法律进行依法办事的能力,自觉地为发展社会主义市场经济服务。二、学习总时数:140学时,每周7学时,20周;其中,面授辅导7次,28学时;电教辅导1次,3学时。三、教学安排:分四个单元。第一单元(第1—4章):学习时数,35学时;面授辅导1次,4学时。学习重点:民法的概念;民法的性质和地位;民法的调整对象和方法;民法的适用范围;民法的渊源;我国民法基本原则;民事法律关系的概念、特征及其构成要素;民事法律关系产生、变更和终止的原因;民事权利。第二单元(第5—7章):学习时数,35学时;面授辅导2次,8学时。学习重点:公民的概念及公民的民事权利能力和民事行为能力;监护;公民的人格权和身份权;宣告失踪和宣告死亡;法人的概念、成立条件及其分类;法人的独立财产;法人机关、分支机构和代理机构;企业法人的成立、变更和终止;公司法人、合作社法人和基金会法人;合伙的概念和特征及分类;合伙财产;合伙的内部关系和债务承担;入伙和退伙。第三单元(第8—10章):学习时数,35学时;面授辅导2次,8学时。学习重点:物的法律概念与特征;物在法律上的分类;几种特殊的物;民事法律行为的概念、特征及其分类、形式;意思表示及民事法律行为的成立与生效;无效民事行为和可撤销、可变更的民事行为及效力未定的民事行为;附条件和附期限的民事行为;代理的概念与特征;代理行为的有效要件及种类;委托代理权的授予;代理权的发生、变更和消灭;无权代理;代理关系中的连带责任。第四单元(第11、12章):学习时数,21学时;面授辅导2次,8学时。学习重点:诉讼时效的概念与特征;诉讼时效的种类,诉讼时效期间的开始、中止、中断和延长;期间与期日;民事责任的概念与特征;一般民事责任的构成要件;免除民事责任的条件;民事责任的归责原则;民事责任的分类;侵权行为的民事责任;民事责任的承担。四、复习考试:第19、20周。

(高金海)

【《马克思主义法学经典文选》教学具体安排】 (2000级本科第1学期法学专业考查课)

一、目的要求：通过学习，使学员了解马克思主义经典作家关于法的论述，进一步掌握马克思主义法学尤其是邓小平民主法制理论，提高对依法治国，建设社会主义法治国家重要性的认识。二、学习总时数：80 学时，每周 4 学时，20 周；其中，面授辅导 5 次，20 学时。三、教学安排：分三个单元。第一单元（第一部分，马克思、恩格斯论法律）：学习时数，24 学时；面授辅导 2 次，8 学时。学习重点：《德意志意识形态》；《对民主主义者莱茵区域委员会的审判》；《论住宅问题》；《反杜林论》；《路德维希·费尔巴哈和德国古典哲学的终结》；《野蛮时代与文明时代》；《恩格斯书信》。第二单元（第二部分，列宁论法律）：学习时数，24 学时；面授辅导 1 次，4 学时。学习重点：《矛盾的立场》；《国家与革命》；《论“双重”领导和法制》；《无产阶级革命和叛徒考茨基》。第三单元（第三部分，毛泽东、董必武、邓小平论法律）：学习时数，24 学时；面授辅导 2 次，8 学时。学习重点：董必武、邓小平论法律。四、复习考试：第 19、20 周。（高全海）

【《当代西方政治制度》教学具体安排】（第八期领导干部函授班第 5 学期考查课）一、目的要求：通过学习，使学员了解西方政治制度发展的历史和当代西方政治制度的特点，认清西方议会制度、多党制度的资产阶级性质，把握西方发达资本主义国家政治制度建设的经验教训，从正反两方面为我国深化政治体制改革提供有益的启示。二、学习总时数：96 学时，每周 8 学时，12 周；其中，面授辅导 5 次，20 学时。三、教学安排：分四个单元。第一单元（引言、第 1、2 章）：学习时数，24 学时；面授辅导 2 次，8 学时。学习重点：西方政治制度的理论基础；西方国家议会的主要职权；西方国家政府体制的类型及政府的主要职能；西方国家公务员制度的特点和作用；战后西方国家政治制度的变化；英国宪法的构成及其特点；英国议会的组成及其职能；英国责任内阁制的基本原则；英国反对党的地位和作用。第二单元（第 3、4 章）：学习时数，24 学时；面授辅导 1 次，4 学时。学习重点：美国宪法的基本原则；美国总统的职权；美国政府的行政机构；美国国会的职权及国会的组织；美国联邦法院的组成及其职能；美国两党制的特点；法国总统的权力、地位及其作用；法国中央政府的组成及其特征；法国议会的组成及职权。第三单元（第 5、6 章）：学习时数，16 学时；面授辅导 1 次，4 学时。学习重点：联邦德国《基本法》确立的政治制度；意大利议会的职权及宪法法院的职权。第四单元（第 7、8 章）：学习时数，16 学时；面授辅导 1 次，4 学时。学习重点：《日本国宪法》的主要特点；日本多党制的特点；瑞典议会监察专员制度的特点与优点。四、复习考试：第 11、12 周。（高全海）

【《新时期党的建设概论》教学具体安排】（第九期领导干部函授班第 3 学期考查课）一、目的要求：通过学习，使学员比较系统地掌握马克思主义党的学说的基本原理，了解无产阶级政党产生、发展和自身建设的客观规律，了解党在社会主义事业中的领导地位和领导作用。深刻认识党在执政和改革开放条件下面临的新情况、新问题，掌握邓小平新时期的建党思想，掌握新时期党的建设的总目标、总要求，以及党在思想上、组织上、作风上建设的一系列的原则、方针和政策。学习新时期的建党理论必须同建党实践紧密联系起来，必须同自己的党性锻炼和世界观的改造紧密联系起来，领导干部要同“讲学习、讲政治、讲正气”的三讲教育结合起来，不断提高领导水平和执政水平，不断增强拒腐防变的能力，充分发挥表率作用和先锋模范作用，把新时期党的建设新的伟大工程进一步推向前进。二、学习总时数：100 学时，每周 5 学时，20 周；其中，面授辅导 5 次，20 学时。三、教学安排：分三个单元。第一单元（绪论、第

1章)：学习时数，20学时；面授辅导1次，4学时。学习重点：马克思主义党的学说；列宁关于建设新型无产阶级政党的理论；毛泽东建党思想的基本内容；执政和改革开放条件下对党的建设提出新的更高的要求；邓小平新时期党的建设理论的主要内容。第二单元(第2—4章)：学习时数，20学时；面授辅导1次，4学时。学习重点：坚持中国共产党对中国社会主义事业的领导地位；坚持党的领导必须改善党的领导，如何改善党的领导；党必须在宪法和法律范围内活动；新时期党的建设伟大工程的总目标；党的建设必须同党的政治路线紧密联系；围绕党的基本路线建设党；社会主义代替资本主义的历史必然性；共产主义理想和实现现阶段奋斗目标的关系。第三单元(第5—12章)：学习时数，50学时；面授辅导3次，12学时。学习重点：党的建设必须把思想建设放在首位；用邓小平理论武装全党是新时期党的思想建设的根本任务；坚持党的思想路线；民主集中制是党的根本组织原则；在市场经济条件下对贯彻民主集中制提出新的要求；政治路线的实现要靠组织路线来保证；党的干部标准和干部路线；完整准确地理解和执行干部队伍建设的“四化”方针；共产党员的标准；共产党员加强党性锻炼的内容和途径；党的基层组织是党的全部工作和战斗力的基础；新时期党的基层组织建设的基本方针；执政党的党风关系到党的生死存亡问题；党风问题实质上是党和人民群众的关系问题；腐败的根源和反腐败的方针原则；制度建设在党的建设中的地位；健全和完善党内监督；中国共产党处理同各国共产党和其他政党关系的基本原则。四、复习考试：第19、20周。 (高金海)

【《马克思列宁主义基本问题》教学具体安排】

(第十期领导干部函授班第1学期考查课)一、目的要求：通过学习，使学员全面系统地理解和把握马克思列宁主义的基本内容和科学体系，提高马克思列宁主义理论水平和运用这一科学理论指导实际工作的能力，增强贯彻执行党的基本路线和基本纲领的自觉性。二、学习总时数：120学时，每周6学时，20周；其中，面授辅导5次，20学时。三、教学安排：分三个单元。第一单元(马克思、恩格斯：《共产党宣言》(节选)；马克思《关于费尔巴哈提纲》、《〈政治经济学批判〉序言》(节选)、《资本论》(节选)；恩格斯：《社会主义从空想到科学的发展》(节选)、《路德维希·费尔巴哈和德国古典哲学的终结》(节选)；《马克思列宁主义基本问题》第1—3章)：学习时数，48学时；面授辅导3次，12学时。学习重点：马克思列宁主义的科学世界观和方法论；《资本论》和马克思主义政治经济学；马克思恩格斯关于科学社会主义的基本理论。第二单元(列宁：《帝国主义是资本主义的最高阶段》(节选)、《苏维埃政权的当前任务》(节选)、《论粮食税》(节选)及其晚年的八篇著作；《马克思列宁主义基本问题》第4—6章)：学习时数，48学时；面授辅导2次，8学时。学习重点：列宁关于帝国主义理论的基本思想和当代资本主义的新变化；列宁晚年的社会主义思想。第三单元(列宁：《马克思学说的历史命运》；《马克思列宁主义基本问题》绪论和结束语)：学习时数，12学时。学习重点：马克思主义是发展的学说；马克思主义不是教条和教义，而是行动的指南。四、复习考试：第19、20周。 (高金海)

【《毛泽东思想基本问题》教学具体安排】

(第十期领导干部函授班第1学期考查课)一、目的要求：通过学习，使学员全面系统地理解和掌握毛泽东思想的科学体系、基本内容和分析问题、解决问题的立场、观点、方法，提高马列主义的理论水平和思想政治素质以及领导方法和领导艺术。二、学习总时数：100学时，每周5学时，20周；其中，面授辅导5次，20学时。三、教学安排：分五个单元。

在职研究生班教学计划

98级在职研究生班经济管理专业第4学期教学计划表

（2000.3—2000.7）

学时　项目 课程	总学时	课内学时/活动次数						课外自学学时	考试方式	学分	考试时间
		面授	讨论	串讲复习	考试	机动	小计				
西方管理理论研究	144	40 (10次)	4 (1次)		4 (1次)		48 (12次)	96	开卷	4	2000年7月15日上午9:00—11:30考试，9月2日上午9:00—11:30补考。
金融理论与实践	120	32 (8次)	4 (1次)		4 (1次)		40 (10次)	80	开卷	3.5	2000年7月15日下午2:30—5:00考试，9月2日下午2:30—5:00补考。
发展经济学	108	36 (9次)	4 (1次)				40 (10次)	68	论文	3.5	
领导科学	60	24 (6次)	4 (1次)				28 (7次)	32	论文	2	
分院自选讲座课	144	36 (9次)					36 (9次)	108			
党性教育及其他活动	24	8 (2次)					8 (2次)	16			
合　　计	600	176 (44次)	16 (4次)		8 (2次)		200 (50次)	400			
备　　注	1. 面授等课内教学活动每次按4学时计算。 2. 分院自选讲座课程，请根据实际情况，可在“98级经济管理专业培养方案”提供的范围内选定，也可另行开设。教材购置由分院负责。										

第一单元（绪论）：学习时数，10学时；面授辅导1次，4学时。学习重点：毛泽东思想的形成和发展过程；毛泽东思想的科学内涵；毛泽东思想的科学体系；学习毛泽东思想的必要性。第二单元（第1、2章）：学习时数，20学时；面授辅导1次，4学时。学习重点：新民主主义革命理论的基本内容；农村包围城市革命道路创立的重大意义；新民主主义社会理论的基本内容；社会主义改造理论的基本内容；对社会主义建设道路探索的基本内容。第三单元（第3—5章）：学习时数，20学时；面授辅导1次，4学时。学习重点：统一战线的基本思想和政策策略；人民军队建设的基本思想；人民战争的理论基础和战略战术；党的领导的重要性和加强、改善党的领导的措施；党的建设的基本思想和措施。第四单元（第6—8章）：学习时数，20学时；面授辅导1次，4学时。学习重点：制定正确的政策和策略的重要性；制定和执行正确的政策和策略的原则和方法；加强思想政治工作的重要性；加强思想政治工作的原则和方法；关于国际战略与外交方针的基本内容。第五单元（第9章、结束语）：学习时数，20学时；面授辅导1次，4学时。学习重点：毛泽东思想的活的灵魂的含义；实事求是思想路线的基本内容；群众路线的基本内容；独立自主方针的基本内容；毛泽东思想的历史地位；正确看待毛泽东晚年的错误。四、复习考试：第19、20周。

（高金海）

99 级在职研究生班经济管理专业第 2 学期教学计划表

（2000．3—2000．7）

项目/学时/课程	总学时	课内学时/活动次数						课外自学学时	考试方式	学分	考试时间
		面授	讨论	串讲复习	考试	机动	小计				
西方经济学	168	48 (12 次)	4 (1 次)		4 (1 次)		56 (14 次)	112	开卷	5	2000 年 7 月 15 日上午 9:00—11:30 考试，9 月 2 日上午 9:00—11:30 补考。
现代管理学	132	36 (9 次)		4 (1 次)	4 (1 次)		44 (11 次)	88	闭卷	4	2000 年 7 月 15 日下午 2:30—5:00 考试，9 月 2 日下午 2:30—5:00 补考。
英　语	168	52 (13 次)			4 (1 次)		56 (14 次)	112	闭卷	5	2000 年 7 月 16 日上午 9:00—11:30 考试，9 月 3 日上午 9:00—11:30 补考。
古文选读	168	52 (13 次)			4 (1 次)		56 (14 次)	112	闭卷	5	
市场经济法律制度专题研究	108	32 (8 次)	4 (1 次)				36 (9 次)	72	论文	3	
党性教育及其他活动	24					8 (2 次)	8 (2 次)	16			
合　计	600	168 (42 次)	8 (2 次)	4 (1 次)	12 (3 次)	8 (2 次)	200 (50 次)	400		17	
备　注	1．面授等课内活动，每次按 4 学时计算。 2．英语和古文选读两门课程（学员选学其中 1 门）的期末考试，由分院负责命题和阅卷。										

99 级在职研究生班经济管理专业第 3 学期教学计划表

（2000.9—2001.1）

项目/学时/课程	总学时	课内学时/活动次数						课外自学学时	考试方式	学分	考试时间
		面授	讨论	串讲复习	考试	机动	小计				
西方管理理论研究	144	40 (10 次)		4 (1 次)	4 (1 次)		48 (12 次)	96	闭卷	5	2001 年 1 月 13 日上午 9:00—11:30 考试，3 月 10 日上午 9:00—11:30 补考。
宏观经济管理理论研究	132	40 (10 次)			4 (1 次)		44 (11 次)	88	开卷	4	2001 年 1 月 13 日下午 2:30—5:00 考试，3 月 10 日下午 2:30—5:00 补考。
英　语	180	52 (13 次)		4 (1 次)	4 (1 次)		60 (15 次)	120	开卷	5	2001 年 1 月 14 日上午 9:00—11:30 考试，3 月 11 日上午 9:00—11:30 补考。
文学艺术与文化	180	48 (12 次)	4 (1 次)	4 (1 次)	4 (1 次)		60 (15 次)	120	开卷	5	
发展经济学专题研究	108	36 (9 次)					36 (9 次)	72	论文	2	
党性教育及其他活动	36					12 (3 次)	12 (3 次)	24			
合　计	600	168 (42 次)		8 (2 次)	12 (3 次)	12 (3 次)	200 (50 次)	400		16	
备　注	英语和文学艺术与文化两门课程（学员选学其中 1 门）的期末考试，由分院负责命题和阅卷；其余课程由总院统一命题。										

2000级在职研究生班法律专业教学计划总表

学期	课程名称	总学时	课内学时/次数						自学学时	考核方式	学分	备注
			机动	面授	讨论	串讲	考试	小计				
第1学期	邓小平理论专题研究	108		32（8次）	4（1次）			36（9次）	72	论文	4	
	法理学研究	180		48（12次）	4（1次）	4（1次）	4（1次）	60（15次）	120	闭卷	5	
	当代西方法理学理论研究	108		32（8次）			4（1次）	36（9次）	72	开卷	4	
	英语或古文选读	180		52（13次）		4（1次）	4（1次）	60（15次）	120	闭卷	4	两门选学一门
		180		48（12次）	4（1次）	4（1次）	4（1次）	60（15次）	120	闭卷	4	
	党性教育及其他活动	24	8（2次）					8（2次）	16			
	合　计	600	8（2次）	164（41次）	8（2次）	8（2次）	12（3次）	200（50次）	400		17	
第2学期	马克思主义法学经典著作选读	132		40（10次）	4（1次）			44（11次）	88	论文	5	
	民法研究	180		48（12次）	4（1次）	4（1次）	4（1次）	60（15次）	120	闭卷	5	
	公司企业法研究	84		24（6次）			4（1次）	28（7次）	56	开卷	3	
	英语或古文选读	180		52（13次）		4（1次）	4（1次）	60（15次）	120	闭卷	4	两门选学一门
		180		48（12次）	4（1次）	4（1次）	4（1次）	60（15次）	120	闭卷	4	
	党性教育及其他活动	24	8（2次）					8（2次）	16			
	合　计	600	8（2次）	164（41次）	8（2次）	8（2次）	12（3次）	200（50次）	400		17	
第3学期	宪法、行政法研究	156		40（10次）	4（1次）	4（1次）	4（1次）	52（13次）	104	闭卷	5	
	当代西方法律制度研究	132		32（8次）	4（1次）	4（1次）	4（1次）	44（11次）	88	开卷	4	
	金融、证券法研究	96		32（8次）				32（8次）	64	论文	3	
	英语或文学艺术与文化	180		52（13次）		4（1次）	4（1次）	60（15次）	120	开卷	5	两门选学一门
		180		48（12次）	4（1次）	4（1次）	4（1次）	60（15次）	120	开卷	5	
	党性教育及其他活动	36	12（3次）					12（3次）	24			
	合　计	600	12（3次）	156（39次）	8（2次）	12（3次）	12（3次）	200（50次）	400		17	

续表

学期	课程名称	总学时	课内学时/次数						自学学时	考核方式	学分	备注
			机动	面授	讨论	串讲	考试	小计				
第4学期	刑法研究	156		40（10次）	4（1次）	4（1次）	4（1次）	52（13次）	104	闭卷	5	
	诉讼法研究	144		36（9次）	4（1次）	4（1次）	4（1次）	48（12次）	96	开卷	4	
	宏观调控与市场管理法研究	108		32（8次）	4（1次）			36（9次）	72	论文	3	
	知识产权法研究	84		28（7次）				28（7次）	56	论文	2.5	
	国际经济法研究	84		28（7次）				28（7次）	56	论文	2.5	由分院任选两门
	犯罪学研究											
	证据学研究											
	司法鉴定学研究											
	劳动法研究											
	党性教育及其他活动	24	8（2次）					8（2次）	16			
	合计	600	8（2次）	164（41次）	12（3次）	8（2次）	8（2次）	200（50次）	400		17	
第5学期	党性教育专题课	60	4（1次）	12（3次）	4（1次）			20（5次）	40	总结	2	
	补学有关知识、调研、撰写论文	516						172（43次）	344			由分院安排
	其他活动	24	8（2次）					8（2次）				
	合计	600	12（3次）	12（3次）	4（1次）			200（50次）	400		2	
第6学期	完成毕业论文并进行答辩	576						192（48次）	384		32	
	其他活动	24	8（2次）					8（2次）	16			
	合计	600	8（2次）					200（50次）	400		32	
	总计	3600						1200	2400		102	

2000级在职研究生班经济管理专业教学计划总表

学期	课程名称	总学时	课内学时/活动次数						自学学时	考核方式	学分	备注
			面授	讨论	串讲	机动	考试	小计				
第1学期	《资本论》选读	180	40（10次）	4（1次）	4（1次）	8（2次）	4（1次）	60（15次）	120	闭卷	3	
	邓小平理论基本问题研究	132	40（10次）	4（1次）				44（11次）	88	论文	3	
	英　语	168	48（12次）		4（1次）		4（1次）	56（14次）	112	闭卷	1	两门选学一门
	古文选读（上册）	168	48（12次）		4（1次）		4（1次）	56（14次）	112	闭卷	1	
	经济统计与分析	96	28（7次）				4（1次）	32（8次）	64	开卷	2	
	党性教育及其他活动	24				8（2次）		8（2次）	16			
	合　计	600	156（39次）	8（2次）	8（2次）	16（4次）	12（3次）	200（50次）	400		10	
第2学期	西方经济学	168	40（10次）	4（1次）		8（2次）	4（1次）	56（14次）	112	开卷	3	
	现代管理学	132	36（9次）		4（1次）		4（1次）	44（11次）	88	闭卷	3	
	英　语	168	52（13次）				4（1次）	56（14次）	112	闭卷	1	两门选学一门
	古文选读（下册）	168	32（8次）			20（5次）	4（1次）	56（14次）	112	闭卷	1	
	经济法律制度专题研究	96	32（8次）					32（8次）	64	论文	2	
	党性教育及其他活动	36				12（3次）		12（3次）	24			
	合　计	600	160（40次）	8（2次）	4（1次）	16（4次）	16（4次）	200（50次）	400		10	
第3学期	西方管理理论研究	144	40（10次）	4（1次）			4（1次）	48（12次）	96	闭卷	3	
	宏观经济管理理论研究	156	40（10次）	4（1次）	4（1次）		4（1次）	52（13次）	104	开卷	3	
	英　语	180	52（13次）		4（1次）		4（1次）	60（15次）	120	开卷	1	两门选学一门
	文学艺术与文化	180	48（12次）	4（1次）	4（1次）		4（1次）	60（15次）	120	开卷	1	
	会计学	108	32（8次）				4（1次）	36（9次）	72	开卷	2	
	党性教育及其他活动	12				4（1次）		4（1次）	8			
	合　计	600	164（41次）	8（2次）	8（2次）	4（1次）	16（4次）	200（50次）	400		10	

续表

学期	课程名称	总学时	课内学时/活动次数						自学学时	考核方式	学分	备注
			面授	讨论	串讲	机动	考试	小计				
第4学期	现代企业管理研究	132	32 (8次)	4 (1次)	4 (1次)		4 (1次)	44 (11次)	88	开卷	3	
	金融理论与实践	132	36 (9次)	4 (1次)				44 (11次)	88	开卷	3	
	发展经济学专题研究	108								论文	1	由分院任选两门
	当代世界经济	108								论文	1	
	当代世界思潮	108								论文	1	
	社会主义市场经济理论专题研究	108								论文	1	
	市场营销学专题研究	108								论文	1	
	农业经济专题讲座	32									2	由分院酌情安排
	知识经济研究讲座	96										
	省(市)情、行业情况等专题讲座	32										
	党性教育及其他活动	32										
	合计	600						200	400		10	
第5学期	领导科学专题研究	72	24 (6次)					24 (6次)	48	论文	2	
	党性教育专题课	60	20 (5次)					20 (5次)	40	写心得	2	
	补学有关知识、调研和撰写论文	444										由分院安排
	其他活动	36										
	合计	600						200	400		4	
第6学期	完成毕业论文并进行答辩	576									10	
	其他活动	24										
	合计	600						200	400		10	
总计		3600						1200	2400		54	

2000级在职研究生班经济管理专业第1学期教学计划表

（2000.9—2001.1）

课程（学时项目）	总学时	课内学时/活动次数						课外自学学时	考试方式	学分	考试时间
		面授	讨论	串讲复习	考试	机动	小计				
《资本论》选读	180	40（10次）	4（1次）	4（1次）	4（1次）	8（2次）	60（15次）	120	闭卷	3	2001年1月14日下午2:30—5:00考试，3月10日下午2:30—5:00补考。
邓小平理论基本问题研究	132	32（8次）	4（1次）			8（2次）	44（11次）	88	论文	3	
英　语	168	48（12次）		4（1次）	4（1次）		56（14次）	112	闭卷	1	2001年1月13日上午9:00—11:30考试，3月11日上午9:00—11:30补考。
古文选读	168	48（12次）		4（1次）	4（1次）		56（14次）	112	闭卷	1	
经济统计与分析	96	32（8次）			4（1次）		36（9次）	60	开卷	2	2001年1月14日上午9:00—11:30考试，3月10日上午9:00—11:30补考。
党性教育及其他活动	24					4（1次）	4（1次）	20			
合　计	600	152（38次）	8（2次）	8（2次）	12（3次）	20（5次）	200（50次）	400		10	
备　注	1. 面授等课内教学活动，每次按4学时计算。 2. 英语和古文选读课程的期末考试，由分院负责命题和阅卷。										

【《西方管理理论研究》教学计划】（由中央党校刘潮教授制订，供98级经管专业第4学期和99级经管专业第3学期使用）

一、教学目的：通过学习，使学员了解西方管理理论产生与发展的基本脉络，掌握西方管理理论发展各阶段主要学派理论的产生背景、基本原理以及对各个学派理论观点如何借鉴所进行的探讨和评价，为经济管理专业课的学习和研究奠定良好的基础。

二、教学时间：（见教学计划表）

三、专题讲授：10讲，即西方管理理论产生与发展概况，古典管理理论，人际关系理论与个体行为理论，团体行为与组织行为，管理过程理论与决策理论，社会系统理论与系统管理理论，经验主义理论，权变理论与管理科学理论，战略管理理论与企业再造理论，比较管理理论、非理性主义倾向与企业文化理论及第五代管理理论。

四、主要学习书目：《西方管理理论的产生与发展》李兴山、刘潮主编，现代出版社出版；《西方管理学名著提要》孙耀君主编，江西人民出版社1992年版。

五、考核方法：闭卷考试。

（于志伟　翟东景）

【《邓小平理论基本问题研究》教学计划】（由中央党校沈宝祥教授制订，供2000级经管专业第1学期使用）

一、教学目的：通过学习，提高学员运用马克思主义的基本原则和基本方法观察国内外大局、研究新情况、解决新问题的能力，增强高举邓小平理论伟大旗帜，贯彻执行党的基本路线的自觉性和坚定性。

二、教学时间：（见教学计划表）

三、专题讲授：分8讲，即邓小平理论是我们的旗帜，什么是社会主义、怎样建设社会主义，社会主义初级阶段与党的基本路线和基本纲领，经济发展战略和经济体制改革，社会主义民主政治和政治体制改革，社会主义精神文明和文化建设，对外开放和外交战略，社会主义现代化事业的依靠力量和领导核心。

四、主要学习书目：《邓小平文选》第二、三卷；《高举邓小平理论伟大旗帜　把建设有中国特色社会主义事业全面推向二十一世纪》；《邓小平理论基本问题》等。

五、考核方法：撰写论文。

（翟东景）

【《宏观经济管理研究》教学计划】（由中央党校赵长茂教授制订，供 99 级经济管理专业第 3 学期使用）

一、教学目的：通过学习，使学员加深对社会主义市场经济条件下进行宏观经济管理必要性的认识，探索宏观经济运行的规律，认真掌握宏观经济管理的基本原理和基本方法，提高分析问题、研究问题和解决问题的能力。

二、教学时间：（见教学计划表）

三、专题讲授：10 讲，即导言，宏观经济管理主体及其职能，宏观经济管理的目标和手段，宏观经济的周期波动，宏观经济的计划管理，宏观经济管理中的财政政策，宏观经济管理中的产业政策，宏观经济管理中的就业政策，宏观经济管理中的对外经济政策，宏观经济管理模式的国际比较及借鉴。

四、主要学习书目：《宏观经济运行管理》李兴山主编，中央党校出版社出版；《宏观经济管理学》李振中、刘成瑞、吴微主编，中国人民大学出版社出版。

五、考核方法：开卷考试。

（于志伟）

【《金融理论与实践》教学计划】（由中央党校赵长茂教授制订，供 98 级经管专业第 4 学期使用）

一、教学目的：通过学习，使学员系统掌握现代金融的基本概念和基本原理，了解我国金融机构、金融工具、金融市场发展演变的过程和金融调控、金融监管的基本框架，弄清金融体系运作的原理，提高学员运用所学金融知识分析问题和解决问题的能力。

二、教学时间：（见教学计划表）

三、专题讲授：共 8 讲，即金融与货币信用，金融机构，金融工具，金融市场，金融政策，金融监管，外汇和外汇管理，金融风险及其防范。

四、主要学习书目：《现代金融导论》赵长茂、纪军、越振华编著；《领导干部金融知识读本》戴相龙主编。

五、考核方法：开卷考试。

（翟东景）

【《发展经济学》教学计划】（由中央党校周天勇教授制订，供 98 级经管专业第 4 学期和 99 级经管专业第 3 学期使用）

一、教学目的：通过学习，使学员掌握经济发展的规律、经济发展的要素、经济发展的结构转换、经济发展的开放和经济发展的调控，并在自己的工作岗位上自觉地以理论作指导，按经济规律办事。

二、教学时间：（见教学计划表）

三、专题讲授：9 讲，即发展经济学的研究对象、方法和演变，经济增长，经济发展与人力资源利用，资本积累，资源生态和环境，技术进步，农业现代化与经济发展，工业化与经济结构演化，经济发展的空间状态和对外开放，制度与经济发展和经济发展的调控。

四、主要学习书目：《发展经济学》周天勇主编，中央党校出版社 1997 年版；《新发展经济学：回顾与展望》陈宗胜，中国发展出版社 1996 年版；《发展经济学》谭崇台，上海人民出版社 1996 年版。

五、考核方法：撰写论文。

（于志伟　翟东景）

【《领导科学》教学计划】（由中央党校冯秋婷教授制订，供98级经管专业第4学期使用）

一、教学目的：通过学习领导科学与科学领导的理论和方法，使学员提高科学领导的能力和水平，为今后总结领导工作经验，不断提高科学领导水平奠定坚实基础。

二、教学时间：（见教学计划表）

三、专题讲授：分6讲，即领导科学的研究对象和领导本质，领导职能和领导过程，领导者素质和领导班子结构，领导体制和领导制度，领导方法和领导艺术，领导政绩和领导效率。

四、主要书目：《领导科学培训纲要》何孝瑛、冯秋婷主编；《现代领导方法与艺术》孙钱章著。

五、考核方法：撰写论文。

（翟东景）

【《西方经济学》教学计划】（由中央党校谢鲁江教授制订，供99级经济管理专业第2学期使用）

一、教学目的：通过学习，使学员深入了解西方经济学的主要内容和新近的发展，掌握西方经济学分析经济制度及经济运行的一些基本概念和方法，深刻认识资本主义市场经济，为探索建立社会主义市场经济提供参考和借鉴。

二、教学时间：（见教学计划表）

三、专题讲授：12讲，即导论（1讲），微观经济学（4讲），宏观经济学（3讲），经济增长与经济周期，失业与通货膨胀（1讲），新自由主义经济学（1讲），产业理论与企业制度（1讲），制度分析与经济发展（1讲）。

四、主要学习书目：《西方经济学简明教程》谢鲁江主编，经济科学出版社1999年版；《西方经济学》余永定等主编，经济科学出版社1997年版；《西方经济学》国家教委高教司组编，高鸿业主编，中国经济出版社。

五、考核方法：开卷考试。

（于志伟）

【《现代管理学》教学计划】（由中央党校刘潮教授制订，供99级经济管理专业第2学期使用）

一、教学目的：通过学习，使学员掌握管理的一般原理，其中，包括管理的一般概念、一般观念、一般过程、一般职能和一般方法，学员对于管理科学有一个基本了解，为学习其他管理学科打下良好的基础。

二、教学时间：（见教学计划表）

三、专题讲授：共9讲，即现代管理学的研究对象，管理的主体与客体，管理目标与管理信息，管理的人本观念和系统观念，管理的择优观念、战略观念和权变观念，决策、计划、实施、监督与评价，现代管理的方法与艺术，案例分析。

四、主要学习书目：《现代管理学—观念·过程·方法》李兴山主编，现代出版社1998年版；《管理学原理》杨士文、张雁主编，中国人民大学出版社1995年版；《管理学》（美）哈罗德·孔茨、西里尔·奥·唐奈著（任选版本）。

五、考核方法：闭卷考试。

（于志伟）

【《古文选读》教学计划】（由中央党校陆钦教授制订，供99级经济管理专业第2学期使用）

一、教学目的：通过学习，使学员积累大量常用词汇，分清古今词义异同，掌握常用语句类型，熟悉古代汉语的语法规律，同时，锻炼学员的分析、鉴赏能力，达到能够阅读难度相当于古文《资治通鉴》的水平。

二、教学时间：（见教学计划表）

三、文章讲授：分六个单元，共13讲。

第一单元，有关治国经验的文章（3 讲）：《晋灵公不君》（重点）、《触龙说赵太后》；《治安策》（重点）、《五代史伶官传序》；《答司马谏议书》（重点）、《与高司谏书》。第二单元，有关总结历史教训的文章（2 讲）：《阿房宫赋》（重点）、《种树郭橐驼传》；《六国论》（重点）、《信陵君救赵论》。第三单元，有关人生境界、精神风貌的文章（4 讲）：《让县自明本志令》（重点）、《钱神论》；《涉务》（重点）、《与韩荆州书》；《贾谊论》（重点）、《狱中上母书》；《报刘一丈书》、《书吴潘二子事》。第四单元，关于战争胜败得失的文章（1 讲）：《天时不如地利地利不如人和》（重点）、《田单建功》。第五单元，描写祖国山川的文章（1 讲）：《石钟山记》（重点）、《避风岩记》。第六单元，有关治学要义的文章（2 讲）：《神思》（重点）、《师说》、《劝学》、《纸上谈兵》（重点）。

四、主要学习书目：《古文选读》陆钦编，《古代汉语》郭锡良等主编，《文方虚字》吕叔湘编，《古文观止》阴法鲁主编。

五、考核方法：闭卷考试。

（于志伟）

【《市场经济法律制度专题研究》教学计划】（由中央党校李雅云副教授制订，供 99 级经济管理专业第 2 学期使用）

一、教学目的：通过学习，使学员掌握社会主义市场经济法律制度的基本框架和主要内容，认识市场经济与法律的关系，提高市场经济法律意识，从而具备运用所学知识解决实际问题的能力。

二、教学时间：（见教学计划表）

三、专题讲授：共 8 讲，即总论及市场经营主体法律制度（2 讲），市场经营主体行为法律制度（2 讲），市场秩序、宏观经济管理和对外经济法律制度（2 讲），劳动法、社会保障法和经济纠纷处理的法律制度（2 讲）。

四、主要学习书目：《经济法律概论》王保树主编，中国经济出版社 1997 年版；《经济法学》杨紫烜、徐杰主编，北京大学出版社 1998 年版；《市场经济与法制建设》肖扬主编，法律出版社出版。

五、考核方法：撰写论文。

（于志伟）

【《文学艺术与文化》教学计划】（由中央党校周熙明教授制订，供 99 级经济管理专业第 3 学期使用）

一、教学目的：通过学习，使学员了解文学艺术和文化的基本知识与基本理论，提高对文学作品的鉴赏能力，理解文学作品的社会文化功能，把握中国传统文化和现代西方文化的根本精神，以及近代以来中西文化冲突的根本原因，从而开阔理论视野，增强现代文明意识，学会用马克思主义的科学方法，去辨别当代五光十色的文化现象，去解决我国社会主义文化建设中出现的实际问题。

二、教学时间：（见教学计划表）

三、专题讲授：12 讲，即文艺批评与党的文艺政策，中国古典文学中的诗歌传统概念，中国新时期文学思潮概观，现代主义精神与现代主义文学创作，电视剧创作漫谈，小说艺术漫谈，中国戏曲漫谈，中国传统文化及其向现代转型，中西文化比较与中西文化融合，马克思主义中国化的文化意义，宋明理学的实质及其在中国传统文化中的地位，现代化进程的文化理解。

四、主要学习书目：《文学艺术与文化》周熙明、梅敬忠主编，中央党校函授学院教材；《文艺政策论纲》魏天祥著，中央党校出版社 1993 年版；《文艺理论教程》童庆炳著，高等教育出版社 1998 年版。

五、考核方法：开卷考试。（于志伟）

【《〈资本论〉选读》教学计划】（由中央党校刘炳瑛教授制订，供2000级经管专业第1学期使用）

一、教学目的：通过认真阅读《资本论》所选部分，使学员掌握其立场、观点和方法，提高理论素质，增强分析新情况、研究新问题的能力，拓宽和强化专业研究的基础。

二、教学时间：（见教学计划表）

三、专题讲授：分三个单元，共10讲。第一单元，商品、货币、资本理论和价值规律，5讲，即导论，商品理论及其现实意义，货币理论及其现实意义，价值规律及其自觉运用，资本理论及其现实意义。第二单元，资本经营的企业再生产和社会再生产，2讲，即资本的循环、周转及其现实意义，社会总资本再生产理论及其现实意义。第三单元，资本的生产经营总过程及其收益分配，3讲，即平均利润和生产价格理论及其现实意义，信用制度和股份公司理论及其现实意义，地租理论及其现实意义。

四、主要学习书目：《〈资本论〉选读》；《〈资本论〉与市场经济问题研究》。

五、考核方法：闭卷考试。

（翟东景）

【《古文选读》教学计划】（由中央党校陆钦教授制订，供2000级经管专业第1学期使用）

一、教学目的：通过学习，使学员熟悉常用词汇的古今差异，文言虚字的用法，明了古代汉语语法的规律，掌握常用语句类型，从而提高阅读理解古文的水平。

二、教学时间：（见教学计划表）

三、专题讲授：分六个单元，共12讲，即有关治国的文章，3讲；有关总结历史教训的文章，2讲；有关人生境界、精神风貌的文章，4讲；关于战争的文章，1讲；描写自然风光的文章，1讲；有关治学的文章，1讲。

四、主要学习书目：《古文选读》陆钦著。

五、考核方法：闭卷考试。

（翟东景）

【《经济统计与分析》教学计划】（由中国人民大学赵彦云教授制订，供2000级经管专业第1学期使用）

一、教学目的：通过学习，培养学员的经济统计知识及其在我国实际经济分析中的运用，提高经济分析的能力和水平，为进行科学决策和经济管理打下坚实基础。

二、教学时间：（见教学计划表）

三、专题讲授：分8讲，即经济统计分析基本问题，社会总供给和总需求统计分析，国民收入分配和产业结构分析，货币需求和通货膨胀统计分析，经济周期和景气统计分析，经济增长统计分析，国际经济统计分析，宏观经济形势统计分析。

四、主要学习书目：《宏观经济统计分析》赵彦云主编。

五、考核方法：开卷考试。

（翟东景）

省部级干部在职研究生班教学计划

98 级甲班政治学专业第 4 学期教学计划表

(2000.3.1—8.10)

课程名称	教学时间	考核方式	完成时间
党的三代领导治国方略专题研究	3月1日—8月10日 (每周12学时×20周) 240学时	写一篇5000字左右的论文	7月20日前
社会心理学专题研究	7月10日—8月10日 (每周12学时×4周) 48学时	撰写心得体会文章	8月10日前
当代世界军事和我国国防专题讲座	自行安排 10学时	不考试	

2000 级省部级干部在职研究生班第 1 学期教学计划表

(2000.9.16—2001.1.28)(20 周)

课程名称	教学时间	考试内容	完成时间
政治学专题研究	2000年9月	写一篇论文 (3000字左右)	2000年12月底以前
马克思主义基本问题专题研究	2000年9月	写一篇论文 (5000字左右)	2001年2月底以前
当代世界经济与政治专题研究	2000年9月	选修课,作读书笔记	
注:2001年1月28日至2月28日放寒假。第2学期2001年3月1日开学。			

【《党的三代领导集体治国方略专题研究》教学计划(节选)】 (供 98 级甲班第 4 学期使用)

一、教学目的：通过学习，使学员比较系统地学习以毛泽东、邓小平、江泽民为代表的党的三代领导集体关于治国方略的论述，学习和领会他们的治国方略与艺术，掌握其立场、观点和方法。

二、教学方法：1. 导师授课。导师分别讲授以毛泽东、邓小平、江泽民为代表的党的三代领导集体治国方略的主要内容，提出学习重点和着重思考的问题。

2. 学员自学。制订自学计划，系统学习掌握党的三代领导集体治国方略，同时，根据自身实际进行专题研究，完成作业。

3. 讨论答疑。自学中遇到的疑难问题，学员与指导教师进行研讨，教师答疑。

三、教学内容与学习重点：本课程分三个专题。

第一专题：毛泽东等党的第一代领导集体治国方略。

学习重点：夺取政权，建立新中国，巩固新政权和实现四化方略的主要内容及特点。

第二专题：邓小平等党的第二代领导集体治国方略。

学习重点：拨乱反正、改革开放方略的主要内容及特点。

第三专题：江泽民等党的第三代领导集体治国方略。

学习重点：继续推进改革开放、打开新局面方略的主要内容及特点。

四、考核方法：写一篇 5000 字左右的论文。（郭春元）

【《社会心理学》教学计划(节选)】 （供 98 级甲班第 4 学期使用）

一、教学目的：通过学习，使学员掌握社会心理学的基本理论和方法，学会用社会心理学的视角观察、处理社会行为，在人及其群体和组织的管理中更自觉、更富有艺术性，达到既能维护社会安定团结，又能提高组织效率的目的。

二、教学方法：以自学为主，辅导为辅，自学与辅导相结合，学员与导师共同研讨，导师对带有普遍性的问题进行指导。

三、教学内容与学习重点：

第一专题：自我意识与个体社会化

学习重点：了解自我意识的概念、功能、结构和防止自我意识障碍的策略，掌握正确进行自我认知、自我评价和自我体验的方法，构建良好的自我形象。了解个体社会化的心理机制，科学认识和对待社会变迁中的世代差异及代沟，把握个性化与社会化、个性与共性的关系，增强群众工作尤其是青少年工作的有效性和艺术性。

第二专题：社会认知与归因

学习重点：了解社会认知的概念、特点、基本偏差及其表现形式，掌握印象管理的实质及策略，以便更有效地建立理想化的自我形象，正确认知他人，防止误解和曲解。了解归因理论，掌握归因风格训练技术，正确归结自己及他人成败原因，减少失误，提高成功概率。

第三专题：社会态度及其改变

学习重点：了解社会态度概念和态度形成理论，掌握影响态度改变的因素和条件，总结思想宣传工作的经验教训，发扬成绩，纠正不足。

第四专题：人际关系与群体行为

学习重点：了解人际吸引的条件，研究人际良性互动的法则，把握改善人际关系的方法。了解社会群体中社会助长与社会惰化、群体极化与群体思维，以及从众、服从、依从等相符行为，把握群体动力学法则，更好地管理群体，提高工作效率。

第五专题：社会组织的管理和领导行为

学习重点：了解社会组织中管理者与被管理者、领导者与被领导者等不同组织角色的行为特点，研究组织变革中分化与整合、内耗与内聚、竞争与合作的制约条件，掌握有效控制组织的责任安排、利益安排、制度安排、文化安排与人事安排的原则及方法，以便达到既能安定团结，又能开发人力资源，调动人的积极性，提高组织效率的目的。

四、考核方法：联系实际写一篇心得体会。（郭春元）

【《当代中国政治与党的建设专题研究》教学计划(节选)】 （供 98 级甲班第 5 学期使用）

一、教学目的：通过学习，使学员进一

步认识适应经济发展和改革的需要，把握积极稳妥地推进政治体制改革，扩大社会主义民主，健全社会主义法制，建设社会主义法制国家的重要意义及采取的方针、策略；把握推进这一历史进程的指导思想、重要原则和基本途径，提高按照“三个代表”的要求，加强和改善党的领导，从严治党，提高执政水平和领导水平的政治责任感和贯彻中央关于加强和改善党的领导的方针、政策的自觉性。

二、教学方法：自学与导师辅导相结合。坚持理论联系实际，重点研究当代中国政治发展的重大理论和现实问题。

三、教学内容与学习重点：本课程分六个专题。

第一专题：建设有中国特色社会主义的民主政治。

学习重点：1. 国家形态的民主与非国家形态民主的联系和区别，社会主义民主的本质与特征，社会主义民主与资本主义民主的联系和区别，我国民主政治建设的目标和途径。

2. 十一届三中全会以来，我国民主政治建设取得的进展、基本经验和存在的问题。

3. 坚持和改善党的领导与发扬人民民主的关系，党的领导与依法治国的关系。

第二专题：依法治国，建设社会主义法制国家。（第2学期已学习法学和依法治国专题，本专题从略）。

第三专题：继续推进政治体制改革。

学习重点：1. 我国政治体制改革的对象、目标、途径、步骤。

2. 推进改革应把握的原则。

3. 当前和今后一个时期内政治体制改革的主要任务，改革的难点，应采取的方针、政策。

第四专题：维护社会政治稳定。

学习重点：1. 正确把握改革、发展、稳定三者之间的关系。

2. 重视解决群众的生活疾苦问题在当前的重要意义。新形势下人民内部矛盾问题发生新变化的根源。怎样正确处理新形势下人民内部矛盾问题，有效防范和处理群体性突发事件。

3. 新形势下一定范围的阶级斗争表现出的特点。如何依法加强斗争。

第五专题：按照“三个代表”的要求，坚持、加强和改善党的领导。

学习重点：1. 十一届三中全会以来，在改善党的领导方面确立的正确原则。

2. 改善党的领导存在的问题、难点及解决的措施。

第六专题：从严治党，按照“三个代表”的要求，推进党的建设的新的伟大工程。

学习重点：1. 江泽民同志提出的“三个代表”重要论述的重大意义及其实质。为什么说“三个代表”是“立党之本，执政之基，力量之源”？如何结合新形势贯彻落实。

2. 治国必先治党，治党必须从严。从严治党应从哪些方面入手？如何反腐败和根治腐败？

3. 党的制度建设更带有根本性、全局性、稳定性，怎样用完备的制度保证民主集中制的贯彻执行。

四、考核方法：联系实际写一篇心得体会。（郭春元）

【《领导科学专题研究》教学计划（节选）】

（供98级甲班第5学期使用）

一、教学目的：通过联系我党领导工作的历史经验和现状，联系学员本人领导工作的实践，学习和研究具有中国特色的社会主义领导科学理论和方法，掌握领导工作规律，提高科学的领导能力和水平。

二、教学方法：以自学为主，自学与研讨相结合。理论联系实际，研究和解决领导工作中的现实问题。

三、教学内容与重点：本课程分六个专题。

第一专题：领导科学的研究对象和领导本质。

学习重点：1. 领导科学的研究对象和学科性质。

2. 领导科学的学科体系和基本内容。

3. 领导活动的构成要素。

4. 领导的二重性理论及意义。

5. 社会主义条件下领导的本质。

第二专题：领导职能和领导过程。

学习重点：1. 科学决策。

2. 知人善任。

3. 激励和协调。

4. 指挥、检查和总结。

第三专题：领导者素质和领导班子结构。

学习重点：1. 领导素质的基本内容和提高的途径。

2. 领导班子结构科学化的基本内容和途径。

第四专题：领导体制和领导制度。

学习重点：1. 领导体制和领导制度的涵义及其影响因素。

2. 领导体制和领导制度的主要内容及在领导活动中的作用。

3. 当代中国领导体制和领导制度改革。

第五专题：领导方法和领导艺术。

学习重点：1. 领导方法论。

2. 基本领导方法和领导艺术。

3. 特殊的领导方法和领导艺术。

4. 日常的领导方法和领导艺术。

第六专题：领导政绩和领导效率。

学习重点：1. 领导政绩和领导效率的作用。

2. 领导政绩的考评。

3. 提高领导政绩和领导效率的途径。

四、考核方法：完成作业。 （郭春元）

【《马克思主义基本问题专题研究》教学计划】

（由中央党校科社教研部严书翰教授制订，供2000级省部级干部在职研究生班第1学期使用）

一、教学目的：通过学习马克思主义的基本原理并以此为指导，联系100多年来的历史变化和马克思主义发展的实际，联系领导干部的思想实际，使学员弄清坚持和发展马克思主义的基本原理的必要性，坚定共产主义理想和社会主义信念，提高他们的理论素养和政治素质。

二、教学方法：以自学为主，面授辅导与研讨相结合，贯彻理论联系实际的方针。

三、教学内容与重点：共分五个专题。

第一专题：马克思主义科学世界观和方法论。学习重点（略）。第二专题：马克思主义政治经济学的基本原理。学习重点（略）。第三专题：马克思恩格斯关于社会主义的基本思想。学习重点（略）。第四专题：列宁晚年的社会主义思想。学习重点（略）。第五专题：马克思列宁主义基本问题串讲。学习重点（略）。

四、阅读及参阅书目：1. 阅读书目：马克思：《关于费尔巴哈提纲》；恩格斯：《路德维希·费尔巴哈和德国古典哲学的终结》；马克思：《资本论》（节选）《政治经济学批判》导言；马克思、恩格斯：《共产党宣言》；恩格斯：《社会主义从空想到科学的发展》；列宁晚年八篇著作（1922—1924年）；《马克思列宁主义基本问题》，中央党校出版社出版。2. 参阅书目：《马克思主义哲学教程》杨春贵；《资本论与社会主义市场经济》鲁丛明；《科学社会主义新论》赵曜；《中国社会主义现代化建设的历史经验》，中央党校出版社出版。

五、考核方法：撰写一篇5000字左右的论文。

（李士甲）

【《政治学专题研究》教学计划】（由中央党校政法教研部王仲田、刘春教授制订，供2000级省部级干部在职研究生班第1学期使用）

一、教学目的：通过学习马克思主义特别是邓小平关于政治关系、社会主义政治制度、国家政权建设和政治体制改革等重大政治问题的论述，使学员把握社会主义政治建设的一般及特殊规律，提高他们对政治学的认识和政治领导水平。

二、教学时间：(见教学计划表)

三、专题讲授：共七个专题。第一、二、五、六、七专题为学习重点。第一专题：政治学的研究对象和理论体系；第二专题：政治关系与政治权力；第三专题：国家性质、国家政体与国家结构形式；第四专题：政治组织；第五专题：政治过程；第六专题：政治发展；第七专题：政治家的特征、作用和基本素养。

四、必读及参阅书目：1. 必读书目：《政治学导论》王仲田主编，中央党校出版社1997年版。2. 参阅书目：《政治学基础》王浦劬主编，北京大学出版社1995年版；《邓小平政治观》侯少文著，中央党校出版社1997年版；《论法的精神》上（法）孟德斯鸠著，商务印书馆出版；《公共政策分析》陈庆云著，中国经济出版社1996年版；《变革中的政治稳定》邓伟志主编，上海人民出版社1997年版；《权力的答卷——当代中国反腐败论》刘春著，中央党校出版社1998年版；《政治管理学概论》李景鹏主编，高等教育出版社1991年版。

五、考核办法：撰写一篇3000字的论文。

（李士甲）

【《当代世界经济与政治专题研究》教学计划】（由中央党校张伯里、亓成章教授制订，供2000级省部级干部在职研究生班第1学期使用）

一、教学目的：通过学习，使学员掌握马克思主义研究世界经济与政治的立场、观点和方法，熟悉二战后世界经济与政治形势的发展变化，了解当今世界的主题和经济全球化、政治多极化的发展趋势，深刻理解邓小平的国际战略思想与我国对外工作的指导方针和政策，提高他们观察研究当代世界经济与政治问题的水平和能力。

二、教学时间：(见教学计划表)

三、教学内容与重点：共分四个专题。第一专题：二战后世界经济与政治的发展及其特点。学习重点（略）；第二专题：世界经济全球化的发展趋势与我国的对策。学习重点（略）；第三专题：当今时代的主题与世界格局发展的趋势。学习重点（略）；第四专题：当代世界经济政治与中国。学习重点（略）。

四、必读及参阅书目：1. 必读书目：《世界经济学》张伯里主编，中央党校出版社1998年版。2. 参阅书目：《当代世界经济与政治》冯特君主编，经济管理出版社1998年版；《当代资本主义研究》胡振良等撰写；《当代国际政治与中国对外关系》亓成章、张连瑰主编，中央党校出版社1998年版。

五、考核方法：在自学和思考的基础上，作读书笔记，交导师评阅。（李士甲）

总院各处室工作概述

教 学 处

2000年，教学处工作概述如下：

一、编制2000年下半年和2001年上半年的教学计划和教学具体安排。下半年开始，教学计划把“三基本”（马克思列宁主义基本问题、毛泽东思想基本问题、邓小平理论基本问题）、“五当代”（当代世界经济、当代世界科技、当代世界法律和中国法制建设、当代世界军事和中国国防建设）引入党校函授教育课程。在教学内容等方面，坚持国家标准，注重与成人高等教育相衔接，更好地体现了为培养高素质干部队伍服务的精神。下半年教学计划和教学具体安排涉及25个班次，67门考试课程；2001年上半年的教学计划和教学具体安排涉及19个班次，55门考试课程。两个学期共聘请编撰教师62人次。

二、论证并制定《中央党校函授学院面向21世纪教学改革方案》。教学处在调查研究和反复论证的基础上，撰写了《中央党校函授学院面向21世纪教学改革方案》初稿，并先后在昆明电化教学工作会议、宜昌秭归考试命题工作座谈会和第五次教学管理工作会上广泛征求意见，进行了多次修改。

三、组织召开总院第五次教学管理工作会议。教学处根据总院的统一部署，于12月2日至5日在上海市委党校召开了第五次教学管理工作会议。出席这次会议的有各分院院长、副院长和教学科长100多人。会议主题是：以中央党校工作会议精神为指导，以教学为中心，深化教学改革，推进素质教育，努力把党校函授教育推向21世纪。刘利群副院长代表院领导在会上作了工作报告。与会代表紧紧围绕教学改革进行了深入讨论，提出了不少宝贵的意见和中肯的建议。

四、完成了5次考试命题、制卷任务。2000级招生考试，涉及13门课程，编制考卷27份；上半年期末闭卷考试28门课程，编制考卷112份；下半年期末闭卷考试28门课程，编制考卷112份，全年编制考卷305份，命题制卷坚持“三审三校”，确保了试题质量和制卷质量。

五、推进考试命题改革。4月中旬，教学处在湖北秭归召开了部分分院领导和教学科长参加的考试命题工作座谈会。会议总结了近几年党校函授教育考试命题工作的经验，商定了期末闭卷试题与题量调整方案。会后印发了《中央党校函授学院考试命题工作座谈会纪要》，为推进考试命题改革，迈出了坚实的一步。

六、组织修订了2001级招生考试复习纲要。根据中央10号文件精神，教学处组织专家对2001级招生考试复习纲要进行了修订。供大专班和本科班使用的两本纲要，均正式出版发行。同时，还编印了新版大专班、本科班招生考试试题及答案汇编。

七、召开两次备课会议。5月7日至11日，上半年备课会在四川省委党校召开，与会教师112名。中央财经大学金融系理论教研室主任李健教授、北京工商大学法律系主任李仁玉教授分别讲授《货币银行学》、《民法学总论》；中国政法大学研究生院博士生导师杨振山教授、中央党校经济学教研部副教授韩保江博士作相关学科的学术报告；辽宁省委党校经济学教研室主任刘朝教授、安徽省委党校法学教研室副主任李浩教授分别上教学观摩课。11月7日至11日，下半年备课会在甘肃省委党校召开，与会教师168名。中央党校校委委员石泰峰教授讲授《市场经济法律制度概论》;《理论动态》前主编沈宝祥教授讲授《邓小平理论基本问题》,并作学术报告;中央党校法学教研部博士后张忠军作经济法方面的学术报告;空军部队分院扈树生副教授通过多媒体对《邓小平理论简明教程》进行观摩教学。两次备课会均聘请从国外学习考察归来的甘肃省委党校科学管理教研室青年教师鲜静林,就《国外现代成人培训的基本理论和方法》进行专题讲座。这两次备课会在形式和内容上都有所创新,使与会教师进一步统一了教学指导思想,明确了教学重点和难点,开阔了视野,增长了知识,受到与会教师的一致好评。

八、编辑出版优秀毕业论文选集。中央党校学员优秀毕业论文选——《学习·探索·结晶》（第四辑），全书上下两册共62.5万字，于2000年9月正式出版，该书从53个分院推荐的317篇96级大专班、97级本科班、领导干部班毕业论文中，经过初审、专家复审，最后精选出88篇结集而成。总院向入选论文作者颁发了证书，并在第五次教学管理工作会议上，向毕业论文评选先进单位辽宁、河南、甘肃、云南、广西、上海、福建、北京市工业党校、总装备部、空军等10个分院颁发了奖状和奖金。（教学处）

教 务 处

2000年，教务处工作概述如下：

一、招生工作。教务处按照“控制规模，进出平衡，规范管理，加强领导”的招生工作原则和要求，认真总结了近几年中函招生工作的经验和教训，明确了招生工作中存在的不容忽视的问题和解决办法，广泛征求各分院对2000年招生工作的意见。经过认真研究，总院于1999年11月6日下发了《关于印发2000年招生计划和招生简章》的通知，对招生报名、资格审查和录取工作提出了具体明确的要求。教务处按照总院2000年招生工作的统一部署和要求，组织各分院认真把好资格审查、招生考试和新生录取关，圆满完成了招生任务。

（一）把好资格审查关。重点审核考生报名登记表、学历文凭（复印件）和个人身份证、军官证原件，凡不符合报考中函条件的，坚决不准报名；如发现有不符合要求的，则坚决取消报考资格；免试生由总院从严把关，逐一审核，凡不符合免试规定的，一律不予免试，须经相应班次的招生考试，成绩合格者方能录取；在江苏省范围内进行了2000年招生考试属地管理试点工作，对违纪招生的办学单位进行了处理。4月上旬，总院在江苏省镇江市委党校召开了试点工作会议，对试点工作进行了具体部署，提出了明确要求。参加单位有江苏分院和驻江苏省的军队、铁道系统的中函办学单位，试点情况复杂，工作量大，政策性强，在有关分院、特别是江苏分院的大力支持下，顺利地完成了这次试点工作任务，基本上达到了预期目的。

（二）把好招生考试关。重点抓好招生考试试卷的印制、发送和保管，严防试卷泄题的发生；严格执行总院规定的统一招生考试科目、日期和时间，不得擅自更改，设置标准考场，净化考场环境，严肃考场氛围，规范考试行为，执行考试纪律；择优选聘监巡考人员，对监巡考人员进行考前培训，加大监考、巡考力度，并与奖惩挂钩；组织有经验的教师阅评试卷、登分。如发现有严重违纪问题的，则坚决查处，直至取消考生考试资格和办学单位的招生资格。在2000年招生考试中，全院同心协力、齐抓共管，使考风考纪有进一步好转。

（三）把好新生录取关。由各分院、学区负责对考生的入学资格、学历文凭和考试成绩进行复查，按总院下达给分院的招生指标和分院划定的录取分数线，择优录取，确保招生质量。总院教务处还组织力量对军队部分办学单位2000年招生录取学员进行了入学资格复查，并向院领导写出了《关于对部分军队分院2000年所招学员入学资格进行复查的情况和建议》。

为做好2001年的招生工作，教务处做了四件工作：一是修改招生简章。对2000年招生简章中报名条件和要求、免试条件、考试时间、收费标准等进行了修改，并起草了《关于制订2001年招生简章的说明》，使党校函授教育的招生，进一步与成人高等教育的基本要求接轨。二是提出招生意见。先后起草了《关于认真做好2001年招生工作的几点建议》、《关于从2001年起停招领干班学员的建议》和《关于做好2001年函授招生工作的通知》等，为做好2001年的招生工作奠定了基础。三是下达招生指标。起草了《关于2001年函授招生计划的意见》，确定了2001年的招生规模，并根据各分院上报的招生计划，经过综合平衡提出了各分院招生指标，下达执行。四是起草会议讲话。为院领导起草了在中央党校2000年函授教育工作会议上的讲话稿——《从严要求　确保质量　认真做好2001年的招生工作》的草稿。

二、学籍管理工作。（一）办理毕业证书工作。坚持“三严五审”制度，按照“学籍管理评比标准”对办证单位采取逐项打分，评定优劣，坚持公开、公平、公正的原则；聘用临时短工协助办证，加快了办证速度，确保了办证质量，顺利地完成了97级大专班、本科班和第七期领导干部班毕业学员的毕业证书办理任务。

（二）日常学籍管理工作。一是注册工作。上半年从4月中旬开始催报、核对各分院上报的注册表及学籍变动表。在此基础上形成了全院在校学员注册综合表和总人数表。二是学籍变动。及时审查处理全院在校学员学籍变动共17632人次。其中，98级大专班、本科班和领导干部班学员学籍变动计3033人次；99级大专班、本科班和领导干部班学员学籍变动14599人次。同时，为全院213名学员办理了转学手续；处理答复各分院学籍变动来函150件。三是文件起草。以总院名义起草下发了8个学籍管理工作方面的通知。同时，向院报送了急需解决学籍管理方面的9个请示，其中，包括关于补发毕业证明书收费问题，修改学籍管理软件，更新微机设备，更换领导干部班毕业证书及加盖校印，关于第六期领导干部班颁发毕业证书的请示等。修订了学籍数据管理程序和办理毕业证书程序，制订了学籍办岗位职责等。四是印制证书。印制各种证书、证明、学员证（皮、芯）约120万份，中函教育十五周年“三优”证书350套（皮、芯）。

（三）学籍微机管理工作。一是编写了程序和报表，提出了空军、山东分院软件修改意见，规范了分院上报数据格式，审核了97级本科班试点单位毕业情况，统计了注册人数，修改了学籍变动情况，管理在校学员学习成绩、打印领导干部班和部分本科班毕业证书，编写了招生计划报名统计表的程序等。学籍办先后6次向院领导汇报了学籍微机管理工作现状和急需解决的问题；7次与电教室召开联席会议，达成共识，并更新了硬件。购置了3台微机，解决了数据传输问题；以总院名义下发了《关于统一上报数据格式的通知》，对有关问题提出了明确要求；修改了总院一期工程软件。使学籍管理工作上了一个新台阶。

三、考务工作。2000年，统一组织了全院7次考试工作，即3月的1999年下学期期末考试补考；4月的2000年招生考试；6月的97级大专班总补考；7月的2000年上学期期末考试；9月的2000年上学期期末考试补考；12月的第八期领导干部班总补考；2001年1月的2000年下学期期末考试；在各次考试考务管理工作中，主要做了4项工作：

（一）下发考试通知，提出明确要求。先后起草下发了5次关于做好全院中函考试工作的通知，在通知中，总院对考试工作的组织领导、试卷保管、考场设置、考风考纪等有关问题提出了具体明确的要求。同时，针对往年考试试卷管理存在的问题，总院决定改进试卷的制发和管理。一是编制印发A、B、C三种试卷，分别供应地方和军队办学单位使用。二是实行考场、试卷同时申报制度，每个考场25人至30人，只发一袋试卷（30份），未经总院审批的考场，总院一律不提供试卷，有效地控制了试卷的分发，防止了乱设考点考场现象的发生。三是送卷由保密印刷厂派公安干警押送为主，少数分院自取，严格办理交接手续，确保试卷安全。四是总院抽派责任心强的干部赴北京地区7个分院，与分院人员共同监管试卷，严格控制余卷，做到万无一失。

（二）加大巡考力度，狠抓考风考纪。总院抽调50多名精兵强将，组成25个巡视组，分赴江苏、黑龙江、河北、天津、甘肃、青海、重庆、贵州、西藏、中直机关、国家机关、北京市委机关、北京工业党校、北京市公安局和军队办学单位等21个分院巡视检查招生考试考务管理情况。在上学期期末考试期间，总院又抽派30多人，组成14个巡视组，分赴黑龙江、河北、江苏、湖南、福建、广东、重庆、青海、陕西和军队办学单位等16个分院检查了解期末考试情况。在下学期期末考试期间，总院又派出31人，组成12个巡视组，分赴广西、四川、陕西及北京、广州、成都地区的地方和军队等分院检查了解考务管理情况。在上述3次全院性大考中，考风考纪较之往年有明显好转。

（闵遗修）

教 材 处

2000年，教材处工作概述如下：

一、组织教材征订，及时提供教材印数。全年对全院180个教材直发单位进行了4次征订。教材处提供了各种教材的暂印数，为近400种教材、教辅资料向印厂下达付印，及时提供了基本印数和补充印数，保证了教材的印制和发行工作的正常进行。

二、安排教材印制，改进版式设计。全年共印制教材、教辅资料410种，新设计版式150本。教材处进一步规范了教材印制的业务管理，做到了从接收教材原稿到版式设计、从计算印张到确定版序、从排版送样到核红付印，都精心组织、精心设计、精心运作，保证了教材的印刷质量。

三、加大教材校对管理力度，提高教材文字质量。上半年，教材处召开了校对质量研讨会，通过总结交流工作经验，进一步提高了校对人员的质量意识和业务能力，加大了质量管理力度。全年校对教材等资料185种，计7063万多字次，纠正原稿错误字数7622字，教材校对质量有了进一步提高。

四、改进教材封面设计，显示时代特征，突出党校特色。教材处8月30日召开了首次教材装帧专家研讨会，确定今后一段时间的工作目标和任务。进一步遴选聘任了一批优秀的兼职美编人员，完善了教材封面责任编辑和审查制度。全年新设计封面77个，质量水平有了新提高。

五、主动与北京新闻出版局协调业务关系，及时办理教材准印手续。教材处采取定期向市新闻出版局通报教材印刷发行情况，上门领取表格，认真填写数据，按要求履行程序等措施，及时办理了108份教材印制委托书和138份内部资料准印证。

六、精心组织发行，保证教材及时到位。教材发行依据收到的教材订单，进行分类汇总，周密制定发行计划，向印厂提出具体要求。经全院上下及承印厂的共同努力，基本做到开学前一个月，总院将教材发到各直发单位，分院、学区于开学前一周将教材发到所属辅导站，保证学员于开学时领到教材。

七、加大监管力度，确保教材印制发行质量。教材处对教材承印厂实行“质量考评，末位淘汰”的竞争管理机制。结合下半年教材承印质量情况的检查，对承担总院教材印刷任务的骨干厂，进行全面考察和质量评比工作。进一步完善了印刷厂的自我管理机制，规范了质量监督管理，提高了教材印制发行质量。

八、积极拓宽零售教材市场，不断提高两个效益。8月7日，教材处在湖南省委党校召开了总院教材工作会议。会议总结了上学期教材征订发行工作，表彰奖励了零售教材的先进单位和个人，调动了积极性，稳定了老用户，争取了新用户，进一步扩大了零售教材量，年零售教材金额在5万元以上的大户，由过去的9户增加到31户。满足了中函教学工作和各级党校办班的需要，提高了总院的经济收益。

九、探索教材征订发行计算机网络管理的新办法。教材处在总结工作的基础上，请电教室组织设计了软件，8月7日，在湖南省委党校召开的教材工作会议上向代表们进行了演示。会上代表们一致肯定了软件的可行性，也提出了不少宝贵意见。会后进一步修改了软件，12月19日，在大连首次举办了利用计算机实施教材征订发行管理培训班，取得了预期目的。

十、坚持教材印刷和发行费“三审”结算制度，控制成本，降低费用。教材处完善了工作单传票制度。从印制、发行计划的制定到实施，直至费用结算，都要逐个程序进行数据核查，避免结算费用错误的发生。

十一、认真学习“三个代表”的重要论述，提高干部队伍政治素质。按照校、院的布置和要求，党支部组织干部认真学习“三个代表”的重要论述。结合回顾工作，查问题，找原因，订措施，开展思想政治工作，提高了干部的思想认识，增强了办好党校函授教育的政治责任感，为做好教材处各项工作提供了保证。

十二、调整人员，健全组织。教材处在新增在编干部的情况下，充实、健全了印制、发行、综合三个业务办公室，书库仍归发行办公室。重新划分了各办公室的工作业务，将封面设计业务划给了综合办公室，增加了在编干部担任零售教材的工作等。

（杨朝旺）

教材编研室

2000年，教材编研室工作概述如下：

一、完成了全年教材和教学辅助资料的编审任务，保证了教学的需要。编写了一批新教材；为贯彻十五届四中全会、五中全会精神，对有关教材进行了修改。全年三个班次共使用教材128种，其中，新编和修改的71种，公开出版的36种；全年使用教学辅助资料54种，其中，新编和修改的39种。全年编审教材和教学辅助资料总字数达5200万。

二、贯彻落实校领导关于将“三基本”、“五当代”引入函授教材体系的重要指示。经与教务部教材处多次沟通，根据函授教育的特点，院领导决定，在领导干部班引入“三基本”、“五当代”的原版本教材；本科班使用改编的“三基本”、“五当代”简明教程。“三基本”、“五当代”教材引入函授教材体系，把函授教材建设纳入了党校教材建设的总体格局，增强了党校函授教育对新形势的适应性。

三、制定新学期教材编写计划和专业课程设置方案。3月，制定并逐步落实2001年上半年的教材编写计划，6月，开始制定并逐步落实2001年下半年教材编写计划。5月，经过室内有关同志的充分讨论并征求有关部门的意见，制订了2001级专业和课程设置方案。

四、进行15周年院庆评优工作。提出了教材评优要求，印制了教材评优意见表，在全面整理、综合各分院意见的基础上，评出了38种优秀教材。

五、采取措施，提高教材质量。一是在教材建设中，贯彻落实中央10号文件精神，组织室内有关专家对使用的教材进行全面审查，把教材分成停用（因内容陈旧、结构不尽合理、教师和学员反映意见较多等）、修改、继续使用几个部分。对停用的教材尽快请有关专家编写新教材；需要修改的教材，根据课程安排，及时请作者按照“理论、知识、党性、能力”四统一的要求修改。二是在教材编写中逐步引入竞争机制，对现行教材首先是闭卷考试课教材，组织名家、精通学科理论的专家和国家机关有关部门学者型领导编写第二套教材。在教学中逐步淘汰质量一般的教材。

六、组织编写教学参考书和教学案例书。组织编写有关学科理论前沿、难点、热点、疑点问题的教学参考书和教学案例书，为函授教师拓宽思路，开阔视野，提高素质创造条件。

七、通过多种方式，征求对专业和课程设置的意见。在8月召开的长沙教材会议上，教编室召集9个分院的领导进行座谈，征求了他们对专业和课程设置的意见；12月初，在上海教学管理工作会议上，征求了有关教师的意见；12月下旬，在云南举办了部分省委党校主管函授的领导和分院领导参加的专业和课程设置研讨会。此外，在2000年暑假前还组织人员到北京大学、中国人民大学、中国政法大学就课程设置进行了专题调查，写出了《总院与部分成人教育学院课程设置对照》报告，为总院课程设置的合理化、科学化提供了有价值的参考。

八、组织召开专家教材建设咨询研讨会。一年中，组织召开两次“七部一所”领导和教务部等部门领导参加的函授教材建设咨询研讨会。他们提出了不少有益的意见和中肯建议，对推进教材建设具有重要意义。

九、完成了办刊宗旨、方针和刊物内容的调整任务。将《学习辅导》改为《学园》，克服了原院刊大量重复、缺少信息量和知识量等缺点，使院刊更好地为提高学员素质和党校函授教育质量服务。完成了8期《学园》的组稿、编辑和院内发行工作，在刊物内容上进行了改进，使刊物办出了特色，深受读者的欢迎。

十、进行稿费结算和样书分发工作。稿费结算和样书分发工作量大，琐碎复杂，需要耐心细致。有关同志认真负责，为作者提供热情周到的服务，受到了他们的好评。

（曹玉海）

行 政 处

2000年，行政处工作概述如下：

一、安全保卫和防火工作。做好这项工作，主要是抓好规章制度的落实。保卫人员坚守岗位，24小时值班，按时巡逻，发现问题，及时报告和解决。节假日还增加人员值班，注意检查死角。防火工作责任落实到处室及个人，分工更加明确，重点部位更加具体化和规范化。还总结了防火和卫生工作同时并举的先进经验。做到2000年安全保卫工作无事故，受到学校表彰。在全校防火大检查时，又获得全校第一名，并被评为北京市海淀区先进防火单位。

二、车队工作。全年共出车2295次，行车178049公里，节油2338公升。其中，长途车20767公里，计71次。平均每月出车256次，包括节假日，每天出车近9次。未发生任何交通违章问题。车队高质量的服务，受到院内外一致好评。

三、打字复印工作。全年共打字530余万，印刷17.7万页，复印10.5万张，装订6.5万余本。圆满完成各处室交给的任务。

四、报刊、文件收发和通讯联络工作。收发室做到随到随发，认真登记，不积压、不漏发。全年，发特快专递539件，挂号信4110件，收挂号信3510件，发平信4292件，收发传真104件，收发各类报纸、刊物48000份。办理各种证件215人次，接传电话6500余次。

五、物资采购管理工作。物资采购、管理工作人员清楚；物资管理一定要照章办理，科学管理，要不断提高服务水平；管钱管物一定要廉洁奉公，为全院当家理财，一定要节俭，购物要货比三家，做到物美价廉，少花钱多办事。一年来，购进非线性编辑机、数字录像机、微机、服务器、打印机，录音带、录像带，以及纸张油墨、笔类、软盘总计5526件，节约资金约7万元。另外，还做到了经常核对账目，使账物相符。

六、加强政治业务学习，提高工作人员素质。针对行政处人员文化和政治素质较低的状况，坚持每周一个半天学习时事或业务，增强大家学习的自觉性。通过学习，一年来，大家的素质都有不同程度的提高，对提高行政后勤工作大有益处。

（孟庆崑）

电化教研室

2000年，电化教研室工作概述如下：

一、以“三个代表”的重要思想为指导，加快音像教材更新换代的步伐，促进电化教学的改革与发展。一是坚持政治学习制度，组织全体同志认真学习领会“三个代表”的精神实质，做到将“三个代表”的重要思想引入音像教材，进入电教课堂；二是组织大家撰写学习“三个代表”的理论文章，交流学习体会；三是强调用“三个代表”的思想武装头脑，提高思想政治素质，积极开展“三个代表”的实践活动，努力争当身体力行“三个代表”的模范。

二、学习贯彻中央《决定》和全国党校工作会议精神。组织全室同志认真学习文件，领会其精神实质，切实把全体同志的思想和行动统一到中央《决定》上来，融入到电化教研室的各项工作中去。

三、健全管理制度，明确岗位职责。电化教研室采取边学习、边对照、边充实的方法，制定了《电化教研室人员岗位职责》、《优秀音像教材评选实施办法》、《对原音像教材进行复审的标准与要求》等，还修订完善了21项规章制度。增强了大家执行制度的自觉性，提高了工作效率。

四、加强业务学习，提高业务素质。坚持业务学习制度，把提高业务素质落到实处。分期聘请了北大方正、艾维等公司的专家在电教室举办业务培训班，使大家熟悉和掌握从事本职工作的设备性能和操作方法。提高了全室同志的业务素质，有力保证了全室各项工作的及时完成。

五、完成了电教计划和实施计划。一是研究确定了新录课程；二是研究确定重录和修改的课程；三是严格把好选聘关，力争聘请具有一流学术水平的知名专家、教授授课；四是确定审定教师，力争从政治性、科学性、准确性、逻辑性和艺术性上严格把关。全年共复审音像教材204盘，共612小时，聘请主讲教师35名。聘请70名专家教授审片把关，保证了音像教材的质量。

六、严格规范音像教材的内容。在组稿和审定讲稿时，根据不同类型课程的特点和教学规律，严格规范音像教材讲授的内容。使串讲课、讲座课音像教材各具特色，受到学员的好评。

七、严把音像教材质量关。策划与设计、综合审定、监制和终审四个小组的同志严格把关，使每门课程在专家教授审定和电化教研室修改、加工的基础上，进行全面审查和审批。使音像教材质量有了可靠的组织保证。

八、完成了全年音像教材的录制任务。全年共录制音像教材35门。其中，考试串讲课18门，讲座课11门，研究生课6门。共复制音像教材14442盘，其中，录音带9443盘；录像带4999盘。下半年，有10门课已制作VCD光盘为音像教材，为学员配发光盘11139套。满足了教学需要，受到了广大教师和学员的欢迎。

九、与教务处合作开发、完善《教务管理信息系统》软件。一是进行需求分析；二是统一数据标准；三是修改山东分院和空指分院版软件，扩充其功能，使其符合统一的数据标准；四是总院与各分院之间的网络数据传输系统的开发、试用等；五是在今年教务、电教举办的数据、传输软件培训班上，进行传输软件的培训；六是完善了一期工程总院版。

十、与教材处合作开发函授《教材网上征订、发行系统》软件。一是起草、签订《中央党校函授学院教材综合信息管理系统合同书》；二是完成了《需求分析报告》和《系统方案设计》等任务；三是在长沙教材工作会议上，成功地演示了教材征订发行系统软件设计方案，获得大多数分院的支持。从2001年开始，《中央党校函授学院教材综合信息管理系统》将在全院试用。

十一、完成了辽宁分院二期工程验收任务。6月18日至19日，对《辽宁分院教务管理信息系统》进行验收，听取了分院关于该系统实施情况的汇报，观看了演示，并对该软件提出了修改意见。

十二、与各分院之间建立了网络数据传输系统。电化教研室研制开发了《函授学院总院——分院数据通信系统》，安全、准确、迅速地在总院和分院之间传输数据，实现总院和分院之间点对点通信。7月和8月，与教务处合作，举办了数据、传输软件培训班，进行了该软件的培训。目前，已有40多家分院与总院网络中心连通。

十三、进一步加强计算机管理与技术服务工作。指定专人专管，认真对硬件设备和软件使用进行维护与技术支持，不管院内还是院外单位，只要出现故障或发生使用中的技术问题，做到随叫随到，及时检修，保证了计算机硬件的良性运转和计算机的正常使用。

十四、进行试题库的市场调查、开发工作。对市场试题库研制状况进行了调研，与清华大学同方公司联系，对他们的产品“出卷王”进行了试用，并进一步跟踪。与教学处配合制定题库建设方案，报请院领导审批后实施。

十五、进行新设备的购置、安装和调试。在新设备的购置过程中，与行政处一起对市场进行调查，了解产品的价格和性能，力争少花钱，多办事，共购买了5台惠普微机，一台HP6000服务器和一台2610CISCO路由器，对新买的设备进行了安装和调试，保证了教材管理信息系统网络通讯的正常运转。

十六、完成了音像教材的征订发行任务。全年共发行音像教学带14442盘，其中，录像教材3984盘，录音教材9443盘，研究生录像教材492盘，售出个人零购音像教材523盘。制订了全年学员VCD分配表，协助财务处完成了收款和邮寄发票等任务。

（谢广乔）

研究生办公室

2000年，研究生办公室工作概述如下：

一、完成招生任务。2000级在职研究生班的招生工作，在各个环节都突出了一个严字，一是严把生源关。对要求承办在职研究生班的单位，逐个进行考察，凡不具备办学条件的，坚决不让其承办。经认真考察筛选，确定19个分院承办总院在职研究生班，18个分院休整停招。对考生资格条件作了调整，取消了“具有大学本科同等学历”的规定，一律要求必须是大学本科毕业者方可报考。对个别单位未按规定条件报考者，及时进行纠正，经资格审查准予报考的人员共1633名。其中，厅局（师）级干部95名，占5.8%；具有高级专业技术职称的302名，占18.5%；受到省、部级奖励的81名，占5%；具有学士以上学位的380名，占23.3%（其中，硕士7名）。二是严格执行校委规定。严格按中央党校中校字（2000）46号“关于进一步办好在职研究生班的意见”规定，严格招生范围和招生指标，共录取新生799名，严格控制在校委批准的800名指标内。其中，经管专业684名，法律专业99名，省部级班16名。三是严格新生录取条件。对考生坚持实行“三审制”。在录取工作中，坚持从严要求，坚持标准；公平公正，择优选拔；控制总量，确保质量的原则；实行集中判卷，统一录取，逐级审核的办法。凡不符合录取标准的，不符合免试规定的，一律进行招生考试，实行择优录取。确保了招生质量。

二、加大教学管理力度。一是加强教师的选聘工作。下发了《关于进一步做好聘任授课教师、指导教师通知》，制作下发了选聘教师工作考查表；指定专人负责对各单位选聘工作的督促、检查和指导；对各单位上报的拟聘教师严格把关审批。二是加强对在职研究生办学工作的督导，尤其是认真抓好98级毕业论文的检查、指导工作。专门下发了《关于认真做好98级在职研究生毕业论文写作准备工作的通知》，组织教研部的同志赴华南、华北、华东及东北等地区，对98级毕业论文写作情况进行督促、检查。三是建立上报毕业论文制度。下发了《关于报送毕业论文的通知》及《关于进一步加强98级在职研究生班毕业论文工作的通知》，规定从98级在职研究生班开始，各届学员的毕业论文除分院、学区存档外，分院将每届学员的毕业论文制成光盘或软盘，报送总院研究生办公室。

三、改进命题工作，提高命题质量。对命题改革进行积极探索，重新提出了命题要求，进一步规范了命题格式；在命题内容上，减少死记硬背内容，突出理解题、应用题，增加了理论联系实际、案例分析等方面的内容，较好地体现了在职研究生教育的特点。

四、拟制规范管理的措施。拟制了《函授学院党员领导干部在职研究生班规范化管理的意见》，对管理机构、招生管理、教学管理及检查评估等工作进行了具体规定，已经校领导批准实施，使在职研究生教育进一步走上了规范化轨道。

五、召开研究生工作会议。7月28日至30日，总院在山西忻州召开了第四次研究生工作会议。参加会议的有开办在职研究生班的党校、分院、教学点负责同志和总院有关同志共70余人。会议以邓小平理论、党的十五大精神和江泽民同志关于新时期党校工作的一系列重要指示为指导，认真学习贯彻中央10号文件和全国党校工作会议精神。会议听取了刘利群副院长作的题为《认真学习贯彻中央10号文件和全国党校工作会议精神 努力把党校在职研究生教育事业提高到一个新水平》的工作报告。会议总结交流经验，深入探讨新世纪中函在职研究生教育面临的新形势、新任务和新要求，着重研究当前和今后一个时期应解决的主要问题，进一步统一思想，明确了任务，增强了努力办好在职研究生教育的责任感和使命感。

六、省部级在职研究生班工作取得积极成果。一是认真抓好97级省部级在职研究生班学员的毕业论文答辩和毕业工作。成立了三个答辩小组，从5月28日至7月2日先后组织了4次答辩。毕业学员全部通过答辩，6月14日，参加了中央党校夏季毕业典礼，并颁发了毕业证书；二是加大98级教学管理力度。采取转发学员自学计划及导师辅导计划、加强督促检查及发通报交流情况的多种办法来加强教学管理。同时，专门下发文件，并提出具体要求，及早做好98级论文的撰写及答辩工作；三是为2000级省部级干部在职研究生班的开办，进行了认真准备。经多方征求意见，对2000级省部级干部在职研究生班的培养方案和管理制度进行了调整和修订；本着少而精及因人施教的原则，对学习重点进行了调整；紧密结合学员个人研究方向，确定了必修、选修课各一门，可由导师与学员商定；为配合有关课程的学习，聘请知名教授讲课，收到了较好的效果。

七、进一步加强教材建设。根据各门课程的不同要求，采取以购为主，逐渐向组织力量编写过渡的办法，提前作出计划，及时购买教材，按时发到学员手中，保证教学需要。组织专家教授编写《西方经济学》、《古文选读》、《宏观经济统计与分析》、《财会理论与实务》及《宏观经济管理理论研究》等教材。

八、进一步加强远程教学工作。在认真总结上海、江苏、重庆等分院远程教学的基础上，又开通卫星远程教学的有山东、四川、青海、浙江等分院。主要开播了《金融理论与实践》、《现代管理学》、《西方管理理论研究》等5门课程，初步摸索了一些做法，为拓展远程教学积累了经验。

九、积极准备和部署2001年的招生工作。研究制定了2001年的招生方案和招生简章；向22个单位下达2001年招生批复，下发了《关于做好在职研究生班2001年招生工作的通知》，对做好2001年的招生工作进行了全面部署。

十、完成院里交办的其他任务。派人参加了院组织的《机关管理制度汇编》的修订工作。为院庆15周年，完成了在职研究生优秀论文的编辑出版任务。 （黄宝贵）

院办公室

2000年，院办公室工作概述如下：

一、积极当好领导参谋，起草有关全院性工作的文稿。院办公室积极主动地给领导当参谋，为中央党校函授教育开创新局面献计献策，起草了有关全院性工作的文稿：中央党校函授学院2000年工作安排；函授学院“三讲”回头看活动工作总结；关于落实锦涛同志就成都市委党校办学问题批示的调查报告；函授学院学习贯彻中央10号文件的具体措施；校领导在上海函授教育系统学习贯彻中央10号文件座谈会上的讲话；与教育部沟通意见稿；关于函授学院实行内部岗位聘任制的意见；在中央党校函授教育15周年总结表彰大会暨2000年函授教育工作会议召开之前，代拟了锦涛同志致中央党校函授教育15周年总结表彰大会的贺信，起草了必坚同志、志新同志在中央党校函授教育15周年总结表彰大会上的讲话，士安同志在2000年函授教育工作会议上的主题报告，亚平同志在2000年函授教育工作会议上所作的关于招生工作的报告，利群同志在中央党校函授教育15周年总结表彰大会暨2000年函授教育工作会议上所作的总结讲话，起草了中央党校函授学院关于表彰优秀教师、优秀学员、优秀管理人员和优秀教材的决定，起草了由中央电视台、中央人民广播电台、人民日报、光明日报所发的新闻通稿；会后整理了中央党校函授教育15周年总结表彰大会暨2000年函授教育工作会议纪要；在新世纪即将来临之际，起草了在院报上发表的新年献词。此外，院办还负责起草了函授学院参与全校局级干部招聘上岗的职位说明书等等。

二、全力以赴做好全院的重点工作，牵头筹备中央党校函授教育15周年总结表彰大会暨2000年函授教育工作会议。院办作为综合协调部门，积极参与大会的筹备工作和召开期间的会务工作。主要做了以下工作：1. 起草了上报校委会的关于召开两个会议的请示；2. 起草并向各分院下发了召开会议的通知；3. 起草了关于会议筹备工作的落实意见；4. 起草了关于院庆宣传工作的意见；5. 按照落实意见的工作安排，完成了中央党校函授教育年鉴98卷的出版，在光明日报上组织和参与撰写了三篇宣传报道文章：《多渠道培训在职党员干部的有效方式——中央党校函授教育在党中央关怀下健康发展》（《光明日报》2000年6月6日一版）、《高质量培养在职党员干部——记中央党校函授教育评估工作》（《光明日报》2000年9月6日A2版）、《总结经验　乘势而上——中央党校函授教育15周年巡礼》（《光明日报》2000年10月24日C4版）；6. 协调院庆会务工作；7. 会后，整理了会议文件汇编，协助电化教研室出了会议情况光盘，组织院报和快讯进行了会议系列报道。

三、协助院领导积极推进总院内部人事制度改革。院办协助院领导积极推进总院内部人事制度的改革，做了如下工作：1. 协调安排了关于函授学院实行内部岗位聘任制的座谈会，会后，院办对座谈会上与会同志的发言进行了汇总整理；2. 起草了关于函授学院实行内部岗位聘任制的意见（讨论稿），并下发各处室进行讨论、修改；3. 起草了关于函授学院实行内部岗位聘任制的意见，上报校领导和校委会；4. 组织函授学院全体工作人员制定内部岗位说明书；5. 起草了函授学院参与全校局级干部竞聘上岗的职位说明书。

四、进一步加强宣传阵地建设，积极做好经常性的宣传报道工作。2000年院办进一步加强宣传阵地建设，积极做好经常性的宣传报道工作。全年共出《函授快讯》30期，总计30万字；报纸21期，总计84万字；1998卷年鉴在庆祝大会暨2000年工作会议前就已出齐，总计120多万字；1999卷、2000卷都在收集资料之中。快讯、院报在正常出版、发行的基础上，还就庆祝大会暨2000年工作会议分别出了系列报道专辑。

五、努力提高内部人员素质，加强内部自身建设。院办在完成各项工作的同时，注意提高内部人员素质，加强内部自身建设，努力把院办建设成一个思想水平高、工作作风正、业务能力强的战斗集体。主要的做法是：1. 明确要求工作人员要不断加强知识学习和业务学习，在工作之余努力学习现代科学文化知识，做新知识的主人，而不被时代所淘汰；认真学习领会各种文件的精神实质，在日常工作中加以贯彻落实；努力学会运用现代化办公手段，提高工作效率。2. 组织大家在认真学习《机关管理制度汇编》的基础上，积极主动履行岗位职责。3. 落实工作人员谈话制度，激励大家做好工作。截至年底，室领导和在编人员全部正式谈过话，和返聘的大部分同志正式谈过话。4．结合院办的实际工作，努力提高工作人员素质。工作中室领导不断地提要求、提建议，同志们相互之间不断地提醒、补台，这样，在做好工作的同时，工作水平和内在素质不断得到提高。

六、做好经常性的协调服务工作，保证机关正常有序运转。一年来，院办除了协调安排院长办公会、院务会、全体会等经常性的会议外，还协助院领导牵头筹备了中央党校函授教育15周年表彰大会暨2000年函授教育工作会议；牵头协调安排了与教育部沟通意见的座谈会；筹备了在上海召开的函授教育系统贯彻落实中央10号文件的座谈会；协助院领导组织召开了总院内部人事制度改革座谈会；协调安排了中央10号文件草拟稿中涉及函授教育部分的磋商会等等。院办完成的办文任务主要有：运转各处室上报件330件；以总院名义下发的通知38个；以总院办公室的名义下发的通知20个；向学校上报的请示、报告16件；处理、分发来信约1095件；处理总院对分院的批复2件；以总院的名义表彰的决定2件等等。接待工作方面：全年共接待各方面的来客4000多人次。外事工作方面：院办承担了组织两批人员赴欧考察的外事手续工作和组织协调工作。档案管理工作做到了分类立卷、排列有序、查阅方便。视导工作方面也取得了新的进展。 （仲　平）

视　导　办

2000年，视导办工作概述如下：

一、完成了对10个分院的评估验收任务。从3月下旬到9月底，经视导办参与组织协调，分别由张东升、欧亚平、史信发同志带队，先后对重庆、广西、南宁、上海、中直、北京市公安局、贵州、北京工业党校、新疆建设兵团、江西等10个分院的教育评估工作进行了检查验收。军队16个分院的验收工作，在总政治部全军党校函授教育办公室主持下，已于2000年12月21日结束。至此，全院55个分院的教育评估工作，除黑龙江分院因条件不成熟未验收外，已全部结束。

二、起草了《关于开展党校函授教育评估工作总结报告》的代拟稿。从1997年7月开始到2000年10月，历时三年多的教育评估工作结束。这是继1996年开展党校函授教育大检查之后，又一次对党校函授教育进行全面检查、总结和整顿。如何做好评估工作总结，总院领导非常重视。在起草过程中，张志新、黄士安等领导同志明确指出总结的重点和修改的意见。《总结报告》第四稿已上报院领导审阅。此稿共分四部分：基本情况，主要成果，主要体会，主要问题和今后打算。重点总结了党校函授教育所取得的成绩。通过教育评估，对照评估指标体系检查，各分院进一步明确了办学指导思想，总结经验，肯定成绩，查找差距，认真整改，着力剖析和解决存在的主要问题和薄弱环节，增加投入，加强办学队伍建设，改善办学条件，提高办学水平。同时，严肃查处了一批不合格的办学单位。

三、编辑《党校函授教育评估材料汇编》。《汇编》报经院领导审查同意，已于9月付印，10月开始分发各分院。《汇编》的主要内容包括两部分：一是中央党校办公厅印发的有关文件，总院下发的有关通知，党校领导和总院领导对评估工作的讲话；二是各分院的评估工作总结。共收录38个分院的评估总结。

《汇编》收录的这些文件和各分院的评估工作总结，概括地反映了教育评估的情况、步骤、方法、党校函授教育15年来所取得的成绩和存在的不足，提出了整改的目标和措施。

四、筹划、组织和部署评估“回头看”工作。在评估验收工作基本结束后，视导办就着手筹划组织了评估“回头看”活动，目的是巩固发展评估工作成果。经西南、西北两个联合视导组开会讨论，并征询部分分院的意见，经院领导同意，于8月25日向各分院下发了《关于认真开展教育评估“回头看”活动的通知》。海南、广东、广西、辽宁、吉林等分院，有的进行了部署，有的已进行了检查总结，取得了明显效果。

五、代拟了《关于总院视导委的组成及活动问题的通知》。视导办代拟了《关于总院视导委的组成及活动问题的通知》，并于3月13日以总院名义下发。《通知》要求：总院视导委成员由各省（自治区、直辖市）委党校主持工作的常务副校长（书记）担任。免去常务副校长（书记）职务的，不再担任视导委委员。新任的常务副校长（书记），自然接任视导委委员。

六、协调组建新的大区联合视导组。视导办抓紧进行组建联合视导组工作。5月下旬，视导办派人参加了西南联合视导组成立会议。会议主要讨论了新形势下如何加强视导工作和开展评估“回头看”活动问题；选举四川省委党校常务副校长李锡炎为组长。7月，视导办又派人参加了西北联合视导组成立会议。会议主要讨论了贯彻全国党校工作会议精神，加强视导工作问题；选举陕西省委党校常务副校长兰友仁为组长。视导办还就成立华东、东北、中南、华北和北京联合视导组问题，派人与有关党校的常务副校长（书记）交换了意见。经过沟通协商，初步确定了这些大区联合视导组召开成立会议的地点、时间、议题和召集人。

七、处理群众来信，查实有关案件。截止12月底，共接到群众举报信68件，举报电话2次，（另有9月5日教务处转来举报信件63件，已在教务处查办）涉及32个分院、55个学区或辅导站。根据院领导的批示，按信访工作程序，68件举报信（除1件作为警示外），全部登记立案。其中，有6件是院领导有明确批示的，由视导办直接派人参与分院调查，其余信件均转分院查处。目前，已经调查的有43件，占转查信件的63%；属实与基本属实的23件，占已调查信件的54%。反映的主要问题是：

有的办学指导思想不够端正，少数办学单位学风、考风不正，个别办学人员徇私舞弊，少数学生持伪造学历文凭，个别办学单位违背财政纪律，巧立名目，乱收费等情况。经调查问题属实的，都作了严肃认真的处理。

八、负责解答学历问题的咨询工作。3月以来，共收到要求解决学历问题的来信47件，来电30余次。其中，署名请示解决学历待遇问题的328人。对于这些来信来电，视导办根据中央10号文件精神，都做了耐心的说明和解释。 （孙大勋）

教 学 与 培 训

【成都备课会议】 5月7日至11日，总院2000年上半年备课会议在四川省委党校召开。会议由教学处处长鲁金波主持，四川省委党校常务副校长李锡炎、副校长吕汝伦等出席了会议。会议所备课程是《货币银行学》和《民法学总论》。会议代表是来自各分院主讲这两门课的面授教师。其中，《货币银行学》培训班51人，《民法学总论》培训班61人，共计112人。会议的主要内容是：一、教材研讨。由《货币银行学》主编、中央财经大学金融系理论教研室主任李健教授和《民法学总论》主编、北京工商大学法律系主任李仁玉教授分别讲授两本教材的体系结构、重点难点，并解答与会教师提出的疑难问题。二、学术报告。中央党校经济学教研部副教授、经济学博士张保江，中国政法大学研究生院教授、博士生导师杨振山分别作《金融发展与创新的几个问题》和《论民法精神》的报告。三、专题讲座。由甘肃省委党校科学管理教研室青年教师鲜静林讲《国外现代成人培训的基本理论和方法》。四、观摩教学。由与会代表辽宁省委党校经济学教研室主任刘朝教授和与会代表安徽省委党校法学教研室副主任李浩教授分别主讲《货币银行学》和《民法学总论》的部分章节。会议取得了圆满成功：进一步增强了搞好党校函授教育的责任心和使命感；统一了两门课的教学指导思想，明确了教学重点和难点；开阔了视野，增长了知识，进一步夯实了专业理论基础。 （张驭涛）

【兰州备课会议】 11月7日—11日总院2000年下半年备课会议在甘肃省委党校召开。会议由教学处处长鲁金波主持，副院长刘利群到会并致开幕词，甘肃省委党校副校长杨大明出席会议并讲话。会议所备课程是《市场经济法律制度概论》和《邓小平理论基本问题》。会议代表都是来自各分院主讲这两门课的面授教师，共168人，其中，甘肃分院50余人。会议的主要内容是：一、教材研讨。由《市场经济法律制度概论》主编、中央党校校委委员、政法教研部主任石泰峰教授和《邓小平理论基本问题》统稿人、中央党校《理论动态》前主编沈宝祥教授分别讲授两本教材的体系结构、重点难点，并解答与会教师提出的疑难问题。二、学术报告。沈宝祥教授和中央党校政法教研部经济法博士后张忠军老师分别作《关于邓小平理论研究的若干问题》和《市场经济法律制度若干问题研究》的报告。三、专题讲座。由甘肃省委党校科学管理教研室青年教师鲜静林讲《国外现代成人培训的基本理论和方法》。四、多媒体观摩教学。由空军分院扈树生副教授用多媒体教学法示讲《邓小平理论简明教程》部分章节。会议的召开，不仅使与会教师统一了思想，明确了重点，增长了知识，把握了讲好两门课的要领，而且促进了中央10号文件和两会精神的贯彻落实，加快了教学改革的步伐。 （张驭涛）

【学员入学学习文件】 （供2000级大专班、本科班、第十期领导干部函授班学员使用）。学员入学学习文件是入学教育的必备教材。它是适应党校函授教育特点为各级教学管理人员对新生进行入学教育和新学员进行自我教育而编制的。它可以帮助新学员在学习中央有关函授教育方针、指示及中央党校实施函授教育文件的基础上，了解党校函授教育的历史、现状和未来；了解中央党校函授学院教学总计划以及有关规章制度；了解党校函授教育的培养目标、教学方针、方式、方法、指导原则以及学制、专业和课程教学规划，从而明确学习目的，掌握学习方法，端正学习态度。学员入学学习文件的内容分为四部分：一是中央文件、指示。包括中共中央、中央领导同志关于共产党员、领导干部学习马克思主义理论的重要论述，全国干部教育培训规划等。二是中国共产党党校工作暂行条例、中央党校创办函授学院的有关文件以及中央党校《关于试办地厅和县处级领导干部函授教育的通知》。三是党校函授教育情况介绍及规章制度部分。包括中央党校函授教育的历史、现状与发展介绍以及教学规程、党性教育与考核实施办法、学籍管理规定等。四是教学规划部分。包括教学总计划、各专业课程设置和考核方式等。此外，还附有第1学期各专业教学计划和中央党校函授学院院历。2000级党员干部大专班、本科班、第十期领导干部函授班学员入学学习文件与99级入学学习文件相比，作了如下调整：1．在中央文件、指示部分，增加了江泽民同志1999年6月15日在第三次全国教育工作会议上的讲话（节选），在这个讲话中，指出了“终身学习是当今社会发展的必然趋势”和“国运兴衰，系于教育；教育振兴，全民有责”等问题，对党校函授教育具有现实指导意义。2．对《中共中央党校函授教育的历史、现状与发展》一文作了部分修改。一是对胡锦涛同志关于党校函授教育的指示补充了新的内容。增加了1999年6月12日胡锦涛同志在听取赴中央党校“三讲”教育巡视组工作汇报后所作的“函授学院一定要办好”，要严把“质量关”等指示。对1997年7月22日的重要批示增加了具体内容。二是增加了落实校委指示，把中央党校“三基本”、“五当代”引入党校函授教材体系，特邀专家、学者评审、修订和新编教材等内容。3．规章制度部分，按总院1999年6月下发的修改后的《中共中央党校函授学院管理制度汇编》进行了规范。4．教学总计划部分，结合形势的变化，作了较大的调整和修改。一是引言部分增加了“全面落实第三次全国教育工作会议精神和中共中央、国务院关于深化教育改革全面推进素质教育的决定”的内容。二是培养目标和要求部分，领导干部函授班则明确了“高素质干部队伍是具有社会主义政治家素质的领导干部带领的德才兼备的干部队伍”，“这支干部队伍，不论做什么工作，都要具备基本的政治业务素质。”三是学制、专业、课程和考核部分，对课程设置的原则进一步具体化，其中，对本科班进一步明确了要逐步把“三基本”、“五当代”引入党校函授教育课堂。四是教学时数部分，进一步明确了党性教育每学期安排2次上课、1次讨论，采取组织社会调查等多种方式进行；外语课的辅导次数由15次改为15—16次；自学时数由每周不得少于14学时改为不得少于12学时，领导干部函授班增加了自学时数，每周不得少于18学时。五是教学方针、方式和方法部分，教学方针增加了“培养忠于马克思主义、德才兼备的、具有高等文化程度的党员领导干部和骨干人才”的内容，在教和学两方面，都进一步明确了“要严格遵循党校函授教学规律，推进素质教育”；教学方式方面提出了“实施有指导地自学”；增加了外语课3—6学时的录像串讲的内容，领导干部函授班明确了学习马克思主义基本理论以学习“三基本”为主，用马克思主义基本理论特别是邓小平基本理论武装学员；六是教学的指导原则和管理制度部分。

（姚东锋）

考 试 命 题 改 革

【关于召开考试命题工作座谈会的通知】 3月30日，总院向各有关分院下发了该通知。通知指出，为了贯彻第三次全国教育工作会议精神和中共中央国务院关于深化教育改革，全面推进素质教育的决定，进一步落实胡锦涛同志关于把好“考核关”的指示，总院决定邀请部分分院负责教学工作的院领导或教学科长，召开一次考试命题工作座谈会。

通知规定会议内容为：(1) 学习中共中央国务院关于深化教育改革，全面推进素质教育的决定，学习胡锦涛同志关于党校函授教育工作的重要指示；(2) 总结近几年来我院考试命题工作的经验，查找存在的问题；(3) 研究推进我院考试命题改革、体现素质教育的具体措施，包括命题指导思想、题型与题量设计、试题要求、难易程度以及题库建设等；(4) 商定期末闭卷考试题型与题量的调整方案。

通知规定与会人员为负责教学工作的分院领导或教学科长1人，并请准备有关考试命题改革方面的材料。

通知确定会议时间与地点为4月12—15日在湖北宜昌举行。4月11日报到。

【中央党校函授学院考试命题工作座谈会纪要】 5月28日，总院向各分院下发了考试命题工作座谈会纪要。全文如下：

中共中央党校函授学院于2000年4月12日至15日，在湖北省秭归县召开了考试命题工作座谈会，现将会议情况纪要如下：

一

这次会议的主题是：以邓小平理论为指导，认真学习贯彻中共中央国务院关于深化教育改革，全面推进素质教育的决定和胡锦涛同志关于党校函授教育的一系列重要指示，总结近几年来党校函授教育考试命题工作，商讨期末闭卷考试题型与题量的调整方案。来自18个分院负责教学管理工作的23名代表出席了会议。总院副院长刘利群在会上作了题为“强化素质教育，深化命题改革”的报告，总院教学处处长鲁金波对近几年来考试命题工作情况作了说明。与会代表联系实际认真学习领会会议文件精神，并就深化考试命题改革，强化素质教育，进一步提出党校函授教育质量，进行了充分地讨论。代表们认为，这次会议的召开是必要的、及时的，取得了很好的效果。

二

会议认为，全面推进素质教育，是适应21世纪社会主义现代化建设的需要，是我国教育事业的一场深刻变革，是一项事关全局、影响深远的系统工程；实施素质教育，要以培养学员的创新精神和实践能力为重点，坚持学习科学文化与加强思想修养的统一、学习书本知识与社会实践的统一；实施素质教育，必须深化教育改革，考试命题改革是推进素质教育的重要措施。与会代表联系实际在以下几方面达成了共识：一是党校函授教育改革、教学改革、考试命题改革势在必行；二是教学改革和考试命题改革必须体现党校函授教育的特点，要积极吸收和借鉴国民教育、其他成人教育成功的经验，又要充分考虑党校函授教育的特点，走出一条有党校函授教育特色的路子；三是考试命题改革要从当前党校函授教育的实际情况出发，既要积极，又要稳妥，应逐步深化。

三

会议总结交流了考试命题工作的经验，研究了推进考试命题改革的措施。与会代表对近几年来的考试命题工作进行了认真回顾和总结，针对存在的问题和素质教育的要求，就如何深化考试命题改革，提出了许多好的意见。如：遵循党校函授教育规律、学历教育规律、在职自学规律，进一步推进考试命题工作的标准化、科学化；必须加强和拓宽试题的灵活性、综合性和应用性；既要考核学员必须掌握的基本知识、基本理论，更要突出学员能力的考核；要建立一支高水平的命题专家队伍，这是提高命题质量的关键；考试命题改革是一项系统工程，要逐步完善与命题改革相配套的其他改革；规范开卷考试命题工作；加快和完善题库建设。

四

期末闭卷考试题型和题量的调整方案与实施。

（一）大专班考试由现行的 4 种题型调整为以下 5—7 种题型。

1．单项选择题：10—20 题，每题 1 分。

2．多项选择题：5—10 题，每题 2 分。

3．判断题：5—10 题，每题 1 分。

4．改错题：5—10 题，每题 2 分。

5．简答题：2—3 题，每题 3—4 分。

6．论述题：2 题，每题 10—12 分。

7．其他题型：包括事例、案例分析题、阅读分析题、计算题等，每题 5—10 分。

（二）本科班考试由现行的 4 种题型调整为以下 5—7 种题型。

1．单项选择题：10—15 题，每题 1 分。

2．多项选择题：10 题左右，每题 2 分。

3．简答题：2—3 题，每题 4—5 分。

4．辨析题：5—6 题，每题 5—6 分。

5．论述题：1—2 题，每题 10—15 分。

6．案例分析题：1—2 题，每题 10—12 分。

7．其他题型：包括原理归纳题、阅读分析题，1—2 题，每题 10—12 分。

（三）领导干部函授班考试由现行的 4 种题型调整为以下 5 种题型。

1．不定项选择题：15—20 题，每题 2 分。

2．辨析题：5—6 题，每题 5—6 分。

3．论述题：1—2 题，每题 15 分。

4．案例分析题：1—2 题，每题 10—12 分。

5．其他题型：包括原理归纳题、阅读分析题等。1—2 题，每题 10—12 分。

根据总院的实际情况，调整后的方案，从明年上半年期末考试开始，根据不同的班次、不同的课程特点，逐步实施。今年上半年期末考试，除在试题内容上注意体现会议精神和素质教育外，仍维持原有的题型不变。今年下半年期末考试，大专班增加多项选择题，本科班增加单项选择题。

考试命题改革是全院的一件大事，会议希望全院上下共同努力，互相支持，积极配合，认真研究改进措施，以便考试命题改革顺利实施，取得较好的效果。

【集中封闭审题】 2000 年的期末考试命题后，组织有关专家教授进行了集中封闭审题。审查的主要内容和方法是：依据教材、教学具体安排、学习指导纲要和命题说明，对试题和答案进行认真检查，对不符合命题要求的内容进行修正，写出审查评语，并签上审题者姓名。这是确保和提高考试命题质量的需要，是落实胡锦涛同志关于严把考核关的一个重要举措。（梁振江）

【考试命题改革的调查】 4 月，总院召开了考试命题工作座谈会，并下发了座谈会纪要和16号通知。根据教学处的安排和刘利群副院长的批示，秋季开学后，命题办公室派人到福建分院、上海分院进行了调研。通过召开学员、任课教师和教学管理人员座谈会，分析研究了如何搞好2000年下半年和2001年上半年的考试命题改革；听取并了解他们对上半年期末考试命题调整的意见和考试效果；还与分院领导和部分学区负责人进行了交谈，认真听取了他们的意见。这次调研取得了很好的效果。事后，向总院领导报送《关于考试命题改革的调查》的报告，较详细地反映了两个分院就考试命题改革的必要性、改革的原则、改革的内容以及如何搞好改革，提出的许多宝贵意见和中肯的建议。 （梁振江）

【命题与制卷】 2000年共计完成五次考试命题与制卷任务。涉及123门课程，编制试卷305套。这些试卷连同答案，总字数约150万。具体情况：①2000级大专班、本科班及领导干部班招生考试，13门课程，编制试卷27套；②97级大专班总补考，22门课程，编制试卷22套；③2000年上半年期末闭卷考试，28门课程，编制试卷112套；④98级本科班、第八期领导干部函授班总补考，32门课程，编制试卷32套；⑤2000年下半年期末闭卷考试，28门课程，编制试卷112套。主要特点：一是注重体现素质教育精神，试题内容的理论性、灵活性、应用性和综合性有明显增强；二是坚持集中封闭命题、审题制度，使命题工作更为科学和规范；三是坚持“三审三校”制度，保证试卷的印制质量。 （梁振江）

【试题库建设】 根据教材建设和课程安排，命题办公室开出一批可以建立题库的课程，向有关分院招标，在分院自报基础上，经审定，由辽宁、上海、山东、湖北等12个分院分别承担了15门课程（其中大专5门，本科10门）的命题任务。命题办公室印制了题库试题的命题说明及试题范例。各分院都按规定时间完成了命题任务。目前，已有39门课程建立了试题库。题库微机管理建设也正在进行之中。 （梁振江）

【入学考试复习纲要】 教学处对99级入学考试复习纲要作了进一步修订。其中，大专班和本科班的入学考试复习纲要，由当代世界出版社出版发行。大专班入学考试复习纲要的内容包括：政治理论、语文、历史、地理、数学，总字数为24.2万字。本科班入学考试复习纲要的内容包括：马克思主义基础理论、语文、专业基础知识（行政管理专业考党的建设与行政管理基础知识；经济管理专业考经济管理基础知识；贸易经济专业考经济贸易基础知识；法律专业考法学基础知识），总字数为31.4万字。领导干部函授班入学考试复习纲要的内容包括：马克思主义基础理论、语文和经济管理基础知识，总字数为16万字。修订后的入学考试复习纲要具有以下特点：一是体现了党校函授教育融知识、党性、能力于一体的要求和党员干部在职学习的特点，适当增加了联系实际的内容；二是突出了学科基础知识和重点内容；三是从总体上看，更为科学、准确、规范，具有现实性和时代感。 （梁振江）

招 生 录 取 工 作

【招生计划】 经中央党校校委批准，总院在2000年分别招收党员干部大专班、本科班和领导干部函授班学员。招生工作贯彻“计划招生、适度规模、严格把关、保证质量”的方针。招生计划的制定采取总院直接下达计划，分院严格执行。指标下达实行“总量控制”，不搞超计划和超指标招生。

2000年招收党员干部大专班的有28个分院和2个直属学区；招收党员干部本科班的有54个分院和2个直属学区；招收领导干部班的有32个分院（详细名单参见｛招生单位｝条目）。（温燕平）

【2000级党员干部大专班招生简章】 总院于1999年11月下发了2000级党员干部大专班招生简章，对招生的有关问题作了明确规定。

关于招生对象和报名条件：招收党政机关、企事业单位及军队中的党员干部。报名人员必须具有高中（或中专）毕业文凭和3年以上工龄，年龄一般在45岁以下，坚持党的基本路线，品德良好，遵纪守法，身体健康，能长期坚持学习。

关于招生办法：自愿报名，组织同意，统一考试，择优录取。凡具备下列条件之一者可免试入学：（1）大专毕业以上学历；（2）省（自治区、直辖市）、部级荣誉称号获得者或军队大军区以上荣誉称号获得者、二等功以上荣立者。录取方案经总院审核批准后，由各分院或直属学区签发《学员入学通知书》。

关于报名时间和手续：报名时间，自招生简章公布之日起，至2000年2月底止。报名者必须填写《报名登记表》，经本人所在单位组织人事部门审核同意、签署意见并加盖公章。报名时须缴验高中或中专毕业证书原件，缴近期同版一寸免冠正面照片3张，缴报名考务费30元。免试入学者必须按时履行报名手续，缴验有关证件，并缴报名费12元。

关于专业和学制：开设行政管理、经济管理和法律三个专业，学制均为3年。

关于收费标准：经国家计委收费管理司批准，每生每学年收学费600—800元（具体标准由分院报所在省、自治区、直辖市物价部门核定），教材资料费120元（不含邮运费）。（温燕平）

【2000级党员干部本科班招生简章】 总院于1999年11月下发了2000级党员干部本科班招生简章，对招生的有关问题作了明确规定。

关于招生对象和报名条件：招收党政机关、企事业单位及军队中的党员干部。报名人员必须具有大学专科毕业文凭和两年以上工龄，年龄一般在50岁以下，坚持党的基本路线，思想政治觉悟高，遵纪守法，身体健康，能长期坚持学习。

关于招生办法：自愿报名，组织同意，统一考试，择优录取。凡具备下列条件之一者可免试入学：（1）本科毕业或高级专业技术职称；（2）省（自治区、直辖市）委、政府、党和国家各部委荣誉称号获得者或军队大军区以上荣誉称号获得者、二等功以上荣立者；（3）总院、分院大专毕业优秀学员。录取方案经总院审核批准后，由各分院或直属学区签发《学员入学通知书》。

关于报名时间和手续：报名时间，自招生简章公布之日起，至 2000 年 2 月底止。凡报名者必须填写《报名登记表》，经本人所在单位组织人事部门审核同意、签署意见并加盖公章。报名时须缴验大专学历证书原件，缴近期同版一寸免冠正面照片 3 张，缴报名考务费 30 元。免试入学者必须按时履行报名手续，缴验有关证件，并缴报名费 12 元。

关于专业和学制：开设行政管理、经济管理、贸易经济和法律四个专业，学制均为二年半。

关于收费标准：经国家计委收费管理司批准，每生每学年收学费 700—900 元（具体标准由分院报所在省、自治区、直辖市物价部门核定），教材资料费 140 元（不含邮运费）。（温燕平）

【第十期领导干部函授班招生简章】 总院于 1999 年 11 月下发了第十期领导干部函授班招生简章，对招生的有关问题作了明确规定。

关于招生对象和报名条件：招收党政机关、企事业单位以及军队中的县、处（团）级以上的党员领导干部和中型企业上层、大型企业中上层党员领导干部；县、处（团）级干部年龄在 50 岁以下，地、厅（师）级干部年龄在 55 岁以下。必须具有大专毕业文化程度，党性强，作风正，遵纪守法，身体健康，能长期坚持学习。

凡具备下列条件之一者可免试入学：（1）本科毕业或高级专业技术职称；（2）省（自治区、直辖市）委、政府、党和国家各部委荣誉称号获得者或军队大军区以上荣誉称号获得者、二等功以上荣立者；（3）总院、分院大专毕业优秀学员。

关于招生办法：省、自治区、直辖市分院招生，主要在省会城市，经总院批准，也可在地、市级城市设立教学点进行招生；军队分院招生，限定在省会以上城市。

关于报名时间和手续：报名时间，从招生简章公布之日起至 2000 年 2 月底止。报名者必须填写《报名登记表》，经所在单位组织人事部门审核同意、签署意见并加盖公章。报名时须缴验大专学历证书原件，缴学历证书复印件和职务、党员证明信，缴近期同版一寸免冠正面照片 3 张，缴报名考务费 30 元。各分院对所有报名者逐一审核，符合条件的发给准考证，参加总院统一组织的入学考试，成绩合格者，经审核批准后，由分院签发《学员入学通知书》。免试入学者必须按时履行报名手续，缴验有关证件，并缴报名费 12 元。

关于专业和学制：开设经济管理专业，学制为二年半。

关于收费标准：经国家计委收费管理司批准，每生每学年收取学费 700—900 元（具体标准由各分院、直属学区报所在省、自治区、直辖市物价部门核定），教材资料费 140 元（不含邮运费）。（温燕平）

【2000 级党员干部大专班招生单位】 经总院批准，2000 年共有 29 个分院和 1 个直属班招收党员干部大专班。它们是：广西分院、南宁分院、海南分院、云南分院、重庆分院、西藏分院、陕西分院、西安分院、宁夏分院、黑龙江分院、内蒙古分院、中直机关分院、中央国家机关分院、铁道部分院、北京市委机关分院、北京市工业党校分院、总装备部分院、海军分院、空军分院、二炮分院、沈阳军区分院、北京军区分院、兰州军区分院、济南军区分院、南京军区分院、成都军区分院、广州军区分院、武警部队分院、北京市公安局分院及总院直属班。

（温燕平）

【2000 级党员干部本科班招生单位】 经总院批准，2000年共有55个分院和1个直属

班招收党员干部本科班。它们是：山东分院、上海分院、江苏分院、浙江分院、安徽分院、江西分院、福建分院、湖南分院、广东分院、广西分院、南宁分院、海南分院、湖北分院、河南分院、云南分院、四川分院、重庆分院、贵州分院、西藏分院、甘肃分院、陕西分院、西安分院、青海分院、宁夏分院、新疆分院、新疆兵团分院、辽宁分院、吉林分院、黑龙江分院、内蒙古分院、山西分院、河北分院、天津分院、中央直属机关分院、中央国家机关分院、铁道部分院、北京市委机关分院、北京市工业党校分院、总参分院、总政分院、总后分院、总装备部分院、海军分院、空军分院、二炮分院、国防大学分院、沈阳军区分院、北京军区分院、兰州军区分院、济南军区分院、南京军区分院、成都军区分院、广州军区分院、武警部队分院和北京市公安局分院及总院直属班。（温燕平）

【第十期领导干部函授班招生单位】 经总院批准，2000 年有 32 个分院招收领导干部函授班。它们是：山东分院、浙江分院、安徽分院、江西分院、福建分院、广西分院、南宁分院、海南分院、湖北分院、重庆分院、西藏分院、甘肃分院、陕西分院、西安分院、青海分院、宁夏分院、新疆分院、新疆兵团分院、内蒙古分院、山西分院、天津分院、中央国家机关分院、北京市委机关分院、北京市工业党校分院、总装备部分院、海军分院、济南军区分院、南京军区分院、广州军区分院、成都军区分院、武警部队分院、二炮分院。（温燕平）

【关于做好 2000 年招生考试工作的通知】 3 月 10 日，总院向各分院、直属学区下发了该通知。通知指出，中央党校函授学院 2000 年招生考试，于 4 月 22 日至 25 日进行。各单位要从“讲学习、讲政治、讲正气”的高度，深刻认识搞好招生考试工作的重要性。要认真贯彻中央领导同志、中央党校校委关于加强党校函授教育工作的重要指示，采取切实有力措施，全力以赴做好 2000 年的招生考试工作。

通知提出下列要求：

一、实行责任管理。各级组织主要领导要亲自挂帅，坐镇指挥。实行责任制，签订责任状，一级抓一级，逐项抓落实。凡上报总院的报表必须由分院主管院长签字。实行统一管理，不得擅自行动，自行其是。哪里出了问题，就追究哪里主要领导的责任。

二、做好资格审查。各单位要坚决按照总院招生规定，做好报考人员的资格审查。报考人员的身份证和学历证明等原始材料必须集中到分院或学区逐一审核，凡不符合中函招生条件的，坚决取消其考试资格。要坚决防止和杜绝招生单位随意更改报考人员身份和工作单位等弄虚作假现象，一经发现，将停止其招生资格。

三、严格执行在规定范围内招生。各级组织必须按属地、系统招生，不得跨地区、跨系统招生。凡跨地区、系统交叉招收的学员，一律按总院规定向有关单位移交。

四、规范考场设置。这次招生考试考场设置必须规范。各分院、直属学区必须填报总院下发的《中共中央党校函授学院 2000 年招生考试试卷申报表》和《考场设置申报表》，于 3 月 25 日前报送到总院教务处考务办公室，报表填写缺项或逾期不报者，不发试卷。经总院批准的，每个考场发一袋试卷计 30 份；未经总院批准的，一律不提供试卷。本科考场必须在学区和学区以上组织设置，辅导站不得设置本科班考场。凡擅自设置本科班考场的，一律不予承认。

五、严格按章办事。各级组织必须严格按照《中共中央党校函授学院管理制度汇编》的有关规定办事，要采取切实有效措施，做好这次招生考试的试卷保管、监巡考工作，认真查处考试违纪和作弊行为，欢迎并邀请组织、纪检、宣传、新闻等单位进行监督。

六、加强值班工作。在招生考试期间，各单位领导和业务部门必须加强值班工作，做到人员到位，电话畅通，保证及时处理考试中发生的主要问题。遇有重大问题，要及时、准确地报告总院。请各分院、直属学区将值班人员名单于4月15日前报总院教务处考务办公室。

总院考务办公室值班人员：王梅顺、陈志坚、李广清

总院考务办公室值班电话：62806211，举报电话：62806212。

【2000级招生考试】 根据2000级招生简章规定，大专班考试科目为政治理论、语文、历史、地理、数学。考试时间为4月23—25日。本科班考试科目为马克思主义基础理论、语文和专业课（行政管理专业考党的建设与行政管理基础知识，经济管理专业考经济管理基础知识，贸易经济专业考经济贸易基础知识，法律专业考法学基础知识）。考试时间为4月22—23日。领导干部班考试科目为马克思主义基础理论、语文和经济管理基础知识。考试时间为4月22—23日。

（温燕平）

【关于做好2000年招生录取工作的通知】 5月8日，总院向各分院下发了该通知。通知指出，2000年新生录取工作即将开始。为深入贯彻胡锦涛同志关于党校函授教育的批示精神，确保新生质量，各级领导要高度重视，加大对录取工作各个环节的监督、检查的力度，切实把住入学关。现就招生录取工作提几点具体要求：

一、要按照《招生简章》规定的条件，对录取的新生进行资格复审。凡不符合条件的，坚决不予录取。严格控制非党干部（入党积极分子）的录取比例，新学员中的非党干部比例不得超过20%。非党干部录取分数线要高于党员干部的录取分数线。领导干部班不得录取非党干部。

二、新生录取工作要加大透明度。考生考试成绩要以学区为单位张榜公布，并书面通知考生本人。各分院要自觉接受组织、纪检等部门和群众的监督，确保录取工作的公平、公正。

三、严格执行在规定范围内招生的原则。各分院要从讲政治的高度严格按照属地、系统招生。凡交叉招收的学员，必须在新生录取之前做好移交工作，接收一方对移交的新生要认真进行资格复审，凡不符合录取条件的，一律不得录取。

四、要认真填写《2000年考生录取审核表》、《免试生名册》，务必于6月5日前报总院教务处。各分院上报的录取方案经总院批准下达指标后方可录取。录取总数不得突破总院最后下达的指标。否则，不予注册。录取工作结束后，各单位要写出书面总结，于9月底前报总院教务处。

【2000级新生录取工作】 总院于5月下发了《关于做好2000年招生录取工作的通知》。《通知》要求，各分院、直属学区于2000年6月将《大专班、本科班、领导干部班考生录取审核表》和各班次的《免试生名册》报总院审核。总院于6月底之前分别向各分院、直属学区批复了录取新生名额。

（温燕平）

【关于做好2001年招生工作的通知】 11月10日，总院向各分院下发了该通知。通知指出，为贯彻落实中央10号文件和全国党校工作会议精神，做好2001年的招生工作，现就有关问题通知如下：

一、加强领导，规范管理。各级领导要把2001年招生工作作为一件十分严肃的、

政治性、政策性很强的大事抓实抓好，要根据中央10号文件精神和总院有关制度规定，切实加强和规范管理招生工作。各分院要成立专门的招生工作领导小组，积极争取当地组织、人事、教育部门的参与和支持。要认真选定招生工作人员，并以中央10号文件和全国党校工作会议精神，以及2001年招生简章和总院《管理制度汇编》有关招生工作的规定等为内容，对其进行培训，统一思想，提高认识，掌握招生工作的有关政策、规定和程序，明确报名、免试和照顾加分条件等方面的新要求，从而在思想上、组织上保证招生工作各个环节的落实。

二、严格把关，确保质量。招生工作必须贯彻“计划招生，控制规模，严格把关，保证质量”的指导方针，要从维护党的形象，中央党校和各级党校以及中函的形象，维护人民解放军的形象出发，严格把握报名资格审查、入学考试和录取工作三个环节，防止和克服不正之风的侵袭。资格审查必须坚持报名、免试和照顾加分条件，逐级审核，分院终审；入学考试必须严肃考风考纪，实行考务管理工作责任制；录取工作必须坚持公开、公平、公正的原则，并对入学资格进行复审，尽力做到使所招新生全部合格。

三、实事求是，申报指标。各分院要根据总院关于“2001年招生要在2000年总量上降低7个百分点，各分院要以2000年总院下达指标为基数，调低若干个百分点”的要求，从本分院办学能力的实际出发，实事求是地制订2001年的招生计划指标，并按程序向总院申报。

四、坚持原则，从严执纪。在招生工作中，各分院要坚持原则，从严执纪。坚决防止和杜绝分院之间交叉招生，违规设点招生；弄虚作假改变报名人员身份，擅自放宽报名条件，不认真进行资格审查；考风考纪混乱，试卷运送、保管违反规定，擅改统一考试时间；超标准收费等问题的发生。对发现的违纪问题，要严肃对待，及时查处。为便于接受社会和考生的监督，在招生期间，总院和分院都要设立和公布举报电话。总院举报电话为：(010)—62805507、62805508、62806211。请各分院公布举报电话时一并公布。

五、上报材料，时限要求。在招生期间，各分院所须上报的材料和要求是：

（一）各分院招收本科班和经总院同意招收大专班计划人数的请示，以及当地组织部门的意见，务于2000年11月底前报总院教务处招生办，总院经研究审核后于12月中旬给各分院下达招生计划控制指标。

（二）凡获全国和全军荣誉称号免试入学者，各分院必须将《报名登记表》、有关学历和荣誉证书复印件及免试请示于2001年（下同）3月15日前报总院教务处招生办，总院经研究审核后予以批复。

（三）为做好招生考试试卷分发工作，各分院务于3月10日前将报名人数按班次、专业报总院教务处招生办（传真电话：010—62805507)。军队各分院除落实此要求外，还要做好按属地送卷的有关工作。

（四）招生考试结束后，各分院要根据总院下达的招生计划控制指标，确定录取分数线，填写《录取审核表》，并于5月底前报总院教务处招生办，总院经研究审核后于6月底前给各分院下达指令性招生录取指标，各分院按照批复指标进行录取，未经批准，任何单位和个人不得超指标录取。

（五）招生工作结束后，各分院要对招生工作进行全面总结，将招生各个环节的主要情况、经验体会、主要问题和对今后做好招生工作的意见和建议写成报告，于9月15日前上报总院教务处。

教 务 考 务 工 作

【关于做好2000年上学期期末考试工作的通知】 6月3日，总院向各分院下发了该通知。通知对做好2000年上学期期末考试工作（定于7月14日至17日进行），提出下列要求：

一、加强组织领导。2000年是中函院庆十五周年，各单位要从“讲学习、讲政治、讲正气”的高度，充分认识搞好这次考试的重要性。要坚决贯彻落实胡锦涛同志和中央党校校委的指示，对这次考试要精心组织，周密部署，认真实施。主要领导要亲自挂帅，督促检查，采取得力措施，圆满完成期末考试任务。

二、加强试卷管理。为了有利于期末考试顺利进行，总院决定印制25份和5份两种卷袋。各单位要根据考生人数，认真做好按考试科目代号申报试卷和考场（25人到30人）的计划，于6月20日前报送总院考务办公室（军队、铁道系统分院还要同时上报属地送卷计划）。各级办学组织要认真落实总院关于加强试卷管理的规定，研究制定有效的监管措施，严格制度和工作程序，抓好每个环节，工作到位，责任到人，确保试卷安全，万无一失。对违反纪律、不按规定操作、发生重大问题的单位和个人，要追究责任，严肃处理。

三、狠抓考风考纪。期末考试各级组织要实行责任制，签订责任状，一级抓一级，层层抓落实。各单位要下大气力狠抓考风考纪，主要领导要亲自处理考试中发生的重大问题。要认真选配监(巡)考人员，签订责任书，制定切实可行的奖惩措施。对敢于负责，大胆管理，严格执纪，工作表现好的监(巡)考人员，各单位要根据自己的实际情况，给予一定形式的奖励。对于不认真履行职责和违纪的监(巡)考人员，要及时更换，严肃处理。

四、如实填写报表。从2000年上学期期末考试起，总院统一组织的各种考试一律按各分院学员所学专业实有人数配发试卷，不再发机动试卷。因此，各分院必须按上报总院的注册人数如实填报有关附表。不具体上报考场者，总院一律不发试卷。如发现分院申报参考人数与注册人数不符、考生人数与其按规定应设置的考场数不符、考场地点与其申报的地点不符，总院概不提供试卷。

五、加强值班工作。期末考试期间，各单位领导和考务部门要切实加强值班，做到人员到位，电话畅通，每天下午向总院考务办报告一次当天考试情况。如遇有重大问题，要及时报告总院。

【关于做好2000年下学期期末考试工作的通知】 11月27日，总院向各分院下发了该通知。通知对做好2000年下学期期末考试工作（定于2001年1月中旬进行），提出下列要求：

一、加强组织领导。各单位领导要从“讲学习、讲政治、讲正气”的高度，充分认识搞好这次期末考试的重要性。要认真贯彻执行中央10号文件和全国党校工作会议精神，从严办学，从严治考，精心组织，周密部署，实行责任制，签订责任状，一级抓一级，层层抓落实，以实际行动落实中央领导同志和中央党校校委关于严把考试关的重要指示。各分院主要领导要亲自挂帅，督促检查各个工作环节，采取有效措施，确保各项工作落实到位，圆满完成这次期末考试任务。

二、严格试卷管理。必须严肃认真地执行总院关于试卷的取送、押运、携带、保管、存放等各项规定，采取有力措施，抓好每一个工作环节，确保试卷安全，杜绝事故发生。未经总院允许，任何单位和个人均不得以任何理由在考试前拆启试卷袋，擅自改变考试时间。如有违反者，总院将追究分院主要领导的责任，严肃查处，视情节给予发生问题的分院通报批评、扣减招生指标、停止一年招生进行整顿，直至取消办学资格的处罚。

三、如实填写报表。这次期末考试，总院一律按各分院学员所学专业实有人数配发试卷，不再发机动试卷，各分院必须按上报总院的注册人数如实填报。如发现分院申报参考人数与注册人数不符、考生人数与其按规定设置的考场不符、考场地点与其申报的地点不符，总院概不提供试卷。报表上报总院，必须由分院主管院长审核签字。否则，总院概不受理。不上报者，总院一律不发试卷。为了有利于期末考试工作的顺利进行，总院决定印制25份和5份两种试卷袋。各分院要根据学员人数，认真做好按考试科目代号和按25人至30人设置考场的要求申报试卷计划，并于12月10日前务必报送总院考务办公室（军队、铁道系统，由总政全军函授办公室和铁道分院同时上报属地送卷综合计划表）。期末补考试卷按在籍参考学员总数的13%下发，需要增加的部分补考试卷，务于2月10日至13日报总院教务处考务办公室。

四、精心安排考场。本科班、领导干部函授班考试必须严格按总院规定在分院或学区设考场，由分院或学区负责管理；考场规模，原则上一个考场只能安排25人至30人，如受条件限制需在大教室（会议室等）设考场的，必须报经分院批准，并按标准考场人数（25人至30人）划分区域，明确界线，配足配好监考人员；考场要单人单桌，前后左右间隔距离必须在80公分以上，桌斗、抽屉一律背向考生（固定桌椅除外，但必须彻底清理，不得存放任何物品）；要整洁卫生，为学员营造良好的考试环境；要按制度规定条件选配监考、巡考人员，并严格进行考前培训，学习总院的有关规定，择优聘用，挂牌上岗。

五、严肃考风考纪。各单位要从反腐败的高度，从维护中函和党校声誉、维护党的声誉的高度，充分认识搞好考风考纪的重要性。要采取切实措施，坚决防止和纠正各种弄虚作假行为和不正之风，狠抓考风考纪，把好考试质量关。在此，总院重申，各级领导必须坚决防止和克服在考试工作中发生如下问题：对考务工作不重视、不深入、工作安排不到位；对工作不负责任、玩忽职守、徇私舞弊、违纪违规的考务管理人员和违纪作弊的考生，不管不问，不按纪论处，甚至进行袒护；不遵守总院统一规定的考试日期和考试时间，并随意更改。在考试期间，凡发生上述问题的单位和个人，要追究分院主要领导的责任，按照本文第2条的有关规定进行严肃处理。

六、加强值班工作。在考试期间，各单位和考务部门必须加强值班工作，做到人员在位，电话畅通，保证及时处理考试中发生的问题。如遇重大问题，必须及时如实上报总院教务处。

【关于做好98级本科班、第八期领导干部函授班学员毕业前总补考工作的通知】 9月8日，总院向各分院下发了该通知。通知指出，98级本科班、第八期领导干部函授班学员毕业前总补考，定于今年12月9日至10日进行。为切实做好这项工作，特提出如下要求：

一、总补考条件：凡参加总补考者，必须具备以下条件：

（一）在籍学员须学完教学计划规定的全部课程，并参加了各个学期的期末考试，其成绩累计只有一门闭卷课和一门开卷课不及格，或者只有两门开卷课不及格。

（二）批准休学并报总院备案复学的97级本科班、第七期领导干部函授班学员。

（三）超出上述条件、具有特殊情况要求参加总补考者，分院必须向总院写出书面报告，经批准后方可参加。

二、总补考要求：总补考的各项要求，与正式考试相同。各单位必须按照总院的规定，认真做好以下工作：

（一）各分院必须将前四个学期所缺成绩、参加总补考的学员名单及补考课程统一汇总，必须准确，并于9月30日以前报送到总院教务处。

（二）总补考考场，原则上集中设在分院驻地或由分院视情划片在学区驻地设置。每个考场，必须由分院派双人监考。考场申报表，必须在10月20日前报到总院教务处。否则，总院不提供试卷。

（三）总补考必须按照总院统一规定的日期、时间进行，任何人、任何单位不得擅自改变。否则，考试无效。

（四）总补考闭卷课由总院统一命题制卷，开卷课由分院命题制卷。无论何种试卷，均由分院统一妥善保管，并采取有力措施，防止发生问题。

（五）凡不在总院规定的时间或不在分院指定的考场参加总补考者，其成绩一律无效；凡未经总院批准或者使用复印试卷参加总补考者，其成绩一律无效。

【关于做好97级大专班学员毕业前总补考工作的通知】 4月12日，总院向各分院下发了该通知。通知指出，97级大专班学员毕业前总补考，定于2000年6月上旬进行。为做好总补考工作，现将有关问题和要求明确如下：

一、总补考条件：凡是参加总补考者，必须具备以下条件：

（一）本院在籍学员已经学完教学计划规定的全部课程并参加了各个学期的期末考试，其成绩累计只有一门闭卷课和一门开卷课不及格，或者只有两门开卷课不及格。

（二）批准休学并报总院备案复学的96级大专班学员。

（三）超出上述条件和有特殊情况要求参加总补考者，分院必须向总院写出书面报告，经批准后方可参加总补考。

二、总补考要求：总补考的各项要求，与正式考试要求相同。各单位必须按照总院的规定，做好以下各项工作：

（一）参加总补考的学员名单及补考科目，由分院统一汇总上报，必须准确，并于4月底前报送到总院教务处。逾期不报者，总院不保证试卷。

（二）总补考日期、时间，由总院统一规定，任何人、任何单位不得擅自改变。否则，考试无效。

（三）总补考考场，由分院集中或划片设置。每个考场，须由分院派双人监考。考场设置情况，务于5月20日前报送到总院教务处。

（四）总补考闭卷课由总院统一命题制卷，开卷课由分院命题制卷。无论何种试卷，均由分院统一妥善保管，不得发生任何问题。

（五）凡不在总院规定的时间或不在分院指定的考场参加总补考者，其成绩一律无效；严禁复印试卷，否则，其考试成绩一律无效。

【2000年招生考试考务工作】 2000年招生考试于4月22日至25日举行。总院于3月10日向各分院、直属学区下发了《关于认真做好2000年招生考试工作的通知》。《通知》从“讲学习、讲政治、讲正气”的高度，对做好招生考试工作中的实行责任管理、规范考场设置、严格按章办事、确保试卷安全、严肃考风考纪和加强值班工作等方面提出了明确要求。教务处考务办编制了印卷计划和分配

方案,共印制了A、B、C三种试卷,其中,A卷供地方分院使用,B卷供军队分院和地方省函使用,C卷供江苏省范围内试点单位使用。试卷由保密厂印制、分发和包装,并组织公安干警押送,均如期送达各分院,并与接收单位办理了验收交接手续。试卷答案及评分标准,在考试结束时考务办通过机要通信或传真发往各分院、直属学区,以便于他们组织阅卷。总院派出20个巡考小组共50人,分赴江苏、黑龙江、河北、天津、甘肃、青海、重庆、贵州、西藏、河南、中直机关、国家机关、北京市机关工委、北京市工业党校、北京市公安局、总参、总政、总后、总装备部、海军、空军等21个分院巡视检查招生考试考务管理情况。在巡考中,巡考组采取了突出重点、点面结合、以点为主的工作方法,待在考场,了解实情,对促进考风考纪进一步好转起到了推动作用。 (李广清)

【2000年上学期期末考试考务工作】 2000年上学期期末考试于2000年7月14日至17日举行,各班次、各专业闭卷考试课共计29门。总院于6月5日向各分院、直属学区下发了《关于做好2000年上学期期末考试工作的通知》。《通知》就有关问题提出了明确要求。教务处考务办编制了印卷计划和分配方案,共计印制A、B、C、D四种试卷,其中,A卷供地方分院使用,B卷供部队分院使用,C卷供河北、陕西分院和总装备部分院使用,D卷为期末补考试卷,供全院系统使用。试卷由保密厂负责印制、分发和包装,总院统一组织印厂公安干警和巡考人员押送,也有少数分院派人取卷,试卷均如期送达各分院,并办理了验收交接手续。试卷答案和评分标准,在考试结束时由考务办公室发往各分院、直属学区,以便他们组织阅卷登分。总院对本次期末考试进行了重点检查巡视,共派出13个小组计30人,分赴黑龙江、江苏、福建、广东、青海、陕西、总参、总后、总装备部、海军、空军、二炮、国防大学等分院以及北京军区在京的考点,检查了解了期末考试考务工作情况。 (李广清)

【2000年下学期期末考试考务工作】 2000年下学期期末考试于2001年1月10日至14日举行,各班次、各专业闭卷考试课程共28门。总院于2000年11月27日向各分院下发了《关于做好2000年下学期期末考试工作的通知》。《通知》就有关问题提出了明确要求。根据总院通知精神,教务处考务办公室编制了印卷计划和试卷分配方案,共印制A、B、D三种试卷,其中,A卷供地方分院使用,B卷供部队分院使用,D卷为期末补考卷,供全院使用。同时,为河北、福建、陕西和新疆等分院省函印制了C卷。这次期末考试试卷的印制工作由保密厂负责,并派公安干警押送。试卷如期送达各分院,并办理了验收交接手续。试题答案和评分标准,在考试结束时,由考务办发往各分院,以便他们安排评阅试卷。总院对这次期末考试进行了有重点地巡视检查,派出10个小组共20人,分赴黑龙江、江苏、上海、广东、广西、云南、重庆、河南、陕西等9个分院检查了解了期末考试考务工作情况。同时,还派出4个小组20多人次,检查了解了驻京地区13个分院的期末考试考务工作情况。 (李广清)

【97级大专班学员毕业前总补考考务工作】

97级大专班学员毕业前总补考于2000年6月10日至11日举行。总补考专业为党政、经管和政法三个专业,闭卷课共计19门。总院于4月12日向各分院、直属学区下发了《关于做好97级大专班学员毕业前总补考工作的通知》。《通知》对有关问题提出了明确要求。各分院、直属学区如期上报了参加97级大专班学员毕业前总补考学员名单和专业科目。学籍办和考务办对总补考名单进行了认真审核，经报教务处领导批准，考务办编制了印卷计划和分配方案。试卷由保密厂印制，并由印厂通过机要通信发往各分院、直属学区。各分院按照总院规定的日期和时间组织了总补考。试卷答案，在总补考结束时由考务办发往各分院、直属学区。总补考试卷，由各分院、直属学区统一组织阅评和登分。 （李广清）

【98级本科班、第八期领导干部函授班学员毕业前总补考考务工作】 98级本科班、第八期领导干部函授班学员毕业前总补考于2000年12月9日至10日举行。总补考专业为党政、经管、涉外和政法四个专业，闭卷课共28门。总院于2000年9月8日向各分院、直属学区下发了《关于做好98级本科班、第八期领导干部函授班学员毕业前总补考工作的通知》。《通知》对有关问题提出了具体要求。各分院、直属学区如期上报了总补考学员名单和专业科目。教务处学籍办、考务办进行了认真审核，考务办编制了试卷印制计划和分配方案。试卷由保密厂负责印制，并由印厂通过机要通信发往各分院、直属学区。各分院、直属学区按照总院规定的日期和时间具体组织了总补考。试卷答案在考试结束时由考务办发往各分院、直属学区。总补考试卷，由各分院、直属学区统一阅评和登分。 （李广清）

【学籍管理微机化】 2000年，全院学籍管理微机化又向前推进了一大步，学员各项数据的审核、查询、统计，学籍变动的处理，考试成绩的管理、汇总，毕业学员的资格审查，打印毕业证书和学历证明等项工作均能在微机上实现。教务处在推行学籍管理微机化方面，做了6项工作：一是对山东分院、空军分院的软件版本又作了进一步修改；二是总院对上报数据统一了格式标准，并下发了通知，解决了各分院使用软件版本不统一、不规范的问题。三是教务处、电教室联署下发了《关于使用电话网络传输学籍数据的通知》，建立了全院数据传输网络；四是总院于2000年8、9月分别在威海、南昌举办了两期培训班，参训单位58家，参训人员110名，使分院学籍微机操作管理人员尽早了解了山东分院和空军分院软件的修改情况，并掌握了数据传输软件；五是总院对一期工程软件学籍管理部分又作了进一步修改；六是教务处又新购置了3台高性能微机。 （刘恩诗）

【招生考试属地管理试点工作会议】 4月2日至4日，试点工作会议在江苏省镇江市委党校召开。出席会议的有：总院副院长欧亚平、教务处处长王炳、副处长张宇翔，江苏省委党校副校长汪锡奎、镇江市委党校常务副校长姜辉、副校长石春海，江苏和铁道部两个分院主管招生考试工作的院长、科长及有关学区主任，全军党校函授教育办公室的领导共25人。会议由王炳主持。欧亚平副院长就试点目的、指导思想、主要步骤和要求讲了话。会后，参加试点的办学单位狠抓了报名资格审查、考务管理、试卷评阅和新生录取等工作，严肃查处了伪造假文凭者、考试作弊者和违规办学单位，淘汰了不合格报考人员。提高了招生质量，维护了中函的声誉。 （温燕平）

【复查军队8个分院新生入学资格】 12月6日至20日，教务处处长王炳、副处长温燕平组织全处12位同志对总参、总后、总装备部、海军、国防大学、南京军区、成都军区和兰州军区等8个分院录取上报的新生的入学资格进行了复查。通过复查，总的来看，大多数分院在招生工作中把关是严格的，录取新生质量是好的。对于发现的问题，有关分院按照总院要求进行了严肃处理，从而保证了招生质量。 （温燕平）

注 册 与 毕 业 工 作

【关于认真做好 2000 级学员注册统计工作的通知】 6 月 23 日，总院向各分院下发了该通知，对 2000 级学员注册统计工作及有关事项通知如下：

一、新学员学号的编法

新学员报到注册后，即启用新编学号。具体编法如下：

（一）大专班、本科班、领导干部班学号为十五位数。第一、二位数代表分院，第三、四位数代表学区，第五位数代表班次用大写字母表示（“D”大专班，“B”本科班，“L”领导干部班），第六、七位数代表年级（2000 年用“00”表示，依此类推），第八位数代表专业用大写字母表示（“J”经济管理，“M”贸易经济，“F”法律，“X”行政管理），第九、十位数代表辅导站，最后五位数为学员顺序编号（从 00001 开始）。

（二）大专班、本科班、领导干部班学号在报表里为十五位数。在软件里 xh 字段取学号的后七位，fy、xq 和 nj 字段用两位数字编码，bj、zy 字段用大写字母表示。

（三）今后新学员学号的编法不再变化。

二、各种数据、表册的上报

（一）各分院必须将新学员的基本情况、身份证号码录入微机，并将该学员的照片扫描存入微机。数据核对无误后，打印出各班次的《中共中央党校函授学院学员登记册》、《中共中央党校函授学院学员入学注册人数统计表》、《中共中央党校函授学院学员基本情况统计表》，并连同相应的数据表文件（gbb01. dbf）一起上报总院。录入时，学员姓名中遇有疑难字，要列表（学号、姓名）上报总院，并在《中共中央党校函授学院学员登记册》中将学员姓名填全。

（二）《中共中央党校函授学院学员登记册》见样表（A3）。

三、几点要求

（一）新学员注册人数一定要与总院下达的招生指标一致，超指标者一律不予注册，其后果自负。

（二）新学员注册时，每个学员务必上交身份证复印件，近期 4 张一寸、2 张二寸正面免冠同版证件照片，手续不全者不予注册。

（三）照片存入 zp.dbf，该表含 dh、zp 两字段。照片尺寸：2.5cm×3.5cm；类型：＊.jpg。

（四）按规定应于 9 月 30 日前上报新生各种数据，考虑到今年上报数据增加了身份证号码和照片文件，因此，将基本数据上报时间推迟到 10 月 20 日之前、照片数据上报时间定于 11 月 30 日之前上报总院，逾期不报者，将不予注册，不承认学籍，不发期末试卷，并视情况予以通报批评。

【关于办理 98 级本科班、第八期领导干部函授班毕业证书的通知】 11 月 10 日，总院向各分院下发了该通知。通知对定于 2001 年 3 月至 5 月做好 98 级本科班、第八期领导干部班毕业证书办理的各项准备工作，作了如下通知：

一、各单位对毕业学员的基本数据（特别是姓名、原有文化程度等）要严格审核，照片与报名登记表上的照片认真核对。如审核发现原有文化程度没有达到大专的一律不能办证，原有文化程度缺项者或姓名有误者一律补全，列出勘误表并附学历证明及身份证复印件，办证时报总院。

二、此次办证安排12家(山东、广西、宁夏、中直机关、国家机关、铁道部、北京工委、北京市工业党校、北京市公安局、总参、总后、空军）分院进行试点。试点单位要在2001年1月10日之前将学员成绩数据总库上报总院，由总院审核确认并打印毕业证书和学历证明。办证工作于3月16日之前结束。

三、非试点单位仍按原办理毕业证书程序进行，但学员成绩数据总库务于2001年2月底之前从网上报总院统一审核。

四、各单位将学员成绩总表一律分别按毕业、缓毕业、不毕业三类打印装订成册。成绩总表前加概况表。

五、各单位毕业证编号在本范围（附表一、二）内编排，不得编错和编重。

六、总院按最后一学期注册人数，下发带有顺序号的学历证明、毕业证皮和毕业证芯，各单位收到后要及时按专业清点数量，如有差错及时与厂家联系解决（联系电话：010—64024156，联系人：尹国华)。多余的和打错的毕业证芯及学历证明待缓毕业办证结束后一律如数上交总院。

七、各单位要将毕业学员照片扫入光盘,这次实在不能扫入光盘的,请将照片按学号顺序粘贴并装订成册,办证时一并上报。

八、各单位向总院交清各项经费后，方能办理毕业证书。

附表一

98级本科班毕业证编号分配表

编码	单位	人数	毕业证号范围
1	山东	3875	9727401—9731275
2	上海	1885	9731276—9733160
3	江苏	8462	9733161—9741622
4	浙江	4529	9741623—9746151
5	安徽	9826	9746152—9755977
6	江西	6167	9755978—9762144
7	福建	4327	9762145—9766471
8	广东	2448	9766472—9768919
9	广西	6002	9768920—9774921
10	海南	590	9774922—9775511
11	湖南	7192	9775512—9782703
12	湖北	8136	9782704—9790839
13	河南	11482	9790840—9802321
14	云南	3605	9802322—9805926
15	贵州	1257	9805927—9807183
16	四川	2164	9807184—9809347
19	重庆	1317	9809348—9810664
20	西藏	285	9810665—9810949
21	甘肃	4494	9810950—9815443
22	陕西	5861	9815444—9821304
23	青海	942	9821305—9822246
24	宁夏	1109	9822247—9823355

编码	单位	人数	毕业证号范围
25	新疆	3430	9823356—9826785
26	新疆兵团	2002	9826786—9828787
27	辽宁	8542	9828788—9837329
28	吉林	2405	9837330—9839734
30	农场总局	2381	9839735—9842115
31	内蒙	3648	9842116—9845763
32	山西	4711	9845764—9850474
33	河北	9873	9850475—9860347
34	天津	3832	9860348—9864179
35	中直机关	264	9864180—9864443
36	国家机关	1025	9864444—9865468
37	铁道部	2498	9865469—9867966
39	北京市委机关	1917	9867967—9869883
40	北京市工业党校	939	9869884—9870822
47	黑龙江工办	838	9870823—9871660
48	西安	1152	9871661—9872812
49	南宁	717	9872813—9873529
57	北安	1488	9873530—9875017
58	七台河	239	9875018—9875256
59	鸡西	193	9875257—9875449
60	双鸭山	157	9875450—9875606
61	鹤岗	181	9875607—9875787

续表

编码	单 位	人 数	毕业证号范围	编码	单 位	人 数	毕业证号范围
63	大 庆	485	9875788—9876272	77	北京军区	3761	9908320—9912080
64	公 安 局	1078	9876273—9877350	78	沈阳军区	524	9912081—9912604
65	直 属 班	495	9877351—9877845	79	济南军区	795	9912605—9913399
66	直属二班	486	9877846—9878331	80	南京军区	3214	9913400—9916613
67	哈 轻 厂	389	9878332—9878720	81	广州军区	1031	9916614—9917644
70	总 参	8563	9878721—9887283	82	成都军区	3461	9917645—9921105
71	总 政	76	9887284—9887359	83	兰州军区	1043	9921106—9922148
72	总 后	3855	9887360—9891214	85	武警部队	789	9922149—9922937
73	总装备部	1836	9891215—9893050	86	二 炮	1122	9922938—9924059
74	国防大学	5419	9893051—9898469	合 计		196659	
75	海 军	4881	9898470—9903350	机动号		341	9924060—9924400
76	空 军	4969	9903351—9908319				

附表二

第八期领导干部班毕业证编号分配表

编码	单 位	人 数	毕业证号范围	编码	单 位	人 数	毕业证号范围
1	山 东	168	35701—35868	36	国家机关	174	39033—39206
4	浙 江	220	35869—36088	39	北京市委机关	86	39207—39292
5	安 徽	68	36089—36156	47	黑龙江工办	34	39293—39326
7	福 建	238	36157—36394	48	西 安	49	39327—39375
8	广 东	113	36395—36507	49	南 宁	42	39376—39417
9	广 西	154	36508—36661	57	北 安	83	39418—39500
10	海 南	40	36662—36701	64	公 安 局	65	39501—39565
12	湖 北	219	36702—36920	66	直属二班	17	39566—39582
14	云 南	163	36921—37083	70	总 参	131	39583—39713
19	重 庆	38	37084—37121	73	总装备部	83	39714—39796
21	甘 肃	193	37122—37314	74	国防大学	148	39797—39944
22	陕 西	238	37315—37552	76	空 军	646	39945—40590
23	青 海	167	37553—37719	77	北京军区	102	40591—40692
24	宁 夏	140	37720—37859	79	济南军区	38	40693—40730
25	新 疆	254	37860—38113	80	南京军区	191	40731—40921
26	新疆兵团	68	38114—38181	81	广州军区	63	40922—40984
30	农场总局	29	38182—38210	82	成都军区	200	40985—41184
31	内 蒙	129	38211—38339	85	武警部队	74	41185—41258
32	山 西	366	38340—38705	86	二 炮	32	41259—41290
33	河 北	98	38706—38803	合 计		5590	
34	天 津	229	38804—39032	机 动		50	41291—41340

【关于办理97级大专班毕业证书的通知】 6月1日，总院向各分院下发了该通知。通知指出，2000年办理97级本科班和第七期领导干部班毕业证书的工作，由于各级领导思想重视，组织工作严密，认真执行了“三严五审”制度，工作进展比较顺利。从整个办证情况看，各分院的办证质量比往年有所提高，总的情况是好的。特别是广东、北京市工业党校、总后、空军、总参、铁道部、北京市公安局、青海等分院的办证工作尤为突出。他们的主要特点是：领导重视，学籍管理人员工作认真，基础工作做得好；毕业证书打印规范，像片符合要求，粘贴端正、干净；成绩表分类（毕业、缓毕业、不毕业）打印，并且有总目录表和毕业学员概况（各专业毕业人数、空号等说明）；转学、复学变动标注清楚；办证遗留问题少。他们的做法和经验值得各单位学习和借鉴。但也有个别分院由于没有认真阅读总院办证通知，没有按照通知要求进行初审，出现问题较多，如：姓名核实不准，成绩审核不严，转学复学标不清，个别学员补考次数过多，甚至将总院规定的开卷考试课，改为乡土教材，而且不上报成绩。

为全面贯彻落实胡锦涛同志关于党校函授教育的批示精神，把好毕业关，现就97级大专班毕业学员毕业证书办理的有关事项重申如下：

一、各单位要严格按照总院《办理毕业证书程序》的要求，认真做好办证的准备工作：（1）毕业证书一律用微机打印。毕业学员姓名必须要与入学名册和身份证逐一核实准确。凡毕业学员姓名中有微机打不出的疑难字，应用毛笔或碳素笔书写全名，毕业证编号必须要打印，不得书写。（2）毕业证上的学员照片一律用近期二寸正面免冠证件照，不得使用一寸、生活、艺术、侧面、戴墨镜、带印迹等不规范的照片。照片要统一剪裁、大小一致（照片粘贴一定要端正并压住照片边框）。（3）毕业、缓毕业、不毕业学员成绩表一律用微机分别打印，课目要清楚，成绩要准确，格式要规范，不得简化、涂改、粘贴。转学、复学一定要在备注栏内注明原分院学号。毕业学员成绩表前要加一个概况表（各专业人数及编号，空号及余号等情况）。（4）有条件的分院到总院办证时要带上毕业学员成绩总库软盘，以便总院审核成绩。

二、各单位毕业证书编号范围（附表）是按第6学期注册人数满编的，凡是编号不足的要写出书面报告，待总院核实批准后从机动号中予以解决。

三、（略）

四、第二批试点单位要于6月30日前将毕业学员成绩总库软盘上报总院，待总院审核后由总院打印毕业证。

五、各分院向总院交清各项费用后，方能办理毕业证。

附表

97级大专班毕业证编号分配表

编码	单位	人数	毕业证号范围
1	山东	3387	566601—569987
2	上海	2172	569988—572159
7	福建	5281	572160—577440
10	海南	866	577441—578306
14	云南	870	578307—579176
16	四川	1983	579177—581159

编码	单位	人数	毕业证号范围
19	重庆	3431	581160—584590
20	西藏	800	584591—585390
21	甘肃	5640	585391—591030
22	陕西	4870	591031—595900
23	青海	2178	595901—598078
24	宁夏	1047	598079—599125

续表

编码	单 位	人 数	毕业证号范围
30	黑龙江农场总局	182	599126—599307
31	内 蒙	8287	599308—607594
35	中直机关	316	607595—607910
36	国家机关	955	607911—608865
37	铁道部	7029	608866—615894
39	北京市委机关	2561	615895—618455
40	北京市工业党校	2701	618456—621156
48	西 安	984	621157—622140
49	南 宁	704	622141—622844
51	六盘水	540	622845—623384
52	毕 节	626	623385—624010
53	遵 义	404	624011—624414
54	黔西南	331	624415—624745
55	哈一机	91	624746—624836
56	哈 飞	197	624837—625033
57	北 安	1130	625034—626163
58	七台河	130	626164—626293
59	鸡 西	178	626294—626471
60	双鸭山	168	626472—626639
61	鹤 岗	108	626640—626747
62	华 安	155	626748—626902

编码	单 位	人 数	毕业证号范围
63	大 庆	485	626903—627387
64	公安局	1564	627388—628951
65	直属班	195	628952—629146
66	直属二班	621	629147—629767
67	哈轻厂	104	629768—629871
70	总 参	2884	629872—632755
72	总 后	1265	632756—634020
73	总装备部	743	634021—634763
74	国防大学	1876	634764—636639
75	海 军	1586	636640—638225
76	空 军	1404	638226—639629
77	北京军区	4827	639630—644456
78	沈阳军区	773	644457—645229
79	济南军区	358	645230—645587
80	南京军区	1067	645588—646654
81	广州军区	881	646655—647535
82	成都军区	2545	647536—650080
83	兰州军区	928	650081—651008
85	武警部队	129	651009—651137
合 计		84573	
机动号		363	651138—651500

【新生注册工作】 2000年6月5日，总院向各分院下发了《关于认真做好2000级学员注册统计工作的通知》，对15位学号的编法、照片扫描及各种数据、表册的上报，提出了明确具体的要求。全院57个分院按时上报了大专班、本科班和领导干部班的新生注册的学籍数据库、照片数据光盘和各类统计表、册。总院与部分分院开通了数据传输网，使注册工作更加按时、准确和规范。

（刘恩诗）

【毕业颁证工作】 2000年3月1日，教务处向分院下发了《关于补办毕业证明书的通知》，使颁证工作更加规范。4月，中央党校校委决定，“今后领导干部函授班仍颁发中央党校毕业证书，但不再加盖校长胡锦涛印章”。为此，总院从5月1日起，在领导干部函授班毕业证书上停盖校长胡锦涛印章，改为加盖中央党校函授学院印章和院长张志新（兼）印章。

（刘恩诗）

编辑出版的教材简介

【《涉外经济法教程》】 中央党校函授学院教材。1996年6月，由中央党校出版社出版。2000年3月修改印行。

本书由中央党校政法部主任石泰峰教授主编。

本书除绪论外，还包括五篇。主要内容有：第一篇，对外贸易法律制度，包括对外贸易法、对外贸易运输、对外贸易保险、对外贸易支付、海关法、涉外工程承包与劳务合作。第二篇，外商投资法律制度，包括中外合资经营企业法、中外合作经营企业法、外资企业法、补偿贸易与对外加工装配。第三篇，涉外工业产权与技术转让法律制度，包括涉外工业产权、涉外技术转让。第四篇，涉外金融、税收法律制度，包括涉外借贷法律关系、涉外租赁法律关系、外汇管理法、涉外税法。第五篇，涉外经济仲裁与诉讼法律制度，包括涉外经济仲裁和涉外经济诉讼。

本书以我国现行涉外经济法律、法规和有关国际公约、国际惯例为依据，理论联系实际，参考吸收了国内外有关这一领域的研究成果，观点正确，文字简明流畅，有利于学员了解和掌握涉外经济法的基本知识。

（孙翠雯）

【《刑法各论》】 中央党校函授学院教材。1998年8月，由中央党校函授学院内部印行。2000年3月，全面修订后正式出版。

本书由中国青年政治学院副院长、博士生导师周振想教授和北京市第二人民警察学校副校长李汝川主编。

本书分26章。主要内容有：刑法各论概述，危害国家安全罪，危害公共安全罪，破坏社会主义市场经济秩序罪（1—8），侵犯公民人身权利、民主权利罪，侵犯财产罪，妨害社会管理秩序罪（1—9），危害国防利益罪，贪污贿赂罪，渎职罪和军人违反职责罪。

本书以1997年的新《刑法》和有关的司法解释为依据，系统完整地介绍了刑法分则规定的十类罪，对各类犯罪以及每一类犯罪中的各种犯罪作了准确的阐明。

本书体系完整，语言通俗，文字简明，有利于学员更好地把握教材的重点难点和基本内容，有助于更好地提高学习质量。

（孙翠雯）

【《社会主义法治论纲》】 中央党校函授学院教材。2000年2月修订，由中央党校出版社出版。

本书由中央党校政法部主任石泰峰教授主编。

本书共分13章。主要内容有：社会主义法治概述，社会主义法制建设的历史发展，中国社会主义法制建设的基本特征，中国社会主义法制建设的基本原则，依法治国与法律价值，依法治国与法律权威，依法治国与民主政治，依法治国与市场经济，依法治国与精神文明，依法治国与完备我国社会主义法律体系，社会主义法律体制改革，依法治国与法律职业和依法治国与法治意识。

本书以马列主义、毛泽东思想和邓小平理论为指导，根据函授教学的特点，以现行法律法规为依据，理论联系实际，简明扼要地阐述了社会主义法治的基本理论。本书结

构合理，内容详实，重点突出，有利于学员自学和掌握。（孙翠雯）

【《马克思主义法学经典文选》】 中央党校函授学院教材。2000年6月修订印行。

本书由中央党校政法部主任石泰峰教授选编。

本书共分三部分。第一部分，马克思、恩格斯论法律，主要内容有：德意志意识形态，对民主主义者莱茵区域委员会的审判，论住宅问题，反杜林论，路德维希费尔巴哈和德国古典哲学的终结等。第二部分，列宁论法律，主要内容有：矛盾的立场，国家与革命，论“双重”领导和法制，全俄苏维埃第九次代表大会，无产阶级革命和叛徒考茨基等。第三部分，毛泽东、董必武、邓小平论法律，主要内容有：关于中华人民共和国宪法草案，进一步加强人民民主法制、保障社会主义建设事业，当前政法工作的任务，解放思想、实事求是、团结一致向前看，目前的形势和任务，党和国家领导制度的改革，在中央政治局常委会上的讲话，在全体人民中树立法制观念，关于政治体制改革问题等。

本书的选编，以已经公开发表的马克思主义经典作家的著作为依据，既考虑每篇著作的代表性，又注意马克思主义法学发展的连续性，力求比较完整地反映马克思主义法学经典的全貌，有利于学员学习和掌握马克思主义法学基础理论。（孙翠雯）

【《当代哲学热点问题研究》】 中央党校函授学院教材。2000年10月，由当代世界出版社出版。

本书由中央党校哲学教研部边立新教授著述。

本书分8章。主要内容有：实践唯物主义问题，主体和主体性，唯物辩证法与思维方式，认识论和价值论，社会规律与历史主体，社会结构和社会发展动力，社会形态和市场经济和全球化问题等。另加引言和结束语。

本书就当前中国哲学界有关马克思主义哲学的研究和讨论热点进行了整理概括，力求对相关问题作出客观的评价，并把对重大哲学问题的研究和对重大现实问题的分析结合起来。本书内容全面，结构完整，论述详尽，语言简明。（张珊珍）

【《当代科技简明教程》】 中央党校函授学院教材。2000年12月，由当代世界出版社出版。

本书由中央党校哲学教研部钱俊生教授主编。

本书共分11章。主要内容有：科学技术概论，四大基础科学理论，自然系统的科学图像，当代高科技的八大领域，工程科学，科学技术与社会进步，现代科学技术发展的趋势及展望，实施“科教兴国”战略，实施可持续发展战略，发展知识经济和建立国家创新系统等。

本书旨在树立领导干部的科技意识，增强学习和掌握现代科技知识的自觉性，了解世界科技的发展特点和趋势，从而提高自身的政策水平和驾驭全局的能力。本书内容丰富，构思新颖，分析问题深入浅出，有一定的理论深度和独到见解。（张珊珍）

【《中国行政诉讼法教程》】 中央党校函授学院教材。2000年5月，由当代世界出版社出版。

本书由国家行政学院法学部主任、博士生导师应松年教授主编。

本书分为11章。主要内容有：行政诉讼法概述，行政诉讼受案范围，行政诉讼管辖，行政诉讼证据，行政诉讼的起诉和受理，行政诉讼程度，行政诉讼的法律适用，行政诉讼裁判，行政诉讼与行政赔偿和涉外行政诉讼。

本书以马列主义、毛泽东思想和邓小平理论为指导，从我国社会主义行政法制建设的实际出发，结合函授教育的特点，依据我国行政诉讼法《最高人民法院关于执行〈行政诉讼法〉若干问题的解释》，简明扼要、通俗易懂地阐述了行政诉讼的基本概念、基本原则、基本制度、基本理论和法律规范。该书构思新颖，突破了“多而杂”的框架，坚持“少而精”原则，内容详略得当，真正体现了科学性、合理性、实用性的特点，有一定的理论深度，学而有用，意义匪浅。

（孙经蕙）

【《社会主义市场经济论纲》】 中央党校函授学院教材。1995年10月，由中央党校出版社出版发行，2000年8月修订。这次修订对第9章作了较大的修改，对第11章中的经济发展战略按照党的十五届五中全会精神进行了调整。

本书由中央党校博士生导师刘炳瑛教授主编。

本书共分13章。主要内容有：第一，从总体上论述了市场经济的一般性质及其产生的根源，社会主义市场经济的客观必然性及自觉发展社会主义市场经济；第二，社会主义市场经济的所有制基础，国有经济改革与非国有经济的发展；第三，社会主义市场经济的运行规律和机制；第四，社会主义市场经济体制及其基本框架，包括社会主义市场经济的现代企业制度、市场体系、宏观调控、收入分配、社会保障及法律体系；第五，社会主义市场经济的经济增长与发展以及国际市场。

本书的特点是以党的十四大、十五大精神为指导，紧密联系我国改革开放的实践，在贯彻邓小平“要精，要管用”原则上下功夫，力求教材内容精炼，突出重点，同时，增强针对性和可操作性，既面对现代市场经济的新情况和新问题，特别是对于前沿的热点、难点问题，做了深入的分析研究，又纳入实际操作中探索解决问题的途径和对策。

（李钧泽）

【《当代西方经济学简明教程》】 中央党校函授学院教材。2000年5月，由当代世界出版社出版。

本书由中央党校胡希宁、谢鲁江、王炳三位教师编著。

本书由导言和第一、二、三编构成。第一编，微观经济学。内容主要有：均衡价格理论或价格理论，消费者行为理论，生产者行为理论，分配理论和微观经济政策；第二编，宏观经济学。内容主要有：国民收入决定理论，失业与通货膨胀理论，经济增长与经济周期理论，宏观经济政策；第三编，当代西方经济学主流学派。主要介绍当代西方经济学比较有影响的一些流派，包括：凯恩斯经济学及后凯恩斯主义主要经济学等主张国家干预的流派，德国新自由主义，现代货币主义，供给学派，新古典宏观经济学等坚持经济自由主义的流派，还介绍了新制度经济学的一些有代表性的理论观点。

本书以马克思主义为指导，分析了西方经济学在本质上是一种资产阶级的经济学说。同时指出，西方经济学对于市场机制调节原理和运行规律的研究有借鉴意义。

（李钧泽）

【《国际贸易理论与实务》】 中央党校函授学院教材。1996年初，由中央党校函授学院内部印行。同年9月，由中央党校出版社出版。本书自1997—2000年，每次再版重印前都根据教学要求和形势变化进行修订。这次付印前又请孙家恒教授进行了全面修订。这次修订对全书框架作了较大的调整，根据函授教育的特点，上篇理论部分由原来的5章增加到8章，下篇实务部分也进行了调整。

本书由对外经济贸易大学孙家恒教授主编。

本书共有13章，分上下两篇。上篇为理论部分，其内容有：导论，国际分工与世界市场，地区经济一体化，跨国公司与国际贸易，国际贸易政策及其理论依据，国际贸易管理与措施，世界贸易组织与关贸总协定，中国对外贸易管理；下篇为实务部分，其内容有：进出口交易程序，进出口交易条件（上、下），国际商品贸易方式，国际服务贸易。

本书以马克思主义国际贸易理论为指导，全面系统地阐述了国际贸易的理论与政策、管理与措施、经营与交易以及国际服务贸易。本书结构严谨，构思新颖，理论联系实际，分析问题深入浅出，有一定的理论深度和独到见解。2000年十五周年院庆时被评为优秀教材。（李钧泽）

【《马克思主义政治经济学经典文选（〈资本论〉选编）》】 中央党校函授学院教材。1999年9月，由中央党校函授学院内部印行，2000年5月修订。这次修订增加了“商品拜物教性质及其秘密”、“利息和企业主收入”、“信用和虚拟资本”等章节。

本书由中央党校函授学院史信发和李钧泽教授选编。

本书从《资本论》中精选了50章有关部分的内容，并按照《资本论》的结构，从第一卷“资本的生产过程”中选编了16章，基本内容有：商品经济一般理论，剩余价值生产理论，资本积累理论；从第二卷“资本的流通过程”中选编了12章，基本内容有：资本循环理论，资本周转理论，社会资本再生产理论；从第三卷“资本生产总过程”中选编了22章，基本内容有：产业资本和平均利润理论，商业资本、借贷资本、大土地所有者剩余价值分配理论，生产关系、分配关系与阶级关系理论。

本书的主要特点是收录了马克思《资本论》中最精华的内容。我国实行社会主义市场经济体制，《资本论》是市场经济的基础理论。要深化对社会主义市场经济理论的学习，要加快我国经济市场化进程，可以从本书中找到马克思主义的立场、观点和方法。（李钧泽）

【《系统科学概论》】 中央党校函授学院教材。1996年10月，由中央党校出版社出版，2000年4月修订。这次着重修订了第2、3、4、10章，其他各章在文字上进行了加工。

本书由中央党校吴义生教授主编。

本书共分14章。主要内容有：系统科学的性质、特点、研究对象、体系结构、发展历史及学习的重要意义，系统学（即系统科学的基础理论）研究取得的一些新成果，系统的一般原理，不同类型系统的理论及其方法，信息的知识、理论和方法，控制的知识、理论、技术和方法，系统科学的数学基础，系统工作的定义、特点、发展史、研究对象、分类和实施工程的程序、步骤、思维工作方法，系统科学在管理领域的应用等。

本书的特点是把20世纪形成的一个新兴科学技术部门从总体性、系统性的结构和功能的角度探索客观世界中系统、信息、控制之间的联系和规律性，既有抽象、概括，向上与哲学联结，丰富和发展人类的理论宝库；又有具体展开，转变为新兴技术、科学方法和管理方法，应用于实践，发挥改造世界的巨大作用。本书对学员有一定的帮助。（李钧泽）

【《农村经济管理学》】 中央党校函授学院教材。2000年7月，由中央党校出版社出版。

本书由中央党校博士生导师王瑞璞教授主编。

本书除绪论外，还包括16章。主要内

容有：农村经济体制改革，农村家庭经济，农村基本经济制度，农村投入分配，农村自然资源，农村劳动力资源，农村产业结构调整，农村乡镇企业，农村产业化，农村城镇化，农村经济的宏观调控，农业现代化等。

本书以邓小平理论和党关于农业、农村工作的方针、政策为指导，系统阐述了农村经济发展和改革的变化、特点以及深化改革的着力点，体现了理论和实践的统一。全书内容完整，观点明确，适合函授学员自学。

（李世华）

【《中国区域经济管理概论》】 中央党校函授学院教材。1997 年 9 月，由中央党校出版社出版，2000 年 5 月，修订并再版。这次修订，充实了区域经济发展战略的内容，增加了对西部大开发的阐述，同时，将特区近几年经济发展的新做法、新资料在对应的章节中作了补写。

本书由中央党校李世华教授和江苏省企业家协会高南扣高级经济师主编。

本书共分 14 章。主要内容有：区域经济管理的产生和研究方法，区域经济管理理论和管理原则，区域经济管理的内容，区域经济特征与经济区划，区域经济发展战略，区域经济的联合与协作，区域投资与管理，区域产业结构管理，区域经济发展与劳动力管理，城市在区域经济中的作用及其布局管理，特区经济分析和管理，区域经济效益，区域经济的宏观管理，区域经济管理需要完善社会主义法制等。

本书以马克思主义理论为指导，在比较系统分析和总结我国建国以来区域经济运行和管理经验的基础上，阐述中国区域经济管理的理论依据和基本框架，回答了区域经济管理中所面临的理论问题和实际问题。全书结构严谨，阐述问题简明扼要，具有理论性、知识性和实践性，受到学员的好评。

（李　实）

【《知识经济概论》】 中央党校函授学院教材。2000 年 5 月，由当代世界出版社出版发行。

本书由中央党校博士生导师孙钱章教授主编。

本书共分 12 章。主要内容有：导论，知识经济的产生与发展，知识经济的特征和影响，知识经济的生产力要素，知识经济的企业管理，知识商品，知识市场，知识经济的运行机制，知识经济的社会保障制度，知识经济的结构，知识经济的增长，知识经济发展战略。

本书比较系统地阐明了知识经济的基本概念、基本知识和基本理论，回答了知识经济运行中的结构、增长和发展战略等热点问题。教材把握时代的脉搏，用理性的思维探索社会发展的客观规律，有助于知识经济基本知识的传播和基本理论的研究。

（李世华）

【《公共市政学》】 中央党校函授学院教材。2000 年 6 月，由中央党校出版社出版。

本书由国家行政学院徐理明教授主编。

本书共分 12 章。主要内容有：公共市政学——新兴的公共管理学科，公共市政原理，国家机构的公共市政主体及其职责，非国家机关的市政主体，公共市政运作过程，首都城市管理，城市规划与环境管理，城市经济行政与基础设施管理，城市地政与住宅管理，城市户政与城市人口、计划生育管理，城市社会保障与社会治安管理，城市科教文卫体管理。

本书以 1997 年 9 月第二版《市政管理学》为基础，以我国社会主义市场经济体制的建立和完善以及地方政府机构改革为背景，以现行的法律、法规与相关难点、热点及其解决的问题为重点，坚持以邓小平理论为指导，坚持以少而精、简而明的原则，力求从框架、结构到内容有新的突破，注意吸收当今公共市政学领域的最新研究成果和实践中有关公共市政方面的基本经验，系统阐述公共市政学及其原理、公共市政主体及其职责和城市公共社会事务管理及其对策，并配以图表和案例，进行由浅入深、由表及里的分析，使之既说理又不空泛，既适合大众口味又不落俗套，以增强教材的启迪性、实用性和可读性，提高学员分析问题和解决问题的能力。（孙经蕙）

【《当代国际政治概论》】 中央党校函授学院教材。2000 年 5 月，由当代世界出版社出版。

本书由中央党校国际战略研究所张明明副教授、马小军教授主编。

本书共分 16 章。主要内容有：邓小平国际战略思想，两极格局的解体对当代国际政治的影响，冷战后的大国关系，当代国际政治背景下的经济全球化，高科技发展对当代国际政治的影响，世纪之交的国际安全与军事战略格局，发展中国家面临的机遇与挑战，世界民族问题的新特点，后冷战时期的地区冲突，世纪之交的若干全球性问题，国际政治体系中的国际组织与联合国，国际法与当代国际政治，国际裁军与军备控制，当代国际政治中的人权问题，当代西方国际政治理论的新变化和 90 年代中国对外关系。

本书以邓小平理论为指导，吸收近年来国内外学界同仁的最新研究成果，紧密结合经济全球化、民族问题国际化和世界格局多极化以及全人类面临的共同问题，试图打破此类教材的一般编写体例，力图准确、清晰地阐述当代国际政治生活中的一系列新变化，使学员了解和掌握当代国际政治的发展趋势和规律，提高他们的政治洞察力，高瞻远瞩地考虑和处理问题。（孙经蕙）

【《当代中国政治制度》】 中央党校函授学院教材。1999 年 3 月，由中央党校出版社出版。2000 年 3 月，作者根据形势的变化和教学实践的需要进行了修订。这次修订主要增写了导论和国家公务员制度两部分，删掉了干部人事制度部分，调整了军事制度与司法制度的顺序，改动了部分章节的标题和行文。

本书由中央党校高金海教授主编。

本书除导论外，还包括 13 章。主要内容有：人民民主专政制度，人民代表大会制度，中国共产党领导的多党合作制度，国家主席制度，国家行政制度，军事制度，司法制度，民族区域自治制度，特别行政区制度，人民政协制度，人民直接参与制度，选举制度和国家公务员制度。

本书以马克思主义国家学说为指导，紧密结合我国实际，系统全面地阐述了当代我国的政治制度。内容简明扼要，条理清楚，有助于学员正确认识我国社会主义政治制度的性质、基本特征及其发展趋势，揭示和把握社会主义政治制度的发展规律，提高参政议政的能力与水平，推动我国政治制度的不断完善和发展。（孙经蕙）

【《新时期党的建设概论》】 中央党校函授学院教材。2000 年 3 月，由中央党校出版社出版。

本书由中央党校研究生院博士生导师蔡长水教授主编。

本书除绪论外，还包括 12 章。主要内容有：新时期邓小平党的建党理论，坚持和改善党的领导，新时期党的建设伟大工程的总目标与基本路线，坚持党的理论和信念，党的思想建设，坚持和健全民主集中制，党的干部队伍建设，党员队伍建设，党的基层组织建设，加强党风廉政建设，党的制度建设，正确处理与各国共产党及其他政党的关系。

本书以马克思主义党的学说为指导，从理论和实践的结合上，回答在改革开放和市场经济条件下，党的建设所面临的新课题。全书注重建党理论的系统性，同时又注意突出重点，联系实际。受到广大教师和学员的好评。（张珊珍）

【《社会主义社会学》】 中央党校函授学院教材。2000年3月，由中央党校出版社出版。

本书由中央党校科社教研部高平教授主编。

本书除诸论外，还分16章。主要内容有：中国社会，人口问题，社会公平问题，老年问题，社会主义现代化建设中的妇女发展与妇女问题，社会主义现代化建设中的青年和青年问题，社会主义现代化建设中的知识分子和知识分子问题，社会主义的社会工作，城市建设与城市管理，小城镇建设和农村社区网络，环境问题，社会秩序问题，劳动就业问题和劳动制度，婚姻家庭问题，民族问题，宗教问题等。

本书于1985年作为试用教材，在函授学院内部使用，先后曾作过五次修改，1999年正式出版。这次印行前，又作了较大的修订。

本书就当前中国社会的热点、焦点和难点问题作了较为详尽、透彻的论述，深受教师和学员欢迎。（张珊珍）

【《宪法学》】 中央党校函授学院教材。2000年3月，由当代世界出版社出版。

本书由中国人民大学博士生导师许崇德教授主编。

本书分10章。主要内容有：宪法基本原理，宪法的历史发展，国家性质，国家形式，中央国家机关，地方制度，审判机关和检察机关，选举制度，政党制度，公民的基本权利与义务等。

本书以马克思主义宪法学和邓小平理论为指导，贯彻理论密切联系实际的原则，结合我国宪政建设的实践，阐述了宪法学的基本理论和知识，探索和回答了宪法学研究中的一些前沿和疑难问题。该书既注重结构体系的完整，又能重点突出，主题明确，通俗易懂，文字简练，适合在职干部和函授学员自学。（姜春成）

【《公司法概论》】 中央党校函授学院教材。2000年3月，由当代世界出版社出版。

本书由国家检察官学院副院长、吉林大学法学院博士生导师石少侠教授主编。

本书共分11章。主要内容有：公司与公司法概述，公司的分类和种类，公司的设立，公司的资本制度，股份与股票，公司债，股东与股权，公司的治理结构，公司的财务会计制度，公司的合并与分立，公司的解散与清算。

本书系统完整地阐述了公司从设立至终止的法律制度，体系合理，内容详细，语言规范，有利于学员全面系统地掌握公司法的基本内容和基本理论。（孙翠雯）

【《环境法概论》】 中央党校函授学院教材。2000年4月，由当代世界出版社出版。

本书由北京大学法学院金瑞林教授主编。

本书共分8章。主要内容有：环境法概述，国家环境管理机构及其职责，环境污染防治法（上），环境污染防治法（下），自然资源保护法（上），自然资源保护法（下），环境法律责任制度，国际环境法。

本书系统概述了环境法的基本理论和基本知识，涵盖了环境法整个学科领域各主要门类或分支学科的主要内容。本书结构合理，条理清晰，文字简明，重点突出，适合函授学员自学。（孙翠雯）

【《国际经济法教程》】 中央党校函授学院教材。1996年2月，由中央党校出版社出版。后经过数次修订再版，随着我国加入世贸组织所面临的新问题，2000 年 2 月，作者修订时增加了相关内容。

本书由中央党校谢邦宇教授主编。

本书共分 8 章。由绪论（概述）开篇，继则将国际投资法、国际贸易法、国际工程承包法、国际技术转让法、国际金融法、国际税法等国际经济法的重点内容作了阐述，终则介绍了国际经济贸易仲裁的主要内容。

本书以马克思主义法律观为指导，面向国际法制，立足本国实际，注重满足成人教育和社会自学的需要。（孙翠雯）

【《市场经济法律制度概论》】 中央党校函授学院教材。本书成书于 1995 年，经过试用后，1996 年，由中央党校出版社出版，后又对若干章节进行过修订。2000 年 5 月修订再版。

本书由中央党校政法教研部主任石泰峰教授主编。

本书由绪论和 15 章组成。主要内容有：法人制度，公司法律制度，合伙法律制度，合同法律制度，票据法律制度，担保法律制度，保险法律制度，证券法律制度，竞争法律制度，产品质量法律制度，消费者权益保护法律制度，专利、商标法律制度，税收法律制度，银行货币法律制度和市场经济刑事保护法律制度。

本书坚持从实际出发，历次修订均以新颁布的法律法规为依据，如《公司法》、《产品质量法》等，力求全面准确地反映我国市场经济立法的趋势，坚持理论与实践的统一，并吸收了国内外有关的最新研究成果，有利于学员更好地了解和掌握市场经济法律制度的基本知识。（孙翠雯）

【《财务会计概论》】 中央党校函授学院教材。2000 年 10 月，由中央党校出版社出版。

本书由中央财经大学奚淑琴教授主编。

本书由会计理论篇和会计实务篇组成。会计理论篇分 3 章，主要内容有：总论（会计的基本概念与会计核算），会计科目与复式记账，会计凭证与会计账簿；会计实务篇分 7 章，主要内容有：流动资产，投资，固定资产、无形资产和递延资产，负债，所有者权益，收入、费用和利润，财务报告。

作者在总结多年教学经验的基础上，依据修订后的会计法、企业会计准则和工业企业会计制度，对财务会计的基本理论和基本方法、会计核算的一般程序和内容作了比较系统的阐述。在编写过程中，作者充分考虑了函授学习的特点，力求由简入繁、由浅入深，语言表达力求通俗易懂，并从理论与实际的结合上分析说明问题，增强了教材的可读性。（李世华）

【《财政学》】 中央党校函授学院教材。2000 年 12 月，由当代世界出版社出版。

本书由国际关系学院付卡佳副教授编著。

本书分为 14 章。主要内容有：导论，财政收入，税收的基本理论，税收负担与转嫁，税收制度，所得课税和财产课税，国债，财政支出，财政投资，财政的消费性支出，转移支出，国家预算，财政管理体制和财政监督，财政政策。

本书根据 1994 年财政税收体制改革以来的新实践和新变化，从理论与实践的结合上进行了比较系统的阐述，是学员学习财政学的入门书。（李世华）

【《国际贸易教程》】 中央党校函授学院教材。2000 年 10 月，由中央党校函授学院内部印行。

本书由对外经贸大学薛荣久教授主编。

本书分为 12 章。主要内容有：导论，对外贸易的历史地位与作用，国际分工，世界市场，国际市场价格，地区经济一体化，跨国公司与国际贸易，国际贸易政策，关税措施与非关税措施，鼓励出口和出口管制措施，贸易条约和协定，国际贸易组织。

本书吸收了国内外有关这一领域的研究成果，结构合理，简明扼要，资料翔实，适合函授学员自学。（李世华）

【《经济管理原理》】 中央党校函授学院教材。2000年11月，由中国财政经济出版社出版。

本书由史世鹏、许正中博士编著。

本书共分11章。主要内容有：经济运行中的主体，经济运行中的管理，政府行为及宏观经济管理体系，政府的经济职能与经济调控，国有资产及非营利性组织的管理，企业理论与企业制度，企业行为与企业经营，企业的战略管理，个人经济行为及其导向，人的全面发展与人本管理，人力资源的开发与管理。

本书在结构上具有自己的特点，即把政府、企业和个人定义为经济运行中最基本的三大经济主体，体现了以人为本的当代经济管理思想，又表明了经济管理的核心理念是宏观管理、微观管理、人本管理的三位一体。本书力图做到两点：一是尽量说明经济理论是怎样用来改进经济决策的，如介绍了基本概念和原理后，尽可能用原理来分析所面临的政策及决策问题；二是注意吸收经济管理方面的最新成果，尽可能使所介绍的内容紧跟时代。

本书体系结构合理，层次分明，具有理论性、知识性和实践性。（李世华）

【《贸易经济学教程》】 中央党校函授学院教材。2000年11月，由当代世界出版社出版。

本书由中国人民大学李金轩教授主编。

本书共分9章。主要内容有：商品贸易理论，商品贸易实务，技术贸易理论，技术贸易实务，服务贸易理论，服务贸易实务，金融服务贸易综论，产业内贸易理论，产业内贸易实务。

本书构筑了将内贸与外贸融为一体的新框架，从理论与实际的结合上阐述贸易经济的理论、原理和运行规律。（李世华）

【《〈经济管理原理〉教学参考资料》】 2000年11月，由中央党校函授学院内部印行。

本资料由中央党校史世鹏等人编写。

本资料共分四个部分：教材编写说明；教学纲要；理论界有关经济管理的研究现状；思考题及其参考答案。

本资料阐明了教材编写的指导思想、体系结构和教学的基本要求，指出了教材各章的重点与难点，介绍了理论界关于课程的最新研究动态，并提供了思考题参考答案，对于教师备课、教学和提高教学质量很有帮助。（李世华）

【《〈财政学〉教学参考资料》】 2000年10月，由中央党校函授学院内部印行。

本资料共分四部分：教材编写说明；教材纲要；财政学的理论和实践研究动态；思考题及其参考答案。

本资料全面系统地阐释了《财政学》的基本理论、基本概念和基本知识，指出了教材的重点与难点，介绍理论界最新的研究成果和财政运行数据，指明了讲授方法，提供了思考题参考答案。

本资料内容丰富、翔实，理论联系实际，对于教师讲授好这门课程有指导作用。（李世华）

【《〈贸易经济学教程〉教学参考资料》】 2000年10月，由中央党校函授学院内部印行。

本资料共分四个部分：编写说明，指出教材编写的背景、体系结构、基本内容以及教学的要求和方法；教学纲要，简明各章节的重点、难点；贸易经济学研究现状和理论动态；思考题及其参考答案。

本资料对广大教师把握教材的基本内容，讲清基本概念和基本原理，提高教学效果均有较大帮助。（李世华）

【《〈社会主义市场经济论纲〉教学参考资料》】 2000年3月，由中央党校函授学院内部印行。

本资料共分四个部分：《论纲》的编写说明，包括编写背景和指导思想，教材的结构体系与基本内容，教师面授方法与要求；教学纲要，包括各章教学目的与要求、各章节的重点，即社会主义市场经济的必然性及其性质、所有制基础、运行规律与机制、市场经济体制及其框架等等；社会主义市场经济理论最新动态简介，包括社会主义市场经济所有制基础、现代企业制度、市场体系、宏观调控、公平分配等问题的不同观点综述和最新的研究成果；思考题及其参考答案。

本资料浓缩了教材的重点、要点，介绍了理论界本学科的最新研究成果，回答了教材中的思考题，便于教师把握教材的基本内容，拓宽了教师的讲课思路，提高了讲课效果。（李钧泽）

【《〈国际贸易理论与实务〉教学参考资料》】 1996年4月，由中央党校函授学院内部印行。本资料根据教材的修改变化曾几次修订。2000年5月又作了较大的修改。在本参考资料中，删除了第九章《国际贸易术语》、第十章《进出口合同条款》、第十一章《进出口合同的商讨与履行》，增加了《进出口交易程序》、《进出口交易条件》（上、下）三章。

本资料共分四部分：教材编写说明，主要介绍教材编写的背景与指导思想、总体构架与基本内容、教学方法与要求；教学纲要，主要是对各章的教学提出教学目的、要求和教学重点；国际贸易理论与实务的理论研究动态，其中，包括理论界有关本学科研究的热点问题及最新书刊目录选编和统计资料；思考题及其参考答案。

本资料的主要特点是，综合提供有关国际贸易理论与实务方面的教学参考资料，供教师教学使用，提出了教学中应重点剖析的基本理论、基本概念和知识，回答了本课程的重点、难点问题，介绍了理论界关于国际贸易理论的研究情况，对于教师教好这门课程有较大帮助。（李钧泽）

【《〈马克思主义政治经济学经典文选(《资本论》选编)〉教学参考资料》】 1999年9月，由中央党校函授学院内部发行。2000年5月修订，这次修订调整了最新理论动态部分。

本资料共分四部分：《文选》编写说明，包括《文选》的历史背景和指导思想、主要内容、结构体系、讲授方法和要求；《文选》教学纲要，包括写马克思第一版序言、《资本论》第一、二卷的重点内容；理论界关于《资本论》的最新研究动态；思考题及其参考答案。

本资料的主要特点是，遵循邓小平关于学马列"要精，要管用"的原则，力争把《文选》中的基本原理加以重点阐述和研究，并指出联系实际的方向，强调教师要指导学员从《文选》中学立场、观点和方法，要完整准确地学习和掌握《文选》的基本原理，要理论联系实际，要以原著为主刻苦钻研。（李钧泽）

【《〈中国区域经济管理概论〉教学参考资料》】 2000年5月，由中央党校函授学院内部印行。

本资料包括四部分：教材编写说明，介绍了区域经济管理的形成、发展、特征和作用，总体构思和基本内容，讲授中要注意的问题；教学纲 要，阐述了各章节的重点、要点；区域经济管理的理论和实践研究动态，结合教材的章节按十二个专题选编了有关资料；思考题及其参考答案。

本资料内容丰富，重点突出，对于教师把握这门课程的基本内容，开阔讲课思路，联系实际，提高教学效果都很有帮助。

（李世华）

【《〈刑法各论〉教学参考资料》】 2000 年 4 月，由中央党校函授学院内部印行。

本资料由周振想、李汝川、林维、高晓莹编写。

本资料共分四部分：教材编写说明；教学纲要；“分则”中争论的问题；思考题及参考答案。

本资料以马列主义、毛泽东和邓小平理论为指导，以新修订的《刑法》“分则”为依据，围绕《刑法各论》并结合党校函授教育的特点和教学经验编写。

本资料体系合理，条理清晰，尤其是对目前刑法学界有关的学术争论进行了阐述，有利于教师在讲授中更好地把握这门课程的重点、难点和主要内容，了解刑法学界对于教材有关理论问题的研究现状，有利于拓宽教师的教学思路，提高教学质量。

（孙翠雯）

【《〈社会主义法治论纲〉教学参考资料》】 2000 年 5 月，由中央党校函授学院内部印行。

本资料由中央党校政法部主任石泰峰教授编写。

本资料分四部分：教材编写说明；教学纲要；理论界对有关问题的研究现状及评论；思考题及参考答案。

本资料简明阐述了教材的基本结构、重点和难点，提供了参考题答案，尤其是对当前理论界有关问题的研究及评论，提供了丰富的教学资料，有利于教师理论联系实际，拓宽教学思路，提高教学质量，适合函授教学。

（孙翠雯）

【《〈市场经济法律制度概论〉教学参考资料》】 2000 年 5 月，由中央党校函授学院内部印行。

本资料由中央党校政法教研部主任石泰峰教授编写。

本资料共分四部分：教材编写说明；教学纲要；有关市场经济法律、法规选编；思考题及参考答案。

本资料简述了各章的基本内容和教学重点，提供了思考题及参考答案，有利于教师引导学员正确把握理解本课程的基本内容，对于教师提高教学质量有较大帮助。

（孙翠雯）

【《〈马克思主义法学经典文选〉教学参考资料》】 2000 年 5 月，中央党校函授学院内部印行。

本资料由中央党校政法部主任石泰峰教授和罗志先副教授编写。

本资料有六部分。依据教材的内容和顺序，分别阐述了马克思主义经典作家的著作的写作背景和原因，介绍了其著作中的主要法律思想、现实意义及启示，便于授课教师系统理解把握教材的有关内容和马克思主义法学的基本原理，有利于拓宽教学思路，提高教学质量。 （孙翠雯）

【《〈社会主义法治论纲〉学习指导纲要》】 2000 年 5 月，由中央党校函授学院内部印行。

本纲要由中央党校政法部主任石泰峰教授编写。

本纲要共分四部分：教学计划；学习辅导；总复习提纲；练习题及参考答案。

本纲要概述了《社会主义法治论纲》的

主要内容、重点和难点，根据考试情况列举了练习题及参考答案，条理清楚，重点突出，有利于学员自学、复习和考试。

（孙翠雯）

【《〈市场经济法律制度概论〉学习指导纲要》】 2000年5月，由中央党校函授学院内部印行。

本纲要由中央党校政法教研部的部分同志编写。

本纲要共分四部分：教学计划；学习辅导；总复习提纲；练习题及参考答案。

本纲要概述了《市场经济法律制度概论》的基本内容、重点和难点，根据考试设计了思考题以及学员应如何学好此课程，有利于学员自学、复习和考试。（孙翠雯）

【《〈经济管理原理〉学习指导纲要》】 2000年11月，由中央党校函授学院内部印行。

本纲要由中央党校史世鹏等教研人员编写。

本纲要共分四部分：教学计划；学习辅导，阐明了教材的指导思想、理论体系和期末复习要注意的问题；总复习提纲，指出了教材各章的重点、要点和难点；练习题及参考答案，包括单项选择题、多项选择题、简答题、判断题、案例分析题和论述题。

本纲要对于学员自学、听课、作业、复习和考试，更好地理解教材，掌握基本概念和原理，提高解决实际问题的能力，都有很大帮助。

（李世华）

【《〈财政学〉学习指导纲要》】 2000年10月，由中央党校函授学院内部印行。

本指导纲要包括四部分：教学计划；学习辅导；总复习提纲；练习题及参考答案。

本纲要阐明了学习《财政学》的意义、体系结构，阐释了各章的重点与要点，提供了练习题参考答案，指出了复习中应注意的问题和考试范围，对于学员自学、复习、考试，更好地理解教材有指导作用。

（李世华）

【《〈贸易经济学教程〉学习指导纲要》】 2000年10月，由中央党校函授学院内部印行。

本纲要共分四个部分：教学计划；学习辅导，指明学习《教程》的意义、重点、方法和复习考试应注意的问题；总复习提纲，指出各章节的重点、要点；练习题及参考答案，有单项选择题、多项选择题、简答题、辨析题、论述题和理论归纳题。

本纲要对于学员自学、听课、复习和考试均有积极作用。（李世华）

【《〈刑法各论〉学习指导纲要》】 2000年4月，由中央党校函授学院内部印行。

本纲要有四部分：教学计划；学习辅导；总复习提纲；练习题及参考答案。

本纲要简明扼要地阐明了教材的体系结构和重点章节，指出了学习中应注意的问题，根据考试要求，列举了考试题型及参考题，有利于学员自学、复习和考试。

（孙翠雯）

【《〈社会主义市场经济论纲〉学习指导纲要》】 2000年3月，由中央党校函授学院内部印行。

本纲要共分四个部分：教学计划，包括教学总时数、面授辅导时数、自学和作业时数、考试和补考时间；学习辅导，包括学习的目的和意义、学习中应把握的重点问题和应注意的几个问题；总复习提纲，包括社会主义市场经济的客观必然性及其性质、社会主义市场经济的所有制基础和运行规律，社会主义市场经济体制及其框架等；练习题及参考答案，包括考试的各种题型及其答案。

本纲要浓缩了教材的重点内容，用比较规范的语言回答了每个问题的要点，对于帮

助学员更好地理解、掌握这门课程的基本概念和基本原理，提高学员运用所学理论解决实际问题的能力，有指导作用。 （李钧泽）

【《〈马克思主义政治经济学经典文选（《资本论》选编）〉学习指导纲要》】 1999 年 9 月，由中央党校函授学院内部印行。2000 年 5 月修订，这次修订增加了教学计划和学习辅导两部分。

本纲要由中央党校函授学院李钧泽教授编写。

本纲要共分四大部分：教学计划，包括教学总时数、面授次数、自学和作业时数、考试与补考时间；学习辅导，包括学习马克思主义政治经济学经典文选的重要意义、学习中应掌握的重点和学习方法；总复习提纲，包括资本的生产过程、资本的流通过程和资本生产总过程的学习重点和应掌握的主要问题；练习题及参考答案，包括单项选择题、多项选择题、简答题、辨析题、论述题以及参考答案。

本纲要用通俗的语言论述了教材的重点内容，提出了学员在学习中应把握的问题，并指出了联系实际的方向。 （李钧泽）

【《〈国际贸易理论与实务〉学习指导纲要》】 1996 年 4 月，由中央党校函授学院内部印行，1997 年 4 月，正式出版。

本纲要根据教材的变化曾进行过几次修订。这次修订增加了教学计划和学习辅导两部分。

本纲要共分四部分：教学计划，它包括教学总时数、面授次数、自学与作业时数、考试与补考时间等；学习辅导，它包括学习本书重要意义、学习本书应掌握的重点内容、学习本书应注意的几个问题；总复习提纲，介绍了每章的重点、要点以及联系实际的方向；练习题及参考答案，其中，练习题列举了单项选择题、多项选择题、简答题、辨析题、论述题、理论归纳题等六种题型，并提供了参考答案或举例答案。

本纲要介绍各章的重点、要点和复习方法，旨在便于学员更好地掌握教材的基本理论和基本知识，更好地自学、复习和考试，提高学习效果。 （李钧泽）

【《〈中国区域经济管理概论〉学习指导纲要》】 2000 年 5 月，由中央党校函授学院内部印行。

本纲要包括四部分：教学计划；学习辅导；总复习提纲；练习题及其参考答案。

本纲要说明了学习《中国区域经济管理概论》的意义，阐释了各章的重点与要点，指出了考试范围，提供了练习题参考答案，对于帮助学员自学、复习和考试，更好地理解教材有积极作用。 （李世华）

重 印 教 材 书 目

工业企业经营管理概论
经济管理学原理
法学概论
实用管理数学基础
涉外经济法教程
劳动法学教程
国际法教程
社会调查与统计
刑法概论
行政法与行政诉讼法教程
中国法律史
干部写作概论
党性教育基础知识讲座
中国宪法概论
法理学教程
经济法简明教程
中国历代治国思想要览
中国政治制度史
管理会计简明教程
国民经济统计学
当代西方政治制度
世界经济地理教程
金融法学
律师学教程
行政管理学教程
行政法学
组织行为学
邓小平理论文选
科学社会主义经典文选
英语（第一册）
民法学总论
中国对外贸易理论与政策
中国经济地理教程
商务谈判
领导科学概论
公共政策概论
宏观经济运行与管理
常用法律法规选编
民法学总论
货币银行学
江泽民重要讲话选编
思想政治工作教程
管理心理学
国内贸易经济管理
司法文书概论
微机操作基础
党的建设简明教程
国家公务员制度概论
市场营销学
刑事、民事诉讼法学教程
财税法教程
邓小平理论简明教程
中国近代史教程
现代科学技术概论
公务员应用文写作
国际金融简明教程
外国经济管理思想史简编
国际税收教程
刑事诉讼法教程
民事诉讼法教程
中共党史简编
现代市场经济
英语（第二册）
刑法总论
民法学分论

《经济管理学原理》学习指导纲要
《法学概论》学习指导纲要
《涉外经济法教程》学习指导纲要
《劳动法学教程》学习指导纲要
《经济法简明教程》学习指导纲要
《公共行政学》学习指导纲要
《工业企业经营管理概论》学习指导纲要
《社会主义市场经济简明教程》学习指导纲要
《行政法与行政诉讼法教程》学习指导纲要
《刑法概论》学习指导纲要
《马克思主义哲学简明教程》学习指导纲要
《政治经济学（资本主义部分）》学习指导纲要
《中国宪法概论》学习指导纲要
《行政管理学教程》学习指导纲要
《行政法学》学习指导纲要
《公共政策概论》学习指导纲要
《民法学总论》学习指导纲要
《宏观经济运行与管理》学习指导纲要
《领导科学概论》学习指导纲要
《货币银行学》学习指导纲要
《党的建设简明教程》学习指导纲要
《刑事、民事诉讼法学教程》学习指导纲要
《邓小平理论简明教程》学习指导纲要
《国际金融简明教程》学习指导纲要
《国际税收教程》学习指导纲要
《刑事诉讼法教程》学习指导纲要
《民事诉讼法教程》学习指导纲要
《邓小平理论文选》学习指导纲要
《刑法总论》学习指导纲要
《民法学分论》学习指导纲要
《经济管理学原理》教学参考资料
《法学概论》教学参考资料
《涉外经济法教程》教学参考资料
《劳动法学教程》教学参考资料
《经济法简明教程》教学参考资料
《公共行政学》教学参考资料
《工业企业经营管理概论》教学参考资料
《社会主义市场经济简明教程》教学参考资料
《行政法与行政诉讼法教程》教学参考资料
《刑法概论》教学参考资料
《马克思主义哲学简明教程》教学参考资料
《政治经济学（资本主义部分）》教学参考资料
《中国宪法概论》教学参考资料
《行政管理学教程》教学参考资料
《行政法学》教学参考资料
《英语（第一册）》辅导资料
《英语（第二册）》辅导资料
《公共政策概论》教学参考资料
《民法学总论》教学参考资料
《宏观经济运行与管理》教学参考资料
《领导科学概论》教学参考资料
《货币银行学》教学参考资料
《党的建设简明教程》教学参考资料
《刑事、民事诉讼法学教程》教学参考资料
《邓小平理论简明教程》教学参考资料
《国际金融简明教程》教学参考资料
《国际税收教程》教学参考资料
《刑事诉讼法教程》教学参考资料
《民事诉讼法教程》教学参考资料
《邓小平理论文选》教学参考资料
《刑法总论》教学参考资料
《民法学分论》教学参考资料

音像教材简介

【音像教材制作计划实施概述】 本计划以总院教学计划为依据，指导音像教材的制作，以适应函院电化教学的需要。由于音像教材制作必须提前一学期进行，因此，本计划与总院2000年下学期教学计划和2001年上学期教学计划相吻合，是为这两个学期提供音像教材的。

根据总院2000年下学期教学计划，共开设56门电教课程。其中，使用旧版本的音像教材41门，需新录制的音像教材15门(考试课7门，讲座课8门)。聘请教师14名，其中，教授7名，副教授7名；聘请审定教师13名，其中，教授8名，副教授及其专业人员5名。录制采用了讲课加配字幕、有关资料及师生对话的形式。以上均于2000年上学期录制完成。

根据总院2001年上学期教学计划，共开设37门电教课程。其中，使用旧版本的音像教材27门，需新录制的音像教材10门(考试课7门，讲座课3门)。聘请教师10名，其中，教授6名，副教授3名，博士1名；聘请审定教师8名。《当代世界军事和中国国防》在制作形式上加配了大量音像背景资料，字幕制作有较大改进；《当代世界科技简明教程》、《经济管理原理》采用计算机课件制作形式。从本学期开始，新录课程在载体上均由录像磁带转为VCD（光盘）。以上均于2000年下学期录制完成。

（王冀平　王松一）

【《环境法概论》音像教材】 是99级本科班第3学期法律专业开设的6小时讲座课，北京大学法律系汪劲副教授主讲，电化教研室组稿和审稿，2000年3月录制，由电化教研室张宝聚副教授审定。

本音像教材分两部分讲授。导论，主要讲三个问题：概念、体系结构和特点；重点内容，分三个专题讲授。第一专题，环境法原理，包括：什么是环境法，环境法的特征，环境法的目的，中国环境法的体系，环境保护的一般法律原则，中国的环境与资源管理行政组织与职权范围，中国《环境保护法》的地位和作用。第二专题，环境资源保护管理法律制度，包括：环境污染防治法，自然资源和生态保护法。第三专题，环境法的法律责任，包括违反环境法的行政责任，环境侵害及其民事责任，行政机关处理环境与资源污染纠纷，公民环境行政诉讼——一种新的消除环境侵害的形式，破坏环境与资源保护犯罪的刑事责任。

本音像教材图像清晰，内容充实，科学性较强，较好地概述了环境保护法的基本内容，重点突出，观点正确，整体效果较好，有一定的指导性。（王松一）

【《国际贸易理论与实务》音像教材】 是99级本科班第3学期贸易经济专业开设的3小时考试课，对外经贸大学孙家恒教授主讲，电化教研室组稿和审稿，2000年3月录制，由教编室李钧泽教授审定。

本音像教材分三部分讲授。导言，主要讲四个问题：学习本课程的重要意义，本课程的特点，全书总体构架，全书主线——政策；学习重点：讲授了有关国际贸易的14个问题；复习考试，主要讲复习考试的基本要求，考试题型与要求，考试注意事项。

本音像教材根据新修订的教材要求，重点突出，照顾了教材结构体系，图像清晰，表述清楚，整体效果较好。（王松一）

【《社会主义市场经济论纲》音像教材】 是2000级本科班第1学期行政管理专业开设的3小时考试课，中央党校刘炳瑛教授主讲，电化教研室组稿和审稿，2000年4月录制，由中央党校经济学部景桂兰副教授审定。

本音像教材分三部分讲授。导言，主要讲两个问题：串讲的目的、意义，全书的体系结构和主要内容；教材的学习重点，共讲授43个重点问题；复习考试，主要讲两个问题：复习考试的目的与要求，考试题型及其特点和要求。

本音像教材按照教材结构顺序讲授，既照顾到内容的全面性，保持教材的逻辑性，又突出了重点问题，观点正确，层次分明，深入浅出，理论联系实际，效果较好。

（王松一）

【《公共政策概论》音像教材】 是2000级本科班第1学期行政管理专业开设的3小时考试课，中央党校政法部王军教授主讲，电化教研室组稿和审稿，2000年4月录制，由教编室汤玉琦教授审定。

本音像教材分六部分讲授。绪论，主要讲三个问题：公共政策研究的对象，公共政策的理论体系和学习公共政策理论课的意义；公共政策与环境，主要讲公共政策在国家管理活动中的地位和作用，公共政策与环境，公共政策的类别；公共政策的制定，主要讲三个问题，公共政策的确认，公共政策制定的主体和依据，公共政策制定的程序和原则；公共政策的执行，主要讲三个问题：公共政策执行的内涵，公共政策执行过程和公共政策执行的影响因素；公共政策的调整，主要讲三个问题：公共政策的评估，公共政策的调整和公共政策的终结；公共政策方法论，主要讲三个问题：公共政策的方法，公共政策分析和制定的方法，公共政策文件的制定。

本音像教材图像清晰，结构合理，内容丰富，重点突出，层次分明，详略得当，联系实际，效果比较好。（王松一）

【《中国区域经济管理概论》音像教材】 是99级本科班第3学期经济管理专业开设的3小时考试课，教编室李世华教授主讲，电化教研室组稿和审稿，2000年4月录制，由中央党校研究生部路明博士审定。

本音像教材分三部分讲授。前言，主要讲两个问题：为什么要学习区域经济管理理论；《概论》的总体构思与基本内容；学习重点，分四个单元，主要讲授了36个重点问题；复习考试，主要讲两个问题：关于复习考试的要求、方法、考试题型特点及要求。

本音像教材按照教材的体系讲授，图像清晰，涵盖面宽，讲解细致，层次分明，逻辑性强，教态自然，深入浅出，速度适中，具有一定的指导性。（王松一）

【《金融法学》音像教材】 是98级本科班第5学期政法专业开设的6小时讲座课，北京大学分校谷凌副教授主讲，电化教研室组稿和审稿，2000年4月录制，由电化教研室王松一研究员审定。

本音像教材分三部分讲授。《金融法学》的概况，主要讲两个问题：《金融法学》的体系结构和主要内容，学习《金融法学》的目的意义；金融法在拉动内需、西部大开发、加入WTO等方面，主要讲四个问题：金融法的基本概念和主要内容，需求不足与货币政策，西部大开发的战略决策和金融政策的支持与服务，加入WTO对我国金融业的机遇和挑战；关于我国金融法的基本原则和法律关系研究，银行金融法律关系，当前在金融法律、法规实施过程中存在的问题与改进的建议。

本音像教材采取重点式讲授方法，图像清晰，重点突出，教态自然，口齿清楚，详略得当，联系实际，在教材的基础上有归纳、有升华、有新意，整体效果比较好，被总院评为优秀音像教材。（王松一）

【《经济法简明教程》音像教材】 是98级大专班第5学期经济管理专业开设的3小时考试课，北京大学分校谷凌副教授主讲，电化教研室组稿和审稿，2000年5月录制，由电化教研室王松一研究员审定。

本音像教材分三部分讲授。教材的基本结构和主要内容，主要讲三个问题：内容上的创新与改革，教材的基本框架，学习本课程的目的与要求；教材的重点问题，分五个单元讲授。第一单元，经济法基础理论，主要讲了7个重点问题。第二单元，经济主体法，主要讲了10个重点问题。第三单元，经济运行法，主要讲了5个重点问题。第四单元，宏观调控法，主要讲了7个重点问题。第五单元，资源分配与保护法及经济仲裁和经济司法，主要讲了4个重点问题；学习方法和复习考试问题。主要讲两个问题：学习方法和复习考试问题。

本音像教材图像清晰，内容充实，重点突出，层次分明，音质良好，结合热点问题讲授，效果较好，有一定的指导性。

（王松一）

【《商务谈判》音像教材】 是99级本科班第3学期贸易经济专业开设的6小时讲座课，对外经贸大学刘宝成博士主讲，电化教研室组稿和审稿，2000年5月录制，由教编室李钧泽教授审定。

本音像教材分四部分内容讲授。商务谈判概论，主要讲了11个重点问题；商务谈判的准备工作，主要讲了17个重点问题；商务谈判的技巧，主要讲了13个重点问题；商务谈判的后续工作，主要讲了5个重点问题。

本音像教材采取师生座谈讨论的形式，运用计算机制作课件的方式，技术手段上有所突破，生动活泼，具有时代性、新颖性和操作性的特点，反映了音像教材的发展方向，整体效果比较好，被总院评为优秀音像教材。（王松一）

【《中国对外贸易理论与政策》音像教材】 是2000级本科班第1学期贸易经济专业开设的6小时讲座课，北京商学院潘忠副教授主讲，电化教研室组稿和审稿，2000年5月录制，由教编室李世华教授审定。

本音像教材分两部分讲授。前言，主要讲两个问题：本课程的特点，教材体系结构和主要内容；学习重点和难点，主要讲以下重点：马克思主义理论是我国开展对外贸易活动的理论基础，邓小平关于积极开展我国对外贸易的理论，我国商品贸易发展现状及对策，我国服务贸易及其发展，我国应如何面对加入WTO，发展中的中美经贸关系。

本音像教材联系当前的热点和实际问题进行讲授，图像清晰，内容充实，重点突出，教态端正，层次分明，口齿清楚，效果比较好。（王松一）

【《涉外经济法教程》音像教材】 是98级大专班第5学期政法专业开设的3小时考试课，中央党校政法部汤树梅副教授主讲，电化教研室组稿和审稿，2000年7月录制，由电化教研室王冀平编辑审定。

本音像教材分三部分讲授。导言，主要讲教材的体系结构和主要内容；学习重点问题，分四个单元讲授。第一单元（绪论、1—6章），主要讲了17个重点问题，第二单元（7—11章），主要讲了12个重点问题，第三单元（12—17章），主要讲了13个重点问题，第四单元（18、19章），主要讲了6个重点问题；复习考试，主要讲授单项选择、多项选择、判断、简答、论述、案例分析等六种题型的特点与要求。

本音像教材根据教学具体安排，按章讲授，涵盖面宽，保持了教材的逻辑性，图像清晰，内容丰富，观点正确，层次分明。

（王松一）

【《市场经济法律制度概论》音像教材】 是2000级本科班第1学期经济管理、贸易经济专业开设的3小时考试课，中央党校政法部罗志先副教授主讲，电化教研室组稿和审稿，2000年7月录制，由电化教研室王松一研究员审定。

本音像教材分三部分内容讲授。导言，主要讲两个问题：学习目的与要求，本教材的结构体系；学习重点，主要讲授以下重点内容：绪论，法人制度，公司法律制度，合伙法律制度，合同法律制度，票据法律制度，担保法律制度，保险法律制度，证券法律制度，竞争法律制度，产品质量法律制度，消费者权益保护法律制度，专利、商标法律制度，税收法律制度，银行货币法律制度，市场经济刑事保护法律制度；复习考试，主要讲两个问题：复习中应注意的问题，考试题型特点与要求。

本音像教材图像清晰，重点与难点突出，层次分明，结构合理，结合复习考试讲授，效果较好。（王松一）

【《劳动法学教程》音像教材】 是98级大专班第5学期政法专业开设的3小时考试课，政法大学王昌硕教授主讲，电化教研室组稿和审稿，2000年6月录制，由电化教研室王松一研究员审定。

本音像教材分两部分内容讲授。学习重点，主要讲四个问题：绪论，劳动法基本理论，劳动法历史，劳动法律制度；复习考试，主要讲两个问题：考试题型的特点与要求，考试复习的基本要求。

本音像教材采取平铺式的讲授方法，按教材的章节铺开，对教学内容作了较全面讲解，保持了教材的逻辑性，图像清晰，内容丰富，层次清楚，整体效果较好。（王松一）

【《社会主义社会学》音像教材】 是99级大专班第3学期行政管理专业开设的6小时讲座课，中央党校科社部高平教授主讲，电化教研室组稿和审定，2000年5月录制，由电化教研室王冀平编辑审定。

本音像教材分两部分内容讲授。前言，主要讲两个问题：《社会主义社会学》的研究对象与学习的重要意义，教材的体系结构与主要内容；学习重点，围绕社会问题和社会政策问题讲授，主要讲了三个问题：环境问题，人口问题，青年问题。

本音像教材联系国际上比较关注的热点问题和突出问题，结合人类生存与发展的根本问题和中国的现实问题讲授，图像清晰，层次分明，字幕与讲授的内容协调一致，效果较好。

（王松一）

【《宪法学》音像教材】 是2000级本科班第1学期法律专业开设的6小时讲座课，中国人民大学许崇德教授主讲，电化教研室组稿和审稿，2000年4月录制，由教编室陈德仲教授审定。

本音像教材分两部分内容讲授。前言，主要讲四个问题：宪法学研究的对象，宪法学的体系结构，指导思想，学习的意义；重点内容，主要讲6个重点问题：宪法的基础理论，宪法规定的国家性质，宪法规定的国家形式，宪法规定的国家机构（上），宪法规定的国家机构（中），宪法规定的国家机构（下）。

本音像教材深入浅出，层次分明，准确深透，简明扼要，有较强的指导性，被总院评为优秀音像教材。（王松一）

【《社会保障概论》音像教材】 是98级大专

班第5学期经济管理专业开设的6小时讲座课，劳动保障部基金监督司孙建勇副司长主讲，电化教研室组稿和审稿，2000年6月录制，由劳动保障部曾令萍讲师审定。

本音像教材分六讲讲授。社会保障概述，主要讲5个问题：社会保障的概念和对象，社会保障的产生与发展，社会保障的性质与作用，社会保障的主要原则，我国社会保障制度的建设与改革；养老保险制度的改革与发展，主要讲5个问题：我国养老保险制度的产生与分类，城镇企业职工养老保险制度的改革与发展，机关事业单位养老保险制度的改革与发展，农村人口养老保险制度的改革与发展，补充养老保险制度的建立与发展；医疗保险和工伤、生育保险的改革与发展，主要讲6个重点问题：公费劳保医疗制度的产生、发展与现状，职工医疗保障制度的改革，基本医疗保险制度的改革与发展，基本医疗保险制度需要注意把握的问题，补充医疗保险和社会医疗救助制度建设，工伤、生育保险制度的改革与发展；失业保险制度的改革与发展，主要讲4个问题：失业保险制度的建立与发展，失业保险制度的深化改革，《失业保险条例》的颁布实施，全面推进失业保险工作；社会保险基金的管理与监督，主要讲6个问题：社会保险基金的涵义及特点，社会保险基金管理的模式，社会保险基金的筹集和支付管理，社会保险基金的运营和财务管理，社会保险基金管理机构内部控制，社会保险基金监督管理；社会救助等制度的改革与发展，主要讲4个问题：社会救助制度的改革与发展，社会福利的改革与发展，优抚安置制度的改革与发展，社会互助与个人储蓄制度的建立与发展。

本音像教材对我国社会保障制度的建立与改革，以及当前大家普遍关注的医疗、养老、失业保险等热点问题作了较详细的讲解，音像清晰，教态自然，受到学员的好评。

（王松一）

【《邓小平理论简明教程》音像教材】 是2000级大专班第2学期行政管理、经济管理、法律等专业开设的3小时考试课，中央党校研究所赵国良教授主讲，电化教研室组稿和审稿，2000年11月录制，由教编室汤玉琦教授审定。

本音像教材分三部分内容讲授。前言，主要讲三个问题：学习这门课的指导思想和目的要求，《邓小平理论简明教程》新版本的变化，本教材的结构和主要内容；教材的基本内容及其重点，主要讲授了51个问题；复习考试问题，主要讲两个问题：考试题型问题，搞好复习考试的基本要求。

本音像教材采取平铺式讲授方式，按教材的章节顺序铺开，对内容作了全面讲解，涵盖面宽，讲解较细致，内容较全面，保持了教材的逻辑性，图像清晰，效果较好。

（王冀平）

【《司法文书概论》音像教材】 是98级大专班第6学期政法专业开设的6小时讲座课，中国政法大学谢廷英教授主讲，电化教研室组稿和审稿，2000年9月录制，由教编室陈德仲教授审定。

本音像教材分两部分内容讲授。基础理论，分五节讲授：绪论，司法文书研究的对象及任务，司法文书的特点，司法文书的表达方式，司法文书的选材；文体分论，分三节讲授：公安机关的侦查文书，人民检查院的主要司法文书，人民法院的重要司法文书。

本音像教材以VCD光盘为载体，从我国社会主义司法制度建设的实际出发，结合党校函授教育的特点，阐述了司法文书写作的基本理论和文体分论，体现了理论性、知识性和实用性的统一。

（王冀平）

【《邓小平理论文选》音像教材】 是2000级本科班第2学期行政管理专业开设的3小时考试课，中央党校科社部杨玲玲副教授主讲，电化教研室组稿和审稿，2000 年 12 月录制，由教学处高金海编审审定。

本音像教材分三部分讲授。前言，主要讲两个问题：学习《邓小平理论文选》的目的意义，基本内容与体系结构；学习重点，主要讲 5 个重点问题：代序的重点和难点，总论的重点和难点，第一卷的重点和难点，第二卷的重点和难点，第三卷的重点和难点，附录的重点和难点；复习考试问题，主要讲两个问题：复习考试的方法与要求，考试题型及答题要求。

本音像教材以 VCD 光盘为载体，采取重点式讲授的方式，突出了重点和难点，层次分明，图像清晰，效果较好。（王冀平）

【《贸易经济学教程》音像教材】 是 2000 级本科班第 2 学期贸易经济专业开设的 3 小时考试课，中国人民大学方虹博士主讲，电化教研室组稿和审稿，2000 年 12 月录制，由教编室李钧泽教授审定。

本音像教材分三部分讲授。导言，主要讲授的内容：贸易经济学的定位，贸易经济学的研究对象，贸易经济学的基本范畴和体系结构；学习重点，分四部分讲授：商品贸易理论及实务，技术贸易理论及实务，服务贸易理论及实务，产业内贸易理论及实务；复习考试，主要讲两个问题：学习的基本要求，考试题型特点与要求。

本音像教材以 VCD 光盘为载体，主题思想明确，框架符合要求，重点突出，教态自然，详略适度，口齿清楚，整体效果较好。（王冀平）

【《当代世界军事和中国国防》音像教材】 是第十期领导干部函授班第 2 学期开设的 6 小时讲座课，中国人民解放军军事科学院刘继贤研究员主讲，电化教研室组稿和审稿，2000 年 12 月录制，由电化教研室王冀平编辑审定。

本音像教材围绕确保战争“打得赢”和军队“不变质”的问题重点讲了 4 个问题：把握高技术局部战争的特点及其指导规律问题，坚持运用和发展积极防御的军事战略方针问题，充分认识国防重要性和全面加强国防建设问题，全面推进军队的革命化现代化正规化建设。

本音像教材以 VCD 光盘为载体，为提高授课质量，撰写了分镜头脚本，运用动画手段，增加了大量背景资料，在制作形式上进行了新的尝试。图像清晰，重点突出，层次清楚，效果较好。（王冀平）

【《国际金融简明教程》音像教材】 是 99 级本科班第 4 学期经济管理专业和贸易经济专业开设的 3 小时考试课，中央党校研究生院薛宏立博士主讲，电化教研室组稿和审稿，2000 年 10 月录制，由电化教研室王松一研究员审定。

本音像教材分三部分内容讲授。前言，主要讲两个问题：为什么要学习国际金融学，教材的体系结构与主要内容；学习重点，按照教材顺序，重点讲授 30 个问题；复习考试问题，主要讲两个问题：复习考试的方法与要求，考试题型特点及要求。

本音像教材以 VCD 光盘为载体，图像清晰，重点突出，层次分明，表述准确，复习考试部分讲得透彻，整体效果较好，有一定的指导性，被总院评为优秀音像教材。

（王冀平）

【《财政学》音像教材】 是 99 级大专班第 4 学期行政管理专业开设的 3 小时考试课，国际关系学院付卡佳副教授主讲，电化教研室组稿和审稿，2000 年 11 月录制，由教编室李世华教授审定。

本音像教材分三部分讲授。导言，主要讲两个问题：串讲的目的，本教材的结构体系；学习重点，主要讲 13 个问题：财政是为了满足社会公共需要，影响财政收入规模的因素，税负如何进行转嫁，决定税收制度的因素，国债的买卖和国债的负担，影响财政支出规模的因素，基础产业发展与政府投融资关系，财政对科学、教育、文化和卫生支出与国民经济发展的关系，逐步建立有中国特色的社会主义保障制度，国家预算的编制、执行和国家决算，财政分税管理体制，财政政策与货币政策的搭配使用，确保国有资产保值增值；复习考试，主要讲两个问题：复习中应注意的问题，考试题型特点与要求。

本音像教材以 VCD 光盘为载体，根据文字教材顺序讲授，重点突出，图像清晰，字幕与讲授内容配合协调，整体效果较好。

（王冀平）

【《邓小平理论基本问题》音像教材】 是第十期领导干部函授班第 2 学期开设的 3 小时考试课，中央党校党史部陈雪薇教授主讲，电化教研室组稿和审稿，2000 年 12 月录制，由教学处高金海编审审定。

本音像教材分三部分讲授。导言，主要讲三个问题：什么是邓小平理论，学习邓小平理论的目的意义，全书的体系结构和主要内容；学习重点，分七个单元讲授。解放思想、实事求是，什么是社会主义、怎样建设社会主义，社会主义初级阶段理论、党的基本路线和基本纲领，社会主义现代化建设、社会主义市场经济体制和对外开放，社会主义民主政治与政治体制改革，社会主义精神文明和科教兴国；党的领导和党的建设；复习考试问题，主要讲复习考试的要求和考试题型问题。

本音像教材以 VCD 光盘为载体，内容充实，图像清晰，观点正确，条理清楚，层次分明，教态自然，具有一定的指导性。

（王冀平）

【《经济管理原理》音像教材】 是 98 级大专班第 5 学期党政管理专业开设的 3 小时考试课，教编室副主任史世鹏副研究员主讲，电化教研室组稿和审稿，2000 年 11 月录制，由教编室李世华教授审定。

本音像教材分三部分讲授。导言，主要讲两个问题：串讲的目的意义，学习《经济管理原理》应注意的问题；学习重点，分四个单元讲授：行为主体与经济管理，政府经济行为与市场调控，企业经济行为与战略管理，个人经济行为与人本管理；复习考试，主要讲两个问题：复习考试的目的与要求，考试题型及其特点和要求。

本音像教材以 VCD 光盘为载体，运用计算机制作课件的形式讲授，在技术手段上有突破，图像清晰，内容全面，观点正确，条理清楚，联系实际，生动活泼，对学员有一定的指导性。

（王冀平）

【《当代科技简明教程》音像教材】 是 2000 级本科班第 2 学期行政管理专业开设的 6 小时讲座课，中央党校哲学部钱俊生教授主讲，由电化教研室王冀平编辑审定。

本音像教材分四部分讲授。现代科学技术的发展及其对社会的影响，主要讲 4 个问题：学习科技知识，提高领导水平，科学技术的概念，科学技术前沿，现代科学技术的地位和作用；信息技术，主要讲 3 个问题：信息技术概念，信息技术与信息网络，信息高速公路；生物技术，主要讲 5 个问题：基因工程，细胞工程，酶工程，发酵工程，现代生物技术的发展趋势；可持续发展的理论与实践，主要讲 3 个问题：可持续发展思想的形成与确立，人类文明的历史及文明观的变革，中国的可持续发展。

本音像教材以 VCD 光盘为载体，用计算机课件制作形式讲授，并采取动画手段，运用背景资料，图像清晰，内容丰富，观点正确，教态自然，层次清楚，整体效果较好，有一定的指导性。

（王冀平）

在职研究生工作

【关于加强97级学员毕业论文撰写和答辩工作的通知】 1月20日，总院研究生办公室向各分院（学区）下发了该通知。该通知对加强97级毕业论文的撰写和答辩工作，提出了下列要求：

一、各单位要加强对毕业论文工作的组织领导。各办学单位领导务必高度重视，要从“讲学习、讲政治、讲正气”的高度，充分认识搞好97级党员领导干部在职研究生班毕业论文撰写和答辩工作的重要性。主管领导要亲自挂帅，统筹安排，精心组织，加强指导，切实把此项工作抓细、抓实，确保论文撰写和答辩工作的顺利进行。

二、严格执行《规定》，认真组织实施。各办学单位要组织指导教师、学员和管理工作人员认真学习总院的《党员领导干部在职研究生论文工作暂行规定》，熟悉其内容、要求，并对照检查，针对存在的问题，及早采取改进措施，严格按照《规定》，规范论文撰写、答辩各环节的工作。

三、严格按毕业论文程序进行。学员应在指导教师的精心指导下，严格按选题、开题、撰写、修改、定稿的程序进行，切莫图省事、走捷径，绝不可马虎敷衍。

四、加强指导，认真把关。指导教师应加强对学员在研究方法和写作方法上的点拨，尤其要在选题、构思、专业是否合适以及在“论点的斟酌、论证的检查、结构的调整、文字的推敲”上加强指导，认真把关。

五、严格要求，坚持标准。学员应在导师指导下独立完成论文，不准抄袭他人文章或剽窃他人成果，一旦发现，按零分处理，情节严重者，开除学籍。各办学单位要认真组织好论文答辩，按总院要求成立答辩委员会。答辩委员会要切实履行职责，严格按论文答辩程序进行，严格要求，坚持标准，公正客观，不徇私情。答辩不通过率原则上控制在5%左右。论文答辩期间，总院将视情组织巡视组到有关分院检查、指导，协助分院做好毕业论文答辩工作。

各分院(学区)接此通知后,请将上述通知精神尽快向毕业学员、导师及管理工作人员传达,并对论文撰写、指导工作进行一次全面检查,采取有效措施,解决存在的问题。

【97级学员毕业情况】 97级毕业班有17个单位共806名学员。14个单位为经管专业，分别是：国家机关分院航天二院学区、北京市委机关分院、北京市工业党校分院、河北行政学院、山西分院、内蒙古分院、南京军区分院陆军指挥学院学区、浙江分院、湖南分院、国防科工委分院湖南国防科技大学学区、总参分院军体院学区、广东分院、海南分院、西安交大,共毕业学员725名;3个单位为科社专业,分别有:空军分院、海军分院大连海政院学区、沈阳军区分院,共毕业学员81名。已办理毕业证的共790人。还有国家机关分院3人,北京市工业党校分院1人,河北行政学院2人,山西分院6人,浙江分院1人,湖南分院1人,总参分院军体院学区1人,广东分院1人,共16人因毕业论文未通过,暂未办理毕业证及学历证明。（周玉昌）

【关于做好在职研究生班招生报名和招生考试工作的通知】 2月3日，总院向各有关分院下发了该通知。该通知对认真做好党员领导干部在职研究生班2000年的招生工作，提出了下列要求：

一、切实加强组织领导。各单位领导一定要把党员领导干部在职研究生班的招生工作，作为提高在职研究生教育质量的一件大事，思想上高度重视，工作上切实抓紧；一定要直接过问，亲自动手，抓细抓实。并要选派责任心强、原则性强、政策观念强、作风细致的同志负责招生工作。要组织招生工作人员认真学习胡锦涛同志、中央党校校委和总院关于做好函授招生工作的指示、在职研究生班2000年招生简章及有关文件，熟悉招生工作的政策规定和操作办法。要及时了解招生工作的进展情况，妥善处理工作中遇到的问题，切实做好招生各个环节的工作。要坚持按组织系统办理招生工作，不得张贴标语和在公开报刊上刊登招生广告。

二、认真进行资格审查。各分院要按照招生简章关于招生范围、对象和报考条件的规定，认真审查考生的政治面貌、职务职级和学历，从严把关。报考者的政治面貌，要检验所在单位组织、人事部门开具的公函；职务要查看任职通知复印件，职称、学历要查看任职资格证书、毕业证书等原件。凡是证明材料或证件不全、开具公函的单位不符合要求的，均不能办理报名手续。资格审查在分院内实行三审制。先由招生工作人员初审，继由招生办领导复审，最后由分院主管领导终审。经办人都必须签署意见和姓名，以示负责。如在报考资格上弄虚作假，无论何时发现，都要取消其录取资格或学籍，并将情况向当事人所在组织、人事部门通报。招生工作人员如与报名人员串通作假的，要从严查处，情节严重者，要给予纪律处分。

三、严格掌握工作进程。由于招生工作的环节多，2000年招生工作的操作过程缩短，时间紧迫。各单位务必按总院规定的工作日期和要求，完成各项任务。

(一)《报名登记表》由各分院按本通知印发的式样和规格印制。

准考证由分院自行印制，资格审查合格后发给考生。准考证号为6位数。第1、2位数为分院学号字头，第3位数为专业代码(经济管理专业代码为“1”，法律专业代码为“2”)，第4、5、6位数为考生顺序号。新办单位的字头，由总院下达招生批复时通知。

(二)各分院接受考生报名的截止日期为3月底，逾期不再办理报名手续。

(三)各分院于4月15日前将《考生花名册》、《报名情况统计表》、《办班分院的机构和工作人员登记表》送达总院研究生办公室。

(四)各单位在制印和填写本条第三款所述表格时，要按统一的式样和规格，用微机打印，填写人和审核人要签名。不得擅自改变表格的式样和规格，不得手写，不得拖延上报时间。

四、精心组织招生考试。严格按照总院《考务管理规程》的各项要求，精心做好招生考试的各项工作。

(一)严格挑选和培训监考人员。要挑选责任心和原则性强、担任过领导职务，最好是担任过处级以上领导职务的同志，负责在职研究生班招生考试的监考工作。要组织他们学习总院的《考试程序》、《考场规则》和《监考人员守则》，使他们明确招生考试的纪律、操作方法和监考人员的职责，以高度的责任心，完成监考任务。

(二)妥善保管试卷。严格按照《关于取送试卷的若干规定》、《关于保管试卷的规定》，确保试卷在运转和保管过程中，手续严格、安全、保密，万无一失。在试卷运转过程中，不能单人操作；保管时不得独门独锁，不准提前拆封。

(三)按规定设置考场。要在环境安静、条件具备的地点设置考场。考场要相对集中，开考前要彻底清场，课桌要倒置。每个考场都要配足监考人员。考点要将考场规则、监考人员职责、违纪处置及举报监督办法公诸于众。

(四) 招生考试答题纸，由各分院按总院《关于在职研究生班考试用纸等问题的通知》中提出的式样、规格和纸质印制。

开考前，监考人员要向考生讲明答题纸的填写方法，并要求考生按规定填写，字迹要工整。

考试结束时，监考人员要当场将答卷装订密封。然后，按要求填写试卷袋封面。最后，经办人签名。

(五) 严肃执行考试纪律。必须按统一规定的时间组织考试。必须严格执行考试纪律。凡有作弊行为者，当门课程判零分；监考人员要及时向本人指明并在《考场情况报告单》上详细记载其作弊情节，不能笼统简略，监考人员要工整地签署姓名。

【党员领导干部在职研究生班 2000 级经济管理专业和法律专业培养方案】 该方案的主要内容如下：

一、培养目标：培养德才兼备的、复合型的、理论知识水平较高的领导人才。具体要求：

1. 具有较高的党性修养，坚持党的基本路线，全心全意为建设有中国特色社会主义事业服务。

2. 具有扎实的马克思主义理论基础，较系统地掌握马列主义、毛泽东思想和邓小平理论。

3. 掌握坚实的专业基础理论和系统的专业知识，熟练从事经济管理、司法、行政法制和经济法制工作，并有一定的科研能力，能担当跨世纪领导工作的重任。

4. 具有一定的外语（英语）水平，借助工具书能阅读有关英文资料，并能进行一般的英语基础会话。英语基础较好的学员应争取达到硕士学位所要求的英语水平。

二、学制：3 年。

三、课程设置（见下表）

课 程 设 置 表

	经济管理专业	法律专业
公共基础课	《资本论》选读	邓小平理论专题研究
	邓小平理论基本问题研究	马克思主义法学经典著作选题
	外语（英语）或古文选读、文学艺术与文化	马克思主义法学经典著作选题
	党性教育	马克思主义法学经典著作选题
专业基础课与专业课	西方经济学	法理学研究
	西方管理理论研究	当代西方法律制度研究
	宏观经济管理研究	宪法、行政法研究
	现代企业管理研究	民法研究
	金融理论与实践	刑法研究
	现代管理学	诉讼法研究
选修课	经济统计与分析	当代西方法学理论研究
	会计学	金融、证券法研究
	经济法律制度专题研究	公司企业法研究

续 表

选修课	领导科学	宏观调控与市场管理法研究
	社会主义市场经济理论研究	知识产权法研究
	发展经济学专题研究	国际经济法研究
	市场营销学专题研究	犯罪学研究
	当代世界经济	证据学研究
	当代世界思潮	司法鉴定学研究
	农业经济专题研究	劳动法研究
	知识经济专题研究	
	省（市）情况、行业情况等专题讲座	

注：以上课程，经济管理专业1—4为指定选修课，5—9为任意选修课，可从中选择2—3门课；法律专业1—4为指定选修课，5—10为任选课；10—12由分院酌情安排。

四、课程安排与教学计划：第1、2、3、4学期，具体安排见“教学计划总表”。第4学期，选定指导教师。学员在导师的指导下选定论文题目，确定查阅资料范围。

第5学期，搜集资料及补学有关知识；作开题报告，开始撰写论文。

第6学期，完成论文撰写，进行论文答辩。

五、培养方法与授课时间：采取个人自学，集体授课与导师个别指导相结合；学时制为主，学时制与学分制相结合的培养方法。教学贯彻理论联系实际的方针。在个人自学、集体授课的基础上，辅之以必要的课堂讨论、专题讲座、参观考察、电化教学和科研、学术活动，把教与学、学习与实践紧密结合起来，使学员既掌握理论知识，又学会研究管理的方法与技能，提高分析和解决实际问题的能力。

集体面授每月5天。原则上利用双休日授课，也可根据情况相对集中。课内学时与课外自学的学时比为1:2。

每学期教学安排21周。其中，授课、讨论和考试等课内教学活动为25天、50次课（半天为1次，按4学时计），共200学时。第一、二学年课内教学活动总计800学时。第三学年主要用于撰写毕业论文。各分院可酌情在第5学期自行安排一些专题讲座。

六、考核与毕业论文：考核分为考试和考查两种，必修课考试，选修课考查，根据不同课程，可采用闭卷、开卷考试和提交论文等三种方式进行。公共基础课（英语或古文选读、文学艺术与文化除外）、专业基础课与专业课、指定选修课等课程的考试，由总院统一命题；英语、古文及任意选修课等课程的考试由分院命题。

毕业论文是培养研究生的重要环节，是学习深化、理论升华、理论与实际相结合的成果，是对学习成绩的全面检验。最终未通过毕业论文答辩者，发给肄业证书。

七、党性教育：主要是通过学习马列主义、毛泽东思想和邓小平理论，来加强学员的修养，把改造主观世界和改造客观世界结合起来，自觉坚持党的基本路线和全心全意为人民服务的宗旨。同时，学员在学习过程中，应自觉增强使命感和自觉性，努力学习，积极工作，遵守纪律，尊敬师长，团结友爱，互帮互学，寓党性锻炼于日常学习和工作之中。

为加强党性锻炼，研究生班建立临时党支部，学员过双重组织生活，每学期安排两次民主生活会，进行党性分析，或安排参观见学、听英模报告等活动，进行生动活泼的党性教育。

第5期，安排党性教育专题课程。课后每个学员都要结合自己的思想实际，写一份党性锻炼总结报告。党性锻炼总结报告是考核学员能否合格毕业的重要依据之一。

八、外语教学：为使教学更加切合各地的实际，以收到更好的教学效果，总院对外语教学不作硬性统一安排。各分院要结合学员外语水平的实际情况，根据培养方案确定培养目标和教学计划总表规定的课时，本着严格要求、质量第一的精神和实事求是、讲究实效的原则，参照总院关于分班施教、分流施教的意见，确定外语教学的具体实施办法，制订好教学计划并报总院备案，选好教材和教师，精心组织教学和考核。

（王　炳　于志伟）

【省部级干部在职研究生班2000级政治学专业(治国方略研究方向)培养方案】 该方案主要内容如下：

一、培养目标：省部级干部在职研究生班政治学专业（治国方略研究方向），是培养政治上坚定，具有高度党性修养和坚实的马克思主义理论基础，能掌握政治学专业基本知识和治国方略的基本理论和艺术，具有世界眼光与战略思维，能驾驭全局、善于治党治国治军的政治家。

二、学制：3年

三、课程设置：必修课包括马克思主义基本问题专题研究，政治学专题研究，中国政治制度专题研究，外国政治制度专题研究，法学和当代中国法制建设专题研究，党的三代领导治国理论与方略专题研究，世界主要国家治国方略专题研究，党的领导和建设专题研究；选修课包括中国政治思想史，主要是治国思想与方略，当代世界经济与政治，当代世界军事和中国国防建设，当代世界科技，领导科学。

四、学习时间安排：（一）第1、2、3、4学期，进行课程学习，并在导师指导下进行一些专题研究。课程教学安排详见附表。

（二）第5学期在导师指导下对毕业论文进行选题、构思、搜集资料、撰写，并通过开题报告，进入论文写作阶段。

（三）第6学期完成毕业论文，并进行毕业论文答辩。

五、培养方法：实行双导师制。坚持个人自学为主，导师个别辅导和研讨相结合的培养方法。

（一）自学为主。学员根据培养方案与各门课程教学计划，首先要认真读书，进行自学。为保证自学，学员要根据导师的指导计划制定自学计划。在自学过程中，提出疑点、难点问题，并与导师进行研讨。

（二）实行双导师负责制。为每位学员聘请两位导师，一名主导师负总责，一名副导师，协助主导师具体指导学员学习。主导师由总院在中央党校著名教授中聘请；副导师由总院负责在学员所在地就近聘请。导师均在第1学期开学前配齐到位，并根据培养方案与各课程教学计划制订出指导计划，与学员确定面授指导时间。要求每门课程至少面授指导一至二次。

（三）采取相应的辅助教学方法。对属于导师专业范围外的某些课程和与本专业有关的学术报告、形势报告、专题报告，总院采取寄发录音带和中央党校出版的《报告选》、《理论动态》、《学习时报》等报刊及有关参考书和资料等方法，帮助学员自学。

（四）坚持解放思想、实事求是的思想路线，发扬理论联系实际的学风。既强调要认真读书自学，又特别注重结合各自工作调查研究，联系实际，在理论与实践的结合上有所创新；既强调理论与专业知识方面的提高，更注重作为领导者驾驭全局、领导决策的综合能力的提高；既注意学习汲取古今中外治国方略方面的经验、教训，又着重根据现阶段中国的国情，总结我党领导全国人民进行社会主义革命和建设的经验，特别是建设有中国特色社会主义的治国方略，结合各自的实践在理论思维与实际工作上有创见。

六、教学管理：根据严谨治学，教学相长，确保质量的原则和省部级班学员均处于重要领导岗位，工学矛盾尤为突出，驻地极为分散的特点，在实行双导师制培养方法的同时，还在教学管理方面注意以下几点：

（一）实行小班建制（每班20人左右）。配备专职负责教学管理人员与班主任，加强对教学的管理、协调与督导。

（二）实行《学员自学登记表》、《导师面授指导情况登记表》等管理办法，了解、检查教学情况。

（三）课程教学要贯彻少而精的原则，把握重点，每门课程要精读一二本书；重在独立思考写出有创见的论文和心得体会。

（四）建立导师联席会议制度。每学期开学前召开一次，对培养方案和教学计划进行研究，提出教学指导意见。

（五）实行学分制。完成教学计划，必修课通过考核合格，取得26学分，成绩被认可，才能进行毕业论文写作和答辩。毕业论文为12学分。

（六）实行弹性学制。对有的学员因工作或其他原因不能在规定的学习期限内完成课程学习的，可以延期补修，或适当延长学习期限，但最多延长一年。

七、考核：考核采用考试、考查两种方式。每学期开设的两门必修课中，一门考试课，一门考查课。考试课成绩分优秀、良好、及格、不及格四个等次。考查课成绩分合格与不合格两个等次。考试与考查的方法，采取撰写论文、提交学习心得体会及完成指定作业等方式进行。考核成绩由责任导师评定并写出评语，主导师核定。选修课不考试。

考核成绩和评语记入《研究生考核成绩登记表》。成绩不及格者，可补考一次。

八、毕业论文：第5学期要在导师指导下选定题目，作开题报告，并正式进入撰写论文阶段。第6学期完成论文的定稿，并进行论文答辩。

毕业论文答辩工作，按总院有关规程执行。毕业论文由导师写出评语。导师在评语中要明确作出是否同意进行答辩的意见。

九、党性教育：党性教育主要通过学习马克思主义基本理论和相关专业理论知识，尤其要深刻领会和把握邓小平理论的实质，按照江泽民提出的“三个代表”的要求，联系个人的思想实际，把改造主观世界同改造客观世界紧密结合起来，坚定社会主义和共产主义信念，坚持党的基本路线，全心全意为建设有中国特色社会主义伟大事业献身。

学习结束时，每位学员要写一份党性锻炼小结。

十、文凭：学员完成课程学习，考核合格，党性锻炼总结评为优良，毕业论文通过答辩者（共计修满40学分）准予毕业，发给中央党校省部级干部在职研究生班毕业证书。

【党员领导干部在职研究生班2000级经济管理专业和法律专业招生简章】 1999年12月29日，经中共中央党校校委批准，中央党校函授学院党员领导干部在职研究生班经济管理和法律两个专业2000年继续招生。总院制定了经济管理和法律两个专业的招生简章，对招生的有关问题作了明确规定。

招生范围：经济管理专业，在指定的省、市招生。省、自治区分院招生，主要在省会城市；直辖市分院招生，限定在该市的辖区。军队分院招生，限定在当地部队系统的人员。各分院之间原则上不得交叉招生。地方和军队同时在同一地区招生的，地方招收地方学员，军队招收军队学员。

法律专业，限在北京地区试办。

招生对象和报考条件：本期党员领导干

部在职研究生班，报考人员必须是中共党员（含预备党员）具有大学本科学历且担任县（处）、团级以上职务的党员领导干部。

报考人员的职级，必须是担任县（处）、团级以上职务或者相应职级的干部。专业技术干部，必须是上级规定享受县（处）、团级待遇的干部。在企业单位，必须是“国有大型、特大型企业的中层以上党员领导干部，国有中型企业党员领导干部，实行公司制的大中型企业中由国有股权代表出任或者由国有投资主体委派（包括招聘）的党员领导干部”。报考人员的职级，以报名截止时的任职为准。

报考人员必须坚持党的基本路线，品德良好，遵守纪律，身体健康，能够长期坚持学习。

招生办法：自愿报名，组织同意，统一考试，择优录取。

凡报考者，须经其主管组织、人事部门同意，并纳入本系统或本单位的干部培训计划。

各分院要认真对报名者的政治面貌、学历、职务职级进行核查，审核合格后，方可发给准考证。所有准考人员，必须参加由总院统一组织的招生考试，成绩合格者，由总院统一录取，各分院下发《录取通知书》。

管理体制：由总院主办，分院或直属学区负责日常教学、管理等具体工作。

报名时间和手续：报名时间自招生简章公布之日起至2000年3月底止。

报名者须持大学本科毕业证原件，本单位出具的有关政治面貌、职务职级和同意报考等内容的证明，到招收党员领导干部在职研究生的分院报名。经资格审查合格后，填写报名登记表，交近期免冠同一底片一寸半身照片2张。

学制：3年

【党员领导干部在职研究生班2000级招生计划】 该班2000年继续开设经济管理和法律两个专业，法律专业只在北京的部分分院招生，经济管理专业面向全国招生；招生总数控制在800人以内；批准的招生单位共有20多个，它们是：北京市委机关、北京市工业党校、北京市公安局、空军、山西、山东、安徽、上海、浙江、广东、海南、广西、重庆、四川、云南、陕西、青海、新疆和新疆兵团等分院。（万昌鸿）

【考生资格审查】 从2月12日至3月20日，总院陆续向批准招生的分院下达招生通知。在各分院审查考生资格的基础上，总院研究生办公室进行了逐个终审。其中，北京市工业党校、山西、青海、山东、广东、海南、四川、新疆等分院上报的考生全部符合规定条件。在其他单位，因学历、级别等不合格而被取消参考资格的有10余人。除空军分院因故未招生外，其他18个分院都进行了招生。（万昌鸿）

【招生考试情况】 6月10日和11日，总院2000级党员领导干部在职研究生班的招生考试，在北京、太原、济南、合肥、上海、南京、杭州、广州、南宁、海口、重庆、成都、昆明、西安、西宁、乌鲁木齐和新疆自治区的五家渠等16个省、市、自治区的17个城市举行。共有19个考点、52个考场，面向18个分院招生。平均参考率为69.5%。参考率最高的上海分院达80.9%，参考率最低的有58.3%。发现作弊考生12名，约占参考总人数的1%。

这次招生考试有经济管理和法律两个专业。公共课考试为马克思主义基础理论和英语。专业课考试，经济管理专业为社会主义市场经济理论、经济管理理论；法律专业为法学基础理论、法律综合。总院向北京市工业党校、北京市委机关、北京市公安局、安徽、广东、重庆、陕西和新疆等分院派出了巡考人员，保证了考试的顺利进行。（万昌鸿）

【新生录取情况】 总院本着公平、公开、公正和择优录取的原则，经过反复研究，按程序批报后确定了录取方案和录取名单，18个分院（海南分院因考生过少等原因，自动放弃了录取权），共录取新生783名，其中，经管专业16个分院共录取684名；有试读生14名，分布在8个分院；法律专业录取99名。（万昌鸿）

【2000年上学期期末考试工作】 上学期的期末考试于7月15日、16日进行。经管专业98级考试科目为《西方管理理论研究》、《金融理论与实践》，99级考试科目为《西方经济学》、《现代管理学》；法律专业99级考试科目为《民法研究》、《企业公司法研究》。这次考试涉及39个分院和学区，向24个分院和学区寄发了试题，并向其余单位共派出40余名巡考人员。各分院对考试组织得规范、严密，考试进展顺利。（周玉昌）

【2000年下学期期末考试工作】 2000年下学期期末考试，经管专业99级考试科目为《西方管理理论研究》、《宏观经济管理理论研究》、《英语》或《文学艺术与文化》，2000级考试科目为《经济统计与分析》、《资本论选读》、《英语》或《古文选读》；法律专业99级考试科目为《宪法、行政法学研究》、《当代西方法律制度研究》、《英语》或《文学艺术与文化》，2000级考试科目为《法理学研究》、《当代西方法理学研究》、《英语》或《古文选读》。此次考试考风考纪良好，工作进展顺利，仅发现违纪考生2名。（周玉昌）

【新生注册】 2000级新生自9月中旬开始注册登记，历时一个多月，至10月底，注册基本完毕，共18个分院，注册785人，经管专业686人，法律专业99人。经管专业分别是：工业党校分院69人、山西分院52人、山东分院42人、安徽分院37人、广东分院46人、广西分院41人、重庆分院39人、四川分院31人、云南分院45人、陕西分院50人、青海分院30人、新疆分院34人、新疆兵团分院24人、上海分院39人、江苏分院63人、浙江分院44人；法律专业分别是北京市委机关分院48人、北京市公安局分院51人。（周玉昌）

【99级试读生转正】 99级21个分院共64人转为正式学员。分别是：国家机关分院2人、中直机关分院2人、中贸教育培训中心7人、北京市委机关分院4人（其中，法律2人）、北京市工业党校分院1人、铁道部分院1人、空军指挥学院2人、大连海政院2人、沈阳军区分院3人、黑龙江分院8人、山东分院1人、广东分院10人、广西分院2人、湖南分院3人、陕西分院1人、西安交大1人、四川分院2人、青海分院2人、甘肃分院1人、新疆分院6人，新疆兵团分院3人。（周玉昌）

【学籍变动和借读情况】 办理98级、99级、2000级在职研究生学籍变动的共21人，其中，退学6人，转学4人，取消学籍5人，其他6人；98级、99级学员因学习和暂时工作调动需借读的共9人。（周玉昌）

【97级毕业学员名单】 国家机关分院：

苏　刚　邹　平　马明兰　张玉兴　石汉荣
许卿卿　罗一恒　谢荣全　王元慎　杜　荷
任常青　苏秀芬　江　明　王济时　顾连菊
宋　火　李　红　姚凤玲　才宏远　张晓晔
陈刚明　牟辉军　穆艳秋　高素英　侯丽叶
柳文福　王晋杰　王树军　李林军　刘文玺
李宪辉　黄　卫　苗　霞　韩　鹏　汪　凡
邹志峰　冯雪英　王克俭　黄有丽　金小桃
温亚震　孟　英　刘孝杰　王　芳　胡鲁历

朱平壤　王　斐　李　莉　宁　佳　环挥武
马继红　林超贤　薛爱和　杨龙会　王　戈
傅向升　王瑞庭　朱永宾　孟　明　尹玉国
成玉清　刘一芝　郭永祥　郭进平　宋志明
叶定达　李冬茹　姜　建　陈永刚　陈　健
钟加德　李长青　刘甲申　肖克源　杨继平
王　平　李树刚　徐丽云　李延田　张金萍
黎晓宽　阎梦兰　党艳群　黄江平　李国庆
陆剑君　黎　文　王义臣　杨　奇　杜玉庆
邵永生　丁　鹏　费晓燕　赵俊山　郑　昕
邱明月

北京市机关分院：

魏　月　陈宏志　冀淑萍　刘　岩　王野霏
梁润福　赵小卫　李福祥　丁淑芬　李广禄
刘广明　魏国龙　刘京川　李　志　薛保生
张　栋　刘宝华　张建祥　刘胜利　常　林
徐新荣　张冬梅　韩虹霞　张建枢　陈　青
王可士　孟祥军　刘艳勋　王化贤　李芸莉
冯　熙　冯藏淑　陈　艳　王志强　任纪明
赵印春　刘淑玲　杜　巍　容　军　毛雪峰
梁增霞　杨金秋　石海兵　张凤珠　郭克利
王素英　韩立宝　李　庚　孟春明　贾茜茜
解　煜　吴雨祁　段桂青　尚延华　王旭章
金　芳　郑佳珍　秦保存　郑爱东　王敏荣
张树森　武永东　戴书阳

北京市工业党校分院：

柴海泉　吴艳京　郎志强　陈　光　谢廷智
商少华　李　勇　李剑波　董　钢　张志友
王传雪　康宝和　郭志族　裴铕才　孙　建
庞永宁　孙宝歧　张进海　张俊茹　周瑞光
李　亮　马俊怀　何　平　常艾峰　刘向光
李　楠　董　哲　柴林峰　颜　虹　高玉培
李　岩　赵　军　张　蓉　徐振凡　任振秋
王美尔　王忠胜　张秀萍　霍连启　林建明
刘志勇　刘焕忠　金　路　张　建　杜　威
王青海　郭　伟　祝庆忠　唐仕川　张桂英
张小虎　王永刚　张海生　陶茂康　李　岩
孙丽娟　葛云升　黄东涛　付宝成　李济生
李　莎　申献斌

空军分院（科社专业）：

邱火林　卫转业　王嵘山　王　征　吕益民
祝自於　郭剑颖　周路军　章建平　李素珍
王毓洪　乔　江　王珍明　高希祥　刘克新
高凯翔　王志平　武普敖　曹发来　林秀国
周建歧　欧阳军　汪　涌　夏晓青　侯思峰
周永幸　杨爱武　安学礼　王明凯　张召文
瞿建波　卢少宏　李和琴　解本忠　朱耀华
关方友　安和平

河北行政学院：

徐维欣　冯　宇　周国平　王宜升　苗聚才
黄银龙　董章杰　张砚秋　田月龙　张万升
段西涛　赵建军　朱　红　刘荣贵　刘建设
庞耀洲　梁　波　王保良　李双喜　史玉强
康拥军　赵海军　王亚军　田嘉一　赵森山
李　勤　张　聪　苏　健　李永红　李锡海
于保勤　杨凤勇　王社群　李正浩　王　策
高金海　王庆刚　秦献国

山西分院：

张明亮　李灵龙　米文精　李福明　韦川东
孟　萧　李继平　李有生　王跃进　郭廷荣
王凤刚　李蜀昌　王绍武　蔡旭东　宋保平
李中元　曹夫平　史爱生　因新中　赵贵义
杨世森　邢书良　郭文斌　贾　斌　李耀光
刘炜杰　郭宜滨　郭振中　王爱华　李　渊
王建平　张志仁　赵友谊　赵得权　刘永安
詹　伟　柳全忠

内蒙古分院：

布和朝鲁　胡匡敬　王威亮　赵建平　贾奇珍
梁跃君　杨再明　杨　悦　高俊义　杨秉谦
岳志君　潘永明　钱　浩　顾振吉　高宝光
郭少峰　何金亮　刘建勋　张宏伟　王富友
宋　波　佟铁顺　张德成　鲢　欣　毅　和
张志茹　郇怀俊　王吉春　马思忠　安如林
王浩然　燕合义

沈阳军区分院（科社专业）：

王维民　邹小平　何彦良　蒋辉平　隗学军
张景山　周为平　张妙奇　张书国　陈　勇
许长志　韩庆祥　张海平　马继伦　丁炳伟

赵连成　韩　黎

海军分院大连海政院学区（科社专业）：

任忠伦　赵俊兰　姚铁珉　倪红燕　徐明善
徐京城　贾燕凌　王润俊　丁耀东　张建峰
陆　铭　王德庆　王玉东　卢士才　王跃山
徐向东　姚丽华　隋　超　张冠华　范泽军
张学剑　孙景平　宋发选　陈国良　张文信
崔常发　陈燕红

南京军区分院南京陆指学区：

王建丰　苏同林　蔡云峰　王浩钟　姚定范
杨志高　陈德亮　许　兵　陈银剑　邢世平
殷连生　白　吕　兰　政　夏清瀛　纪安卢
周承昌　陆新民　周迎生　吴卫东　李先友
苏均平　汪建国　倪晓良　周国平　左晓阳
徐维监　岳跃年　崔广跃　谢克华　栾溧山
徐兴成

浙江分院：

徐建华　陈建伟　鲁维明　陈　均　经焕林
叶志翔　谢力群　王冬梅　陈宏能　詹黎耕
王国珍　徐一东　钟新康　邵升轩　陈浩龙
黄家晖　杨　烨　张坚民　陈云波　英建耀
许富明　陈乐南　王祖强　徐关寿　张　平
童继伟　郑加祥　杨益平　周林康　洪建新
王敏奇　王文娟　缪建云　李向明　李任治
周嘉峰　贾新民　黄胜泉　何　杭　孙长国
龚震源　周　平　袁胜元　包藕庆　钟　斌
汪　茵　杨均安　戴晓曙　陈世勇　张学宁
周谷青　徐培林　冯才章　丁汶予　卞吉安
卢智宏　舒身杰　卢建祥　李　果　王炳华
高亦飞　张治平　朱文静　孟建平　刘自新
施国强　祝　平　丁　琦　孔利水　吴才敏
曹正法　李建国　陈　明　季　刚　郑可集
周建武　徐海波　邹宇明　汪章海　彭朱刚
徐小立　陈召华　吴国敏　华　伟　俞华浓
马静光　汪光明　陈仲荣　朱国谱　励永惠
陈文伟　杜永华　毛纪华　张　健　丁　凯
李　强　李正平　刘　默　蔡定佐　王金堂
史跃萍　任建祥　温兴邦　徐子鸣　张松茂
胡国权　闻建耀　李跃其　孙红国　林　锋
苏丹旦　孙志能　姚晓东　陈志高

湖南分院：

唐宗健　杨尔宁　肖文惠　巫　峡　郑　惠
胡中国　黄建湘　董学生　邱俊杰　黎石秋
田福德　周黎明　陈建平　秧　励　刘进刚
谢建辉　黄玉池　廖克勤　邹迎宪　夏德甫
谢立三　余卫星　刘晓敏　曾季杰　方再启
李志宏　王元宝　曹英华　刘跃进　龚志军
张贺文　曾郁园　许林改

国防科工委分院湖南国防科大学区：

陈万林　熊科文　李良勇　陈柯平　梁文胜
朱早良　郝征江　彭再魁　欧阳智明　钟志明
杨定锋　许金池　胡正桥　邹长明　张保卫
陈　中　曾志军

总参分院广州军体院学区：

胡　年　谭　灿　龙恩保　梁梦举　黄炳新
金　杰　吴金基　黄远任　陈立平　李小玲
古　彪　余世祥　宋现坤　孙学富　王孟陵
王　波　张中捷　赖于雄　侯　兵　李鹏程
韩　伟　肖　红　沈阳辉　姜　玲　黄　敏
王小晶

广东分院：

林明瑶　李春禄　张柏龙　郭清和　钟学军
杨建城　梁龄之　冯仿娅　李焕新　王林生
凌伟宪　余世喜　司徒毅　孙建雄　杨苗健
黄远红　林如山　温世恒　黄文标　杨丽华
蒋少艾　郑彦云　关　飞　王建平　方纪章
李金玉　林　彬　施永灿　吴林波　卢传智
郭建业　王来渝　张秀云　李小平　罗京军
周毅洲　林志云　罗富国　肖衍辉　唐　青
巫烈升　叶进锋　周毅文　温焕强　麦炳志
赵传江　钟立人　孙晓红　李　滔　范　莉
邓敏霞　蓝志雄　杨瑜平　陆　韬　张炎熙
向奇阳　曾尚安　任光中　孙宗堂　李满园
李三义　赵樟明　叶建平　丘　联　李　忠
陈剑钊　邓俊辉　陈敏生　徐世纯　王　巍
张治平　陈灿辉　修卫东　欧瑞志　张振山
任秀琼　潘原栋　赵万新　袁晓江　周山洪
温刚坚　杨朝仁

海南分院：

林明仁　陈琼生　罗时祥　何焕强　王琼珠
陈　成　王　钟　邹富兴　邓光华　张天雁
欧大雄　文振雄　王政乾　刘光前　王醒光
王凤奇　关进平　李　严　谢明中　林光强
陈寒松　严朝君　陈少仕　白志勤　崔德华
郑万发　朱纪明　陈少濂　李万一　王应际
裴成敏　梁　粟　高国柱　冯所兴　范　明
陈鸿起　袁世俊　周奕华　王植凯　刘善义
隋权叶　吴坤交　赖运南　李江华

西安交大：

阎永红　侯晓东　盛正林　李剑君　丁养斌
雷敬富　陆　兰　兰　晨　刘剑锋　党红忠
巩速中　任兴武　程　荷　周　敏　孙军安
赵　鹏　索绪全　卢力群　庞少波　唐正坤
祝玉琴　贯箭鸣　范文良　张庆林　彭沪生
李明德　张迈曾　陈侠民　刘　斌　高　颖
郝云峰　赵全胜　郭建忠　雷锦录　张　锋
李志孝　阎振龙　张西亚　王书占　赵立威
王腾飞　宋超智　郭大为　高　伟　郭　斌
李宗嗣　胡志军　高建民　李万根　雒　忱

（周玉昌）

【远程教学】 2000年远程教学总的安排是，99级、2000级的7门课程，包括：《现代管理学》、《金融理论与实践》、《西方经济学》、《西方管理理论研究》、《宏观经济管理研究》、《〈资本论〉选读》、《邓小平理论基本问题研究》等，由中央党校的李兴山、赵长茂、谢鲁江、刘　潮、刘炳瑛、沈宝祥、潘云良等知名教授，共讲授了28个专题，受到了有关分院和学区的教师、教学管理人员和广大学员的普遍欢迎。（于志伟）

【经济管理专业招生考试复习资料】 总院组织中央党校有关教授编写了《入学考试复习资料》，全书共46万字，包括4门课程。各门课程复习资料的编写者是：《马克思主义基础理论》，张耀光、肖云、张中云、于吉楠、张文正；《社会主义市场经济理论》，赵长茂、谢鲁江；《经济管理理论》，刘潮；《英语》，纪春英。（于志伟）

【期末考试命题工作】 参加2000年上半年期末考试的经济管理专业在职研究生班共2个年级，其中，98级第4学期期末考试的课程有：《西方管理理论研究》，开卷，刘潮教授命题；《金融理论与实践》，开卷，赵长茂教授命题；《发展经济学》，论文，周天勇教授命题；《领导科学》，论文，冯秋婷教授命题。99级第2学期期末考试的课程有：《西方经济学》，开卷，谢鲁江教授命题；《现代管理学》，闭卷，刘潮教授命题；《英语》和《古文选读》，闭卷，由各分院自行命题；《市场经济法律制度专题研究》，论文，李雅云副教授命题。2000年下半年期末考试共2个年级，其中，99级经济管理专业第3学期期末考试的课程有：《西方管理理论研究》，闭卷，刘潮教授命题；《宏观经济管理理论研究》，开卷，赵长茂教授命题；《英语》和《文学艺术与文化》，开卷，由各分院自行命题；《发展经济学专题研究》，论文，周天勇教授命题。2000级经济管理专业第1学期期末考试的课程有：《〈资本论〉选读》，闭卷，刘炳瑛教授命题；《邓小平理论基本问题研究》，论文，沈宝祥教授命题；《英语》和《古文选读》，闭卷，由分院自行命题；《经济统计与分析》，开卷，赵彦云教授命题。（于志伟）

【98级经济管理专业毕业论文题目及导师配备审核】 本年级共24个办学单位，按照总院规定及时报送了1380名学员毕业论文题目及指导教师配备材料，总院对其进行了审核。绝大多数学员论文选题符合总院要求。有相当一部分论文选题好，立意新，密切联系我国改革开放和现代化建设，以及担负的领导职务的实际。审核通过的论文题目，能

够抓住国有企业改革、产业结构调整、发展高新技术产业、扩大内需启动消费、西部大开发、军队建设、反腐倡廉、依法治国，以及加入世贸组织、经济全球化等方面的重大现实、理论问题进行研究，反映了学员经过在职研究生班系统学习后，在理论、知识、党性和能力等综合素质方面的收获提高。个别论文题目不符合所学学科和专业范围。毕业论文指导教师的配备基本符合总院要求，指导教师人数同撰写毕业论文学员人数的比例，平均为1:3.37，有22个办学单位符合总院关于导师指导学员人数的规定，占办学单位总数的92%。（张荣祥）

【经济管理专业师资选聘工作】 上半年，共审批98级毕业论文指导教师410名（其中，教授260名），99级第3学期、2000级第1学期授课教师383名（其中，教授203名）。下半年，共审批99级第4学期、2000级第2学期授课教师422名（其中，教授186名）。选聘教师其整体素质有以下几方面提高：一是具有本专业或相近专业业务、教学经验丰富的教师人数比例有所提高；二是精通本门课程或某个章节的骨干教师增加了；三是聘任的指导教师、授课教师基本具有本专业或相近专业副高以上职称，教授在指导教师中有较高的比例。98级共24个办学单位，聘任的教授占指导教师的50%以上的单位有19个，符合总院要求的单位占总数的80%；99级第4学期共34个办学单位，聘任的教授占授课教师总数的50%以上的单位有18个，符合总院要求的单位占总数的53%；2000级第2学期共16个单位，聘任的教授占授课教师总数50%以上的单位有6个，符合总院要求的单位占总数的38%以上。

在京及其周边办学单位，基本建立了一支以中央党校骨干教师为主体，有名校、国家研究机构和政府实际工作部门的教授、学者和国家公务人员参加的教师队伍。京外单位利用社会师资资源办学呈增长趋势。他们根据当地条件，选聘本校学术水平高、教学效果好的教师，当地名校专业能力强的骨干教师和研究机构及实际工作部门的学者、专家。师资结构有了明显改善，聚集了各种优秀人才，促进了本校教师与校外教师的优势互补，书本知识与实际工作的结合。一些京外单位，还注意充分利用远程教学（录像），发挥知名专家教授的骨干作用。有的还收集积累全国著名学者、专家、政府工作人员有关本专业的讲学报告的音像资料，以拓宽选聘教师的渠道，提高教学质量与效果。

按照专题性教学的要求，选聘配备授课教师的单位明显增加。每门主要课程授课教师在2人以上的单位，99级第4学期有21个，占总数的62%，比上学期增长31个百分点；2000级第2学期有11个，占总数的69%，比上学期增长31个百分点。每门课程平均授课人数在2人及以上的单位比例还要多一些。（张荣祥）

【99级、2000级经济管理专业课程安排审核】 各分院、学区99级第3、4学期，2000级第1、2学期，结合本单位实际情况，制订了各学期的课程教学安排。总院先后对各办学单位上报的99级两个学期66份、2000级两个学期32份课程安排，进行了认真审核。大多数单位在课程、学时、授课教师安排上，符合总院要求，顺利通过了审核。个别单位所设课程及学时不足、面授教师未经审批的情况，在审核中被纠正。总院对一些办学单位注重适应领导干部学员所需知识面宽和工作转换多的特点，选择自选课程及酌情安排课程，以扩大学员知识面，增强学员的适应能力和应变能力的做法给予了表扬。并对面授教学实施过程中的落实情况进行了抽查，促进了各单位按课程安排严密组织进行教学。（张荣祥）

【97级甲班第6学期教学工作安排】 该教学工作安排主要内容如下：一、尽快完成毕业论文的撰写。各位学员与导师要高度重视，集中精力，抓紧进行。在写作具体安排上，要尽早拿出初稿，并反复修改。一定要给导师留出审阅修改的时间。论文务必于5月上旬前定稿，最迟不得拖至5月底，否则，将影响论文答辩及毕业工作的如期进行。

学员在写作过程中，要多与导师取得联系，接受导师的指导，善于运用所学理论知识，紧密联系实际，进行理论概括和提炼，防止就事论事，写成一般的工作总结或报告。各位导师要在指导学员写出高质量的论文上多花些精力，及时解决学员写作过程中遇到的问题。学员初稿写成后，导师要抓紧时间审阅，提出修改意见。毕业论文经责任导师、主导师审阅，同意参加答辩后，由学员写出1000—2000字的提要，连同毕业论文一起，各打印10份。其中，2份交责任导师与主导师。5份送评阅人和答辩委员，3份交研究生办公室保存。

二、认真做好毕业论文的答辩工作。学员毕业论文须经导师签署同意参加答辩的意见，所学课程考核论文成绩全部在良好以上，心得体会全部合格者，方可参加答辩。考核论文、心得体会不全的，补交后方可参加毕业论文答辩。不参加论文答辩，不能取得毕业资格，不发给毕业证书。论文答辩没有通过的，只能发给结业证书。

根据学员毕业论文的选题情况，总院拟成立2—3个答辩组。答辩组成员由本专业或相近专业3名教授组成。毕业论文答辩程序：（1）学员向答辩组简要报告毕业论文的设想、依据、重要论点和有新意的结论；（2）答辩组对毕业论文提出问题；（3）学员在准备20分钟后回答答辩组提出的问题；（4）答辩组在充分交换意见的基础上，就毕业论文是否通过作出决议。毕业论文答辩时间控制在60—90分钟之内。毕业论文未通过的，经修改，两月内重新答辩一次。

毕业论文答辩，拟于5月下旬至6月中旬在中央党校进行，具体日程安排及有关事项另行通知。学员毕业论文须在答辩前2周送交答辩组成员。具体答辩时间由研究生办公室协调，确定时间后通知学员。

三、进行个人总结。本学期各位学员要在完成毕业论文后，对三年来的学习生活进行认真回顾，写出2000字左右的个人总结。总结内容：一是三年来学习收获与体会；二是党性锻炼方面的认识和提高；三是学习表现。个人总结要贯彻实事求是的原则，既要肯定成绩，又要指出不足。个人总结务必于6月中旬前完成，经责任导师、主导师阅后转交研究生办公室 （李士甲）

【97级甲班学员毕业论文答辩有关事项的通知】 4月17日，总院向各位导师和学员发出了通知，通知对做好科社专业97级甲班的毕业论文答辩工作，提出了如下要求：

一、毕业论文答辩时间。考虑到各位学员工作繁忙的实际情况，毕业论文答辩拟采取拉长时间、相对集中的办法进行。毕业论文完成较早的学员，安排在5月27日至28日进行；毕业论文完成较晚的学员，安排在6月17日至18日进行。

二、毕业论文须经导师签署意见。毕业论文定稿后，首先交责任导师，由责任导师在《论文答辩申请书》上签署意见，然后转主导师签署意见。否则，不能参加答辩。

三、毕业论文按统一规格打印装订。毕业论文定稿后，一律用统一封面（封面样附后），左侧装订；打印10份，一份交导师签署意见，其余9份在答辩前两周寄研究生办公室，由研究生办公室送答辩委员会留存。

四、各位学员应按上述要求尽快做好毕业论文工作，并根据毕业论文答辩时间，安排本人写作进展日程，确定参加答辩时间，5月20日前，告研究生办公室。

【97级甲班教学工作综述】 97级甲班共招收学员14名，其中，正副部级各1名、军队大军区正职2名、正军职3名、副军职6名，省委党校教授1名。全体学员经过三年在职学习，在导师的辛苦辛勤指导与研究生办公室的精心组织管理下，圆满完成学业，顺利毕业，并于6月14日参加了中央党校毕业典礼，并和胡锦涛同志合影留念。实践证明，省部级在职研究生班是帮助高级干部在职系统学习的一种好形式。

一、三年来学员学习的主要收获。全体学员反映大有收获，受益匪浅。据问卷调查，在14名学员中，认为收获很大的有11名，认为有一定收获的有3名。

（一）专业理论水平进一步提高。通过三年学习和导师面授指导，对科学社会主义有了更加全面系统的把握，对社会主义本质的认识进一步深化，夯实了理论基础，提高了理论水平。全体学员的毕业论文运用所学基本理论，抓住社会发展的重大问题和学科前沿问题进行探讨，提出了一些有价值的观点和结论。

（二）开阔了视野，提高了理论思维与驾驭全局的综合能力。有些军队学员运用所学知识为官兵作形势报告和辅导报告，为官兵答疑解惑，解决官兵中涉法问题。在学习中，学员运用所学理论，结合本单位、本地区社会发展中的重大问题进行理论思考，写出了一些有水平有深度的论文和心得体会。全体学员学习期间发表论文70余篇，或被《理论动态》、《党政干部论坛》等重要刊物采用，或被收入论文集，或获奖，产生了较好的社会效益。

（三）锻炼了党性，提高了觉悟。学习期间，学员自觉把马克思主义理论、专业知识的学习与党性锻炼结合起来，加强党性锻炼与修养，并在实践中身体力行，收到了良好的效果。一是政治信念进一步坚定。二是政治意识、大局意识进一步增强。三是在社会生活、利益需求多样化的形势下，坚持全心全意为人民服务的宗旨，经受住了权力、利益和灯红酒绿的考验。

二、初步摸索了一条适应高级干部在职学习的办学路子。据问卷调查，全体学员对办学方式全部满意。省部级干部在职研究生班采取特殊的教学、考核和管理方式，完全改变了应试教育模式，是领导干部继续学习深造的一种好形式。

在三年的办学过程中，总院重点抓了如下几方面的工作：

（一）制定科学、切合实际的《培养方案》和教学计划。该方案采取个人自学、导师面授指导与研讨相结合的培养方法，实行双导师制和统一的教学管理。在课程设置上本着少而精、管用的原则，主要学习科社专业的主干课程和治党治国治军理论。把培养具有坚实的马克思主义理论基础和高度的党性修养，能担当跨世纪重任的高层领导干部作为培养目标。在教学中，一是强调要认真学习马克思主义经典著作和科学社会主义的基础理论，打牢理论基础；二是强调治党治国治军理论和实践知识的学习，增强治党治国治军的本领；三是贯彻理论联系实际的方针，引导学员注重对重大现实问题的研究，注重加强党性修养和创造性理论思维能力、驾驭全局领导能力的锻炼与提高。实践证明，培养方案和教学计划确定的培养目标、培养方法、课程设置等，基本是可行的。

（二）聘请高水平的指导教师。总院为每名学员选聘2名指导教师：一名主导师，在中央党校博士生导师或教授中选聘，对学员指导负总责。一名责任导师，在学员所在地就近选聘本专业或相近专业的教授或个别副教授担任，协助主导师具体指导学员学习。本期共选聘25名导师。其中，从中央党校选聘主导师11名（其中，博士生导师10名、教授1名），从中央党校、湖北省委党校、山东大学、解放军理工大学、空军指挥学院、空军长春飞行学院选聘责任导师14名（其中，教授9名、副教授5名）。所聘导师都有培养研究生的经验，学术造诣较深，治学严谨，对指导学员学习，保证培养质量，发挥了重要作用。

（三）制订教学管理规章制度。总院制订了《甲班教学管理暂行规程》、《甲班学籍管理暂行办法》、《甲班指导教师职责》、《甲班班主任职责》4项规章制度。实践证明，这些规章制度对规范办学起到了重要作用。

（四）强化教学管理，认真抓自学、面授辅导和论文写作等教学环节。一是提出明确要求。二是加强督促检查，认真抓落实。通过制订《学员自学登记表》和《导师面授指导情况登记表》，了解学员自学和导师面授辅导情况；采取抓中间、带两头的办法，加强与责任导师的联系，推动责任导师与学员和主导师的联系与沟通；利用电话、信函和巡考、出差等机会，检查了解学员学习、导师面授辅导情况；对学习明显滞后的学员进行重点帮促。三是及时沟通交流经验。利用电话、信函、《研究生情况通报》等手段及时了解学习情况，交流学习经验，表扬先进，推动后进。

（五）召开导师联席会议和教学交流研讨会。建立了导师联席会议制度。导师联席会由研究生办公室召集，在京主导师参加，每学期开学前召开一次，研究落实本学期教学计划，了解学员学习情况，交流研讨培养指导工作中的经验。

举办甲班是一次尝试，缺乏经验，单兵式的教学模式，如何加强检查监督，如何落实自学问题，如何加强集体研讨等，均有待改进和完善。 （李士甲）

【97级甲班学员毕业论文答辩综述】 97级甲班学员毕业论文答辩，从5月28日开始至7月2日结束，分4次进行。总院4月发出通知，就毕业论文答辩的有关问题进行了布置，并成立了由刘利群副院长任组长的毕业论文答辩领导小组，从校内外聘请专家、学者9人组成答辩委员会，下设三个答辩组，江流、赵曜、吴雄丞三名著名教授分别任组长。

甲班毕业论文答辩尚属首次，总院研究生办公室从实际出发，精心组织。一是在答辩时间安排上，采取了拉长时间、分批答辩的办法进行。二是在答辩方法上，采取答辩与研讨相结合。学员既阐明毕业论文的基本观点、回答问题，又谈学习的收获体会。答辩委员既提问题，又谈自己的看法，与学员磋商，学员反映毕业论文答辩是一次再学习再提高的好机会。

答辩委员分析了14名学员毕业论文的选题、写作、研究方法和学术水平等方面的问题，一致认为，毕业论文达到了在职研究生毕业论文要求的水平，全部通过答辩，并评出了8篇优秀毕业论文，占参加答辩论文的57.1%。14名学员的毕业论文特点是：

一、选题针对性强，具有理论价值和现实意义。各位学员在导师指导下，在广泛占有资料，深入分析提炼的基础上，紧紧围绕所学专业进行选题，14篇论文选题基本都在专业范围之内。有的选择学科难点、热点及前沿问题进行深入研究；有的选择社会关注的重大问题进行探讨；有的运用基本理论答疑解惑；有的以自己从事的工作为中心进行理论思考，等等。选题充分体现了学员对社会主义事业的强烈使命感和责任感。

二、理论和实际，理论思考与对策研究紧密结合，论证并回答了当前的一些重大问题。如学员杨怀庆同志（海军政治委员）撰写的《论怎样在建设有中国特色社会主义的伟大事业中做一名真正合格的共产党员》一文，针对当前党内存在的许多问题，阐述了在建设有中国特色社会主义事业中加强党的建设的重要性、紧迫性，比较全面地提出了在新时期做真正合格共产党员的任务和要求。文章的思想性、政治性很强，很有说服力。又如学员岳煊一同志（中纪委驻司法部纪检组组长、原济南军区政治部主任）撰写的《论新时期国防建设的地位和作用》一文，运用马克思主义的军事理论，从战略高度，全面深入地分析了我国国防建设在社会主义现代化建设中所处的重要地位和作用，阐明了国内外形势及我国国防建设面临的机遇和挑战，提出了加强新时期国防建设的思路和途径。

三、理论方面有深度和创新，提出了一些有深度的观点和结论。充分表现了学员较强的科研能力和扎实的理论功底。比如学员顾秀莲同志（全国妇联副主席、书记处第一书记）撰写的《马克思主义妇女观在中国的发展及对中国妇女运动的指导》一文，以科学的世界观、方法论为指导，全面地阐述了马克思主义妇女观的主要内容和意义，比较深入地总结了我们党领导下的中国妇女解放和发展运动的历史经验，提出了新时期有中国特色的妇女发展道路。其他一些论文，都能针对当前一些重要的社会热点、疑点和难点问题作出回答，提出了不少有价值的观点和新见解。（李士甲）

【97 级甲班毕业学员名单】

顾秀莲　杨怀庆　张文台　岳煊一　张希光
唐万年　白景峰　徐莉莉　阮克庠　杨胜万
齐路通　杨汉龄　朱振江　顾　杰

（李士甲）

【98 级甲班第 4 学期教学工作的通知】 5月9日，总院向 98 级省部级干部在职研究生班发出了第 4 学期教学工作的通知，该通知对做好第 4 学期教学工作，提出了如下要求：

该班第 4 学期开设的党的三代领导治国方略专题研究课，考核方法为撰写一篇 5000 字左右的论文。研究生办公室不指定论文题目，由学员与导师协商确定。论文一定要以党的三代领导集体治国方略专题研究为主要内容，既可以写某一代领导集体治国方略的研究文章，也可以写一位领导人某一方面治国方略的研究文章；既可以写三代领导集体治国方略的综合研究文章，也可以写三代领导某个方面治国方略的研究文章。

各位学员要边学习、边思考，及早确定选题，进行写作。请各位导师主动指导，确保论文符合教学计划要求，并按时完成。

（郭春元）

【98 级甲班第 5 学期教学工作的通知】 5 月 30日，总院向 98 级甲班学员发出了通知。通知对做好教学工作提出了如下要求：

一、切实做好撰写毕业论文的有关工作。毕业论文一般按选题、搜集资料、开题报告、撰写、定稿、答辩六步进行。本学期要完成选题、搜集资料、开题报告三项工作。

选题是毕业论文的起步，是写好毕业论文的前提。本学期开始学员应深入思考，主动与导师联系，及早确定论文题目。导师要加强指导，切实把好关，帮助学员把题目确定好。毕业论文选题的原则是：一符合所学专业；二有一定学术价值，对实践有指导意义；三题目大小适当。论文题目在 9 月底前确定，学员报责任导师、主导师审定后，报总院研究生办公室。

开题报告应阐明毕业论文的理论和实践意义、研究现状、资料准备、框架设计等内容。开题报告应在 11 月底完成。

二、课程学习要抓住重点。本学期课程重点是党的建设专题。在学习研究这个专题时，又要重点学习研究江泽民同志“三个代表”的重要论述，深刻理解“三个代表”的内涵、理论意义和实践意义，充分认识“三个代表”不仅是党的建设理论的重大发展，也是建设有中国特色社会主义国家治党治国的根本。

三、处理好课程学习与撰写毕业论文的关系。第5学期教学的重点已转向毕业论文的撰写，同时，要学好两门课程。希望学员处理好两者关系，科学安排工作和学习，挤时间学习，主动与导师联系。导师要增强责任感，加强具体指导。

为减轻学员负担，如果毕业论文选题与本学期课程内容一致或相近，课程考核应写的心得体会可以免交。 （郭春元）

【98级甲班毕业论文工作的几点意见（节选）】 9月28日，研究生办公室制定了《98级甲班毕业论文工作的几点意见》（以下简称《意见》）。《意见》规定：

一、第5学期的课程学习和课程论文的写作时间可做些调整，学员可先进行毕业论文的写作，基本定稿后再进行第5学期的课程学习和课程论文写作。

二、开题报告要经过评议审核。该项工作由主导师、责任导师负责并提出审核意见，特殊专业的也可外请专家帮助论证，具体问题由学员和导师协商确定。然后，填写《毕业论文开题报告书》。开题报告审核工作最迟应于12月15日前完成，将填写审核意见的《毕业论文开题报告书》交研究生办公室。开题报告未获批准，不能进行毕业论文写作。

开题报告审核的时间、地点由学员与导师商定。学员集中的北京、济南、青岛、成都、南京等原则上就地进行，自行组织。

三、毕业论文答辩分两批进行。第一批，2001年5月至6月底，通过者参加7月中旬举行的中央党校夏季毕业典礼；第二批，2001年11月至12月底，通过者参加2002年1月中旬举行的中央党校冬季毕业典礼。

四、毕业论文印刷的具体要求。毕业论文用16开纸印刷，左侧竖向装订，加封面。封面内首先要有1000字左右的内容提要，之后为目录、正文和主要参考文献书目。毕业论文采用页下注释，应写清篇名、书名、卷名、页码、作者、出版社、出版时间等。正文采用4号宋体字印刷，大、小标题、注释的字号、字体请学员根据情况确定，但要协调美观。参加第一批答辩的学员最迟应于2001年4月底前，参加第二批答辩的学员于2001年10月底前将毕业论文一式10份送交总院研究生办公室。

五、第1—5学期每个学期，学员应对指定课程写一篇课程论文或学习心得体会，经导师评阅合格者，该课程即视为修满学分，准予进行毕业论文答辩。未交齐的，应在毕业论文答辩前补齐。 （郭春元）

【98级甲班学员毕业论文选题目录】

梁　洪　经济转型期军队后勤改革的思考

何为荣　新世纪我国空军人才建设战略

贾永生　新时期局部战争作战样式和空军指挥艺术

但志平　论新时期党的治军方略与军队领导干部的素质修养

邓铜山　中国传统国家安全观念与党的三代领导核心国家安全思想

黄　新　论新军事革命与我军的战略选择

雷国保　国防工业信息化发展战略研究

李学忠　新的历史条件下军队不变质打得赢的思考

吕家书　论新时期的形势分析与策略制定原则

徐　洸　战略决策中的目标选择

侯云春　积极探索公有制的多种实现形式

陈建国　关于乡镇行政体制改革的实践与理论思考

吴爱英　试论从思想上建设党

姜大明　人才兴国论

王修智　论盛世治要

王久祜　统一战线是治国兴邦的法宝

高新亭　关于反腐败的法律思考
杜世成　经济全球化时代的国民经济发展
王奎珍　关于新时期党政关系的民主化、法制化问题思考
丁一平　国家海洋发展战略
赵树义　二十一世纪我国国家安全形势分析
胥肖野　新世纪加强军队道德教育的几点思考
俞林森　加快社会主义市场经济的道德价值体系建设刍议
王三运　西部大开发中的人才问题研究
孙国强　西部大开发与贵阳市的选择
甘道明　新时期人民内部矛盾与社会稳定
陶武先　跨越式发展成都论
孙逢堂　社会主义与法制
乔传秀　论深化干部制度改革
朱争平　坚持马克思主义指导思想地位
莫顺宝　对党的三代领导核心关于高中级干部队伍建设理论的研究
邬华扬　面向新世纪军队的战略地位和干部队伍建设
怀忠民　中央第三代领导集体建党方略
宋秀岩　市场经济条件下青海人才战略研究

（郭春元）

【党员领导干部在职研究生班规范化管理的意见】　研究生办公室为强化在职研究生班的规范化管理，提出以下实施意见：

一、管理机构

1．总院成立在职研究生班工作办公室，负责对全院党员领导干部在职研究生管理工作和对各分院办学质量的检查、督促。

2．举办党员领导干部在职研究生班的分院，成立研究生办公室。办公室设主任一名、副主任一名，并配备若干名具有大学本科以上文化程度、熟悉教学管理业务、工作认真负责的专职人员。

二、招生管理

1．招生对象：严格限定招收具有大学本科毕业学历、县处级以上党员领导干部及党校、高校具有中级以上专业技术职务的党员。坚持资格审查制度，严把资格审查关。

2．招生地区及范围：从2001年开始，在全国各省、自治区及军队系统进行招生，慎重确定招生单位。省、自治区分院招生，主要在省会城市；军队分院招生，依托军事院校，限定在当地部队系统。各分院之间、地方和军队之间原则上不得交叉招生。

3．招生规模：每年招生一般掌握在1000名左右。其中，甲班20名左右。招生计划及人数，报经校委批准后组织实施。

4．招生办法：凡报考者，须经组织、人事部门同意，并纳入本系统或本单位的干部培训计划。统一考试，择优录取。

5．学制、考试时间及科目：学制为3年。每年考生报名时间从12月份开始；入学考试时间安排在翌年4月中、下旬；9月初开学。每个专业入学考试，一般为4门课程（含外语）。

三、教学管理

1．总院要加强与教研部门的密切合作，充分发挥各自的教学管理优势，严把教学质量关。七部一所分别承担相关专业的课程设置、教材选定、主课讲授、命题及教学质量检查等工作，并取得相应的经济收入，增加教研经费。

2．专业设置:原则上以党校硕士学位授权点和与开设专业紧密相关的党校教研部为依托,在继续办好经济管理专业、法律专业的同时,酌情开设其他专业。

3．课程设置：原则上按相关专业硕士学位研究生要求制订培养方案和教学计划，注重与国民教育系统相关专业硕士研究生课程接轨。既坚持马克思主义为主课、党性教育为核心的党校教育特色，又具有国民教育相关专业的理论知识水平，并为申请硕士学位的学员创造条件。每个专业一般设置8门必修课，6—8门选修课。

4. 教学方式：采取自学与集体授课、导师个别指导相结合的方式组织教学。

5. 教学手段：充分利用面授、刊授、电教等多种教学手段，特别是注重发展远程教育，主要课程由总院邀请名师实施远程教学。

6. 考试考核：入学考试与期末考试试卷，由总院以封闭式统一组织命题，统一组织考试，并采取地区之间交叉监考与检查。

7. 师资聘任：受聘教师职称一般为副教授以上，主要课程授课教师2人以上。其中，教授职称所占比例一般不低于50%。毕业论文指导教师的职称必须是本专业或相关专业的职称，每个导师指导的学员人数不得超过5人。课程主持人应为该课程的学术带头人，具有总体设计和协调安排课程教学的能力。聘任教师必须严格资格认证，由分院推荐，总院审核批准。

8. 教材建设：对现有在职研究生教材进行审查分类，积极做好"三基本"、"五当代"教材的引入工作。选聘专家、教授编写教材，加快编写新教材的步伐，逐步建立起具有党校在职研究生教育特色和高质量的教材体系，以适应在职研究生教育发展的需要。

9. 毕业论文：学员在导师指导下，按硕士学位研究生的要求撰写论文进行答辩。论文答辩第一次不通过率原则上控制在5%左右。

四、检查评估

1. 评估内容：主要包括办学指导思想、组织建设、综合管理、办学设施、办学效果等项内容。

2. 评估方法：在中央党校在职研究生班协调小组的统一组织下，每年有重点地对有关分院进行一次质量抽查；每两年在校委领导下组织有关专家进行一次全面检查评估。总院及各分院不定期地组织自查。

3. 评估目标：通过检查评估，使各办学单位达到认识到位、组织到位、管理到位、成果到位的目标。（黄宝贵）

【2000级省部级干部在职研究生班学员、导师名单】

学员	主导师		责任导师	
卢展工	赵　曜	教授(博导)	萧贵毓	教　授
孙春兰	杨春贵	教授(博导)	佟志武	教　授
陆　浩	江　流	教授(博导)	王文学	教　授
全哲洙	刘海藩	教授(博导)	王栾周	教　授
牟本理	崔自铎	教授(博导)	龚学增	教授(博导)
王昭耀	石泰峰	教授	张恒山	教　授
王国平	李君如	研究生	陆立军	教　授
张　健	王伟光	教授(博导)	李小兵	教　授
王晓东	王伟光	教授(博导)	李小兵	教　授
邢元敏	沈宝祥	教授	曾明德	教　授
蒋力华	庞元正	教授(博导)	周知民	教　授
杨文明	李良栋	教授(博导)	王　军	副教授
刘晓江	周锡荣	教授(博导)	侯少文	教　授
牛克义	李忠杰	教授(博导)	刘　春	教　授
王洪光	汤有伦	教授(博导)	赵虎吉	副教授
曹光明	张中云	教授(博导)	张相轮	教　授
田秉仁	吴雄丞	教授(博导)	林志新	教　授

（李士甲）

【2000级省部级干部在职研究生班导师、学员见面会】 9月24日上午，总院在北京举行2000级省部级干部在职研究生班导师、学员见面会。会议由总院副院长兼研究生办公室主任刘利群同志主持。担任导师的中央党校副校长刘海藩、杨春贵、王伟光，校委委员李忠杰、石泰峰，学员孙春兰、全哲洙、张健、邢元敏、蒋力华、刘晓江、牛克义、王洪光、曹光明等参加了见面会。

会议首先由总院研究生办公室副主任王炳同志宣读本届学员与导师名单，本届班主任张文正教授作了关于教学管理问题的发言。97级毕业学员、中纪委驻司法部纪检组组长岳煊一同志介绍了三年学习的收获和体会。导师代表、中央党校原马列所所长、博士生导师吴雄丞教授在会上发言，对2000级学员提出了殷切期望，并代表导师们表示：一定尽力而为，有求必应。2000级学员代表、重庆市委常委、宣传部长邢元敏同志代表学员表示：一定以严肃认真的态度，刻苦钻研，虚心求教，圆满完成学习任务。

会上，刘海藩、杨春贵副校长作了重要讲话。刘海藩副校长在谈到开办省部级干部在职研究生班好处时指出：一是教学相长；二是要解决精通马列与真信马列的问题；三是重点研究一点前瞻性、战略性的问题，并勉励大家以严肃认真、刻苦学习的精神，胜利完成学习任务。杨春贵副校长在谈到如何读书研究问题时强调：第一学期既然开了马克思主义基本问题研究这门课，就要包括毛泽东思想基本问题研究、邓小平理论基本问题研究。我主张，"三基本"的教材都要发。以"三基本"为线索，精读若干著作，重点精读马克思、列宁、毛泽东、邓小平、江泽民的8篇著作。研究一些问题，重点是要研究一些与政治学相关的、带有前瞻性、战略性的问题。 （李士甲）

【2000级省部级干部在职研究生班第2、3、4学期课程调整的通知】 11月1日，总院研招办向各位导师、学员发出了通知，该通知对课程调整提出了如下要求：关于2001级省部级干部在职研究生班的课程设置问题，经征求导师意见，暂不做大的变动，但要结合学员的研究方向，适当减少课程门数，并由导师根据学员的学习需要，确定一门必修课和一门选修课，因此，对第2、3、4学期的课程做了局部调整。

第2学期：

一、必修课：1. 马克思主义基本问题研究（毛泽东思想基本问题概论、邓小平理论基本问题概论）

2. 当代中国政治制度专题研究

二、选修课：当代西方国家政治制度专题研究

第3学期：

一、必修课：1. 当代中国法制建设专题研究

2. 党的建设专题研究

二、选修课：由导师根据学员培养方向自定

第4学期：

一、必修课：1. 党的三代领导治国理论与方略专题研究

2. 由导师根据学员论文选题自定

二、选修课：世界主要国家（美、日、前苏联）治国方略专题研究

【2000级省部级干部在职研究生班撰写课程考核论文的通知】 总院向各位导师、学员，发出了课程考核论文的通知，该通知主要内容如下：

本学期共开设3门课程。《马克思主义基本问题专题研究》、《政治学专题研究》为必修课，采取撰写论文方式进行考核；《当代世界经济与政治专题研究》为选修课，采取记读书笔记方式进行考查。

一、认真选题。考核论文选题限定在所学课程范围之内，要抓住课程的重点、热点和难点问题，结合自己的兴趣和工作特点，选择有实践意义和理论意义的题目。

二、要讲究谋篇布局。考核论文要有论点、论据、论证三大要素，缺一不可，不能写成工作报告。写作要以马列主义、毛泽东思想和邓小平理论为指导，理论联系实际，重点突出，做到观点正确，论据充分，论证有力，结论科学，表达准确，力求有所创新。每篇论文掌握在3000—5000字。

三、论文写作要在导师指导下进行。各位导师、学员要充分重视考核论文的撰写，力争达到发表水平。在撰写过程中，学员要及时将选题和写作提纲向导师汇报，听取导

电化教学工作

【《辽宁分院网络管理信息系统》验收工作】 6月，总院对辽宁分院开发的《网络管理信息系统》进行了验收，认为该系统吸收了兄弟院校软件的优点，结构合理，功能完备，操作方便，特别是报表输出简单灵活，实现了分院与学区之间的数据通信。在验收过程中，总院有关人员听取了辽宁分院关于该系统实施情况的汇报，观看了演示，对该软件进行了操作和检查，并提出了修改意见。

（陈　勇）

【与各分院建立数据传输网络】 总院网络中心根据工作需要开发研制了《总院—分院数据通信系统》，能够准确、迅速、安全地在总院和分院之间传输数据，实现总院和分院之间点对点通信，可以将总院的文件下载到分院的本机里，也可以将分院的数据上传到总院的服务器里，以便进行数据交流。

2000年8—9月，电化教研室和教务处合作，举办了数据传输软件培训班，实施了该软件的培训，之后，又对各分院跟踪培训，对各分院提出的各种疑难问题进行解答。到年底已有40多家分院与总院网络中心连通，学员的基本信息、考试成绩等通过网络几分钟就能传到总院的计算机中，提高了安全性和时效性。（陈　勇）

【试题库的市场调查】 电化教研室与教学处合作制定了题库建设方案，并报请院领导审批后实施。对市场试题库研制状况进行了调研，还与清华大学同方公司取得联系，对他们的产品“出卷王”进行了试用，并进一步跟踪。（陈　勇）

【新设备的购置、安装和调试】 电化教研室与行政处一起对市场进行调研，了解产品的价格和性能，购置了5台惠普PC机、1台惠普pllh6000服务器和1台2610cisco路由器。对新设备进行了及时安装和调试，保证了教材管理信息系统的网络通信。

（陈　勇）

【完善《教务管理信息系统》和统一各分院上报数据标准】 根据教育改革对教务学籍管理提出的新要求，对原一期工程教务信息管理子系统的功能进行了扩充和完善，提出了详细的修改方案。在学员基本信息中增加了“身份证号”、“入学考试成绩”、“照片”等字段，以及对身份证号、照片处理功能，在系统上修改了菜单、按新的数据标准导入分院数据、各类代码信息维护、完善报表和统计功能、防伪核查管理、现有数据的备份和恢复等，该系统功能更加强大，使用更加方

师意见。初稿完成后，在导师指导下进行修改，定稿后由导师评定成绩。导师和学员要尽可能把考核论文转化为科研成果，积极向有关报刊投稿，导师也可帮助推荐。

四、完成时间及评阅办法。第一门课程考核论文最迟不得晚于寒假前（1月15日）完成；第二门课程考核论文最迟不得晚于开学前（3月1日）完成。

评阅办法：考核论文完成后，一律用16开纸打印，用统一封面装订，上报一式3份。其中，两份交导师，一份寄研究生办公室。

便、快捷。

由于各分院使用的学籍管理软件不尽相同，每次上报数据的格式不统一，难以导入总院数据库中进行统一管理，无法及时进行数据统计、查询、报表输出。2000年，电化教研室和教务处合作，制定了各分院上报数据的标准，基本上解决了上报数据标准不统一的问题。（陈 勇）

【合作扩充、完善教材综合信息管理系统和系统培训工作】 年初开始，电化教研室、教材处与横秋公司合作进行教材综合信息管理系统的功能扩充工作。根据教材处工作的需要，将教材管理数据库独立出来，规范了发行网点、各承印刷厂编码，以及与180个教材发行网点进行网络实时通信，建立网络数据库。电化教研室起草的《中央党校函授学院教材综合信息管理系统合同书》，于7月22日签署生效。在对原有软件进一步测试的基础上，增加并完善了教材处发行办和综合办的功能，完成了《需求分析报告》和《系统方案设计》并交付公司进行开发。经过一段时间研制开发，该系统基本达到预期的设计功能，并以一种全新的管理模式进行网点、印厂管理；教材征订、发行、印制任务分配；发行、印制费用计算等功能。8月，在湖南长沙教材工作会议上，电化教研室工作人员演示汇报了该系统的功能和特点，并征求与会代表意见。下半年电化教研室对该系统又进行了完整的测试，对测试中该系统出现的问题与合作公司一起及时进行了改正，使系统能稳定运行。

12月，电化教研室和教材处的同志在大连对网点、印厂微机操作人员进行了该系统培训，并取得了圆满成功。（陈 勇）

【计算机管理与技术支持】 电化教研室在总院局域网络中统一分配IP地址，使网络畅通，充分实现资源共享，使总院计算机设备得到充分有效的利用。

计算机技术支持是电化教研室进行的一项长期工作，在提供技术支持时，电化教研室人员做到随叫随到，及时解决问题，为总院人员使用计算机提供了极大帮助。平均每月要解决20多个问题，该室有3人次参与此项工作。在提供技术工作方面主要为新购计算机的网络接入配置、网络故障排除；为有关处室电子邮件的收发、相关信息查询以及最新产品性能调查；及时更新杀病毒软件，为总院机关计算机杀毒。还协助教编室购置上网设备，将计算机接入Internet网络的期刊杂志数据库，方便全院工作人员查找所需要的各种信息；协助校组织部完成了党校干部职工档案整理和档案录入任务，以及协助行政处、财务处完成了固定资产核查、上报数据、院物资管理任务；协助研究生办进行新生的招生工作，包括新生基本信息录入、成绩录入、录取等。同时根据总院人员使用计算机的实际情况，电化教研室的同志自编讲稿（Windows 98的基本操作、五笔和拼音输入法使用、Word文字处理方法、网上冲浪等），进行了详细的讲解，并现场演示，提高了总院人员计算机的操作水平。

（陈 勇）

部分分院工作汇报选登

加大教学改革力度 强化素质教育

辽宁分院

一年来，辽宁分院所做的工作，概括地说，就是“一抓三推进”，即抓深化教学改革，推进素质教育，推进规范管理，推进自身建设。下面，专门汇报深化改革的情况。

一、推行各门课程指导教师招标制。分院已颁发了《辽宁省党校函授课程教学导师招标实施办法》，对竞标条件、招标实施时间和办法、竞标论证内容、评审办法、中标者的权利和义务等都做了明确规定。分院把这种办法作为强化师资队伍建设，提高教学质量的一项有效的实际步骤来抓。这种办法，使中标者能在全省党校函授教育这个大舞台上，一展雄姿，造成一马当先、万马奔腾的气势。课程指导教师，从教学计划的制定、到备课、到指导自学、到面授、到作业、到考试命题、到教学总结，就是说，教学的各个环节，都起领衔作用。指导教师要有计划有意识地把素质教育落实到课程当中去，并一以贯之地渗透到各个环节中去。

二、党性教育推出新举措。一是结合党性教材，由教员或班主任或校领导针对学员实际讲课，讲课时间可机动灵活安排。一般应在每学年伊始，安排一、二次党课。其他学年可安排有教育意义的报告。学员在毕业前围绕党性或思想道德写篇心得体会。党性课的考核成绩由两部分构成：学员自己写的心得文章占 80%，班主任和班委会根据学员平时表现所做的鉴定占 20%。学员写的心得及班主任和班委会的鉴定，都不能空洞，要着眼于实际，要把学员学习基础理论、专业知识，转化为党性和能力的表现反映出来。二是探讨党性教育贯穿于各门课程教学中的办法，拟在全省范围征集这项工作方案，被采纳的给予奖励。

三、组织力量，进行案例教学研究，推广案例教学经验。案例教学，是深化教学改革、强化素质教育的有效方式，有的学区已总结了这方面的经验。以素质教育为中心的案例教学比赛活动，已逐步展开，每个学区都推荐一名教员参加。

四、把自学作为强化素质教育的重要一环来抓。一方面，要把指导自学作为授课教员的工作量，纳入面授时数中去，真正发挥教员在学员自学中的指导作用。为配合学员自学，《党校函授教育》将改版，着重发挥指导学员自学的作用；另一方面，各级办学单位的领导、教员、班主任都把抓学员自学和抓面授课一样重视起来，并逐步形成一套完整的自学管理制度体系，让这个体系在规范自学、引导自学、开发潜能等方面不断有所创新和突破。

五、建立素质教育评估制度。以教学为中心，全面推进素质教育，就要建立相应的素质教育评估制度。省委党校视导委具体承担这项任务。各市委党校常务副校长都是省党校视导委委员。视导委主任由省委党校常务副校长兼任，成立视导委办事机构——视导委办公室，设专职办公室主任 1 人，还要配备相应的工作人员，切实加强对全省视导工作的指导。各学区都应成立函授教育视导室。视导委将拿出素质教育评估的具体办法，切实运作起来。

六、进一步深化考核方式改革。深化考核方式改革，落脚点是素质教育。考试内容要有利于培养学员分析问题、解决问题的能力，要有利于培养学员的创新能力。一是实行考核方式要多样化；二是完善试题库；三是扩大标准化考试范围。

重视贯彻落实 顺德会议精神

辽宁分院

一、首先是抓学习好、领会好会议精神。顺德会议，是办函授以来召开的工作会议中，规格高、质量高、地点好、机遇好的一次重要会议。会议主题明确，内容丰富。对于党校函授工作一个时期的指导意义不可低估。因此，学习好、领会好会议文件的精神实质，成为贯彻会议精神的前提。分院把会议上的文件原原本本印发给分院每个职工和所属各学区函授管理人员，要求认真组织学习。同时，参加顺德会议的常务副院长在分院全体工作人员大会上，认真传达了中函工作会议精神，并又组织学习、消化文件内容。做到让每位函授工作人员学习会议精神、熟悉会议精神、运用会议精神。

二、向校委传达、汇报会议精神，提出贯彻顺德会议精神的打算。校委会决定：一是认认真真、不折不扣地把会议精神传达下去，让顺德会议精神成为推动当前工作的巨大动力。二是搞好调查研究，坚持从实际出发，把贯彻顺德会议精神和推动我省函授教育工作紧密结合起来，拿出几项解决问题的措施。三是先把会议精神迅速传达下去，通过各学区函授部主任会，把精神贯彻下去，各地按会议精神行动起来。

三、召开各学区函授部主任会。内容有二：一是传达顺德会议精神，二是布置中函本科招生事宜。

四、召开全省党校函授教育工作会议。会议由校委委员、函院院长孔秀娥主持，常务副校长佟志武在会上作了总结讲话，分院常务副院长单鸿恩在会上作了工作报告。会议的议题是贯彻、落实总院顺德会议精神，提出分院的工作思路和工作任务。

五、督促检查会议贯彻落实情况。会议结束，工作并没有结束，深入贯彻会议精神关键是抓落实。分院将各项任务分口归类，分院相关科室具体检查督办。

采取实招 强化规范化管理

天津分院

一、加强党校函授教育规范化管理，努力把函授教育提高到一个新水平。为贯彻落实 1999 年函授教育工作会议精神，根据《中国共产党党校工作暂行条例》及其《实施细则》的规定和要求，为进一步规范党校函授办学行为，加大管理力度，由分院组织拟订的《中共天津市委党校关于加强函授教育规范化管理的意见》已经市委党校校委讨论通过。《意见》对函授教育的办学指导思想、师资队伍建设、班主任队伍建设、考试工作、督导工作和函授教育其他工作，以及强化素质教育等方面做了较为详尽、科学的规定。《意见》特别对加强领导的问题做出了规定。提出成立函授教育视导工作领导小组，由市委党校常务副校长任组长，下设视导办公室，视导组在校委直接领导下，定期或不定期地对函授教育检查督导，深入学区和教学点调查研究；提出成立以分管函授教育的校领导为组长、以教研部主要领导为成员的专家组，加强对函授教学中重大问题的研究和教学的组织和指导工作，不断提高函授教学质量。《意见》的制定，对天津党校函授教育的规范发展、全面上新水平，提供了制度上的保障。

二、落实函授教学激励机制，促进函授教学质量的提高。为落实函授教学激励机制，总结、推广先进教学经验，进一步调动教师的积极性，根据总院有关文件精神，分院制定了《关于函授教学质量优秀奖评比的暂行规定》，规定评比的内容主要分为教师的备课与授课两方面。评比采取自下而上的方法进行。各学区、辅导站成立由分管教学的副校长、教研室主任、有关学科带头人及函授部有关人员组成的评议组，评议组每年度对教师备课的评定等级情况、教师授课的评比打分情况进行综合考评，评出学区级教学质量优秀奖，由学区予以表彰。此外，学区每学年按分院下达的指标在学区级教学质量优秀奖基础上，评出分院级教学质量优秀奖报分院，由分院颁发证书并予以奖励。

三、加强党校函授教育科研工作，认真探索党校函授教育规律。2000 年 1 月 18 日，天津分院与市党校教育研究会联合举办了天津市第二届党校函授教育研讨会。在总结首次研讨会经验的基础上，这次会议共征集论文 80 篇，聘请市委党校 7 名专家组成评审组，经过初评、复评，共评出优秀论文 23 篇。刘润忠同志在会上就加强函授教育现状和发展趋势的研究，深化党校函授教育改革等问题讲了话；杜维训同志作了题为《加强函授教育科研工作的领导把函授办学提高到一个新水平》的主题讲话，特别强调函授教育科研工作要加强领导。会上向获奖论文作者颁发了荣誉证书，与会者进行了交流。

实行全程监管
牢牢把住教学质量关

沈阳军区分院

沈阳军区分院结合贯彻顺德会议精神，认真总结 1999 年分院党校函授教育工作的情况，进一步认清只有把从严办学的思想贯彻到党校教育的全过程，才能取得高质量的教育成果。事实证明，放松要求，降低标准，不仅培养不出高素质人才，而且会严重损害中央党校的威信和声誉，贻害办学风气和社会风气。分院在布置 2000 年党校函授教育工作安排时，再次强调要确保教育质量，切实贯彻总院的各项管理制度，狠抓落实，把各项管理工作都纳入制度化、规范化轨道。在实际管理工作中，分院、学区和辅导站继续坚持全程跟踪，严格把好教育质量的各个关口。

一、严把招生入口关。分院专门召开会议研究 2000 年党校函授新生招生问题，并下发通知，要求各办学单位的领导要负起责任，认真搞好考生资格审查工作，防止地方人员混入部队学区、辅导站学习，对不具备报考条件的人员绝不留情面，不开口子。严格进行招生考试，对考场设置、试卷保管和分发、监考人员都提出了严格要求。分院还组织巡查组，分别到各个考场巡查，较好地保证了招生考试的质量。

二、严把教师授课关。分院和学区按照教师聘任条件和办法，聘请东北大学、辽宁大学和东北三省党校有经验、师德高尚、爱教敬业的教授、副教授和少数讲师担任授课。授课前能够按照总院的要求，搞好备课。授课中能够贴近部队学员实际，在讲清教材主要内容的基础上，重点在疑点、难点和焦点问题上讲深讲透。为不断改进教学，授课教师还经常同学员个别交流和座谈，了解学员对教学的意见。分院采取提要求、听试讲、检查课堂授课、收集学员反映、与教师共同研究提高授课效果等办法，使授课质量得到了保证。

三、严把学员出勤关。分院、学区和辅导站都把学员到课率作为衡量教育质量的一个硬指标，实行严格的考勤制度。分院统一制作了听课卡，要求开课前签到发卡，课中检查，课后交卡登记。缺课一次扣1分，旷课一次扣2分，累计旷课六次，按自动退学处理。出勤率达不到规定者不准参加期末考试。由于规定明确，要求严格，检查督促，较好地保证了到课率。

四、严把期末考试关。坚持在期末考试之前对考务人员进行专门集训，选聘有监考经验的高校教师担任监考人员，并签订责任书。考场设置单人单行单桌。分院、学区层层组织检查组巡回检查，对个别考场出现的执纪不严的问题，当场给予纠正。

播放毕业论文答辩实况 接受公开监督

沈阳军区分院

沈阳军区分院针对一些单位存在的论文答辩准备不充分，有的学员应付差事的倾向，确定在论文答辩中采取新招，引入电化教学手段，运用闭路电视系统，实行答辩实况展播，接受公开监督。不仅有效地保证了毕业论文答辩的公平性、公正性，而且给答辩委员会成员和参加答辩的学员都增加了压力，达到双向促动，为提高论文答辩的质量起到了积极作用。对答辩委员会成员来说，一方面能够促使他们认真做好答辩准备，做到提问有所思，能更切中主题，突出重点难点，避免了提问的随意性。另一方面促使他们恰如其分地对答辩论文作出公正的评判，对能否通过论文答辩做出令人信服的结论。对于学员来说触动更大，一下子去掉了封闭式答辩的神秘面纱，抛弃了各种投机应付和侥幸心理，立足苦练内功，一丝不苟地做好答辩准备，严肃认真地回答提问，尽力答出高质量高水平，充分展示几年来的学习成果。

进一步加强教学管理 提高教学质量

北京市委机关分院

一、分院作出明确规定。学区和辅导站的主要领导，深入课堂听课每学期不少于2次，以更好地了解考察教员的授课质量、学员的出勤和班主任的工作情况。

二、抓好骨干教师队伍的建设。几年来，分院已形成了近500人的任课教师队伍。上学期初，分院对各科任课教师情况，逐个作了分析。对部分教师作了调整，并重点调整充实各科的骨干教师。3月初，分院专门召开了各科责任教师会，进一步研究探讨在职干部函授教学的特点、规律，研究解决如何从教和学两方面提高教学质量。会后，分院又组织了各科任课教师备课会。

三、加强对教师的培训。分院特请刘炳瑛教授向部分教师、特别是近两年走上讲台的青年教师讲授了如何备好课和教好课的经验。

四、加强对课堂情况的检查。从3月中旬至4月中旬，分院领导和教学科、视导组的同志一起，分头深入到课堂听课，实地考察学区、辅导站的教学组织和教学工作。共深入到3个学区、15个函授工作站的21个教学点，共44个教学班。随后召开了教学工作会，对考察的情况进行了通报，对好的办学单位进行表扬，对问题较多的单位进行了批评，并责成他们限期解决存在的问题。

五、拟定《教师工作规定》。为更好地全面规范教师的工作，分院从工作实际出发，拟定了《教师工作规定》，对教师的聘任条件、职责、任务、考核和奖惩等方面作出了具体明确的规定，并将从下学期起在全分院实行。

加强宣传报道工作 扩大党校函授影响

重庆分院

分院非常重视对党校函授，特别是重庆市党校函授教育的宣传报道工作。分院不仅认真编写自己创办的《渝函通讯》，还积极组织职工向总院院报、《函授快讯》，以及市党校校报投稿，充分利用各种宣传渠道，及时宣传和反映重庆市党校函授工作中的新面貌、新经验、新问题。几个月以来，分院编辑出版了两期《渝函通讯》——包括一期函授评估专集，被总院院报、《函授快讯》采用稿件4篇，重庆市党校校报采用8篇——包括4月份的函授评估专版。同时，为配合市党校校园网站建设，分院制作并多次更新了分院网页，及时、准确地在因特网上反映了分院办学的新成果、新情况。宣传报道工作树立了市党校函授良好的社会形象，使社会上对党校函授教育有了更深入、更客观的认识，收到了良好的社会反响。

以分院建设为重点 加强办学队伍建设

成都军区分院

一、调整、充实和加强各级领导干部队伍、管理人员队伍和师资队伍这三支队伍。分院在去年教育质量检查评估中调整、充实学区和辅导站两级领导班子的基础上，再次对各学区和辅导站逐个弄清情况，凡因工作调动和其他原因出现领导班子空缺的情况，立即建议各学区、辅导站所在单位领导予以充实填补，尽管部队干部变动大，调动频繁，但仍做到“一个萝卜一个坑”，半年来，计填补空缺共6人，彻底解决“有人管”的问题。

对于各级管理人员队伍，则强调按办学规模配齐管理人员。如昆明某学区本是一个较大的学区，因某种原因，长期由一个专业军士操作日常工作，自评估和顺德会议后，他们便立即按要求增调增聘了4人参与日常工作，工作质量大大提高。为进一步解决“管得好”的问题，分院、学区和辅导站三级领导还从地方选聘思想好、作风正、懂教学、会管理的离退休教师和干部从事教学管理工作。目前，在全院专职和兼职管理队伍中，80％以上具有高、中级技术职称和大专以上学历，管理队伍素质有了明显提高。

对师资队伍建设，分院积极开辟师源渠道。一是在各地高等军、地院校中择优选聘专业对口、教学经验丰富的教员担任授课教师。这是择师的主渠道。目前，全分院已建立起一支水平较高且相对稳定的500余人的专兼职教师队伍。上半年，分院与有关高等院校领导协商，在选聘工作上更加稳重，受学员欢迎的老师增多。另一个渠道是利用部队人才优势，挖掘内部潜力，建立一支“内部”教师队伍。这不失为一种管长远、固根本、求发展的重要路子。某个师团，他们从部队中精选出具有本科以上学历，又懂一门专业知识的干部集中培训，请地方专业教授给他们讲课，通过短期培训，从中挑选出优秀者担任部分课程的兼职教员，余者则任辅导员。这不仅有利于安排教学活动，减少工学矛盾，且大大激发了学员的学习热情。

二、加强对各级管理人员队伍的培训工

作，努力提高管理队伍素质。成都军区分院各部队函授教育的管理工作相当部分是由政治机关的同志兼职担任的，因部队干部流动性较大，难免出现管理业务不熟悉的情况，对这支队伍进行不断培训乃当务之急。分院采取以会代训、会训结合的办法，每年都要对他们进行两次培训，组织学习各种管理条例和胡锦涛同志关于函授教育的历次重要指示，以增强他们的服务意识和业务管理能力。这已形成分院管理工作中的一个固定模式。今年 4 月，分院就召开了一次由各学区负责同志和学籍管理工作人员参加的业务培训会议，除研究招生工作、学习考务规章外，还学习了如何管理学籍和上报各种数据的技术要求，实行严格的科学化与规范化管理。

三、建立常年性的每周半天的政治、业务学习制度。组织分院全体管理人员学习政治理论、政策法规、科技手段，提高政治、业务素质，以逐步达到“内强素质，外树形象”的要求。

四、在各级组织和管理人员队伍中建立长期性的激励机制。每年分院结合年终工作总结和专项工作总结，及时评选表彰工作实绩突出的先进单位和先进个人。去年年终工作总结就表彰先进学区 5 个、先进辅导站 13 个、先进个人 27 人，并分别授与奖金、奖旗。另外，分院还通过院办《函授通讯》及时介绍先进经验，表彰先进典型，推动分院函授教育管理工作的发展。

五、注重基础设施建设，加大投资力度。分院除有一幢 10 多间装修较好且设施齐全的办公楼外，今年初，又新装修学生处办公室 1 间，更方便各学区来分院办事。各学区亦根据发展情况，去年一年就投资 200 多万元，新添了微机 47 台、复印机 2 台、传真机 7 台、教室 35 间、桌凳 1900 套。现分院所属 16 个学区、100 余个辅导站，普遍配备了教学保障车辆、电话、传真机、复印机、电脑等办学设备。

六、强化会议制度建设。分院长期坚持每周星期一上午两个小时左右的各处室工作汇报研究会，使分院各处、室工作保持协调而健康地运转，整个分院工作形成一个忙而不乱、运行有序的有机整体。

认真进行教育评估工作

总参分院

总参分院的教育评估工作从 1998 年第四季度开始，至今年上半年，各学区已经陆续搞完。去年第四季度以来，分院在原来检查验收的基础上，又对通信指挥学院、外国语学院、电子工程学院、炮兵学院、工程兵指挥学院、西安通信学院、蚌埠坦克学院、总参三部、总参陆航局、北京机械士官学校、长沙炮兵学院、长沙工程兵学院、宣化通信士官学校、武汉军械士官学校等 14 个学区的教育评估情况进行了检查。在此基础上，今年 5 月，分院集中一周时间，对各学区进行分类排队，并进行了自查自评。

从检查了解的情况看，分院和学区对教育评估高度重视。一是普遍成立了领导小组，由主要领导同志挂帅，抽调宣传纪检、政教室领导同志参加，下设教育评估办公室，统一负责评估的计划安排，组织实施、检查验收工作。总参分院制定下发了教育评估征求意见表，要求各学区在自评的同时，实事求是地给分院评估打分，提出意见和建议。为全面了解各学区的情况，分院制定下发了《总参分院教学管理人员情况表》、《总参分院函授教师名册》和《总参分院办学条件统计表》等，对全分院的办学质量和办学条件进行了全面调查。许多学区还通过开座谈会、问卷调查、走访等形式，广泛听取各方面意见，按照教育评估指标体系，逐项对照检查，评估打分，群众发动比较充分。二是实事求是，抓住重点进行评估。分院和学区重点抓了三个问题：即办学指导思想问题、教学管理问题和考风考纪问题。各学区在充分肯定成绩的同时，也找出了不足。如：有的学区执行“军地不得交叉招生”的态度不够坚决，措施不够得力；有的教学点教学课时不够，学员到课率达不到要求等等。针对这些问题，分院和学区普遍制定了整改措施。三是边整边改，促进工作。在办学指导思想方面，抓住过去长期存在的“军地交叉招生”问题，采取了两方面的措施，一方面加强思想教育，用“三讲”的要求，引导大家自觉把执行“军地不得交叉招生”的规定提高到讲政治的高度来认识；另一方面，在具体工作中加强了对报名和入学资格的审查力度，对那些不符合总院和全军函办要求的招生对象严格把关，有效地保证了生源质量。在教学管理方面，认真贯彻“从严办学，质量第一”的办学方针，对个别管理不严、工作不到位的现象进行了严肃处理。比如，重庆通信学院学区有一个考场管理不严，分院决定该学区停招一年，进行整顿。在组织建设方面，按照总院的有关规定，进一步健全了机构，充实了人员，有的学区对个别责任心不强，不适合搞党校函授的工作人员进行了调整。在制度建设方面，分院根据总院新版《管理制度汇编》的精神，对《分院各组职责》、《分院教学管理规程》、《学区教学工作程序》、《分院学籍管理制度》、《学区考试工作程序》、《分院视导组工作规程》等六项规章制度进行了修订，并制定了《关于执行〈考务管理规程〉的具体规定》。各学区也从本单位实际出发，制定了相应的办法和规定，从而使党校函授教育的管理工作更加制度化、规范化。

突出党校特色
加强党性教育

铁道部分院

各学区重视党性教育，进一步在“实”字上下功夫，使党性教育更加扎实地进行。主要表现：第一，分院各级领导班子成员和广大工作人员通过“三讲”教育，加强马列主义、毛泽东思想和邓小平理论的学习，提高认识，统一思想，进一步树立搞好党校函授工作的信心，丢掉“怕”字、“难”字，严格要求，大胆管理，以自身模范行为影响带动学员，涌现了一批忘我工作、无私奉献的先进典型。第二，注意从教学和管理两个渠道对学员进行教育。教学上主要通过课堂教学对学员进行邓小平理论、党的宗旨和路线方针政策以及世界观、人生观、价值观的教育。在管理上，各学区普遍抓了入学教育；建立健全班级临时党支部和班委会，研究解决班级存在的思想问题；组织学员中的党员过好组织生活；进行革命传统教育和时事政策教育，开展学习、考察、调研等社会实践活动。济南学区组织学员参观党史陈列馆、历史博物馆，为革命烈士扫墓；广州学区组织学员参观东莞监狱，形象深刻地进行反腐败教育；上海学区发动学员捐衣救灾，向重病学员捐款献爱心等等；许多学区还在学员中深入开展批判“法轮功”邪教组织的活动。第三，强化了党性锻炼的考核机制。各学区对学员党性锻炼都制定了考核办法，大都分定性定量两部分。同时由班组、班委或临时党支部、班主任对学员的表现给予鉴定，考核结果反馈到学员单位和干部部门。党性教育制度的完善和实施，有力地推动了党性教育活动开展。

加强教学管理
提高面授到课率

铁道部分院

各学区、辅导站通过培训师资、集体备课、教学观摩等形式，加强了教学管理，提高了面授课的质量，取得了很好的效果。广州学区实行了填《教学日志》、《课堂日志》和《评议意见表》的办法。《教学日志》由任课教师填写，把每节面授课的具体章节、课堂反映、学员要求、布置的作业，认真记入。每学期检查一次，作为考核任课教师的考核内容。《课堂日志》由班主任填写，把各次面授的课程、章节、学员到课情况、缺席者、学员反映，布置的作业记入，以便存查。学员座谈会，教学评议会，对教学的反映记入《评议意见表》，以便分析教学情况，反馈给任课教师，收效很好。兰州学区组织教师、函授工作人员学习《教育学》、《心理学》、《现代教育管理》、《系统科学概论》，提高大家心理教育素质和教育管理素养。还开展自我评教、相互评教和公开评教活动，调动个体和整体的积极性，搞好教学。太原、沈阳分局辅导站把授课质量同讲课津贴、奖金挂钩，学员给任课教师打分，教研室评议核定，确定授课质量档次。优秀者给予奖励，末档末位扣除当月奖金和部分授课津贴。

随着铁路改革的深化，减员增效的实施，学员的工学矛盾突出，学员到课率有下降趋势。针对这一情况，各学区、辅导站采取多种形式，如：主动与学员单位联系，争取单位的支持；发挥班委会、班级临时党支部和班组长的作用。有的学区还召开解决工学矛盾的专题研讨会，召开以妥善处理工学矛盾为主题的班会，交流经验。在此基础上，各学区都严格落实总院、分院的要求，加大了面授课管理力度。所采取的主要方式有：考勤点名、领卡听课，学员到课情况上墙公布，通报所在单位；缺课1/3以上，不准参加期末考试。此外，各学区、辅导站，都建立了补课制度，作为对学员缺课的弥补。不少学区还采取了设教学点、积极主动送教上门的方式，如沈阳学区的沈阳、通辽、锦州三个辅导站就设置了8个教学点，天津、银川辅导站各设了4个教学点。教师虽然辛苦，但学员可就近听课，对缓解工学矛盾、提高到课率起了很大作用，深受学员和学员单位的欢迎。各学区还按照自学为主的原则加强了自学指导工作。兰州、上海学区制定实施了自学管理办法。济南学区采取预习新课提前交作业的方式，解决学员课前预习和自学检查的难题。东北区视导组还在深入调研的基础上，提出了加强自学的十项措施。

教育评估工作成效显著

空军部队分院

分院的教育评估工作已于今年3月底结束。分院首先成立了坚强有力的领导班子，制定周密可行的实施方案。总院、全军函办关于开展教育评估的通知下发后，分院领导非常重视，认真组织机关教管人员进行学习，统一思想认识，把搞好教育评估作为贯彻胡锦涛同志关于加强党校函授教育的指示，促进分院建设，提高函授教育质量的重要举措。分院提出了以评估工作为主导，加强办学队伍建设，强化教学管理，全面扎实地提高办学质量的总体思路。并结合分院的特点，制定了周密可行的评估实施方案。第二，明确了教育评估的指导思想，细化了教育评估标准，确定了评估工作的重点。分院的教育评估的指导思想是：严格贯彻执行总院、全军函办的指示、要求，通过评估进一步提高各级办学人员，特别是领导成员对教育评估工作的认识，端正办学指导思想，提高办学水平，确保质量，使分院函授教育再上一个新台阶。分院按照上级的要求，结合自身实际，对评估标准进行了细化。第三，先行试点，总结经验，典型引路，全面展开。分院的教育评估工作共分为三个阶段进行。1999 年 2—4 月为评估辅导站阶段；8 月前为评估学区阶段；9 月—2000 年 3 月为分院评估阶段。分院首先在兰空一学区进行评估试点，然后总结并转发他们的评估经验。为保证评估工作的顺利进行，分院在下发实施计划、方案的基础上，又根据各阶段的进展情况，先后五次对评估工作提出具体要求，还先后两次派出 8 个检查组，对 12 个学区和 36 个辅导站的评估工作进行检查验收。第四，以评估工作为主导统筹安排各项教学工作。1999 年初，分院提出了要以评估工作为主导，狠抓办学队伍建设，加强教学管理，全面提高教学质量的总体思路。按照这一思路，各级均用评估标准对照检查工作，肯定成绩，查找存在的问题和薄弱环节，制定整改措施，使分院、学区和辅导站的组织建设与软、硬件建设上了一个新台阶。

根据总院教育评估工作的部署和全军函办的计划安排，今年 6 月 7、8 日总院欧亚平副院长、史信发等同志；总政宣传部王峻岩副局长等对分院的教育评估工作进行了全面检查验收。他们先后听取了王聘明副院长关于分院教育评估工作的汇报；观看了《中函空军部队分院简介》录像片；参观了《中函空军部队分院教育评估展览》以及微机教室、语音教室、资料室等；查阅了教案、考勤登记、学员作业、优秀论文、问卷调查等实物资料。考察了《教员备课支撑系统》软件在教学中的使用效果；抽查了各类档案资料等。最后，欧亚平副院长、史信发同志和王峻岩副局长分别对分院的教学评估以及整个教学工作进行了讲评，对空军部队分院的教育评估乃至整个教学工作给予了充分的肯定和较高的评价。他们一致认为，空军部队分院的评估工作搞得认真扎实，思路清晰，工作到位，总结的经验有空军的特点，问题找得准，整改措施具体可行，评估达到了预期目的。同时，他们还指出，空军部队分院的领导得力，队伍精干，体制科学，制度健全，设施完善，是一个先进的办学实体。9 日晚，北京电视台在新闻节目中对上述活动进行了报道。6 月 20 日《空军报》也在头版作了报道。

深化教学改革
提高教学质量

空军部队分院

为落实顺德会议精神，加强分院建设，深化教学改革，提高教学质量，分院重点抓了以下八项工作。

一、改进教学方法，提高学习质量。针对空军部队高度分散，面授时间不易固定和难以保证的特点，以及学区师资短缺等情况，分院已购置全套刻录设备，计划将分院直属学区和某些学区优秀教员的讲课录制成 VCD 教学光盘，然后发放给各学区和辅导站，供教学使用。教学光盘包括教员讲课课件，有关音像、图片资料，复习纲要等内容，现已将分院教学评估的有关情况制成光盘，即将下发学区。成空学区也购置了刻录机，计划复制分院等有关单位制作的教学光盘。

二、加强两支队伍建设，重点抓教员的培训和面授质量。首先，抓了教员的培训。一年来，分院和各学区先后有 18 名教员参加总院以及军地有关部门举办的集训班、学术研讨会，分院还组织教员到浦东等地进行社会调查。其次，分院和学区按照敬院长提出的“精兵强将上讲台，精备细讲求质量，精雕细刻育人才”的要求，都下大力抓了选聘教员、备课、教案审定、试教、面授、辅导等环节。建立了一套严格的管理制度。如沈空一学区建立了“三会一审”制度。“三会”是：在开学前召开教学研讨会、集体备课会、教学观摩会。“一审”是：授课前15天教员的教案必须交学区视导组审批，合格者方能上讲台。直属学区、南空一学区等都建立了机关人员和班主任全程听课制度，及时掌握教学动态。如南空一学区某教员误课30分钟，领导知道后，及时作了通报批评的批示。再次，分院重点抓了班主任的培训。直属学区在开展“优秀班主任达标”活动的同时，加强了班主任的培训，去冬今春两次集训了班主任。南空一学区还给班主任配发了《教学日志》、《班主任手册》。要求班主任严格填写每次教员讲课的课程名称、日期、内容、授课时数、效果，以及学员出勤及听课、注册、变更情况等。《手册》、《日志》两个月一收一查一统计。与此相配套，建立了班主任工作考评制，除对班主任岗位职责、学期任务逐项考核外，重点考核其管辖班的面授出勤率和考场违纪率。

三、统一和规范开卷考试课的教学。为提高开卷考试课程的教学质量，分院组织教员集体备课，并要求写出讲课提纲发给各学区。上半年所有开卷考试课，分院都统一印发了讲课提纲。为了检验教学效果，分院抽查了97级大专班《社会保障概论》教员评阅后的试卷，每个学区寄学号相联的10份试卷（因开卷考试课由学区评卷）。检查结果证明，凡是认真按提纲进行面授、学员参加听课的学区学员的成绩就比较好，反之则较差，虽然是开卷考试也有不及格的。今年下半年，分院除下发开卷考试课的讲授提纲外，还将下发录音带和光盘。力争将开卷考试课的教学质量再提高一个层次。

四、提高自学环节的质量，加大了对学员自学的指导和检查力度。各学区都建立了教员、班主任、机关人员三方齐抓共管制度。教员讲课前，检查学员自学情况，课后布置自学内容；班主任督促学员制定自学计划，并定期检查和讲评自学情况；学区、辅导站工作人员，不定期的运用书面测试方法，检测学员自学情况。检测表由分院统一制作，并在南京二学区进行了测试。测试结果表明，大部分学员课前没有认真自学教材内容。这次测试在学员中引起了震动。总院、全军函办教育评估验收小组对该测试方法给予了较高的评价。

五、改进教学手段，提高面授质量。直属学区等，在面授时，改变了靠一块黑板一支粉笔讲课的局面，将多媒体等现代化教学手段引入教学，增大了面授的信息量，以及可听、可视性和趣味性，从而有效地提高了授课质量，受到了广大学员的欢迎。为鼓励教员运用多媒体手段教学，直属学区提高了用这一手段进行讲课教员的报酬。

六、提高串讲质量，加强对能力的培养。为指导学员系统掌握所学课程内容，加深对重点内容的理解，培养学员运用所学知识分析现实社会问题的能力。每门课程面授完后，授课教员都对所教课程进行了串讲，帮助学员进一步把握重点、难点、热点问题。不少教员为了提高串讲质量，多次直接找教材主编和专家请教有关问题。分院已将部分高质量的串讲课制成录音带或提纲发给学区使用。

七、走出去，请进来，开阔学员视野，提高学员的综合素质。一年来，部分学区在教学过程中，增加了社会实践等活动。采用请进来，走出去的办法，使学员学到、听到、看到了在课堂里学不到、听不到也看不到的信息和活知识。例如南空一学区，为了使函授教学尽可能地贴近社会，贴近现实，更好地帮助学员理解“依法治国的关键是依法行政”的道理，他们请南京大学法学院的专家开设行政法讲座；为了使学员了解社会主义市场经济条件下企业的改革与发展，他们组织学员到南京市溧水金蛙农用车厂参观，并就现代企业制度和东部企业如何应对西部大开发等热点问题展开研讨。直属学区也组织教员和管理人员到北京市房山县韩村河参观。上述活动对提高素质教育质量起到了积极作用。

八、在教管人员中广泛开展学术研究。去年下半年以来，分院组织教管人员积极开展学术研究，涌现出了一批科研成果，有25篇论文被评为优秀论文，其中，有7篇被收入总院的科研文集。分院还编辑出版了优秀论文集。今年分院已拟定22项科研课题发给教管人员，供他们选题参考。年底分院将召开学术研讨会。

完善师资学科结构
努力提高师资素质

北京市工业党校分院

随着党校函授教育事业的不断发展，分院师资队伍学科构成的不适应性也时有表现，如法律等学科的师资力量就感到不足，必须采取相应措施，使分院师资队伍的学科结构得到进一步改善和加强。首先，分院本部给出许多优惠条件，从名牌大学、科研单位和实际工作部门选调短缺学科的骨干教师充实教师队伍，去年选调的法律教师经试讲后，在2000年上半年被正式聘用，经随堂听课、学员问卷调查、召开学员座谈会等形式，证明教学效果不错；其次，借评估机会，分院对本部及所属学区的师资力量进行了一次全面系统的调查和统计，建立了分院的专职教师师资库，依据各学区和直属辅导站所开设的专业，统一调配教师，依托办学网络的优势最大限度地利用教师资源；第三，对依据精选、补缺、权威、效能的原则，在教学实践中建立起来的兼职教师队伍，分院重新进行了任职资格审定和登记。经过认真细致而扎实的工作，基本完善了分院教师的学科结构，总院评估检查验收专家组对此给予了高度评价。

在完善教师学科结构的同时，分院还特别注重以各种方式提高教师的素质。分院每学期都要按教学需要组织备课会，教师开新课一律经过试讲，每学年召开一次教学研讨会，每学期开展一次为期三周的期中教学检查，采取随堂听课、学员问卷调查、召开学员座谈会等形式，检查教师授课质量。同时，分院还依托北京市经济管理干部学院的办学优势，对教师进行知识更新和拓展培训。北京市经济管理干部学院仅1999年一年，就受国家经贸委委托举办全国千户重点企业、北京市及外省市大中型企业领导干部的高中级工商管理培训班26期，举办全国中小企业工商管理培训师资班12期，讲课教师除了来自国家经贸委、国家科技部、中科院等部门的高层领导和专业人士外，还有北大、清华、人大的专家和学者。为此，分院要求本部教师至少跟随上述培训班各听课一期，学区、直属站及外聘教师则依据专业分类组织到场听课，因各种原因不能到场的，则须听录音或看录像。这一举措，极大地激发了教师的求知欲望，开拓了教师的视野，对于提高教师的学术水平和教学能力，提高教师的综合素质起到了积极的推动作用。在总院评估检查验收专家组召开的教师座谈会上，分院的教师爱岗敬业、蓬勃向上的精神状态给他们留下了深刻的印象，他们对于这样一支富有战斗力和创造精神的教师群体再三称道并给予“人气旺”的高度评价。

贯彻落实顺德会议精神 取得实效

湖南分院

去年11月顺德会议以来，湖南分院贯彻会议精神，以强化自身建设为重点，工作上实现了“五个一”的突破：

一、省委副书记兼省委党校校长第一次参加党校函授工作会议。去年12月，湖南省委党校校委决定以省委党校名义召开全省党校函授工作会议，贯彻总院顺德会议精神。省委党校全体校委和各处室主要负责人、全省各地市县委党校校长、函授学区主任和地市组织部干教科长出席了会议。省委副书记兼省委党校校长郑培民同志亲自出席了大会开幕式并作了重要讲话。与会人员共240多人，这是湖南1987年开办党校函授教育以来规模最大、级别最高的一次大会。省委领导亲自参加函授工作会议，不仅提高了党校函授的声誉、扩大了函授的影响，而且为广大函授工作人员鼓了劲，使去冬今春的招生发动工作搞得比任何一年都扎实，面对成人教育的激烈竞争，今年中函本科班的报考人数反比去年增加了3000多人。

二、省会新闻媒体第一次报道湖南分院的重大活动及办学成就。顺德会议后，面对成人教育激烈的市场竞争，湖南分院重视形象工程，加大宣传力度。去年12月召开工作会议时，邀请了省会7家新闻单位采访报道了会议盛况。1999年12月19日至2000年元月13日，在不到一个月的时间内，仅《湖南日报》对湖南分院的工作就连续发表了两次消息和一次办学成果综合报道，产生了很好的社会影响。

三、第一次配齐了分院领导班子。中函湖南分院与湖南省委党校函授学院两块牌子，一套人马，专职负责人虽几经易动，但只有1—2人，始终未配齐。去年年底，校委下决心配齐函授班子，新选调了两名懂教学会管理的副处级干部到函院任副院长，使函院专职负责人第一次配备了3人，且3人都有副高职称，平均年龄下降了7岁，改善了院领导班子的专业结构和年龄结构。

四、第一次健全了内设机构。湖南分院是中函与省函两块牌子一套人马，原来按办班层次分设中函科与省函科，造成职能重叠、业务不专，影响工作效率和工作质量。去年11月，校委决定撤销中函科和省函科、按工作性质改设招生考务科和教务科，并增设了教材科，健全了视导组，使内设机构由办公室，招生考务科、教务科、学籍科、教材科、研究生办、视导组和直属学区等8个科室组成，能适应工作的需要。

五、省委党校下发了第一个专门指导函授工作的文件。为贯彻顺德会议精神，省委党校校委经反复讨论，发出了《中共湖南省委党校关于进一步提高函授教育质量的意见》，文件发至县级党校，对如何进一步提高党校函授教育质量提出了8方面的具体要求，并明确了各级党校一把手是函授教育质量的第一负责人。文件受到各市县党校的高度重视。

以教学为中心 深化教学改革

上海分院

一、转变教育观念，强化素质教育的意识。江泽民同志在第二次全国教育工作会议上发出了全面推进素质教育的号召，面对新形势，党校函授教育必须积极进行教育改革。根据中央党校面向21世纪“加强理论武装、开阔世界眼光、培养战略思维、加强党性修养”的教改总体布局和上海市委党校制定的五年整改规划，努力使函授教育既坚持党校特色又符合国家高等教育的标准。因此，全面加强和改进理论教育、知识教育、党性教育和能力教育，坚持以思想政治素质教育为重点，着重培养学员的创新精神和实践能力。在面授中逐步实施启发式、研讨式的教学方式，在考核方式上也建立合理的综合性的考核评价体系，逐步推行学分制和学制弹性制度。

二、加强和改进教师备课工作。组织教师在提高备课质量上下功夫，改进备课方法，积极大胆地实行研讨式备课。加强和提高集体备课的质量；在以市委党校学科骨干教师为主的基础上，继续引进竞争机制，对备课组长实行定期考评，优胜劣汰。

三、组织有关专家编写乡土教材。根据上海改革开放和现代化建设的实际，逐步编写出若干本具有上海干部教育特色的函授教材。

四、加强函授教师的选聘和培训工作。下半年开始建立师资档案库，逐步形成上海党校系统函授大师资的队伍，做到优势互补，资源共享，以满足函授教育的需要。同时，有计划地通过引进、培训渠道尽快解决有些学科师资力量不足的问题。利用暑期分批对函授各门学科的任课教师进行培训，并对考试合格者颁发《合格证书》，试行持证上岗制度。争取在2002年内完成主要学科的师资培训，对主要学科全面实行持证上岗制度。

重视加强师资管理

南宁分院

一、坚持教师轮训制度。分院有计划有步骤地选派教师参加师资培训班、备课会和教学观摩研究活动。今年5月下旬，分院组织全校教职工参加了为期4天的培训，听取了南宁市委书记李克同志、市长林国强同志、市委副书记李康同志以及中央党校、复旦大学、广西大学三位教授所作的相关报告，拓宽了知识面，提高了理论水平。

二、坚持新老教师传帮带制度。传帮带制度是培养年轻教师的有效途径，几年来已取得了明显效果。如大专经济管理专业开设的《工业企业经营管理》这一门课，由一名具有丰富教学经验的骨干教师带领，经过两年的精心培养，两名讲师能独立走上讲台，学员们反映教学效果良好。法学教研室针对年轻教师占多数的状况，由新老教师之间结成对子，认真进行传帮带，为年轻教师走上讲台尽职尽责。

三、加强对老师的考核力度。为保证正常上课秩序，进一步强化了教师听课、缺课、上课迟到的考核制度，规范了调课程序，每次上课均有教务人员严格考勤。分院规定每学期教师听课不得少于24节。每学期初和期末各教研室主任检查科室教师教案各1次，并提出书面总结意见，分院领导再加以抽查。1999年12月，教师工作考核实施方案重新修订，提高了对教师科研数量及质量要求，并结合教师授课数量和质量内容，每年评出优秀、称职与不称职三个等级。不称职者不聘用，逐步形成了优胜劣汰的竞争机制。

从严管理　狠抓落实

北京市公安局分院

半年多来，分院认真领会中央领导关于函授工作的指示精神和顺德会议精神，围绕教学质量，狠抓落实，取得了比较明显的成效。

一、在规范办学方面。一是健全了分院的管理机构，依照函授管理工作的实际需要，在分院下设了函授办公室、学籍管理办公室、视宣办公室、考务办公室、教学办公室、论文办公室、学员管理办公室，并合理确定各职能部门的职责、权限，充实和配备了有一定学识水平和函授工作经验的干部、教师，从事函授管理工作，使提高函授管理水平有了组织和人员上的保证。二是在分院已有的管理制度汇编的基础上，按照总院要求，结合分院实际，相继出台了若干制度性规定，如"辅导站考试工作和监考员工作目标管理考核百分评定标准"、"论文答辩工作程序"、"监考工作责任制的规定"、"论文行文格式的规范要求"等等，使函授教学进一步规范化。三是加强班主任和辅导员培训，使他们进一步明确职责要求、工作规范和要领。半年之中，分院先后组织了三次辅导员和班主任培训，就辅导员如何批改作业、如何答疑、如何组织考前辅导以及班主任应了解和掌握的有关管理制度等，进行学习、研讨，交流经验和体会，收到了较好的效果。四是继续加大函授办学投入，改善办学条件，规范办学设施。如海淀分局辅导站投资30万元建立了设施齐全的培训中心，改善了函授教学的条件。另外，一处、石景山分局等辅导站，也相继翻新和装修了教室，添置了函授教学设备，为规范函授办学创造了良好的条件。

二、在从严管理方面。首先，巩固评估成果，落实整改措施，加大下站检查力度，对到课率、补课率进行严格控制。对缺课达2次的学员一律取消参加期末考试的资格。5月，分院对部分辅导站组织学员上课及到课率情况进行了检查，发现有不少单位课堂秩序不好、到课率低的问题后，于5月24日召开了有辅导站领导参加的工作会议，通报了情况，提出了要求，并下达了文件通知。6月，分院为了检查各辅导站对会议的贯彻落实情况，专门组织三个巡视组对所属辅导站进行了普遍检查，这次检查采取了事先不通知，按照各辅导站的教学安排，每个辅导站检查2次，取平均到课率值的方法进行的，共检查了18个单位33课次，通过检查发现绝大多数的辅导站对5月分院的工作会议是重视的，按照分院的要求狠抓落实，全分院94%的单位课堂秩序良好，许多辅导站学员到课率达到80%以上。分院及时将检查情况上报市局并在全分院进行了通报，责成到课率低于70%的辅导站集中补课，同时提出整改措施，上报分院。对于到课率最低的消防局辅导站，分院要求其写出检查上报分院。

其次，在从严管理方面，分院采取新举措，严把考试关。总院评估之后的第一场考试是2000级招生考试，为体现评估成果，落实总院对考试的通知要求，使学员从入学开始就对函授学习形成正确的认识，分院采取了一系列新措施：一是深入动员，开好"四个会"，即：召开校长办公会，听取分院领导对考试的安排意见，强调了从严治考的各项要求；召开分院办公会，具体研究考试实施方案，对考场准备、监考员培训、巡视组的组成、试卷运送与保管等各个环节的工作进行分工，明确任务；召开考务会，组织各辅导站领导参加，就辅导站如何做好服务保障工作和对考生做好深入细致的思想工作提出要求；召开监考工作会，学习有关监考文件和对作弊学员的处理决定。每次会议都有领导参加进行动员，提要求，确实做到了领导重视，动员深入，要求具体，为做好招生考试工作打下了基础。二是层层签订责任书，实行考试责任制。三是从严治考，严肃考风考纪。在考试过程中，分院要求各考场严格执行统一存放考生物品和考场设置必须符合规定的要求，监考员要勤动多看，相互配合，从严把握作弊标准，凡是有夹带纸条的，一律按作弊论处。本次考试共查出23

名考生夹带纸条，全部被当场取消了考试资格。四是加大巡视力度。在本次考试过程中，组织了4个巡视小组，明确分工，分片包干，现场对考场和监考员进行打分评定，对查出的问题当场处理，立即纠正。经80多场次的检查评比，20个考点中有16个达到了优秀标准，4个达到了良好标准，使考试的组织工作上了一个新台阶。

再次，在从严管理方面，严把论文关。针对以往在论文工作中存在的问题，今年，分院根据总院《毕业论文工作规定》要求和学校的实际情况，制定了“毕业论文工作规程”、“论文书写格式要求”、“毕业论文答辩程序”、“论文指导教师指导意见用语要求”等等，并印制了相关的配套表格、式样等，发给学员、全体指导教师和答辩委员会成员，使大家进一步明确了毕业论文的工作规格要求。为增强论文指导教师的责任意识，分院还采取收验指导教师指导、修改的论文原稿的办法，评价和掌握毕业论文的指导情况。在整个毕业论文的考核过程中，分院严格执行总院的要求，严格掌握论文首次答辩的不通过率。在97级大专毕业论文工作中，首次不通过的学员达到128名，占学员总数的9%，有17名学员第二次答辩仍未通过。从而有效地保证了毕业论文的质量，也使得毕业论文更好地发挥了全面考察学员学识水平和能力的作用。

三、在注重教学质量方面。半年多来，分院相继采取了一系列措施。一是严格选聘面授教师，保证面授质量。在充分依托中央党校雄厚的师资力量开展函授教学的同时，分院还在北大、人大、中国政法大学、国家行政学院、社科院等单位，高薪聘请了一些知名的专家、教授担任函授课程的授课教师，受到了学员的普遍欢迎。同时，分院还努力创造条件，不断扩大面授范围，本学期在东城、交管局、通州等4个辅导站开辟了面授点，收到了良好的效果。二是围绕进一步提高课堂授课效果问题进行专题研讨。5月24日，分院召开所属辅导站和部分教学联系点共31个单位的35名函授教育负责人会议，对如何认真组织听课，提高课堂授课效果进行了专题研讨。通过研讨，大家对总院、分院关于加强课堂教学组织与管理的要求、规定有了更加明确的了解和认识，并就应着手采取的有关措施达成了共识。三是积极参与总院的教材建设。李汝川副校长担任函授本科班《刑法总论》、《刑法各论》两本教材的主编。同时，分院还承担了函授大专班《刑事侦察》课程的教材编写和配套的教学录像带的摄制。

运用多种会议形式
落实顺德会议精神

安徽分院

安徽分院运用多种会议形式，落实顺德会议精神，1999年11月，他们由省委党校校委主持召开了1999年党校函授教育研讨会，部分市（地）、县级党校的常务副校长和分管副校长及分院负责同志共聚一堂，就教育改革形势下党校教育发展的思路和对策；党校函授教育与校内主体班次教育之间的关系；函授招生政策中规定的招生对象、条件和学历层次要求；党校函授学制、专业设置、课程设置与考核方式的改革；中央、省、市（地）、县四级党校联合办学的管理模式和教学方式；如何进一步争取各级党委及有关部门支持等一系列问题进行了深入的分析和探讨。

1999年12月中旬，召开了以“加强办学主体建设，全面推进素质教育”为主题的省、市（地）、县三级党校函授教育工作会议，全省24个市（地）级党校（学区）、79个县级党校（辅导站）的常务副校长或分管副校长和函办主任、省委党校校委及分院负责同志共160余人参加了会议。会议传达了中央党校1999年函授教育工作会议的基本情况和主要会议精神，并由省委党校常务副校长金巨保作了题为《加强办学主体建设 全面推进素质教育为新世纪安徽的腾飞培养高素质的干部和人才》的主题报告。与会代表一致认为，通过这次会议，进一步提高了对胡锦涛同志重要指示的认识，坚定了函授教育的办学方向；进一步认清了函授教育的形势，增强了办好函授的信心和紧迫感；进一步提高了对强化素质教育重要性的认识，明确了函授教育改革与发展的思路。

2000年4月10日，安徽分院组织召开了全省党校2000年函授招生考务工作会议，研究部署跨入新千年后的首次招生、考试等相关事宜。省委党校常务副校长金巨保，副校长、分院院长王树勤，副教育长、分院副院长刘潞分别从几个不同方面就函授招生、考务工作及今后的教学管理问题作了讲话。会议认为，新的形势对党校函授教育的发展将是一次更为严峻的考验，广大函授工作者要时刻保持清醒与冷静，严格执行总院各项规章制度，认真贯彻胡锦涛同志的指示精神，变压力为动力，变挑战为机遇，切实做好各项工作，确保新生质量，维护党校函授教育的良好形象。

6月30日，分院又组织以省委党校8个教研部为主体的20余名硕士、博士和副教授，围绕“第三代中央领导集体对邓小平理论的新贡献”召开了青年教师理论研讨会，得到了省委党校校委和广大青年教师的热情支持和响应。省委党校副校长林世昌参加会议并讲了话。这次研讨会旨在通过理论研讨的形式搭建一个供科研人员直接对话的平台，活跃学术氛围，增进学科协作，交流科研信息，提高教学质量。会议突出了科研的党校特色问题，对党校函授教育的一些相关问题也进行了广泛的交流和探讨。

以教学为中心 加强函授建设

安徽分院

按照中央党校有关精神，省委党校和分院制定了办学主体建设三年规划和年度计划。根据既定部署，分院完成了微机管理、档案管理、考务管理等多项人员培训工作；进一步加强了教学计划管理，及时检查学区、辅导站的教学具体安排和教学进度；进一步完善教师聘任制，对面授教师的选聘进行制度化的审核审批，明确规定，大专班面授教师由承担办班任务的学区选聘、审批，并报分院备案。本科班面授教师由承担办班任务的学区选聘，报分院审批，并报总院备案。领导干部班和领导干部在职研究生班的面授教师，须由分院选聘，报总院审批、备案。函授教师队伍以党校系统骨干教师为主，要求政治过硬，业务熟练，经验丰富，科研成果显著，热爱党校函授教育事业，并能严格执行各项规章制度；分院积极组织函授备课会议，分别于1999年底和2000年初在马鞍山和合肥召开了党建备课会和《工业企业经营管理概论》备课会；为深入学习和领会十五届四中全会的精神，落实总院关于在函授教学中贯彻“三基本”、“五当代”教学体系的要求，进一步提高教学质量，分院在1999年12月与教务处等联合举办了为期两周的全省党校函授系统师资培训班，53名来自全省各市（地）、县党校的函授教师参加了学习。培训班分别就十五届四中全会的精神，以及“三基本”、“五当代”教学体系的主要内容进行了专题辅导和讲解，并安排了《现代西方经济学》、《国际金融》、《民法学教程》等函授课的教学观摩活动，取得了较好的效果。

目前，全省党校共有专职教研人员2169人（其中正高12人，副高483人，中职927人）；分院和学区一级函授管理队伍中，90%以上具有高、中级职称和本科学历；各地硬件建设均有大幅增长，分院、学区及辅导站电教设备及微机总数达2000余台，电化教室104间，电教工作人员140名，分院已建成信息传送网络，考试、招生、教务、学籍等大量数据，通过网上传输，全省所属各学区与分院定期在网上进行交流。不仅大大提高了数据传递速度，在一定程度上也降低了办学成本。从2000年4月起，分院开始筹划在互联网上建立自己的网页，前期准备工作正在顺利进行。

深化教学改革 完善教学体系

青海分院

青海分院根据中央党校加强理论武装、开阔世界眼光、培养战略思维、增强党性修养的教改的总布局落实“三基本”、“五当代”引入党校函授教学的工作。一方面，认真贯彻实施《青海省委党校关于深化教学改革的意见》，切实改革教学内容，突出党校教育自身的特色。主要是围绕一个中心，搞好三个结合。即坚持马克思主义基本理论的主课地位和党性教育的核心地位这个中心，把“三基本”的教学贯穿于教学的全过程；同时，坚持党的性质、党的宗旨、党的任务的教育，结合党和国家的中心任务，坚持十五大精神和改革开放新形势、新任务的教育；结合学员的思想和工作实际，坚持重大理论问题和热点、难点、疑点问题的教育，使“三基本”的教育真正达到“真学、真懂、真用”的目的，引导学员在改造主观世界和世界观上下功夫。另一方面，坚持“三个面向”，突出素质教育的要求，切实落实“五当代”的教学内容，努力使党校函授教育真正成为学员扩大视野的“窗口”，增长知识的“充电站”，锻炼实践和创新能力的“加油站”。分院的主要做法是，一打破讲授内容多年一贯制的老套套，立足于用马克思主义的基本理论、观点来引导学员观察新世界，掌握新知识、新内容，使学员每一堂课都有新的收获和新的启发；二针对不同培训班次、目的和要求，加大当代世界经济、科技、法制、军事等学科的教学，增加外语，电脑等技能培训的内容，构建新的教学内容体系，使教学内容适应改革开放和现代化建设的实际需要；三结合青海省情，着眼于国内经济发展的新格局，抓住西部大开发的历史机遇，增强教学内容的针对性和实效性，使学员学有所获，学有所成，学有所用，努力提高学员用马克思主义的基本原理观察新世界，解决新问题的实际能力；四在深化教学改革的同时，依托省委党校，重点是抓好省函大专班教材引入“三基本”、“五当代”内容的建设，提高自编教材的编写水平。

并注重教学方法及手段的改革和创新。一是贯彻理论联系实际的教学方针，改进教学方法。针对党校函授教育的办学特点和各班次学员不同需求，坚持“两为主，一加强”的教学方式，坚持自学为主、坚持学员自我管理为主，加强面授课教学。在自学和自我管理方面完善了《青海分院学员自学管理办法》，对学员自学的组织、方法、作业、检查、考核等做出了全面的规定，并切实抓好落实。在此基础上，把搞好面授课教学作为提高教学质量的关键，打破传统的“满堂灌”的单一教学模式，摸索“请进来，走出去”的教学路子，邀请中央党校和高等院校的教授讲课，进行面授辅导。同时，在各班次中继续探索“启发式”、“答疑式”、“案例式”等新的教学模式，重启发、研讨、引导，培养学员独立思考，敢于质疑和发表不同意见的意识和自学能力，培养学员能够运用科学理论和所学知识，分析解决学习和工作中的实际问题，特别是西部大开发和建设中所遇到的实际问题，不断提高教学质量和教学水平。二是适应新的办学形势和条件的要求，积极研究和改进教学方法和手段，发展现代远程教育，学校已实现与中央党校的远程教学网站联网并投入使用。三是建立教学激励机制，完善教学质量评估制度，落实总院“面授教师审批备案制度”，建立“师资库”和编辑“骨干教师名录”等措施；健全了分院师资档案库，为教师的选聘、培训和提高打下了良好的基础，实行跨地区师资配置；坚持教师竞争上岗，以及教学工作成绩考核评估办法，以条件量化，程序规范，综合考评为原则，初步形成了以教学评估，竞争上岗，考核奖励为主要内容的教学竞争激励制度和约束制度，有力地调动了教学人员的积极性。四是为不断提高教学质量，结合学区、辅导站存在的教育质量问题，加强教学检查与监督。组织校内外专家教授，深入学区、辅导站巡回听课，进行评教活动，面对面交换意见，指出缺点，帮助分析存在问题的原因，提出解决问题的途径和办法，有力地促进了基层教学质量的提高。

积极稳妥地推进教学改革

贵州分院

“深化教学改革”是顺德会议的基本主题。党校函授教育是改革和思想解放的产物，没有改革和思想解放，就没有党校的函授教育。在激烈的成人教育市场竞争中，党校函授教育要把握住机遇而不丧失机遇，就必须深化教育改革，全面提高教学质量，否则，就会失去自己生存和发展的空间。在顺德会议上，中央党校领导和总院领导在讲话和主体《报告》中，不仅阐述了深化教育改革的必要性、重要性，而且还阐明了深化教育改革的内容、原则和方针，指明了改革的方向。为了贯彻顺德会议这一基本主题，分院开展了这几方面的工作：一是通过会议、发文件和宣讲等方式，广泛宣传深化教育改革的重要意识，使广大干部员工充分认识深化教育改革的必要性和重要性，树立改革创新意识，增强教育改革的自觉性。二是根据中央党校教学改革的总体安排，结合分院的教育实际，拟制出分院的教育改革的基本思路。改革思路是：改革教育观念，变应试教育为素质教育；改革教学内容，把“三基本”、“五当代”作为今后函授教学的重要内容；改革教学方法，变过去的“填鸭式”、“满堂灌”为“启发式”和“研讨式”；要改革考试命题的内容和方式，变单纯考知识要点，实质考记忆能力变为考核学员的综合素质和实际才能；改革教学手段，大力推广、普及电化教学，积极创造条件，发展远程教学，充分利用现代教学手段。三是找好改革的“切入口”，积极稳妥地推进函授教育改革。函授教育改革是函授发展的动力。只有通过深化教育改革，才能解决函授发展中出现的深层次矛盾，把函授教育不断推向前进。为此，分院一方面积极倡导教学改革，另一方面又十分谨慎地推出改革措施。顺德会议以来，分院主要推出以下教育改革措施：一是在函授教师中引入竞争机制，实行择优选聘，优者聘用，劣者淘汰；二是实行课酬改革，打破“大锅饭”；三是在有条件的地方实行教学方法上的改革，试行“情景教学”、“模拟教学”，开辟实践课堂。由于分院是在充分考虑自身条件下推出这些改革措施的，因而能把改革引起的矛盾和冲突减少到最小程度，从而使这些措施得到较为顺利地推行，并取得较好的效果。

学区为单位推荐 2 篇研讨文章，论文作者参加分院组织的研讨会。

开展教学与管理研讨活动

吉林分院

深化教学改革是党校函授教育的生命所系。唯有深化改革，才是发展党校函授教育的根本出路。当务之急是转变教育观念，强化素质教育意识。分院认真学习和贯彻中共中央国务院《关于深化教育改革全面推进素质教育的决定》，按照坚持党校教育特色、突出时代特征、符合国家高等教育标准，发挥党校系统整体功能的总体要求，统筹规划，进一步改革教学内容，调整了课程设置。结合干部在职教育的特点，坚持马克思主义基本理论特别是邓小平理论的主课地位，适应改革开放的需要，扩充了专业基础理论，现代科技知识和党性修养相结合的新的教学内容。进一步解放思想，更新观念，逐步推行启发式、研讨式、案例式教学；选择相应年级、班次，试行学分制、弹性学年制，增大学员学习的自主权，调动学员学习的积极性和主动性。在改革教学内容、教学方式的基础上，改革考核方式，建立合理的、综合性的考核评价体系。同时深化教育改革的理论和应用研究，为深化改革提供理论指导和思想保证。2000 年 6—8 月在全省党校函授教育系统开展教学与管理改革研讨活动，这次研讨活动以推进素质教育，深化教学，管理改革为主题，围绕素质教育与教学创新；素质教育与对下指导；素质教育与党性教育等开展研讨。研讨采取集中与分散相结合，总结与研讨相结合的方式，组织各级党校的函授教学与管理人员参加研讨。素质教育与党性教育的研讨活动以辅导站为单位组织；素质教育与教学创新以校为单位组织，分院已于近期召开了省委党校教学创新研讨会。素质教育与对下指导的研讨活动以

狠抓整改措施的落实

南京军区分院

1999 年，军区分院自下而上逐级进行了评估。根据评估检查中暴露出来的、带普遍性的问题，分院采取了四项整改措施：一是严把招生关。强调每年招生数额必须与现实教学力量相适应，不得超负荷招生；严格资格审查，对报考人员必须按总院和全军函办规定的条件进行三审（辅导站初审、学区复审、分院终审），不符合条件的取消报考资格；坚持从高分到低分择优录取的原则，对任何人不搞特殊照顾。二是狠抓面授落实。强调任何单位和个人不得随意更改面授的时数和次数。如有特殊情况，需作适当调整时，必须上报分院批准。建立双项的考勤登记表（辅导站和任课教员各一份），凡不参加听课或听课率低于 70％的，均不准参加期末考试，只能参加补考。对没有完成计划时数、次数要求的教学处（直属班），按比例扣发下拨的经费；并通报批评，直至取消办学资格。三是强化学区工作。按照全军函办的规定，配齐专职工作人员，对不适宜从事党校函授教育工作的人员加以更换。根据部队分院的特点，制定了学区工作细则，使学区工作人员进一步明确了自己的职责。四是杜绝夹带现象。以“三讲”教育为契机，把夹带行为提到党性、党风的高度来认识，使学员明确夹带行为是与共产党员的高贵品质不相容的，是非常可耻的，从而自觉破除作弊的意识。各班、组把反夹带作为党性锻炼的党性小结（思想小结）的一项重要内容，每学期总结一次。凡一个学期有夹带行为的，个人在小组作深刻检查；如两个学

期有夹带行为的，支部大会点名批评；如三个学期有夹带行为，在毕业时党性总结评为不及格，不能毕业。去年以来，由于分院各级领导狠抓上述整改措施的贯彻落实，今年的招生、考试、面授和学区的工作，都比以往有明显的进步。

整顿“三风三纪”确保教学质量

宁夏分院

一、加强教师管理，整顿教风教纪。一是把好聘任关。分院修订了《中函宁夏分院面授教师聘任办法》，并加大执行力度。一年来，各学区、辅导站上报的教师聘任方案中，8人被分院审核淘汰。二是坚持召开备课会。备课会首先检查教员的教案，然后要求部分教员试讲。对备课不认真、试讲不合格的教师坚决予以解聘。本年度共有3名教师被取消中函授课资格。三是建立随机听课制。分院组织专门的班子，由主管教学的副院长负责，采取事先不通知的方式，随时到各学区、辅导站，跟堂听课检查教师授课情况，并听取学员的意见。对讲课不认真的教师按具体情况分别给予扣发讲课费、通报批评的处理，直至取消讲课资格。到目前为止，有5名教员被通报批评，其中包括一名教授。3名教师因讲不足课时被扣发讲课费。一名副教授，被取消授课资格。这些举措在全区党校系统内震动极大，确实起到了以儆效尤的作用，基本上杜绝了讲课应付的现象。

二、加强考试管理，整顿考风考纪。在考风治理上，分院率先从领导干部班抓起，对领导干部班学员违纪从重处理，对违纪和处理情况给予张榜公布。在招生考试中，报考领导干部班的考生一旦作弊，一律不予录取。今年在招生考试中，有7名处级干部被取消录取资格。这一举措受到自治区组织部和自治区党校校委的充分肯定，在社会上引起很大的反响，分院今年实行监考责任制，分院与各学区、辅导站负责人签订责任书。学区主任、辅导站站长与每个考场监考老师签订责任书。真正做到责、权、利相结合，狠抓考风考纪。

分院整顿考风考纪，采取区别对待：对于考风考纪好的单位下放监考权，由学区辅导站自己组织考试，分院下派巡视组进行监督；对于考风考纪差的单位由分院实行统考，全部监考员由分院派遣，加大监考力度。此外，分院还实行异地交叉监考，各学区、辅导站之间相互监督。由于措施得力，分院的考风考纪有明显好转。

三、加强学员管理，整顿学风学纪。教育作为产业，其“产品”就是学员。教育产业的生命力就在于学员的质量。分院的一切工作都是以提高学员素质为最终目标。分院首先加强对学员的考勤管理。1999年下半年，分院制定了《宁夏分院学员到课、考勤实施细则》，完善考勤制度。全分院168个教学班普遍建立请销假制度，每堂课都有专人填写《教学日志》和考勤表。各班每月向所在的学区、辅导站上报一次考勤情况，并在班内公布考勤结果，加强监督。学区、辅导站根据考勤情况和班级管理情况确定班主任津贴。学员缺课一次扣除考勤分1分。旷课一次扣考勤分2分。面授课缺课超过1/3者，取消正考资格。旷课超过1/3者，取消其正考和补考资格，只能重修后申请参加总补考。细则还规定，学员在考试期间请假必须报分院批准，否则，不许参加补考。补考期间，学员请假也必须报分院批准，两门闭卷课无故缺考者取消学籍。这一制度执行后全院的到课率平均提高了5—8个百分点。有的学区和辅导站的到课率高达90%以上。

今年分院印发了《中函宁夏分院学员须知》，《须知》规定学员必须独立思考，认真完成作业，如有一门不交作业，则取消其该门课考试资格。如一学期内三门面授课均不交作业者，则予以取消学籍。分院采取教书与育人并重的方针，规定学员在校期间必须遵守学校纪律。把党性修养和党性锻炼寓于学习、生活之中。如学习中有违纪行为，即视为本学期党性教育不合格，必须重修后申请补考。如毕业时党性教育成绩或党性锻炼考核不合格，则不允许其毕业。以良好的学风促进纪律的执行，以良好的纪律保障良好的学风。许多学员感慨地说，三年党校学习确实学到了不少东西。许多学员利用学到的知识和能力，在工作岗位上做出了很大的成绩。如中宁辅导站有一名学员利用学到的专业知识，纠正单位一份有漏洞的经济合同，直接挽回经济损失45万元。中卫县在2000年5月公开招考5名科级干部的竞争中显示出了雄厚的实力。在入选的30名候选人中绝大部分是中函学员。学员在社会上显示较强的工作能力和竞争能力这是对分院函授教育最好的宣传，也为党校函授教育赢得了良好的声誉树立了良好的形象。

重视师资的管理和培训

西安分院

一、坚持实行教师全员聘任制。所有授课教师，不论资格多老，职称多高，都先由辅导站提出拟聘名单，分院最后审定。受聘的中高级职称教师占受聘教师总数的91.5%，初步形成了一支热心党的干部教育事业、门类齐全、理论和专业功底深厚、严谨施教、能胜任党校函授教育各类各门课程、相对稳定的师资队伍。同时，定期开展教师考评活动，对学员满意率不足60%的教师，不再聘任。

二、对教师进行多层次、多渠道培训。近年来，市委党校投入20多万元先后送出11人到西安交大，西北大学等重点高校攻读硕士研究生。对区、县党校辅导站的教师采取抽调到市委党校跟随处级班听课的办法，进行培训，目前，已有9人（次）学习结业。以老带新，由教学科研骨干、资深老教授采取“一带一或一带二”帮助青年教师提高业务能力和教学水平。注重外聘教师质量。分院按照“注重效果，择优聘用，适时调整，相对稳定”的原则，对外聘教师既有压力又加强合作。保证了教学的连续性和质量的稳定性。

三、对教师严格要求，严格管理。分院在《面授教师管理规程》中，明确规定了面授教师的职责和任务，建立抽查教师讲课制度，由校院领导、教研室和视导组组成抽查小组，事先不打招呼，随时到各站听课，检查教师教案。担任新课的教师，都要先试讲，合格者才能上讲台。

四、积极开展教学研究活动。改进备课会，变单向传授为双向交流，把集体备课的过程变为研讨的过程和教案评比的过程，使教师对教材内容有更深刻的理解。组织教学观摩活动，去年以来，分院先后组织了两次观摩教学，有8位教师登台示范，使大家深受教益。分院还和党校工作处联合举办了教师讲课比赛，表彰奖励了获得一、二、三等奖的10名教师。

进一步加强办学队伍建设

海南分院

通过评估，发现分院教师队伍结构不尽合理，政法专业和某些新课程的师资短缺，有些辅导站的教师人数太少、缺少高级职称的教师，有些教师的思想和专业素质较差等等。分院和辅导站边评边改，采取了许多有效的措施进行补救，比如新调入骨干教师。鼓励和支持现有教师深造，经常开展各种类型的教研活动，经常开展评教和传帮带活动，向社会聘请名教师名教授，聘请党政部门的理论骨干为教员，结合“三讲”教育进行教师的职业道德教育等。通过这些措施，充实了教师队伍，提高了教学水平。在管理队伍方面，同样存在着不适应函授教育需要的问题。分院和辅导站也采取各种措施，如新调入懂教学会管理的人员，充实管理队伍，注重提高现有管理人员的思想政治素质和业务素质。

严格考务管理 端正考风考纪

福建分院

一、推行监考巡视员制度。由分院在全省范围内，学区在各地、市范围内分派监考巡视员，使每一个考点的考务工作都处在省、市、县三级巡、监考人员的监控下进行，2000年招生考试，分院从省委党校挑选讲师、科级以上干部70多名，从各地市、县（区）抽调党校副校长50多名，组成分院巡考队伍赴全省各学区、站考点巡考。

二、执行异地监考制度。各学区抽调各县区党校工作人员，由市委党校中层以上干部带队到各辅导站，实行全面的异地监考。

三、推广考风监督员制度。各考点都聘请组织、纪检、人事部门领导担任考风监督员，泉州市委组织部还向每个县都派出监督人员。

四、实行集中培训制度。分院、学区、辅导站考前均对有关考务人员进行集中培训、学习文件、交代任务、提出要求、明确职责，强调巡监考人员做到六不准：巡监考期间不准走亲访友，不准游山玩水，不准接受学员吃请，不准接受礼品馈赠，不准上营业性歌舞厅，不准住宾馆。每一个巡监考人员完成工作任务后都要及时填报《巡监考工作情况报告单》才能报销出差费用。

五、规范考场，实行“标准考室”制。即各考点每个考室额定考生30名，额定监考人员两名，考号按纵向序列编排，课桌背向考生，实行单人单桌，考试时考生只能随带身份证、学员证（准考证）和必备文具，实行考前15分钟入场等。

六、严格执纪，一步到位。即考生一次违纪，本门考试成绩即被判零分；现场两名以上巡、监考人员对违纪考生的处理为“终审裁定”。

由于指导思想明确，措施有力，分院构建起了立体式考务监督机制。即全分院上下内外、纵向横向形成立体式监督，提高了考试质量和执纪水平，良好的考风考纪已经形成，分院绝大多数考点现已抓不到作弊者。教育部门某领导同志评价分院考风考纪已经达到国家级标准。

分院还加大了评阅卷及登分工作的监督力度，确保考试成绩的真实与公正。主要推行了“三个封闭”制度，第一，“试卷封闭”。从各考点收回的试卷由函授工作人员集中处理，收回试卷袋及考场情况报告单，进行第二次密封编号后，交给阅卷教师评阅。第二，“阅卷封闭”。让评阅卷教师在校外固定场所集中封闭评卷。第三，“登分封闭”。组建若干个登分小组，每组由3人组成，负责第一次录入电脑，然后在小组间实行交叉复核，再由分院领导进行抽查。

自身建设取得进展

安徽分院

安徽分院近年来进行的教育评估促进了

分院自身建设，在校委的重视和关心下，加强了分院领导班子，充实了工作人员。评估期间，分院内部有两人走上了领导岗位，调入6名专职人员。分院现有院领导5名（含兼职院长1人），专职函授人员15名，聘用人员14名。其中，研究生、在读研究生7名，大本16名，大专2名。职称结构副教授12名，讲师6名，助教4名，文、理、工专业兼备。基本适应了工作需要。

加大投入，硬件设施上了一个新台阶，分院办公条件明显改善。1999年，分院迁入新址办公，分院办公楼三层，计办公室、会议室、库房70余间，总面积达$1500m^2$。档案室、教务室、学籍室、教材库、微机室等，均按办学需要进行重建，各办公室均配置电脑、空调及通讯设施。分院现有固定资产总额超百万元（不含房产），交通工具、微机、电话、传真、复印速印机等设备一应俱全，面貌焕然一新。并与省内各学区开通了国际互联网，运用电子信箱（E—mail）进行网上数据交流，各种办学的表册通过计算机打印，学籍、教务信息实现了网上动态管理，各类档案资料利用磁（光）盘载体保存，各单位信息资料在网上传输，从而初步达到了应用计算机技术实现管理的自动化、科学化和规范化，也为今后开展远程教育打下了基础。

加强分院建设有成效

江西分院

一、加强分院领导班子建设。去年年底，校委决定由分管校领导直接兼任分院院长，这是江西分院创办以来，第一次由校领导兼任分院院长，并与此调整了分院领导班子，选派了一名既懂教学又有行政管理经验的同志担任常务副院长；同时，在全校通过竞争上岗的方法，产生了一名年富力强的副院长，分院领导班子得到加强，平均年龄下降了15岁。

二、加强分院办学队伍建设。今年重点在提高现有函授工作人员的素质上下功夫，除了坚持分院工作人员每周一次的“政治学习日”和每月一次的“业务学习日”制度外，分院还有计划地安排、鼓励函授管理人员参加高层次的学历教育。目前，分院已有一名硕士研究生、5名在职研究生，大大提高了函授工作人员的文化素质。

三、加强分院的硬件建设。一年来，投入分院硬件建设的经费达60余万元。分院办公用房由原来6间，增加到14间（整个一层楼），教材库增加到4个、会议室2个、档案室1个、试卷保管库1个，并装修一新。购置了计算机8台，每个科室都用上了计算机。同时在会议室等主要场所安装了空调，档案室安装了保密柜。

四、加强了分院的管理制度建设。分院根据总院新版管理制度，结合分院的实际情况，全面制定、修改、补充了各种函授管理制度，共计60项，并编印成《江西分院管理制度汇编》。

注重提高办学主体素质

宁夏分院

去年10月新版《管理制度汇编》印发后，分院立即组织为期二周的学习活动，全院各级组织的所有管理人员都参加了这次学习。每个管理人员在系统学习《汇编》的基础上，重点掌握与本人工作相关的内容。学习结束后分院还组织了考试，检查学习情况。通过学习，广大管理人员进一步熟悉了工作程序和工作制度。分院本着学以致用的原则，要求每个工作人员严格按制度办事，真正把管理制度作为办学人员和办学组织的行为准则。进一步提高了分院办学的制度化、规范化、正规化、科学化程度，极大提高了管理水平。

在任课教师培训上。分院重点抓了以下几方面的工作，一是通过分院的积极争取，自治区党校举办了三期法学课程和经济学课程教师培训班，聘请自治区党校具有丰富教学经验和相当业务水平的教师、专家担任授课任务，全区各地县党校共96名教师参加了培训学习。为期1—4个月的培训结束后，还组织了考试和试讲，对考试成绩合格，试讲过关的教师发给结业证，作为今后申报职称的一个条件，允许其担任中函授课任务。考试不合格或试讲不过关者，一律不能承担中函授课任务，其中，4名教师因此被取消授课资格。二是通过试讲会、讲评会、备课会、教学观摩等活动，提高教师的授课技能和授课水平。分院采取灵活多样的方式，有针对性开展各种培训活动。本年度分院分别举办了《组织行为学》、《民法学》、《系统科学》、《市场经济法律制度》、《行政法与行政诉讼法》等课程的试讲会、评讲会、观摩会。每项活动都采取单科独进的方式，便于参加活动的每个教师都能登台亮相，并有充分的时间讨论。几种活动各有侧重，试讲会主要针对基层教师而进行的，主要是帮助他们理清学科的内在逻辑结构，理清教材的难点重点。讲评会主要针对部分教师讲课技巧不高，不能适应函授学员特点，采取边讲边评的办法，主要是帮助教师讲课改进授课方式。教学观摩会是分院本年度的重点教师培训方式。分院选聘自治区党校法学教研部主任、副教授、分院优秀任课教师张廉同志，分赴银川、银北、银南三个地区开展巡回教学观摩活动。全分院有78名教员都参加了这次活动。观摩先由张廉同志讲授，然后集体讨论。一方面就课论课，就张廉同志的讲课进行讨论，从讲授内容到授课形式，从备课到讲授的优缺点，供大家借鉴。另一方面就课论理，集思广益，讨论如何上好函授各类课程，教师们在几个方面达成共识：他们认为，讲授经典课应选择重点的词句和片段进行讲解，重在理出经典中蕴含的理论体系。讲授理论课重点是理清理论的体系框架，让学员整体把握教材以便自学。讲授专业性强的课程应注重理论联系实际，培养学员处理问题的实际能力。同时大家一致认为不论讲哪类课程，都要注意引导和培养学员的自学能力。这次教学观摩历时三个月，时间长，范围广，规模大，收效好，受到广大教员和学员的一致好评。

分院在狠抓办学主体队伍业务学习的同时，也下大力气抓管理人员和广大教师的理论学习和思想教育。分院以自治区党校“三讲”教育为契机，在全院范围内进行一次集中的思想作风整顿；在广大管理人员和教员中开展“六查、六看、六提高”的活动。一查敬业精神，看对党校函授教育忠诚不忠诚，提高职业道德水平；二查办学指导思想，看办学指导思想明确不明确，提高办学人员坚持“社会效益第一”办学指导思想的自觉性；三查执行规章制度的情况，看管理严不严，提高管理水平；四查教学质量，看教学质量高不高，提高教学水平；五查团结协作，看班子成员全局观念强不强，提高集体工作能力；六查工作质量，看工作标准高不高，提高工作效率。在上述教育活动中，广大办学人员从思想上找根源，从工作中找不足，从管理上找漏洞，使全体办学人员的办学指导思想进一步端正，对党校函授教育的认识更加明确。

加强教学管理
提高教学质量

江苏分院

一、认真开好备课会。为了提高授课质量和任课教师教学水平。分院在2000年上学期开学前，组织有关主编教材人员和新教材主讲人员先后召开了本科、大专等5门课程的备课会，学区、辅导站120多人参加，对提高面授教员教学水平起到较好的作用。

二、完善教学奖励制度。分院在直属学区开展了函授课优秀教学奖评比活动，并制定了实施细则。由分管校领导牵头，召集了函授、教务、科研、人事等部门负责人以及教师代表座谈，研究评比方案和实施细则。分院于2月初，对1999年直属学区教师进行评奖，共评出优秀教学奖一等奖2名，二等奖4名，三等奖7名，有力地激发了教员努力提高教学水平的热情；同时，把这种办法向各学区推广。

三、加强教学质量检查。为了提高函授任课教师的教学质量，分院派人到有关学区、辅导站抽查教学情况，将检查结果通报有关单位，并作为规划该单位办学规模的一个重要依据。无锡学区开展了教学质量比赛活动，对全学区各辅导站每位面授教师的教学质量进行测评，内容包括总体印象、精神状态、备课表现、授课艺术、难点处理、批改作业等十四个方面，实行百分制考核，对测评分数高的教师给予物质和精神奖励，对分数较低的教师予以通报批评，并取消其任课资格。

四、加大面授考勤力度。分院把面授考勤情况作为学员平时成绩得分的重要依据。分院在狠抓面授管理工作中，采取多种措施，提高面授到课率。一是择优聘请班主任，请那些会管理、懂教学的同志担任班主任，并把报酬与到课率挂钩。二是给任课教师加压，把该教师任教时的到课率作为考核的一项内容，从而有效地把教与管结合起来。三是充分发挥班委会、临时党支部的作用，实现学员自我管理、自我教育、自我提高。

整治考风考纪有力度

江苏分院

近一年来，分院采取各种措施，整肃考风考纪，取得了显著的效果。

一、设立标准考场。在今年招生考试和上学期期末考试中，分院在学区、学区在辅导站，随机抽出一个考场设为标准考场，由分院或学区派专人自始至终地监考，以此考场学员的平均成绩评定该学区、该辅导站的考风考纪情况以及教学质量。对于考务管理好的学区、辅导站，予以表彰，对于较差的单位，责令限期整改。并依据标准考场平均成绩来核定各学区考场的总平均成绩，作为划定各学区录取线的基础。实践证明，设立标准考场是整肃考风考纪行之有效的一种方法。

二、坚持考评制度。分院完善和实行考务管理评定办法，对考试的机构组织，考场规范，试卷保管等5个环节进行打分考评，考评得分高的先进学区，予以通报表扬与物质奖励，考评得分低（未达标）的，予以通报批评，并限令整改，考评最差的，取消办学资格或考点。6月20日，分院在录取工作会议上，对招生考务评比较好的单位进行了表彰。并对考评较差的单位进行了分析，提高其录取分数线，并在期末考试时集中力量，深入到这些辅导站整治考纪。

三、实施分类管理。在近年来的考务管理中，分院按学区办学情况，结合历年来考评情况，划定优秀学区、一般学区和较差学区。对优秀学区，由其自行组织考务工作。对一般学区，分院各派2—3人组成巡视组进行督促、检查。对较差学区，分院集中力量，深入到各辅导站巡考监督。考试结束时，分院巡考人员与学区负责人一起总结情况，查找问题，共同研究解决问题的措施。

四、签订责任状。为了切实搞好各项考务工作，把有关考务管理规定落实到实处，强化各级组织负责人考务管理责任意识，在招生考试前，分院与各学区负责同志签订考务管理责任状，就试卷保管、交接、监考、巡考、违纪处理、考场环境布置，考场设置等方面作了明确要求。

五、强化业务培训。每次考试前，各学区对监、巡考人员都进行了严格的培训。在招生考试中，镇江、徐州市委党校在对监、巡考人员培训基础上进行业务知识测试，成绩合格者才能取得监、巡考的资格。该项措施对严肃考风考纪产生了良好的效果。

重视办学主体建设

江苏分院

一、大力加强分院队伍建设。一是提出“六加强、创一流”目标。顺德会议精神传达后，分院组织全体人员学习，并提出加强办公管理、质量管理、财物管理、素质提高、激励机制和组织纪律等六个方面的要求，号召全院人员共同努力争创一流的工作业绩。二是加大制度创新力度。副校长冷祥初在全体人员会议上要求大家，强化教学组织程度，深入开展调查研究，改进教学管理方法，完善、健全各项管理制度，开创工作新局面，推动函授教育事业不断向前发展。三是建立院办公会议制度。为有力地推动工作开展，分院建立了办公会议制度。每两周召开一次，各部门负责同志汇报上两周工作情况，并提出下两周工作安排，对各项工作提出具体要求，并对协调解决的事项按其涉及范围和难易度，逐一进行研究解决。

二、大力加强学区队伍建设。推动各市、县委党校根据“充实人员、调整结构、加大投入、提高素质、加强激励”的要求，优化组合学区、辅导站人员队伍，各单位都能按照“政治强、业务精、作风正”的要求选好配强学区、辅导站班子成员。连云港、徐州、金陵石化等学区的领导班子得到了较好的调整，工作效率与管理水平有了明显的提高。分院利用各种会议和多种途径、对学区、辅导站人员进行思想教育和业务培训，提高整体素质与工作水平。

三、大力加强信息报道工作。3 月底，分院在苏州学区吴县辅导站召开了信息工作会议，传达了总院有关信息工作精神，总结 1999 年度信息工作，提出了信息工作的指导思想与具体要求，表彰了信息工作先进单位与个人，交流了信息工作的经验与体会，对信息人员进行了培训。分院发出了《关于全省党校函授系统信息工作会议纪要》。今年上半年，分院各级组织纷纷向总院院报以及各新闻媒体投稿，稿件的质量和数量都有所提高和增加。

四、大力加强教学管理规律的理论研究。在各学区召开教学管理研讨会的基础上，分院于 6 月底，召开了全省党校函授教学管理研讨会，副校长冷祥初就如何落实中央 10 号文件及全国党校工作会议精神，深化教学改革，进一步提高函授教育办学水平等方面讲了话，并对各学区、辅导站提出了“着力开展函授教育理论研究，促进教学质量与管理水平上新台阶”的要求，为与会人员提出了 8 个方面 30 个理论课题。会议收到论文和经验介绍 80 多篇。

加强办学人员培训

西藏分院

一、加强教师培训，提高面授质量。上半年，分院聘请自治区党校、自治区财经学校等单位的优秀专业教师对分院所属拉萨、山南、日喀则、那曲、昌都、林芝等六个学区的36名任课教师分别进行了《工业企业经营管理》、《财政学》、《法学概论》三个科目的集中培训，通过讲授、观摩、研讨，提高了任课教师的水平，取得了较好的效果。

二、召开分院工作会议和办学人员培训会，提高办学人员政治素质和业务水平。顺德会议后，分院首先召开了工作人员会议，传达学习会议精神，根据西藏实际研究落实措施，提出了明确的工作思路。报校党委批准后及时召开了由各学区分管校长、各学区主任参加的分院工作会议，传达学习会议精神，在总结1999年工作经验的基础上，就如何落实会议精神进行了认真研讨，部署了2000年工作，要求各学区根据总院工作会议要求，结合各自实际提出具体明确的工作思路，加大整改力度，进一步加强学区建设，从而提高分院整体办学水平。

2000年初，分院在各学区学习贯彻总院顺德会议精神和新编《管理制度汇编》的基础上，举办了各学区主任和工作人员参加的函授工作人员培训班，按照总院的要求，根据分院实际，对招生、教学、学籍、教务等重要问题进行了专门讲解和研讨，增强了办学人员做好函授工作的使命感和责任心，提高了业务水平，为做好面向21世纪的党校函授工作奠定了基础。

三、加强班主任培训，强化班级管理。分院十分重视班主任工作，坚持选用热心函授教育事业，政治素质高，思想品德好，工作责任心强，且有一定组织管理能力的教师和处级干部担任班主任。加强对班主任的培训，定期召开班主任座谈会，及时了解情况，解决工作中存在的问题，交流工作经验，严格执行班主任奖惩制度，把班级临时党支部作用发挥程度、学员到课率高低、学员考试成绩及班主任是否跟班听课等与班主任津贴挂钩。学期结束时，根据学员打分和分院领导抽查的情况，评选优秀班主任，给予物质和精神奖励，对个别工作不到位的班主任给予批评，并提出改进意见。班主任基本做到了严格管理、照章办事，积极开展党性教育，协助支部和班委开展各种班级活动，沟通学员、学区、分院、教师之间的联系，增强了班集体的凝聚力，保证了面授出勤率和教学工作的顺利进行。

同时通过大部分辅导点迁回校内，上下课统一打铃，既营造了浓厚的学习气氛，又起到了相互监督的作用，各班的面授到课率都有了一定的提高，而且杜绝了个别老师提前下课的现象。

发扬优良考风
继续狠抓考纪

西藏分院

西藏分院的考风考纪工作，多次受到自治区领导和总院的肯定，考风考纪公正严明是西藏分院各年级学员的共同感受。分院一如既往地重视每一次考试工作，为进一步加大监考力度，4月专门召开了由各学区分管校长、学区主任参加的考务工作会议，分析监考工作中存在的突出问题并提出相应对策，在坚持实行异地交叉监考制度的同时，要求各学区进一步加大考风考纪教育和监考力度，提高本学区监考人员处理当地违纪学员的比例。经过各学区的共同努力，初步克服了监考工作中的人情关、本地关。在上学期期末考试中处理作弊56人次；招生考试中因作弊被取消入学资格39人；在97级大专班总补考中因作弊被开除学籍的1人，取得了良好的社会效果。

加快教学改革步伐

甘肃分院

分院今年加快了教学改革的步伐。一是实施培养“精品课”工程。在对学区、辅导站的课堂面授情况进行实际调查研究的基础上,经院委会讨论并通过,4 月 2 日,分院印发了第 14 号文件,即关于《开展“精品课”教学活动的意见》的通知,对培育“精品课”的目的、意义、评选指标体系、评选程序都作了详细解释和明确规定。旨在提高面授质量的“精品课”培养工程全面展开。二是实行面授教师资格认证制度,并健全和完善分院、学区师资库。进一步强化师资管理,优化师资结构,加强师资培训,合理配置师资资源,建立高效、规范、科学的师资管理体制。三是根据总院“处理好中函与省函关系”的指示精神,对分院走读进行了重大改革。走读改为省函;课程、课时量的设置与中函接轨;专业进行调整;进一步规范部分课程的命题类型。四是教学内容上,加快引进“三基本、五当代”课程,并积极抓好乡土教材建设。教学中突出党校特色,推进素质教育。五是教学手段进一步现代化。目前,分院已做好函授局域网建设的规划和前期准备工作。六是学籍工作全面实现高效、规范的微机化管理;档案管理实行微机查询。七是强化素质教育。在授课内容、授课方式、考核内容等方面加快改革,促进素质教育的开展。

继续加强办学队伍建设

甘肃分院

今年,从分院到学区、辅导站,都采取各种有力措施继续强化这一工作。针对分院机关管理人员政治思想素质、理论素质、业务素质参差不齐的状况,分院采取以下措施:一是要坚持政治、理论学习见成效,出成果,鼓励大家著书立说。二是年初召开全体工作人员会议,规定所有工作人员 3 年内学历必须上一个新台阶。没文凭的要上大专,大专毕业的要上本科,本科毕业的上研究生。目前,分院有 1 名研究生已毕业,5 人读研究生,3 人读本科。三是上半年又新调进 3 名大专以上毕业生充实分院管理队伍,使分院管理人员总数达 27 人。四是 5 月中旬,分院领导带领全体工作人员赴青海分院进行了为期 3 天的考查,采取开座谈会和实地查看的方式,对青海分院进行了较全面的了解和交流。学到了兄弟分院许多好的经验和做法,特别是对个别管理人员滋生的“夜郎自大”的思想起到了很大的震撼作用。

各学区、辅导站在办学队伍建设方面也采取了许多有力的措施。张掖学区继续采取选派教师赴清华、北大学习的办法来开阔教师的眼界,提高教师的素质。金昌学区通过定向培养的方式,培养全分院学区中的第一名在读博士生。嘉峪关学区今年一次就有 4 名教师报考省委党校研究生,已被录取 3 名。另外,还有天水、兰州等学区在培养教师后备人才方面也不断加大投入。酒泉市等辅导站通过“内引外联”、“引进来、拉出去”的途径培养、选调教师,收到了良好的效果。

从严治考严肃执纪动真格

甘肃分院

上半年,分院继续严格贯彻胡锦涛同志关于“考风考纪,党校一定要把住”的重要指示,积极采取措施,加大整肃考风考纪的力度。一是严格实行淘汰制。本学期因二次违纪，被取消学籍的考生有 26 人。二门主课不及格而被淘汰的学员有 1421 人（中函 729 人），招生考试作弊不予录取的有 475 人。另外，对在缓补考、总补考、期末考试中作弊的 673 名考生，成绩一律按零分处理。二是强化对办学单位的监督制约。对考试组织混乱、考场秩序较差的区、站进行公开批评；并在录取时提高分数段，降低录取比率。对举报上来的凡是考务工作人员参与作弊的，一经查实，即给予相应的政纪处分，在全省通报批评，并建议办学单位对其调离函授工作岗位。三是加强对阅卷工作的管理，防止考场外舞弊现象的发生。对阅卷不认真、撬卷改分的阅卷教师进行严肃的批评教育和处理。今年，分院对 2 名有违纪行为的教师扣发了阅卷费，并取消了阅卷资格。

严格解剖　认真整改
注　重　实　效

陕西分院

去年底，召开了全省党校函授教育工作会议。分院认真传达贯彻顺德会议精神，取得实效。在“三讲”中，分院、学区、直属站和辅导站领导班子认真学习，提高认识，按照胡锦涛同志的批示精神，深刻剖析在办学中存在的问题，特别在端正办学方向，明确办学目的，强化责任感和质量意识方面进行了认真反思，摆出了问题，查找了思想根源。如过去对端正办学方向，明确办学目的这个问题经常讲，往往总是一讲了事，认为自己“方向”、“目的”没问题，经过这次深刻剖析，认识到在教师的培训、聘请等问题上舍不得投入，满足于“应付”的思想，这就是严重的“方向”、“目的”问题，也是责任感和质量意识不强的表现。分院、学区和直属站、辅导站都认真制定了搞好函授教育的整改措施。

在加强师资队伍和管理队伍培训上，今年以来，分院举办了两次教师备课会，历时近两周，共备了《民法学总论》、《货币银行学》、《工业企业经营管理概论》、《刑事诉讼法教程》等课程，培训了 70 多名任课教师，其中，有 68 名教师取得了培训合格证书。在师资培训方面，分院还拿出 5 万元专款作为师资培训基金，按照学校统一制定的《关于教师进修，培训的若干规定》积极选派教师参加总院和高等院校的培训，不断提高教师授课水平。

在管理干部培训方面，分院举办了学籍、教务人员业务培训会和微机操作培训班，提高其业务水平。

在提高教学质量上，严把面授关，授课质量有了进一步提高。分院严格执行教师审批制度，学区、直属站办本科班所聘任课教师一律上报分院审批并颁发聘书后方可上台讲课，大专班任课教师由学区组织试讲合格后报分院备案。做到层层把关，保证了任课教师质量。分院还批转了咸阳学区制定的《关于教学管理奖惩办法》（试行）。渭南学区和校科研处共同配合做好教师的考核和管理，每年开展教学大赛，实行竞争上岗，优者上，低者下，可以高职低聘，也可以低职高聘等动态管理办法，对教师备好课和讲好课起了促进作用。

为了提高学员到课率，分院还利用各种方式提高教师的讲课艺术，鼓励教师主动征求学员意见，从理论和现实的结合上解答学员比较关注和困惑的理论问题和现实问题。使教师讲得有味，学员听得有趣，课堂生动活泼。大大提高了学员到课的自觉性。分院还分期分批地对直属站进行了突击检查，通报了一些到课率低的单位，对他们震动很大。

分院还对教学指导小组成员做了适当调整，指导小组成员全都由教研室正副主任，正副教授担任。他们在分院备课会上解难答疑，为分院主办的《函授通讯》撰写教学指导文章，去学区、辅导站示范教学等都起了很大作用，促进了教学质量的提高。

在从严治考上，分院在校领导的支持下，决心在今年的招生考试中打一场攻坚战。分院选派了 56 名责任心强、敢抓敢管的同志分赴各学区、直属站，巡视检查考试工作。省委党校常务副校长兰友仁在巡视人员培训会上强调抓好考风考纪，严把入学关、从严办学的重要性，并且把它作为考核干部的一个重要方面。由于各级领导重视，并且亲临考场巡查，纪检、监察、组织、人事、教育等部门积极配合，所以，今年的总体形势比以往大有好转，虽然今年报名人数和参考人数是 1996 年以来最多的一年，但考风考纪也是最好的一年。对少数违纪考生敢抓敢管，严肃处理。全分院共处理违纪考生 153 名，其中，替考 82 名，严重违纪 5 名，单科作弊 66 名。对作弊者全部取消考试资格，全省通报批评。对违纪的领导干部从严处理。延安学区富县辅导站考场，该县 3 名副县长让其秘书代考，被监考人员发现，当场被清理出考场，取消考试资格。并且此事先后在《西安晚报》、《华商报》、《陕西日报》、陕西电视台等多家省内外新闻媒体披露曝光，引起了强烈反响。延安地委报省委后，省委书记李建国，组织部长刘玉浦等先后批示，要求严肃查处。省、地委派专门工作组查处，对 3 名副县长作了严肃处理，撤销副县长刘兴宏、高振国党内职务，免去李复成党内职务并给予党内严重警告处分；中共富县县委决定撤销县党校校长曹志峰的党校校长职务，3 位秘书也分别给予党内严重警告、警告、取消预备党员资格处分。 （徐广艾执笔）

加大党校函授教育改革力度

广西分院

一、组建函授教育改革研究机构。（一）函授教育改革研究机构的组成人员包括有党校教育的专家、学术造诣较深的教授、广西社会科学界知名度较高的专家学者、各级党委干教部门的领导。

（二）函授教育改革以课题方式推出。经校委批准由函院拨出专项研究资金。逐项研究，逐项审查，逐项拨款。

（三）党校函授教育改革的总目标是使学员具备“理论、知识、党性、能力”四位一体的素质。

二、巩固发展函授教育改革的新成果。（一）认真总结几年来教育改革的经验。专业结构、课程设置，教学内容和教学方法的改革都取得了一定的成果。尤其在一些学科的考核方式考核内容方面，改革的步子迈得比较大，大专班考核的内容已从提高学员素质的角度着手，剔除了死记硬背的题目，试题绝大部分以案例题，辨析题，原理分析归纳题为主。对这些改革成果给予充分的肯定，认真总结，不断深化。

（二）用科学态度、深入探索、大胆尝试。在教育改革的过程中要注意做好两个方面的结合。一是教师与学员相结合，多听学员的呼声和要求，多研究学员提出问题的科学含量，多考虑所授课程对提高学员素质的作用。二是课程设置、教学内容与社会实践相结合。随着科技的进步，社会发展的日新月异，要做到课堂教学与社会实践同步，就需要教学工作者不断地深入社会，了解社会，把握时代发展的脉搏，把书本知识与社会实践结合起来，正确引导学员，使学员学会运用书本知识分析和解决社会实践问题，从而提高教学质量。

认真贯彻顺德会议精神 各项工作取得进展

山东分院

教学管理上，进一步制度化、规范化。一是及时催报教员的聘任表、教学计划进度表，便于了解下面的情况。二是强化学员的班级管理，提高学员的到课率，专发了文件，明确了要求，进一步加强了班级管理。三是进一步强化了电化教学，及时将音像教材下发到每个教学点。四是分院派人分组到5个地市党校抽查教学情况。通过听课、查看教案、学员考勤等检查了执行教学计划和教师面授、学员出勤等情况，针对存在问题研究整改措施。五是加强了对在职研究生班的教学管理工作，根据总院要求结合山东实际完善了研究生班的规章制度，并召开了研究生管理专门工作会议，总结了经验，查找了问题，制定了措施，明确了改进方向。

在整治考风考纪上，狠抓了考风考纪的治理。每次考试分片巡考，对问题多的考场，责令重考；对招生考试中雷同卷超过1/3的考场，取消录取资格，对雷同卷超过考生1/3的考点，取消全体考生的录取资格；并且考风考纪与办学资格挂钩，凡在招生考试或期末考试中被取消考场或责令重考的单位，停止其下一年所有班次的办班资格。并认真组织期末考试的监考工作，要求像招生考试一样对待期末考试，并专门发出通知，加大了巡考力度，对不规范、舞弊的考场，实行重考的办法。

在提高办学主体素质上，加强了办学队伍建设。一是在全省党校函授系统开展了"学籍管理年"评比活动。评比活动按照规范性、及时性、准确性的目标要求，将平时各项工作细化、量化、综合计分、排出名次，极大地激发了广大管理人员的学习业务热情，对推动管理队伍自身建设起到了积极作用。二是加强师资队伍培训，切实提高教学水平。经学校批准，5月22日—26日，针对党校法学师资力量较为薄弱的情况，举办了全省党校系统由120人参加的《民法》师资培训班。组织各基层单位教员系统学习了《民法学总论》及《民法学教程》，使他们从总体上掌握了教材的框架结构和重点、难点以及讲解方法，增强了业务能力，提高了授课水平，达到了预期目的。三是为下半年授课做好准备，提前在烟台召开了备课会，备课会以会代训，集体研讨。担任观摩课教学的教师有经验丰富的教授，也有在全省党校系统教学比赛中获奖的优秀中、青年教师，他们各具特色的授课方式给培训班教员以很大启示，受到了与会教师的普遍赞扬。

围绕提高教学质量 加强各项管理

浙江分院

一、加强师资管理，加大师资培训力度。一是每年举办两期以市县委党校教师为主要培训对象的师资班，开设基层党校紧缺的主要课程，一般为期10天，聘请校内外专家、学者讲课，进行系统培训，这对于缓解师资不足和解决少数教师教学水平不高等问题起到了积极作用，受到了基层党校的普遍欢迎。二是每学期举办3—4门课的备课会，帮助授课教师更好地把握教学重点、难点和相关知识，统一教学思想，明确教学要求，受到教师的欢迎。三是以学区为单位建立讲师团，实行师资资源共享。每个讲师团以市（地）委党校教师为主干，吸收县

（市）委党校的骨干教师参加，建立学科组，共同制定授课计划，共同承担本地区授课任务，共同实行考核评比。四是以学区为单位开展教学研讨活动。每次会议分院都派人参加，并听取意见和建议。

二、加强教务和学籍管理，在规范化和现代化建设方面迈出坚实的步伐。一是按规范化要求，把好新生报名录取关。严格按总院要求审查新生资格，采取初审、复审、终审的三审制，对条件一时把握不准的，由院领导与招生工作人员等集体“会审”，切实把好“入口关”。二是按规范要求，做好考务管理工作。每次期末或招生考试前，结合总院要求，分院都下发通知，就考试的组织领导、规范考场、试卷接送或保管、严肃考纪等提出统一要求。考试作弊一律按零分处理，期末考试取消补考资格，招生考试取消录取资格。强调考风考纪是“高压线”，不管哪一级领导都不能在这方面出问题。考风考纪好的学区，给予免检，反之，则要认真整改，并提出整改措施，同时在评优、新生录取名额等方面给予体现。三是学籍管理现代化又上新台阶。分院添置了光盘刻录机、扫描仪、激光打印机、电脑，开通了直拨电话并上因特网。还先后在宁波、台州学区举办学籍和电脑管理人员培训班，学习教务管理新软件、上网知识等。同时，还积极利用电脑分配试卷，考试成绩和毕业证书的输入、传递和打印。今年还与省数据通信局合作，招生考试成绩通过168信息台查询。

三、加强在职研究生班管理，精心运作。一是选聘一流教师负责教学。分院聘请了一批知名的客座教授，建立了相关专业的师资库，充分利用了社会的教育资源。在研究生教学中，不仅博导、教授占50%以上，而且外聘专家占50%左右，启用一流的师资，确保一流的教学质量。二是对研究生班完全采用专题式的教学。集众家之所长，尽显学术之精华，教学效果非常好。在教学中，不断完善专题设置，并根据理论发展和形势变化随时进行调整。与专题教学相配合的是研调方式在教学中的广泛应用，分院主张在研究生教学中采取交互式的教学方式，不仅在许多课程中安排了讨论，举行班级学术研讨会，进行学术辩论会，还把一部分平时分划出来用于研讨打分，一学期一门课若干专题中每次都有机会参与讨论，鼓励和培养学员的参与精神和思考问题的习惯。三是实行毕业论文工作规范化管理。制定了详细的可操作规程，明确规定了学员在毕业论文工作程序的每一步应达到的要求，通过统一组织的论文指导和答辩确保每个学员在毕业时都符合对研究生基本的专业水平和能力的要求。四是进一步加大了管理力度。通过统一的教学安排来保证各教学点均有一流的师资配备，通过统一的考核管理和平时成绩管理确保学员成绩准确反映其真实水平，通过统一的监考和平时的教学巡察，保证管理落实到位。

以教学为中心
加强教学管理

内蒙古分院

一年来，内蒙古分院根据顺德会议精神，认真贯彻以教学为中心的方针，加强教学管理，取得了一定成效。

一、建立分院骨干教师师资库。在去年评估的基础上，建立了分院师资库，师资库包括每个学区、辅导站师资的基本情况，如年龄、专业、职称、学历、所学专业与现在所承担的课程、研究方向等等。师资库的设立，使分院对每个学区教师的基本情况有了进一步的了解，这样可以对一些课程的短缺教师有针对性地进行培训；对相近的一些学区，辅导站可以统一调剂师资资源；同时，分院还可以根据每个学区的师资力量情况决定其可以设立的专业，如今年分院发现个别学区法律师资力量薄弱，就没有在该学区开设法律专业。

二、提高面授到课率。针对个别学区到课率较低，学员补考次数较多的现象，分院在原有的面授出勤有关规定基础上（即面授出勤不足2/3即不能参加正考）分院又规定凡是补考次数累计6门者一律取消学籍，并以分院的正式文件下发到学区和辅导站，这一措施的出台，有效地遏制了一些学区个别学员到课率低和补考次数较多的现象。今年各学区的出勤率有明显提高。

三、严把教学关。一是各地区普遍建立了教师聘任制，并建立了相应的奖惩机制。二是进一步严格实行“新课和新教师”试讲制，对于新开设课程，不仅新分配到党校的教师无论是本科生还是研究生要试讲，而且一些学区的老教师也要试讲，试讲过关后方能聘任上讲台。三是抓好教学评估。增加课堂讲课艺术和效果在评估中的比重，一些面授评估不合格的教师予以解聘，受到了学员的好评和称赞。

四、加大师资培训力度。今年暑期，分院在通辽学区举行了《民法分论》、《工业企业经营管理概论》、《货币银行学》等课程的备课会，共有46名教师参加，备课会采取教师主讲与研讨相结合，讲授教学艺术、教学方法与开展学术研讨相结合，收到了良好效果；同时一些学区还把教师送到高校、科研机构深造，仅直属学区就有6名教师攻读研究生。

五、开展评优创先活动。一年来，为了提高教师素质，一些学区开展了教学能手的评比活动，教学能手评比的开展，为优秀教师脱颖而出创造了有利的条件。

院报重要文章选登

正确的办学指导思想是灵魂

——一论“函授学院一定要办好”

院报评论员

去年6月12日，胡锦涛同志在听取赴中央党校“三讲”教育巡视组情况汇报时指出：“函授学院一定要办好。办好了，有助于引导干部学习，提高素质。”这是胡锦涛同志自1993年10月以来对党校函授教育的第八次指示，也是在新的形势下，胡锦涛同志对党校函授教育提出的最新要求。全院各级组织和全体学工人员，一定要认真学习，深刻领会，坚决把函授学院办好，办出新水平，以新的面貌迎接新世纪的到来。

函授学院一定要办好，首先就要坚持正确的办学指导思想。办学指导思想是办学的灵魂，是管总的。办学指导思想贯穿于办学的全过程，是指导、规范办学行为的准绳。只有办学指导思想端正了，才能全面、正确地贯彻落实党的干部教育的方针、政策和要求；只有办学指导思想端正了，才能制定正确的教学计划、进行严格科学的教学管理；只有办学指导思想端正了，才能实现培养目标，完成党赋予党校函授教育的崇高使命。坚持正确的办学指导思想，是办好函授学院的首要问题。

坚持正确的办学指导思想，就要从政治的高度、全局的高度认识搞好党校函授教育的重要意义。中央党校函授教育是在党的十一届三中全会以后，我国进入社会主义现代化建设和改革开放新时期，党需要培养大批德才兼备的优秀干部的形势下开办的，是随着新时期新任务应运而生和逐步发展成长的。从政治上看，党校函授教育不是一般意义上的教育。它是以党员干部为主要对象、运用在职在岗教育形式、以提高干部综合素质为目的、具有高等文化程度的党校学历教育。它的基本任务是为我国社会主义现代化建设培养具有高等文化程度、忠于马克思主义、德才兼备的党员领导干部和骨干人才。党校函授教育是一项政治性、原则性很强的干部教育事业。从全局看，党校函授教育是党校教育的重要组成部分，它适应了广大在职在岗党员干部需要系统学习理论、掌握知识、增强党性、提高能力的需要，为党校培训干部开辟了新的阵地，是多渠道培训在职党员干部的一种有效形式，也是党校职能在新形势下的延伸、拓展和补充。从实践看，党校函授教育开办十五年来，已为党和国家培养了百万名党员干部和骨干人才。充分发挥了党校“三个阵地”和“一个熔炉”的作用，深受各级党政机关和广大干部的欢迎。我们所从事的工作是一项政治性很强的工作，正如郑必坚同志所说：“我们决不能把中央赋予党校的重大思想性、政治性的任务，当作一般性、事务性的事情来对待”。我们就是要从政治上、全局上来认识党校函授教育的意义，从而增强责任感和事业心，自觉地贯彻执行坚持正确的办学方向，造就高素质干部队伍，为党的建设和现代化建设服务的办学指导思想。

坚持正确的办学指导思想，就要正确处

理社会效益与经济效益的关系。党校函授教育参照国家有关规定，实行收费制度，采取“以学养学”的方针。因此，收取学员一定学费是正当和必要的。但办学的主要目的不是收取学费，而是胡锦涛同志告诫我们的：“第一位的是培养人才。”从总体来说，这个目的是明确的。但不可否认，在市场经济条件下，在利益的驱动下，有的单位不同程度地出现了片面追求经济效益、不顾条件扩大招生规模、放松管理、甚至降格以求等等现象，损害了党校的形象。因此，我们必须坚决贯彻胡锦涛同志和校委的指示，正确处理社会效益与经济效益两者的关系，“宁可牺牲些收益，也要服从培养高素质人才这个大局，要坚持把质量放在第一位”。只有这样，才能真正端正办学指导思想，自觉抵制办学中的各种不正之风和腐败现象，维护党校的声誉和形象。

坚持正确的办学指导思想，关键在领导。评估检查验收的情况证明，凡领导同志办学指导思想端正的，就能做到任务明确、措施有力、指导及时，保证中央领导同志和校委各项指示和要求的贯彻执行，确保了函授教育质量。相反，凡是问题较多的单位、教学质量较差的单位，主要问题出在领导。因此，各级组织的负责同志首先要把办学指导思想搞端正，只有领导确立了正确的办学指导思想，才能把它贯彻到全体人员的头脑中去，贯彻到办学的全过程和各个方面去。

实践证明，端正办学指导思想是办好党校函授教育的一个永恒课题。各级组织必须经常抓，抓反复，切实加强思想政治工作，进一步端正全体学工人员的办学指导思想，以确保党校函授教育质量。

教学质量是生命

——二论“函授学院一定要办好”

院报评论员

确保党校函授教学质量，是贯彻落实中央领导同志关于“函授学院一定要办好”的重要指示的必然要求。只有教学质量得到可靠的保证，才能实现“有助于引导干部学习，提高素质”的目的。引导干部学习，提高素质是时代的呼唤和党的建设的需要，也是我们党校函授工作者的历史责任。

中央党校函授教育开办十几年来，各级组织为不断提高教学质量作了不懈的努力。全院已建立了确保教学质量较为完备的教学实施、管理和监督机制，编写了一套具有较高质量的系列教材，拥有6万名的师资队伍和4万名的管理队伍，积累了较为丰富的教学经验，教学质量总的情况是好的。但有的单位在教学质量上也存在一些不容忽视的问题，有的还比较严重，即使是先进单位也存在这样那样的薄弱环节。因此，对确保教学质量不能有半点疏忽和丝毫懈怠。

各级组织都要组织全体人员反复学习胡锦涛同志和中央党校校委关于党校函授教育的一系列重要指示，充分认识确保质量的重要意义。要从大局的高度、政治的高度充分认识确保质量的重要性，把确保教学质量作为一切工作的重中之重，始终抓住不放，切实抓出成效。要增强质量意识，当前要注意克服和防止认为质量管得严会影响生源的错误思想，牢固树立质量是党校函授教育的生命的观念。质量问题实质是我们培训人才是否合格，是否实现了“理论、知识、党性、能力相统一”的培训质量要求，这是衡量党校函授教育办得成功与否的根本标志。质量问题，对于党校函授教育是头等重要的问题，它关系到党校函授教育的生存价值和前途命运。尤其是在当今条件下，质量问题显得尤为重要。只有确保质量，才能在激烈的竞争中，以质取胜，立于不败之地，为社会所承认。更为重要的是，党校函授教育的质量关系到党的高素质干部队伍建设和党的建设，关系到社会主义现代化大业乃至关系到党的声誉和形象。因此，我们对于确保质量问题，必须有强烈的责任心和紧迫感，不惜花费精力和代价，一定要把党校函授教育质量进一步搞上去。

各级组织要坚定不移地贯彻执行“从严办学，质量第一”的办学方针。办学实践证明，凡是坚持贯彻这一方针的地方，教学质量就有保证。凡是贯彻这一方针不力的地方，教学质量就存在这样那样的问题。各级领导和广大学工人员要充分认识成之于严，失之于宽。严，才能出人才、出质量；严，才有声誉；严，才有吸引力。而迁就宽纵，是滋生各种问题的温床。迁就宽纵，势必不讲原则，强调特殊，降低标准，放松要求，影响办学质量和办学声誉。各级组织要提高和增强贯彻“从严办学，质量第一”办学方针的自觉性和坚定性，坚决克服迁就宽纵的思想和行为，把从严办学的方针落实到教、学、管、考各个方面去。

各级组织要坚持以教学为中心，严格认真地把好招生关、教材关、教学关、考核关。深化教学改革，强化素质教育，积极执行教改试点，探索新的教学方式；把思想政治素质教育放在首位，用马列主义、毛泽东思想特别是邓小平理论武装学员，注重培养学员的实践能力和创新精神；全面加强和改进理论教育、知识教育、党性教育和能力教育，改进、完善和强化各个教学环节；严格教学管理，提高面授质量，加强学员到课考查，提高到课率；加强作业的收缴、计分和讲评，切实加强自学指导，改变自学薄弱的状况；要切实加强师资队伍和管理队伍建设，择优聘任教师，加强培训，持证上岗，杜绝不合格教师走上讲台，开展争创“名师”、“名校”活动，把确保教学质量落到实处。

提高教学质量，全院上下，人人有责。教师要花大气力端正教风、教纪。教师是人类灵魂的工程师，要加强自身师德修养，为人师表，言传身教，把教书与育人结合起来；学员要端正学风、学纪。要转换角色，放下架子，防止和克服“混文凭”的思想，刻苦攻读，实实在在学一点东西；管理人员要无私无畏，敢于管理和善于管理，坚持原则，秉公办事。对于办学不认真、不严肃，教学质量没有保证或不具备办学条件的单位要下决心撤消。全体人员要切实纠正办学中的不正之风，与干部培训领域内的消极腐败现象作坚决斗争。对勇于与腐败现象作斗争的同志要大力保护并给予表彰，以发扬正气，压倒歪风邪气，老老实实地、真心实意地确保党校函授的教学质量，以维护党校函授教育的政治性、严肃性和原则性。

制度建设是保证

——三论“函授学院一定要办好”

院报评论员

加强制度建设，是落实中央领导同志关于“函授学院一定要办好”的重要指示的要求，也是党校函授教育实现科学化、制度化、规范化管理，全面提高办学质量的需要。

中央领导同志在党校函授教育即将跨入新世纪的重要时刻，作出“函授学院一定要办好”的重要指示，具有深远的政治意义。世界处于世纪之交，各国都以教育为契机，展开激烈的竞争。党中央高瞻远瞩，提出“科教兴国”战略，推动了教育事业的发展。目前，全国各种教育如雨后春笋，蓬勃发展。教育已成为一种产业，互相促进、互相推动、互相竞争，形成优胜劣汰的态势。在这种新形势下，党校函授教育只有深化改革、加强管理、提高质量，培养出更多合格的高素质人才，以质取胜，才能适应形势发展的需要，在教育大市场中立于不败之地。提高教育质量，以质取胜，必须有各项管理制度作保证，这是教育取得成功的一条基本规律。因此，加强制度建设，是党校函授教育事业自身发展的需要，也是形势任务提出的要求，更是全面落实中央领导同志重要指示的重要举措，我们必须把制度建设抓紧做好。

加强制度建设，要强化法规意识。中央党校函授学院建院以来十分重视制度建设。特别是近几年来，经过全院上下的共同努力，在总结多年来党校函授教育办学工作经验的基础上，已经建立了一整套规章制度。各级组织在贯彻执行这套规章制度方面总的是好的。但也有少数单位和办学人员法规意识不强，执行规章制度中存在某些随意性。他们对规章制度学习不够，精神吃的不透，执行起来有时出现走样，致使在办学工作中发生这样那样的问题，造成工作损失，影响党校声誉。其根本原因是法规意识淡薄，不懂得制度就是法规，法规带有根本性、法律性。实践证明，法规是保证党和国家的教育路线、方针、政策的贯彻执行，保证中央领导同志和校委指示的全面落实，保证党校函授教育培养目标的实现的重要组织保证，是规范办学行为的基本准则。任何单位和办学人员，都必须坚决贯彻执行，不打折扣，不搞因人而异。否则，就会政出多门，各行其是。强化法规意识，就是要维护制度的权威性，特别是总院制度的权威性，养成照章办事的习惯，用制度进行规范化管理，提高全院的思想水平和管理水平。

加强制度建设，要坚持从严的要求。中央领导同志在对党校函授教育的多次重要指示中，都强调一个“严”字。这是因为，外界对党校的要求很高、很严，一说是党校学员，在党校学习，人们就很自然地与党联系在一起。所以我们自己要从这个高度来办学、办函授。严，首先要从制度严起，坚持“从严办学，质量第一”的办学方针。全国的教育放开以后，有的同志对从严治院、严格管理产生了动摇，认为管严了会影响生源。一些单位对招生条件的审定、考风考纪的管理都有要求不严的现象，这种做法是极端有害的、是错误的。我们要懂得，党校函授教育所培养的对象是党员领导干部和党员干部，他们是跨世纪的接班人，关系着社会主义现代化建设的成败与否，关系着党和国家的命运、前途。如果我们对学员要求不严，不按制度办事，就很难培养出高素质的人才。因为，“党校与别的部门不一样，要有特别严格的要求。党校函授教育管理严格，要求高，是应该的，而且要不断加强管理”。

加强制度建设，要不断地完善各项管理制度。首先，党校函授教育是党在新时期为了适应改革开放和现代化建设事业需要大批干部而开办的干部教育事业。形势在发展，党的干部教育事业也在发展。制度建设、管理工作只有跟上形势发展的要求，不断修改、完善自身的管理机制，才能担负起历史赋予的重任。第二，中央党校函授教育是一个联合办学实体，覆盖全国，形成四级管理网络，拥有数十万学员和数以万计的教员和管理人员，设置有大专、本科和研究生的多班次和多专业，要管理这样一个庞大的教学机构，只有不断地探索和创新，不断地建立和完善它的管理职能，才能实现科学化、制度化、规范化管理。第三，全国教育事业的蓬勃发展，为党校函授教育加强自身制度建设提供了难得的学习机会。国民教育历史悠久，各种成人教育各有所长，他们在管理工作上的成功经验，我们要很好地借鉴。我们应采取“拿来主义”的态度，博采众长，发展自己，创造出具有党校特色的管理体系。

“管理制度贵在坚持”，加强制度建设，关键在于落实。只有把各项制度长期地坚持下去，才能把“函授学院一定要办好”的重要指示落到实处，使函授学院真正办成一流的培养在职党员干部的高等院校。

提高人员素质是根本

——四论“函授学院一定要办好”

院报评论员

“提高人员素质是根本”。这是中央党校副校长、函授学院院长张志新总结概括的党校函授教育办学中必须抓住的基本问题之一，也是实现“函授学院一定要办好”的基本条件。治国、治党，关键在人，治学，也关键在人。名校、名师育高才，严师出高徒，这是人所皆知的事实。办学质量的高低，取决于办学主体素质的高低。只有高素质的办学队伍，才能办出高质量的党校函授教育。

党校函授教育的办学质量，事关党的干部队伍，事关新时期党的建设，事关社会主义现代化建设。因而，备受各方面的关注，党和人民对它提出了很高、很严的要求，社会各界对它提出了很高、很严的要求，中央领导同志和校委对它提出了很高、很严的要求。广大党校函授教育工作者在国际国内新形势下，肩负如此历史重任，各级组织必须高度重视提高办学人员的思想、政治、理论、文化、业务等各方面的素质。全体办学人员包括各级组织的领导者、面授教师、管理人员和班主任都要增强提高自身素质的意识和紧迫感。

提高办学人员素质，首先是思想政治素质。最近，江总书记关于中国共产党始终代表中国先进生产力的发展要求、始终代表中国先进文化的前进方向、始终代表中国最广大人民的根本利益的重要论述，是我们党的立党之本、执政之基、力量之源，是在新的历史条件下全面加强党的建设的伟大纲领，也是指导我们进一步办好党校函授教育强大的思想武器，是全体学工人员提高素质的最高思想行为准则。办学人员要按照“三个代表”的要求，努力学习马列著作和我党三代领导人的著作，用马列主义、毛泽东思想，特别是邓小平理论武装头脑，讲学习、讲政治、讲正气，做“三个代表”的重要思想的执行者和实践者，以“三个代表”的重要思想为指导，进一步办好党校函授教育。要从全面加强党的建设的高度，进一步增强办好党校函授教育的事业心、使命感和责任感。要全面落实和坚决执行中央领导同志和校委关于党校教育工作的一系列重要指示，继续查找和切实解决办学中存在的不容忽视的问题，坚持和维护党校函授教育的政治性、原则性和严肃性，不断提高教学质量和办学水平。

提高办学人员素质，就要全面地提高业务水平。要求全体办学人员努力钻研和精通业务，更新和补充知识，掌握必备的理论、专业知识和业务技能，适应本职工作的需要，并努力锻炼成为本职工作的行家里手。要认真学习教育学、教育管理学和党校函授教育学，按党校函授教育的特点和规律办事；要发扬创新开拓精神，积极开展创“名校”、“名师”、“精品教材”和“精品课”的活动；要熟悉和掌握并按照本职工作的基本要求以及各项方针、政策和全套的规章制度开展工作，努力提高领导水平、教学水平和管理水平。

提高办学人员素质，就要不断改进思想作风和工作作风。要求全体办学人员实事求是，深入实际，扎扎实实地工作；要增强师德和职业道德修养，严于律己，以身作则，率先垂范，为人师表，为培养党的高素质干部队伍服务；要增强服务意识，全心全意为教学服务、为基层服务、为学员服务，做到热情服务与严格要求相结合；要坚持清廉办学，忠于职守，坚持原则，秉公办事，坚决克服和纠正办学中的各种不正之风，以实际行动维护党校函授教育的形象和声誉。

各级组织要把提高办学主体素质列入议程，加强规划和领导。要把对办学队伍的调整、充实与培训、提高结合起来，不但要充实数量，尤其要强化各种形式的培训，以提高办学队伍质量；要善于总结、推广办学队伍中的先进经验。当前，要认真选拔、产生院庆15周年表彰的百名优秀教员和百名优秀管理人员，大力宣传他们的先进事迹；要坚决克服和切实纠正办学队伍中的不正之风，对勇于和腐败现象作斗争的同志要给予支持、保护和奖励，以弘扬正气，压倒歪风邪气。

全院各级组织要共同努力，把全院办学队伍建设成为一支政治强、业务精、作风正，能担当培养高素质干部队伍重任，适应新世纪办学需要的队伍，为促进党校函授教育事业的进一步发展作出新的贡献！

中央党校函授教育是适应现代化建设需要的客观产物

——院庆15周年系列报道之一

总院院庆宣传报道组

中共中央党校函授教育是在我国社会主义现代化建设事业迅猛发展，中央要求加快干部培训步伐的形势下，在老一辈无产阶级革命家王震和著名教育家蒋南翔亲自倡导下，于1985年3月正式创办的。它的产生不是偶然的，是有深刻的历史背景的。

党校函授教育的产生，适应了社会主义现代化伟大事业迅速发展的需要。1978年12月，我党召开了具有历史转折意义的十一届三中全会，作出了把党和国家的工作重点转移到社会主义现代化建设上来和实行改革开放的战略决策，并逐步形成了“一个中心、两个基本点”为主要内容的党在整个社会主义初级阶段建设有中国特色的社会主义的基本路线，开创了我国社会主义发展的新时期。广大干部面临新时期、新任务、新课题，原来熟悉的东西闲置起来，大量陌生的事物涌现在他们面前，他们无论是思想准备、理论准备和专业知识准备都十分不足。要实现社会主义现代化的伟大任务，一个必不可少的条件是要建立一支坚持社会主义道路、具有专业知识、德才兼备的宏大的干部队伍。历史呼唤广大干部重新学习，接受社会主义现代化建设事业和改革开放必备的理论知识和专业知识的系统培训，以适应实现新时期宏伟目标的需要。党校函授教育正是为了适应这一客观要求而产生的。

党校函授教育的产生，适应了实现干部队伍“四化”建设的需要。政治路线确定之后，干部就是决定的因素。广大干部肩负着全面推进改革开放和社会主义现代化建设事业的历史使命，肩负着在党的基本路线指引下，组织和带领广大群众实现党在新时期的奋斗目标和战略任务。干部素质，国运所系。他们的理论素质、政治素质、文化素质、业务素质等各方面的综合素质的状况如何，关系到党的事业的成败，关系到党和国家的兴衰。然而，当时广大干部的实际状况远远落后于社会主义现代化建设事业的需要。广大干部的原有素质与社会主义现代化建设需要之间的矛盾日益显露出来。1982年，党的十二大，适时地提出了实现干部队伍“革命化、年轻化、知识化、专业化”的任务和加快干部培训步伐的要求。1984年，中共中央批转《关于加快干部培训工作的报告》的通知中指出，“要弄清培训任务与培训条件不相适应的具体状况，有计划地有组织地发展多种形式、多种规格的培训手段”，“党校、干校办班，电视、广播、函授办班，或依托大、中专学校办班，都要从各行各业对不同专业、层次的干部的需要出发，进行对口培训。要增加培养经营管理人才和法律人才的专业”。中央党校函授教育就是依据这个文件精神开办的。

党校函授教育的产生是新时期拓展党校功能的需要。长期以来，各级党校主要担负着轮训和培训同级党委所管理的领导干部和理论干部的任务，采取单一脱产轮训、培训的模式，这无疑是正确的。今后这仍然是各级党校的主要功能和主要办学模式。然而，随着我国进入改革开放和社会主义现代化建设的新时期，党校原有的功能和办学模式已不能完全适应形势发展的需要，不能适应加快干部培训步伐的要求：一是存在着干部培训任务繁重与各级党校容量有限之间的矛盾，难以在短期内解决。二是各级领导干部任务繁忙，难以完全脱产进党校接受轮训和培训。当时，党中央决定三年内要求各级领导干部轮训一遍，按中直机关工委和国家机关工委测算，按照党校脱产轮训的规模的速度，以每年分配给他们的名额计算，全部应参加轮训的对象，需要70年才能完成轮训一遍。三是广大党员干部培训渠道尚未妥善落实。从而迫切要求党校在实行调干脱产轮训、培训的基础上，把党校教育由校内拓展到校外，培训对象由各级领导干部扩展到广大党员干部。可见，党校函授教育的产生是新时期党校事业深入发展的产物，是新时期党校拓展功能的产物。后来的实践证明，新时期党校拓展功能是一项正确的战略决策。这有利于克服时间、空间的限制，敞开党校大门，为一大批难以进党校脱产培训的干部提供了在职在岗系统学习进修和深造的机会，扩大了党校教育的阵地和培训面，加大了党校在承担干部培训中的分量。

党校不仅是轮训、培训领导干部和理论干部的阵地，也成为培训在职党员干部的重要渠道，为培养党的高素质干部作出了更大的贡献。

党校函授教育开辟了干部素质教育的新路子

——院庆15周年系列报道之二

总院院庆宣传报道组

党校函授教育走过了15年的创业历程。古谚曰:“桃李不言,下自成蹊”,经过党校广大教育工作者的默默耕耘,如今党校函授教育已成为党校教育的重要组成部分,是培养全国在职在岗党政干部的主渠道。党校函授教育适应了社会主义现代化建设和改革开放事业的需要,为党和国家培养了大批高素质的党政干部,开辟了干部素质教育的新路子。

党校函授教育的目的确立了素质教育的方向。《中共中央党校函授教育工作暂行条例》规定,“党校函授教育的基本任务是,为我国社会主义现代化建设事业培养具有高等文化程度、忠诚于马克思主义、德才兼备的党员领导干部和骨干人才。”这一目的为党校函授教育指明了实施素质教育的方向。它既表明了党校函授教育的性质,也提出了实施素质教育的要求。实现培养社会主义现代化建设需要的高素质人才的教育目的,就必须以“德才兼备”为培养目标。“德”的目标质量要求是忠诚于马克思主义,即系统地掌握马列主义、毛泽东思想和邓小平理论,树立无产阶级世界观、人生观和价值观,自觉地执行党的基本路线和基本纲领,坚定地走建设有中国特色的社会主义道路,努力实践全心全意为人民服务的宗旨;"才"的目标质量要求是具备高等文化程度,既掌握高等专业知识,又掌握相应的现代科学文化知识,还具备决策判断、组织管理和开拓创新的实际能力。总之,党校函授教育培养的学员必须达到掌握马克思主义基本理论,充实文化和专业知识,增强党性修养,提高实际能力的质量要求,这个目标是以思想政治素质为重点、以党性修养为核心的综合素质教育,它既符合国家成人高等教育的素质教育要求,又体现了党校干部教育的特殊素质教育要求。

党校特色的成人高等学历教育内容规范了素质教育的内涵。《中共中央关于面向21世纪加强和改进党校工作的决定》指出,"党校学历是一种包含马克思主义理论水平、文化和业务知识、党性要求、领导素质和实践能力等多种因素的综合反映。"党校函授教育作为党校教育的重要组成部分,其学历教育的内容既要保持党校学历的基本特色,又要符合国家成人高等教育的基本标准。《中国共产党党校工作暂行条例》规定:"党校教学要以马克思主义基本理论为主课,同时开设与社会主义现代化建设相关的其他课程","党性教育是党校的必修课"。根据这些规定,党校函授教育在内容上,一方面坚持党校教育的要求:以马克思主义基本理论为主课,以党性教育为必修课。学员通过学习"三基本",即马克思列宁主义基本问题、毛泽东思想基本问题、邓小平理论基本问题,解决学员的立场、观点和方法,并把党性教育贯穿于教育的全过程,入学教育以端正学员的学习目的为主,教学中无论是"三基本",还是文化、专业理论的课程,都强调理论联系实际,要求学员针对自己存在的问题努力改造世界观,同时还开展多种形式的党性教育活动,讲授党性教育基础知识,学员进行党性分析和党性锻炼总结。另一方面坚持国家成人高等教育标准:党校函授教育各班次、各专业开设的专业基础和专业课程,均占本专业课程的60%—65%;文化知识和技能课程占总课程的10%—15%,这不仅同国民教育的成人高等教育相衔接,而且达到了相应的标准。学员通过学习,掌握一门高等专业知识,增强了他们为社会主义现代化服务的业务水平和领导才干。为了开阔学员的"世界眼光"和提高"战略思维"能力,党校函授教育还把"五个当代",即"当代世界经济"、"当代世界科技"、"当代世界法制"、"当代世界军事和我国国防"、"当代世界思潮"直接引入课堂。总之,上述教育内容把党校函授教育纳入了素质教育的轨道,规范了素质教育的内涵。

理论联系实际和自学为主的教育方法保证了素质教育的质量。首先,理论联系实际是我们党的优良传统和根本学风,也是党校函授教育的基本方针和正确途径。培养高素质的党员干部要通过理论联系实际的教育方法才能得以实现。"方法"起桥梁和纽带作用,学员所学的理论、知识,通过理论联系实际的方法,使其转化为党性和能力,特别是转化为创新意识和创新能力,没有这种转化,学员就谈不上综合素质的提高。党校函授教育始终强调理论联系实际,不仅注重理论与历史相结合、理论与时代发展相结合,而且要求教师和学员联系自己的思想和工作实际,运用理论分析当前社会热点、难点问题和新情况,找出解决问题的对策。理论联系实际的教育方法使党校函授教育充满了活力,素质教育的质量得到了可靠保证。其次,坚持有指导的自学也是党校函授教育的主要方法和基本特点。党校函授教育的自学时数占总学时的60%左右,体现了业余教育自学为主的特点。自学的质量直接关系素质教育的质量。坚持有指导的自学为主的原则，包括三层涵义：一是抓好学员自学。学员作为自学的主体，只有发挥自身的积极性，自学才会有成效。同时，还要讲求自学方法，学会读书，学会思考，学会创造。二是教师要指导好学员的自学。教师要教会学员自学的方法，不可填鸭式地满堂灌，而是传授“点金术”，让学员懂得如何掌握立场、观点和方法，怎样解决实际问题。三是教育管理者要善于组织学员的自学。党校函授教育已建立了一些自学制度，也采用了一定的自学组织形式，并有政治思想工作保证。有指导的自学为主的教育方法对培养学员的创新能力、提高学员的业务水平和领导才干、保证素质教育的质量，也起着至关重要的作用。

十五年来，党校函授教育在开展素质教育方面已取得了可喜的成绩，但随着新形势、新任务提出的新要求，全院的各级组织，必须不断深化教育改革，不断探索党校函授素质教育的新特点、新规律，才能使素质教育提高到一个新水平，以适应培养跨世纪高素质人才的需要、为党的干部教育事业做出新的贡献。

党校函授教育是一种特殊的成人高等教育

——院庆十五周年系列报道之三

总院院庆宣传报道组

党校函授教育是我国社会主义现代化建设事业发展的必然产物，它具有区别于一般成人高等教育的许多特点，是一种特殊的成人高等教育。

以在职在岗党员干部为主要培养对象，是党校函授教育的第一个显著特点。党校是在党委直接领导下培养党员领导干部和理论干部的学校，党校教育是全国各级党政领导干部培训轮训的主渠道，而党校函授教育是党校教育的重要组成部分，它是在我国社会主义现代化建设事业迅速发展，急需对广大党员干部加快培养的形势下创办的，是党校教育功能的拓展和延伸。党校教育的性质、任务和培养目标决定了党校函授教育必须以在职在岗的党员干部作为主要培养对象，这是党校函授教育同其他成人高等教育的根本区别之一。党校函授教育如果不以党员干部为主要培养对象，就会失去党校函授教育的特色，偏离正确的办学方向。因此，以党员干部为主要培养对象，既是它的特色，也是对它的要求。

坚持“理论、知识、党性、能力”四统一的培养质量要求，是党校函授教育的第二个显著特点。党校函授教育一方面要贯彻党校教育“以全面培养领导干部政治家素质为目标”的要求；而另一方面要符合国家成人高等学历教育的标准。因此，它确立了“掌握理论、丰富知识、增强党性、提高能力”四统一的培养质量要求。这一要求，就是学员通过学习，具有履行职责所需的马克思主义理论水平，具备做好本职工作所需要的现代科学文化知识和高等专业知识；增强党性修养，树立起无产阶级的世界观、人生观和价值观，具有远大的共产主义理想，在政治上同党中央保持高度一致；进一步掌握辩证唯物主义的思想方法和工作方法，提高判断决策、组织管理和开拓创新的领导能力。这一高标准的质量要求，明显地区别于一般的干部培训和成人教育。

教育内容上突出马克思主义的主课地位和党性教育的核心地位，是党校函授教育的第三个显著特点。党校是“学习、研究、宣传马列主义、毛泽东思想、邓小平理论的重要阵地和党性锻炼的熔炉”，这就决定了党校函授教育必须坚持以马克思主义基本理论为主课和以党性教育为核心。这里讲的“主课”，不仅是指马克思主义理论课在全部课程中占有较大比例,而且在所开设的专业基础课、专业课程和文化知识课，都要贯穿马克思主义基本原理，都要以马列主义、毛泽东思想和邓小平理论为指导。党校函授教育强调党性教育的核心地位，则是指它把党性教育贯穿于教育的全过程，把学员在学期间党性修养提高的状况作为衡量教育质量高低和学员能否毕业的重要标准。这一特点，也使党校函授教育与其他成人教育有着明显的区别。

注重理论联系实际，坚持以有指导的自学为主和多种手段并用的教学方法，是党校函授教育的第四个显著特点。理论联系实际是我们党的传统和作风，也是党校一贯倡导的优良学风。因此，党校函授教育十分强调在教学过程中，不仅要将理论与历史、时代及国际国内的形势发展相结合，而且要将理论同自己的思想实际和工作实际密切结合，用所学理论分析面临的新情况、新问题，力求找出解决问题的对策，并促进主观世界的改造。党校函授教育针对学员在职在岗学习、工学矛盾突出的特点，坚持自学为主的原则，以有指导的自学作为学员获取知识最主要的途径和方法。在运用多种形式对学员进行自学指导上，教师面授虽然在总学时仅占 1/10 的比例，但它却发挥了极为重要的作用。党校函授教育还同时采取课堂面授、电化教学、刊授、自学、讨论、作业、实习、社会调查等多种教育方法，这既是为了适应党校函授学员在职在岗学习的特点，也是因为党校函授是网络化办学，点多线长面广，各单位的条件极不相同。多种教育手段并用，既可有效地克服和缓解学员的时间矛盾，有助于培养学员的独立思考和创造性思维能力，提高他们的综合素质，又能较好地适应各单位千差万别的办学条件，充分利用本地的教育资源和优势，扬长避短，办出自己的特色。这一特点，也是党校函授教育同其他成人教育相区别的一个重要标志。

党校系统联合办学和网络管理，是党校函授教育的第五个显著特点。中央党校函授教育，是由中央党校主办，依托各省、自治区、直辖市委党校的联合办学体制。它在中央党校设函授总院，在各省、自治区、直辖市委党校设函授分院，分院在有条件的地(市)、县委党校分别设学区、辅导站；参加联合办学的军队系统，也相应设立了分院、学区和辅导站。从而构成了层次分明、责任明确、联系紧密的四级管理网络。这个网络，可以优势互补，可以充分发挥全国党校系统的整体优势，有利于吸纳全国各地的教育资源，从而形成了其他成人高等教育难以做到的巨大办学合力，这也是党校函授教育特有的办学优势。十多年来，它充分发挥这一优势，为我国的四个现代化建设培养了数以百万计的党员领导干部和一般干部，充分体现了它的社会效益。

新的世纪即将到来，党校函授教育面临机遇与挑战。全院同志只有认清形势、明确方向、发奋努力、充分发挥党校函授教育的自身特点和优势，才能使党校函授教育获得更大的发展，才能为党和国家培养更多适应社会主义现代化建设需要的高素质党员干部和骨干人才。

高标准　高质量　出精品

十五年来中函教材建设成绩斐然

——院庆十五周年系列报道之四

总院教编室主任　**曹玉海**

教材，是搞好教育的基础。教材建设，是党校函授教育的一项基本建设。教材质量的优劣，是衡量党校函授教育教学质量高低的一个重要标志。

中央党校函授教育自开办以来，为实现培养高素质干部的目标，根据中央党校校委关于编写党校教材的方针和原则，特别是近几年来胡锦涛同志对函授教育的一系列重要指示，结合党校函授教育干部在职学习的特点，提出并实施编写一流教材的“精品”战略。首先，严格选定教材主编。确定主编的首位要求是，具有高级职称，精通本学科理论，责任心强，本人编写时间有保证，能保质按时交稿。根据这一要求，教编室选聘的教材主编既有中央党校的教授，又有校外一些高校、科研院所和国家机关有关职能部门的学者、专家。特别是一些专业性、政策性较强的教材，对主编的选聘更是精心操作，优中选优。其次，加强教材编辑的组织管理。编写出高质量的教材不仅要选准主编，而且要选好责任编辑，加强复审、搞好终审、校对等工作，实现诸多环节的有机统一。因此，教编室始终强调加强组织管理，强调各个环节工作的到位和衔接，确保教材质量。15年来，根据提高学员综合素质的要求，专业和课程设置及其调整的需要，组织编写出了一套适应党员干部在职在岗学习需要的系列教材。截止目前，共组织编写教材228种，这些教材涵盖党政管理、行政管理、经济管理、涉外经济、贸易经济、法律六个专业，同时，对闭卷考试课，参照国民教育和成人教育的经验，组织编写了100余种《教学辅导资料》和《学习指导纲要》。有些分院还编印了以省情为主的“乡土教材”等。电化教材在规范内容的基础上，新录制了110多部。

在教材建设中，既参照成人高等教育学习知识、掌握理论、提高能力的基本要求，又突出了党校党性教育和党性锻炼的特点。为加强党性教育和党性锻炼，不仅组织编写了马克思主义基本原理、马克思主义经典文选及辅导等教材，在课程设置中安排了“三基本”课程，把中央党校主体班次使用的“三基本”教材引入函授教材体系，而且把党性教育和党性锻炼的要求贯彻、渗透到有关教材中，使教材内容与党的路线方针政策保持一致，使学员能及时比较系统地了解、掌握中央有关政策的精神，站在更高的角度指导工作。党校函授教材的知识性、理论性、实效性体现了成人高等教育的基本要求，而马克思主义基本原理、马克思主义经典文选教材和党性教育、党性锻炼在其他有关教材中的渗透性则充分体现了党校干部教育的特点。

教材突出了简明性、实用性。为了使学员在有限的时间内学到精而管用的理论和知识，党校函授教材突出了简明性和实用性。所谓简明性，就是教材中对基本概念和有关原理的阐述力求简明扼要，文字简练，每种教材力求结构合理，层次清晰，重点明确，深入浅出，通俗易懂。所谓实用性，就是教材内容对工作、事物认识分析的指导性。根据学员大多在各个行业从事各种管理工作，亟需学习有关管理知识、提高管理水平的情况，增加了管理科学课程的设置，加大了管理科学方面教材的比重，在教材中力求反映当代管理科学研究的新成果，理论联系实际，结合我国现代化建设实际，阐述有关理论。同时，随着我国法制建设的发展，全国人民代表大会每年都要公布一些新的法律、法规，对一些法律、法规进行修订。为使有关专业学员所学教材内容具有实用性，及时请作者根据新出台或修改的法律、法规对教材进行修改。党校函授教育所具有的简明性、实用性，适合干部在职业余学习的需要，得到了函授教师的肯定和学员的欢迎。

教材内容注重时代性。《中国教育改革和发展纲要》要求：“克服学校教育不同程度存在的脱离经济建设和社会发展需要的现象。要按照现代科学技术发展的新成果和社会主义现代化建设的实际需要更新教学内容，调整课程结构”。及时吸收理论研究和现代科学技术发展的新成果，对提高教材质量至关重要。为此，党校函授教材内容通过四方面体现其时代性：一是力求及时、全面、准确地贯彻、体现中央的路线、方针、政策；二是及时吸收理论研究中形成共识的新成果；三是把计算机课程、现代科学技术概论等作为学员必学内容，并根据理论、计算机技术等科学技术的发展请作者及时对有关教材进行修改；四是把中央党校主体班次使用的“五当代”教材(《当代世界经济》、《当代世界科技》、《当代世界法律和中国法制建设》、《当代世界军事和中国国防》、《当代世界思潮》）引入函授教材体系。教材内容的时代性适应了党校函授教育为社会主义现代化建设培养人才、提高干部素质的需要。

15 年来，中函教材经过多次的修订、调整和补充，形成了一套比较齐全、适应时代需要、适合干部在职学习的教材体系。这些教材内容新、贴近现实，阐述科学、准确、学了管用。不仅受到广大教师和学员的欢迎，而且得到广大党政干部和群众的赞许和肯定。特别是 1997 年 9 月 3 日，江总书记在百忙中给中央党校负责同志打来电话，说看了中央党校编的四本书（指函授教材：《马克思主义哲学原理》、《建设有中国特色社会主义的理论》、《干部写作概论》、《普通逻辑学》)，还不错。江总书记对我院教材的关怀和鼓励，进一步推动了中函教材建设，更好地服务于党校函授教育。

经过十五年探索与实践

初步形成具有党校特色的函授教育体系

——院庆十五周年系列报道之五

总院院庆宣传报道组

教育体系，是衡量教育质量高低的一个重要标志，也是党校函授教育赖以生存发展的基础。

十五年来，中央党校函授教育始终把建立和完善函授教育体系作为提高办学质量、促进函授教育事业发展的大事来抓。各级领导和办学人员勇于实践，不断探索，大胆地学习和借鉴国民教育、成人教育和国外终身教育的办学经验，紧紧围绕党校函授教育的基本任务、基本要求和办学特点，逐步完善各项教育制度，初步形成一套具有党校教育特色的培养目标体系、专业与课程设置体系、教材体系、考试考核体系、教学管理体系和评估督导体系。这套体系，既体现党校教育的特点，又注意同国家成人教育的标准要求相衔接。它在党校函授教育中发挥了巨大的作用，使党校函授教育更加科学化、制度化和规范化，保证了党校函授教育的质量，推动了党校函授教育的健康顺利发展。

——培养目标体系。这是办学的首要问题。中央党校函授教育从开办之日起，就有十分明确的办学指导思想。1985 年建院之初，正是党的十一届三中全会以后，我国以经济建设为中心，需要培养大批适应现代化建设事业需要的领导干部和骨干人才，党校函授教育应运而生，把提高干部队伍素质，培养德才兼备的合格人才作为办学的根本宗旨。开办了党员干部大专班，并根据形势任务的需要逐步发展到开办党员干部本科班和党员领导干部函授班。1995 年起，试办了党员领导干部在职研究生班。1997 年秋季在办好其他班次的同时，试办了省部级在职研究生班。至此，中函教育形成了“大专——本科——研究生”的一条龙办学体制，培养目标明确、层次清楚，适应了党员干部各级各类人员的在职在岗学习要求，受到各级党政部门和广大党员干部的欢迎。

——专业与课程设置体系。党校函授是党校主办的特殊成人学历教育，因此，在专业和课程设置上，保持党校特色和国家成人高等教育的基本要求，逐步建立与培训目标相一致的体系。在专业设置方面，按照现代化事业的需要，大专班、本科班设置了政治、经济两个专业，后来调整为行政管理、经济管理和法律三个专业，本科班增设贸易经济专业。1995年试办在职党员领导干部研究生班，以培养高层次、复合型高级人才为目标，设置了经济管理、科学社会主义、政治(治国方略研究方向)和法律四个专业。各种班次的专业，都是按照培养党员领导干部和社会主义现代化建设人才需要这一原则进行设置的，形成了党校教育培养人才的专业体系。在课程设置方面，开设了马克思主义基本理论课、专业基础课、专业课和文化知识与技能课等四类课程，把“三基本”、“五当代”引入函授教育，坚持马克思主义基本理论的主课地位和党性锻炼的基本要求。同时，加大了专业基础课和专业课的比重，两类课程都在60%—65%，达到了党校和国家成人高等学历教育必须达到的标准。

——教材体系。中函教育始终把教材建设放在十分突出的位置。15年来，总院在教材建设方面下了很大的功夫，努力编写一套适应新时期党员干部在职学习要求的一流教材。教编工作坚决贯彻执行中央党校校委关于编写教材的方针、原则，组织大批校内外具有高级职称的专家、教授主编，修订函授教材。总院设立了教材编审委员会，由专家审查把关。经过多次调整、修订，目前全院已有教材228种，涵盖了各个专业。同时，还有100余种《教学辅助资料》、《学习指导纲要》和110多部录像录音教材。各分院还联系本地区的实际编写了“乡土教材”。形成了一套门类比较齐全、适应时代需要、适合党员干部在职学习的教材体系，受到广大学员和教师的欢迎。特别是1997年9月3日，江总书记在百忙中给校委领导来电话，说看了中央党校编的四本书（指函授教材：《马克思主义哲学原理》、《建设有中国特色社会主义的理论》、《干部写作概论》、《普通逻辑学》）还不错。这是对我们最大的鼓励和鞭策，极大地鼓舞中函教材编写人员向更加精品化的方向努力。

——考试考核体系。从总院到分院的各级组织，十分重视做好考试考核工作，经过探索和实践，制定了各种严格措施，建立了考试考核命题、印制、发送、保管、考场设置、监考、巡考、判卷、登分、总结和监督、处理等一整套完善的考务管理制度，严把招生关、考核关，形成了具有函授教育特色的考试考核体系。从而在严肃考风考纪、维护院风院纪方面发挥了重要作用。在落实这些制度中，各级组织还明确责任，层层负责，使考风考纪逐年有所好转。

——教学管理体系。全院在多年的教学管理实践中，积累了较为丰富的教学管理经验，逐步建立了一套行之有效的教学管理体系。这个体系集中体现在总院编制的两部《管理制度汇编》中。《汇编》以《中共中央党校函授教育工作暂行条例》为主体，涵盖了教学、教材、教务、行政、督导等各方面，共136项制度。各分院、学区、辅导站还根据总院《汇编》的有关规定，结合本单位的实际情况制定了各项细则或措施。这些制度不断得到充实、完善和修订，无论从科学性、规范性和可操作性来讲，都达到比较高的水平，是实现正规化教育管理的主要依据。

——评估督导体系。近几年来，在学习和借鉴了国民教育管理经验的基础上，全院设立视导机构，担负起函授教育的督导工作，发挥一批党校函授教育专家在办学中的参谋助手作用。总院成立视导委员会，聘请各省、自治区、直辖市委党校常务副校长为委员，并视需要聘请若干特聘委员。在大行政区域分片成立总院派出的联合视导组，各分院、学区分设视导组和视导员，形成一个有严密组织的函授教育督导体系。总院继1997年全院大检查之后，为解决办学中存在的突出问题，提出开展教育评估的新举措。经过三年的探索，提出一个颇具特色的党校函授教育评估体系。这个体系共10项46条131个给分点，覆盖了指导思想、组织建设、综合管理、教学管理、教务管理、办学设施、办学效果等七个方面。通过自下而上的评估和评估验收，以及评估验收后的“回头看”等活动，进一步端正了全院的办学指导思想，解决办学中存在的不容忽视问题，撤、并、停了一些不合格的办学单位，有力地保证了党校函授教育的质量。

党校函授教育体系在实践中创造，在创造中发展，十五年来建立起来的函授教育体系，发挥着越来越重要的作用。继续完善和建立各种函授教育体系，将是全院的一项长期任务。

依靠党校体系　形成全国网络

党校函授教育是全国党校系统大协作的办学形式

——院庆十五周年系列报道之六

总院院庆宣传报道组

中央党校函授教育从诞生之日起，就是依托党校教育体系，以联合体和集团军的面目问世。中央党校是中央党校函授教育的主办单位。然而，中央党校函授教育并不是由中央党校独家举办，而是注重运用和发挥全国党校系统的整体功能和优势，由数十家属于高等院校体制的省级党校和军事院校联合办学，并吸收了数百家属于大专体制的地市级党校和千家以上的有条件的县市级党校参与教学和管理，从而形成了全国性的教学与管理网络。可见，中央党校函授教育是全国党校系统大协作的办学形式。

这种党校系统大协作办学形式的出现不是偶然的。它既有现实需要，又有客观可能。从它的现实需要来说，函授教育本质上是一种开放型的在职业余教育，学员分布点多、线长、面广；按照国家教育主管部门的规定，开办函授教育必须要有固定的教学场所和占一定比例学时的面授；而且党校函授教育是以党员干部为主要培训对象，实施理论、知识、党性、能力相统一的综合素质教育，必须把每个函授学员编入到在当地或附近设置的教学班中去，接受规定要求的教学和管理。这就要求党校函授教育具有自身的网点，才能适应就地就近实施教学与管理的需要。从它的客观可能来说，全国有中央、省、地、县以及部门、系统党校数千所，它们既有共同的任务，又有不同的分工，上下衔接，互相配合，实际上已经存在一个不同于一般国民教育体系的党校教育体系。党中央早在1985年就在有关文件中肯定了我国党校教育体系的存在。党校教育体系是对我国广大干部进行继续教育、终身教育的可贵的资源和重要力量，在建设党的高素质干部队伍方面负有义不容辞的责任。中央党校依托全国党校教育体系，开办党校函授教育，具有历史的必然性。

经过十五年的办学实践，这种党校系统大协作的办学形式不断得到发展。中央党校函授教育初创时，只有5家省级党校参与联办，现在参与联办的省、自治区、直辖市党校已发展到30家。参与联办的还有新疆兵团党校、铁道部党校、中央党校中直机关分校、国家机关分校以及北京市机关工委党校、北京市工业党校和北京市公安局党校等7家。军队系统由总政牵头、在各总部、各军兵种、各大军区依托军事院校办学，也先后加入了中央党校函授教育联合办学的行列。目前总院下设55个分院、741个学区、1772个辅导站，构成了全院的教学与管理的组织序列和实行统一领导、分级管理的运作机制。中央党校函授教育实行双重领导体制，在函授教育业务方面由总院统一领导和宏观管理，在全院范围内实行“十统一”，即：统一培训目标和培训质量要求、统一学制、统一专业和课程设置、统一招生、统一教学计划、统一教材、统一考试考核、统一学籍管理、统一管理制度、统一颁发学历证书等，从而保证全院教学与管理的统一性和规范性。

十五年的实践证明，这种党校系统的大协作办学形式具有它的合理性和优越性。一是有利于集合中央党校和地方党校各自的办学优势，做到优势互补，形成新的办学合力。中央党校和省级党校均拥有较强的教学力量和较齐备的教学设施，具有明显的教学优势和科研优势。中央党校、省级党校的雄厚的教学、科研实力，为党校函授教育的办学质量提供了有力的保证。而数百所地市级党校和数以千计的县市级党校参与教学和管理，将分散、面广、量大的众多党校函授学员就近、就地组织起来，把本来的远距离教学转变成经常性的面对面的教学与管理。把函授教育松散的传统教学形式转变成较为严密的教学组织。二是由于它的教学与管理网络遍布全国各地和全军系统，从而使中央党校函授教育成为具有全国规模和影响的办学体系，成为党员干部在职在岗培训的重要渠道。这主要是得益于全国党校体系大协作的办学形式，得益于全国党校教育体系的功能效应和独特优势。它所达到的这种办学境地，是任何一所学校，即使是最知名的、实力最强的学校也是难以做到的。三是增强全国党校系统内部的活力和凝聚力，各级党校拓宽了办学的层面，教学资源得到充分而合理的运用，推动了各级党校自身建设，增强了各级党校的办学实力。特别是党校函授教育成为全国党校教育体系内部增强相互联系的纽带，党校函授教育的教研、科研活动、经常性的教学与管理活动、全院范围的大检查和教育评估活动以及年度工作会议、备课会议、教学管理工作会议、研究生工作会议、教材工作会议、电教工作会议、教务学籍会议等，使各级党校之间的交往频繁了，相互联系加强了，相互关系更亲密了。可以说，现在中函与省函之间均已逐渐形成了唇齿相依、休戚与共、合理分工、团结协作的联合体。抚今追昔，党校函授教育所以闯出今天这样的局面，依靠的是全国党校系统的大团结、大协作、依靠的是充分发挥全国党校体系的整体功能和优势。这是一条极为宝贵的经验，也是全国党校系统的共同财富。我们要倍加珍惜，爱护她、支持她。让这种联合体、集团军，让这种大团结、大协作关系在新世纪得到不断的发展和完善。促进党校函授教育的进一步发展，为党和国家培养更多的高素质人才而作出新的贡献。

开创高中级干部在职研究生培训的新路子

——院庆十五周年系列报道之七

总院院庆宣传报道组

中函党员领导干部在职研究生班，是近几年来根据形势需要发展起来的。开办至今已经走过了五年的历程。今年6月，中央党校校委决定，北京地区以外（不含直辖市）在职研究生教育通过函授网络举办。至此，中函研究生班已由试办转入正式开办，这标志着中函研究生教育进入了一个新的发展阶段。

中函在职研究生教育试办五年来，在各级党校校委的关心、支持和正确领导下，在总院和各办学单位的精心组织下，认真贯彻落实胡锦涛同志有关函授教育的一系列指示精神，坚持“社会效益第一，为建设党的高素质干部队伍服务，为社会主义现代化建设服务”的办学指导思想和“从严办学，质量第一”

的办学方针，本着边实践、边总结、边改进的原则，积极探索党员领导干部在职研究生的特点和规律，闯出了一条适合我党高中级领导干部在职研究生培养的新路子。实践证明，利用业余教育的形式，拓宽办学渠道，为党培养高层次、复合型领导人才的路子是对的，试办是成功的，赢得了学员和社会广泛的赞誉。同时，也积累了一些经验。

一、坚持正确的办学方向，明确办学指导思想，是办好在职研究生班的前提。胡锦涛同志曾多次指出，党校函授教育要坚持正确的办学方向，明确办学指导思想，坚持从严办学，确保教学质量，为培养党的高素质干部队伍服务。我们在办学中坚持贯彻落实胡锦涛同志的指示，在职研究生班创办伊始，总院就明确定位，中函创办在职研究生班的目的不是为了经济效益，而是充分发挥党校系统的教育资源优势，为培养党的跨世纪高素质党政领导干部服务。在办学过程中，我们舍得在人力、物力、财力上投入。在任何情况下，都坚持经济效益服从社会效益、服从培养高素质干部队伍这个大局。始终把质量放在突出的位置，坚持数量服从于质量的原则，努力实现规模、速度、效益的有机统一。每年有许多分院要求联办，有许多考生报考，我们都坚持“适度从紧”的原则，严格办学条件和录取人数。为了做到控制规模，专门制订了“休耕”轮招制度，把规模控制在“适度”的范围之内，确保了在职研究生的办学质量。目前，95、96、97级已毕业的学员1000余人。其中，经济管理专业有24人申请了硕士学位，经中央党校学位办进行严格考试，有12人已获得经济学硕士学位。据反映，中函毕业的在职研究生质量较高，很受欢迎。

二、坚持以教学为中心，深化教学改革，是办好在职研究生班的基本要求。在教学内容上，既保持党校特色，又突出时代的特征。在保持马克思主义为主课、党性锻炼是核心的基础上，注重根据形势的发展，适时、适度地进行调整，努力使在职研究生的课程设置与时代同步，与形势相适应；注重与国民教育相关专业硕士研究生课程接轨；注重领导干部所需知识面宽和工作转换的特点，按照宽口径、厚基础、博知识的要求跨专业、跨学科设课，以扩大学员的知识面，增强学员的适应能力和应变能力。同时，兼顾学员所在行业分布的多样性和所在地区经济发展的特殊性，加大选修课分量，特别强调结合省（市）、行业情况设置专题讲座，给各分院留有一定的课程选择的灵活性和自主权，增强教学计划的弹性，以适合不同学员学习的需要。

在教学方法上，强调生动活泼、形式多样。大力提倡启发式、研讨式和专题性教学法，突出讲难点、重点、热点和学员关心的问题。不仅注意传授知识，更注意教会学员掌握科学的学习方法，培养善于独立思考和创造性思维的能力。注重从理论与实践的结合上培养学员的大局意识、战略意识和实际工作能力。如实施案例教学、组织学员参加大型学术研讨会，请一些实际工作部门的专家、学者开设专题讲座等。

在考核方式上，注意采用闭卷、开卷、撰写课程论文等方式，从多角度和多层面检验学员的学习效果。

在教学手段上，强调自学、面授、刊授、电教四位一体，形成整体合力。特别是对于远程教学，总院率先试行，收到了比较好的效果。

三、建立、完善和落实规章制度，不断加强规范化管理的力度，是办好在职研究生班的根本保证。五年来，我们一直把建立、健全符合在职研究生班教学特点和规律的规章制度，作为保证教学质量的基础性工作常抓不懈。经过几年的努力，目前，已制订和修订出包括总则、教学、教务、甲班等四个方面的24项制度，并汇编成《中央党校函授学院党员领导干部在职研究生班工作手册》下发试行。各分院、学区根据《工作手册》的精神，结合各自实际，本着从严、从实、从细的原则，也相继制订了一系列管理制度和实施细则。这些制度进一步完善和细化了党校在职研究生管理制度，初步形成了一个内容比较齐全、涵盖面较宽、操作性较强的在职研究生教学和管理制度体系，为实施规范化、科学化管理奠定了比较好的基础。目前，全院上下已经形成了一个较好的落实制度的风气，由此带动和促进了其他各项工作的开展。

深入学习贯彻“三个代表”的重要思想 全面提高党校函授教育水平

院报评论员

江泽民总书记最近指出，中国共产党始终代表中国先进生产力的发展要求、始终代表中国先进文化的前进方向、始终代表中国最广大人民的根本利益。“三个代表”的重要思想，高屋建瓴，总揽全局，内涵丰富，思想深刻，具有重大的现实意义和深远的指导意义。

深入学习贯彻“三个代表”的重要思想，就要深刻领会“三个代表”重要思想的丰富内涵。“三个代表”，是以江泽民同志为核心的党中央站在世纪交替的历史高度，着眼我国改革开放和社会主义现代化建设的全局，继承历史，立足现实，前瞻未来所作出的精辟论断；是深入总结党八十年的历史经验、紧密联系我们党面临的形势任务和现实状况作出的科学结论；是对党的性质、宗旨和根本任务的新概括，对马克思主义建党学说的新发展，对各级党组织和广大党员的新要求。这一重要论述，从根本上进一步回答了在充满希望和挑战的21世纪，我们要建设一个什么样的党和怎样建设党的问题，是全面加强党的建设的伟大纲领。我们全院各级组织和全院同志一定要认真学习，深刻领会，坚决贯彻执行，全面提高办学质量，进一步推动党校函授教育事业的发展，以适应社会主义现代化建设和改革开放的需要。

深入学习贯彻“三个代表”的重要思想，就要紧密联系党校函授教育的实际，把“三个代表”的要求贯彻落实到党校函授教育的各个方面，用以指导党校函授教育的全部工作。

一、要用“三个代表”的思想武装头脑，进一步坚持正确的办学方向。排除各种障碍和干扰，坚持从严办学，坚持面向现代化，面向世界，面向未来，坚持社会效益第一，正确处理社会效益与经济效益的关系，保持清醒的头脑，宁可牺牲一些收益，也要服从培养高质量人才这个大局，坚持把质量放在第一位，树立党校函授教育的良好形象。总之，凡是符合“三个代表”要求的，我们就要坚持，坚决去做；凡是不符合“三个代表”要求的，就要摒弃，坚决改正。把“三个代表”的重要思想作为党校函授教育的根本指导思想。

二、要把“三个代表”的要求，落实到为党培养高素质干部的实际工作中去。世界正处在世纪之交，教育正成为提高综合国力的先导。江泽民同志说，“国运兴衰，系于教育；振兴教育，全民有责”。党中央提出了“科教兴国”战略，全面推进教育事业的蓬勃发展。党校函授教育要为中华民族的振兴作出应有的贡献，就要始终把培养高素质党员干部放在首位。按照“三个代表”的要求，把广大学员培养成为能比较系统地掌握马列主义、毛泽东思想、邓小平理论，树立科学的世界观、人生观、价值观，自觉地执行党的基本路线、基本理论、基本纲领，坚定地走建设有中国特色社会主义道路，努力实践全心全意为人民服务的宗旨，具有适应新世纪需要的实际本领，并能担当历史重任的高素质人才。我们必须坚持以教学为中心，全面推进素质教育，深化教学改革，加强教材建设，推进电化教学，加快网络建设等现代化手段。我们要强化科学管理，完善各项管理制度，依法治院、从严治院，加大考风考纪教育力度，不给“混文凭”的人提供方便，杜绝函授教育上的腐败现象，维护党校函授教育的良好形象，全面提高办学质量。

三、把“三个代表”的要求，落实到建设一支高素质的办学队伍中去。党校函授教育开办十五年来，已经培养和形成了一支综合素质比较高的办学队伍，这支队伍为党校函授教育事业的发展发挥了重要的作用，但新的形势向这支办学队伍提出了新的更高的要求。建设一支高素质的办学队伍，是党校函授教育一个永恒的课题。我们要按照“三个代表”的要求，全面提高办学人员的素质。教育他们坚持马列主义、毛泽东思想和邓小平理论的学习，特别是江泽民同志提出的“讲学习、讲政治、讲正气”和“三个代表”重要思想的学习，提高他们自身的政治素质和党性觉悟，牢固树立全心全意为人民服务的思想，树立政治意识、全局意识、责任意识，高标准地做好党校函授教育各项工作。每个办学人员都要努力学习党校函授教育有关业务知识和各项规章制度，提高领导水平和管理水平。从严要求自己，并不断改进思想作风和工作作风，谦虚谨慎，爱岗敬业，团结协作，无私奉献。总之，要按照“三个代表”的要求，陶冶情操，塑造自己，为学员作出表率，当好党校函授教育事业的带头人。

“三个代表”的重要思想，是立党之本、执政之基、力量之源。只有认真学习贯彻“三个代表”的重要思想，才能全面地加强党校函授教育的建设。我们要把深入学习贯彻“三个代表”的重要思想作为一项长期任务坚持下去。

学好文件　狠抓落实
促　进　发　展

院报评论员

这次全国党校工作会议，是全国党建工作的一件大事，也是全国党校教育的一件盛事和喜事，对于世纪之交进一步推进党校教育事业改革和发展具有重要意义。我们一定要认真地贯彻落实全国党校工作会议精神，把党校函授教育提高到新的水平。

学习贯彻会议精神，要认真地学习领会这次会议的精神实质。通过学习《中共中央关于面向二十一世纪加强和改进党校工作的决定》，学习江泽民同志在会议上关于《加紧培养造就一大批适应新世纪要求的中青年领导干部》的重要讲话，学习胡锦涛同志在会议上作的《面向二十一世纪努力把党校教育事业提高到新水平》的重要讲话。中央《决定》和中央领导同志的重要讲话，高举邓小平理论伟大旗帜，总结了这些年来党校工作的新鲜经验，回答了党校改革发展中遇到的重大问题，明确了在新形势下党校的地位、作用和进一步做好党校工作的一系列方针和原则。这是新时期党校工作的纲领性文件，是做好党校工作和搞好党校函授教育的指导方针。我们要深刻领会和掌握文件的精神实质，用以指导党校函授教育的全部工作。

学习贯彻会议精神，就要同党校函授教育的实际紧密结合起来。首先，要提高对搞好党校函授教育紧迫性和重要性的认识。我们正处在世纪之交，我国的改革和发展正处在关键时期，国际竞争日趋剧烈，国际国内形势带来了新的机遇和挑战。在新的形势下，要把我们党建设成为符合“三个代表”要求的马克思主义政党，必须努力建设一支高素质的干部队伍，特别是培养和造就大批适应新世纪要求的中青年领导干部，这是党中央赋予党校的光荣使命。“党校事业关系全局，党校地位十分重要，党校工作十分光荣，我们大家肩膀上责任十分重大”。党校函授教育是党校教育的重要组成部分，是多渠道培养在职党员干部的一种有效形式，是培养高素质干部的一支重要力量。历史把党校函授教育推到更加重要的位置，我们必须充分认识党校函授教育的重要地位和作用，切实加强和改进党校函授教育工作。

其次，要按照中央《决定》和《讲话》的精神，进一步思考党校函授教育面向二十一世纪的发展，明确办学指导思想，深化教育改革，强化科学管理，采取切实有效的措施和步骤，使会议提出的各项任务和要求落到实处。根据中央党校教育改革的总体方案和布局，把“三基本”、“五当代”引入党校函授教育，按照“三个代表”的要求，重视教书育人，提高思想政治素质，加强党性锻炼，用邓小平理论武装全体学工人员的头脑，提高贯彻执行党在社会主义初级阶段的基本纲领、基本路线、基本方针的自觉性，在国际国内错综复杂的环境中，始终保持工人阶级先锋队的性质，培养和造就符合“三个代表”要求的跨世纪接班人。

再次，要重视和解决办学中存在的不容忽视的问题。中央《决定》针对当前函授教育的实际情况指出，“面向社会办学的各类学历教育，如函授教育和在职研究生教育，要严格把关，保证质量，注意防止和克服不正之风的侵袭”。“中央党校函授教育要参照成人高等教育的基本要求，结合党校干部教育的特点，严格把握招生、教学、考试等环节，进一步搞好规范化管理，不断提高教学质量”。对党校函授教育实行规范化管理是中央《决定》和中央领导同志的要求，也是党校函授教育走上科学化、制度化管理，提高教学质量的需要。这一点，各级组织和领导要有足够的认识，要重视和解决办学中存在的不容忽视的问题。比如，在办学指导思想、控制招生规模、严肃考风考纪等问题上，一些单位和办学人员程度不同地存在着重招生轻管理、重规模轻质量、重经济效益轻社会效益的问题。我们必须在严字上下功夫，坚持从严治院、从严治教、从严治学、从严治管、从严治考，不给“混文凭”的人提供方便，防止办学中的不正之风，全面提高教学质量，提高党校“文凭”的含金量，创名校、出精品，从“三讲”的高度维护党校的良好形象和声誉。

学习贯彻全国党校工作会议精神是当前的中心任务。各级组织要高度重视，列入日程，作出安排，学好文件，狠抓落实。学习贯彻会议精神，重在整改，各单位要把贯彻这次会议精神同总结党校函授教育开办十五周年的经验结合起来，肯定成绩，查找问题，制定整改措施，为新世纪发展党校函授教育事业打下坚实的基础。

创佳绩　庆佳节　迎院庆

院报评论员

金秋如画，江山似锦，举国上下，万众欢腾。我们全院同志同全国人民一道，欢庆中华人民共和国诞生 51 周年，祝祖国繁荣昌盛！

今年国庆，是在全国亿万人民深入贯彻落实党的十五大精神，社会主义现代化建设和改革开放事业取得举世瞩目的成就，人民生活不断得到改善，综合国力进一步增强，我国的国际威望日益提高的大好形势下到来的。今年国庆，正值世纪更替，千年交接之际，在当今世界的剧烈竞争中，党正领导全国人民以新的英姿昂首阔步迈向 21 世纪。今年是中央党校函授教育和建院十五周年，国庆节后不久，总院将举行院庆活动，这是全院的大喜事。好事连台，喜中加喜。搞好国庆活动，迎接院庆的到来，是一件十分有意义的工作，它将进一步推动党校函授教育事业的进一步发展。

创佳绩，是我们献给共和国51岁生日的最好礼物，是对国庆节的最好庆祝，也是迎接我院建院十五周年到来最实际的行动。

创佳绩，就要深入地学习贯彻落实好《中共中央关于面向21世纪加强和改进党校工作的决定》和全国党校工作会议精神。中央《决定》和江泽民同志、胡锦涛同志在会议上的重要讲话，是搞好党校工作和党校函授教育的纲领性文件，是加强和改进党校函授教育工作的根本准则。因此，全院同志要切实把思想认识统一到中央《决定》和会议精神上来，进一步认清党校和党校函授教育在整个有中国特色的社会主义教育事业体系中的重要地位和作用，增强做好培养高素质干部特别是培养中青年领导干部的极端重要性的认识。要坚持正确的办学方向，始终把社会效益放在第一位，更好地为培养党的高素质干部服务。要自觉地克服和防止“重利忘义”和“重数量轻质量”的现象，按照胡锦涛同志的指示，“我们要讲政治，讲大局，为培养人才服务；宁可牺牲些收益，也要服从培养高质量人才这个大局，要坚持把质量放在第一位”。最近，张志新同志在上海座谈会上指出，“我们要按照锦涛同志的指示，认真执行有关制度，规范各级党校的办学行为，对不按规定办事，不听招呼，我行我素的个别单位，要严格执行纪律，取消办学资格，并追究其领导的责任”。总之，我们要按照中央领导和校委领导的要求去做，切实把函授学院办好。

创佳绩，就要认真贯彻落实好校委和总院对新学期工作提出的各项要求。新学期已经开始，按照中央党校校委对新学期的工作规划和郑必坚、张志新同志提出的要求，总院提出了下半年工作明确的指导思想和工作任务。从总院机关到各级组织都要结合自身的实际，提出贯彻落实的措施。现在，已经是第四季度，各项工作任务非常繁重，特别是中央党校函授教育十五周年院庆活动即将到来，校委对函院的工作要求是很高的，各级组织和全院同志必须开动脑筋，创造性地工作，不断提高工作效率，扎扎实实地完成校委赋予我们的任务。首先，要以高度的政治热情和政治责任心，继续深化“三讲”教育和“三个代表”重要思想的学习，进一步提高全体员工思想政治素质，为今后的发展打下坚实的思想政治基础。第二，要按照今年年初总院提出的工作计划和下半年工作部署，以教学为中心，按照校委提出的既坚持马克思主义又充分适应世界大转折和中国新发展要求的，主要包含“理论基础”、“世界眼光”、“战略思维”、“党性修养”这几个方面的教学布局，深化党校函授教育改革，丰富教学内容，调整课程设置，按“三基本”、“五当代”的精神，搞好教材精品建设，加大教学改革力度，全面强化素质教育，提高教学质量，坚持党校教育特色，体现时代特征，加强和改进理论教育、知识教育、党性教育和能力教育，使党校函授教育达到新的水平。第三，要重视解决办学中存在的突出问题。党校函授教育在过去三年评估中取得了可喜的成绩和进步，就整体来说，评估工作已基本告一段落，少数单位尚未完成或虽然已经完成但自查和验收中对存在的主要问题解决不力。因此，总院决定从10月份起全院开展评估“回头看”的活动，继续解决存在的不容忽视问题。各分院要按总院要求，作出计划，科学安排，组织力量，把“回头看”活动落到实处。

创佳绩，就要进一步加强和改进思想作风和工作作风。各级领导要带头加强理论学习，在学习邓小平理论的同时要深入学习领会江泽民同志有关加强党的建设的一系列重要讲话和胡锦涛同志对党校函授教育的一系列重要指示，加强和改进党校函授教育工作，不断增强党的意识，增强全局观念，按理论家教育家的标准要求自己，提高驾驭全局的能力。每个函授教育工作者都要按照郑必坚同志提出的有“本领恐慌”的意识，要不断改进思想作风和工作作风。“满招损，谦受益”。要不耻下问，向一切内行的人们学习，学而知不足，用而知不足，谦虚谨慎，勤奋好学，深入实际，加强调查研究，不断提高自己的实际本领，当一个党校函授教育工作的“行家里手”，做一个合格的函授教育工作者。

21 世纪即将到来，让我们满怀豪情迎接新世纪的曙光，迎接党校函授教育的新辉煌！

以院庆为契机 再创新辉煌

院报评论员

金秋十月，喜讯频传。在党的十五届五中全会胜利闭幕之后，中央党校在京召开函授教育十五周年总结表彰大会暨 2000 年函授教育工作会议。会议期间，中共中央政治局常委、书记处书记、中央党校校长胡锦涛同志亲切接见与会代表并与大家合影留念，这对党校和党校函授教育工作者是一个巨大的关怀和鼓舞。会议认真地学习贯彻五中全会精神，总结表彰一批为党校函授教育事业做出突出贡献的优秀教师、优秀学员、优秀管理人员和优秀教材编写人员，部署了新一年的函授教育工作。这次会议是一个总结表彰会，也是党校函授教育向新世纪进军的动员会。

十五年来，党校函授教育走过了不平凡的历程，取得了辉煌的成就。它为党和国家培训了 140 余万名党员领导干部和合格人才，对于提高广大干部的马克思主义理论水平和专业文化水平，提高干部理论联系实际的能力，发挥了积极的作用；它拓展了党校教育的功能，开创了在职党员干部学习的新途径，发展了党的干部教育事业，是具有中国特色干部教育事业的重要组成部分。

放眼世界，展望未来，党校函授教育任重而道远。中央颁发的 10 号文件和全国党校工作会议的召开，标志着党校和党校函授教育事业进入了一个新的发展阶段。党的五中全会通过的《中共中央关于制定国民经济和社会发展第十个五年计划的建议》，规划了新世纪我国社会主义现代化建设头五年和实现第三步战略目标的蓝图。同时，对开发人才资源，加速发展教育事业提出了新的要求。我们一定要乘势而上，以院庆为契机，在总结十五年的办学经验的基础上，进一步明确办学指导思想，担负起党和人民赋予党校函授教育的崇高使命，为实现新世纪的远大目标培养更多高素质的人才，再创新辉煌。

再创新辉煌，就要全面地贯彻落实好今年 6 月中央召开的全国党校工作会议精神。中央《决定》和江泽民同志、胡锦涛同志在党校工作会议上的重要讲话，是新时期加强和改进党校工作的纲领性文件，也是新世纪发展党校函授教育的指路明灯！我们全院同志的思想一定要统一到《决定》和《讲话》精神上来，坚持面向现代化、面向世界、面向未来的正确方向，正确处理好社会效益与经济效益的关系，始终把为社会主义现代化建设培养合格人才放在首位，按照新世纪培养人才的需要，作出规划，明确任务，制定措施，狠抓落实，以质取胜，把党校函授教育提高到一个新的水平。

再创新辉煌，就要深化党校函授教育改革。不改革，不足以完成中央赋予党校函授教育的任务。我们要认真地贯彻中央《决定》提出的，以全面培养领导干部政治家素质为目标，建立和完善党校教学新布局，深化教学改革，提高教学质量的要求。我们要紧紧围绕学习邓小平理论这个中心，建设好既坚持马克思主义又充分适应世界大转折和中国新发展要求的主要包含“理论基础”、“世界眼光”、“战略思维”和“党性修养”这几个方面内容的教育课程，尽快地把“三基本”、“五当代”教材引入党校函授教育。在“理论基础”教育中，要重点学好邓小平理论这个当代的马克思主义，要把邓小平理论学习贯穿于函授教育的始终，用以提高广大学员的思想政治素质。我们还要把理论、历史、现状的学习和研究结合起来，下功夫培养领导干部的世界眼光和战略思维能力，加强他们的党性修养。党校函授教育要适应时代的要求，就要不断地更新教育内容、改进教学方法，改革考试制度，着力推进素质教育，重视培养创新和实践能力，促进学员全面提高素质，提高人才培养质量，继续完善与党校职能相适应的函授教育体系。

再创新辉煌，就要坚持“从严办学，质量第一”的办学方针。从严办学，是党校函授教育在教育剧烈竞争中立于不败之地的重要保证，是党校函授教育健康发展的正确途径，也是培养高素质人才的必由之路。从严办学，就要从严治院，实行科学化、制度化、规范化的管理。全院各级领导和办学人员都要树立严格管理的意识，完善各项管理制度，提高管理水平。当前，要继续抓好考风考纪，严格控制招生范围、规模，严把教学、考试的质量关，防止和杜绝党校学历教育中出现的不正之风，维护党校的声誉和形象。

再创新辉煌，就要建设一支与形势任务要求相适应的高素质办学队伍。经过十五年来的努力，我们办学队伍的状况基本是好的或比较好的。但这支队伍无论是数量上还是质量上，与形势、任务的要求都有较大的差距。各级组织一定要重视办学队伍建设，注重学习，加强培养，严格管理，不断提高办学人员的思想政治素质和业务素质。只有建设一支政治强、业务精、作风正的一流办学队伍，才能创办一流的教育实体。名师出高徒，名校育高才，这是一条普遍规律。

我们已经走过十五年的光辉历程，充满机遇与挑战的新世纪即将到来。我们全院同志要紧密地团结在以江泽民同志为核心的党中央周围，继续努力，发奋图强，团结协作，提高质量，为发展党的干部教育事业，前进，前进，再前进！

新世纪　新发展　新辉煌

——新年献辞

院报编辑部

新世纪来了！这一刻，朝阳东升，紫霞浸漫；这一刻，礼花飞腾，霓虹灿烂；这一刻，神州大地春潮涌动，生机勃发，祥和之光遍洒；这一刻，华夏儿女步履坚实，豪情满怀，敬仰与祝福润湿心眸。这跨越千年的光明世纪如约而至，辉映出中国共产党八十年来迎领世界浩荡潮流而击水三千的伟大气魄，朗照在中华民族风雨兼程高歌猛进而走向伟大复兴的壮丽征程。

党校函授教育战线上的全体教职员工和全国人民一样，为伟大祖国的光辉成就而骄傲自豪，为伟大祖国阔步迈入新的时代而心潮澎湃！我们带着光荣与梦想，伴着欢呼与陶醉，祝福祖国繁荣富强，人民幸福安康！祝福党的事业兴旺发达，万古长青！祝福党校函授教育事业在新的世纪里百尺竿头更进一步！

这是回顾与展望的时刻——十五年岁月荏苒，中央党校函授教育在党中央和中央领导同志的亲切关怀下，在中央党校校委的直接领导下，从无到有，从小到大，健康成长，把成功的喜悦和丰收的硕果,镌刻在党的干部教育事业发展的里程碑上。在继往开来的新世纪,作为科教兴国的组成部分,作为有中国特色社会主义教育的重要力量,我们还将深化改革,不断创新,再图新发展,再创新辉煌,为培养更多的党的高素质干部而竭心尽力、努力奋斗。这是新时期赋予我们的重任,这是新阶段赋予我们的职责,这是耕耘在党校函授教育战线上的每一位同志的心声。

这是铭记与思考的时刻——坚持正确的办学指导思想,始终不渝地把社会效益放在首位;坚持“从严办学,质量第一”的办学方针;加强制度建设,实行规范化管理;充分发挥党校和党校函授教育体系的整体优势——这样一些宝贵的经验值得我们倍加珍惜。而在新形势下,面对当今世界的新变化,当代中国的新发展,如何遵循教育发展的一般规律和干部教育的特殊规律,如何根据变化了的实际增强创新意识和创新精神,如何更好地服务于党的干部队伍建设事业的大局,如何更加有益于有中国特色社会主义的伟大事业——这是需要我们不断学习,深入思考的重要课题。

这是机遇与挑战并存的时刻——党的十五届五中全会和党中央关于“十五”计划的建议提出,要把高素质领导干部和高素质人才队伍的建设,作为“决定我国未来发展前途的大事来抓”;中央10号文件的颁发和全国党校工作会议的召开,又一次把党校推到更加重要更加突出的地位,这对党校和党校函授教育提出了更新更高的要求。在日趋激烈的教育竞争中,我们只有认真研究世界范围内教育发展的大趋势,在继续教育、终身教育领域不断地适应在职党员干部提高素质的实际需要,才能增强对新形势的适应性,才能紧跟时代步伐。面对着前所未有的挑战,新世纪的函授教育工作者只能乘势而上,与时俱进;在这种挑战面前,新世纪的函授教育工作者只能积极进取,开拓前行!

前不久结束的中央党校函授教育十五周年总结表彰大会和2000年函授教育工作会议,已经勾勒出新世纪党校函授教育发展的新的蓝图:我们要以江泽民同志“三个代表”的重要思想为指导,深入学习和贯彻落实中央10号文件和全国党校工作会议精神,我们要走以质取胜、内涵发展为主的新路子,我们要以教学为中心进一步深化教学改革,我们要始终坚持从严治院、推行规范化管理,我们要加强办学队伍建设、不断提高办学主体素质——这是我们在新世纪的新一轮的起跑和冲刺。

我们深信,搞好党校函授教育,办学指导思想是灵魂,教学质量是生命,制度建设是保证,提高人员素质是根本。团结,敬业,务实,创新,是我们力量与信心的体现。

我们深信,只要我们继续坚持以邓小平理论、党的十五大精神和江泽民同志关于新时期党校工作的一系列重要指示为指导,认真贯彻落实胡锦涛同志对党校函授教育工作的一系列重要指示,坚持正确的办学方向,不断提高教学质量,继续深化教学改革,切实控制办学规模,进一步搞好规范化管理,我们就能在成人高等教育领域争创一流,就能为提高干部队伍整体素质,为培养更多的建设有中国特色的社会主义事业的合格人才作出新的更大的贡献!

我们深信,党校函授教育事业是个长远的事业,也是个大有作为的事业。新世纪的党校函授教育必将按照中央的要求进一步“认清形势,服务大局”,新世纪的党校函授教育必将立足于经济发展和社会进步的重大战略,“放眼世界,面向未来”,新世纪的党校函授教育必将迎来健康发展的崭新局面!

新世纪的感召如此激动人心,新世纪的鼓乐如此催人奋进!让我们紧密地团结在以江泽民同志为核心的党中央周围,在中央党校校委的正确领导下,迎着新世纪的曙光,走向新的辉煌!

各分院工作概述

中直机关分院

2000年，中直机关分院进一步端正办学指导思想，强化质量意识，以教育评估为契机，狠抓函授教育的各项工作，较好地完成了各项工作任务。

一、强化质量意识，通过评估检查验收。按照总院的统一安排，分院从1999年9月研究部署函授教育自我评估工作，到2000年3月该项工作基本告一段落。分院采取上下、内外“两个结合”的方法，进行了自查。召开三次学员座谈会，并下发1100多份调查问卷，广泛听取社会各界对分院工作的意见，收集整理了办学15年来的档案资料，为制定整改规划提供了依据。4月中旬，总院评估验收小组对分院函授教育工作进行了评估检查，通过了对中直分院的验收。

二、建章立制，规范管理。分院根据自身实际修订了《中直机关分院工作条例》、《工作人员守则》、《教师管理工作条例》、《学员守则》、《班主任工作条例》、《班主任工作考评实施细则》、《教材管理办法》、《档案管理办法》、《关于工委机关干部职工参加函授学院的决定》以及教学管理、学籍管理、学员成绩考核办法、考场规则、考务人员守则、学员毕业论文撰写要求等20多项规定。

建立健全一级抓一级的领导目标责任制，达到了权利、责任、义务的高度统一。2000年，总院庆祝中央党校函授教育创办15周年，并表彰“百名优秀教师”、“百名优秀学员”和“百名优秀管理人员”。外聘教师赵国良、学员江绍高、王景富，管理人员赵世亮、徐正华榜上有名。

三、严把“四关”，确保办学质量。严把招生关。分院严格坚持考生以党员干部为主。报考人员要经所在单位人事部门同意并签署意见，主管院长审核后方可报名。招生考试资格的复审由分院领导负责验证盖章把关，凡专业证书、结业证书等非大专正式文凭的，一律不得报考本科。

严把教学关。分院实行教师聘任上岗制，采取双向选择，聘请优秀教师授课，上课时，由班主任跟班，对学员到课情况进行考勤，缺课超过1/3的学员，不得参加期末考试，对缺勤和未能按时完成作业的学员酌情扣除平时成绩，促使学员按时认真完成作业，积极参加面授课，维持教学管理秩序。

严把考核关。分院在每次考试前都成立考务领导小组，按照总院考务管理规定，抓好试卷保管、考场设置和考场纪律等环节。对于试卷保管，制定了严格的保密纪律，规定了考务工作各个环节的衔接手续。分院每次接卷清点无误后，将试卷存入保险柜，试卷保管实行双人双锁，考试一结束，立即将试卷带回，减少试卷在外停留时间。考场设置规范，课桌倒置，单人单桌，每个考场安排30名学员。在1月、4月和7月三次大考中，分院狠抓考风考纪，从各个方面保证了考试的严肃性、公正性。

严把毕业关。毕业前半年，分院就着手安排毕业班工作，集中进行论文指导，布置论文撰写，给学员充足的时间以进行思考，论文的指导及答辩工作严格按照总院规定的程序进行，把好选题、拟纲、初稿、改稿、定稿、评阅和答辩等环节，第一次答辩不通过率控制在5%左右，对那些因特殊情况未能参加答辩的学员，安排一次补答辩。毕业班的各种表格都预先制作好，对成绩总表逐个逐项进行认真核对，对补考后仍有两门主课不及格者进行淘汰；党员干部都要写出个人党性锻炼考评材料，并征求所在单位党组织的意见。

四、沟通协调，开创新局面。在基础设施建设方面，分院加大资金投入，改善办学条件。建筑面积达6000余平方米的新教学楼即将交付使用。10月，又追加设备购置资金400余万元；在与总院的关系方面，摆正自身位置，及时请示汇报；在与兄弟分院的关系方面，加强横向沟通，虚心学习求教；在与中直机关和工委机关的关系方面，积极沟通协调，将工委机关干部培训纳入分院的整体培训规划。1月初，分院组织召开函授招生工作会议，取得中直各机关党委和干部人事部门对函授招生工作的支持，确保了报名人数和生源的高质量。8月中旬，在中央统战部怀柔培训基地召开中直机关党校函授教育工作会议，中直各机关党委或干部人事部门的有关负责同志出席了会议。与会代表认真学习了中央《决定》和江泽民、胡锦涛同志在全国党校工作会议上的重要讲话，传达了中直工委对中直分校工作的一系列指示精神，总结和交流了党校函授教育工作的基本情况和经验，表彰了中央办公厅等9个在中直机关党校函授教育工作中成绩突出的单位。（刘建新）

中央国家机关分院

2000年，中央国家机关分院工作概述如下：

一、理顺办学体制。对现有学区、辅导站进行重新考查登记。按照规范办学的要求，对存在问题的单位进行了整改。对不具备继续设站条件的办学点，分院采取措施，协调合并到其他有办学能力的单位，同时处理有严重违纪行为的个别辅导站，取消其招生资格。在坚持规范办学的条件下新设立了两个辅导站，并在招生、教学管理、学籍、考核、考试、教材和财务等方面明确其职责。分院在宏观调控、指导和管理等方面注意执行总院的各项管理规定，调动各学区、辅导站的积极性，使各项管理工作日趋规范。分院所属学区8个，辅导站22个，专职函授人员70名，兼职教师132名，其中，高级职称的占67%，制定规章制度31项。

二、组织招生工作。做好宣传发动工作，积极组织报名。多数单位措施得力，领导重视。严格审查报名资格，坚持三审制，严把入口关。周密组织招生考试。考前分院召开学区、辅导站负责人会议。分院成立考试委员会，各单位成立领导小组，各级领导亲自挂帅。下大力气培训监考人员。分院还组织了由纪检、组织、团委、工会和教育等部门参加的巡考队伍。实行考区分类考核。分院从领导重视、考场规范、措施得力、从严治考、服务周到等五个方面对各考区进行综合考核，按考区分类，确定新生录取比例。招生考试一类考区达到53%。

三、加强教学管理。分院坚持以教学为中心，突出抓面授教学、作业管理和毕业论文等关键环节。

坚持面授课教师聘任审批制度。全年30个班次，82门课，严格按总院要求聘任有中级以上职称的教师担任面授课。其中，副高职称以上的教师占50%以上。分院通过多种形式与任课教师交流，并提出相应要求。强调教风，注意师德，讲究方法，注意把教书与育人、传授知识与培养能力结合起来。对学员反映不理想的老师，及时进行调换。

加大检查学员到课率力度，建立严格的考勤卡制度。分院经常派人到课堂听课，检查学员到课率，发现问题，及时处理。无故旷课的，坚决扣分，多次不听课的，不准参加期末考试。分院坚持按《教学组织工作考核内容与办法》，考核面授教学，对工作出色的学区给予表彰和奖励。

抓好学员的作业管理。分院组织人员不定期对学员作业进行检查，并认真填写作业检查报告。上半年对作业管理较差的6个辅导站进行了通报批评。通过评比、检查，下半年作业评阅工作有较大改善，多数辅导站受到表扬和奖励。

抓好论文和毕业班工作。分院强调严把毕业关。就论文指导教师资格、论文写作步骤、写作质量及严格掌握答辩标准等问题提出明确要求。分院组织人员专门到学区、辅导站检查答辩情况。

分院坚持实行淘汰制。对不符合继续学习条件的学员，按有关规定处理。经过核实，全年共取消了78名学员的学籍。

四、分院召开庆祝党校函授教育十五周年总结表彰大会暨分院2000年工作会议。会议认真学习贯彻中央10号文件和中央党校函授教育工作会议精神，总结经验，表彰先进，深化改革，努力把函授教育提高到一个新水平。参加会议的有办学单位主管领导，学区、辅导站的负责人，专职函授干部，优秀教师代表，优秀学员干部代表，优秀学员代表共110名。中央国家机关工委副书记李明豫、总院副院长张东升出席会议并讲了话。分院副院长常大光代表分院作了工作报告。

会议就贯彻落实中央10号文件、胡锦涛同志关于党校函授教育的指示以及总院工作会议精神，并结合分院实际分六个专题进行了深入讨论。在《我做党校函授教育工作》有奖征文活动的基础上，有5位同志在大会上发言，谈了从事函授教育工作的体会。

会议表彰了先进学区、先进辅导站、优秀教师、先进工作者、优秀学员干部、优秀学员和从事函授教育工作10年以上的管理干部。其中，有1名教师、2名管理人员和3名学员受到总院的表彰。

（中央国家机关分院供稿）

铁道部分院

2000年，铁道部分院工作概述如下：

一、认真学习贯彻中央10号文件精神。分院组织领导班子和全体工作人员认真学习中央10号文件，及时向各学区发出通知，提出学习贯彻的意见；《函授通讯》还配发了评论，刊登学习贯彻的文章。哈尔滨、沈阳、北京、上海、广州、柳州、呼和浩特、乌鲁木齐和中铁建等学区主动剖析问题存在的原因，提出解决问题的办法，使各项工作有所改进。济南、郑州、西安、兰州等学区把学习贯彻10号文件同“三讲”教育、“三个代表”重要思想的学习结合起来，进一步明确党校函授教育的政治内涵，以战略眼光看待党校函授教育；以“三讲”教育精神和“三个代表”的要求，在严字上下力气，在质量上下功夫，切实解决存在的不容忽视的问题，办好党校函授教育。

二、以教学为中心，强化教学管理。分院加强对教学的宏观管理和指导，举办了《民事诉讼法教程》备课会、教学专题研讨会和学区主任研讨会，开展了调研、分类指导和论文答辩抽查工作。各学区、辅导站普遍实行了优选教师制度、竞争上岗制度、集体备课制度、教案审批制度、新人、新课试讲制度、跟班听课制度和教学测评奖罚制度等。沈阳、济南、上海等学区加强了任课教师的评聘工作，他们采用个人申报、组织试讲和考核小组测评的办法择优聘任教师。北京、广州、柳州、兰州等学区采用课程招标的形式，严格考核，竞争上岗。顺德会议后，各学区、辅导站普遍强化了素质教育，注重培养学员的创新精神和实践能力，开展了案例教学、情景教学和模拟教学，开辟了第二课堂。通化分局辅导站把教学“三性”与“准、精、熟、透、活”的要求结合起来；兰州学区推广了五段式教学法；大桥局学区讲《市场营销学》，到所属的大理石厂，请企业家同教师学员一起共同分析探讨企业的营销之道；讲《经济管理原理》，到樟树桥工地，请工地指挥长讲桥梁施工企业的经营管理经验。铁一局、大桥局学区和沈阳、锦州、天津、蚌埠、银川及郑州等分局辅导站根据当地环境条件和学员的实际情况，建立教学点，送教上门。大同厂辅导站认真帮助学员解决好工学、家学矛盾，创造良好的学习环境，鼓励学员认真自学。

三、加强教师队伍建设。分院把提高整体素质放在首位，把组织培养、自我充电同严格考评结合起来。沈阳、哈尔滨、济南、呼和浩特等学区通过选派教师到上级党校或普通高校进修培训，举办备课会、教学观摩会，参加学术研讨交流、挂职锻炼和调查考察等措施进行培养，通过集体备课、试讲、新老结对、互帮互学和自修相关专业课程，进行自我充电。广州、济南、上海、兰州等学区对现有教师加强理论水平、实践能力的提高和培养，选调专家、学者充实教师队伍，选聘专业对口的党政领导干部兼职，实现了“充实力量，优化结构，提高水平”的总体目标。

各学区、辅导站普遍运用了测评、考核的方式，加大了制度规范和科学管理力度。郑州学区成立了以校长为主任的教学委员会，他们把奖金、劳务费合在一起作为教学津贴，与教学课时、学员对授课的满意率挂钩。济南学区制定了《关于提高函授教学质量的规定》和《函授教学质量考核办法》。每学期按考核办法进行定性定量测评。兰州学区提出“内强素质，外树形象，敬业奉献，发扬团队精神”，还成立学区学科协作组，建立督导制度。其他如北京、柳州、上海、哈尔滨、呼和浩特、乌鲁木齐等学区教管学三方面密切配合，以制度规范教学，以管理保证质量。

四、加强班主任工作，搞好学员管理。在学员学习管理中，突出抓好到课率和作业完成率。徐州分局辅导站从教师中聘任党员教师担任班主任，负责班级管理工作，聘期3年。哈尔滨、铁一局、铁五局等学区和株电厂辅导站等都与班主任签订目标管理责任书，实行责任制。

五、积极开展教学科研活动。顺德会议后，分院结合对党校函授教育规律、特点和教学方法的探讨，组织大家对铁路党校函授教育的特点和方法进行了专题研究和探讨，各学区、辅导站积极响应。10月，分院召开了专题研讨会和部分学区主任工作研讨会，出版了专题研讨论文集。组织编写出版了《毕业论文写作与指导》，修订了《铁路企业经营管理》。各学区、辅导站还把个人研究与集体攻关相结合，开展教学科研活动。怀化分局辅导站组织编写了《现代企业制度讲座》、《公司制运输企业经营管理》、《铁路基层站段改革与发展文集》和《铁路运输企业市场营销》等，均由省级出版社出版；银川分局辅导站李哲教师先后在《光明日报》、《社科信息》、《宁夏学刊》、《宁夏日报》等报刊杂志发表论文37篇，有许多论文获奖。

六、加强制度建设，严肃考风考纪。分院在认真学习贯彻总院新版《管理制度汇编》的基础上，重新修订印发了分院《管理制度汇编》。兰州、济南、上海、北京等学区都制定了20多项规章制度，基本实现了制度系统化、工作标准化、管理规范化。

各学区、辅导站采取了一系列措施。上海学区强化领导责任，从严逐级负责，加大公开监督的力度。路局党校常务副校长、学区常务副主任分别与各分管校长、辅导站站长及监考人员签订了责任状，各考点设立了举报电话。北京、昆明等学区坚持“三公开，四到位”。即：公开考场规则，公开监考人员职责，公开举报电话，公开违纪处理结果；加强教育，认识到位，精心实施，组织到位，严肃考纪，措施到位，关爱学员，服务到位。西安、哈尔滨、呼和浩特、浦镇厂等学区、辅导站把端正考风、严肃考纪同党性教育、党性锻炼结合起来，宁丢考分，不失人格。哈尔滨学区一名分局纪委书记一学期出现两门不及格，按规定予以淘汰。另一名分局党办副主任考了56分，学区坚持让他补考。西安分局一名段长既不交作业，又不参加考试，分局学区予以除名。

七、电化教学与计算机网络化管理有所发展。郑州学区利用教学录音、录像带进行补课、课堂插播、教学研究和评优示范，受到学员普遍欢迎。分院微机室统一负责数据的调试和管理，并协调分院与各学区、辅导站的微机管理，开通远程数据传输。目前，分院与总院、所属16个学区和直属站已经连通远程数据传输。各学区、直属站的所有上报、下发数据将逐步由软盘转为远程数据传输。

八、圆满完成评估工作“回头看”和学区、辅导站重新申报任务。郑州学区在评估工作“回头看”活动中，局党委副书记兼党校校长武汛同志深入教学一线，调查研究，常务副校长多次动员，并召集有关人员研究落实的步骤和措施，制定整改方案，狠抓落实，使“回头看”不走过场。在学区、辅导站申报工作中，分院根据总院《管理制度汇编》的有关规定和学区、辅导站的设置条件，通过严格的自查和组织审查，符合条件的学区30个，辅导站95个。

（高守邦）

北京市委机关分院

2000年，北京市委机关分院认真学习贯彻中央10号文件和全国党校工作会议精神，坚持以教学为中心，严格教学教务管理，不断完善各项制度，较好地完成了全年的工作任务。

一、认真学习贯彻中央10号文件和全国党校工作会议精神，不断增强办好党校函授教育的自觉性。6月，分院领导班子组织全体人员认真学习中央10号文件和全国党校会议精神，并提出了贯彻的意见。分院于9月专门召开会议，集中两天时间，组织学区、辅导站负责同志认真学习和讨论。各办学单位进一步增强了政治意识、责任意识和管理意识，并结合重新申报学区、辅导站的工作，着重查找办学中存在的问题。东城、西城、联大、门头沟、企文和教科院等学区，有针对性地制定了改进措施，教学管理工作明显加强。

二、狠抓教学管理，确保教学质量，加大教师队伍建设力度。分院组织教师参加总院召开的教育工作会和备课会，组织他们进行教学工作研讨，使他们了解党校函授教育情况，掌握教学规律，发挥骨干作用。同时，从骨干教师中配齐了学科责任教师，发挥他们在各学科中的带头人作用。分院坚持以老带新，加强对青年教师的培养。各办学单位也把青年教师作为培养重点，使一大批青年教师在函授教育工作中得到了锻炼。分院充分发挥首都的师资优势，进一步完善师资网络，从中央党校、人大、北大、清华、首师大等高等院校，选聘一部分水平较高、教学经验丰富的教授，到分院和部分学区授课。特别是领导干部本科班和研究生班，分院坚持从以上院校聘请著名教授担任教学任务。分院又与在京的兄弟分院协商，借助他们的部分师资，充实了分院师资力量。并建立了师资档案，进一步完善了教师队伍的网络体系。

采取措施，提高教师队伍素质。各办学单位坚持对每位拟聘任教师，事先进行认真考察，不具备总院规定条件的，坚决不聘。努力把好教师质量关，进一步完善责任教师制。责任教师带领教师制订教学计划，帮助教师备课，及时解决教学中遇到的问题，探索教学规律，改进教学方法，负责考查课的责任教师还承担起该学科的命题工作。分院从多方面为责任教师开展工作和发挥作用创造条件，及时解决他们在工作中遇到的困难和问题，并对他们的辛勤劳动给予一定报酬。

加大对教师的培训力度。分院两次请中央党校刘炳瑛教授给教师讲课，对提高教师的授课水平和授课艺术有很大帮助。继续组织教师开展教学观摩活动，教师通过观摩课取长补短，交流经验，推动教学工作的开展。同时，分院、学区和辅导站普遍引入教师竞争机制，完善考核制度。各教学班每学期都要组织学员和班主任对任课教师进行考评，对讲课效果不好或思想作风存在问题的教师，予以解聘。如电子辅导站对学员评议两次不合格的教师，坚决调离教师岗位；联大学区同所有的任课教师都签订责任协议书。

加强对教学工作的考核，实行规范化管理。进一步实行办学单位主要领导责任制。各学区、辅导站所在单位的主要领导是教学质量的第一责任人，对本学区、辅导站的教学质量负总责；第一责任人每学期必须深入课堂，听课不少于2次；学区、直属辅导站的主任、站长和主管教学的副主任、副站长听课不少于3次。各级领导深入教学一线，了解情况，及时总结经验，研究解决教学工作中出现的新情况、新问题。东城区委党校对教师的教学效果建立了评估打分制度，并开展了示范教学活动等。

分院加强了对课堂情况的检查考核。分院领导和教学科的同志深入到学区、辅导站的82个教学班听课，对学员的到课、教师的讲课质量和班主任的工作等情况进行全程考核检查。同时，召开专门会议，将考核检查情况向各学区、辅导站如实进行通报，有力地促进了课堂教学，提高了到课率，各教学班学员的到课率均超过70%。

各办学单位加快学籍工作改革的步伐。分院制订《学籍管理工作规定》，对学籍工作的内容进行细化，并对各个环节都作出了明确规定，初步实现了学籍工作的微机化管理。各办学单位购置必要的设备，保证工作的正常开展。同时，各教学班均建立《课堂日志》和《班主任日志》，加强对面授课质量和到课率的考核。

狠抓考风考纪，从严治考。多数学区、辅导站围绕考风考纪，采取一系列措施。海淀、西城、崇文、东城、联大等学区均落实了领导责任制，对各考点、考场分工负责，责任落实到人。分院进一步对考务工作进行规范，制定《考区分类考核实施细则》。在4月和7月的考试工作中，分院均组织考评组到各考场进行考评，对《实施细则》的可行性进行调查研究，再次对内容进行修订、完善。

三、不断完善规章制度，进一步实现教学工作的制度化、规范化管理。分院陆续制订了一系列制度，从根本上保证正常的办学秩序和办学质量。并对以往的规章制度进行修订，同时，又相继出台了一些新的规定和制度，使分院的规章制度日趋完善，办学基础更加扎实，教学管理的各个关节基本上实现了制度化、规范化管理。

一年来，分院进一步补充完善和新出台的规章制度有：《教师工作规定》、《学籍管理工作规定》、《毕业论文工作规定》、《班主任工作规定》、《考区分类考核实施细则》、

《巡视员工作职责》等。同时，还编印了《学员必读》和《班主任工作手册》。

（林大烈）

北京市工业党校分院

2000年，北京市工业党校分院全面贯彻胡锦涛同志关于党校函授教育的一系列重要批示，以教学为中心，深化改革，严格管理，加强师资队伍及基础设施建设，在教学质量等方面上了一个新台阶。

一、精心准备，顺利通过总院教育评估检查验收。分院对全部办学原始资料进行整理，装帧成册，装成46盒存档。编制成《党校函授教育评估备查材料目录》，以便评估检查验收组查阅。并将10大类、46项指标分解细化为132个给分点，详细评分，并制成《工业党校分院函授教育自评给、扣分情况一览表》。分院拍摄了函授教育专题录像片，制作了函授教育成果展板，布置了评估展室。

4月17至19日，总院教育评估验收组对分院的自评工作进行了检查验收。评估验收组认真听取了分院院长李永涛作的自评报告和副院长陈天任《关于分院自评给、扣分的说明》，观看了《前进中的北京市工业党校分院》录像片，参观了办学成果展，考察了办学设施，查阅了档案资料，召开了教师、学员代表和有关部门负责人参加的座谈会，听取了他们对党校函授办学的认识、体会和意见，抽查了首钢、大兴、房山3个学区。顺利通过了总院的检查验收。

二、承办中央党校2000年函授教育工作会议。10月24日至28日，在工业党校统一组织下，分院机关全体同志积极投入到中央党校函授教育十五周年总结表彰大会暨2000年教育工作会议的承办工作中去。分院抽调得力干部成立会务组，认真研究，妥善安排，各项工作都落实专人负责。通过承办这次会议，提高了分院接待大型会议的能力，增加了总院和兄弟分院对北京市工业党校分院的了解。

三、学习中央10号文件，增强进一步办好党校函授教育的信心。分院下发了《关于举办贯彻中央10号文件学习班的通知》。并于7月7日举办培训班，组织各学区、直属辅导站主要领导认真学习10号文件。分院院长李永涛同志对10号文件做了深刻细致的宣讲，并谈了自己的体会。各学区、直属辅导站认真组织全体工作人员学习中央10号文件，深刻领会其精神，统一思想认识，进一步理解党校函授教育作为党校教育重要组成部分的地位及其在培养高素质干部队伍方面所起的作用和担负的责任；进一步明确办学指导思想，即坚持以教学为中心，坚持社会效益第一；从贯彻中央《决定》的高度总结工作，查找问题，拟订措施，认真整改，巩固党校函授教育评估的成果，全面推动分院函授教育工作的健康发展。

四、严把招生关，控制办学规模。报名工作开始前，分院召开院务会议，专门研究部署招生工作。各学区、直属站严格搞好报名资格审查，坚持以党员干部为主的方针，控制规模，适度发展。在招生报名过程中，分院加强了报名资格的审查，做到了“四个坚持”，即坚持审查报名考生的毕业证书原件；坚持不降低学历层次及参加工作时间的年限；坚持不放宽免试条件；坚持分院复审制度，对于不符合条件的报考者，坚决不予办理。

分院提前完成了考前辅导教材的预定、领取和发放任务；2月底至4月初，选聘优秀教师组织了考前辅导。分院成立了以北京市工业党校校长方富楼为主任的招生考试委员会，召开由分院、学区和直属站负责人参加的考务工作会议，认真传达总院文件精神，各学区、直属站以“三讲”为动力，从严治校，从严治考，考出好成绩，考出好校风。分院还采取考风考纪与招生名额挂钩和签订责任状的措施，督促各学区、直属站切实抓好考风考纪工作。

五、抓管理，认真开展教学检查。分院于下半年组织了“抓管理，保质量，上水平，创一流”的教学管理工作大检查。检查内容包括学员到课率、班主任工作情况和面授课效果等方面。采取学区自查与分院抽查相结合的方法。先由学区、直属站负责人为核心组成教学检查小组进行自查，再由分院主要领导、学区和直属站负责人组成分院教学检查小组对各学区、直属站进行抽查。通过各学区、辅导站负责人和班主任随堂听课、召开学员座谈会和填写《教学情况调查表》等方式，收集了关于面授教学、教学管理及班级管理的意见和建议。

此次教学检查涵盖分院下属 6 个学区、10 个直属站、36 个教学班，是分院建院 6 年来规模和力度最大的教学检查，取得了推动教学、促进管理和提高质量的良好效果。

六、顺利开展各项教学工作。选聘专业对口的优秀教师担任面授课教学，妥善安排，严格管理，顺利完成了 1189 个教学班的教学任务。

组织 97 级专科班、98 级本科班学员的论文答辩工作。分院成立毕业论文工作领导小组，两次召开毕业论文工作会议，具体安排毕业论文工作，毕业班最后一个学期一开始就将《毕业学员论文要求》下发到学员手中，同时开设毕业论文讲座，指导学员选题。聘任指导教师组成答辩委员会，每个答辩委员会由一名学术水平高、具有副高或高级职称的教师担任主任委员。

分院注重毕业论文资料的整理。经严格复审评优后，编辑出版了《99 届专科学员毕业论文精选》和《2000 届本科领导干部班学员毕业论文精选》。分院先后获得了总院颁发的 95 级、96 级、97 级优秀毕业论文组织工作先进奖。

上半年和下半年，分院分别召开了教学研讨会，与会教师共 86 人次，对 16 门课程进行了教学内容、教学方法、教材和案例等方面的研讨，交流了经验，促进了教学水平的提高。

七、认真做好教务管理工作。顺利完成 2000 年的招生报名、辅导备考、录取注册及学籍基本情况和照片录入、数据统计、制表上报任务。全年考试未出现任何纰漏；及时准确地做好两次期末考试、补考及总补考阅卷，成绩登分输机及数据、表册的上报工作；完成学籍注册统计、变动统计其数据上报任务；积极参与总院试点工作，12 月，提前完成了 98 级本科班毕业学员照片录入、上报任务。

大胆探索，不断改进工作。在学籍管理中，结合实际，分别对报名登记表、报名汇总表、准考证和录取通知书等表册进行改进。将 97 级专科班和 98 级本科班毕业学员学籍基本情况的校对工作和 2000 级新生照片录入工作下放到学区、直属站去做，收到了良好效果。从上半年期末考试开始，在保留分院抽查巡考的基础上，采用了各学区、直属站之间的交叉巡考，既减轻了分院全线巡考的压力，又促进了学区间的相互监督和学习。

积极推动微机软、硬件建设，提高分院教务管理的现代化水平。分院、学区和直属站购置了高性能微机、扫描仪和光盘刻录机；5 月和 8 月，分院自编教材，先后举办第三、四期培训班，对各学区、直属站的教务管理人员进行了培训，提高了全分院的微机管理水平。

八、进一步加强信息交流工作。分院建立了信息队伍，及时做好信息的收集和报道工作，多篇稿件被《学习时报 · 党校函授专刊》采用。4 月，分院在《学习时报·党校函授专刊》刊出了一期“北京市工业党校分院专版”。分院还坚持自办4期《党校教育信息》，积极宣传党校函授的办学情况。

（王永明）

北京市公安局分院

2000年，北京市公安局分院工作概述如下：

一、加强思想建设，为教学提供保障。分院先后召开有辅导站站长和工作人员参加的会议8次，组织大家学习贯彻上级领导的指示精神，端正办学指导思想。分院召开考务工作会议共5次，每次会议分院领导都讲严格考试的重要性、具体要求及措施。考试作弊的现象得到最大程度的遏制。分院召开辅导站所在单位领导、班主任和学员座谈会共5次，了解学员的思想状况和学习情况。研究制定了加强课堂笔记的管理和检查等措施，增强学员学习的自觉性。各办学单位利用党性教育等机会，对学员进行学习态度和学习目的的教育。

二、狠抓教学，确保教学质量。择优聘请教师。分院共聘请中央党校、中国社科院、北京大学等高校教师34人次参加讲课。对于聘请教师，分院进行严格把关，讲课、备课不认真，学员反映不好的，一律不再聘用。

分院选派9名教师到丰台等8个辅导站，为学员进行面授答疑。全年共发放教学录像带3100余盒。分院重视毕业论文工作。先后召开研讨会4次，制定有关论文工作的各种措施，增加了收验论文草稿的环节；在论文答辩中，增加了第一次答辩不通过率在5%以上的规定，使指导教师不负责任、学员抄袭和蒙混过关的现象得到一定程度的遏制。97级大专班学员的毕业论文，首次不通过的学员达到128名，占学员总数的9%。分院加大对作业管理的检查力度，研究制定作业的检查项目、具体打分标准以及奖惩措施。教学工作人员进行专项检查，确保学员的作业完成率。

三、狠抓管理，为教学提供良好环境。分院狠抓考风考纪。严格试卷的接送、分发、保管手续。分院对考务工作实行责任制管理，层层签订责任书。分院组成教学巡视检查小组，对辅导站进行定期检查和不定期抽查。6月，分院对所属18个辅导站进行检查，对管理差的辅导站提出警告，并限期整改。下半年，分院进一步完善检查机制，制定检查方案，组织得力人员对辅导站的教学管理进行全面检查，并将五大项检查结果在全分院进行排名，在年终总结大会上进行奖优罚劣。一年来，分院对辅导站的检查总数达到140余次。针对教学管理中存在的问题，分院制定了《辅导站考试工作和监考人员工作目标管理考核百分评定标准》、《论文答辩工作程序》、《监考工作责任制的规定》、《论文行文格式的规范要求》等。

四、加强研究生班教学管理工作。分院从中央党校、北京大学、中国社科院等院校聘请教师23名（其中，教授13名、副教授10名），完成了13门课程390课时的教学任务，复制、发放教学录像带650余盘、录音带400余盘。研究生班的教学管理收到了一定成效，有些学员的文章已被公安部、北京市公安局的报刊、杂志采用。

五、教育评估工作取得良好成绩。通过评估，分院在肯定成绩、总结经验的同时，认真查找和剖析办学中存在的问题及其原因，制定整改措施，并认真落实。共整理资料档案130余卷，制作了28块展示函授教学成果的展板。3月，顺利通过了总院检查验收组的评估验收。

六、做好两个直属站的教学组织管理工作。分院多次做好学员的思想动员工作，端正学员的学习态度；认真组织面授教学，严格考勤，维持课堂纪律，督促学员做好课堂笔记，并检查他们做笔记的情况；做好学员作业管理工作，及时收缴学员的作业，做好登记，并及时将作业送到评阅教师手中；组织好毕业班学员的论文辅导、撰写和答辩等工作。（丁昌渭）

天 津 分 院

2000年，天津分院工作概述如下：

一、贯彻落实中央10号文件精神，推动党校函授教育上水平。9月20日，分院主要领导带队，组织有关分管教学、教务的负责同志以及视导组的成员，重点抽查了18个区、县学区以及部分总公司、大企业学区学习贯彻中央10号文件精神的情况。大多数单位取得了一定成绩，如南开、大港、武清、北辰、河西、宁河、宝坻、静海等学区，校领导组织骨干认真学习，并在贯彻中提出整改方案。他们多次向区、县委分管书记、组织部、宣传部进行汇报，区、县委专门召开常委会讨论，审定党校贯彻《决定》的整改意见和方案，针对存在的主要问题，采取有效措施，抓得准，力度大，使党校函授教育水平有较大提高。

二、加强党校函授教育规范化管理。分院拟订了《中共天津市委党校关于加强函授教育规范化管理的意见》，并经市委党校校委讨论通过。《意见》对函授教育的办学指导思想、师资队伍建设、班主任队伍建设、考试工作、督导工作以及强化素质教育等方面作出规定。调整函授教育视导委员会，由市委党校常务副校长任主任委员，对函授教育的重大工作，定期或不定期地进行检查，深入学区和辅导站调查研究；成立以分管函授教育的校领导为组长、各教研部主要领导参加的专家组，加强对函授教学重大问题的研究、教学的组织和指导，不断提高函授教学质量。

三、加大从严治考力度，切实做好招生录取工作。市委党校校委专门责成函授教育领导小组召开会议，专题研究招生考试的组织工作，对分院制定的考试工作方案进行审议，并提出了要求。分院相继召开了由各学区负责人参加的招生考试工作会议和主、监考人员会议，统一了思想认识，明确了工作任务。分院针对工作中存在的问题，制定了改进措施。

搞好考前复习，强化考前教育。分院聘请市委党校的专家、教授承担考前辅导任务。辅导班结束前，分院领导向考生传达胡锦涛同志关于党校函授教育的指示精神，通报了报名情况，介绍了分院建院以来的发展情况和成果，并对考生提出了要求。分院将《考场规则》、《考生须知》印发到每个考生手中，并统一定做了布标、标语牌，设置了举报箱和举报电话。

继续实行异地监考的办法。分院将市内考生分别按报考专业集中到10个考场进行考试。考场设置全部是25—30人的小考场。监考人员或者外聘、或者轮换，基本杜绝了本考点老师监考本考点考生的现象。

借鉴高自考的做法，使考试工作日趋规范。分院和学区借鉴高自考的做法，制定了《入学考试监考工作程序》和《入学考试考场偶发情况的处理办法》，以考试时间为序，将监考人员应完成的工作纳入每个阶段，把考试中易出现的偶发情况分为10项，并规定了处理办法，印制成表，把监考过程分解细化，将每一时段的工作都做了详细具体的规定，保证了招生考试的顺利进行。

分院制定了录取标准，对录取工作的组织领导、录取原则、录取条件和监督检查等均作出了详细规定。分院对达到录取分数线以上的考生和免试生，进行了资格复审，对不具备报考资格的考生，坚决予以清退。在录取工作中，张榜公布考生成绩，公开举报电话，接受群众监督。对替考和考场作弊的考生，一律不予录取。

四、坚持以教学为中心，积极推进教学改革。引入函授教学激励机制，促进面授教学质量的提高。分院制定了《关于函授教学质量优秀奖评比的暂行规定》，规定评比的内容主要分备课与授课两方面。评比采取自下而上的方法进行。各学区、辅导站成立由分管教学的副校长、教研室主任和有关学科带头人等组成的评议组，评议组每年度对教师备课的评定等级情况和教师授课的评比打分情况进行综合考评，评出学区级教学质量优秀奖，由学区予以表彰。此外，学区每学年按分院下达的指标在学区级教学质量优秀奖基础上，评出分院级教学质量优秀奖，并报分院，分院颁发证书予以奖励。

突出党校办学特色，把党性教育落到实处。11月25日，分院组织近200名领导干部班学员参观了天津河西监狱，对学员进行了一次警示教育。这次主要参观了犯人的生活、劳动和学习的场所，听取了两名在押犯人（原处级干部）的现身说法，使学员受到了一次震撼心灵的教育。

加强教学研讨与实践课的组织工作，注重培养学员的实践能力。分院在执行总院教学计划过程中，每门课程增加4—8课时的教学研讨与实践课，各学区十分重视，如直属学区部分课程采取案例教学，机电学区开辟第二课堂，河西学区进行情景教学等，改变了单向传授的传统模式，强化了素质教育。

加强教学改革的理论研究，促进教学改革。分院与党校教育研究会联合召开了第三届党校函授教育研讨会，收到参评论文100篇，其中，27篇获优秀奖，宝坻学区等7个单位获组织奖。

加强教材建设，注重编撰有关文集，总结办学经验。分院约请市委党校的专家和市战略办的领导和研究人员，编写了地方乡土教材《天津经济发展概况》，突出了天津特色。编辑出版了第四辑《优秀毕业论文选》，展示了天津市党校函授教育的办学成果。

五、加大办学队伍培训力度，加强办学主体建设。加大师资培训力度。分院举办了两期师资培训班（培训课程10门）和24门课程的备课会，共培训主讲教师400余人次。除各教学课程的备课外，还对当前的一些学科前沿问题，请专家做报告，如第六期培训班聘请了南开大学国际经济系殷汝祥教授做《WTO与中国经济》的专题报告，开阔参训教师的视野。

完善了师资资格聘用审批备案工作。分院对所聘师资加强了审批工作，各学区对所聘本科面授教师，上报审批后，颁发分院的教师聘任证书，受聘教师持证书上讲台。

加强对学籍管理人员的培训。分院举办了为期3天的学籍管理培训班，42名工作人员通过学习、演练，对修改后的管理软件基本做到了熟练操作。

对教育评估验收单位进行“回头看”。分院又对4个学区进行了验收，并开展了评估验收“回头看”活动。通过“回头看”，各单位针对评估验收中存在的问题，都进行了不同程度的整改，进一步加强了办学队伍和办学硬件的建设。

（汪　悦）

河 北 分 院

2000年，河北分院工作概述如下：

一、认真学习中央《决定》和省委《意见》，增强了办好函授教育的事业心和责任感。全国党校工作会议以后，分院组织全院学习有关文件，提出了贯彻意见，并在邢台招生工作会议上组织主管函授工作的校长以“认真落实《决定》和中央领导同志讲话精神，加强教学管理，提高教学质量”为主题，进行了深入讨论，进一步明确搞好函授教育的紧迫性，确定新的工作重点，统一思想认识。各学区和直属站也相继召开会议，认真贯彻落实《决定》和中央领导同志的讲话精神。

二、狠抓制度落实，进一步健全规章制度。下半年，分院对原来的11项规章制度进行了修订，如《班主任工作细则》、《关于聘任函授面授教师的规定》等，根据教学管理需要，又制定了4项新的管理制度。如，《学员管理的补充规定》、《关于进一步实施教学改革的意见》等。并且重点突击检查了各项制度的落实情况，主要对招生、教学管理、学员管理、考风考纪、自身建设等方面进行了检查。在全省工作会议上通报了有关情况。

三、严格把关，圆满完成招生任务。按照招生计划，总体上比1999年压缩了13个百分点。分院对招生的各环节除坚决落实已有的各项制度外，重点采取了以下几条措施：一是考生报名资格复审。在确定报考上报人数的最后阶段，再次对报考人员的报名资格进行审查。二是阅卷登统双检查。除专门检查组核查外，每个阅卷组自行核查。抽调专业人员到阅卷组核分，最后进行微机登分。三是录取工作试行备录办法，使录取和备录一次性完成。四是加大对录取工作的审核力度。成立专门审核组，对录取的数量和质量严格把关。各学区在组织报名阶段加大宣传力度，依靠当地党委和组织部门的支持配合，并充分发挥党校教育的网络优势，较好地完成了招生任务。

四、积极进行教学改革，严把教学关。分院多次召开会议研究教学工作，落实有关规定，两次召开各学区和直属辅导站负责同志参加的函授教学工作会议。就目前分院教学工作中存在的主要问题进行了认真研究，特别是在教师数量、质量、专业结构及培训方面，客观地分析了目前的现状，并提出中肯的建议。针对一些单位教师数量不足、质量不够高、结构不够合理，不少学区采取了行之有效的方法进行解决。如廊坊学区对教师实行全市统一调配，优势互补，资源共享；沧州学区对辅导站教学情况进行突击检查，并形成制度；衡水学区教师管理实行双向监督；邢台学区对教师教学情况进行综合分析；秦皇岛学区实行校长轮流跟班听课制度等。在强化教学管理上，各学区都出台了一些新举措，"教"与"学"两方面研究解决的办法，寻找其内在的规律性。分院还召开了两次省委党校各教研部主任和部分学区教研室主任参加的研讨会，听取他们对函授教学的意见和建议。并派原省委党校常务副校长杨伯亚同志率领视导组同志到山东、辽宁等分院取经。下半年，分院还组织人员到一些学区听课，检查出勤情况。根据检查情况，出台了关于加强教学管理的几点意见。

五、加强规范化管理。分院在规范考场、聘请监考人员、阅卷及登统分等方面，下大力气。各学区在考务管理中，也针对自身的薄弱环节认真抓落实。如招生考试，分院下达文件之后，又派人进行了检查验收，如对考场设置进行了考前申报，然后检查验收。在考试过程中，监考人员敢抓敢管，特别是对替考者决不手软，即便是领导干部也不讲情面，在社会上赢得了广泛赞誉。

六、计算机管理水平有较大提高。分院狠抓管理现代化建设。各学区配齐了办学设备，还实现了专机专人管理。教务、学籍等独立核算上报及时、准确，提高了工作效率。同时，举办两期微机人员培训班。一些条件好的学区，如邢台、唐山、秦皇岛学区即可实现远程网络教学。

七、加强教学理论研究。分院探索党校函授教育规律，进一步强化管理，提高质量，以适应新形势的需要，编辑出版了《探索与实践——河北党校系统函授教育十五年经验汇集》一书。这对全省党校函授教育的发展起到促进作用。

（田寿山　郭　强）

山西分院

2000年，山西分院工作概述如下：

一、采取措施，加强办学主体队伍建设。搞好教师培训，形成多渠道，多层次的教师培训机制。凡是总院举办的教师培训班和备课会，分院都要选派省、地（市）两级优秀教师参加，分院办班，各学区、辅导站都派任课教师前来参加培训。凡是新开课程或更换教材，分院一律坚持教师必须先培训，后上岗。分院先后在全省范围内举办了14期培训班，投资达80余万元，全省各级党校有1500余名教师参加了培训，并实行结业考试，合格者，颁发结业证书，凭证上岗；对面授教师实行全员考试持证上岗，建立教师素质保障机制，并开展全省党校函授任课教师赛讲活动，加大表彰奖励优秀教师的力度，鼓励优秀教师“冒尖”，以带动师资队伍素质的提高。分院在忻州党校举行了全省函授任课教师赛讲活动。经各专业组的投票、评审，最终选出一等奖3名，二等奖6名，优秀奖52名。分院对获奖教师进行表彰奖励。

分院还重视管理队伍建设，实行岗位责任制和考核奖励制，班主任实行公开招聘制。把函授班主任队伍建设和班级管理工作提到重要日程。积极做好班主任工作经验交流会的准备工作，认真总结和推广班级管理、班组建设和班主任工作的经验，包括保证课堂教学效果、学员到课率、学员党性教育和有效引导自学等内容。各学区在班主任选聘、培训和管理方面都总结了不少好经验。如运城学区由辅导站提出拟定人选，报学区批准；临汾学区实行班主任考聘制，先公布任职条件，自愿报名，统一考试，先考后聘；长治学区实行承诺制，好中选优，竞争上岗，更多地注意拟聘人选的意愿，在实际工作中，坚持对班主任从严管理，班主任对班级管理严字当头。有效防止了在班主任选聘问题上迁就照顾的现象。

二、深化教学改革，提高教学质量。分院加强了对教学工作的领导，分管领导和学区主任把主要精力放在抓教学上，为教师多办实事，为教学创造条件；各级领导深入到课堂和教师中间，了解情况，制定措施。在选聘教师问题上，坚持标准，择优聘任。

各办学单位把教师组织起来，形成专业组或学科组，定期开展教学研究活动，分析教案，了解学术动态，探讨教学方法，互帮互学，形成浓厚的研究风气。

三、完成总院、校委交办的各项任务。在招生工作中，分院严格审查报名手续，召开专门会议，对招生、考试工作进行周密安排，实行主考负责制、异地监考制、领导巡回检查制和双线报告制等制度。在下学期期末考试中，分院严肃考纪，严格把关，顺利完成了考试任务。招收的新学员，从报名到毕业全部实行微机化管理。各学区、直属辅导站在设备、资金、人员上充分保证。做好与总院联网的准备工作，分院对各学区、直属辅导站的微机操作员进行了岗前培训。

7月底，分院成功承办了总院研究生工作会议，总院副院长刘利群、省委党校领导冯国发、李仁和及全国45个分院和直属学区共80余位代表参加了会议。分院周到细致的服务受到了与会代表的一致好评。

分院草拟了学员自学管理试行办法，引导规范和指导学员自学，同时也明确了分院、各学区和直属辅导站的自学管理职责，使学员自学管理和指导做到统一领导、分级管理、目标分解、责任到人。分院还加强了对学区、辅导站的督促检查。10名视导员分别深入到临汾、晋中、阳泉、大同、朔州和吕梁等学区检查课堂教学质量和学员到课情况，并开展了教育评估“回头看”活动。

（潘浩敏）

内蒙古分院

2000年，内蒙古分院工作概述如下：

一、以“三个代表”思想为指导，进一步端正办学指导思想。分院认真贯彻“三讲”教育精神和江泽民同志“三个代表”的重要思想，并将其贯穿整个办学的过程，坚持“社会效益第一，为培养党的高素质干部队伍服务，为社会主义现代化建设服务”的办学指导思想，加强规范化管理。分院及时组织全体工作人员集中学习中央10号文件，各学区认真学习贯彻《决定》精神，结合函授教育“回头看”活动，认真查找办学中存在的不容忽视的问题，不断总结办学经验，增强全体办学人员的责任感和使命感，坚定信心，明确方向。

二、加强教学管理，提高教师素质。加大对面授教师的培训力度。分院分别派有关教研室及学区教师参加总院成都、兰州备课会。暑期，分院在通辽学区举办了《工业企业经营管理》、《民法学》、《货币银行学》等3门课程的备课会。由区党校经管、法学教研室的教师讲授其重点、难点和疑点，并对有关理论前沿问题进行了研讨，各学区40多名教师参加了备课会。

加强对面授教学的管理。一抓教师队伍管理。分院出台了对面授教学的有关规定，扭转了面授到课率低的现象。二抓班主任队伍管理。分院注重班主任队伍建设，改革班主任聘任工作，辞退那些年龄较大、不适应函授工作的班主任。聘任责任心强、真抓敢管的处级干部和中青年教师担任班主任。三抓学员管理。分院坚持面授考勤制度，各学区选派专人管理学区面授教学和学员工作，负责日常面授考勤。每学期开学初，分别召开班主任会议和各年级班次主题班会。由负责学区的教学管理人员、班主任对上一学期班级工作和学员到课情况进行讲评，并传达新学期分院新的精神；学员在班会上开展学习方法、自学经验的交流讨论。

加强对毕业论文的管理。分院认真组织毕业论文的撰写指导和答辩工作，及时落实指导教师的工作。成立毕业论文工作领导小组和答辩委员会，严把论文撰写关，防止毕业论文的抄袭和一次成稿现象。在答辩前，召开答辩委成员会议，研究落实答辩工作，从组织领导到答辩程序进行都严格规定，并及时检查答辩情况。

加强教材发行管理。分院认真填报发行统计报表，及时做好教材分发、运送工作，保证学员在开学前领到教材。派人参加总院教材发行管理工作会议，及时传达贯彻总院教材工作的有关部署和微机联网精神，使分院教材管理工作向前迈进一步。

三、加强考务管理，整肃考风考纪。实行责任制，签订责任状，一级抓一级，逐级落实。在招生考试中，分院和学区成立了考试工作领导小组，做到精心组织，周密部署；由分院下派巡视员进行检查指导。学区、辅导站进行考前培训，营造良好氛围；按照总院新版《管理制度汇编》规定，学区派人与分院巡视员共同管理试卷，确保试卷万无一失；分院出台了《考务工作标准化管理方案》。各学区认真按照“组织领导”、“试卷保管”、“考务程序”、“考风考纪”四大项目做好工作。考试结束后，由分院巡视员打分，年终进行评比，实行奖优罚劣。并坚持两证入场制度，严防替考；将监考人员履行职责情况同年终考评挂钩，实行严格的奖惩制度。并在招生考试和期末考试前后，分别召开巡视员培训会和汇报会，加大了对学区的监考力度，加强对巡视员的职责管理。

四、加强学籍管理，加快微机化步伐。学籍管理更加规范。分院严格执行总院学籍管理有关规定，及时上报各类表册、学籍数据。严把入学关和毕业关。新生注册时，进行严格入学资格复查，学员毕业前认真做好毕业证办理准备工作，严格核对学员各科成绩和毕业论文成绩，圆满完成了97级大专班、98级本科班、第八期领导干部班和97级在职研究生班的办证任务；加快学籍管理微机化步伐。分院启动了与学区电话网络传输工作，按照总院要求，完成了新生的照片扫描任务；加大学籍管理微机化培训力度。分院在包头学区进行了部分学区的集中培训工作。8月，在赤峰学区召开了学籍管理暨微机培训会议，各学区20多名学籍、微机人员参加了培训。分院还组织学籍人员系统学习了山东分院学籍管理软件；加大学籍管理资金的投入。分院购进686微机4台，配置了扫描仪，各学区也购置了照片扫描仪。

五、加强党性教育，做好支部工作。在学员中进行党性教育。开学典礼，分院领导讲解《新生入学学习文件》，结合世界观、人生观教育，引导学员端正学习态度，克服混文凭思想，明确学习目的。

在工作人员中进行党风党纪教育和“三讲”教育。不断加强思想政治工作，教育工作人员在招生报名、考试、登录成绩以及毕业论文工作中廉洁自律，坚持原则，从党性的高度、大局的高度落实好各项任务。同时，认真做好支部工作：围绕党校的中心工作和机关党委的部署，进行政治学习，根据总院的安排和要求，组织大家进行业务学习；积极参与校内的文体活动和公益活动。分院党支部被评为学校先进党支部。

六、做好各项常规工作，加大宣传报道力度。分院努力做好行政后勤和财务管理工作。各科室每月制定工作计划，分院机关统一制定《月工作安排》，提高了办事、办会的工作质量和效率。精心组织分院各种会议，做好后勤服务。立卷归档1999年分院文书档案29卷。11月，内蒙古财政厅和纪检委对分院财务工作进行“收支两条线”检查，由于对财务工作的精心管理，受到检查组的好评。

一年来，分院被《学习时报》、《函授快讯》和《内蒙古党政干部教育通讯》等刊物采用的稿件有10余篇；并按要求向总院报送了2000卷年鉴资料。通过宣传报道，扩大了党校函授教育的社会影响。（赵润平）

辽宁分院

2000年，辽宁分院工作概述如下：

一、举行案例教学比赛。案例教学比赛从锦州学区开始，到盘锦学区结束，历时4个月。除鞍钢、辽河油田、阜新矿3个学区外，17个学区参加了这项活动。在专家听课打分的基础上，由领导小组和评委会一起认真评议，最后评出特等奖1名，一等奖8名，二等奖8名。1月7日，分院把参与案例教学的教员，请到省委党校，就案例教学的有关问题举办了研讨会，大家对案例教学的认识、案例的编写与运用、案例教学与教员、案例教学对教学管理提出的新要求、案例教学的效应、如何拓展和深化案例教学等问题都提出了不少宝贵的建议。

二、学分制试点工作健康、稳步推进。在年初召开的全省党校函授教育工作会议上，提出了开展学分制试点的意见。分院开展了学分制试点工作。弹性学制增强了办学的灵活性，基本做到学员满意、教员满意、管理人员满意。

三、实行指导教师责任制，并招标竞聘上岗。分院一改过去指定教师组织备课的办法，引入竞争机制，发动全省广大教师投标竞聘，给中标者发上岗证，同时签订聘约，明确指导教师的责任、义务。全年共进行两次招标工作，中标教师47名。课程指导教师，从教学计划的制定到辅导材料的编写、备课、面授、指导自学、布置作业、考试命题和教学总结，都起领衔作用。

四、加大师资培训力度。分院进行了3次集中备课，共25科，参加教师达460名；举办了3期师资培训班，共12科，参加教师达210名。备课会由过去的画重点改为研讨式，时间由半天改为1至2天。师资培训班改进力度很大：一是升格，列入省委党校轮训班招生计划；二是请高等院校教师讲课，拓宽了知识面，开阔了眼界；三是结业举行考试，合格者发给结业证。

五、狠抓考风考纪。进一步完善考场量化考核标准，规范考试工作，从命题审题、校对试题、印制试卷、分装、存放和到收发试卷等环节，都建立责任制，提高了试卷的安全保密程度。进一步加强考风考纪工作，营口学区晋升为一类考区，基本消灭了三类考区。对考风考纪下滑的学区，分院下发了[2000] 86号文件，进行了通报批评，同时，分院常务副院长带队，院务会成员参加，采取现场办公办法，帮助解决实际问题。有的学区党校校委采取措施，考风考纪有所好转，并推动了函授教育的其他工作。校委采取了竞聘上岗的办法，加强了函授部的领导力量。

六、学员管理网络软件通过验收。总院抓了10家分院搞网络软件开发，经过近3年的时间，学员管理网络软件开发成功，并通过了总院的验收。同时，分院也建立了网络中心，配备了专业网络管理人员。

（单洪恩）

吉 林 分 院

2000年，吉林分院工作概述如下：

一、教学改革不断深化。分院制定并由省委党校下发了《关于党校函授教育学科建设的指导意见》，对函授学科建设的发展和改革提出了具体规划；在大专、本科、研究生各个班次普遍增设了省情、市情讲座课，普遍推行了案例分析、专题讲座式教学，全省共组织15次较大规模的公开观摩教学，促进了教学水平的提高；不断深化命题改革，加强题库建设，命题题型有新改进，命题质量有明显提高，在法律、管理、领导学和计算机等学科中，普遍增加了案例分析、辨析说明和综合归纳等题型，突出了党校函授教育的特点；省委党校远程教学网站的建立和使用，为函授教学提供了丰富的信息资源和高水平的教师资源，为向现代教学模式转化创造了必要条件。

三、常规管理日益规范。分院对制定教学计划、选聘面授教师、组织面授教学、命题、制卷、考试和论文答辩等主要教学环节，都制定了工作流程，按工作流程操作，保证了每一环节规范有序；在招生、录取和毕业工作方面，坚持标准，严格审核。招生录取邀请人事、纪检等部门参加。毕业实行部门内外交叉审核，相互制约，切实把好入口关和出口关；在网络化管理方面，完成了分院与总院数据传输网络的连接，学籍管理完全实现了微机化。

三、学员管理进一步加强。各学区、辅导站加强了对学员自学的指导。普遍建立自学小组，加强自学检查和指导。争创优秀学员、优秀学员干部、先进班级活动的深入开展。党性教育，形式丰富多彩，组织新生上党课、写入学教育的心得体会，在班级建立党支部和党小组，召开主题班会，组织排球、乒乓球比赛，参观先进企业，并加强与学员单位和家庭的联系，及时了解并帮助学员解决实际困难。通过多种形式的党性教育活动，明确了学员的学习目的，调动了学员的学习积极性。经省委党校校委批准，对李丽娟等97名优秀学员，刘敏等50名优秀学员干部，长春学区98级经管专业本科班等29个先进班级进行了表彰奖励。

四、办学队伍素质明显提高。分院对新调进的同志进行了岗前培训。长春、四平、通化等学区实行工作人员和班主任竞聘上岗，省直学区实行班主任工作量百分制考核，根据考核结果，实行一年一聘，对不合格者，坚决解聘。分院举办了《刑法概论》、《行政法与行政诉讼法》、《中国法律史》、《民法学总论》、《宪法学》、《社会主义法制论纲》、《西方法律史》、《刑事、民事诉讼法学教程》、《财税法教程》等14期函授教师进修班和备课会，培训教师168名，改善了教师知识结构，促进了师资水平的不断提高。

五、督导力度不断加大。分院围绕主要教学环节，以抓对下级的指导，抓课堂，抓考试，抓管理制度的落实和抓评估整改为重点，开展督导工作，成效显著。在寒暑假本科生和研究生面授期间，全省派出12个督导小组，对面授工作进行督导检查，听课，开学员座谈会，检查到课率、随堂考试试卷、作业和读书笔记，对授课教师教学质量进行测评与统计，对规范教学管理发挥了重要作用，督导结束后，及时进行通报，起到了警示和督促作用。同时，侧重抓评估整改措施的落实，总院函授教育评估回头看检查组于年底对分院整改工作进行了全面检查，对于分院的整改措施和取得的成效，给予了充分肯定。

六、教研和科研工作逐步深入。分院在全省范围内开展了以素质教育为目标，深化函授教育改革的理论研讨活动，围绕这一主题，省委党校各教研部和吉林、通化、白城、四平等学区组织教师和管理人员召开了函授教学、管理研讨和经验交流会，在此基础上，举办了全省理论研讨会，总结了各地研讨的成果，集中研讨了教学改革和管理制度创新等问题，并组织了《党校函授教育管理研究》一书的编写工作。分院着重抓了宣传报道工作，分院有8篇文章在《学习时报》上发表，其中一篇在头版头条发表，《函授快讯》上发表了6篇，在省《机关建设报》、《长春晚报》等报刊上刊发了15篇，扩大了党校函授教育的社会影响。

七、在职研究生教育稳步发展。分院加强了延边学区的党员领导干部在职研究生班工作，设置了专门工作机构，配备专职管理人员，选用优秀的同志担任班主任，从严管理。在教学中，严格选聘老师，坚持推行研讨式集体备课，充分发挥研究生教学工作指导小组和课程主讲人在教学中的指导作用，坚持从严治学，自觉接受社会和新闻媒体的监督，主动邀请当地新闻媒体对研究生考试进行报道，自我加压，增加考试的透明度，有效地整肃了考风考纪；分院召开了研究生工作会议，会议对教师聘任、集体备课、面授教学、加强学员自学指导、加强工作研究和从严治考等问题，都作了进一步规定；建立了以突出教学质量为重点的在职研究生教学管理评估的指标体系，积极开展评估工作。

（王英林）

黑龙江分院

2000年，黑龙江分院工作概述如下：

一、规范招生管理，确保生源质量。分院加强了对招生工作的领导，各学区、直属辅导站的主要领导亲自抓招生考试工作，并主动协调与当地各部门之间的关系。大兴安岭学区由其地委副书记、党校校长张进运担任党校招生委员会主任，地委组织部、宣传部和地委党校有关领导任副主任。大庆学区在招生考试期间，组织召开了各县、区组织部长和县、区党校校长参加的招生工作会议。市委副书记李福民同志参加会议并就招生考试工作讲了话。在招生考试工作中，分院着重把好三关：严把报名关。在报名资格审查工作中，坚持报考条件，认真审查报考人员的报考资格，在坚持“三级审查制度”

的同时，重点加大对本科考生学历资格的审查力度，对有疑点的毕业证书，直接到发证院校进行审验鉴定，杜绝了持假证报考的现象。严把考试关。省委干部教育领导小组下发《关于严格执行党校函授教育招生考试纪律的通知》。分院、各学区和直属辅导站分别成立了由各级党委及主管部门主要领导参加的招生考试工作领导小组，吸收组织、人事、纪检和教育等有关部门的领导参加，加强对考试的巡视、监督和检查工作。同时，严格考试纪律，建立健全考务管理责任制，加强对考务人员的管理，进一步加大从严治考的力度，保证考试质量。严把录取关。在录取工作中，分院对考生资格、分数及考试情况进行认真复查，制定《关于2000年中函黑龙江分院招生录取工作的规定》，坚持以总院批准的招生计划和考生考试成绩为依据，由高到低择优录取的原则，严格录取条件，对违纪考生，取消其录取资格，并在全省通报。

二、规范教学管理，确保教学质量。分院制定《关于提高面授质量，加强面授教师管理的规定》，择优选聘了495名教师，组织教学备课会，召开由12个学区、31名教师参加的集体备课会。有的学区还制定任课教师竞聘上岗制度，哈尔滨、齐齐哈尔和双鸭山等学区除实行集体备课制度外，还实行教师试讲制度，试讲不合格者，不能上岗任教。同时，分院严格任课教师的教案管理，牡丹江、佳木斯等学区任课教师教案必须经教研室主任和主管校长审阅合格后方可使用。分院还建立严格的奖惩机制，加强对面授教师的考核评估，促进教学质量的不断提高。分院先后制定考试考务有关规定，加强对教学运行各环节的组织与管理，严格试卷的收发与管理，从制度上保证了考风考纪的好转。分院严格考勤制度，进一步加强对学员的平时考核。七台河学区实行教务科、班主任和任课教师三重考勤制度，由教务科印制考勤票并加盖公章，上课10分钟后发票，学生签名，下课前10分钟收票，杜绝了迟到、早退现象。绥化和北安农垦分局等学区实行班主任跟班点名制度，提高了到课率。鸡西学区在执行总院自学规定的前提下，又进一步制定本学区的自学规定，并下发到各辅导站，各辅导站都能够按规定监督检查学员自学情况。分院直属学区突出提高函授教育质量，抓好教学计划、教材体系、面授教学、学员自学、日常管理和考风考纪等六个环节，加强计划与协调、日常教学调度、师资培训和集体备课、学员和面授管理、考试考务和教学检查评估等六方面工作，提高函授教育质量。分院完成了经管和法律两个专业录音带150套、录像带155套以及11815套教材的征订、发放任务，并在教材管理方面初步实行微机化管理。分院选用山东分院的新版教务学籍信息系统，并安装总院——分院数据通信系统，保证总院和分院各方面数据准确、迅速上报和下载。分院下发了《关于学员注册工作的通知》、《学员学籍变动情况呈报表》和《学员转、退、休、复学审批表》，同时，增添了照片扫描设备，实行学员报名微机化管理，完成了99级第3学期和2000级第1学期学员的注册任务，进一步规范了学籍工作。

三、加强自身建设，立足于规范化管理。在强化办学队伍建设方面，各学区进一步加强领导班子建设，强化内设机构，充实办学人员。分院举办学区、辅导站管理人员培训班，20余名中函教学管理人员参加培训。一些学区还通过研讨会、经验交流会和参加上级党校师资培训班等形式，进一步加大师资队伍培训力度。有的学区、辅导站加大投资力度，进一步改善教学条件。大庆学区投资建立了中央党校远程教学网B级站，新购置微机及校内有线电视教学网设备和摄录设备，改造学员宿舍楼，使办学条件进一步改善。各级办学单位认真学习贯彻总院新版《管理制度汇编》，结合各自实际，进一步完善了招生、教学和考试等管理制度，推动了党校函授教育规范化管理的进程。

四、加大教学督导力度，进一步提高教学质量。分院成立了黑龙江省委党校函授教育视导组，视导组加大对办学单位的督导检查力度，特别是加强对教学管理的督促、检查和指导，进一步规范办学行为和教学管理；分院针对实际进行检查验收，认真审阅各评估单位的材料；坚持标准，严格评估程序，严格打分；采取看、听、查、议等办法，确保评估工作收到实效。各评估单位先后召开评估总结会议，交流评估经验，在总结评估的基础上，提出了整改方案。

五、规范考务管理，严肃考风考纪。在招生考试工作中，分院对巡、监考人员执纪情况进行量化，督促考务人员严格遵守纪律；同时，对各学区的考试工作情况，进行综合评估，并将综合评估结果作为检验考试工作质量、调整录取比例的重要依据。分院着重抓好两个方面：抓好对考区、考点、考场的评估，重点查看考场执纪情况。各考点、考场认真填写《考场情况报告单》，对考场情况做全面记录，考试结束后，随试卷一同返回。分院依此报告单，对全省考试执纪情况进行全面总结。抓好对试卷的评估。抓好对考生考试成绩的评估，对考试成绩异常高的考点，责成该考点录取时，适当降低录取比例。抓好试卷检查评估。特别是在评卷、核分过程中发现有雷同卷的考生，一律取消其录取资格；对替考的，取消该考生的录取资格，同时追究该考场监考人员和考点、考区的主考责任，并在全省通报。

六、规范研究生班管理，提高研究生班办学质量。分院设立省委党校研究生部和省社科院研究生部两个研究生学区，并专门成立分院研究生办公室，配备3名副处级以上干部负责对研究生班的管理。分院制定《中函黑龙江分院在职研究生教学管理暂行规定》，并建立研究生学籍档案、教师聘任档案和学员学籍档案。进一步加强对研究生班的规范化管理。省委党校研究生学区在教学管理中实行教师和班主任双重考勤制度，保证了学员到课率。省社科院研究生学区采取图表结合的办法，制定研究生教学计划。两个研究生学区还重点加强班主任队伍建设，发挥班主任在班级管理中的作用，办学质量有明显提高。

七、召开函授教育工作会议。12月5日，分院召开函授工作会议，分院所属15个学区、3个直属辅导站和全省党校系统函授教育各招生单位的主要领导参加了会议。会议充分肯定了2000年分院在招生、教学、学籍管理、自身建设、评估工作的检查验收和研究生办学等工作中所取得的成绩，并部署了2001年的工作。

（黑龙江分院　供稿）

上海分院

2000年，上海分院工作概述如下：

一、顺利完成招生任务。分院在招生工作中实行新的工作机制，成立以市委党校教育长陈熙春为组长的招生工作领导小组，凡属政策性问题，一律由招生工作领导小组集体讨论决定，保证招生工作严格按照总院的有关政策和校委的要求进行，使招生工作规范有序，圆满完成了招生任务。

二、教学教务管理有新举措。教学方面。分院在新学期开学前，组织两次备课会，备课组长在教学过程中又分别组织了2至3次备课活动；分院建立全市函授师资档案库和骨干教师名录；开始实行函授教师业务培训制度和持证上岗制度，暑假期间，举办《法学概论》、《财政学》、《中国区域经济管理概论》和《市场经济法律制度概论》等4门课程的师资培训班，共培训教师65名。

教务方面。进一步规范教务和学籍管理，在两次期末考试和招生考试中，严格执行《考务管理规定》，实行主监考负责制。考前，分院派人检查各考场设置情况，坚持校、院领导与纪检组同时巡视制度，端正考风，严肃考纪，严肃处理违纪行为；认真执行学籍管理的有关规定，做好各学区、辅导站新学期学员的注册、统计上报和3644名学员的毕业工作，完成各学区、辅导站全年的教材征订发行任务。

三、顺利通过总院的评估检查验收。分院向校委呈报函授教育质量评估工作实施方案，同时，成立评估工作办公室。在评估验收准备工作中，通过开座谈会、问卷调查等方式，对各办学点的教学情况和办学条件进行分类统计；开展教学各项工作的自查自评；建立教学教务档案室，整理各类资料，形成7类共410册，并立卷归档；写出评估总结报告；制作反映分院办学成果和办学经验的展板。4月2日至7日，总院副院长张东升率领评估验收组对分院的评估工作进行了检查验收。验收组对分院的评估工作给予充分肯定，所以顺利通过总院的检查验收。

四、实行计算机网络化管理，提高教学管理的现代化水平。分院研制开发了一套计算机教学教务管理软件，并在招生、学籍和考务等工作中投入使用，大大提高了工作效率。同时，还开发了在教学管理、教材管理、师资管理、题库管理以及内部管理等方面的计算机管理软件。上半年，分院已建成内部局域网和招生、学籍管理数据库。为各辅导站培训了一批计算机教学教务管理人员，与各办学单位基本实现了教学教务联网管理。

五、加强制度建设，提高管理水平。暑假期间，分院和直属学区召开班主任工作研讨会，讨论并拟订《班主任工作职责》、《班主任工作流程》和《关于对教学事故处理的规定》等3个文件。年底，又召开教务工作管理经验交流会。另外，在教学、财务等方面也针对实际情况制订了规章制度，使各项管理更加规范有序。

六、宣传工作有起色。分院加强宣传报道工作。除召开通讯员会议外，还加强联络工作。全年向《学习时报·函授专刊》、《函授快讯》投稿35篇，被采用22篇。自9月起，开始编印《函授简报》，每月一期，全年共刊出3期。

七、承办中函第五次教学管理工作会议。12月1日至6日，总院在上海市委党校召开第五次教学管理工作会议，总院领导和来自全国各省市、中央机关、解放军等52个分院的负责同志共100人出席会议。在校委的领导下，在校其他部门的协助下，分院的同志承办了会务工作。由于各方面通力合作，会议取得圆满成功，受到与会代表的好评。

（苏新民）

江 苏 分 院

2000年，江苏分院切实端正办学指导思想，加大管理力度，加强办学主体建设，努力提高教学质量，圆满完成了全年各项任务。

一、提高认识，进一步端正办学指导思想。学习文件，注重落实。在12月6日至7日召开的全省党校函授教育工作会议上，校领导和分院负责人再次就如何进一步端正办学指导思想进行了明确规定。分院对学区、辅导站资格重新审定并申报，共申报15个学区、96个辅导站。

上下结合，控制规模。在招生工作中，分院采取“全省统一录取基准数”和“学区内部适度调控”两者结合的方法，既做到全省各学区招生计划的平衡，又不突破总的指标，使办学单位适度拓展办学规模，而又不违背“量力办学”的原则，顺利完成了招生任务。分院根据招生计划、报考人数和标准考场成绩，与其他考场成绩比较，划定了本科、大专录取分数线。对考风考纪较好的学区，则采取降分录取的办法，以示鼓励并保持学区间录取指标的大体平衡，防止超规模办学。中函研究生考试平均成绩名列全国各分院之首，受到总院的通报表扬。

严格资审，保证质量。3月初，分院派出7个验证小组，分赴各学区对本科考生资格进行严格审查。1. 层层把关。辅导站对报考人员，进行初审，学区汇总报考材料时，进行复审，分院实行终审。2. 验证盖章。在对验证人员进行业务培训的基础上，为验证人员配发一枚资格审查验证专用章，谁验证，谁盖章，凭验证章，进行编排准考证号。3. 疑难“会诊”。验证人在学区验证时，若遇到疑难问题，或对某些证件把握不准时，就将这些材料带回来，分院组织专门班子进行研究。4. 实行责任制。在验证以后，一旦有来信、来电反映验证问题，经查实，将以章找人，凭领取印章的签名，追究验证人员的责任。

强化管理，严把出口。1. 科学安排毕业论文工作，成立专门机构，安排教师进行指导，认真进行论文评审，并派出答辩组长和督导组，严把毕业论文质量关。2. 组织毕业考试，把好考试关。3. 做好毕业证书的审核工作，坚持按程序办事，坚决不让一名不合格学员毕业。

二、多管齐下，进一步加强教学管理。加强联系，提高协调程度。建立教学联系制度。分院在直属班和研究生班建立函授教学联系小组，实行责任制，进一步加强教研部对函授任课教师教学的指导。完善教学奖励制度。开展函授课优秀教学奖评比活动，由分管校领导牵头，召开有关部门负责人以及教师代表参加的座谈会，研究评比方案和实施细则。2月，对1999年度任教直属学区的教师进行评奖，激发了教师努力提高教学水平的热情。定期召开有关部门及教研部负责人联席会议，沟通情况，达到相互支持和配合的目的。

加强培训，提高面授水平。1. 举行两次备课会，组织有关教材主编或主讲人员讲授，共进行了8门课程的备课，有160多名教师参加会议。2. 采取备课与培训相结合的办法，举办5门新任课教师培训班，并进行严格考核，合格者，取得任课资格。

积极听课，提高管理能力。分院制定下发了《党校函授工作人员听课制度》，发动所有函授管理人员积极听课，提高管理能力和业务水平。在研究生班采取跟班听课的方法，了解学员学习和教学计划执行情况，加强对学员的管理。

加强督查，提高教学质量。分院派人到学区、辅导站抽查教学情况，提前下发《教学计划》，编发32期《函授辅导》、6期《函授导报》。

务实求新，强化直属管理。落实班部人员、班主任听课制和学员评教工作。召开教师座谈会，征求改进函授教学的意见。坚持对学员到课实行双考勤制度，逐月公布考勤情况。组织学员到梅山铁矿、江心洲农村、中山陵、美龄馆、中山植物园、南京水厂和茅山新四军纪念馆等地参观考察，开展革命传统教育和社会实践调查活动，直属班、研究生部还请有关教授给学员上党课等。

三、动真碰硬，进一步严肃考风考纪。设立标准考场。在考试时，分院在学区、学区在辅导站，随机抽一考场设为标准考场，由分院或学区派人全程监考，以此考场学员的平均成绩评定该学区和辅导站的考风考纪情况以及教学质量。对于考务管理好的学区、辅导站，予以表彰，对于较差的单位，责令其限期整改。以标准考场的平均成绩来核定各学区考场的总平均成绩，并作为划定各学区录取线的依据。

坚持考评制度。分院继续完善和实行考

务管理评定办法，对考试的机构组织、考场规范和试卷保管等环节进行打分考评，考评得分高的先进学区，予以表彰奖励，考评未达标的学区，予以通报批评，并责令其限期整改。6月20日，分院在函授录取工作会议期间，对招生考务较好的镇江、连云港、苏州、无锡和直属等学区进行了表彰。提高了考评较差单位的录取分数线，并在期末考试时集中力量，深入到有关辅导站整治考风考纪。

实施划片管理。在考务管理工作中，分院按学区分布和办学情况，结合历年来考评记录，划定较好学区、一般学区和较差学区三类，较好学区由其自行组织考务工作；一般学区由分院派2—3人组成巡视组进行督促、检查；对于较差学区，分院集中力量，深入到各辅导站巡考，考试结束时，巡考人员与学区负责人一起总结情况，查找问题，共同研究解决问题的办法。

签订责任状。在招生考试前，分院与各学区负责人签订考务管理责任状，就试卷保管、交接、监考、巡考、违纪处理和考场设置等方面作了明确规定。

四、固本强身，进一步强化主体建设。加强机关制度建设。1. 提出“六加强、创一流”目标。年初，院委会对全体人员提出加强办公管理、质量管理、财务管理、素质提高、激励机制和组织纪律等六个方面要求，鼓励全院人员争创一流工作业绩。2. 建立院办公会议制度，每两周召开一次。3. 规范机关管理。

制定各项工作规程。制定《学籍管理工作操作规程》、《学籍档案管理办法》、《电脑网络安全操作规定》、《函授制卷工作流程》和《函授命题考评办法》等。

优化管理人员结构。分院对11名同志的职务职级进行了调整，4名同志的工作岗位作了变动，2名同志参加中央党校在职研究生班学习，4名同志参加大专班、本科班学习，结构得到了优化，工作合力明显增强。

五、勇于探索，进一步加强理论研究。大力开展教学管理研讨活动。6月，分院召开全省党校函授教学管理研讨会，对办学中的若干问题进行研讨，会议收到论文和经验介绍80多篇。分院一些同志还参加了盐城、南通、苏州等学区的教学管理研讨会。

大力加强函授教育规律研究。分院一些同志关于函授教育规律研究方面的论文，多次被《学习时报·函授专刊》和《函授快讯》采用。方根林等同志撰写的关于函授教育管理的2万多字的文章，被编入《党校管理概论》一书中，已由江苏人民出版社出版。

大力提高函授信息报道水平。3月，分院在吴县辅导站召开信息工作会议，表彰信息工作先进单位与先进个人，交流信息工作的经验与体会，对信息人员进行了培训。各办学单位积极向总院院报以及各新闻媒体投稿，在《学习时报·函授专刊》上已发表稿件44篇，在《函授快讯》上发表10多篇。

（江苏分院　供稿）

浙 江 分 院

2000年，浙江分院工作概述如下：

一、以贯彻落实中央10号文件精神为契机，制定党校函授教育发展规划。年初，分院部分同志赴兄弟分院学习考察，在此基础上，制定了2001—2005年浙江省党校函授教育发展规划，提出函授教育发展的总目标、基本任务、实施步骤以及主要措施。6月，分院组织全体职工进行学习，深刻领会中央10号文件精神实质，进一步修订分院发展规划，特别是突出党校函授教育的继续教育和在职教育的体系、功能。温州学区把学习10号文件同开展“三讲”教育、“三个代表”的重要思想的活动结合起来，认识到党校函授教育具有很强的政治内涵，以战略眼光、政治眼光看待党校函授教育；以“三讲”精神和“三个代表”的要求，从严管理，办好党校函授教育事业。宁波学区结合本单位实际，把工作重点放在“保持总量、调整结构、提高质量、强化服务”上，强化学区建设，使各项工作取得了新进展。

二、强化教学管理，推进教学改革。一是举办师资培训班，开设基层党校师资紧缺的课程。二是每学期组织3—4门课的备课会。三是以学区为单位建立教学组，实现师资资源共享。四是以学区为单位开展教学研讨活动。各学区都加大教学改革力度，出台一些新举措，普遍实行优选教师、竞争上岗、集体备课、教案审查、新课试讲和跟班听课等制度。如绍兴学区以规范教师行为为重点，建立函授教学质量保障制度。嘉兴学区抓住首尾两堂课开展教研活动，提高教学质量。湖州学区狠抓教学管理，从“教、学、考”三个环节入手，牵住教学质量的牛鼻子。宁波学区建立哲学、政经等10个学科组，开展教研活动，并举办暑期“新视野”讲习班。杭州学区组织专家考核教师授课质量。嵊泗辅导站结合海岛特点，“送课下乡”，为海岛学员解决面授难的问题。各地对强化素质教育作了有益的尝试。温州学区重视开辟第二课堂，增加实践课。杭州学区重视学员的党性教育，采用“走出去、请进来”的办法，进行党性锻炼。衢化学区注意发挥教学班临时党支部的作用，通过“树立新形象，争当学习模范”活动，要求党员带头做学习和遵纪守法的模范。

三、以规范办学为重点，推进教务和学籍管理的制度化、现代化建设。把好报名录取关。对新生的资格审查，采取辅导站初审、学区复审、分院和总院终审的审查程序。对条件一时把握不准的，采取由院领导、招生工作人员集体“会审”的办法，把好“入口关”。

狠抓考务管理。每次期末或招生考试前，分院都下发通知，就有关考试的问题提出要求，规定凡考试作弊的，一律按零分处理，期末考试取消补考资格，招生考试取消录取资格。各地都把考风考纪作为头等大事来抓，嘉兴学区对考试作弊的学员一律按违纪处理，并公布违纪考生的学号；湖州学区坚持监考人员分批培训，并签订岗位责任书；绍兴学区以加强平时成绩管理为重点，建立函授学员管理制度，规定学员一门面授课缺勤超过2/3，完不成作业的，取消该课正考资格。对学员的面授考勤采取二次签到制；嘉兴学区采取班主任点名同学区或辅导站派专人抽查相结合的办法；桐乡辅导站制作了写有学号、姓名的学员牌，学员上课对牌入座，班主任据牌考勤；丽水学区采用每半天面授考勤两次的办法。

加快学籍管理自动化步伐。分院先后在宁波、台州学区举办学籍和电脑管理人员培训班。组织学籍管理人员到上海等地参观学习电脑新知识。同时，积极利用电脑分配试卷，考试成绩输入电脑，毕业证书也用电脑打印制作。分院还与省数据通信局合作，招生考试成绩通过168信息台查询。台州学区重视学员的学籍档案管理，做到人员、措施、经费落实，使档案管理走上规范化、制度化轨道，在运用电脑管理学籍等方面取得良好效果。

四、加强三支队伍建设。分院调整充实领导班子，建立函授教育研究所。举办第二期函授管理人员培训班。宁波学区调整人员，健全制度。温州学区定期送教师到高校进修或参加党校研究生班的学习，积极招聘优秀人才，充实教师队伍。舟山学区组织动员教师进修研究生课程和选修第二专业本科课程，多渠道为教师学习和科研提供服务，开展集体备课、互相听课和教学观摩活动，并实行优教优酬。温州学区在办学中坚持选聘党校中层干部或大学本科以上的毕业生担任班主任。绍兴学区制定《班主任岗位职责》、《班主任工作考核办法》等，规范班主任工作。嘉兴学区每学期召开三次班主任会议，并组织班主任到兄弟办学单位学习取经。衢州学区在强化班主任工作中努力做到管理要严、服务要勤、工作要细、待人要亲、办事要公、自身要廉。

五、加大资金投入力度，改善办学条件。分院在投入40余万元，购置空调，更换办公桌椅，改造教室的基础上，再投入10余万元，为每个科室配备电脑，并建立局域网。衢州学区拨款2000余万元，新建校舍，大大改善了办公条件。杭州学区所在党校投资上亿元，在吴山脚下建成了花园式的党校。金华党校重视学区的硬件建设，先后为学区配备了宽敞的办公用房、电脑通讯网、传真机、电子计算机和电子信箱。

（逯智勇）

安徽分院

2000年，安徽分院工作概述如下：

一、端正办学指导思想，规范办学行为。分院始终坚持正确的办学指导思想，规范办学，两次召开全省党校函授教育工作会议，认真学习胡锦涛同志关于党校函授教育的一系列指示和全国党校工作会议精神，结合学习贯彻中央10号文件，不断提高思想认识，升华办学思想境界，进一步增强党校函授办学的政治意识和大局意识。坚决抵制不顾办学条件和办学能力，盲目扩大招生规模的行为，反对重招生，轻管理，重数量，轻质量，降低标准，降格以求，以牺牲质量来换取眼前利益的做法，进一步强化质量意识。

二、加大培训力度，提高办学主体素质。分院按照办学主体建设三年规划和年度计划，完成了微机管理、档案管理和考务管理等人员的培训任务；进一步加强教学计划管理，及时检查学区、辅导站的教学具体安排和教学进度；完善教师聘任制，对面授教师的选聘进行审核审批。本科班面授教师由承担办班任务的学区选聘，报分院审批，并报总院备案。领导干部班和领导干部在职研究生班的面授教师由分院选聘，报总院审批、备案。积极组织函授备课会议，1月和8月先后举办《工业企业经营管理概论》、《货币银行学》和《法学》等课程的备课会。

三、严格把关，确保招生质量。3月13日至19日，分院专门组织骨干力量对全省所有报考人员的报考资格进行严格审查；4月下旬，各地党校会同有关部门组织招生考试，采取“考场细分化”、“零分处理制”和“淘汰率”等措施，确保招生质量。分院全年组织制作试卷命题200套左右，印制发放试卷53万份；完成约10万套总计110万册的各类教材、资料征订计划及出入库任务；组织9次全省范围的期末考试、补考、缓补考和总补考，同时，加大考试的监督管理力度，认真组织阅卷复查和阅卷分析，各地考试规范有序。

分院完成97级本科班、第七期领导干部班学员的毕业资格审查、办证、发证和学员名册、成绩总表的归档任务；完成了3万余人的成绩表、学籍表、论文审查盖章任务；完成了98级本科班和领导干部班的证书印制任务，并编写了毕业证、学历证等有关微机打印程序。

分院重视把宣传报道工作同调查研究、研讨函授教育活动紧密结合起来，及时总结办学经验，不断探索办学特点和规律，积极编纂系列经验总结和理论研讨论文选。

和外国执政党研讨考察团交流探讨办学经验。10月27日，由喀麦隆、几内亚等非洲5个国家执政党中高级干部组成的一行9人的执政党研讨考察团，参观分院的微机室、档案室、试卷库和教材库等，调阅了部分学籍、教务档案，并就招生、考务、学籍、师资队伍和办学设施等方面进行了交流和探讨。

12月，省委党校组织全省教学比赛暨教学研讨活动，吸引了来自全省各地的比赛及观摩代表近400名，其中，函授教学比赛组汇集了各学区的19名优秀选手，在比赛中表现出较高的教学水准和良好的精神风貌，展示了函授教学的风采。

四、加快教学改革步伐，加大自身建设投入。不少学区和辅导站根据办学需要，调进了一些专业对口的优秀本科毕业生、研究生及具有中级以上职称的同志，充实师资队伍；重视健全管理机构。分院、学区及辅导站电教设备总数达2000余台，电化教室104间，电教工作人员140名，分院和学区间的信息实现网上传输，大大提高了数据传递速度。从4月起，分院开始筹划在互联网上建立自己的网页。

五、健全联合办学、分级管理的工作机制，提高全省党校函授系统的整体素质。分院进一步加大"六统一"的力度，即统一教学体制，统一招生政策，统一教学计划和课程教学标准，统一教务管理要求，统一财务标准，统一重大事情请示汇报及审批权限。明确规定分院、学区和辅导站在教学、教务管理方面，包括面授、自学、作业、考试、阅卷、论文答辩、党性教育和学员奖惩等，全分院执行统一标准。分院积极为学区、辅导站创造良好的办学条件，在工作程序和工作方法上，注重政策、业务和技术方面的指导，做好各方面的协调和服务性工作。

分院对办学资料按规定进行整理，分类归档，管理规范，查阅便捷。11月28日，省委党校召开函授教育工作会议，会议明确2001年函授办学的总体思路，结合实际，认真总结经验，面向新世纪从严办学，加强管理，继续深入学习贯彻中央10号文件精神，努力加强办学主体建设，深化教学改革，为安徽省经济发展和社会进步，为提高干部队伍整体素质，为培养更多的合格人才作出新贡献。

（吴晓军）

江 西 分 院

2000年，江西分院工作概述如下：

一、端正办学指导思想。分院认真开展学习江泽民总书记"三个代表"重要思想的活动，明确提出以"三个代表"思想为指针，端正办学指导思想，提高办学水平。6月，分院组织全体工作人员认真学习中央10号文件和全国党校工作会议精神，在全省党校函授系统掀起学习的高潮。分院把坚持正确的办学指导思想同做好各项具体工作有机结合起来，并将其贯穿到办学的各个环节中去，在全省函授教育工作中得到真正贯彻落实。

二、加强自身建设。在分院领导班子建设方面，省党校校委全面贯彻中央领导同志和中央党校校委关于加强党校函授教育工作的重要指示，认真落实"三讲"教育整改方案和函授教育评估整改措施，调整和加强分院领导班子，完成新老班子的交替，改善领导班子的年龄结构和知识结构。

在办学队伍建设方面，重点在提高现有工作人员的素质上下功夫，一方面，坚持分院工作人员政治业务学习制度，另一方面，有计划地安排分院工作人员参加高层次的学历教育。目前，分院有5人攻读在职研究生；省委党校从全省公开选调12名优秀青年教师，充实函授教学岗位。12月，分院举办学区主任培训班，制定下发《学区主任目标管理责任制》和《学区工作流程》等文件。

在硬件建设方面，分院在投入近60万元进行硬件建设的基础上，又投入近10万元，购买微机3台、柜式空调3台，新装程控电话1部，装修书库一个，并建成分院局域网，初步实现分院内部数据共享，使办公自动化建设上了一个新台阶。

在管理制度建设方面，分院根据总院新版《管理制度汇编》，并结合自身实际，第一次全面修订了各项管理制度，共计60项，编印成《文件与管理制度汇编》。此外，结合教育评估，建立健全档案管理制度，共收集整理分院1987—1999年办学档案1982卷，编撰档案目录5000余条。

三、加强层级管理，规范办学行为。在录取工作中，分院对学区确定统一录取的比例，分考点划定录取分数线，然后，由各学区根据各辅导站的考风考纪和办学条件分配录取指标，既加强了分院对学区的统一管理，又调动了各学区的积极性。下半年，在对学区、辅导站和教学点（班）的重新申报工作中，分院进一步体现层级管理的意图，县级党校申报辅导站必须由学区先审批。分院加大对违纪行为的处理力度，先后对弋阳、南丰、龙南、丰城和资溪等6个有违纪行为的辅导站进行了认真查处。

四、深化教学改革，加强教学管理。抓提高教员的授课水平。改革师资培训方式，采取交流性公开教学和研讨式讲授的培训方法，先由主讲教师对教材作简要串讲，解答课前反馈上来的疑难问题，然后，组织大家针对一两个焦点问题开展研讨，共同钻研教材教法，研究课程涉及到的热点问题和在教学中理论联系实际的方向方法。分院先后在南昌、鹰潭举办了两期师资培训班，培训教员达140多人次。

抓学员的到课率和完成作业率。分院首先在省直班进行试点，在总结经验的基础上，在全省进行推广。其次，分院派出几个检查小组，采取突击检查的办法，到学区、辅导站进行检查，并及时在全省进行通报。最后，提高班主任的管理水平。11月，分院在省委党校举办省直班主任培训班，进一步明确班主任工作职责，建立健全班主任工作目标考核管理制度，提高班主任的管理水平。

五、通过总院的评估检查验收。5月，省委党校下发《关于进一步做好函授教育评估检查验收工作的通知》，分院下发《关于进一步做好函授教育评估几项准备工作的通知》，各学区围绕迎接总院的评估检查，召开校委会，下发文件，进行动员，落实评估整改措施。

分院进行一系列准备工作。对办学以来的档案材料进行统一整理；修改补充各项管理制度；向省委组织部、宣传部、人事厅、劳动厅及全省各学区、辅导站发放调查问卷，获得了对函授教育调查的第一手材料；按照总院制定的函授教育评估计分标准，对1996—1998年的办学工作进行逐项对照、分析、评估和打分。

9月15—21日，总院评估检查小组一行7人在副院长刘利群的带领下，对分院的函授教育办学情况进行了检查验收。顺利通过了总院的检查验收。

六、加大资格审查力度，确保新生质量。分院成立考生资格审查领导小组；实行三级审查责任制；请省教委的同志帮助鉴别真假文凭。共清理假文凭1000余个，确保了新生质量。此外，9月，分院还协助总院在江西举办了全国党校数据传输软件培训班。

（罗志猛）

山 东 分 院

2000年，山东分院坚持“从严办学、质量第一”的办学方针，贯彻落实全国党校工作会议精神和中央党校函授教育工作会议精神，圆满完成了以教学为中心的各项任务。

一、以教学为中心，围绕提高教学质量做文章。加大教学管理力度。第一，选聘名优教师。分院将历年来面授教师的授课情况进行汇总，并结合学员平日反馈意见，确定选聘教师的意向，同时实行教研部推荐与竞争上岗相结合，校内选聘与校外选聘相结合，优化教师结构、比例和来源，并严格审批，对专业不对口、职称不合要求、授课质量差的教师，坚决不予选聘。第二，切实提高备课会质量。分院以选调名优教师为切入点，进行集体备课。各学区教师与分院教师分专题对《宏观经济管理》、《社会主义市场经济法律制度》等课程的重点、难点、疑点进行了剖析，进一步强化了教师备课的深度和广度。7月，在济南召开的备课会上，对一些法律课程，则采取市地党校竞争讲授、分组研讨、择优录像的方式，将备课会的优质课制成光盘，发放到各辅导站。第三，加强教案建设。分院、学区和辅导站将面授教师的教案建设作为提高教学质量的关键环节抓好抓实。如烟台学区实施了“三个一”活动：即在各教研室开展一次教案检查；在学区进行一次教案抽查；在全市开展一次教案展评，并要求教师的教案体现出教学内容现代化、教学方法现代化和教学手段现代化。章丘学区采取全体教师交换检查教案，并以百分制打分的方式对教师进行检查评比，进一步促进了教案的规范化。

强化电化教学。第一，充分发挥专家教授的骨干作用，选聘中央党校教授进行远程教学，实现资源共享，优势互补。对远程讲授的专题，配备教师，加强辅导，并进行全程录像，然后刻成VCD光盘，对面授到课率较低的学员采取集中观看VCD光盘的方法进行弥补，形成了远程教学与教师面授相结合，与录像教学相结合的教学模式。第二，加强全省范围内的电化教学工作。9月，分院下发了《关于加强全省业余、函授教育班次电化教学工作意见的通知》，各学区、辅导站都成立了电化教学工作领导班子，狠抓电化教学工作。电化教材如VCD光盘、录像带等都由专人保管，并定期播放，同时，各学区还加强了对各教学点电教设备的配备和电化教学的实施等，定期与不定期地进行检查和督促。第三，加强网络建设。分院、各学区把加强网络建设作为一项重大举措来抓。如烟台市财政局专门拨出150万元用于烟台学区网络建设。肥矿学区投资8万元筹建党校系统卫星远程教学网站。其他学区也把网络建设提上重要日程。

分院加大对学区、辅导站教学质量的检查监督力度。分院根据各地上报的《教学进度表》等材料，把每个教学点的面授时间、地点、教师和班主任等情况安排专人进行统计汇总。并认真制作面授听课记录表。分院院长根据所掌握的详细情况分片对各教学点进行不定期的随机性抽查，直接深入课堂，通过全程听课，了解学员的到课、面授教师的教学和班主任跟班听课等情况，并通过召开学员座谈会等形式，听取学员对函授教学的意见和建议，把全部情况都详细记录在案。检查结束后，分院及时把情况进行汇总，对各教学点的面授情况进行对比总结，通过《情况通报》予以公布，学期末再对每次检查情况进行全面总结，以此作为各学区、辅导站评优选先和教学改革的重要参考。

二、强化班级管理，提高办学质量。4月，分院下发了《关于加强班级管理工作的意见》，各学区相继召开班级管理工作会议，8月22日，分院召开了全省党校函授教育班级管理工作会议。采取有力措施，把加强班级管理作为强化教学管理的突破口，切实提高班级管理水平。

强化班主任队伍建设。一是严格班主任选聘标准。二是强化班主任岗前培训。组织班主任学习《班主任工作暂行条例》等规章制度及班级管理的各项规定，强化班主任的服务意识。三是加强对班主任的考核。如省直学区专门由一名处级干部负责班主任的日常考评，将班主任的工作情况评定为优、良、一般、差四个等级，并与报酬挂钩，将班主任考核情况作为班主任能否续聘的依据。烟台、济南等学区还开展了优秀班主任评选活动。

强化班级管理工作的针对性。一是帮助新生制定自学计划，指导他们认真完成作业，使其妥善处理工学、家学矛盾，形成良好学风。二是严格控制二、三年级学员请假，跟班听课，采取课前、课中、课后不定时的考勤和课后随堂警示等方法，强化对学员学习和出勤的监督。

狠抓到课率和完成作业率。分院通过加强对新生入学教育，改进考勤方法，严格控制请假，完善请假手续，公布考勤情况，设置考勤评比栏，严格执行学籍管理的有关规定，严肃考风考纪等措施，促进了到课率的提高。

三、加强办学队伍建设，提高教学管理质量。加强管理队伍建设。第一，开展“学办学文献和管理制度”知识竞赛活动，发出试卷3000多份，认真评阅，排列名次，并颁发纪念品。第二，通过开展“学籍管理年”和“学籍管理目标考核评比”活动，加强学籍管理队伍建设，进一步规范学籍管理。9月17日至21日，分院举办了第四次学籍管理软件培训班，对57名学籍科长和微机操作员进行了培训，就新版软件的使用方法进行了详细讲解，并就扫描仪和电子信箱的使用进行了说明与示范。

加强师资队伍建设。加大师资培训力度。5月22日至26日，省委党校举办了全省党校函授系统民法学师资培训班，有130多名市地县区党校的教师参加了培训，较系统地培训了3门法律专业的课程。培训班外聘高级法院法庭庭长从法律实践的角度讲解民法学有关的内容。各学区、辅导站分期、分批派教师到经济发达地区考察、到农村包村锻炼和到上级党校进修。同时，进一步优化教师队伍的年龄、文化和专业结构。进一步加大外聘教师授课的力度。

四、狠抓考风考纪，进一步巩固治考成果。以预防为主，治本为先。强化考前教育，形成从严治考的良好氛围，把“遵纪光荣，违纪可耻”、“宁失考分，不失人格”的观念深入考务人员和考生的脑海。

加强对考务工作的组织和领导，全面实行领导责任制和考务工作责任制，认真落实分院的各项规定。各单位一把手自觉承担第一责任人的职责，亲自挂帅；分管领导紧紧靠上，抓住不放；业务部门的领导和工作人员尽职尽责，精心组织安排；监考人员坚持原则，秉公执纪。

继续实行标准化考场制度和异地交换监考方法。凡平均考试成绩超过标准考场成绩的考场，属招生考试的，与办学资格直接挂钩，属期末考试的，一律重考。

严肃考纪，认真落实违纪一次性处理的规定，并继续实行核查雷同卷制度及雷同卷超过1/3的考场，整个考场成绩作废的制度。

加大巡考力度。邀请省教委、组织部等部门参加，并由校、院领导带队，兵分五路，采取突击检查的方式，对全省17个市地、上百个考场进行巡视检查，切实加强治考工作。

加大期末考试从严治考的力度。如滨州学区一直严抓期末考试，淘汰了一批违纪学员。济宁学区采取有力措施，狠抓期末考试考风考纪的整顿治理，成果显著。

五、创品牌，争一流，全面强化对在职研究生的管理。全面强化对在职研究生的管理。7月7日至9日，分院专门召开研究生管理工作会议，有关专家、领导就新形势下如何把握机遇，强化对策，努力提高在职研究生班的教学与管理水平进行了广泛研讨，对即将出台的《在职研究生管理制度》进行逐项修订，并编印《在职干部研究生班工作手册》，把总院各项规章制度进一步细化，为研究生教学与管理提供了制度保障和工作依据。

强化研究生班级管理。一是严格选聘懂教学、会管理、素质高的退休党员干部和教师担任专职班主任。二是把抓到课率作为班级管理的重点。每月公布一次到课考勤情况，学期末再做一次汇总，到课率不到2/3的学员，则不准参加期末考试。下半年，新生到课率达90%左右，老生到课率也保持在80%以上。三是把抓好学员党性教育和党性锻炼作为班级管理的重要环节。学员每学期都要制定党性锻炼计划，每学年结束时要进行党性分析和总结，并通过实地考察等方式进行党性教育。

强化教学管理，突出电化教学。一是严格选聘面授教师，坚持研究生班次的课程由具有副高以上职称、科研成果突出、授课效果好的教师担任。二是坚持集体备课制度。由同一学科的专家、教授在充分研讨的基础上形成最佳讲授方案。三是强化教学检查工作。分院领导随时深入课堂跟班听课，并通过开学员座谈会、检查教案等方式了解教师授课情况，学员反映较差的，坚决予以辞退。四是突出电化教学。

切实做好98级研究生毕业论文的撰写工作。分院聘请专家、教授对研究生毕业论文的撰写从选题、提纲的拟定、资料的搜集等方面进行了详细指导，学员在撰写过程中则挤时间加强调查研究，力争获取第一手资料，在导师的指导下，经过推敲、整理，几易其稿，初稿工作基本完成。

六、加大宣传报道工作力度，充分发挥宣传报道的窗口作用。采取有力措施，充分调动各学区、辅导站通讯员投稿的积极性。分院提出了关于加强和改进宣传报道工作的一系列意见，组织了一支宣传报道队伍，形成了一个庞大的宣传报道网络，并制定奖励措施，对在《学习时报》、《学习时报·党校函授专刊》、《函授快讯》等报刊上发表的文章，给予原稿酬两倍的奖励。全年分院在《学习时报·党校函授专刊》发表文章和专题报道达55篇，《函授快讯》达8篇。此外，在国家、省级其他教育类刊物上发表52篇，介绍了山东省的办学经验，深入探讨了函授教学规律。

编发《情况通报》，及时报道分院及学区的重大活动。《情况通报》采用多种形式积极促进分院、学区间的业务交流，注重信息交流的快捷性与大容量，全年共收到各学区、辅导站的投稿538篇，编印30期共150余篇稿件。

各学区纷纷加强宣传报道工作。一是严格选聘爱岗敬业并有一定写作能力的函授教学工作人员担任通讯员，及时将学区、辅导站举办的重大活动、采取的重要措施及对教学管理等方面的思考，及时上报总院和分院，加强交流，共同提高。二是积极创办报刊，全面反映“教、学、管”等方面的新信息和新知识，如滨州学区于11月18日创办《学苑》报，开设了“科技之窗”、“法律园地”、“学员生活”、“警戒线”和“光荣榜”等栏目。

（孔祥荣）

河 南 分 院

2000年，河南分院工作概述如下：

一、结合开展“三讲”教育，进一步端正办学指导思想。分院结合“三讲”教育，正确认识党校函授教育的政治性和严肃性。各学区、辅导站结合各自的实际，认真学习贯彻中央10号文件和全国党校工作会议精神，纠正在办学指导思想上存在的模糊认识和错误做法。坚持“社会效益第一”的办学指导思想和“从严办学，质量第一”的办学方针，正确处理社会效益和经济效益、数量和质量的关系。进一步维护党校函授教育的声誉；在招生工作中，清退了一批不具备报考资格的人员，处理了一批违纪考生，保证了生源质量。

二、进一步加强制度建设，规范办学行为。分院组织全体人员认真学习总院新版《管理制度汇编》，对照制度找差距，着重解决办学中存在的突出问题，采取得力措施，抓出成效。年初，分院成立规章制度修订工作小组。在考察、调研的基础上，对分院现行的管理制度进行全面审查，用半年的时间完成了47项规章制度的修订，并汇编成册，下发学区、辅导站。

三、加强对教学管理人员的培训，进一步提高办学主体素质。年初，分院结合招生工作对考务管理人员进行培训，6月，在办理毕业证书时，对学籍管理人员进行轮流培训和业务知识测试。

改革面授教师的聘任办法。实行分级聘任备案制度。在师资培训方面，全年召开12门课程的备课会，培训教师200多名。南阳、洛阳、许昌、焦作等学区组织教学观摩竞赛，派教师到高校进修、到基层挂职锻炼等。

开展班级管理工作研讨，总结班主任工作经验，提高班主任素质。各班都选派了思想素质好、业务能力强的党员干部或教师担任班主任，坚持班主任例会制度和注意用以老带新、以点带面、岗位自学的方法加强对班主任的培训。班主任的整体素质有了进一步提高。

四、继续强化管理，严把“四关”。严把招生关。在招生工作中，分院实行四级审核和签名负责制，严把考生资格审查关；严格按标准设置考场，选派由处级干部带队的巡监考人员，建立双向监督制度；严格按总院规定和原则标准录取考生，保证新生质量。

严把教学关。在教学工作中，分院坚持素质教育，注重培养学员的创新精神和实践能力，采用启发式、研讨式和案例式等教学方法，提高授课质量。坚持由学员、教师、班主任、专家和校领导参加的对教师面授质量和教学效果的多方位评估，促进任课教师对函授课程教材、教法和考试的研究，切实解决好“教什么”、“怎么教”的问题；切实抓好学员的预习、到课率和作业等环节；全年共组织教学巡视8次，广泛听取各学区领导、教师和学员对教学管理工作的意见和建议，及时发现和解决问题，为教学工作的顺利进行提供保障。

严把教材关。全年征订、接收、保管、发行中函经管、法律专业，16门课的教材、纲要、刊物等近200万册，做到无差错，保证了教学工作的顺利进行。

严把毕业关。坚持实行淘汰制，对想拿文凭但不刻苦学习或长期缺课的学员，不准予毕业；认真组织学员毕业论文的撰写、评审和答辩工作，对学员毕业资格进行严格审查，顺利完成了97级学员的毕业办证任务。

五、做好宣传报道工作，进一步扩大党校函授教育的社会影响。进一步充实通讯员队伍，健全通讯报道网络，多渠道、多方位扩大通讯员之间的信息交流。利用党校《工作通讯》、《河南党校函授》和在互联网上制作网页等手段宣传函授教育，扩大了党校函授教育的社会影响，提高了党校函授教育的知名度。

（董志立）

湖 北 分 院

2000年，湖北分院深化教学改革，积极推进素质教育，加强自身建设，全面提高教学质量，较好地完成了全年的各项任务。

一、深入学习“三个代表”重要思想，提高办学队伍素质。深入学习江泽民同志“三个代表”的重要思想。分院组织全体工作人员对“三个代表”重要思想进行了认真学习和深入讨论。学区、辅导站也通过各种形式组织发动学员参与学习和讨论，并在《干部教育报》上增设了专栏，交流学习体会；开展了“三讲”教育回头看和廉政宣传学习月活动。分院党支部还制定了年度工作计划，加强了思想政治工作，调动了全体工作人员的积极性。

二、加强教学管理，提高教育质量。抓素质教育。分院对党校函授如何实施素质教育进行了调查研究，分析了党校函授学员的素质状况、党校函授教育实施素质教育的现状和主要问题，提出了全面推进党校函授实施素质教育的具体对策，并在函授教育工作中进行了一些有益的试验，取得了一些成果。

抓教师管理。大力推广既适合干部教育的特点，能够引导学员深入分析问题，掌握基本原理，又把理论运用于实践，提高学员分析问题、解决问题能力的教学方法。围绕如何实施素质教育，在部分学区挑选教师进行课堂教学试验，尝试进行适合素质教育的教学改革，并取得了一定成效。

抓教学检查。分院对部分学区、直属教学点的教学情况进行了突击检查，并将检查情况向全省通报，对全省严格教学起到了促进作用。

举办师资培训班。举办了法学、经济管理、行政管理师资培训班，培训教师 80 多名。

三、加强招生工作，稳定办学规模。在招生工作中，各级办学组织领导重视，全员参与，措施得力，组织严密，无论是报名人数还是参考率、录取人数、实际注册人数都超过往年，稳定了办学规模，保持了党校函授教育发展的态势。

四、加强制度建设，规范办学行为。分院根据总院新版《管理制度汇编》，结合自身管理工作的实践，在广泛征求意见的基础上，对过去的制度规定进行了全面修订，编辑出分院新版《管理制度汇编》，并在各级函授办学组织和全体办学人员中深入开展了制度学习活动，较好地防止了函授教育管理的随意化和人情化倾向。

五、学籍管理初步实现微机化。在学籍管理工作中，完成了注册办理毕业证书和成绩等数据处理任务。目前，基本实现了学籍管理的微机化和网络传输，提高了工作效率和工作质量，同时，举办了第 5 期微机操作人员培训班，提高了学籍管理人员的业务能力。

六、宣传工作得到进一步加强。分院突出了素质教育和优秀学员的宣传报道。全年共编辑《干部教育报》函授教育专刊 6 期，总院报刊采用了分院稿件 30 多篇，并刊发了专版，《湖北日报》、《长江日报》、《武汉晚报》、湖北省电视台、湖北省广播电台、江汉经济电视台等新闻媒体对党校函授教育的重要活动也进行了宣传报道。

七、积极探索函授教学规律，深入研究素质教育方法。分院积极进行素质教育的探索，并取得了一定成效。一是在年初分院召开了函授教学办公会，就如何开展素质教育进行了研究，对教师教学提出了具体要求；二是承办了由总院举办的函授考试命题改革研讨会，对党校函授教育的考试考核方式和内容进行了深入研究，并提出了改革方案；三是组织召开了中南六省和部分省市分院参加的函授教学研讨会，进一步探讨党校函授实施素质教育的方法及其途径；四是承担了总院素质教育的科研课题。

八、开展教学质量专项检查。下半年开始对全省 10 个学区党校函授教育质量进行专项检查。分院制定了全省党校函授教学质量评估指标体系，制定了函授教学质量评估检查工作规划和实施方案。

九、加强行政、财务工作。全年共完成 5 次较大会议的组织和接待任务，下发各类文件、材料等 70 多份，规范了文书档案，文字打印超过500万字。财务管理进一步规范。
（陈 述）

湖 南 分 院

2000年，湖南分院主要做了以下工作：

一、认真学习贯彻中央10号文件和全国党校工作会议精神，增强办好党校函授教育的责任心和使命感。分院先后组织机关全体工作人员和学区主任认真学习中央10号文件和全国党校工作会议精神，联系实际开展讨论；协助校办做好全省党校工作会议的准备工作和省委文件的起草工作，把函授教育列入全省党校工作会议和省委文件的重要内容；《教学辅导》刊登中央10号文件、省委关于贯彻落实中央10号文件的意见和全省关于贯彻落实中央10号文件的意见以及全省党校工作会议材料，发给分院全体学员和办学人员，认真学习并领会其精神实质。全分院同志把学习中央10号文件同“三讲”教育和“三个代表”重要思想的学习相结合，以战略眼光、政治眼光看待党校函授教育，按照“三讲”精神和“三个代表”的要求办好党校函授教育，充分发挥党校函授教育在干部培训中的主渠道作用，更好地为培养高素质干部服务。

二、加强管理，教学质量有所提高。1月，通过了总院的检查验收。针对验收组指出的问题，分院制定落实整改措施。修订《教学管理制度》；恢复函授师资库和师资聘任制度；加强师资培训，全年共举办3期师资培训班，培训学区和辅导站教师近百人次；以规范办学、加强管理为主题，6、7两个月组织力量对衡阳等7个学区和攸县等7个辅导站的情况进行了调查。表扬先进，批评后进，其中，社科联学区的东圹辅导站，因不认真执行各项规章制度，教学管理混乱而被撤销；4月，由分院院长刘普生带队到河北分院实地考察，学习他们加强管理的经验。

三、层层负责，促进考风考纪好转。分院制订《考务工作操作规程》和《巡考工作制度》，建立三级责任制。分院巡考实行省委党校处室负责制，以本校各处室为单位选派人员组成巡考小组，由处室负责人担任组长，与分院签订巡考责任书，负责一个学区的巡考工作；实行学区、辅导站主考责任制，每个学区、辅导站成立考务领导小组，常务副校长担任领导小组组长，成为考区监考第一责任人。每个考场配备两名以上工作认真、作风正派、敢抓敢管的监考员，监考员与考区考务领导小组签订责任书，对本考场的考风考纪负责。同时吸收组织、纪检、教育、新闻等部门的同志参与巡考，形成分院抓巡考组，巡考组抓考区、考点，考区、考点抓考场，一级抓一级、层层抓落实的教务管理制度，促进了考风考纪的进一步好转。
（李治业）

广 东 分 院

2000年，广东分院工作概述如下：

一、完善各项规章制度。分院修订了《中共广东省委党校函授办学暂行规定》、《中共广东省委党校函授学员学籍管理条例》等5项规章制度；在修订中，参考了国民教育的某些做法。既符合成人教育的发展趋势，又体现出党校函授教育的优势和特点。

二、加强队伍自身建设。一抓政治理论学习。组织全分院人员认真学习中央10号文件和全国、全省党校工作会议的有关决定，领会其精神实质，结合各自工作实际进行贯彻落实。二抓业务知识学习。结合本职工作，加强业务知识学习，不断提高工作人员的综合能力和文字水平。分院先后在《函授快讯》、《学习时报》上发表10余篇文章。

三、**加强教学管理。**严格面授教师的选聘。审核选聘了全省函授面授教师 1220 名，建立全省函授面授教师档案，全面推行教学考评工作。认真组织备课会和总复习辅导课。分院组织召开了《英语》、《马克思主义哲学》、《中国区域经济管理》、《行政法学》等学科备课会议。下大力抓教学检查。分院派人先后到惠州等 18 个学区对大专毕业终审工作进行督促、检查和指导；对梅州等 7 个学区的教师采取听汇报、抽查教案等方式进行检查。五是加强教学辅导。分院充分发挥《函授快讯》的教学指导作用，加大对面授、自学和复习考试等环节的指导力度，同时，增加了师生参与栏目，如《自学经验交流》、《学员风采》，深受学员的欢迎。

四、做好教务管理工作。做好学员的学籍、成绩录入工作。分院计算机室将在籍学员的分数和 2000 级学员学籍资料采用二次录入办法输入电脑，减少差错率，确保录入的各种学籍数据准确无误；加强考务工作的组织领导。制定考务、评阅卷等措施，对试卷的发送、保管及回收，考场设置和巡、监考的工作职责，试卷评阅，登分统计，成绩发放和考务工作人员的选训、督促以及各种问题的处理等都做到了执章公正，有章可循。全年共组织 5 批监、巡考人员，共查处违纪考生 400 多名；组织教研部老师评阅试卷 40 余万份；毕业班办证工作运用计算机处理，顺利完成 98 级学员的毕业资格审核及颁发毕业证书任务，大大提高了工作效率，受到学区、辅导站的好评。

五、做好招生工作。认真审查考生资格。招生办用 10 多天的时间，行程 3000 多公里，深入深圳、惠州、汕头、阳江、茂名、韶关等地，对 6000 名考生进行资格审查。在审查过程中，共清退了几百名持假毕业证报考和不符合报考条件的考生；精心组织招生考试。分院在校内各部门抽调一批党性强、作风硬、工作经验丰富的同志参加监考、巡考。共查处违纪考生 750 名，其中，有一考点的某个考场的 28 名考生的分数全部按零分处理；做好录取工作。增加录取工作的透明度，简化了工作程序。并将各单位录取比例与考风考纪相结合，使那些狠抓考风的单位得到实惠。四是运用电脑录取新生。利用分院开发的招生录取工作软件，将所有报考生、参考生资料输入电脑，由计算机核分、划段，按规定核定录取指标，由计算机直接调档，按限定名额和分数排出《录取名册》，大大提高了工作质量和工作效率。

（区君志　黄诗生）

广西分院

2000 年，广西分院工作概述如下：

一、贯彻落实中央的《决定》和胡锦涛同志关于党校函授教育的指示精神，坚持正确的办学方向。组织全分院师生员工认真学习《中共中央关于面向 21 世纪加强和改进党校工作的决定》以及自治区党委关于贯彻《中共中央关于面向 21 世纪和改进党校工作的决定》的实施意见，提出了要用“三个代表”的思想来武装头脑，落实《决定》精神，坚持正确的办学方向，把社会效益放在第一位。各级党校向当地党委、政府部门及时汇报，解决教学经费被无偿占用的问题。认真纠正把函授教育当作创收的错误认识，提出要正确处理质量与数量的关系，控制规模，坚持规范办学，坚持把质量放在第一位，以质取胜。做到按教学力量确定规模，防止和克服“重数量，轻质量”的错误倾向。

二、教育评估通过验收。总院评估验收小组，于 3 月 27 日至 4 月 3 日对分院函授教育工作进行全面评估检查验收。校委及时成立评估领导小组，常务副校长龙观水同志担任组长，分管教学的张敦副校长任副组长。分院采取分阶段、分批进行的办法，每个阶段均有重点和要求，并选择评估工作搞得较好的单位作为试点，以点带面，有力地推动了评估工作的开展。评估材料收集完整、规范，共计 11 大类、139 卷、2443 册。认真查找存在的问题，对欠缺之处敢于自我扣分。把整改贯穿于整个评估过程，取得了显著的效果。教育评估顺利通过了总院的检查验收。

三、优化教学管理，加大教学改革力度。教学改革主要从教法、考核方式等入手。在教学改革上，从实施素质教育作为切入点，注重运用研讨式和案例分析法等教学方法，营造生动活泼的教学环境。分院制定了《关于组织人员到各地、市、县党校巡查函授教学情况的方案》，全年共派出 6 组 12 人次，分赴 11 个学区进行教学检查和指导，还组织了 24 人次，分期分批到学区检查本科生毕业论文答辩，实地考察了学区的各个教学环节，对工作中的成绩及存在的问题有比较全面、真实的了解，为加强和改进教学管理提供了重要依据。

四、制定管理制度，坚持量化管理。分院在原有基础上制作了《学区年度考评表》、《全区教务管理工作流程表》、《各学区上报数据材料时间表》、《分院教务科下发数据材料时间表》和《上报总院学籍管理数据材料规定时间表》、《学员人数认定书制度》等表格，将全区教务管理各项常规工作的内容和要求都作了明确规定，并与年终考核挂钩。在执行和评定过程中，分院管理人员认真学习和严格执行各项规章制度，做到坚持原则，不买人情账，使制度的严肃性逐渐深入人心，工作效率和管理质量都有所提高。

五、运用现代信息管理技术，学籍管理工作又上一个新台阶。在登分过程中，通过计算机系统功能准确地检查和统计出各学区、考场、监考员的考务管理情况，将情况通报，并作为年终评奖的依据，较好地发挥了监控作用；加强计算机数据管理，提高了毕业审查效率。分院经过采取招生录取、学籍档案、考试成绩等统一核查、统一分配毕业证号的做法，严格把住了毕业审查关，顺利提前完成毕业办证任务；开通成绩查询专用信息电话。分院与当地电讯部门联系，为分院开通了成绩查询专用电话，极大地方便了考生；分院及时将所有在校学员的相片、身份证号码录入计算机，并转化为计算机可存储和处理的数据格式，学员学籍档案实现了微机化管理。

六、把好考试关。每次考试分院都认真组织巡考队伍，坚持巡考前培训，巡考后汇报的两会制度。集中培训，明确职责。巡考人员认真履行巡考职责，并将巡考情况以书面形式如实汇报。对考风考纪抓得好的单位给予表彰，考风考纪方面仍存在着问题的单位，加强了巡考力度，派出经验丰富、敢抓敢管的巡考人员，督促他们严格按照规章制度办事。一年来，共派出巡考人员 40 批 80 人次，没有发生重大责任事故。

七、加强“三支队伍”的培训工作，提高办学主体素质。举办班主任培训班 2 期，共培训班主任 160 名；组织 4 次备课会，聘请经验丰富的教师介绍学科结构体系、教材教法、教学心得体会和教学技巧等，分析重点和难点，有 390 名教师参加了备课会；分院召开了全区各地（市）学区和部分辅导站学籍管理人员培训会议。与会人员认真学习总院、分院《管理制度汇编》和其他有关学籍管理的文件。对学籍管理制度等相关知识进行严格的考试，就如何贯彻执行学籍管理制度制定了具体措施。此外，还举办了 3 期函授管理人员电脑培训班，有 187 名工作人员参加了培训；6 月 10 日至 18 日，分院组织了各学区负责人和部分管理人员到广东省委党校和深圳、东莞、中山、顺德、玉林等市委党校考察。

八、严抓共管，加强对研究生班的管

理。分院专门聘请3名责任心强的处级干部担任班主任，在管理中做好三个严抓：严抓党性教育。请党史党建教研部的教授上党课，组织学员到部队考察和听报告，并组织学员就如何端正学习指导思想、增强党性展开讨论；严抓面授考勤。面授期间，班主任跟班听课，发现并及时处理教学过程中出现的问题。严格执行考勤制度，对无特殊情况而到课率达不到70％的2名学员作出了不准其参加期末考试的决定，对3名无故不参加面授超过一个学期的学员给予除名；严抓考纪考风。帮助学员做好复习准备，使他们真正学有所得，强调从讲政治的高度认识考风，严抓考纪问题，作为党员、特别是领导干部更要端正考风考纪，配备责任心强的处级领导干部担任监考员，加强巡考工作，树立良好的考风。

九、举办全区党校函授系统文艺汇演。5月23日晚，分院在自治区党校大礼堂举行全区党校函授系统文艺汇演。参加这次演出的有来自全区各地（市）的14个学区的师生员工，他们为晚会选送了自编自演的24个精彩的节目。经过广西艺术学院五位专家评委的精心评选，南宁学区的舞蹈《赶春》夺得了桂冠，百色学区的独唱《红水河边男子汉》、《我的太阳》和钦州学区的对唱《为了谁》荣获二等奖，百色学区的舞蹈《荡裙》、北海学区的独唱《孤独的牧羊人》、贵港学区的独唱《北京颂歌》分别荣获三等奖。（陈旦旦）

南宁分院

2000年，南宁分院进一步端正办学指导思想，加强教学管理，不断提高办学质量，圆满完成了以教学为中心的各项任务。

一、以贯彻有关文件精神为契机，进一步端正办学指导思想。分院历来把坚持正确的政治方向放在首位。校委以学习中央10号文件、全国党校工作会议及1999年党校函授教育会议精神为契机，组织全校职工重点学习会议的有关文件，进行讨论，深刻领会会议精神，同时，对照寻找差距，拟出新形势下的工作思路。通过学习，进一步激发了分院教职工的工作热情，坚定了以质取胜的信心，扎实做好年度内的各项教学工作。此外，分院还通过学员的党性锻炼课，大力宣传中央10号文件和1999年党校函授教育工作会议精神，增强他们积极配合分院搞好函授教育的自觉性。

二、以教学评估为动力，加强教务管理的规范化建设。总院验收小组对分院的办学情况进行了严格的检查、评估。分院成立了以常务副校长张伦书为组长的专门领导小组，经过6次动员，按评估体系的各项具体要求，进行分类准备，共打印了29卷317类档案材料，修订了《班主任工作暂行规定》、《学籍管理与招生制度》、《电脑培训计划》等47项规章制度，顺利通过了验收。校委又开展了评估“回头看”活动，针对在评估中存在的不足，认真分析存在问题的原因，提出整改意见和措施，公布了各岗位责任制度和工作程序等，促进了各项工作的开展。招生方面，开办了5个本科、大专补习班，组织了50个考场的招生考试，分院在录取前将考分张榜公布，并通知考生本人，增加了录取工作的透明度，对作弊的考生，一律除名，较好地完成了2000年的招生任务；学籍管理方面，将全体学员的档案材料全部输入电脑，做到准确无误。档案材料进行密封，移交给学员单位；狠抓考风考纪，分院考试领导小组，全面负责考试工作，实行校领导巡考制，设立考试意见箱，公布举报电话，对监考人员进行岗前培训，实行挂牌上岗制度，对作弊的考生，其考试成绩按零分处理，并张榜公布其姓名。

三、以抓好教学和科研为基础，促进办

学队伍素质的提高。以教学为中心，切实提高教学质量。学校一把手重点抓教学，强化对教学的领导、组织和管理。一是抓好教学计划的落实。按照总院下达的教学计划，结合分院实际，及时排好各年级、各专业、各班次的课程，并严格按教学进度组织实施。二是抓好教员的选聘。分院除严格执行总院有关教师选聘的规定外，还根据自身情况，制定聘任面授教师的实施办法，择优选聘专业对口、有一定教学经历、教学效果好的教员担任面授教师。另外，个别课程还聘请其他院校的老师来讲课。目前，分院有教师58名，其中，副教授16名，讲师30名，有讲师以上职称的占教师总数的55.2%。在年龄结构方面，30岁至45岁的教师占教师总数的75%。三是抓好班主任工作。班主任由政治素质较好、业务较熟悉、热心党校函授教育事业的党员干部担任，各班次均设有班委和临时党支部，严格执行总院规定的考勤制度和请假制度。班主任坚持随堂听课，掌握教学情况，并将学员对授课教师的意见和要求及时反馈给授课教师，使其不断改进教学方法，提高教学质量。分院实行了中层领导考核班主任、任课老师随时登记到课人数、报教务处公布的制度，使学员到课率有明显提高，同时，增强了班主任的责任感。此外，分院在法学教研室开展了新老教师“一对一”的传、帮、带活动。

鼓励科研出精品、上档次。分院特别制订了《教师科研工作量考核制度及计算方法》，按年度对教学科研人员的科研工作量进行考核，该规定采用了基本工作量和超额工作量考核相结合的方法，在国家、省部级和地方一级公开发表的文章按不同的小时数计算。分院还制定了奖励制度，对在报刊上公开发表的文章按有关规定学校给予稿费1倍或2倍以上的奖励。全分院教研人员共完成科研项目102项，其中，完成著作1部，参加课题研究2项，编写教材1册，公开发表86篇，国家级公开发表2篇、省级23篇。

四、狠抓学员党性修养，推进素质教育。分院坚持把加强党性修养贯穿于函授教育全过程。一是重视入学教育。注重提高党员干部的思想品德修养，引导他们树立正确的世界观、人生观和价值观。二是面授教师授课时，适当增加党性教育内容，让学员把学习知识、提高能力和增强党性结合起来。三是每学期的党性作业，任课老师掌握标准，逐题评阅，做到有成绩、有评语，对抄袭或不认真的，一律重做。四是在毕业论文的指导中，注重文章的政治观点要与党中央保持一致。五是在答辩时，注重引导学员加深对党的路线、方针和政策的理解，保持正确的政治方向。 （张伦书　赵廷和）

海 南 分 院

2000年，海南分院工作概述如下：

一、坚持正确的办学指导思想，努力做好各项工作。做好招生工作。各市县委党校向党委领导汇报招生工作计划，使招生工作得到各级党委和组织部的重视和支持，各市县委组织部和市县委党校联合发文，学历不达标的党政干部，一律要参加党校函授教育相应班次和专业的学习，分院和各辅导站利用广播、电视、报纸等多种形式进行宣传，还派出人员深入到市县直属机关以及乡镇、农场、厂矿等单位进行广泛发动。认真把好入口关，严格审查考生资格，凡是不符合报名条件和持假文凭的，坚决拒之门外。并严格按照条件，做好录取工作。

做好毕业论文工作。指导教师和答辩委员会的人选，除考虑职称和专业适应外，更要看其实际水平、能力以及责任心。论文质量差的，一定要修改或补写，把好质量关。分院有两篇毕业学员的论文入选总院的优秀论文集。另外，3篇毕业论文发表在国家级杂志上。例如，王志强的《浅议企业文化建设》，发表在《中外科技信息》上（2000年第3期）。

做好考务工作。招生考试、期末考试和补考，除试卷保管和座位编号按规章制度执行外，分院还选派大量教师和干部到各考点监考或主考。每次考试前夕，分院都召开考务工作会议，布置考务工作，针对考场和监考人员中存在的问题提出明确要求，堵塞各种漏洞。

做好学籍管理工作。分院为学籍科购置两台微机和一台打印机，并配备了专职人员。教材、财务等工作也抓实抓好，确保了教学工作的正常运行。

二、举办备课会，提高教师授课水平。上半年，分院在省委党校举办《社会主义市场经济简明教程》和《审计学》两门课程的备课会。全省各辅导站的任课教师都参加了备课会。主讲教师由省委党校经济学教研室和经济管理学教研室的副教授担任。他们会前经过精心准备，写出讲稿，并分发给每位参加备课会的教师，对教材结构、基本内容、重点、热点和难点进行了讲解，备课会还对教学方法和师德等问题进行了讨论。

三、认真开展教育评估“回头看”活动，巩固和发展教育评估成果。8月，总院下发《关于认真开展教育评估“回头看”活动的通知》。分院和辅导站积极开展教育评估“回头看”活动。9月，分院成立教育评估“回头看”活动领导小组。分院领导任领导小组正副组长，下设办公室，负责日常工作。分院采取了以下措施：第一，组织全体管理人员认真学习中央10号文件和全国党校工作会议精神和总院有关教育评估“回头看”活动的通知等。统一思想，充分认识教育评估“回头看”活动的必要性和重要性。巩固和发展函授教育评估的成果，确保党校函授教育质量，全面落实中央10号文件和全国党校工作会议精神。第二，自查自纠。各办学单位根据分院有关规定，着重在办学指导思想、教学管理、教学改革和规章制度四方面进行复查，逐条对照，找出差距和薄弱环节，研究对策，制定整改措施。并将实施方案上报分院。分院初步把各辅导站的教育评估“回头看”情况进行分类排队，确认好、一般和差三种类型。并成立3个检查小组，分别检查了做得比较好的6个辅导站。分院检查小组采取实地考察，听取辅导站汇报，召开座谈会，查看讲稿、作业、党性锻炼总结、规章制度、教学的经验材料、办学设施和考勤记录等方法，对各辅导站的评估“回头看”活动进行评估。对搞得比较差的个别辅导站，分院派人到该辅导站召开有关领导和人员参加的会议，听取意见，进行摸底。针对存在的问题，分别指导和督促他们进行评估“回头看”工作。12月底，分院对这次教育评估“回头看”活动进行总结。总体上，大家对各辅导站的教育评估“回头看”是比较满意的。

四、认真承办总院中南联合视导组第四次会议，开拓视导工作的新局面。总院中南联合视导组第四次会议于3月6日至7日在海南分院举行。河南、湖北、湖南、广东、广西和海南6个分院视导组负责人都参加了会议。中南联合视导组组长、湖北省委党校原常务副校长周大仁教授主持了会议。海南省委党校常务副校长、海南分院负责人和海南分院视导组全体成员也参加了会议。这次会议的主题是：评估后，视导组怎样开展工作，才能使党校函授教育工作迈上新台阶。各分院视导组负责人在明确办学指导思想、视导工作的重要性、规章制度、教学督导、整改、办学队伍建设、巡考、命题和毕业论文等方面都介绍了自己的经验，并对今后视导工作的设想提出了不少中肯的建议。海南省委党校常务副校长还对海南省委党校的远程教学做了介绍，并亲自操作和示范。会议

写出了《会议纪要》，为下一步搞好视导工作，提出了建设性的意见。（王绥江）

重 庆 分 院

2000年，重庆分院工作概述如下：

一、认真学习贯彻中央10号文件和全国党校工作会议精神。分院认真组织全体人员学习中央10号文件和全国党校工作会议精神，紧紧围绕“深入学习、查找不足、振奋精神、搞好工作”这一主题进行认真讨论。每个职工都认真剖析自己在思想工作中存在的问题，并提出改进工作的措施。分院还充分利用函授工作会议、理论研讨会等，向所属辅导站及分院教师传达会议精神，以党校工作会议精神为指导，全面推进党校函授教育事业的发展。

二、精心准备迎评估，顺利通过总院的检查验收。分院制定《函授教育评估准备工作安排》，将评估的各项指标分解到科室，责任到人，并明确时限要求。完善20多项规章制度，促进函授教育规范化管理；建立分院函授教育档案体系；添置586型微机、复印机、激光打印机和数码摄像机等，改善办学条件；制作55分钟的电视专题汇报片；更新了校园网上的函授教育主页等。

3月，总院副院长欧亚平率领评估验收组深入分院检查函授评估和办学情况，验收组对分院的办学情况和函授教育评估工作给予肯定，所以，顺利通过了总院的检查验收。

三、严格把关，确保生源质量。分院严把入口关，从报名到资格审查及招生考试都严格按总院的要求进行操作，防止了违规违纪事件的发生。合并招生机构，理顺招生工作关系。年初，分院的招生机构由原来的双重机构合二为一，调整和充实了招生办公室力量，理顺了招生工作关系，使招生工作做到政策统一，操作规范。

出台新政策，加大招生宣传力度。分院协助校领导先后与市委组织部、人事局、教委等部门沟通协调，由三家单位联合发文（渝组训［2000］8号），重申党校函授教育学历的有效性。分院通过《重庆日报》、《重庆晚报》、重庆电视二台、党校报刊和互联网等渠道，大力进行招生宣传教育等，并由专人负责电话和现场咨询。

严把招生关，狠抓考风考纪。分院严格按照相关规定选派和抽调干部进行监考，坚持每次考试前培训考务工作人员。制定《巡考情况表》，巡考人员认真填写，并根据巡考情况进行奖惩。各办学单位的试卷由巡考人员领取、运送和保管，避免了试卷泄密事件的发生。

四、强化教学管理，保证教学正常运转。狠抓学员到课率。分院在抓校直属部的学员到课率方面狠下功夫，成效明显。直属部多次召开班主任会，研究班务管理工作，并对新任班主任进行岗前培训。严格执行按学员到课情况给平时成绩，对一门课到课不足2/3的学员，则取消其期末正考资格。

加强制度网络建设，推进管理规范化。分院制定20余项规章制度，新出台《函授教师奖励实施办法》，重新修订《关于论文指导和答辩的具体要求及违规处理意见》，制定《班费管理办法》等。分院完成中函教务管理学籍系统升级更新任务，实现中函学籍数据资料以及文件下载，促进了函授管理的网络建设。

五、加大宣传力度，扩大函授教育的社会影响。分院加强宣传报道工作力度，明确专人分管、专人负责。除认真办好《渝函通讯》（7期）外，鼓励职工向总院院刊《函授快讯》以及校报、校电视台投稿，及时宣传市党校函授工作的经验。全年组织专人撰写宣传报道稿件60余篇，其中，被《学习时报》、《学习时报·党校函授专刊》、《函授快讯》采用10篇，校报采用15篇，校电视台采用3篇。如：《学习时报·党校函授专刊》第23期一版《从五个高度认识办好党校函授教育的重要性》;第26期一版《重庆分院召开函授教育理论与方法研讨会》等文章。同时,分院更新部门网页,及时准确地在英特网上反映函授办学的新成果和新情况。

六、成功承办西南联合视导组第三次工作会议。5月，总院西南联合视导组第三次工作会议在重庆市委党校召开，分院承办了这次会议。程大鹏、曾明德、龚贵先和四川、云南、贵州三所省委党校常务副校长、分院负责人和视导组成员共17人出席会议。会议认真研究了开展教育评估“回头看”活动的问题。

七、顺利完成万州、黔江学区的体制调整任务。分院适时召开两个学区及原属辅导站负责人会议，研究函授教育管理体制调整的原则、思路和措施。暑假前分院顺利完成与万州、黔江学区及所属辅导站之间管理体制的调整，9月，同意万州、黔江学区所辖的10个县成立分院直属站，即：云阳、巫溪、开县、石柱、奉节、酉阳、巫山、忠县、秀山、彭水等辅导站。

（孙　栋　吴克茂）

四 川 分 院

2000年，四川分院工作概述如下：

一、开展函授教育评估检查“回头看”活动。分院从年初开始，在全分院开展函授教育评估检查“回头看”活动。通过“五看”即：一看办学指导思想是否端正，“两个效益”的关系处理是否得当；二看师资队伍建设是否取得进展，教师的学历、学科结构及师生比例是否合理；三看教学管理制度落实是否到位，有无违规违纪行为；四看教学能否全面执行总院的教学计划与教学组织规程；五看教学管理手段现代化建设是否达标。各学区在规定的时间内写出书面总结报告，分院接到报告后，再组织检查小组检查验收。

二、加强师资培训，严格教师队伍管理。分院提出了实施函授教师培训工作的意见，针对不同对象，采取长短结合的方式进行系统有效的培训。分院举办了3期（《民法学》、《货币金融学》、《民事诉讼法学》、《会计学》）教师培训班，每期培训10天。聘请四川大学、西南财经大学、省高级人民法院、省社会科学院等省内学科的知名专家、教授上课，约请了省委党校、成都行政学院等教学效果好的教授、副教授进行观摩教学，来自全省各市、州、县党校的教师共250余名参加了培训。同时，组织举办了2期备课会，对知识产权法、财税法、货币银行学、民法总论、行政法学、行政管理学、经济法学和行政诉讼法学等8门学科进行了集体备课，共培训160多名市、地、州、县党校面授教师；并协助总院在四川举行了《民法学》、《货币银行学》两门课程的备课会。

分院对现有教师任课资格进行审查和定位，对合格者颁发《资格证》，实行任教资格与聘任分离的制度。根据对函授教师调查情况，开始建立全省党校函授教育师资队伍档案库，编制党校函授教育优秀教师名录。

三、加强计算机网络化建设，加快实现函授管理科学化、自动化。根据实际，对已开发的计算机学籍管理软件进行升级，同时，与有关计算机公司联合开发了函授教学、教务、教材和办公等管理应用软件，已投入使用。举办了3期微机培训班，有150多名同志参加培训。较系统地学习了升级后的学籍管理软件和教学管理软件，提高了各学区和辅导站管理人员的计算机应用能力。分院派出10多人次到各个学区指导计算机网络建设工作，培训基层管理人员达254人次。支持并鼓励各办学单位加大计算机网络建设的工作力度，采取措施，加大资金投入，全分院在计算机网络建设方面共投资400多万元，建成分院、学区和辅导站的三级联网的计算机网络管理系统，在28个学区中有12个单位已连接到县，初步实现了网上运作、下载资料和传输学籍管理信息的基本目标。（四川分院 供稿）

贵州分院

2000年，贵州分院工作概述如下：

一、认真学习贯彻胡锦涛同志的重要批示，进一步端正办学指导思想。分院领导将胡锦涛同志重要批示编印成册，分发到各学区、辅导站，校、院负责人在各种会议上，都认真传达学习，让大家吃透精神，提高认识，搞清楚“为什么办学”和“培养什么人”的问题，按照江总书记“三个代表”重要思想的要求和“从严办学，质量第一”的办学方针，坚持把社会效益摆在第一位。通过不同形式的学习，提高办学人员的政治理论素质，强化全局意识、政治意识和责任意识，维护党校函授办学的政治性、原则性和严肃性。

二、突出抓好“教”、“学”、“考”三个环节。“教”的环节。分院制定实施计划，实行教师聘任制，择优上岗；增加辅导课，严格组织面授教学，保证总院规定的课时量；规范教案，举办两期经管、法律专业的师资培训班，重点解决教学内容和教学方法等问题；对新聘教师实行试讲制度。对已聘教师进行面授考评，根据考评结果，兑现奖惩。

“学”的环节。利用开学典礼和各种会议，教育学员树立良好的学习风气，合理利用时间，处理好工学矛盾，充分发挥学员的主观能动性和创造性，建立自学考察制度，加强自学指导，重点抓好面授和作业这两个环节。

“考”的环节。每次考试，分院都成立巡考领导小组，吸收组织、人事、宣传和纪检等有关部门领导参加。抽调副处以上干部和工作骨干到各学区、辅导站巡视督查。考前，对监考、巡考人员进行培训。实行分片包干责任制，签订责任书。对每个学区、辅导站进行考评计分，对考评差的，通报批评并进行经济处罚，考评不合格的，取消其办学资格。巡考工作结束，召开汇报会，将考评情况作为评优依据之一。

三、加强制度建设、队伍建设和硬件建设。加强制度建设。分院进一步健全各项规章制度，把各项工作放在全局的高度，加强工作的计划性、指导性和规范性，制定相关的管理制度。

加强队伍建设。分院注意充实、调整师资结构，加强师资培训，选派骨干教师参加总院组织的备课会、教学研讨会和观摩会。选聘管理人员，制定培训计划，举办各种培训班，抽调骨干外出学习考察，提高教职员工的整体素质。

加强硬件建设。分院投资改善住房和办公设施，配备电脑2台，计划再增加5台。各学区抓紧实现学籍、教务微机化管理。逐步推广电化教学，积极发展远程教学。

四、协助招生办做好招生工作。分院在《贵州日报》、《贵阳晚报》和电视台广泛进行招生宣传；加大报名资格审查力度，严格执行报名条件和免试规定，对不符合条件的，坚决不准其报名；加大招生考试的监考力度，分院派出责任心强的领导干部到各学区巡考，严格执行考评制度。

五、评估检查工作。分院的自我评估检查工作，经过了学习文件、动员准备，建立组织、明确责任，实事求是、认真自评，坚持标准、积极整改四个阶段。顺利通过了总院检查验收组的检查验收。

（贵州分院 供稿）

云 南 分 院

2000年，云南分院工作概述如下：

一、圆满完成招生任务。分院严格执行招生政策，并做了大量深入细致的工作。一是在充分调查研究的基础上，调动各种积极因素，广泛组织生源；二是细化招生考试的各个环节，并确保每个环节不出问题；三是考试和评卷严格按总院有关规定进行；四是登分和录取采用现代化手段，提高了工作效率。招生办公室采用条形码登分，减少登分人员，增强了保密度，实现了全封闭录取，充分体现了公平、公正的原则。

二、进一步加强教学管理和教学研究。分院加大对教学管理和教学研究的力度，一是全省教师每年两次召开研讨式备课会（第一次在大理州委党校举行，第二次在文山邱北举行）；二是积极建立师资库；三是函授教学的辅导刊物——《函授通讯》办出了特色；四是从宏观到微观加强了教学研究。着眼于未来，对党校函授教育的发展进行了战略性的思考，提出今后发展的思路，在新形势下，再一次抓住了党校函授教育发展的机遇。对专业结构和课程设置适时作了必要的调整。

三、教务管理进一步规范。分院进一步加大了对教务工作的投入。一是加大对学籍管理的投入，提高学籍管理的科学性、准确性、规范性和工作效率；二是考务管理得到进一步加强。分院深入调查研究，寻找党校函授教育考务工作的规律和特点，积极探索新的办学路子。在考务工作中，分院狠抓考风考纪，以考风考纪促进良好学风的形成。

四、进一步加强教材建设。分院加强对教材的编写、印刷和发行工作。一是教材的征订工作得到加强；二是教材的负责制工作进一步完善；三是进一步完善教材的发行工作；四是加强清仓工作，把往年剩余的教材全部清理了一遍，把能用的及时发放使用，不能用的及时报废处理。

五、积极探索研究生教学管理经验。一是积极探索适合党员领导干部在职研究生班的教学形式；二是结合当前中央和省委对干部教育的若干要求，适时将鲜活的知识传授给学员；三是建立研究生指导小组和98级研究生班导师团；四是狠抓日常管理工作，特别是狠抓考风考纪。（吴世文）

西 藏 分 院

2000年，西藏分院认真落实评估整改规划，进一步加强分院建设和各项管理，提高教学质量，认真完成了各项工作任务。

一、认真学习贯彻落实中央10号文件和区党委9号文件精神。分院于11月下旬专门召开全区党校函授教育工作会议，校党委委员、学校领导、各部处室主要负责人，各地（市）委党校分管函授教育工作的校长及学区主任参加了会议。会议认真贯彻中央10号文件和区党委9号文件精神，并认真传达学习总院十月工作会议精神，结合自治区实际，深入研究如何加强和改进党校函授教育工作的意见，为自治区党校函授教育的发展提出了新思路和目标。

二、加强办学主体建设，提高办学水平。加强教师培训，提高面授质量。上半年，分院聘请自治区党校、自治区财经学校等单位的教师对拉萨、山南、日喀则、那曲、昌都、林芝等6个学区的36名任课教师进行了《工业企业经营管理》、《财政学》、《法学概论》等3门课程的集中培训，通过讲授、观摩和研讨，提高了任课教师的水平。

举办办学人员培训班，提高业务水平。分院举办了各学区主任和工作人员参加的函授工作培训班，根据分院实际，对招生、教学、学籍和教务等问题进行了专门讲解、释疑和研讨，增强了办学人员做好函授工作的使命感和责任心，提高了业务水平。

加强班主任工作和班级管理。分院坚持聘用热心函授教育事业，政治素质高，思想品德好，工作责任心强，且有一定组织管理能力的教师和干部担任班主任。全年召开了四次班主任会议，及时了解情况，解决工作中存在的问题，交流工作经验。严格执行班主任奖惩制度，把班级临时党支部作用发挥程度、学员到课率高低、学员考试成绩及班主任是否跟班听课等与班主任津贴挂钩。根据学员打分和分院领导随机抽查的情况，选举优秀班主任，给予物质和精神奖励，对个别工作不到位的班主任给予批评，并提出改进意见。

三、加强教学管理，确保教学质量。制定教学计划，统一教学安排。分院根据西藏学员文化基础偏低的实际，将总院规定的面授闭卷课由32课时提高到40课时，开卷课由16课时提高到20课时，多数学区还高于分院规定。分院坚持每学期召开一次分院教学工作会议，统一思想，提高认识，明确任务。教学会议后，各学区再组织备课会，集体备课，制定课程进度表，并在校党委的监督下实施。

择优选聘教师，认真组织面授辅导。分院从西藏大学等教学科研单位精选了一批有较高马列主义理论水平，专业知识过硬，教学态度端正，教学作风严谨的教师充实师资队伍。个别专业课还从中央党校、四川省委党校及对口支援的内地省、市委党校聘请优秀教师进行面授。分院直属学区从中央党校和四川省委党校聘请了4名教授来藏讲学。上课前，要检查任课教师的教案；在授课过程中，班主任随时听取学员意见并及时反馈给任课教师，分院和学区领导还定期深入课堂检查教学，对学员反映强烈、教学效果不好的教师，随时予以撤换，以确保面授质量。

四、控制招生规模，保证新生质量。分院实行入学资格三级审核制。初审由报考学员所在单位审查其是否符合报考条件，并在报名表上签署“是否同意报考”意见；二审由各学区负责，要求报考时必须提供学历证明和荣誉证书原件，必要时调档核实，审查合格的，由学区主任在报名表上签署意见；三审由分院和函授教育领导小组在录取时统一审查，审查合格的，签署分院意见并加盖公章，核发录取通知书。经严格审查，不符合报考条件的有100余名。

分院和学区专门组织了为期40天的入学辅导。经过组织、人事、宣传、纪检、公证等部门参与的严格考试后，根据自治区干部教育领导小组和总院批准的招生名额，自治区函授教育领导小组确定了录取分数线，圆满完成了招生任务。

五、狠抓考风考纪。4月，分院专门召开了由各学区分管校长、学区主任参加的考务工作会议，分析监考工作中存在的突出问题，并提出相应对策，坚持实行异地交叉监考制度。在1月的期末考试中，处理作弊学员56名；在招生考试中，因作弊被取消入学资格的考生有39名；在7月的期末考试中，按零分处理的学员有19名；在97级大专班毕业前总补考中，因作弊被开除学籍的学员有1名，按零分处理的学员有115名。

六、严把毕业关。组织了97级大专班毕业学员总补考和毕业论文撰写、答辩工作。分院成立了由校党委达娃书记担任组长，其他校级领导和区组织部、纪检委、宣传部等单位的领导和分院领导参加的毕业论文领导小组。各学区成立了2—3个毕业论文答辩委员会，答辩委员均由具有讲师以上职称、主任委员由具有高级职称的教师担任。论文从撰写、答辩和评审等级都严格按照规定的程序进行。分院完成了97级本科班毕业证书、97级大专班毕业证书的办理任务，并会同自治区干部教育领导小组办公室办理了毕业学员的验印手续，召开了毕业典礼暨优秀学员表彰大会，颁发了毕业证书和荣誉证书。

七、努力提高党校函授教育的知名度。分院组织学校讲师以上优秀教研人员对95级、96级、97级学员的毕业论文进行了认真评审，精选出47篇，编辑出版了《优秀毕业论文集（第一辑）》，全书共25万字。

分院从6月开始组织有关人员撰写五年来的办学情况，探讨自治区党校函授教育的发展思路。10月，在总院十五周年庆祝表彰大会上，分院被评为先进工作者的有2名，优秀教师2名，优秀学员2名。11月，成功地举行了分院成立五周年庆祝活动，表彰了优秀教师13名，优秀学员11名，优秀工作者11名，并在《西藏日报》作了专版报道。

（才旺班久　郑亚玲）

陕西分院

2000年，陕西分院工作概述如下：

一、以中央10号文件精神为指针，校委进一步加强对函授工作的领导。在指导思想上把关定向。省党校校委两次召开会议研究函授教育工作，讨论函授教育在办学方向、教学改革、教学管理和招生计划等方面的重大问题，明确指出党校函授教育必须“在规范中提高，在提高中发展”，走“以质取胜，内涵发展”的路子。

在重要工作上检查指导。中央10号文件下发后，校委分5路下地市调研党校教育的现状、问题及对策。每次期末考试和招生考试，全体校委都要亲临现场检查指导。校领导十分重视关于函授教育的信访工作，特别是对于群众反映的招生、资格审查和考试等重大问题，主要领导都亲自批示和督办。如富县代考事件发生后，省委书记兼省委党校校长李建国先后三次对查处工作作出批示。

在硬件建设上支持帮助。党校规定学费的35%用作分院办学成本。各地（市）党校也加强了对函授教育的投入，9个学区全部配齐了微机，实现了学籍管理自动化。

二、走“以质取胜，内涵发展”的路子，切实提高教学质量。在教学内容上，突出党校特点，把“三基本、五当代”教学组织好。针对不同班次和不同专业制定具体的教学实施方案，通过集体备课、试讲和观摩教学等手段，提高“三基本、五当代”的授课质量。

完善教师聘任制。各学区继续完善并实行教师竞争上岗制、持证上岗制、集体备课制、新课试讲制和教师审批制，把优秀教师请上讲台。在聘请的627名教师中，教授34名，副教授210名，高级职称占聘请总数的39%。

加强班主任工作。在全分院推广渭南学区“班主任竞聘上岗”的办法。各学区每季度研究一次班务管理，每半年对班主任工作进行一次测评，每年召开一次班主任工作会议，开展一次优秀班主任评选活动，重奖工作成绩特别突出的班主任。

加强学风教育和学员的党性锻炼。分院在党性教育中突出了“三个代表”重要思想的教育，许多单位组织学员座谈，召开主题班会，设置学习心得栏等，交流学习体会。在全分院反对并克服少数学员混文凭的思想。宣传抗洪英雄镇坪辅导站97级大专班学员谌宝的先进事迹。年底，谌宝被总院追认为优秀学员。

树立典型，推动管理工作上台阶。在教学管理方面，分院总结咸阳学区试行的“教学管理奖惩制度”的经验，在班主任工作中，推广渭南学区实行的“班主任竞聘上岗”的做法和安康学区班务工作实行的“八个一”的基本流程。在面授管理方面，分院推广西飞辅导站“立足企业实际，灵活组织教学，及时组织补课，全勤学员奖励”的做法和榆林学区“统一补课，统一补考”的“双补”制度。在学员党性锻炼方面，推广西乡辅导站“抓好阵地，利用主渠道，单位与学校双向考核”的经验。

三、理顺办学体制，规范办学行为。直属站在机构设置、人员配备、领导重视程度以及学员管理等方面存在一些不到位的问题。分院在抓好学区工作的同时，着重抓直属站的管理。从3月中旬至4月中旬，对所属23所大专院校、党校和大中型企业党校等直属站的学员到课率、授课教师讲授质量进行了突击抽查，涉及34个班次、12门课程，并将抽查结果通报全分院，对学员到课率低的个别单位震动很大。结合招生工作，对直属站进行重新登记注册和考核评估，有20个辅导站予以注册，对5个达不到要求的辅导站，作出了停止下一年度招生或者撤站停办的处理。

四、严格把关，认真做好招生工作。学区、辅导站主动把中函招生纳入本地、本单位干部培训计划。全省大多数学区、辅导站与当地组织部门联合成立招生工作领导小组，共同分析形势，研究对策，制定方案。

严把资格审查关，确保招生质量。分院分5个小组分赴各学区直接审查毕业证原件，实行“包单位，包审查，包责任”的方法，坚持“谁审查，谁签字，谁负责”的原则，共审查出不合格考生2000余名。

加大监考力度，严格考风考纪。分院选派56名同志分赴各学区、直属站巡视检查考试工作，省委党校校委和分院领导都亲临考场第一线检查指导工作。各招生单位都设立举报电话和考生意见箱，督察监考工作。全年共处理违纪考生153名。延安学区派到富县的巡考人员在首场考试中发现3名副县长均由其秘书代考，当场将代考者清理出场，取消了3名副县长的考试资格。此事件先后在《西安晚报》、《陕西日报》、陕西电视台等多家媒体曝光，在社会上引起了强烈反响。有关部门已作出撤销3名副县长职务的处理，并对有关责任人作出了相应处分。

严密组织，认真做好评卷、登分工作。由于措施得力，圆满地完成了招生任务，学员质量也大大提高。（范　勇）

西安分院

2000年，西安分院认真学习贯彻中央10号文件和全国党校工作会议精神，进一步落实胡锦涛同志关于函授教育的指示，深化教学改革，全面推进素质教育，以质取胜，强化管理，较好地完成了各项工作任务。

一、积极开展“三讲”和“三个代表”重要思想的教育活动，推动党校函授教育上新台阶。从3月下旬至5月底，分院认真组织分院机关，特别是全体处级党员干部参加市党校的“三讲”教育活动。各级办学组织也都进行了比较扎实的教育活动。在学习“三讲”文件的基础上，分院领导带头查摆自己的问题，开展批评与自我批评，广泛听取群众意见，把个人自查与群众帮助结合起来，与查找办学中不容忽视的问题结合起来，明确了今后努力的方向。

抓住“讲政治”这个核心，和端正办学指导思想紧密联系，进一步加深对党校函授教育的认识。分院从“讲政治”的高度看问题，把函授教育事业同党和国家的命运紧密联系起来，进一步强化责任意识、政治意识和大局意识，不断增强贯彻执行胡锦涛同志对党校函授教育一系列重要指示的自觉性，进一步端正办学指导思想，坚持正确的办学方向。

把查摆、分析党性党风方面存在的问题同解决办学中存在的不容忽视的问题紧密联系起来，增强了党性锻炼的自觉性。在“三讲”教育活动中，坚持把个人自查分析党性党风方面的突出问题同群众帮助相结合，同查找办学中存在的不容忽视的问题相结合，从工作中找差距，从思想上找根源，把教风教纪、学风学纪和考风考纪中存在的问题，提高到党性党风党纪的高度来认识，增强了大家党性锻炼的自觉性。

把“三讲”教育同学习贯彻中央10号文件与全国党校工作会议精神相结合，在整改上狠下功夫。分院及时传达了中央10号文件和全国党校工作会议精神，并制定了《关于贯彻落实中央10号文件和全国党校工作会议精神的实施意见》，出台了一系列从严治院的措施，使“三讲”教育的整改措施落到实处。

二、深化教学改革，加大教学检查和监督的力度。分院成立了教改方案起草小组，初步制定了教改方案，以及关于试行学分制改革的教务和学籍管理实施细则。同时，分院进行了课堂教学方法和考查课考试的命题改革。积极倡导启发式、讨论式、答辩式和案例式教学，开辟第二课堂，促进理论联系实际。分院专门召开教改工作座谈会，研究制定了《考查课题和题量的调整方案》。各类班次考试题型调整为判断题、简答题、论述题、辨析题、案例分析题、原理归纳题、计算题、事例评点题和综合分析题等，强化了试题的综合性和应用性，着重考察学员运用所学知识观察、分析和解决问题的能力。各专业增开了《西安经济发展简论》讲座课，受到学员的欢迎。

在教学管理方面，加大了教学检查和监督力度。分院于下半年先后对16个辅导站的教学管理工作进行了检查。集中通报了函授教学与管理中存在的问题：少数教师备课不充分，面授课不能围绕教材的重点、难点进行讲解，只是拿着书本“画杠杠”、照本宣科；少数教师随意调课；面授课任意压缩教学时间；少数辅导站教学管理不到位，学员到课率低，课堂纪律差等。对此，分院采取了以下措施：实行班级、辅导站两级考勤，分院随时抽查和定期通报制度；建立面授课教师教学质量考评通报制度；建立班主任工作量化考核，班主任津贴与量化考核实绩挂钩制度。

三、以查处代考和夹带作弊为重点，从严治考，奖优罚劣。分院在实践中总结出用“五制”规范各类考试：实行主考、监考责任制。考区主考为该考区的第一责任人，向分院负责；各考场监考为该考场的具体责任者，对主考负责。在重大考试前，由考区主考向分院签订《考务管理责任书》，逐级负责，层层落实。实行考点、考场监考交叉轮换制。在考区，实行各考点之间的交叉监考；在考点，实行各考场监考人员的轮换监考，堵塞违纪舞弊的漏洞。实行同级党政部门参与巡考制。每逢重大考试，分院和考区都成立有组织、纪检、人事、教育等部门负责同志参加的考试工作领导小组，邀请他们参与巡视检查，热诚欢迎社会力量进行监督，增强考务工作的透明度。实行分院巡考检查考评制。凡重大考试，分院派往各考区的送卷巡考人员，在确保试卷安全的同时，还检查考评考区执行《责任书》的情况，分院制定了《考试检查考评计分标准》，按百分制评分。实行奖惩制。在重大考试结束后，分院领导综合分析有关材料，在总结评比的基础上，进行奖优罚劣。对严格执纪的考区通报表扬，并奖励3%—5%的录取指标。同时，对分院巡考人员给予奖励；对执纪不严的考区、考点进行通报批评，对弄虚作假、严重违纪的办学单位，停止其组织考试的资格。同时，还加大了整治考风考纪的力度，严肃查处了一批代考和夹带作弊的考生和学员。对个别妨碍监考人员执行公务，撕毁试卷，并煽动其他学员罢考的学员，则开除其学籍。

四、结合实际，探索“以质取胜，内涵发展”的办学思路。切实提高办学层次，控制办学规模。压缩大专班次的招生，由2000年的9个站减少到2001年的4个站，并停止8个站的招生。对3个站限期整改，整改验收合格前，暂停招生；强化质量意识，建立健全质量层层责任制。把质量责任制分解落实到招生、教学、考核等每一个环节，做到质量责任到人；完善质量监督制，通过建立分院领导亲自审验招生报名学历证件制度、院长办公会议集体审定免试生制度、分院领导定期检查教学、听课制度、面授课教师教学质量考评通报制度、班主任工作量化考核制度和分院巡考检查考评辅导站考务管理制度等，加强内部监督，同时，在招生和期末考试等活动中，主动接受同级党政组织、人事、纪检和教育等部门的监督，增强透明度。

新城、临潼、阎良、周至、户县等辅导站纷纷采取整改措施，把工作重点放在以质取胜上。新城区辅导站狠抓面授到课率，组织班主任走访学员单位，同时，加大了校委成员检查教学的力度，课前检查班主任、任课教师到课情况，课中检查学员到课情况，检查结果由校委成员和班主任共同签字。每两月总结讲评一次。临潼区辅导站重视用制度规范管理，修订和完善了招生、教学和考核等各项规章制度，使该站教学管理日趋规范。阎良区辅导站加强对面授教师的日常管理，对分院派来的教师实行服务与管理并重，将管理融入服务之中。对本校教师严格按照辅导站教师管理细则办事，并于11月至12月组织辅导站领导及全体教师轮流听课，开展教学质量考评奖惩活动。

（雷福堂　孙　方）

甘肃分院

2000年，甘肃分院进一步端正办学指导思想，不断深化教学改革，强化科学管理，规范办学行为，全面推动了党校函授教育的健康、持续发展。

一、以教学为中心，积极推进教学改革。上半年，分院召开学区主任座谈会，重点研究开展精品课教学活动的意见和实施方案。4月初，分院专门下发了关于《开展精品课教学活动的意见》的通知，兰州市、天水、武威、平凉、庆阳等学区率先进行了精品课的试点工作，切实推动了面授质量的提高。

分院还实行了面授教师资格认证制度，合理配置师资资源，各学区、辅导站已报请审批任课资格的教师1184名。

分院非常重视教学方法的改革和培训质量的提高。夏季备课会，重点就研讨式、模拟式、案例式教学方法和成人在职教育的特点、规律，进行了探讨。11月初，分院在兰州承办了总院秋季备课会。全省各级党校的69名教师与中央党校的知名学者、专家和全国党校系统的130多名教师，就教学方法进行了交流和探讨，拓宽了理论视野，提高了业务素质和教学技能。调整了中函部分课程命题类型和命题结构；大专开卷考试课的命题、阅卷工作改由学区组织实施；学籍档案管理已实现微机查询；教师授课质量评估工作得到进一步加强；文化课程的设置和教学内容、教学时数、考核方式、管理方法等，正在按成人高等教育的基本要求进行规范和接轨。

二、加强办学队伍建设，进一步提高办学主体素质。进一步加强管理队伍建设。一是坚持以“三讲”教育和“三个代表”重要思想为主要内容的政治理论学习。提高管理人员的政治素质，增强对党校函授教育政治性和严肃性的认识。二是对管理人员的文化和业务素质提出了新的要求。目前，分院已有1名研究生，5名在读研究生，3名在读本科生。各学区、辅导站有29名研究生，38名在读研究生，有60多名在读本科生。

三是对管理队伍进行调整、充实。目前，各学区、辅导站的管理人员已达到758名，2000年，充实了中级职称以上的人员19名，同时，对6名违纪和23名不合格人员调离了函授岗位。四是加大对管理人员的考核力度。分院和部分学区、辅导站参照国家公务员考核办法，给每个管理人员配发一本《考核手册》，并定期进行抽查，以了解和掌握管理人员的学习和工作情况。分院有3名同志被总院评为全国党校函授教育优秀管理人员。

各学区、辅导站采取措施，以提高教师队伍素质。张掖学区选派教师赴清华、北大进修。金昌市学区常务副校长带头攻读研究生，目前，该校已有9名教师取得了研究生学历，有4名在读研究生，研究生已占到教员总数的45%。天水、嘉峪关、平凉、酒泉等学区积极鼓励教师报考研究生，嘉峪关学区有3名教师被省委党校研究生部录取。酒泉市、景泰、徽县等辅导站都有教师在攻读研究生。全分院有43名教师被晋升为高级职称，有52名被晋升为中级职称。

三、整肃考风考纪。分院坚持吸收组织、人事、教育部门参与组织的考试、考核制度，严把考核关，进一步加大整肃考风考纪力度。加强考风考纪教育，牢固树立党校学员意识。进一步加强对考试工作的领导。在每次考试时各考点，都成立考务工作领导小组，加强对考试工作的领导和监督。整肃考风，严格执行淘汰制。因两次违纪被取消学籍的学员有48名，两门主课不及格而被淘汰的学员有513名，考试因作弊而不予录取的考生有475名。另外，在缓补考、总补考、期末考试中作弊的1314名考生，其成绩一律按零分处理。加强对办学单位的监督制约。对招生考试考场秩序较差的7个学区、辅导站进行了通报批评，并在招生录取时提高了分数线。对在考试过程中严重违反考纪的一个学区和一个辅导站进行了深入调查，对有关人员给予纪律处分和调离，并通报全省。加强对阅卷、登分工作以及平时成绩的管理，防止考场外舞弊现象的发生。分院对2名在阅卷中有违纪行为的教师扣发了阅卷费，并取消了阅卷资格。

四、进一步规范研究生教育。分院制定了中函研究生日常管理工作细则，如考勤办法、自学管理办法、党性锻炼考核办法和课堂教学要求等。教学上进一步突出研究生教育的特点，把面授、讨论、论文、自学、作业和党性锻炼等环节有机地结合起来，把课堂正常讲授同外请报告、电化教学结合起来，把书本知识同解决重大理论与现实问题结合起来，下功夫将“知识、理论、党性、能力”四位一体的培养要求落到实处。

五、各级办学组织自身建设取得新进展。各级党校校委加强了对函授工作的领导，除个别直属站外，所有学区以及绝大多数辅导站的一把手已全部由常务副校长兼任，并作为党校函授教育的第一责任人。部分学区、辅导站领导班子得以充实和加强。张掖、酒泉、平凉、白银公司等学区领导班子顺利实现新老交接。学区的业务指导得到了加强。武威、兰州、天水、陇南、白银等学区普遍加强了对辅导站的指导和管理，通过定期召开辅导站站长工作会、备课会、教学观摩会和教学研讨会等活动，促进了辅导站教学与管理水平的提高。各级办学单位以重新申报学区、辅导站为契机，对本区、站的队伍建设、办学基础设施、教学效果又进行了一次全面的自查和评估。

六、加强基础设施建设，改善办学条件。分院机关投入10多万元更新了一批微机、激光打印机、高档复印机和其他办公设施。分院各科室、各院长办公室都已配备微机和激光打印机，办公自动化上了一个新台阶。

各学区、辅导站的基础设施建设也得到加强。兰州学区制定了校园建设总体规划，校园建设工程已基本结束。通渭、永靖、天祝、金塔、安西、酒泉市、岷县等辅导站新建的教学办公大楼都已投入使用。天水学区7个辅导站中有6个建起了教学楼。陇南学区、岷县、宕昌、天祝等辅导站均新建起了电教室。敦煌辅导站新购置办公用车一辆。张掖、定西学区率先在全省地级党校建立了远程教学网站。静宁辅导站也建成全分院辅导站中第一家远程教学C级站。

七、加大理论研究和对外宣传的力度，进一步扩大党校函授教育的社会影响。分院在《学习时报》、《函授快讯》等报刊发表的文章，在全国党校系统处于先进行列。《甘肃党校报》、《甘肃理论学刊》、《兰州晨报》、《甘肃日报》、《光明日报》等报刊杂志上都有宣传甘肃党校函授教育的报道。2月27日，《光明日报》发表了《为甘肃发展提供人才支持》的专访文章。分院还加强了对函授教育规律与特点的研究和总结，先后出版了《素质教育研究》、《强化办学主体素质建设探索》、《总结创新发展》、《毕业论文写作与答辩》等文集。部分学区、辅导站还出版了《教管人员论文集》和《学员优秀毕业论文集》。进一步扩大了党校函授教育的社会影响。

(周其海)

青海分院

2000年，青海分院深化教学改革，强化各项管理，改善办学条件，注重办学队伍和区（站）建设，顺利完成了全年的各项工作任务。

一、坚持以“三个代表”思想为指导，学习贯彻中央《决定》和全国党校工作会议精神。坚持以江泽民同志“三个代表”的重要思想为指导。在党校函授办学的实践中，增强学习“三个代表”、实践“三个代表”和当好“三个代表”的自觉性和坚定性，使办学的各项工作建立在高起点、高水准上，并力求在办学思想、体制、机制和制度上创新。认真抓好中央《决定》和全国党校会议精神的学习贯彻和落实工作，把思想、行动及各项工作统一到中央的部署和要求上来。认真学习江泽民、胡锦涛同志在中央党校工作会议上的讲话，以及全省党校工作会议和青海省委贯彻中央《决定》的实施意见，充分认识新形势下党校函授教育面临的新机遇和挑战，振奋精神，开拓创新。

二、贯彻社会效益第一的办学方针，坚持正确的办学方向。分院主要抓了树立“四个意识”，即树立服从和服务于大局的政治和责任意识；树立函授教育离不开党校，党校离不开函授教育的意识；树立质量第一的意识；树立加强管理，严格要求的领导意识。并落实“四个到位”。即认识到位，组织领导到位，管理到位，制度保证到位。

三、深化教学改革，提高办学质量。积极探索新的教学思路，抓好引进“三基本，五当代”的教学工作，初步形成了符合党校函授办学实际和特点的新的教学体系和框架。分院抓了两方面的工作。第一，结合贯彻《青海省委党校关于深化教学改革的意见》和总院有关教学体系建设的要求，认真制定并执行分院的贯彻落实意见，在突出党校教育自身特色的基础上，坚持马克思主义理论的主课地位，把“三基本”的教学贯穿于教学改革的全过程。重点是安排组织好总院“三基本”教学任务的落实工作，在真学、真懂、真用上下功夫。同时，把江总书记“三个代表”的重要思想贯穿于党性教育的全过程，落实党性教学计划，完善考核监督，基本形成党性教育开学有计划，学习有检查，期末有考核的运行机制。第二，在立足于引导学员运用马克思主义的基本理论和观点来观察世界和分析问题，落实“五当代”的教学内容的同时，注意围绕怎样抓住西部大开发的历史机遇，结合青海省情，使党校函授教学内容适应改革开放和现代化建设的需要，进行了有益的探索，加强了省情、资源、民族和宗教等乡土教材的建设和课堂引进工作，以增强教学内容的针对性和实效性。

深化教学方法和教学手段的改革。继续坚持以学员自学为主、自我管理为主和加强面授课教学管理为主要内容的“两为主，一加强”工作。进一步完善了《青海分院学员自学管理办法》，对学员自学的组织、作业、检查和考核等做出了规定。注重提高面授教学质量，打破“满堂灌”，摸索“请进来，走出去”的教学路子，邀请中央党校和高等院校的教授讲课。分院研究生班始终坚持聘请教授、专家讲课，保证了面授质量。注意在“启发式”、“答疑式”、“案例式”等多种教学方法的探索方面加大力度。如一些学区、辅导站开展的模拟法庭、案例分析、专题讨论和问题答疑等教学探索，受到学员好评。各学区、辅导站坚持教师择优选聘，打破“肥水不流外人田”的观念，严格按标准跨单位、跨地区选聘教师，保证了面授课教学质量。同时，充分利用省委党校与中央党校联网的远程教育网站。重视现代远程教育手段的运用，弥补了师资不足。分院积极配合各级党校，大力推进学区、辅导站远程教学网络建设，远程教学B级站建立的准备工作已在各学区积极推进。海北、海南、海西、黄南、玉树、果洛和四局、石油局等所属各学区B级站的建设，正在进行中。建立健全教学激励机制。落实总院“面授教师审批备案制度”，编辑“骨干教师名录”等措施，以及建立和完善分院师资档案库，对全分院的师资资源进行统一引导、管理和配置。健全教师持证和竞争上岗制度，实行跨地区师资配置，教师竞争上岗，择优聘任；完善教学评估制度，以条件量化，程序规范，综合考评为原则，初步形成了教学激励和约束机制。进一步强化管理。认真贯彻总院新版《管理制度汇编》；针对面授到课率、学员自学和完成作业等环节进行专项整改。各学区、辅导站在每学期都组织面授教学、教案、作业布置和批改等方面的检查，并与教师评优挂钩，加强了对教师的管理；对照总院的有关规定和办学实际，对已往的管理制度，认真进行了修订，以适应进一步强化管理的需要。

四、着重抓好几项工作。进一步规范招生考试工作。招生考试期间，省委书记、省委党校校长桑结加，省委常委、副省长刘光和，省委常委、省纪律检查委员会书记李有慰，省委常委、宣传部部长田源，省委常委、组织部部长宋秀岩，以及省委、省政府有关部门的领导巡视了分院直属学区考点。各州、地、市、县的党委主要领导和有关部门的负责同志也巡视了所在地区的考点。同时，分院总结了近年来招生考试工作的经验，结合党校函授办学实际，制定下发了《中函青海分院入学资格审查实施办法》和《中函青海分院招生及考试工作实施细则》，招生考试工作的制度化建设迈出了新步伐。分院积极探索新的考试组织管理办法，重点围绕进一步强化学区、辅导站在端正考风，严肃考纪中的责任意识和核心作用，明确各考点第一责任人的职责，加大巡视员的检查监督力度，各司其职，发挥学区、辅导站在考务工作中的重要作用。上半年期末考试，首先在直属、海东、西宁、四局、石油局等5个学区试行属地监考。并且针对个别办学单位考风考纪较差的情况，由分院主要领导带队进行重点整治，圆满完成了招生任务。

积极推进学籍管理微机化。分院举办了两期学籍管理人员培训班，重点对各学区、辅导站学籍管理人员的微机操作技能进行培训，并专门学习总院学籍教务管理软件的使用；召开专门会议，传达学习总院学籍管理工作的新精神，研究解决学籍管理与函授办学不相适应的问题，提出要求，制定措施，规范学籍管理的工作流程和规程；改善办学条件，加大硬件建设的力度。各学区、辅导站都确保有1—2台微机。海北、海南、四局、石油局等学区，微机数量都在20多台以上。分院新购置了微机、激光打印机、扫描仪及服务器等设备，基本满足了学籍微机化管理的需要；调整充实了学籍管理人员。

认真做好日常教学工作。毕业论文指导与答辩工作精心组织，规范操作，严格管理，答辩不通过率始终在10%以上。在研究生班授课教师的选聘上严格把关，保证质量，聘请中央党校及有关院校的专家、教授担任专题主讲。举办了两期师资培训班。还调整充实了分院通讯员队伍，通讯报道工作有所加强。

积极组织评估“回头看”活动。分院自1月顺利通过总院评估检查验收以后，积极进行了教育评估“回头看”活动，由分院视导组牵头，重点对各学区、辅导站评估整改措施的落实情况进行全面检查，针对存在的问题，提出了进一步改进的意见。严格按照总院的要求，圆满完成了对各学区、辅导站进行的重新申报、审批任务。（陈卫民）

宁 夏 分 院

2000年，宁夏分院工作概述如下：

一、认真学习贯彻中央10号文件和有关会议精神。1月，分院召开全区党校函授教育工作会议，贯彻落实中央10号文件和总院会议精神。区党校和银川、吴忠、石嘴山、固原等党校及时传达全国党校工作会议精神，在全区各级党校函授办学人员中形成了一个学习贯彻落实中央10号文件和全国党校工作会议精神的热潮。

二、积极开展“三讲”教育活动。分院认真组织处级党校领导干部和全体党员积极开展“三讲”教育活动。银川、吴忠、石嘴山和固原学区也进行“三讲”教育。在“三讲”教育中，各级办学组织把自我剖析与查找办学中存在的不容忽视的问题紧密结合起来，在整改上下功夫。银川市委党校校委多次召开会议专题研究学区工作，明确函授教育的工作思路，分析学区工作中存在的问题及其原因，加强对函授工作的领导。吴忠学区结合“三讲”教育，认真落实整改方案，制定了《函授教育教学管理工作暂行办法》。通过“三讲”教育，全区党校函授教育质量有了明显提高。

三、搞好教学观摩活动，不断提高面授质量。分院实行优选教师、竞争上岗、新课试讲和跟班听课等制度，严格师资审核，11名教师被取消了任课资格。分院还先后在直属、银川、固原、吴忠、石嘴山等学区和隆德、同心、中宁、灵武等辅导站进行教学观摩活动。参加听课、讲评的教师共146名，推动了教学质量的提高。同时，固原、石嘴山、银川等学区和青铜峡、盐池等辅导站，都对本校教师也进行教学观摩活动。盐池辅导站经常组织教师利用区、市党校教师为函授班讲课的机会听课、评讲，定期安排集体备课，公开教学活动。石嘴山学区制定党校函授教育面授教师考评、考核办法，加强对教师的管理。分院以石嘴山学区为试点，对党校函授所有任课教师进行了全面考核。

四、严格把关，圆满完成招生任务。在招生工作中，各级组织都严格审查考生报名资格，太西集团学区严格控制规模，按计划招生，每年只招一个班，对新生报考资格实行三审制，保证新生质量。全区共查出不符合报考本科条件的人员37名，不符合报考领导干部条件的4名，不符合免试条件的14名，确保了招生质量。分院将招生简章印发各学区、辅导站，并在《宁夏广播电视报》上刊登了招生启事。有条件的学区和辅导站充分利用当地媒体进行宣传，石嘴山、吴忠、盐池等学区、辅导站深入主要街道和乡(镇)，设立宣传站，介绍中函办学情况。分院设立专线咨询电话，向报考人员解答有关问题。由于措施得力，圆满完成了招生任务。

五、严格考风考纪，促进学区建设。分院对三次大的考试实行分类管理。对执行考纪不力的单位，监考人员全部由分院直接派遣。从分院到学区、辅导站直至每个考场，层层签订责任书，并在各学区、辅导站之间进行交叉监考，全区各级组织、宣传、人事、纪检部门的领导带队巡考。吴忠学区在招生考试中，对150名违纪考生根据情节轻重分别进行了处理；银川学区加强对学员的考前教育，对监考人员进行认真挑选和培训，在考试工作中，实行考场记录移交制，并请银川电视台进行舆论监督。直属学区有7名处级领导干部因考试违纪而未被录取，在参加第二次补录的87名学员中，违纪考生一个也未被录取。同时，每次期末考试都能公开考场违纪情况，公布违纪学员考号。上学期期末考试，共处理违纪考生166名，其中，16名按零分处理，25名被取消正考资格。石嘴山矿务局学区、中宁辅导站把考风考纪、学风学纪同学员的党性锻炼紧密结合起来，收效显著。分院还取消了3名严重违纪学员的学籍，并向全分院通报，进行批评教育。

六、主办中函西北地区联合视导组工作会议。7月，分院主办了中函西北地区联合视导组第四次会议，参加会议的有西北五省区党校常务副校长，还有西安市、新疆兵团党校的负责同志以及总院视导委的有关负责同志。会上，大家总结交流视导工作经验，查摆问题，明确今后函授视导工作的思路，并提出了改进视导工作的意见和建议。

（贺德正）

新 疆 分 院

2000年，新疆分院工作概述如下：

一、把好招生关。新疆党校校委专门召开会议研究部署2000年招生考试工作。分院成立了由新疆区委党校常务副校长、分院院长兰其建任组长，副校长、分院第一副院长王军任副组长的考试工作领导小组，下设办公室。考试工作领导小组会同自治区党委干部教育领导小组共同安排招生考试的有关事宜。分院派专人昼夜值班保管试卷。副校长、分院第一副院长王军，校委委员王方成、分院常务副院长张焕文分别带队负责北疆、东疆、南疆等学区的招生考试的巡视工作，并召开巡视工作会议，进行动员，明确职责，巡考人员负责试卷押送、交接并参与保管。全疆17个学区均成立了由当地党委、组织部门、纪检监察及党校领导组成的考试工作领导小组和相关的招生考试机构，设立举报箱和举报电话，各机构人员到位，责任明确。

各地按要求选调政治思想素质高和工作扎实、作风严谨的同志任主、监考，实行主监考负责制和考场监考抽签制，场场更换监考人员，避免“人情”因素的干扰。每个考场安排考生25名，考生必须持准考证和身份证，方可进入考场。主、监考准时进考场，宣布《考场规则》，核对考生准考证，当众启封，发放试卷。巡考人员监督领发和交收试卷，发现问题，立即处理。考试结束，监考人员如实填写《考场记录》，封袋进入保密室。对违纪考生，张榜公布其姓名、考号，起到了教育和警示作用。此次考试共处理违纪考生37名。

二、加强教学管理。分院举办了一期函授管理人员学习《管理制度汇编》培训班，逐章逐节逐条学习，结合实际进行讨论，增强了管理人员按章办事的观念，统一了思想认识，使管理水平迈上了新台阶。

三、加大培训力度，提高办学队伍素质。加大师资培训力度。1. 进一步改进备课会形式。变单一的常规备课为观摩研讨式备课，统一教学要求，加强教员之间的互相学习和交流。2. 丰富培训内容。分院举办了为期15天的《刑法各论》、《民法总论》、《社会主义法治论纲》等课程的培训班，培训采取了专家系统讲授、专题报告和法庭现场观摩相结合的形式，受到了教员的普遍好评。3. 区外培训。10月，分院在上海市委党校举办了为期一个月的师资培训班，有35名教师参加了培训。12月，经新疆党校校委研究决定，分院又派出教授和副教授各3名前往欧洲6国进行考察，开阔了眼界，丰富了知识。加强对管理人员的培训。加强思想作风和职业道德教育，重视管理人员的选调和提高。加强管理人员业务能力的培训。分院派副院长李辉参加总院在威海举办的数字传输和教务软件培训班。分院为各科室配备了微机，成立了分院信息网络室，实现上网。对全体人员进行微机培训。并举办了各学区、直属辅导站数字传输和教务软件管理人员培训班，在各学区实现了数字化的传输和网上工作。抓好班主任管理。实行班主任选聘制，由分院、学区领导会同组织、人事部门研究决定；加强对班主任工作的管理和考核；召开班主任经验交流会，总结经验，探讨班主任工作的特点和规律。

四、深化教学改革，建立健全教学管理体制。实行教师竞争上岗制度。分院将本学期所开设的课程下发公布，教师可以打破教研室之间的界限，自由竞报与自己教学能力相符的课程，凡一门课程由两名以上教师竞报的，必须进行竞聘试讲，由竞聘专家组人员听课，然后在民主评议的基础上，以无记名投票方式确定该课程的任课教师。

实行教师教学津贴制度。分院实行教师教学津贴是根据各类教学的内容、性质、难度和层次而定，拉开档次，激励竞争，鼓励先进，体现多劳多得、少劳少得、不劳不得的分配原则。教学津贴分为课时津贴、教学岗位津贴和教学辅助津贴三部分。通过实施和推广，调动了教师的积极性，提高了教学质量。

五、认真搞好调查研究，贯彻中央党校函授教育工作会议精神。分院决定对全疆函授教育工作进行调查研究。新疆党校副校长、分院第一副院长王军，分院常务副院长张焕文分别带队到南、北疆进行调研。在调研之前，分院召开了部务会，就调研内容进行了认真讨论，确定11个方面的调研内容，并下发到各学区，以便做好准备。在调研中，认真学习贯彻全国党校工作会议和中央党校2000年函授教育工作会议精神。

各地州党校校委及学区、辅导站领导都进行了认真准备，对函授教育发展提出了一些宝贵的意见和中肯的建议，促使全体同志进一步认清党校函授教育面临的新形势和任务。帮助分院进一步理清思路，总结经验，正视面临的问题，认真规划未来。

（罗汉章）

新疆兵团分院

2000年，新疆兵团分院着重抓了以下几项工作：

一、贯彻落实中央10号文件和全国党校工作会议精神。分院根据校委指示在全分院开展了贯彻落实中央10号文件和全国党校工作会议精神的大讨论，全分院的同志一致认为，党校函授教育必须强化素质教育，加强规范化管理，为党校函授教育的长远发展创造良好的条件。

二、加大教学管理改革力度，提高教学质量。加强师资队伍建设，提高教师素质。分院加快培训步伐，提高教师理论联系实际的能力，提高教师整体素质。分院组织春秋两季教学观摩研讨会和备课会，参加会议的教师共81名，对本科班和大专班5门课进行了观摩。分院在农八师学区、哈管局辅导站试行《面授教师考评考核制度》，给面授教师增加压力和动力，促进了教师素质的提高。

强化科学管理，确定“管理出效益，管理出质量”的工作思路。分院认真学习和贯彻总院新版《管理制度汇编》，工作突出一个“管”字。向管理要效益，向管理要质量，围绕提高管理水平和管理质量开展了一系列活动。兵团党校主管函授工作的副校长蔡志远、分院副院长陈建民带领有关教研室教师深入学区，进行教学调研，听取教师和学员的意见，相继制定并修改了有关教学的管理制度，如：《教师面授听课制度》、《教师面授审批备案制度》、《面授教师考核考评制度》、《监考教师责任书》、《学区主任考试责任书》和《学员面授考勤管理暂行规定》等，使教学活动有章可循，使教学管理工作日趋规范。

三、以教育评估为契机，加大投资力度，改善办学条件。分院共投资50余万元，建设分院局域网，并与党校局域网连接，对分院办公室进行了修缮。各学区、辅导站共投资439.7万元，新增教室面积达1835平方米。

通过总院评估检查验收，分院各级领导认真查找存在问题的原因，并制定了相应的整改措施。如评估领导小组发现分院教学科和学籍科有些业务交叉，不利于开展工作，分院领导研究决定，两科室理顺业务，加强团结协作；对分院机构不健全的问题，分院领导立即向校委汇报请示，逐步组建新科室，充实办学力量，评估结束后，分院制定了详细的整改方案，对存在的问题，限期整改。 （孙玉琴）

总参分院

2000年，总参分院进一步端正办学指导思想，坚持“从严办学、质量第一”的方针，积极开展教育评估，加大管理力度，提高教学质量，圆满完成了各项任务。

一、学习贯彻全国党校工作会议精神，进一步端正办学指导思想。分院组织全体办学人员认真学习中央10号文件和全国党校工作会议精神。各学区把传达学习中央10号文件和全国党校工作会议精神作为大事，领导亲自抓。通过学习，认清了使命，增强了责任感。进一步端正了办学指导思想。蚌埠坦克学院、长沙工程兵学院和装甲兵工程学院等学区在教学过程中坚持用马列主义、毛泽东思想、邓小平理论和江泽民同志“三个代表”的重要思想武装学员。围绕进一步提高办学质量制定了整改措施。

二、总结总参函授教育的主要成绩和办学经验，庆祝总院成立十五周年。分院认真传达学习了中共中央党校函授教育十五周年总结表彰大会暨2000年函授教育工作会议精神，总结了十五年来总参党校函授教育取得的主要成绩和办学经验。

15年来，总参党校函授教育坚持“质量第一，社会效益第一”的办学方针，为部队培养了一批高素质人才。在总参党校函授学员中，被提升为军以上领导干部的就有28名，其中，正军以上10名，副军18名。从分院、学区到各辅导站，目前，已有教学用微机500多台，各种收录机212台，摄像机67台，复印机32台，扫描仪32台，固定教室352间，交通车86辆。其主要经验：一是理顺关系，加强党委、政治机关的统一领导。各级党委由一名常委分管党校函授教育，重大问题由党委集体研究决定。分院和学区都设立了函授办公室，选调懂教学、会管理、责任心强的同志作为专职工作人员。各辅导站也有2—3名工作人员具体负责。二是发挥优势，依托院校办学。分院和各学区有教员802名，其中，高级职称347名，中级职称389名，教员与函授学员的比例为

1:40。三是量力而行，控制办学规模。分院在分配招生指标时不搞一刀切，对办学条件好，师资力量强，管理工作到位的学区给予适当倾斜，而对办学条件相对较差，管理工作跟不上的单位少给指标或停招整顿，保证了教学质量。

三、积极开展教育评估，推动各项工作的开展。分院制定下发了《教育评估实施方案》和《征求意见表》。评估期间，分院四次组织人员深入各学区，采取听汇报、查档案、开座谈会、实地考察等方法，帮助学区总结经验，查找问题，研究制订加强和改进工作的措施。10月11日，总政宣传部科文局王峻岩副局长带队到分院进行检查验收。分院和学区狠抓整改措施的落实。比如，有的学区在这次教育评估中，按编制配齐了专职工作人员；有的学区对个别不适合搞党校函授工作的人员进行了调整，返聘了一些有经验、会管理的同志，从事党校函授教育工作。教育评估期间，有12个学区调整了领导成员，有5个学区增加了工作人员。分院和各学区还根据总院新《管理制度汇编》的精神，结合本单位的实际，修订了制度和规定。

四、认真组织教学工作。分院和各学区严格选聘教师，坚持集体备课、试讲、跟班听课和考勤等制度，保证了教学质量。理工大学工程兵工程学院、沈阳炮兵学院等学区全面落实教学计划，狠抓授课质量。理工大学通信工程学院学区坚持做到“统一课时，统一进度，统一重点、难点，统一作业题，统一评分标准等。”信息工程大学、通信指挥学院等学区在选聘教员中，争取每一门课都请专家任课。信息工程大学测绘学院学区坚持把函授教学与院内教学统筹安排，选派精兵强将担任函授课教学。

各学区狠抓学员的到课率和作业完成率。一方面，加强对学员的教育，把能不能按时听课、能不能完成作业，作为党性锻炼的重要内容和评比优秀学员的重要条件；另一方面，实行班主任岗位责任制，加强考勤，定期讲评，以及根据部队任务急缓安排面授时间，调动了学员听课和完成作业的积极性。

分院和学区一方面对教师的任教资格进行了严格审查，通过申报和审批，对个别专业不对口、不符合任教资格的教员进行了调整。另一方面，加强了对面授教师的培训。分院于9月2日至4日举办了《货币银行学》培训班。各学区通过选送教员参加军内外组织的专业进修、培训，组织集体备课、试讲、教案展评、学术报告会、新教员基本功考核和优质课评比等活动，进一步加强了教员队伍建设。西安通信学院等学区修订了《函授教员工作考评量化细则》，确定了教员安全奖、质量奖、科研学术奖和具体评比标准。分院对教材内容稳定和开设概率高的课程，建立了开卷考试的电脑试题库。

五、整肃考风考纪，做好招生工作。加强领导，严密组织。每次考试，分院都认真学习、及时转发总院和全军函办的有关通知，并结合总参实际制定贯彻措施。学区和辅导站都成立考试工作领导小组，主要领导亲临一线抓工作部署、动员教育和督促检查。建立各级责任制，明确分工，责任到人。考试期间，总参政治部、宣传部和分院同志分赴各学区督促检查考试工作，及时解决考试中出现的问题。各学区对试卷保管、考场纪律都签订了责任书。切实做到考务工作事事有人管，件件有人抓。抓好岗前培训，提高考务人员自身素质。考试期间，从分院到学区普遍召开了考前务虚动员会，全体主、监考人员的岗前培训会和全体巡、监考人员的考后总结讲评会。严格执纪，强化对试卷和考场的管理。在考场管理方面，分院严格执纪，处理作弊问题一步到位，不搞“下不为例”。信息工程大学学区对无故不参加面授、到课率不足70%的15名学员进行了通报批评，只准他们参加补考。工程兵指挥学院学区的监考人员，对考生的身份证、准考证进行逐个审查，对5名作弊考生当场宣布按零分处理。

严格入学资格审查，顺利完成招生任务。招生考试前，分院两次派人去江苏考区，配合总院和全军函办同志，进行招生考试属地管理试点工作，对6个学区的生源进行了资格审查。分院和各学区在考生报名和新学员录取注册时，都进行严格审查：一看毕业证原件，必须具有总院《招生简章》规定的学历；二看参加工作时间，报考本科班学员必须工龄满2年；三看职务，必须是干部（志愿兵）。凡条件不合格的，一律不予录取和注册。有429名报考人员由于不符合条件，被取消了参加考试的资格。

六、切实做好97级学员的毕业工作。认真组织毕业论文的撰写答辩工作。分院、各学区的学员撰写毕业论文都有教师指导，导师都有相应学历和中级以上职称。军械工程学院等学区，采取分工负责制，具有中级以上职称的教员对自己负责的学员进行具体指导，论文撰写签署三次以上指导意见。论文答辩时，组成六个答辩小组，由具有高级职称的教员担任组长。对论文成绩的评定，坚持客观标准，不符合要求的，决不让其通过。组织总补考工作。各个班次的毕业学员参加总补考的共28名。总补考由分院统一组织，集中在北京进行。组织毕业鉴定工作。各学区毕业鉴定既肯定成绩，又指出缺点，提出希望。进行优秀毕业论文的审阅、评选工作。从学区上报的97级本科学员的129篇优秀毕业论文中，评出32篇为分院级优秀毕业论文，并推荐3篇作为总院级优秀毕业论文。认真进行毕业学员的资格审查工作。分院组织人员用一个多月的时间，对毕业学员的姓名、像片、毕业证书编号、专业和各门课程的成绩进行逐个审查核对，确保了办证工作的顺利进行。（薛光明）

总后分院

2000年，总后分院认真贯彻中央10号文件精神，坚持“社会效益第一”的办学方针，狠抓教学、教务管理等工作的落实，认真完成了各项任务。

一、以教学为中心，狠抓各项工作的落实。认真抓面授到课率。分院、各学区严格执行总院关于狠抓到课率的各项规定，并采取措施，提高到课率：一是抓入学教育，端正学习态度；二是加强管理，严格考勤制度；三是努力提高讲课水平，增强面授吸引力。全年组织面授15000多学时，多数学区的到课率达到70%以上，重庆学区设立了“积极听课奖”，使学员的到课率达到82%以上。加强作业管理。分院、各学区采取措施加强作业管理，使学员从思想上重视，按时按质完成，不得少做、迟交、敷衍，杜绝抄袭他人作业的现象。任课教师认真评阅作业，做到有改错、有评语、有成绩。各学区一般都能认真执行总院和分院的规定，90%的学员能按时完成作业，任课教师对上交的作业都能认真批改。周密组织考试、阅卷和论文答辩工作。分院实行集中统一评卷，定时间、地点，分组进行，采取流水作业。精心组织了两次期末考试和一次招生考试。完成了98级、99级、2000级经管和法律两个专业共32门课程的闭卷考试和论文答辩。较好地完成了1999年下学期和2000年上学期期末闭卷考试答卷的评阅任务。学员王志雷的《法制现代难点及其对策研究》、聂红梅的《隐私权初探》的毕业论文，被总院教学处编入《优秀毕业论文选》一书中。较好地完成了毕业办证任务。分院、各学区核实成绩，核对姓名，照好像片，复查学历，并设计制作了《办理毕业证书综合表》，顺利完成了毕业学员的办证任务，受到了总院的表扬。圆满完成了2000年招生任务。分院根据总院《关于做好2000级招生工作的通知》，召开会议，对招生、考试工作进行了周密安排，下发了《关于重申招生纪委的通知》，经过严格考试，择优录取，在华东学区的396名新生中，专业技术干部占了170名，其中，已具有大学本科以上学历的有83名，占28%，硕士、博士和师以上领导干部也参加了函授学习。

二、加强师资队伍建设，函授教学质量明显提高。分院选拔了一批具有博士、硕士学位的教授、副教授充实到函授教师队伍中。目前，形成了一支素质较高、相对稳定的函授教育师资队伍。在233名函授教师中，有教授14名，副教授72名。教师队伍高职称比例达到37%。分院、学区采取抽查讲稿、现场听课等方法，把好授课质量关；对选聘教师定期进行授课检测，制作教师授课质量评估表，对教师进行量化测评，有的学区还作出了“三不上讲台”的规定：即新教师、新课程不通过试讲不上讲台，学员反映不好的教师不上讲台，授课检测不合格的不上讲台。

三、用规章制度抓管理，有错必纠。坚持依靠制度抓管理，加大管理力度。分院组织各学区学习总院《管理制度汇编》，结合学区实际，补充细化了若干规定，如《聘请教师的有关规定》、《学员毕业论文指导、答辩工作要点》等，使教学管理更加规范。在实际工作中，分院和各学区注意把管理的着眼点放在发现问题上，坚持有错必纠。承德辅导站擅自延长招生日期，北京学区取消了该站的招生资格；西安学区对华阴辅导站出现的提前拆卷问题进行严肃查处，辅导站领导和当事人都受到了党纪、政纪处分；分院对回避正常考试的一些学员，采取行政和经济措施，杜绝了类似问题的发生。

四、学籍管理自动化迈出新步伐。分院、各学区积极应用和开发新软件，使学籍自动化管理迈出了可喜的一步。一年来，举办了有15名同志参加的新软件数据传输培训班，分院、学区应用和开发新软件的能力进一步提高。实现了分院与学区之间的电脑数据传输以及分院与总院之间的学籍数据传输，进行了用电子邮件收发成绩数据的试验，华南、西安、西北、东北、蚌埠等学区与分院实现了电子邮件传递。

五、全面完成教育评估检查验收。从1999年初开始，分院组织各学区开展教育评估，先后经历了动员部署、组织试点、各学区自评、分院检查验收四个阶段。全军函办对分院和西南、重庆两个学区进行重点抽查。通过教育评估，认真查找和剖析了存在的问题及其原因，并进行了整改。结合教育评估，分院和各学区先后投入资金上百万元，添置或更新了微机、复印机、传真机等设备。天津学区重新装修了3间办公室、2间书库和1个多功能教室；西北学区也添置了VCD机、幻灯机、图片板等教学器材，改善了办学条件；西南、华东、西安等5个学区调配了领导班子，全分院增加近50名专、兼职管理人员；东北、天津、北京等学区强化了对辅导站的教学指导。

此外，分院和学区以庆祝建院15周年为契机，开展了教学研究活动，认真总结了办学经验。分院编制的《函授教育年历》和《分院工作手册》，受到总院的称赞。分院总结的依托院校办学和天津学区《加强师资队伍管理　提高函授教学水平》的经验，在总院教学工作会议上作了介绍。 （曹存孝）

总装备部分院

2000年，总装备部分院工作概述如下：

一、贯彻以教学为中心的方针，进一步提高教学质量。坚持择优聘任，保证教师队伍的高质量。分院实行面授教师审批备案制度，建立师资库，编辑骨干教师名录，有了一支稳定的高水平教师队伍，确保了面授质量。全年共聘任教师164名，其中，副教授以上有75名，占总数的46%。63672部队辅导站与西安政院建立了教师聘任协议，面授教师全部是副教授。分院注意发挥总装各院校及国防科技大学师资力量比较强的优势，提高函授辅导质量。装备指挥技术学院、装甲兵工程学院、军械工程学院等学区在完成自身教学任务的同时，还组织讲师团到边远辅导站授课，深受学员欢迎。

加强对自学的管理，督促学员独立完成作业。一些学区、辅导站按编制单位或系统组织建立了自学小组，规定了自学时间，加强了对自学的督促检查。不少辅导站规定，完不成作业的学员，不允许参加期末考试，只能在完成作业后按规定参加补考。

认真抓好论文答辩工作。各单位提前制定计划，委托院校派精干教师组成答辩委员会。不写论文，就不允许毕业。已转业到地方的学员，也千里迢迢赶回部队答辩。分院入选优秀论文选编的有4篇，并获“优秀论文组织奖”。

二、强化考务管理。下发考试通知，提出明确要求。每次招生考试和期末考试，分院都下发通知，对考试工作的组织领导、试卷保管、考场设置和考风考纪等问题提出明确要求，强调考务工作的规范化管理，并召开会议，就考试的有关问题进行部署；许多学区、辅导站实行考务管理责任制，明确职责，奖惩分明，确保了招生考试和期末考试工作的顺利进行。

制定规章制度，加大考务管理力度。一些部队副政委、政治部主任还亲临考场第一线检查指导工作，发现问题，及时查处。每次招生考试和期末考试，分院都抽调人员进行巡考，巡考人员敢管敢抓。考试结束后，一些学区、辅导站还进行考务管理达标评估工作，写出书面总结材料，达到了总结和改进工作，调动积极性的目的。

严格考场纪律，严肃考风考纪。装备指挥技术学院学区实行标准考场制度，即分院派人至学区，学区派人至考场随机抽出一个考场，由上级派人实行全程监考，以此来评定其他考场情况。63790部队辅导站在期末考试前认真审核每个学员的作业完成率和到课率，达到要求者，发给准考通知书，达不到规定者，待完成作业后才准参加补考。一年来，分院共取消考试资格98人次，6名严重违纪学员被取消学习成绩。

三、严格学籍管理，确保办学质量。强化日常管理。多数学区、辅导站及时做好学员注册工作。如装备指挥技术学院学区、南京学区和63600部队、63790部队、63880部队等辅导站，及时上报注册资料；军械工程学院、装甲兵工程学院、军械士官学校不仅按时上报注册资料，还能准确打出学籍变动人员名单，增加了注册工作的准确性。

建章立制。分院依据《中共中央党校函授教育工作暂行条例》等有关规定，先后转发了《学籍管理规定》、《学籍档案管理办法》、《换发毕业证书和补发毕业证书规定》等文件。各办学单位结合实际制定了具体实施细则和操作规程。63650部队、63750部队、63820部队和63610部队等辅导站及国防科技大学学区在办理学员休学、复学、转学和退学等方面能按规定在每学期注册前一个月内办理学员转学等手续，保证了学员学籍的连续性。

加速推进微机化管理。一年来，分院对40余名工作人员和微机操作人员进行了培训，对实现学籍管理规范化、自动化起到了推动作用。

四、进一步规范教材发行管理工作。较好地完成了教材、资料、音像制品的征订、发行任务。分院为98级、99级、2000级学员分发教材20446套148644册；学习辅导、新生入学考试资料等15万本；音像带114

套228盘；VCD光盘164套597张。各学区、辅导站及时向分院反馈信息，保证了教师备课和学员用书。

改进教材发行管理工作，为教学提供服务保障。经分院研究决定，为各专业班增订3套教材，以满足教师授课、批改作业和管理人员工作的需要。分院实行教材资料收发情况报告制度。各学区、辅导站在收到教材、资料后，及时清点，上报收发情况，教材发行管理工作日趋规范。

协调做好南京学区教材变更接收点的工作。3月，南京学区建议总院直接将教材发往南京。经分院研究并报请总院批准，印刷厂直接将教材发往南京学区。减少了中间环节，方便了南京学区的教学工作。

五、宣传报道工作有新进展。分院在《学习时报·党校函授专刊》和《中国军工报》等报刊上发表了8篇文章，其中，在《学习时报·党校函授专刊》上发表的3篇文章是：仰朝晖的《大洋上的中函学习班——总装分院航天远洋测量船基地辅导站海上办学纪实》；李智敏的《用勤奋铺设的成功之路》；孙瑞霞的《“神舟”上天忙赶考——巡考随笔》。这些文章通过典型的人和事客观地反映了总装开办党校函授教育的情况和各级领导对干部渴望成才的关怀，以及干部参加党校函授教育后的成长进步情况。

（总装备部分院　供稿）

海 军 分 院

2000年，海军分院工作概述如下：

一、进行教育评估。统一认识，成立评估小组。总院、全军函办关于进行党校函授教育评估的指示下达后，分院副院长殷敦平召集机关工作人员认真学习有关文件，领会其精神实质。并成立了领导小组，以保证评估工作的顺利进行。

明确方向，制定实施计划。分院酝酿自身评估的同时，向所属学区转发上级的《通知》。强调要以胡锦涛同志关于中央党校函授教育的一系列重要指示为方针，以总院、全军函办的要求为依据，肯定成绩，找出问题，注重整改。同时，结合实际，制定实施计划。

分析形势，对照标准打分。通过打分，对办学指导思想、组织机构、教学管理、教务管理以及基本设施等方面进行客观评价，并通过了全军函办的检查验收。

二、完善组织机构。年初，海军院校改革体制，9个学区（直属辅导站）调整为8个，辅导站由85个调整为77个。分院由海军政治部一位副主任任院长，宣传部部长和一位副部长任副院长；下设办公室、教务（教学）处和财务处。其负责人均由在职人员担任，其他人员的分工，基本与总院、全军函办业务部门对口。各学区（直属辅导站）的主要领导均由政治部的一位副主任担任。辅导站的领导由该建制单位的一位副职担任。

三、严格录取新生。统一招生计划。海军部队将中央党校函授教育纳入在职干部科学文化教育体系，考试由分院统一组织实施，考生报名由分院直接审查，一改过去由学区操作、分院只是原则把关的做法。

从严治考，择优录取。分院、各学区均成立领导小组，培训监巡考人员和录取工作人员；端正考风，严肃考纪，分院、各学区严格按照总院的《考试规程》，设置考场，采取措施，营造良好的考试氛围。分院组织集中封闭阅卷，各学区主要领导亲自挂帅，严格按照规定程序对录取新生进行资格审查，择优录取。

四、加大办学力度。抓师资队伍建设。各学区共有120名教师。其中，具有高级职称的占70%；抓面授质量。300多个教学班均设有班主任。绝大多数班主任严格坚持考勤制度，掌握学员到课情况。对出海训练、下部队、休假等人员及时进行补课；抓学籍管理。各学区对分院、全军函办及总院需要的大量统计数字，均能按时上报。加大对计算机的管理力度，使其更加规范；抓财务制度落实。分院及学区严格执行收费标准和分级留成规定，坚持专款专用，确保办学经费的正常开支及上缴的各项费用。

五、健全基本设施。分院和学区原有的办学条件又有改善，增添了微机等教学设备，并实现了院、全军函办的联网。

（海军分院　供稿）

空军分院

2000年，空军分院认真学习贯彻中央10号文件和全国党校工作会议精神，以教育评估为动力，全面强化自身建设，进一步加强教学管理，顺利完成了各项任务。

一、学习贯彻中央10号文件精神，增强办好函授教育的自觉性。分院及时向机关人员和教师传达学习10号文件和江泽民、胡锦涛同志在全国党校会议上的讲话，把对中函教育的认识统一到中央10号文件精神上面来。向各学区发出书面通知，要求在认真传达学习的基础上，联系学区、辅导站实际，统一认识，找差距，订措施，并给全体学员发出公开信，宣传中央10号文件和中央领导人讲话精神，进一步端正学习态度，提高学习的自觉性。分院在北京举办各学区主要负责人和军区空军主管部门领导同志参加的集训班，集中学习中央10号文件、中央领导同志以及中央党校、总院领导的讲话，统一思想认识，进一步端正办学指导思想，研究贯彻落实有关措施。集训期间，中央党校副校长兼函授学院院长张志新同志到会并讲话。空军政治部副主任兼空军部队分院第一院长敬应龙同志提出进一步统一思想认识，总结经验，查找问题，全面推进空军部队分院的各项工作，争创一流分院和强化质量意识、管理意识、服务意识、法规意识的具体要求。

二、以教育评估为动力，全面促进分院建设。分院首先在兰空一学区试点，并总结通报推广试点的经验。在学区、辅导站评估工作中，分院先后派出8个检查组，对12个学区和36个辅导站进行评估检查验收。

6月7日、8日总院欧亚平副院长、总政宣传部王峻岩副局长等对分院的教育评估工作进行全面检查验收。空军政治部副主任兼分院第一院长敬应龙、空军指挥学院副政委杨胜万、训练部部长兼分院副院长徐光等参加了验收。他们先后听取分院教育评估工作汇报，观看《中函空军部队分院简介》录像片，参观《中函空军部队分院教育评估展览》以及微机教室、语音教室、资料档案室等，查阅教案，考勤登记学员作业、优秀论文和问卷调查等资料，考察《教员备课支撑系统》软件在教学中的使用效果。

三、深化教学改革，提高教学质量。加强两支队伍建设。分院按照敬应龙院长“精兵强将上讲台，精备细讲求质量，精雕细刻出人才”的要求，抓教员培训，先后有22名教员参加总院及有关院校举办的集训班和学术研讨会。分院还组织教员到上海浦东等地进行社会调查。抓教员选聘、备课、审定教案、试教和面授等工作，建立严格的教学管理制度。如沈空一学区的“三会一审”制度，在开学前召开教学研讨会、集体备课会和教学观摩会，授课前15天将教案交学区审批。认真抓班主任的选聘和培训工作，在全分院推广直属学区开展的“优秀班主任达标活动”。10月中旬，集训分院承担总复习串讲课的教员，对如何提高串讲质量进行专题研讨，使教员进一步明确总复习的目的、内容、重点和方法，并组织教员撰写总复习辅导提纲，印发各学区参考。

改进教学方法，提高面授质量。分院、

直属学区在面授时，改变了靠一块黑板一支粉笔讲课的局面，将多媒体等现代教学手段引入教学，增加面授课的信息量、可视性和趣味性，提高了面授质量，受到广大学员的欢迎。在吉林召开的分院教学管理工作会议上，直属学区的两名教员做多媒体示范教学，扈树生副教授还在总院举办的教员培训班上进行使用多媒体教学的演示，受到总院教学处和参训教员的好评。分院购置全套刻录设备，并首先将直属学区开卷课的教员面授录制成 VCD 光盘，下发各学区使用。

采用“走出去、请进来”的方法，开阔学员视野，提高学员综合素质。各学区在教学活动中，普遍增加社会实践课，学习在课堂里难以学到的信息知识。例如：南空一学区，帮助学员了解社会主义市场经济条件下企业的改革与发展，组织学员到南京市溧水金蛙农用车辆厂参观，并就现代企业制度和东部企业如何应对西部大开发等热点问题进行研讨。直属学区组织教员和管理人员到房山区韩村河等地参观，这对提高教学质量均起到了积极作用。

召开开卷考试课命题研讨会，提高开卷考试课的命题质量。分院专门召集开卷考试课的命题教员进行培训，传达总院命题改革会议精神，对分院开卷课试题状况进行分析，找出存在的问题和原因，并就如何提高开卷考试课的命题质量进行研讨，在命题原则、题型、题量、信度、效度和难度等方面形成了共识，对提高开卷考试课的教学质量起到指导作用。

开展学术研究论文征集评选活动。共征集论文 33 篇，其中，有 18 篇被评为一、二、三等奖，并将编辑出版《优秀学术研究论文选》。兰空一学区出版了《中函教育回顾与思考》文集。广空一学区完成了《党性教育多媒体系统软件》的研制开发。

四、完善管理制度，进一步规范办学行为。分院在认真学习总院新版《管理制度汇编》的同时，结合空军部队实际，重新编辑出版了《管理制度汇编》，并下发各学区、辅导站执行。

分院将“巡考”，与“巡教”、“巡管”有机地结合起来，建立“三巡”制度。在招生考试、期中考试、期末考试、补考、总补考等五次考试中组成几个巡视小组，分期分批到学区、辅导站进行“三巡”，除检查指导所到单位的考试工作外，还全面检查教学管理情况，指出存在的问题，提出改进意见。仅下半年就派出 7 人次，分别到 5 个学区、10 个辅导站进行检查指导。为加强对分院函授教育工作的检查指导，分院成立了以副院长为组长、空政宣传部领导为副组长、各军区空军政治部宣传处领导为组员的分院视导组。

加大考务管理力度，实行承包责任制。每次考试前，都及时转发上级指示，研究分析本次考试的特点，提出具体要求。分院、学区和辅导站分别集训考务工作人员，明确职责要求。实行承包责任制，建立分院、学区、辅导站和考场四级专人负责制，明确责任人和承包内容，并制定相应的奖惩措施。

加强对毕业论文撰写、答辩环节的管理，严把毕业关。分院和各学区进一步加强对毕业论文的管理，如济空一学区严格按条件选聘论文指导教师，并进行集训，精心安排，保证让每一名学员都能按时参加答辩，在答辩中对上级领导、亲朋好友都一视同仁，不迁就照顾，不让一个人混过答辩关，不通过率控制在 5%左右。

五、进一步加强软硬件建设，改善办学条件。以迎接上级教育评估检查为契机，全面加强分院、学区的软硬件建设。直属学区在 8 个函授专用教室安装计算机、多媒体投影仪、投影幻灯等现代化教学设备，新购置 8 台微机、一部笔记本电脑和一台 VCD 光盘刻录机，新安装 8 台空调，新建了一个 20 多平米的资料档案室等。根据教学管理需要，对分院原开发研制的“教学管理软件”进行升级改造，并在分院和学区之间建立起数据资料传输系统，进一步提高教学管理工作效率。同时，各学区也加大了教学资金的投入。如沈空一学区投资5万元改善办学条件，实施“三个一”工程，即给每个辅导站配备一个资料柜、一台微机、一台传真机；沈空二学区投资10多万元重新装修办公室和教学场所；广空二学区新建一栋综合教学楼；南空一学区投资23万多元，为6个教室配备电化教学设备，新装修6间350平米的办公室；南空二学区配齐微机、复印机、传真机、轿车和客货两用车；兰空一学区投资15万元购置空调机、速印机和客货两用车等。

六、进一步夯实中函教育基础，扎扎实实加强辅导站建设。一年来，分院采取提高辅导站的经费留成比例，对边远山区和办学资金困难的辅导站，由分院和学区给予经费补助等方法，切实改善辅导站的办学条件。结合教育评估和“三巡”，分院派出21人次到34个辅导站检查指导工作，了解情况，发现问题，并提出改进意见。对被评为“三类”和问题突出的少数辅导站进行整顿。在教育评估中，有30个辅导站被评为一类辅导站，占辅导站总数的35%。年终，在全分院范围内广泛开展优秀教员、优秀管理人员、优秀学员、优秀班主任和先进辅导站的评选活动。共评选出21名优秀教员、12名优秀管理人员、16名优秀班主任和20个先进辅导站。石家祥、葛松山、杨先涛分别被总院评为优秀教员、优秀学员和优秀管理人员。 （何孝明　张义虎）

国防大学分院

2000年，国防大学分院工作概述如下：

一、认真贯彻落实全国党校工作会议精神，对分院进行全面整顿。国防大学政治部党委对分院进行调整，选择优秀人员充实分院领导班子。新领导班子组织分院全体人员认真学习全国党校工作会议精神，传达中央党校和总政关于函授教育的一系列指示精神，并针对分院存在的问题进行整顿。

全面治理整顿各区、站，实行择优汰劣。分院全面治理整顿各学区、辅导站。对不符合办学条件的学区、辅导站，坚决予以撤消；对分散交叉的学区，予以合并。学区由原来的23个调整为15个，辅导站由原来的84个调整为63个。

调整精简机关人员，提高工作效率。一些年龄偏大、健康状况差的老同志退出了工作岗位，原教材处为3人，因他们年龄偏大，教材发行存在的问题也较多，分院决定将3人全部解聘，改由一名在职军官兼管。分院机关专职人员从原来的26人，调整为现在的14人，人员减少，工作量增大，办事效率、工作质量却有很大提高。

严格财务管理制度，厉行勤俭节约。订立严格的财务审计制度，并认真贯彻落实。财务开支由国防大学财务结算中心负责审计。分院领导组织财务人员学习总院和军队的各项财务规定，还请专职财务人员介绍经验。分院对每一项重大开支都认真研究、反复论证，最大限度地节省开支。凡购买办公用品，均派出两名以上采购人员，多方比较尽可能节省每一分钱。分院领导率先垂范，厉行节约，办公桌椅同普通工作人员一样。分院机关坚决控制接待等行政开支，严格要求工作人员注重自身形象，养成过硬的工作作风，减少应酬活动。

教材直发到各区、站，做到准确及时。分院在教材发放人员少、场地紧张的情况下，坚持将教材直接发放到各学区、辅导站。2000年，分院有70多个辅导站，点多面广，分院教材科同志加班加点，将教材分类、整理，再分别打成适合邮局或铁路寄送的小包，直接送到各教学点上，让所有学员在开学前都拿到教材。

二、注重社会效益，坚持从严治考。为解决分院原来存在的军地交叉招生问题，分院组织专门人员，经过实地调查和反复协调，办理好了向空军分院和江苏分院集体移交310名学员（金湖、建湖地区）的正式移交手续，上报上述学员的名册，督促有关学区向对方移交了学员的入学资料及考试成绩。

每逢考试前，分院即召集全体办学人员研究部署考务计划，向工作人员和学员进行动员，增强从严治考的责任心和自觉性。分院选派人员到各地巡考。分院在直属国防大学一号院、二号院辅导站的考场上均悬挂“端正考风，严肃考纪”的横幅，并设有违纪考生公告栏，将违纪人员当场公之于众，营造从严治考的气氛。

三、以研究生教学为龙头，全面提高教学质量。在办学工作中，分院注重探索研究生教学的特点和规律，精心组织教学。

聘请一批知名教授，建立一支责任心强、业务过硬的师资队伍。聘请中央党校刘潮、赵长茂、杨秋宝和何孝瑛等知名教授和原国防大学副校长侯树栋中将，以及国防大学、海军等单位的张南征、杨会春、姜鲁鸣、张胜旺、蒋一国、宋振铎教授等。分院注重广泛听取学员意见，及时加以反馈，以改进教学。

加强管理，从严治考。分院制定严格的考勤制度，要求学员必须每课必到，学员自觉遵守考勤制度，到课率达90%，有效地保证了教学质量。分院严格组织研究生考试，从招生考试开始，就高标准执行总院的各项制度，每个考场配3名监考老师，一旦发现作弊者，立即取消其考试资格。

注重培养学员的研究能力。分院在教学上注重采取启发式、研讨式，鼓励学员勤于思考、勇于创新，不断提高研究问题的能力。组织学员到燕山化工厂、联想集团等大型企业进行现场教学，促使学员联系改革开放的形势，对社会主义市场经济的规律进行理性思考。分院为学员聘请专业水平高的知名教授作指导老师，精心指导学员撰写毕业论文。98级研究生指导老师共9名，其中，教授8名，博士生导师4名。并在海潮出版社正式出版98级研究生论文集《市场与法制》。

四、加强教务管理自动化建设。分院于2月21日至26日在温州举办教务管理软件培训班，邀请总院教务管理系统的研制人员和空军指挥学院自动化指挥教研室主任去讲课。培训期间，分院增加了使用电子邮件发送数据库的教学，并免费发放新版教务管理软件。全分院的教务工作都实现了计算机管理，部分学区还采用电子邮件上报数据，数据资料的往来报送快捷、准确。此外，分院机关新购PⅡ计算机一台、扫描仪一台、刻录机一台，专门用于计算机教务管理。

（刘　波）

武警部队分院

2000年，武警部队分院工作概述如下：

一、理顺教学管理体系。各学区按照总院、分院有关要求和规定成立了学区机构，由政治部一名副主任担任学区主任，配备专门管理人员，使这项工作有人抓有人管。由于各级领导的重视和大家的努力，建立健全了学区的领导机构，充实了学区管理力量，进一步理顺了教学管理体系。

二、狠抓考风考纪，教育质量不断提高。严格试卷管理，杜绝泄密事件的发生。分院严格试卷管理，各学区妥善保管和运送试卷，对试卷保管严密有序，维护了考试的严肃性。严肃考纪，严把考试关。每次考试时，分院都选派教师，到各学区担任主监考。许多学区考前都对监考人员进行培训；或从基层抽调责任心强的干部担任主考官，或学区之间实行交叉监考，或聘请地方教师监考，有效地保证了考试质量。

三、优聘教师，确保教学质量。针对武警部队驻地分散，本身大专院校少，难以承担授课任务这一状况，各学区依托当地军地大专院校，优聘教师，并按照分院要求着重抓教师队伍建设，使面授辅导和教学质量都有所提高。不少单位聘请当地高校有名望的教授讲课。湖北总队学区从武汉大学聘请名教授、名讲师为学区讲课，并在每个学期开学前，把任课教师请到部队和学员一起召开教学座谈会和备课会，听取老师备课情况和学员对教师讲课的意见和建议，使教与学相得益彰。辽宁、安徽、湖南总队等学区坚持集体备课和试讲制度，遴选教师讲课，提高教师的授课能力，保证了教学质量。

四、教学和学籍工作逐步实现规范化管理。分院下发文件，要求各学区必须有固定依托的办学院校，负责日常教学工作的组织管理，各学区主动与当地院校联系，建立了一支相对稳定、专业对口、职称结构合理的教师队伍，教学质量明显提高。分院从经费中拿出40多万元，购买20多台微机及配套设备发给各学区，并在北京举办学籍管理软件培训班。通过培训，提高了工作人员的学籍管理水平。

五、着重抓学区建设，办学条件有所改善。各学区狠抓正规化建设。抓教学和管理人员队伍建设。各单位增加教学管理人员，以满足函授教学管理工作的需要。抓各项规章制度建立。各学区增添办学设施，购买复印机、传真机等现代化办公设备，改善了办学条件。

六、通过评估规范办学行为。全军函授办公室于8月上旬组织人员对分院评估工作进行检查。分院的评估工作，从1999年上半年开始展开，在一年多的时间中，分为传达精神，动员部署；组织试点，摸索经验；评估学区，规范办学；评估分院，提高办学质量等四步进行。通过对各学区的检查评估，达到发现和解决问题的目的，规范了办学行为，使分院工作上了一个新台阶。

（丰春明）

北京军区分院

2000年，北京军区分院进一步端正办学指导思想，狠抓教学质量，严格教学管理，加强基础工作，全面进行评估达标验收。分院主要抓了以下工作：

一、从严办学，注重质量，做好招生录取工作。积极组织报名。报名时认真查验学历原件，留存复印件；检查其所在单位干部部门或组织部门出具的职务证明和党员身份证明；考试前，组织有关人员对已报名考生的入学条件进行核查；正式录取前，分院把各考生档案调来，对毕业证、职务及党员证明进行复查。凡不符合报名条件的，立即淘汰。

认真组织考前复习。3月15日—4月10日，各学区和辅导站按照部队建制组织考前辅导。依据总院编写的《入学考试复习资料》，聘请部队驻地的地方教师，利用周末和晚上对招生考试各科进行辅导和解难答疑。

严密组织考试。4月24日—28日，分院在下属15个学区、92个辅导站进行统一考试。考试前，分院成立了考试工作领导委员会，各学区成立了相应的领导小组。分院派往各学区的巡考人员组成双配备，即一名院校教师和一名部队营以上军官。4月21日，分院在石家庄对监考人员进行集训，明确其职责和要求，签订责任书。在考试中，受到警告、严重警告、试卷按零分计算和清除出场等处理的考生共11名。

组织教员阅卷。5月8日—16日，由分院常务副院长张万忠牵头，组织8名教授、21名副教授、36名讲师、2名工作人员参加阅卷工作。根据总院判阅试卷的要求，采取分题型、大流水的方法，经过7天辛勤工作，完成了试卷的判阅任务。经核实无误，开封统计，输入微机。

严格进行录取。6月下旬，分院在乌鲁木齐召开录取工作会议，会议明确了录取的条件；认真做好新生入学条件的复查；严格按照总院核定的指标和分院下达的比例录取；公布考生成绩，加强群众监督，切实做好录取工作。

二、加强教学管理，提高教学质量。坚持实行聘任制。聘任经验丰富、具有副高以上职称的教师和地方高等院校的知名学者、教授进行专题讲座，搞好面授教学，确保教学质量。

抓好教学备课会，提高教学质量。在暑假期间，先后召开《社会主义国有资产管理概论》、《货币银行学》、《刑法学教程》、《民法学教程》《国际贸易理论与实务》和《企业涉外经营管理概论》等课程的备课会。主讲教师分别就有关课程的教学目的和要求、教学内容、教材体系、教学重点等进行讲解，并解答了与会教师在研讨中提出的一些问题。

召开教学管理工作会议，加大教学管理力度。12月，分院在石家庄召开教学管理工作会议。会议就加大教学、教务管理力度，不断提高教学水平等问题达成了共识。分院采取了如下措施：抓好教学班级组织建设。坚持小班建制，各班级建立班委会和党支部，班主任兼任临时党支部书记。抓好听课、面授、作业和补课的管理。分院坚决贯彻执行总院《管理制度汇编》中关于考勤和面授的有关规定，面授听课达不到2/3，各科作业未完成3/4的，取消该课程期末考试资格，全部作业未交者，按自动退学论处。抓好考风考纪。采取各辅导站的主考在学区范围内交叉互监，聘请中学教师监考；采取考生异地考试的方法。

三、开展党校函授教育的评估达标工作。在分院、学区和辅导站进行教育评估工作，分五个阶段进行。思想发动阶段。2月，各单位召开专门会议，传达学习有关文件，制定自评计划和实施细则。自评阶段。3月，各辅导站依据评估细则，进行自查。评估检查阶段。4至6月，分院组成3个工作组，分赴各学区、辅导站进行检查，最后分优秀、良好、中等、及格、不及格五个等级，对各学区做出了评估结论。评估整改阶段。7至8月，根据自评和评估检查过程中发现的问题和工作上存在的薄弱环节，制定切实可行的整改措施，明确今后努力的方向。分院自评总结阶段。9至10月，根据学区和辅导站查找出来的问题，特别是对分院提出的意见和建议，分院进行深刻反思和认真研究，总结经验，制定措施，通报评估情况，接受总院和总政的检查验收。分院在学区进行评估验收时，由分院主要领导挂帅，组成3个工作组，对15个学区普遍进行验收，每个学区还抽查2—3个辅导站。在评估检查工作中，重视查找存在的问题；对查找问题不力，搞形式主义、做表面文章的，除给予批评外，还责令他们重新进行评估。

四、切实做好98级本科班的毕业论文工作。分院成立了毕业论文答辩领导小组，聘任教师对学员毕业论文进行认真指导，坚持高标准、严要求，圆满完成了毕业论文的评审答辩任务。 （范进忠）

沈阳军区分院

2000年，沈阳军区分院认真学习贯彻江泽民总书记“三个代表”的重要思想、中央10号文件以及全国党校会议精神，开展“三讲”教育和教育评估“回头看”活动，加大教育质量监管力度，继续保持党校函授教育的健康稳步发展。

一、学习中央10号文件，进一步端正办学指导思想。军区分院认真搞好对中央10号文件和全国党校工作会议精神的学习，各学区、辅导站把学习贯彻中央10号文件和全国党校工作会议精神作为中心工作来抓。分院先后两次召集各学区文教干事，集中学习文件，专题研究搞好考试、教学、教务和学籍管理等问题，进一步统一思想认识，制定措施。

军区分院紧密联系办学实际，提出要在解决五个方面有突破。深化思想认识，强化战略意识、责任意识、质量意识；坚持教师聘任条件，确保面授辅导出精品；统筹协调科学安排，保证学员到课率；严把“四关”，加强对函授教育全过程的监管；加大办学经费投入，不断改善办学条件。

二、认真搞好“回头看”，确保教育质量。分院和学区、辅导站普遍开展了“三讲”教育和函授教育评估“回头看”活动。各办学单位认真检查对教育评估中提出问题的纠正情况，主要是整改措施落实到位没有，各项规章制度坚持得如何，办学设施的软硬件建设是否齐全。各单位在“回头看”活动中，重点是进一步解决办学队伍中的突出问题，增强做好党校函授教育工作的使命感和责任感，强化政治意识、大局意识和质量意识，为党校函授教育在新世纪的发展奠定坚实的基础。

在管理思想上，克服前紧后松情绪，坚持善始善终，严管到底。在“回头看”活动中，开展了讲政治、端正办学指导思想的再教育，进一步明确参加党校函授教育的宗旨，纠正单纯拿文凭的倾向。同时，在毕业学员中，利用课前动员、课后小结、班组讲评等形式，开展“参加党校函授学习为什么”、“以什么样的表现迎接毕业考核”、“临近毕业应该怎么做”的专题讨论，帮助学员进一步端正学习动机，重新焕发了他们的学习热情。

在管理素质上，克服畏难急躁情绪，坚持搞好培训，全面提高。首先，对办学队伍进行“科教兴国”、“科技强军”和“爱岗敬业”的教育，克服了部分管理人员中的畏难情绪，把搞好党校函授教育管理作为重要职责。其次，定期搞好业务培训。军区分院于6月和12月举办两期学区和辅导站管理人员培训班。每期解决一两个问题。一般采取主题讲解、讨论研究、经验交流和疑难解答等方法，提高培训的实效性，使军区分院各级办学管理人员的管理素质有所提高。

在管理方式上，克服照搬守旧，坚持改革创新，探索适合部队特点的教学管理的路子。部分管理人员习惯照搬地方分院的管理模式，统一授课时间，同步实施教学计划，结果常常与部队训练等工作发生冲突，教学任务得不到落实。在“回头看”活动中，军区分院根据总院关于教学改革的要求，认真总结多年来的办学实践经验，努力探索适合部队特点的党校函授教育管理的路子。首先，在教学计划上，实行各负其责，严把落实关。分院负责对总院下达的教学安排提出实施计划，制定措施，指导学区、辅导站抓好教学计划的落实；各学区结合本单位实际提出具体实施方案，组织辅导站认真落实，并检查落实情况；各辅导站作出教学计划的日程安排，具体解决教学中的矛盾和问题，负责抓好落实。其次，实行统分结合，搞好教学管理。在面授辅导的组织上，分院根据各学区、辅导站驻地院校的师资状况和自身办学条件，采取了驻黑、吉、辽三省省会城市的学区组织学员参加面授辅导，驻中小城市和边防海岛学区、辅导站组织学员收看由分院统一制作的教学授课录像。最后，根据层次和专业，实行分类指导。对于领导干部在职研究生班，由分院指定专人对教学、教务、学籍等实施具体管理；对几个重点部队由分院给予特殊指导；对于办学先进单位和问题稍多的单位，作为分院帮助指导的重点，抓先帮差，带动整体办学水平的提高。

三、结合纪念活动，认真总结办学经验，坚持函授教育内涵发展的方向。2000年是中央党校开办函授教育十五周年，也是沈阳军区分院开办党校函授教育八周年的日子。军区分院和所属学区、辅导站开展了纪念活动。军区分院着重总结了党校函授教育坚持内涵发展的经验。

控制规模，提高招生质量。首先，严格控制生源范围。严禁招收地方学员，即使招收部队干部配偶、子女等亲属，也不突破总院规定的比例。其次，层层把关，搞好筛选。分院、学区和辅导站自下而上地逐级审查，严格把关，保证新生质量。再次，严格组织招生考试。每次招生考试前，分院都专门召开会议或下发通知，对考场设置、考卷保管、考试组织、监考人员条件和考场纪律等做了明确规定。考试期间，分院还组织巡视组，分别到各个考场检查。最后，搞好录取前的审核，对考试合格的考生，逐人逐项核对，不放过一个疑点。在招生工作中，军区分院实际录取学员名额比计划申请招生指标少了近200名，认真纠正了个别人员存在的片面完成招生指标，不求生源质量的倾向。

健全管理制度，切实把好“五关”。分院结合自身实际，对总院的规章制度进行了细化、补充，特别是制定了《学区工作条例》和《辅导站工作条例》，使分院、学区和辅导站的管理走上了规范化轨道。在加强党校函授教育管理中，分院突出抓教育质量的监管，采取全程跟踪，严把“五关”。一是把好聘任教师关，挑选东北大学、辽宁大学等名牌大学的教授、副教授担任授课任务，保证教学出精品。二是把好到课关，实行到课登记卡制度，保证面授辅导学员到课率不低于75%，学员6次缺课，按自动退学处理。三是把好考试关，严肃考场纪律，实行考场监管，严肃查处违纪事件。四是把好论文答辩关，过好函授教学最后关口，促进学员学用结合。五是把好学籍管理关，坚持各项审核制度，杜绝学籍虚假现象。

加大投入，提高现代化教学水平。分院根据远程教学和教育网络管理的发展需要，确定更新原有电化教学设备，购置了数码摄影机、光盘刻录机、光盘复制机和VCD播放机等，共投入资金近30万元。大大提高了分院、学区和辅导站的教学水平。

（张相荣　李选才）

南京军区分院

2000年，南京军区分院工作概述如下：

一、认真贯彻落实全国党校工作会议精神。全国党校工作会议后，分院迅速转发总院通知，掀起认真学习全国党校工作会议精神的高潮。各办学单位从战略的高度，从讲政治的高度，从落实“三个代表”重要思想的高度去对待党校函授教育工作，认真解决本单位存在的突出问题，制定整改措施和贯彻实施意见，严把生源、面授、收费三个关口，把全国党校工作会议精神贯穿到教学的各个环节中去。

二、狠抓党性教育和党性锻炼考核。分院把“三个代表”重要思想作为党性教育的核心内容，积极开展党性锻炼活动。并印制《党性锻炼总结考核表》（非党学员为政治思想总结考核表），发给每个学员填写；提交小组评议，提出意见，再交本单位党组织审查签字；最后，上送学区或分院审定，评为合格或不合格，并存入学员档案。

三、加强办学队伍建设。总院顺德会议后，分院组织大小集训（包括以会代训）6

次，集训教学和管理人员111名，其中，教员65名，管理人员46名。分院从各教学处、直属班副教授以上的教师中挑选出36名骨干教师。分院实行教师聘任制。竞争上岗，优聘劣汰。每个学期选聘一次，胜任者，连续聘用，平庸者，不再聘用。分院择优选聘教师163名，其中，副教授以上的有98名。

四、规范日常教学管理工作。计划先行。每个学期的教学实施计划，提前5个月下发到各教学单位。在执行过程中，检查两次；聘选教师。每年5月，聘任下学期的任课教师，11月，聘任第二年上学期的任课教师，并按时上报总院审批和备案；组织工作例会。每个月初的星期二下午为例会日，分院领导与各教学处、直属班的负责同志集体办公，学习上级有关文件，小结上月工作情况，布置研究本月工作，使各方面协调发展；集体备课。分院每季度召开一次备课会，研究教学重点、难点和疑点；示范讲课。凡是新开课程，都由本单位专业水平较高的教师或聘请外单位专家、教授进行示范讲课，组织观摩教学；教材到位。规定每年2月25日、8月25日前必须把所有教材发至学员手中；严格执行面授考勤和上交作业的规定。分院统一印制考勤登记表和作业题封面，发给各教学单位，实行班主任和面授教师双重考勤制度。规定每年6月20日、12月20日前上交作业，审核到课率和作业是否达到要求；严把考试关。每次考试狠抓思想动员、组织领导、试卷管理、考场设置和考风考纪等环节；认真组织论文撰写、指导和答辩工作。毕业论文的各项工作日趋规范。97级经济管理专业本科班的两篇毕业论文（一篇是福建省军区学区蔡庸钰的《试论社会主义市场经济条件下国营企业的廉洁经营》，另一篇是军区政治部学区林仙元的《试论社会主义初级阶段的私营个体经济》）被总院评为优秀论文；严格学籍管理。新生入学时，每人发一份入学须知，使学员明确什么时候应该做什么。每学期学员注册、上报考试成绩软盘和办理毕业证，均按规定时间和要求进行。

五、积极参加属地管理招生工作试点。中函招生，江苏为属地管理试点地区。总院和全军函办在南京设立试点办公室，负责具体组织实施。分院积极协助全军函办负责军队系统6个分院在江苏的招生工作，由于各方通力合作，圆满完成了试点任务。

六、总结依托部队院校进行函授教学的经验。分院总结办学经验，就是在分院统一领导下，行教分离，教学行政管理由学区负责，教学业务工作由教学处负责。依托驻宁的军队院校，一所学校成立一个教学处，分片包干一个或几个学区的教学工作。

七、严把毕业关。分院成立毕业办证审核小组，对各学区上报的毕业学员材料逐个审查，毕业成绩总表的成绩是否全部及格，毕业论文答辩是否通过，党性锻炼总结考核是否合格。只有三项同时合格，才准予毕业办证。98级经管专业本科班和领导干部班的学员经过审核，有14名学员被淘汰。

（肖江春）

济南军区分院

2000年，济南军区分院工作概述如下：

一、认真贯彻学习中央10号文件精神，增强搞好党校函授教育的责任感。分院及时组织机关全体人员学习中央10号文件精神，迅速向各学区、辅导站发出通知，提出学习贯彻的具体意见，各单位普遍利用1—2个学习日进行了专题学习，在此基础上，各临时党支部召开党员大会，宣讲了10号文件的精神实质，各党小组展开讨论，谈学习体会。把学习10号文件同“三讲”教育、“三个代表”重要思想的学习结合起来，通过对中央10号文件的认真学习，增强了全体人员的责任感和忧患意识。认识到党校函授教育具有很强的政治内涵，以战略眼光、政治眼光看待党校函授教育；以“三讲”精神和“三个代表”的要求，办好党校函授教育事业。使广大学员增强了学习的动力，进一步明确了学习目的。

二、招生工作取得明显成效。军区宣传部专门下发了《关于加强中央党校函授教育归口管理的通知》，进一步明确了招生工作的有关规定和要求。将《招生简章》发至全区连以上单位，层层进行宣传动员，鼓励官兵报名参加中央党校函授学习。71146部队制定了提高官兵科学文化素质的“学历升级”工程，把中央党校函授教育作为“学历升级”工程的主要渠道。并结合部队实际认真抓好落实。实行新生资格审查逐级把关签字制度，做到谁审查谁负责，各单位严把招生入口关，进行严格资格审查，142名不符合条件的报考人员，一律被取消招生考试资格。新生录取后，分院对新生入学资格进行了复审，清退5名不符合条件的新生。

三、加强教学管理，提高教学质量。制定科学的面授计划。以教学大纲为依据，从军区部队实际出发，重点突出主课的教学，在时间和课程安排上，济南各教学点以双休日为授课时间，增加面授的次数和教学时数，实施全方位教学；其他教学点在与各辅导站协商的基础上对重点课程进行巡回面授辅导，并加大电化教学时数。认真备课试讲，精心组织面授。对新开设的7门课程都组织了备课试教和集体把关，确保授课质量。孙庭宽副教授为讲好《民法学总论》这门课，借阅了大量图书资料，并虚心向有关专家请教，加班加点备课，利用近一个月的时间，写出了比较规范的四大本讲稿，取得了较好的教学效果。参加面授的17名教员，在对全区26个教学点进行面授辅导过程中，以搞好面授教学为己任，潜心研究教学规律，在提高教学效果上下功夫。及时收发教材，做好教学保障工作。教材科先后接收三批教材共8600多套，分管教材工作的董鲁峰、孙勇同志利用节假日休息时间，及时组织人员分发、包装、托运、下发。各单位收到教材后，及时将教材发给各教学班、组，确保教材在开学前准确无误地发到每一个学员手中。各级管理人员尽职尽责，形成合力。各学区、辅导站和各教学点管理人员及时下通知，面授时，积极协助教师组织教学，加强考勤管理，每次上课前都进行点名，并记录在册，保证学员按时参加面授辅导，使面授到课率保持在70%以上。许多辅导站对缺课学员采取听录音、看录像的形式补课，收到了较好效果。

四、严密组织考试，狠抓考风考纪。每次考试前，军区宣传部都用传真电报下发通知，提出具体要求。各考区认真挑选监考人员，专门进行培训，学习掌握总院考务管理的有关规定和要求。各辅导站对学员进行考风考纪教育，以增强学员遵守纪律的自觉性。每次考试，分院及时向各考区派出巡视员，负责押送回收试卷，指导督促各考区做好考务工作。试卷一律送保密室保管，严格进出手续，确保试卷安全。各个考点考场设置规范，许多单位在考场周围划出警戒区域，设立岗哨，悬挂张贴标语口号，营造考试气氛。各级监考人员认真履行职责，不徇私情，大胆管理，没有发生严重违纪现象。总院和全军函办先后2次派巡视员到该区巡视督导，对所到考点的考风考纪都比较满意。

五、严把毕业关。成立论文答辩委员会，从学员的选题到撰写提纲都给予具体指导。聘请15名高职、9名讲师，分别组成8个答辩小组，分赴鲁、豫两省，18个学区、辅导站对拟毕业学员进行逐人答辩。字数不够的论文，一律退回重写；与他人雷同的论文进行严肃处理，对论文观点不全，层次不清，联系实际较差的不予通过。97级大专班有20名学员、98级本科班有2名学员因论文答辩没通过暂缓毕业。在办理毕业学员档案过程中，把好三关：姓名关，核对出错、漏、别字的学员12名；成绩关，对20名考试成绩不及格，又转业到地方的学员，按规定组织了总补考；论文评语关，答辩小组写出评语后，统一组织12名教师用8天时间填写论文答辩成绩和评语。

六、加强学籍管理自动化建设。军区分院及时制订实现学籍管理自动化的具体目标，对办公室学籍管理人员进行了调整，专门选配一名计算机专业人员。派出2名同志参加总院组织的数据传输、学籍管理软件培训，提高学籍管理人员的水平。办公室王德安同志，从学籍管理自动化的实际出发，利用节假日和业余时间开发出了具有自己特色的学籍管理系统软件，数据库在原有基础上增加了身份证号码字段、学号的编排方式、大部分表格的格式等，并实现了数据网上传输，提高了分院学籍管理自动化水平，增强了管理系统的科学性。所属各单位学籍管理自动化硬件建设和实际运用水平也有不同程度的提高。（曹新成　王国良　王德安）

广州军区分院

2000年，广州军区分院工作概述如下：

一、以评估验收为契机，认真检查工作。分院成立了领导小组，下设办公室，根据分院实际，并借鉴其他兄弟分院的经验，在各学区、辅导站自我评估的基础上，分院派出3个评估验收小组，分赴各学区、辅导站进行检查验收。检查验收工作小组历时17天，分赴深圳、惠州、广州、湛江、南宁、北海和柳州等22个辅导站，进行问卷试题分析和实地考查。分院进行了自我评估。整理了各种资料，投资数万元建成了一个展览室，内有9块展板、4个展框和58种资料档案，形象直观地反映了分院的教学情况。上半年，分院针对评估中存在的问题进行整改，以评估指标体系为尺度，以教学为中心，以分院为重点，使分院、学区和辅导站办学方向更加明确，教学管理更加规范，办学队伍不断加强，办学条件明显改善，使函授教育工作上了一个新台阶。

二、以归口集中管理为突破口，对军区函授教育进行调整。强调实行归口集中统一管理，明确军区范围的中函均实行由军区政治部宣传部统一管理，以军、师（旅）、团宣传处（科、股）为骨干，依托桂林陆军学院办学的模式，未经授权和批准，绝不允许其他院校在军区范围内乱招生、乱设点、乱办学。分院、学区和辅导站严把招生关、教学关和考核关，防止了各类问题的发生。

2月中旬，军区政治部宣传部和桂林陆军学院的有关领导同志在桂林召开了协调会，专题研究了分院的归口管理问题和招生工作，进一步明确了统一办学、归口管理的运作方法，界定了军区宣传部、桂林陆军学院、各学区和辅导站在具体办学中的责、权、利问题，并将《会议纪要》，以正式文件的形式下发军区各部队。

分院调整充实了常设机构，分院院长由军区政治部姚成友副主任兼任，副院长由宣传部雷正金副部长和桂林陆军学院副政委杨稳泉兼任，分院机关设立了院长室、办公室、学籍科、教学科、教务科、教材科、财务科和视导组，专兼职管理人员达到了26名。各军级单位设立学区，各师（旅）单位设立辅导站，并由宣传处（科）长担任学区主任、辅导站站长。基本形成了军区、军、师（旅）三级管理，责、权、利明确的管理体系。

在原有22个辅导站基础上，又新建了10多个辅导站，其中，海南、广州、深圳、南宁等辅导站中止了与其他分院的联合办学，严格按照军区宣传部的有关规定，积极组织好招生工作。基本杜绝了乱招生、乱设点、乱办学的现象。

三、以加强硬件和软件建设为重点，军区函授教育质量有所提高。一年来，分院共投入20多万元改善教学和办公条件，分院机关，有办公室7间、教材库4间、专用资料柜26个、微机5台、打印机5部、扫描仪1部、刻录机1台、复印机1台、传真机1部、照相机2部、电话4部。为有关教研室添置微机6台、复印机2台。各学区和辅导站充分利用部队现有的闭路电视网、指挥自动化网、多媒体教学设备和总院统一制发的电教资料进行电化教学，在一定程度上缓解了部队普遍存在的工学矛盾突出的问题。分院不断加强办学队伍建设。分院有专兼职教师261名，其中，有高级职称的58名，占22%。有各类管理人员约120名，其中，专科以上学历的112名，占总人数的93%。各学区、辅导站的组织机构也得到了加强。

分院不断完善学籍、教务、教材、教学及财务管理等制度，按照总院《管理制度汇编》，结合军区部队的实际，对分院开办函授教育的性质任务、方针原则、组织机构、职责划分、教育管理和经费管理等问题，做出了更加明确具体的规定，使分院的函授教育工作有章可循，使函授教育的日常管理和运作日趋规范。主要表现在以下几个方面：招生秩序有明显改进，做到了严格审查招生设点，严格审查入学资格，严格组织招生考试，严格执行招生计划。分院进行两次把关。第一次，招生考试前，军区宣传部派人专程到桂林陆军学院，对考生进行资格审查；第二次，招生录取时，分院由6人组成录取工作领导小组，对报考人员的资格进行复查，不符合要求的，坚决不予录取。授课质量明显提高，认真实行集体备课、领导听课和评教评学等制度，采取点名登记、不参加面授者取消参加期末考试资格等措施，提高面授质量和到课率。53802部队和湛江军分区辅导站定期检查学员自学、参加面授和上交作业等情况。53310部队、53023部队、53203部队、53503部队和南宁军分区等辅导站均有师、团领导参加函授学习，他们以身作则，严格要求部属，平时面授到场听课，期末考试按时参加，不讲人情，只讲考勤。考纪考风有明显好转，通过层层签订考纪考风责任书，加大巡考力度，严厉处罚考试作弊者和有关责任人等措施，遏制了相互抄袭、冒名顶替的现象。（陈爱民）

成都军区分院

2000年，成都军区分院认真学习贯彻胡锦涛同志关于党校函授教育工作的重要指示和广东顺德函授教育工作会议精神，进一步深化教学改革，加强管理，各项工作取得了明显成效。

一、加大对管理人员的培训力度，加强办学主体建设。6月，分院领导召开五省市各学区分管函授工作的宣传处处长、科文干事和管理人员参加的工作会议。学习中央10号文件和胡锦涛同志关于党校函授教育的重要批示，以及《关于军队人员参加中央党校函授教育的若干规定》，明确党校函授教育在整个党校教育体系中的地位。还学习了总院《管理制度汇编》中的有关条例和规定；分院各处室同志并就如何加强教务工作管理，组织好上半年期末考试，搞好毕业学员办证工作等一系列问题分别发了言。这次会议使新、老同志都有较大收获，坚定了工作信心。

12月，分院领导召开以教务、招生工作为主要内容的工作会议。宣传部领导传达了全军科学文化工作会议精神和总政宣传部有关领导的讲话内容，研究如何提高管理队伍素质，加强分院全面建设，强化招生、考务工作管理。通过这次会议，增强了工作人员的责任感。

年底，成四学区召开了有各辅导站新上任的管理干部参加的工作会议，请分院几个处室的负责人讲解如何抓好相关的业务工作。

分院每次召开有各学区管理负责人和管理人员参加的会议，军区宣传部首长和处领导都要莅临会议或主持会议并作重要指示。

二、针对部队实际，严密组织教学。统一部署与因地制宜相结合。分院3月初和9月初，就将该学期教学计划拟文、制表下发各学区，然后由各学区向相关领导请示，并在规定时间内返回分院以检查其计划执行情况。绝大多数学区、辅导站能按计划完成教学任务，而个别辅导站则因地理条件限制，则必须采用灵活多样的方法予以特殊解决。如西藏昌都辅导站，分区部队高度分散，人武部又远离分区，参与学习的干部难以全勤参加面授听课，他们就将老师讲课内容制成录音带，利用部队和人武部同志去分区开会、出差或休假的机会，便让他们带回单位自学。察雅人武部辅导站采用了多种促学办法。有的单位离分区特远，邮寄教材需要很长时间，往往开学很久而教材尚未到达学员手中，他们便采取了送取结合的办法，征得首长同意，无论是哪位领导下基层检查工作，还是哪个士兵到分区办事，都委托其将教材送到学员手中。

各尽其能，在关键环节上做文章。把好招生关。各学区都严格按总院和全军函办规定的条件进行招生，某旅辅导站还规定“三优先”、“三不录”。三优先，即对立功人员优先录取，优秀党员优先考虑，优秀基层干部优先推荐；三不录，即对在实际工作中表现差的不录取，受过党内处分的不录取，考试中违反考场纪律的不录取。每年新生录取，分院招生工作领导小组除根据各学区报名、招生考试情况，分配招生名额和划定录取分数线外，还要对各学区上报的录取新生逐个审查，严格把关，杜绝人情招生的现象。

抓好自学。分院下发了《关于加强对学员自学指导和督促检查的通知》，各学区也采取多项促学措施，如推广“四查四看”，建立定期辅导制度，设立浮动奖励基金，拓宽自学渠道，学习与提拔使用挂钩等。

不少学区和辅导站帮助学员处理好学习与工作、学习与家务的关系，鼓励学员利用节假日、双休日和晚上进行自学。某部辅导站在“三讲”期间，鼓励学员利用每半天学习马列主义基本理论的机会，系统学习党校教材和邓小平理论。该站大专经管班学员、机要科长，夫妻分居两地，自己一个人带儿子，工作、家务两副担子一肩挑，但他始终以坚强的毅力，自学不辍，毕业时各科都取得了优异成绩，被辅导站评为优秀学员。该站另一学员在国防光缆施工期间，常常风餐露宿，频频搬“家”，但他仍带上教材，专门买了一个多功能灯，保证每天晚上按计划学习，部队返营时，他已完成了所有的作业。

有的学区、辅导站在学期初指导学员制定自学计划，个人、小组、辅导站各一份。有的学区新生入学第一课，便是教师对学员进行自学方法的指导。他们总结出“课前预习是基础，课堂理解是关键，课后复习能巩固”的自学方法。

不少学区先后制定了《自学管理办法》、《自学小组开展活动的有关规定》、《自学检查制度》、《自学考核办法》，使自学活动有章可循。

在自学过程中，有的辅导站还开展了促学辅助活动，如组织学员经常交流，介绍学习经验；开辟第二课堂，组织学员参观企业、工厂和法院庭审，向社会实践学习，拓宽视野，做到理论与实际相结合。

认真组织面授。不少辅导站抓住开学典

礼和第一次集中面授的机会，请首长作报告并学习有关文件，增强学员学习的自觉性。学员积极学习，如某部辅导站有个学员做学习笔记80余本。学员课堂认真听课，积极提问，营造了良好的学习氛围。

分院对教师聘用一直沿用成都片区由分院直接选聘，其他学区由学区自行选聘，并报分院审查的办法。全分院已有兼职教师300余名。各学区在教材到位后便首先将课本和总院制作的教学录音带送到教师手中，使他们有充足的时间作好教学前的准备工作。在评教评学活动中，学员反映良好。个别有条件的辅导站遴选具有本科以上学历的军官进行培训，然后予以聘用。

不少基层作战部队做到“两通气”，早安排。一是与干部部门通气，将学员休假时间与面授时间错开安排；基层主要负责人参加学习的，面授期间，请上级组织部门安排机关干部下基层代职，解除其后顾之忧。某旅辅导站就派出12名机关干部去基层代职。二是与学员通气，将面授时间提前2—3个月告知学员，让学员有充分的时间安排好自己的工作和生活，为参加面授作好准备。

各学区都制定了严格的考勤制度，按考勤情况记载平时成绩。有的学区对一学期无故缺课者给予通报批评，不准其参加期末考试；有的对多次无故缺课者给以淘汰，昆明一学区淘汰学员20多名。

严把考试关。每次期末考试，分院都要召开各学区负责人和分管函授的科文干事参加的考务工作会议，签订责任书，学习考试细则，务求不出差错，违者严肃处理。各学区、辅导站对考务工作组织更加严密，三级考务领导小组分别加强对考务工作的指导和检查。对试卷的处理，在总院“属地制”的框架下，分院一直坚持成都片区各科试卷必须在考试当天早上领取，四川远道的学区、辅导站提前两三天发放；运送、保管全按机要处理办法执行。一年中，除云南个别地区新手试卷分发发生失误外，其他尚未有错漏和泄密事故的发生。对于考场规范化设置，除个别辅导站不能全按常规要求落实外，绝大部分考场都很规范，执纪严明，主、监考人员亦经过培训上岗，部分学区还邀请组织、纪检、人事部门和外单位干事参加监考。考试期间，分院和军区宣传部机关每次都派出人员去各地巡视，有的学区和辅导站的领导同志也去考场巡视。各辅导站还做了大量后勤保障工作，如伙食保障，开水和医药供应等。

（张湘璧）

经验篇

党校函授教育研究

落实中央文件精神 深化函授教学改革

总院教学处 鲁金波

党校函授教育自创办以来，一直受到党中央和中央领导同志的高度重视和亲切关怀。前不久，党中央作出了《中共中央关于面向21世纪加强和改进党校工作的决定》，并召开了全国党校工作会议。江泽民同志、胡锦涛同志在会上作了重要讲话。中央《决定》和中央领导同志的重要讲话，对党校的历史地位和重要作用，以及党校教育体系和党校学历等作出明确规定，也对党校函授教育提出了新的更高的要求。中央《决定》指出，党校函授教育"要参照成人高等教育的基本要求，结合党校干部教育的特点，严格把握招生、教学、考试等环节，进一步搞好规范化管理，不断提高教学质量"。胡锦涛同志在讲话中强调："特别是要加强对函授教育、在职研究生教育的管理，发扬成绩，发挥优势，同时要认真解决存在的突出问题，注重社会效益，严格学历管理，保证教学质量，以维护党校教育的声誉。"他还指示"进一步深化教学改革，建立新的教学布局。"

中央《决定》和中央领导同志的重要讲话，指明了党校函授教育的发展方向，提出了严格的要求。我们必须按照中央《决定》和讲话精神，深入思考面向21世纪的党校函授教育深化教学改革，强化科学管理，不断提高办学质量。根据目前我院的实际情况，深化教学改革必须以进一步端正办学指导思想为灵魂，以强化和完善现代化的教育管理为基础，以改革教学内容为重点，同时革新教学方式、方法，加速培训高素质的教师队伍。

端正办学指导思想是深化教学改革的根本。端正办学指导思想，既是伴随党校函授教育始终的永恒主题，也是由党校函授教育的性质决定的。党校函授教育之所以不同于其它成人高等教育，就在于它的办学宗旨是培养、造就适应社会主义现代化建设需要的合格人才，为建设党的高素质干部队伍服务，为提高全党的马克思主义理论水平服务。这是一项政治性很强的党的干部教育事业，而不是简单的知识传授或单纯为了经济利益。所以，各级组织必须始终如一地坚持正确的办学方向，把社会效益放在第一位，正确处理社会效益与经济效益的关系，甚至宁肯牺牲一些经济收益，也要服从培养党的高素质人才这个大局。为此，还要正确处理质量与数量的关系，坚持规范办学，以质取胜。要坚决防止和克服"小马拉大车"、重利轻义、重数量轻质量的错误倾向。正确的办学方向是教学改革的灵魂，办学指导思想不端正，教学改革就会失去正确的方向。

强化和完善现代化的教育管理，是深化教学改革的基础，也是由党校函授教育的特点决定的。党校函授教育是开放式的社会办学，同其他成人高等院校的办学与教学管理模式不同。它由几十家分院、数百家学区和若干辅导站组成，实行网络化管理，学员来自党、政、军、群、工、商各界，点多线长面广，管理难度比院校办学大得多。如果没有规范化的管理，不仅教学改革难以实施，党校函授教育也将失去坚实的基础。一个开放的庞大的办学组织如果失去了有效的统一的管理，是很难落实它的办学方针和实现既定目标的。因此强化和完善现代化教育管理的关键是学籍管理。党校函授教育的学籍管理必须现代化、规范化、科学化。拥有几十万名学员的学籍管理如果不能实现规范化的现代管理，势必影响着教学改革的深入开展。例如根据函授学员的实际情况试行弹性教学计划和课程的选修制度，就必须以学籍的科学统计为前提，如果没有正确的及时的统计资料，选修课及其相关的教材发行和考核就失去了根基。

教学改革的重点是教学内容的改革，这是由党校函授教育的基本任务和培养目标决定的。中央

《决定》指出，“根据十五大提出的用邓小平理论武装全党的任务，党校教学改革的方向和布局，应是紧紧围绕学习邓小平理论这个中心，建设既坚持马克思主义又充分适应世界大转折和中国新发展要求的，主要包含‘理论基础’、‘世界眼光’、‘战略思维’和‘党性修养’这几个方面内容的教育课程。”《中共中央党校面向21世纪深化教学改革方案》就是从这四个方面进行教学改革新布局的。党校函授教育也要按照这个布局调整课程设置，强化学科建设，加大教改力度。为了适应当代社会发展知识化、信息化和社会管理科学化的新形势，满足广大学员的知识需求和提高综合素质的需要，还必须在坚持这四个方面布局的同时，根据不同的班次、专业特点，开设多种形式的专业课程和具有时代特征的科学技术文化与技能课程。这也是党校函授学历教育的基本要求。中央领导同志曾指出：“党校办学历教育，就要在文化基础，教学内容、学制、考试考核、党性修养等方面都要符合要求。”我们要认真落实中央《决定》和中央领导同志的指示精神，在教学内容改革和教材体系建设等方面迈出新的步伐。

革新教学方式、方法，既是深化教学改革的重要组成部分，又是实施教学内容改革的重要手段。改革的核心是用现代化的信息手段和设备武装、组织党校函授教育的教学与科研工作。党校函授教育在当今教育发展的新形势下，要搞好教学改革，提高教学质量和科研水平，必须以信息化建设和党校函授教育远程教学为中心，作为教学方式方法改革的根本方向。基本的教学设备要根据教学需要加大建设力度，并随着时代的发展不断更新换代。要制定切实可行的规划，逐步使课堂教学手段现代化，采取多种形式加大信息量，增强讲授的直观性和生动性，把高水平的专家教授的教学通过远程教学网，逐步推广、落实到各个教学点去。

加速培训高素质的教师队伍，提高函授教师的整体水平，是深化教学改革的迫切需要，也是受教育规律所支配的。因为在教学改革中，教师起着主力军的作用，特别是在全面推进素质教育的情况下，教师的教育观念及其承担素质教育的能力与水平如何，更是起着决定性的作用。经过多年的努力，我们虽然拥有了一支政治业务素质都比较好的教师队伍，但是和党校函授教师的发展要求相比，在数量和质量上都还存在着相当大的差距，这是制约深化教学改革的重要因素。因此，强化函授教师的选调和培训，逐步建立起一支规模适当，结构合理，素质优良，能够充分满足党校函授教育需要的教师队伍，是深化教学改革的关键之举，也是党校函授教育进一步发展的最迫切的任务之一。要做好这项工作，全院上下必须共同努力，制定出切实可行的规划，积极选调高素质的年轻教师与加大培训力度相结合，建立多层次、多种形式的培训网络，采取有计划、分步骤的多种培训方式，力争在3—5年内使党校函授教育的师资队伍的整体水平有一个较大的提高。

党校函授教育课程设置原则刍议

总院教材编研室 曹玉海

课程设置，是指为实现学校的培养目标而对课程组合的设计和构成。即设置哪些课程和如何设置这些课程。课程设置的意义主要在于，它不仅规定了课程结构和课程教学体系，而且把各门课程的教学进度和不同的比例变成一个便于教学的系统，成为造就人才整体素质、开发人才资源工程的施工蓝图。因此，在学校教学实施中最根本的是课程设置问题。

党校函授教育的课程设置，是由党校函授教育的基本任务和培养目标所决定的。党校函授教育的基本任务是，为我国社会主义现代化建设事业培养具有高等文化程度、忠诚于马克思主义、德才兼备的党员领导干部和骨干人才；党校函授教育的培养目标是，造就高素质的党员领导干部和党员干部。为了实现党校函授教育的基本任务和培养目标，根据党校函授教育课程设置的实践和面向21世纪培养高素质党员干部队伍的需要，在课程设置中应遵循如下原则：

一、实事求是，从实际出发的原则。实事求是，从实际出发，是辩证唯物主义的思想路线在党校函授教育课程设置工作中的体现。这一原则要求，首先，党校函授教育的课程设置必须从学员主要是党员干部的实际出发，从他们现有的文化水平、需要补充的专业知识结构和学以致用、指导工作的需要出发，对党员干部才具有吸引力。其次，党校函授教育的课程设置必须从国内国际形势发展的实际和需要出发。就国内来说，随着社会主义市场经济的发展，对党员干部的经济、政治、文化、科学知识等综合素质的要求愈来愈高。就国际来看，在21世纪中，教育特别是高等教育在人类社会发展中起着日益重要的作用，高等教育与社会经济、政治、科技、文化将更加紧密地联系在一起，高等教育将更加注重素质教育，特别是重视人才综合素质的全面提高。在这样的时代背景下，党校函授教育的课程设置只有与社会主义现代化建设对党员干部提高素质的要求相吻合，与党员干部在工作中适应、参与国际竞争的需要相一致，才具有时代性和吸引力。

二、系统性原则。系统是指若干要素以一定结构形式连接构成的具有某种功能的整体。在高等教育中，不同专业的区别主要是通过不同的课程设置来体现的，不同专业的课程设置不是杂乱无章的，而是系统的。党校函授教育课程设置的系统性原则是指课程设置必须从党校函授教育的班次、专业的不同特点、要求出发，使之成为既相互区别、又相互联系、前后衔接的整体。课程设置具有系统性，可以使函授学员通过学习系统课程，比较全面、系统地掌握本专业的基本知识、基本理论，以适应其所从事工作多层面、多角度、多领域的需要，并为进入高一层次学习或坚持自学奠定坚实的基础。在课程设置中坚持系统性原则，要求根据班次特点及其要求的不同，确定专业的课程门数，在此基础上，按照基础理论课、专业基础课、专业课、文化知识技能课等几个部分，确定相应比例的课程。在课程设置中是否坚持系统性原则，直接决定着课程设置是否能体现专业性的要求，从而决定着该专业是否具有生命力。

三、科学性原则。党校函授教育的课程设置不是主观随意的，而是必须坚持科学性原则。课程设置的科学性原则，一是指课程设置必须合乎相应专业的要求，基础理论课、专业基础课、专业课和文化知识与技能课等几个部分的比例要合理，既体现专业性，又有广泛适应性；二是指各门课程安排的先后顺序要遵循教学规律的要求，由一般到特殊，由浅入深，循序渐进，逐步深化。党校函授教育课程设置坚持科学性原则，需要进行调查研究，了解、搜集各类高等教育相同班次有关专业的课程设置情况，进行深入分析，博采众长；需要请高等教育的有关专家进行研讨、论证；需要向党校函授第一线的授课教师和学员了解他们关于课程设置的意见、建议和要求；需要了解党员、干部工作急需学习专业知识的实际情况。这样，才能使课程设置形成一个科学合理的体系。

四、理论、知识、党性、能力“四统一”原则。理论、知识、党性、能力“四统一”原则是指在党校函授教育课程设置中，要把掌握理论、丰富知识、增强党性、提高能力四位一体，实现有机统一。党校函授教育作为成人高等教育的一个重要组成部分，其课程设置既要体现高等教育的一般性要求，又要兼顾成人教育的特点；既要体现学历教育的一般性要求，又要突出党校教育的特色。而在课程设置中坚持理论、知识、党性、能力“四统一”原则，正是上述要求的集中体现。掌握理论、丰富知识是各类高等教育的一般性要求，而增强党性、提高能力则是党校教育的一个突出特点。党校函授教育在课程设置中坚持理论、知识、党性、能力“四统一”原则，就为实现培养掌握理论、丰富知识、增强党性、提高能力“四统一”的高素质党员干部队伍奠定了基础。

五、相对稳定与及时调整相结合的原则。在课程设置上坚持相对稳定，是指课程设置一经制定、实施，就应当在一定时期内保持稳定，以确保其权威性和教学的顺利进行。但课程设置的稳定不是绝对的，而是有条件的，即应当根据有关情况的变化及时作出相应的调整。有关情况的变化主要有三种表现：一是专业调整、专业名称发生变化，要求课程设置进行相应调整；二是社会经济、政治、文化的发展对课程设置提出了新的要求；三是党员、干部学习知识的内容及其结构的变化要求对课程进行相应调整。上述三种情况无论哪种出现，都需要对课程设置及时作出合理调整。在课程设置中只有坚持相对稳定和及时调整相结合的原则，才能使课程设置既体现专业特色，又体现时代要求，同时符合党员干部学习知识、提高素质、适应竞争的需要。

把握函授特点　提高教学质量

辽宁分院　刘　朝

如何提高函授教学质量，调动学员学习的积极性、主动性，是一个重要的课题。教师必须把握函授教育特点，探究合适的教学方法，才能提高函授教学质量。

一、充分认识学习时间的业余性。函授教育是学员利用业余时间进行自学为主的一种形式。针对这一特点，应在教学中注意抓好以下几点：(1)每门课开课时，教员都要讲明该课程具体的学习要求，包括该课的主线、主要内容，应着重探讨的问题等，以便于学员带着问题去读书，理论联系实际地思考问题。(2)作业应着眼于让学员通过读书、查阅资料，理论联系实际地去回答一些问题。为引起学员重视，可将作业分为必做题和选做题两部分。(3)业余时间的有限性决定函授教育的面授课时不宜过多。为使学员在有限时间内掌握较多知识，必须改变照本宣科的授课方式。授课教员应把握教材的主要脉络，围绕主线，讲清基本知识点，并对主要问题进行归纳、总结、升华，使学员通过较短时间的面授，学到仅靠自学得不到的东西。这样，一方面有利于学员进一步消化理解基本知识点，另一方面有利于学员记忆，进而把知识转化成自己的能力。

二、增强教学内容的针对性。函授教育的学科设置特点，要求学员既要扎实地掌握基本原理，又能运用这些原理指导工作。所以，教员在指导学员学习时，一方面要把教科书的内容进行分类整理，给学员以清晰的知识框架和结构；另一方面，教员在授课时要跳出书本，要善于运用基本知识结合实际，去阐述重大现实问题，把抽象的理论延伸到具体实际，给学员耳目一新的感受，引导学员在分析、研究现实问题中实现认识飞跃，思想飞跃。如果教员授课时就书本讲书本，用画道的方式突出重点，学员就会感到乏味，甚至会认为这种面授课听不听没有多大差异，如果授课时教员完全脱离教科书，对基本知识弃而不论，一味热衷于现实问题的阐述，也会脱离函授教育层次的实际，不仅使学员难得要领，不利于基本知识的掌握，而且这种授课方式也难以和学员产生思想互换和共振。

三、充分调动学员参与教学的积极性。教学是教师和学员共同参与的活动，因此拿出一定的时间进行研讨或安排课堂讨论，是提高教学质量的重要措施。要使研讨收到积极成效，必须认真组织，切忌讨论的盲目性和放任自流。讨论中如果教员不给定具体的讨论题目，只出一个大的范围，缺少详细的要求，这样学员在准备过程中往往涉猎较广，讨论时难以深化下去，因而质量不会很高。讨论中如果指导教师不参加讨论，完全由学员自办，由于学工矛盾突出，主持人和学员都难以抽出较多的时间准备，讨论中往往会出现想讲什么就讲什么，又无教师的必要引导，所以问题不集中，归纳不到位，使讨论流于形式。或者指导教师虽然参与并主持讨论，但缺乏必要的准备，在学员热烈的讨论中，引导不力，任凭学员自由发言，最后的归纳总结又平淡乏味，也会使讨论不能取得预期效果。为充分挖掘学员的学习潜能，使研讨达到既定目的，指导教师必须做充分的准备。要把学员的潜能挖掘出来，不仅要求指导教师科学地确定研讨题目，运用科学的教学方法，而且要求教师具备良好的心理素质，同时还要善于从简单的知识传授者，转变为促使学员把知识转化为能力的推动者。

把素质教育落到实处

辽宁分院副院长 李秀华

在新世纪即将来临之际，应该以什么样的姿态、什么样的精神风貌跨入21世纪，江泽民总书记“三个代表”的思想和在全国党校工作会议的重要讲话，已为我们指明了方向。党校函授教育作为党校教育的重要组成部分，已发展15年了，要谋划在新世纪继续发展，出路在于进一步深化教育改革，把素质教育落到实处。

素质教育要从深化教育改革入手。我们要用中央《决定》提出的“紧紧围绕学习邓小平理论这个中心，建设好既坚持马克思主义又充分适应世界大转折和中国新发展要求的，主要包括‘理论基础’、‘世界眼光’、‘战略思维’和‘党性修养’这几个方面内容的教育课程”的教改总精神指导工作，坚持党校教育特色，突出时代特征，并符合国家成人高等教育要求，发挥党校系统的整体功能和优势。以改革总揽全局、带动全局、促进全局。抓住教学的各个环节，把工作做实。从课程设置、备课会、课堂教学、自学指导、命题改革到论文指导和答辩，环环抓紧，不能忽略和放松任何一个环节。为此，分院在推进教材编写、函授课程教学指导教师实施招标，旨在充分发挥全省党校系统师资的整体优势，集中大家的智慧搞好各学科函授教学改革。分院还从各个方面努力构建有利于素质教育的人才成长的“立交桥”，满足广大干部日益增长的对党校教育的需求。

素质教育要全面贯彻党的教育方针。教师要把素质教育贯穿到每科教学中去，真正实现党校函授教育“理论、知识、党性、能力”四位一体的要求，把培养学员坚定正确的政治方向，崇高的爱国主义和集体主义精神，扎实的科学文化基础以及创新意识和实践能力作为教学目标。积极实行启发式和讨论式教学，激发学员独立思考和创新意识，切实提高教学质量。要让学员感受、理解知识产生和发展的过程，培养学员的科学精神和创新思维习惯，重视培养学员收集处理信息的能力、获取新知识的能力、分析和解决问题的能力、语言文字表达能力以及团结协作和社会活动的能力。有条件的学科可以指导学员在本地区、本部门、本单位带着题目搞调查研究，并写出调查报告，增强学员对现实问题的关切度，从而增强责任感和主人翁意识。在搞好课堂教学的同时，作为任课教师还要动脑筋在指导学员自学上下功夫，使课堂教学效果和影响力能够延伸到学员自学的时间范围内，真正达到通过课堂教学激发学员自学的兴趣，学员自学又推动和促进课堂教学质量这样一种良性循环的局面。

要搞好素质教育，必须教育学员端正学习态度，明确学习目的。要帮助学员牢固树立为社会主义现代化建设需要而学习的意识，把需要作为动力，充分利用有限的时间，充实和提高自己，使学员在整个学习过程中坚持学习科学文化与增强党性修养的统一，坚持学习书本知识与投身社会实践的统一，坚持实现自身价值与服务人民的统一，坚持树立远大理想与进行艰苦奋斗的统一。在职在岗学习与脱产离岗学习的区别，就在于在职在岗学习同工作的矛盾很难处理，越是处在矛盾之中，对每个学员越是一种考验。学员一定要珍惜课堂教学的有限时间，千方百计保证听课，并做到真学、真听、真思考、真读书，达到真正获得知识，全面提高的目的。

从三个层面强化素质教育

中共张掖市委党校　李向清

一、用科学的理论武装学员。用科学的理论武装学员是党校函授教育的基本要求，也是推进素质教育的重要内容。要用科学的理论武装学员，提高学员的思想政治素质，培养政治立场坚定的合格人才，必须抓好两个方面：一是要把邓小平理论作为主课贯穿于党校函授教育的始终，系统学习邓小平理论的科学体系和精神实质，特别是要用邓小平理论为指导改造学员的主观世界，牢固树立改革的观念、发展的观念、实践的观念、群众的观念，时刻以“三个有利于”为标准，在改革实践中开拓创新。二是要坚持正面引导为主，对现实生活中的一些热点问题要透过现象看本质，增强政治敏锐性和政治鉴别力。要坚持马克思主义的辩证观点，善于从政治上正确认识和判断形势。在顺境中要看到存在的问题，不盲目乐观；遇到困难和挫折的时候，要坚定胜利信心，不悲观失望；面临挑战的时候，要冷静思考，妥善处理，不头脑发热。

二、培养学员的科学精神和创新能力。素质教育的核心是培养学员的科学精神和创新能力。党校函授教育必须注重培养四种能力：即信息处理能力、获取新知识的能力、分析和解决问题的能力、表达和协调能力。在函授教育实践中，需要抓好三个环节。

（一）要深层次处理教材。函授教育既要凭借教材这个载体，又要跳出它的形体。凭借它，是要以课本提供的知识和观点作为教学的基本原料，跳出它，是要在课本的基础上深化和升华，进行深层次的挖掘和高精度的提炼。对于教师来说，不在于时时处处都去把加工后的结果交给学员，而在于把加工的方法教给学员。对学员来说，也不是只要会依着葫芦画瓢，而要学会靠自己充分运用知识和发挥潜在能力，去探求结果。

（二）要创造性地指导自学。要指导学员按教学计划的进度，读完全部规定的教材，做到课前有预习，课后有复习，并能够掌握教材的重点、难点、结构。在指导自学过程中，一是要努力调动学员学习的主动性和积极性，对学员的思维活动要引导而不能限制，不要把学员当作被动的接受器。二是引导和鼓励学员独立思考、勇于探索，要注重培养学员的求异思维和获取真知的精神。三是因势利导，因材施教，对于部分智力优长的学员给予积极的鼓励和帮助，进一步发展其潜力。

（三）要认真研究和改进教学方法。党校函授教师不论学历多高、教龄多长，都要吐故纳新、与时俱进，认真研究和探索适应素质教育的教学方法。一要改革教师单向灌输知识的封闭式教学方法，推行启发式、讨论式教学，推广案例教学法、情景教学法、结构教学法等全新的教学模式。二要开辟第二课堂，增加社会实践课。结合所学课程，利用业余时间安排学员有计划地开展社会调查，并写出调查报告。三要更新教学手段，使用远程教育、网络教学等先进的教学手段。

三、用“三个代表”的思想指导学员的党性锻炼。党性教育是党校函授教育的重要特色。党性教育质量的好坏，不仅影响党校函授教育的形象，而且影响所培养人才的质量。党校函授教育必须重视党性教育，把党性教育列为党校函授教育的必修课。坚持用“三个代表”的思想指导函授学员党性锻炼，是在新形势下对每一位函授教师提出的新要求。

第一，引导学员做“先进生产力”的代表，树立正确的改革观。江泽民同志提出的“三个代表”中，首要的是做中国先进社会生产力发展要求的代表。要做中国先进社会生产力的代表，就必须树立正确的改革观，要明确改革是社会主义初级阶段发展的根本动力，改革是为了解放生产力、发展生产力，要深化对改革的对象、动力、阻力、方式及规律性的认识，做改革事业的推动者。

第二，引导学员做先进文化的代表，保持良好的精神状态。按照先进文化的代表这一标准要求学员，必须树立好自己的形象，保持良好的精神状态。当前，社会正处在转型期，愚昧的落后的封建文化尚未完全绝迹，一些腐朽的消极的西方文化也在滋生蔓延。要代表先进文化的前进方向，就必须坚定对马克思主义的信仰和走有中国特色的社会主义的信念，崇尚科学，反对迷信，时刻保持清醒的政治头脑，抵制各种腐朽思想的侵蚀。

第三，引导学员做人民利益的忠实代表，努力改进工作作风，克服官僚主义。从讲政治的高度解决好对人民群众的态度与人民群众的关系问题，做到思想上尊重群众、感情上贴近群众、工作上依靠群众、作风上深入群众、方法上适应群众、目的上为了群众。做到“位为民正”、“权为民用”、“欲为民节”、“情为民系”。时刻为群众利益着想，从思想上真正把人民拥护不拥护、答应不答应、赞成不赞成、高兴不高兴作为自己行动的指南。

教学也要创“名牌”

中共金昌市委党校　殷　莉

教学是一门艺术，教员在教学中应有自己独具特色的风格和特点，争创“名牌”课堂，争做“名牌”教员。

一、课堂教学要充分发挥教师的个人特色。教学活动有规律可循，但也要因人而异，要培养各自的特色、专长。在知识方面，有的教师知识面较广，古今中外，博学多才；有的教师对某一专业知识知晓精通；有的教师对党校的教育规律以及成人的心理科学知识研究颇深。在能力方面，有的具有马克思主义理论的研究能力，能圆满回答学员提出的在实践中遇到的各种问题；有的具备对党员干部进行面授、辅导、解惑的能力，能像政治家和讲演家那样，洒脱自如，较好地完成课堂教学任务，并使人理解信服，使党的教育潜移默化为党员干部所接受；有的具有适应形势的变化发展需要的应变能力，在不同的班次，不同层次的课堂上善于观察、预测，挖掘、探求理论上的新观点、新思维。在教学风格上，有的教师善于归纳，有的教师善于演绎；有的幽默风趣，有的逻辑严谨；有的生动活泼，有的庄重沉稳；有的感情澎湃，如大江奔涌，一泻千里；有的娓娓道来，如春风细雨润物无声。这些素质条件特征都或多或少地在课堂教学中得以表现，由此体现不同的风格与特色。

三尺讲台，是教师展现才能的艺术舞台，在这庄严的教育艺术舞台上教师既是表演家，又是导演，还是剧作者。他不但要使台下的学员听得津津有味，而且还要有组织地把台下的学员变为剧中人，使课堂教学活动变得轻松愉快，生动活泼。因此，教师要精心设计、合理安排，调动自身的积极因素，从一个侧面或一个方面作文章，下功夫，练就真功、内功、硬功、实功。表现在教学中或是教学内容扎实、丰厚，知识容量大，或是语言表达清楚，善于选择恰当的词句和综合运用口头语言和书面（板书）语言表达自己的思想，或是能对热点、难点问题透彻精辟地分析、讲解等，并使这种风格和特色固定下来，为学员适应，使教与学互相配合默契，圆满地完成教学任务，达到应有的教学目的，产生良好的社会效应。

二、党校教员要争创“名牌”课堂，争当“名牌”教员。“名牌”是一种标志，是一种创新而获得的荣誉称号。在市场经济中，商家们个个角逐竞争，争做名牌企业，争创名牌产品，从而在激烈的市场经济竞争中求生存，求发展，立于不败之地。同样，在教育战线上党校教员也应该勇创“名牌”。

“名牌”既是一种创新的标志，那么作为教员就要在教学活动中有所创新，有所突破，做到与众不同，成为某一学科的学者和讲授专家。要做到这一点，首先要求教员应在某一学科领域专下来，改变过去那种什么课都敢上，争当“多面手”，而什么课又上不好的局面。其次，在专的基础上研究教学方法：一要研究教学对象。教学对象差异性是多方面的，有年龄、职业、兴趣、知识基础和经验等差异，要因人施教。二要研究教学科目。不同科目的课程具有不同的特点，这是由不同学科的矛盾特殊性决定的。因此，必须在熟悉教材内容的基础上把握学科特点，因材施教。三要研究授课者自身特点。越具特色的东西，越具鲜明和生动性，也越能吸引人。不同特色的教学风格形成了丰富多彩的教学局面。教师要正确认识自己，发现所长，运用所长进行教学。

三、从教学实践中争创“名牌”。优良的教学风格、特色的实施发挥，从而产生良好的社会效应，引起公众的赞同与好评，这就是教学中的“名牌”，“名牌”是在实践中不断创立起来的。首先，在实践中要有一点“冒”和“创”的精神，大胆尝试，不断创新。其次，在实践中选抓方向。要根据自己所学专长确定主攻方向，狠下心来，花大力气研究教材，熟悉教材；同时在因人施教、因材施教中充分发挥自己的特长。还要在实践中抓自身素质修养。不断给自己“充电”、“给养”，强化师德修养，强化教学艺术修养，不断更新知识，调整知识结构，以适应新形势的需要。

党校函授教育需要“名牌”教员

中共东台县委党校　黄金旺

培养“名牌”教员有利于促进党校函授教育质量的提高。“名牌”教员是一流的教员，他们有一流的教学经验、教学方法、科研方法和勇于探索创新的精神，对产生一流的教学效果和教学质量起着重要的作用。在“名牌”教员的带动下，党校函授教育质量将会不断地推向新水平。培养“名牌”教员有利于塑造党校良好形象，扩大党校函授教育的知名度。党校函授教育如果没有自己的“名牌”教员，党校函授教育就很难有较强的竞争力，就难以树立起党校函授教育良好的社会形象。“名牌”就是竞争力，就是形象，党校函授教育必须注重“名牌”教员的培养。

党校函授教育的“名牌”教员，不仅是党校的宝贵财富，也是社会的宝贵财富，他不仅可以在党校内传授科学理论知识和科研创新方法，还可以(如果是货真价实的“名牌”教员）也必然会走出党校，走向社会传播科学理论知识和科研创新方法。这必然会扩大党校函授教育在社会上的影响，提高党校函授教育的知名度。正所谓“山不在高，有仙则名；水不在深，有龙则灵”。

培养“名牌”教员既要创造良好的外部环境，又要靠教员的自身努力。各级领导要深刻认识到培养高水平优秀教员是关系到党校函授教育生存发展的大事，对教员的培养要引进竞争机制，采取利益驱动措施，将教员的职责和劳动成果同经济利益挂钩，实行全面的奖赏制度，行之有效地激发教员的进取精神和创造精神，让优秀教员脱颖而出。尊重教员的专长和兴趣，合理安排他们的教研项目，使其特长得以充分发挥。对教员的教学和教研活动，从设备上、经费上、时间上给予充分保障，有计划地安排教员深造和交流，鼓励教员加强科研，著书立说，提高水平。党校的中青年教员最有时间、最有希望成为党校函授教育的“名牌”教员。党校中青年教员要成为一名代表党校函授教育形象的“名牌”教员，要靠脚踏实地工作和日积月累的知识积累，从上好每一堂课、教好每一个学员入手，在实践中磨炼和提高。积极探索党员干部的教育规律，探索党校函授教育教学方法和教学手段的革新。适应社会发展的大环境，适应知识更新日新月异的大趋势，终身学习，不断充电，以领先的“学”造就高起点的“教”。要通过不断的努力进取，使自己成为一名名副其实的党校函授教育的“名牌”教员。

党校函授教学要与时俱进

山东分院烟台学区　卢云学　于晓鹏

党校函授教育的成效很大程度上取决于面授课

的质量。党校教师要真正讲好函授辅导课，除了具备丰富的专业知识、严谨的教风、端庄的教态和灵活的教学技巧外，还要注意紧跟形势，补充和更新知识，突出时代特征，与时俱进。

一、与时俱进是形势发展的必然要求。任何事物都是不断发展变化的。当前，高新科技突飞猛进，新事物层出不穷，知识更新的周期不断加快。对面授教师来说，几年、几个月前还是很完备、很实用的知识，今天可能已经落后于形势了。尤其是随着我国法制建设的发展，很多法律正在不断修改和完善，法律专业知识的更替十分明显，经济类的专业知识也处于不断发展中。如果党校的面授教师不能紧跟形势变化，把已经过时的专业知识作为主讲内容传授给学员，则很难收到理想的教学效果，甚至会误导学员，影响党校的声誉。一个不能跟上形势的教师，即使他的教态再完美，他的授课技巧再灵活多样，也不能算是一名称职的、合格的教师。

二、与时俱进要有我为人先的思想。当前在党校函授教师队伍中，有一些人把函授专业课认认真真、扎扎实实地备好，通过努力讲出了“精品”课效果后，就认为可以一劳永逸，高枕无忧了。下次再讲授此课，拿出来照本宣科，讲得仍很生动形象，甚至更熟练了，但整体缺乏一种新意，给人老调重弹的感觉，某些地方明显流露出不足。到党校的学员很大一部分已掌握了一定的专业知识，平时也经常读书看报，但知识不系统，不全面，他们要求通过到党校学习来充实完善自己。他们对党校函授教师的要求是相当高的，对那些老讲“过时话”的教师“失宠”便不难理解了。所以，面授教师要树立“紧跟形势”的教学观念。紧跟形势要达成两点共识：一是精品课只有更好，没有最好。今年的备课、授课水平只代表过去，社会在进步，形势在变化，知识在更新，来年应是一个新的起点；二是教师如果满足现状，自身不努力，停滞不前，只能导致落伍。应当采取谦虚谨慎、勤学苦练的治学态度，不断提出更新更高的教学目标，注重学习新知识，吸取新养料，不断更新知识，充实自己，与时代同步。否则，将有可能被时代所淘汰。

三、与时俱进要有实实在在的行动。紧跟形势不是简单的读书看报听新闻，不是学几个新名词，讲几句时兴话，而是要有丰富的内涵。“紧跟形势”至少包含四个方面的内容：(1) 掌握本专业领域最新理论动态；(2) 了解相关专业领域的发展变化情况；(3) 能利用专业知识解释当前社会热点、难点问题在本专业领域的反映，并做出正确判断和决策；(4) 能正确分析预测本专业理论未来发展态势。只有做好上述四点，才能达到胸有成竹，处变不惊的境地。具体可通过以下途径来实现：其一，利用传播媒体。广播电视、报纸杂志、信息网络等诸多传媒已深入寻常百姓家，政治、经济、文化及社会各领域的任一微小变化都能通过传媒反映出来。函授教师平时要有意识地加强这方面的训练，做到搜集信息多、快、准。其二，创造机会“走出去”。争取到上级党校或有关部门参加专业进修班、培训班；尽可能有针对性地参加社会上举办的各类专业理论研讨会、学术交流会；经常深入农村、厂矿、企业，亲临第一线搞调查研究，善于发现新情况、提出新问题。其三，提高辨析能力。社会形势发展比较复杂，许多问题难辨真伪，这就要求授课教师要具有很强的辨析能力，能在众多纷繁的头绪中始终保持清醒的头脑，大胆取舍，去伪存真，去粗取精。其四，形成管理制度。紧跟形势说起来容易做起来难，而坚持下去就更难了，我们要把紧跟形势列为教学制度和师资培训中的一项基本要求，采取相应对策长期坚持下去，使党校教师的教学水准和时代同步，紧紧把握时代脉搏，乘势前进。

党校函授要融入主体班的教学内容和形式

中共上海市静安区委党校　乐基伟

主体班和函授班是目前党校教学的两种主要班次，都在党校的干部教育中发挥着不可替代的互补作用。但是在教学内容和教学形式上，主体班和函授班是各有特色的。相对讲，主体班在教学内容上偏重专题性，更注重贴近当前的形势和任务，但是理论的系统性不如函授班；而函授班由于考试的制约，在教学内容上较多的依赖教材，对当前形势和任务的联系密切程度不如主体班。在教学形式上，由于主体班是集中脱产学习，因此在教学中比较容易加入小组讨论、大组交流和参观学习等丰富活泼的形式，而函授班，尤其是城区党校的函授班，基本上是业余学习，学习时间分散，教学上往往是偏重于单一的课堂灌输教学，形式不如主体班丰富。

如何进一步提高函授教学质量，自己在教学实践中感到，将主体班的教学内容和形式有机地融入函授教学是一个有效的途径，这既可以补充函授教材落后于形势这一缺陷，又可以引导学员理论联系实际，运用教材中的系统理论知识来分析学员所关心的现实问题，增强学员学习的积极性，引起学员的思考，提高分析问题的能力。比如自己在讲授《宏观经济运行与管理》时，加入在主体班讲授的“中国加入WTO的进程和分析”、“新经济组织的界定和意义”等专题课的有关内容，并引导学员在课堂中间讨论中国加入WTO后，对上海和全国的经济发展、政府经济管理职能的转变会带来哪些机遇和挑战？讨论当前中央关于西部大开发决策在宏观经济运行中资源的合理配置会起什么作用？讨论新经济组织的出现对国家宏观经济运行的影响等等，让学员联系自己单位的情况，把局部放在宏观经济的全局中加以思考，这样做，教学效果会更好一些。

将主体班的教学内容和形式有机地融入函授教学之中，这本来就是党校教学现成的宝贵的资源，也是党校教学的优势所在，对提高函授的教学质量将是十分有利的。

围绕加强党的建设
确立函授教育发展战略

中共泸州市委党校　杨亚光

党校函授教育从无到有、从小到大，已蓬蓬勃勃发展了十多年。它的产生是适应党的建设的需要，它的发展也是更好地为党的建设服务。党校函授教育必须围绕党的建设确立自己的发展战略。党校，顾名思义，是党的学校。没有党，就没有党校，也就没有党校的函授教育。中国共产党的党校，由中国共产党自己创办。党校的命运，包括党校函授教育的命运，完全决定于党的命运。

党校函授教育之所以一经产生就显示出了强劲的发展势头，一是适应了社会的需要，特别是广大党员干部迫切要求学知识、全面提高素质的需要；二是有一支具有办学能力的师资和管理人员队伍，具有遍布全国的教学与管理网络；三是有一套既比较规范又比较适合干部实际的教学管理机制和方式方法。此外，我认为更重要的保证是两条：第一，中国共产党是执政党，在执政党的党校学习有吸引力，党校学历写进了中央文件，有执政党的组织人事部门认可，其有效性不容否定。第二，各级党委、政府及其组织人事部门对党校函授教育给予了大力支持，并在一定程度上与干部使用挂钩，同时各级领导干部带头参加党校函授学习，进一步增强了党校函授教育的吸引力。没有这后两条，党校函授教育很难有今天的规模和影响。

由此可见，党校函授教育的发展不能离开党的建设，不能离开党的发展，不能离开巩固党的执政地位。党校函授教育必须围绕加强党的建设，围绕巩固的执政地位做文章、作贡献。只有党的建设加强了，党的执政地位巩固了，党校函授教育才有生存的基础条件，才有发展的根本保证。

在当今中国的各类教育中，党校的特殊性就在于其姓党，它的突出功能是训练干部，是培养各级领导人才。党校函授教育的真正优势，也正在这里。比如，在对干部培训的规律研究方面，在干部培训的管理方面，在政治理论的研究和教学方面，在对干部的党性教育方面，在理论联系实际方面，党校函授教育具有一般国民教育难以相比的优势。因此，党校函授教育不应避长就短，而应扬长避短，充分发挥自己的独特优势，紧扣加强党的建设以确立自己具体的发展思路。

专家·思想家·心理学家

——浅谈班主任素质

洛阳轴承集团公司党校　陈嘉栋

班主任素质，永远是一个新鲜的教育研究课题。一般教育学书籍中对班主任素质的要求是：有较高的思想觉悟和良好道德修养，热爱学生，有组织能力和工作技巧。这作为班主任共同的起码素质，无疑是正确的，但远远不够。面对跨世纪的新时代，中央党校提出了加强和改革函授教育的要求，班主任素质的提高和充实确实是当务之急。笔者认为，作为面向未来跨世纪培养现代化建设人才的党校函授教育的班主任，除了应具备以上素质外，还应努力使自己成为一名专家、思想家和心理学家。

优秀的班主任首先应该是某一学科领域的专家。党校函授教育的班主任一般同时兼任一两门学科的教学，而班主任的威望则很大程度上取决于他精深的专业知识和美妙的教学艺术。如果一位班主任的课堂水平低，那么，不管他在班主任工作上如何“呕心沥血”，都难以让学员由衷地尊敬他。大多数优秀的班主任在专业学科教学中都是很出色的。全国十大杰出青年之一的魏书生，他的班主任工作出类拔萃，而他的语文教学也卓有成效，被誉为“语文教学的专家”。党校函授教育也有在这两方面都很优秀的班主任。其实，不仅仅是出色的课堂教学，如果班主任在教学之外还有一技之长，那么更能使学员从心底产生敬佩之情。教数学的，不妨在课余研究一点数学“猜想”；教英语的，最好同时又是一位业余翻译；教计算机的，最好是一位电脑修理的能工巧匠；教语文和政治理论的，应该也是一位业余研究者或业余文学作者。教学艺术和专业特长，使班主任对学员产生一种热爱科学、不断进取的潜移默化的感染教育作用，也使班主任本人对学员保持一种源于科学、源于知识的人格魅力。因此，每一位班主任都应在业务上给自己提出做专家的要求，并为之努力。

优秀的班主任同时又应该是一位思想家。班主任的全部工作都是为了培养具有现代意识、能适应未来跨世纪的社会主义建设人才。而班主任首先应使自己具有现代意识：勤于思考，勇于探索，重视科学理论的学习与研究，关注社会和时代的发展，不断地汲取各种新的思想知识养料，努力提高自身的理论修养。现在，不少班主任成天忙于应付各种事务性工作，无暇自我进修提高，久而久之，视野越来越窄，思想火花慢慢熄灭，思维也不那么敏捷，缺乏对时代脉搏的准确把握和未来趋势的科学预见。而使自己变成了“班级警察”和“学员保姆”。这样的班主任是很难胜任面向未来培养跨世纪人才重任的。作为思想家的班主任，他既要踏踏实实地做好学员的思想教育和班级管理的每一项工作，同时也要不断关心、思考着社会动向与党校函授教育的相互影响，甚至当代思想理论界的热门课题、国际上的风云变幻都能使他想到自己的教育责任。坚定的政治立场和鲜明超前的意识，会使他科学地把握党校教育方向，并敏锐预见今天教育对未来社会的影响，从而主动进行一些富有创造性的工作。

优秀的班主任还应是一位心理学家。长期以来，我们党校教育往往只注重对学员的政治思想教育和党性锻炼，而忽视了对学员心理的细腻把握和科学保健。对学员进行政治教育和党性锻炼当然是必须的，但这不是德育的全部内容。事实上，党校函授教育的学员，随着干部的年轻化，二十岁左右的青年干部占一定的比例，学员中暴露出的不少问题都源于不同程度的心理疾病。近年来，洛阳轴承（集团）公司党校学员就曾发生轻生的现象，其原因相当复杂，但至少有一点是共同的，即不具有健康的心理素质。因此对他们加强心理教育是十分重要的。党校函授教育的班主任要真正无愧于“人类灵魂的工程师”的称号，就必须掌握系统的心理学知识，善于走进青年学员的心灵之中，敏锐地感受学员的心理变化，准确地把握他们心理活动的规律，与他们心心相印，息息相通。正如教育学家赞可夫所说：“对于一个有观察力的教师来说，学生的欢乐、兴奋、惊奇、疑惑、恐惧、受窘和其它内心活动的最细微的表现，都逃不过他的眼睛。一个教师如果对这些表现熟视无睹，他就很难成为学生的良师益友。”（引自《和教师的谈话》）

也许有人会认为，要普通的党校函授班主任做专家、思想家、心理学家是一种不切实际的苛求。的确，从事具体工作的班主任要成为真正意义上的专家、思想家、心理学家是很不容易的，但这并不妨碍我们每一位有责任心的普通班主任给自己不平凡的事业提出一个终生为之奋斗的目标。“发乎其上，得乎其中；发乎其中，得乎其下。”——这一古训也正是不少普通班主任脱颖而出成为教育专家的原因之一。愿党校函授教育所有的班主任以此自勉。

党校学历教育要重视思想政治教育

中共湖北省委党校 崔光胜 王 星

由于党校姓“党”，党校函授学历教育应当突出政治性和思想性，培养能够代表中国先进社会生产力的发展要求、代表先进文化的前进方向、代表中国最广大人民的根本利益的合格人才。

一、突出思想教育领先的原则。函授学历教育要把提高广大学员的思想素质、政治素质放在首位，致力于培养忠诚于马克思主义、坚持走有中国特色社会主义道路、会治党治国的专业人才。必须突出抓好学员的思想教育。第一，要帮助学员确立崇高的政治信仰。在理论上弄清弄懂马克思主义关于人类社会发展规律的学说，努力掌握邓小平关于建设有中国特色社会主义的理论，在思想上坚定共产主义信念，在言行上与党中央保持高度一致。抓好学员的"理论基础"，即"马列主义基本问题"、"毛泽东思想基本问题"、"邓小平理论基本问题"的学习。使学员牢固地树立马克思主义的科学世界观、人生观。第二，要帮助学员确立伟大的信念。信仰是基石，信念是目标。我们的信念就是通过社会主义实现共产主义。我们的近期目标就是建设初级阶段的社会主义。党校培养的学员既要有马克思主义的政治信仰，又要有坚定不移的社会主义信念，只有这样，才能使学员坚定共产主义理想，不断提高政治素质和领导水平，增强辨别是非和拒腐防变的自觉性。第三，要帮助学员确立坚定的信心。社会转型时期各种改革具有震荡性和阵痛感，一些改革措施不断触及每个人的利益。比如，国有企业改革引发的职工下岗，机构改革引发的定岗分流等，其利益涉及到每个社会成员。在社会错误思潮的冲击下，有的党员干部党性观念不强，贪污腐化，走上了违法犯罪的道路。面对这些错综复杂的社会现象，党校学员希望能在党校的课堂上找到正确的答案，听到正确的声音。党校教师应当从维护社会稳定的大局出发，解惑答疑；勇敢地拿起马克思主义的思想武器，引导学员正确看待改革开放的伟大成就，正确处理个人得失与社会利益的关系。

党校学历教育强调思想领先，不是否认专业知识的教育，而是思想素质与专业素质并重，做到政治思想与专业成绩双合格。

二、坚持上好党性教育课。加强党性教育必须不断丰富其内容。一是党性教育课要同学员坚持全心全意为人民服务的根本宗旨结合起来，不断提高学员自身的政治素质。二是党性教育课要在拓宽学员的政治视野上下功夫，使学员具有"世界眼光"。敏锐地观察全球的政治、经济、科技、文化等各种问题，培养学员的政治家素质。三是党性教育课要不断创新。参与社会实践，大兴调查研究之风。社会本身就是一个大课堂，在这个大课堂里学员可以深入研究我国改革和建设中带有全局性、战略性、前瞻性的重大问题，如党的建设、经济体制改革和思想政治工作等问题；可以深入地研究我国的国情、省情、市情、县情和厂情。社会调查活动结束后，应当要求学员写出相关的论文，以提高学员的理论水平。

三、严肃政治纪律，加强对教学和学员的管理。首先是加强教学管理。党校讲课有纪律，不能为错误思想提供讲坛；党校教师要政治上合格，忠诚于马克思主义、毛泽东思想、邓小平理论，自觉维护社会稳定，同以江泽民同志为核心的党中央保持高度一致。同时要具有扎实的马克思主义理论功底和科学的探索精神，做到学风严谨、勤奋工作。其次是加强对学员的管理。党校学员要有严明的政治纪律，要突出讲学习、讲政治、讲正气，不传播政治谣言，不信歪理邪说，用马克思主义理论武装自己，用科学的精神指导自己的言行。党校对学员的组织管理应当包括两个方面：1. 校园内的管理。它包括学员的到课率、课堂纪律、自学及完成作业情况、考试考核以及毕业论文撰写及答辩情况等。对于到课率达不到要求的，要取消该门功课的考试资格；对于考试不合格的，必须申请参加补考；对于毕业论文未能通过的，必须经过批准，在规定期内必须重新撰写和答辩。2. 校园外的管理，校园外的管理是校园管理的延伸，主要是委托学员所在单位进行管理。双方形成共同管理和培养学员的良好关系。对于优秀的学员，党校要颁发证书，写出书面意见，随学员档案一并寄往学员所在单位，作为其单位任用提拔的参考依据；对于具有违法乱纪或犯罪行为的学员，只要有组织和司法部门的认定，党校将一律取消其学籍资格。

函授学员的思想政治工作亟需加强

中共聊城市委党校　阎希伦

关于函授学员的思想政治工作，目前不同程度地存在两种错误观点：一是认为函授学员党员多、干部多，思想政治工作无需做；二是认为函授学员集中时间少、见面机会少，思想政治工作无法做。受这些思想影响，在教学管理中普遍存在放松、忽视学员思想政治工作的倾向，这是十分有害的。

一、高度重视思想政治工作是我们党的优良传统和政治优势。我们党历来把思想政治工作看成是团结全党进行伟大政治斗争的中心环节，把思想政治工作看成是经济工作和其他一切工作的生命线。

过去，我们依靠强有力的思想政治工作取得了革命和建设的伟大胜利，今天在新的历史条件下，也只有充分发挥思想政治工作这一优良传统和政治优势，才能保证经济工作和其他工作的正确方向，保证党的路线方针政策落实到各项工作和群众中去，及时排除并战胜各种错误思想的干扰，巩固和发展全国各族人民奋斗的思想政治基础，为经济工作和其他各项工作提供强大的动力与保证。党的这一优良传统和政治优势，我们决不能丢。

二、从当前函授学员思想政治状况看，加强思想政治工作十分必要。据调查，函授学员中的大多数人政治觉悟和思想状态是好的和比较好的。但对学员中存在的种种思想、认识问题不能掉以轻心，如有的学员不能正确认识世界格局的变化，认为冷战的结束就意味着社会主义历史的终结；有的学员不能正确认识马列主义、毛泽东思想、邓小平理论对我们党的指导地位，而忽视马克思主义理论的作用；有的学员对改革开放中产生的竞争、收入差距，尤其是腐败等问题感到不满，并把它们归罪于市场经济，有的甚至认为中国特色的社会主义就是资本主义，对社会主义失去信心；还有的学员没有确立远大理想和正确的人生观、价值观，把上函授当成是混学历，学习不认真，组织纪律松弛；等等。所有这一切，如果不能得到及时有效的纠正，就会影响党校函授教育宗旨和目标的实现，影响到正常的教学管理秩序，甚至影响到我们党改革开放大业，影响国家和民族的前途。而要解决和克服这些问题，就只能靠认真细致的思想政治工作。因而加强对函授学员的思想政治工作不仅十分必要，而且十分紧迫。

三、做好党校函授学员的思想政治工作还具有重要的社会连动效应。党校函授学员来自社会各个部门，每个人在社会和部门都有一定影响，有的还担负着重要的领导职务，有的本身就是一个思想政治工作者。加强对他们的思想政治工作，不仅使他们本人受到了教育，而且他们又可以去教育和影响其本单位、本系统和周围的人，这既可以大大减少全社会思想政治工作的经济成本，又能够起到传递速度快、影响面广、社会效果好的作用。

根据多年来函授教学管理的实践经验，我们认为，加强函授学员的思想政治工作，主要应采取以下措施：一是提高认识，克服错误观点，把对学员的思想政治工作提到党委工作议程和教学管理工作的各个环节中去，这是做好这项工作的前提；二是组织保证，建立健全有专兼职教师组成的思想政治工作机制和队伍，通过完善的机制和有相当数量的政治责任心强、业务能力高、热心服务学员的思想政治工作者，保证学员的思想政治工作有人管、有人做、做得到、做得好；三是制度规范，把对学员思想政治工作的时间安排、目标要求以及思想政治工作机制和人员的职责、权利、义务、奖惩等用制度加以规范，并严格执行；四是改进方法，在继承传统方法的基础上，根据新的形势大胆创新，增强时代感，加强针对性，提高实效性；五是提高教师素质，教师是函授学员思想政治工作的主导者和实施者，只有自身具备好的品质和高的本领，才能用科学的方法去做学员的思想政治工作，才能对学员产生积极的影响并取得良好的效果。

党校函授教育不能市场化

上海分院闸北辅导站 赵 君

随着市场经济的不断深入，教育作为一种产业得到迅速的发展，但教育事业是培养人才的一种特殊产业，不能完全受利润规律支配，不能实行产业化和市场化。党校教育事业作为以全国党政领导干部为主要对象的继续教育事业，党校函授教育是它的重要组成部分。由于它的教育性质、任务和培养目标决定了它是一种特殊的成人高等教育，不能产业化和市场化。

首先，党校函授教育是党的干部教育事业的一部分，它以培养党的高素质干部队伍为自己的办学宗旨。它直接服从、服务于无产阶级政党建设的需要。因此党校函授教育办学要站在讲政治的高度，强化大局意识、责任意识。不能重利轻义，更不能以赢利为目的，不能把它当作创收手段或把它当作党校的“三产”对待，片面追求经济效益，而忽略社会效益，忽略党校函授教育的政治性、严肃性和原则性。

其次，党校函授教育从一定意义上讲，是一种“精英教育”。它的培养对象有一定的范围，主要是一些在职在岗的党员干部，或者说是在行政工作领域的“精英”。它的培养质量要求是“理论、知识、党性、能力”的四统一。15年来培养了一支高素质干部队伍。但随着中央党校把函授大专班放到各省市委党校，有的地方欲取消这一传统要求，甚至欲取消党校函授教育自身的教学特色，进入市场，与其它高等教育争夺生源。但党校函授教育放弃自身特色，真的能赢得市场吗？可能从“精英”教育走向“大众化”教育会暂时取得一些生源，但量的增进必然引起质的变化，这个质的变化包含了教育性质，教育功能、教育模式、办学方向、课程设置、教学方式和方法、入学条件、管理方式以及党校函授教育与社会关系一系列变化。这些质变能使暂时的生源变得长久吗？这些量的增进能使党校函授教育走向兴旺吗？重利轻义犹如杀鸡取卵，会把党校函授教育推向尽头。

第三，我国的社会主义市场经济刚刚起步，尚有许多不规范之处，以市场操作的方法来办党校函授教育这个十分特殊的事业，难免鱼龙混杂，不仅不利于教育管理本身，而且还会影响到党校函授教育宗旨和目标的实现，甚至影响到我们党的形象和声誉。

党校函授教育应该勇敢地融入教育改革大潮，但把它完全放入市场范围内运作，势必又会进入另一个误区，即“趋利化”。党校函授教育改革只有保持自身的特点，遵循“加强理论武装、开阔世界眼光、培养战略思维、增强党性修养”的改革总体布局，严格把关，规范管理，保证质量，才能使党校函授教育在21世纪得到进一步的发展。

作业管理也要从严要求

江西分院抚州学区 **王小林 喻 彪**

在函授教学实践中，我们常常发现学员对作业存在着敷衍应付和弄虚作假的情况。这是因为不少学员认为作业质量要求低，缺乏评分量化标准，又无严格的完成时限要求，因而思想上轻视，行为上应付。部分函授教员在批阅作业时也是求量不求质，缺乏认真、负责的态度。

事实上，作业是学员消化所学知识，巩固学习成果，锻炼分析、解决问题能力的重要教学环节。加强作业管理，对督促学员自学，检查学员对知识的掌握程度以及检验教员教学效果，意义重大。教员和学员都要从思想上充分认识作业在函授教学中的重要地位，通力合作，相互配合，认真抓好这一教学环节。

一、精心设置作业题并合理制定评分标准。我们在设置作业题时严格以总院下发的教学大纲、教学具体安排所列的作业题为基准，但题型和提法作适当变动，并且增设一些联系实际的题目，许多科目除了教材之外，还配有总院或各分院编印的辅导材料，作业大都附有参考答案。如果作业题都一字不变地选自其中，学员自然不愿自学，只需将答案抄录一遍，这样的作业起不到应有的作用。所以，对题型和提法作些适当变动十分必要。同时，适当添加一些联系实际的题目，有助于学员开动脑筋，独立思考，在掌握教材内容的基础上通过理论联系实际，创造性地完成好作业。此外，我们参照试卷的规格，每道题后都设定标准分数，让学员增强认真答题的责任感，也便于我们阅改定分。

二、严格执行作业收缴制度。作业收缴原则上在课堂进行。只有参加面授学员所缴的作业才是有效作业，请人代缴或迟缴的作业一律无效（学员有特殊情况者除外），拒收复印、复写件。如此而为，并非对学员有意苛求，而是本着对学员负责的原则，督促学员提高自学意识、防止弄虚作假搞形式主义的一种有力举措，既增强了作业的时效性，又可促进面授率的提高，一举两得。

三、认真阅评作业并如实登记分数。我们对每一次每一份的学员作业都一丝不苟地进行阅改，不是笼统地打“钩”批“叉”（如此易纵容学员敷衍应付），而是做到错处有标记、阅后有评语，并综合答题质量和字迹端正与否合理给分，不打人情分，对代做、抄袭作业者一律以“零”分论处。并对每次作业的阅改情况作出小结，在期终适当之时在全班进行讲评，肯定成绩，指出存在的问题和改进的意见。这样，可以进一步巩固学员学习成果，加强理解和记忆，事半而功倍。每学期末在登记屡次作业综合分数时，依据作业的数量和质量如实计分，决不送分。如实登分，再一次杜绝了学员对作业敷衍应付和弄虚作假的现象。

当初在执行这些管理措施时，不少学员不理解，认为这是小题大作。后来，他们中的绝大部分人逐渐领会到这是教员的良苦用心，因而端正了认识，自觉处理好工学矛盾，认真对待每一次作业。由于有了平时认真做作业的基础，所以期中、期末考试成绩从总体上均有较大提高，学员本人也觉得这样做，学到了东西，受益匪浅。

办学经验集锦(一)——加强党性教育

用“三个代表”的思想指导学员的党性锻炼

江苏分院扬州学区 吴建华

江泽民同志最近在广东考察工作时提出了“三个代表”的思想，具有极为重要的意义。从历史看，“三个代表”从历史唯物主义的高度对我们党七十多年的基本经验作了科学概括，是对马克思主义建党学说的创造性运用和发展，具有理论的深刻性；从现实看，“三个代表”从改革开放的时代高度鲜明地反映了我们党的性质、任务和宗旨，进一步明确了新时期加强党的建设的根本指导思想，具有实践的指导性；从未来看，“三个代表”同国内外形势的发展趋势和建设有中国特色社会主义的伟大进程相吻合，具有时代的前瞻性。

坚持“三个代表”，既是始终保持党的工人阶级先锋队的性质、使我们党永远立于不败之地的迫切需要，也是在新形势下对党员尤其是党员干部增强党性提出的根本要求。每一个党校函授教育工作者都要深刻认识和牢牢把握这“三个代表”，并用以指导学员的党性锻炼。

一、要引导学员做中国先进社会生产力的发展要求的代表。在江泽民同志提出的“三个代表”中，首要的是做中国先进社会生产力的发展要求的代表。按照这一个“代表”的要求指导学员的党性锻炼，必须引导学员在以下五个方面下功夫：一是思想解放的程度要高。体制改革的力度、经济发展的速度，是同思想解放的程度密切相关的。二是锐意改革的意识要强。新时期最鲜明的特征是改革开放，只有对不适应生产力发展要求的生产关系进行调整和改革，才能解放和发展生产力。三是加快发展的劲头要足。“发展是硬道理”。中国解决所有问题的关键在于自己的发展。四是科技创新的步伐要快。要重视科技创新这个第一推动力。五是开拓进取的勇气要大。抓住机遇而不可丧失机遇，开拓进取而不可因循守旧，这是重要的精神状态。

二、要引导学员做中国先进文化的前进方向的代表。按照这一个“代表”的要求指导学员的党性锻炼，必须引导学员在以下两个方面下功夫：一是在改造客观世界方面，始终坚持“两手抓、两手都要硬”的方针，在解放和发展中国先进社会生产力的同时，繁荣和发展中国先进文化。任何时候都不能以牺牲精神文明为代价换取经济一时的发展。“两个文明”都搞好，才是有中国特色的社会主义。二是在改造主观世界方面，始终保持高尚的思想道德和先进的科学文化。只有在改革开放、发展市场经济的新形势下，自觉抵制资产阶级和其他腐朽思想的侵袭和诱惑，保持共产党人的纯洁性，在科技发展日新月异、文化交流相互激荡的新环境里，努力学习和吸收一切优秀文化成果，增强共产党人的适应性，才能成为中国先进文化的前进方向的代表。

三、要引导学员做中国最广大人民的根本利益的代表。按照这一个“代表”的要求指导学员的党性锻炼，必须引导学员在以下三个方面下功夫：一是从“讲政治”的高度解决好对人民群众的态度、与人民群众的关系问题，做到思想上尊重群众，感情上贴近群众，工作上依靠群众，作风上深入群众，方法上适应群众，效果上为了群众。二是从“塑形象”的高度解决好党员干部的职业道德建设问题，做到“位为民正”、“权为民用”、“欲为民节”、“情为民系”、“利为民谋”。三是从“抓落实”的高度解决好实际工作的思路和方法问题。当前，特别需要党员干部到群众生活最困难的地方去，排忧解难；到群众有怨言的地方去，理顺情绪；到出现新情况、新变化的地方去，总结经验；到工作推不开的地方去，打开局面。

加强学员党性锻炼应强调的几个问题

中共白银市委党校　范　义

《中国共产党党校工作暂行条例》指出，“党性教育是党校教育的必修课。党性教育内容要有针对性，要把学习马克思主义理论同增强党性锻炼结合起来，把改造主观世界和改造客观世界结合起来。”江泽民同志早在1990年6月就指出：“办好党校，培训好干部，必须十分重视加强学员的党性修养，把党性教育作为党校的必修课。”党校函授教育必须保持党校教育特色，也要把党性教育作为必修课。

鉴于此，通过哪些途径来实现加强党校函授学员的党性锻炼呢？笔者认为，始终应该强调把握好以下最基本的五个方面的问题：

一、切实抓好入学教育。“从入学教育开始”或者“从入学教育开始抓起”这是中央党校函授学院对新学期开始特别是对新入学函授学员所实施的第一项教育。这第一项教育应抓好：一是在开学典礼上请党委领导或有关部门领导同志做学习动员；二是由党校领导召开具体班次学员大会，宣布校纪校规，提出各项具体要求；三是班主任以班和组为单位组织学习有关文件，沟通班级情况，统一思想认识。

二、把增强党性贯穿于在校学习的始终。从“党校姓党”的这个函授教育的性质和特点出发，要求教师在确定教学计划，在备课、授课、辅导、讨论、考查等方面，紧密结合学员的思想实际和学员的党性表现，有针对性地进行教育，把理论知识教育同党性教育结合起来，切实做到既教书又育人。

三、函授班主任和教师要身体力行，为人师表。加强对学员的党性教育，提高函授教育质量，关键要有一支政治上坚强，业务上合格的教师和班主任队伍，为学员增强党性创造一个良好的环境。在新的历史条件下，党校函授教学的基本任务和培训目标对教师和班主任提出了更高的要求，即必须具有坚实的马克思主义理论功底；坚定的共产主义信念；坚强的无产阶级党性。这三条要求互相联系，缺一不可。因此，这就提出了一个教育者必须首先受教育的问题。函授班主任和教师都要努力钻研马克思主义基本理论，打下坚实的理论基础。要带头贯彻理论联系实际的方针，自觉运用马克思主义的基本观点和教材上的知识，正确地认识形势，分析矛盾，解决人们普遍关心的思想认识问题，不断改造自己的世界观。与此同时，作为教师和班主任要为人师表，身体力行，在党性锻炼方面为学员做出榜样。在教学和学员管理过程中，既热情服务，又要严格管理，凡是要求学员做到的，教师和班主任必须首先做到。

四、加强学员管理，过好组织生活。严格学员的组织生活，是加强对学员管理、经常进行批评监督、增强党性修养的一项重要措施。学员一进党校，不论职位高低，无一例外地都是普通学员。都必须自觉地把自己置于学校和班主任的领导和管理之下，遵守学校各项规章制度，实行自我服务，自我管理。学员班支部是学员自我管理，自我教育的核心，通过定期的支部生活，开展认真的批评与自我批评，不断增强学员的组织观念和纪律观念，使学员时刻处于组织的教育和监督之中。必要时与学员所在单位党组织保持联系，共同促进学员健康成长。

五、认真做好对学员的综合考核和鉴定工作。做好对学员的综合考核和学期鉴定、毕业鉴定，是促进学员自觉进行党性修养的重要动力。在组织部门的配合下，党校函授管理部门和教学班临时党支部，对在校学员的学习情况、思想状况、平时表现、组织观念等，进行全面了解和综合考核，并做到平时督查和期末总评相结合，以提高学员严格要求自己的自觉性。

我们是怎样抓党性教育的

河北分院华北油田学区　马九如

在函授教育中加强学员的党性教育和党性修养十分重要。党校函授教育以党员领导干部和党员干部为主要培训对象，决定了党校要把党性教育作为重要环节来抓。华北油田党校在党性教育方面，做了一些工作，并进行了一些有益的尝试。

一、领导重视，形成齐抓共管的格局。第一、要有明确的指导思想。在函授教育实践中，我们确立了党性教育的指导思想是：以马列主义、毛泽东思想和邓小平理论为指导，以培养高素质的干部队伍为出发点和落脚点，充分利用各种渠道、积极采取多种形式对学员进行党性教育，把党性教育贯穿于学员从入学到毕业的全过程，使党性教育收到实际效果。实践证明，有了正确的指导思想，进行党性教育才会有主动性，才能抓住实质，也才能抓出好的教育效果。

第二、落实教育计划。近些年来，我们一直坚持认真制定学员党性教育计划，并以学校文件的形式下发。各学员班还要依据学校下发的计划，制定出比较具体的、操作性强的党性教育实施计划。有了具体可行的计划，抓落实就有了保证。

第三、要营造良好的教育氛围。抓党性教育必须形成一个齐抓共管的局面。我们的做法，一是主管校长抓。主要通过开学典礼、期末总结会、班级开展活动和毕业典礼等途径，主管校长作党性教育讲话；二是由主管学员工作的教务主任牵头，通过班会、座谈会、联谊活动、黑板报等形式，开展有声有色的党性教育；三是班主任抓。各班主任充分利用课前课后、考前考后和班级工作讲评等时间，见缝插针，进行日常的党性教育。

二、从实际出发，选择行之有效的载体。第一、坚持质量标准，抓好主渠道党性教育。我们依据中函教学计划，在本科班开设了《党性教育基础知识讲座》课程，安排了党性强、经验丰富、业务素质好的教师承担这门课的教学任务。同时，还择时召开学员代表座谈会，征求大家对讲好党性教育课的意见。收到了较好的效果。

第二、坚持统筹兼顾，抓好阶段性党性教育。在新生入学教育期间，坚持把党性教育列在其中；每学期期末考试结束以后，各班级都要把学员召集起来，一方面进行期末工作小结，一方面进行党性教育；如果遇到重大活动，我们还采取适当延长面授时间的办法，开展专题教育。如声讨北约罪恶行径、揭批法轮功组织的非法活动、庆祝建国50周年、迎接澳门回归等都有组织地开展了别开生面的党性教育。这些典型性的活动，对学员触动比较大，印象也很深刻。

第三、坚持寓教于乐，抓好课外党性教育。组织学员开展丰富多彩的课外活动，渗透党性教育内容。例如，开展拔河比赛、球类比赛、棋类比赛、参观考察、书法展览、文艺联欢和参加建校劳动等活动，使学员在娱乐中陶冶情操，增强集体主义观念和党性修养。

党校函授学员党性锻炼方法初探

中共唐海县委党校　王德伟

党校对函授学员的党性锻炼方法很多，但没有较固定的模式。根据县级党校函授教育的实际，在对函授学员的培训过程中加强党性锻炼可采用四种方法。

一、党课教育法。在对函授学员的培训过程中，要根据学员在校所表现出来的党性观念差异，有针对性地选择党课内容，及时解决学员党性不纯的问题。党课活动要开展三个教育：一是入学教育。函授学员跨入党校门坎以后，对党校的性质和办学宗旨缺乏认识，往往表现出入学动机不纯的问题。要把入学教育作为新学员党性教育的第一课，使学员初步摆正文凭与水平、学习与工作、素质与党性的三个关系，解决“镀金”、“混文凭”的思想观念。二是期中教育。函授学员在党校学习一段时间以后，往往产生松懈、厌倦情绪，表现出迟到或旷课的倾向。要把期中教育作为学员党性教育的第二课，使学员摆正质量与纪律、纪律与党性、出勤与考试的三个关系。解决学员的到课率问题。三是期末教育。函授学员在期末考试前，往往表现出侥幸心理和违纪苗头的问题。要把期末教育作为学员党性教育的第三课，使学员摆正成绩与勤奋、成绩与诚实、成绩与党性的三个关系。提前解决学员考场作弊的苗头问题。

二、教学渗透法。党校函授学员不仅要具备扎实的专业知识，更应具备深厚的理论功底和坚强的党性原则。因此，在传授专业知识的同时，更要重视传授理论知识，并把党性教育融于政治理论课之中。

为了把党性教育与政治理论课结合好，政治理论教学要突出三个特点：一是系统性。政治理论课本着“要精、要管用”的原则，系统地传授马列主义、毛泽东思想、邓小平理论，使学员全面地了解党的指导思想、党的性质及党的宗旨等基本理论知识，自觉地运用理论认识去改造主观世界，树立正确的世界观、人生观和价值观。二是实践性。政治理论课本着“理论联系实际”的原则，结合现实生活中典型事例，阐明理论观点，使学员学得进，听得透，掌握马克思主义的立场、观点、方法，增强辨别是非、解决实际问题的能力。三是针对性。政治理论课本着“适用、有效”的原则，联系本校函授学员党性表现的实际，传授理论观点，使学员既掌握基本理论，又解决自身存在的问题，获得政治理论学习与党性锻炼双丰收。

三、制度约束法。在函授管理的过程中，要严把三关：一是出勤关。严格的组织纪律是党性的基本原则，到课率的高低是衡量学员党性的标志，严把到课关是对学员党性锻炼的体现。为了提高学员的出勤率，要建立严格的请销假制度。规定凡面授时间必须到校上课，如有特殊情况由单位或个人向学校组教室或班主任请假，否则，按旷课处理。要实行到课与作业并轨制。把作业和到课联系起来，课堂作业当堂完成，凡未到课者没有作业分。到课率作为评优和考试的依据，凡达不到全勤者，不予评优秀学员；凡到课不足2/3者，期末不准考试。要实行听课保证金制度。入学时交听课保证金，每学期到课达到2/3者退还，达不到者扣发保证金。二是考试关。考试是检验教学质量和学习成绩的手段，考风是学员党性觉悟的集中表现，严把考试关是对学员党性锻炼的体现。为了严格考风考纪，要进行考前教育，重申考场纪律；要严格规范考场；要建立监考责任制；要实行轮换、回避监考制；要处理到位，不留后遗症。三是总结关。总结是学员的反省和思考，是对学员的评议。严把总结关，有利于学员的党性锻炼。学员要按学期写出党性锻炼计划和党性小结，毕业时要写出党性锻炼总结，并存入学员学籍档案，作为单位和组织考核的依据。

四、个别走访法。党校为了取得社会、单位、家庭的支持和配合，强化函授学员的党性锻炼，要做到四访：一是针对函教管理中存在的问题和薄弱环节，制定改进措施，要不定期地走访组织、宣传、劳动人事、文教以及群众组织等部门，广泛搜集意见和征求改进措施，以强化对函授学员的管理工作。二是针对个别单位不支持学员到校参加面授的情况，要走访有关学员单位，讲清学校的规章制度和不参加面授对学员的影响，交换意见，以促其单位支持学员参加面授。三是针对函授学员因家务事而影响参加面授的情况，要走访有关家庭，以取得家庭的理解和支持。四是针对个别学员缺课过多的情况，要走访学员本人，了解和掌握缺课的真正原因，对于因党性觉悟低、纪律松弛的，通过走访等形式做思想工作，促使其端正态度，增强学习的自觉性；对因学员有病等原因不能到校的，登门慰问，以体现对学员的关怀。

抓好学员党性教育的初步尝试

中共柳州地委党校　**蓝绍才**

在函授教育中如何抓好学员的党性教育，本人的体会是：

一、坚持晓之以理，动之以情。以抓好“入学教育”为前提，努力实现学员教育观念的转变。根据函院部署，开学初连续用两天的时间，组织学员认真学习《学员入学文件》，让学员了解党校函授教育的性质、地位和作用，从而端正学习态度，明确学习目的，自觉地克服“混文凭”等错误思想，把深造学习同党和国家的前途、命运联系起来，把自己培养成为一个忠诚的马克思主义者，成为有理想、有道德、有文化、有纪律的社会主义现代化建设人才。

二、坚持解放思想，实事求是。“实事求是”是马列主义、毛泽东思想的活的灵魂，是邓小平理论的精髓。在加强对学员的党性教育中，必须贯彻党的这一思想路线，这是他们树立马克思主义世界观、人生观和价值观的前提。在党校函授教学实践中利用主题班会开展讨论，引导学员要把解放思想与实事求是有机统一起来，敢于冲破各种落后的传统观念和主观偏见的束缚，正确认识邓小平理论是当代的马克思主义。认清我国社会主义初级阶段的基本国情，坚定建设有中国特色的社会主义的信念。

三、坚持寓教于乐，增强实效。根据学员的实际不断探索学员党性教育的各种有效途径，以增强实际效果。（一）组织全班学员开展文娱活动。上学期组织迎国庆50周年和澳门回归篮球赛2次、同学聚会2次、秋游活动1次，通过开展活动，增强班集体的凝聚力，让同学们感到集体的温暖；（二）组织迎澳门回归知识板报比赛活动，各学习小组积极投稿。（三）召开主题班会，认真开展揭批“法轮功”邪教组织歪理邪说的社会危害性，全班58名共产党员，不信邪、不传邪，立场坚定，自觉坚持唯物论，为维护社会稳定做出贡献；（四）

发挥班临时党支部的作用，不定期组织全班党员过组织生活。班临时支部组织全班同学认真学习中共中央《关于加强和改进思想政治工作的若干意见》的精神，通过学习为全班党团员认清形势、统一思想和增强党性奠定了基础。

四、坚持典型引路，弘扬正气。（一）班委会响应区党委的号召认真组织全班同学开展向抗洪英雄李向群同志学习的活动，弘扬伟大的抗洪精神；接着又开展向当代优秀农村基层党支部书记、优秀共产党员王任光同志学习活动；同时还组织学习宣传融水苗族自治县武警中队指导员、捐资扶贫助学好警官——何方礼同志的先进事迹。此外还介绍当地农村党员干部勤劳致富能手等。通过一系列典型教育增强党员干部的政治意识、大局意识和责任意识，进一步发挥党员干部的先锋模范作用和党组织的战斗堡垒作用。（二）在班内通过完善规章制度，鼓励先进，鞭策落后，形成“在岗创一流，在校争优秀”的好风气，培养良好的班风、学风。班内出现的好人好事，通过编印《简报》予以表扬。（三）班主任以身作则，言传身教，为人师表。班主任的一言一行在学员中起到潜移默化的影响，班主任只有严于律己、严谨治学，才能产生增强党性教育的实际效果。

五、增强实践锻炼，方可百炼成钢。（一）利用寒假组织引导学员开展社会调研活动，为当地党政领导、各部门领导决策提供科学依据或信息服务。（二）组织学员利用寒假开展“送法下乡”活动，有力地配合了当地科技文化卫生“三下乡”活动的顺利开展，各小组累计发放《预防未成年人犯罪法》宣传资料20000份，分别赠送给三江侗族自治县贫困村和忻城县红渡镇塘苗小学《建国50周年图片展》各一套，开展“送法下乡”活动，筹备经费2000多元全部由学员出资。（三）结合所学专业特点，有计划地组织各学习小组学员到所在地人民法院旁听公审，增强教学的直观性，达到“学法、知法、守法、用法、护法”的统一。

运用多种渠道加强党性教育

吉林学区

对学员实施党性教育，我们的主要做法是：

一、严把入学报名、考试关。在招生报名过程中，我们严格资格审查，坚持标准不放松，确保生源质量。在招生考试中，同分院监考人员一起严格执纪，坚决清除替考人员，严肃处理各类违纪考生，保证考场井然有序。给考生在入学前上了一堂无声的党性教育课，使考生充分认识到党校函授教育的严格性、严肃性、规范性。有的学员在招生考试后感慨地讲：“党校的函授教育是如此严格和规范，看来这几年还真能学些东西。”

二、领导重视，亲自给新学员上党课。新学员入学伊始，由主管函授工作的副校长代表校委集中给新学员上一次党课。使学员了解党校函授教育事业的发展历程；了解党校函授教育的社会效益；充分认识参加党校函授学习的重要性和遵守各项规章制度的必要性。同时也鼓励学员克服各种困难，解决好工学矛盾，刻苦学习，真正地把理论和实际结合起来，为经济建设服务。

三、开好主题班会，进一步端正学习态度。第一学期初，组织各班召开“相识、相知、相助”的主题班会。在大家相互了解的基础上，畅谈参加党校函授学习的感受和今后的学习打算，并根据实际情况编排自学小组，互帮互助。同时，每个学员都要制订自己的党性锻炼计划和自学计划。学期末就“学习知识与取得文凭之间的关系”为题召开座谈会。通过讨论，学员认为文凭本身只是一种标志，它的实际意义在于“这张证”所体现的内涵，并被社会所承认。从本质上说，社会也好，市场也好，承认的并非是证，而是才能。通过这么一讨论，使学员真正从思想上认识了函授教育的重要性。

四、开设学员讲坛，交流学习经验。组织函授学员就“如何处理好函授学习与本职工作的关系”上台演讲，要求自己写讲稿。此种方法不仅有利于提高学员的写作能力和演讲水平，更重要的是学员相互交流学习经验，更好地解决工学矛盾，积极参加面授学习，形成良好的学习氛围。最后，把学员的演讲稿汇编成《风采集》。

五、参观先进企业，巩固党性锻炼成果。组织学员到全国先进企业吉林化纤集团参观，在班级管理方面提出“严格要求，严格管理，严格考核”的新思路。通过参观，学员接受了严格的管理制度，转变了思想作风，切实感受到在函授学习中严才能出质量，严才能出水平，严才能出社会声誉和效益，无形之中使学员增强了党性锻炼。

六、举办“函授之声金秋演唱会”。每年9月，我们定期举办全地区“函授之声金秋演唱会”，函授学员在班主任的组织下都踊跃参加。这个活动不仅丰富了学员的业余文化生活，陶冶了情操，增强了学员之间的感情，更培养了班级精神、函授文化、集体凝聚力，使学员感受到了党校教育的深刻内涵。同时学员的党性又一次得到了锻炼。我们还邀请了报社、电视台的记者加以报道和宣传，进一步扩大了党校函授教育在社会上的影响。

七、班主任常抓不懈，对增强党性锻炼，提高学员的党性素养起到了巩固和加强的作用。在每月初的函授班主任工作会上，我们都要对各班的管理情况进行总结，并把课堂纪律和到课率按班级排出名次。在考试纪律方面，去年期末考试，我们对4名影响考场秩序的考生进行校内通报，并开除了其中一名学员的学籍，这件事给了班主任和全体学员以极大的震动。现在，班主任在无特殊情况下都跟班听课，发现问题及时处理。而且思想政治工作天天做，党性教育月月讲，可谓苦口婆心。因此，无论是课堂纪律、考试纪律，还是到课率都有明显的提高。

八、召开“毕业有感”座谈会。让即将毕业的学员谈参加函授学习的感受、体会及对函授教育所寄予的希望。通过座谈我们切实感受到了学员在党性方面有了很大的提高。

加强党性锻炼　推动学风建设

浙江分院　吴为民

浙江分院在党员领导干部在职研究生班中开展党性教育和党性锻炼，搞得有声有色。

在分院党员领导干部在职研究生班学习的三年，分院每学期都确定一个党性教育和党性锻炼的主题，并开展了一系列的学习和锻炼活动。比如说开设“政治家素质”这一专题使同学们对在党校学习的目标和自身努力有一个正确的定位，开设“学习、研究与人生修养”这一专题，倡导学员把学习作为人的生活方式并成为人生进步的阶梯，开设“传统官德”这一专题，使学员汲取古代文官制度和道德传统的精华。他们边学习、边研讨，结合党性锻炼的实践，使党性锻炼更好地体现党校特色、研究生特色和领导干部特色，使党性锻炼与讲学习更密切地结合起来，在党性、思想性、学术性上达到较高层次的统一。在学习结束的时候，由班委牵头，以小组形式对每个同学进行了认真的党性分析，写了党性分析的意见和鉴定，存入学员的学习档案。

党性教育和党性锻炼带动了班风学风建设。不少教师在给领导干部授课后反映：没想到同学们学习那么认真、学习自觉性那么强。同学之间不分官职大小，互帮互学，形成一种积极向上、勤学求进的学习气氛。分院倡导抑制浮华的欲望、颐养清修的心境；倡导多读书、读好书、勤思考、善研究，培养提升自身的人品、学品、素养。在领导干部在职研究生班的三年学习生活中，涌现出了许多优秀感人的事迹。许多同学在工作非常繁忙的情况下，甚至到外地工作的情况下，能始终坚持到校听课，每学期到课率都在95%以上。有的同学出差在外，身边都带着学习资料。有些同学本身就是搞理论工作的，有的已经是专家教授，仍然十分虚心好学，尊重老师，坚持听课。同学们关心集体、关心同学，有些同学学习有困难或因事而缺了课，其他同学热情地伸出援助之手。一些同学生病住院，同学们经常去探视，结下了真诚的同学友谊。在97级同学当中，已故的王新中同学是非常感人的一位。他在发病倒下前还一直坚持到校上课。在他动了手术几乎记忆全失的情况下，照顾他的人说，只有单位和党校学习的一些事，是他模糊地能记得起的。党校学习和同学使他念念不忘，在他一度病情略有好转时，每提及不能坚持与同学们一起完成作业，心中就充满了哀伤。这样的风气，在同学相互之间都产生了激励，产生了积极向上的力量。

办学经验集锦(二)——教师与备课

教师·教学·教法

——听课随想

中共庆阳地委党校 郭立昆

质量是党校函授教育的生命，面授辅导则是提高教学质量的重要环节。不重视质量的教师是不合格的教师；不抓质量的校长算不上称职的校长。“重视质量”不是一句空洞的口号，它必须从每一节课抓起。

党校姓党。党校教师应该牢牢记住：教书不仅是职业，更是事业；教者不仅是教员，首先是党员。

在教学活动中，教师的形象尤为重要。形象就是威信。教师的威信取决于教师的思想、品质、才能、行为、作风等方面的实际表现。教师的人格力量可以影响学员终身。因而教师要不断学习，树立良好的师德形象、智能形象、师表形象，并以此来感化学员、教育学员。

任何教师讲课，学员难免有不同的看法。这是教学工作中的正常信息反馈。教师应该虚怀若谷，从善如流，主动听取各种意见，集中群众的智慧，在教学实践中不断丰富自己，提高自己。

两千多年前的《学记》说得好，“道而弗牵，开而弗达。”教师要引导学员走，而不要牵着学员走；要启发学员学，而不要包办代替学员学。面授要以指导学员自学为重点。要给学员授之以法，包括阅读方法、思维方法、记忆方法和分析解决实际问题的方法。要让学员自己寻找可走的路，努力培养学员的创造精神。

人们常说：“教学有法，但无定法，贵在得法。”“有法”说明教学有规律可循；“无定法”说明教学没有固定的模式；而要“得法”，既离不开教师的实践，更离不开教师的创造。

熟能生巧。同一门课程，每教一遍应该提高一步，要常讲常新。教师的思想不能固定不变、永远停留在一个水平上。

教师的任务不能仅仅局限于传授知识上，重要的是开发学员的智力，培养学员的创造力。学员回答提问和做作业时，常常有出“格”的地方，也许这些正是创造的萌芽！教师要善于引导，万万不可一概否定。

“学，然后知不足；教，然后知困。”还有相互听课，然后知差距。

郑板桥有诗云：“四十年来画竹枝，日间挥写夜间思。冗繁削尽留清瘦，画到生时是熟时。”教学过程也应该如此。白天教过的课，晚上回顾反思，这样必然会不断长进。课堂语言要简练、准确、明快，尽量削尽冗繁。

深入浅出是对立的统一。“深入”是为了“浅出”，而为了更好的“浅出”，就必须下功夫“深入”。教师钻研处理教材、积累运用资料的目的之一就是为了深入浅出；教学中常常出现的照本宣科、平铺直叙、堆积材料、罗列现象直至重点不能突出，难点不能攻破，疑点不能解开、统统都出在不能很好地把握深入浅出这一原则上。

教师要有控制自己情绪的能力。不能把自己的情绪带到课堂上，甚至“传染”给学员，这既无助于问题的解决，也会影响自己的威信。

兴趣是成才的沃土。教师应想方设法激发学员的学习兴趣和求知欲。要启发学员独立思考，鼓励学员向老师和课本提出不同意见。课堂教学是双向活动，不能教师动脑筋，学员养精神。

教学改革不仅要改“教”，而且还要改“学”。改“教”的最终目的是教会学员自己学。

讲评课应是讲和评的统一。对学员作业和试卷中存在的问题固然不能疏漏，但教师应把重点放在分析题目和答案的特点上。要帮助学员理清答题的思路和答题的规律，要就事论理，不能就事论事。

讲，不同于念、说和背。讲课要有气势，教师的声音要洪亮，吐词要清晰，语句要准确。要通过语言、情感、手势等打动人、感染人、吸引人。

党校函授教师备课六要

中共长兴县委党校　范显斌

认真备课，写好教案，是提高教师教学水平的重要途径。怎样才能做到在有限的面授时间里紧扣教材，实现传授知识与理论教育、党性锻炼及能力培养的有机结合，既完成教学计划又突现党校教育的特点呢？这就要求辅导教师必须有充分的准备，深入钻研教材，对讲课内容进行精心挑选和组织，写出高质量的教案。具体要努力做到以下六个方面。

一、要明确教学纲要。总院编制的教学具体安排和《学习指导纲要》，是辅导教师组织面授辅导的依据，也是学员自学教材的指南。教师备课时务必仔细阅读领会《安排》和《纲要》的要求，依据《安排》和《纲要》对教材知识点“搞清”、“了解”、“明确”、“掌握”等分类要求处理教材。以便在面授时做到详略适当，张弛有度，生动活泼。

二、要透彻钻研教材。教材是教师讲课的脚本，离开教材海阔天空地讲就失去了面授辅导的意义。因此，辅导教师要深入钻研教材，以教学为中心组织面授辅导。党校函授教育教材容量大，面授时间少，在有限的时间里，要把教材讲透彻，使学员面授后能完整把握教材知识体系，明确自学内容和方法，顺利通过考试，授课教师首先必须透彻熟悉教材。只有教材内容已全面掌握，成竹在胸，方可灵活选用相应的教学方法，在课堂上挥洒自如，精讲而不疏漏，博引而不离题。特别是县级党校的教师，一人多角色，常要接手自己不够熟悉的课程，是先学后教，边学边教，深入钻研教材就更具有现实意义了。

三、要正确把握教材的重点难点。正确把握教材的重点难点是顺利进行课堂教学的前提。只有正确把握教材的重点难点，才能正确把握课堂教学的侧重点，使课堂教学中心突出，开合有度，跌宕有致。

把握教材重点难点，可以从以下几个方面着手。第一，根据《安排》、《纲要》的提示确定重点难点。第二，根据形势发展和国家政策的调整确定重点。第三，根据教师自己的体验确定难点。教师在钻研教材时遇到的棘手的知识点，一般就是学员学习时的难点。对于这些知识点，教师应该查阅资料，弄懂弄通，讲深讲透。第四，在教学中不仅要突出教材的重点，还应该突出思想教育和党性锻炼这个重点，从党的事业需要出发，把思想教育、党性教育有机结合在面授辅导中。

四、要及时掌握国内国际新形势。我国现在正处于社会大变革时期，形势发展迅速，国家政策也在不断调整完善，而教材的相对稳定性就决定了它的某些内容难免要落后于形势的发展和政策的调整，这就需要授课教师根据现实情况主动作些调整、补充和修正。教师只有熟悉形势和党的方针政策，才能胜任这项工作。因此，党校教师关心国内外形势，了解党在不同时期的方针政策，是自身素质提高的需要，也是工作的需要，是义不容辞的职责。

五、要熟悉学员情况。要做到因材施教，教师就必须熟悉学员情况。函授教育，教师与学员接触机会少，教师除正面与学员联系，还要多从侧面了解，才能比较全面地掌握学员。可以利用面授课间休息或下基层调研等机会与学员联系，还可以翻阅学员档案，访问学员工作单位，从而从总体了解学员工作情况、年龄及性别结构、职业状况、原有文化水平等等情况。这样，教师讲课就能贴近学员实际，具有较强的针对性，有利于活跃课堂气氛，也有利于密切师生关系。

六、要拓宽自己的知识面。博学方可约取，深入才能浅出。一名教师只有既具有功底深厚的专业知识，又有广博的相关知识，才能成为一名优秀教师。党校函授所开设的课程都是新兴学科、边缘学科，教师要顺利完成这些课程的讲授，不至于对教材的某些内容和相关知识一知半解，讲外行话，除了必须有深厚的专业知识功底外，还必须拓宽自己的知识面，在主攻一二门专业知识的基础上，尽可能广泛地涉猎和主攻与专业相关联的知识，形成既深且广的扇形知识结构。只有知识水平高，才有高质量的授课，才能高质量的授课，才能高水准地完成教学任务。

找准“五个点”是保证备课质量的基础

中共唐山市委党校　陈秀华

在党校函授教学中，我曾先后讲授过《马克思主义哲学原理》、《形式逻辑》、《中国对外贸易的理论与政策》、《市场经济法律制度概论》等课程。

我体会到找准“五个点”，是保证备课质量的基础。“五个点”，即重点、难点、热点、要点、结合点。重点，就是在教材或实践中重要的或主要的内容；难点，是教材中不容易理解或实践中不容易做到的部分或方面；热点，是为广大学员所关心的问题；要点，是思考题、讨论题或作业题答案的主要内容；结合点则是指理论和实际有机联系的方面。

找准“五个点”，不仅可以在授课中收到“以点带面”的效果，而且有助于解决函授教学中的两个矛盾。第一，有助于解决面授时间有限与教材内容多的矛盾。在我上面讲过的课程中，教材容量和面授学时都存在一定的反差。面授时间的有限性，决定了授课中不可能按照教材篇章结构一一展开分析，否则必然流于一般解释或“挂叶漏蔓”，漏掉该讲的内容，使授课内容失去科学性，从而影响学员素质的提高。备课中找准了“五个点”，有限的授课时间的分解就有了尺度，授课的大部分时间就可用在“五个点”的阐述上，从而有效地解决时间与内容的矛盾。第二，有助于解决应试需要和提高素质需要的矛盾。找准“五个点”，也就有了满足学员应试需要和提高素质需要的底数。例如，把思考题、讨论题、作业题答案的主要内容准备好，在授课进行到一定阶段时，就可以有针对性地说明，从而解除一些学员对答题、考试的茫然心态，增强学习的信心。把理论和实际的结合点找准，在授课中进行重点阐述，学员可以从中受到方法的启迪，加深对重点、难点、热点问题的理解，从而增强自身观察、分析、解决问题的能力。

找准“五个点”，至少要做到以下三个方面：第一，要对教材内容进行细读深研，全面准确系统地理解教材内容，掌握教材内容的内在逻辑联系，弄清每一章节中占有核心地位和难以理解的内容；第二，要注意把教材、学员学习指导纲要和教学参考资料结合起来进行分析比较，借助指导纲要和参考资料进行教材的研读和“五个点”的定性；第三，要注意搜集与教材内容相关的典型事例或重大实践课题，为找准理论和实际的结合点作感性材料的积累。离开这些努力，就难以做到对“五个点”准确具体把握。

发挥军校师资优势
提高函授教学水平

总后分院天津学区 郭正义

总后分院天津学区是依托解放军军事交通学院办学的。几年来，他们充分利用学院教员队伍政治素质强、专业齐全、职称结构合理、教学经验丰富的优势，发挥以学院政治理论教研室教员为主体、以其它专业教研室教员为补充的教师队伍的作用，研究函授教学特点，探索函授教学方法，发挥教员的积极性、主动性和创造性，不断提高教学水平，保证了教学任务的完成和教学质量的提高。他们的主要做法是：

一、选好教员，把住上岗关。他们十分重视教员的选聘。在总体要求上，一是讲层次，本科班教员以高级职称为主，大专班教员以中级职称为主。二是看水平，尽量选择专业对口，在学院讲过相关课程学过相关专业，有一定经验的教员担任函授教学。三是重态度，要求教员必须重视和热心党校函授教学，对单纯为了拿讲课费，敷衍了事的坚决不用。在具体选用上，一是自报课题。每学期总院教学计划下达后，把课程设置印发给教员，由教员根据自己所修专业选择能担负的课程。二是择优上岗。召开教学准备会，先请教员讲述自己所选课程的理由及教学打算，再由教学领导小组评估，胜任的予以聘用，不符合条件的及时调整。三是严格程序。对初步选定的教员，学区根据教学领导小组的意见研究聘用，并填写教员聘用登记表，签订责任书，颁发聘书。几年来他们共选聘教员 35 名，其中，有高级职称的 18 人，占 52%，中级职称 14 名，占 40%，通过授课检验，大部分素质好、责任心强、讲课水平高，受到学员的欢迎。为提高教员队伍素质，他们还先后选送 10 多名任课教员参加总院举办的备课会，到北大、政法大学、南开大学等院校进修，师资力量不断加强。

二、从严要求，精心备好课。函授教学课程含量大、面授时间短，教学对象文化基础不同、理解的能力不一，给授课带来很大困难。为此，他们狠抓备课环节，努力把“台下”功夫下足，把教学基础打好。教员在备课时，努力从三个方面下功夫：首先，吃透教材，对所讲课程深研细读，全面系统地理解教材内容，掌握内在逻辑联系，认真写出教案，力争把课讲实。其次，注意把教材、学员学习指导纲要和教学参考资料结合起来进行分析比较，进一步找准重点、弄清难点、明确要点、掌握热点和结合点，力争把课讲细。第三，注意搜集典型事例，补充一些与课程相关的新知识，力争把课讲活。为检查教员的备课情况，每学期开课前，他们都要组织召开教学准备会，集体讨论修订教案，研究改进教学方法，交流教学经验，对第一次担任新课的还要进行试讲。坚持做到，教案准备不充分的，试讲通不过的，不准上讲台。

三、注重课堂，唱好“重头戏”。课堂教学是学员打开知识宝库的“钥匙”，走向知识彼岸的“桥梁”，是函授教学的重中之重。他们在教学中引导教员把功夫花在“台下”，把劲使在“台上”，科学运用军校教学成果，积极探索函授教学特点，既把面授课讲得入耳入脑，又给学员指路子，教方法，为学员完成学业打牢基础。一是坚持“遵纲循本”。按照总院教学计划，完成教学时数，落实教学内容。把基本知识讲到，把基本理论讲清，把基本原理讲透。充分利用课堂的有限时间，尽可能给学员传授更多的知识。几年来，所有任课教员都能做到视“课表”为法规，自觉按计划、按规定课时实施教学，从不“偷工减料”。二是讲求授课艺术。教员在讲课中，注意研究教学对象，根据课程内容和学员接受能力，努力把抽象的理论讲得通俗易懂，把深奥的道理讲得生动活泼。在授课内容上，既注重基本知识的灌输，又注意及时补充前沿理论知识、新鲜资料，把远的拉近，把空的讲实。例如，在讲授《宏观经济运行与管理》“财政政策”一章时，教员根据课程内容，把九届人大三次会议关于1999年财政执行情况，2000年我国国家财政预算安排及现行财政政策特征作结合讲解，学员反映，这样讲理论与现实贴近，好理解。在授课方法上，既把基本概念、基本原理讲深讲透，又注意深入浅出，通俗易懂，把知识性与趣味性有机结合，做到巧用哲理、恰当比喻、精选事例、深入分析。例如，在讲授《社会主义法制论纲》中关于提高群众法治意识问题时，教员选用了电影《秋菊打官司》的事例，分析权与法、人情与法这一难点和热点问题，引导学员认识提高人民群众法治意识的重要性、曲折性和紧迫性，使大家留下深刻烙印。在授课要求上，既当好先生讲好课，又注意自身形象、为人师表。任课教员十分重视自己的军人形象，从着装、举止到讲课、板书等，处处表现军校教员的气质、严谨治学的态度。做到函授课与院内课一样重视，学员多与学员少一样认真，考试课与考查课一样高标准。在课堂上，既讲求语言优美，生动风趣，又突出党校函授课的政治性和严肃性；既想方设法活跃课堂气氛，调动学员积极性，又严格要求，保持良好的课堂秩序。使学员既学到了知识，又体验到严谨求实的作风。三是注重传授方法。根据函授教育自学为主、业余为主的特点，要求课堂教学不仅要让学员知道学什么，更主要的是让学员懂得怎么学、怎么运用。首先，教给学习方法。通过面授，让学员能够系统把握课程内容，懂得怎样读书自学、怎样完成作业、怎样参加考试。其次，教给思想方法。引导学员学会运用马克思主义的立场、观点、方法分析问题和解决问题。增强党性修养，提高思想水平和理论水平。此外，还要教给实践方法。授课中注意理论联系实际，善于回答学员学习中遇到的重点、难点和热点问题，使学员通过系统的基本理论和专业知识学习，提高业务水平和工作能力。

由于教学队伍素质好、水平高，精干务实，治学严谨，教学计划得到落实，教学质量得到保证。据统计，学区各年级、各班次面授课到课率达到80%以上，作业完成率达到96%以上。考试及格率平均为94%以上。教学工作受到学员的一致好评。

教师要苦练语言基本功

中共紫阳县委党校　胡光钿

语言是教学劳动的特殊工具，教学工作主要是在语言交际的过程中实现的。教师课堂教学语言的表达方式和质量，直接影响着整个课堂教学效果，因此，教师要苦练语言基本功。

一、注意语言的准确性，做到言之有物。课堂教学，应以明确的观点、充分的材料、精辟的分析论证进行讲解。教学语言中，应包容着丰富的有效信息，崭新的知识，并准确地表达出来，做到言之有物。即使课堂语言符合语音、语义和语法规范，但由于没有表达任何新的信息内容，或者表达的信息是“老调重弹”；或者即使传递的信息是学员尚不闻知的、新的，但却与教学内容无关，甚至是多余的信息，那对学员来说，无疑是一套毫无价值的废话，所以说，丰富有效的信息，是课堂语言的关键所在。课堂教学做到言之有物，对教师来说，须满腔热情地深入钻研教材、领会教材内容及思想内涵，了解学员的听讲实际，并使之升华；须苦练语言的基本功，汲取语言营养，提高语言表达能力，这是很重要的一个方面。

二、注意语言的规范性，做到言之有序。课堂教学语言一定要讲求规范性，要求做到语言通畅完整明确，条理清楚有序，整洁生动逻辑性强，前后呼应善于启迪。尽可能做到通畅晓达，用辞简洁朴素，浅白通俗，清楚易懂、要言不繁、引人入胜。

课堂教学语言须克服几种毛病：一是语言不完整，说“半截话”，或断断续续，表达不严密，或逻辑混乱，或繁复冗长，或语病很多，辞不达意。二是课堂上打诨逗趣，或尽情渲染夸张，或东拉西扯，漫无边际，使学生注意力分散。三是不正确的语言习惯，或满口“嗯”、“啊”、“这个”、“那个”；或无目的的逼问学生“是不是”、“会不会”，或婆婆妈妈，絮絮叨叨。

教师规范性语言是具有美学特征的，即教学语言应是优美的、鲜明的、有序的，这样能激发学生的学习热情，使其为教学语言所创造的美的境界所陶醉，在欣赏美的过程中获取新的知识。

三、注意语言的感染性，做到言之有情。哲学奇书《苏菲的世界》已被35个国家翻译出版，畅销欧洲300万册，在我国一版印刷3万册销售一空。一本哲学书，何以能创下风靡全球的奇迹？其原因是：“作者以小说的结构、文学的笔法，流畅地勾勒出西方哲学的历史画面，把从柏拉图到休谟到康德到弗洛伊德，这些时代思想中大放异彩的智者形象，作为一道美丽的风景写生在这个画面上”。作者把概念寓于形象中，把理性寓于情感中，把对理论的艰苦探究寓于美的享受中，从而使全球百万人兴味盎然地、自觉自愿地读他的书。课堂教学亦如此。要把知识从教材上和教师的头脑里转化到学员的头脑里，教师必须努力提高自己的语言素质和表达水平，用富有情感的形象化的语言给学生创造想象的过程，给他们以直观感和动感，使他们在脑海里“看到”教材上的事件、景象和人物，形成有声有色、活龙活现的新鲜表象，再由此形成自己能掌握的科学概念和意识。

教学语言的感染性所达到的效果，从形式上说是多种多样的：有的是生动活泼、富有情感；有的从容不迫，不慌不乱，语言宁静侃侃而谈；有的随学员听讲情绪而有意变换声调，使学员跟上情感节拍；有的注意句式的长短错落，语势昂扬与舒缓和谐，以表现起伏跌宕的情感；有的注意语言文采，使讲授润色生辉，更加形象生动；有的风趣幽默，不断产生“喜剧”气氛；有的善达哲理，不断产生思索的空间而使课堂深沉旷达。无论何种表达形式，最忌单调呆板、照本宣科。这种课堂语言无异于催眠剂，易使学员产生疲劳情绪和厌烦心理。总之，富有情感的课堂教学语言，可以激发学员的听讲或求知兴趣，可以在心理上产生“共鸣”，从而受到感染、启迪与教育，达到预期的教学效果。

“两个驾驭”是课堂教学的关键

中共金昌市委党校 张建玲

课堂教学是一种主要教学方式，课堂教学效果的优劣，不仅要看教师的教学水平，更要看学员学习质量。在教学过程中，学员既是教学的对象，又是学习的主体。教师主导作用发挥得如何？一定要看学员学习的兴趣和学习的效果。加强课堂教学，提高教学质量，关键在于“两个驾驭”。

一是驾驭教材。课堂教学时间有限。在短短的时间里，既不能照本宣科、面面俱到，也不能蜻蜓点水、浅尝辄止。而既要做到教学内容系统化、知识化、完整化，还要提纲挈领、突出重点、讲透难点，教师“驾驭教材”的能力就显得特别重要。有的教师，理论功底丰厚，基础知识扎实，知识面宽，信息量大，并全面熟练地把握了教材的体系结构和主要内容。课堂上既能紧紧围绕教材阐述基本理论，传授基础知识，又能恰如其分地旁征博引，谈古论今，联系社会实际，探讨现实问题。教师讲得津津有味，学生听着趣味无穷，课堂教学取得了良好的效果。

二是驾驭学员。“教无定法因材变”，课堂教学要根据不同的教学内容，不同的教学对象，选用不同的教学方法。不论采取何种教学方式，其目的只有一个，调动学员的学习积极性，发挥学员的主观能动性。在轻松愉快的气氛中开发学员智力，增强学员素质，培养学员能力。教师如果用传统的“填鸭式”教学方式，刻板生硬、死气沉沉讲课，就会大大抑制学员学习的热情；学员就有可能打盹、或者人虽然在课堂上坐得端端正正、规规矩矩，可思想早已飞到九霄云外。久而久之，厌烦其教师上课，与老师产生对抗、抵触情绪，达不到课堂教学目的。教师如果根据不同的教材内容，针对不同的教学对象，运用诱导启发式、图板演示法、双方辩论法、学员试讲法等等教学方法，创设一种师生之间、学员之间相互尊重、理解、信任的教学环境，肯定能活跃课堂气氛，引起学员学习的兴趣，取得良好的课堂教学效果。

教师要能在课堂教学中做到“两个驾驭”，必须提高自身素质，练好三项内功。

第一，提高自身素质。教师自身素质包含了政治思想素质、职业道德素质、文化业务素质、身体心理素质。1. 提高政治思想素质。“教师是人类灵魂的工程师”，肩负着培养下一代的历史重任。因而坚定的政治信念、较高的理论水平和思想觉悟是人民教师必备的素质。2. 提高职业道德素质。高尚的职业道德是教师素质的关键，师德的核心是“爱生”、“敬业”。没有爱就没有教育，没有敬业精神，也就谈不上师德。3. 提高文化业务素质。文化素质是教师素质的基础。“给学生一杯水，教师要有一桶水”。教师应不断汲取中华民族传统文化精华，吸取世界文化的营养，了解我国的历史和现状，掌握丰富的文化知识和大量信息资料，以适应教学需要。教师还要及时检查、评价、反馈课堂教学效果，不断总结教学经验，提高教学监控能力。4. 提高身体心理素质。教师健康的体魄和健康的心理，是教师完成教学任务的保证。只有强健的身体和旺盛的精力，才能顺利从事教学工作。只有健康的心理素质，才能正确面对一切。不因意外事件而不知所措，不因一时疏忽而慌了手脚，不因自身弱点而恐惧不安；在课堂上做到自尊、自信、自控。

第二，练好三项内功。一是语言功。课堂上师生之间信息的传递、反馈及情感的交流等无一例外都要借助于语言。教师只有选择最佳语言表达方式，才能取得最佳课堂效果。教师的语言应当精练、严密、明了，同时应抑扬顿挫、生动、形象、富有节奏感。教师优美的语言，能激发学员的联想和引起感情共鸣，从而创造出和谐统一的教学意境。二是情态功。教师的情态是一种无声的语言。教师在课堂上的一颦一笑，一举一动，都会给学员这样那样的暗示。教师在课堂上恰当地运用眼神、表情、姿势，可以加强教学信息传递的真实性和形象性，刺激学员各种感觉器官，从而促进他们对教师言语内涵的理解，收到理想的教学效果。三是板书功。简洁实用、美观大方、条理清晰、字迹工整规范的板书是开启学生智慧大门的钥匙，能给人以美的享受。教师的课堂板书贵在设计精巧，妙在画龙点睛。那种讲课一字不写或是不分主次的板书；或者字迹潦草，纵横交错，龙飞凤舞的板书也是起不到应有的效果的。

要善于理论联系实际

中共金坛市委党校　唐国和

在函授教学中贯彻理论联系实际的根本方针和根本方法，教师应达到以下要求：

一、深入学习理论，努力用理论指导实践。首先要刻苦学习理论，夯实理论功底，如果没有一定的理论基础，对自己所教课程的理论知识一知半解，不深不透，不仅不能讲清讲透理论，更谈不上正确、恰当地联系实际；由于一些学科综合性很强，比如邓小平理论贯通哲学、政治经济学、科学社会主义等领域，涵盖经济、政治、科技、教育、文化、民族、军事、外交、统一战线、党的建设等方面。这就要求教师不仅要掌握有关课程的专业理论知识，还必须对其它相关的理论知识，也有所了解和研究。这样才能比较透彻地掌握这门课程的理论，也才能正确地运用理论指导实践。

二、深入现实生活，努力使教学更贴近实践。教师要自觉地投身到现实生活中去感受生活、熟悉生活。现实生活总是丰富多彩的，要正确掌握实际，不被表象所惑，就要做大量的由表及里、去伪存真的艰苦工作，透过现象找出本质，从结果中分析原因，进而把握事物的规律性，把实践上升为理论，又用理论来指导实践。了解和研究实际的方法很多，可以从报刊、杂志和其他新闻媒体中，或从别人的发言、报告、讲课中间接了解实际，还可以通过调查、考察、走访、挂职锻炼或专题研讨中了解和研究实际。接触学员，虚心向学员学习，是党校教师了解实际的重要渠道。要熟悉、研究党和国家的路线、方针、政策，将理论教学与理解和贯彻党和国家的各项政策紧密结合起来。要善于与生动活泼的改革开放和社会主义现代化建设的实际紧密结合起来。使学员感到更亲切、更便于透彻理解其原理，领会其精神实质，使这一理论在不知不觉中得到丰富和发展。

在理论联系实际中，必须处理好解放思想与坚持四项基本原则的关系。党校教师的一言一行，必须与党中央保持高度一致，要严肃政治纪律，不得在党校论坛上散布错误思想。还要处理好问题要揭露，但要注意正面引导，应尽可能多地联系一些积极的、健康的、正面的实际。

三、深入学员生活，努力满足学员求知、解疑、提高的需求。要了解他们对某门知识的掌握情况，了解他们的思想实际，才能增强教学的针对性。要引导学员用科学理论武装头脑，在学习中增强党性。党校是党性锻炼的熔炉。教师在教学中，要密切联系学员的思想实际，引导学员运用科学的理论，剖析现实问题，解决思想疙瘩，明辨是非，提高认识，使知识转化为觉悟，转化为党性。并要根据不同对象，不同层次，教学方法应有所区别。目前，党校函授主要是两种层次：一种是本科，文化基础较好，党员干部居多；另一种是大专，基础相对较差，学员来源较杂，思想层次不一，“非党积极分子”居多。两种层次，理论联系实际的方法也不一样，大专学员只要讲清一般原理，弄懂主要概念，举一些学员身边的事例就行了，对本科学员除讲清一般原理外，还应讲清重大理论问题的来龙去脉，当前研究动态、学术界的不同观点，并引导他们去开展研讨。比如，同样讲邓小平理论，大专层次，要讲清其主要内容，基本理论，注重联系实际，辅导为主；本科层次，则要讲清它的科学体系，相互联系，注重其理论的深度、广度和这一理论与党的方针政策的联系，以求全面系统深刻把握；坚持以学习原著为主，还可以适当引导他们运用这一理论去分析一些重大的历史事件和历史问题的起因以及党采取的有关措施，比如反对“两个凡是”、反对资产阶级自由化、“六四”事件、建立经济特区、发展民营经济、反腐倡廉等历史问题和历史事件。

搞好课堂教学 要积累实际材料

中共如皋市委党校 陈炳华

作为一名党校理论教员，如果不了解实际，不熟悉和掌握与其理论密切相关的大量的实际材料，就搞不好甚至都谈不上理论联系实际方针在课堂中的应用。实际是泛指人们的思想和行为面临的一切情况、环境、条件等多种因素。因而，它的内容是极为广泛的。我们在了解、搜集整理实际材料的过程中，要有目的、有计划、有重点地进行，注意多积累那些具有科学性、典型性而通俗易懂、生动与所教内容十分贴近的实际材料。要特别强调收集两方面的材料：一是社会实际，主要是收集有关党的路线方针政策、改革开放、党的建设、精神文明等方面的新情况、新问题以及新对策，国际国内的形势，社会敏感问题等。其二是学员的实际，主要收集学员普遍关心的学习、生活、经历、工作等问题，还应搜集学员有关学习目的态度、心理活动、思想变化和学员熟知的一些典型事例案例，给人印象深刻的电影电视内容、诗词、歌词、轶事、趣闻、相声、漫画、名著、小品等以及学员常说的口头禅、顺口溜、歇后语、成语、谚语、警句、俚语、笑话等。

收集实际材料的途径是多种的：亲身经历，深入学员实际中去体验，进行社会调查，参观访问、观察了解与学员交友谈心，通过班主任了解，向有过基层工作经历的教员请教，运用信息反馈手段，开小型座谈会等。还有从书籍文件、报刊杂志、广播图片、电视电影中汲取，方法有抄摘、誊写、复印、剪贴、临摹、摄影、看书报杂志、电影电视、听广播、录音等。

应注意，客观实际是不断变化发展的。因此，我们对实际材料的收集整理、分析研究，备课教学中联系也应随着客观实际情况的发展而变化，切不可停滞不前。

实际材料的来源是广泛的，最关键的是我们要时时留心，处处注意，日积月累，持之以恒，做这方面的有心人。须知，厚积才能薄发，手中的实际材料多，开启知识理论的难题的钥匙就多，就有选择最得体的事例用于讲授的余地。因此收集大量实际材料是贯彻理论联系实际方针的准备中最基本的要求和重要环节。

怎样开展函授评课活动

中共丹阳市委党校 姚永康

一、函授评课的作用。评课是一种重要的教研活动。在党校函授教学中，经常开展评课，有利于激励教师苦练内功、加快知识更新、讲究教学艺术，有助于教师间相互学习，切磋技艺，交流经验。评课对于加强函授教师队伍建设、促进函授教学管理的规范化、全面提高函授教学质量有着不可低估的作用。

二、函授评课的内容。1. 评教学思想。教学思想支配教学活动。正确的、先进的教学思想有利于促进教学活动的规范，错误的、落后的教学思想则会导致教学活动的无序。现代函授课堂教学是教师的“教”与学员的“学”的双边活动，谋求的是教与学“同频共振”。为此，评价教学思想应注重三个“并重”：一是教师的主导作用与学员的主体作用并重。二是研究大纲、教材与了解学员并重。三是传授知识、指导学法与培养能力并重。

2. 评教学内容。一看教师是否真正了解学员，做到从学员的实际出发构建教学内容；二看授课内容是否符合教学计划和教材的要求；三看是否做到了突出重点、突破难点、化解疑点。使学员形成了新的知识增长点。

3. 评课堂结构。一看教师教学准备是否充分，教案设计是否精心；二看教师是否遵循教学常规，课堂引入是否有新意，课堂讲解是否深入浅出、具体生动；三看理论分析、知识内容是否准确无误，有效地解决了学员疑难问题，点拨了认识误区，指导了学习方法；四看课堂结尾是否达到了画龙点睛之效，整个课堂时间分配是否恰当，各个环节的组合是否恰当，作业讲评是否有实效等。

4. 评教学艺术。一看教师是否能依据学员情况、学科特点、讲课内容等实施有效的教学策略，而非千篇一律单调乏味；二看教法是否有益于激活思维、化解难点、揭示规律、总结学法；三看教师的教学机智，重点观察对待偶发事件的处理艺术；四看教学特色，一堂有特色的课凝聚了教者的大量心血，闪烁着独特的艺术光芒，甚至可能孕育着崭新的教学思想；五看教学手段的使用，能否恰当使用先进的教学手段，增加实效。教学艺术博大精深、内涵丰富，一般意义上讲，语言艺术最关键，组织艺术、调控艺术、板书艺术是重要内容。从教学艺术上能窥测出一个教师的基本功底与发展潜力。

5. 评教学效果。教学效果体现在：(1) 学员知识点的掌握、知识面的扩充；(2) 学习方法的获得；(3) 运用所学知识和理论认识问题、分析问题、解决问题的能力的提高。它可以从一堂课预定的目标是否达成、学员的反映、课堂的氛围、学员完成作业的情况等方面得到评价。

三、函授评课的方法。1. 实事求是，讲求公正性。评课者发言要准确、客观，有理有据，定性合理，讲评客观，优缺点分明，不以情代评，不掩饰缺点错误。

2. 以理析课，突出指导性。对于一堂课的优缺点、成功经验与典型失误、有待解决的突出问题，要根据党校函授教育教学的理论，作深刻剖析，从理论上找到根源，从实践上指出解决的方法，做到以理析课、以理导课、以理服人。对于一堂课的教法与学法，要善于归纳总结、补充完善，以便改进教学。

3. 突出重点，增强针对性。要根据不同的课型、不同的对象择其重点讲述。一般意义上讲，对初上讲台的教师应重在指导教法，帮助总结、积累经验，提高教学水平；对多年耕耘讲台的教师，则应加大用现代教育教学理论观点评析的力度，注重知识更新，增强课堂教学的效果。

4. 讲究民主，突出激励性。评课的宗旨在于帮助教师提高教学艺术、教学水平，着力点在于调动教书育人的积极性，故对教师的劳动要肯定，教学经验要总结，教学特色要发掘；应从关心的角度，以切磋的口吻和风细雨，切忌草率评判，轻易贬低，更不可讽刺挖苦。此外，评课中的褒奖与指出缺点（错误）还应考虑环境和从教者的性格特点。对值得商榷的地方不要简单地肯定和否定，要鼓励教师勇于创新，潜心教改，做教书的能手和科研的内行。

师德内涵初探

——学习陶行知教育思想偶感

中共如皋市委党校　陈炳华

百年大计，教育为本，教书育人，师德为本。师德，是教师从事教育活动中所应遵循的道德规范和行为准则。由于教师不仅是教育的主导者，而且是学员思想品行与智慧的塑造者，是继承和发展人类文明成果、影响人类未来的培育者。因而，人们总喜欢用“园丁”、“蜡烛”、“人梯”、“铺路石”、

"人类灵魂工程师"等来赞美人民教师。这就要求教师不但要有广博的文化专业知识，更要有优良的比一般社会成员更高尚的职业道德。否则，就不能担当起教书育人的重任，甚至会误人子弟。正如教育家陶行知先生所说："道德是做人的根本；根本一坏，纵然你有一些学问和本领，也无甚用处。否则，没有道德的人，学问和本领愈大，就能为非作恶愈大。"

师德的基本的内涵必须具有三点：

一、热心教育，乐于奉献的敬业精神。乐于奉献是师德的基础，是师魂，是决定教师取得事业成功的主要的内在因素。教师必须忠诚于党的教育事业，热心于教育，始终把这一职业作为最高尚、最伟大、最光荣的事业，心甘情愿地将自己的青春年华、聪明才智乃至毕生精力献给这作为"立国之本"和"兴国之路"的事业。对从教要有强烈的事业心和责任感，有执着的信念与追求，孜孜不倦地工作，默默无闻地耕耘，像陶行知那样，"捧着一颗心来，不带半根草去"，为了教育事业，"鞠躬尽瘁，死而后已"。

二、热爱学生，诲人不倦的育人态度。热爱学生是教师道德的核心。是教师必备的职业情感。是决定教育取得成功的基础。像陶行知先生主张的那样"爱满天下，爱生如子"。只有对学员倾注满腔热忱真心诚意的爱，才能圆满地完成教书育人的任务。

热爱学生必须尊重课堂上的每一位学生、学员。尽管有的学生智力等方面存在差异，但在人格上是平等的，对每一位学员都要以诚待人，以情感人，以理服人，以知育人。既充分信任和理解，又严格要求和管理。对学员要一视同仁，平等相待，不搞厚此薄彼，更不能对少数"学生"偏爱。对表现欠佳的学员尤应关怀备至，对症诊治，发扬诲人不倦的精神。必须寓严于爱之中，在爱的基础上严，做到爱中有严，严中有爱，又爱又严。

三、遵纪守法，以身作则的表率作用。教师以德为本，身正为范。自觉遵纪守法，是一个教师最起码的道德素养。已不正，何以正人，教师自己一身正气，对学员心灵的塑造有着良好的启迪作用。

以身作则，为人师表是教师对学生最基本、也是最有效的教育方式。教师的一言一行、一举一动，往往是学生效仿的楷模。因此，教师必须时时刻刻严于律己，凡是要求学生做到的，自己必须首先做到；凡是学员做不到的，只要是对培养学员有利的，教师也必须做到。只有教师以身作则，为人师表，才能受到学员出自内心的尊敬。

党校函授教师"十要"

菏泽学区　赵文智

一、要爱国、爱业、爱生。爱国是教师人文精神的根本；爱业是教师人格理想的核心内容；爱生是教师爱岗敬业的原动力。当今，教育仍然是一个没有坚强信念和强烈使命感就不能完成的事业，在现实国力条件下，教师还属于一种清贫的职业。我们要学习周恩来同志那种把"共产主义远大理想同脚踏实地的工作作风相结合"的精神，发扬大教育家陶行知先生那种"捧着一颗心来，不带半根草去"的崇高品质，树立"终身从教"的思想，自觉增强对教育工作的强烈事业心和高度责任感，为党校函授教育事业的改革和发展贡献自己的聪明才智。教育不仅是知识的传授，更重要的是给人以心灵启迪。当教师，就要学会用爱心激励学员奋进向上，用诚心感染学员自强不息。只有懂得爱学员就是爱教育事业的深远意义，才能真正做到爱岗敬业，无私奉献。

二、要勤业。叶圣陶先生说："教师对自己从事的教学工作抱什么态度，对掌握业务专门知识抱什么态度，这也是师德问题。"作为一名党校函授教师，是否勤于学习，勤于钻研，有无进取精神，这是教师职业道德面貌重要的组成部分。业精才能称为师，而业精在于勤。初为人师者，更要勤奋好学，孜孜不倦，谦虚谨慎，不断丰富和充实自己的"知识库"，多多向老同志请教，不断提高自己的教学、科研、管理水平，丰富教学经验。

三、要精通业务，内功扎实。当教师注重学历层次的提高，知识结构的优化是必要的，做一名教师，特别是青年教师，更应该不断在实践中对自己的知识结构、能力结构进行调整，充实提高，以适应现代社会的发展和要求。教学中，必须对教材精心钻研，科学组织，抓住教材中的重点、难点，深入浅出，循序渐进；要精心挑选、设计课外练习和作业。在科研上，要有一丝不苟，精益求精，实事求是的科学态度，做到"干一行、爱一行、精一行"。

四、要学识渊博，博采众长。古今中外的教育家几乎都是勤学苦练，博览群书，为我所用的有识之士。作为跨世纪的青年教育工作者，既要有精深的专业知识，又要有广博的相关知识。优秀教师无论是主讲哪一门课程，都应将文史、哲学、政经、数理等作为自己知识“大厦”的奠基石，做到文理渗透，古今渗透，中外渗透；综合掌握外语知识和电脑技能，汲取科技发展的最新成果，掌握新兴学科、相关学科、边缘学科、交叉学科的知识，并能将其应用到教学实践中去。

五、要有改革意识和创新精神。创新与改革，是个人为社会作出突出贡献的原动力。教师是知识的传播者，也是知识的创造者，因而，教师应具有创新意识和创新能力。要充分认识教育对象的特点，积极研究改进教学内容和方法，启发学员的创造性思维，培养创造型的未来人才。要培养具有开拓创新整体素质的学员，教师首先要更新观念，求实创新，敢于超越前人，敢于超越自己，变继承性教育思维为创造性教育思维，常教常新，教以致用。

六、要严谨治学，严于律己。作为一名优秀教师，必然是一位言传与身教完善结合为一体的人，从而成为学员心目中的行为楷模。俗话说：“严师出高徒”。教师要注重对学员的思想品德教育和行为规范教育，防微杜渐，防患于未然。对违纪的学员，决不姑息迁就。要时时处处严于律己，以身立教，为人师表。

七、要树立正气。教师是“人类灵魂的工程师”，要塑造学员的灵魂，必须首先净化自己的心灵。教师必须为人正直，心底无私，真诚待人，公正处事，明辨是非，敢于同邪恶现象作斗争。要客观、公正地对待每一位学员，不感情用事，对每一位学员都要倾注一样的心血，付出同样的爱。

八、要对学员真诚、坦诚、热诚。鲁迅先生说过，伟大人格的素质重要的是个“诚”字。当教师就要“说真话、鼓真劲、做实事、收实效”。只有对每个学员都能真诚相待，坦诚相处，热诚相帮，才能有效地培养和发展学员的动机、兴趣、情感、意志和性格等非智力因素，只有用诚挚的情感和坦诚之心去热爱、信任学员，掌握学员思想、学习、生活中的热点、难点和兴奋点，才能真正做到师生之间心理相知，心心相印。

九、要有团结合作精神和群体意识。教育是一个群体事业，协作精神是教师群体共同发展的基础。要树立集体合作观念，尊重集体，善于合作；在集体合作中，不存门户之见，尊重他人，不过分强调自我，报以合作的愿望与诚意；要适应各种层次的合作，并根据不同的合作形式，准确把自己的职责和所要完成的任务，把充分发挥自己才能与很好地控制协调结合起来，遵守纪律和合作原则，服从统一安排，顾大局，识大体。

十、要健康、健全。作为21世纪的教育者，不仅要有高尚的思想品德，扎实的业务功底，还要有健康的体魄和健全的心理素质。只有健康的体魄和健全的心理素质才能胜任未来历史赋予的重任，因此，每位函授教师特别是青年教师都要自觉加强政治理论学习，在建设有中国特色的社会主义，实现中华民族的振兴中，需要磨练意志，砥砺品格；要不断调整心态，正确对待困难与挫折；要加强自身文化修养，开阔眼界，使自己的感知敏锐精细，思维灵活广泛，情感热烈有度，意志坚韧不拔；要综合发展，注重良好群体心理的养成，取得成绩时不盲目乐观，遇到挫折时不气馁悲观。汲取情感教育之精华，进取不已，就一定能培养自己淡泊名利的良好心境，找准自己的位置。

办学经验集锦(三)——教法指导

面授教学重在方法 贵在得法

中共肥城矿业集团公司党校 邹战本

党校函授的面授教学，怎样能够让学员听得懂、听进去、愿意听，真正感受到知识的力量，就要讲究授课方法的艺术性。经过几年的教学实践，我们探索出了“体系介绍、重点讲授、热点研讨、案例归纳”的教学方法。其原则是既不脱离教材，又不拘泥于教材。这种方法受到学员的普遍欢迎。

一、体系介绍。首次课便将该课程的教材结构体系、教学目的、教学要求、以及教学重点和难点、学时安排，向学员做说明，并征求学员的意见，了解学员的要求，目的是寻求学员的积极配合。

二、重点讲授。函授面授时间较短，讲授时不可能面面俱到，对教材的各个部分平均用力。而应区分主次，突出重点，将每次面授课所要讲授的内容进行提炼，抓住重点、难点、疑点、规律、联系等必讲之处，扎扎实实地讲清楚、讲透彻，揭示知识的本质。对非重点内容只要讲清知识的内在联系和逻辑关系即可，或者留给学员自学。这样既科学地安排了课程内容，合理地利用了面授时间，又易于学员掌握所学知识，把握重点，增强学习的兴趣和信心。

三、热点研讨。经过重点和难点讲授后，可以结合社会实践，选择学员关心的热点问题组织课堂讨论。党校函授学员以在职在岗的业余自学为主，平时难得集中到一起，所以课堂讨论是学员互相学习的好机会。讨论时教师一定要注意掌握时间和进度，尽可能让较多的学员发表意见。要创造一个十分自由、宽松地探究问题的环境，鼓励大胆质疑。要让每个学员都认识到，即使他们的问题看起来荒诞可笑，或者远离现实，也值得表达、研讨，与他人分享。只有采取平等、开放、诚实的态度，才有利于形成激励思考、勇于创新、不怕出错和露短的氛围，便于相互取长补短。“热点研讨”对于学员解决自学中碰到的难题、深化所学知识、拓展思维空间以提高学习效率和理论水平具有重要作用。

四、案例归纳。最后根据教学内容，选择内容较新，力度较大的案例予以归纳。既可以选择专题案例，也可选择综合案例。为了帮助学员加深理解某一概念或某一种理论方法，可选择专题案例；为了提高学员分析和解决复杂问题的能力，可在某一单元结束时选择综合案例。通过运用客观、形象、生动的案例，增强学员的感性认识，启发学员的思维和想象，使学员找出现象和本质的联系，提出解决问题的方案。实现掌握理论，运用理论的目的。这也是理论联系实际教学方法的又一体现，对激发学员学习兴趣非常有益。

“体系介绍、重点讲授、热点研讨、案例归纳”的教学方法，摒弃了“应试教育”的模式，始终把提高学员的能力素质和激发学员的主动参与意识放在首位，做到了理论知识、党性觉悟、素质能力相统一，是一种符合党校函授教学特点的行之有效的教学方法。

讲授《邓小平理论》课的方法探索

总参分院郑州防空兵学院学区 汪军喜

用邓小平理论武装学员，是函授教育的重要任务。我们在教学实践中，注重教学方法的改革与探索，取得了明显的教学效果。

一、注重课堂讲授与现实针对性相结合，调动学员的学习积极性。在教学中，教员要完整准确地理解和把握邓小平理论的科学体系和本质内涵，围绕邓小平理论的重点与难点，引导学员对困惑的问题进行理论思考。比如，我们在讲“以公有制为主体、多种所有制共同发展”的内容时，针对有些人认为“多种经济成份的发展会削弱公有制的主体地位”以及把探索公有制的实现形式当作“搞私有化”等错误认识，着重回答了应该怎样认识坚持社会主义的基本政治经济制度与“三个有利于”的标准、坚持公有制为主体与探索公有制有效实现形式这两个既相关联又有区别的问题。在分析关于公有制主体地位认识的问题上，我们不仅从公有制量的优势和质的提高方面，而且从公有制能够调控非公有制经济的走向和发展方向上，对公有制的主体地位进行了详细的讲解。此外，还结合我国所有制的历史发展变迁以及十多年来我国所有制改革所带来的经济的巨大发展，帮助学员正确认识我们过去在经济建设上之所以失误、走弯路，恰恰是没有完全搞清楚什么是社会主义和怎样建设社会主义，在所有制问题上盲目求纯，没有真正坚持生产关系必须适应生产力发展水平这一马克思主义基本原则。

二、注重课堂讲授与组织讨论相结合，发挥学员的学习主动性。课堂讨论主要是围绕教学中的重点、难点、热点以及党中央重大方针政策的理论问题等。讨论采取随机讨论或提前定题等不同的形式，讨论中主要采用自愿发言的方式，教员对于课堂发言情况以及学员所发表的新见解、新看法都认真地作了记录，以便进行总结和分析。比如，我们在讲到“社会主义的根本任务是发展生产力”的内容时，我们给学员增加讲解了当前党中央实施扩大内需宏观经济政策的背景、目的和意义。在讲完这些内容以后，我们针对学员大多数是现役军人，就结合部队的艰苦奋斗教育，给学员提出了这样一个问题：怎样看待扩大内需、刺激消费与军队保持艰苦奋斗优良传统的关系。学员们围绕这个问题展开了热烈的讨论，纷纷发表自己的见解。经过讨论和分析，学员们形成了以下几个方面的认识：一是扩大内需经济政策与艰苦奋斗精神对军队建设作用的一致性，决定了军队更要发扬艰苦奋斗精神；二是合理适度消费与勤俭节约在个人物质生活目标取向上的一致性，决定了军人更要树立勤俭节约的合理性消费观念；三是扩大内需政策所需要的社会精神环境与艰苦奋斗作风内涵的一致性，决定了军人在这一宏观经济环境中必须保持艰苦奋斗的优良传统。从而使学员们对这一问题有了更加明晰的认识。

让邓小平理论真正进入学员头脑

总后分院天津学区　高　衡

近年来，我在讲授《邓小平理论简明教程》中，采取集约式教学的方法，千方百计地使邓小平理论真正进入学员头脑，取得了比较好的效果。

一、充分开发学员内在的自我学习动力。发挥学员的主体作用。邓小平理论进入学员头脑的主体性和内化性特点，决定了理论进入头脑必须建立在高度自觉的基础之上。注意针对影响学员在学习邓小平理论问题上的主要障碍，下功夫搞好课前动员。力求把邓小平理论与国家前途命运的关系，与干部成长必须确立正确的精神支柱的关系，与建功立业、胜任本职的关系讲清讲透，帮助学员自觉纠正和克服把邓小平理论课等同于一般课程，不求过得硬、只求过得去；单纯应付考试、与个人思想不贴边，不注重理论联系实际等思想障碍。及时表扬学习好的、批评和帮助差的学员，尤其是对那些能够主动提出问题、善于创造性思维的学员，及时给予充分的肯定，号召大家向他们学习。使大多数学员始终保持一种高度的学习自觉性和浓厚的理论学习兴趣，为邓小平理论能够通过比较自觉的主体能动作用的发挥进入头脑，创造了有利的主观条件。

二、把握邓小平理论的科学体系和精神实质，力求把理论讲实、讲清、讲精、讲活、讲新。一是要着重讲清邓小平理论的历史地位、指导意义和逻辑结构，把握好邓小平理论科学体系和精神实质的“总体论”。二是要着重讲清邓小平理论的精髓、首要的基础理论问题、立论基石和建设有中国特色社会主义理论与实践的总纲。突出解放思想、实事求是的思想路线，社会主义的本质，社会主义的初级阶段三大基本理论的讲授。把握好邓小平理论的“基础论”。三是要讲好“一个中心、两个基本点、三个基本纲领”，突出社会主义的根本任务，社会主义改革、两个基本点的统一、社会主义市场经济等四个重点内容的讲授，把握好邓小平理论的“主体论”。四是要讲好以江泽民同志为核心的党中央第三代领导集体对邓小平理论的丰富和发展的最新成果，把握好邓小平理论的“发展论”。从而使学员在有限的课时中既掌握住邓小平理论中最基本的内容，又更加准确系统地把握了邓小平理论的科学体系和精神实质，使邓小平理论进入头脑具有实实在在的客观内容和明确的理论指向。

三、坚持理论密切联系实际，高度重视和解决好学员反映出来的热点、疑点、难点问题。根据调查摸底和分析研究，学员的热点、疑点和难点问题大体可分为五种基本类型，即理论误区、思想困惑、利益影响、知识缺乏和方法不当。同时又表现为深层次、浅层次、表层次三个方面。我在讲授中主要采取了搞好“现实问题实话实说”活动，对热点问题敢于面对，重点问题反复讲解、疑点问题广泛讨论。力争每堂课重点解决一二个问题。有计划、有针对性地把学员反映出来的热点、疑点和难点问题结合到课程讲授的相关章节中去，把理论与实际的结合贯穿授课全过程，受到学员欢迎。由于是真实思想的交流对话，学员怎么想就怎么说，教员依据邓小平理论和党的路线方针政策给予实事求是的分析与解答，大大提高了邓小平理论进入学员头脑的深度与力度。学员在学习中的主体作用得到较好的发挥，使学员思想和课堂气氛空前活跃，理论研讨兴趣倍增，学习积极性明显高涨。

四、努力提高教员自身素质。以教师“进入头脑”的成果推动和带领学员“进入头脑”。在实现邓小平理论进入学员头脑这一系统工程中，最关键的是教员要用邓小平理论首先武装头脑，不断提高任课教员对邓小平理论的政治信仰和素养。一是努力做到坚信、真懂、讲好、会用、敬业。“坚信”，就是教员对邓小平理论做到有坚定的信仰、坚强的信念和坚持不懈的信心。“真懂”，就是对邓小平理论的科学体系和精神实质真正掌握，具有比较深厚的理论功底。“讲好”，就是根据教学对象，能够做到理论与实际相统一，有运用邓小平理论分析重大现实理论与实践问题的能力与水平。“敬业”，就是把邓小平理论的教学和邓小平理论进入学员头脑作为一项事业来对待，治学严谨，有高度的使命感、光荣感和责任感。二是在邓小平理论教学中必须正确处理好的三个关系。即正确处理“皮”与“核”的关系，“一桶水”和“一杯水”的关系，“随机性教育”和“基础性教育”的关系。在邓小平理论教学中既要重视形式与手段，更要重视教学内容和效果。要在宽大厚实的理论功底基础上进行具体内容的讲授和具体问题的回答。要以“基础性教育”为本，以“随机性教育”为辅，把教学的注意力和着力点放在强本固基上，克服那种把理论联系实际理解为“对号入座”或“头疼医头、脚疼医脚”的简单化、庸俗化不良倾向，正确把握和发扬马克思主义学风。三是在提高当代马克思主义理论素养和施教能力上必须努力达到的“三个境界”。第一个境界，是要认真把握好邓小平理论教科书，对教科书的课程体系、逻辑结构、具体内容、教学要求等，都必须有全面深入地研究把握。第二个境界，是要认真通读《邓小平文选》，尤其是文选的第二三卷，对教科书中原理观点的主要出处或主要思想来源，要做到胸中有数，运用自如。第三个境界，是要认真研究和把握邓小平思想的发展脉络及其各个思想观点之间的内在联系，对邓小平理论中的主要思想的发展过程能历史和逻辑地掌握，加强对邓小平同志生平的研究。特别是对以江泽民同志为核心的党中央第三代领导集体在各个方面对邓小平理论的最新发展成果，一定要及时地掌握和研究。不仅使自己成为胜任邓小平理论教学的称职教员，而且还要力争成为邓小平理论研究的专家。只有这样，才能真正实现邓小平理论进入学员头脑的历史性任务，也才能真正提高党校函授的教学质量。

哲学面授教学的“一联三点”

中共抚州地委党校　喻彪　王小林

“一联”，即理论联系实际。理论联系实际是联系教员与学员的纽带。学员来自不同的岗位，带着各种疑惑进入学习，这就要求教员十分熟悉自己的教学对象，掌握他们的疑惑，在教学中始终贯彻理论联系实际的原则。一是联系学员生活和工作实际，作出哲学说明和理论概括，使之感到生活中处处有哲学，感到哲学就在自己身边，因而能够在亲切、自然的氛围中接受哲学的熏陶，使哲学真正“学有所得”。如此，学员才会产生浓烈的兴趣，各种新的疑问接踵而来，这些问题又促使教员进一步学习与思考。从而实现互教互学，教学相长。

“三点”，即讲授重点、讨论热点，解析难点。讲授重点。由于面授时间短，内容多，不可能面面俱到，必须突出重点。例如讲授社会基本矛盾和体制改革这一节，就可归纳概括为三个互相联系的问题：首先要讲清生产力是社会发展的最终决定力量这一唯物史观的基本内容；其次要讲清生产关系一定要适合生产力发展要求的规律，上层建筑一定要适合经济基础发展要求的规律；最后要讲清社会主义基本矛盾的性质和特点与坚持党的“一个中心、两个基本点”的关系。这样就能使学员完整准确地把握这一节的基本理论、基本观点和社会主义社会发展的基本规律，从基本理论上加深对党的基本路线的理解和把握。讲授重点要注意理论的系统性，要在系统的基础上抓住重点。

讨论热点。认真组织学员讨论所关心的“热点”问题。在讨论中，一方面学员之间互相切磋，互相启发，加深对理论的消化理解，有助于消除模糊认识；另一方面，教员又能密切联系实际，探讨问题，总结经验教训，使实践上升到理论。我们利用有限的时间，组织学员针对“热点”问题，从哲学的角度深入讨论，鼓励大家畅所欲言，教员作为普通一员参加讨论，从中启发引导，既活跃了课堂气氛，又解决了实际问题。

解析难点。学习的过程就是知识积累和能力培养的过程。为促使学员有效地积累知识并把知识转化为能力，必须帮助他们融会贯通地理解难点。比如辩证法和诡辩论的区别，这是一个难点，人们往往会把二者混淆在一起，说什么“辩证法就是变戏法”，有人甚至引用列宁关于“辩证法曾不止一次地作过通向诡辩论的桥梁”这句话来论证自己的观点。为了帮助大家理解这句话的含义，我们先以“猫论”为例，指出“不管白猫黑猫，抓住老鼠就是好猫”这句话的本意是针对教条主义来说的，有它的特定对象和场合，完全体现了始倡者的求实精神。可是今天却有人任意套用，把“猫论”错误理解为“不管白猫黑猫，捞到钱就是好猫”。这说明辩证法和诡辩论之间有着不可逾越的鸿沟，因为任何真理都是具体的、历史的、有条件的，离开了一定的条件，真理就会转化为谬误。辩证法要求客观地应用概念的灵活性，如果主观地应用概念的灵活性，任意进行推论，必然会作出荒谬的结论，从而导致诡辩论。这样讲，学员听时不会感到乏味，而且能够听得懂、记得牢。

一堂别开生面的党建研讨课

中共合肥市委党校　王海泉

上学期，合肥学区中函98级本科班，举行了一堂别开生面的《新时期党的建设概论》理论研讨课。

这次理论研讨课，就《新时期党的建设概论》第八章党的干部队伍建设和第九章党员队伍建设以及第十章党的基层组织建设的内容，围绕“谈谈干部队伍的‘四化’方针”、“在实践中考察和识别干部”、“新时期党员怎样保持先进性，发挥先锋模范作用”，以及“新时期怎样加强党的基层组织建设”等课题，进行了认真而热烈的研讨，有20位学员在研讨课上发了言。

这堂理论研讨课取得了成功。一是人人准备，重点发言。75名学员都准备了研讨的书面材料，由任课教师认真评阅，挑选了20位学员在研讨课上发言交流。二是研讨中能紧密联系实际，针对性较强。学员樊孝荣就“在实践中怎样考察和识别干部”提出，目前最常用的考察干部的方法有两种：一是召集干部群众座谈，从中了解考察者的情况，二是投票或打分，即组织干部群众对被考察者进行书面测评，得票多，打分高者即是“公论”所看好的对象。但是往往会出现“公论”不公的现象。他概括为四句话：说差未必差，言好未必好，“没发现问题”不等于没问题，“不知道”未必不了解。说明仅采用现有方法均有一定的局限性，在考察干部的方法上必须创新。三是研讨中能紧密结合当前的“三讲”教育。学员韦清在“新时期共产党员应该怎样保持先进性，发挥先锋模范作用”的发言中，提出了为什么要讲学习，学什么，怎样学等问题，很有新意。四是研讨与社会调查相结合。有的学员为了搞好这次研讨，还专门就新时期怎样加强党的基层组织建设问题，到蜀山镇的几个村开展了社会调查，专门写出了有关的调研报告在课上交流。通过这次研讨，使学员们互通了信息，了解了新时期党的建设的特点及解决某些问题的方法，增长了知识，开拓了视野。这次研讨课，是改革面授教学的一种尝试，提供了学员走上讲台，锻炼表达能力的机会，也有利于促进学员联系实际深入思考问题，深化学习。这次研讨课得到合肥学区领导的高度重视。合肥市委党校主管函授教育的副教育长、函授部两位副主任都自始至终参加了这次研讨课，他们认为这次研讨课迈出了深化教学改革的第一步。

函授理论课的四种教学法

中共南阳市卧龙区委党校 毕云芝

笔者根据十多年的教学实践，探索和总结了函授理论课的四种教学法，现分述如下，和同行们切磋。

一、重点讲授法。函授理论课内容多、课时少，教师要精选讲授内容，有重点地向学员传授知识。教师要吃透教材，选择精讲内容。在备课时，教师要把握知识体系主线，对众多知识点进行筛选，确定主讲内容，制订出切实可行的教学方案。在讲授时，教师要把精选的知识要点与实践相结合，引导学员学以致用。并做到要点突出，语言精炼，层次分明，脉络清晰，环环相扣。

二、讨论研讨法。为了改变传统课堂教学单向传递信息的弱点，我常常创设一种讨论式的课堂环境，根据本节课所讲授的理论观点，提出了一些问题，把学员分成小组在课堂上讨论。每组推派一至两名学员发言，鼓励他们发表自己的见解。运用这种方法，激发学员的学习热情，锻炼他们分析问题、解决问题的能力。运用这种方法时，一是要发挥教师的主导作用。教师在备课时，应对研讨内容进行提前安排，研讨过程中应要求学员在预先确定的范围之内发表各自的见解，防止偏离主题。二是要及时对学员讨论结果进行总结。把学员讨论结果进行系统归纳，去粗取精，去伪存真，得出正确结论。

三、阶段复习法。阶段复习法是指在函授教学过程中，某一阶段教学任务结束后及时小结并加以复习巩固的办法。面授期间，阶段学习内容结束后，应至少利用一个课时的时间把学过的重点内容、主要理论观点进行归类总结，使之条理化、系统化。教师要在阶段复习中提纲挈领地引导学员掌握教材的基本内容、重点和难点，使学员加深理解，增强记忆，学会运用，巩固所学知识，扩大学习成果。

四、自学指导法。函授教学中指导和训练学员养成良好的自学习惯，形成较强的自学能力，是提高教学质量的重要途径，教师必须高度重视并加强学员的自学指导。面授前要求学员进行课前预习；在面授中注意训练学员的自学能力；在面授结束后，根据学员情况，有针对性地、有目的地对学员进行自学指导。认真编写自学指导提纲，并发给学员。同时，我还编印了师生电话号码和通讯录，便于学员与教师之间，学员与学员之间的联系，不仅及时解决了学员学习上遇到的困难和问题，还增进了师生感情。

怎样学好法学课

中共陇南地委党校 赵琦伟

我在近几年来的法学课的教学中体会到：法律专业的学员必须针对法学课的学科特点，掌握以下三种学习方法。

一、参照法律法规，将教材与法规条文紧密结合起来学习。法学是研究法律现象和法律规范的学科，任何部门法都是法律规范的总称。我国社会主义法的渊源主要由各种法律法规构成，这些法律法规无一例外地通过规范性条文表现出来。法律条文是法学基本概念、基本原理、基本知识的具体化，解释法律法规、分析法律条文既是法学研究的任务，也是学好法学课的重要方法。函授学习以自学为主，面授时间短，教材内容概括性强。因而要主动搜集与所学课程相关的法律法规加以系统学习。结合法律法规学习法学课，既能熟悉相关法律条文并加深理解，又有利于全面掌握教材知识，能取得事半功倍的效果。

二、善于对比分析，把所学课程与已学过的内容紧密结合起来学习。法律学科的各门课程赖以建立的基本概念、范畴、理论和知识逻辑联系强。学好法学课，要善于比较分析不同法系、不同国家、不同时期、不同部门法之间的区别与联系，识别它们之间的共性和差异。如三大诉讼中同为举证责任，行政诉讼被告举证，刑事诉讼的公诉案件公诉人举证，自诉案件自诉人举证，民事诉讼“谁主张，谁举证”，特殊民事侵权案件举证责任倒置。又如行政权与公民权的区别，公民权是一种私权，“法不禁止皆自由”，公民权公民可以自由处分，而行政权是一种公权，法律禁止的不得作为，法律未经授权的也不得作为，行政权行政主体无权处分。诸如此类的问题，只有通过对比分析，才能举一反三、触类旁通。

**三、紧密联系实际，把掌握法律知识与分析解

决实际问题紧密结合起来学习。法学课是一门应用性、操作性极强的学科，学好法学课的目的在于运用法律武器为社会服务，要会联系实际分析具体的法律问题，以此来加深对相关法律制度的认识。对此应做到三点：一是尽可能多到法庭去旁听审判，力求把感性直观与理性思维联系起来，对所学理论知识通过旁听审判加深理解、强化记忆。二是结合现实生活中某些典型案例，与老师、同学多进行讨论交流，以问促学，集思广益，分析案例的过程，就是消化理论，应用法律条文解决实际问题的过程。三是结合各自本职工作所涉及到的相关法律问题，从依法办事的角度出发，运用所学知识去说明一些法律现象，发现和解决相关的问题，提高学以致用的自觉性，才能真正把法学课学活、学透。

在函授教学中要鼓励学员提问

中共大丰市委党校　陈汉明

在函授教学中，提问、答疑是消除疑惑、掌握知识、深化知识的一种双向交流。教员在面授时要鼓励学员提问。然而，有些学员顾虑自己提出的问题平凡、简单，怕被人讥笑，耻于向老师提问；也有些学员虽然赞成提问，但不愿向年轻教员提问；还有些学员不愿提出一些重大的社会热点问题、理论性比较强的问题，担心难为老师，影响师生关系，等等。针对上述情况，教师应循循善诱，采取多种方法鼓励、激励、启发学员提出问题，教师给予有针对性地答疑，才能提高教学效果。

一、要向学员们讲清楚提问、答疑的目的和意义。学员提出问题，才能解决问题。提问就是进步，提问就是学习的深化。我国桥梁专家茅以升就经常采取“学生考老师”的答疑式教学方法，把学生提出的难题作为自己科学研究的课题。他从20年代教结构力学开始，就常常鼓励学生向他提问，能解答的，当场解答；不能解答的，就记下来剖析琢磨，非要找出满意的答案不可。这样日积月累，他的研究课题也就越来越多。有的问题甚至几十年都得不到解答，竟成了整个科学界攻关的目标。这种听取和研究学生提问的方法，学生、教师都受益，所以说，函授辅导课贯串提问答疑，既是一种双向交流，又是一种双向提高。

二、要劝勉学员养成勤学多问的习惯。学问、学问，就是既要学，又要问。哥德曾经说过：“就连最大的天才，如果想单凭他所特有的内在自我去对待一切，他也决不会有多大成就。”有了问题，不去问老师，不去问别人，问题就终不得解。所以，在学习遇到问题去求别人是不必脸红的。党校函授学习，主要是靠自学，更要善于提出问题。在甘当小学生，对自学中不懂的问题或疑难问题要及时在答疑课上向面授辅导老师询问或向行家请教；也可在学友之间探讨，相互切磋，取长补短，切不可关起门来苦思冥想。

三、要鼓励学员弘扬不耻下问的精神。不耻下问，问同自己知识差不多的，甚至不如自己的人也是可以的。这道理好比钢刀要在砂石上磨才会锋利一样，尽管砂石的质地远不如钢的坚韧。所以，“以能问于不能，以多问于寡”成为古训。毛泽东早年在农村作调查时，农民、干部、秀才、商人，甚至狱吏、钱粮师爷，都是他“下问”的对象，并说，他们是我的最好的老师，我向他们学习是毕恭毕敬的。可见，不管什么人，只要对自己有帮助，就可以取得做自己老师的资格，学问的大小倒是不必计较。当然，向老师、向别人提问时，要有一定的准备，要经过一番思考，不能随意地信口就提，也不能对提出的问题略知个大概就算了事。要问就得“打破砂锅问到底”，求个水落石出。对一时间不清楚的问题，可多问几个人，多听听不同意见，集思广益，再通过个人自学，独立思考求得解决。

课堂小结的方法

山东分院肥矿学区　邹战本

一堂成功的课堂教学，不仅应有好的开头，而且也应该有耐人寻味的结尾。现将自己在面授教学中所运用的课堂小结方法介绍如下：

一、概括法。这种方法是教师用简单明了、准确精炼的语言对整个教学内容进行概括总结，归纳知识的结构和主线，强化重点，以帮助学生删繁就简，把握中心，明确主题，形成对所学知识的清醒认识，从而达到教学目的。

二、对比法。对比法是将本节课讲授的知识，同过去所讲的、在理解或运用上容易产生混淆的知识进行对比，使学员在掌握新知识的同时，弄清新旧知识的区别和联系，通过对两者进行比较，找出异同点，达到新旧知识的“同化”，把新学习的知识纳入原有的知识结构中去，以便更准确、深刻地理解新知识。

三、案例法。可以根据讲授内容用简单的案例(学员比较熟悉的）加以概括。在分析案例的过程中，将课堂重点、难点进行剖析、归纳。这种方法既能帮助学员把握重点、难点，又能使学员提高分析解决问题的能力，一举两得，事半功倍。使用这种方法首先要精选案例，要求案例和课堂讲授内容上有较强的一致性，并尽可能地涵盖重点、难点；其次做好分析引导，即把重点、难点问题分析透，引导好。因此，占用的时间可稍长。

四、悬念法。这种方法是为上好下堂课埋下伏笔。在课终时，结合教学内容设置一些必要的悬念，留下一些富有启发性的问题，让学员课后去思考和预习，使学员对教学产生“言犹尽而意无穷”的感觉，以激发学员对进一步获取新知识的欲望，架起新旧知识的桥梁。

精彩的课堂小结是教学科学性的体现，它不仅可以对教学内容或教学活动起到系统的概括、画龙点睛的作用，而且能拓宽和延伸教学内容，激发学员旺盛的求知欲望和浓厚的学习兴趣，对提高课堂教学效果将产生积极的作用。

图示教学在函授辅导中的运用

中共江苏石油勘探局委党校 **程锦山**

图示教学就是将抽象、复杂的概念、原理转化为形象具体、简单直观的图表、符号、模型进行教学，它属于直观教学中的板书教学。信息论表明，直观形象产生的信息，对大脑刺激要数倍于语言文字。图示教学具有直观、明确、易懂、易记的特点，运用巧妙，能让人充分领略教学的艺术美，并在逻辑美、形式美的享受中获得持久不忘的信息。

图示教学十分强调图示设计的科学性。图示的科学性表现为直观性、条理性、凝炼性和逻辑性。直观性要求简明扼要，易于联想记忆；条理性要求层次分明，易于认识理解；凝炼性要求高度概括，易于把握实质；逻辑性要求准确严密，易于指导应用。以逻辑性为代表的科学性是图示教学的生命。

要潜心研究设计各种图示载体，用各式模型、推导图（箭头图）、水系表（信息树）、关系图（因素分析图、对比图）、体系图（框架结构图）等，科学、直观地揭示理论、知识的内在本质联系。譬如用“2×2模型”（两个国家两种商品相交换）分析国际贸易的绝对与相对优势理论；用“水箱模型”（水箱象征一国经济，上方两个进水阀分别是政府投资和民间投资，下方两个出水阀分别是政府税收和民间储蓄）分析宏观调控理论；用“木桶模型”（烂木桶原理）研究团体效能和分工协作问题；用坐标函数分析经济变量之间的变化规律；用统计数量关系模型（函数关系和相关关系）进行统计的理论推断分析；用箭头图推导金融要素的连锁反应；用关系图揭示各类极易混淆的概念之间的联系与区别（如商品经济与市场经济关系图）；用体系图概括原理的外环线（界纲）、逻辑线（联路）、交差放射线（点阵）。

图示教学要纳入板书教学的整体之中，板书图示要主题明确、层次清楚、要言不烦、详略得当、重点突出、书写规范。

兵法言：“兵无常势，水无常形，运用之妙，存乎一心”，教学中要艺术地、机智地选择方法组合，扬长避短，切不可生搬硬套，牵强附会。图示教学要体现课堂引力的四大要求，即思想要高，知识要新，方法要活，语言要精。

“板 块 导 读 法”刍 议

中共如皋市委党校 **王久铎**

板块导读教学法作为一种教学方法，可以简洁地归纳为“板块综合，导读中心”。如果单从课堂教学的导读实施过程来看，大致为如下步骤：

一、结构性导读。在某一学科授课的开始，引导学员主动快速浏览教材目录或章节中心内容，把握全书或板块内容结构，了解基本原理，这是初读、概览——整体感知，即第一步导读。

例如，在《马克思主义哲学》教学中，除绪论部分外，一般分为两大块：辩证唯物主义和历史唯物主义。第一大块又可分为三小块，即唯物论、辩证法和认识论部分；第二大块除导论部分外，又可分为四小块，即社会经济生活（社会基本矛盾)、社会政治生活（阶级和国家)、社会精神生活（社会意识）和社会活动主体（人民群众)。

可见，按照原教科书的理论体系，进行内容组块并在新授课伊始，开门见山，对学员进行概括性或导入性介绍，使学员总览全书，一目了然，读来新鲜且有“纲举目张”之感。

二、专题性导读。在内容组块的基础上，再将“块”整理归类分为若干专题，引导学员分专题逐个研究，这是细读、分析——全面理解，即第二步导读。

如《政治经济学》（资本主义部分）拟可分为劳动价值论、剩余价值论、资本积累论等11大理论。以其中的“剩余价值生产理论”这一块为例，在讲授时又可将其归纳为五个方面的专题。即（1）剩余价值生产的条件——劳动力成为商品；（2）剩余价值生产的过程——劳动过程与价值增殖过程的统一；（3）剩余价值的来源——可变资本（与不变资本）；（4）剩余价值生产的基本方法——绝对剩余价值和相对剩余价值的生产；（5）剩余价值生产的假象——资本主义工资。这样讲授，既不打破原有教科书的科学体系，又突出了以剩余价值为中心的基本原理分析，着重揭示了资本家对雇佣工人剥削的秘密。

实践证明，板块导读法不仅适用于函授大专班而且也适用于本科班，不仅适用于一般原理课，而且也适用于原著课教学。笔者体会到，适当修正、重组教材提供的课堂教学内容，按一定的方式组织起有序的知识，便于学员接受、存贮和提取，切实提高了课堂教学质量。

三、点拨性导读。在一般性分析基本原理的基础上，引导学员精读某些重点段落和句子，深入领会其内涵，点其要害，拨疑为悟，这是精读、理解——重点剖析，即第三步导读。

通过点拨，使学员对教材中的三点（重、难、疑点），不但知其然而且知其所以然。实践中拟可采用对比性导读、互补性导读、联系性导读以及矛盾性导读等多种方法对学员既点且拨，力求做到：对教材中经过多年锤炼、有着丰富内涵的基本理论，要着力深入挖掘、酌情发挥；对教材中有些“言犹未尽”的表述，要结合实际酌量补充，使知识内容更加充实和完整；对教材中较为模糊的表述，不能一味回避，要正视矛盾、辩证地予以处理。同时，对学员“已知”的知识或常识性问题，大可不点不拨。在点拨过程中，我以为应贯彻课堂“少、精、活”的原则，既要使学员有满载而归之感，又要留有继续思考的余地。

四、反馈性导读。通过某种反馈，引导学员反复阅读教材有关基本原理，启发思考，师生交流，反馈信息，并就教材内容进行归纳小结。这是复读、强化——巩固提高，即第四步导读。

反馈性导读作为“板块导读法”的重要环节，是师与生、教与学两个积极性和双边活动的有机统一。这种双向或多向反馈活动拟可采取多种方法。一是讨论式反馈导读。通过课堂讨论，回答问题，多向交流，引导学员对教材中的文字表述斟字酌句，然后再作出概括小结。二是练习式反馈导读。通常在学员完成作业之际，抓住适当时机，请学员对照教材或大纲，即时交流，互相取长补短，以达当堂消化巩固知识之目的。此外，批改作业时的评语导读，讲评作业时的删补导读等等，都被实践证明是行之有效的教学信息反馈途径。

五、迁移性导读。通过导读，引导学员举一反三，触类旁通，理论联系实际，使知识转化为能力。这是研读、应用——发展能力，即第五步导读。

“为迁移而学习”是学习过程最为关键的环节。迁移从外部看是一种理解性、能力性的迁移，但其实质乃是学员内部智力的充分运用和相互转化。为此，在对学员的学习指导上似应做到：一是方法论导读。古人云：授之以鱼，仅供一餐之需；而授之以渔，则终身受益。对学员不仅要进行学科知识学习的指导，更要重视学习方法——概括方法、思维方法、应用原理方法和研究方法等的教授，这是贯穿于马克思主义基础理论课教学始终的根本问题。板块导读法将教材提供的静态知识网络“动态化”，使学员从过去只注重“学会”知识转变到“会学”，即从死记硬背转变到注重掌握方法和灵活运用，从而在“自学——吸收——消化——运用”诸环节都能掌握“随机应变”、“另辟蹊径”的学习方法。二是应用性导读。马克思主义基础理论课教学中，理论联系实际似可分为两个不同的层次。作为较低的第一层次是认识原理，把握原理。诸如对原理作延伸性导读、扩展性导读等方法以实现知识的迁移。作为较高的第二层次是运用原理解决实际问题。这就不仅要求我们诠释、研读现成的书本知识，而且对我党坚持和发展马克思主义的新成果、中央关于现实问题的新精神、社会主义市场经济条件下出现的新情况、新问题，有关学科的新知识等，都要在广度和深度上有所拓展和深化，从而实现教学内容向“实、新、活”高层次方面的迁移，以不断提高学员分析和解决实际问题的能力。

教学中“双向交流”的一种好形式

中共西和县委党校 李苍郁

党校函授学员既是理论知识的接受者、学习者，又是改革实践的实际参加者，他们处于改革开放和社会主义现代化建设的第一线，有较为丰富的实践经验。这就为在教学中的实现双向交流奠定了基础。我在教学中，一方面引导他们自觉运用所学知识和理论对改革实践的现实课题进行分析和研究，在分析研究过程中巩固知识，加深认识，形成自己的思路。另一方面，我十分注意从他们的实践经验中吸取营养，实现教学双向交流的最佳融合。双向交流主要是通过讨论和交流的办法来实现。具体做法是在学员全面完成单元作业题的基础上，围绕教学重点，选择一些贴近现实，有一定研究价值，能启发学员思考并发挥其特长的课题，组织学员进行深入、系统的研究，围绕题目，写心得体会，每门课程至少提出一道综合性讨论思考题，让学员运用所学知识联系实际，进行思考撰写文章。我在讲授《经济管理原理》课时，提出“如何认识和发展个体、私营经济”，讲《工业企业经营管理》课时，提出“当前国企陷入困境的原因和出路在哪里”？讲《财政学》课时，提出“贫困县摆脱财政窘境的现实选择”等等。并视学员实际可以开展课堂讨论，也可以在学习小组会上或者校外自学小组活动时讨论；可以在教师指导下进行，也可以在班、组干部或涉及的相关部门中有一定工作实践经验的学员组织下进行；可以书面发言，也可以是即席式口头发言，等等。对一些贴近现实的热点、难点问题和学员认识不一、有疑问、难掌握的问题，则利用课堂时间，由任课老师主持组织讨论。凡是进行这种讨论都提前安排，让学员有充分的准备。讨论中可以是陈述式发言，也可以是答辩式、辩论式发言，展开全方位的多维探讨，明辨是非、深化认识、理顺思路，达到教学目的。我在组织参加这类讨论当中感触颇深，受益匪浅。许多教学和研究中属于认识模糊、不甚明了、思路梗阻的问题，参加讨论后往往会豁然开朗。这种做法，巩固和提高了课堂辅导效果，也有助于教学相长，推动教师的教研工作，而且能促进学员钻研理论知识，独立思考，动脑、动笔、动口，有效地提高了学员的实际能力。当然这样做无疑加大了教师的工作量，但只要认真坚持，善于组织，方法得当，实践证明是完全可以做得好的。

浅议党校函授面授的简洁性

中共张家口市委党校 郭振文

党校函授面授课时每门课一般为20课时到32课时，存在授课时数与教学内容之间的矛盾。这就决定了教师在授课时，只能在保持学科系统性的基础上，择其精要讲授，在“简洁”上作文章。

党校函授教学的简洁性，指的是教师在授课时，表述或论证要做到简明扼要，不做长篇大论，不说多余的话。

求“简”，并不是要把所讲的问题简单化，更不是要把一些应讲的问题省略掉，而是要用准确、简练的语言把问题说明白，道理讲清楚，做到言简意赅，既易于学员理解、接受，又不使其感到累赘和枯燥。

求“洁”，就是对所讲内容反复提炼，抓住要点、难点，有针对性地讲。“洁”是“简”的深化，它要求在简明的基础上，进一步做到深刻、生动、鲜明，要旨突出。

“简”和“洁”又是互为前提，相辅相成的。如果讲课人啰啰嗦嗦，说不清道不明，那怎么要求他做到“洁”，即突出要点呢。反之，如果讲课人能提纲挈领，要言不烦，且不时闪现出真知灼见的火花，那不仅易于听课者领会、接受，还会让人有痛快淋漓、沁人心脾的感觉。

简洁，这看似平淡，真正做到却很不容易。它是从海水里熬出来的盐，是从矿石中炼出来的钢，是从百花中酿出来的蜜，需要一个艰苦提炼的过程。

教师要舍得下功夫。要反复钻研教材，吃透教材，搞清教材的结构体系，认真撰写教案，对每一章节的教学要求、内容及要点、难点都了然于胸。因为，人们只有在掌握了问题的本质要害时，才能用简洁的语言将其表达出来。

我们常说，教师要有一桶水，才能给学员舀出一碗水。这里的“一桶水”，指的是丰富的学识；所舀出的那“一碗水”，却不是桶里的任意一碗，而是指经过沉淀、提炼所富含人体需要的氨基酸和多种微量元素的“营养水”。要做到简洁，教师必先有丰厚的知识，因为，简洁是由丰厚浓缩而来的精华。教师只有不断学习，不断积累，以“新水”替换“旧水”，并使“这桶水”始终满满当当的，才能在课堂上挥洒自如，举重若轻，将问题简明扼要地表达出来。

教师须有较高的驾驭语言文字的能力，应懂得逻辑知识。教师不仅要把握教材的结构体系、主要内容和理解问题的关节点；还要把这些内容用简洁的语言表达出来。语言要生动、简练、符合逻辑。如果缺乏逻辑知识，在备课或讲课时就会出现概念不明确、判断不恰当、推理缺乏逻辑性或理论观点缺乏论证性的毛病，从而使语言表达缺乏条理性、准确性，当然，就更谈不到简洁性了。

党校函授教学中“照本宣科”现象探析

中共怒江州委党校　陈贵刚

“照本宣科”是学员十分厌烦的一种授课方式。也是影响党校函授教学质量的问题之一。必须加以解决。

一、“照本宣科”现象的成因分析。第一，个别教师不安心工作，敬业精神差。对教学工作持敷衍了事，不负责任的态度。不认真备课，不写教案，甚至连书都不看就上讲台。这种极端不负责任的态度是导致“照本宣科”现象的主要原因。

第二，教师的专业配置不齐，整体结构不合理。有些教师无课上，有些教师的课太多。部分教师上的不是专业对口的课程，半路出家，教非所长，对教材内容吃不透，只能“照本宣科”。

第三，面授时间短，教材内容多，有些教师又不善于归纳教学内容，不能抓住重点问题和难点问题分析讲解。只是照着课本念念大标题、小标题就完事，这种现象在开卷考试课和考查课中尤其突出。

第四，部分教材内容与时代特征相脱节。空洞理论多，条条框框多，有说服力的实例少。而年轻教师大多经历单一，生活阅历浅，实践经验欠缺，理论与实际难以结合，只好“照本宣科”。

第五，学员中普遍存在重学历，轻素质；重考试，轻学习；重闭卷考试课，轻开卷考试课和考查课的倾向。面授期间请假、旷课多，到课率严重不足，教师的辛勤劳动得不到应有的尊重，对教师的授课情绪影响很大。这也是导致“照本宣科”的重要原因。

二、杜绝“照本宣科”现象的对策思考。按上述分析，“照本宣科”主要是教师问题，与教材质量和教学管理也有关系。因此，只有紧紧抓住教师、教材、管理这三个环节来制定对策，才能加以解决。

第一，引入竞争机制，推行竞争上岗制度。实行公开试讲择优者上，适当拉开上岗教师和待岗教师的收入差距，有利于促使那些素质好、能力强、有敬业精神的优秀教师脱颖而出；有利于优胜劣汰，优中选优，保证教学质量；有利于鼓励先进，鞭策后进，形成你追我赶，严谨治学的良好风气。

第二，对教学各环节实施监督。定期检查教案，组织教师跟班听课，经常收集学员意见，及时整理反馈。定期对教师的素质、教学能力、教学成绩和科研水平进行测评，把测评结果作为选优的主要依据，优者予以重奖，劣者给予严罚。这样才能充分发挥监督作用，克服“照本宣科”。

第三，加强教师队伍的培训力度。近年来，函授教育事业发展很快，教师队伍相对不足，培训工作滞后。知识老化问题已经影响到函授教学的质量，必须采取措施，改变这一现状。近年来，党校年轻教师日益增多，他们大多“从学校到学校”，必须把他们派往基层，挂职锻炼。有基层经历的教师也要时常深入实际调查研究，保持对社会生活的清醒认识。

第四，充实教师队伍，完善专业结构。一是要从应届大学毕业生中择优录用专业教师；二是从校外聘请优秀的专业人才到校任教。近年来，聘请校外兼职教师的做法值得提倡，它既解决了专业教师不足的问题，而且节约了编制，降低了办学成本，是三全其美的好办法。

第五，加强教材质量管理。我省党校函授教材质量问题突出，应该引起重视，努力提高教材质量。

第六，严肃纪律，加强管理，维护正常的教学秩序。函授教育质量问题难以解决，与管理不规范、不严格有关。到课率低的问题也一样。只有按照总院规定严格执行，不讲情面，不搞关系，从严把关，才能保证教学活动正常进行。

浅谈板书的设计与运用

中共滕州市委党校 鲁开国

板书是课堂教学的重要手段之一，是教师语言艺术的书面“提炼”。一幅漂亮的板书即是教师一堂课的知识凝结、微型教案，又是学员思维的材料和线索。板书具有直观性特点，有助于学生思维的深化和发展。板书还具有提纲挈领，突出教学内容，揭示讲课重点的作用。因此，必须重视板书的设计和运用。

设计板书必须依据教学大纲的要求、教材的内容和学员的认识规律，精练而有序，重点要突出，难点要突破，在挖掘吃透教材的基础上，抓住主要的内容，做到少而精，以简驭繁。通过板书让学员理顺思路，清晰地把握知识要点，便于记忆和笔录。

板书是教学过程的一种书面缩写形式。在设计板书时，教材内容的先后顺序、相互衔接与联系、文字的详略与去留等都要进行周密的考虑；同时，板书的位置、虚实的结合、符号的运用、如何点题等等都要在课前设计好。

为了使板书条理、准确，避免随意性，教师可根据板书内容多少将黑板划块，适当安排，课题、导入、主要讲授内容、副板书等依次展开。板书内容还要紧扣教材，精练生动，科学概括，并注重选用恰当的关联词突出教学重点。

板书既要概括课文内容，又要美观实用。在形式上，相同标题与序号应排列整齐，布局要科学合理，使学生感到疏密有致。字体要工整、匀称，字距要一致分明。重点、难点可用彩色粉笔标出，颜色搭配也应得当。力求给学员以视觉上的明了清晰之感；或者用着重号或其它符号加以处理，以便使板书设计达到事半功倍的效果。

在课堂教学中，常用的板书形式有三种：一是观点式板书，即将讲课的主要观点依次写在黑板上，使学员看了一目了然；二是线索式板书，即把教材内容的前后顺序、从属关系用明确的线索串联起来，帮助学生理解和把握教材内容之间的联系及逻辑关系；三是图解式板书，即用不同的线条、颜色画出一些简单的图形、图表来形象地表示有关教学内容中的关系，以加深学员的理解。

激情与演讲

——活跃党校函授课堂气氛的两种手段

中共栖霞市委党校 衣国栋 许桂玲

一、党校教师在授课中要情绪饱满，有激情。要将教师静态下的授课稿，变成生动形象的口头表述，把抽象的概念、理论系统化、具体化地传送到党校学员的头脑中，就必须用激情架设起一座通向“彼岸”的桥梁。

激情是教师教学爆发力的体现，是一种饱满的、积极向上的、催人亢奋的情绪，课堂教学中的激情具体显现在：

第一，教师满腔的热情，对学员具有较强的感染力。党校函授教育有些课程理论性较强。如果讲授时处理不当，很容易把课讲得抽象、枯燥。要改变这种状况，就要求教师以满腔的热情，给学员一种极大的鼓舞和感染力。教师讲课不仅要以理服人，还要以情感人，发自内心的真情实感缩短了教师和学员的心理距离。只要教师以自己炽热的情感去表达热爱党、热爱祖国、热爱社会主义的态度、信仰，必然从情感上给予学员以极大的感染力。“动人心者，莫先乎情”。每每讲到动情处，课堂上鸦雀无声，而情感在每个学员的心中涌动。

第二，教师高涨的情绪，对学员具有增强认知的作用。现代心理学研究表明，情绪与个体的认知过程有着密切的联系，高涨的情绪有助于个体增强认知。凡是足以引起人们浓厚兴趣和强烈情感的事物，都会在人们头脑中留下难以磨灭的痕迹，不时地将它们回忆起来，反之，就会取得相反的效果。教师有必要通过自己的激情，创造一个能使学员在轻松、愉悦、亢奋的气氛中获取知识、受到教育的课堂教学环境。这种高涨的情绪气氛以及热烈感奋的课堂语言，还有助于克服和纠正学员思维定势中的消极因素。对学员思维定势中的惰性倾向和心理，无疑需要解放思想，更新观念，还需要有感奋人、触发人兴奋点和创造欲的情感力量，才能有助于穿透层层心理阻隔与惰力，去打开学员的心扉，使新观念、新理论落脚扎根。

二、党校教师在授课中忌演又要“演”。语言是教师传授知识、影响学员的主要手段。党校教师的语言应该具有成人化和政治化特色，应该像政治活动家和演讲家那样，具有较强的语言表达能力，从而使教育对象理解、信服、接受。党校教师在授课中忌演又要“演”。忌演，忌的是：一味过分地演，只追求语言表达的语势，音色的表演技巧，而忽视内容的实质，会冲淡讲课的实现性、严肃性、显得滑稽、轻浮，这是党校课堂教学切忌的。为什么又要“演”呢？这是因为只讲不“演”，无节奏地满堂灌抽象的理论，容易削弱讲课的效果。一般地说，书面上规范化的语言抽象、严谨，缺乏感情色彩。只讲不“演”，就显得干巴枯燥。尤其过多的抽象概念、定义会使学员厌倦，促使他们注意力的“周期性涣散”提前到来，昏昏欲睡，疲疲沓沓。事实证明，当把逻辑推理与“形象化”表达结合起来时，讲课就有了一对比翼齐飞的“翅膀”了。演讲的成功，往往容易增强学员对教师的好感、欣赏，甚至崇拜。他们会对演讲者产生一种亲近感，并带着兴奋的心情去听讲。演讲有着发表使命的社会作用，它应该进入党校课堂中来。“演讲本是艺术”，但它的社会作用的核心是“发表使命”。实践证明，演讲如果鲜明地传达出了某种“使命”，便会产生强烈的感召力而震撼人心。搞好党校课堂教学的演讲，要加强语言修养。第一种是书面的，也就是理论语言，科学规范的语言，适合于用来下定义，做结论，让学员把知识准确地巩固下来。第二种是口头语言，也就是形象的、通俗的语言，它很生动、有感情色彩。教师创造性地劳动往往表现在能够自由地用形象生动的语言来表述抽象、严谨的理论观点。要达到良好的演讲效果，教师必须要“背着讲课”。也就是说要靠记忆力将讲稿的主要材料、观点、事例等等牢记在心，这样讲起课来才能胸有成竹，滔滔不绝，前呼后应，并且授课语言、姿态、板书随着内容的内在关系的变化而起伏有序。讲台下学员才能听得集中、连贯。“讲与听”处于同一感情氛围和思维过程之中，有助于形成浓厚的群体感情和强烈共鸣。要以平等、尊重、谦和的口吻授课演讲。学员既是受宣传教育对象，又要虚心向宣传教育对象学习。对待学员的态度、感情往往能体现出一名教师的思想感情和道德品质。个人修养、个人形象（包括神态、举止、服饰）是否深沉、优雅、大方，也影响着课堂的气氛和授课演讲的效果。

引导·开导·指导

中共竹溪县委党校 王祖和

中国教育史上最早论述教学理论的《学记》中有：“君子之教，喻也，道而弗牵，强而弗抑，开而弗达。”主张教师的教学在于开导，要引导学生而不要牵着学生走，要鼓励学生而不要压抑学生，要给学生指出学习的门径，而不要代替学生作出结论。哲学课面授既要对学员“授之以鱼”，更要“教之以渔”，发挥引导、开导、指导的主导作用。

一、引导，启发学员主动求知。面授教学过程是教学主体和教学客体的双向活动，只有当学员愿意学习，积极思考教师讲授的内容时，这个过程才成为教与学双方的共同活动。否则，台上教师滔滔不绝，而台下学员却思想不集中，甚至窃窃私语，只有“教”，没有学，不成其为教学。爱因斯坦曾说过：“热爱才是最好的教师”。兴趣是推动学员进行学习活动的内在动力之一，兴趣产生于需要。如讲《哲学》“绪论”时，不要因为面授时间紧，简单敷衍几句，而要耐心细致地给学员讲解“哲学”一词的来源，指出它的原意是“爱，爱智慧”，是给人以聪明和才智的学问，学习它将会直接推动学员现在和今后的学习、工作和生活，使学员明白学习它的意义，自然而然地产生强烈的学习愿望。让学员激发起兴趣和在主动的认识活动中掌握理论和观点，扭转被动地接受的局面，克服“满堂灌”，一厢情愿倾泻造成学员“腹胀如鼓”，食而不化，把重心放在循循善诱引导学员主动求知和启发学员开动脑筋上。

二、开导，适应学员思维教学。学员同人的普遍思维过程一样，从具体——抽象——具体，如果教材中正面阐述的观点、概念，学员能一目了然、一看就懂，一学就会，不必详细地讲解。但对“物质”这样的概念，学员则不然，他们所接触的具体物质不少，但准确的抽象的认识物质就谈不上了。教师就要按学员的思维状况，将具体物质抽象概括，引导学员把具体的感性认识和抽象的理性认识统一起来，从而对物质概念有一个科学的认识。如讲一切从实际出发观点，学员到处听到的都是口号，思维中不知其理论依据和运用原理于实际，那就首先从实际有两个含义：一是真实情况；二是客观存在的事物。并从人们的实践活动及物质和意识辩证关系、辩证唯物主义世界物质统一性原理等感性认识入手。这样依据学员思维方式开导，必然使学员近悦远来，所言辄听。

三、指导，教给学员学习方法。我国著名教育家陶行知先生说过："好的先生不是教书，不是教学生，乃是教学生学。"古语说"授人以鱼只供一饭之需，教人以渔则终身受用无穷。"面授实际上是教师教学生学，培养学员的自行深造能力，指导学员掌握学习方法，解决学员"不得其门而入"的困惑。因此，教师治学上要做好方法示范：在讲授抽象概念时，注意引导学员用分析与综合的方法，从具体事物入手，循序渐进，层层深入，最后概括出它的实质；在论证一个哲学原理时，可以用演绎和归纳的方法，从一般到个别，或从个别到一般，使原理条分缕析呈现出来；在驳斥一种谬论时，引导学员用对比和反证的方法，造成不同观点的鲜明对立，使荒谬的观点不斥自倒，提高学员积累知识、分析、综合、判断、决策、表达、组织、领导、协调的能力。同时让学员在教师运用科学方法探索问题的熏陶下，逐渐形成勇于发现、探索和研究的进取精神，掌握解决问题和领会知识的方法。尤其是在学员自学有所得而又所不能时，面授稍加提示，使学员不只懂得"是什么"和"怎么办"，还明白"为什么"和"怎么办"，解决"心求通而未得之意，口欲言而未能之貌"。

活化教学常用技法

山西分院晋机辅导站　韩万一

一、铺垫过渡法。用扼要引例导出讲课内容，引发听课兴趣。我在讲《经营管理学概论》中的"成本控制时"，以"小气鬼——福特公司抠掉每一分多余成本"为过渡引例，还未讲正式内容，学员对成本控制的目的、意义和一部分方法就已基本明了。而且纠正了"只有亏损企业才控制成本"的不正确认识。使教学进行得顺利、有效。

二、实例引路法。在讲解一些管理方法时，我常常先讲使用方法的实例，然后再概括使用方法的步骤。在《经济管理原理》课介绍决策树方法时，先以企业实例演示方法，然后抽象成5个步骤。消除了陌生感。防止了"糊里糊涂"现象，学员一下子就掌握了方法要领。

三、类推扩展法。新知识不可能一下子灌入，要在已有基础的胚芽上逐步催生、抽叶、发条、长枝。这是认知的循序渐进原理。我在许多课程中运用哲学的质量互变、对立统一的原理；管理中的系统原理；营销中的环境原理等，从微观管理推到宏观管理，从企业投资，推到社会投资，再扩展到国际投资，从人际关系推到经济关系……使新知识沿着已有知识循序扩展。让学员在毫无生疏、困惑中增长知识。

四、信息证明法。有些问题左讲右讲不如摆出一些数据更服人。我在备《国际投资和我国利用外资概论》课时，要说明利用外资中的重复建设浪费，书上许多话我都不讲（课后自学），我只准备了3组数据，课堂上一说，学员们非常震动，对利用外资问题中的要害，很容易就把握了。

五、引发兴趣法。新知识与旧知识的相通性，横向、纵向联系性，会激起求知的兴奋心理，这正是最好的学习心态，我常常有意识地激起这种心态。用其他学科已学过知识说明课程内容。在讲《市场学》中"用户观念"时，用了《政治经济学》的价值规律，说明了平等地位的必然性；用《经营管理学概论》的"企业追求最大利润原理"解说不能宰客的道理；用《社会主义特色理论》的"建设精神文明原理"阐明用户观念的精神文明内涵。于是"用户观念"的重要性、必要性和科学性，在学员的头脑里深深地扎下了根。

严格教学管理认真把好"五关"

成都军区分院
56018部队辅导站　周胜刚　傅晓英

为确保教学质量，我们辅导站在教学管理中坚持把好"五关"。

一、把好招生关。招生中，严格执行总院的各项规定，我们还加强了对政治素质的考察，做到"三优先"、"三不录"。"三优先"，对立功人员优先录取，对优秀党员优先考虑，对优秀基层干部优先推荐。"三不录"，对现实表现差的不予录取，对受过党内外处分的不予录取，对招生考试中违反考场纪律作弊的不予录取。由于把好了招生关，目前在读的179名学员中，立功受奖人员占58%，被各级评为优秀党员的占36%，真正做到了坚持标准，不搞通融。

二、把好教师选聘关。在选聘教师中，我们注意先聘那些热心党校函授教育，思想好、业务精、作风正、讲课有吸引力的教师，注重优中选优，聘请有丰富教育经验的专家教员。目前函授站每学期选聘8名教员，副教授以上6名，担任过教研室主任的5名，他们分别来自于西南工学院、绵阳市委党校和中国工程物理研究院等大专院校和科研单位。

三、把好面授关。一方面我们选聘教学态度严谨，教学经验丰富，专业理论功底深，能深入浅出讲授的教师授课，使学员学有所获，愿意听，乐意听。另一方面严格执行《面授考勤制度》，凡出勤达不到规定要求的，取消其考试资格。在面授期间，班主任跟班听课，注意沟通教学之间的关系，及时下发授课意见征询表、开学员座谈会、开展评教评学活动，及时反馈教学信息，促使学员认真参加面授，促使教员不断改进教学方法，提高面授质量，增强教学效果。

四、把好作业关。我们要求学员必须严格按教学计划认真独立完成作业，加强对学员作业的指导和考核。鼓励学员合理安排时间，利用双休日、节假日完成作业。对学员做作业中共同反映的难点、疑点，专门请面授任课老师利用晚上时间，进行解疑答难。再次，教员对学员交来的作业必须有批改、有纠错、有评语，班主任对作业成绩认真登记。凡未按质量完成作业的学员，除扣去平时作业分外，在考前未补齐的，不得参加考试。

五、严把考核关，不给“混文凭”者开绿灯。每次考试前都提前半月通知学员及其所在单位，保证学员都能参考。挑选责任心强、原则性强的同志担任监考员，并进行考前培训，熟悉监考业务，并请纪检和保卫干部参加监考工作。严格考试程序、维护考场纪律，无论学员职务高低，坚决做到公正、公平，不迁就照顾，不放松要求，对确因工作原因不能参考的同志，由单位出具证明，一律进行补考。

课堂提问技法浅探

中共滕州市委党校　鲁开国

课堂提问是一种教学手段，又是一种教学艺术。陶行知先生说过：“发明千千万，起点是一问；智者问得巧，愚者问得笨。”可见，巧妙地提问则是教师质疑解惑的功底，也是启发引导学员思考、分析、讨论的关键。

一、紧扣主题，精心设问。教师备课时，应反复推敲、精心设计，注重提问的目的性。只有在内容关键处设问，才能给学员提出明确的思维方向，达到突出重点，突破难点，巩固知识的目的。

二、善于挖掘，联系实际。课堂提问具有很强的思想性和教育性，教师要深入挖掘教材的思想教育内容，找准切入点，有针对性地提问。既要抓住教材中的重点、难点，又要联系学员的思想实际，特别要针对他们关心的热点和存在的疑点问题提问。

三、问题新颖，形式多样。设计课堂提问必须讲究内容的新颖性，让学员听后产生浓厚的兴趣，教师应善于把握时代的脉搏，捕捉生活的热点，结合课题提出有新意的问题。同时，教师还应当讲究提问的方式方法，有的内容适合直问法，有的需用曲问法、反问法；有的可单个提问，有的需要全员参加；有的可当问当答，有的需要组织讨论，还有的需要留作课后思考，下节课回答；等等。

四、循序渐进，启发诱导。俗话说：“学起于思，思源于疑”，教师只有在问题的关键处善于设疑导思，使学员思维从潜在状态转变成活跃状态。教师只有从多角度、多方位、多层次去设疑问难，才能激发学员思维的积极性和主动性。

五、把握时机，当问则问。教师要善于把握时机，抓住关节点，问在该问时，问在当问处，问在当问人。一般地说，根据教学目标的不同，课堂提问可有4种情况：①在新旧知识的联结点处提问；②在知识的变化处提问；③在知识的对比处提问；④在总结知识的规律处提问。教师课前设计好的问题，仅仅是确定了一个大致方向，具体何时、何处、何种方式提问，还应该根据课堂情况灵活地进行。

六、难易适当，面向全体。设计问题必须有一定的层次性和梯度，难易适中。既不能让学员答不出，也不能让学员张口就来。同时还必须面向全体，创设全员参与的良好课堂氛围。

七、关注答疑，避免卡壳。课堂提问既不能满堂问，也不能一概不问。除了适时、适量、适度和有序外，还要时刻关注答疑信息，防止出现“卡壳”现象，伤害学员的自尊心和自信心。

八、讲究民主，双向提问。课堂提问要讲究民主，既可教师问学员，也可学员问教师。倡导学员问考教师益处有三：（1）可以直接发现学员学习中的疑难问题，即时解答；（2）能够激趣引思，调动学员学习的积极性和主动性，变“要我学”为“我要学”；（3）有利于学员进一步分析、归纳、概括所学内容，将所学知识深化、升华为能力和觉悟。

案例教学的运用

中共滁州市委党校 郝继明

案例教学是一种行之有效的启发式、研讨式教学方式之一。以往有些函授教员在面授时，为了帮助学员应付考试，往往很少联系实际，只顾从书本到书本，从理论到理论，罗列概念，讲讲因果关系，往往自己讲得很累，学员听得也很累，达不到教学目的，背离了党校教学的宗旨。而案例教学克服了以往教学中理论与实际脱节的缺陷，具有显著的优点：一是案例来源于实践，有着形象性、生动性的吸引力，能够激起学员的兴趣，使他们展开思考，具有启发性和诱导性。生动的案例必须有理论的概括和指导，做到直观性与理论性的融合；二是案例教学，将特殊性与普遍性融合起来，使学员掌握具有普遍意义的理论和方法，并且使他们在以后工作中遇到复杂的问题时能举一反三，不断提高自己的工作水平和能力；三是案例教学是以正确的思维方式、多样化的教学方法帮助学员打破陈旧的思维框架，从而鼓励学员的创新思维。做到了学习知识与创新知识的融合。

成功的案例教学必须做好以下几方面的工作。

一、案例的收集、筛选。通过观测、调查、追踪等手段和方法有针对性地获取原始案例；再从收集来的大量而繁杂的案例中，剔除虚假案例、失效案例和无效案例及非典型案例，挑选出有价值的案例，否则，堆积如山的案例等于是空无一物。因此，在收集案例中，要明确目的性、收集的案例要真实可靠，收集的范围要广泛，并要注重收集新鲜案例。

二、案例的分析、加工。揭示案例的真实含义，把握案例的真正价值，分析案例所包含的内容到底意味着什么。有了一批具有代表性的典型案例，还要做全面深刻的理论分析，在理论分析中有针对性地解决案例中提出的问题。

三、案例的运用。在教学中，对具体案例进行具体理论分析。先可以由教员引导，然后逐步过渡到以学员为主，教员启发、总结、答疑。案例教学的全部意义在于充分利用案例。要努力提高案例利用率；教员要认真指导，同时要严格要求；学员要有自己独到的思考、独特的见解，要有一定的观点和理论依据，不能人云亦云。

四、案例的贮存。有些已收集、加工处理完毕的案例暂时用不上，可用各种手段（如电脑或函授档案室）贮存起来，供以后使用。案例贮存要注意满足检索方便、输出迅速、使用及时的需要。

案例教学的步骤

中共武威市委党校 陈开雄 庞淑兰

进行案例教学教师要充分、严谨、认真、细致地做好各项准备工作，筛选好管理问题，编写好教案，保证教学工作的顺利进行，具体运用可按以下步骤进行：

一、熟悉案例。将准备好的文字、录音、录像等案例资料，可以通过宣读、打印下发、播放录音、播放录像、幻灯投影等形式介绍给学员，让学员熟悉案例，并掌握案例的主要信息。

二、提出问题。教师根据教学内容和教学目的需要，提出学员思考讨论的问题，启发学员各抒己见。

三、分组讨论。根据班级的大小，分成若干个讨论小组，一般可以分成三至五个小组，进行分组讨论。为了使讨论平等有序进行，可选定一个组长协调讨论活动，收集大家的意见，最后形成本组的意见。有不同意见者可以保留。

四、全班交流。每个小组由组长或学员代表，代表本组陈述各自的观点。对有不同意见可以补充发言。教师可以在黑板上摘要记录各组的观点、方案。

五、简要小结。教师根据全班讨论的情况，可以做一简要小结，也可以陈述自己的观点、看法，也可以提供背景材料。当然，短小案例，验证性案例，或各组讨论时已把问题解决的案例，这一点也就不必要了。验证性案例其讨论程序可以大大简化。

在实际运用过程中，教师不能以“裁判者”、“讲演者”自居，评头论足，判定是非，而要做好“策划人”、“导演”、“教练员”、“红娘”、“信息员”的角色，鼓励、动员学员参加讨论，做好讨论的组织、协调工作，及时补充必要信息，撞击出学员的思想火花。学员要变被动为主动，充当主角、中心、主动的学习者，积极争当“管理者”、“决策人”。不要爱面子、怕出错、被动听讲，而要踊跃发表自己的观点，拿出自己解决问题的方案。因为同一管理问题可以通过多种方式解决，有些管理问题解决的办法，也没有最佳方案，这就为广泛讨论提供了空间。

浅谈案例教学

中共新干县委党校 祝金根

所谓案例教学，就是将某些具有代表性的实际事例作为范例，指导学员进行分析解剖以获取知识和培养实际能力的一种教学方法。完整的案例教学由三个有机相联的部分所组成。一是对客观事物进行客观描述；二是对实际事例进行分析研究；三是综合分析研究的结果。案例教学的整个过程，即案例的收集、整理改编、教学就是一个了解社会、熟悉社会的过程。据了解，美国哈佛大学工商管理硕士研究生在学习期间要分析各种案例上千个，其学生毕业后走向工作岗位能马上进入角色并积极发挥作用。案例教学方法，主题突出，内涵丰富，对于扩大学员视野、培养他们独立思考的习惯和提高实际工作能力有积极意义。对教师而言，也是提高科研能力，明确教学目的，改进教学方法的必要手段。

搞好案例教学，首先要选择好案例。教学案例来源主要有两条途径：一是从实践中直接获取，二是从报刊杂志等材料上间接获取。教师要经常与实践保持接触，以获取真实生动、具有时代气息的案例。在教学时，要注意选择使用难易适中，专题性较强，有一定趣味性的案例为好。

其次要灵活选择案例的组织方式。案例教学一般有两种组织方式，一是单独组织进行，适用于专题讨论，通过分析某一案例，解决某个实际问题，这样往往对问题看得较深、较全；二是和常规的教学方法相结合进行，即在常规教学过程中，贯穿一些简洁的案例，把一些抽象的理论具体化，使讲课生动有趣，提高教学效果。

第三要灵活安排案例教学的时间。笔者曾经尝试了下列一些做法：一是将案例教学放在所学知识之前。这样，学员由于缺乏分析问题的知识，在心理上造成一种危机感，产生一种迫切需要掌握这方面知识的要求，从而激发学习的积极性，称之为超前激励案例教学。二是将案例教学放在所学知识之后，目的是检验学员对理论知识的掌握程度和培养学员运用所学知识解决实际问题的能力，称之为后期检验案例教学。两种方法各有利弊，在教学实践中要根据实际巧妙安排、灵活使用，才能取得案例教学的最佳效果。

办学经验集锦(四)——学法指导

党校函授必须重视学习方法指导

中共如皋市委党校 薛 洪

党校函授的面授教学不仅要向学员传授知识，更重要是要加强学习方法的指导。教最终是为了不教，使学员培养自学习惯，掌握自学能力，开拓学员终身学习的道路。因此党校函授面授教员要通过多种途径，帮助学员掌握学习方法。

一、热情推荐。古今中外有许多名家学者，他们学富五车，在学习实践中，一般都形成了独特的学习方法。书籍报刊上常有介绍，教员平时稍加留意，积累这方面的资料，向学员推荐，启发学员根据自己的特点，灵活地取人之法为己所用，这无疑对学员是大有裨益的。

二、现身说法。相对于学员，教员大都具有较长的学习生涯，形成了较科学的学习方法，积累了较丰富的学习经验，可向学员介绍，让学员借鉴。这在教员方面，由于是自己的亲身实践，体验深刻，真经真传，轻车熟路；在学员方面，他们觉得自己老师的学习实践，既感到亲切，又觉得可信。

教员现身说法，进行学法指导，一方面可将教学与学法结合起来考虑问题，找到教法与学法的最佳结合点，使自己的教法学法化，便于学员接受；另一方面可使学法传授与知识传授有机地结合，避免学法指导的抽象化，使其收到事半功倍的效果。

三、总结交流。学习方法来源于学习实践，反过来又指导学习实践。教员引导学员总结自己的学习经历，是提高学员自学能力的有效的心理认知方法，符合既重结果，更重过程的现代教学论观点。既能充分调动学员的学习主动性、积极性，使其学会自我评价、自我校正，又能发展学员的思维能力，加深和巩固对知识的理解，还为教员提供改进教法的反馈信息。因此，每个学期或每个学习阶段，花一定时间引导学员自我总结，并在总结的基础上相互交流，取长补短，确实是一举多得的好事。

四、鼓励创新。学习方法是可以开拓创新的。因为，就学员本身而言，学习方法总是与其个性成长过程、心理发展轨迹以及知识积累程度相适应的一种体系结构，学员在学习过程中，会不断发现新的科学有效的学习方法。因此，教员在学法指导过程中，应以提高学习效率为根本目的，鼓励学员发现和创新。那种要求学员机械呆板地照搬别人学法模式的做法是不可取的。

教会学员掌握辩证思维的自学方法

总后分院蚌埠学区 陆维扬 殷 飞

自学是人们获取知识的重要方法和手段，也是发挥学员学习主体性的集中表现。人们具备自学能力，将会终生受益。在教学过程中，实现由“教会”到“会学”的转变是现代教育思想的要求，函授教学更应该帮助和指导学员自学，培养学员自学习惯和能力。教员要结合函授课程的特点积极引导，教会学员运用辩证思维，掌握科学的自学方法。

一、综合和分析相统一的方法。任何课程都是一门知识体系，作为反映知识体系的教材一般都是按照综合和分析的方法编排的，或是表现为“总→分的关系”，或是表现为“提出问题→分析、解决问题的关系”。因此，自学时，要对教材的内容结构进行综合和分析。

所谓综合就是概括性的、整体性的知识，是对分解了的具体知识的整合。所谓分析就是把概括性的、整体性的知识分解为各个部分、方面、层次、要素，并进行阐述说明。分析是对综合的展开和具体化，综合是对分析的统一和概括。只有把综合和分析结合起来，才能完整准确地掌握知识体系。

实施综合和分析必须总分结合。首先，从总体上了解中心思想或提出的问题。其次，弄清这一中心或问题是如何展开的，是从哪些部分、方面、层次进行阐述的；并弄清它们之间的关系，是并列关系，或是递进关系，或是因果关系等，从而懂得它们是如何形成一个有机整体的。综合和分析必须逐节、逐章，再到全书，这样，对这门课程的知识体系就可能完整准确地把握。

二、细读和精读相统一的方法。细读书，是把书由“薄”读“厚”，细读书就是消化理解所学的知识体系。要在“是什么”、“为什么”、“怎么办”上下功夫，弄懂弄通教材中的每个概念、原理、定理、公式、定律及其内在联系。要明白书上的例证是如何阐述、论证每个知识点的。

精读书，是把书由“厚”读“薄”。精读就是提纲挈领地掌握所学的知识体系，实现少而精。分清观点和材料，编写出内容提要或纲目，弄清内容或纲目之间的结构和联系。要把细读和精读结合起来。经过由“薄”到“厚”，由“厚”到“薄”的多次反复，才能对知识体系融会贯通，把握精神实质。

三、理论和实际相统一的方法。理论联系实际是马克思主义的基本原则和优良学风，也是自学的基本方法和途径。要善于运用所学的知识分析解决实际问题。要学习书本上是如何运用知识说明实际问题的。并借鉴这种分析方法去分析和解决实际问题。只有这样才能实现知识向能力的转化。因此，自学时要以我国改革开放和现代化建设的实际问题，以我们正在做的事情为中心，着眼于知识的运用，着眼于对实际的理论思考，着眼于新的实践和新的发展。避免读死书、死读书的错误倾向。

引导自学必须排除学员心理障碍

中共荣成市委党校 刘 珊 高和进

自学是学员获取养料，自我开发的重要途径，但在部分学员中由于个人、家庭、工作等种种因素，对于搞好自学往往产生一些不健康的心理，主要表现为焦虑、依赖、怯懦、埋怨等心理。

具有焦虑心理的学员，面对教材、学习指导、阶段作业、串讲录音等一大堆材料，不知如何自学，感到无从下手，忧虑重重。尤其当工作忙、家务重或看到其他同志进展较快时，更感到惶惶不安，心事重重，使自学难以顺利进行。具有依赖心理的学员，往往把掌握知识，取得好成绩寄托在老师的授课上，总复习时把心思放在猜题、押题上，以及临考前的突击冲刺上，不愿脚踏实地自学，不愿动脑，喜欢照抄别人作业，是学习上的懒汉。具有怯懦心理的学员总认为自己年龄大、基础差，往往看不到自己的长处，对自学能力缺乏足够的估计，感到力不从心，束手无策，特别是在自学过程中，一遇到困难则沮丧失望，心灰意冷，严重干扰自学，使自学难以达到预期的效果。具有埋怨心理的学员，总是喜欢为自己不认真自学的行为寻找“合理”的借口，一是怨领导不理解，在安排工作时不予照顾，不提供方便，任务不少于别人，哪有精力自学，时间不多于别人，哪有功夫自学。二是怨家庭不支持，上有老，下有小，房窄、事多、小孩吵，没有个安静的环境，怎能定神自学。三是怨朋友不通情达理，每逢节假日和空闲时间，不是老王找就是小王约，不是打牌就是钓鱼，盛情难却，身不由己，哪有时间自学。由此可见排除学员自学心理的障碍，培养健康的心理素质，树立自学的信心至关重要。

对此，我们的做法是强化学员的思想政治工作。一是抓好入学教育，搞好入学动员和进行纪律教育，帮助学员端正学习态度，提高思想认识，正确处理文凭与水平、工作和学习的矛盾，提高自学的自觉性。二是抓好日常的思想教育，主要是动员全校教职工齐抓共管，做到教书育人，管理育人、服务育人，充分发挥班主任和班干部的作用，做到思想政治工作经常化，发挥思想政治工作潜移默化的作用，使学员从内心受到感悟，增强自学的信心。三是抓好考前的思想教育，主要是做好考生和监考人员的教育，教育学员要端正考试态度，自觉遵守考试纪律，做到“宁失考分，不失人格”，教育监考人员要从严治考，不徇私情，落实责任制，杜绝违纪现象的发生，从而打消学员考试照抄的侥幸心理，促使学员脚踏实地搞好自学。四是树立自学典型，引导学员自学，调动学员自学的积极性。当学员入学后不习惯函授学习时，就以自学成材的领导人、企业家的先进事迹和往届函授学员的自学经验来教育鼓励大家；当学员感到工作忙，抽不出时间学习时，就宣传市第二人民医院院长刘豪“学习工作两不误”的经验；当有的学员感到家务重，坚持自学有困难时，就介绍了高亮和孙建英、李军虞和宋凌燕两对“夫妻双双进函大”的经验；当有的学员感到学习花费了很大功夫，确实比较刻苦，但就是考不出好成绩时，就及时开展了“注重平时，讲究自学方法，提高自学效率”的活动，并介绍了乔聚伦同志“坚持、勤奋”的自学方法。总之，通过强化思想教育，在一定程度上增强了学员自学的信心，增强了克服困难和战胜困难的勇气和信心，促进自学活动的深入开展。

浅谈学员创造力的培养

祝金根

函授教育为党校开辟了新的办学渠道，为广大干部提供了学习提高的机会，深受社会各界的好评。但在一些学员中存在“唯分、唯上、唯文凭”的倾向，缺乏创新和开拓意识，这种情况与市场经济条件下的人才标准是背道而驰的。培养学员的创造力必须在教学中做好以下工作：

一、强化学员的创造意识。创造意识就是创造的愿望和动机，在实践中有较强的参与意识，敢为天下先，敢于开拓尝试。李政道博士曾说过：“人的聪明什么时候被发现，这不是最重要的，最重要的是创造能力，最重要的是会提出问题。”在函授学习中，教师要引导学员明确创造的意义，认识人类的历史是创造的历史，社会的一切成就来源于发明创造，人才最重要的是具有强烈的创造欲望和改革创新的意识，有提出新问题，解决新问题的能力。当今时代，社会发展到了高度依赖创造的程度，创造力的强弱已成为人才和庸才的重要标志。应当鼓励学员勇于标新立异，敢于批判否定，善于开拓新思路，发现新问题，吸收新知识，捕捉新信息，提出新设想。

二、优化学员的智能结构。智能结构是指知识结构、智力结构、能力结构三者在一定法则支配下建立起来的完整体系。为使学员建立起这种智能体系，平时，教师除向学员传授基本理论和专业知识外，还要加强学员智力结构和能力结构的优化，即锻炼学员想象能力、思维能力和自学能力、动手操作能力、组织协作交流能力、分析判断能力及创造能力，因为知识毕竟是死的，如果缺乏灵活变通的能力，即使有丰富知识也难以发挥应有的作用。三国时期马谡失街亭和革命战争年代我党右倾机会主义差点葬送了红色政权就是典型的固守教条，不知变通而导致失败的例子。优化学员智能结构，特别是培养他们的创造力至关重要，因为知识是能力运用的“参考框架”，而只有能力才能使我们掌握各种知识之间的联系，有效地驾驭并灵活运用各种知识，真正做到学以致用。

三、培养学员的创造精神。学员的创造精神离不开本身的心理品质，诸如信心、主见、勇气等，但教师的培养也起着举足轻重的作用。陶行知说过：“发明千千万，起点是一问。”教师要善于根据教学目的要求提出问题，要从学员在实际工作中能接触到的，能引起兴趣的事物中提出问题，这样最能激发他们的求知欲。学员要紧跟教学思路思考问题，通过分析事例的现象，找出有规律性的东西，从而形成概念。不断推陈出新，以养成人无我有、人有我新、人新我转的主动创造精神。

函授学员自学能力的培养和提高

郝素芬

党校函授教育是以自学为主的教育。但在实际中有些学员不重视自学往往依赖于面授和定期辅导，因而自学能力较差，影响了教学效果，要改变这种状况，必须在函授教学中加强学习方法的指导，培养和提高学员的自学能力。

一、阅读能力的培养。自学能力的培养，第一步就是要学会阅读。函授教材是学员自学的主要内容。阅读教材一般采用三段式阅读法，即粗读、细读、精读。

粗读也称为浏览。即通过目录、序言及各章节的标题，求得对课文的主要内容有个大致了解。细读也称为通读，目的是全面认识和熟悉所学的内容，明确课文的重点、难点及基本内容的逻辑关系；精读就是有选择、有重点的读。对重点内容反复读，边读边想，对所学内容的基本概念、原理及其论述作进一步的深入研究。

在深入钻研重点内容时，学员常会遇到一些问题而影响阅读。比如：有的概念比较抽象，有的原理论述头绪多比较麻烦，还有的文字叙述比较繁琐等等。对于上述问题可采用难点具体化、离散化的方法，还有判读法、比较类比法和反馈学习法来克服学习中的障碍。

所谓难点具体化和离散化的学习方法，是指自学时可通过具体事例进行钻研，将此概念的内涵和外延，离散为几个关键点加以理解，对某一原理的论证也可离散为几个层次，这样思路就会清晰，其实就是将卡题之处分离出来加以理解。判读法是指将一些比较繁琐的文字说明用图形表示出来，通过积极思维，领会其思想及结构，这样比一字一句看文字方便得多，特别是对案例分析能较快地判断其对与错。比较类比法，就是从两个或多个研究问题中寻找共同点与不同点，进行比较从而使学习深入。反馈学习法是指在学习理解某一概念或原理发生某些偏差时，可通过前后文的逻辑联系，特别是后边解释一些新问题的效果中得到校正。

二、总结能力的培养。总结的过程是分析和综合的过程，总结能力的培养就是分析和综合能力的培养。当我们自学完某一相对完整的内容时，要进行及时的梳理总结，有利于提高学习效率和学习质量。

第一、基本概念的总结。要明确所学内容必须掌握的概念，弄清这些概念的内涵和处延，对相近和相反概念进行对比，并在理解的基础上加以记忆。记的概念越多，我们的知识积累就越多。尤其是基本概念，对我们认识问题、分析问题和解决问题具有重要的指导意义。

第二、基本理论的总结。要注重基本理论的逻辑起点、逻辑主线和逻辑终点，并以此作为所学内容的基本线索，把一个相对完整的理论整体中最根本和关系到各个方面的观点、内容进行知识网络。在总结时要注意主要内容的逻辑结构，这样便于理解和记忆。

第三、基本理论应用方法的总结。“方法比知识更宝贵，更有力量。”在自学中，不仅要注意学习掌握教材中的理论知识，还要学习教材中分析、论述问题的方法。对有价值的新观点、新材料、新角度、新方法要认真总结，这有利于提高我们认识、分析和解决实际问题的能力。

三、创造性思维能力的培养。在完成上述两部分工作后，再把重点放在创造性思维能力的培养上。当今世界的时代精神就是创新，把知识转化为能力，需要创造性思维能力的提高，这一方面可通过综合案例来培养。因为案例具有具体的可操作性，很宽的思维延展性，及很强的针对性和理论上的紧密相关性。进行案例分析，有利于培养自己运用知识的能力和创造性思维能力，使我们的自学成为富有成果的活动。另外，在学好教材内容的前提下，要有力地向外渗透，借助于图书馆及现代网络技术，不断扩大自己的知识面，进行主动的富有创造性的学习，注意独立思考，经常自我提出问题、回答问题，学会猜测与歧异，不怕在学习中出错、受挫。

四、理论联系实际能力的培养。理论联系实际是党校函授教育贯穿始终的一项根本方针，也是检验学习效果的一个基本尺度，只有运用所学知识去探讨一些理论和实际问题，才能加深对所学知识的理解。党校函授学员肩负的工作责任，迫切要求他们学会用科学的理论和马克思主义基本原理去分析、说明现实中的问题，特别是对改革开放和社会主义市场经济中出现的重大理论和现实问题，对本部门改革中出现的种种思想和生产实际问题进行深入的分析、研究，在实践中求得真知。可以通过工作总结、调研报告、论文等形式运用所学理论知识和分析问题的方法，去研究、探讨、解决现实问题，努力将丰富的实践经验总结升华为理论观点和操作思路，创造性地开展工作，使自己的思维能力、理论水平、工作能力不断得到锻炼和提高。

自学能力的培养与提高是现代教育的普遍要求，它符合时代精神和人才竞争的需要，是人才成长的必由之路。函授学员要结合自身实际，力求掌握一套适合自己的科学的自学方法，努力提高对知识摄取、加工、概括和应用的能力。

书山有路勤探索

——和函授学员谈自学方法

周再道

自学是函授学习的重要环节。掌握自学规律，应用科学的方法进行自学，是搞好函授学习的关键。为此，在这里介绍几种自学方法，供函授学员参考。

一、认识地图法。所谓认识地图法，就是在自学一本教材时，首先像识别地图一样，先把握大的方位，了解教材的各章内容，弄清各章之间的内在关系，使整个教材内容在自己头脑中有一个大体的轮廓，在此基础上再通过听取老师的讲课，使自己真正掌握教材的框架结构和内容体系，为更好地确定教材重点、难点，更好地指导自学提供帮助。这种方法也可以运用到各章、节内容的自学中，甚至一节中的每个问题的自学也可以运用这种方法，例如，在看书时，不是把一部分内容一股脑从头读到尾，而是首先看这部分内容共讲了几个问题，所讲的各种问题之间的关系等。此外，在做作业或考试答论述题时，也可以按照这种方法去做。首先确定好要回答的几个大问题，再确定每个大问题中需回答的小问题，最后才动笔较详细地写答案，这样在考试中就不会怕答论述题了。

二、点面结合法。在自学中要做到以书本为本，把通读和精读结合起来。根据老师课上指出的重点、难点内容，进行重点预习或复习，预习时如果遇到疑难问题，经过反复推敲想不通的，就带着问题听课，通过听课还是不能弄懂的，就专门请教面授课老师，直到弄懂为止。无论是预习还是复习，无论是理解还是记忆，都应在全部内容中找重点，把重点内容的理解和记忆放到全部内容中去。使重点内容和面上的内容有机结合，就能使我们的学习有得心应手的感觉。

三、要点罗列法。函授学习每学期有三门课程，每门课程的教材两三百页，几十万字，那么多的内容要想统统掌握甚至记住这是不现实的，也没有必要。要取得事半功倍的效果，最好的方法就是抓要点，特别是抓住重点内容的要点。采取在书上划记号，或做自学笔记或对老师课上讲的内容进行整理的方法是抓要点的较好方法。比如，在理解和记忆概念时，把书上的一段话分成几点，化整为零，对每个要点进行分析，弄清哪些话反映的是概念中主要的本质的内容，哪几句话讲的是次要的非本质的内容，在此基础上，把各个要点用自己的语言进行联合尝试复述概念，这种方法的运用对理解和记忆概念会起到很大的帮助。再如，自学原理或其基本关系等内容时，首先分清什么是原理内容，哪些是对原理的阐述内容，然后再分别从逻辑的并列关系、递进关系、从属关系，或从序时关系，或从理论与实际相结合的关系方面，去把握阐述内容的要点，这样自学能更加深化对知识的理解，更能帮助记忆、更能提高自己的思维能力。

四、间断重复法。就是在读教材或背有关内容时经常采取回头看或回头背的方法。这种方法既是读书的方法，又是记忆的方法。比如，在通读课本的时候在书上做记号，或做些笔记，把重点抓住，把各部分内容之间的关系理清，在此基础上，经常花较少的时间把书上做记号的内容或笔记内容拿出来看看，把重点内容放到一般内容中去理解，每隔一定的时间进行一次，这样做不需几次，就会觉得书中的“水分”被挤掉了，厚书不厚了。再比如，在记忆有关内容时，首先把一段分成几个小段进行背诵，在基本能背起来以后，每隔一定时间再对已背过的内容采取回头背一遍的方法，这样不仅花的时间少，而且巩固记忆的效果也会更好。总之，我觉得在当今知识迅速增长的时代，按照“书山有路勤探索，学海无涯巧作舟”的要求去学习，这也是搞好函授学习的途径之一。

提高课堂学习兴趣五法

山西分院乡宁辅导站 赵明山

兴趣是一种特殊的意识倾向，是动机产生的主要原因。俄国作家托尔斯泰有句名言：“为让学生学好，必须使他们好学。”孔子曰：“知之者，不如好之者。”这些话说明了兴趣在学习中的地位和作用。为培养学员的学习兴趣，我在教学过程中，主要采取了以下五种方法，提出来与大家共同探讨。

一、运用引人入胜的导课方法。一节课开始，根据教材内容选择恰当的导课方法，或讲时政、或讲故事，或从眼前事例、或以诱人的导语进行导入，使学员对学习内容产生强烈的求知欲和浓厚的兴趣，从而主动地去学习、探索、观察，积极提出问题、研究问题，努力改进学习方法。

二、采用灵活多变的教法。课堂上，教师只有以渊博的知识，真挚的感情，多彩的语言，利用各种教具，采用多种手段进行教学，才能提高学员的识记能力和参与课堂教学的主动性，使学员学习态度发生根本转变，变“要他学”为“他要学”。

三、融合相关的趣味知识。一般来说，党校函授课程有理论深奥、专业性强的特点，但学员听课也有乏味的时候，把握时机，适当地插入一些与课程有关的小幽默、小趣味知识，会使他们疲乏顿减，兴趣大增。

四、设计精巧别致的疑问。设疑是为使学员形成认识上的矛盾。学员有了疑，就会产生求知欲，思维积极性就会高涨。要让学员积极思维就要“精心设疑”，寻找有趣的疑点，由浅入深、循序渐进，这样教师教得省力，学员学得轻松，在不知不觉中突破重点、难点和疑点问题，学到新知识。

五、巧设余味无穷的结尾。课末总结时，教师要用激励的话语，有趣的语言结束，使每位学员都体会到成功的喜悦，学习的乐趣，对学到的知识回味无穷，真正变苦学为乐学。

漫谈学习创新

湖北分院　李天相

学习要创新，这是人们对学习的新认识。20世纪70年代末罗马俱乐部在其研究报告《学无止境》中指出：创新学习是维持人类的生存与尊严，消除人类能力与现实需要之间的各种差距的有效手段之一。其实质，就是大力开发人的潜在的理解能力和学习能力，培养和发展人的潜在创造力，从而使人类社会在未来新情况面前接受挑战。党校函授学员的学习使命是要把自己培养造就成为适应新世纪要求的高素质干部，不仅有知识、懂业务、胜任本职工作，还要有坚实的理论素养，坚强的党性修养，宽广的世界眼光和务实的战略思维能力，因而更要在学习上创新。

当前函授学员的学习状况与“创新学习”的要求相差甚远。他们中不少人在学习上普遍存在着违背素质教育的偏向：重知识、重分数、重考试、重记忆；轻能力、轻素质、轻实践、轻创造。这种偏向，在他们的考试答卷中反映得最为明显，我们曾对1996年至1999年的期末考试的答卷进行过详细分析，总的评价是：学员获取知识和运用知识的能力比较差，学习不得法。1998年我们抽查了几个专业的1035份试卷，涉及15个学区和直属辅导站。选择、填空试题考试成绩，获优秀的592人次，占54.1%；简答题、辨析题和判断说明题获优秀的294人次，占28.4%。论述和案例分析题获优秀的只有56人次，占5.4%，其不及格率最高，有些考点达40%以上。造成学员运用知识的实际能力差的原因是教法不当，学不得法。学员普遍习惯于死记硬背，不重视理解、分析和运用，如不改变，难以培养出适应新世纪要求的高素质干部。为此，必须深化教学改革，推进素质教育，提高学员的创新能力。学校要为学员学习创新创造有利的环境和条件。教师要切实转变教育观念，改革教学方法，以指导学员进行创造性的学习。

创造性学习有以下四个特点：

一、强调学习者的主体性。学员在学习中一定要增强主体意识，强化主体地位，争做学习的主人。党校函授学员的主体性应体现在三个方面：(1)有明确的学习目标——通过党校函授学习把自己培养成为有知识、懂业务、忠于马克思主义、坚持走中国特色社会主义道路的高素质干部；(2)有强大的学习驱动力——带着迎接新世纪挑战和适应新世纪要求的历史使命感和政治责任感参加函授学习；(3)有自觉的学习积极性——积极主动地参与面授、自学、作业、社会实践、考试考核等学习活动，并充分发挥自己的自主性、能动性和创造性。

二、强调学习的策略性，重视掌握学习方法。掌握学习策略是学生学会学习并开展创造性学习的前提。所谓学习策略，是指为达到一定的学习目标的学习规则、方法和技巧。其中最主要的是科学的学习方法，函授学员在学习过程中要注重积累学习经验，总结学习方法，做到学而得法，行之有道，并养成良好的学习习惯，进而形成自己的学习策略。学员一旦掌握了良好的学习策略，就可以根据学习的目标和要求，明确自己该学什么，何时学，何处学，为什么学和怎样学，并策划为创造性学习的具体行为。

三、强调学习的探索性。学生在学习中积极探索，特别是经常提出一些富有探索性的问题，是创造性学习的重要特征，也是培养和发展自身创造潜能的必要途径。李政道博士曾说过：“能正确提出问题，就是创新的第一步。”“我并没有什么特殊的才能，我只不过是喜欢寻根问底地追究问题罢了。”函授学员在面授特别是自学活动中，要强化“问题意识”，注重独立思考，多问一些为什么？多发现一些问题，多提出一些问题，尤其要敢于向教师、教科书和权威观点提出自己的不同看法。为此，教师对学员要采取民主、平等的态度为学员释疑、设疑，通过设置一个又一个问题，引导学员不断探索，着重培养学员获取知识、运用知识和创造新知识的能力。

四、强调学习的实践性，着眼于运用与思考。

实践是最好的学习，能力是在实践活动中培养和发展起来的。所以，函授学员要在理论联系实际中学会学习，要以改革开放和现代化建设的实际问题及自己的工作为中心学习理论和专业知识，要着眼于理论和知识的运用，重视对实际问题的理论思考，着眼于新的实践和新的发展，增强运用所学理论、知识分析解决各种实际问题的能力。

课堂笔记八法

刘树仁

自学为主，面授为辅是党校函授教育的一大特点。这个特点决定了学员必须做好课堂笔记，因为课堂笔记是消化教学内容，巩固教学效果，储存知识信息的最佳途径。古人云：好记性不如烂笔头。眼过千遍，不如手过一遍。为此，现就如何做好课堂笔记向大家介绍八种方法。

一、粗笔勾勒法。所谓粗笔勾勒就是像画家画树那样，用寥寥数笔就把树的轮廓勾勒出来。学员在课堂上可根据任课老师的讲授内容提纲挈领地予以笔录。虽然看是粗线条的，但却能给人以“删繁就简三秋树”的清晰感觉，一目了然，便于记忆。

二、工笔细描法。工笔细描是画家最基本最拿手的技巧，学员在做课堂笔记时可以借用这种方法，以最快的速度，用细腻的笔法，跟随教师的讲课思路，把讲授的内容从头至尾一个问题一个问题、一个要点一个要点以至于一个个重要字句都要详细记载。学员在做这种笔记时，必须摒弃一切杂念，只有专心致志地听讲，才能达此目的。

三、重点突出法。各个科目都有重点章节，每个章节也都有重点内容。所谓重点突出法，就是要求学员在课堂上把老师讲授的重点内容记录下来。做这种笔记，要求学员对老师讲授的内容要进行复习思考，仔细斟酌，该详当详，该略则略，去粗取精，才能撮其重点。不要眉毛胡子一把抓，丢了西瓜捡芝麻。

四、疑点设问法。学员在课堂上对于一些一时没有来得及弄清楚或不十分清楚的疑难问题，可以先采用设问的办法从不同角度把问题提出来，并用“?”标注，继续听讲其它内容。待下课后可专就此疑点或请老师或询问同学或查找资料，一旦释疑后再补做笔记。

五、难点明示法。从一定角度讲难点问题就是比较难以理解难以掌握的重点内容。学员可就课堂上老师揭示的难点问题或你认为是难点的问题，统统一点不漏地记录在册。这样做便于日后随时学习查找，知难而进，还可温故而知新。

六、词语点题法。所谓词语点题就是运用一些重点词语犹如公文中的主题词一样，把老师讲授的内容中心主旨点示出来。这种方法言简意赅，概括性强，容易记忆。但它是有前提的，这个前提就是学员必须对老师课堂上所讲内容要融会贯通，举一反三，然后方能为之。

七、意思层进法。意思层进即根据老师课堂授课内容的先后顺序，按照一层深似一层的意思整理记载，形成一个前后勾连，脉络贯通的完整体系。做这种笔记要有敏捷的思路，灵活的笔法，可以“节”为单元，亦可以“章”为单元，篇幅长短不限，内容多寡自便，总之，只要把内容意思一层一层展现出来就行。

八、课后补充法。对于课堂上暂时没有记上记准记全的内容，课后应采取各种积极措施追记补记。这种做法既可弥补笔记漏洞，增加知识信息储量；又可通过口问、眼看、手抄的过程进行再学习，加深印象，增强记忆。

怎样提高学习成效

金培忠

在现代社会中，最要紧的事情就是学习，学习将是一个人生存和发展的先决条件。怎样提高学习成效呢?

笔者认为，主要应在以下三个方面下功夫：

一、集中学习注意力。在学习时做到专心致志，集中思想。要摆脱周围其它事情的干扰，使自己进入视而不见、充耳不闻之境界。高度注意能使人的心理能量集中地投入到正在进行的思维活动之中，能使思维在特定的问题上处于最佳激活状态，从而使大脑高效地进行信息加工和解决问题。一般人认为，智力的差异是导致人们在学习成效上明显分化的根本原因，其实不是或不完全是。对于许多人来说，学习成效差是由于缺乏学习时高度集中注意的习惯而逐渐引发的，国内外的心理学研究都证明了这一点。在我们身边，很多智力正常乃至优秀的人，由于没有养成学习时精神专注的习惯，而在面临各种知识、能力挑战时，会遇有明显基础不足和思维深度不够的困难。注意力投入的缺乏，使他们平时不能像其他精神专注的人一样积累知识和思考问题。提高学习注意力，首先是要克服一心二用的学习毛病，因为这样难以使精神状态达到高水平的激活状态，导致思维上缺乏应有的深刻性；其次是要在较短的时间内，使学习内容进入思维深层状态。心理学研究揭示，许多学习和学习性质的发现和感悟，要在思维深入到一个较深的层次时才能够完成。而思维进入深层次是以专心致志为前提的。

二、要安排好学习时间。首先是要对学习工作做出大致的时间安排，并在这个基础上对时间实行定量管理。把学习时间的软约束变成硬约束。做到如无特殊情况，严格按计划执行。其次，在日常生活中，理性地使用时间，尽量减少无关紧要的活动，充分利用业余时间，保证有更多的时间用于学习。“人的差异产生在业余时间”，任何有成就的人，都是利用业余时间的能手。第三，在适当的时候干适当的事，以提高时间的利用效能。伊索寓言里有这样一句话：“在适当的时候干适当的事是一项伟大的艺术。”这句话的科学根据就是人体“生物钟”，成人学习者应在可自由支配时间内自觉地注意利用这一规律，这样可收到事半功倍的效果。

三、要注意学习方法。要学会利用现代信息和传授技术进行学习。不同的信息手段，决定着人们获取信息量的大小、信息的有用性及学习的模式，也直接影响着学习的效率。在知识经济时代，计算机网络和信息高速公路的建成，为学习者提供了一个取之不尽用之不竭的信息宝库。计算机技术大大增加了寻找信息的可能性。信息高速公路向世界各个角落延伸，全世界的学习资源都可以用来为某一个人的学习服务。因此，知识经济时代信息手段的革命性变革，已为人们学习展示了美好的前景。

学习时要勤于用脑，加强思维。今天的学习不是要人们在头脑中建立一个庞大的记忆库，而是要造就一个方法库、工具库和程序库，善于处理各种信息，提出各种解决问题的方案，把重复、机械和循环式的问题交给计算机去完成。合理用脑的本质就是要使人脑更多地从事创造性思维，摆脱被机械性东西所搪塞。思维时，要变海绵式思维为淘金式思维。海绵式和淘金式两种思维方式是美国学者布朗和基利在其《批判思维指南》中谈到人们面对当今纷纭杂沓的各种信息如何加以正确处理时提出的。海绵式即像海绵遇到水一样，把遇到的信息一古脑地吸收进去；淘金式却像沙里淘金一样去粗取精。很显然，海绵式思维方式，虽有助于获取大量知识，但缺乏主动性、独立性，不利于创造创新。而淘金式思维，则从批判性的聆听和阅读开始，以批判提问贯穿其中，最终达到有所发现和创新。为了提高学习成效，必须变海绵式思维为淘金式思维。

培育自学能力管见

云南民族学院学区教师　**纳　勇**

现代教育是以学生为主体，教师为主导，使学生自学能力得到增强的教育。

在现代社会中，知识日新月异，科技迅猛发展，任何学校都不可能使学生得到终生受用的知识。据科学推算，人类创造的知识在20世纪50年代是10年增加一倍，70年代至80年代却是每5年增加一倍，而在现代化的信息技术应用到知识传授领域中的今天和将来，知识的增加速度将越来越快。面对这样的现实，唯一的办法就是自学。要自学，就得提高自己的自学能力。有了自学能力，就可以在学校和在工作中学到基本知识的基础上，获取新知识。只有不断地自学，才能适应社会发展的需要。

知识是人类改造自然与社会的认识结晶，其存在形式可划分为主观知识与客观知识两部分：主观知识是存在于人的头脑里，并随着人的死亡而消失；客观知识则存在于人脑之外，即将人类物化了的知识，并依据一定的物质形态而存在。这种物质形态有纸张、胶片、光盘等，学习者自学的就是这种物化了的客观知识。然而，人类知识在传授与交流中，不仅有客观知识，而且有存在于传授者与交流者头脑中的主观知识。一般说来，一个人所掌握的基础知识是由这两部分知识构成的，它与一个人的能力是成正比例的。能力，是指一个人顺利地完成或掌握某种活动的个性心理特征的综合。因此，能力不等于知识，但与知识和技能有密切的关系。能力是掌握知识的前提，反之，能力又会在掌握知识的过程中得到提高。学习者的能力是在知识的不断迁移中形成和发展的。因此，笔者认为死记硬背的知识不能形成学习者自己的知识与能力，只有通过理解掌握的知识，通过自学钻研所获得的知识，才能够使知识与能力同步发展。教师在教学中不仅要把知识传授给学生，还应尽力启发学生去思考已学到的知识。正如吕淑湘先生所说的："教学、教学，就是教学生'学'。"这个"学"，说的就是怎么教学生自学。

当代著名物理学家丁肇中教授说："不要教死知识，要授之以方法，打开学生的思路，培养他们的自学能力。"一个人只要有了自学能力，不论知识陈旧周期如何缩短，社会发展多么迅速，他都会通过自学赶上时代的步伐。纵观人类历史，大凡在学术上集大成者，多是通过勤奋自学而攀上高峰的，诸如我国的数学家华罗庚、陈景润，教育家徐特立，画家齐白石，音乐家聂耳、冼星海；美国的科学家爱迪生、富兰克林，以及当代的软件专家比尔·盖茨；英国的科学家法拉第、瓦特等。然而，他们的自学能力并不是天生俱来的，而是后天培养形成的。教师在教学中，应把学生学会学习，使之提高自学能力作为自己的教学目的。邓小平在谈到加强教师队伍建设提高教师素质问题时指出："只有老师教得好，学生才能学得好。"所以，最大限度地提高自学能力，教师不仅要在传授知识的过程中，采用多种多样的方法启迪学习者，而且要在知识的交流中给予适当的指导与配合。

函授教育应注重速读能力的培养

太原市委党校 **赵建华**

国外有位叫鲍曼的教育经济学家，曾经从分析成人识字率开始研究，最后得出一个结论：经济起飞的门槛是教育。这位学者认为，一个人能够把自己了解的外部世界扩大到本地区，扩大到全国，乃至扩大到全世界，最基本的条件是识字，是阅读能力。这种分析是颇有道理的。在当今时代，阅读能力乃至速读能力的水平如何，已成为影响和决定人们学习能力、创造能力的一个重要因素。

庄子云："吾生也有涯，吾知也无涯。以有涯随无涯，殆矣!"这是一种无所作为、被动消极的看法。但是，如何以有限的学习时间向正在急剧扩展的知识领域进军，的确是一个严重的、需要认真对待的问题。现代社会科学技术迅猛发展，知识信息急剧膨胀，这些迫使教学双方都必须采用更为现代化的方法和策略。例如，教的一方要尽可能多地采用现代教育技术和手段，进行大容量、高质量的快速教学；学的一方要充分了解现代知识剧增的趋势，掌握适合于当代学习特点和学习心理的有效学习方法，从而更主动、更科学地学习。从教与学两方面来看，不少专家学者以及学习者本身，都已从如何才能更快更好地进行传授与学习的角度进行过诸多有益的探索。其中，培养快速阅读的能力便是一种行之有效的学习方法。对于广大边工作边学习的党校函授学员来说，认真注重速读能力的培养，无疑会给自己的学习和提高带来有益的收获。

一般认为，阅读就方法而言主要有两种：一种是慢读，即按照字、词、句阅读，属传统阅读法；一种是速读，即"扫描式"的阅读，属科学的阅读法。其实，这种"扫描式"的速读法，我国古已有之。《北齐书·王孝瑜传》里便有"读书十行俱下"的记载。《三国演义》第60回中也有张松"目视十行书"的描写。鲁迅先生就很懂得速读的诀窍，仅在1912至1913年两年间，鲁迅先生速读过的书就有诗话、杂著、画谱、杂记、丛书、尺牍，史书、汇刊、墓志、碑帖等。由此可见，人生有限，并不能把世上所有的书都读完，但要想多读一些，就必须学会速读。而且，经过勤奋努力，速读也是可以做到的。

首先，就速读的目的而言，速读是一种"去粗取精"式的阅读，也有人称之为"跳跃式"的阅读。此法正如爱因斯坦所言："在所阅读的书本中找出可以把自己引到深处的东西，把其他一切统统抛掉，也就是抛掉使头脑负担过重并将自己诱离要点的一切。"也就是说，可以把书中那些无关紧要的引文、推理过程、图表等"省略"和"跳跃"过去，而使眼光像雷达追踪目标一样，敏锐地抓住书中的重点、要点和脉络阅读。这样便可以用较少的时间去赢得较大的阅读量。

第二，就速读的性质而言，速读是一种运用内部言语对文章内容进行简缩的阅读。要简缩就离不开"内部言语"，即无声的思维语言，是人们在头脑中思索、解决问题时产生的言语，具有简缩和无声的性质。如拿到一本书后，我们可以对该书的前言、后记、内容提要、正文中大小标题以及注释、参考文献等，作鸟瞰式的概括审查，这样，既可以对全书的概貌有个了解，也可以用概括的思想和"内部言语"对书中的内容进行"简缩"，经过这样的“过筛”后，即可对此书获得综合印象。

第三，就速读的方法而言，速读是一种科学运用视力和思维的方法。巴尔扎克曾对速读作过详细的观察描写，如他在《路易·拉别尔》一文中写道：“在阅读过程中，他吸收思想的能力是罕见的。他的目光一下能抓住7、8行而且他的智力理解意义的速度与眼睛的速度相等，往往是一个唯一的词便能使他掌握全句的意义。”这就是说，速读时目光并不是停留在一个词或一个概念上，而是以较小的振幅，沿着内容中心设想线，由上而下地实行纵向阅读，即几行几行地扫瞄式读过。如发现重要内容，可减慢速度，按行跑读；若遇到关键处，可深思细品，或笔录摘要，从而使速读产生更佳效果。

函授学习贵在专一

甘肃省平凉地委党校 杨思韬 杨海东

我国东汉时期的唯物论者王充在他的《论衡》之《订鬼》篇中有这样一段话：“伯乐学相马，顾玩所见，无非马者；宋之庖丁学解牛，三年不见生牛，所见皆死牛也。二者用精至矣，思念存想，自见异物也。”这段话的意思是说，伯乐学相马，心里整天想的就是马；庖丁学解牛，心里整天想的就是被杀的牛。伯乐与庖丁的本领所以能达到盖世绝伦的地步，正是由于他们学艺时思想甚为集中，精神高度“专一”的结果。“用精至矣，思念存想，自见异物也”。善哉斯言！这个“异物”，我们可以把它看作发明创造，也可以看作技艺所达到的超然绝伦的境界，纵观古今中外，哪一样事业的成功又能缺少“专一”这两个字呢？俗话说“滴水石穿”，自然界中的滴水之所以能穿石，不但在于它的持之以恒，而且在于它的方向的“专一”。

众所周知，科学巨星牛顿一生致力于科学研究，硕果累累，但谁能相信他终生独处，不曾结婚，是他给人们制造了把怀表当鸡蛋煮进锅里的笑料，由此可见牛顿对科学研究“专一”程度之一斑。我国著名数学家陈景润为了攻克“哥德巴赫猜想”，不分昼夜地研究和演算，废寝忘食，专一于数学研究几十年如一日，时常是走路也想数学以至于大白天竟碰到了树上。然而，正是他这种专心致志的求知精神，使他终于摘取了数学皇冠上的明珠，成为誉满全球的数学家。

科学研究如此，技术技艺的提高也如此。当今被誉为“棋圣”的聂卫平，谁想他少时的棋艺竟不如其弟聂继波，然而聂继波至今棋艺平平，而聂卫平已经成为当今威震棋坛的“聂旋风”，这难道不是聂卫平“专一”于围棋的探索，研究，始终如一的结果吗？

战国时期的荀子在其《劝学》中曾明确地说到：“锲而舍之，朽木不折；锲而不舍，金石可镂。蚓无爪牙之利，筋骨之强，上食埃土，下饮黄泉，用心一也。”由此可见，不管干什么事情，都贵在“专一”，一旦认准方向，就要始终如一地专下去，只有这样，才能抵达成功的彼岸，那种“这山望见那山高”，“猴子掰包谷”式的做法，到头来只能落得虚掷时光，两手空空，一无所成。当然，这里所说的“专一”，并不排斥博览群书，博学多才，而是说由于每个人的精力和时间有限，所以不管是工作还是学习都要有重点地选择，合理地利用精力和时间，以促成事业的成功。博学不但可以掌握多种知识为专业研究提供材料，夯实基础，而且可以开阔视野，增加知识的深度，而“专一”的学习研究又深化了各种知识的理解和记忆，从而促进专业研究的成功，二者是相辅相成的关系，只有搞清了这种关系，才能真正地体会到“专一”之可贵。

党校函授学员要永远铭记“书山有路勤为径”的训词，“锲而不舍”地攻克自己的所学专业课程，只有这样，才能充分发挥自己的潜能，摘取丰硕的学习之果。

浅谈函授学习的思维方法

崔立忠 高兴隆

函授学习是一种创造性的思维活动，是有规律可循的。但由于人的心理现象呈多样性、复杂性，使人在现实环境中形成不同的心理特征，表现在学习方法上也应当因人而异。郭沫若同志曾说过：“对别人有用的学习方法，对自己不一定行得通”。在学习方法上尽管没有一个众人皆宜的模式，但有一个共同点是需要我们努力去探索和掌握的，这就是科学的思维活动及正确认识事物的方法。形式多样的学习方法是建立在这个共同点基础之上的。只有建立一个完整的科学思维体系，把握其规律，才能创造出适合自身特点的行之有效的学习方法。那么，怎样才能把握这个共同点呢？根据自己几年来党校函授学习的肤浅体验，似应注意以下三条：

其一，科学的思维活动，必须在正确认识客观事物的轨道上运动。我们大脑中的思维活动，是以社会实践为基础的，通过分析、综合感性材料，而获得理性认识，这个认识过程，就是毛泽东同志指出的“实践、认识、再实践、再认识”的过程。如果离开了马克思主义认识论轨道，我们的思维就无法成为一种科学的思维，而只是盲目的、不稳定的遐想，学习也只能在低水平上循环，更不可能去创造有效的学习方法。

其二，积极思维状态，是促进函授学习向深度和广度进军的动力。思维的辩证发展过程是在实践基础上由感性认识到理性认识，由理性认识到实践的能动飞跃，它依赖于实践，又转过来为实践服务，因而构成了思维的辩证统一体系，它使我们的思维经常处于积极的状态之中。人的思维的积极活动，是一种严格的构思过程，只有在大量地积累资料，具备丰富感性知识的基础上，才会有思维活动质的变化，才会对事物有积极的本质的理性认识，从而由低层次向高层次发展，积极的思维活动将不断地提出问题并解决问题，使我们的学习不断向深度和广度进军，一个智能很高、思维技能很强的人，从不会言语到运用语言工具进行思维，从对事物直观的印象到理性的概括反映，从对事物的本质认识到能动地改造客观世界，就是在长期的工作和学习中，在反复的失败和成功的经验积累中，在不断的变革、继承和对事物不断的否定、肯定之中，运用积极的思维活动而逐步获得成功的。

其三，运用思维的急剧运动形式，实现创造性的思维跨越，是撷取知识明珠的重要手段。思维的急剧运动形式就是“顿悟”。也就是人们常说的“灵感”，这是一种特殊的思维活动。它是在科学思维运动轨道上，在积极思维状态运转中迸发出来的火花，是思维的跨越，是人的精神力量的集中表现。它的出现能使我们的思维更为活跃，工作学习达到极高水平。我们在学习中，经常会因某个问题苦苦钻研，百思不得其解，但可能在某一偶然时刻，会“哎呀”一声，答案一下子跳入脑海，原来事物的奥秘已藏在“灯火阑珊处”。这种“顿悟”虽然具有突然性，但它是人们经历长期的艰苦实践活动，对事物作了长期观察、积累了丰富经验，经过反复构思的持续思维才出现的。

函授学员要处理好工学矛盾

湖南分院党员领导干部
在职研究生班学员 王光明

我是1998年秋季步入党员领导干部在职研究生班学习的。作为一名函授学员，在学习期间肩负着工作、学习双重任务，既要做好本职工作，又要完成学业，工作和学习难免发生一些矛盾和冲突。因此，能否正确认识和处理工学矛盾对我们每个学员都是至关重要的。我认为要处理好工学矛盾，首先要认识到学习与工作的互利性。有人说：学习即工作，只有学习才能做好工作；工作即学习，只有工作才能使所学的知识派上用场。这是不无道理的。我们正处在一个靠知识的生产、知识的传播、知识的运用促进发展的时代，面对新世纪错综复杂的新情况、新问题、新矛盾，我们必须高度重视学习，并且注意学习观念的更新、知识结构的改善、综合素质的提高，以适应新形势和新任务的需要。如果放松学习，就会在工作上处于被动以至成为时代的落伍者。我作为省政府办公厅的干部，主要职责是为政府领导决策搞好参谋服务，而面对的服务对象却是高素质的领导群体，在以往的工作中常被领导提出的一些深层次理论问题和经济问题而感到困惑，力不从心。通过一年多时间的函授教育，我比较系统地学习了《资本论》部分原著、邓小平理论和《西方经济学》、《现代管理学》、《社会主义市场经济理论》等。这些基本理论和经济知识，像是那裂变的铀，给了我无穷的力量。我将学到的知识运用于工作，对实践进行理论上的思考，所写的调研报告、专题文章及其他汇报材料，可以说都向领导交出了一份份比较满意的答卷，使我再次体会到了知识就是力量的含义。在学习中只要我们把握工作与学习的有机统一，就能相得益彰，互相促进，把包袱变为动力，提高学习的自觉性。

其次要认识到这个矛盾的焦点是时间问题。因为函授教育以自学为主，辅之以面授，没有足够时间的投入，要想取得好的学习成效是不可能的。而工作要求又高，任务都是硬性的，来不得半点马虎和懈怠。看来似乎是个两难选择，实际上只要我们妥善处理安排时间，就能找到二者的最佳结合点，就能做到学习、工作兼顾。我始终注意把握以下三

办学经验集锦(五)——端正考风考纪

秉公执纪 当好监考

甘肃分院白银市学区 李廷伯

选配和培养一支思想过硬、作风过硬、能力过硬的监考队伍，是确保从严治考、端正考风考纪的根本。监考员是否尽责，是否秉公执纪和敢于执纪，对考场考风考纪的好坏关系极大。因此，培养好监考队伍，当一名称职的监考，对于严把考试关，提高函授教育质量，是一件举足轻重的事情。但是真正当好一名监考并非一件容易的事情，监考人员主要存在五难：即遇到熟人难、摆脱人情难、处置关系难、抵制习惯势力难，克服私心杂念难。对于这五难，只要有高度的责任心，坚持原则性，敢于碰硬，敢于动真格就不难克服了。而要当好一名合格的监考，就必须做到“四要”。

一、监考标准要高。就是要把整治考风考纪，放到反对腐败、建设高素质干部队伍、关系党校声誉和形象的高度来认识和对待。一定要树立政治意识，大局意识和质量意识。只要有了思想认识的高标准，才能有行动上的自觉性。

二、监考责任要强。监考“官”是“执法官”。责任十分重大。只有高度的负责精神，才能忠实地履行监考职责，为学员负责，为质量负责，为党的事业负责。

三、监考要求要严。一定要严格执行考场规则，严格维护考试纪律，严格坚持人人在考纪面前一律平等，不能允许有特殊考生。对于违纪现象，要有铁石心肠，做到铁面无私，执行铁的纪律。以对党风党纪、考风考纪的高度责任心，严把考生入场关，严把考场教育关，严把考试验证关，严把违纪登记关，严把封卷关。

四、监考工作要细。监考工作要过细，必须把握监考规律，掌握违纪特点。做到勤于观察，不放过任何一个可疑的蛛丝马迹，不留死角；要精力集中，全神贯注，不留“盲区”，特别要留意考生的“藏垢纳污”之处，即藏匿夹带的地方。一经发现夹带，立即采取恰当方式收缴并予记录，毫不手软。

预防为主 强化考风考纪教育

新疆分院阿勒泰学区 叶 萍

考试是教学工作的重要组成部分，是检查教学

点：首先，改进工作方法，提高工作效率。对部属科学分工，能让部属干的事让部属去干，使自己从繁忙的事务中有所超脱；增强工作的预见性、主动性，力争把工作往前赶；区分轻重缓急，克服拖拉作风，做到急事急办，一般事情适时办，少花时间多办事，尽量争取时间参加面授学习。其次，善于利用时间。在职学习，尽管工作忙，但只要我们发扬从海绵里挤水的精神，时间总是可以挤出来的。深圳市委一位领导同志计算，干部一年可挤一千个小时“充电”。这说明干部业余时间十分充裕。关键看我们能否争取和利用时间。平时，我主动调整业余生活，减少社会应酬，远离牌桌舞会，保证每天挤出2至3小时用于学习。即使下基层，也是教材随身带。可以说，从入学的那一天起，几十个星期天，几百个晚上，几乎都是在苦学苦读中度过的。再次，摸索自学方法，讲求学习效用。我参加函授学习，不仅仅是为了文凭，更多的是寻求知识，充实自己。每次考试过后，利用寒暑假，对学过的教材再认真温习，逐章逐段的研读，对重要观点反复琢磨，融入自己的心得体会，写成小篇幅的文章，其中有的投稿后被报刊发表了，既巩固了所学的知识，又用于实践促进了工作。在职学习虽然辛苦，但苦中有乐，我们失去的是庸人的享受，得到的是奋斗者的自豪和满足。

质量的重要手段，是把好教学质量的重要关口。考风考纪关系到党校函授教育的生存与发展，直接影响党校函授教育的声誉。基于以上认识，阿勒泰学区贯彻“预防为主，防患未然”的精神，注重强化考风考纪教育。阿勒泰学区强化考风考纪教育从两方面入手，一方面是对考务、监考人员的教育，另一方面是对学员的教育。

对考务、监考人员的教育从选聘开始，选聘那些思想素质和党性修养较高，办事公道、作风正派，敢于坚持原则，敢于秉公执纪的教员、干部担任。始终坚持每次考前召开考务会，会议采取领导动员和集中讨论相结合的方式。领导主要是强调考试的重要性、考风考纪的严肃性，并对全体工作人员提出更高要求，带领大家学习总院和分院有关端正考风、严肃考纪的文件和通知精神，学习《监考人员守则》和《考场规则》，要求大家从思想上充分认识到考风考纪的重要性。集中讨论主要是统一思想，提高认识，增强从严治考的责任心，并针对以往考试中存在的问题，研究解决问题的办法。

对学员的教育从入学报名即开始，并且贯穿于整个教学活动中。首先在招生考试前，随准考证一并发放《致全体考生的一封信》，在信中向考生介绍党校函授教育一贯坚持“从严办学、从严治考”，要求学员端正态度，不存侥幸心理，不投机取巧，认真复习。在考试中“考出党性、考出水平”，做到“宁失考分，不失人格”。学员入学后，在入学教育中重点强调考风考纪的严肃性及考试的重要性，每次考试前，要求各班主任在班级进行考前教育，把考风考纪做为端正学风，严肃党风党纪的重要内容，向学员进行再教育，做到警钟长鸣，预防在先。考试中每个考场都在黑板上书写“沉着冷静、考出水平、严肃考纪，违纪必究”的醒目标语，营造严肃的考试氛围，使学员时时处处都能感受到学区对考风考纪问题的重视程度，从而打消了考生考前不复习，临时抱佛脚的思想，将作弊动机消灭在萌芽状态，也杜绝了在考场上的违纪行为。正因为如此，学区绝大多数考生都能严格遵守考纪，较少有违纪行为发生。

建立责任制　把好考试关

湖南分院　彭立新

今年，湖南分院在招生考试中由于建立三级责任制，严把考试关，使今年招生考试的考风考纪明显好转。

一、建立处（室）巡考责任制。以校内处室为单位选派人员组成巡考小组，由处室主要负责人担任巡考组长，与函院签订巡考责任书，成为巡考第一责任人，负责指定学区的巡考工作。哪个学区的巡考工作没有到位，出了问题，校委首先追究处室负责人的责任。这样既便于巡考小组的内部管理，又有利于调动巡考人员的积极性，增强他们的责任心。函院制定了《巡考工作制度》，对巡考小组的工作职责、工作程序和内容、行为准则进行了明确规定。巡考结束后，巡考小组必须写书面的巡考报告，将所巡考学区的考务工作情况报告分院。在建立严格的处室巡考制的同时，湖南分院长期坚持校领导巡考，并聘请组织、纪检、教育等部门的同志巡考和各学区之间交叉巡考等制度，形成了全方位、多层次巡考监督机制。

二、建立学区主考责任制。每个考区都成立考务领导小组，分管函授工作的校领导担任领导小组组长（即主考），成为整个考区考风考纪的第一责任人。主考与巡考组签订责任书，哪个考区的考风考纪出了问题，首先追究第一责任人的责任。为了加强考区标准化建设，分院专门召开了各考区考务领导小组组长座谈会，会上推广了株洲学区加强考区建设的经验，按照株洲的模式，规范了考区的设置，包括制作统一的宣传横幅、路标、路牌；明确标准化考场的要求；配备统一的考场工具箱、巡监考人员的工作证等，营造了严肃的考区环境。分院制定了专门的《考区建设评估表》，对各学区的考区建设进行定量评估。

三、建立考场监考责任制。每个考场配备二名以上工作认真、作风正派、敢抓敢管的监考老师，监考老师和考区考务领导小组签订责任书，对所监考场的考风考纪负责。为了规范监考及考场，分院制定了《考场操作规程》，对考场的设置、监考人员的工作职责、各种问题的处理办法等进行明确的规定，分院还特地从株洲按 50 元/套的成本订制了一批考场用具，包括“沉着冷静、考出水平、舞弊零分、通报全省”的考场宣传横幅等。

通过实行三级责任制，形成分院抓巡考组，巡考组抓考区，考区抓考场，一级抓一级，层层抓落实的考务工作制度，开创了巡考有责任，考区有压力，监考有威力的良好局面，有力地促进了考风考纪的好转。

狠抓考风考纪　严把“入口关”

——铁道部党校校委高度重视招生考试工作

铁　函

为了切实把胡锦涛同志对党校函授教育的指示落到实处，铁道部党校校委高度重视今年的招生考试工作，他们成立了以全体校委成员为组长，铁道分院院领导和各科室负责同志为成员的考试领导小组。在考试期间，铁道部党校常务副校长蓝务帛、铁道部党校副校长、铁道分院院长吕昌、副校长冯瑞国、校长助理巩联军等分别检查巡视了太原地区、北京学区部分考场和部机关直属站、南口直属站的考场。

4月21日清晨，刚抵达太原的蓝务帛同志一行，一下火车，便直接到北京铁路局太原党校，召集太原党校的领导、函授站负责同志进行座谈，听取他们关于招生考试各项准备工作的汇报。然后，巡视了考场，对试卷保管、监考等各个环节进行检查。接下来的两天，他们对太原地区的考场逐一进行了察看。

4月22日，铁道分院院长吕昌和常务副院长柳安娜等同志在开考前赶到北京铁路局北京学区直属站考点。北京学区多年来在严肃考场纪律方面有措施，肯下功夫，今年的考试仍然坚持以往的做法，在楼道大厅里张贴警示标语，强调严肃考风考纪；设立举报箱、曝光牌和举报电话，加大监督力度；坚持监考人员外请，这次负责监考的16位教师，都是丰台区委党校的教师。虽然他们都熟悉考试过程，仍坚持进行了考前培训，一是学习总院关于考务工作的多项规定，二是依据新版管理制度汇编有关内容提出十四条要求，强调监考要严，不手软。要使这些措施真正落到实处，收到实效，关键是领导重视。铁道分院第五届视导委委员、北京铁路局党委副书记李广升一早就来到考点，检查考试准备工作。吕昌、李广升一同参加了考前预备会，听取北京铁路局党校对整个考试工作安排的情况汇报。考试开始后，他们认真巡视每个考场。

这次铁道部党校校委委员分赴招生考试考场巡考，是继校委对阅卷工作进行监督把关之后的又一有力举措，对办好铁路系统党校函授教育、确保质量起到了很好的促进作用。

扎扎实实抓好考风考纪

山东分院临朐辅导站　周耀贤

近几年来，临朐辅导站立足实际扎扎实实地抓好考风考纪工作，取得了较好的效果。

每次考试他们都成立考务工作领导小组，由党委书记任组长，所有副职任副组长，所有科室负责人为成员；实行监考责任制，党委书记与监考老师签订责任状，使所有监考人员身上有压力；实行督考制，所有副职包考场，对监考人员实行督察，这样既促使监考人员敢于严格管理，又迫使学员丢掉作弊的幻想。此外，每次考试前一周，他们都要对全体监考人员进行考前培训并在考试中实行轮换制，每场一轮换。

每次考试前，他们还进行广泛宣传，造成从严治考的舆论氛围，并印发“致全体考生的公开信”，让考生放弃侥幸心理。他们还通过公开披露本校或其他学区考生因作弊被判零分或取消学籍的案例，警诫学员，让大家明白，在考试问题上，没有“特殊生”、“照顾生”。在考试期间则通过悬挂标语、书写看牌让考生考出党性，宁失考分，不失人格。对考试中凡夹带书籍、小抄者，无论是否形成作弊事实，一经发现，均取消录取资格或作零分处理；凡是替考者一经发现，就取消其学籍，且三年内不准报考。

此外，临朐辅导站还制定了严格的考试奖罚制度，规定凡有下述情况之一的视为出现问题：(1)出现雷同卷；(2)考试成绩分布不合理；(3)经省市委党校巡视人员发现本考场有违纪情况而未查出或未按规定处理；(4)有违纪行为事后有人民来信、举报电话反映经查属实；(5)无论何种情况被判为重考的。凡出现上述情况之一者，取消监考人员当年职务提拔和职称晋升的资格及当年评选先进的资格；取消监考人员所有监考场次的监考费、奖金，同时按出现问题的场数，每场每人罚款50元。没有出现问题的除监考费外，每人每场奖励10元。督考领导和考场人员实行同等奖罚规定。

办学经验集锦(六)——提高到课率

我们是怎样确保函授学员到课率的

中共寿阳县委党校 丁维钢 张改珍

学员到课率高低，是衡量一个地方函授管理和教育秩序的重要标志。确保面授到课率，是确保函授教学质量，落实“从严治院”的重要一环。近年来，我们采取了一些有效措施，使各班到课率普遍达到了80%以上，有的达到98%，而且比较稳定，从而确保了教学质量，受到各方面的好评和肯定。晋中地委党校专门发文在全地区推广。我们的做法主要是：

一、强化班级工作。到课率关键是班级管理问题，不是所有班级到课率低，有些班级好一些，有些班级差一些，由此，我们下决心抓好班级工作，一是选好班主任，选派党性强、作风正、能力高、事业心强的同志担任，一般首推党员和优秀教师；二是要求班主任跟班听课，随时了解学员到课情况；三是把班级出勤率作为班主任工作考核的重要内容，进行年度考查。

二、狠抓思想政治工作。到课率问题的主要矛盾方面在学员，核心在于提高学员的思想认识。近几年我们把思想政治工作贯穿于整个教学管理过程。新生入学时，召开学前教育会，提高学员对函授学习的认识，端正学习态度，遵守学员规则。每学期开学前都要对各年级进行一次专门的党性教育，总结半年学员的学业、思想、考勤等方面的情况，对于一些好的风尚进行表扬，对一些不好的东西要进行批评教育，引导学员朝着健康的方向发展。我们还建立学员谈话制度，加强与学员的思想沟通，随时了解他们的工作、家庭和思想情况，有针对性地及时解决思想问题。同时我们对考纪考风坚持从严要求，促进了学员到课。

三、严格考勤考查。一是每个班配备一名兼职督查员，对学员到课情况进行专门督查。二是实行“双考”制度，凡面授班级，上下午由班主任和督查员不定时地分别点名和签到两次，每次点名和签到均在场者，方算出勤。出勤结果当日张榜公布，缺勤学员公布姓名，班级公布出勤率，进行排队。同时将出勤情况交教务科存档，作为学员期末参加考试的条件和考核班主任工作的依据；三是实行考试证制度，就是学员在参加考试时除了要出示学员证、身份证外，还要出示学校发的考试证，此证有三项内容，即在出勤、交费、作业全部合格的基础上，方予发证允许考试。这一办法也有效地解决了学员管理中的一些实际问题。（编者按：这是一个好办法，有创造性，有利于落实总院关于缺课1/3者，不得参加期末正考的规定，有利于落实交费，交作业的要求）

四、提高函授教育质量。学员到课率在一定程度受课堂教学质量的影响，因此，在抓学员出勤时，我们特别注意抓教学质量的提高，主要课程都配备了学历较高、教学实践经验丰富的教师担任；有难度的课程，我们从地区党校聘请教师授课；有些实际操作性强的课程，如财会、统计等，我们则从一些专业部门中具有专门学历和实践经验的职工中选聘；凡是新调入的教师或青年教师都要跟随老教师听课一年以上方可考虑任课；同时，我们还坚持了持证上岗制度，凡是授课者必须经过地区党校考核，发给合格证才准许上岗；并且坚持每个教师每学期限定1—2门授课任务，以保证教师有足够的教学精力；教师保持相对稳定，以使教师熟悉教材，积累经验；我们还注意开展教学研究，开展听课、评课和与外地教师进行“教学牵手”活动。

五、科学安排面授时间。一是在总体安排上我们避开全县性的中心工作高峰，比如每年的植树、农建、秋收阶段，我们一般不安排面授；二是尽量照顾一些行业特点的学员，比如银行会计和机关的学员，每逢年根岁底或每月下旬工作比较繁忙，我们在安排课程时也避开了这个时间；三是考虑学员家庭实际和乡下学员实际，妥善安排教学时间。在每日授课时，我们尽量给学员留出接送孩子上下学的时间和乡下学员赶车回家的时间。

抓两头带中间 提高函授面授率

安徽分院巢湖学区 夏登明

在多年的班主任工作中，我采取抓两头带中间的办法，提高班级整体面授率，使班级整体面授率均能达到80%以上。

抓两头带中间就是抓班干的“头”与抓身居领导职务学员的“头”的结合，以此带动全班学员参加面授学习，进而提高班级整体面授率。首先，抓班干的“头”，充分发挥其带头引导作用。我们把抓班干在面授中的作用提到党性锻炼的高度上来对待，从他们的面授报到注册、上课点名、签到抽查、平时测试以及听课纪律等面授各环节抓起，以增加班干面授表现的外在压力，促使他们在面授全过程真正发挥率先垂范的作用。与此同时，对他们在面授中的作用表现与其学习成绩、优秀学员的评选以及班干职务的连任直接挂钩，做到奖罚分明，以提高班干带领全班学员参加面授学习的内在动力。由于我们十分注重抓班干作用的发挥，使得他们参加面授学习率始终高于一般学员。

其次，抓身居领导职务学员的“头”，充分发挥他们在面授中的对其他学员的影响作用。我们便着力在敢抓善管方面做文章。敢抓就是对身居领导职务的学员要敢于大胆地去抓：第一，公示领导者。凡在系统或单位担任领导职务的学员一律在全班学员中进行公示，一者表明我们敢抓的决心；二者置其在全班学员监督之下。第二，坚持双重考评标准。即把其自身带头积极参加面授学习的作用与支持、协调、带动部属学员积极参加面授学习的作用结合作为考评标准，在面授学习中尽管个人带头作用做得好，而其部属学员学习没有带动起来，其领导应负不可推卸的责任，要在班级考评会上受到考评人员的质询和批评。第三，从严要求。对身居领导职务的学员面授学习要求高于对一般学员的要求。对极少数想混文凭的领导者学员要敢于动真格，该批评教育的要批评教育，该处理的要严肃处理，对个别产生负面作用的领导者学员决不通融照顾，按规定劝其退学，淘汰出局，克服党校函授教育中的腐败行为，以维护党校函授教育的声誉。

面授到课率不足的原因及对策

中共长兴县委党校 殷荣林

学员到课率严重不足，是党校函授面授教学中存在的一个普遍性问题。出现这样的情况，有学员认识上的原因，有些学员学习目的不明确，学习是为了一张文凭，认为缺几次课无关紧要，不碍大事，只要考试通过就可以了；也有党校管理力度不够的原因。对学员考勤点名及惩罚措施的执行不到位。按规定，面授时间不足2/3者不可以参加考试，在实际操作时不严肃，流于形式，考风考纪松弛，学员平时不听课，也能“轻松”过关。此外，还有工学矛盾、家庭负担等多方面因素。

针对上述原因，应采取以下对策：

一、班主任要认真做好学员的思想转化工作，提高思想认识。班主任应该尽己所能想办法使学员端正学习动机，认真处理好文凭与水平的关系，明确学习目的，不唯文凭重水平，增强学员学习的内在动力。

二、党校要严格管理制度，保证面授教育到课率。有些领导认为函授教育不可抓严、抓严了学员中途要“退场”，会给招生带来困难。我认为是一种短视的行为。这样做反而引发负面效应，造成社会上对党校函授文凭的蔑视，甚至持怀疑心理。因此，加强函授教学管理，要理直气壮地抓，特别要严格考试纪律，不能松动。使学员不想作弊、不敢作弊。同时，还要严格考勤制度，严格对学员平时成绩的评定，不送人情分、关系分，给学员形成一定的压力。

三、要提高授课质量，增强讲课吸引力。教师要认真上好每一堂课，对学员来说这是最大的吸引力。加强函授教师选聘、培训及讲课考评等制度。教师则要自觉地积累、拓展和更新知识。教师要吃透教材，理解教材精神，把握脉络，认真备课。在教学中，努力形成自身的教学风格，讲究教学艺术，提高课堂吸引力。

导、疏、堵、改并举 提高面授到课率

中共建湖县委党校 李德太

一、导。实行引导、开导，帮助学员弄清参加面授的重要性。党校函授是有指导的自学。面授，就是指导学员把握教学指导思想，理清教材脉络，掌握教学重点、难点和疑点，使学员系统地有步骤地掌握知识，提高学习效率和效果。因而面授不可或缺，要教育学员舍得牺牲一些休息时间，少参加一些娱乐活动和应酬，挤出时间参加面授。

二、疏。多做疏通工作。一是，疏通学员工作单位。求得学员工作单位支持，支持学员参加面授，给予方便；二是疏通学员本身思想上的障碍。有些学员参加函授学习仅仅是为了一张毕业文凭，并不准备花大气力去获取知识，提高水平和能力，只满足于考试过关，学习上浅尝辄止。学习结束时，水平并没有多大的提高，水平与文凭不相适应。要使学员懂得在竞争日趋激烈的社会中，不可能一张文凭走遍天下，更被看重的是水平，是实际能力，满足于“混”个文凭，于事业、于个人没有益处，提高学员参加面授的积极性和自觉性。

三、堵。要堵塞漏洞。一是，堵塞教学管理上的漏洞。严格考勤，认真记载，不迁就，不作假，并将有关统计结果及时反馈给学员单位，作为年终考核的参考。二是，堵塞考务漏洞。有些学员，面授不到平时又不注意学习，寄希望于考场上的临时“发挥”。因此，考试要严密组织，严格监考，彻底断掉一些学员存有侥幸心理，企图作弊的后路。

四、改。要改进工作，提高服务意识，增强党校函授教育的吸引力。教员要深入钻研教材，不断改进教学方法，讲究教学艺术；提高教学效果。授课时注重学习方法的指导，帮助学员理清教材体系，分析重点、难点，使学员自学时方向明确，胸中有数。这样学员感受到，不参加面授就是一种损失，自然会排除困难参加面授。还要深入调查研究学员的工作实际，科学安排授课时间。尽量用节假日、双休日、晚上，避开月初月尾的工作高峰期。还可实施复式课，即同一教学内容安排两次授课，拉开时间距离，使学员能根据自己的实际情况选择面授时间，以兼顾工作和学习，从而提高到课率。

提高面授到课率要有“四力”

甘肃天水市北道区委党校 李存保

提高面授到课率，除了完善制度、严格管理，我认为还须有“四力”。

一、明确学习目的——有动力。部分函授学员中存在混文凭，学习没动力，参加面授不积极。要加强思想政治工作，通过耐心细致的启发诱导，帮助学员明确学习目的，端正学习态度，正确处理文凭与水平、学历与本领的关系，引导学员从培养高素质干部队伍的高度，从实现函授教育目标的高度，来认识参加面授学习的重要性，增强参加面授的自觉性。使参加面授学习有驱动力。

二、提高面授质量——有吸引力。照本宣科，讲授无新意，提不起学员的学习兴趣，面授到课率必然低。要提高面授到课率，切实上好每一次面授课，以高质量、高水平的教学吸引学员，使学员学有所得，学有所乐，让学员感到少听一堂课是一种损失、一种遗憾，而不再把听课当成一种负担。

三、优化面授环境——有感召力。优良的面授环境，能产生巨大的心理效应，要做到关心学员、多替学员着想，帮助学员解决思想上的疙瘩、生活上的困难、学习上的难题。学员学习时，倒一杯水，送上一份清凉；生病住院时，前往探视，送上一份温暖；学习遇到困难时，释疑解惑，送上一份关怀。这些虽是小事，但学员都会备感亲切，心生感激之情，进而产生一种归属感。面授期间组织一些集体活动，如举行体育比赛、联谊会等，增进学员之间的相互了解，增强学员之间的凝聚力。美化环境，净化空气（杜绝一切不文明行为），努力营造一种适宜于学习的大气候。

四、创造条件——有助力（无阻力）。党校函授学员，大多在单位是骨干，在家里是顶梁柱。他们在学习期间既要做好本职工作，又要挑起家庭负担，面授与工作、与家务不可能不发生一些矛盾和冲突。这就要：一妥善安排面授时间，使面授尽量避开工作高峰，避开社会各项重大中心工作。要充分利用双休日、节假日，保证学员面授时间能到课。二深入到学员所在单位和家庭，做好沟通工作，争取各方面的重视、配合和支持，为学员参加面授提供方便，为提高面授到课率创造条件。

办学经验集锦(七)——命题改革

深化考试命题改革的思路

总院教学处处长　鲁全波

为认真贯彻《中共中央国务院关于深化教育改革全面推进素质教育的决定》，落实胡锦涛同志关于党校函授教育的一系列重要指示，总院在今年4月召开了考试命题工作座谈会，商定了期末闭卷考试题型与题量的调整方案，并印发了座谈会纪要。今年上半年期末考试的部分试卷开始体现改革内容，迈出了考试命题改革的第一步。

一、考试命题改革势在必行。总院考试命题，虽然努力贯彻“理论、知识、党性、能力相统一”的教学原则，但由于受应试教育观念和传统运作方式的影响，在体现培养学员创新精神和实践能力方面还存在一定的差距。一是试题偏“死”。不少试卷的死题偏多、活题偏少，对号入座的偏多、联系实际偏少，板块性试题偏多、综合性试题偏少。这不仅不利于引导学员培养创造性思维和综合分析问题的能力，而且容易助长学员死记硬背书本知识和诱发考试夹带等作弊现象的发生。二是题型偏少。本科班、领导干部班曾一度出现过一张试卷仅简答、判断、论述三种题型，后虽增加到四种或五种题型，但和成人自学考试每张试卷6—8种题相比，仍显偏少。三是题量偏少。我院试卷虽几经调整，目前大专班增加到28题，本科班、领导干部班增加到17题，但和成人自学考试每张试卷40—50道题相比，明显偏少。考试命题进行改革势在必行。

二、考试命题改革的指导思想和基本原则。（一）必须坚持以邓小平理论为指导，认真贯彻落实《中共中央国务院关于深化教育改革全面推进素质教育的决定》和《中共中央关于面向21世纪加强和改进党校工作的决定》。考试内容、考试题型、考试形式以提高学员的素质为根本宗旨，以培养和提高学员的创新精神和实践能力为重点。坚持学习理论和科学文化知识与加强思想修养的统一，学习书本知识与社会实践的统一，努力为社会主义现代化建设培养全面发展的高素质人才。

（二）必须体现党校函授教育的特点和要求。考试命题要体现自学为主的特点、干部在职教育的特点和党校学历教育的要求。既要考核知识的掌握程度，又要考核对知识的运用；既要有质的要求，又要有量的规定；既要突出重点，又要有一定的覆盖面。考试命题改革的重点是：突出试题内容的理论性、应用性、综合性和灵活性，着重考核学员思考问题的广度、深度和分析解决实际问题的能力。

（三）必须坚持扬长避短，积极稳妥，注重实效。扬长避短，就是要认真总结近几年考试命题的成功与不足，发扬长处，改进不足。积极稳妥，就是立足于函院的实际情况，以积极认真的态度推进考试命题改革，但在具体操作上要稳妥，不冒进，从部分调整开始，不断深化，逐步完善。注重实效，就是要以提高考试效果为目的，使我院的考试有一个较好的效度与信度，有利于考风考纪的好转，同时有助于促进教和学的深入，全面提高教学质量。

三、考试命题改革的主要内容与题型、题量调整方案的实施。（一）考试内容的改革。考试内容改革的原则是，理论知识系统化与突出重点相结合；检验知识与检验能力相结合；主观题与客观题相结合；试题内容的70%应选自教学具体安排中的教学重点、作业题和讨论题，以体现教学重点、学员作业和期末考试三者的统一。目前改革的重点是减少死记硬背的试题，增加灵活性试题，并适当增加试题难度。

（二）考试题型的改革。为进一步提高考试效果，党校函授教育各班次的题型数量都要有所增加，并逐步与成人自学考试接轨。同时规范题型名称与命题要求，使题型名称更趋严谨、名实相符，确保考生在理解上不发生歧义，以提高考试信度。各班次的题型将逐步调整到5—7种，即单项选择题、多项选择题、判断题、辨析题、简答题、论述题、案例分析题、阅读分析题和原理归纳题等。其中，论述题综合性的能力测试题；案例分析题、阅读分析题、原理归纳题则是根据所给材料进行综合性分析的应用测试题；简答题是知识记忆型的测试题；单项、多项选择题、判断题、辨析题属于理解型的测试题。一般情况下不要求死记硬背某种概念、原理，只要对所学知识、原理熟悉了，掌握了，即可根据试题得出正确的答案，因此是体现成人特点的对知识掌握程度的客观性试题。

（三）考试题量的改革。题量是确保考试达到一定标准的重要衡量依据之一。题量不足必然难以覆盖必考内容和知识点，既不利于提高考试的信度，也不能有效地检验教和学的程度，影响教学质量的提高。因此，适当增加题量也是确保考试内容改革的基本方面。

今年上半年总院召开的考试命题工作座谈会以及会上确定的期末闭卷考试题型和题量的调整方案，是整个考试命题改革的重要组成部分。根据我院的实际情况，中函字［2000］第16号通知指出：考试命题改革的调整方案，从明年上学期期末考试开始，根据不同的班次、不同的课程特点，逐步实施。今年下学期期末考试，大专班增加多项选择题，本科班增加单项选择题。

提高命题质量的重要性及其途径

中共张掖地委党校　翟同宪

考试是检测学习效果的重要手段，也是提高教学质量、维护党校函授教育声誉的重要环节，而命题是整个考试工作的关键。因此，提高命题质量至关重要。

一、科学地编制试题有利于引导学员掌握正确的学习方法，树立良好的学习风气。命题功能犹如交警的“指挥棒”。考什么，怎么考，直接引导学员学什么，怎么学。党校函授学员与授课老师直接相处的时间十分有限，主要靠自学，要过好考试关，学员首先考虑的就是试题涉及的范围、类型、难度等问题。这就要求我们必须从党校函授的特点出发，遵循成人教育的一般规律，科学地编制试题。

二、科学的试题类型，能够激发学员的学习兴趣，有利于拓展思路，培养创新能力。从一定意义上说，命题是一门艺术，它有很强的艺术性。经常变换命题角度，采用不同的试题形式，使学员在每次考试中都能看到一个新的“面孔”，结识一个新的“朋友”，有一种新鲜感，这不仅可以吊起学员学习的“胃口”，激发他们的学习积极性，而且有利于拓宽他们的思路，提高创新能力和综合素质。考试命题只要适合党校函授教育特点，有利于增强学员分析问题的能力，什么形式的试题都可采用。

三、提高命题质量，有利于端正考风，减少作弊现象。在成人教育中，作弊现象时有发生，其原因除了监考不严、处罚不力之外，试题类型单调，每题的分值较高也是一个重要方面。若借鉴自学考试或职称考试的命题方法，采取大量的选择性试题，适当加大题量，降低分值，同时增加一些有利于个人发挥的试题，作弊现象则可大大减少。因此，必须认真研究改进命题方式，提高命题质量。我们应在全面加强命题质量管理，提高命题人员素质的基础上，重点做好以下三个方面的工作：

（一）适当增加题量，降低分值，扩大覆盖面。党校学员都是在职党员干部，综合分析能力较强，从这一特点出发，应适当扩大选择、辨析题的分量。在一份试卷中，选择题（含多项选择）应不少于30题，占卷面总分数的40%左右，辨析题不少于6道题，占卷面总分数的35%左右。题量增加，才能较好地体现教学大纲对各章节内容的要求，引导学员全面系统地掌握知识。

（二）提高命题的信度、效度、难易度和区分度。这是评价试卷和试题的四个基本指标。信度、是指试题的可靠性，信度高的试题，较少受偶然因素的影响。能产生前后一致、比较稳定的效果。效度，是指试题的准确性，效度高的试题，能比较准确地测定学员掌握知识和运用知识的真实程度。难易度，是指试题的难易程度。由于党校函授教育把平时作业计入期末总成绩，已经给学员奠定了20分的基础，因而命题中可适当提高其难度。其组合比例可确定为：较易的15%，中等程度的占40%，较难的占30%，难度较大的占15%。区分度，是指试题有一定的难易梯度。这符合党校学员的实际，能较好地体现水平上的差别。因此，在试题组配上应设置10%左右的创见题。

（三）试题类型要不拘形式，灵活多样。应根据不同层次，不同专业、不同学科、不同考核方式，编制不同的试题类型。可以有单选、多选、判断、辨析、论述，也可以有对比、图表、列举等，尤其要从党校学员的特点出发，多采用比较、列举、选择、辨析这种题型。如本科班的《国际贸易》，可采用：试比较亚当·斯密、李斯特、凯恩斯国际贸易理论的异同；列表分析三种常用贸易术语的联系与区别。像这样的试题作为本科层次来讲，既考了知识，又考了学员综合分析对比的能力，体现了素质教育的要求。对开卷考试课，应取消简答题，更多的采用选择、辨析、比较、综合分析等题型。

命题改革的做法与成效

江西分院 李 洪

基于对传统考试方式及其效果的冷静反思，从1997年下半年至2000年上半年，江西分院对省函大专闭卷考试命题逐步进行了改革，其过程大致可分为三个阶段：第一阶段是从1997年下学期开始。江西分院在吸收中函大专试题模式的基础上，对试题的题量和题型作了适当的调整，增加了单项选择题的题量，扩大了内容的覆盖面，取消了填空题；把原来只需回答正误的判断题，改为先判断正误，后说明理由的辨析题，加大了试题的难度。第二阶段是1999年，针对第一阶段试题题型单一，尤其是单项选择题题量过重、分值过高的问题，增加了双项选择题，试题难度又有所增加。第三阶段是2000年上学期期末考试。江西分院为响应党和国家关于全面实施素质教育的决定和进一步深入贯彻胡锦涛同志关于党校函授教育的指示精神，在总结前两个阶段试题改革经验的基础上，再次对大专闭卷试题进行了改革，进一步减少了死记硬背试题的题量和分值，简答题由原来的5小题缩减为3小题；增加灵活试题的题型和难度，双项选择题改为多项选择题，论述题中的必答题一般为案例题型，整个试题更加突出考核学员运用原理分析和解决实际问题的能力。

实践证明，江西分院的大专试题改革的方向是正确的，效果也较为明显。第一，试题改革一方面使许多学员感到自身的实际水平与党校培训的要求尚有差距，仅仅靠死记硬背几个概念、几条原理不仅不能应付考试，更不能适应今后工作的需要，进一步增强了他们自学的紧迫感和主动性。另一方面改革也使教员认识到，函授教学改革改进，特别是必须加强对学员能力、素质的培养。这样，教与学的活力增强了，实现素质教育目标的路子开始清晰起来。第二，经过几次试题改革，江西分院省函大专班未发现一起“成绩异常考场”（即学员考试成绩普遍异常偏高的考场），考场夹带现象逐次减少，考风考纪逐步好转。第三，试题改革带动了江西分院的教学改革工作。为配合试题改革，从1998年开始江西分院聘请省委党校有关学科的专家、教授，为大专重点科目制作了示范教学串讲录像带，供各地市党校教师使用。这些教学串讲录像带不仅对于帮助基层党校教师准确地理解和讲授教材内容、提高面授质量发挥了重要作用，同时，通过观看串讲录像带，使他们能够及时掌握分院试题改革的信息，调整教学方式，保证试题改革工作在全分院的顺利进行。总之，江西分院在命题改革的实践中尝到了甜头，并将在实践中深入这一改革。

考试命题的新变化值得注意

——上学期期末试卷分析

总院教学处 鲁金波

今年上学期期末考试的试题内容已体现了试卷调整的精神和素质教育的要求。下学期期末考试，大专班将增加多项选择题，本科班增加单项选择题。这一改革思路在今年上学期期末试卷中已见端倪。为便于大家更好地把握考试命题改革的方向，做好下学期期末考试的准备，不妨对上学期期末试卷作一简略分析。

今年上学期期末考试命题的基本思路和实施方式是在维持大专班、本科班原有考试题型不变的前提下，对某些题型的题量作了调整，在考试内容上加大了活题数量，减少了死题数量；主要表现为增加了理解性、分析性、开放性的客观测试题，减少了单纯知识性的记忆题。如大专班单项选择题由10题增加到12题，本科班多项选择题由5题增加到8题；简答题则分别由5题减少为4题或3题。考试内容增加活题减少死题的改革几乎遍及各种题型。据不完全统计，大部分试卷都不同程度地增加了灵活性、综合性、应用性、材料分析性、案例分析性等便于联系实际的测试题。

首先，在选择题、辨析题中增加了小型事例题、案例题。如《经济法简明教程》、《民事诉讼法学教程》、《行政法与行政诉讼法教程》、《刑法总论》、《民法学分论》等试卷中，此类试题比例约占3/8。其中《法学基础》A卷，辨析题中的小型案例分析题高达3/4。

其次，简答题的题量不仅有所减少，而且出现了带有阅读分析性质的测试题。如《党的建设简明教程》A卷、B卷中都有一道简答题，要求学员分析所给材料表明了怎样的思想观点或强调的是什么？反对的是什么？这一变化表明阅读分析题或理论归纳题虽然还未在试卷中作为一种独立的题型，却已经出现了。

第三，在论述题中不仅出现了密切联系当前形势的事例分析型论述题，还出现了资料分析型论述题。如《党的建设简明教程》B卷，在列出两个“三讲”事例后，要求学员联系事例论述在“三讲”中如何搞好整改。《社会主义市场经济简明教程》A卷，在提供了一系列数据资料后，要求学员根据所给材料谈对“坚持效率优先，兼顾公平”原则的理解。这在以往的试卷中也是不多见的。这类试题贴近学员生活和社会现实，应该是试题内容改革的方向。

第四，管理类课程也开始启用案例分析题。如《党务管理概论》A卷，在列举了案例材料后，要求学员“分析该厂组织部长、厂长在中层干部人选上的做法是否正确？为什么?”，这也是可喜的变化。我院闭卷考试科目中管理类课程不少，仅暑期考试就有《对外经济管理学》、《党务管理概论》、《工业企业管理概论》、《企业涉外经营管理概论》等。根据国内外领导、管理类课程的教学与考核经验，案例教学、案例考核由于具有较强的现实性、综合应用性、直观可信性及可达事半功倍效果等特点，深受教育界重视。我们也将在今后考核中逐步拓宽此类考核方式。

上学期期末试卷的变化表明了我院考试命题改革的基本方向，目的在于通过考试命题的逐步调整，全面推进素质教育，提高教学质量。当然这种调整和变革只是初步的，需要循序渐进，还有待于不断提高和完善。关键是要转变观念，紧跟形势，顺应波澜壮阔的教育改革的历史潮流，坚决贯彻全国党校工作会议精神和《中共中央国务院关于深化教育改革全面推进素质教育的决定》，贯彻“理论、知识、党性、能力”相统一的教学指导思想，突出党校函授教育特点，体现成人高等教育的基本要求和考核素质、能力、创新精神和实践本领的需要。这是摆在全院教师、教学管理人员、学员面前的一个神圣而艰巨的任务。全院同志必须正确看待和重视这次期末考试出现的新变化，提高认识，做好准备，以便考出新水平。

今年下学期期末闭卷考试命题将按上述改革方向继续发展。为此，面授教师要努力提高自身的素质教育能力。这是全面推进素质教育的基本保证。考试命题改革也必然以素质教育水平为基础，面授教师要正确把握考试命题改革的方向，努力改变传统的注入式、填鸭式为启发式、讨论式的教学，要善于调动学员的主观能动性，启发学员自觉思考问题，培养学员的创新意识。教学管理人员对函授学员要实施创造性的科学管理，激发学员的内动力，启发学员学以致用，密切联系社会和工作实践，增强素质考核的应变能力。学员要根据这次期末考试题中出现的新变化，做好自我心理调整，克服和消除应试教育的不良影响。平时细心钻研教材，努力做到课前预习，带着问题上课听讲。课后全面复习，认真做作业，坚决克服死记硬背复习提纲和猜题、押题的不良倾向，努力提高自己的应考能力和实践本领。

办学经验集锦(八)——毕业论文指导

毕业论文贵在创新

中共南宁地委党校 农志鸣

学术论文又称学术理论文章，指在自然科学或社会科学中对研究成果进行描述、分析、总结，具有一定创造性的文章。它要求作者或对自己研究领域中的某个问题有新的发现或提出新的学说、新的构想；或对学术界的某些理论观点深入开掘，形成新的认识；或对旧说提出不同的见解，对其错误、疏漏之处进行必要的纠正和补充等。毕业论文作为学术论文的一种，尽管只是学员从事科学研究的初步尝试、入门之作，并不要求一定要有很高的学术价值和创造性。但是，独立思考，对所研究的问题或采取新的方法，或提出新的观点，或提供新的材料，或在别人研究的基础上做出新的概括，却是应该做到的。如果简单重复别人的成说，拾人牙慧，这样的文章是没有多少价值的。有所创新，是毕业论文的价值所在，是一篇合格的毕业论文应该具备的要素。对此，指导教师应有明确的认识并对指导对象作出明确要求。

结合学员的实际情况和近年来论文指导的实践，衡量毕业论文的创新性可以从以下几个方面考虑：

一是补充性的“创新”。这是对前人研究成果的肯定和发展。主要有论点和论据的补充。论点方面的补充，即对已有的课题中的个别缺漏补充表明自己的观点，使之更为完整。人的认识不可能一次完成，随着时间的推移和客观条件的变化，许多真理性认识并没有穷尽真理，为后人留下了大量的补充性研究的空间，在这方面，学员应是大有可为的。论据方面的补充，即用新发现的材料来论证原有的课题或观点，使之更有说服力。

二是匡正性的“创新”。这是对已有研究成果，包括观点、材料、研究方法等提出质疑，予以否定或纠正。虽不一定提出什么新的观点，但能够启发人们重新深入地思考问题，防止陷入片面性。

三是综合性的“创新”。即对相关领域的分散的研究成果进行综合归类，并在一定程度上融入自己的见解，使人们对此有更为完整、全面的认识。

四是其它方面的“创新”。包括用新的方法或从新的角度或结合新的实际情况重新研究已有的课题，从而得出部分新的观点，新的方法，或为解决实际问题提供新的思路和新的措施等等。

总之，创新有不同程度、不同层次的创新。毕业论文在一定程度上、在某一方面有所创新，是应该而且可以做到的。

论文体裁上也应创新，不要拘泥于“三段论式”，即问题—原因—对策。

“三段论”并不是学术论文唯一的结构形式。论文采用什么样的结构形式，应依据具体内容而定，形式是为内容服务的，结构布局服从于表现中心论点的需要，是我们在指导毕业论文时必须始终坚持的原则。因此，篇篇套用三段论并且把三段论简单分布为三个部分，不敢越雷池一步，而且三段必须均衡，必须齐备，缺一不可，少了一段即视为“结构残缺”，则是不可取的。其弊端不仅在于造成毕业论文中的千篇一律、千人一面的雷同化现象，更重要的是，它强制内容迁就形式，三段中面面俱到，平分秋色，结果是该详细展开的展开不了，该深入论述的深入不下去，本应为思想内容服务的结构形式变成了束缚思想内容的枷锁，犯了论文写作中“因文害义”的大忌。事实上，提出问题，分析问题，解决问题，在一定情况下是可以根据内容的需要而分别单独成篇的。比如提出问题型的论文，在人们习以为常的早有定论之处发现问题，提出质疑，加以论证，催人警醒，给人启发，尽管不一定能提供什么解决问题的方案，但它的价值决不亚于那些三段俱全，“全面”、“完整”地重复别人成说的论文。文无定法，文随义而变，要“三段论”而不唯“三段论”，善于发现和保护学员的思想闪光点以及创新的积极性，把有所创新摆在第一位，是值得指导教师注意和坚持的。

要重视毕业论文著作权的保护问题

中共中原油田党校　杨晓林

党校函授学员毕业论文写作中，在一定程度上存在着忽视“参考文献”的知识产权的保护问题。党校函授毕业论文中的知识产权问题主要为著作权保护问题。论文撰写过程中，适当引用他人作品，属于著作权法“合理使用”的范围，但必须建立严格规范的参考文献标注体系，对引用的参考文献要严格规范地予以标注。根据《中华人民共和国著作权法》第22条规定，“使用作品，可以不经过著作权人许可，不向其支付报酬，但应当指明作者姓名、作品名称，并且不得侵犯著作权人依照本法享有的其他权利”。这是区分“合理使用”与“剽窃抄袭”行为的重要界限。如果在研究成果、论文中不明确指明参考引用他人成果的名称和作者姓名，如果不据实标注参考文献，这就超出了“合理使用”的范围，构成抄袭侵权行为。

由于一些函授学员保护知识产权的意识薄弱，毕业论文工作制度不完善，未能与有关参考文献国家标准接轨等原因，在毕业论文写作中参考文献标注率很低，参考文献使用不规范，为剽窃、抄袭行为提供了方便条件，出了一些伪假毕业论文。因此，规范党校函授毕业论文中参考文献标注势在必行。必须按照国家标准《科学技术报告、学位论文和学术论文的编排格式》(GB7713—87) 中6、7条规定“参考文献表按照GB7714—87《文后参考文献著录规则》的规定执行”。党校函授毕业论文中对参考文献的规范使用，应以这两个国家标准为基本依据，根据党校函授学员的实际，制订出相应的《党校函授毕业论文编排格式（含参考文献著录规则)》，以此进一步规范党校的函授毕业论文工作。

一、参考文献引用原则。函授学员论文中所引用的参考文献，必须只限于其亲自阅读过的、最重要的、最新的、最关键的文献。另外，按照约定俗成的习惯，文献引用量不宜过多，一般论文以不超过10篇为宜。对于他人尚未公开发表的文章，例如内部资料、内部论文集上的文章，这涉及著作权人的发表权，不宜引用。

二、关于参考文献的著录项目。根据《文后参考文献著录规则》，参考文献主要著录项目包括主要责任者（作、译者）项、题（篇）名项和有关出版事项。主要责任者即参考引用作品的主要著作权人；题（篇）名即原始作品名称；出版项涉及到著作权邻接权人即出版者的有关权益，也就是受保护作品的来源，包括书刊名称、版次、出版地、出版者、出版年、月、日以及卷、期、号、页码诸要素。是否完整、清楚、准确地标注了这些项目，关系到参考文献的使用是否符合著作权法“合理使用”的界定。

三、参考文献著录格式示例。《文后参考文献著录规则》中分别规定了专著、连续出版物、专利文献、专著中析出的文献以及连续出版物中标出的文献五种著录格式。从党校函授开设专业及《毕业论文参考题目》范围看，除了专利文献外的其余四种文献，均是函授学员撰写论文所能涉及的。

(1) 专著

例：郑成思．知识产权法．北京：法律出版社，1997

(2) 连续出版物

例：知识产权研究．郑成思主编．1998.5. 北京：中国方正出版社

(3) 专著中析出的文献

例：尹新天．专利权的保护．北京：专利文献出版社．1998.169—171

沈仁干．有关中国著作权法制定的回顾．见：刘春田主编．中国知识产权二十年．北京：专利文献出版社，1998.27—53

(4) 连续出版物中析出的文献

例：陈美章．技术创新与知识产权．知识产权，1999 (6)：3—6

马来客．域名抢注案件的处理原则．中国知识产权报，1999—11—03 (2)

参考文献标注法与参考文献表示例，在现行的参考文献著录体系中，存在顺序编码体系和著者——出版年两大体系。对于特定作品，只能从中选定一种进行标注。考虑党校函授教育的实际，笔者建议应采用顺序编码制。即学员应按其文章正文部分引用的文献出现的先后顺序连续编码，并将序号置于方括号中，注于引用文献处的右上角。另外，在文后的参考文献表中按此序号顺序著录文献的有

关项目。

例：正文和引文

……

对于商标纠纷，仅由商标评审委员会拥有终局裁决权，不受司法审查的规定，与中国参加并承诺要履行义务的国际公约不一致。[7]

商标权是一种民事权利，民事权利的撤销或维持，理应是司法程序终局。1993年《商标法》第一次修改时，最高人民法院等部门就曾建议“当事人不服商标评审委员会裁定的，可以向人民法院起诉”[8]，但并未被采纳。而今，《商标法》又将修改，有关行政部门却表明了“在现阶段，行政执法应当加大力度而不是缩小行政权力。……目前状况下，行政执法不但不能削弱，而且应当加强。目前的加强正是为了今后削弱”[9]的立场。由此未来围绕商标确权终局归属，是维持现状，还是与国际接轨，或是比照专利法，司法、行政程序并用[10]，目前尚不得而知。企业应密切关注《商标法》修改动态，将来相应合理选择司法或行政途径维权。

……

参考文献

……

7 参见郑成思．知识产权保护实务全书．北京：中国言实出版社，1995.1514

8 宋汝棼．参加立法工作琐记．北京：中国法制出版社，1995.191

9 陈辉．深刻认识社会主义初级阶段理论——权威人士谈商标法修改．中华商标，1998（3）：19—20

10 参见《最高人民法院关于审理专利纠纷案件中若干问题的解答》．费宗伟主编．中华人民共和国专利业务实用全书．中国政法大学出版社，1994.198

毕业论文指导中的逻辑问题

中共庆阳地委党校　魏虎德

导师要指导学员写出一篇好的毕业论文，帮助学员正确运用逻辑知识至关重要。学员如果能正确地了解文章与运用逻辑的关系，自觉地把各种逻辑知识运用于写作过程，那就有助于写出思想严密，分析透彻，论证有力，准确鲜明的好文章来。

一、指导教师在指导学员撰写毕业论文过程中，要帮助学员掌握和运用形式逻辑的基本规律。要遵循同一律的逻辑。对研究对象所使用的概念必须保持同一性。论文的开头、中间、结尾要一致；所使用的概念，其含义和范围要统一。否则文章就会出现对象模糊，文不对题的错误，有时还会犯一篇文章几个中心的毛病。

遵守不矛盾律。在文章推理过程中对同一思维对象不能同时作出两种相互矛盾或相反的看法。常见的违犯不矛盾律的错误，一种是模棱两可，即对同一思维对象所作的两个互相否定的判断都加以肯定，使自己思想陷入逻辑矛盾。另一种是自相矛盾，即对同一思维对象的同一性质，既加以肯定，又加以否定，从而陷入不能自圆其说的境地。

要遵守排中律。对同一思维对象某一性质，出现两种互相矛盾的看法时，必须指出两者中必有一真，做出正确选择。常见的错误是含糊其词，模棱两可，使人捉摸不定。

要遵守充足理由律。在论辩过程中，任何一个真实的判断都必须有充足的理由。如果你拿不出充足的理由，你的观点即使正确的，也不能使人信服。

二、要处理好文章立意中的逻辑问题。文章的思想体系中都有个起主导作用的思想，这就是文章的中心。文章的中心是文章的灵魂。有些学员在写作时却使文章失去中心，或中心不突出。因此，当指导学员写论文时，在论题确定后，首要的问题是帮助其弄清题目的思想重点，把握文章中心，指导学员运用归纳、概括、演绎的方法确立中心和加深对中心思想的正确阐述。

三、要处理好谋篇布局中的逻辑问题。谋篇布局的实质就是怎样安排文章逻辑结构，把观点和材料组织得更加严密和合乎逻辑，从而使文章成为有血有肉的有机统一整体。核心是指导学员学会掌握和使用分析与综合的逻辑方法，应用分析的方法谋篇布局，就要求学员要把反映整个事理的思想体系，分成不同要素与若干层次，这就是逐步展开整个思想体系的过程。应用综合的方法谋篇布局，就要求学员把反映事理的不同思想要素和各层意思，按彼此间固有的联系统一起来，组成反映整个事理的思想体系，这是由部分到整体形成思想体系的过程。经过这样的分析和综合，就形成了篇章的逻辑结构。此外，还要帮助学员把握谋篇布局中的其他

办学经验集锦(九)——班级管理

班主任必须具备五种精神

中共宁德地委党校 夏月华

根据多年担任班主任的体会，我认为要当班主任，必须具备以下五种精神：

一、爱岗敬业精神。这是做好班主任工作必须具备的思想前提。常言说："干一行爱一行"。只有敬业，才会爱岗；也只有敬业，才能体现爱岗。因此，要做好班主任工作，首先要热爱班主任的岗位。如果主观思想上不热爱班主任这个岗位，就不会有积极性和主动性，在工作上应付了事，这就谈不上敬业了。校领导把班主任的工作交给我们，这既是对我们的信任，也是对我们的培养。因此我们要树立当班主任的荣誉感，发扬爱岗敬业精神，认认真真地、扎扎实实地做好班主任工作。这样，才不会辜负校委的信任和期望。

二、乐于奉献精神。这是做好班主任工作必须具备的思想境界。党校的班主任不同于普通学校的班主任，党校的班主任管理和服务的对象是各个单位各个部门的领导或工作骨干。校领导把这个班交给我们去管理，我们就要有忠于职守、乐于奉献的精神，尽心尽责地做好班主任工作。比如：要关心学员、熟悉学员，就要花时间去接触学员，密切与学员的联系；要了解掌握学员的学习、生活情况，帮助学员解决学习期间的各种困难，就要花时间去走访学员；要组织班级课余开展健康有益的文体活动，也要花费八小时以外"自己掌握"的时间，等等。如果没有乐于奉献的精神，而把市场经济中等价交换的原则带到班主任工作中，计较个人得失，就不能做好班主任工作。因此，我们既要在班主任中培养自己乐于奉献的精神，并以这种精神做好班主任工作。

三、勤奋好学精神。这是做好班主任工作必须具备的学识形象。近年来，党校函授培养对象的综合素质发生了较大变化，如果没有勤奋好学精神，不具有坚实的知识基础，就难以胜任班主任的工作。因此，作为党校班主任，必须努力学习：一是向书本学习，加快知识更新和积累的速度，打下深厚的理论功底。二是向学员学习。党校学员来自现代化建设的各条战线，到党校学习是送上门的调研

逻辑问题，如结构严谨问题，层次清楚问题，中心突出问题。只有这些问题都处理好了，才能写出展得开，收得拢，结构严谨，行文通畅，前后连贯，中心明确的好文章。

四、处理好论证表述中的逻辑问题。毕业论文一般都是议论文。在议论文中，论题是灵魂，论据是血肉，论证则是它的骨髓。只有把这三者统一起来，文章才会有生命力，好的毕业论文必须做到材料和观点浑然一体。这就要帮助学员学会掌握和运用论证表述的逻辑方法。论证表述的逻辑方法，一般可分为直接论证说明法和间接论证说明法。学员直接用事实和道理来论证和说明主题，这就是直接论证说明法。其论证法有：一选用典型事例来论证或说明主题；二列举一类事物的全部情况来论证主题；三选用若干事例进行科学分析来论证主题；四用科学对比方法来论证主题。学员写作时，只要运用得当，就能使文章显得材料丰富，论据确凿，有理有据，产生强有力的说服力。间接论证法是用观点和材料证明和论题相矛盾的论点的假，从而证明论题之真的一种方法。间接论证法有反证法和排除法。

反证法就是证明或说明与文章论题相矛盾的论点的假，从而证明文章之真的方法。排除法是指一个论点提出后，先假定它可能存在多种情形，然后通过分析，将假定的各种可能都加以排除，只剩下一种可能，即证明的论点是正确的了。反证法和排除法运用得好，能增强文章的论证力度和说服力，产生良好的感染效果。

对象。因此，我们要虚心向学员学习，用他们的实践经验来丰富充实自己，弥补自己实践经验的不足，提高自己运用理论分析问题、解决问题的能力。勤奋好学，塑好自己的学识形象，为做好班主任工作奠定知识基础，是新形势对班主任的要求。

四、认真细致精神。这是做好班主任工作必须具备的工作作风。班主任工作很具体，来不得半点粗心马虎。比如：班级活动的安排和开展、学员考勤点名、作业收缴、成绩登记、教材的寄发、请假手续的办理。各种表格的填写等等，都是一项项很具体繁琐的工作，必须以认真细致的精神把它做好，一粗心马虎就容易出错，而一出差错，就会给学员造成损失。如函授学员的考勤、作业都与考试成绩挂钩，不能有半点马虎。所以，班主任养成认真细致的精神，是对党校工作负责的表现，也是对学员负责的表现。

五、廉洁自律精神。这是做好班主任工作必须具备的政治素质。党中央号召领导干部要“讲学习、讲政治、讲正气”，作为党校的班主任，尤其应该坚持“三讲”。自觉做到与党中央保持高度一致，具有坚定的共产主义理想和信念，树立正确的世界观、人生观、价值观，培养良好的道德情操。特别是在党风和整个社会风气还没有根本好转的今天，党校的班主任更要严格要求自己，做到廉洁自律，做到自重、自省、自警、自励，提高政治鉴别力和政治敏锐性，分清是非，对哪些事能做、哪些事不能做思想上必须保持清醒，“己身不正，焉能正人?”要主动摒弃那些影响自己德行形象的不良行为，加强师德修养，为人师表，通过自己高尚的师德形象来影响学员、教育学员，并获得学员的尊敬和爱戴。

函授班主任管理与服务职能

中共如皋市委党校　王久铎

在市场经济条件下，党校函授班主任把情感理论运用于班务管理，做好学员的教学、生活等各方面的服务工作，极大地提高了管理行为的有效性。但我们也必须看到，不少班主任管理行为选择偏移，出现了服务无度，以情代理，以情悖理的畸形现象，严重损害了党校的形象和声誉。笔者结合自己的班务工作实践，认为从严管理，热情服务，必须正确认识和处理管理与服务两者的辩证关系。

一、实施全员管理，增强服务意识。这是加强和改进函授班主任管理工作的首要前提。就是说班主任在学风导向与关系导向的管理行为选择中，要坚持马克思主义的学风，摒弃庸俗关系和好人主义。这就要求我们，一是做好班级全体学员的思想政治工作，不凭人缘、凭关系、凭感情办事；二是在考勤、作业和考试这三个关键性的教学环节上，做到一视同仁、平等对待，杜绝那种以权力、地位享受特殊优惠的不公正做法，坚持在规章制度和分数面前人人平等。因此，增强全员服务意识就成为实施全员管理的题中应有之义。笔者以为，增强服务意识，首先要求班主任在思想上树立管理与服务双重职能之间互相促进、互相渗透并互相融合的辩证统一观。一方面，我们要“寓管理于服务之中”，即在服务中管理；另一方面，又要“寓服务于管理之中”，即在管理中服务，这是班主任工作中须臾不可分割的两个方面。其次，我们又必须看到，管理与服务这两个职能，其地位和作用又不是均衡的，必须坚持两点论和重点论的有机统一。我们讲管理和服务这两点是以管理为重点的两点，我们讲管理这个重点又是管理和服务两点之中的重点，这就是班主任工作的辩证法。坚持管理和服务的辩证观，反对分裂两者关系的错误倾向，既反对为管理而管理、又反对以服务取代管理的不正常倾向，对学员讲真情但不应“多情”和“纵情”，更不应有“私情”，就能“公生明、廉生威”。

二、实施全方位管理，改进服务方式。这是加强和改进函授班主任管理工作的根本要求。就是说班主任在原则性导向与随意性的管理行为选择中，要坚持原则，不徇私情，不迁就错误，摒弃执行规章制度中的“随意性”和“人为性”倾向。这就要求我们，以全面提高教学质量为中心，处理好基础管理和重点管理的关系，做到全方位管理，即思想到位、班级组织到位和规章制度到位。如果说思想到位是前提，那么，班级组织到位是基础，规章制度到位是保证。笔者在中函95级和98级本科班的班务管理中，充分发挥班级细胞特别是临时党支部、班委会一班人的率先垂范作用，形成了以班、支委一班人为“龙头”，以学习小组长为“骨干”，具有自学、自律、自理能力的中坚力量，整个教学班自始至终学风正、考风好。笔者以为“三到位”的实质是管理制度到位，而管理制度到位与提高服务层次、改进服务方式是密切相联的。实践证明，尊重和理解学员的意见、苦衷和要求，在尽可能范围内帮助他们解决生活、学习中的实际问题和困难，使管理工作基于情感交融，是衡量管理制度是否到位的重要标志之一。诸如，对函授学员到课率问题，我们要作具体分析，对身不由己缺课者我们应表示同情和理解并尽可能与其所在单位做好协调工作，对无故旷课者我们应予以批评教育并通报其单位促其改正错误。但不管是谁，实行倒扣分制度不能变，在是非面前毫不含糊。实践证明，针对不同学员的不同情感要求，作出积极的适度反应，并移入正确的恰如其分的情感，以激发学员的积极情感，也为矫治不良情感创造条件。又如，把改进服务方式贯穿于教学管理全过程，必须努力做到“四个不让”：即不让上级党校传递的信息在自己手里中断；不让少数学员的教材、资料在自己手里长期积压；不让任何差错事故在自己手里发生；不让在休息日、节假日找上门的学员在自己这里受冷遇。笔者以为，通过这一桩桩生活性和教学性服务的“小事”，充分发挥情感在函授班务管理活动中的效能，注重情感投资，做到通情达理，克服感情用事，就能收到事半功倍之效果。

规范小班常规管理的做法

中共江苏省如东县委党校　单雄飞

函授教学质量的提高，其关键是以小班建制为基础，结合班级的实际情况，抓好严格规范的常规管理。我们的做法是：一抓思想管理。班主任要把学员的思想管理摆到班级管理的首要位置，利用入学教育、班会和个别谈心等形式，加强对学员进行学习目的、考风考纪教育，要求学员端正学习态度，勤奋好学，克服懒惰思想和浮躁情绪，从时代的高度增强学习的自觉性。二抓目标管理。班主任根据函授班级管理的特点和所在班级的实际情况提出全班的总体目标，发动全班学员进行讨论，并制定出具体的实施目标。每个学员再根据自己的情况，拟定个人的到课、遵纪、党性修养等方面的书面计划，并将书面计划交给班主任，以此作为学员激励自己和班主任对学员进行考核的依据。三抓制度管理。在组织学习总院、分院及学区制定的各项规章制度的基础上，尽可能地将各项制度的有关内容进行细化，增强可操作性。同时必须把各项规章制度执行的着重点放在“四个严格”上：一是严格考勤；二是严格请假制度；三是严格计算平时成绩；四是严格考风考纪。四抓自学管理。自学是函授教学的重要环节，同样也是班级管理的重要方面。为保证学员的自学质量和效率，除了任课教师要做好自学内容的梳理、思考题的布置、参考资料的介绍、课堂的提问以及作业的布置、批改与评讲外，班主任必须重点抓住四个环节：第一，制定自学计划。第二，组织好自学小组。第三，引导学员掌握自学规律，抓住“挤、钻、恒”，拓宽自学天地。第四，搞好经验交流。

浅谈班主任的工作方法

中共成都市委党校　武海芳

在党校函授教育中，班主任要围绕“一个中心”，坚持“两个依靠”，加强“三个联系”，摆正位置，明确责任，积极主动地发挥自己在教学中的保障作用、引导作用和纽带作用。

一、围绕“一个中心”，发挥班主任在教学体系中的保障作用。做好教学工作，实现培训目标，是党校函授教育工作的中心任务。班主任必须始终坚持为教学服务，为学员服务，为中心任务的实现提供有力的保障。一是认真学习、切实领会学院的教学思想与要求，增强执行意识。结合教学班的实际，拿出贯彻的具体办法，狠抓落实。二是在教学的实施中，增强配角意识。要服从与服务于教学，积极支持配合和帮助教员唱好主角。又要主动协调教学中的各方面关系，创造教学的良好条件和氛围。三是在做学员工作时，增强公仆意识。要关心学员，尊重学员，主动为学员搞好服务，帮助他们排忧解难，促使他们完成好学业，并注意接受学员的批评和建议，接受学员的监督。四是在提高教学和管理水平中增强参谋意识。要从自己做起，从所在教学班做起，发挥身在一线，掌握学员、教师和其他方面情况的优势，为提高教学和管理水平出谋划策。

二、坚持“两个依靠”，发挥班主任在教学班中的引导作用。班主任是教学班的管理者、组织者和领导者。作为“领头羊”，要注意坚持“两个依靠”，即：依靠学员班党支部委员会和依靠班委会，搞好教学班的各项工作。一是坚持重要问题通过“两委”讨论。以此来集中学员的经验和智慧，同时也是对学员的锻炼和给他们创造相互学习的条件。对于班里的重要工作，要形成的重要决定和规定，由“两委”研究通过后，付诸实施。班主任主要是在传达学院要求和讲清自己的工作意图的基础上，搞好引导。二是坚持班里的集体活动由“两委”组织。班主任主要是与“两委”一起定好活动基调，明确基本要求，积极参加到活动中去，以自身的行动引导活动的走向。三是学员中出现的困难和问题发动“两委”参与解决。既可及时为有困难或被问题困扰的学员排忧解难，又有利于提高“两委”处理具体问题的能力，培养良好的人际关系。班主任主要是注意深入学员了解、掌握情况，经常与“两委”交换意见，发现问题及时开展思想工作，发动和支持“两委”开展相关工作，并带头参加慰问、捐助等活动。

三、加强“三个联系”，发挥班主任在教学活动中的纽带作用。班主任是院方、教师、学员及其单位相互联系的纽带和桥梁，在教学活动中处于承接上下、连接左右的关键位置。应着力加强“三个联系”：一是加强与院方联系，及时反馈情况，为学院工作和决策提供可资参考或采用的意见与建议。二是加强与教师联系。及时沟通、交流教学与管理情况，使教员教学与班主任工作相互促进、相得益彰。三是加强与学员工作单位联系。经常走访学员单位，通报学员学习情况，争取对学校和教学班工作的支持；经常邀请学院的领导和教师以及一些学员单位的领导参加班里的联谊活动，或作专题报告、参与专题讨论，加深相互了解，激励学员学习，推动教学和管理工作。

浅议函授班主任工作

烟台学区 卢云学

一、抓好党性教育，提高学员学习自觉性。党性教育是党校教育的必修课，班主任应当把党性教育作为自己的中心任务，反复进行“党校姓党”及学习目的和党性党风党纪的教育。抓住开学这个有利时机进行重点教育，在平日政治活动及各学科教学中贯穿党性教育，使学员能够把拿文凭、学知识、增强党性修养、提高马克思主义理论水平融会一体。经过二年半或三年的学习，获得名符其实的“含金量”足的党校文凭。

二、为人师表，做学员的典范。学高为师，身正为范，班主任应成为学员的良师益友。进党校的学员大都是有丰富实践经验的党员干部。班主任除了要坚持随堂听课外，还应该深入学员调查，深入课堂搞辅导，经常找学员谈心，虚心听取他们的意见，与学员一起研讨，做到教学相长。班主任应该是履行职业道德的典范，应有崇高的思想境界，有高尚的道德情操，深厚的马克思主义理论功底，要以严谨的思想修养，高水平的管理艺术，满腔热忱的服务态度和党校人的精神风貌，给学员强烈的感染力，树立起为人师表的良好形象，使学员能够从班主任身上体会到为人师表、形象楷模的典范。

三、强化理想信念教育，培养良好学风。理想、信念是人的灵魂。在市场经济的大潮中，有个别学员理想淡漠，信念动摇，说什么“理想、理想，有利就想”，“前途、前途，有钱就图”。在错误的思想支配下，一头钻到钱眼里，面授不到课，作业不认真，只想交上学费就拿文凭，放松了对自己世界观的改造；更有甚者长期旷课，考试也想找人替考。因此，班主任必须加强理想信念和思想道德教育，通过多种形式教育学员正确理解发展市场经济与坚持党的宗旨的统一性，任何时候都不动摇共产主义理想和信念。懂得越是发达的社会主义市场经济，越需要高素质人才，越需要适应新世纪要求的真才实学。

四、严字当头，强化制度建设。要完善管理制度。班主任也应根据上级的有关规定，结合实际情况，完善细化各种管理制度，要精心选配得力的党员干部组成班委会，协助班主任加强对学员的管理、培养和教育。要严格考勤制度。实行全天跟班管理，对出勤差的学员通过电话催、走访单位、通报和黄牌警告等形式，督促其按时到校听课。

五、懂教学、会管理，全面做好班级工作。班主任必须认真学习领会并贯彻总院、分院有关学员管理、教学管理的规定，及时反馈教师的授课情况及学员要求，确保各项教学计划、教学活动的顺利实施。班主任应该利用各方面力量，齐抓共管，搞好班级管理工作。组织好班级集体活动、过好组织生活，开展谈心活动、到基层搞专题调查、举行班级演唱会等活动。丰富学员的文化生活，活跃班级气氛。班主任应抓好考风考纪教育，搞好评选优秀学习小组和优秀学员的活动，做好学员的毕业工作，搞好毕业总结等等。

浅议班主任管理艺术

山东分院　王宪昭

党校函授教育实行班级教学形式。班主任是班级教学的直接组织者和管理者，也是沟通学员、教员和管理人员的纽带和桥梁，班主任工作具有复杂、灵活、细致、系统的特点，与整个教学质量密切相关。因此，讲究班主任管理艺术也就显得尤为重要。

一、春风化雨，润物无声。党校函授教育是党政干部的在职学习，在管理方式上有自身的特殊性。一般来说，严肃的命令、训斥、责问只能增加学员的抵触情绪，而充满人情味的指导式、商讨式则能启开学员的心扉。班主任以自身的形象影响学员，以诚挚的语言教育学员，以热情的服务感染学员，浇花浇根，交人交心，会收到良好的效果。例如班主任课前整理一下桌凳，会使学员感到“家”的温暖，对生病的学员问一声平安，送一杯热水会激发他们的守纪意识，等等。交流产生共鸣与和谐，交流产生理解与支持，从而使学员实现学习中角色的转化，变“要我学”为“我要学”。

二、深入细微，对症下药。班级管理最棘手的是到课率，因为函授学员具有自身在职学习的特殊性，他们行业不一，居住分散，工学矛盾突出，综合压力较大，有的是想参加面授不能参加，有的是能参加面授不愿参加，还有的像墙头草两边倒，左右观望，这就要求班主任深入调查研究，对症下药，如查阅学员资料，通过电话询问或走访学员单位、同事及任课教师，定期观察某些学员的到课规律，个别谈话等。考勤上可以采取跟班听课，随时点名，公正公开，重点提醒的方法，奖优罚劣，发挥班级内自我监督的作用。

三、典型带动，整体推进。函授学员以自学为主、面授为辅，教育质量依靠良好的班风。班主任有必要以班风建设为契机，做好整体推动，一是靠抓典型，树新风，大张旗鼓地扶持学习正气；二是依靠班委做好后进学员的思想工作；三是根据学员的职业特点、地域分布、学习状态等因素，有目的地划分若干自学小组，鼓励自学互助，共同提高，变松散的学习形式为稳定的学习群体，并与任课教师和管理人员一起，构成增强班级凝聚力的多元外部环境。

四、寓教于乐，强化素质。班级管理除保证正常的课堂教学和自学外，还应创设更丰富的管理内容，使学员学习和掌握教材以外的社会知识，最大限度地培养自身所需的多种素质。其中丰富多彩的班级活动就是重要手段之一，如组织班级范围内的谈心交流以培养学员的参与意识，开展班组调查研究以培养学员解决实际问题的能力，设计节日联欢活动以激发学员的业余兴趣，举行重大活动时的主题班会以净化学员的心灵等等。

组织篇

函授学院机构设置及负责人名录

院　长：张志新（兼）

院长、常务副院长：黄士安

副院长：刘利群　张东升　欧亚平

秘　书：史金龙

教学处：处长　鲁金波

教务处：处长　王　炳　副处长　温燕平　张宇翔

教材处：处长　吴江浩　副处长　谢宝忠　王敏生

教编室：主任　曹玉海　副主任　舒金城

行政处：处长　孟庆崑　副处长　李小莎

财务处：处长　魏德山　副处长　刘　跃

电化教研室：谢广乔（主持工作）　副主任　李素玲

党总支委员会：书记　张东升　副书记　吴江浩

研究生办公室：主任　刘利群（兼）　副主任　王　炳（兼）吕　敏

视导委：主任　张志新（兼）　副主任　黄士安　张继臣

　　　　办公室主任　陈世豪　副主任　王德夫

院办公室：主任　史金龙（兼）

注：

1. 2000年12月27日中校通［2000］31号通知：黄士安任函授学院院长，副校长张志新不再兼任函授学院院长职务。

2. 2000年9月25日中央党校组织部中校组通［2000］15号通知：王敏生任教材处副处长。

各分院开设班次名录

一、云南分院、陕西分院、北京市委机关分院开设98、99、2000级大专班、本科班，第8、9、10期领导干部函授班和98、99、2000级党员领导干部在职研究生班；

二、北京市工业党校分院开设98、99、2000级大专班、本科班，第9、10期领导干部函授班和98、99、2000级党员领导干部在职研究生班；

三、重庆分院开设98、99、2000级大专班、本科班，第8、9期领导干部函授班和98、99、2000级党员领导干部在职研究生班；

四、国家机关分院开设98、99、2000级大专班、本科班，第8、9、10期领导干部函授班和98、99级党员领导干部在职研究生班；

五、空军分院开设98、99、2000级大专班、本科班，第8、9期领导干部函授班和98、99级党员领导干部在职研究生班；

六、海南分院、内蒙古分院开设98、99、2000级大专班、本科班，第8、9、10期领导干部函授班和98级党员领导干部在职研究生班；

七、南宁分院开设98、99、2000级大专班、本科班，第8、9、10期领导干部函授班和99级党员领导干部在职研究生班；

八、宁夏分院、西安分院、总装备部分院、南京军区分院、成都军区分院、武警分院开设98、99、2000级大专班、本科班，第8、9、10期领导干部函授班；

九、海军分院、沈阳军区分院开设98、99、2000级大专班、本科班，第9期领导干部函授班和99级党员领导干部在职研究生班；

十、总参分院、北京军区分院、济南军区分院开设98、99、2000级大专班、本科班，第8、9期领导干部函授班；

十一、北京市公安局分院开设98、99、2000级大专班、本科班，第8期领导干部函授班；

十二、山东分院开设98、99级大专班、98、99、2000级本科班，第8、9、10期领导干部函授班和98、99、2000级党员领导干部在职研究生班；

十三、广西分院开设2000级大专班、98、99、2000级本科班，第8、9、10期领导干部函授班和98、99、2000级党员领导干部在职研究生班；

十四、甘肃分院开设98、99级大专班、98、99、2000级本科班，第8、9、10期领导干部函授班和98、99级党员领导干部在职研究生班；

十五、福建分院开设98、99级大专班、98、99、2000级本科班，第8、9、10期领导干部函授班和99级党员领导干部在职研究生班；

十六、上海分院开设98、99级大专班，98、99、2000级本科班和99、2000级党员领导干部在职研究生班；

十七、浙江分院、安徽分院开设98、99、2000级本科班，第8、9、10期领导干部函授班和98、99、2000级党员领导干部在职研究生班；

十八、新疆分院、新疆兵团分院开设98、99、2000级本科班，第8、9、10期领导干部函授班和99、2000级党员领导干部在职研究生班；

十九、山西分院开设98、99、2000级本科班，第8、9、10期领导干部函授班和98、2000级党员领导干部在职研究生班；

二十、江苏分院开设98、99、2000级本科班和99、2000级党员领导干部在职研究生班；

二十一、青海分院开设98、99、2000级本科班，第8、9、10期领导干部函授班和99、2000级党员领导干部在职研究生班；

二十二、广东分院开设98、99、2000级本科班，第8、9期领导干部函授班和98、99、2000级党员领导干部在职研究生班；

二十三、天津分院开设98、99、2000级本科班，第8、9、10期领导干部函授班；

二十四、中直机关分院、铁道部分院开设98、99、2000级大专班、本科班和99级党员领导干部在职研究生班；

二十五、国防大学分院、广州军区分院、二炮分院开设98、99、2000级大专班、本科班，第8期领导干部函授班；

二十六、西藏分院开设98、99、2000级大专班、本科班，第10期领导干部函授班；

二十七、总后分院、兰州军区分院开设98、99、2000级大专班、本科班；

二十八、四川分院开设98级大专班，98、99、2000级本科班和98、99、2000级党员领导干部在职研究生班；

二十九、湖南分院开设98、99、2000级本科班和98、99级党员领导干部在职研究生班；

三十、吉林分院开设98、99、2000级本科班和99级党员领导干部在职研究生班；

三十一、河南分院、贵州分院、辽宁分院开设98、99、2000级本科班和99级党员领导干部在职研究生班；

三十二、河北分院开设98、99、2000级本科班，第8期领导干部函授班；

三十三、江西分院、湖北分院开设98、99、2000级本科班，第9期领导干部函授班；

三十四、黑龙江分院开设99、2000级大专班、本科班；

三十五、总政分院开设98、2000级本科班。

（各分院开设的班次系指2000年下半年所开设的班次）

分院及所属科室负责人名录

中直机关分院

分院	院长	杨金永
	副院长	张素青
教务处	处长	玉淑君
教学处	副处长	赵世亮
教材科	科长	刘建新
学籍科	副科长	侯永峰
文档室	主任	玉淑君
研究生办	主任	赵世亮

中央国家机关分院

分院	院长	邵旭军
	副院长	常大光
	院长助理	高杰
函授处	处长	杨文玖
教务科	负责人	马萍
教学科	负责人	刘静伟
学籍科	负责人	吴祎
教材科	负责人	张特民

铁道部分院

分院	院长	吕昌
	常务副院长	柳安娜
	副院长	林莉
		张金云
办公室	负责人	王新力
教材科	副科长	王新力
研究生办	副主任	卓宁
教务科	副科长	焦秀敏
学籍科	副科长	黄石红
教研室	副主任	孙晓林

北京市委机关分院

分院	院长	崔义民
	副院长	白菊梅
	副院长	林大烈
		李雅兰
教学科	负责人	李雅兰
教务科	科长	段贻聪
教材科	科长	郑忠海
考务科	科长	郑忠海
办公室	负责人	白菊梅

北京市工业党校分院

分院	院长	李永涛
	副院长	陈天任
		李尔华
教务处	处长	姜振友
教学处	处长	毕志辉
教材处	处长	金炳福
财务处	处长	刘继华
电教室	主任	张爱华

北京市公安局分院

分院	院长	田银玲
办公室	主任	李广成
教学科	科长	康健
教务科	科长	张美三
教材科	科长	康健
学籍科	科长	曹文生
学员管理科	科长	李连义
研究生办	主任	田银玲

天津分院

分院	院长	刘润忠
	常务副院长	杜维训
	副院长	齐子明
		曹庆庆
教务部	负责人	刘素
教学部	负责人	汪悦
教材科	负责人	刘伟
学籍科	负责人	崔建国
财务科	负责人	董玉慧
办公室	负责人	张宝铭

河北分院

分院	院长	范香保
	常务副院长	张淑梅
	副院长	田寿山
		冯志兵
		马永禄
		任来学
办公室	主任	郭强
教材科	科长	罗志强
教务科	科长	万国庆
教学科	科长	幽国杰
学员管理科	科长	崔兰格
联络科	科长	郭新慧

山西分院

分院	院长	冯国发
	副院长	王永翔
办公室	副主任	潘浩敏
教务科	科长	郭旭波
	副科长	王小蔚
学籍科	科长	齐凯梅
	副科长	董文辉
视导室	副主任	赵红飚
教材科	负责人	牛永刚

内蒙古分院

分院	院长	夏连仲
	副院长	陈力
		王惠云
函授部	主任	陈力
	副主任	王惠云
		薛如刚

教学科	科长	冯立民
教务科	科长	李建国
学籍科	科长	马玲

辽宁分院

分院	院长	孔秀娥
	常务副院长	单洪恩
	副院长	杨玉琴
		李秀华
办公室	主任	邓庆杰
教学科	科长	张仲秋
教务科	科长	王淑敏
教材科	副科长	刘杰斌
学籍科	科长	陆贵强
学员科	科长	宋殿敏
视导办	主任	李德香

吉林分院

分院	院长	高国田
		王英林
	副院长	王英林
		张晓光
		李雪宾
秘书科	科长	赵志广
教务科	科长	郑涛
教材科	科长	杨兆琴
学籍科	科长	张坚毅
督导科	科长	王天宏
		邱立君
研究生办	主任	李雪宾
		赵德泽
省直站	站长	李树民

黑龙江分院

分院	院长	刘斌
	副院长	邢绪斌
		杨立太
	院务委员	张志清
		张绍礼
		申靖
研究生办	主任	杨立太
	副主任	吕巧凤
		申靖
办公室	主任	王春国
教务办	主任	刘伟民
	副主任	韩华
电教办	主任	申靖
学员办	主任	王永成
督导办	主任	王春国

上海分院

分院	院长	张枫来
	副院长	陈熙春
		刘军
		叶明献
办公室	主任	苏新民
教学科	科长	章钱康
教务科	科长	周芳华
招考办	主任	茅华英
直属学区	负责人	周芳华

江苏分院

分院	院长	冷祥初
	常务副院长	方根林
	副院长	徐正超
		汪发良
办公室	主任	王刚
教学部	主任	周文筠
教务部	副主任	朱军
		宁艺
教材部	主任	郭庆玉
	副主任	刘光伟
直属班部	主任	李健

浙江分院

分院	院长	杨仲林
	副院长	林万雄
		姜方忠
		张建新
办公室	主任	逯智勇
教学科	科长	李荣华
教务科	科长	刘杭宁
教材科	科长	李志远
研究生办	主任	吴为民
直属学区	负责人	周敬东

安徽分院

分院	院长	王树勤
	副院长	刘潞
函授部	副主任	解道华
		潘国祥
办公室	主任	王道才
学员科	科长	徐临
教务科	科长	潘国祥
教材科	科长	杨超
教研室	主任	解道华

福建分院

分院	常务副院长	叶宝彬
	副院长	杨克明
		蔡干钦
办公室	主任	杨祥飞
教务科	科长	戴丽钦
	副科长	吴胜兵
学籍科	副科长	田江

江西分院

分院	院长	龚培兴
	常务副院长	吴方宁
	副院长	涂斌
办公室	副主任	罗志猛
学籍科	科长	龚时嵘
教务科	科长	李洪
教材科	科长	陆卫珍
教学科	副科长	曹云生

山东分院

分院	院长	姚学政
	常务副院长	王士富
	副院长	魏继贵
		张云汉
教学科	科长	唐公吉
学籍科	科长	朱诚禄
教材科	科长	宋正宽
教研室	主任	王宪昭
研究生办	主任	王宪昭
省直科	科长	栾强
院务科	科长	梁孝和

河南分院

分院	院长	孙保定
	常务副院长	代修常
	副院长	张冠显
		刘广才
办公室	主任	曹志嵩
教务教研科	科长	黄韶镛
学籍科	科长	翟兰英
编辑部	主任	王岫青

湖北分院

分院	院长	曾瑞芝
	副院长	王彩萍
		黄木林
办公室	主任	钱开冰
教务科	科长	白长江
招生办	主任	江长勇
学籍科	科长	刘小燕
研究室	主任	陈　述
直属办	主任	王　星
视导组	副组长	李天相

湖南分院

分院	第一院长	肖和平
	院长	李治业
	副院长	欧家骞
		曹健华
办公室	主任	廖阳生
	副主任	史　坚
研究生办	主任	彭益民
学籍科	科长	陈远雄
教务科	科长	王克修
招生考务科	科长	彭立新
	副科长	郭士文
教材科	科长	严利中
直属学区	主任	范小平
	副主任	易文平
视导组	组长	刘普生

广东分院

分院	院长	黄绍清
	副院长	夏　政
	副院长	刘冬松
		刘少南
		罗行政
办公室	主任	区君志
学籍办	主任	黄祖平
	副主任	陈志华
招生办	主任	刘冬松
视导办	副组长	邓长琚
编辑室	主任	李战超
教研室	主任	罗行政
	副主任	张丽娟

广西分院

分院	院长	张　敦
	常务副院长	聂观石
	副院长	徐锡鸿
		彭光明
办公室	主任	刘春萍
教务科	科长	陈旦旦
	副科长	李勋才
教学科	科长	徐锡鸿
	副科长	邓　孜
研究生办	主任	聂观石
	副主任	徐锡鸿
		陆成勋
培训办	主任	彭光明
	副主任	黄忠南
招生办	主任	韦彩英
	副主任	聂观石
		黄永清
视导组	组长	龙观水

南宁分院

分院	院长	张伦书
	副院长	黄永久
教务处	处长	李振艺
	副处长	徐　立
		张晓青
教学科	副科长	周　玲
学籍科	副科长	张晓青
教材科	副科长	赵廷和

海南分院

分院	院长	黄道明
	副院长	王琼兰
教学科	助理调研员	王绥江
教务科	科长	谢南丰
学籍科	科长	钟小凤
教材科	科长	陈家忠

重庆分院

分院	院长	程大鹏
	副院长	曾明德
		龚贵先
成人教育部	主任	龚贵先
	副主任	肖绍斌
		甘久芳
招生办	主任	刘居纯
教务科	科长	王桂林
教研科	科长	汪　虎
教材科	科长	卓贵恩
学籍科	科长	姜旭平
直属一部	主任	朱天南
直属二部	主任	彭启荣
研究生办	主任	龚贵先
	副主任	孙　栋
视导组	组长	程大鹏
	副组长	曾明德
		龚贵先

四川分院

分院	院长	李锡炎
	副院长	华孝清
		白云谷
办公室	主任	黄智宪
	副主任	郑　军
		李　军
教学管理科	副科长	田桂英
学籍管理科	科长	杨　力
	副科长	曾　玲
教材科	科长	周宇高
行政秘书科	科长	石昌谷
	副科长	王月平

贵州分院

分院	院长	黄汉林
	常务副院长	张益忠

	副院长	吴巨平

云南分院

分院	院长	杨加柱
	副院长	吉恩松
		李艳萍
综合科	科长	张礼平
招生科	科长	李平沙
教学科	科长	吴世文
教务科	科长	郭冰洁
学籍科	科长	龙鹏飞
教材科	副科长	阮丽
远程教学科	副科长	吕波
研究生科	科长	李亚明
直属学区	负责人	周详
视导组	负责人	雷明云
		孙继文

西藏分院

分院	院长	才旺班久
	常务副院长	曹昌民
	副院长	向巴宁扎
		戎新龙
教务科	负责人	李群
学籍科	负责人	向巴宁扎
办公室	负责人	吕叶辉

陕西分院

分院	院长	温标
	常务副院长	徐广文
	副院长	范勇
办公室	主任	白保存
教学科	科长	邵新强
教务科	科长	吴临咸
学籍科	科长	程振平

西安分院

分院	院长	夏泽民
	副院长	雷福堂
		曹诚
办公室	负责人	孙方
教研室	负责人	高玉章
教务室	负责人	李天明
电教室	负责人	谢惠琴
教材室	负责人	任卫民

甘肃分院

分院	院长	王文学
	常务副院长	石华翼
	副院长	王晋林
		张森春
		冯湖
		张立公
	调研员	陈国生
办公室	主任	周其海
	副主任	王吉华
教学科	科长	马祺
教务科	科长	杨小平
教材科	科长	沈永庆
	副科长	杨杰
学籍科	科长	张美云
	副科长	李兴海
财务科	副科长	师志诚
直属学区	主任	滕宗骞
	副主任	陈莉

青海分院

分院	院长	江再杰
函授部	主任	申辉
	副主任	马远
办公室	主任	陈卫民
教务科	科长	尹康民
	副科长	关建国
学籍教材科	科长	杨劝醒
	副科长	赵付生
直属学区科	科长	赵琦

宁夏分院

分院	院长	郭千文
	副院长	贺德正
		刘克营
		贾晓丁
办公室	负责人	杭勇
教务科	科长	杨新生
学籍科	科长	蒋跃军
教材科	负责人	杭勇

新疆分院

分院	院长	兰其建
	第一副院长	王军
	常务副院长	张焕文
	副院长	司马义
		李慧
办公室	主任	赵歌燕
教务科	科长	张静
	副科长	吐尔地·哈斯木
考务科	科长	张胜青
学籍科	科长	柯晓红
教材科	科长	董静
直属学区科	科长	赵玲
	副科长	木合代斯

新疆兵团分院

分院	院长	刘成林
	副院长	蔡志远
		刘心鸣
		陈建民
办公室	主任	卢红英
教学科	科长	许迎庆
学籍科	科长	单玉兰

总参分院

分院	院长	张黎
	副院长	林建超
		耿燎原
		裘兴棠
	教务长	姜锋
办公室	负责人	胡合庆
教学组	组长	李永挥
教务组	组长	赵星堂
教材组	组长	胡合庆
视导组	组长	任忠水

总后分院

分院	院长	李瑞海
	副院长	张朝宁
		王建仁
办公室	主任	罗勇

副主任 张广江
教学科 科长 何定康
教务科 科长 陈炳瑾
学籍科 科长 赵民宪

总装备部分院

分院 院长 王占华
第一副院长 于本城
常务副院长 刘建国
副院长 王顺通
办公室 主任 王文秀
教学科 负责人 孙瑞霞
教务科 负责人 朱耀光
教材科 负责人 马武斗
学籍科 负责人 姜丽敏
巡视组 负责人 王顺通

海军分院

海军分院 院长 杨振明
副院长 王金中
殷敦平
办公室 主任 张恩荣
财务处 处长 宫九波
教务处 处长 宫九波
教学处 处长 李因兴

空军分院

分院 第一院长 敬应龙
第二院长 邹德玉
副院长 徐光
郝文玮
王聘明
办公室 主任 王聘明
副主任 何孝明
徐汇东
刘锦东
杨岳锡
周顺萍
教学科 科长 李恒贵
教务科 科长 张学廉
财务科 科长 赵娟
研究生办 负责人 李恒贵
视导组 组长 徐光
副组长 郝文玮
张义虎

国防大学分院

分院 院长 陈克敏
副院长 运新宇
王玉华
办公室 主任 刘波
教学处 处长 崔俊峰
教务处 处长 赵俊书
学籍处 处长 葛桂芳
教材处 处长 刘波
谷瑞英

武警部队分院

分院 院长 胥昌忠
副院长 王献华
丰春明
办公室 主任 吴晓红

北京军区分院

分院 院长 康春元
副院长 李秀宝
张万忠
办公室 主任 傅振坤
副主任 刘景智
教学部 主任 张万忠
教学 负责人 王中兴
教材 负责人 宗照航
学籍 负责人 赵红志
财务 负责人 李庆芳
招生办 负责人 范进忠
视导办 负责人 宫学生
微机室 负责人 张美菊

沈阳军区分院

分院 院长 庞连杰
副院长 郭宝山
王树清
办公室 主任 张相荣
教学处 负责人 李选才
教务处 负责人 高源
教材处 负责人 周贤利
研究生办 负责人 关景杰

南京军区分院

分院 院长 顾惠生
副院长 朱争平
周明贵
胡然
办公室 主任 徐德林
副主任 徐黄生
教学科 负责人 肖江春
教务科 负责人 沈朝勋
学籍科 负责人 朱秀令
教材科 负责人 孔凡留

济南军区分院

分院 院长 黄学禄
副院长 王文成
办公室 主任 张宝明
副主任 王焕章
教务科 科长 陈祖刚
教学科 科长 曹新成
学籍科 科长 王国良
副科长 王德安
教材科 科长 董鲁峰
副科长 孙勇

广州军区分院

分院 院长 姚成友
副院长 雷正全
杨稳泉
办公室 主任 罗亚波
副主任 张耀斌
王德海
李桂生
教学科 科长 欧新民
副科长 彭运前
常新来
教务科 科长 涂炳林
副科长 彭正祥
学籍科 科长 陈爱民
副科长 李晓宁
教材科 科长 彭正祥
副科长 张明知

分院所辖学区、辅导站负责人名录

中直机关分院

直属学区	主任	玉淑君
	副主任	赵世亮
第一辅导站	站长	刘建新
第二辅导站	站长	徐正华
人民日报社学区	主任	陆建国
	副主任	陈国华

中央国家机关分院

第一学区	主任	党艳群
第二学区	主任	马丽萍
第三学区	主任	徐兰溪
第四学区	主任	李忠明
第五学区	主任	袁东瑞
第六学区	主任	赵胜利
第七学区	主任	贺存军
直属学区	主任	严学明
机械党校站	站长	党艳群
船舶党校站	站长	马丽萍
直属政法站	站长	徐兰溪
冶金机关站	站长	李忠明
财政党校站	站长	袁东瑞
石油党校站	站长	赵胜利
电子中心站	站长	张毅然
交通机关站	站长	霍乃义
国管局站	站长	侯志坚
兵器党校站	站长	王宁
航天二院站	站长	王树元
国航党校站	站长	王飞
工经中心站	站长	王克满
华北矿专站	站长	周广伟
中医研究院站	站长	赵立新
中科院站	站长	王锐
卫生部站	站长	张红文
二轻党校站	站长	张敏
丰台辅导站	站长	王长友
玉泉路站	站长	严学明
海洋局站	站长	员学文

铁道部分院

哈尔滨局学区	主任	邢志光
学区函授部	副主任	赵继宏
直属辅导站	站长	徐红晖
哈尔滨分局站	站长	张宝才
	副站长	李旭德
牡丹江分局站	站长	黄培新
	副站长	于云国
佳木斯分局站	站长	单广胜
	副站长	高扬
齐齐哈尔分局站	站长	孙宇新
	副站长	王长发
海拉尔分局站	站长	娄树桐
	副站长	龚学甫
沈阳局学区	主任	佟守贤
	副主任	王德惠
		王廷权
白城分局站	站长	孙庆有
吉林分局站	站长	严和东
通辽分局站	站长	王作相
通化分局站	站长	王志清
沈阳分局站	站长	宋元富
	副站长	高玉峰
长春分局站	站长	张廷印
丹东分局站	站长	杨琳绪
	副站长	柳英杰
锦州分局站	站长	何松华
北京局学区	主任	查学东
	副主任	石景华
太原局辅导站	站长	江国平
太原工程站	站长	李广造
大同分局站	站长	翟利军
临汾分局站	站长	梁礼
石家庄分局站	站长	李炳杰
天津分局站	站长	陈景平
呼和局学区	主任	王老哈
	副主任	王美英
直属辅导站	站长	张亚中
集宁分局站	站长	王树明
包头分局站	站长	郭鹤英
	副站长	张建斌
郑州局学区	主任	张春和
	副主任	孙景武
		全志刚
郑州分局站	站长	朱光明
新乡分局站	站长	王树林
洛阳分局站	站长	张荔
武汉局学区	主任	李珍苟
	副主任	何金霞
襄樊分局站	站长	汪春焱
视导组	组长	肖金科
	副组长	吴喜华

成都军区分院

分院	院长	屈全绳
	常务副院长	韩大凤
	副院长	周安准
教务处	处长	任文君
教保处	处长	吴明建
学生处	处长	林斌
办公室	主任	刘洪祥

西安局学区	主任	张玲
	副主任	蔡新民
		寇鸿亮
工程公司站	站长	王智通
安康分局站	函授站长	王长顺
西安分局站	函授站长	杨兰玉
济南局学区	主任	侍继农
	副主任	王长琳
济南分局站	站长	周茜
徐州分局站	站长	吴介仁
青岛分局站	站长	单连云
上海局学区	主任	彭晓星
	常务副主任	梁恒荟
直属辅导站	站长	罗松香
上海分局站	站长	马灿云
	副站长	葛德善
福州分局站	站长	余饶宏
蚌埠分局站	站长	赵永清
	副站长	吴章才
戚墅堰厂站	站长	张红梅
	副站长	高江淮
浦镇厂辅导站	站长	李厚高
	副站长	萧庭国
杭州分局站	站长	叶洋茂
南京分局站	站长	吴亮
	副站长	王乃利
铜陵厂辅导站	站长	唐瑛
广州局学区	副主任	刘萍
		杨志红
长沙分局站	站长	周伟前
怀化分局站	站长	陈翠菊
柳州局学区	主任	姚韶芳
	副主任	胡信元
直属辅导站	站长	刘绍泉
柳州厂辅导站	站长	戴曾建
南宁分局站	站长	谢永久
成都局学区	主任	曾践
	副主任	伍振国
重庆分局站	站长	朱新民
	副站长	张万成
兰州局学区	主任	郑磊
	副主任	刘洪文
		董文新

直属辅导站	站长	马魁发
	副站长	何贵庭
兰州分局站	站长	王程芳
	副站长	宋斌
武威分局站	站长	陈巨年
	副站长	姚永芬
西宁分局站	站长	申强
	副站长	吕自由
银川分局站	站长	王春阳
	副站长	邱光锋
工程辅导站	站长	薛宁常
乌鲁木齐局学区	主任	陈永
	副主任	史柏林
库尔勒辅导站	站长	张天辉
哈密分局站	站长	于诚
西山分局站	站长	李成文
昆明局学区	主任	梁荣和
	副主任	杨宗和
铁一局学区	主任	任梦云
	副主任	李康宁
		曾令标
		高福江
铁三局学区	主任	高京杰
铁四局学区	主任	田世淮
	副主任	曲淑玲
		屈山林
		刘传金
铁五局学区	主任	王体迎
	副主任	付宝成
大桥局学区	主任	王运江
	副主任	张爱冬
电化局学区	主任	李立新
隧道局学区	主任	时圣功
铁指系统学区	主任	单永新
铁十一局学区	主任	孙成刚
铁十五局学区	主任	王玲
铁十六局学区	主任	陈东波
铁十七局学区	主任	黄煊
铁十九局学区	主任	孙志文
石铁院学区	主任	吴忠
铁指机关学区	主任	林立人
部机关辅导站	站长	郎效儒
大连厂辅导站	站长	王先为

太原厂辅导站	站长	张太锁
长机厂辅导站	站长	王述魁
大同厂辅导站	站长	焦建中
株电厂辅导站	站长	王前全
齐厂辅导站	站长	张麟鑫
江岸厂辅导站	站长	周玲
	副站长	李家宾
株车厂辅导站	站长	陈国琪
长客厂辅导站	站长	鲍志全
西安厂辅导站	站长	胡春生
哈尔滨厂站	站长	董慧
牡丹江厂站	站长	冯玉亮
大连铁院站	站长	孙萍
南口厂辅导站	站长	姚国平
洛阳厂辅导站	站长	阮文珠
四方厂辅导站	站长	王黎明
	副站长	王怡平
武昌厂辅导站	站长	罗溥泉
	副站长	郭亮
沈阳厂辅导站	站长	宋秀梅
唐山厂辅导站	站长	曹丽君
株桥厂辅导站	站长	房厚萍
南昌辅导站	站长	刘润泉
济南厂辅导站	站长	李光华
上饶辅导站	站长	程洪涛
中铁程辅导站	站长	张庆熹
资阳厂辅导站	站长	杜绪伦

北京市委机关分院

东城学区	主任	王浩波
	副主任	付跃华
		张红
西城学区	主任	于如春
	副主任	张春鸣
崇文职大学区	主任	田国璋
	副主任	吴田
海淀辅导站	站长	张力
	副站长	刘林英
政法党校学区	主任	甄九庆
通州学区	主任	肖志刚
	副主任	杨连元
联合大学学区	主任	赵丽珠
	副主任	朱超伦

		李宝生
宣武电大学区	主任	张锁铃
企文化培训学区	主任	关金利
	副主任	张文婷
教科院学区	主任	朱铭
	副主任	刘江
妇女干校学区	主任	阎纪青
	副主任	赵沙
丰台教委学区	主任	滕云奎
	副主任	徐国勋
		张剑虹
门头沟学区	主任	贺其明
医药公司学区	主任	刘金柱
机械局职大学区	主任	韩玉明
市总工会站	站长	张锦
	副站长	田代华
房山辅导站	站长	邢延清
	副站长	隗淑花
电子辅导站	站长	何大平
环卫局辅导站	站长	关厚明
安全局辅导站	站长	肖雅静
邮电辅导站	站长	郭秀娟
外国语大学站	站长	杨建国
朝阳职大站	站长	苏民
大兴电大站	站长	安洪庆
商管干院站	站长	窦凯智

北京市工业党校分院

京西学区	主任	雷家鹏
	副主任	刘新民
		丁振刚
		王建民
矿职辅导站	站长	刘新民
	副站长	王秋莲
北后辅导站	站长	王建民
	副站长	张立民
工美辅导站	站长	丁振刚
	副站长	王秀华
北汽辅导站	站长	汪永信
成教辅导站	站长	董国良
	副站长	杨福全
房山学区	主任	王仲源
	副主任	曹世儒
		顾春森
成教辅导站	站长	顾春森
	副站长	耿尚发
琉璃河辅导站	站长	李宪文
	副站长	秦连义
双山水泥集团站	站长	张耀春
	副站长	孙静
良乡辅导站	站长	刘振田
	副站长	方海霞
首钢学区	主任	霍光来
	副主任	韩广盛
		段宏韬
		周天
工学院辅导站	站长	周天
矿山辅导站	站长	刘铁克
	副站长	刘乃昌
		崔士珍
北内学区	主任	马童立
	副主任	杨清华
喇叭沟门站	站长	方瑾
	副站长	彭殿亮
大兴学区	主任	郭奇
	副主任	王长林
		黄淑燕
成人中专站	站长	黄淑燕
青云店辅导站	站长	崔云江
	副站长	李玉亮
密云学区	主任	赵长荣
	副主任	贾长营
		李德轩
		李连成
电大辅导站	站长	李德轩
	副站长	王桂芹
		于凤云
新城子辅导站	站长	胡凤霞
	副站长	魏素芹
太师屯辅导站	站长	李金环
河南寨辅导站	站长	王桂芹
穆家峪辅导站	站长	李明
	副站长	郭生海
溪翁庄辅导站	站长	张广军
巨各庄辅导站	站长	齐生学
	副站长	赵雪松
印刷直属站	站长	高慧明
	副站长	张月香
东城财贸直属站	站长	杜惠美
	副站长	邹健康
热力直属站	站长	徐惠亭
	副站长	陈志平
地安门直属站	站长	程安瑛
杨镇直属站	站长	申荣文
	副站长	张克服
		郝福成
平谷直属站	站长	晏占山
	副站长	赵春青
房统直属站	站长	宋振群
	副站长	张利君
房供直属站	站长	武辙
	副站长	王成
昌平成教直属站	站长	王秉孝
	副站长	徐万厚
	副站长	韩继英
昌平统计直属站	站长	郑仓智
	副站长	于桂谦
		王久丽
怀柔直属站	站长	周东全
	副站长	焦振东
延庆电大直属站	站长	阎克安
	副站长	韩满旺
延庆成教直属站	站长	高玉明
	副站长	徐留纪

北京市公安局分院

党校学区	主任	李广成
直属辅导站	站长	李广成
	副站长	张清
通州分局站	站长	石宝玉
	副站长	刘艳明
怀柔县局站	站长	张振明
	副站长	何顺利
平谷县局站	站长	李术兰
	副站长	韩仲宁
密云县局站	站长	张天利
机关学区	主任	李连义
直属辅导站	站长	王立宗
东城分局站	站长	张京

	副站长	单志强
		王兆璞
西城分局站	站长	毕华明
	副站长	张　亮
崇文分局站	站长	谢志信
	副站长	王人一
宣武分局站	站长	耿　飞
	副站长	陈彦明
朝阳分局站	站长	王　忠
	副站长	裴林章
海淀分局站	站长	王亚军
	副站长	许惠民
丰台分局站	站长	孙伟年
	副站长	王素真
		杨金雨
治安处辅导站	站长	曹东翔
	副站长	金怡林
公交分局站	站长	王玉林
	副站长	王旭东
石景山分局站	站长	刘步云
	副站长	岳树军
门头沟分局站	站长	丁　强
	副站长	杨文军
房山分局站	站长	隗合显
	副站长	师永祥
燕山分局站	站长	王怀东
	副站长	许华伟
地铁分局站	站长	杨文清
	副站长	卢　闽
巡察总队站	站长	赵兴军
	副站长	陈海宏
大兴县局站	站长	白志强
	副站长	李爱群
消防局辅导站	站长	陈艺新
	副站长	牛玉学
交管局学区	主任	赵　辉
	副主任	王　锋
		赵春书
		宋冬蓉
		张志坚
直属辅导站	站长	于立勇
	副站长	马晓民
朝阳辅导站	站长	赵连升
	副站长	王再杰
海淀辅导站	站长	陈　刚
	副站长	刘金涛
丰台辅导站	站长	何培庚
	副站长	王文胜

天津分院

北辰学区	主任	何兆富
	副主任	于素萍
建工学区	主任	高恒丰
	副主任	魏芝兰
津南学区	主任	刘文博
	副主任	温建军
		张恩华
河东辅导站	站长	王继中
	副站长	冯四成
市直辅导站	站长	刘剑英
	副站长	王春长
渤海化工学区	主任	韩　伟
	副主任	王维臣
工业大学学区	副主任	李学平
		陈凤鸣
天汽集团站	站长	王华鹤
	副站长	佟　盈
大港学区	主任	赵玉勇
大港油田学区	主任	蓝建华
河北学区	主任	王洪才
	副主任	裴福均
宝坻学区	主任	汪文建
	副主任	张维聪
		刘汉起
		潘连芝
机电学区	主任	李认清
	副主任	陶桂兰
东丽学区	主任	于金铎
	副主任	王丽芬
		刘凤江
河西学区	主任	李　荣
	副主任	王建国
宁河学区	主任	李树友
	副主任	杨庆国
建材辅导站	站长	郑凤祥
	副站长	董兆丰
		郑淑荣
房管辅导站	站长	武虎臣
	副站长	郑学信
商工委学区	主任	郭迎秋
	常务副主任	姜新泉
	副主任	马文举
		秦嘉琪
		梁银海
西青学区	主任	贾悦凡
	副主任	梁力军
汉沽学区	主任	唐广元
	副主任	王建会
公用辅导站	站长	郑秉钧
	副站长	郝省芬
纺织总公司站	站长	高宗玉
	副站长	于宪武
天远辅导站	站长	李学一
	副站长	商振茂
天化辅导站	站长	王恩兴
	副站长	田桂满
电子仪表学区	主任	韩光明
	副主任	王悦军
市政学区	主任	常杰禄
	副主任	朱德忠
南开学区	主任	朱树江
	副主任	邱国祥
		王志谱
蓟县学区	主任	邢　国
	副主任	于胜来
		翁守东
静海学区	主任	王凤荣
	副主任	于长英
一轻学区	主任	刘俊心
	副主任	彭利平
和平学区	主任	马树昌
	副主任	吴　玲
		赵延庆
红桥学区	主任	石振平
	副主任	赵晓红
		梁凤儒
武清学区	主任	刘宝琛
	副主任	王福荣
塘沽学区	主任	武占铎

	副主任	王战国
		张有年
		曹守珍
医药学区	主任	邢伯扬
	副主任	刘和
		高琪
社院辅导站	站长	于文
	副站长	黄靓
一商辅导站	站长	杨永强
	副站长	王聚祥
		刘润生
		陈音良

河北分院

张家口学区	主任	赵署光
	副主任	鲍长海
赤城辅导站	站长	刘正珠
宣化辅导站	站长	王全
怀来辅导站	站长	许振福
康保辅导站	站长	肖任夫
尚义辅导站	站长	靳贵
沽源辅导站	站长	李银
承德学区	主任	韩九宗
承德县辅导站	站长	刘秀芝
宽城辅导站	站长	于海东
兴隆辅导站	站长	付彦玲
廊坊学区	主任	贺彦波
	副主任	毕凤芹
		李富珍
三河辅导站	站长	石乐
香河辅导站	站长	刘文林
大成辅导站	站长	贺秀阁
文安辅导站	站长	任晓玲
霸州辅导站	站长	冯国平
	副站长	梁永全
保定学区	主任	孙艳华
	副主任	贾博东
		王世平
定州辅导站	站长	贾永进
高碑店辅导站	站长	马瑞海
易县辅导站	站长	张志海
蠡县辅导站	站长	王建国
徐水辅导站	站长	郭玉清
涞水辅导站	站长	刘辉
顺平辅导站	站长	赵全惠
阜平辅导站	站长	吕小堂
雄县辅导站	站长	周振城
高阳辅导站	站长	周香玲
石家庄学区	主任	王军
	副主任	张春荣
		高志恩
滦城辅导站	站长	刘年生
辛集辅导站	站长	李应就
正定辅导站	站长	纪荣谦
晋州辅导站	站长	郭明法
桥东辅导站	站长	范兰娥
桥西辅导站	站长	范海燕
深泽辅导站	站长	王建光
新乐辅导站	站长	史全林
赞皇辅导站	站长	阎占芹
元氏辅导站	站长	梁红滨
高邑辅导站	站长	李秀朝
鹿泉辅导站	站长	崔景山
平山辅导站	站长	赵建华
矿区辅导站	站长	张梅素
灵寿辅导站	站长	靳福敬
行唐辅导站	站长	贾吉文
葶城辅导站	站长	李瑞琪
衡水学区	主任	刘秀明
	副主任	刘振锋
冀州辅导站	站长	林东坡
故城辅导站	站长	李双政
景县辅导站	站长	刘金华
唐山学区	主任	刘郁香
	副主任	周淑荣
		贾峙
遵化辅导站	站长	刘知
滦南辅导站	站长	阎振民
迁西辅导站	站长	何太华
玉田辅导站	站长	李清河
秦皇岛学区	主任	王德富
	副主任	唐秀娟
沧州学区	主任	蔡宝清
	副主任	张振国
		刘焕莹
南皮辅导站	站长	王郁顺
盐山辅导站	站长	胡国才
河间辅导站	站长	陈金毅
黄骅辅导站	站长	金平
泊头辅导站	站长	李国平
东光辅导站	站长	王树波
青县辅导站	站长	冯玉苓
孟村辅导站	站长	阎希忠
任丘辅导站	站长	赵海涛
邢台学区	主任	孙元平
	副主任	张国林
		张义房
		赵立柱
		李建华
沙河辅导站	站长	李永华
临西辅导站	站长	胡全珍
临城辅导站	站长	王书敏
邯郸学区	主任	马秀英
	副主任	王庆云
		赵宝林
		陈韵津
魏县辅导站	站长	步鹏举
永年辅导站	站长	苗恒军
肥乡辅导站	站长	陈卫国
邱县辅导站	站长	赵新
曲周辅导站	站长	牛建国
矿区辅导站	站长	赵洪泽
磁县辅导站	站长	王琪
临峰辅导站	站长	王小阳
华油学区	主任	张国正
	副主任	赵远征
省直学区	主任	赵红炎
	副主任	尹巍
省供销直属站	站长	王翠花
	副站长	刘秀英
开滦直属站	站长	李新
装院直属站	站长	张万忠
	副站长	王中兴
邯教委直属站	站长	李宁新
	副站长	李瑞华
石铁直属站	站长	邵喜录
峰局直属站	站长	史红霞

山西分院

太原学区	主任	朱伯承

	副主任	刘香莲
大同学区	主任	雷忠厚
	副主任	刘保民
		康建新
		胡日红
		刘润兰
		朱 杰
朔州学区	主任	李廷玉
忻州学区	主任	蔚世仁
	副主任	郭清良
		赵慧琴
晋中学区	主任	岂根源
	副主任	李如珍
吕梁学区	主任	李书琴
	副主任	宋锐玲
		杨 岗
阳泉学区	主任	袁振生
	副主任	卢光鉴
		尹燕灵
临汾学区	主任	付纪有
	常务副主任	张爱国
	副主任	郑巨东
		孙正平
运城学区	主任	秦福林
	副主任	李洪智
		潘富国
长治学区	主任	郭建华
晋城学区	主任	曹宏祥
	副主任	王文明
工办学区	主任	肖坚勇
	副主任	黄政荣
		任俊萍
		吴富贵
省直分校站	站长	周银忠
	常务副站长	韩晋乐
大同矿务局站	站长	尹家显
	副站长	张小文
十三冶公司站	站长	栗育田
	副站长	杜 乐
太钢直属站	站长	卢治纯
	副站长	孔 雁
西山煤电站	站长	张荣九
	副站长	杨鸿艳
阳泉煤业站	站长	赵鸿承
	副站长	吉云芳
汾西矿辅导站	站长	王克福
平朔煤炭站	站长	辛怀荣
电力工业局站	站长	茹国萍
	副站长	曾跃飞
政法干院站	站长	康国梅
煤气化公司站	站长	武锁成
太化集团站	站长	吴子明
	副站长	靳玉柱
		吴长绪

内蒙古分院

直属学区	主任	陈 力
	副主任	王惠云
		薛如刚
呼市学区	主任	李书慧
	副主任	[illegible] 欣
清水河辅导站	站长	安俊卿
土左旗辅导站	站长	张伟俊
托克托辅导站	站长	云义明
包头学区	主任	魏光欣
	副主任	武亚芳
土右旗辅导站	站长	吴 斌
固阳辅导站	站长	张耀忠
白云辅导站	站长	苏 萍
九原辅导站	站长	杨学钊
赤峰学区	主任	何雨霖
	副主任	刘力山
翁牛特旗站	站长	盛海青
巴林右旗站	站长	马德新
林西辅导站	站长	张端昆
克什克腾旗站	站长	苗树臣
宁城辅导站	站长	朱 融
敖汉旗辅导站	站长	张 孝
巴林左旗站	站长	王 详
阿鲁科尔沁旗站	站长	江 荣
松山辅导站	站长	王新民
喀喇沁旗站	站长	吴 臣
元宝山辅导站	站长	蔡宝成
部队辅导站	站长	白爱林
乌海学区	主任	陈立新
	副主任	朱 玺
鄂旗辅导站	站长	郭杰荣
鄂前旗辅导站	站长	乌兰达来
呼盟学区	主任	刘雅民
	副主任	高福平
满洲里辅导站	站长	王家春
	副站长	张 伟
扎兰屯辅导站	站长	郑奎成
	副站长	石 磊
牙克石辅导站	站长	刘庆才
	副站长	张丽平
根河辅导站	站长	赵连荣
	副站长	韵宝成
额尔古纳旗站	站长	李延文
大雁矿务局站	站长	卢维国
	副站长	王玉凤
免渡河林业局站	站长	袁存洲
鄂温克旗站	站长	乔志刚
	副站长	佟光明
陈巴尔虎旗站	站长	包 军
	副站长	武 宝
新巴尔虎左旗站	站长	额日和
扎矿党校站	站长	周如刚
兴安盟学区	主任	张凤翼
	副主任	王宝文
扎赉特旗站	站长	毛新民
突泉辅导站	站长	李 杰
科右中旗站	站长	范英华
通辽学区	主任	王福全
	副主任	王静东
科左后旗站	站长	孙海沧
	副站长	山秀菊
科左中旗站	站长	陈德钧
科左中旗站	副站长	何梅兰
开鲁辅导站	站长	田淑琴
扎鲁特旗站	站长	张文海
	副站长	杨 和
库伦旗辅导站	站长	王铁山
	副站长	乔廷忠
霍林郭勒市站	站长	齐东升
	副站长	齐哈申
锡盟学区	主任	郭巨富
	副主任	新 夫
西乌旗辅导站	站长	李聪华

白旗辅导站	站长	尚荣
西苏旗辅导站	站长	乌兰格日乐
太旗辅导站	站长	孟宪维
多伦旗辅导站	站长	任玉亭
	副站长	李凤刚
东乌旗辅导站	站长	斯琴图
乌兰察布盟学区	主任	窦爱礼
	副主任	秦文亮
化德辅导站	站长	高汉霄
凉城辅导站	站长	黄啸云
兴和辅导站	站长	赵明
乌盟中旗站	站长	许作
丰镇辅导站	站长	赵文清
商都辅导站	站长	刘晶
卓资辅导站	站长	刘志忠
后旗辅导站	站长	贾勇
巴盟学区	主任	周福顺
	副主任	杨育才
杭后旗辅导站	站长	华云峰
	副站长	张连英
磴口辅导站	站长	葛红升
	副站长	马玉连
前旗辅导站	站长	王安丽
五原辅导站	站长	王章记
乌中旗辅导站	站长	陈光荣
乌后旗辅导站	站长	李告
伊盟学区	主任	李文艺
	副主任	李建新
乌审旗辅导站	站长	陈文飞
	副站长	李永峰
达旗辅导站	站长	袁德忠
	副站长	全双喜
杭锦旗辅导站	站长	樊树生
	副站长	程振刚
东胜辅导站	站长	刘荣
	副站长	胡生泉
伊旗辅导站	站长	奇美香
	副站长	折志荣
阿盟学区	主任	聂录远
	副主任	曾昭田
		孟克那生
阿拉善右旗站	站长	王柱芳
	副站长	朋司格
额济纳旗站	站长	张军生
	副站长	王高峰
		胡发德
大兴安岭学区	主任	德淑珍
莫尔道嘎站	站长	刘立会
阿尔山辅导站	站长	谷建忠
一机厂学区	主任	于永辉
北方重工学区	主任	罗启钧
	副主任	邱荣光
包钢学区	主任	云继明
二〇二厂学区	主任	邹自志
	副主任	李桂婷
准煤学区	主任	陈宝生
	副主任	金永文
		张春明
包头铝厂学区	主任	高普明
	副主任	赵志国
	副主任	殷梅园

辽宁分院

沈阳学区	主任	王道臣
	副主任	张光宏
		刘莉莎
和平辅导站	站长	华锋
	副站长	赵凤兰
大东辅导站	站长	李岩
	副站长	刘兵
沈河辅导站	站长	李永红
	副站长	王志宏
铁西辅导站	站长	傅维林
	副站长	周慧文
于洪辅导站	站长	于夫
	副站长	陈杰
新城子辅导站	站长	张宝聚
	副站长	张启荣
苏家屯辅导站	站长	丁明志
	副站长	朱静
辽中辅导站	站长	李景新
	副站长	王广春
新民辅导站	站长	高立娟
	副站长	胡玉祥
黎明公司站	站长	王惠荣
	副站长	宋凤兰
沈飞公司站	站长	付景林
	副站长	孙素兰
大连学区	主任	田志军
	副主任	王忠茹
		桑凤新
沙河口辅导站	站长	卢衍凤
	副站长	李涵
西岗辅导站	站长	席国平
	副站长	林宴中
甘井子辅导站	站长	赵为民
	副站长	王淑梅
金州辅导站	站长	王永良
	副站长	潘福南
开发区辅导站	站长	李延国
	副站长	王志侠
旅顺口辅导站	站长	程双凤
	副站长	张守柱
普兰店辅导站	站长	王伟
	副站长	张士山
瓦房店辅导站	站长	王久友
	副站长	周喜东
庄河辅导站	站长	王言正
	副站长	柳长富
长海辅导站	站长	马建军
	副站长	宁致斌
鞍山学区	主任	鲍振元
	副主任	王志洲
		吴志辉
		丁继清
海城辅导站	站长	徐龙
	副站长	张振坤
岫岩辅导站	站长	徐大海
	副站长	刘淑琴
千山辅导站	站长	姜春铁
	副站长	李克
立山辅导站	站长	孙俊杰
	副站长	陈金莹
抚顺学区	主任	钟庆军
	副主任	狄锡侯
		刘旭
清原辅导站	站长	赵连成
	副站长	解洋

新宾辅导站	站长	赵桂敏
	副站长	杨洪升
本溪学区	主任	隋大利
本溪县辅导站	站长	王争平
桓仁辅导站	站长	张风德
明山辅导站	站长	房国柱
平山辅导站	站长	邹国玺
溪湖辅导站	站长	姜庆连
丹东学区	主任	王玉珍
	副主任	从　赤
东港辅导站	站长	宋家常
凤城辅导站	站长	关振和
宽甸辅导站	站长	隋宝巨
锦州学区	主任	马占林
	副主任	邵东震
		谭维民
		吕新光
义县辅导站	站长	李成斌
凌海辅导站	站长	满景芳
北宁辅导站	站长	孙忠惠
黑山辅导站	站长	刘冠标
辽阳学区	主任	宋成振
	副主任	郭丽伟
辽阳县辅导站	站长	徐桂芬
	副站长	卢长凯
灯塔辅导站	站长	平载江
	副站长	李树才
		王　杰
弓长岭辅导站	站长	范宝良
	副站长	屈旭芳
营口学区	主任	王天志
	副主任	胡　迪
		高东波
大石桥辅导站	站长	张永泉
	副站长	蔡丽芳
老边辅导站	站长	李运普
	副站长	魏洪革
盖州辅导站	站长	张允玉
	副站长	高德忠
港务局辅导站	站长	傅太印
	副站长	赵秋芬
开发区辅导站	站长	栗荣玺
铁岭学区	主任	刘国明
开原辅导站	站长	孙洪越
	副站长	许　健
昌图辅导站	站长	张　仲
	副站长	王　昌
西丰辅导站	站长	张启福
	副站长	于显利
铁法辅导站	站长	李久成
清河辅导站	站长	陈　波
	副站长	关　伟
阜新学区	主任	常国利
	副主任	赵树珊
阜新辅导站	站长	韩建国
彰武辅导站	站长	温会武
朝阳学区	主任	王会元
北票辅导站	站长	郭振军
	副站长	庄玉生
建平辅导站	站长	孙国福
	副站长	宋长伟
喀左辅导站	站长	邹德厚
	副站长	刘天伟
凌源辅导站	站长	杨海涛
	副站长	王海明
朝县辅导站	站长	苗玉国
	副站长	张树新
盘锦学区	主任	齐　函
		王永录
	副主任	石振宝
		张晓梅
盘山辅导站	站长	李执权
	副站长	江海荣
大洼辅导站	站长	王胜强
	副站长	安荣华
葫芦岛学区	主任	佟　民
	副主任	王志宏
兴城辅导站	站长	张凤芝
绥中辅导站	站长	王质贤
建昌辅导站	站长	田国富
龙港辅导站	站长	曹诤先
南票辅导站	站长	王春英
鞍钢学区	主任	谷茂绵
	副主任	王钢伦
矿山公司站	站长	孟德进
三冶公司站	站长	解秀芹
辽河油田学区	主任	李素梅
本钢学区	主任	高　君
阜新矿学区	主任	丁丹枚
	副主任	王　坚
省直工委学区	主任	高德利
	副主任	梁新颖

吉林分院

长春学区	主任	柳泓澄
吉林学区	主任	曹善元
	副主任	闯绍文
延边学区	主任	任南洙
	副主任	金治洗
		金贞海
		王德亮
四平学区	主任	苏丽华
	副主任	童鹤鸣
白城学区	主任	宋　平
	副主任	管秀德
		杜秀娥
辽源学区	主任	戚淑华
通化学区	主任	于喜荣
	副主任	苗　葳
延吉辅导站	站长	沙慧娟
安图辅导站	站长	张成学
敦化辅导站	站长	史桂娟
图们辅导站	站长	赵正龙
大石头辅导站	站长	赵芳华
大兴沟辅导站	站长	王　钊
天桥岭辅导站	站长	张尊伟

黑龙江分院

直属学区	主任	邱长弘
	副主任	刘庆有
		王政红
		王惠锋
直属辅导站	站长	刘庆有
省政府职大站	站长	王春悦
虎林电大站	站长	杨　增
庆安辅导站	站长	范深地
拜泉辅导站	站长	张月福
巴彦辅导站	站长	施秀海
宁安辅导站	站长	尹德义

哈市职大站	站长	单文龙
省妇干校站	站长	郭玉贵
哈轻厂党校站	站长	罗　疑
哈市电大站	站长	高　兴
鸡西工学院站	站长	张振明
肇源辅导站	站长	张宏彦
省社科院站	站长	黄承惠
齐农学院站	站长	刘晓峰
双鸭山矿务局站	站长	邹俊佩
大同辅导站	站长	于　刚
嫩江辅导站	站长	于春华
肇东辅导站	站长	王宪顺
大庆高专站	站长	王炜人
哈市党校学区	主任	王　强
	副主任	李怀君
五常电大站	站长	宋连昆
	副站长	李延禄
黑河社科职大站	站长	黄成慧
哈社科职大站	站长	刘亚莉
	副站长	徐迎宪
呼兰辅导站	站长	刘建华
	副站长	关莉娟
双城辅导站	站长	王佳友
	副站长	郭京蕾
宾县检察院站	站长	张景环
	副站长	董晓钟
宾县职教中心站	站长	宋绍林
齐齐哈尔学区	主任	赵阿媛
	副主任	苗晓卉
		袁东英
		黄春芳
讷河辅导站	站长	孙雅琴
	副站长	孙志国
佳木斯学区	主任	韩永贵
	副主任	吕志伟
		李　枫
桦南辅导站	站长	李　欣
	副站长	闫玉成
佳职工大学站	站长	王立波
大庆学区	主任	李尊喜
	副主任	刘金友
大同辅导站	站长	于　刚
	副站长	张春艳
肇州辅导站	站长	秦林生
	副站长	王光华
伊春学区	主任	邢晓丽
	副主任	刘　姝
		陈洪达
直属辅导站	站长	刘　姝
新青辅导站	站长	国利红
汤旺河辅导站	站长	彭延春
翠峦辅导站	站长	刘玉学
伊春电厂站	站长	李淑清
鹤岗学区	主任	王洪国
	副主任	温玉斌
直属辅导站	站长	温玉斌
	副站长	陈继良
绥滨辅导站	站长	贾学文
	副站长	周　文
鸡西学区	主任	范金良
密山辅导站	站长	梁炳元
	副站长	姜永廷
		齐中元
鸡东辅导站	站长	申　辉
	副站长	段志涛
虎林辅导站	站长	魏景龙
双鸭山学区	主任	王世国
	副主任	张玉才
		荣　华
饶河辅导站	站长	齐兴亚
	副站长	梁立超
		丛丽敏
七台河学区	主任	徐　凌
	副主任	李茂杰
		唐淑华
勃利辅导站	站长	李福山
	副站长	杜云飞
黑河学区	主任	张清义
	副主任	谢可基
		孙冬莉
北安辅导站	站长	滕连山
绥化学区	主任	杨　林
海伦辅导站	站长	崔宝林
	副站长	胡永祥
明水辅导站	站长	孟庆凡
	副站长	王声林
大兴安岭学区	主任	邹世龙
	副主任	孟宪坤
直属辅导站	站长	王冬梅
农垦党校学区	主任	徐　琨
	副主任	陆　将
		赵岩松
绥化局辅导站	站长	刘克财
	副站长	杜荣娥
红兴隆局站	站长	王希晨
	副站长	张雁南
齐分局辅导站	站长	阚　超
	副站长	李树喜
九三局辅导站	站长	韩忠贤
	副站长	刘东洋
宝泉岭局站	站长	马继海
	副站长	王培义
建三江局站	站长	康永久
	副站长	张景春
宁安农场站	站长	娄道仁
红旗岭农场站	站长	刘清玉
七星农场站	站长	陆　锋
八五九农场站	站长	杨臣江
友谊农场站	站长	孙凤仁
大兴农场站	站长	张春林
黑垦电大站	站长	林　琳
八五二农场站	站长	金万荣
庆丰农场站	站长	郑玉忠
北安局党校学区	主任	刘富芹
直属辅导站	站长	刘富芹
红色边疆农场站	站长	旭景堂
逊克农场站	站长	金敬真
建设农场站	站长	马贵学
国防工业学区	主任	籍霜峥
	副主任	张德举
		周好勤
华安辅导站	站长	高　燕
哈一机辅导站	站长	杜桂芬
东光辅导站	站长	常　平
北方辅导站	站长	吴玺娟
兵大辅导站	站长	沙秀丽
省直机关站	站长	杨宝瑞
	副站长	张　强
牡丹江学区	主任	李立敏

	副主任	冯勋明
		张云英

上海分院

徐汇辅导站	站长	杨扬
	副站长	蓝芝华
长宁辅导站	站长	唐成览
静安辅导站	站长	陈叔骐
	副站长	李法全
普陀辅导站	站长	沈移元
卢湾辅导站	站长	张培春
黄浦辅导站	站长	陈伟忠
	副站长	金越明
闸北辅导站	站长	陶七一
虹口辅导站	站长	何久隆
杨浦辅导站	站长	曾麟
浦东辅导站	站长	陆沪根
	副站长	顾银祥
闵行辅导站	站长	丁兴标
金山辅导站	站长	徐振昌
	副站长	娄成妹
嘉定辅导站	站长	吕富江
宝山辅导站	站长	崔兰竹
	副站长	张立新
松江辅导站	站长	王建峰
奉贤辅导站	站长	陆群
	副站长	吴康军
青浦辅导站	站长	陆树华
	副站长	黄文燕
南汇辅导站	站长	顾元聪
	副站长	赵勤敏
崇明辅导站	站长	陈新涛
宝钢辅导站	站长	蒋世荣
电力辅导站	站长	张雷
船舶辅导站	站长	孙夏
	副站长	王伟
汽车辅导站	站长	陈坚
建工辅导站	站长	冯文彬
电气辅导站	站长	徐松庄
	副站长	陈延磊
交通辅导站	站长	汪世民
	副站长	周美蓉
石化辅导站	站长	王卫民
纺织辅导站	站长	龚华岗
教育辅导站	站长	吴圣苓
	副站长	张涟
工会辅导站	站长	刘瑞楼
梅山辅导站	站长	吴慧萍
	副站长	黎荣
建委辅导站	站长	陈锡宝
农委辅导站	站长	郑惠庆
物资辅导站	站长	张省三
华谊辅导站	站长	孙炜
直属学区	主任	周芳华

江苏分院

直属学区	主任	李健
省级机关学区	主任	楼玉校
	副主任	杨宪
南京学区	主任	王东海
	副主任	缪献华
		汪恩华
玄武辅导站	站长	赵元敬
	副站长	王和鸣
白下辅导站	站长	莫文才
	副站长	王宁忠
秦淮辅导站	站长	李小华
	副站长	朱春霖
建邺辅导站	站长	刘荣亮
	副站长	姚齐放
鼓楼辅导站	站长	陈建生
	副站长	姜兴学
下关辅导站	站长	姜启泰
	副站长	范利云
浦口辅导站	站长	马维德
	副站长	张惠锁
大厂辅导站	站长	许永友
	副站长	孙锦
栖霞辅导站	站长	尹军
	副站长	蒋殿浦
雨花辅导站	站长	吕成寿
	副站长	方钧华
江宁辅导站	站长	陈宝根
	副站长	俞有利
江浦辅导站	站长	陈先彬
	副站长	范以铭
六合辅导站	站长	吴文新
	副站长	谷晴
高淳辅导站	站长	黄勇
	副站长	唐定虎
溧水辅导站	站长	丁守志
	副站长	吴永胜
教工委辅导站	站长	李洪福
	副站长	龚月珍
镇江学区	主任	石春海
	副主任	张永娟
		张和存
丹阳辅导站	站长	周炳兴
	副站长	丁美娟
句容辅导站	站长	陈建强
	副站长	杨雅琴
扬中辅导站	站长	郑云
	副站长	孙国荣
常州学区	主任	荣长征
	副主任	沈建钢
		孙群英
武进辅导站	站长	陆飞跃
	副站长	宋建明
金坛辅导站	站长	周学伟
	副站长	陈根银
溧阳辅导站	站长	龚友强
	副站长	吴晓
无锡学区	主任	焦克
	副主任	谢玉平
		姚忠伟
锡山辅导站	站长	钱行
	副站长	沈惠珍
江阴辅导站	站长	黄国强
	副站长	蒋泉兴
宜兴辅导站	站长	许夕华
	副站长	吴春祥
苏州学区	主任	孙艺兵
	副主任	王锡泉
吴江辅导站	站长	黄平
	副站长	庄永先
昆山辅导站	站长	王斌
	副站长	陈茂军
太仓辅导站	站长	赵永生
	副站长	朱珍亚

常熟辅导站	站　　长	何振球
	副站长	杨　彪
张家港辅导站	站　　长	郭树真
	副站长	薛振华
吴县辅导站	站　　长	朱继业
	副站长	范希钢
南通学区	主　　任	潘永江
	副主任	姜作培
		臧乃康
海安辅导站	站　　长	王其银
如皋辅导站	站　　长	刘志高
	副站长	蒋文祥
如东辅导站	站　　长	胡其加
	副站长	薛志林
通州辅导站	站　　长	赵振南
	副站长	章新华
		张振基
海门辅导站	站　　长	马红葵
	副站长	俞东毅
启东辅导站	站　　长	任海麟
	副站长	陈思品
扬州学区	主　　任	阮衍宁
广陵辅导站	站　　长	许　斌
	副站长	李　卫
邗江辅导站	站　　长	朱德本
宝应辅导站	站　　长	高少林
	副站长	夏红霞
高邮辅导站	站　　长	潘为民
江都辅导站	站　　长	龚晓梅
仪征辅导站	站　　长	邢忠袒
油田辅导站	站　　长	安志勇
华东石油辅导站	站　　长	戴林生
徐州学区	主　　任	李　燕
	副主任	吕云华
铜山辅导站	站　　长	赵　敏
	副站长	赵　鹏
睢宁辅导站	站　　长	刘震钟
	副站长	李存侠
		张格文
邳州辅导站	站　　长	陈　琳
	副站长	张新国
新沂辅导站	站　　长	薛道云
	副站长	薛心如
沛县辅导站	站　　长	邓益山
	副站长	张奇安
丰县辅导站	站　　长	张显芝
	副站长	师　东
贾汪辅导站	站　　长	杨　毅
	副站长	王兆华
矿务局辅导站	站　　长	褚福银
	副站长	陈忠华
淮阴学区	主　　任	韩　斌
	副主任	戴家才
		孙良筛
淮安辅导站	站　　长	周喜作
	副站长	沈宝州
盐城学区	主　　任	吴兴鹏
	副主任	李新昌
		茆律章
阜宁辅导站	站　　长	曹廷峰
	副站长	沈庭元
射阳辅导站	站　　长	吴　坚
	副站长	尤亚华
建湖辅导站	站　　长	王晓明
	副站长	刘明忠
大丰辅导站	站　　长	邱　俊
	副站长	杨永祥
		龚　进
东台辅导站	站　　长	朱宝华
	副站长	吴东湖
连云港学区	主　　任	杨春生
	副主任	李春旭
		高云虹
赣榆辅导站	站　　长	李禄涛
	副站长	尹世泉
东海辅导站	站　　长	韩　黎
	副站长	董　明
灌云辅导站	站　　长	朱正淮
	副站长	张荣富
灌南辅导站	站　　长	温留如
	副站长	魏　亚
金陵石化学区	主　　任	耿松青
	副主任	罗康华
泰州学区	主　　任	查桂山
	副主任	陈方根
		丁国和
		虞登禹
泰兴辅导站	站　　长	王克毅
	副站长	王国友
		王　翔
靖江辅导站	站　　长	袁明乔
	副站长	姚儒鸿
		洪卓如
		陈荣美
姜堰辅导站	站　　长	卫家稳
	副站长	王　林
		潘定平
		钱厚亮
		卞保谈
兴化辅导站	站　　长	金永和
	副站长	谷幼农
		宗伯言
宿迁学区	主　　任	陈运祥
	副主任	张修斌
宿豫辅导站	站　　长	朱秀庭
	副站长	周齐生
泗洪辅导站	站　　长	袁向前
	副站长	张卫国
		俞　辉
		张克皇
泗阳辅导站	站　　长	李昌富
	副站长	胡启志
沭阳辅导站	站　　长	胡方彩
	副站长	刘玉珍
		方　伟

浙江分院

杭钢辅导站	站　　长	邵松涛
司法厅学区	主　　任	顾金法
	副主任	周晓虹
杭州学区	主　　任	陆亚泉
	副主任	张佩娟
淳安辅导站	站　　长	姜北方
	副站长	姚宏韬
富阳辅导站	站　　长	张树根
	副站长	李娅民
余杭辅导站	站　　长	吴　勇
	副站长	凌美娣
桐庐辅导站	站　　长	张德扬

	副站长	骆国庆
建德辅导站	站长	吕建民
临安辅导站	站长	吴苗正
	副站长	黄文豪
		沈百万
萧山辅导站	站长	陈菊根
	副站长	徐妙兰
宁波学区	主任	朱中人
	副主任	沃依群
镇海辅导站	站长	谢永庆
北仑辅导站	负责人	方庆杰
奉化辅导站	站长	楼光宙
	副站长	马才军
余姚辅导站	站长	王永江
	副站长	罗利行
		黄其君
象山辅导站	站长	蒋亚娣
	副站长	周成安
宁海辅导站	站长	施宗璜
	副站长	罗晓明
鄞县辅导站	站长	陆国味
	副站长	蒋吉昌
慈溪辅导站	站长	黄银乔
	副站长	孙久义
		袁秋琴
温州学区	主任	倪集崇
	副主任	徐明创
		陈中权
乐清辅导站	站长	金道芬
	副站长	叶文千
永嘉辅导站	站长	潘德惠
	副站长	余桂芳
洞头辅导站	站长	何增祥
瑞安辅导站	站长	邱益泽
平阳辅导站	站长	吴春震
	副站长	吴昌荣
苍南辅导站	站长	缪仁谷
	副站长	赖雪琴
文成辅导站	站长	陈建敏
	副站长	蒋伟煌
泰顺辅导站	站长	黄跃华
台州学区	主任	魏鸣凤
	副主任	章安友

椒江辅导站	副站长	洪水
黄岩辅导站	站长	李曲法
	副站长	王文祥
		鲍志野
路桥辅导站	站长	孙国利
	副站长	梁标
临海辅导站	站长	童必周
	副站长	曾荣华
三门辅导站	站长	龚琴新
天台辅导站	站长	金锦秀
	副站长	曹月凤
仙居辅导站	站长	张汝良
	副站长	王中南
		潘永坚
温岭辅导站	站长	张煦
	负责人	毛悦文
玉环辅导站	站长	肖加福
	副站长	蒋德
金华学区	主任	金赵松
	副主任	童彩根
兰溪辅导站	站长	李永良
	副站长	徐映红
义乌辅导站	站长	吴林森
	副站长	王联寅
东阳辅导站	站长	许华春
	副站长	孔跃民
浦江辅导站	站长	陈兴涛
	副站长	洪炜
磐安辅导站	站长	郭金明
	副站长	孔贡清
武义辅导站	站长	祝志升
	副站长	钟新康
		吴立琴
永康辅导站	站长	何爱春
	副站长	方有余
绍兴学区	主任	叶振东
	副主任	房晓峰
诸暨辅导站	站长	朱堂
	副站长	徐林灿
		石良平
上虞辅导站	站长	葛金钢
	副站长	叶方
嵊州辅导站	站长	王国鑫

	副站长	王华南
		裘导川
新昌辅导站	站长	王绍欣
	副站长	娄国良
		王甫华
衢州学区	主任	陈云汉
	副主任	王少勇
衢县辅导站	站长	黄浩
龙游辅导站	站长	杨青云
	副站长	杜锡祥
江山辅导站	站长	徐国华
	副站长	周华
常山辅导站	站长	张秀英
	副站长	徐双木
开化辅导站	站长	何诗云
	副站长	孙以宽
巨化学区	主任	叶长明
	副主任	林清平
湖州学区	主任	舒川根
	副主任	董凌尧
长兴辅导站	站长	沈柏成
德清辅导站	站长	罗永昌
安吉辅导站	站长	程琦
丽水学区	主任	宋建设
景宁辅导站	站长	吴耀全
松阳辅导站	站长	阙桂生
	副站长	朱松发
		叶世根
青田辅导站	站长	朱秀龙
	副站长	林进高
		林建国
云和辅导站	站长	朱阶平
	副站长	邱长书
		柳一珍
莲都辅导站	站长	朱献培
	副站长	周蕴敏
庆元辅导站	站长	胡敬超
	副站长	吴德庶
龙泉辅导站	站长	朱志伟
	副站长	兰秉强
缙云辅导站	站长	陈晓民
	副站长	卢荣彪
遂昌辅导站	站长	项国荣

	副站长	唐颖中
嘉兴学区	主任	徐锦才
	副主任	周宝珍
加善辅导站	站长	姚立军
海宁辅导站	站长	朱坤苗
	副站长	赵嘉年
桐乡辅导站	站长	朱建华
	副站长	朱梅芬
海盐辅导站	站长	董成彪
	副站长	潘爱凤
秀洲辅导站	站长	顾太文
	副站长	沈玲珍
平湖辅导站	站长	柳建平
	副站长	陈良华
舟山学区	主任	黄海
	副主任	章荷青
普陀辅导站	站长	范家骝
	副站长	虞永国
岱山辅导站	站长	陶忠道
	副站长	郑亚元
		徐志男
嵊泗辅导站	站长	王岳忠
	副站长	林明忠
		胡国祥

安徽分院

省直学区	主任	唐世杰
	副主任	唐礼桂
		张岚
		顾勇斌
合肥学区	主任	李广华
	副主任	陶宏远
六安学区	主任	刘德新
	副主任	沈彬
		高少传
巢湖学区	主任	张志钧
	副主任	盛昌生
安庆学区	主任	彭生高
	副主任	郑业智
亳州辅导站	站长	张中智
	副站长	陶明德
芜湖学区	主任	李荣生
	副主任	潘克兰
		徐国荣
宣城学区	主任	王成吉
	副主任	胡锦荣
铜陵学区	主任	汤晓华
	副主任	沈承刚
马鞍山学区	主任	张效富
	副主任	袁晓明
		陈明柱
蚌埠学区	主任	倪怀麟
	副主任	周德岭
滁州学区	主任	李孙强
	副主任	王超武
黄山学区	主任	方亮春
	副主任	徐勇勇
		朱秀英
宿州学区	主任	解维领
	副主任	赵炳元
		孙庆伦
		陈月芳
淮南学区	第一主任	李素华
	主任	程相勤
	副主任	吕德全
		蔡健行
淮北学区	主任	丁怀轸
	副主任	杨宏庆
阜阳学区	主任	李成祥
	副主任	穆森
		赵洪梅
淮南矿学区	主任	王跃
	副主任	程爱萍
		耿百齐
淮北矿学区	主任	吕希德
	副主任	黄宝勤
部队学区	主任	赵友胜
	副主任	宋开祥
		吴汉平
		蒋建华
安大学区	主任	张长江
	副主任	蔡素珍
池州学区	主任	程世宁
	副主任	胡亚麟
马钢学区	主任	王建华
	副主任	张履康
铜陵有色学区	主任	温仲发
	副主任	孔祥兵

福建分院

省直学区	主任	侯一平
福州学区	主任	郑玉泉
	常务副主任	黄银生
	副主任	杨剑平
福清辅导站	站长	蔡瑞铮
平潭辅导站	站长	李劲青
	副站长	曾华仁
长乐辅导站	站长	郑发建
	副站长	陈琼
永泰辅导站	站长	黄宝华
	副站长	柯兆云
连江辅导站	站长	林炳生
	副站长	刘用功
罗源辅导站	站长	孟志圣
	副站长	阮群
莆田学区	主任	林元亮
	副主任	林仲仙
莆田辅导站	站长	方培昌
	副站长	林永祥
仙游辅导站	站长	柯麟彪
	副站长	阮洪林
城厢辅导站	站长	林宗哲
	副站长	林长征
涵江辅导站	站长	张明星
	副站长	鲍金锁
北岸辅导站	站长	李文祥
	副站长	柯志忠
泉州学区	主任	陈东水
	副主任	胡华兴
		陈毅生
丰泽辅导站	站长	黄昌明
	副站长	林永昌
晋江辅导站	站长	黄阳春
	副站长	许明月
惠安辅导站	站长	骆晓明
	副站长	杜邵玉
		陈森章
南安辅导站	站长	周泗情
	副站长	廖徐伟

安溪辅导站	站 长	许如竹
	副站长	刘志峰
永春辅导站	站 长	曾令宾
	副站长	姚清池
德化辅导站	站 长	谢英杰
漳州学区	主 任	李淑芬
	常务副主任	林孝午
	副主任	郑 路
芗城辅导站	站 长	左回初
	副站长	张如璋
龙海辅导站	站 长	陈宝石
	副站长	纪瑞仁
漳浦辅导站	站 长	陈国辉
	副站长	郑康省
云霄辅导站	站 长	罗深汉
	副站长	张淑琴
东山辅导站	站 长	张先英
	副站长	王志勇
诏安辅导站	站 长	沈宏达
	副站长	沈水武
南靖辅导站	站 长	杨志强
	副站长	张永忠
平和辅导站	站 长	林竹木
	副站长	陈海标
长泰辅导站	站 长	黄健坡
	副站长	毕 凡
华安辅导站	站 长	李红缨
	副站长	阙炳武
厦门学区	主 任	陈二加
	副主任	骆主福
同安辅导站	站 长	吕加福
	副站长	吕复兴
集美辅导站	站 长	黄卫灵
	副站长	艾有福
杏林辅导站	站 长	林长勇
	副站长	林启敏
龙岩学区	主 任	钟树文
	副主任	江维力
		章子天
永定辅导站	站 长	黄军焕
	副站长	张天福
上杭辅导站	站 长	张静芳
	副站长	兰学洪
武平辅导站	站 长	张林祥
	副站长	孙 玲
长汀辅导站	站 长	蔡宜增
	副站长	上官昌永
连城辅导站	站 长	童远雄
	副站长	罗昌林
漳平辅导站	站 长	邱建银
	副站长	黄天才
三明学区	主 任	谢锦荣
	副主任	邓世君
		董光灶
沙县辅导站	站 长	林启增
	副站长	马仙玉
		徐柳珠
尤溪辅导站	站 长	黄如华
	副站长	林 燕
永安辅导站	站 长	陈孝康
	副站长	郑尚哲
		陈开斌
大田辅导站	站 长	廖之清
	副站长	田 晁
		吴秀文
明溪辅导站	站 长	冯 晨
	副站长	石秀苇
清流辅导站	站 长	李初开
	副站长	黄坤林
宁化辅导站	站 长	侯迎华
	副站长	赖美华
建宁辅导站	站 长	罗进忠
	副站长	陈国钊
泰宁辅导站	站 长	黄炳荣
	副站长	颜旭东
将乐辅导站	站 长	汪泽民
	副站长	严华林
三钢辅导站	站 长	戴志明
	副站长	陈庆跃
南平学区	主 任	王 飞
顺昌辅导站	站 长	李东君
	副站长	叶长顺
		宋秋萍
邵武辅导站	站 长	黄根长
	副站长	蔡星辉
光泽辅导站	站 长	林国芳
	副站长	官延礼
武夷山辅导站	站 长	徐秀文
	副站长	王爱珍
		刘助民
建阳辅导站	站 长	徐剑平
	副站长	洪长华
建瓯辅导站	站 长	叶芳俊
	副站长	蔡全泉
浦城辅导站	站 长	林明华
	副站长	张厦南
松溪辅导站	站 长	游彩龙
政和辅导站	站 长	李声佑
宁德学区	主 任	缪云震
	副主任	刘培麟
		雷永昌
蕉城辅导站	站 长	周伟民
	副站长	游招惠
福安辅导站	站 长	陈孟生
	副站长	王晋强
屏南辅导站	站 长	周斌雪
	副站长	陈以文
柘荣辅导站	站 长	李 强
	副站长	陈昌盛
霞浦辅导站	站 长	朱冰玲
	副站长	陈雪玉
		董雅明
福鼎辅导站	站 长	金伯雄
	副站长	洪可帅
古田辅导站	站 长	郑作銮
	副站长	汤仰威
周宁辅导站	站 长	何邦瑞
	副站长	林隆熙
		陈 玲
寿宁辅导站	站 长	周道奇
	副站长	陈锦平

江西分院

南昌学区	主 任	王亚琴
	副主任	万发海
		章元平
市直站	站 长	章元平
南昌县辅导站	站 长	应光华
	常务副站长	陈伟全

进贤辅导站	站长	陈忠
郊区辅导站	站长	曹和华
	副站长	张心红
九江学区	主任	王河山
	副主任	杜治江
修水辅导站	站长	周江宁
	副站长	梁学炳
石化辅导站	站长	吕敬绪
	副站长	鲍贵
船舶学校站	站长	刘鹏
永修辅导站	站长	钟小华
	副站长	殷隆来
		何小虎
九江县辅导站	站长	任开真
	副站长	王承虎
		张孝水
		肖金美
武宁辅导站	站长	孙德生
	副站长	熊里燮
		刘堂河
瑞昌辅导站	站长	周启翔
	副站长	冯道江
星子辅导站	站长	汪贻毅
	副站长	饶镭
		黄爱和
上饶学区	主任	丁建中
	副主任	郑勇华
婺源辅导站	站长	程茂盛
	副站长	赵耘可
波阳辅导站	站长	江明林
	副站长	彭传明
抚州学区	主任	万泽发
	副主任	周泽南
		吴雪萍
临川辅导站	站长	夏万福
	副站长	汤福花
东乡辅导站	站长	何筱娟
	副站长	王武平
广昌辅导站	站长	胡叔敏
宜春学区	主任	龚杏仔
	副主任	谢初芳
丰城辅导站	站长	喻新年
	副站长	李海儒

樟树辅导站	站长	杨玉平
	副站长	宋债根
高安辅导站	站长	胡逞均
	副站长	游国铭
奉新辅导站	站长	贺康
	副站长	彭青莲
直属辅导站	站长	龚杏仔
吉安学区	主任	曾昭福
	副主任	黄永远
赣州学区	主任	江宗新
	副主任	谢昌荣
南康辅导站	站长	曹佐胜
	副站长	朱挺龙
龙南辅导站	站长	叶柱林
	副站长	曾日红
于都辅导站	站长	许云鹏
	副站长	刘仁仁
兴国辅导站	站长	梅甲祥
	副站长	周华星
瑞金辅导站	站长	罗光泉
	副站长	黄平
会昌辅导站	站长	李卓春
	副站长	刘佐恩
定南辅导站	站长	廖彩奇
	副站长	刘甫廷
景德镇学区	主任	计会德
	副主任	胡银娇
乐平辅导站	站长	蔡衍宁
	副站长	周宏
浮梁辅导站	站长	王益群
萍乡学区	主任	谢敏
	副主任	邓进双
莲花辅导站	站长	张介发
鹰潭学区	主任	邹丽华
新余学区	主任	胡慧明
	副主任	王应秀
新钢学区	主任	欧阳小缨
电力学区	主任	涂火金
江铜学区	主任	李轩茂
	副主任	吴金喜
		林忠
直属辅导站	站长	邱林生
德兴铜矿站	站长	余飞

昌河学区	主任	戴贵林
萍矿学区	主任	周锡祥
	副主任	彭台萍
洪都学区	主任	刘远征
	副主任	王雷
工委学区	主任	吴瑞安
省直学区		
南航辅导站	站长	丁群安
	副站长	涂发力
丰矿辅导站	站长	李良逸
	副站长	顾大鸣
		陈剩余
共青党校站	站长	黄林根
省监狱局站	站长	蔡林茂
	副站长	余统武
南钢党校站	站长	胡蔚抨
省检察院站	站长	董芳兴

山东分院

济宁学区	主任	王传印
	副主任	刘忠
市中区辅导站	站长	陈东海
	副站长	赵为敏
兖州辅导站	站长	付兆喜
	副站长	孙海建
泗水辅导站	站长	魏继海
	副站长	张安
邹城辅导站	站长	王福迎
	副站长	孟东
鱼台辅导站	站长	吕继军
嘉祥辅导站	站长	高德成
金乡辅导站	站长	董延建
	副站长	隋善勇
汶上辅导站	站长	宋恩海
梁山辅导站	站长	齐宝军
	副站长	高成杰
枣庄学区	主任	肖昭灿
	副主任	张敬乾
滕州辅导站	站长	鲁开国
薛城辅导站	站长	王厚宽
	副站长	张宗芹
台儿庄辅导站	站长	邵长青
山亭辅导站	站长	张岳

聊城学区	主任	郝东方
	副主任	姜淑芹
临清辅导站	站长	辛玉岭
阳谷辅导站	站长	孟广先
莘县辅导站	站长	李记旭
	副站长	钱玉杰
东阿辅导站	站长	张大安
	副站长	袁春英
冠县辅导站	站长	肖太宏
高唐辅导站	站长	白兴虎
青岛学区	主任	倪永平
	副主任	蔡善成
		王瑞明
		郭石宝
黄岛辅导站	站长	姜红岩
	副站长	徐世良
即墨辅导站	站长	于普森
	副站长	刘忠传
市南辅导站	站长	宋培常
市北辅导站	站长	马靖
	副站长	许丁刚
四方辅导站	站长	卢衍意
	副站长	杜德忠
李沧辅导站	站长	韩喜先
	副站长	孙福隆
胶州辅导站	站长	陈永江
	副站长	杨家基
胶南辅导站	站长	张明俊
	副站长	崔坤斗
莱西辅导站	站长	薛丕秋
	副站长	于学清
平度辅导站	站长	杨建泽
	副站长	姜延忠
潍坊学区	主任	王光林
	副主任	刘在升
诸城辅导站	站长	邱炳焕
昌邑辅导站	站长	夏麦香
高密辅导站	站长	范欣
寒亭辅导站	站长	庞景隆
东营学区	主任	于学顺
	副主任	刘绪柱
		刘玉玲
东营区辅导站	站长	徐宝训
河口区辅导站	站长	刘琳堂
垦利辅导站	站长	王光明
利津辅导站	站长	高兴隆
广饶辅导站	站长	郭洪俊
临沂学区	主任	李刚
	副主任	黄宝峰
费县辅导站	站长	张玉民
	副站长	张瑞君
沂水辅导站	站长	王伟
	副站长	张凤芹
沂南辅导站	站长	郭云堂
平邑辅导站	站长	石立国
苍山辅导站	站长	宋中强
郯城辅导站	站长	梁光辉
莒南辅导站	站长	孙运广
临沭辅导站	站长	房晓华
滨州学区	主任	姚文呈
	副主任	李善鲁
		杨茂盛
邹平辅导站	站长	刘以波
	副站长	李雷
博兴辅导站	站长	舒金卫
	副站长	程维国
菏泽学区	主任	樊庆增
	副主任	李鲁燕
单县辅导站	站长	刘士魁
	副站长	杜树光
东明辅导站	站长	王留春
	副站长	周浩
定陶辅导站	站长	梁显彬
	副站长	张烁
巨野辅导站	站长	汪其元
	副站长	彭中峰
曹县辅导站	站长	冯中山
郓城辅导站	站长	刁怀德
	副站长	张宪勤
鄄城辅导站	站长	贾曹贤
	副站长	王显峰
成武辅导站	站长	刘文
	副站长	张侵
菏泽辅导站	站长	田纪国
	副站长	李信成
德州学区	主任	潘学升
	副主任	杨家丹
陵县辅导站	站长	李忠河
宁津辅导站	站长	朱慧卿
庆云辅导站	站长	路新河
	副站长	刘贤峰
十三局辅导站	站长	崔金生
泰安学区	主任	张颖
	副主任	付延国
泰山辅导站	站长	段宗正
郊区辅导站	站长	卢宗胜
	副站长	高洪安
济南学区	主任	张锋
	副主任	王华起
威海学区	主任	黄志良
	副主任	王基舟
		王富敏
荣成辅导站	站长	王厚安
	副站长	刘珊
文登辅导站	站长	宋文启
	副站长	刘玉友
乳山辅导站	站长	于鲁年
	副站长	于军
烟台学区	主任	隋大强
	副主任	刘永军
		宋建明
莱阳辅导站	站长	黄卫
	副站长	李华伟
招远辅导站	副站长	刘秀淑
栖霞辅导站	站长	牟永起
	副站长	吴小东
莱州辅导站	站长	王凤珠
	副站长	陈沪海
龙口辅导站	站长	王桂香
胜利油田学区	主任	孙树勋
井下辅导站	站长	臧杰运
	副站长	刘宗玉
滨南辅导站	站长	青友树
	副站长	孙红艳
钻井辅导站	站长	灶希柱
	副站长	谢宏玲
物探辅导站	站长	王中军
	副站长	程树良
胜采辅导站	站长	许宇丰

	副站长	陈韬
河口辅导站	站长	贾宗国
	副站长	刘俊堂
孤岛辅导站	站长	陈友玮
	副站长	岳希福
孤东辅导站	站长	刘忠坦
	副站长	刘红英
胜大辅导站	站长	陈锡文
淄博学区	主任	刘业水
	副主任	田素芝
临淄辅导站	站长	张云立
莱芜学区	主任	吕耀亭
	副主任	刘万河
		段明守
兖矿学区	主任	张法宏
	副主任	孙国华
肥矿学区	主任	莫燕
	副主任	赵兴财
山铝学区	主任	尹黄伦
日照学区	主任	滕怀希
莱钢学区	主任	张义杭
	副主任	王中
枣矿学区	主任	郝荣平
	副主任	李志伟
齐鲁石化学区	副主任	路永山

河南分院

省直学区	主任	张冠显
	副主任	杨广先
		李涛
郑州学区	主任	肖玲
	副主任	王文杰
		柴海瑞
		康丽娜
荥阳辅导站	站长	苌松华
	副站长	李雪蛟
上街辅导站	站长	孙荣先
	副站长	张彦军
长铝辅导站	站长	周光荣
	副站长	史先玉
巩义辅导站	站长	贾占标
	副站长	李学义
新密辅导站	站长	白现亭
	副站长	乔国臣
郑煤集团站	站长	周超尘
	副站长	程国斌
登封辅导站	站长	郭年凯
	副站长	李少军
新郑辅导站	站长	张全民
	副站长	沈宝峰
中牟辅导站	站长	聂松山
	副站长	岳秋
管城辅导站	站长	王云霞
	副站长	张玉侠
金水辅导站	站长	杨春久
	副站长	郭秀清
二七区辅导站	站长	葛新
	副站长	冯晶丽
中原区辅导站	站长	李斌
	副站长	李培霞
邙山区辅导站	站长	李学林
	副站长	刘华夫
开封学区	主任	程子良
	副主任	武文俊
		刘旭鹏
		安方
通许辅导站	站长	祁建国
	副站长	厉学林
杞县辅导站	站长	朱付来
	副站长	陈全红
开封县辅导站	站长	刘炳生
	副站长	李照峰
洛阳学区	主任	陈魁武
	副主任	肖秋英
汝阳辅导站	站长	李本善
	副站长	夏根东
偃师辅导站	站长	尚建民
	副站长	朱新生
孟津辅导站	站长	丁合江
	副站长	郭海
新安辅导站	站长	王振随
	副站长	陈宏伟
嵩县辅导站	站长	张建明
宜阳辅导站	站长	王克
	副站长	米治卿
洛宁辅导站	站长	王少波
	副站长	雷兴民
吉利辅导站	站长	吕伯承
瀍河辅导站	站长	李笑祥
洛龙区辅导站	站长	马新春
洛玻辅导站	站长	李高明
西工站辅导站	站长	杨志良
平顶山学区	主任	陈宝山
	副主任	雷新生
汝州辅导站	站长	马平君
	副站长	宋仁民
鲁山辅导站	站长	刘振锋
	副站长	刘川
宝丰辅导站	站长	王世彬
	副站长	李素琴
平煤辅导站	站长	宋寅杰
	副站长	翟平
新乡学区	主任	邢克鑫
	副主任	郭胜利
		张怀军
辉县辅导站	站长	赵全贵
卫辉辅导站	站长	许玉枝
	副站长	侯秋庄
获嘉辅导站	站长	郭悦杰
原阳辅导站	站长	杜兴涛
长垣辅导站	站长	王登玉
	副站长	王凤林
焦作学区	主任	杨家卿
	副主任	秦有德
		李玉珍
焦矿辅导站	站长	何流
	副站长	李梅成
温县辅导站	站长	李国富
博爱辅导站	站长	赵绍文
武涉辅导站	站长	张建益
安阳学区	主任	王爱宏
	副主任	张金水
		王中安
林州辅导站	站长	李永生
	副站长	李玉林
安阳县辅导站	站长	李志平
	副站长	田兵勋
汤阴辅导站	站长	石庆德
	副站长	吕建军

内黄辅导站	站长	侯献民
	副站长	林富民
滑县辅导站	站长	程贡传
	副站长	赵子勤
安钢辅导站	站长	刘占军
经委辅导站	站长	郜旭东
	副站长	任强
濮阳学区	主任	刘秋凤
	副主任	李余塘
		王亚平
濮阳县辅导站	站长	张世杰
	副站长	张克礼
清丰辅导站	站长	刘彦军
鹤壁学区	主任	王敏
	副主任	李玮
三门峡学区	主任	金校卫
	副主任	郭三德
义马辅导站	站长	李居搏
	副站长	张川
渑池辅导站	站长	杨富友
	副站长	杨百春
陕县辅导站	站长	杨广法
	副站长	刘自珍
卢氏辅导站	站长	白焕明
	副站长	王相朴
许昌学区	主任	韩爱珍
	副主任	王光明
漯河学区	主任	张梅花
	副主任	高得罡
		武俊峰
		邓舒平
商丘学区	主任	尚清廉
	副主任	马建勋
		董巧真
		孙春鸣
永城辅导站	站长	朱红娟
夏邑辅导站	副站长	刘学良
周口学区	主任	袁望东
	副主任	王平
		潘永才
		陈玲
淮阳辅导站	站长	张兴山
	副站长	邱连珠
鹿邑辅导站	站长	陈大明
	副站长	王景先
项城辅导站	站长	赵军政
	副站长	郭华
驻马店学区	主任	周世运
	副主任	余兴国
确山辅导站	站长	马勤功
	副站长	党生
遂平辅导站	站长	王克重
	副站长	白贺勤
西平辅导站	站长	祁平
新蔡辅导站	站长	杨舣
	副站长	乔育生
正阳辅导站	站长	刘彦华
	副站长	黄斌
信阳学区	主任	甘永恒
	副主任	侯世武
固始辅导站	站长	姚泽升
南阳学区	主任	阎天三
	副主任	吕柯
		王德玉
方城辅导站	站长	王新华
	副站长	侯国安
唐河辅导站	站长	龚云亭
	副站长	陈中海
新野辅导站	站长	李丽
	副站长	梁根华
卧龙区辅导站	站长	潘凤鸣
	副站长	徐成献
中原油田	主任	田思忠
	副主任	展淑丽
		孟鳌浩
省计培中心	主任	郭济生
	副主任	赵银波
省工商学区	主任	李安平
	副主任	崔彦明
洛拖辅导站	站长	安顺宗
	常务副站长	陈建洛
济源学区	主任	殷拴长
	副主任	李福和
防空兵学院学区	主任	翟光耀
	副主任	关随旺
		涂彪
		贾继勇
		韩庆亮
洛轴辅导站	站长	刘辉
	副站长	董天水
		林建建
		孙志毅
		苑晖
省直党校学区	主任	朱志军
信院学区	主任	楚德庆
	副主任	杨玉修
洛阳外院学区	主任	梅书生
	副主任	高华成
测绘学院学区	主任	许文胜
	副主任	于伟
		李贵舟

湖北分院

十堰学区	主任	吴海波
	副主任	张绪仓
		郭峰
丹江口辅导站	站长	刘刚
郧县辅导站	站长	周清敬
郧西辅导站	站长	程高林
房县辅导站	站长	许世杰
竹山辅导站	站长	杜余荣
竹溪辅导站	站长	王晓斌
茅箭辅导站	站长	任加生
张湾辅导站	站长	王成洪
襄樊学区	主任	沈梅芬
	副主任	王福兴
襄阳辅导站	站长	殷敬平
枣阳辅导站	站长	杨文学
宜城辅导站	副站长	贾德保
南漳辅导站	站长	张顺兴
保康辅导站	副站长	余成烈
谷城辅导站	站长	汤正梅
老河口辅导站	站长	郑黎明
樊城辅导站	站长	李帮进
恩施学区	主任	王新林
	副主任	吴绍佳
		李君
恩施辅导站	站长	谭光荣
利川辅导站	站长	何启发

鹤峰辅导站	站　　长	龙赞州
巴东辅导站	站　　长	郑天荣
来凤辅导站	站　　长	杨万杰
咸丰辅导站	站　　长	严福生
建始辅导站	站　　长	刘友仲
宣恩辅导站	站　　长	侯明华
黄冈学区	主　　任	罗红波
	副主任	胡耀荣
		郭小平
		陶文斌
浠水辅导站	站　　长	袁存贵
蕲春辅导站	站　　长	胡红安
武穴辅导站	站　　长	夏新楼
黄梅辅导站	站　　长	徐先文
英山辅导站	站　　长	段正德
罗田辅导站	站　　长	许　敏
麻城辅导站	站　　长	付太武
红安辅导站	站　　长	卢守能
团风辅导站	站　　长	易保华
荆州学区	主　　任	徐时新
	常务副主任	吴江平
	副主任	金翠荣
公安辅导站	站　　长	黄友友
石首辅导站	站　　长	皮才华
松滋辅导站	站　　长	胡启凤
洪湖辅导站	站　　长	肖兴华
监利辅导站	站　　长	廖　谦
	副站长	刘光俊
孝感学区	主　　任	王福初
	副主任	罗祥华
		邢应田
孝南辅导站	站　　长	邹敬斌
汉川辅导站	站　　长	余武元
应城辅导站	站　　长	杨志耀
云梦辅导站	站　　长	代荣生
安陆辅导站	站　　长	杨新见
	副站长	余炳鳌
		董　强
大悟辅导站	站　　长	严鹏飞
孝昌辅导站	站　　长	张玉兰
咸宁学区	主　　任	吴传文
	副主任	冯　萍
咸安辅导站	站　　长	李连铭

赤壁辅导站	站　　长	雷昌文
嘉鱼辅导站	站　　长	尹海明
崇阳辅导站	站　　长	余国祥
通山辅导站	站　　长	夏光林
通城辅导站	站　　长	黄河润
宜昌学区	主　　任	张世云
	副主任	王　强
		余永宝
宜昌县辅导站	站　　长	苏承喜
当阳辅导站	站　　长	万　喆
枝江辅导站	站　　长	皮家发
秭归辅导站	站　　长	王长玉
	副站长	尤　英
长阳辅导站	站　　长	蒋育林
	副站长	覃建洪
宜都辅导站	站　　长	谭国银
	副站长	靳宏荣
远安辅导站	站　　长	陈光斌
	副站长	李正平
五峰辅导站	站　　长	肖昌菊
兴山辅导站	站　　长	张学元
草埠湖辅导站	站　　长	李先斌
荆门学区	主　　任	陈国祥
	副主任	游海燕
		宁心红
沙洋辅导站	站　　长	李　龙
钟祥辅导站	站　　长	倪莉莉
京山辅导站	站　　长	于红升
黄石学区	主　　任	周德求
	副主任	汪燕琳
		杨　建
大冶辅导站	站　　长	黄旭华
	副站长	柯大鹏
阳新辅导站	站　　长	陈绪重
	副站长	邹治淮
下陆辅导站	站　　长	江正家
省直学区	主　　任	陈玉林
	副主任	秦　岩
武钢学区	主　　任	余　锋
一冶学区	主　　任	董新华
武铁学区	主　　任	李珍荷
	副主任	邓宝亭
		何金霞

葛洲坝学区	主　　任	朱章杰
鄂州学区	主　　任	涂云桥
	副主任	倪井泉
		余爱枝
随州学区	副主任	李传国
曾都区辅导站	站　　长	包贻考
	副站长	温前进
广水辅导站	站　　长	陈守林
仙桃学区	主　　任	康明科
	副主任	吴家炎
		王寿义
		荣凤姣
潜江学区	主　　任	陈桂兰
	副主任	毛传芳
天门学区	主　　任	宋铜柱
	常务副主任	谢　钰
	副主任	郭圣学
		王宇慧
江汉油田学区	主　　任	王良远
	副主任	陆　文
		李亚民
东汽学区	主　　任	张方晶
	副主任	柳惠鹏
公用局学区	主　　任	陈德如

湖南分院

省直工委学区	主　　任	谢立三
	副主任	王卫东
培训中心站	站　　长	李建新
中山业大站	站　　长	肖新华
市少年宫站	站　　长	陈　涛
长沙学区	主　　任	范伯力
	副主任	杨少琼
		卢岳华
宁乡辅导站	站　　长	朱宪文
浏阳辅导站	站　　长	荣晓琳
望城辅导站	站　　长	欧阳君利
长沙县辅导站	站　　长	王建洪
株洲学区	第一主任	宋益多
	主　　任	何迪平
	副主任	胡建魁
		曾柏桂
株洲县辅导站	站　　长	肖伯成

醴陵辅导站	站长	邹明麟
攸县辅导站	站长	张文胜
炎陵辅导站	站长	周小平
湘氮辅导站	站长	莫尚安
南方公司站	站长	许文楚
茶陵辅导站	站长	谭渝平
湘潭学区	第一主任	赵国荣
	主任	赵远琪
	副主任	马力坚
湘乡辅导站	站长	黄凤祥
	副站长	陈冬桂
湘潭县辅导站	站长	胡学军
湘钢辅导站	站长	张鹏祥
韶山辅导站	站长	郭正良
衡阳学区	主任	段飞生
	副主任	李诗衡
		李云南
衡南辅导站	站长	唐群国
祁东辅导站	站长	王孝炳
衡阳县辅导站	站长	肖仲春
衡山辅导站	站长	谭运清
衡东辅导站	站长	李迪清
常宁辅导站	站长	易衔芳
耒阳辅导站	站长	王宗江
南岳辅导站	站长	石宗明
郴州学区	第一主任	刘松贤
	主任	李新生
	常务副主任	刘名祝
	副主任	彭小英
		王仁庆
北湖辅导站	站长	胡三发
苏仙辅导站	站长	邓子云
资兴辅导站	站长	何满清
永兴辅导站	站长	邓仁华
安仁辅导站	站长	彭伟
桂阳辅导站	站长	曹振高
嘉禾辅导站	站长	李致顺
宜章辅导站	站长	陈晓希
临武辅导站	站长	卢小昌
汝城辅导站	站长	陈成新
桂东辅导站	站长	谷学文
永州学区	主任	文锦菊
	副主任	郑文飞
芝山辅导站	站长	王小军
冷水滩辅导站	站长	曾文亮
祁阳辅导站	站长	刘继东
东安辅导站	站长	李宗平
双牌辅导站	站长	陈朝庭
道县辅导站	站长	吴联忠
宁远辅导站	站长	成石华
江永辅导站	站长	何剑锋
江华辅导站	站长	唐耀富
新田辅导站	站长	齐吉生
兰山辅导站	站长	唐金良
邵阳学区	主任	胡忠威
	副主任	郭光荣
		孟一凡
隆回辅导站	站长	王诗丙
武冈辅导站	站长	刘兴伟
邵东辅导站	站长	刘德意
邵阳县辅导站	站长	蒋梅娥
洞口辅导站	站长	陈能德
城步辅导站	站长	杨焕坚
绥宁辅导站	站长	黄才正
新宁辅导站	站长	李继明
新邵辅导站	站长	徐利群
双清辅导站	站长	张启来
大洋辅导站	站长	杨小丽
公安干校站	站长	何艾萍
娄底学区	主任	阙明溪
	副主任	岳振业
娄星辅导站	站长	贺建农
涟源辅导站	站长	贺耀贵
冷江辅导站	站长	谢武宁
新化辅导站	站长	谢素元
双峰辅导站	站长	朱均平
常德学区	主任	曾祥永
	副主任	王关鑫
		胡新民
武陵辅导站	站长	陈宗群
鼎城辅导站	站长	陈显龙
汉寿辅导站	站长	陈玉书
桃源辅导站	站长	钟发喜
安乡辅导站	站长	廖清华
临澧辅导站	站长	邵家平
石门辅导站	站长	杨万龙
澧县辅导站	站长	郭绍清
津市辅导站	站长	王学成
张家界学区	第一主任	向永存
	主任	张越英
	副主任	丁开军
慈利辅导站	站长	刘华洲
		雷鸣斌
永定辅导站	站长	罗毅
湘西学区	主任	王士林
	副主任	丁香成
直属辅导站	站长	丁香成
吉首辅导站	站长	陈金生
永顺辅导站	站长	李永谊
龙山辅导站	站长	谭贤安
保靖辅导站	站长	彭兴云
花垣辅导站	站长	毛亚雄
古丈辅导站	站长	胡长红
凤凰辅导站	站长	杨四海
泸溪辅导站	站长	李绍连
怀化学区	主任	王身杰
	副主任	张湘仁
		张举忠
		赵海鸥
		谌小永
		贾艳媛
芷江辅导站	站长	杨芳源
新晃辅导站	站长	龙绍军
麻阳辅导站	站长	李叶平
洪江市辅导站	站长	谢永安
溆浦辅导站	站长	张玻
沅陵辅导站	站长	卢银河
辰溪辅导站	站长	余绍春
洪江区辅导站	站长	漆济宗
会同辅导站	站长	徐定胜
靖州辅导站	站长	俞启斌
通道辅导站	站长	李万弟
鹤城辅导站	站长	尹承录
白云辅导站	站长	罗春发
岳阳学区	主任	许卫国
	常务副主任	张文传
岳阳县辅导站	站长	田辉明
汨罗辅导站	站长	常洁爽
湘阴辅导站	站长	张德富

平江辅导站	站　　长	许荷生
临湘辅导站	站　　长	姚伟波
华容辅导站	站　　长	周莲玉
益阳学区	主　　任	陈国治
	副主任	彭爱珍
沅江辅导站	站　　长	何柏华
桃江辅导站	站　　长	王楚奇
安化辅导站	站　　长	杨道雄
省社科联学区	主　　任	曾郁园
	副主任	李安定
		任选光
		李少礼
省直机关学区	第一主任	曹晓群
	主　　任	王统成
行政学院站	站　　长	向　阳
市经干校站	站　　长	徐学一
医科大辅导站	站　　长	张乃祥
长铁辅导站	站　　长	周伟前
怀铁辅导站	站　　长	陈翠菊
岳化辅导站	站　　长	杨炳元
601厂辅导站	站　　长	胡跃军

广东分院

广州学区	主　　任	章岳云
	常务副主任	陈治桃
	副主任	陈穗英
		陈遂怀
		谢世杰
		许伟健
白云区辅导站	站　　长	林如大
海珠区辅导站	站　　长	文　凤
越秀区辅导站	站　　长	张夏阳
黄埔区辅导站	站　　长	林木舟
荔湾区辅导站	站　　长	杨来云
芳村区辅导站	站　　长	李卫东
开发区辅导站	站　　长	王晋鹏
天河区辅导站	站　　长	张青松
花都辅导站	站　　长	梁瑞甜
增城辅导站	副站长	黄月媚
番禺辅导站	站　　长	庞耿元
从化辅导站	站　　长	钟灵光
深圳学区	主　　任	肖　伟
	副主任	廖海文
	副主任	李　杨
南山辅导站	站　　长	杨　麻
	副站长	程　方
龙岗辅导站	站　　长	杨锟发
	副站长	程　畅
		王子雄
福田辅导站	站　　长	秦光涛
	副站长	陈自元
汕头学区	主　　任	吴润生
潮阳辅导站	站　　长	张协元
澄海辅导站	站　　长	陈锦钊
饶平辅导站	站　　长	余外人
湛江学区	主　　任	詹杨森
	副主任	梁国干
吴川辅导站	站　　长	张人才
廉江辅导站	站　　长	陈锦棠
遂溪辅导站	站　　长	伍伟益
雷州辅导站	站　　长	陈　铭
徐闻辅导站	站　　长	陈　荣
清远培训中心站	站　　长	王春梅
肇庆学区	主　　任	黄德尧
茂名学区	主　　任	符培鑫
高州辅导站	站　　长	詹世高
化州辅导站	站　　长	祝　亮
信宜辅导站	站　　长	陈高权
茂南区辅导站	站　　长	江　冰
惠州学区	主　　任	张汉通
	副主任	丁梦云
龙门辅导站	站　　长	罗建华
	副站长	梁福基
韶关学区	副主任	伍曼华
曲江辅导站	站　　长	丘　勤
	副站长	王思汉
乐昌辅导站	站　　长	赖海仁
	副站长	赵开强
		王伟泉
南雄辅导站	站　　长	周群健
汕尾辅导站	副站长	张　骥

广西分院

直属学区	主　　任	郭灿裕
柳州学区	主　　任	朱海鹏
	副主任	罗世伦
	副主任	严民富
桂林学区	主　　任	邓维亮
	副主任	宿富连
		伍　云
		蒋纯启
		桂雪英
梧州学区	主　　任	陈范生
	副主任	徐荣秋
		胡友章
		刘继斌
北海学区	主　　任	何裕洲
	副主任	张治钦
		覃家惠
钦州学区	主　　任	文　唐
	副主任	郭志强
防城港学区	主　　任	韦汉烨
	副主任	王国艳
		谭秋贤
南宁学区	副主任	李志华
		刘深藜
柳州地区学区	主　　任	孙德江
	副主任	陆光代
		刘秋帆
贺州学区	主　　任	彭远麟
	副主任	黄礼明
玉林学区	主　　任	杨　红
	副主任	罗世昆
		吕万伟
		邓承雄
		赖柏旗
百色学区	主　　任	黄启学
	副主任	苏进祥
		农光庭
河池学区	主　　任	唐钟球
	副主任	覃元府
贵港学区	主　　任	莫旭贵
	副主任	甘进平

海南分院

省直辅导站	站　　长	孟　菲
海口辅导站	站　　长	冯庆燕
琼山辅导站	站　　长	黄金城
定安辅导站	站　　长	王德良

文昌辅导站	站长	黄世通
琼海辅导站	站长	何国介
万宁辅导站	站长	崔东学
屯昌辅导站	站长	王思乾
儋州辅导站	站长	陈克莉
临高辅导站	站长	罗大安
澄迈辅导站	站长	王先夫
三亚辅导站	站长	李华雄
通什辅导站	站长	王文京
保亭辅导站	站长	高育明
乐东辅导站	站长	孙发伟
东方辅导站	站长	吴钟球
昌江辅导站	站长	翁蔚文
白沙辅导站	站长	王明坚
琼中辅导站	站长	苏定焕
海南钢铁站	站长	吴坤淮

重庆分院

万州学区	主任	谭万厚
	副主任	童文华
涪陵学区	主任	姚茂春
	副主任	夏传德
黔江学区	主任	谭昭源
	副主任	方政
第67学区	主任	赵明仁
渝中直属站	站长	林忠碧
江北直属站	站长	刘亚文
沙坪坝直属站	站长	何家银
九龙坡直属站	站长	黄寿田
南岸直属站	站长	梁功猷
大渡口直属站	站长	周玉生
北碚直属站	站长	李仲蒲
万盛直属站	站长	万长生
渝北直属站	站长	郑和平
巴南直属站	站长	秦文东
长寿直属站	站长	刘雪颖
綦江直属站	站长	杨秀国
合川直属站	站长	汤朝云
江津直属站	站长	李宇臣
大足直属站	站长	蒋朝建
铜梁直属站	站长	徐韵
潼南直属站	站长	骆积高
璧山直属站	站长	张宗伦
梁平直属站	站长	曹建华
丰都直属站	站长	李绍钰
南川直属站	站长	顾云生
机关工委站	站长	章基琼
乡企干校站	站长	黄平
市政干校站	站长	田希勇
长安厂直属站	站长	苏中慧
江陵厂直属站	站长	李玉生
特钢公司站	站长	粟伟
石桥镇直属站	站长	廖国锋
轻工干校站	站长	龚泽希
建设厂直属站	站长	秦弦
西车厂直属站	站长	陈蔚林
中集公司站	站长	戴平
工商干校站	站长	张可
社院直属站	站长	唐宗碧
重钢公司站	站长	王洪展
天府矿务局站	站长	朱明炳
奉节直属站	站长	蒋瑞明
云阳直属站	站长	谭汉中
巫溪直属站	站长	杜正伟
巫山直属站	站长	孔云峰
开县直属站	站长	李亚军
铝加工厂站	站长	陈光华
松藻矿务局站	站长	张光谱
嘉陵公司站	站长	高峻奇
通讯学院站	站长	郭志平
益民厂直属站	站长	李庆仁
重铁分局站	站长	朱新民
长江厂直属站	站长	刘洪
忠县直属站	站长	杨雪清
酉阳直属站	站长	余汉中
秀山直属站	站长	涂自勤
彭水直属站	站长	肖光胜
石柱直属站	站长	陈以平

四川分院

成都学区	主任	鄢定云
	副主任	秦楠
直属辅导站	站长	秦楠
青羊辅导站	站长	周伊
	副站长	刘平贵
锦江辅导站	站长	陈素荣
成华辅导站	站长	张旭峰
	副站长	宋永乐
武侯辅导站	站长	黄爱萍
	副站长	唐振勇
市团校辅导站	站长	姚世民
	副站长	叶秀华
420厂辅导站	站长	魏光照
	副站长	刘亚琪
成飞辅导站	站长	吴远鸿
	副站长	韩玲
统计局辅导站	站长	王贤德
	副站长	郑笠
都江堰辅导站	站长	李泽南
	副站长	李道林
新津辅导站	站长	夷安清
	副站长	王志力
蒲江辅导站	站长	田邦中
	副站长	陈莉
内江学区	主任	刘英
	副主任	吴契克
资阳辅导站	站长	管丽元
	副站长	王惠芳
简阳辅导站	站长	韩树超
	副站长	徐育清
资中辅导站	站长	黄朋中
	副站长	张泽寿
隆昌辅导站	站长	张大华
市中区辅导站	站长	廖先正
乐山学区	主任	薛建平
	副主任	王立银
广元学区	主任	淳庭财
	副主任	袁康明
自贡学区	主任	黄蜀熊
	副主任	舒国兴
德阳学区	主任	宋德阳
	副主任	潘裕信
达州学区	主任	周代志
	副主任	任纯刚
宜宾学区	主任	杨坚
	副主任	王乃文
绵阳学区	主任	冯文凡
	副主任	刘道友
凉山学区	主任	王吝禄

	副主任	王杜一
巴中学区	主任	陈青兰
	副主任	邬敬明
攀枝花学区	主任	吴宏放
	副主任	李卫民
地勘局直属站	站长	冯健
	副站长	徐振川

贵州分院

贵阳学区	主任	江先仪
	副主任	叶春阳
		李华沙
遵义学区	主任	范富华
	副主任	谢以佐
铜仁学区	主任	冯明文
	副主任	商友江
毕节学区	主任	余大亮
	副主任	陈清华
六盘水学区	主任	李兰忠
	副主任	何灏
		吕万萍
黔西南学区	主任	马绍海
	副主任	王永阔
		龙大学
		秦廷华

云南分院

省直学区	负责人	张滨
市委党校学区	负责人	舒春明
五华党校学区	负责人	马雷
盘龙党校学区	负责人	张海梅
官渡党校学区	负责人	张绍贤
民院政法学区	负责人	熊琴
社会主义学院学区	负责人	王梅
公安学区	负责人	刘荣华
政法学区	负责人	尤兵
嵩明县委党校学区	负责人	何英
石林县委党校学区	负责人	杨晓英
曲靖学区	负责人	甘凤仙
昭通学区	负责人	陶永强
云锡学区	负责人	侍嘉宾
红河学区	负责人	曾正良
文山学区	负责人	陆学东
玉溪学区	负责人	管必英
思茅学区	负责人	铁亚刚
版纳学区	负责人	刀贵平
楚雄学区	负责人	周永良
大理学区	负责人	杨晓刚
丽江学区	负责人	和江
保山学区	负责人	张雯
德宏学区	负责人	廖元昌
临沧学区	负责人	朱书重
怒江学区	负责人	张继文
云大法学院学区	负责人	宋其喜
地矿学区	负责人	罗勋

西藏分院

山南学区	主任	索朗平措
日喀则学区	副主任	次旦卓嘎
那曲学区	副主任	次仁班觉
林芝学区	负责人	尚玉林
昌都学区	负责人	汪浩
拉萨市学区	主任	尼玛
	副主任	贡布洛珠

陕西分院

安康学区	主任	王炳润
	副主任	刘荣军
石泉辅导站	站长	陈长军
	副站长	黄河
平利辅导站	站长	刘自觉
紫阳辅导站	站长	邹家华
	副站长	覃承发
岚皋辅导站	站长	谢炳杰
宁陕辅导站	站长	张铭安
旬阳辅导站	站长	陈京世
	副站长	陈文印
		刘志义
镇坪辅导站	站长	李祖瑜
白河辅导站	站长	杨俊时
安康市辅导站	站长	曹振荣
	副站长	杨树森
		刘明孝
汉阴辅导站	站长	袁泽贵
咸阳学区	主任	胡补旭
	副主任	王三锁
渭城辅导站	站长	贾李峰
长武辅导站	站长	李栓彧
	副站长	曹亚民
兴平辅导站	站长	张平耀
淳化辅导站	站长	郭崇珍
礼泉辅导站	站长	胡建中
	副站长	张满良
乾县辅导站	站长	李茂亭
	副站长	王平
秦都辅导站	站长	赵华
陕柴辅导站	站长	高剑楠
武功辅导站	站长	田春成
三原辅导站	站长	王刚民
	副站长	宗浩
永寿辅导站	站长	何青海
	副站长	林平安
纺机辅导站	站长	严俊祥
彬县辅导站	站长	崔彬英
	副站长	许冠军
延安学区	主任	陈国昌
	副主任	南兆旺
宝塔辅导站	站长	董智安
	副站长	李清玉
安塞辅导站	站长	谷培生
	副站长	李作军
吴旗辅导站	站长	贺凤嘉
	副站长	李向宝
宜川辅导站	站长	白伟
富县辅导站	站长	何德发
	副站长	张连舜
黄陵辅导站	站长	卢印玺
子长辅导站	站长	强民林
	副站长	蔡继荣
延川辅导站	站长	马江林
	副站长	常东风
洛川辅导站	站长	孟斌武
	副站长	王宏芳
甘泉辅导站	站长	白彦理
	副站长	加福源
志丹辅导站	站长	王左锋
	副站长	刘振彪
渭南学区	主任	雷进虎
	副主任	王宏山

	副主任	李继祖
		史晓龙
		高平洲
临渭辅导站	站长	张连成
	副站长	刘作栋
韩城辅导站	站长	吉有民
		吴亚丽
合阳辅导站	站长	党拴仓
	副站长	雷永民
澄城辅导站	站长	袁丙戌
	副站长	张建凯
华县辅导站	站长	张龙生
	副站长	李建明
大荔辅导站	站长	李新成
	副站长	王冬龙
白水辅导站	站长	鱼泊
	副站长	张万仓
华阴辅导站	站长	陈莉莉
	副站长	周根全
蒲城辅导站	站长	樊雨田
	副站长	郭伟
印机厂辅导站	站长	张留成
黄河厂辅导站	站长	张启民
潼关辅导站	站长	杨立先
	副站长	祁永发
富平辅导站	站长	王经建
		李银兰
榆林学区	主任	赵宝峰
	副主任	曹丕宏
		张小平
定边辅导站	站长	高维之
	副站长	杨林
靖边辅导站	站长	常维海
	副站长	刘小强
横山辅导站	站长	李凡英
	副站长	刘汉宽
绥德辅导站	站长	延喜华
米脂辅导站	站长	杜兴元
	副站长	高胜宽
子洲辅导站	站长	拓福斌
	副站长	王义正
吴堡辅导站	站长	刘树斌
	副站长	弓存伟
清涧辅导站	站长	贺清凡
	副站长	吴世碧
神木辅导站	站长	折刚
	副站长	郑明昌
府谷辅导站	站长	起存年
	副站长	武岗林
榆阳辅导站	站长	柳增春
	副站长	叶贺英
佳县辅导站	站长	李省斌
	副站长	高锦良
商洛学区	主任	李永昶
	副主任	张项全
洛南辅导站	站长	王勇
	副站长	杨实际
丹凤辅导站	站长	李生民
	副站长	叶春祥
商南辅导站	站长	陈瑛清
	副站长	刘华章
山阳辅导站	站长	张俊旺
	副站长	袁贵频
镇安辅导站	站长	常立成
	副站长	刘学诚
柞水辅导站	站长	焦瑞象
	副站长	吴美德
铜川学区	主任	王志清
	副主任	刘满荣
		王顺安
		何志海
宝鸡学区	主任	刘振平
	副主任	李叶
扶风辅导站	站长	白东礼
麟游辅导站	站长	王继荣
眉县辅导站	站长	魏月琴
公安干校站	站长	潭世魁
陕汽辅导站	站长	张宏楼
渭滨辅导站	站长	杨勤泰
陇县辅导站	站长	王若平
岐山辅导站	站长	王举科
宝鸡辅导站	站长	孙桂珍
太白辅导站	站长	李志勇
凤翔辅导站	站长	曹勇
凤县辅导站	站长	杨连升
市统计局站	站长	何良成
汉中学区	主任	罗定华
	副主任	杨夏存
		李明轩
勉县辅导站	站长	陈鹏
	副站长	陈福祥
城固辅导站	站长	钟庆祥
	副站长	付珂
洋县辅导站	站长	李廉英
	副站长	任桂香
西乡辅导站	站长	宁晓平
	副站长	蒲青
略阳辅导站	站长	裴世锦
	副站长	李正春
镇巴辅导站	站长	张科伦
	副站长	黄兴亮
宁强辅导站	站长	黄维田
佛坪辅导站	站长	王明印
21公司辅导站	站长	王国智
西农直属站	站长	徐养福
	副站长	张英
北郊直属站	站长	蔡新民
	副站长	李秋芳
理协直属站	站长	吕正庭
华兴直属站	站长	边泽炎
	副站长	常建德
西飞直属站	站长	姚建军
	副站长	张玉平
文理学院直属站	站长	赵博
○六七直属站	站长	贾可
	副站长	王武元
西工大直属站	站长	张凯舟
	副站长	杨健君
省司法厅直属站	站长	郝福京
	副站长	刘世昌
		庞加升
长安大学直属站	站长	李峰
团校直属站	站长	张克清
向阳直属站	站长	江河清
	副站长	王水林
市统计局直属站	站长	常友琴
经贸学院直属站	站长	王连生
	副站长	葛健
建科大直属站	站长	叶淑琳

	副站长	靳成锁
通院直属站	站长	姚来贵
	副站长	刘立祥
国防工办直属站	站长	傅芝安
	副站长	丁酒香
		张炳涛
财院直属站	站长	牛宏杰
省统计直属站	站长	刘松年
	副站长	王忠朝
杨陵直属站	站长	马　群
	副站长	李文华
		申　健
五环直属站	站长	李建民
	副站长	董　力
		严　烈
省直工委直属站	站长	雷晓云
交大直属站	站长	韦林珍

西安分院

直属辅导站	站长	吕建谋
新城辅导站	站长	刘向东
莲湖辅导站	站长	林新昌
雁塔辅导站	站长	赵义录
闫良辅导站	站长	魏　煊
临潼辅导站	站长	杜新峰
周至辅导站	站长	石周栓
户县辅导站	站长	马苍民
长安辅导站	站长	李海龙
高陵辅导站	站长	付志春
蓝田辅导站	站长	穆广源
纺织局辅导站	站长	于广崇
轻工局辅导站	站长	巢天云
物资局辅导站	站长	李俊轩
司法局辅导站	站长	朱金芳
西电公司技校站	站长	田凤刚
远东公司站	站长	杨可勇
庆安公司站	站长	李向东
秦岭公司站	站长	王栓民
惠安公司站	站长	刘兴隆
韩矿辅导站	站长	张养民
市教育学院站	站长	张天保
标缝公司站	站长	范　伟
公交公司站	站长	刘志宏
未央宫辅导站	站长	王新勇
碑林辅导站	站长	张　瑞
省继续教育站	站长	韩全勇
西铁分局站	站长	王　涌
五环集团技校站	站长	行苏兰
地质211大队站	站长	孙养德

甘肃分院

直属学区	主任	滕宗骞
兰州东部站	站长	吴传煌
省职工财院站	站长	蒋俊生
兰炼辅导站	站长	周祥志
省煤炭公司站	站长	王履宣
四〇四厂站	站长	冯苏兰
兰炭辅导站	站长	苏生辉
金川公司站	站长	杨斌强
酒钢公司站	站长	孟庆霞
刘家峡辅导站	站长	甘荣华
农垦公司站	站长	刘惠萍
兰州师专站	站长	王崇德
兰科辅导站	站长	钱效魁
行政学院站	站长	马　肖
省建总公司站	站长	徐忠信
华亭矿务局站	站长	海晓明
兰州铝厂站	站长	鲁维智
铁合金厂站	站长	刘思忠
省直学区	主任	张治洲
兰州市学区	主任	李培生
西固辅导站	站长	雒仰贤
榆中辅导站	站长	高自忠
永登辅导站	站长	王安定
皋兰辅导站	站长	马凤英
白银公司学区	主任	徐峰科
白银市学区	主任	葛惟煌
景泰辅导站	站长	杜全铭
靖远辅导站	站长	周虎城
会宁辅导站	站长	王　平
平川辅导站	站长	胡思升
甘南学区	主任	杨春憬
临夏学区	主任	包学尧
天水学区	主任	马忠信
北道辅导站	站长	胡掌义
甘谷辅导站	站长	魏国计
清水辅导站	站长	纪自强
定西学区	主任	张尔信
岷县辅导站	站长	苗新昌
陇南学区	主任	李民效
成县辅导站	站长	阎晓初
徽县辅导站	站长	王裕显
西和辅导站	站长	牟吉惠
康县辅导站	站长	刘满奎
礼县辅导站	站长	曾　奎
文县辅导站	站长	戴道家
平凉学区	主任	甘成福
泾川辅导站	站长	梁志刚
崇信辅导站	站长	赵旭涛
灵台辅导站	站长	边珠贵
华亭辅导站	站长	李海荣
庄浪辅导站	站长	柳六合
静宁辅导站	站长	张文辉
庆阳学区	主任	高希文
宁县辅导站	站长	贾致瑞
庆阳辅导站	站长	刘志学
合水辅导站	站长	齐映辉
正宁辅导站	站长	梁相贤
镇原辅导站	站长	刘养铎
武威学区	主任	马鹏青
武威市辅导站	站长	张鹏年
民勤辅导站	站长	常锡善
金昌学区	主任	王　云
张掖学区	主任	张大策
张掖市辅导站	站长	李春望
酒泉学区	主任	张俊彦
玉门辅导站	站长	赵巍成
安西辅导站	站长	王定谊
嘉峪关学区	主任	邓拜仓
石油局学区	主任	张江虎

青海分院

直属学区	主任	申　辉
西宁学区	主任	刘保民
海东学区	主任	李　群
海南学区	主任	李长城
海北学区	主任	褚　镇
海西学区	主任	赵崇瑜
黄南学区	主任	多　周

果洛学区 主任 郝生诚
玉树学区 副主任 李玉英
格尔木学区 副主任 李君云
石油局学区 主任 董兴国
四局学区 副主任 孙学宽
社科院学区 主任 刘志安
湟中辅导站 站长 郝广胜
大通辅导站 站长 李存寿
民和辅导站 站长 李午元
乐都辅导站 站长 白树忠
湟源辅导站 站长 黄永康
化隆辅导站 站长 李成林
循化辅导站 站长 贾 琥
互助辅导站 站长 张延圣
贵德辅导站 站长 蔡守祯
门源辅导站 站长 夏守荣
尖扎辅导站 站长 才让太
平安辅导站 站长 辛佩贤
重型辅导站 站长 张刚强
都兰辅导站 站长 田应斌
祁连辅导站 站长 沈 军

宁夏分院

直属学区 主任 岳廷让
副主任 赵金明
李富贵
银川学区 主任 齐 岳
副主任 王蕴峰
石咀山学区 主任 曾向农
副主任 白玉君
陈国宪
赵如生
张 勇
青铜峡辅导站 站长 唐 利
盐池辅导站 站长 张志远
副站长 魏 军
吴忠学区 主任 张国义
副主任 柴建国
焦兴德
固原学区 代主任 路世明
副主任 马忠莲
隆德辅导站 站长 王生雄
石炭井学区 主任 赵常青
副主任 吴 军
石咀山矿学区 主任 董引福
副主任 冯艾霞
刘日伟
灵武辅导站 站长 朱 瑞
副站长 马维国
中宁辅导站 站长 秦新声
副站长 鲁安宁
中卫辅导站 站长 吴永吉
副站长 郑全仁
同心辅导站 站长 马占龙
副站长 张生瑞
莲湖辅导站 站长 潘新勇
副站长 张其昌
灵武矿学区 主任 刘学义
副主任 王红新
褚明和
任茂净

新疆分院

昌吉学区 主任 吴 勇
副主任 海依达尔
乌鲁木齐市学区 主任 韩亚平
副主任 倪立保
奎屯学区 主任 王尚敏
副主任 张秀礼
伊犁州学区 主任 白 侃
副主任 王开幕
克拉玛依学区 主任 赵武生
副主任 黄松波
博尔塔拉学区 主任 孔德华
副主任 王 彪
阿不力克木
巴音郭楞学区 主任 邓力群
哈密学区 主任 陈允钰
副主任 阿不来提
塔城学区 主任 居中元
副主任 宋发祥
乔中明
阿勒泰学区 主任 张贻训
副主任 纳斯尔
杨小平
吐鲁番学区 主任 拜文新
副主任 热扎克
伊犁地区学区 主任 朱培忠
副主任 阿斯亚
阿克苏学区 主任 李全胜
副主任 陆士勇
喀什学区 主任 梅海生
副主任 姚春军
肖开提
和田学区 主任 唐晓林
副主任 阿不都拉
八钢学区 主任 明广忠
克孜勒苏学区 主任 刘士贤
副主任 段启祥
阿不都克里木
新纺教学点 主任 杨 红
沙湾教学点 主任 王新晟
副主任 李 坚
乌石化教学点 主任 李建华
空九军教学点 主任 李本顺
塔西南教学点 主任 侯志育
副主任 庄新华
准东教学点 主任 肖美玉
团校教学点 主任 李民庆
副主任 马合木提
独山子教学点 主任 苗 鲜
副主任 王文韬

新疆兵团分院

农一师学区 主任 梁国盛
农二师学区 主任 甄永杰
副主任 何国庆
函办主任 陆新燕
农三师学区 主任 王会先
副主任 唐 宁
农四师学区 主任 刘玉美
副主任 孙理兴
农五师学区 主任 刘明文
副主任 杨 锋
农七师学区 主任 邵文志
副主任 李玉章
沈祥伦
曾凡伟
函办主任 王新波

农八师学区	主　任	费振飞
	副主任	何克湘
农九师学区	主　任	徐一淮
	副主任	冯宝生
	函办主任	刘　智
工一师学区	主　任	周新萍
	副主任	冉龙富
	函办主任	季德香
农六师辅导站	站　长	胡永芬
	副站长	赵毅征
农十师辅导站	站　长	陆　锋
	副站长	贺明才
农十三师站	站　长	何　建
农十二师站	站　长	江英时

总参分院

石家庄陆指学区	主　任	马传忠
		田成章
直属辅导站	站　长	田成章
武警支队站	站　长	杨树龙
6410军工厂站	站　长	张建民
3302军工厂站	站　长	韩玉林
52856部队站	站　长	郎培贵
石家庄元氏学区	主　任	王公岩
直属辅导站	站　长	王公岩
南京陆指学区	主　任	宋方敏
	副主任	刘名扬
宁波军分区站	站　长	叶　清
宁波消防站	站　长	陶建平
苏州武警站	站　长	苏学明
苏州消防站	站　长	李　辉
厦门警备区站	站　长	刁　平
信息工大学区	主　任	张志国
54774部队站	站　长	马　强
54854部队站	站　长	杨广辉
54772部队站	站　长	喻新军
8680部队站	站　长	王　超
39834部队站	站　长	章大勇
54713部队站	站　长	范　峰
平顶山消防站	站　长	王福森
鹤壁军分区站	站　长	付　勇
司法警官学校站	站　长	高渐熙
焦作军分区站	站　长	孙　伟
信大测院学区	主　任	许文胜
	副主任	于　伟
		李贵州
		汪振华
直属辅导站	站　长	于　伟
濮阳消防站	站　长	任宗波
信大电院学区	主　任	董敬东
	副主任	王秀峰
		闵克勤
直属辅导站	站　长	肖新华
理工大通院学区	主　任	杜志新
86481部队站	站　长	周振宇
37796部队站	站　长	朱有剑
37791部队站	站　长	缪岳平
南京武警学校站	站　长	范大章
理工大工院学区	主　任	陈阳明
上海武警总队站	站　长	苗善智
锡山人武部站	站　长	徐雄武
丹阳人武部站	站　长	杨　平
8694部队站	站　长	张中华
青岛四方区站	站　长	姜胜勇
83656部队站	站　长	段为生
南京武警站	站　长	罗裕峰
1101工厂站	站　长	卢祖友
学区直属站	站　长	张少平
体育学院学区	主　任	陈润森
	副主任	孙学富
英德武警站	站　长	禹宏奎
顺德武警站	站　长	曾文镜
汕头人武部站	站　长	谭锦寿
白云边防站	站　长	胡　敏
学区直属站	站　长	马晓兰
国关学院学区	主　任	李而炳
	副主任	赵景峰
83351部队站	站　长	顾桂明
38476部队站	站　长	孙建新
73051部队站	站　长	卜慧煜
73021部队站	站　长	王　剑
32260部队站	站　长	赵甘泗
35515部队站	站　长	刘一舟
32261部队站	站　长	谢　伟
8690部队站	站　长	胡泽明
解放军杭疗站	站　长	娄火明
上海通支办站	站　长	冯小芳
外语学院学区	主　任	郑本结
57322部队站	站　长	沈　劼
84609部队站	站　长	张锦瑞
54784部队站	站　长	赵松刚
通指学院学区	主　任	韩福才
	副主任	任振光
		张志敏
湖北省军区站	站　长	程伟才
39626部队站	站　长	刘小建
55814部队站	站　长	周遵明
湖北省武警站	站　长	许核飞
重庆通院学区	主　任	王频法
	副主任	唐　平
直属辅导站	站　长	王频法
宜宾武警站	站　长	王庆保
万县武警站	站　长	夏绍宏
西安通院学区	主　任	姚来贵
	副主任	刘立祥
68222部队站	站　长	黄立元
68202部队站	站　长	吕文军
天水预备役站	站　长	陈振中
7226厂站	站　长	徐启良
803厂站	站　长	高伟雄
248厂站	站　长	石岩凯
6913厂站	站　长	刘海峰
兰后管理局站	站　长	范　瑾
宣化通校学区	主　任	常永志
直属辅导站	站　长	常永志
51382部队站	站　长	刘小秋
8652部队站	站　长	刘　芸
86600部队站	站　长	仝　忠
51392部队站	站　长	张文江
炮指学院学区	主　任	王明武
直属辅导站	站　长	王明武
炮兵学院学区	主　任	魏国良
	副主任	高光智
直属辅导站	站　长	唐国敏
合肥军代处站	站　长	刘　杰
巢湖消防站	站　长	宛敏锐
淮南军分区站	站　长	詹　涛
宿县军分区站	站　长	卢　超
83367部队站	站　长	李卫东

温州军分区站	站长	丁伯强
台州军分区站	站长	陈学利
炮院南京学区	主任	吴乃文
	副主任	马玉虎
		田晓蔚
直属辅导站	站长	刘通
乐清边防站	站长	施赛敏
宝应人武部站	站长	张玉明
83424部队站	站长	邵玉刚
83402部队站	站长	沈爱东
射阳人武部站	站长	刘刿
102医院站	站长	范俊生
工指学院学区	主任	张必田
	副主任	曹献玉
直属辅导站	站长	冯宪玲
枣庄军分区站	站长	徐海斌
济宁预备役站	站长	李贵明
萧县人武部站	站长	张健
邳县人武部站	站长	段长剑
沈阳炮院学区	主任	张文达
	副主任	王熙立
辽阳黄金支队站	站长	王培民
军区修理大队站	站长	陈波涛
巡逻艇支队站	站长	蒋平
大连边防站	站长	刁有波
盘锦消防站	站长	王洪涛
鲅鱼圈边检站	站长	杨得春
郑州防院学区	主任	翟光耀
	副主任	关随旺
		宋永赞
		贾继勇
		贾福辉
		韩庆亮
洛阳军分区站	站长	庆景跃
偃师人武部站	站长	任进庄
33分部干休所站	站长	张新杰
一军干休所站	站长	姬忠国
蚌埠坦院学区	副主任	周庆荣
		张成林
		江波
83570部队站	站长	费云峰
宿县武警站	站长	岳鹿东
淮北消防站	站长	徐淦诗

83996部队站	站长	戴勇
福州干休所站	站长	陈忠方
电子工院学区	主任	赵友胜
	副主任	宋开祥
		蒋建华
		吴汉平
88203部队站	站长	倪以平
83439部队站	站长	查振禹
39626部队站	站长	杨亚贱
阜阳消防站	站长	鹿卫国
57303部队学区	主任	邱祖平
	副主任	杨秀卿
直属辅导站	站长	杨秀卿
57389部队站	站长	王凯
57371部队站	站长	何玲
57所站	站长	张杰
陆航局学区	主任	徐立贵
	副主任	孙祥玉
直属辅导站	站长	张正富
58303部队站	站长	周冬梅
58311部队站	站长	杨猛
58316部队站	站长	王京海
长沙炮院学区	主任	梁湘生
	副主任	魏怀亮
株洲人武部站	站长	陈永清
87029部队站	站长	罗传平
39731部队站	站长	黄英
83062部队站	站长	卢正式
长沙工院学区	主任	陈明才
	副主任	赖清贵
		孔诤
柳州武警站	站长	姜跃祥
柳州消防站	站长	朱中华
冷水滩人武站	站长	龚宏武
攸县人武部站	站长	蔡学军
常德消防站	站长	周作良
永州军分区站	站长	陈玉卓
38417部队站	站长	张烈强
柳州军分区站	站长	刘国宾
54428部队站	站长	邓炜
53701部队站	站长	肖银锋
装工院学区	副主任	罗秉礼
直属辅导站	站长	蒋又痕

军械工院学区	主任	安然
	副主任	陈志波
		张伟良
直属辅导站	站长	李霞忠
长春装院学区	主任	赵有才
	副主任	胥凤昌
		周仲光
81413部队站	站长	刘伯双
机械士校学区	主任	陈鹤童
	副主任	肖信耀
直属辅导站	站长	付宝光
军械士校学区	主任	卞文华
	副主任	贺天成
		许忠祥
直属辅导站	站长	汤传跃
89616部队站	站长	李勇
57619部队站	站长	蒙艳玲
沉湖基地站	站长	张学清
安康油库站	站长	刘勇

总后分院

华南学区	主任	兰承晖
	副主任	邓坤金
		龙志勇
江门辅导站	站长	李国强
	副站长	王珍
西南学区	主任	屈天俊
	副主任	龚必智
		余显礼
		寇晋
直属辅导站	站长	支运春
第一辅导站	站长	王昌文
第二辅导站	站长	耿晓东
第三辅导站	站长	朱之兵
东北学区	主任	刘晓明
	常务副主任	李应宁
	副主任	王平
军需大学站	站长	张茂华
北戴河休养院站	站长	张怀明
总后嫩江基地站	站长	张爱祥
重庆学区	主任	汪伯洋
	副主任	白忠祥
公安局辅导站	站长	陈益

武警一支队站	站长	陈银桥
武警二支队站	站长	刘俊
警卫局辅导站	站长	夏国庆
北京学区	主任	刘治宇
	副主任	陈伟
承德辅导站	站长	郝洪波
唐山辅导站	站长	焦庆祥
天津学区	主任	黄抗美
	常务副主任	郭正义
	副主任	张谨毓
直属辅导站	站长	郭正义
	副站长	吴海
和平人武部站	站长	欧阳和
	副站长	刘玉田
消防开发站	站长	张树东
	副站长	徐杰
910油库站	站长	吕海军
	副站长	郭海明
河东辅导站	站长	贾学东
	副站长	李延平
西青辅导站	站长	张云集
	副站长	尹志芳
第二中级法院站	站长	李海洋
	副站长	曹德起
汉沽辅导站	站长	王树广
	副站长	王起田
蚌埠学区	主任	宋海英
	副主任	郜汝凌
西北学区	主任	李年喜
	副主任	王应德
		褚进余
西宁辅导站	站长	褚进余
格尔木辅导站	站长	桂光佼
西安学区	主任	唐如意
	副主任	傅智勇
襄樊学区	主任	张生荣
	副主任	张华庭
直属辅导站	站长	邓从高
	副站长	周刚
八一厂辅导站	站长	张保成
	副站长	路铁华
市支队辅导站	站长	李向阳
	副站长	陈洪波
华东学区	主任	刘生杰
	副主任	宋天海
		周碧晴
镇江辅导站	站长	汪良海
	副站长	程罗宝

总装备部分院

63680部队站	站长	李爱平
	副站长	商波涛
63710部队站	站长	赵传祥
	副站长	李春芳
63750部队站	站长	罗士坤
	副站长	张发群
63790部队站	站长	吴卫林
	副站长	严刚
63820部队站	站长	刘银章
	副站长	蒲国永
63880部队站	站长	陈树威
	副站长	邹欲峰
63610部队站	站长	张卫东
	副站长	张长永
63672部队站	站长	成泽辉
	副站长	冯军辉
指挥技院学区	主任	窦志国
	副主任	宋泽滨
装甲兵工院学区	主任	周长德
	副主任	罗秉礼
军械工院学区	主任	安然
	副主任	张伟良
		陈志波
军械士官学区	主任	卞文华
	副主任	贺天成
		许中祥
国防科大学区	主任	邹征远
	副主任	李绍新
		黄德军
南京学区	主任	孙家宽
63600部队站	站长	崔秀敏
	副站长	李联清
63650部队站	站长	范兆东
	副站长	汪成农

海军分院

海军指院学区	主任	吴忠良
	副主任	刘贵春
		施坚
政治指挥系站	站长	袁理
后勤指挥系站	站长	王唯
海军工大学区	主任	曲秀贤
	副主任	李先芳
		张安庆
直属辅导站	站长	刘天喜
91860部队站	站长	伏专
92910部队站	站长	潘亚萍
电子工院站	站长	黄兴海
91792部队站	站长	梁振格
92054部队站	站长	汪本奇
南京边防武警站	站长	陈建彬
福州武警消防站	站长	陈峰
海后武汉办站	站长	矣玉华
92815部队站	站长	任骞
92910部队站	站长	刘志勇
91703部队站	站长	王明喜
91765部队站	站长	杨金辉
南昌陆指站	站长	彭筱敏
盐城武警支队站	站长	陈西林
宁德武警消防站	站长	彭小强
三明武警消防站	站长	余作武
海航工院学区	主任	陈庆拥
	副主任	唐宏
直属辅导站	站长	刘晓滨
航院青岛分院站	站长	张金宝
海航机关站	站长	吴宝通
92919部队站	站长	刘贵生
海军南航站	站长	付爱萍
大连舰院学区	主任	李成义
	副主任	吴国良
		王润俊
直属辅导站	站长	李鹏飞
海后勤办站	站长	程来群
65711部队站	站长	刘亚杰
大连预备役站	站长	付全宏
鞍山武警站	站长	孙淑芝
舰院政治系站	站长	张勇
65447部队站	站长	孙雪松
65444部队站	站长	朱录军
牡丹江军分区站	站长	赵银辉

营口军分区站	站长	范宏斌
91065部队站	站长	任建新
65557部队站	站长	周龙海
65539部队站	站长	吕鸿图
65545部队站	站长	刘福忱
65732部队站	站长	潘秋杰
92538部队站	站长	薛建好
4810工厂站	站长	韩晶
92742部队站	站长	李海成
91404部队站	站长	杨炳清
邯郸办事处站	站长	谢学斌
军政人文大学站	站长	王连祥
镇江船艇学院站	站长	陈戟
91316部队站	站长	撒厚华
91287部队站	站长	华祥义
南京武警学校站	站长	范大章
91860部队站	站长	高海清
91321部队站	站长	宋荣方
海装上海局站	站长	耿一冬
杭州武警学校站	站长	段亚芳
宁波武警船校站	站长	张贞来
92929部队站	站长	刘贵生
92910部队站	站长	刘志勇
92815部队站	站长	任骞
92910部队站	站长	孙建光
91991部队站	站长	骆华军
92095部队站	站长	张链斌
91765部队站	站长	季海东
91916部队站	站长	陈志刚
91792部队站	站长	戴忠军
92403部队站	站长	蒋正飞
92119部队站	站长	林意辉
92674部队站	站长	游丽芸
广州舰院学区	主任	何伟
	副主任	陈映侨
		杨长明
38662部队站	站长	徐初波
南海舰队站	站长	马颖
95210部队站	站长	肖德纯
91458部队站	站长	任明
91367部队站	站长	廖志贤
91960部队站	站长	黄维湘
91832部队站	站长	陈恒坤
海军421医院站	站长	熊明发
4810工厂站	站长	张兵
深圳边防站	站长	庞彪
珠海横琴边检站	站长	杨惠明
南海边检站	站长	张慧明
中山边检站	站长	钟汝梧
海军工程七处站	站长	王帆川
顺德消防站	站长	梁伟
海军潜院学区	主任	陈锦发
	副主任	王国勤
		张继国
直属辅导站	站长	尤永斌
北海舰队站	站长	岳金峰
92323部队站	站长	陈殿楼
92330部队站	站长	王文增
91208部队站	站长	朱军旺
92132部队站	站长	杨新慈
后勤学院直属站	站长	王可才
	副站长	杨立
		皮永青
后勤学院北京站	站长	覃世明
后勤学院上海站	站长	沈永良
海军读书班站	站长	邵开华
	副站长	王景堂
		张泽男
		焦庆祥

空军分院

沈空一学区	主任	贾树栋
	副主任	王峰
		陈德志
		杜吉田
空军二航院站	站长	张东平
89001部队站	站长	于树柏
39850部队站	站长	王会岩
86634部队站	站长	张理迎
39221部队站	站长	郇阳
39533部队站	站长	徐世昌
沈空政治部站	站长	虞双金
沈空后勤部站	站长	殷云德
大连士官学校站	站长	王天佐
沈空二学区	主任	李春
	副主任	窦肇华
	副主任	冯泽明
吉林军医学院站	站长	孙庆安
86521部队站	站长	杨子南
空一飞院站	站长	许黎光
87162部队站	站长	沙显光
武警指挥学院站	站长	王晓峰
86322部队站	站长	赵峰
86281部队站	站长	宫立武
沈空三学区	主任	刘贵生
	副主任	郑玉
		李忠武
长春飞行学院站	站长	牛洪顺
39023部队站	站长	庞显来
87158部队站	站长	翟宏专
39554部队站	站长	陈朴
39905部队站	站长	魏振江
北空一学区	主任	王世志
	副主任	丛国庆
		付华民
空四飞院站	站长	付华民
39100部队站	站长	张贵银
87095部队站	站长	宿光荣
86587部队站	站长	胡晓伟
39326部队站	站长	侯福义
86511部队站	站长	白世座
86509部队站	站长	高璋清
北空后勤部站	站长	曹发来
济空一学区	主任	朱忠海
	副主任	赵光瑞
空军一航院站	站长	王宗年
39764部队站	站长	邹彦
39420部队站	站长	赵拥军
39690部队站	站长	薛雁歌
济空后勤部站	站长	王晓丹
南空一学区	主任	秦松寿
	副主任	唐伟年
		高益民
气象学院站	站长	高益民
87082部队站	站长	金建平
东华集团站	站长	何宇平
39356部队站	站长	金洪勇
94778部队站	站长	谢翔
南空后勤部站	站长	李榕

南空二学区	主任	周均美
	副主任	吴慧平
39120部队站	站长	崔德才
87078部队站	站长	黄吉洲
39341部队站	站长	董惠宁
39442部队站	站长	宋立新
南空三学区	主任	张明友
	副主任	吴争鸣
		孙明忠
空十三飞院站	站长	李惠来
39822部队站	站长	沈龙军
训练基地站	站长	胡兰天
39865部队站	站长	张东
广空一学区	主任	郝作春
	副主任	郑荣金
		吴玉明
桂林空院站	站长	王国军
广空司令部站	站长	杨建华
39067部队站	站长	吴强
39413部队站	站长	秦报
广空二学区	主任	余伦信
	副主任	李敬真
雷达学院站	站长	李荫华
广空后企业局站	站长	许和进
武昌场站	站长	孙炳光
86230部队站	站长	杨松梅
39287部队站	站长	郦海云
86325部队站	站长	陈军
86532部队站	站长	周园明
39155部队站	站长	侯保太
39231部队站	站长	申志路
39441部队站	站长	马峰
成空一学区	主任	余文邻
	副主任	方仲儒
成空司令部站	站长	刘强
39934部队站	站长	石樵
86166部队站	站长	赵长生
86483部队站	站长	于家风
95595部队站	站长	尚国英
兰空一学区	主任	席庆鳌
	副主任	杨先涛
空工程学院站	站长	齐清华
兰空政治部站	站长	毛庆斌
39675部队站	站长	叶苏庭
39370部队站	站长	蒋行顺
87205部队站	站长	杨国民
87217部队站	站长	陈林
87230部队站	站长	吴俊波
39630部队站	站长	曹润德
86025部队站	站长	胡东升
86128部队站	站长	卫彦平
87344部队站	站长	曾银贵
39111部队站	站长	法自领
39945部队站	站长	李斌
空导弹学院站	站长	张及新
兰空二学区	主任	乔志平
	副主任	尔孜规
39089部队站	站长	李振南
87141部队站	站长	夏中华
86142部队站	站长	丁俊
86472部队站	站长	郭士忠
昌吉军分区站	站长	董友德
直属学区	主任	王聘明
	副主任	何孝明
	副主任	杨岳锡
		周顺萍
直属辅导站	站长	何孝明
空军司令部站	站长	张长胜
昆明基地站	站长	廖信政

国防大学分院

驻粤部队学区	主任	林雄辉
	副主任	陈映桥
		廖建新
驻桂部队学区	主任	颜青
驻鄂部队学区	主任	李昌俊
	副主任	刘天喜
驻豫部队学区	主任	许文胜
	副主任	楚德庆
驻洛部队学区	主任	王栋林
南京政院学区	主任	虞方
驻苏部队学区	主任	黄兴海
	副主任	范大章
南京电大学区	主任	缪同武
驻冀部队学区	主任	李霞中
	副主任	田成章
	副主任	李德隆
驻皖部队学区	主任	李德全
驻鲁部队学区	主任	王同伦
驻闽部队学区	主任	陈朝宗
驻渝部队学区	主任	丁宝文
驻疆部队学区	主任	童有利
驻京部队学区	主任	崔洪祥
一号院直属站	站长	肖宝昆
二号院直属站	站长	崔俊峰
赤峰直属站	站长	白文林
淮安直属站	站长	周喜作

武警部队分院

辽宁总队学区	主任	李淑荣
	副主任	陈苏如
贵州总队学区	主任	陈中国
安徽总队学区	主任	黄发友
湖北总队学区	主任	张云刚
8660部队站	站长	蒲永瑜
8670部队站	站长	张兆如
	副站长	朱建斌
8710部队站	站长	贺志勇
	副站长	周发萍
8650部队站	站长	史法苗
	副站长	李永忠
8610部队站	站长	张洪斌
	副站长	宋凯涛
8740部队站	站长	刘云
浙江总队学区	主任	方春明
	副主任	盛新良
江苏总队学区	主任	周柏林
重庆总队学区	主任	艾友明
湖南总队学区	主任	徐清平
广西总队学区	主任	冯广立
	副主任	李由亮
甘肃总队学区	主任	刘满才
宁夏总队学区	主任	郄惠成
兵团指挥部学区	主任	杜伟
8750部队站	站长	丁树勇
	副站长	王承清
黑龙江总队学区	主任	李智育
海南总队学区	主任	李建设
青海总队学区	主任	杨标

8690部队站	站长	顾桃林

北京军区分院

卫戍区学区	主任	刘建朝
	副主任	刘海明
天津警备区学区	主任	汤尚罗
	副主任	李彦军
河北省军区学区	主任	宋三牛
	副主任	王松林
山西省军区学区	主任	张驰
	副主任	赵红权
内蒙古军区学区	主任	杨宏斌
	副主任	贺贵玺
66169部队学区	主任	刘云道
	副主任	周爱群
66267部队学区	主任	常安平
	副主任	杨永平
66393部队学区	主任	任永建
	副主任	刘红军
66389部队学区	主任	蒋鹿
	副主任	韩克俭
66455部队学区	主任	郑新龙
	副主任	刘志泉
司令部学区	主任	姚赛
	副主任	李国营
政治部学区	主任	秦元昌
	副主任	高晖
联勤部学区	主任	李建辉
	副主任	钟广勤
陆军学院学区	主任	王兰生
	副主任	王忠诚

沈阳军区分院

65301部队学区	主任	林少先
	副主任	王德军
65370部队站	站长	王立国
	副站长	朱德威
65367部队站	站长	刘洪军
	副站长	任小红
65334部队站	站长	王延伸
	副站长	刘保银
65352部队站	站长	王群
	副站长	杨德新
65316部队学区	主任	王诗光
	副主任	苗大勇
65319部队站	站长	王志刚
	副站长	曹阳
65322部队站	站长	沈仁怀
	副站长	郭乃军
65331部队站	站长	李刚
	副站长	宋应学
65411部队学区	主任	贾方亮
	副主任	王双林
65450部队站	站长	管延政
	副站长	邢喜武
65453部队站	站长	刘丰利
	副站长	谢明君
65447部队站	站长	曹国斌
	副站长	汤启坤
65456部队站	站长	解庆双
	副站长	王德才
65426部队学区	主任	嵇伟
	副主任	范一良
65429部队站	站长	汤建军
	副站长	陈立新
65432部队站	站长	刘世成
	副站长	魏宪春
65441部队站	站长	张正明
	副站长	杜晓兵
65521部队学区	主任	张烈英
	副主任	董辉
65535部队站	站长	黄玉操
	副站长	钱建忠
65571部队站	站长	冷少杰
	副站长	连文岭
65523部队站	站长	郑轶
	副站长	廖德国
65525部队站	站长	王凤岭
	副站长	于学岭
65527部队站	站长	钱凤明
	副站长	陈秀清
65533部队站	站长	张长勇
	副站长	马晓冬
65547部队学区	主任	白晓明
	副主任	刘仕山
65551部队站	站长	程波
	副站长	李瑜
65555部队站	站长	姚凤阁
	副站长	王本磊
65559部队学区	主任	刘秀斌
	副主任	石中琪
65561部队站	站长	黄永涛
	副站长	常贵学
65563部队站	站长	侯占纯
	副站长	宋建明
65565部队站	站长	胡成福
	副站长	节茂彬
65569部队站	站长	袁保伟
	副站长	赵永明
65567部队站	站长	沈进苟
	副站长	孟令生
65631部队学区	主任	刘建星
	副主任	黄立波
65663部队站	站长	赵希奎
	副站长	姚国伟
65659部队站	站长	吴建方
	副站长	吴晓峰
黑龙江军区学区	主任	秦成志
	副主任	郑士洪
鹤岗军分区站	站长	李正国
	副站长	关金贵
大庆军分区站	站长	姜文军
	副站长	曹中武
伊春军分区站	站长	李万杰
	副站长	姜曰礼
吉林军区学区	主任	荆南飞
	副主任	张年祥
辽宁军区学区	主任	袁相武
	副主任	胡杨
沈阳军分区站	站长	王荣山
	副站长	王丰亭
鞍山军分区站	站长	孙东兵
	副站长	王晓轩
锦州军分区站	站长	许长志
	副站长	李宪民
本溪军分区站	站长	杨忠宽
	副站长	李世淳
朝阳军分区站	站长	王光明
	副站长	聂德珍

丹东军分区站 站长 刘崇林
副站长 哈学林
盘锦军分区站 站长 程焕军
副站长 滕凤余
抚顺军分区站 站长 成江
副站长 马运忠
65735部队站 站长 姜兴波
副站长 王全兴
65739部队站 站长 田兵
副站长 何建华
大连陆院学区 主任 王荣歧
副主任 郜德全
司令部学区 主任 王志宇
副主任 徐笑秋
政治部学区 主任 鲁世胜
副主任 毛仲全
联勤部学区 主任 杨大伟
副主任 许建平
二分部辅导站 站长 高山
副站长 侯树民

南京军区分院

73011部队学区 主任 黄建生
副主任 李江
直属辅导站 站长 李江
副站长 徐良
73056部队站 站长 周春发
副站长 唐启胜
73021部队站 站长 胡德贵
副站长 刘晓
73051部队站 站长 汪泽
副站长 邱新菊
上海警备区学区 主任 骆国福
副主任 杨斌生
直属辅导站 站长 杨斌生
副站长 刘俊
浙江军区学区 主任 赵天云
副主任 舒建平
瞿州军分区站 站长 郑绿汀
联勤部学区 主任 经盛志
副主任 姚跃
南京总医院站 站长 蒋国斌
副站长 董铁农
联勤13分部站 站长 王建刚
副站长 孙建新
联勤15分部站 站长 李玉龙
副站长 张俊
联勤16分部站 站长 黄晋明
副站长 蔡华叶
联勤18分部站 站长 夏善国
副站长 张崇德
杭州预备役师站 站长 吴沂鸿
武警8690部队站 站长 王跃明
副站长 王洪敏
73061部队学区 主任 丁建华
副主任 谢少承
直属辅导站 站长 丁建华
副站长 谢少承
73071部队站 站长 周黎明
副站长 赵洪杰
73091部队站 站长 刘子林
副站长 张晓
73106部队站 站长 顾辉
副站长 薄维德
江苏军区学区 主任 顾玉彬
副主任 汤苏文
直属辅导站 站长 吴佳军
副站长 陶金平
淮阴军分区站 站长 孙德庆
副站长 丁在新
扬州军分区站 站长 陈昌权
副站长 徐茂生
苏州军分区站 站长 陈林荣
副站长 钱定奇
宿迁军分区站 站长 陶沙
副站长 王绍云
连云港军分区站 站长 许共国
副站长 陶用心
安徽军区学区 主任 马以芝
副主任 王晓方
直属辅导站 站长 张守雨
副站长 熊国洪
马鞍山军分区站 站长 孙继海
司令部学区 主任 庄义春
副主任 吕步志
直属辅导站 站长 吕步志
副站长 沈启健
二局辅导站 站长 赵贤富
副站长 汪晓云
政治部学区 主任 余西
副主任 蔡云峰
直属辅导站 站长 蔡云峰
副站长 叶锦山
海峡台辅导站 站长 刘锦生
副站长 张明
73111部队学区 主任 常生荣
副主任 林培雄
直属辅导站 站长 林培雄
副站长 韩国亮
73131部队站 站长 黄胜富
副站长 王哲新
73141部队站 站长 雷清平
副站长 胡梅生
73121部队站 站长 林建祥
副站长 徐政茂
福建军区学区 主任 李元兴
副主任 柳亚南
直属辅导站 站长 柳亚南
副站长 陈道银
厦门警备区站 站长 何光喜
副站长 刁平
莆田军分区站 站长 邓卫国
副站长 陈国新
龙岩军分区站 站长 曾仲春
副站长 邱桥荣
73301部队站 站长 高林峰
副站长 李新卫
73311部队站 站长 卢宜拈
副站长 邹忠良
江西军区学区 主任 彦春宁
副主任 邹智敏
直属辅导站 站长 熊斌
赣州军分区站 站长 杨志军
宜春军分区站 站长 鲍卫国
抚州军分区站 站长 梅勇
景德镇军分区站 站长 汪雪庚
上饶军分区站 站长 胡跃明

济南军区分院

济南学区 主任 刘绍华

	副主任	高勇
省军区机关站	站长	高勇
	副站长	李玉军
济宁军分区站	站长	刘奉军
	副站长	李裕州
济宁预备役站	站长	张培立
	副站长	李志彪
青岛预备役站	站长	陈修荣
	副站长	伊延龙
烟台预备役站	站长	郭磊
日照军分区站	站长	董向阳
	副站长	董世武
临沂军分区站	站长	孟德旺
	副站长	祁洪玉
郑州学区	主任	刘文甲
	副主任	张清训
省军区机关站	站长	周玉山
	副站长	王利棒
漯河军分区站	站长	任德超
	副站长	王俊杰
濮阳军分区站	站长	库少先
	副站长	田晓炜
开封学区	主任	李光金
	副主任	王万里
71320部队站	站长	鲁治平
	副站长	路子房
71622部队站	站长	潘永安
	副站长	王广祥
71897部队站	站长	张圣新
	副站长	陈新华
潍坊学区	主任	穆振河
	副主任	刘同福
71146部队站	站长	张振江
	副站长	润文斌
71357部队站	站长	郝本杰
	副站长	田世华
71602部队站	站长	齐瑞敏
	副站长	李兴安
71217部队站	站长	姜方仁
	副站长	于生明
71345部队站	站长	张文亭
	副站长	李忠生
71613部队站	站长	杨林
	副站长	王国华
新乡学区	主任	张秉德
	副主任	焦随东
71521部队站	站长	张建林
	副站长	马强
71811部队站	站长	杨厚爽
	副站长	罗光辉
军区司令部站	站长	王宝贞
	副站长	裘明
军区政治部站	站长	赛宗国
	副站长	丁信浩
军区联勤部站	站长	杨同海
	副站长	温宪昌
九分部辅导站	站长	刘长江
	副站长	张勇
十分部辅导站	站长	姜延春
	副站长	王存宝
三十三分部站	站长	赵友亮
	副站长	付传生
生产基地站	站长	李志新
	副站长	袁伍中
工厂处直属站	站长	关会安
	副站长	葛玉春
济南陆院站	站长	杨建强
	副站长	安海

广州军区分院

53010部队学区	主任	邱泠波
直属辅导站	站长	李六玲
53023部队站	站长	钟建辉
	副站长	袁飞跃
53061部队站	站长	邹峰
53063部队站	站长	蔡刚华
53200部队学区	主任	李春艳
直属辅导站	站长	朱峰
53203部队站	站长	刘小青
	副站长	张伟
53503部队站	站长	罗良伟
	副站长	赖炎明
53802部队站	站长	苏宏波
	副站长	李国栋
53262部队站	站长	童先明
53263部队站	站长	周建辉
	副站长	王毅
广西军区学区	主任	王爱中
	副主任	张毅
直属辅导站	站长	朱爱国
南宁军分区站	站长	王洪波
	副站长	肖兮
北海军分区站	站长	曹国荣
	副站长	段先才
防城港军分区站	站长	刘胜礼
	副站长	赵永安
广东省军区学区	主任	雷宏泽
	副主任	朱俊学
直属辅导站	站长	董雄杰
深圳警备区站	站长	梁戈
珠海警备区站	站长	董殿仓
	副站长	成永平
佛山军分区站	站长	曾富祥
江门军分区站	站长	丁战锁
阳江军分区站	站长	梁少玉
肇庆军分区站	站长	彭运龙
潮州军分区站	站长	黄振良
	副站长	胡仲成
湛江军分区站	站长	李晖
海南军区学区	主任	陆明
直属辅导站	站长	汤世祥
53607部队站	站长	彭离生
	副站长	何斌轩
海口预备师站	站长	张云
	副站长	付可明
三亚警备区站	站长	周明泓
	副站长	陈云峰
分院直属辅导站		
司令部站	站长	王涛
联勤部站	站长	钟继宏
	副站长	罗湘红
54041部队站	站长	陶社平
	副站长	李三红
53715部队站	站长	刘宝成
53310部队站	站长	朱志光
53400部队站	站长	钟诚
38921部队站	站长	肖德伦
桂林陆院站	站长	王达金
	副站长	陆谦

成都军区分院

重庆学区	主任	权学宁
	副主任	郭景龙
77100部队站	站长	周胜刚
	副站长	黄胜楷
77126部队站	站长	刘诚
	副站长	雷勋年
77156部队站	站长	王东方
	副站长	叶中洲
77115部队站	站长	唐炼
	副站长	朱章元
77123部队站	站长	陈茂金
	副站长	苏世佐
77113部队站	站长	袁勇
	副站长	罗全恩
77105部队站	站长	宋光华
	副站长	艾远斌
昆明学区	主任	马寿鸿
	副主任	王良福
77200部队站	站长	李万军
	副站长	陈磊
77263部队站	站长	胡学清
	副站长	魏代应
77283部队站	站长	李晚云
	副站长	刘二党
77233部队站	站长	姚世忠
	副站长	彭福生
77226部队站	站长	张岸
	副站长	陈国朝
77223部队站	站长	胡鹏
	副站长	崔庆林
77208部队站	站长	钟明亮
	副站长	夏友林
77216部队站	站长	李占兵
	副站长	唐开平
77221部队站	站长	李文瑜
	副站长	张永发
77206部队站	站长	陈彬
	副站长	周昌华
77289部队站	站长	姜万忠
	副站长	尹科浩
77296部队站	站长	齐毅

	副站长	张四泓
昆明二学区	主任	庞万军
	副主任	胡义军
直属辅导站	站长	彭昭强
	副站长	吴考祥
文山军分区站	站长	万文斌
	副站长	杨文彩
蒙自军分区站	站长	许可坚
	副站长	李熙
思茅军分区站	站长	金本厚
	副站长	郑向东
版纳军分区站	站长	黄继荣
	副站长	汪德华
保山军分区站	站长	蒋斌洲
大理军分区站	站长	董建明
	副站长	任炳军
曲靖军分区站	站长	郎琪
临沧军分区站	站长	彭绍清
楚雄军分区站	站长	张剑锋
	副站长	刘友其
德宏军分区站	站长	贺小林
丽江军分区站	站长	刘振英
	副站长	保在昆
贵阳学区	主任	黄光荣
	副主任	王克林
直属辅导站	站长	刘俊
	副站长	陈罡
遵义军分区站	站长	孙国文
	副站长	刘绍文
安顺军分区站	站长	赵继权
	副站长	王猛
都匀军分区站	站长	黄大远
	副站长	黄光兴
凯里军分区站	站长	田中强
	副站长	杨茂凯
铜仁军分区站	站长	张文益
	副站长	何兵
毕节军分区站	站长	孙峰
	副站长	王立雄
兴义军分区站	站长	王万杰
	副站长	黄子雄
56590部队站	站长	陈黔鲁
	副站长	余吕烈

成都一学区	主任	王绍书
	副主任	赖军
省军区机关站	站长	钟楠
遂宁军分区站	站长	丁晓洪
	副站长	魏跃毅
德阳军分区站	站长	杨成斌
雅安军分区站	站长	黄智伦
	副站长	李昌斌
宜宾军分区站	站长	唐其良
	副站长	梅有宏
乐山军分区站	站长	邬建华
巴中军分区站	站长	王林忠
凉山军分区站	站长	王坤富
南充军分区站	站长	孟平华
广元军分区站	站长	张喁
泸州军分区站	站长	周永华
	副站长	龚勇兵
眉山军分区站	站长	张成国
武警水电三总站	站长	刘刚
阿坝军分区站	站长	王国才
	副站长	罗悦泰
拉萨学区	主任	杨双举
	副主任	蔡汉银
直属辅导站	站长	薛彬
	副站长	李霞怡
林芝军分区站	站长	颜克勋
	副站长	陈柯才
日喀则军分区站	站长	罗向伟
	副站长	庄冬
山南军分区站	站长	尹代胜
	副站长	陈德祥
昆明陆院学区	主任	任亚中
	副主任	张力
直属辅导站	站长	蒋明权
成都二学区	主任	肖济凯
	副主任	丁德奎
直属辅导站	站长	梁志平
	副站长	邬朝晖
78096部队站	站长	田兴海
	副站长	蒋朝晖
78159部队站	站长	孙勇
	副站长	吴伦
78078部队站	站长	刘沙平

	副站长	李菊蓉
78029部队站	站长	廖吕德
	副站长	杨汉宇
78088部队站	站长	石春磊
	副站长	何雁华
78108部队站	站长	管　严
	副站长	何　辉
成都三学区	主任	李卫星
	副主任	郭　松
直工处辅导站	站长	余文彬
成都军分区站	站长	余贤勤
	副站长	毛利军
川办辅导站	站长	张志乐
	副站长	彭正治
昌都军分区站	站长	陈卫东
	副站长	何平均
成都四学区	主任	裴洪章
	副主任	宋昌勇
78300部队站	站长	史云政
	副站长	陈　文
78379部队站	站长	单衍华
	副站长	李建清
78438部队站	站长	黄国华
	副站长	任　宏
78511部队站	站长	游德远
	副站长	杨导东
武警学区	主任	朱裕国
	副主任	何明成
一支队辅导站	站长	谭仁权
	副站长	向晓峰
二支队辅导站	站长	魏文武
	副站长	李战平
四支队辅导站	站长	周处伦
	副站长	彭　浪
成都支队站	站长	石继明
	副站长	杜伯成
攀枝花支队站	站长	徐子君
	副站长	袁　森
德阳支队站	站长	张兴鸿
	副站长	李远昌
自贡支队站	站长	袁多文
	副站长	兰　亮
阿坝支队站	站长	谢兴俗
	副站长	秦宪明
遂宁支队站	站长	李进周
	副站长	杨思军
广元支队站	站长	林雄冀
	副站长	邱国勇
南充支队站	站长	李世文
	副站长	唐新明
达川支队站	站长	龙　剑
	副站长	周胜春
雅安支队站	站长	蔡志康
	副站长	蔡兴旺
眉山支队站	站长	何　刚
	副站长	彭利华
甘孜支队站	站长	刘景华
	副站长	王　勇
消防学区	主任	陈　云
	副主任	马　昆
泸州支队站	站长	杨克春
达川支队站	站长	桂　阳
广元支队站	站长	马茂轩
中物院学区	主任	韩长林
	副主任	刘友堂
七所江油站	站长	杨兴忠
	副站长	冉茂全
重庆警备学区	主任	蒋崇安
	副主任	帅　逊
直属辅导站	站长	冯光鑫
沙坪坝人武站	站长	戴　平
渝北人武部站	站长	李　宁
黔江军事部站	站长	冉茂华
西藏武警学区	主任	周顺祥
	副主任	杨朝福

教工人员先进事迹

兼职尽责的好院长

——记空军部队分院第一院长敬应龙将军

今年6月，总院和全军党校函授教育办公室总政联合评估小组经过全面检查、评估、验收，认为空军部队分院认真贯彻从严办学、注重质量的方针，认识到位，管理到位，全面建设到位，在军队系统走在了前面。这些成绩的取得与院长敬应龙的扎实工作分不开。

抓学习　立规矩　理顺关系

1998年4月，空军政治部敬应龙副主任经空军首长批准，兼任空军部队分院第一院长。他到任后首先带领一班人认真学习中央军委、总政和总院的指示，在征求各方面意见的基础上建立了三项制度：分院领导办公会议制度；分院工作月报制度；简化公文、办事程序。两年来，敬应龙院长以身作则，严格要求，很快理顺了各方面关系，使分院工作正规有序，效率大大提高。

空军部队分院开办以来，依托院校先后建立了14个学区、89个辅导站，但分院、学区、辅导站之间只有教学管理关系，没有行政隶属关系，加上空军部队点多、面广，高度分散，给管理工作带来了很多困难。敬院长了解这些情况后主持起草了《关于加强中央党校函授学院空军部队分院函授教育管理工作的意见》，经报空军首长批准，正式下发部队执行，使空军部队的党校函授教育，由空军指挥学院单一办学发展到在空军政治部领导下各级政治机关主管的统一管理体制，形成了分院——学区——辅导站和空政宣传部——军区空军（军）宣传处——师旅（团）宣传科（股）双层管理体制。从分院院长、学区主任到辅导站站长都由政治部门的领导担任，从而使领导力度大大加强，进一步完善了“统一领导，院校办学，就地学习，以教养教”具有空军特点的办学路子。

抓管理　要质量　建好队伍

1998年6月，空军科学文化学习教育、培养军地两用人才领导小组第十一次会议召开。敬院长在会上反映了党校函授教育的情况和自己的一些想法，得到领导小组及空军刘司令员的充分肯定，从而把中央党校函授学院空军部队分院列入空军科学文化教育、军地两用人才培养的重要组成部分。

敬院长始终强调，质量是党校函授教育的生命，是党校和空军的声誉，是学员的前途。他提出办学人员要做到四个强化：强化质量、强化管理、强化服务意识、强化法规意识。为确保教学质量，他又提出了“精兵强将上讲台，精备细讲求质量，精雕细刻育人才”的要求。按照敬院长的思路，分院首先调整了机关工作人员。有7位同志退出了第一线，有4名教学骨干、3名工作人员充实到机关关键岗位。各学区也都抽调4—8名懂教学、会管理、热爱党校函授教育事业的教学骨干和工作人员，加强了学区办公室的建设。在教员队伍建设中，重新筛选和选聘。目前已形成相对稳定的师资队伍，429名教员中教授66名，副教授144名，讲师219名；管理人员队伍共269名。

为了提高两支队伍的素质，分院还专门成立了“办学队伍建设领导小组”，定期考评，分析两支队伍情况，并分批、分期集训。

抓作风　严治校　树好形象

针对函授教育这种开放式的教育形式和空军部队高度分散的特点，敬院长十分注重从严管理，“向管理要质量是我们坚定不移的方针”这句话他逢会必讲。1998年他刚一到任，就听说一个学区的领导默许一个辅导站提前两天进行期末考试。经调查了解证实后，他责成机关起草电文通报给该学区军区空军领导，军区空军领导传阅后，责成该学区所在学院党委作出严肃处理，学院党委调查核实后立即做出了“撤消学区领导职务”，并给予“党内警告处分”的决定。辅导站站长也受到了警告处分。还有一个学区考场秩序混乱，监考人员失职，情况调查核实后，分院立即做出了“撤消学区，降为辅导站”的处理决定。对上述两个学区的严肃处理，既扭转了上述两学区的面貌，也对其它学区和辅导站有所震动，使分院的考风考纪有了很大转变。

1999年初，分院根据总院的部署和全军函办的计划安排，逐步地展开了党校函授教育的评估工作。敬院长说，检查是鞭策，评估是促进，验收是提高。要通过迎接评估检查验收，促进我们分院的建设，促进教学质量的提高。要实事求是的反映办学情况，讲成绩不拔高，讲问题不回避，对辅导站发展不平衡的问题，要重视解决好。与此同时他一件件地检查指导准备工作，亲自审查修改评估工作总结报告，反复修改《分院教育评估展览》小样图片，亲自审查《空军部队分院简介》录像片。今年年初，为了让分院制度化、规范化管理上一个新台阶，他指示重新修订出版了新的《空军部队分院管理制度汇编》。小样出来后，他仔细审查修改，连一个标点符号也不放过。

今年6月，中共中央10号文件的下发和全国党校工作会议的召开，进一步为党校函授教育指明了方向。敬院长下决心把学区所在单位政治部的领导以及军区空军宣传处的负责同志召集到北京，举办集训班进行传达学习，并请中央党校张志新副校长到集训班讲话作指示，大大提高了各级领导对搞好空军部队党校函授教育的认识。今年9月，空军院校棋牌比赛在长春举行，敬院长又利用这个机会到沈空一学区检查情况。这是他的习惯，人到哪里，工作指导检查就到哪里。再忙他都要挤时间检查了解学区工作和教学情况。

人们都感慨地说，敬院长真是“兼职尽责的好院长”。

（马德福　董庆祥）

黄淑燕的育人情结

已是不惑之年的黄淑燕，现任北京市工业党校分院大兴学区副主任。从1996年开始，她一直从事党校函授教育工作。

几年来，她一门心思扑在事业上，从来不知疲倦，在这所没有围墙的大学里，她很少有节假日，谁也不知道她牺牲了多少日日夜夜。

俗话说：平凡来自伟大，伟大出自平凡。黄淑燕虽然没有轰轰烈烈的事迹，但她像一头拓荒牛，在函授教育的沃土上，默默无闻地耕耘着……

1996年初，党校函授教育招生工作在大兴刚刚开始，有些人对函授教育缺乏足够的认识，认为“经济工作任务急，哪有时间来学习?”针对这种思想，黄淑燕和学校其他领导同志一起，深入全县各个乡镇，进行广泛的思想发动工作。一万张招生简章送到基层，通过县广播站、县电视台进行大张旗鼓的宣传。她一天到晚忙得团团转。通过多种形式的宣传，做到了家喻户晓。不少县委、县政府领导纷纷报名参加了学习。由于宣传声势大，舆论阵势强，很快在全县范围内掀起争先报名的热潮。

学区有了生源，这仅仅是办学的开始，如何坚持“从严办学，质量第一”的方针呢？这个问题萦绕在黄淑燕的脑海里，她失眠了，曾几天几夜睡不好觉。慢慢地她悟出一个道理：要想办好函授教育，就要向管理要质量，向管理要效益，只有从严办学，从严管理，才能把函授教育办得红红火火。黄淑燕横下一条心，先后主持制定了相配套的各项规章制度32项。每次考试之前，她都响亮地提出学员要考出觉悟，考出真实水平。她抓到作弊的考生，当天出示布告，取消其考试资格。96级行管专业有一名学员由别人替考，黄淑燕发现后当场将其清出考场。这件事儿，在学员中引起很大震动。现在，严肃考纪、严格考风已在学区蔚然成风。

黄淑燕还兼任96级和99级领导干部函授班班主任，她十分强调“理论、知识、党性、能力”的培养，不少学员在她的帮助下政治素质和思想觉悟有了很大提高。有的学员已成为单位的骨干，有的走上了领导岗位。原县食品公司副书记于波，在市公开招聘副局级领导干部中脱颖而出，被提拔为市水产品局副局长。目前，全县14个镇中，有12名镇一把手是大兴学区学员，还有16名学员当上了县直委办局的一把手。

春华秋实，黄淑燕用自己的全部心血填写了一份出色的答卷。1998年7月，大兴学区作为试点单位，率先通过了分院的评估验收，成为分院评估试点的先进单位，黄淑燕也被评为北京市工业党校分院优秀办学工作者。

黄淑燕热爱她的函授教育工作。她爽朗地说，这里凝结着她的追求，体现着她的价值。她，就像一只矫燕展翅翱翔……

（贾永龄）

成果篇

新闻媒体报道

《光明日报》2000年6月6日一版专文报道

多渠道培训在职党员干部的有效方式

——中央党校函授教育在党中央关怀下健康发展

中央党校函授教育自1985年3月创办以来，一直受到党中央的高度重视和亲切关怀。

在函授教育创办不久，中央就发出指示，“中央党校开办的函授学院和省级党校开展的函授教育，对于加快干部培训是有利的，一定要保证教学质量，不断提高”。1990年9月，中央又指示，“根据不同的轮训和培训对象设置不同的班次，学制有长有短，长短结合。办学方式，主要是脱产，也可函授、面授相结合”。1994年5月，中央再次指出，“党校函授教育要在总结经验的基础上，深化教学改革，控制规模，加强管理，保证办学质量”。1995年9月，中央在《中国共产党党校工作暂行条例》第二十四条中规定：“中央党校和有条件的省、自治区、直辖市委党校，在办好主体班次的前提下，可办以党员干部为主要对象、与党校职能相应的函授教育。学员学完必修课程，经考试考核合格者，授予党校函授教育学历。”这样，就以党规党法的形式，进一步确立了党校函授教育的地位。

中央领导同志多次对党校函授教育问题发表重要讲话。特别值得一提的是，江泽民同志关心党校函授教育，在百忙中还看过一些函授教材并给予肯定。胡锦涛同志多次对党校函授教育作出重要批示。1993年10月28日，他在会见中央党校函授教育工作会议代表时，肯定了中央党校函授教育近10年来在培养干部和提高全党马克思主义理论水平方面取得了很大成绩和作出了重要贡献，要求党校函授教育要为培养更多、更好的干部作出更大努力。1995年10月24日，他在致中央党校函授教育10周年贺信中，再次肯定党校函授教育“为加快干部培训步伐，提高党员干部素质，拓展党校教育功能做出了积极贡献。实践证明，党校函授教育是党校教育的重要组成部分，是多渠道培训在职党员干部的一种有效形式”。

中央党校校委高度重视党校函授教育工作。常务副校长郑必坚说，党校函授教育是培养在职党员干部的一项政治性很强的事业。它是社会主义现代化建设的需要，是广大党员干部提高思想理论政治素质的需要，也是我们党把自己建设成为思想上、政治上、组织上完全巩固、并能永远站在时代最前列的伟大马克思主义政党的需要。副校长兼函授学院院长张志新说，校委十分重视落实中央领导同志的重要批示，多次开会听取党校函授教育工作汇报，研究、确定工作思路，在总结成绩的同时，认真查找差距，从办学方向、办学指导思想和办学方针、办学主体以及规章制度和考风考纪等方面剖析问题，解决问题，取得了实效。

函授学院领导班子认为，坚定不移地实施“科教兴国”战略，函授教育责任重大。党的十五大提出要切实把教育摆在优先发展的战略地位，要积极发展各种形式的职业教育和成人教育。我们要深刻认识自身的历史使命。他们说，要从整个教育战略地位中认识党校函授教育地位，党校函授教育是以党员干部为主要对象，以培养高素质干部为战略目标的一种干部在职在岗教育，各级各类干部是全民族的中坚力量，是党和国家的宝贵财富。政治路线确定之后，干部就是决定因素。党校函授教育要努力按中央领导同志的重要指示去做——“要坚持正确的办学方向，造就高素质的干部队伍”，“更好地为培养党的高素质干部队伍服务”。

记者了解到，中央党校函授教育有明确的工作思路。首先是高举邓小平理论伟大旗帜，用邓小平理论指导党校函授教育。坚持和加强马列主义、毛泽东思想、邓小平理论的主课地位；努力改进基本理论课教学，坚持理论联系实际的学风，着力提高广大学员理论素质和思想政治素质，增强贯彻执行党的基本理论、基本路线和基本纲领的坚定性和自觉性，提高理论水平和工作水平，牢固确立科学世界观和方法论，增强党性锻炼，提高拒腐防变能力。

其次是坚决贯彻落实中央领导同志关于党校函授教育工作的重要指示，用中央领导同志的重要指示统帅办学工作。要从根本上解决“为什么办学”和“培养什么人”的问题；要坚持“社会效益第一”的办学指导思想；要坚持“从严办学，质量第一”的办学方针；要坚持“严进、严管、严出”的办学原则；要以提高干部的思想政治素质为重点，强化对学员的综合素质教育；要始终把培养高素质干部队伍作为党校函授教育的唯一宗旨和根本任务。

再次是深化教学改革，完善党校函授教育体系。要保持和发扬党校教育特色，突出时代特征，坚持“理论、知识、党性、能力”相统一的培训质量要求，实施以政治思想素质为重点的综合素质教育，要重视培养学员的创新意识和创新能力；要把党校函授教材建设纳入党校教材建设的总体格局，要把“三基本”、“五当代”教材即《马克思列宁主义基本问题》、《毛泽东思想基本问题》、《邓小平理论基本问题》和《当代世界经济》、《当代世界科技》、《当代世界法制和我国法制建设》、《当代世界军事和我国国防》、《当代世界思潮》作为党校函授教育的重要内容，进一步搞好相应配套教材，以更高标准把工作做好。

最后是贯彻以教学为中心的方针，确保教学质量。教师要做到教书育人，为人师表，精心施教，注重引导，要尊重学员，教学中要重启发，重研讨，重引导，重答疑，重辩论，鼓励学员大胆思维，独立思考，敢于发表不同意见，把“理论、知识、党性、能力”相统一的培训质量要求和教学意图贯穿全过程。

中央党校函授教育已纳入中央党校工作总体格局之中，切实做到了加强统一领导和统筹安排。各级党校贯彻落实中央领导同志关于“党校函授教育是党校教育的重要组成部分，是多渠道培训在职党员干部的一种有效形式”的指示精神，实行党校函授教育与党校工作的一体化，做到校内脱产教育和干部在职在岗教育统一领导，统一部署、检查、总结，统筹安排教学力量和使用教学设施，按照精干、多能、高效原则，调配、聘请、充实函授人员，每学期开学前都讨论一次函授教育工作问题，审议、核准函授教育招生计划，研究、解决办学中重大问题，保证党校函授教育健康发展。

中央党校函授教育从无到有，从小到大，办学层次逐步提高，办学地区不断扩大，现已成为覆盖全国各地区、遍布各部门培训在职党员干部的重要渠道。1985年秋季开办首期大专班，1989年秋季开办本科班，1991年4月开办地厅、县处级领导干部函授班，1995年秋季开办领导干部在职研究生班。到1999年底，已先后开办大专班14期、本科班11期、领导干部函授班9期和在职研究生班5期，形成了所属教学和管理网络遍布全国各地的格局。15年来，中央党校函授学院逾百万名毕业学员活跃在我国各条战线上，为建设有中国特色社会主义事业积极贡献自己的力量。

（本报记者 张业清）

《光明日报》2000年9月6日A2版专文报道

高质量培养在职党员干部

——记中央党校函授教育评估工作

中央党校函授教育自创办以来就一直在党中央关怀下健康发展。经过多年的教育实践，中央党校校委认为，新的形势和任务对党校函授教育提出了更高要求，有必要对函授教育的教学、管理等工作进行全面、科学评估，以进一步贯彻胡锦涛同志重要指示精神，实现规范化管理，提高办学质量，更好地肩负高质量培养在职党员干部的重任。几经上下，反复征求各方面意见，从1997年7月起，历时3年的中央党校函授教育评估工作就此展开。

开展函授教育评估是校委继1996年开展党校函授教育大检查之后采取的又一重大举措。校委要求把胡锦涛同志关于党校函授教育的一系列重要指示作为这次教育评估的根本指导思想，按照“三讲”教育精神，重点查找和解决办学中存在的突出问题，从严管理。

据了解，这次函授教育评估有明确的工作方针和评估标准。经过广泛深入的调查研究，中央党校函授学院提出了依托地方各级党校校委和军队各级政治部门，加强领导，坚持标准，从严要求，立足帮促，稳步推进的工作方针，并在认真研究国内外高等教育评估经验的基础上，精心制定了体现各自特点、分别适应于分院、学区、辅导站的评估指标体系。经专家反复论证修改和分管校长审定，1998年7月中央党校办公厅转发了《中央党校函授教育评估指标体系》，内容包括指导思想、组织建设、综合管理、教学管理、教务管理、办学设施、办学效果等，总计10项46条131个给分点。

函授教育评估一开始就注重了加强领导。中央党校成立了由函授学院院长、副院长牵头的教育评估委员会，并邀请近20名省级党校老校长、老专家参加评估工作。各省级党校普遍成立了由常务副校长（或党委书记）牵头的函授教育评估领导小组，并多次召开由地、县党校常务副校长、分管函授教育的副校长、函授部门负责人参加的评估会议，研究部署评估工作。为了更好地推动这项工作，中央党校领导同志亲自到各地开展调查研究，多次出席评估会议进行指导，对评估工作及时提出明确要求。这次函授教育评估工作还得到中央有关部门和各省、市、区党委有关领导同志的高度重视和具体的关心指导。

函授学院领导介绍说，这次函授教育评估按照先自评后验收、先学区和辅导站后分院的顺序，于1997年7月开始。1998年4月，总院在武汉召开了第一次函授教育评估会议，制定了防止评估走过场的10条具体措施。此后在河北、吉林、甘肃、四川、湖北、安徽6个分院进行了分院自评试点，并于同年12月召开了第二次函授教育评估工作会议进行全面部署。这次函授教育评估在肯定办学成绩的同时，注意查找、剖析和解决存在的突出问题。一些办学思想不端正、办学条件差、管理不到位的单位，分别受到“降”、“撤”、“改”、“停”等不同程度的处理。

据悉，目前函授教育评估工作已接近尾声。各方面普遍认为，党校函授教育评估成效明显。

各级党校关于函授教育的办学方向和办学指导思想进一步端正。评估期间，各级党校领导和相关人员都认真学习了胡锦涛同志关于加强和改进党校函授教育工作的指示，从各自角度增强了共同办好党校函授教育的使命感和责任感。在评估过程中，总院进一步总结办学经验，修订并颁发了新版《中央党校函授学院管理制度汇编》和新版《中央党校函授学院机关管理制度汇编》。

教学管理力度进一步加大，教学质量得到保证。按照既突出党校教育特色又符合成人高等教育的教学要求的原则，优化了专业和课程设置，增设了党性教育课程，注意把系统的马克思主义理论培训与进行高等文化程度的专业教育结合起来。各个专业和班次都做到了统一教学内容、统一教学课时、统一教学要求、统一考试。通过实行随堂测验等措施，加强了对学员的面授管理，提高了面授质量和到课率。开展函授教育评估以来，总院还推出了“面授教师审批备案制度”，建立了“师资库”。各级办学组织也都加大了师资管理力度，普遍推行师资择优聘任、竞争上岗和从严考评等制度。

教材建设取得进展，教材质量不断提高。总院调整充实了由资深教授、学者组成的教材编审委员会，并实行主编负责制，主编和参加编写人员都是教授、博士以及一些知名的专家学者。教材编写、改编、修订和淘汰以5年为周期。教材差错率年年下降，现在已达到平均不超过万分之零点二的水平。目前，已形成一套门类比较齐全、适应时代需要、适应广大干部在职学习的系列教材130多种，其中包括正在编写的“三基本”、“五当代”教材简读本。

完善了考试考核制度，进一步强化了考风考纪。现在，各类考试均实行教、考分离的统考制度，并由总院统一命题、统一制卷、统一考试要求、统一考试时间、统一阅卷评分标准，由分院统一组织阅卷。

各级党校调整了函授教育领导体制，加强了对函授工作的领导。各级党校都把函授工作提到了校委的重要议事日程，按照“精兵强将办函授”的原则，充实了管理队伍，加大了对办学人员的培训力度，并且普遍加大了资金投入，加快了各项设施建设。各地都有一部分党校新建了教学楼，函授部门办公自动化条件普遍改善。

（本报记者　张业清）

中央电视台 2000 年 10 月 27 日新闻联播节目报道

中央党校函授教育十五周年总结表彰大会在京召开

胡锦涛亲切接见与会代表

本台消息　中央党校函授教育十五周年总结表彰大会 10 月 27 日在京召开。会前，中共中央政治局常委、书记处书记、中央党校校长胡锦涛亲切接见了与会代表并与大家合影留念。

十五年来，中央党校函授教育在党中央亲切关怀下，取得了显著成绩，对于提高广大干部的马克思主义理论水平和专业文化水平，提高干部理论联系实际的能力，发挥了积极作用。现在，中央党校函授教育已经成为多渠道培训在职党员干部的一种有效途径。

中央党校常务副校长郑必坚在讲话中指出，党校函授教育要按照江泽民同志关于“三个代表”的重要思想，坚持正确的办学方向，加强科学管理，提高教育质量，努力为培养党的高素质干部队伍和建设人才作出新的更大的贡献。

中央党校函授学院各分院代表 150 人出席了会议。会上还表彰了一批优秀教师、优秀学员和优秀管理人员。中央党校副校长张志新也在会上讲了话，副校长王伟光、李君如出席了会议。

中央人民广播电台 2000 年 10 月 27 日新闻联播节目报道

中央党校庆祝函授教育十五周年

胡锦涛同志亲切接见与会代表

本台消息　中央党校函授教育十五周年总结表彰大会 10 月 27 日在京召开。会前，中共中央政治局常委、书记处书记、中央党校校长胡锦涛亲切接见了与会代表并与大家合影留念。

十五年来，中央党校函授教育在党中央亲切关怀下，取得了显著成绩，对于提高广大干部的马克思主义理论水平和专业文化水平，提高干部理论联系实际的能力，发挥了积极作用。现在，中央党校函授教育已经成为多渠道培训在职党员干部的一种有效途径。

中央党校常务副校长郑必坚在讲话中指出，党校函授教育要按照江泽民同志关于“三个代表”的重要思想，坚持正确的办学方向，加强科学管理，提高教育质量，努力为培养党的高素质干部队伍和建设人才作出新的更大的贡献。

中央党校函授学院各分院代表 150 人出席了会议。会上还表彰了一批优秀教师、优秀学员和优秀管理人员。中央党校副校长张志新也在会上讲了话，副校长王伟光、李君如出席了会议。

《人民日报》2000 年 10 月 28 日一版报道

中央党校庆祝函授教育十五周年

胡锦涛亲切接见与会代表

本报北京 10 月 27 日讯　记者董宏君报道：中央党校函授教育十五周年总结表彰大会今天在京召开。会前，中共中央政治局常委、书记处书记、中央党校校长胡锦涛亲切接见了与会代表并与大家合影留念。

十五年来，中央党校函授教育在党中央亲切关怀下，取得了显著成绩，对于提高广大干部的马克思主义理论水平和专业文化水平，提高干部理论联系实际的能力，发挥了积极作用。现在，中央党校函授教育已经成为多渠道培训在职党员干部的一种有效途径。

中央党校常务副校长郑必坚在讲话中指出，党校函授教育要按照江泽民同志关于“三个代表”的重要思想，坚持正确的办学方向，加强科学管理，提高教育质量，努力为培养党的高素质干部队伍和建设人才作出新的更大的贡献。

中央党校函授学院各分院代表 150 人出席了会议。会上还表彰了一批优秀教师、优秀学员和优秀管理人员。中央党校副校长张志新也在会上讲了话，副校长王伟光、李君如出席了会议。

《光明日报》2000年10月28日A2版报道

中央党校庆祝 函授教育十五周年

胡锦涛接见与会代表

本报北京10月27日电（记者张业清）中央党校函授教育十五周年总结表彰大会今天下午在北京举行。会前，中共中央政治局常委、书记处书记、中央党校校长胡锦涛接见了与会代表。

十五年来，中央党校函授教育在党中央亲切关怀下，取得了显著成绩，在提高广大干部马克思主义理论水平和专业文化水平，提高干部理论联系实际的能力等方面，发挥了积极作用。现在，中央党校函授教育已成为多渠道培训在职党员干部的一种有效途径。

中央党校常务副校长郑必坚在会上讲话。一批优秀教师、优秀学员和优秀管理人员在会上受到表彰。

北京电视台2000年10月25日晚间新闻节目报道

中央党校2000年函授教育工作会议在京举行

本台讯　今日上午，中共中央党校2000年函授教育工作会议在北京市工业党校召开，各省、自治区、直辖市、副省级市委党校和有关部门代表150余人参加会议。中央党校副校长张志新、北京市委常委阳安江、北京市工业工委书记、市经委主任金生官、中央党校函授学院常务副院长黄士安、副院长刘利群、张东升、欧亚平、北京市工业党校校长方富楼出席了开幕式，方富楼致欢迎词，阳安江讲了话，黄士安作了《深入贯彻落实中央10号文件精神，开拓党校函授教育事业的新局面》的工作报告。

《安徽日报》2000年10月22日报道

省直党校积极探索教学新思路

省直党校函授教学重视党性教育，在日常教学活动中不仅注重理论的讲授，还组织学员进行社会调查，把理论学习和丰富的社会实践结合起来，从而提高了教学质量，取得了良好的教学效果。

10月17日，98级党政管理专业本科班的全体学员前往我省大型国有企业——江淮汽车集团有限公司进行专题教学观摩活动。学员们参观了生产车间，听取了厂情报告，了解了独特的企业文化。通过参观考察，学员们把抽象的理论知识和鲜活的实际工作结合起来，这对提高党性素养，增强党务工作者的责任心与自信心都有极大的促进作用。同学们纷纷表示，要将江汽集团党务工作的先进经验带回去，加以学习和借鉴，为做好本职工作增添新的活力。

（张　杰）

《江西日报》2000年12月20日报道

从严办学　注重质量

省委党校函授教育严把四关

省委党校严把函授教育招生关、教材关、教学关、考核关，狠抓函授教育质量，使依据党校开办的函授教育成为多渠道培训在职党员干部的一种有效形式，为我省干部教育事业增添了新的活力。

教学是函授教育的中心，教学质量是函授教育的生命线。省委党校坚持“从严办学、注重质量”的宗旨，确保函授教育质量。校委多年来一直坚持引进教师要高学历、有一定实践经验的原则。今年，他们在全省公开选调12名年轻教师充实教师队伍。该校重视教师培训，每年都要选派一定数量的教师到中央党校进修，并鼓励动员教师参加高学历学习，仅今年就有两名骨干教师攻读博士学位。他们采取有效措施狠抓教师面授质量。一是集体备课，二是审批教案，三是公开教学。

函授教育是一所没有围墙的学校，函授教学的各个环节都得靠管理人员去贯彻落实。为此，该校重视函授管理队伍建设。省委党校指定一位副校长担任函授学院院长。18个函授学区都有1名市级党校校领导主管函授工作，109个辅导站都由县级党校校领导担任站长。坚持每周一次的政治学习制度、每月一次的党组织民主生活会和采取固定业务学习日、不定期举办业务学习培训班的办法，提高函授管理人员政治业务水平。省委党校重视学员的面授管理，有针对性地制定、完善了学员管理制度：如考勤制度。要求上课老师和班主任每堂课都必须点名，学校不定期派人抽查；淘汰制度。学员累计两门闭卷考试课经补考不及格者，取消其学籍等等。

考试是党校函授质量生命线的保障线，而考风考纪是关系函授教育质量的最重要环节。该校大张旗鼓地宣传严肃考风考纪，层层签订责任状，严格试卷保密。专门成立了试卷保管分发小组。实行3把锁到位管理，试卷签收、保管和分发各环节都落实责任制。在全校范围内选派副高、副处以上干部带队下学区、辅导站巡考监考，并印发考试情况、监考情况反馈表，实行监考人员与被监单位双向监督。

省委党校函授教育从1987年3月开始创办，至今已走过13个年头。由于重视教学质量，函授教育取得显著成绩，13年来，已为江西培养了一大批高素质的领导干部和高素质的人才，学员中有省、军级干部7人，地厅级干部112名，县处级干部928人；涌现全国劳模60余人，受全国性表彰、奖励者200余人，省、部级劳模或受相应表彰的300余人，晋升为高级职称者500余人，毕业函授学员57520名。

（涂斌 罗志猛）

《湖北日报》2000年3月27日报道

党校函授教育培养大批人才

109人次受国家级表彰
61人次受省部级表彰

我省党校函授教育创办15年来，坚持“办学质量第一，社会效益第一”的办学方针，从无到有，从小到大，办学质量逐步提高，为我省经济建设与发展培训了大批人才。

据省委党校函授学院近日提供的数据，在全省党校函授学员中，受国家级表彰的学员达109人次，省部级表彰的61人次，市（县）级表彰的4411人次。提拔地厅级干部21人，县处级干部990人，科级干部7821人。学员中还涌现出一批荣获公安部1998年度抗洪抢险一等功的模范英雄人物。

我省党校函授教育始终注重把时代特征体现和贯穿于整个教育的全过程，注重根据社会主义现代化建设事业的需要设置课程，改革考试考核方法，积极推进素质教育。课程设置上，按照中央党校的要求，加大“三基本”，即《马克思列宁主义基本问题》、《毛泽东思想基本问题》、《邓小平理论基本问题》和“五当代”即《当代世界经济》、《当代世界科技》、《当代世界法制和我国法制建设》、《当代世界军事和我国国防》、《当代世界思潮》在党校函授教育的设置分量，提高教材水准，同时运用远程教学网和电化教学等现代化手段。

目前，全省党校函授班次上形成了领导干部班、党员干部大专班、党员干部本科班和在职研究生班等系列配套格局，基本上能适应全省不同层次党员干部学习深造的需要。全省党校函授教育的开办，使一大批在职在岗干部的政治、文化素质有了明显提高。

（占学识）

《湖北日报》2000年12月7日报道

我省党校函授教育形成特色

我省党校函授教育积极探索教学规律和方法，函授教育形成特色。6日结束的省委党校函授教育工作会上，57位函授教育先进工作者受到表彰。

党校函授教育是以党员干部为主要培养对象的成人高等在职教育。近年来，他们将函授教育规律及方法作为党校教育的一个重要课题，相继开展了教材内容改革、教师素质、办学规模、函授管理等研究；组织了全国性的函授考试命题改革研讨会、函授教学研讨会，对党校函授实施素质教育的方法及其途径进行了深入研究。学院还承担并完成了一批素质教育的科研课题，科研成果受到专家好评。

（张洁 黄嘉红）

《光明日报》2000年2月27日第三版报道

为甘肃发展提供人才支持

——访中共甘肃省委党校常务副校长王文学

不久前，甘肃省公开选拔副厅级领导干部的4位拟任人选中，有甘肃省委党校1位教师和3位学员。社会对甘肃省委党校刮目相看。那么，该校到底有什么“法宝”呢？常务副校长、甘肃分院院长王文学说：坚持党校特色，抓住新世纪加快西部大开发的机遇，大力培养德才兼备的中青年领导干部，为甘肃的不断发展提供人才支持。

党校教育是党的一项重要事业。眼下，要落实党中央关于西部大开发的战略决策，必须加快培养一支高素质的干部队伍。据介绍，经过多年努力，特别是《中国共产党党校工作暂行条例》颁布以来，甘肃省委党校已拥有421名教职工，能够开设320多门课程，形成了以主体班次为主，招收大专、本科、研究生等不同层次学员的办学格局。1983年党校教育正规化以来，甘肃省委党校培训各种干部7万人次，全省各地、县党校和企业党校共培训22万人次。这“30万大军”为振兴甘肃发挥了重要的作用。

王文学说，近年来，省委党校深化教学改革，加强了对领导干部的理论武装和知识武装：引导学员把学习邓小平理论与学习马列主义、毛泽东思想相结合，深刻认识邓小平理论的科学性。1995年以来，根据全省实际，成功地举办了“奔小康”、“扶贫攻坚”、“扩大开放”等3期领导干部专题研讨班，使学员系统地学习了理论，并能够运用理论观察、分析、研究现实问题。

为更好地指导实际工作，该校分类举办县处级领导干部培训班，强化专业知识学习。宣传文化干部培训班、纪律监察干部培训班、全省干部法律知识进修班都收到了良好效果。甘肃省委党校的绝大多数学员目前已成为该省各条战线的领导和骨干。以定西地区为例，区内7县14位党政一把手中就有11人是省委党校毕业的。

更新观念，办好函授教育。王文学说，党校函授教育姓“党”，具有很强的政治性，是为培养党的高素质干部服务的。只有按照讲学习、讲政治、讲正气的要求，纠正党性不纯、党风不正在干部培训领域的具体表现，才能促进党校函授教育的健康发展。1995年10月，甘肃分院被中央党校函授学院授予“优秀办学单位”荣誉称号。经过全省各级党校的艰苦奋斗，函授、走读教育为甘肃建设培养了一批留得住、用得上的合格人才。

加强师资队伍建设，实施名师战略，按照“提高素质、改善结构、稳定骨干、培养后俊”的要求，开展“精品课程”试验，采用集体备课、观摩教学、定期交流等多种形式，充实丰富教学内容，用“质量第一”的意识指导教师的引进和聘任工作，对每个被聘任教师的上课效果、学员评议结果、发表论文的数量与质量等方面“排队”，奖优淘劣。

（陈宗立　丁松虎）

《空军报》2000年6月20日报道

中函空军部队分院积极探索办学新路

中央党校函授学院空军部队分院开办8年来，努力探索适合空军部队特点的办学网络和教学管理体系，具备了培养大专、本科、研究生等多层次、多学科人才的教学能力，成为空军干部科学文化教育的重要组成部分。6月8日、11日，中央党校函授学院和全军党校函授教育办公室的领导，对空军部队分院的教学质量进行检查评估后，给予高度评价。

空军部队分院在办学过程中，始终把提高空军干部队伍的整体素质作为办学宗旨。他们依托空军12所院校建立了12个学区，在空军师以上部队和机关建立了89个辅导站，组成了覆盖空军部队的教学网络。这就解决了院校有办学资源但与部队没有隶属关系，部队干部有求学愿望但组织办学队伍困难的矛盾，走出了一条“统一领导、院校办学、以教养教、就地学习”的路子，保证了党校函授教育健康、持续、稳定发展，毕业和在籍学员达3万多人，为提高空军干部队伍素质作出了贡献。

检查评估组认为，空军部队分院的软、硬件建设都达到了中央党校函授学院、全军函办的要求，走在了全军16所分院的前面，在教学管理、软件建设方面为全军乃至全国党校函授教育积累了经验。

（韩　钟）

办 学 成 果

在青海省首次公开选拔副厅级干部中

青海分院四名学员榜上有名

在去年年底青海省首次公开选拔的10名副厅级领导干部中，有4名是青海分院先后毕业或即将毕业的学员。

这次公开选拔副厅级领导干部根据《青海省公开选拔副厅级领导干部考察工作方案》，经过组织动员、公开报名、笔试、面试等阶段，有30名人选进入最后考察，5个考察小组分别对两个职位人选进行考察，由5名离职和在职的正厅级干部担任考察组组长。各考察组通过考察了解、认真分析、反复比较，提出了拟用人选建议，报省委研究决定。

1999年12月30日，青海省公开选拔副厅级领导干部工作领导小组办公室召开新闻发布会，通报了公选结果。通报指出，此次公选工作程序严谨，组织严密，透明度高，充分体现了公开、公平、公正、竞争、择优的原则，是青海省深化干部制度改革的一次成功探索。

入选的4名中函青海分院学员是：王予波为中函领导干部在职研究生班学员，原任省政府办公厅社会二处处长，现任省科委副主任；吕刚为中函本科班毕业学员，原任省劳动人事厅编制办主任，现任团省委副书记；杨伯让为中函大专班毕业学员，原任省交通厅运输管理局局长，现任省交通厅副厅长；庞顺泽为中函本科班毕业学员，原任省人大法制委员会办公室主任，现任省司法厅副厅长。

（秦学勤）

甘肃分院2名毕业学员在竞聘中脱颖而出

甘肃省公开选拔副厅级领导干部的工作历时3个月，选拔结果于近日揭晓。已确定的4名拟任人选均为党校毕业学员，其中2名为党校函授毕业学员。

甘肃省这次公开选拔副厅级领导干部，从1999年10月19日开始报名，前后推荐报名的处以上干部有289名，经审定符合报考条件的干部228人，其中硕士研究生以上学历者49人。有190余名报考者参加了政治理论、文化知识和相应专业的闭卷考试，后又从中选出成绩前20名的“考生”参加了面试，最后经由专家学者和领导组成的评委会以个人打分与综合评判相结合的公正方式，优选出每个职位的前3名。经过对面试的前3名进行“德、能、勤、绩”的全面考察，由省公开选拔领导干部领导小组确定人选，报省委审定后确定4名拟任人选。

据选拔领导小组的公告公布，这4名人选中有2名是省委党校脱产学员，有2名是党校函授学员，这2名党校函授学员是：

郑华平，拟任省科学技术委员会副主任，1994年中央党校函授经济管理专业本科毕业。入选前任省科委人事处处长。

武敬东，拟任省技术监督局副局长，1998年中央党校函授经济管理专业本科毕业。入选前任省人大法制工作委员会副主任。（冯 湖）

党校函授为海岛人架起知识之桥

辽宁省长海县位于黄海深处，是一个四面环海的海岛县。多年来，由于环境制约，海岛人外出学习极不方便，所以，长海县党员干部的知识水平和学历层次相对较低。1996年，中央党校函授学院大连学区在长海县设立了教学班，解决了海岛人外出学习难的问题，为海岛人架起了知识之桥。至目前为止，辽宁省长海县委党校已先后办了4期中央党校函授学院大连学区长海教学班，有经济管理、法律等专业，先后有227人参加了中央党校函授学院本科学历培训，其中副科级（副书记、副乡、镇长）以上的领导干部62人，占27%，党政机关工作人员136人，占60%。

通过函授学习，一是解决了学历问题，二是学员的知识水平有了很大提高，增强了工作能力。现在有很多函授学员已成为本部门的骨干，有的被提拔为县级领导干部，还有的被提为副科级（副书记、副乡、镇长）以上领导干部，在工作中发挥着越来越大的作用。因为有了这座知识的大桥，海岛已形成了一股求知识、讲学习、奋发进取的良好社会风气。（舒　民）

山东分院7位毕业学员在副厅级干部选拔中榜上有名

山东省公开选拔副厅级干部在全省引起普遍关注，经组织推荐，共有2000余名处级干部参加了笔试，近百人参加了面试。在面试合格的54名考察对象中，18名德才兼备的优秀人才脱颖而出。18人中党校毕业学员为7人，占2/5，他们全部为党校函授学历教育在职学习的学员，其中研究生5人、本科2人。党校函授教育毕业生所占比例之高、影响之大，证明了党校函授教育在干部教育和干部培养中的重要作用，体现出党校函授教育“社会效益第一”，“质量第一”的办学宗旨。随着教育改革的不断深入，党校函授教育必将在培养新世纪高素质领导干部中发挥出越来越重要的作用。

（王宪昭）

注重社会效益　提高干部素质

上海分院静安辅导站函授教育硕果累累

上海分院静安辅导站自1985年建立以来，坚决贯彻落实中央领导同志关于党校函授教育工作的重要指示，把函授教育作为党校教育的重要组成部分，以培养造就高素质干部队伍为根本宗旨，大力发展函授教育，坚持注重社会效益，不断提高办学质量，取得了丰硕的教育成果。

15年来，静安辅导站累计开办了13届16个大专班和8届10个本科班，培养学员1057名，学员遍布本区和本市党政机关、军队、公安、工商、财政、税务、医院、学校、工厂、商店等各行各业。学员通过党校函授教育“充电”，增强思想素质，扩展专业知识，提高能力水平，在改革开放和社会主义现代化建设的各条战线上大显身手，创造出骄人的业绩。首届大专班经济管理专业学员丁善华，原任上海警备区干部处处长，毕业后晋升为上海警备区后勤部部长，1999年9月又晋升为上海警备区副司令员。1998级大专班经济管理专业学员、上海东方商厦黄金珠宝部营业员马海燕，入学前连续二届被评为上海市劳动模范，入学后再上新台阶，2000年“五一”前夕被国务院授予全国劳动模范称号。1995级本科班经济管理专业学员、上海重型机器厂行政处处长徐酉仁，探索国有大型企业在转制过程中解决职工下岗安置问题开展思想政治工作的新路子，1996年8月被上海市工业党委、上海市经委授予上海市工业系统优秀思想政治工作者称号。

据不完全统计，静安辅导站有19名学员入学前后荣获省市一级的劳动模范、先进工作者、三八红旗手、新长征突击手等称号；79名入学前为县处级领导干部的学员通过参加函授学习，取得了中央党校函授学院本科或大专毕业文凭。学员在读期间或毕业后，有1名提升为省军级领导干部；6名提升为厅局级领导干部；59名提升为县处级领导干部；3名分别评上了高级经济师、高级会计师、高级教练员职称；1名被国务院授予全国劳动模范称号；在全国各类报刊杂志发表论文40余篇，参加编写著作5本。（李法全）

大洋上的中函学习班

——总装备部分院海上办学纪实

在中国航天远洋测量船基地的“远望号”上，有一群常年追星赶箭的中央党校函授学员，他们的足迹遍布太平洋、印度洋和大西洋。在远航的日子，甲板上、船舱里，都是他们学习的课堂。

总装分院航天远洋测量船基地辅导站所属的“远望号”姊妹船上的中函学习班，因经常出海，给教学与管理带来一定困难。1995年前，辅导站主要吸纳陆上党员干部参加中函学习，但基地党委认为，中函教育是提高基地干部队伍素质的一条重要途径，要面向基地全体党员干部办学，把学习班办到海上去。

办学之初，辅导站就碰上了海上办学的三只“拦路虎”：第一，按教学计划，每学期都要对学员进行面授辅导，但对海上的学员怎样进行面授辅导呢？第二，学员分散在四条船上，而四条船又分布在世界三大洋，光时差就十多个小时，如何进行正常的教学管理？第三，四条船出海时间随任务而定，出海时遇到期末考试、毕业论文答辩该怎么办？辅导站领导办学决心很大，明确指示，中函海上学习班要办，总院规章制度要严格执行，如何解决三个问题靠实践。经过认真调查研究，逐步摸索出了一条适合海上学习的办学之路，这样96级学员在船上开学了。根据辅导站建议，各船党委决定将解决学员的学费问题纳入每年的办实事计划中，规定只要学员取得毕业证书，凭毕业证书原件可报销全部学费，并将学员的学习情况与评功评奖相结合，对学员的学习劲头起到了很好的鼓励和促进作用。

每次“远望号”出海执行任务前，辅导站将教材、学习纲要、作业本和电教辅导的录音带按时送上船，并向学员提出出海期间学习和作业的要求；组织政治处宣传干事和班长、组长开碰头会，按出海时间制订学习计划，各负其责，并要求船回来时，各小组都要写海上学习体会，以便小组与小组，船与船之间相互进行学习交流。为了使学员在海上期间自学取得好的效果，辅导站专门为他们请来经验丰富、讲课质量高的老师集中进行几天面授辅导。船出海后，以船为单位，由各船政治处宣传干事负责，各教学班班长具体组织，以自学小组为基本单位，组织好海上的自学活动；由班长记录学习中难以解答的问题，回港后请面授辅导老师解答。因带着问题上课堂，面授时与教师交流的气氛非常热烈，从而使答疑为主的面授课取得了“一点就通”的教学效果。

出海期间，他们充分利用任务间隙，相互交流学习心得，举办函授课程讲座，开展“党在我心中”为主题的演讲，不仅给枯燥乏味的海上生活带来了勃勃生机，而且有力地促进了试验任务的圆满完成。辅导站还定期打电话到海上向各船政治处了解学员的学习情况，既对学员的学习做到心中有数，又保证了对学员的管理正常有序。

在分院的帮助下，辅导站较好地解决了船出海时与期末考试的矛盾。比如，96级在三年的办学过程中，有4次期末考试遇到学员在海上执行任务，不能参加正常的期末考试，海上学员只得与考试不及格的陆上学员一起参加补考，按实际考试成绩计分。

办学四年来，海上学习班的学员队伍不断扩大，现已有毕业本科学员19名，专科学员24名。正在学习的99级本科学员68名，专科学员10名。

（仰朝晖）

党校函授毕业学员受到社会广泛关注

山东分院费县辅导站本科班毕业学员在参加全县公开选拔副局（科）级领导干部考试中，有6人入围，引起了社会的广泛关注。

今年，费县县委为了提高领导干部的综合素质和增强领导干部选拔工作的透明度，专门拿出9个副局（科）级领导职位，在全县干部中进行公开选拔。全县共有265名符合条件的本科生报名参加考试，其中党校函授本科毕业学员45人，占报名总人数的10.7%。2月1日考试成绩发榜时，党校函授毕业学员有6人榜上有名，占入围人数27人的22.2%。党校函授本科毕业学员在非第一学历本科考生中高居榜首（27名入围人员中第一学历本科者14人，自学考试本科3人，党校函授本科6人，国民教育函授本科4人），引起了社会的普遍重视，受到了县委的充分肯定。

（王 友）

从干部公开选拔结果看党校函授

在我们山东省公开选拔副厅级干部的结果公布之后，人们常听到的一句话，就是“党校函授毕业学员，了不起！”全省2000余名处级干部参加竞选，经过严格的笔试、面试和考察，山东省委分两次公布了录用名单，在35名新录用的副厅级干部中有14人是党校函授毕业生，占全部录用人数的40%，其中研究生班毕业生8人，本科班毕业生6人，在如此激烈的竞争选拔中，党校函授毕业生数量之多、比例之高令党校教育工作者感到欣慰，也令广大在校学员备受鼓舞。

首先，党校函授教育的办学方针体现了广大干部的实际需要。胡锦涛同志反复强调："党校函授教育培养的学员，应当不低于国民教育的水平。从总体水平来说，应当更高一些，此外，还有提高领导能力和增强党性修养的要求。"党校函授教育从严格贯彻落实这一精神出发，坚持"理论、知识、党性、能力"相统一，把新时期干部所必需的综合素质作为培训目标，把广大干部必备的政治素质作为培训重点，帮助学员掌握理论，增强党性修养，提高实际能力，为其做到"三个代表"打下坚实的思想和理论基础。

其次，党校函授教育的教学内容反映了时代发展的要求。经济全球化和知识经济时代的到来，对干部的自身综合素质提出了更高的要求，广大党员干部纷纷产生一种"我要学"的主流心态，且学习形式只能以在职学习为主。党校函授教育适时把握时代的脉搏，始终站在时代的前沿，合理设置一些社会急需的、应用型专业，构筑符合时代要求的课程体系，集面授、函授、电化教学、远程教学于一体，及时传递最新信息，使学员始终用发展的眼光思考问题、研究问题、解决问题，增强了教育的时代性、适应性、实用性。因此，它不仅体现了时代发展的要求，而且符合党校教育多渠道办学、努力培训新世纪干部队伍的发展规律。

第三，党校函授教育蓬勃发展凭靠的是质量和效益。党校函授教育把办学质量看作是自己的生命所在，始终注重把党校形象与党的形象结合起来。在办学环节上，坚持严格管理，不断深化教学改革，切实提高教学质量，并通过严把招生关、教材关、考核关和毕业关，强化党校自身的教育特色。不仅如此，党校函授教育采取以班级管理为单位，班主任深入课堂，教师深入学员，管理人员深入基层，了解学员的愿望和呼声，因地制宜，发掘函授教育的内涵，为学员的学以致用创造了良好的条件。党校毕业学员在社会上的突出表现，又促使广大干部积极参加党校函授学习。正是这种良性互补使党校函授教育得到了蓬勃发展。

（王宪昭　孔祥荣）

函授在边远乡镇结硕果

最近一段时间，在重庆市渝北区中河镇流传着一个让人兴奋的话题：在渝北区委组织部面向全区机关事业单位选招乡镇长助理的考试中，全区 240 人参加笔试，有 120 人笔试合格，后有 60 人面试合格后进入考察范围。中河镇共有 8 位干部报名参加笔试，其中 7 名笔试合格进入面试。在严格的面试中，中河镇又有 5 人合格进入考察范围。中河镇以报名参加考试人数多、笔试面试合格比率高而在全区各单位中展现了该镇机关干部较高的综合素质。

全镇上下在兴奋地谈论这一话题的同时，无不称赞该镇多年来常抓干部素质提高、鼓励机关干部参加中央党校函授学习的制度。从 1996 年以来，中河镇就制定了制度，鼓励干部参加党校函授学习，不仅报销读大专、本科的学费，而且毕业时还给予一定的物质奖励。现在全镇 44 名机关干部中大专毕业的有 18 人，本科毕业的 4 人，正在读中央党校函授研究生的 1 人、本科 9 人、大专 8 人。经过多年的努力，不仅使干部文化水平、综合素质提高，同时也使中河镇的多项经济、社会工作在全区名列前茅。

该镇有关负责人在回顾近年工作和谈到渝北区的这次干部公选时，都把干部参加中央党校的函授学习，看作是该镇取得成效的一个重要因素。

（刘中云）

城固辅导站 18 名学员受表彰

日前，在陕西省城固县 1999 年度表彰大会上，全县 83 名受奖先进工作者中，有 18 名中央党校函授学员。这些学员在城固县城乡各条战线上，做出了显著成绩。在县委党校举行的座谈会上，获奖学员们高兴地说：我们成绩的取得，是与在党校的学习分不开的，我们要以此为起点和加油站，继续搞好今后的工作和学习。

城固辅导站注重质量，加强管理，取得了较好的成绩。1995 年以来，城固辅导站被中央党校函授学院、省分院、汉中学区评为先进辅导站；1999 年，县委党校还被省委党校确定为创全省一流县级党校之一；常务副校长钟庆祥同志被评为全国党校系统先进教师，曾受到胡锦涛等中央领导同志的接见。

（付明洪）

总院编辑出版的著作与专辑简介及篇目

《党校函授教育学》简介

该书由总院和四川分院组成的本书编写组编写，当代世界出版社出版发行。该书构建了特有的理论体系。它以5篇22章40万字的篇幅构成全书，较好地体现了理论的系统性和全面性。导论为党校函授教育学的发端之言，阐明了该书的研究对象、研究任务、研究方法和研究的意义。第一篇总论，从宏观上探讨、阐明党校函授教育的产生、发展和地位作用，及其指导思想和教育方针，性质、特点和一般规律等内容，是全书的精华部分。第二篇教学论，第三篇管理论，第四篇督导论，这三论是该书的分论部分，即从各个特定的方面研究党校函授教育的具体内涵与规律。其中，教学论阐明党校函授教育的学制、班次、专业和课程设置，党性教育，创新能力的培养，教学计划和教学大纲，教师队伍，教材，教学过程和原则，教学方法和组织形式，电化教学，学业成绩的检查与评定，科学研究等内容；管理论阐明党校函授教育的管理体系和运作机制，管理队伍，班主任工作和班组建设，教务管理，勤务保障，函院文化建设等内容；督导论阐明党校函授教育的视导，教育评估等内容。本书在内容上涉及了党校函授教育的方方面面，结构上形成了较完整的体系。它回答了党校函授教育的一系列重大理论问题；系统总结了党校函授教育的实践经验，它把15年来党校函授教育的实践经验升华为理性认识；体现了现代成人高等教育的基本特征，它既反映了党校教育的特色，又坚持国家成人高等教育的基本要求，党校函授教育作为现代成人高等教育的一种类型，不仅有成人高等教育的共性，也有党校教育的特性，是二者的统一体。

《党校函授教育评估材料汇编》简介

该书由总院编印。该书主要包括两部分：一是中共中央党校办公厅印发的有关中央党校函授教育评估的文件、总院下发的有关通知，中央党校领导和总院领导同志对函授教育评估工作的讲话；二是各分院的评估工作总结。该汇编收录的有关文件及各分院的评估工作总结，概括地反映了函授教育评估的作法、步骤和成果，全面地评价了十多年来党校函授教育所取得的成绩和存在的不足，提出了整改的目标和措施。另外，黑龙江分院和解放军各分院的评估工作还没有完全收尾，未来得及编入。

《党校函授教育特点规律研究》简介及篇目

该书由总院编印。入选的72篇论文是总院从1998年至1999年先后收到的近200篇有关党校函授教育特点、规律的研讨论文中遴选出来的。全书分为形势与对策研究、性质与特点研究、深化教改强化素质教育研究、办学队伍建设研究、强化科学管理研究、教育方法研究六部分。入选的论文从不同层次和侧面研究了党校函授教育的特点、规律及应用，总结了党校函授教育的办学经验，反映了目前全院同志对党校函授教育的认识水平。由于党校函授教育是一个新生事物，人们对它还有一个认识过程，因此在选编过程中，按照“百花齐放、百家争鸣”的方针，尊重不同意见，客观、如实地汇集了各种观点，以便于促进全院对党校函授教育理论的深入探讨。其篇目如下：

一、形势与对策研究

关于面向21世纪党校函授教育的思考
——中央党校函授学院常务副院长 黄士安
党校函授教育面向21世纪改革与发展战略的思考 ——总院研究生办公室 张鸿岳
面向21世纪，党校函授教育必须进一步深化改革 ——河南分院 李贤民
21世纪党校函授教育发展问题初探
——汕头市委党校
教育产业与党校函授教育观念的革新
——四川省委党校常务副校长 李锡炎
党校函授教育的可持续发展——广东分院 刘少南
党校函授教育如何面对知识经济的挑战
——空军分院兰空二学区 宋景和
对党校函授教育的再认识 ——肖 伟

二、性质与特点研究

试论党校函授教育的性质、特点和规律
——总院教学处 高金海
论党校函授教育的性质和特点
——重庆市委党校 肖绍斌
怎样理解“党校函授教育是党校教育的重要组成部分”——安徽省委党校副教育长 刘 路
立足特点，把握规律，面向未来，努力推进党校函授教育现代化建设步伐
——江苏分院 方根林 王 刚
党校函授教育与普通成人高等教育比较研究
——北京市委机关分院 张京生
扬长补短，保证质量，发展函授
——新疆分院和田学区 李长友
着眼特点，办好党校函授教育
——广西贺州地委党校 袁凤英
党校函授教学特点初探 ——总院教学处 姚东锋
浅谈中函教学过程的统一性——空军分院 何孝明
党校函授教学过程主客体关系研究
——天津分院 汪 悦
试析党校函授教育的教学特点和规律
——新疆喀什地委党校 姚春军
从军队特点出发提高党校函授教育质量
——沈阳军区分院 张相荣 郭春鹰
遵循党校函授教育规律，办好军队党校函授教育 ——兰州军区分院
国有大型企业党校函授教育的特点及规律初探 ——重庆分院西铝厂辅导站 袁智强 陈光华 石 军
试论遵循党校函授教育规律，促进中西部民族地区党校函授教育大发展
——广西凤山县委党校 龙永敏

三、深化教改，强化素质教育研究

坚持研讨，不断深化教学改革 ——辽宁分院
党校函授素质教育的现状与对策研讨
——湖北分院 李天相 张锦文 白长江 陈 述
党校函授教学实施素质教育的协同思路
——上海松江区委党校 王瑞麟
党校函授教育考试命题改革问题研究
——总院教学处 鲁金波 孟昭营
谈党校函授的素质教育与考试改革 ——凌传茂
关于深化党校函授教育考试改革的实践与思考 ——辽宁分院 李秀华
遵循党校函授教育特点和基本规律，努力提高考试命题质量 ——梁 金
提高在职干部素质，迎接知识经济挑战
——张海梅
以知识经济为契机，逐步推行创新教育
——空军分院广空二学区 尹全忠
党校函授必须强化素质教育
——梅州市委党校 刘兴林
党校函授全面实施素质教育的几点思考
——安徽安庆市委党校 彭生高
党校函授强化素质教育初探
——甘肃分院 王尧德
加强素质教育，保证函授教育质量
——肇庆市委党校辅导站
优化教学过程，强化素质教育
——顺德市委党校
新时期党校函授教育中的党性教育问题初探
——湖南分院 覃正爱

四、办学队伍建设研究

五、强化科学管理研究

六、教学方法研究

《学习·探索·结晶（第四辑）》简介及篇目

该书由总院编辑，中共中央党校出版社出版。全书收录优秀毕业论文88篇，60余万字，分上下两册。其中，经济建设与改革类44篇、政治类28篇、民主法治类16篇。这88篇论文由总院专家评审组从各分院选送的96级大专班、97级本科班和领导干部函授班317篇毕业论文中选出。其特点是：选题面广，几乎涉及国内政治、经济、军事、科技、文化等领域；时代感强，论文与学员所学专业紧密结合，与本地区、本部门、本单位和个人的工作实际紧密结合，与我国改革、开放和现代化建设的实际紧密结合，积极探索新问题，总结新经验，提出新思路、新对策，对实际工作有较强的指导和借鉴作用。 （张驭涛）

上 册

经济建设与改革篇

试论经济结构调整与实施再就业工程的关系 ——江苏分院 金钰如

工业企业闲置资产的成因及盘活对策 ——江西分院 杨建国

哈飞重组与大中型国有企业的改革 ——黑龙江分院 韩龙跃

对深化改革的几点思考 ——空军分院 王继云

企业兼并与资产重组中的政府行为研究 ——浙江分院 李庆龙

“南风模式”对国企改革的启示 ——山西分院 尚小平

湖南工业企业技术进步问题探讨 ——总装备部分院 胡亚文

实行经营者招聘制是国有改制企业建立现代企业制度的重要环节 ——福建分院 陈建荣

国有企业下岗人员再就业刍议 ——北京市工业党校分院 苏春生

关于深化铁路企业内部分配制度改革的探讨 ——铁道部分院 张海燕

澄海市乡镇企业发展刍议 ——广东分院 王飞虹

知识经济与劳动就业 ——福建分院 庄锡耀

怀柔畜牧业产业化发展的困境与出路 ——总装备部分院

把握社会主义市场经济特性推进农垦经济体制改革 ——新疆兵团分院 王继亮

试论农村小型水利工程产权制度改革 ——浙江分院 孔天安

浅谈双峰县农村产业结构的合理调整 ——湖南分院 胡桂秋

积极推进农业产业化经营 ——内蒙古分院 张 智

南宁市发展生态农业的初步构想 ——南宁分院 陈志刚

我国外贸进出口的结构调整与经济增长 ——中央国家机关分院 兰炜班

试论我国加入WTO后云南烟草业可能受到的影响及对策 ——云南分院 杨文涛

特许经营：中国亟待发展的领域 ——上海分院 李海玲

论外贸企业实现规模经营的有效形式和途径 ——新疆分院 余荣诚

试论乡镇城市化是扩大内需的有效途径 ——广西分院 梁世武

启动农村消费市场 拉动经济增长 ——安徽分院 陶善才

对上市公司监管的思考 ——吉林分院 李 雁

论发展我国高新技术产业风险投资 ——北京市工业党校分院 郭亚丽

发展风险投资刍议 ——国防大学分院 王德峰

农业产业化与财政支农 ——辽宁分院 訾秀强

经济欠发达地区金融运行矛盾问题的思考与研究 ——江西分院 詹雨行

以高新技术产业为先导走可持续发展之路
——天津开发区21世纪的发展思路 ——天津分院 李济云

略论水资源配置中的几个问题 ——甘肃分院 张云刚

试论企业如何实施名牌战略 ——铁道部分院 贾 珂

我国的林业及其在国土安全中的主体地位 ——西安分院 陈小利

试论西藏经济增长方式的转变 ——西藏分院 索郎多布杰

论西部大开发与城市化的互动 ——青海分院 吴海昆

关于内蒙古及西部边疆民族地区乡村城市化的思考与对策 ——内蒙古分院 田宏远

浅谈加快青铜峡市农业产业化进程的对策 ——宁夏分院 包学义

关于提高深山区库区扶贫绩效的思考与对策
——安徽分院 孟庆银
试论社会主义初级阶段的个体私营经济
——南京军区分院 林仙元
论发展“民营”社会福利事业
——湖北分院 王斐道
关于个人房屋出租的税收流失问题研究
——重庆分院 包子川
试论发展文昌旅游业的若干问题
——海南分院 吕诗强
三亚市物业管理之我见 ——海南分院 钟 育
工程质量与投资效益刍议
——新疆兵团分院 李忠荣

下 册

政 论 篇

关于培养选拔跨世纪领导人才的若干思考
——河北分院 刘文虎
选拔干部必须坚持德才兼备的原则
——河南分院 朱晓峰
领导干部必须正确行使人民赋予的权力
——武警部队分院 吴中原
干部宏观管理的现状与对策
——甘肃分院 杨学智
适应新形势下农民的新特点 切实密切党群干群关系 ——河北分院 谷志科
人才资源开发与高等教育改革
——辽宁分院 蔡 民
关于以人为本管理理念的探索
——青海分院 王大智
对市场选配企业经营者的探讨
——北京市委机关分院 周 欣
关于推行国有企业经营者职业化的思考
——江西分院 吴建华
试论企业家的人格魅力 ——总参分院 王自强
社会主义市场经济与引进国外智力
——北京市委机关分院 惠西宁
论加快建立和完善信息监督机制
——对政府系统信息工作方向的初步思考
——江苏分院 何素成
发展市场经济与增强党性原则
——海军分院 宋荣方
试论充分发挥共产党员在党内监督中的作用
——天津分院 赵殿栋
反腐倡廉的艰巨性、长期性原因透析及对策
——南宁分院 莫永清
领导干部要做反腐倡廉的模范
——兰州军区分院 杨多永
试论社会主义市场经济条件下国有企业的廉洁经营 ——南京军区分院 蔡庸钰
加强村民自治 推进西藏基层民主政治建设
——西藏分院 苏云忠
试论发展文化产业的几个问题
——四川分院 张仁富
文化对社会经济发展的推动作用
——山西分院 艾 斐
关于提高典型宣传报道水平三个基本问题的探讨
——甘肃分院 吴军宏
试论教育新闻的可读性
——中直机关分院 翁忠英
试论如何搞好报纸的批评报道
——河南分院 杜其龙
关于广播电视产业化的思考 ——广西分院 罗桂卿
关于对实际问题进行理论思考的浅见
——北京军区分院 任之通
军队要讲政治 ——广州军区分院 刘粤军
市场经济体制下国防后备力量建设面临的挑战与对策 ——北京军区分院 张泽田
加强质量建设 走科技强军之路
——沈阳军区分院 徐 春

民主法制建设篇

认真贯彻依法治国方略 实现人治到法治的转变
——济南军区分院 宋新立
法制现代化的难点及其对策研究
—— 总后分院 王志雷
社会主义市场经济条件下完善竞争法律制度问题探讨 ——北京市工业党校分院 刘铁圈
市场经济条件下的青少年吸毒问题及对策
——云南分院 张 彦
农村经济案件不良举报心理初探
——西安分院 孙四印
略论“依法行政，为国把关”的海关工作方针
——山东分院 吕明新
对健全市场经济体制下消防管理机制的思考

——兼论建立依法管理的消防管理机制
——成都军区分院 刘学曦
论强化证据意识 加强取证工作
——山东分院 孔 波
生效法律文书执行难的探析 ——广西分院 王凤才
精神损害赔偿初探 ——黑龙江分院 侯绪良
正当防卫若干问题研究
——北京市公安局分院 徐雁安
论携带凶器盗窃应视为盗窃罪的从重情节
——国防大学分院 程道彦
西安市近年来抢劫案件的现状、原因和对策
——陕西分院 樊为民
论知识产权的刑法保护
——广州军区分院 杨 峰
隐私权初探 ——总后分院 聂红梅
乡镇一把手抓好依法治镇的几点思考
——贵州分院 吴晓旭

《学习·探索·结晶（第五辑）》简介及篇目

该书主编黄士安，副主编刘利群、王炳，由中共中央党校出版社出版。全书收录的60篇优秀论文是从97级、98级、99级县处级和省部级在职研究生班学员在学习课程期间撰写的近300篇优秀论文中，经过筛选评议确定的。这些论文大体分为：马克思主义理论与实践、社会主义市场经济与经济建设、社会主义民主政治建设、党的建设、军队建设、人才与教育等六个方面。其特点是：选题针对性、现实性强，具有一定的理论价值和现实意义，不少论文是学科和现实生活中的难点、热点及前沿问题；理论联系实际，理论思考与对策研究紧密结合，不少论文有独到的见解，提出了一些有一定深度的新观点、新思路，对实际工作有较强的指导作用。其中大部分论文已在公开的报刊或学术研讨会上发表。另外，对入选的论文在标题及内容上作了一些调整、修改。其篇目如下：

马克思主义理论与实践

对科索沃战争引出的几个认识问题的思考
——杨怀庆
用科学理论指导妇女工作 ——顾秀莲
创新是科学社会主义理论不断发展的灵魂
——徐莉莉
对“两个必然”真理性的再认识
——纪念《共产党宣言》发表150周年
——齐路通
学习和研究列宁新经济政策思想 推进建设有中国特色社会主义伟大事业 ——岳煊一
列宁与邓小平经济改革思想的比较研究 ——唐万年
毛泽东新民主主义经济思想探析 ——杨汉龄
求真 善断 矫枉 创新
——党的三代领导核心坚持马克思主义思想路线浅析 ——郇华扬
对全面理解邓小平理论精神实质的几点思考
——张文台
邓小平理论的时代特征和中国特色
——杨胜万
立足于社会的多数
——邓小平政治观的数量基础 ——陶武先
关键在于把我们自己的事情办好
——当前国际形势对我国的影响及对策
——王修智
论邓小平对辩证法实质的把握和实践 ——邓铜山
全面正确把握我国社会主义初级阶段的基本经济制度 ——曾 礼
试论邓小平对马克思主义利益观的继承和发展
——任运河
对外开放是强国之路 ——马生海
论党的十五大报告的理论特色 ——徐明善

社会主义市场经济与经济建设

经济全球化趋势与我们的对策选择 ——陈建国
论知识经济的基本特征及其发展趋势 ——张希光
以积极的态度应对加入世贸组织带来的机遇和挑战 ——杜世成
对西部大开发若干重大问题的思考 ——孙国强
简论积极的财政政策及其在我国的实践意义
——胡嘉慧
产业结构调整与就业的矛盾及解决途径
——袁晓江

美、日公司治理结构的比较及其对我国企业改革的借鉴 ——王润俊
略论产业结构调整问题 ——杨建城
运用财政政策启动经济增长需注意的问题 ——王 晶
论人力资本及参与企业的分配 ——向奇阳
关于西部贫困地区贯彻中央积极财政政策有关问题的思考 ——康仲涛
更积极地发挥消费需求对经济增长的拉动作用 ——张森春
当前农业和农村经济结构调整应注意的几个问题 ——夏养波
走生态经济发展之路 ——杨继平
我国农业基本建设存在的问题及对策 ——郭作玉 刘桂才
非公有制经济是西部大开发的一支生力军 ——孙建国 何小林
关于我国失业问题及其解决途径的认识与思考 ——陈其林
税费关系初探 ——鞠少波

《新形势·新阶段·新举措》一书的经验材料篇目

提高研究能力 培养高素质人才 ——国防大学分院
加强党性教育 不断提高干部素质 增强创新意识 突出研究落实成果 ——陕西分院
注重教学创新 开展“名家论坛” ——国内贸易局培训中心
重视远程教学 提高教学质量 ——江苏分院
规范化管理与教育质量保障体系建设 ——浙江分院
加强规范管理 提高教学质量 ——甘肃分院
加强管理 提高质量 ——新疆分院
严格管理 锐意改革 积极推进素质教育 ——重庆分院
以全面培养党员领导干部的素质为目标 加强党性锻炼 深化教学改革 严格进行管理 不断提高教学质量 ——云南分院
从严治教 规范管理 确保教学质量 ——青海分院
严格管理 热情服务 争创一流教学质量 ——北京市公安局分院
选好教员 加强管理 确保质量 ——空军部队分院
抓好班主任工作 确保在职研究生培养质量 ——海军大连舰艇学院二学区
加强班主任工作 提高班级管理质量 ——山东分院
关于抓好党员领导干部在职研究生毕业论文工作的思考 ——国家机关分院航天二院学区
97 级党员领导干部在职研究生班毕业论文工作的组织安排和体会 ——广东分院
强化毕业论文工作各个环节的管理 进一步提高研究生的综合素质 ——内蒙古分院
严格管理 精心指导 确保论文质量 ——沈阳军区分院
党员领导干部在职研究生教育特点和规律初探 ——北京市工业党校分院
深化教学改革 强化教学管理 严把“毕业关” 确保办学质量 ——广东分院广州学区

社会主义民主政治建设

依法治国与党的领导 ——吕家书
政治稳定与政治民主 ——朱争平
关于在政治体制改革中坚持和完善人民代表大会制度的思考 ——甘道明
论法与社会情感惰性的关系 ——王三运
社会主义初级阶段中国政治发展有关问题的思考 ——丁一平
中国政治体制改革的一次“惊险的跳跃”——论地方政府机构改革的难点与对策 ——顾 杰
树立崇高的法律意识是依法治国的基础 ——张学群

党 的 建 设

关于根本信仰问题的理论思考 ——黄 新
提高领导干部思想政治素质的思考 ——乔传秀
领导者必须善于理性思维 ——宋秀岩
当代领导者如何面对信息化的挑战 ——陈柯平
试论如何完善我国的政党制度 ——怀忠民
浅议中国政党制度的社会基础 ——宫 政
运用社会心理学知识改进思想政治工作 ——莫顺宝

部分分院编辑出版的著作与专辑简介

●铁道部分院

《毕业论文写作与指导范例》主编刘亚捷，由中国铁道出版社出版。本书是帮助学员撰写毕业论文的一本参考书。书中还收录了一些对指导毕业论文有多年实践经验的教师的文章，这些文章结合实例谈指导毕业论文的做法和体会，具有较强的操作性。

《铁路企业经营管理》主编吕昌，副主编孙晓林，由中国铁道出版社出版。本书是铁道部分院根据中央党校函授学院关于编写适合本地区、本部门特点的教材（乡土教材）要求而编写的。本书在1998年版的基础上又作了调整、修订和补充，是适合铁道部系统学员学习的一本好教材，它可以提高学员解决铁路实际问题的能力。

《教学研讨论文选编》主编李长奇，由中央党校函授学院铁道部分院印行。本书是铁道部分院召开的教学研讨会论文集。入集的28篇论文是从分院收到的56篇论文中，经过认真筛选编辑而成的。入集的论文大体上可分为两类：一类是关于学员毕业论文指导工作的；另一类是关于教学方式、方法的。

《中央党校函授学院铁道部分院管理制度汇编》由铁道部分院编印。本书在1998年7月制定的分院管理制度汇编的基础上，根据近两年的教学实践和具体情况，又作了新的补充、细化和修订。本书的编印对从严治院，提高教学质量，推行科学化、规范化管理具有重要意义。

《97级本科班毕业论文选编》主编孙晓林，由中央党校函授学院铁道部分院印行。全书共收录97级本科班学员优秀毕业论文25篇。

●北京市委机关分院

《97级学员优秀毕业论文选》由中央党校函授学院北京市委机关分院编印。本书是97级本科班和第7期领导干部函授班优秀毕业论文选。全书共收录30篇论文，分经济·管理类和法律·法治类两部分。这些论文从不同角度、不同侧面反映了学员的学习成果。

●北京市工业党校分院

《毕业论文精选》共两本，主编李永涛，副主编王金生、陈天任，由中央党校函授学院北京市工业党校分院印行。一本是96级大专班学员优秀毕业论文选，入选的15篇论文是从96级大专班学员撰写的1748篇毕业论文中精心挑选出来的。另一

军 队 建 设

新形势下保持人民军队性质不变的几点思考　——白景峰

借鉴古代道德治军经验　加强我军思想政治建设　——何为荣

加强质量建设　走有中国特色的精兵之路　——贯永生

中国空军发展战略思考　——徐　洸

坚持依法治军是新形势下治军的基本方略　——雷国保

以古鉴今　依法治军　——胥肖野

人 才 与 教 育

适应新形势要求　加强高层次人才队伍建设　——姜大明

关于深圳特区外向型人才培养的探讨　——曾尚安

浅议素质教育　——李清义

个性发展在素质教育中的作用　——郑培亮

论人力资本与教育投资　——郭大为

本是97级本科班和第7期领导干部函授班学员优秀毕业论文选，入选的28篇论文是从97级本科班和第7期领导干部函授班学员撰写的791篇毕业论文中认真筛选编辑而成的。入集的论文在选题、取材、构思等方面各具特色，有较强的政治性、思想性，中心突出，论述有一定的理论深度。每篇论文后面都附有指导教师的评语，对在校学员的论文写作具有一定的参考作用。

●北京市公安局分院

《毕业论文选编》由中央党校函授学院北京市公安局分院编印。本书是96级法律专业本科班学员优秀毕业论文选。全书共收录38篇优秀毕业论文。

●天津分院

《优秀毕业论文选》由中央党校函授学院天津分院编印。入选的53篇优秀毕业论文是由学区指导教师和答辩委员会从97级本科班和第7期领导干部班3322篇毕业论文中推荐的314篇优秀毕业论文，经过分院论文编辑委员会初审、复审确定的。

《经验与研究文选》（第二辑）由中央党校函授学院天津分院编印。本书分经验篇和研讨篇两部分，共收入文章45篇，约19万字。除1999年中共天津市委党校函授工作会议有关文件外，既收入了管理人员、教师及学员的经验体会，又收入了天津市第二届党校函授教育研讨会优秀论文23篇。书中还将在报刊发表上的文章目录及1999年度“十佳学员”、优秀教师、优秀教育工作者、优秀学员名单，在附录中列表说明。所有这些，在一定程度上展示了天津市委党校函授教育的办学成果。

●河北分院

《探索与实践——河北省委党校函授教育十五年经验汇集》主编杨伯亚，由河北人民出版社出版发行。全书汇集了180篇文章，约45万字，是一本集河北省委党校系统函授教育十五年经验的集体之作，是献给党校函授教育十五周年的一份厚礼。

《伟业》由中央党校函授学院河北分院唐山学区编辑，红旗出版社出版发行。全书分探索篇和求是篇两部分。它全面反映了党校函授教育十五年来所走过的历程。

●内蒙古分院

《思索集》主编于德水，副主编孙杰，由内蒙古教育出版社出版。本书是97级本科班学员优秀毕业论文集。入集的113篇优秀毕业论文选题范围较广，内容丰富，贴近现实，立意新颖，有一定的理论深度，对今后的工作实践具有一定的指导意义。

●安徽分院

《学习·思索·结晶》由中共巢湖市委党校编印。本书是第7期领导干部函授班学员毕业论文集。全书共收录毕业论文41篇。

●福建分院

《学习与探索》由中央党校函授学院福建分院编印。本书是99届学员优秀毕业论文选。入选的53篇优秀毕业论文基本上反映了学员们三年来的学习成果，也是学用结合的范例，对在校学员的论文写作具有一定的指导意义。

●山东分院

《强化班级管理　提高教学质量——党校业余函授教育班级管理工作经验选编》由中央党校函授学院山东分院、山东省委党校干部业余教育学院编印。本书收录了山东分院副院长魏继贵在全省党校业余教育班级管理工作会议上的讲话及全省部分学区为本次会议提交的班级管理工作经验。

《情况通报》2000年第1—30期合订本由中央党校函授学院山东分院、山东省委党校干部业余教育学院编印。本辑合订本记录了中函山东分院、省委党校业教学院2000年的事情，是在省院领导直接关心指导下完成的。它共收录了28个学区、辅导站150多位作者的纪实性报道及建议性文章，这些文章在宣传党校函授教育、交流经验、推广好做法、提供快捷的信息等方面起到了积极作用。

●重庆分院

《毕业学员优秀论文集》主编程大鹏，副主编曾明德，由中央党校函授学院重庆分院、重庆市委党校函授学院印行。本书是97级本科班学员优秀毕业论文集，入集的33篇论文是从数百篇优秀毕业论文中认真筛选出来的，这些论文基本上反映了

97级本科班学员的学习成果，对下一届学员的毕业论文写作能起到一定的参考和指导作用。

●陕 西 分 院

《函授通讯》2000年度第87—96期合订本由中央党校函授学院陕西分院编印。该合订本共收录“学习辅导、教学研究、写作知识、试卷评析、通讯报道、问题解答”等方面的文章140余篇。

●甘 肃 分 院

《毕业论文写作与答辩》主编石华翼、马祺，由兰州大学出版社出版。本书联系党校学员实际，以提高学员的论文写作能力为目的，力求文字简洁，通俗易懂，利于自学。在体例上，结合党校开设专业和论文教学工作的实际进行了分类，以便相应专业的学员写作论文时参考。本书也可为国民教育和其他干部教育的学生写作论文时参考。

《中国西部开发导论》主编李含琳，副主编陈国生、王成勇，由兰州大学出版社出版。本书是中央党校函授学院甘肃分院编写的乡土教材之一。

《强化办学主体素质建设探讨》主编石华翼、王尧德，由中央党校函授学院甘肃分院印行。该书是甘肃省委党校1999年函授教育工作会议文件和经验选编。文件部分收录了中共甘肃省委常委、省委纪检书记、省委党校校长李虎林的讲话和甘肃省委党校常务副校长、分院院长王文学以及分院常务副院长石华翼在函授教育工作会议上的讲话。经验选编部分收录的42篇经验材料是从各学区、辅导站为本次会议提交的80余篇经验材料中筛选出来的。

●空军分院

《中央党校函授学院空军部队分院管理制度汇编》由中央党校函授学院空军部队分院编印。本书是空军部队分院根据中央党校函授学院新版《管理制度汇编》，结合分院的实际，在已有规程、细则的基础上，采取各科室修改与组织专人修改相结合的方式，经过反复讨论、修订、增补，吸取了办学中的成功经验汇编而成的。

《中函教育研究与探索——2000年学术研究文选》由中央党校函授学院空军部队分院编印。该书是广大教员和工作人员依据分院拟订的科研课题，深入实际调查研究的结果。这些学术论文，从空军部队开展中央党校函授教育面临的新形势、新要求和实际情况出发，探索了一些规律性的问题，对提高分院的教学和管理水平有一定的指导意义。

●国防大学分院

《市场与法制》由中央党校函授学院国防大学分院编辑，海潮出版社出版。本书是中央党校函授学院国防大学分院98级党员领导干部在职研究生班学员在学习《社会主义市场经济法律制度专题研究》等课程中，分院为提高教学质量，培养高素质的优秀党员领导干部，有意识地加大了指导学员开展课题研究的力度，充分调动学员认真学习、刻苦钻研的积极性。通过学习和研究，学员自觉运用所学理论，联系改革开放和工作实际，从不同角度、以不同内容撰写的论文。本书所选用的32篇论文，观点正确，构思新颖，阐述清楚，有一定的理论深度，对党政干部、函授学员学习经济法律理论，加深对市场法律制度的理解，提高理论研究和解决实际问题的能力，有一定参考作用。

我与党校函授教育征文选登

十五年的甜酸苦辣

上海分院 李法全

我和党校函授教育是有缘分的。1985年3月，我调入中共上海市静安区委党校，正是中央党校创办函授教育之时。静安辅导站建立，我与另一位教师受命为中央党校函授学院首届大专班班主任。后来担任了党校教务科长、辅导站副站长，从此和党校函授教育结下了不解之缘。

十五年是短暂的，弹指一挥间。十五年又是漫长的，多少个日日夜夜。十五年的甜酸苦辣，令人难以忘怀。

从事党校函授教育工作，心中始终充满“甜”。十五年来，静安辅导站大力发展党校函授教育，坚持注重社会效益，不断提高办学质量，取得了丰硕的教育成果。辅导站累计开办了13届16个大专班和8届10个本科班，培养了1057名学员。学员通过在党校函授教育的熔炉里“充电”，学习理论，汲取知识，提高水平，在各自的岗位上创造出骄人的业绩，成长进步的喜讯不断传来。据不完全统计，静安辅导站学员中有19名入学前后荣获了省市一级的劳动模范、先进工作者、新长征突击手、三八红旗手等称号。在读和毕业的学员中，有1名提升为省军级领导干部，6名提升为厅局级领导干部，59名提升为处级领导干部，4名分别评上高级经济师、高级会计师、高级教练员和副研究馆员职称，1名被国务院授予全国劳动模范称号。当我从报刊上读到学员的事迹，从广播中听到学员的声音，从荧屏里看到学员的英姿；当我看到学员发表的一篇篇文章和一本本参加编写的著作，我为学员的成长而高兴，为党校函授教育拥有这样的学员而骄傲，为从事党校函授教育工作而自豪。当我到机关、事业和企业单位联系工作，或漫步在大街上，遇上在读或毕业的学员，微笑着叫我一声“李老师”；当新春佳节来临，许多学员，甚至已毕业多年的学员都会寄来一张张的贺卡，深情厚意常常使我激动不已，心里乐开了花。

从事党校函授教育工作，偶尔也有“酸”。1995级大专班的一名学员，刚毕业就不幸患上癌症，单位效益下降，有些药品费用不能报销。班主任和同学闻讯后纷纷捐款，前往医院探望，向他伸出援助之手，但是爱心和真情最终还是没能留住他可贵的生命。我为学员英年早逝而惋惜，心酸。也有的学员，在读期间，“李老师长、李老师短”的很热乎，可是毕业后职务升迁了，有时相遇，却视而不见，形同路人，叫人心中不免也有点酸。

从事党校函授教育工作，时常要吃“苦”。遥想当年中央党校函授教育初创，上海市委党校分院远在邻近宝山区的三门路上，辅导站没有交通工具，开学初的大批量教材领导允许叫出租车拉回来，学期中来的函授辅导等零星资料，就得自己挤三次公交车，来回近四个小时，用绳子把资料扎成厚厚的两捆，硬凭双手把它提回来。后来分院体察下情，实行了分片发放教材。直到1991年下半年，辅导站购置了一辆桑塔纳，才彻底解除了搬运教材之苦。每年的招生也好辛苦。静安区位于上海市中心，区域面积小，旧区改造动迁人口流出多，机关、事业单位干部文化层次也较高，生源偏紧。为了圆满完成招生任务，就要使出浑身的解数，向区域内的市、区各级党政机关、事业和企业单位发出一封封的招生通知，不厌其烦地为报考人员提供咨询服务。更要下大力气抓好复习班，时时给害怕过不了考试关而思想发生动摇的考生“打气”，直到入学考试还要陪送考生前往分院安排的考场应考，使考生能在陌生的环境中情绪稳定，考出好成绩，提高录取率。贯彻从严治学，每学期从缴费注册、制定教学计划、落实任课教师、安排上课教室、日常教学管理、期中期末考试、论文指导答辩、毕业结束工作等各个环节，都须精心加细心，还要妥善处理好函授班与主体班的关系，与教研室、总务科等部门进行协调协作，统筹安排使用师资力量和教学设施，不敢有半点马虎，生怕一个疏忽酿成大错，损害党校函授教育形象。尤其是每到期终考试，更得倍加小心，妥善安排一切考务工作，抓好考风考纪，发现苗头及时处理，消灭作弊于萌芽之中。遇上双休日的考试，不是在本辅导站当考务，就是到兄弟党校辅导站参加分院实行的“推磨式”监考，想休息也没门。教学管理之苦，个中滋味，只有自己“品味”了。

从事党校函授教育工作，有时还会品上意想不到的“辣”。1997年招生，在分院规定期限的最后一天，我冒雨骑自行车前往分院来回两小时，按分院所定政策为一家医院的一名具有中级职称的大专考生办理了加分录取手续。事情过去约一年，当时的分管校长找我“谈话”，指责我为什么人家医院不同意还要帮她办理加分录取手续。我与这名学员入学前素不相识，入学后没收过她一分好处，即使去医院看病也从未找过她。多干事，受点累，不表扬无所谓，没想到还遭受如此“待遇”，我心里像灌了一钵辣椒水……当我找出医院当时为这名学员出具的要求照顾录取并盖有医院党委大印的函件时，事情才不了了之。

甜，酸，苦，辣，如一曲生活的交响乐，十五年来一直伴随着我。面向二十一世纪，全国党校工作会议又吹响了新的前进号角，我愿在党校函授教育的沃土上继续辛勤耕耘，勇往直前，付出心血，洒下汗水，而无怨无悔。

无悔的选择

南京军区分院 **润文斌**

今年7月17日子夜，当我把军区党校函授分院的巡视员送上南下的列车返回住所时，已来部队探亲将近一天的妻子和6岁的女儿已入梦乡。酷夏的炎热和纷飞的蚊虫丝毫没有侵扰她们的睡意。静坐在妻儿的床头，我的心潮久久难以平静，一阵阵酸楚和内疚不时涌上心头。

从1997年我担负起集团军党校函授工作后，就很少有时间休过假，妻子来探亲也因我常年下部队奔波而耽误。这次来部队，她先电话征求过我的意见。可7月份是党校最忙的时间，学区要组织毕业论文答辩和期末考试，就让她晚些日子再过来。妻子在电话那端默许了，可女儿听说了非要接电话：“爸爸，我和妈妈到你部队去，你都两年没有回家了，不想我和妈妈呀?”亲昵的称谓和幼稚的童声让我心头一颤。是呀！两年没有见到女儿了，她如今长得如何，身体怎样，也一直是我心中牵挂的呀。但函授工作上的事实在太多，总难脱开身。可能我的迟疑引起女儿的不满，她在电话里又叫起来：“爸爸你不答应，我和妈妈也要去，八一是我的生日，你答应给我买个大蛋糕的！”女儿的提醒和乞求让我无言以对，只好顺着答道：“那你和妈妈就过来吧，我买个大蛋糕等着你们！”放下电话的那一刹间，我也听到女儿会意的笑声。

7月，期末考试的时间越来越近，面对千余名党校函授学员，我不敢有丝毫怠慢。那些日子里，我组织定计划、下通知，到辅导站考察考场，忙得焦头烂额，竟把妻子与女儿来部队的事忘得一干二净。可巧的是，在进行期末考试的17日上午，妻子突然从火车站打来接站的传呼信息。而我当时却在远离营区30多里的一个辅导站巡考。面对两难境地，掂量着肩上的责任，我义无反顾地走进了考场，但心里也暗暗地安慰自己：“欠妻子与女儿的情，等考完试再还吧!”

翌日，当晨曦中的一缕阳光从窗外照射到床头，看着妻子和女儿还在梦呓中，我实在难以忍心叫起她娘俩。一个女人带着弱小的孩子从千里之外的老家赶到部队，长途奔波劳苦，还不是为了圆孩子一个“生日梦”。静静的等待也是一种温馨的享受。那天，我破例晚上班一个多小时，直到妻子和女儿从睡梦中醒来。

八一建军节到了，这既是军人的节日，也是女儿的6周岁生日。双喜临门的日子，应该是美丽而动人的。那天，妻子上街买了很多好菜，我也为女儿订做了一个大大的生日蛋糕。开饭的时候，我把6支红蜡烛点燃，提议为女儿的生日祝福。面对熠熠生辉的烛光，一家三口共同托起心中的祝福：“祝你生日快乐!”女儿欢快地拍起巴掌，又跳起舞来，全然一个快乐的小天使。可这时，我却突然发现妻子的双眼含着泪水，两颗泪珠从腮边流下。我的心也被扯起一丝酸楚。为了这一天，妻子已整整等了两年，女儿也企盼了700多个日夜。逝去的时光不可挽留，但深藏在心底的相思和牵挂永远也不会消失。这是妻子激动的泪行，抑或是久别重逢的幸福热泪!

吃完饭，我把近几年来被总院和分院表彰的办学先进个人的证书拿出来，对妻子说："这几年辛苦你了，欠你和女儿的情我终身都报答不完。但可以慰藉的是，这几本证书是组织对我工作的最高奖赏，也是对我们学区党校工作的充分肯定，你就替我好好保存着吧!"妻子接过大红烫金证书，会意地一笑："军功章有你的一半，不也有俺的一半吗!"活泼可爱的女儿听到了，连忙插过话："那你俩都分完了，就没有我的一半啦!"我和妻子顿时笑起来，女儿也拍起小手，一家三口紧紧地拥抱在一起。

笑声回荡在整个房间，也回荡在我的心坎里。我想，这笑声里包含着妻子的理解和宽容、无私和奉献。我为我的选择无怨无悔，她也会为我的选择无悔无怨!

学用结合　其乐无穷

云南分院　陈剑宁

人到中年，回想起参加中央党校函授学习那紧张艰难的两年半中，有得到一张张单科成绩合格通知书时的激动；有听到毕业论文答辩通过时的喜悦；有获得红彤彤的本科毕业证书时的高兴。在那近一千个日子的业余学习过程中，克服的工学矛盾，处理好的家庭矛盾，失掉的花前月下、外出旅游的机会等等就不必多说了。最值得一说的就是把在党校函授学习中所学到的理论、知识运用于自己的教学工作实际和写作科研活动中，那种苦乐交织的感受才是永远难以忘记的。

参加中央党校函授学习，拿毕业证书不是我的最终目的。说内心话，是为了认真系统地学习党的政治理论，提高自己的理论素养，充实自己，先当学生，后当先生。因为，我1980年就师专中文系毕业了，后又在职获得过电大中文专业专科、云南师范大学中文系本科（自考）、北京中国文化书院比较文化研究班毕业证书。再多一个中央党校政治专业本科的毕业文凭，从经济上、待遇上对我而言没有多少实际意义，何况后来我又获得了副教授的职称。但我总觉得作为一名党校的教师，用高标准来要求，自己还差得远，还缺乏系统扎实的马列主义理论基础，缺乏用马列主义、毛泽东思想、邓小平理论的眼光来观察问题、分析问题、解决问题的能力。而中央党校函授学院本科段教育所要达到的目标就包含了这些要求。尤其是中央党校的教材编写得好，成为我们学习马列的理想载体。于是，我用心地学习领会，并把所学到的理论知识有意识地运用到自己的教学实践和写作、科研活动中，并初步尝到了不少甜头。

我在地委党校一开始是从事政治理论教学，因为政治理论功底不扎实，心里有些虚。自从党中央实行对干部进行正规化教育以来，我改为从事党校函授语文、文化课程的教学，如《干部写作》、《大学语文》、《文艺学原理》、《美学》、《中国历代治国思想要览》等课程。我注意把在党校函授学习中所学到的理论观点融进写作教学过程中，让学员懂得政治理论是写作过程立意、选材的灵魂，对写作具有导向作用，更是写作政治论文的基础和指南。还要明确写作是一门基础、工具、技能课的特点，让学员掌握正确的思想观点、审美情趣并结合自己的人生体验、工作实际，多写多练，深得学员们的欢迎。这不仅使他们的考试顺利过关，而且还提高了他们学习写作的兴趣。有的学员还因此走上业余文学创作的道路。1988年以来地委党校专科的语文升学考试，1993年以来专科升本科的语文基础知识、作文写作都是我辅导，我紧扣考试大纲的要求，明确要求学员要用政治原理的观点来指导自己的写作，并结合党校写作考试的特点，自己写作的体会，认真辅导。学员们非常欢迎，争着听我上语文辅导课。有几年，学员们的语文升学考试成绩都处于全省党校函授入学考试的前列。学员们大部分都进入高一层次深造了，我作为一名党校教师心里感到很宽慰。

党校大专、本科学完全部课程后还要按规定完成毕业论文，我就结合自己写作经验认真指导他们，并认真修改，争取达到地级刊物发表水平，使他们在写作中学到了更深层次的写作知识和技能，顺利地通过毕业论文答辩。有一部分我指导过的学员的毕业论文曾在省、地报刊上发表。有些学员还考上了研究生，来向我表示感谢，使我激动、欣慰不已。

作为一名党校教师，除了认真积极宣传好党的路线、方针、政策，做好本职工作外，侧重于我的教学方向，进行写作、文学创作、学术论文的撰写就是我重要的业余爱好了，也是检验我专业素质的一个客观尺度。我把在党校函授学习中学到的理论自觉地运用到写作实践、写作学科的建设和文学创作中，写出了一定数量的学术论文（共发表过150余篇）和大量的散文、诗歌（1100多篇首）。近10多年来，我先后在《瞭望》、《中华魂》、《革命英烈》、《大西南文学》等刊物上发表过散文、诗歌；在10多家大专院校学报、60多家省地党校报刊上发表了一定数量的文艺评论、论文等共150多万字，并获过大小80余次各种征文奖，如：《模糊：写作中的重要现象》获“第四届全国写作理论与教学暨第二届混沌、分形与写作学术论文二等奖”，《无怨无悔》获“‘华歌杯’全国教学教改征文二等奖”；在学校连续几年被考评为“优秀工作者”等等。学用结合使我得到了锻炼和提高，真正尝到了参加中央党校函授学习的益处。

“路漫漫其修远兮，吾将上下而求索”。要把自己锻炼成为一名名符其实的党校教师，我还要付出艰苦的努力。

爸爸叫我上党校函授

河北分院毕业学员 徐立新

职业高中毕业后，在省直单位工作了3年。因工作需要，想上函授提高自己。这个心愿跟爸爸一说，立即得到了支持。但是，在上什么函授上，我们却费了很多脑筋。现在社会上办函授的学校那么多，究竟上什么函授呢？左思右想，商量来商量去，还是选择了上党校函授。那么多办函授的学校，为什么偏偏选择了上党校函授呢？而且上了大专上本科，一上就是6年。这是因为：第一，爸爸从事党校教育已28个年头了，先任教，后任组教处处长，对党校怀有深厚的感情。而且，他也是研究党校教育史的，还发表了一些论文，深知党校70多年来对培养党的德才兼备的干部做出的巨大贡献。他认为，我能有机会上党校，是很好的机遇，千万不可放过。第二，党校教育有其自身的特点：既能使学员学到马克思主义理论，提高理论素养，又能使学员在党性方面得到锻炼和增强。因为党校是干部增强党性锻炼的熔炉，把党性教育贯穿于教学的全过程。党性修养是函授教育的必修课。我作为一名新党员，经受几年党校的函授教育，既提高了理论水平，又增强了党性，这就在思想上、政治上扎稳了根，是我一生受益的大事。第三，党校函授同样会学到其它函授能学到的现代管理知识，提高适应新形势工作需要的实际本领。爸爸告诉我，党校函授是使学员掌握基本理论，充实专业知识，增强党性素养，提高实际能力的综合素质培训，很有利于人才的成长。第四，爸爸在河北分院视导组工作，他知道，党校遵循胡锦涛同志关于党校函授教育的一系列重要指示，严把招生关、教学关、教材关、考核关和毕业关。这种严格把关，严格管理，保证质量的做法，能使我真正学到东西，切实得到提高。鉴于此，我愉快的选择了上党校函授。1993年考入大专，1996年接着又考入本科。今年已拿到本科毕业证书。

在连续6年的党校函授学习中，我如饥似渴地学习，正确处理工学矛盾，不迟到，不早退，认真听讲，刻苦自学，按时完成作业，积极参加党性锻炼活动，严格遵守考场纪律，受到老师和班主任的好评。6年的学习生活，使我深深感受到我没有白上党校函授。实践证明，我上党校函授的选择是正确的，收获匪浅：提高了政治理论素养，增强了辨别是非的能力；提高了驾驭市场经济活动的能力；学会了怎样做一个有利于人民的人；增强了党性和全心全意为人民服务的意识；学会了理论思维方法，提高了文字运用能力。

总之，6年的党校函授学习生活，使我由一个刚刚步入社会，几乎啥都不懂的青年，变成了一个思想上、政治上、业务上比较成熟的青年干部。在此基础上，我将继续学习，努力奋进，决心做一名党性强、作风好、业务精的德才兼备的党员干部，不辜负党校函授的培养。

党校函授使我焕发了青春

湖北分院 陈耀华

四年前，竹溪辅导站让我这个50多岁的老教师担任1996级经管大专班班主任工作。领导说：“这次是我站招收首届函授生，班主任工作的好坏直接关系到办学的声誉，你年龄大，头发白，具有当班主任的威信和经验，辅导站决定首选你担此重任。”暖心的思想政治工作，使我愉快的接受了任务。这一当就是四年，送走了1996级112名毕业生。去年，又承担了2000级经管专科130人的班主任工作。

当函授班班主任，促使我要摸索班级管理方法，探索如何做好学员的思想政治工作，关心和了解函授工作信息，逐步掌握函授工作的规律。中央党校的《学习时报·党校函授专刊》、湖北省委党校的《干部教育报》都是我的良师益友。报纸一到，每期必看：学习有关理论，摘抄所需知识。现在阅读函授刊物已成了我的主要学习习惯。在学习过程中，自己也想提笔跃跃欲试，想写一写身边函授事，苦于没学过新闻写作，也从未投过任何新闻稿件，感到深不可测，不知如何下笔。为了掌握新闻写作的基本知识，我挤时间参加了县里举办的年轻人的新闻写作培训班学习。当捕捉到函授信息后立即打腹稿，写好草稿就去向行家里手虚心请教，拜他们为老师，他们说："陈老师50多岁了还有这种学习精神令人佩服。"经过一段时间的努力，第一篇习作"辅导站工作人员参加三讲培训班学习"终于被《学习时报·党校函授专刊》采用。见到刊登在国家级报刊上的豆腐块，我很是激动，觉得自己年轻了许多。从那以后我采集函授信息，写作有关函授方面通讯的兴趣更浓了。在写作中也碰到过许多困难和阻力：有不少投稿石沉大海，有各种议论："那大岁数搞些空经，写啥文章还不是为了钱。"但这些都没有动摇我撰写函授工作信息和理论文章的决心。我始终认为函授教育是党校工作的重要组成部分，自己又直接参与其中，有责任，也有义务去关爱函授教育。这样做对自己既是一种学习和锻炼，对党校函授教育也是一种奉献。几年来我坚持同年轻教师一样注重函授教育的科研信息，坚持边调研，边学习，边写稿。先后有10篇函授新闻被《学习时报·党校函授专刊》、《干部教育报》、《湖北教育报》及《十堰日报》所采用，近20条新闻被县电台、电视台播放，4篇有关函授的论文在市级刊物上发表。这对我这个临近退休的老教师来说是一个新收获，是一个大飞跃。我不断告诫自己，理论要联系实际，不仅要报道函授，还要干好函授，搞好本职工作。由于在班级管理上取得了一定成绩，1998年我被竹溪辅导站评为先进班主任，并在全市函授工作会议上交流班主任工作经验；1999年被辅导站评为优秀公务员。

函授班经常要开展一些文体活动，像乒乓球比赛、交际舞会等。学员的朝气感染了我，激发了我的青春活力，我也参加到学员中打乒乓球、学跳舞、练长跑。在文体活动中，我收集到许多函授信息，了解到学员的反映和实际问题，既有利于班级工作，又增强了体质，还提高了技艺：参加县里乒乓球比赛取得了第一名；学跳舞，我成了老年人中的"舞林高手"；同学员一起参加市田径运动会，获得老年组3000米和5000米两项长跑第一名。记者在采访我时我说："我是党校函授教育工作者，是党校函授教育使我充满了青春活力。"

现在，函授成了我工作生活中密不可分的重要部分，我同函授结下了不解之缘。从事函授教育工作五年来，我对新闻写作有了兴趣，参加文体活动有了动力，长了知识，提高了素质，增强了体质，函授教育使我受益匪浅，函授教育使我再一次焕发了青春。

我与党校函授教育的情缘

河南分院 **杨全林**

1993年春天，罗山县委党校根据上级党校的决定，开始举办党校函授教育。从那时到今天，函授教育在我校已走过了八个春秋。这八年，我一直从事函授工作，既是站长，又是教师，我把生命中一段黄金时期无怨无悔地交给了党校函授教育事业。

这八年间，为了搞好教学，提高函授教育质量，多少个夜晚，我挑灯夜战，奋笔疾书，精心准备教案；多少个星期天，我讲台授课，考场巡视，找学员座谈；多少个晨昏，我废寝忘食，拟制计划，修订规章制度，部署开展教研；……

为了搞好每年的招生工作，发展党校函授教育事业，我亲自跑局委，下乡镇，进企业，甚至深入所站，积极发动，广泛宣传，使党校函授辐射面渐宽，直到覆盖全县。加之教师认真授课，管理从严，党校函授教育在我县树立起了良好的形象，被广大干部评价为"管理严，质量高，运行规范"。这种良好的声誉通过口耳相传，党校函授赢得了社会的信任，报名学习的人数一年比一年多。

记不清有多少次，我搭班车，挤三轮，往返于市委党校与我校之间，送报表，提教材，对学籍；顶烈日，战酷暑，冒严寒，斗风雨，奔走在那一段天车的路上，其中甘苦何须言！

眼看着一批批学员手捧着鲜红的毕业证书、满面春风地离去，眼看着一批批学员走上领导岗位并取得优异成绩，眼看着学员和自己的一篇篇论文发表在报刊上，眼看着堆在自己面前的一本本荣誉证书，心中顿时升起一种自豪感、快慰感和成就感，过去的苦和累都变成了滋润润的甜。

这八年间，“外面的世界很精彩”。改革开放的实施，社会主义市场经济的实行，为人们发展致富提供了很多机遇。我校先后有三名教员“下海”挣了大钱，惹得不少人羡慕不已。对此，我心静如水。不是我不爱钱，而是我更爱我的事业。

这八年间，同事朋友多变迁。几十名学员被提拔重用，甚至有几位当了处级干部。我校先后也有五位同志（其中有两名教员）调离了党校，或下乡镇当了党委书记，或到“实惠”部门当了局长、副局长。一些朋友劝我说，你在党校呆的时间够长了(一干就是十几年)，早该换个好点的单位干干，何苦老在党校坐冷板凳？我报之以微笑。扪心自问，不是我不想当官，而是我更想做我的事业。我的工作很充实，我的“板凳”并不冷。

“衣带渐宽终不悔，为伊消得人憔悴”。如今我虽年逾不惑，皱纹爬面，鬓发飞霜，但一想到自己平凡的工作和整个社会的发展联系在一起，便依然“老牛明知残阳短，不用扬鞭自奋蹄”!

为中央党校函授教材叫好

重庆分院　冉光芬

从事党校函授教育十五年来，我接触过中央党校和省、市级党校及国民教育高校的经济类各门学科的教材，讲授过计划经济时期、改革开放初期及20世纪末不同时期出版的教材，感受甚深。

要讲好一堂课，就必须进行充分的备课。在三尺讲台后面进行的备课工作，真可谓呕心沥血，心力交瘁，苦不堪言。而每当接到中央党校的教科书，心情顿感轻松愉快许多：每本教材都纲目紧凑，重点突出，语言精练，观点鲜明，政策性和时代性强，数据资料丰富，理论紧密联系实际。捧着这样的教材，我好像被先生牵着手，缓缓地、轻轻地步入知识殿堂，眼前一片光亮，心中充满崇敬。拿着这样的教材进行讲授，必然达到事半功倍、教学相长的理想效果。在此，我由衷地向中央党校函授教材的主编先生们致敬!

中央党校函授教材好就好在理论联系实际，深入浅出。如《实用管理数学》，将一系列抽象的、枯燥的、深奥的高等数学公式运用于生产实践，使学员在具体的事例中首先产生亲近感，从而达到理解、消化的目的，提高了学员对数学知识是工具的理解和重视，提高了学员的运用与分析能力。

中央党校函授教材好就好在时代性强，知识丰富。如1999年3月出版的《财政学》，当年9月就登上了讲台。书中突出了政府集中财力振兴财政的内容，并以1994年财税改革为依据，补充了当前我国实行的积极的财政政策。最可贵的是书中共出现了49个统计表，涉及到世界各国及我国各个时期各个方面的财政资料，大大开阔了师生的视野，使学员详尽了解了国情。

中央党校函授教材好就好在重点突出，言简意赅。对一些最基本的概念与名词，不去牵强附会地分析阐述，拉长篇幅。这与某些教材形成了鲜明的对比。

中央党校函授教材好就好在资料配套。学员有练习刊物，教师有参考资料，便于自学。

如何才能使学员真正学到知识提高能力，关键是教材。中央党校函授学院根据党校函授教育的目的及党校函授学员的特点，配备了一整套科学性、时代性、系统性、通俗性强的教材，非常适合成人在职学习。作为一名第一线的函授教员，我要为中央党校函授教材叫好!

改革开放和现代化建设中的党校函授学员

好学不倦人　公仆本色真

——记湖南分院95级本科班毕业学员郭树人

中共湖南省张家界市委副书记郭树人，是中央党校函授学员中的一位佼佼者，更是一位优秀领导干部。1995年以来，他先后被授予全国百名优秀县市委书记、全国优秀组工干部、湖南省优秀共产党员、优秀领导干部等光荣称号。追寻他的足迹，我们深深感到党性的光辉和理论的力量。

一、牢记党的宗旨，村民眼中的大好人

郭树人同志深知，权力是人民给的，自己不过是社会的公仆，人民的勤务员。只有为人民用好权，才可能得到党和人民的信任。为了帮助群众脱贫，他选择了熊壁岩村作为自己的扶贫联系点。这个村位于海拔1300多米的高山上，不通邮、不通电、不通路，三面是几百米高的悬崖绝壁，只有一条近乎天梯般的羊肠小道通向外边。1993年，人均纯收入仅126元。郭树人每次上熊壁岩村，都记挂村里的特困户，总要给他们带些生活物资表示关怀。有一次，他去得匆忙，未及给几位困难户带点水果，便赶紧将自己和随行同志们带的干粮和一些水果“收购”下来，送给村里几位困难户。逢年过节，郭树人更是要给村里的特困户买些糖果、肉食捎去。一位老人在临终前，对守在身旁的人说：“郭部长是个大好人，是共产党派来的活菩萨，我死后要求菩萨保佑他一生平安!”

在郭树人的精心扶持下，经过6年的努力，熊壁岩村人修通了通往山外的致富路，建好了1500亩水果基地，人均产粮达到600公斤，人均纯收入比6年前增加了8倍。

二、选贤任能，公道正派的“铁部长”

郭树人同志积二十多年组织人事工作经验，深知组织工作在党的事业中的份量。正如他所说：“用准、选好一个人，就是树了一面旗帜，能调动一批人的积极性；如果用错一个人，就会挫伤一批人的积极性，甚至降低党的威信，损害党的事业”。

面对社会上“跑官要官”的不正之风，郭树人一身正气。一些干部企图打通郭树人的“关节”以获得升迁“捷径”，每次都是碰壁。1996年底，张家界市公开选拔党外、妇女干部进入到预选对象考察阶段，一名考察对象在熟人的带领下“拜访”郭树人，临走时悄悄留下四条高档香烟。郭树人发现后立即叫上出租车追上他们，退回了香烟，严肃地批评了这一行为，诚恳地说：“若考察合格，我们一定会秉公办事；不合格，就是送再多的礼，也没有用。”

在歪风邪气面前，郭树人正气凛然。1997年，张家界市直机关普遍开展以“讲政治、讲学习、讲正气”为主要内容的作风整顿，某局一名副局长因在单位闹不团结而被免职。该人在上班的路上拦住郭树人，责问郭树人为什么免他的职，并扬言“当心哪一天我用炸药包轰了你!”郭树人面对威胁毫不畏惧，掷地有声地说：“就是炸我全家我也不怕。对待原则性的问题，我必须按原则处理!”

作为“管官的官”，郭树人从不利用职权为亲友谋取私利。其妻弟前几年求他帮忙找工作，他拒绝了；后来他妻弟买了城市户口自找招工单位，也被郭树人劝阻。市文联组建时，拟任命他爱人为副秘书长，他坚持把她刷了下来。为了这些，他妻子有时与他怄气，一些亲友甚至与他断了往来，但郭树人还是“六亲不认”。

为了选好用好每一个干部，郭树人常常加班加点，带病工作，人们称他为“工作狂”。1995年底，他抱病带队到华东地区考察组织工作，上海一位老教授发现他脸色枯黄，面部浮肿，便和上海静安区委组织部的负责同志，强行把他拉到静安区医院检查，发现是严重的肾结石引起大量积水，建议立即动手术治疗。郭树人考虑到任务重、时间紧，在外地住院花费大，便谢绝了静安区委组织部和随行人员的一再劝告，只买了一点药便启程回张家界，埋头于工作中，把治病的事忘在脑后。后来，上海静安区委组织部打电话向张家界市委反映了郭树人的病情，并警告说如不及时住院将有生命危险。在市委主要领导的一再催促下，他才到省城手术治疗。打开他的腹腔，看到一腔积水和肿胀了十几倍的输尿管道，医生惊呆了，连声责问："这位病人病成这个样子才送来，他是怎么忍受的？市里是怎么搞的？"手术后第八天，刀口还未拆线，他体内埋着一根导管，一头插在肾里，一头插在膀胱里，一动便疼痛难忍，郭树人却在这种情况下还带病参加了全省组织部长会议。

三、学以致用，开拓创新显身手

郭树人同志把在中央党校函授学院学到的理论知识，用来指导自己的工作，并对如何开创新时期组织工作新局面进行了理论探索。

1996年5月以来，郭树人先后发表了数十篇调研材料，其中《张家界市干部队伍调查》之一、之二、之三、之四，《新形势下加强机关党组民主集中制建设的实践与思考》，《坚持党管干部，建设高素质干部队伍》，《张家界市公开选拔领导干部的实践与思考》等均被湖南《当代党建》和其它党内刊物发表或转载。运用领导科学原理，集中组织部干部集体智慧，他制订了一系列规章制度，规范组织工作程序，向市委提出了《激励县处级领导班子和领导干部争创实绩、建功立业的暂行规定》、《关于领导干部能上能下的暂行规定》、《关于加强民主集中制的若干意见》等制度，制定了公开选拔县处级领导干部的方案，使全市干部选拔工作逐步摆脱"少数人从少数人中选人"的状况，增强了公开性、公平性和竞争性，从根本上减少了用人上的不正之风、开创了全市组织工作新局面。三年多来，市委组织部有30多项工作在全省介绍经验，60多人次受到市以上奖励，连续几年被评为全省干教工作先进单位，1997年被省委组织部评为全省先进组织部。张家界市委组织部，连续几年在年度"双文明"考核中被评为"红旗单位"。

（舒旺彩　丁开军）

夫妻同学　其乐融融

北京市机关分院97级本科班学员

孙丽然　苏增宽

我们夫妻俩，于1997年双双考入中央党校函授学院经济管理本科班。我们已年近半百，是班上年龄较大的学员，被同学们戏称为"老夫妇、新同学"。其实，我们小学同过学，这是第二次同学了。回头看看这第二次同学的过程，说跟上小学一样快乐，一点儿也不苦是瞎话。我们一个是一家总公司的经理，一个是一个企业的劳资科长。不敢说一天到晚都忙得不可开交，但可以说做企业工作的人在精神上总是有很大的压力。家里有老母在堂，女儿在边工作边读书，家务负担也是比较重的。好在这个班一直在双休日上课，我们白天参加听课，晚上挤出时间复习、做作业。就这样，五个学期坚持下来成绩还不错。我们深感学习是很辛苦的，但它更多的是带给我们快乐。

一、学以明理，不亦乐乎

古人云，学不可以已。特别是现在，我们正处于巨大变革时代。置身于商品经济大潮，面对变化太快的世界，我们有时不免感到茫然，甚至失措。我们虽然入党多年，但对如何保持自己的信仰、实践自己的入党誓言，需要通过学习来明确。正如毛泽东同志所说："感觉到了的东西，我们不能立刻理解它，只有理解了的东西才更深刻地感觉它。"通过学习，深化了我们对生产关系一定要适应生产力发展、经济基础决定上层建筑等社会规律的认识；促进了我们对邓小平理论的理解，提高了我们执行党的路线、方针、政策的自觉性；夯实了我们同党中央保持一致的思想和理论基础。因而使我们能平心静气地看待纷繁多变的世界，能方向明确、充满信心、乐观从容地去工作去生活。我们通过学习达到了这样的目的，真是一件乐事。

二、学以致用，乐在其中

社会主义现代化建设是普遍联系的整体，它所引起的变革必然是方方面面的。党校经济管理专业开设的课程，实用性很强。它在一个比较高的层次向我们展示了现代经济诸方面的紧密联系及各自的内在规律性，还有一些常用知识如统计学、电脑等对我们的本职工作有很大帮助。例如，1998年北京市对中、小企业推行股份制改革，当时我们学的课程中就有《社会主义股份制经济》这一课。它从股份制经济的实质、历史的必然性到章程、组建程序，都讲得很清楚，可操作性很强。我们运用这些知识去工作，做到胸中有数。孙丽然所在的总公司，有6个企业顺利转换为股份有限责任公司，不仅职工满意，而且受到了上级表扬。苏增宽运用社会主义市场经济要发展、完善社会保障体系的理论，指导本单位养老制度改革工作也取得了明显成绩。我们体会到，工学矛盾从一方面讲确实是对立的，但从另一方面看又是统一的。学习可以指导工作，工作又能深化学到的知识。一个文化素质不高的人，在现代社会，是无法要求他高质量地完成工作任务的。“亲口尝梨知味甜”，学习、工作可以相互促进，只有经过亲身体验的人，才能感受到其中的快乐。

三、学而时习之，不亦悦乎

知识常用常新。本科学到的知识，对于我们今后的工作和思想进步仍有很大帮助。例如，我们学的最后一门课程《现代西方经济学》，它介绍了西方发达资本主义世界的一些学派。这些学派在资本主义发展的不同时期、从不同方面，在一定意义上揭示了市场经济发展的一般规律，学起来很有意思，老师臧广乐讲课也很有条理，深入浅出。历史有时表现出惊人的相似。资本主义市场经济发展中遇到的难题，我们在建设社会主义市场经济过程中或多或少地遇到了。他们的经济学家当时提出的经济思想和解决问题的政策、方法，对我们很有借鉴作用。比如，凯恩斯在1929年—1933年的资本主义世界性经济大危机中，提出著名的充分就业理论，即要使有效需求达到充分就业所要求的水平，就必须大力刺激消费和投资，尤其要创造良好的投资气氛和环境。为此，凯恩斯提出了一整套政策、主张。这些，对于解决我们当前面临的经济问题很有参考价值。又如，公共学派提出，在很多人看来，在西方政体下，经过选举产生的政府和官员是公共利益的代表者，理所当然地会按公共利益的原则与要求去行动。现实并非如此，这只是人们的一种理想化的认识，他们分析到，政府官员在参与公共选择中与普通人一样具有自私的动机，他们所受的约束比在私人企业中所受的约束要小得多，因而在追求个人利益时，其自由度就大得多。他们的观点，为我们认识腐败问题产生的根源，提出了另一个视觉角度。别人走过的弯路，我们可以避免；别人总结的经验，我们可以借用。经常温习学过的知识，大有益处。真是“学而时习之，不亦悦乎”。

锲而不舍　终有所获

朱江禄

1997年9月，我以全国劳动模范、十五大代表的身份免试进入中央党校函授学院法律本科班学习。通过学习使我开阔了视野，增长了才干。对于学习，我的认识和体会是：

一、对学习要有信念和毅力

我于1972年初参加工作，在基层公安机关工作多年，深知公安工作节奏快、任务重，生活无规律，加班加点是常事。有时任务一来，往往身不由己。在职求学，确实不容易。我们做公安工作的很多同志虽有求学深造的欲望，但面对实际困难往往望而却步，或者半途而废。我也同样面临这一问题。在这次进入党校学习之前，我曾有两次参加党校学习的机会，都因工作忙而错过了。由于我有一个信念，就是只要锲而不舍，终有收获。1988年，我通过坚持业余函授学习，在刑警学院刑侦大专班顺利毕业。此后虽错过了几次学习机会，但我的这个学习信念始终未变，十年之后，终于如愿以偿。

二、学习要注重实效

重视学习是我们党的优良传统，也是现实给我们提出的迫切要求。形势在发展，知识需要更新。我们有少数同志在认识上存在偏差。有的认为党校函授学习容易，用不着下苦功夫；有的认为自己工作一般，不需要学习照样工作；有的甚至认为函授学习就是为了混个文凭。我认为这些认识都是错误的、片面的，是一种短视行为，更是对党校函授教育的严重曲解。党校函授教育为在职求学者提供了难得的宝贵的成才机会，我们应该加倍珍惜。只有树立严谨的学风，扎扎实实地学，认认真真地学，才能收到较好的学习效果。在学习中，我密切联系当前改革开放和公安工作的实际，带着问题学，边学边思考，在实践中深刻领会学习的重点、难点，不断改进学习方法，使自己在知识积累上，在思维的创新上得到提高。

三、在学习中要做到学以致用

1998年，组织上任命我为市公安局副局长，面对新的岗位、新的业务，我运用所学的知识和辩证思维方法，深入开展调查研究，理清工作思路，使工作取得了明显成绩。在治安管理工作方面，狠抓了“收枪治爆”和基层基础工作，推出了全国优秀户籍民警王骏、新淮村派出所等一些好的典型；在信访工作方面，坚持开展“局长信访接待日制度”，使市局信访处成为全国公安信访系统的先进窗口；1999年初，我通过对1998年我市发生的群体性事件的调研，初步掌握了我市当前发生的群体性事件发生、发展的特点、性质、规模、程序以及存在的苗头等情况，做到超前预测，超前工作。结果在处置去年发生的“6·28”皖纸公司发生的群体性事件中，迅速制定出有效的对策，配合党委政府和有关部门开展工作，使事件得到了妥善处理，受到了市委、市政府和上级机关的充分肯定。

四、要适应形势的发展要求必须不断地学习

在人类已步入高速发展的信息化时代，新的事物不断涌现，知识更新的速度越来越快，社会矛盾和问题也日益尖锐化、复杂化，这些对我们的学习提出了更高的要求。如果不注重学习补充新知识，不了解新事物，就会成为时代的落伍者。随着改革的不断深化，社会治安形势越来越复杂，公安工作中遇到的新情况、新问题越来越多。如何克服困难，抓住机遇，迎接挑战，对广大公安干警尤其是各级领导来说都是严峻的考验。江泽民同志指出：“在人类即将进入21世纪的历史时刻，如果我们不能通过新的学习和实践不断提高自己，就会落后于时代，就有失去人民的信任和拥护的危险。全党同志首先是党的高级干部，必须以对党、对人民、对历史高度负责的态度来加强学习。”为落实江总书记的指示，我将不断地学习，并把所学的知识应用于实践，以便更好地工作，回报社会和领导、同志们对我的厚爱。（*作者系安徽分院淮南学区97级本科班学员，全国劳模，党的十五大代表，现任淮南公安局田家庵分局副局长*）

党校函授教育为我插上搏击的翅膀

周月明

我于1997年考进中央党校函授学院经济管理本科班学习了两年半。通过学习有关课程，我的理论水平和工作能力有了明显提高，使我不仅能很快适应新的工作，而且使我在工作中具有创造性。

几年来，我的工作岗位变换了几次，最初任一个基层店的经理，后调任东安饮食公司业务部部长，不久又改任该公司副经理。我之所以能适应变化的工作，完全得益于在党校的函授学习。

首先，通过党校函授学习，使我转变了思想观念和思维方式。东来顺饭庄是一个有着近百年历史的清真老字号，以经营传统风味涮羊肉而驰名中外。当时，我只是凭着对老字号的一种感情，一种责任去工作，而对它的内在规律性、企业的发展战略还缺乏系统的、清醒的认识。

1996年，东来顺成立连锁总部，我调到公司任经营部部长，负责对外开发连锁。当时我对发展连锁还没有足够的认识。1997年我考入了中函北京市工业党校分院。通过学习，我懂得了计划经济向市场经济转变、经济增长方式由粗放型向集约型转变是两个根本性的转变。就是让企业走向市场、占领市场、提高效益。要扩大东来顺的市场份额，必须引进国外合作经营比较成功的连锁方式。于是，我们在加强自营店管理的基础上，抓紧制订了统一的连锁章程、连锁合同，并对连锁店标识、服装、对外宣传广告、质量标准、服务规范、人员培训制定了统一标准。接着，我们对现有的所有分店作了清理整编，按照新的章程，重新签订了合同。根据连锁经营的需要，相应成立了配送中心和培训中心。由于先期工作准备得充分，使分店向连锁店的转变过程比较顺利，增强了企业适应市场的能力。

其次，通过党校函授学习培养了我的创新能力。1993年末，随着东安市场的整体改造，东来顺总店原来的经营场所不存在了，只留下王府井的一个分店。当时，为了使东来顺这个老字号能够延续下去，首先想到的是保护好业务技术骨干，避免人才流失，于是，尽可能地把技术队伍收编到店里。

但由于经营场所的缩小，原有的技术力量过分集中，使人不能尽其才，物不能尽其用。为解决这一问题，我利用东来顺这块金字招牌、身怀绝技的技术力量，积极在北京、外地开发分店。为老字号在新形势下的生存发展，摸索了一条出路，取得了一定成绩。近两年又利用所学知识，对老字号的现状、前景进行了较为客观的分析：东来顺存在近百年，说明它底蕴丰厚，生命力强，这是它的优势；但现在技术队伍不稳定，虽说有不少身怀绝技的烹饪高手，但存在着青黄不接、后继乏人的情况，这又是不利条件。另外，现在与我们经营品种相接近，经营规模不相上下的老字号、新企业实力不断增强。面对激烈的竞争局面，如果我们墨守成规，满足现状不积极培养新人，不及时开发新品种，我们的前景不容乐观。于是，在内部，我们制定了技术练兵计划和技术培训规划，积极筹划成立东来顺技术培训学校等对东来顺原有的传统菜肴进行挖掘、继承、规划和发扬；在外部，我们利用加盟厂家、原材料加工基础开发新品种，向连锁店配送和向各大商场、超市推出，以扩大市场覆盖面和占有率。目前，公司具有高级职称的职工已占85%以上，饭菜品种已增加到2000种以上，质量有了明显提高，形成了爆、烤、炒、涮样样俱佳的清真菜系，并在去年第二届清真烹饪大赛中获得了团体铜牌、大众宴席优胜杯的好成绩。

第三，通过党校函授学习提高了我的指导能力。过去，我只埋头做一些具体工作。担任公司业务的主管领导后，岗位职责对我的要求高了，不仅要做到了解、掌握工作情况，更要求我经常对工作情况提出一些带有指导性的意见。通过党校的函授学习，使我提高了理论水平和认识水平，从而能结合企业的实际，提出一些有价值的建议。1999年，我在公司的配送工作研讨会上提出了"利用品牌优势，发展品种系列化、强化配送、营销意识，发展配送工作社会化"等建议。现在，我们配送中心加快了新品种开发，现配送品种已发展到30余种，不仅向各连锁店配送，而且向商场、超市有了供货业务，大大提高了老字号的市场占有率，增强了企业的竞争能力和抗风险能力。并且，懂得了充分利用老字号的无形资产和品牌优势向外扩张，积极开发连锁店。目前，我们已在全国开设连锁店86家，分布在20个省、市、自治区，使老字号焕发了青春，走上了规范连锁的发展之路。实践证明，事业的成功，离不开正确理论的指导，是党校函授教育为我插上了搏击的翅膀。今后，我要把在党校函授学到的知识更好地用来指导自己的行动，增强分析问题解决问题的能力，为保持东来顺这一老字号可持续发展贡献自己的力量！

（作者系中函北京市工业党校分院97级本科班学员，现任北京东安饮食公司副总经理，东来顺连锁总部副总经理）

身残志坚学有成

——记上海分院大专班毕业学员徐凤建

徐凤建是个不幸的肢残人，然而，他凭着顽强的毅力，勤奋学习、努力工作，取得了健全人都难以达到的成绩，实现了他少时立下的要做一个对社会有用的人的誓言。

徐凤建同志小时候因患小儿麻痹症，成了一个不幸的肢残人。在父亲、社会的关心下，他拄着拐杖读完了初中，并立志要做一个对社会有用的人，以回报父母、社会对自己的关心和教育。1970年他被分配到上海长宁区物资回收利用公司，先后在该公司所属五金厂、制棉厂、麻袋供应站、物资回收利用商店四个基层部门工作。1984年被调到公司担任党委书记。

徐凤建担任公司党委书记后，深感自己理论和知识的不足。仅靠拄着拐杖登门造访去感召别人已不能完成好自己所担负的工作任务，心有余而力不足的内心体验使他迫切感到要加强学习。1985年中央党校函授学院招生，他经过权衡比较，选择了中函经管大专班。

徐凤建同志在学习中有三个特点：一是正确处理工学矛盾。在学习期间，他除了本职工作外，还兼任上海市残联副主席、市残疾人福利基金会副理事长、市肢残人协会主席、中国残疾人联合会主席团委员等几个职务，社会活动十分频繁。加之孩子尚小，妻子单位远，上班早，下班到家晚，徐凤建同志还得买菜、做饭，打扫卫生。在这样的情况下，徐凤建合理安排时间，坚持到校上课。有时实在来不了，他便事先请假，事后补上笔记、作业，努力做到学习、工作、家务三不误。

二是学习刻苦努力。徐凤建刻苦学习的精神，在班级里是比较突出的。当时徐凤建的家很小，仅15平方米的一个单间，卫生间、灶间都是几家合用。为了不影响孩子、爱人休息，他常常是在晚上10点后，在灶间的水斗上放块洗衣板，作为桌子以看书学习。考试期间往往学习到深夜一、二点钟。三年级上学期期末考试前，他身体不适，自己也预感到要生什么大病了，但他仍咬牙坚持复习迎考。考试完毕，到医院看病，原来是患了1998年上海流行的"甲肝"，立即住进了"甲肝"病房。他这次考试的成绩《宏观经济管理》得了89分，《世界经济》得了89分，《经济学》得了87分，《管理数学基础》得了97分。

三是理论联系实际。徐凤建把所学到的理论用来指导工作。1986年区宣传部组织城区精神文明研讨会，徐凤建同志所撰论文《谈谈思想政治工作中的小气候》被评为十篇优秀论文之一。其毕业论文《关于物资回收利用的几个问题》，由于能运用所学经济学、宏观经济管理理论知识，对物资再生产资源的现状和发展方向这一热点问题进行研讨和预测，有一定现实指导意义，受到了老师的好评，并被收入《改革与实践》一书公开出版。

由于徐凤建认真刻苦学习并取得了优秀成绩，毕业时被分院评为优秀学员。

1988年临近毕业时，徐凤建被调到市残联工作，并担任上海市残联执行理事会副理事长，分管残联的康复、文体二个部。

在残疾人康复这个新领域里，徐凤建深感党校学习使他得益匪浅。市残联经常要接待来自日本、俄罗斯、美国、港澳台等国家和地区的来宾，经常要组织市一级上千人的聚会，需要较高的政策水平、国际知识、协调公关能力。党校三年的学习为他在这些方面的工作作了丰厚的储备和积累。他在工作中经常要起草公文、为领导代拟讲话稿、作计划写总结、做报告，党校所学理论、写作、逻辑、世界经济等知识，每每在关键时刻给他派上了用场。

党校是党性锻炼的熔炉。“共产党不能脱离群众”的宗旨使他刻骨铭心。他时时、处处把社会主义的温暖，把同志的爱送到残疾人的心坎里。为了落实国务院残疾人事业五年工作纲要精神，徐凤建主持起草了上海市残疾人康复工作的五年规划，并全身心地投入到规划的实施中。目前浦东残疾人康复培训中心已投入使用，上海市残疾人体育训练中心正在建设中。在审批工程计划时，有次碰到有关领导外出，徐凤建硬是等了两个小时。全国第五届残疾人运动会在上海召开，作为运动会组委会副秘书长的徐凤建一年多来忙得没有了双休日，多数时间就干脆住在办公室不回家。也许是徐凤建自身是残疾人更能理解残疾人对于康复的迫切愿望，只要是残疾人找他办事，他有求必应，或者是看到了残疾人有困难就主动去帮助。徐凤建了解到下属单位一职工生了个女孩，呀呀学语时竟发现是个哑巴。到底是先天的，还是药物引起的？徐凤建千方百计帮助联系不少名医和医院，为其检查诊断，使这位职工感激不尽，铭记于怀。徐凤建在北京参加康复国际亚太地区第九届大会时，他观察到张海迪同志鼻部有疾，就主动与上海的医生联系，及时为张海迪进行了鼻癌手术。单位的职工都喜欢找他帮忙，把他视为贴心人。在“三讲”教育中，徐凤建在群众中的满意率为100%。

命运给徐凤建带来了更多的磨难，同时也带来了更多的坚定，更多的成功。由他分管的《狮子楼》、《心愿》、《啊，光明》三个残疾人节目获得1989年上海市文化艺术节群众文艺优秀奖。他两次作为中国轮椅市民访问日本，并被编入1991年《中国残疾人名人录》。他分管的康复工作受到全国“三康办”的表扬。1999年10月，他担任了上海残联理事长。徐凤建成功了，成为了对国家、对社会主义事业有用的人才。在谈到自己的成长道路时，徐凤建总是不忘党校函授三年学习对他的帮助。他说：学习很重要，人生的价值，在于为国家为社会作出应有的贡献，而学习往往能决定人生价值的大小。对于我来说今后的路还很长，我将继续努力学习，争取为残疾人康复的事业作出更大的贡献。

（朱姚苏）

刻苦学习　不断进取

——记98级本科班学员杨道洲

杨道洲同志原任湖北省监利县委书记，1998年考入中央党校函授学院湖北分院荆州学区经济管理专业本科班。他学习刻苦、政绩突出，特别是在1998年抗洪抢险中屡立奇功，今年5月被选为荆州市副市长。

许多人对杨道洲同志参加党校函授学习不理解，认为他已是县委书记了，一百多万人口大县的父母官，每天不是参加会议，就是布置、检查工作，县里的大事、小事、难事，他都要管，哪有时间学习。但杨道洲同志却不这样认为，他常说：“为官一任，就要造福一方，光有为人民群众服务的热情是不够的，还必须具有为人民服务的本领，我参加党校函授学习，不是为了混一张文凭，而是想通过学习，提高自己的政治素质和理论素质，更好地为广大人民群众服务。”他是这样说的，也是这样做的。他除了兢兢业业地做好本职工作外，每天都要挤出一定时间来学习。每学期一开学，他都要根据本学期的教学内容，制订自己的自学计划。他除了认真通读教材，认真做笔记外，还保质保量地完成各科的作业。面授时，他总是带着问题认真听讲，虚心求教。由于勤奋刻苦，他每次期末考试成绩都在80分以上。

当我问起他对党校函授学习的体会时，杨道洲同志深有感触地对我说：“通过党校函授学习，我不仅加深了对马克思主义、毛泽东思想和邓小平理论的理解，提高了政治理论水平和执行党的路线、方针、政策的自觉性，并能在实践中更好地运用马克思主义的立场、观点和方法去观察、分析、处理问题，在错综复杂的矛盾和斗争中深刻认识社会发展的客观规律，坚持正确的理论、信念和政治方向，而且进一步了解了市场经济的规律、特点，以及怎样把握机遇，提高驾驭市场经济活动的能力。特别是通过党性教育，使我增强了党性，增强了全心全意为人民群众服务的意识，在工作中能牢记自己是一个共产党员、人民的公仆，始终把自己的工作与人民群众的利益联系在一起，以广大人民群众拥护不拥护、满意不满意作为衡量自己工作的标准，把人民群众的根本利益作为自己工作的落脚点和决策依据。可以说，党校函授教育是我人生旅途的加油站，是培养我健康成长的沃土。”（吴江平）

学海扬帆求真知

——记成都军区分院96级本科班学员刘华荣

刘华荣同志是成都军区驻滇某装甲部队党委书记。他于1996年考进中央党校函授学院本科班。在学习中，他力求在掌握基本原理及其精神实质上下功夫；在掌握马克思主义的立场、观点、方法和用以指导工作实践上下功夫。注重理论联系实际，加强世界观改造，突出党性锻炼，增强公仆意识，提高了思想水平和领导能力，促进了工作的开展。

刘华荣自入伍以来，牢记“书山有路勤为径，学海无涯苦作舟”的古训，坚持用先进的革命理论武装头脑，把改造世界观和指导部队工作当作自己不懈的追求，在工作中激发学习热情，在学习中积累工作经验，不断挖掘自身潜力，先后荣立二等功一次，三等功三次。多年来，他的学习硕果累累，1999年5月，四川科技出版社精选他多年来研究军队党组织建设和政治工作特点、规律的体会文章40余篇，与他人合作出版了名为《战旗下的思索》的政治工作研究文集，军区司令员欣然为他题写了书名。此外，他通过与官兵交朋友，与部属唠家常，总结官兵、部属思想活动的规律和特点，写出了《战士心理活动“三部曲”》、《以情带兵十五法》等有兵味、有深度的研讨文章，并在军内外省级报刊杂志上发表理论文章200余篇。

“参加党校函授学习，取得文凭固然重要，但学习不应单纯地只为拿文凭；学习不是为了做官，但做官必须加强学习”，这是刘华荣同志在毕业鉴定中写的一句话。在平时他常提醒自己，党委书记的任职时间是有限的，但工作思路对部队建设影响是长远的，只有坚持不懈地学习，才能把部队建设往上带。作为党委一班人的“领头雁”，他实在太忙了，但只要有一点空闲时间，他就用来学习，从不浪费在打扑克、侃大山等消遣活动上。有时看一种书累了，他就换另一类别的书看，权当休息大脑。这种独特的劳逸方法，能使他在休息的同时积累更为广泛的知识。1999年8月，部队调整整编为装甲部队，刘华荣患了重感冒，躺在床上一边输液还一边看装甲知识教材。卫生员不准，劝他好好休息。他却突然问卫生员：“你会不会打针？”“会呀！”卫生员觉得很奇怪。“不会打针的人能不能当卫生员？”他又问。卫生员十分肯定地说：“连这点最基本的常识都不懂，当然当不了。”“那么装甲知识都不懂的人，能不能当装甲部队党委书记呢？”卫生员拗不过，只好由着他。他静下来给自己学习算了一笔时间账，每天中午挤1小时，晚上凑2小时，双休日占半天，这样下来，一年可达1000多个小时。在日常生活中，他无论走到哪里，必带的东西便是书和笔记本，有空就抓紧时间看点、记点，每天晚上睡前不管有多累，都要看上几页书，完成当天的学习计划。这样使他逐渐养成了一种日读十页书，月写千字文的习惯。学中干、干中学，努力在有限的时间内多学点、学深点。

为了真正学懂、弄懂，实现钻进去、能结合、会运用的目的，他认真研究和探索科学的学习方法，始终坚持把唯物辩证法、理论联系实际法、比较分析法、系统分析法、反复重温法、与人讨论法、不耻求教法等运用于学习实践中，以增强学习成效。同时他还始终坚持本着“学理论要精，要管用”的原则，把学习过程、反思工作思路、改进工作方法、预见未来工作重点紧密联系在一起，从而提高科学决策水平，增强分析问题和解决问题的能力。

头雁高飞群雁随。在刘华荣的带领下，部队官兵养成了刻苦学习的良好风气，现他所在部队参加党校函授学习的有153人，战士参加部队两用人才学习的有530人，其中常委就有7人参加党校函授学习。他还时常教育官兵，在军事科技日新月异的今天，要打赢，必须要学习，个人不学习，就会被淘汰；班子不学习，就无法带好部队；部队不学习就丧失战斗力。同时他自己也深深地感到“一个好书记，就是一本教科书；一个好班子，就是一所好学校”的道理。为此，他一直不断地加厚这本教科书的分量。

（陈晓军）

他们在工作中接受生与死的考验

——记山东分院98级大专班学员张彬、牟中南

6月18日上午8时左右，山东省即墨市营上镇大众液化气公司运进两槽车液化气，分别载量为5吨和25吨。在前者向公司大院内的储气罐充气时，由于司机处理不当，使槽车大罐气管挣裂。顿时，大罐发出令人恐怖的“哧哧”声，白色毒气从罐口破裂处喷涌而出。此时，汽车司机和几名公司职工全惊呆了，待反应过来后，惊慌中用几条被子连续堵漏，终因毒气太浓压力太大，无法堵住裂口，便慌忙向即墨市消防大队报警。

当时的险情真够吓人的。在大众液化气公司大院内，南边并列排着一个10吨和两个5吨储气罐；东边存放着100多个家用储气钢瓶，旁边还停着三辆农用车，大门口停着载量25吨液化气的大槽车。液化气站东去40米左右有一加油站，站内储存着约120余吨燃油。西去50米左右便是居民区和营东村。据技术人员说，一吨液化气爆炸的威力相当于14吨TNT烈性炸药的威力，当时公司院内储气约50吨，相当于700吨烈性炸药。如果发生爆炸，液化气燃烧会以每秒5000米的速度迅速向外扩展，1.5公里范围内将成为一片火海，其冲击波可能会波及到5公里范围内的所有建筑物。因此，其中一个正在与液化气站老板谈生意的车主，惊恐万状，弃车而逃。

险情就是命令，消防大队8时22分接到报警，中队长张彬、指导员牟中南带领4部消防车在8时30分迅速赶到现场。事故惊动了当地各级政府及各个方面。随后，即墨市、青岛市的有关领导，公安局、消防局的领导也带领消防人员赶到，并组织指挥。中队长张彬身先士卒，当他走到距现场50余米处时，浓烈的毒气扑面而来，令人恶心窒息。走近液化气站大门口时，泄漏的液化气在1600平方米的大院上空形成约1.5米高的白雾，而且气流正慢慢上升，并向四周蔓延。院里伸手不见五指，整个大院成了一个随时都可能爆炸的死亡区。退一步可能生，前进一步可能死。面对死亡的威胁，张彬想到的是自己的职责：拼死也要排除险情，保障人民生命财产安全。在生与死的考验面前，张彬、牟中南和另一名战友，带上防毒面具，喷湿了衣服，进到了大院，采取了切断周围所有电源、集中所有水枪喷水稀释等安全措施，全力冒险堵漏。

张彬、牟中南等三人，在水枪的掩护下，趴到地上向大罐泄漏处爬过去。此时泄漏的液化气在地面上结成了零下几十度的冰块，虽然当时气温近30度，但他们的手脚很快被冻得麻木了。防毒面具有效时间为30分钟。由于防毒作用失效，张彬等人有的被毒气熏得呕吐、发颤、胸闷，有的甚至要昏了过去。但是他们没有后退，用冻僵的双手，终于摸到了泄漏口，艰难地用木楔加毛巾，拼力将泄口堵住，张彬又咬紧牙关，用冻麻的双手，将大罐口盖拧松降压。9时8分，狂泄的毒气终于被堵住。此时，在场的各部门的领导不顾头晕眼痛，始终坚持现场组织，为消防战士们鼓气助威。堵漏成功后，中队长张彬全身结了冰，浑身疼痛，还一个劲儿的冒冷汗。为了不致因各种摩擦产生静电火花而引起爆炸，他仍让战士用水枪向槽车大罐和自己身上喷水，并在水枪掩护下，带领战士艰难地将漏过气的槽车用人力推到1.5公里外的安全地方降压排气稀释。11时45分险情全部排除。这是山东省有史以来处置液化气泄漏事故最成功的一次，是即墨市人民的大幸。突如其来的事故被排除了，人民的生命财产保住了，这证明即墨市消防大队确是一支训练有素的队伍，有素质过硬的干部和战士。事后，当地政府和青岛市消防支队为他们请功。即墨市消防大队荣记集体二等功，中队长张彬荣记一等功，指导员牟中南荣记二等功。

张彬、牟中南二人，是消防队干部，也是在读的党校函授学员，他们这种舍生忘死的精神和奋不顾身的战斗风格，是消防战士的楷模，也是党校函授学员学习的榜样，他们用自己的行动，实践了江泽民总书记提出的“三个代表”的要求，我们为党校教育培养出了这样的好干部而感到光荣。

（李全尊）

学以致用结硕果

——记云南分院97级本科班学员葛宝荣

葛宝荣同志系云南省宜良县九乡风景区管理局局长，他为了获取工作所需要的知识，提高自己的行政管理水平，于1997年考进了中央党校函授学院行政管理本科班。学习期间，他将所学知识用于旅游业实践，使九乡风景区经济效益得到了大幅度提高。年接待游客从1995年的19万人次上升到1999年的35.5万人次，年综合收入从1995年的242万元上升到1999年的1500余万元。由于成绩突出，九乡风景区近年受到了国家、省、市的多项表彰奖励。他本人先后被评为“昆明市十大杰出青年”，“第18届昆明市劳动模范”，并被授予“全国旅游系统劳动模范”称号。

1995年10月，葛宝荣出任九乡风景区管理局局长时，他面临着管理松散，游客少，干部职工收入低，思想波动大等许多困难。百余人的单位账面上仅有千余元的银行存款，负债却达981万元。经过深入调查研究和一段时间的工作，他深深感到自己的知识不能适应工作和发展的需要，迫切需要学习提高。于是，他不顾事务繁忙，毅然参加了党校函授学习。

由于他学习目的明确，学习特别刻苦。白天忙于单位事务，晚上回到家中挑灯夜读。对所学课程，无论考试与否，他都认真学习，在学习中，他写了三万余字的读书笔记。面授时，他除了认真听讲外，还与教师就一些理论、实际问题进行探讨和切磋。在学习期间，他连续三年被评为优秀学员，他写的毕业论文《将旅游业培育成为宜良县新支柱产业的思考》被评为优秀论文。

他将所学知识用于指导工作，较好地解决了实际工作中存在的问题。九乡风景区是80年代以来开发的新景区，由于当时的历史条件，景区的土地、林权、与周边单位群众的利益关系等许多问题都没有明确的界定。葛宝荣学习了《市场经济法律制度概论》等课程后，立即组织人员学习，咨询有关法律文件，严格按法律、法规有关条款办理了有关手续，妥善解决了这个事关景区长远发展的大事，为景区的发展打下了坚实的基础，使景区在产权明晰的情况下放心地作好远景规划、生态保护，绿化环境等工作。同时积极完善原来的一些协议和合同，不留尾巴。如景区富林山庄的土地出租协议，原签订的是无期使用协议。葛宝荣找出有关法律规定，说服承包人，根据风景区租用期最长40年的条款，于1998年5月重新修改了协议。在葛宝荣任职初期，由于经济效益不太好，县里曾拟将九乡风景区出售给私人。在这一关系国家级风景区何去何从的关键时刻，葛宝荣根据在党校所学知识和中央、省有关法律文件，写成专题报告，分送县有关领导部门，指出不能出售的法律依据。并提出实行企业化管理，自负盈亏，走良性循环发展的道路，实现社会效益和经济效益同步增长。实践证明，坚持公有制一样能够办好旅游产业。

学习了社会主义市场经济等课程后，葛宝荣认为景区前几年发展不快，主要是思想还停留在坐等游人的封闭保守状态，需要解放思想，把旅游作为新兴产业来抓。现在要下大力气注重旅游产品的宣传、包装和促销，把游客和经济收入作为最主要的指标。

九乡风景区是国内规模最大、溶洞数量最多的洞穴群落，洞穴中奔腾咆哮的暗河，飞流直下的雌雄双瀑堪称天下独绝。开发后通过宣传，使九乡风景区的知名度大大提高，游客和经济效益有了明显的增加。

为了提高景区的文化品位和知识含量，他们在洞穴内面积达15000平方米的雄狮大厅举办了全国首创的“洞穴交响音乐会”，在全国音乐界和旅游界产生了较大影响。随后，他们又在雄狮大厅举办了根艺、奇石艺术展，吸引了众多游客。葛宝荣还带领有关人员发掘了当地彝族古老传说的“猎神节”，举办“猎神节”期间，吸引了十万游客光临九乡。景区还邀请省内孙太初、尚文等书法名家将九乡风景区开发以来名人、领导题词、诗句书写出来镌刻在崖壁上，使古老的洞穴充溢着浓厚的文化氛围。

为使自己的旅游产品走向市场，走向世界，葛宝荣把省内游客向省外扩展，国内游客向国外扩展，散客型向团队型转变作为经营目标。根据国家、省、市旅游局的指示，葛宝荣与有关人员先后到东南亚、欧美一些国家学习考察，并宣传、推销九乡风景区。目前已初见成效，省外、国外游客逐年增多。

党校的函授学习使葛宝荣认识到，开发旅游产品，不仅要外树形象，还要内强素质，以优质服务招徕游客，才能使旅游产业持续、健康发展。市场竞争实质上是人才的竞争。他不仅自己努力学习，还与宜良县委党校商定，在景区开设了旅游大专班，对全局干部职工进行系统的职业培训。通过培训，景区干部职工的思想、文化素质和服务质量得到了明显提高，受到了游客的好评。

在新千年来临之际，葛宝荣深知，以后旅游市场的竞争将更趋激烈，只有不断创新，不断提高旅游产品的质量，才能求得景区的生存和发展。最近他们又投资新建了观光电梯，对洞穴内的重点地段，特别是道路和护栏进行改造，石林直通九乡的道路也已动工。为了迎接中国加入 WTO，他带领职工实现了 ISO9002 质量认证，逐步使九乡风景区的管理模式与国际接轨，九乡将以崭新的面貌迎接八方游客。（梁明山）

在希望的田野上

——记安徽分院学员高喜田

高喜田从安徽水利电力学校机电排灌工程专业毕业后，长期在淮南市水利局和蚌埠郊区水利局工作，随着工作实践经验的沉淀积累，面临的课题不断深入，他越来越强烈地感到自身知识水平与时代需要的差距在拉大，需要提高理论素养，更新知识层次，拓宽科研视野。为此，他于 1994 年考上了中央党校函授学院经济管理大专班。在学习中，他更加清醒地认识到加强政治理论、经济知识学习的必要性与紧迫性。因此他自觉地克服工学矛盾，参加面授课风雨无阻，三年没有缺过一次课，厚厚的课堂笔记本翻得皮开纸烂，每一页都划满了圈圈杠杠。对课堂知识的消化吸收，不仅换来了优异的学习成绩，更让他在广阔的工作实践中大显身手。学习系统管理学和经济管理学后，他结合水利基本建设投资管理情况，对水利局泵站工程、灌溉工程、防汛排涝工程等进行了投资与效益分析以及投资风险预测，及时准确地计算出了设施的折旧费用，测算出了投资与产出效益比例，从而保证了工程资金投入的有效性和有偿性；学习经济法后，他结合水费征收工作，运用法律武器坚决维护水利局的合法利益，扭转了水费征收的困难局面；在科研上，他结合所学的经济管理学知识规划、创办了蚌埠市第一家装配式混凝土构件厂，在水利建设配套工作化、规范化进程中迈出了可喜的一步；此外，他主持研究的“温室鲜切花微灌技术及灌溉效应研究”项目于 1998 年分获安徽省水利科技一等奖和省科技进步二等奖。高喜田认为，是课堂知识与实际工作的紧密结合，使他开阔了思路，解决了工作中的疑难问题，提高了投资建设的效益，丰富了经济管理的方法。为了进一步提高自己的素质，他大专毕业后，又参加了本科班的学习。

在党校函授学习的五年中，高喜田连续五年受到市政府行政记功嘉奖，1995 年获省政府表彰。随着学习的不断深入，他把科研方向定位在我国农业基础薄弱、效益低下，内在动力和发展后劲不足以及农民收入趋缓等关系到国计民生的根本问题上。他强烈地意识到，只有走资源高效利用和依托高新技术改造传统农业的道路，才能迎来一片新的晴空。当全国农业科技园建设即将竞标的消息传来，高喜田抑制不住内心的激动，主动请缨，进行了一系列艰苦细致的准备工作，经过激烈的竞争，终于以科学的论证、翔实的材料和精彩演说，为家乡赢得了一块充满希望的田野。他担任安徽省绿雨集团总经理后，在园区建设过程中，坚持高起点、高标准、高科技含量的原则，联合省内外多家农业院校、科研院所开展技术合作，进行专项实验，实现了一个又一个令人振奋的突破。1998 年，江泽民总书记到这里视察后指出：“从这里可以看到中国农业发展的潜力很大，这里代表着中国未来农业发展的方向。”

目前，高喜田正在这片希望的田野上更加积极地耕耘着，他脚下的每一颗种子里都蓄满了科学和教育的雨露甘霖，要和春天一起在古老的江淮大地上绽放。（晓军　珠城）

助人为乐　学以致用

——记陕西分院 98 级本科班学员刘进跃

刘进跃同志现任陕西省榆林市安崖镇党委书记。1998 年考进中央党校函授学院经济管理本科并任学习班班长。在学习中，他严格要求自己，自觉加强政治修养，提高理论水平，锤炼优良作风，以突出的思想政治表现和优异的学习成绩，赢得了学校师生的好评。作为学习班班长，他积极帮助班主任和任课老师做学员的思想政治工作，提高学员的学习自觉性。两年来，他先后组织召开主题班会 5 次，个别谈心 20 余人次，举办其他形式的集体活动 4 次，均收到良好效果。他胸怀祖国，心系群众，与人为善，助人为乐。在他的带动下，全班形成了健康向上、友爱互助的良好风气。1998 年，我国遭受百年不遇的特大洪灾，他带头捐款 200 元，在他的带动下，全班学员共捐款 3000 余元支援灾区。1999 年，班上一位学员家遭变故，一段时期有了退学的念头，他得知情况后，亲自到其家中走访，并动员全班同学捐资，帮助其走出困境，使他能够继续参加函授学习。

本科函授学习，英语是一门必修而又“吃力”的课程，有很多学员抱着应付态度，试图侥幸过关。为了提高全班学员英语水平，他积极争取学校增加英语集中辅导时间，并请专人辅导，使全班学员英语成绩有了较大提高。针对函授学员学习与工作脱节、理论联系实际不够的问题，他建议学校增开《榆林经济建设与发展》系列专题讲座，学校采纳了他的意见，开设了一系列专题讲座，使学员掌握了很多既有理论性、指导性，又有可操作性的知识，从而为学员们搞好各自工作打下了扎实基础。此外，他还多次组织学员进行专题知识讨论，开设学习园地，撰写体会文章，有效地提高了学员们的专业素质和理论水平。在积极帮助全班学员学习的同时，他始终没有放松自身学习，由于他学习肯吃苦，勤动脑，善钻研，学习成绩一直在全班名列前茅。他在函授学习期间撰写的《浅谈山区生态农业建设》一文被《榆林日报》刊登。

函授学习，对于在职干部来说，有时学习和工作不免发生“冲突”，但他从未因工作而贻误学习，也未因学习而耽误工作。每遇到这种情况，他总是要在学习之前安排好工作，有时甚至在深夜赶回镇上安排妥当后，于第二日返校参加辅导学习。有时镇上有紧急事务，他就带着教材赶回镇上处理，返校后，再请老师和同学进行补课。由于他模范地遵守学校纪律和考勤制度，被学校两次评为“优秀学员”。

他自觉用所学知识指导工作，并取得了显著成绩。他所在工作单位安崖镇，自然条件恶劣，交通信息闭塞，是典型的贫困山区乡镇，群众生产、生活十分困难，被榆林市确定为重点贫困乡镇。几年来，他带领镇党委、政府一班人，在上级领导和部门的支持下，组织全镇干部群众发扬自力更生、艰苦奋斗精神，征山治水，叩石垦壤，使群众走上了小康之路。他主持全镇工作以来，新修山间公路 87 公里，累计完成土石 18 万立方；新建人畜饮水站 38 处，解决了 6700 人的饮水困难问题；新建库坝 12 座，新增水地 650 余亩，建起全市唯一的锁沟打坝、治理水土流失的白南沟生态农业建设示范区，受到王寿森副省长的充分肯定。目前，全镇基础设施建设明显加强，红枣、洋芋等主导产业初具规模，种、养、加工产业得到全面发展，1998 年全镇一举越过了温饱线，实现了整体脱贫目标。由于他工作成绩显著，不仅受到省、地、市多次表彰奖励，也赢得了全镇广大干部群众的真诚拥戴。他说：“我所取得的成绩，与上级领导的重视和支持是分不开的，与全镇广大干部群众的共同努力是分不开的。还有一个很重要的原因，就是自参加函授学习以来，我进一步认识到作为乡镇党委书记所肩负的责任感、使命感和紧迫感，更加坚定了加快山区农民脱贫致富奔小康的信念，有效地提高了指导农村工作实践的业务能力和理论水平，所有这些，都是得益于党校函授学习。”（陕苑）

理论武装写辉煌

——记湖南分院 94 级本科班学员杜芳禄

杜芳禄是中函 94 级本科班学员，现任中共张家界市武陵源区委书记，他常以“莫负党校学历名”的话勉励函授学员学习，这也是他勤奋学习的真实写照。

80 年代，杜芳禄同志就是慈利县卫生系统酷爱学习的“秀才”和“笔杆子”。1989 年调入张家界市委组织部任办公室主任后，学习更加自觉。他看书看报，总能从字里行间“抠”出新意；看文件听报告，总要比别人多问几个“为什么?”总是比别人多几分思考，多几分收获。他常常以富兰克林的名言“空无一物的布袋是立不起来的”自勉，把学习当成最大的乐趣和第一需要。1993 年，他被任命为市委组织部副部长，分管干部教育工作。1994 年参加中央党校函授学院党政本科班学习，在学员中，他又是最守纪律、到课率最高的学员。学习认真，成绩优良。在他的函授书本上，划满了道道杠杠，记满了批注。所有作业分和考勤分，都是满分，每科考试成绩都在85分以上。他理论联系实际，学以致用。他运用所学的行政管理的系统论原理，深入分析了全市干部教育工作中的有利因素和不利条件，着眼于夯实干部教育工作基础，结合实际贯彻落实《中国共产党党校工作暂行条例》。在全市范围内开展了“争创干部教育工作先进单位、争当优秀干部教育工作者和争当干部教育理论研讨先进单位和先进个人”的竞赛活动，使干部教育工作跃上了一个新台阶，形成了党委重视干部教育工作、重视党校工作的良好氛围，市、区县委党校基础设施和队伍建设明显加强。至1999年底，四所区县党校经省委干部教育工作领导小组评估验收，全部达到合格标准。全市干部教育工作，连续五年被评为省里的先进。杜芳禄同志在兼任市委党校校长期间，他在党校大胆推行了机构人事、教学科研、收入分配、后勤服务四项改革，彻底改变了“教多教少、教好教差一个样；干多干少、干好干差一个样”的状况，出现了“人人争着多上课、上好课；人人争着多干事、干好事”的新气象。中央党校《党校报》及省、市新闻媒体多次报道了张家界市委党校改革情况，省内外一些兄弟党校，纷纷登门向他们取经。1998年，市委党校校委会被市委授予“先进领导班子”称号。在身兼数职的情况下，杜芳禄同志没有放松学习理论。他在党校培训班给学员作了数次辅导报告，其中《关于党内民主集中制的思考》、《为了理论武装》、《树立良好学风》等，都已在省部级以上刊物发表。此外他还主编了《邓小平理论学习与运用》一书；该书于1999年3月在党建读物出版社出版发行后，受到了中央党校教授张蔚萍、刘炳瑛等的高度评价。

杜芳禄同志调任武陵源区委书记后，十分重视理论对实践的指导作用。每推行一项重要工作，都要先学习有关理论、政策和法规。为了增强干部的理论意识，提高干部的理论素质，杜芳禄同志提请区委常委会作出了一项决议：以后凡提拔科级干部都必须先经过理论考试。今年5月，武陵源区组织全区300多名报名竞争科级职务的干部参加由中组部命题的理论考试，并将其成绩记录在案，作为今后选拔任用的条件依据。

杜芳禄同志不仅重视运用理论指导工作，更注重运用理论加强党性修养。他常说，理论的生命力在于实践，在于它能够帮助共产党人形成正确的世界观、人生观。在市委党校兼职期间，他以自己是“编外人员”为由，坚持不到党校领取一分钱的津贴奖金，但党校开展“结对扶贫”，却从来没有少过他。为了防微杜渐，他坚守思想上、生活上的道德防线，严管自己的“八小时之外”。身在风景名胜区工作，交际圈、娱乐圈里从来看不到他的身影。对于家庭亲友，他严格“约法三章”。去年，他的亲外甥学校毕业后在武陵源找了一份工作，事后，他外甥告诉了他。杜芳禄同志严肃批评外甥：“你不属于武陵源的安排对象。现在武陵源还有许多毕业生没有安排好，你却办成了。如果我不知道这件事，或许你过了关。既然我知道了，一定要按政策办事。”杜芳禄同志第二天立即责成有关单位，将他外甥的分配手续、档案退回原籍，绝不允许任何人办私事时打“杜芳禄牌”！他批评有关部门的同志：古人都知道“忠孝难以两全”，如果有权力有地位的党政领导干部搞优亲厚友，还有什么资格去谈“党性”？如果我们学习了革命理论，学习党的路线、方针、政策，只用来约束他人，自己并不准备实行，群众怎么会服气！

在企业找他“走后门”办事的亲友中，杜芳禄同志的“得分”不高，但在全区“三讲”民主测评中，区委班子和杜芳禄同志个人，都获得了100%的满意率。

（张家界市委党校　舒旺彩）

琴心剑胆铸忠诚

——记新疆分院98级本科班学员车玉平

“做大于说，行重于言，说到不如做到。”这是98级党政管理本科班学员，全国优秀人民警察、全国公安机关廉政勤政先进个人，自治区、地区先进工作者，一等功臣荣立者车玉平同志的人生格言。

车玉平同志现任新疆和田地区政法委副书记兼公安局党委书记、局长。1998年车玉平考进中函党政管理本科班，在学习中，他自觉遵守校纪校规，抓紧点滴时间学习，他深知“干部素质，国运所系”的道理，坚决克服“实用主义”的学习态度，坚持理论联系实际的学风，充分发挥个人的主观能动性，积极处理工作与学习的矛盾，自觉地把党校学习同个人的党性锻炼结合起来，在努力改造个人的主观世界的同时积极运用所学的知识改造客观世界。通过系统学习，他的马列主义、毛泽东思想、邓小平理论和贯彻党的路线、方针、政策的水平有了进一步提高。在学习中，他坚持不懈地在掌握基本原理及精神实质上下功夫，在掌握马克思主义的立场、观点、方法上下功夫，学习中联系党的历史经验，联系改革开放和现代化建设的实践；联系新疆及和田地区当前的形势和任务，联系个人的思想和工作实践，坚定了共产主义信念，提高了运用马克思主义方法解决问题的能力。

进入90年代以来，特别是90年代后期，新疆的民族分裂和非法宗教活动，暴力恐怖活动十分猖獗，严重危害到党和国家及人民的利益。和田地区以其独特的人文环境成为境内外敌对势力颇为活跃的地区之一。1996年底车玉平同志临危受命担任地区公安机关最高领导。自参加党校学习后，他的工学矛盾异常突出，公安机关与民族分裂主义的斗争一刻也没有停止，作为地区公安机关的最高指挥者和决策者，他日夜不停地组织指挥“严打”斗争，在学习上他只能以小时来计划使用，一套教材带在身边，出差的路途中、会议的间隙都是他学习的好时机，他给自己制定了一套科学的作息时间表，早、中、晚各挤出一个小时的时间学习，充分利用夜间的时间自学。夜晚他的办公室灯光总是最后一个熄灭，清晨第一个先亮起来。他在学习上孜孜探索，谦虚好学，不耻下问，只要自己不懂，即使身边的工作人员他也会拜师求教。几年来，他放弃了多少个休息日，连他自己也数不清。他把所学的理论知识用来指导工作，并取得了良好的成效，1999年他领导的和田公安局被国务院评为全国民族团结先进集体，多次受到公安部、公安厅、地委的通令嘉奖，并被记集体一等功。

面对众多的荣誉，车玉平同志清醒地认识到：荣誉只能代表过去，不能说明今后，停止不前，就会被淘汰。只有不断提高政治业务素质，才能保证带好队伍，打好胜仗。

在长期的工作实践和斗争考验中，他始终以一个党员领导干部的标准严格要求自己，在党校学习中他是一个谦虚好学、尊师重道的好学员，在工作中，他又是一个爱岗敬业、奋发进取、清正廉洁、乐于奉献的好领导干部。在和田地区开展的首批地直单位领导班子和领导干部“三讲”教育中，他的满意率达到98.1%。

问渠哪得清如许？为有源头活水来。车玉平同志以他对党的无限忠诚和对党的事业无比热爱，从自我做起，加强自身的党性锻炼，努力提高自身素质，发挥表率作用，极大地影响带动了公安队伍的整体素质的提高，造就了一支能征善战，吃苦耐劳，作风优良的公安队伍，为党和人民的事业，做出了党员领导干部应有的贡献。（和田）

学习是为了更好地工作

——记江西分院97级本科班学员王法贵

王法贵同志现任江西省都昌县人民检察院检察长。他为了提高自己的工作能力和理论水平，以便更好地履行职责，于1997年考进了中央党校函授学院本科法律班。入学后，他严格遵守院规院纪，正确处理工学矛盾，刻苦学习，自觉进行党性锻炼。都昌县距九江200里，途中还要经过摆渡。他为了能按时参加面授，总是提前把工作安排好，在面授的前一天昼夜兼程赶到九江市委党校。上课时专心听讲，认真做笔记，课后及时完成作业。回单位后，不管工作多忙，他都坚持挤时间复习功课，就是出差在外也不放松学习。正是这种自强不息、孜孜以求的精神，使他较好地掌握了所学知识。每次考试他的成绩都在85分以上。三年来，他两次被江西分院评为优秀学员。在一次座谈会上，王法贵深情地说：“函授学习，使我提高了马列主义理论和党性修养水平，加深了对邓小平理论的理解，澄清了思想上的一些模糊认识。特别是使我提高了用马列主义立场、观点、方法分析和解决实际问题的能力。学习了法律专业知识，使我能更好地履行职责，推动了工作的开展。上函大，将使我受益终身。”

王法贵作为检察长，深知责任重大，他对工作从不懈怠。凡是急事、险事、难事他都奋勇当先，被群众誉为政治上的明白人，办案工作的实干家、带头人。在工作中，他严格按照“一要慎重，二要坚决”的原则，积极查办贪污贿赂及司法人员徇私枉法案件。1997年他查办贪污贿赂案件30起，为国家挽回经济损失150余万元。王法贵是本地人，亲戚朋友多，办案干扰大。在查办一些贪污贿赂窝案时，不时有人打着亲朋好友的牌子，并拿着高档烟酒等物品前来送礼说情，均遭到他的严辞谢绝。在他的影响下，全院干警自觉形成拒腐蚀的坚固防线，极大地保证了检察队伍的纯洁。

王法贵同志始终坚持党的群众路线，密切联系群众，时刻关心群众疾苦，为百姓排忧解难。认真处理群众来信，及时反馈处理结果。对于来访群众，递茶让座，热情询问，耐心解释，慎重处理。该县左里乡供销社黄某因涉嫌贪污受到行政处分，黄不服，多次上诉无门，便找到检察院。王法贵认真听取了黄的陈述后，亲自调阅了案卷，并派人到基层调查，终于查清了真相，及时向有关部门提出了纠正意见。当黄某的处分决定被撤销后，黄激动地对王法贵说："你真是青天啊……!"，1997年王法贵获悉该院帮助扶贫的黄坡村改建校舍缺少资金时，他立即从院里挤出一万元支持黄坡村的校舍建设，并从自己有限的工资中拿出80元作为捐款。在他的带动下，全院干警纷纷解囊，很快收到捐款1400余元，这些钱送到黄坡村解了燃眉之急，受到了群众的好评。1998年王法贵在防洪第一线工作时，他70多岁的母亲突发急病住院抢救，用去了很多钱。当他看到许多一无所有的受灾群众时，他掉下了眼泪，硬是从自己微薄的工资中拿出260元捐给了灾民。都昌县检察院在王法贵的领导下，年年有新成绩，因而多次受到省、市、县三级政府的表彰，他多次立功并被评为全国检察系统先进个人。

（杜治江　王栓）

青春热血铸检魂

——记河南分院99级本科班学员李存周

李存周同志从1989年以来一直在安阳市北关区检察院工作。在工作中，他恪尽职守，兢兢业业，用辛勤的汗水和忘我的工作，赢得了广大干部群众的广泛赞誉。先后被安阳市授予"十优检察官"、"安阳市人民满意的政法干警"等多种荣誉称号。

一、立足本职作贡献

1998年3月，该院实行干部人事制度改革，经过个人演讲、组织考察、民意测评，李存周同志被组织上任命为院技术科副科长，1999年4月升任为科长。为了贯彻高检的"科技强检"的工作要求，尽快改变本检察院技术工作在全市的落后状况，李存周同志运用在党校函授所学知识对技术科的工作进行大胆创新，使其负责的科室形成了争先创优的良好氛围。他在组织全科同志研讨如何才能搞好技术工作的基础上，乘全国政法队伍集中教育整顿的东风，对本科实施了"三项整顿"：一是队伍整顿，建立健全责任制，明确任务，细化标准，责任到人，做到个个有压力，人人有指标；二是业务整顿，一方面派人员参加高检院组织的司法会计培训班学习，另一方面，向财政申请拨款10万元用于视听室建设；三是作风整顿，使大家牢固地树立了技术工作为办案服务的思想。通过整顿，使全科干警扭转了办案观念，发挥了主观能动性，树立了科学有为、团结凝聚、爱岗敬业的良好形象。

为适应形势的发展，他不断更新办案手段，提高现代科技含量。该院在办理建行安北支行友谊路分理处主任于有军伙同他人挪用公款300余万元案件中，发现有30多张可疑单据，怀疑是案犯为达到其犯罪目的而填写的，但又不好轻易下结论，决定委托技术部门对笔迹进行鉴定。李存周接到该鉴定任务后，针对单据字迹少、多人共同填写的情况，采取科学分析程序进行技术鉴定，本着客观、公正、准确的原则对单据文字、印文进行检验，逐字逐点对比，经过一个月的科学分析判断，出具文字鉴定书21份，印文鉴定书6份，使真正的笔迹填写人和伪造的印文在鉴定人员面前暴露出来，以超常规的速度，科学准确地为办案部门查办案件提供了关键证据，保证了案件的查实工作顺利进行。

近两年来，李存周共出具文痕检验鉴定书110多份，进行物证照像，摄像200余次，鉴定结论准确率达100%。

二、争做青年人的领头雁

李存周同志从1995年任院团支部书记以来，不断用党的思想理论充实和完善自己，凭着满腔热情、一身正气团结带领该院团员青年在各自的工作岗位上努力工作，勇于奉献。他在广大团员青年中深入开展争创"人民满意的政法干警"、争当"优秀检察官"活动，促使大家树立文明办案的良好形象；在团员青年中组织"是金子在哪里都闪光"的大讨论，极大地增强了团员青年岗位的自豪感。他作为一名团支部书记、党支部组织委员，对每个青年的进步都十分关心，不仅推荐一批优秀团员入了党，而且使20多名青年分别获得了市、区授予的“个人三等功”、“优秀侦查员”、“优秀公诉人”，“安阳市优秀团员”，“北关区青年志愿者”，“先进工作者”等多项殊荣。

李存周同志在带领全院团员青年积极搞好检察工作的同时，还利用重大节日来临之际在院里组织开展了多种有意义的活动，如开展向希望工程、残疾人、见义勇为、受洪灾区捐款损物等。在国际老年人节前夕，李存周同志组织团员青年成立“义务服务队”，对辖区烈属老人禹秀珍热心救助，帮助老人解决实际生活困难。禹秀珍老人今年70多岁了，丈夫在解放战争中为国捐躯，唯一的一个女儿也已经50多岁了，厂里效益不好发不了工资，生活相当困难，李存周就带领团员青年定期去看望老人，并且在全院号召干警为老人捐款，仅一天时间就收到捐款1000多元，他还坚持做到每月资助老人50元钱。老人家水龙头坏了，房顶漏雨，衣服脏了，他都亲自给予帮助。由于他们的卓有成效的工作，使所在检察院被安阳市委、市政府、安阳军分区授予“爱心献功臣行动先进单位”的光荣称号。

（季冰）

学以致用工学双丰收

——记湖南分院98级本科班学员徐勇

5月的夜晚，星光灿烂，疲惫的人们早已熄灯进入梦乡。然而，有一个窗户仍然透着光亮，一位身体清瘦，中等个头的青年正聚精会神地作读书笔记。他就是中函本科班学员，湖南日报社记者徐勇。

徐勇1990年大专毕业后又在湖南经济管理干部学院脱产学习了一年。参加工作后，他爱岗敬业，刻苦钻研业务，取得了突出成绩，先后在省以上报刊发表各类文章300多篇，其中3篇在全省获奖，多次被评为“先进新闻工作者”、“先进个人”。1998年，他受到湖南日报社嘉奖，1999年，获得向国庆、报庆50周年“双献礼”劳动竞赛金牌奖，并荣记三等功。今年2月25日，湖南日报社机关党委主办的《湖南报人》以《辛勤汗水结硕果》为题，对他刻苦学习、勤奋工作的事迹作了详细报道。

1998年徐勇以优异成绩考入中函行政管理本科班。在学习中，他目的明确，态度端正。白天，他忙于报社工作，有时一天要跑几个地方，熟悉他的人都说他是“神龙见首不见尾”。到了晚上，他便独自坐在书房里认真预习和复习函授课程，每到双休日，他就早早起床，照惯例背诵一些概念后，赶往十多公里外的省委党校去听课。负责保安的经警对这位来得最早的学员印象很深，戏称他为“徐优秀”。有人不解地问：“你大专毕业，工作上又很有成绩，干吗还要这么发奋读书?”徐勇说：“知识经济、科技革命、市场机制使社会发展太快，这对新闻工作者提出了全新的、更高的要求。人人都有一个学习和知识更新的问题，我还比较年轻，只有打好了理论基础，做到政治强、业务精、纪律严、作风正，才能成为一名优秀的党报新闻工作者。到党校接受系统的本科学历教育，是促使自己提高政治理论水平、业务素质和实际工作能力的重要途径。”

当记者，工作是比较忙的，经常出外搞采访、写报道，工学矛盾比较突出。为做到学习、工作两不误，他的做法是：首先提高认识，培养兴趣。中央党校开设的课程都对自己能力的培养和素质的提高大有好处。学习的目的主要是把所学知识运用到实际工作中去，立足岗位成才，为社会多作贡献。只有认识提高了，才会产生浓厚的学习兴趣。兴趣和爱好是成功的先导。有了兴趣，就会全神贯注学习。其次注意学习方法，提高学习效率。一是认真预习。上课前，先把教材预习两遍，提出自己认为是重点的内容，了解所讲内容的逻辑联系、知识轮廓，为提高听课效率做好准备。二是认真听课，做好笔记。上课一定要认真听讲，这样才能收到事半功倍的效果，尤其是那些重点、难点内容，老师讲后，不仅利于自己掌握，而且能够理清它们之间的逻辑关系，将这些内容进行整理、归纳，写在随身携带的卡片上，一有时间，就拿出来看看。“好记性不如烂笔头”。入学以来，徐勇记了200多张读书卡片，写了10多万字的读书笔记。三是及时巩固复习。复习和理解是学习的关键。俗话说，温故而知新。要经常围绕教材和平时作业进行复习。记忆时，要理论联系实际，调动自身的知识储备，举一反三，在理解上下功夫。徐勇给自己规定：不进电影院、不进歌舞厅，少看电视，少逛商店、市场。他经常想起“寸金难买寸光阴”的古训，并以

"人生能有几回搏"来激励自己。他在完成好工作任务的前提下，坚持每天挤二三个小时学习，认真完成老师布置的作业，及时复习前面已学内容，并阅读一些课外参考书，补充有关资料，增强对教材的理解，提高学习效果。出差期间，无论是在火车上，还是在旅馆，只要有空闲时间，他都拿出课本或笔记来温习。徐勇说，他的这些方法其实也是老生常谈了，但真正做到，的确不是一件容易的事情。两年来的 10 余科课程考试，他的成绩都在 80 分以上，有的达 90 多分。三是理论联系实际，学以致用。学习的过程是积累与提高的过程。徐勇学以致用，努力把在党校学到的理论知识运用于工作实践，指导自己的言行。他运用在党校学到的哲学知识，根据马克思主义的立场、观点、方法，分析了长沙、株洲、湘潭三市的基本情况，写出了题为《长株潭经济一体化的思考》的论文，提出了不少有分量的见解和主张。在党校上课时，他听老师讲马克思如何从一个唯心主义者转变为辩证唯物主义者的过程，便联系到人的思想的发展变化，认为要使自己成为一名真正的马克思主义者，必须自觉改造世界观。只有这样，才能坚定共产主义信念，做到在政治上同党中央保持一致。

谈到今后的学习打算，徐勇满怀信心地说："党校函授学习极大地丰富了我的理论知识，我将把这些知识更好地运用到实际中去，创造更大的工作成绩，来回报社会、回报党校。" （彭立新）

紧跟时代　求知不息

——记广州军区分院第七期领导干部函授班学员刘粤军

刘粤军同志现任驻澳门部队司令员。在 30 年的军旅生涯中，他一贯重视学习，紧跟时代步伐，自学不息，先后通过参加函授学习和自学考试，获得了两所大学两门专业的大学文凭。刘粤军同志认为，在当今高新技术日新月异的时代和复杂的国内外环境下，学习就显得更加重要。为此，他十分重视这次中央党校的函授学习，力图通过学习丰富自己的知识，掌握科学理论，提高领导工作和讲政治的能力。因此，他学习认真刻苦，不管工作多忙，都坚持抽出时间自学，从而保证了学习质量。

刘粤军同志 1997 年参加中共中央党校函授学习时，在某集团军任师长，该师是应急机动作战师，平时以教育训练为中心的各项工作任务十分繁重。在工作时间紧、任务重、标准高的情况下，他以强烈的使命感和紧迫感，把函授学习作为充实和提高自己的难得机会，科学安排工作时间，统筹学习计划，努力做到工作和函授学习两不误。1998 年 7 月下旬，上级命令该师紧急赶赴长江抗洪前线，他将几件换洗衣服连同几本函授教材塞进背包。在长江抗洪前线，他坚持和广大官兵一道，日夜奋战在抗洪第一线，并在极其紧张、疲劳的艰苦条件下，不忘挤时间阅读函授课本和撰写学习体会。在他的带领下，广大官兵团结奋战，严防死守，取得了长江抗洪的伟大胜利，该师被中央军委评为"98 抗洪先进单位"，他本人被评为"98 抗洪先进个人"，荣立三等功，受到了四总部的通报表彰，光荣地出席了全国全军抗洪表彰大会。1999 年 1 月，他调任驻澳门部队司令员，部队的筹备组建和进驻准备工作时间紧迫、任务繁重。而此时函授学习和撰写毕业论文也进入了关键时刻。他坚持一边抓工作，一边抓学习，独立思考完成了论文的选题和撰写。他的论文被评为优秀论文选送到函授学院。同时，部队在他和党委"一班人"的带领下，圆满完成了组建、对外开放和进驻澳门的光荣任务，向党和人民交了一份合格的答卷。

在学习中，他非常注重理论联系实际，努力做到学用一致，用学到的知识指导实践，为部队建设服务。任师长时，他坚持把强班子带部队作为抓部队建设的"龙头"，紧紧扭住不放。他通过运用所学的理论知识，指导党委班子建设，较好地提高了领导班子抓好自身建设的能力，推动了部队的全面建设。1998 年，师党委和 1 个团党委分别被军区评为"先进党委"，有 2 个团队被集团军评为"全面建设先进单位"。调任驻澳门部队司令员后，针对部队面临复杂环境的严峻考验，他深入学习江主席关于讲政治的要求，运用《新时期军队政治合格概论》书中的基本观点，结合自己的认识，联系部队的实际，给官兵讲解"政治合格"的丰富内涵和现实意义，使广大官兵保持了清醒的政治头脑，保证了部队的纯洁和稳定。学习中，他还坚持不断地思考和探索，积极研究解决部队建设面临的难点热点问题。1999 年，他先后在《国防大学学报》和《军事工作通讯》等刊物上发表了《坚持一流标准，建设一流部队》、《驻澳门部队在澳门特别行政区可能

参与处置的突发事件及应把握的原则》等有独到见解的文章，有力地指导了部队建设。（广军）

勤学实干 大展宏图

——记湖北分院97级本科班学员李洪军

李洪军同志于1993年调任湖北省兴山县平水乡党委书记。这个乡是个贫困的山区，当年全乡财政收入只有45万元。他为了改变贫困面貌，提高自己的理论素质和领导能力，于1997年考进中央党校函授学院党政管理本科班。在学习期间，他克服种种困难，坚持函授学习，用科学的理论指导实践，谱写了一曲扎根基层，献身改革，艰苦创业的新篇章。

首先是交通不便，学习期间，适逢古洞口修建电站，公路复建开工，交通一度中断，仅有一条翻山越岭、绕道榛子乡多走90多公里的崎岖小道，到县城参加面授需走四五小时。

其次是信息不灵。每次面授和考试都无法联系，学习上遇到困难无法向老师请教。但这些困难丝毫未能冲淡他的求知欲望。每次外出办事，总要到党校坐一坐，拿出笔记本请教学习中的难题。询问面授、考试时间有无变动，老师无不为他那种知不足而进取的精神所感动，对每个提问都是耐心讲解，直到他弄通为止。

再次是工学矛盾突出。作为乡党委一把手，跑项目、引资金，下村指导工作，基本没有星期天。今年6月一次面授，正值全县上下齐抓“双过半”的关键时刻，实在不能离开，他便要求乡里的其他四名学员上课时一定要做好笔记，回去给他补课。四名学员面授结束后，自己凑钱翻录了教学录像带，回去后，抽空给李洪军补上了这次面授的全部内容。

在学习中，他把所学到的理论用来指导工作，认识到：要振兴乡域经济，不仅要冲破恶劣的自然环境的束缚，更要冲破落后思想观念的禁锢，走开放型发展道路。为此，他提出“高效多经富民，水电矿山兴乡”的发展战略，牢牢抓住“三大工程”推进乡域经济发展。

一是“素质教育”工程。首先是抓干部素质教育。由乡党委及部门主要负责人组成乡中心学习小组，每月集中学习一次，做到“五有”：即有专题备课，有专人讲授、有学习资料、有听课笔记、有考勤记载。书记带头讲课，重大课题，聘请县委宣传部及县委党校教师讲授，着力提高干部的三大能力：即到村能抓好项目、讲清政策、组织实施的能力。其次是抓群众素质教育。充分利用乡成人技术教育阵地，大力培训村科技致富骨干，并通过他们传授实用技术，力争做到一户有一至二个明白人，懂一至二门实用技术。最后是抓基础素质教育。加大基础教育投入，从“科技兴乡”的战略高度，酿造良好的育人环境，确保义务教育普及率达到100%。

二是富民工程。农民增收是各项工作中的重中之重。全乡面积208平方公里，每平方公里仅23人四五户人家，山大人稀，一方面制约着经济的发展，另一方面也为农民致富提供了丰厚的资源。他通过走乡串户，调查研究，提出了“狠抓两大产业，主攻六大项目，实施千户工程”的富民思路。两大产业是以杜仲为主导的林业和以山羊为主导的畜牧业，六大项目是杜仲、水果、菌耳、黄姜、魔芋、蔬菜；“千户工程”是全乡农户有一千户参与到两产业、六项目中来，一千户实行劳务输出。由于路子对，落实得力，农民尝到了甜头，去年一农户仅卖菜一项便获利7000多元。全乡人均年增收300多元。

三是兴乡工程。“引进联合，开放开发”是李洪军实施兴乡战略的又一举措。山大矿产多，水急水能大。两年来，全乡共引进资金5000多万元，进行水能矿山开发。目前，共投资3000多万元的两座电站建成并网发电，有效地带动了乡企业的迅猛发展，全乡财政收入从1993年的45万元猛增到1999年的180万元。（张洪）

为当好公仆而学习

——记上海分院96级本科班学员姚全根

姚全根同志是原任上海市青浦县（现改为区）华新镇党委书记。他在华新镇工作十余年带领干部和群众把该镇建成了全国城镇建设先进镇。1995年被评为上海市农口系统“人民的好公仆”。在工作中，他认识到，要当好公仆不懂法不行，为此，他于1996年考进了中央党校函授学院法律本科班。

在学习中，他勤奋努力，遇到不懂的问题经常打电话向老师请教。市委党校的法学老师赞叹地说，我教书多年，这样勤学好问的学员还真不多见。每逢考试复习，他都要利用晚上时间把课本上的题目按照大纲做一遍，并把重要的题目答案背出来。每门学科的考试成绩都在 80 分以上，被同学们誉称为“会读书的书记”。

由于他会读书，能独立思考，所以能创造性地开展工作。1997 年 7 月，党的十五大召开前夕，社会上对私营经济非议不少，姚全根根据《市场经济论纲》中的有关理论，结合青浦县发展私营经济的实践，撰写了题为《非公有制经济的成因、形式和管理》的文章，得到北京有关刊物的肯定。在文章发表的同时，他也在公司大办“三资”企业和私营企业，使华新镇的非公有经济得到了迅速发展。

姚全根视野开阔、思想境界高远，始终保持着廉政勤政的公仆本色。“立志做大事，不要做大官”是他的座右铭。他认为大事就是为群众办实事，做好事。他在家门口工作 10 余年，从未为家人或亲属安排过一份工作；从未用公车无偿办过一件私事。乡亲们都说：全根心里想的是全镇人民的事。有这么一件事很能说明姚全根的群众观点，就是建设规划订出后，有限的资金到底先建什么项目。姚全根主张先建群众最需要的卫生院，接着是迎宾楼、大戏院、农民住宅，然后才建镇政府办公楼、新华人民公园。这样的规划，群众拥护、群众满意。如今华新镇农民都像城市居民一样住上了设施齐全的楼房。1997 年，全镇拥有 180 多家企业，经济总量、人均 GDP、利税等指标列全市郊区前茅。

1998 年 4 月，姚全根当选为青浦县副县长，分管社会稳定及劳动人事等方面的工作。“书到用时方恨少”，工作中更加需要法律方面的知识，此时，他更加珍惜学习时间，努力充实自己。他在课堂上学也在实践中学。他专门用一个小本子，把有关的重要的法规抄录下来，经常翻阅。面对社会上的下岗职工再就业这个热点问题，姚全根经过调查研究，主持起草了县委、县政府《关于做好本县企业下岗职工基本生活保障和再就业工作的意见》、《关于切实做好促进就业工作的意见》等文件。使青浦县的下岗职工再就业工作顺利地开展，完成了市委、市政府规定的各项指标。撰写毕业论文时，姚全根选定的题目是《对青浦县实施再就业工程的思考》。他把几年来工作的实践和学习的体会倾注于论文中，一气呵成。论文分析了职工下岗现象的成因，再就业工程面临的主要问题和有利条件，提出了实施再就业工程的对策措施。论文分析透彻，数据准确，有独到的见解；对策针对性强，对实践有指导意义，这是指导教师的评语。后来论文被《东方城乡报》总编看到，被推荐到该刊全文登载。论文登出后，在当地干部中引起了反响，对青浦县的再就业工程起到了积极的作用。（莘小龙　苏新民）

学以致用硕果累累

——记湖南分院 97 级本科班学员龙社文

在株洲市委党校举办的专家读书班里有一位 40 出头、头发稀疏的高个子特别引人注目，他就是刚从中央党校函授学院经管专业本科班毕业的学员龙社文同志。近年来，他学以致用，成果累累，20 多次获全国、省、市优秀论文和教学成果奖，在省级以上刊物发表论文 10 余篇。今年 2 月，又被评为“株洲市首届跨世纪学术技术带头人”。

龙社文同志师范学校毕业后就从事小学教学工作，多年的实践使他深深的感到：要做一名优秀的教育工作者决非易事，仅有爱岗敬业的精神是远远不够的，还必须具备较高的理论素养和较强的教研教改能力，由知识型向科研型转变。为此，他重新走进了课堂，于 1996 年拿到了教育行政管理专业文凭。来不及喘息一下，他又参加中央党校函授学院 1997 年本科班招生考试，并以高分考入经济管理专业。他家住在偏远的茶陵县，远离市委党校二百多公里，当时他爱人在乡下工作，两个孩子随他读书，家务缠身，教学工作一大堆，但每次党校面授和考试都坚持按时参加，几乎没缺过一节课。除完成党校函授学习外，他还挤时间阅读了大量有关小学教育教学方面的书刊。几年下来，他作了读书笔记几十万字，教学摘录十多万字，积累的文章底稿达一米多厚。有时，他为了赶一篇论文，经常晚上写到凌晨二、三点。想想那种苦和累，真是无法言表。但无论怎样辛苦，他始终抱住一个宗旨：学无止境，要给别人一杯水，自己必须先有一桶水。

龙社文同志勤于学习，但不囿于学习。多年来，他边学边用，大胆实践，进行小学基础教育教学改革，探索创建实施全面素质教育的科学可行的

晋升为高级职称的学员名录

铁道部分院

姜道仁	高级政工师	马京涛	高级政工师
程锐峰	高级政工师	时　明	高级政工师
耿永康	高级政工师	曹泓冰	高级政工师
杜绍利	高级政工师	阎明会	高级政工师
尹述数	高级政工师	朱玉来	高级政工师
唐　霞	高级政工师	戴英坤	高级政工师
邱绍峰	高级政工师	王新华	高级政工师
陈淑明	高级政工师	王铜山	高级政工师
朱　琛	高级政工师	郭志民	高级政工师
葛建中	高级政工师	李金生	高级政工师
刘守理	高级政工师	刘英武	高级经济师
罗洪祥	高级经济师	肖德江	高级经济师
孙卫东	高级经济师	焦增云	高级会计师
陶尊璞	高级经济师	孟高堂	高级政工师
吴代兴	高级会计师	王学良	高级政工师
李永盛	高级政工师	刘锡君	高级政工师
唐宇滨	高级政工师	张毅男	高级政工师
马永强	高级政工师	高　宁	高级政工师
邓建荣	高级政工师	陈国琪	高级政工师

北京市工业党校分院

王　成	高级讲师	蔡景仁	高级政工师
刘一丁	高级政工师		

天 津 分 院

李树元	高级工程师	韩津平	高级政工师
杨　力	高级政工师	吴　云	高级政工师
肖昭海	高级教师	徐宝华	高级会计师
边士国	高级政工师	李润华	高级政工师
于风鸣	高级政工师	周丕舜	高级政工师

教学模式。1993 年，他承担了小学学法综合改革株洲市“八五”重点课题——“优化心理，学会学习”。他既是课题组组长，又是实验班班主任和数学教师。一切都要靠自己摸索，他发现小学学法指导实验关键是解决学生的学习动力问题，要使学生首先感到愿学、要学，只有这样，好的学习方法才能让学生乐意去掌握和运用。为此，他多次北上中科院心理研究所和湖南省心理研究中心拜师取经。经过两年努力，他终于编写出《小学心理教育和训练》一书。在实验中，他总结出“发现——探讨——归纳——运用”的知识学习规律，加速了学生自学能力的形成。同时，创建了课堂教学（学法指导）模式“三步法”，即“扶——带——看”，并运用到他带的实验班中。经过一轮实验，1996 年第一个实验班毕业，参加茶陵县会考，语文人均 89.3 分，数学人均 93.25 分，均获全县第一名。同年举行的小学数学竞赛中，全县只有 24 人获市级奖，而他带的实验班就占 12 人，轰动全县。

为了进一步推广该实验班的成功经验，龙社文同志用了近一年的时间，编写了《小学生谈学法》一书，湖南省教科所有关专家认为，该书填补了湖南小学学法指导丛书的空白，很有出版发行价值。1998 年 10 月，他承担的课题《优化心理，学会学习》顺利通过了市教委教育专家的鉴定：“该课题的研究已走在本研究领域的前列，为小学学法指导开辟了一条新路。”同年 12 月该课题被评为株洲市基础教育教研教改优秀成果一等奖和湖南省第五届优秀成果三等奖。今年 2 月又被评为株洲市社科联优秀成果奖。

由于长期从事教育教学实验研究而顾不上休息，龙社文同志患上了慢性咽喉炎和胃炎，嗓子经常疼得发不出声，胃疼得直不起身。但他从来没有请过一天假，总是把休假条悄悄地藏起来，不知疲倦地学习和工作。付出总有回报，党和人民没有忘记他，继去年荣立二等功后，今年他又被破格晋升为中学高级教师，并被评为“株洲市跨世纪学术技术带头人”。

（齐铁安）

张殿瑛	高级政工师	高向桐	高级政工师
刘　洁	高级政工师	张运峰	高级政工师
王宝富	高级政工师	王凤荣	高级政工师

内蒙古分院

杨爱英	高级经济师	祁素莲	高级审计师
梁海龙	高级记者	刘　捷	高级工程师
牛志亮	高级工程师	郝金炜	高级经济师
杨燕明	高级经济师	陈天罡	高级经济师
赵建帜	高级政工师	郭　丽	高级政工师
刘景斌	高级政工师	吴大哲	高级政工师
王国海	高级政工师	凌春雪	高级政工师
刘通顺	高级政工师	贾丽萍	高级政工师
吕　瑛	高级政工师	陈世友	高级政工师

辽 宁 分 院

隋荣生	高级政工师	赵　毅	高级会计师
李黎明	高级政工师	魏亚丽	高级政工师
邱广生	高级政工师	王树发	高级政工师
张卫信	高级政工师	王芸青	高级政工师
王恒年	高级政工师	董淑莲	高级政工师
张敏智	副主任医师	栾天明	高级经济师
孙夕元	副主任医师	史长福	高级工程师
赵志民	高级政工师	郗兴亚	高级经济师
张　旭	高级工程师	杨孝梅	高级政工师
丁博文	高级工程师	阎围营	高级经济师
路晓宝	高级经济师	才桂兰	高级会计师
米孝仁	高级统计师	齐士宏	高级政工师

黑龙江分院

吴光和	高级政工师	吴　静	高级经济师
陈恩洁	高级政工师	娄雪艳	高级会计师
李淑兰	高级政工师	李淑敏	副教授
周　信	高级审计师	高福东	高级政工师
刘福生	高级经济师	李世臣	高级政工师
肖增宇	高级政工师	李迎春	高级政工师
王　敏	高级政工师	金曾华	高级政工师
宫建飞	高级政工师	刘景波	高级政工师
郭　峰	高级政工师	陆肖义	高级政工师
张　奎	高级政工师	吴海全	高级经济师
丁晓峰	高级政工师	梁桂新	高级政工师
周跃宇	高级政工师	李曙光	高级经济师
谷清仓	高级会计师	顾正宝	高级会计师

王全龙	高级政工师	刘相凡	高级政工师
梁桂明	高级政工师	赵富海	高级政工师
关满斗	高级政工师	刘瑞杰	高级经济师
梁湘华	高级会计师	袁春风	高级经济师
李方俭	高级政工师	孙　华	高级会计师
李国姗	高级审计师	于凯书	副总经济师
孙迪光	副总经济师	李　义	副总会计师
郭长沙	副总工程师	孙秀莲	高级政工师
田军川	副主任检验师	董　飞	高级工程师

上 海 分 院

袁如澜	高级会计师	严　胜	副主任医师
宋龙根	高级政工师	吴丽娟	高级政工师
徐国林	高级政工师	许　磊	副研究馆员
朱荣良	高级政工师	魏新根	高级政工师
刘丽华	高级政工师		

浙 江 分 院

顾增武	高级会计师	章　耀	高级工程师
吴品高	高级经济师	申屠敏姣	副主任护师
吕秀云	副研究馆员	王中佳	高级经济师
凌　华	高级经济师	周树鑫	高级政工师
商人龙	高级政工师	徐　明	高级经济师
张铭俐	高级政工师	陈必琦	高级政工师
詹建新	高级工程师	郑建民	高级政工师
周小龙	高级政工师	徐炳法	高级政工师
杨杏珍	高级政工师	杜金松	高级政工师
叶根英	高级会计师	陆均如	高级经济师

安 徽 分 院

聂传华	副教授	袁淑玲	副教授
唐丽丽	副教授	吴　伟	高级经济师
尚崇地	高级经济师	胡礼和	高级经济师
时长禄	高级工程师	丁景梅	副研究员
张世华	高级会计师	周　勤	高级政工师
王　珏	副教授	商长发	副教授
陈庆榆	副教授	伍清林	副教授
张国义	副教授	李广厚	高级农艺师
张君秋	副研究馆员	王素珍	高级政工师
轩凤福	高级经济师	常乃传	高级经济师
史华勋	高级政工师	黄正练	高级经济师
王建礼	高级经济师	张志勇	高级经济师
程明锦	高级经济师	许家满	高级经济师

司怀民 高级经济师 王胜利 高级讲师
吴保印 主任医师 夏红莉 副教授
张建国 副教授 陈 旭 副教授

福 建 分 院

胡家建 高级经济师 洪金进 副主任医师

江 西 分 院

熊 敏 高级政工师 叶祖德 高级经济师

河 南 分 院

曹福明 主任编辑 李永杰 高级经济师
庞 华 高级讲师 王天祥 教授
马青印 高级工程师 胡德平 高级工程师
张喜亭 高级经济师 刘宗儒 高级经济师
孙宏亮 高级经济师 丁敬军 高级经济师
郝景喜 高级经济师 李学民 高级会计师
秦 波 高级会计师 王 颖 高级政工师
章大庆 高级政工师 宋秀兴 高级政工师
陈默青 高级政工师 王善本 高级政工师
吴海宁 高级政工师

湖 北 分 院

杨泽树 高级经济师 陈春荣 副研究馆员
李迎建 高级政工师 彭文斌 高级经济师
程家辉 高级经济师 韩文胜 高级政工师
杨兴湘 高级工程师 李惠玲 高级会计师
邢德勇 高级工程师 刘群春 高级经济师
陈耀东 高级经济师 周先鹏 高级经济师
涂廷保 高级讲师 何宏生 高级经济师
陈 浩 高级工程师

重 庆 分 院

骆积高 高级讲师 米 格 高级建筑规划设计师
杨中明 副主任医师
陈宗立 高级经济师 李俊彦 高级教师

南 宁 分 院

黄 伟 高级工程师 宋仁海 高级工程师

西 安 分 院

许元科 高级政工师 张 辉 教授

甘 肃 分 院

杨立功 二级演奏员 郑本法 副研究员
张顺立 高级会计师 李琐成 高级工程师
贺继宪 高级统计师 范三成 高级会计师
赵予勤 高级工程师 邵富存 高级教师
范文智 高级工程师 刘海波 高级工程师
黄起宏 高级工程师 刘锦民 高级工程师
张新勇 高级工程师 吕 刚 高级经济师
楞本嘉 副研究员 姚玉璧 高级工程师
台育泉 高级会计师

宁 夏 分 院

李儒农 高级经济师 刘爱国 高级政工师
朱 颖 高级政工师 王光龙 高级政工师
冯中廷 高级政工师 周 洪 高级政工师
赵风梅 高级政工师 宋 扬 高级政工师
孙秀兰 高级政工师 谢 伟 高级政工师
张凳元 高级政工师 沈菊花 高级政工师
朱 冰 高级政工师 魏学文 高级政工师
马金明 高级政工师 刘 琴 高级政工师
李新聪 高级政工师 张长顺 高级政工师
于金奎 高级政工师 李学庆 高级政工师
张 鸣 高级政工师 李付玉 高级政工师
同桂梅 高级政工师 何兴仁 高级政工师
马疾驰 高级政工师 姜宏瑜 高级政工师
夏远波 高级政工师

成都军区分院

陈文生 高级工程师 周定勇 高级工程师

分院级领导干部函授班、本科班优秀学员名录

铁道部分院

黄 杏 张志强 董建设 张逸平 王凤英 张太锁
于静平 王鑫源 厚志强 苏立蒙 柯震宇 陈立坤
张建成 耿志杰 王 丽 朱京启 孙卫民 孙亚萍
徐 军 刘淑萍 吴兆善 张晓斌 关长文 兰继敏
李静娟 胡桂海 赵卫东 刘歧峰 曾映如 张振玉
温 江 魏桂华 邹凯民 郝溪泉 邬新华 杨学武
苏生堂

北京市委机关分院

唐 影 韩英俊 于 来 蔡红硕 阎铁英 葛 莹
惠 娟 马全禄 何学理 胡建华 孙树昆 李肃锦
王世法 洪 澍 郭厚悦 姚继成 王立华 夏学成
郭春杰 常宝善 阎秀焕

北京市工业党校分院

张兴明 边洪秀 曹海平 郭芬芝 刘立群 赵利生
郭福元 蔡中师 王启同 房炳林 张志军 廖文辉
王 成 徐 军 李连成 陈领全 王胜利 蔡仕强

天 津 分 院

蓝涌生 张金田 孙绍华 滕爱丽 王富立 李晓楠
高卫生 苏正维 王振亮 高明贤

内蒙古分院

王仲奎 胡金山 崔晓波 庞 俊 王星跃 冯三改
张志明 宋丽华 武 坚 史炳芹 杜守平 奥 琦
王景涛 冯长忠 陈文丽 刘伟华 王艳春 张向明
杨晓雷 贾 民 牛喜民 李敏芹 张丽梅 朱 融
李红侠 宗 元 王作光 赵春云 包玉山 梁金镖
邵 峰 温玉琴 回金生 金 波 崔涛涛 孙万鹏
樊 宏 王建国 崔振荣 贾伊宁 苏西豹 赵 臻
曹文清 任飞云 杜子义 王建新 杨晓军 乔宏伟
阎世明 李宏伟 张雪松 杨丽颖 邬建平

黑龙江分院

高振海 毕倩君 赵秀田 刘国华 邢卫国 李延章
常丽芳 韩增利 王学丽 王世忠 盖国林 冯建强
常国霞 李柏芬 那 丽 刘 刚 焦 禄 邵洪钟
贾名峰 杨占国 李艳波 孙忠燕 王志斌 孙立夫
齐继滨 高德凤 张贺双 赵兴存 鞠志忠 王振旗
宋春利 王晓艳 姜乃伟 吴德林 樊树金 崔维胜
廉明杰 许晓峰 巴 图

江 苏 分 院

马善彪 戴红玉 汤梅霞 耿 毅 周 碧 丁 憬
朱广宝 史文涛 江莉倩 徐佩娟 吴文琴 徐乐萍
季俊华 祁小寅 董中华 沈秋瑾 郭 洁 陈 跃
顾建敏 张云芳 吴 宁 陈法荣 吴静安 沈 核
吴可益 缪雷敏 张 忠 陆建生 张英稳 杨 萍
邱国明 翟建国 周卫红 顾 建 项立新 彭洪辉
季 群 张 建 郝牧彬 何利芳 胡 佳 王晓峰
韦 国 殷国新 马 君 郭兆田 周开读 田醒民
王克胜 吴焱新 薛爱群 卜黎明 陈 江 朱振方
韩永强

安 徽 分 院

赵德堂 张文武 王广鹏 徐冬瑾 周仕民 吴 伟
周晓平 许 宁 胡春雷 王向阳 陈开河 张东晓
樊承鹏 程泽田 戴仁峰 王良朝 宁代苏 汪啸平
蒋宗禄 李家贵 王辉利 黄 利 张和平 李 青
刘 洁 郑 红 王金太 郝德文 朱立新 鲁家会
李广厚 童怀伟 韩宪平 李家连 杨慧军 汪昌玉
郑懿礼 沈家年 刁节霞 盛慧玲 陈润新 丁玉蚌
夏 红 吴美玉 杨 莉 常乃传 刘 浩 顾云光
隗春贤 王 建 杨 辉 陈 丽 张 庆 程家惠
刘文俊 姚建平 殷书林 程 辉 徐川枝 吴森科
李 宇 李永龄 蒋国华 朱 浩 孙 健 程祖权
鲍春生 许学龙 丁兴如 龚玉珍 宣丽玲 尹晋康
王仕慧 葛建忠 王运涛 孙传华 徐 刚 李 毅

丁　东　李冬梅　王秀山　熊成好　施晓美　俞吉海
郭玉梅　卢　宇　陶庆元　陈文友　朱建平　朱祥斌
王俊修　祝元法　唐　佳　蒋昌胜　张　林　周爱民
印云山　刘怀斌

江西分院

毛建鹰　罗旭林　胡金保　江　东　熊水斌　郭俊萍
谌国胜　万治红　柯瑞华　王升亮　徐志荣　夏　玲
施玲琳　乔　琦　熊典亮　雷炳炎　葛丽芳　冷熟南
邹俊峰　沈瑞星　莫令飞　丁瑞林　何水秀　刘金生
袁观云　黄秋霞　杨远辉　蔡跃萍　董乐思　董禅娟
俞国俊　周荣敏　石真通　周樟泉　刘　军　余金才
葛鹏曙　马焕斌　毛哲军　张小平　范伟飞　王江闽
郑荣进

山东分院

戴荣里　崔华波　陈敬海　王立文　王建涛　王清喜
倪宝凤　曹秋红　刘　剑　王立强　戈树旺　阎全利
王哲成　单年凯　徐公国　张　实　范　文　逄福青
张国丽　梁瑞凤　刘淑芳　张树松　卢楷书　魏佳文
亓　冲　谢　辉　徐福金　杜　青　李玉强　孙留功
张　玮　娇　涛　杨秀全　李怀岭　韩春兰　王利明
傅延华　赵尔银　赵传安　马爱军　刘　民

湖北分院

姚精英　卢鸿琦　卢金昌　刁凤英　赵　杰　程　炜
邓素敏　亓　进　李英俊　邱晓瑛　申康华　骆月敏
刘　爱　熊火焰　余绍林　张明清　胡海滨　李学军
卢春季　刘小平　张　伟　李秀全　李建新　王家圣
张金国　屠礼华　向国胜　刘云发　唐家应　吴望发
李克荣　毛德华　曾庆友　李国文　李连铭　龚长永
商志春　陈兴平　周　勇　王家忠　韩传金　刘永年
舒行飚　王运华　向汉林　杨永勤　段小冬　匡爱民
余信池　彭锦贤　冯新生　余淑兰　欧阳艳华　祁克顺
何健康　康明科　向德标　孟　华　杨培林　易　勇
刘群春　孙伍伦

湖南分院

龙文高　彭良斌　王　跃　钟仟敏　苏青年　张启俊
向才梅　黄敦庆　黄治军　贺剑虹　卢　刚　段惠玲
黄鲤娟　曹继金　段柏清　文明生　李友太　李朝晖
李　勇　陈春华　肖　潇　樊如光　黄国跃　毛兰香
阳党生　雷裕政　朱文英　石传文　刘小林　黄介联
曹世香　江初成　李流雄　苏家胜　朱志渊　刘序华
毛雪成　章兰桂　郑继红　卢小昌　曹占山　周晓雄
肖君泽　刘湘斌　刘庆明　陈　青　李　舸　付福荣

广西分院

叶婷婷　吴燕萍　谢环珍　陈谨礼　刘　方　崔　峻
莫小妹　吕　平　王广平　江　彩　文　全　蒋向群
王熙富　廖国权　蒙泽江　陈礼翠　李德富　明　钢
林绍莹　苏　静　黄华威　何　锋　吕汉雄　唐　明
彭晓芳　杨　宇　陈宝云　刘世斌　陆崇友　梁艳霞
马伟明　蓝静萍　许建华　陈郁球　邱雨菲　蒋国鲁
杨　郑　杨丽娟　黄冰峰　李世佳　陆珊珊　黄秋娣
白　伟　李桂成　朱金莉　吴华强　江　乙　梁　勇
钟　宏　彭东光　蓝慈容　张　如　农有明　梁哲宁
李明忠　许国胜　梁荣备　梁学智　苏其洋　苏国新
桂丽萍　陈仁信　黎裕生　周桂莲

南宁分院

谭开寿　陈　霞　廖永斌　李大建　劳富春　王佳义
王　玲　刘学力

重庆分院

张翱翔　王娟娟　王文武　王建星　彭　艺　吴　涛
陈光超

西藏分院

陈加楚　王德军　索　群　袁秋琴　胡海涛

西安分院

程学文　张振琪　李郑堂　张　维　王礼全　张海会
刘　瑛　翟成武　王青丽　冯　超　薛新喜

甘肃分院

刘志国　王小平　张　瑜　姚世泰　孙晓明　何建平
康晓霞　周俊英　张耀武　高志成　韩旭峰　杨　坚
王延林　刘亚薇　李积英　王晓东　彭正香　王玉俊
张　志　刘亦工　付长斌　何敬东　席志洲　宋国天
周琳娅　陈永贵　曹维斌　刘德龙　王康平　杜　凯
衣　平　曲会理　王　琳　吴国英　夏茂年　朱志宽

宁夏分院

刘小河　李建军　邬　杰　李雪峰　刘瑞华　孙韩文
顾世玲　付文侠　徐　虹　张建礼　黄德志　陈朝晖

冯　琳　李凤莲　万荣福　李鸿斌　马振海

新疆分院

邱　岚　张新成　徐福喜　党　炜　李　慧　王　奇
王洪涛　马建新　白　燕　薛　梅　焦宝华　郑红军
张志俭　杨　锐　马　莉　杨广毅　董小刚　夏尚海
阿里甫　朱冬梅　李爱民　王　磊　王根瑞　王　晶
欧阳爱民　周　飞　马　葵　李明霞　谢继强　谭　亮
张国栋　周晓娟　金玲玲　刘　峰　张建峰　张胜天
杨翔宇　朱丽燕　周艳红　王尚生

新疆兵团分院

秦　诚　赵晋和　尹飞虎　程克强　樊新文　许　峰
林海涛　倪　军　姚小钦　焦明启

总参分院

张云翔　聂新清　刘海兵　常时庆　刘芳春　肖正峰
黄福新　刘院军　曾宪荣　王天宝　邵长喜　刘　倩
樊海荣　王　愚　朱有剑　经济山　张委及　凌培新
赵艳波　赵淑贤　林振汉　罗宫霞　谷恒赞　杨新来
邵志祥　陈花根　陈文华　孙建新　张义平　曾兴顺
魏新宪　吴艳丽　章　强　田月英　蒋道清　孟　林
肖长树　李省泉　何　勇　毛振宏　李晓龙　胡小军
张俊峰　葛建友　周　伊　黄　睿　权家福　汪胜国
丁方方　万胜春　游海兵　顾　民　崔小林　刘洪才
鹿德智　权建洲　陈　颖　崔　庸　蒋　平　秦东友
乔慧敏　焦　军　王道理　刘保华　郑嘉和　凌以柱
卢献国　余　敏　赵　莉　孙日相　罗光宇　薛桂华
邵桂初　夏　伟　程建军　柴门森　李　杰　宋丽群
高润芳　马进军　李佩君　毕　航　侯国田　王冀南
陈义成　曹小久　邱喜生　肖红兵

总后分院

岳彩良　唐　力　何亮东　荆文华　章福民　杨秀富
王凤忠　董暖田　徐昆祥　唐利萍　徐新旺　侯桂云
隆永法　马耀明　尹志芳　邱凤祥　朱永华　李　勇
谢广文　任　波　常立敖　陈洪波

空军分院

张　瑞　马洪连　卢文泰　王　宇　郑友剑　彭福军
曹慧玲　葛连义　刘执彬　张文军　张怀亮　王爱珍
刘少平　商建亮　王　萍　陈　明　卫根林　焦安宁
钱瑞瑜　季德荣　王观华　蒙永福　郭京汉　邱小凤
吴小山　李建刚　高毅鸣　赵世亮　麻荣富　巩泽兴
叶少华　于　丹　梁纪籽　王　前　任　慧　罗会森
任建军　李玉忠　王燕玲　魏晓青　刘书章　吴燕京
陈云华　李　文　黄庆丁　曹　斌　张贵阳　殷继旺
朱先国　李汉萍　魏　宏　李庆柱　王永臣　付益林
陈　朴　李来春

国防大学分院

郑鲁兵　马寒英　刘勇强　高秀丽　金　英　周敬祥
刘　婷　孙淑云　袁松江　陆世国　侯国庆　高春艳
尤克玲　李　虹　王　宁　刘　杰　马玉芬　高　星
吴京生　蒋春河　陶　英　何　妍　李心见　张学宁
张宝忠　杨燕琴　张建武　何　隽

晋升为地厅师级以上职务的学员名录

北京市委机关分院

陈秋淮　人艺党委副书记
郭瑞敏　东城区政协副主席
闵　克　北京市建筑设计院党委书记
于学忠　西单商场股份公司党委书记
张　舫　中国电讯（香港）国际有限公司副总经理
戴建海　市监管局副局长
袁其国　高检出版社社长
尹玲珍　北京市妇联副主席

天津分院

张庆江　天津市劳动和社会保障局纪检组长

辽宁分院

韩　军　市委常委、市总工会主席

黑龙江分院

张广勤　农垦总局副局长
王继忠　农垦总局副局长
李殿军　北安分局局长
王道明　建三江分局局长
郭仁正　建三江分局副局长
孙　英　建三江分局工会主席
孙庚伟　宝泉岭分局副局长
于胜军　绥化分局局长
马长春　绥化分局副局长
王德胜　牡丹江分局局长
徐显珠　牡丹江分局副局长
金奎祥　牡丹江分局副局长
隋芬富　九三分局局长
王洪云　九三分局纪委书记
阮文杰　鸡西大学纪检书记

上海分院

丁善华　上海警备区副司令员
唐纯初　湖南省人民政府驻沪办事处主任、党组书记
许千恒　市工商局副局级干部
吴世昌　烟台打捞局党委书记
徐国林　梅山公司党委副书记
许纯谊　市委警卫局副局长

江苏分院

董耀庭　江苏省邮政厅副厅长

浙江分院

吴志强　省国家安全厅政治部主任
魏法林　省外办副主任

安徽分院

陈美德　市政协副主席
陈士宽　巢湖市常务副市长
薛少云　巢湖市副市长
王海英　巢湖市副市长
江晓华　巢湖师范学院党委书记
曹德钧　巢湖市委常委、政法委书记
柳友伦　巢湖市政协副主席
方志恒　池州市副市长
刘国庆　池州市副市长
钱　征　池州市委常委、宣传部长
秦永福　武警六中队副中队长
胡鹤玖　阜阳师院纪委书记
马　健　机电学院纪委书记
刘顺道　市中级人民法院院长

福建分院

郑金腾　福建省煤炭总公司副总经理
李有才　福建省莆田市中级人民法院院长

江西分院

曾志勇　抚州市委常委、宣传部长
姚水根　抚州市人大副主任

熊海文　抚州市人大副主任
陈云斐　抚州市政协副主席
张粲生　吉安市人大副主任
李正生　省林业厅纪检组长
吴九洪　东航江西分公司党委书记
柏怀仁　东航山东分公司总经理

山 东 分 院

王瑞芳　青岛化工学院党委副书记
张术平　济宁市委常委
陈　骥　山东广播电视大学副校长

河 南 分 院

李学敏　省妇联副主任
魏少林　省人大常委会环境与资源委员会副主任
陈凤喜　鹤壁市副市长
石克生　周口地区副专员

西 藏 分 院

李明彩　中国银行西藏分行纪委书记

甘 肃 分 院

阎玉林　副厅长

青 海 分 院

宋令文　青海省劳动和社会保障厅副厅长
吴海昆　青海省海西州副州长
吴　捷　青海省计生委副主任
金河清　青海省海北州副州长

宁 夏 分 院

李方庆　老干部局助理巡视员
赵永彪　自治区粮食局副局长
杨保尔　自治区组织部副部长
周万生　自治区总工会副主席
武　平　自治区劳动社会保障厅副厅长
韩胜利　银川市公安局局长
王宝林　工行宁夏分行副行长
宋尧军　自治区统计局副局长
李彦凯　自治区财政厅副厅长
艾　矛　自治区林业局副局长

新 疆 分 院

杨文毓　自治区党委办公室副主任
段子新　乌鲁木齐机场扩建指挥部总指挥、副局长
刘保健　克孜勒苏柯尔克孜州副书记
周应斌　自治区统战部副部长
刘克勤　自治区公安厅副厅长

总 参 分 院

张志敏　学院政治部副主任
贾永源　学院系主任
郭文辉　司令部副参谋长
石再军　陆航学院系主任
薛　兆　温州军分区副司令员

总 后 分 院

张安祥　总后嫩江基地政治部主任
王德厚　天津华融公司总经理
刘维祥　武警天津消防指挥学校政委

空 军 分 院

杨清根　学员大队政委
刘广斌　94810 部队副师长
许学强　94778 部队师参谋长
钮金称　94690 部队副师长
李长江　军长
赵存生　空军政治部保卫部部长
张万永　空军第四飞行学院院长
丛国庆　空军第四飞行学院政委
葛连义　空军第四飞行学院副政委

南京军区分院

戚建国　73011 部队参谋长
王建其　73011 部队副参谋长
陈　勇　三明军分区政治部主任
江子华　73301 部队政委
李　坚　南平军分区司令员

成都军区分院

杨　军　旅长
关明生　总队政委
刘　刚　总队主任
刘宏荣　副总队长
叶万碧　某集团军副政治委员
尤启佳　军区政治部纪检部部长

评为国家级、省部级英模人物的学员名录

铁道部分院

廖永根 铁道部、贵州省“抢险有功先进个人”
杜　平 铁道部火车头奖章获得者
唐　云 铁道部火车头奖章获得者
廖祖华 铁道部火车头奖章获得者
刘社明 湖南省优秀组织工作者

北京市委机关分院

韩　愚 北京五一劳动奖章获得者
赵庆洪 北京市先进工作者
吴秀云 北京市劳动模范

内蒙古分院

张建林 首届全国十佳保安员

辽宁分院

李　铭 获国家“五一”劳动奖章
郑　义 全国先进工作者、公安部二级英模

上海分院

许千恒 全国劳模
顾伟兴 共和国青年功臣
陶国兰 上海市三八红旗手

江苏分院

顾灵伟 江苏省劳动模范
陈叶俊 全国十佳职业标兵

浙江分院

张三莉 全国劳模
叶芳梅 省级劳模
俞海亮 省级劳模

安徽分院

李子明 省劳动模范
王卿璞 二等功荣立者
李建新 全国劳动模范
王爱兰 获国家统计局科研优秀成果一等奖
廖长和 省优秀共产党员、省十大杰出农民
吴明楼 省劳动模范、江淮十杰
廖延亮 省有突出贡献经营人才、省劳动模范
许　彬 全国同“法轮功”邪教组织斗争先进个人
顾云光 全国同“法轮功”邪教组织斗争先进个人
鲍皆彬 全国优秀人民警察
李向玲 全国劳模、三八红旗手

福建分院

施维雄 全国劳动模范
吴问红 全国校外优秀辅导员
李海民 中国烟草专卖局“劳模”
杨江山 省“五一”劳动奖章获得者
彭其雨 省劳动模范

江西分院

邵玉琴 原电力部劳动模范
汪康平 全国敬老好儿女
桂小清 省十大杰出青年

南宁分院

苏　兴 全国劳动模范

甘肃分院

姚瑞珍 卫生部“全国卫生系统先进个人”
于凤珍 国家土地管理局先进个人
杨俊明 甘肃省委、省政府表彰的“先进个人”
胡煜军 “全国环境保护宣传教育先进个人”
张大胜 国家土地管理局“先进个人”
迟若文 西藏自治区政府、公安部“二等功”
张忠诚 甘肃省委表彰的“先进个人”
阎新科 总政表彰的“二等功”
李国生 中国石油天然气总公司表彰的“先进个人”
肖永华 甘肃省政府“先进个人”
王　军 甘肃省委、省政府“先进个人”

李发昌　国家人事部、国家体委“先进个人”
刘德祥　共青团中央“全国优秀共青团干部”
严清兰　国家档案局“先进个人”
丁仲义　国家档案局“先进个人”
刘桂萍　国家统计局“先进个人”
陈国菊　国家教委、人事部“优秀教师”
苟志霖　甘肃省委、省政府“优秀园丁”
郭文魁　国家土地管理局“先进个人”
黄永其　甘肃省委、省政府“优秀园丁”
甄世新　国家地震局“先进个人”
陈建武　农业部、国家土地管理局“先进个人”
张生魁　农业部“先进个人”
彭万涛　甘肃省委、省政府“先进个人”
焦元平　兰州军区“先进个人”
冯忠礼　最高人民法院“先进个人”
徐生国　甘肃省委、省政府“优秀园丁”
王江山　国家体育总局、国家教育部“先进个人”
祁光绪　甘肃省委“先进个人”
刘跃云　甘肃省政府“先进个人”
任辉昌　国家税务总局、国家人事部“先进个人”
乔万海　总政“二等功”
张庭彪　国家财政部“先进个人”
侯　理　邮电部“先进个人”
张　筠　公安部“先进个人”
高天祥　国防科工委“先进个人”
魏学刚　文化部、人事部“先进个人”
杨玉成　国家气象局“先进个人”
王福跃　民航总局“全国民航先进安检站长”
朱存成　总政一等功
陈文生　公安部二等功
卢明勇　农业部“先进个人”
张如琴　地矿部“先进个人”
王文信　甘肃省纪委“先进个人”
李　明　公安部“先进个人”
李·才让卓玛　甘肃省政府“先进个人”
金祥政　甘肃省委、省政府“园丁奖”
袁世成　甘肃省委、省政府“园丁奖”
熊　伟　总政二等功
张校生　甘肃省委、省政府“园丁奖”
王兆航　甘肃省政府“先进个人”
王成林　甘肃省政府“先进个人”
尤汉礼　甘肃省政府“先进个人”
刘世鹏　甘肃省政府“先进个人”
刘世荣　甘肃省委、省政府“先进个人”
魏学斌　甘肃省委、省政府“园丁奖”
冯玉浩　总政“二等功”
石怀仁　甘肃省委、省政府“劳动模范”
余　杰　国家统计局“先进个人”
刘晓军　水利部“先进个人”
胥汉明　总政二等功
周进禄　总政二等功
傅泽生　国家气象局“先进个人”
侯铭源　甘肃省委、省政府“先进个人”
马临生　建设部“先进个人”
马含珍　“全国民族青年团结进步先进个人”
谢临军　文化部“先进个人”
徐卫国　全国残联“德政学习成才二等奖”
刘国华　财政部“先进个人”
王亚娥　甘肃省政府“劳模”
马殿雄　甘肃省委、省政府“园丁奖”
任龙翔　甘肃省委、省政府“园丁奖”
李　海　甘肃省委、省政府“园丁奖”
崔治万　甘肃省委、省政府“计生先进”
马育德　甘肃省委“优秀党务工作者”
赵建麟　林业部、团中央“先进个人”
张育红　甘肃省委、省政府“劳动模范”
谢春风　甘肃省委、省政府“劳动模范”
石宋恩　国家统计局“先进个人”
王录全　甘肃省委、省政府“先进工作者”
胡毓石　甘肃省委、省政府“先进工作者”
高松峰　甘肃省委、省政府“先进工作者”
原战军　国家税务总局“先进工作者”
李小云　国务院人口普查小组“先进个人”
李宏宁　甘肃省委、省政府“园丁奖”
孟满红　农业部“先进个人”
王永琦　甘肃省委、省政府“先进个人”

宁夏分院

孙存利　宁夏自治区社会治安综合治理先进工作者
李海臣　中国工商银行解决计算机 2000 年后问题先进个人一等奖
白军林　宁夏自治区社会治安综合治理先进个人
朱宏魁　宁夏自治区劳动模范
田生文　宁夏自治区劳动模范

成都军区分院

陈新民　全国劳模

大 事 记

1 月

1月12日至16日 全院举行1999年下学期期末考试。考试期间，总院派出11个巡考小组，分赴黑龙江、吉林、辽宁、江苏、湖北、广东、海南、云南、四川、新疆、宁夏等省、自治区检查了解期末考试情况。同时，总院还组织20余名干部到北京地区的8个分院和直属学区进行检查。

1月21日 总院召开机关全体人员会议，对1999年党校函授教育工作进行总结。常务副院长黄士安主持会议并作工作总结。副院长史信发、刘利群、张东升、欧亚平出席了会议。

1月12日 中央党校函授教育评估检查组在湖南召开座谈会，征求省委和省政府有关部门对党校函授教育的意见。中共湖南省委副书记兼党校校长郑培民出席会议，并在听取座谈会意见后发表了讲话。

2 月

2月 中央党校副校长张志新在副院长张东升等陪同下，到陕西省及部分市、县党校调查研究，并听取陕西省委党校校委和陕西分院的工作汇报。

3 月

3月20日 《学习时报·函授教育专刊》发表《认真贯彻江泽民同志“三讲”重要讲话精神，开创党校函授教育工作的新局面》的署名文章，提出了2000年党校工作的总体思路和构想。总院依据中央党校2000年工作要点要求，提出了2000年函授学院的十项工作任务。

3月20日 经院长办公会议研究，并请示校领导同意，北京市公安局直属学区改设为分院。

3月 总院发出通知，要求采取切实有力的措施，全力以赴做好2000年招生考试工作。

3月 总院发出通知，要求以“节俭、朴实、实效”的精神，认真搞好庆祝中央党校函授学院建院十五周年活动。

4 月

4月2日至4日 总院在江苏省镇江市委党校召开招生考试属地管理试点工作会议，探索中函招生考试管理的新途径。出席这次会议的有参加试点的江苏省内地方、军队和铁道系统的8个单位近30名代表。总院副院长欧亚平和江苏省委党校副校长汪锡奎出席会议并讲了话。会议由教务处处长王炳主持。

4月12日至15日 总院在湖北省秭归县召开考试命题工作座谈会。会议的主要议题是深化命题改革，强化素质教育。出席会议的有来自18个分院教学管理工作的23名代表。总院副院长刘利群和湖北省委党校副校长、湖北分院院长曾瑞芝到会并讲了话。

4月17日 总院召开巡考人员培训会。

会议提出了高质量完成2000年招生巡考任务的要求。总院在副处长以上和具有中、高级职称的机关人员中，抽调了50余名有教学和管理工作经验的干部组成巡考组，并由院领导和处室负责人带队，分赴京内外十几个分院的考场进行检查督促。

4月22日至25日 中央党校函授学院2000年招生考试在全院举行。考试期间，中央党校副校长、函授学院院长张志新在常务副院长黄士安、副院长张东升等同志陪同下到铁道部、北京市公安局、北京市工业党校、海军等分院在京的考场进行巡视检查，并作指示。副院长刘利群、欧亚平带领巡考人员分别到西藏、贵州等分院，深入考区考场，指导招生考试工作。

5 月

5月7日至11日 总院在四川省委党校召开春季备课会议，就《货币银行学》和《民法学总论》两门课程进行集体备课。112名分院（学区）主讲这两门课程的骨干教师参加了备课会。会议由总院教学处处长鲁金波主持，四川省委党校和四川分院的领导同志出席了会议。四川省委党校常务副校长李锡炎在会议开幕式上讲了话。这次会议采取教研、学术报告、观摩教学和专题讲座相结合的形式进行。两门教材的主编分别就面授教学中如何把握教材的体系结构、重点、难点问题，进行了深入、系统的讲授，解答了与会教师提出的一些疑难问题。

5月19日至21日 总院机关在京召开了教学改革方案研讨、论证会。副院长刘利群、张东升出席会议并讲话，各处室的主要负责同志以及教学处的有关人员参加了这次会议。与会人员围绕如何进行教学改革、提高函授办学质量、增强党校函授教育竞争力等问题进行了广泛的讨论。各处室的主要负责同志还结合函院的工作实际在实现教学管理手段自动化，特别是学籍管理自动化以及函授教学网络化方面提出了许多好的建议。

5月 总院领导干部率有关专家教授到有关分院巡回检查研究生论文工作。着重了解97级学员毕业论文撰写情况、论文撰写阶段管理和导师指导情况，以及论文答辩准备工作。

6 月

6月6日 《光明日报》在一版的显著位置，刊登了该报记者张业清撰写的《多渠道培训在职党员干部的有效方式——中央党校函授教育在党中央关怀下健康发展》的文章。

6月5日 党中央作出了《中共中央关于面向二十一世纪加强和改进党校工作的决定》（即中发［2000］10号文件）。文件指出："科教兴国"的"教"，包括党校教育。在我国这样的社会主义国家，党校教育事业作为以全国党政领导干部为主要对象的继续教育事业（包括以党政干部和理论骨干为对象的学位教育，以及依托党校力量举办的函授教育）是整个有中国特色的社会主义教育事业的重要组成部分。文件强调指出：面向社会办学的各类学历教育，如函授教育和在职研究生教育，要严格把关，保证质量，注意防止和克服不正之风的侵袭。同时，文件还对中央党校函授教育的基本要求和学历待遇作出了明确规定：中央党校函授教育要参照成人高等教育的基本要求，结合党校干部教育的特点，严格把握招生、教学、考试等环节，进一步搞好规范化管理，不断提高教学质量。学员学完规定课程，并经过以中央党校为主体，吸收组织、人事、教育部门参与组织的考试、考核，成绩合格者，取得党校函授教育学历，待遇参照国民教育相应学历的有关规定。

6月7日至9日 中央召开全国党校工

作会议，学习贯彻《中共中央关于面向二十一世纪加强和改进党校工作的决定》。会上，张志新副校长就党校函授工作等讲了话。

6月13日　中央党校校委决定，在职研究生工作统一管理。分别由研究生院和函授学院承办。除京、津、沪、渝四个直辖市外，其他各省、自治区和解放军系统在职研究生班由函院运用函授网络办学。

7　月

5月28日至7月2日　97级导师制在职研究生班（甲班）科社专业首批学员毕业论文答辩圆满结束。总院对此次毕业论文答辩非常重视，成立了以江流、赵曜、吴雄丞等著名教授为组长的三个答辩小组，从校内外聘请专家、学者9人组成答辩委员会。14名学员分4次进行答辩，答辩会采取答辩与研讨相结合的方式进行。经过答辩，14名学员的毕业论文全部通过。评委们对这些毕业论文给予了较高的评价，认为这些论文选题针对性强，理论联系实际，并提出了不少有现实意义的观点。

7月7日至8日　总院在上海市委党校举行部分分院负责同志座谈会，认真学习贯彻《中共中央关于面向二十一世纪加强和改进党校工作的决定》和全国党校工作会议精神。出席这次座谈会的有上海、浙江、安徽、甘肃、山西、湖南、空军部队、铁道部、北京市公安局等分院的负责同志和总院有关人员共20人。中央党校副校长、函授学院院长张志新出席会议并发表讲话。

7月14日至17日　中央党校函授学院2000年上学期期末考试在全院举行。

7月21日　总院机关召开全体职工大会，总结2000年上学期工作。张志新副校长到会并讲话。常务副院长黄士安、副院长刘利群、张东升、欧亚平出席会议。黄士安作上半年工作总结。张志新副校长对函院上半年的工作给予了充分的肯定。

7月27日　中央党校副校长张志新在函授学院副院长张东升等人陪同下，先后到江苏、安徽、湖南三省调查全国党校工作会议精神的贯彻情况及检查党校函授工作。他们先后听取了三个省委党校校委的汇报，并与三个省的省委负责同志进行了交谈，还到部分地、市、县党校了解情况。

7月28日至30日　总院在山西忻州召开第四次党员领导干部在职研究生工作会议。出席会议的有开办在职研究生班的分院、教学点的负责同志，中央党校经济学部、政法部、科研部的领导，99级期末考试阅卷的教师以及总院有关人员共80人。会议在总结五年来试办在职研究生工作经验的基础上，深入探讨了新世纪党校在职研究生教育面临的形势、任务和要求，着重研讨了当前和今后一个时期应解决的主要问题。在规范在职研究生办学，加大办班力度，不断提高教学质量方面提出了一些举措。

8　月

8月7日至8日　总院在湖南省委党校召开教材工作会议，进一步推行教材精品建设，并提出了加强教材精品建设的十项举措。出席会议的有部分省委党校负责同志、各分院负责人和教材管理人员以及总院有关人员共87人。中央党校副校长、函授学院院长张志新出席会议并讲话。副院长张东升作了题为《学习贯彻中央〈决定〉和全国党校工作会议精神，为全面推进党校函授教材精品建设而共同努力》的工作报告。会议由教材处处长吴江浩主持。会议期间，总院还组织部分分院负责人围绕如何优化中函课程设置问题进行研讨。

8月29日　总院召开院务扩大会议，研究部署函院2000年下半年工作。会议由常务副院长黄士安主持，副院长刘利群、张东升、欧亚平及总院副处以上干部参加了会议。

8月30日 总院在北京召开了教材装帧设计专家咨询研讨会。应邀出席研讨会的专家有叶佐英（中央党校出版社原社长）、朱锐（当代世界出版社副社长）、张守义（全国政协委员、中国美术家协会装帧艺术委员会主任）、张志明（北京大学出版社高级美术设计师）等同志以及总院教材处、教材编研室的有关人员共9人。总院副院长张东升出席会议并讲话。会议由总院教材处处长吴江浩主持。

9 月

9月6日 《光明日报》刊登了该报记者张业清撰写的《高质量培养在职党员干部——记中央党校函授教育评估工作》的文章。

9月11日 函授学院在中央党校举行的庆祝教师节大会上获管理（服务）优秀集体奖并受到了表彰。

9月15日至21日 由总院副院长刘利群任组长的函授教育评估检查验收小组，对江西分院函授教育评估工作进行了检查验收。至此，总院自1999年5月开始的分院级教育评估检查验收活动基本结束。

10 月

10月24日 《光明日报》以《学习领会“三个代表”重要思想 脚踏实地搞好党员干部在职教育》为题专版报道中央党校函授教育十五年来经过的不平凡的发展历程。

10月27日 中央党校函授教育十五周年总结表彰大会在中央党校举行。会前，中共中央政治局常委、书记处书记、中央党校校长胡锦涛亲切接见了与会代表并与大家合影留念。出席大会的有各省、自治区、直辖市及副省级市党校的常务副校长或分管副校长，以及55个分院的负责人和“三优”人员代表，共150人。中央党校常务副校长郑必坚、副校长张志新、王伟光、李君如，校委委员李忠杰、孙庆聚、郝时晋、李兴山、石泰峰出席会议。郑必坚、张志新分别作题为《迎接新世纪，再创新辉煌》、《总结经验，乘势而上，把党校函授教育提高到一个新水平》的讲话，函授学院常务副院长黄士安、副院长刘利群、张东升、欧亚平等同志参加了会议。大会由黄士安主持。张东升宣读了《中央党校函授学院关于表彰优秀教师、优秀学员、优秀管理人员和优秀教材的决定》；校领导和校委成员为获奖人员颁奖；“三优”人员代表发了言。

10月25日至28日 中央党校2000年函授教育工作会议在北京市工业党校举行。中央党校副校长张志新、北京市委常委阳安江，北京市工业工委书记、市经委主任金生官，中央党校函授学院常务副院长黄士安、副院长刘利群、张东升、欧亚平，北京市工业党校校长方富楼等同志出席了开幕式。方富楼致欢迎词，阳安江讲了话，黄士安作题为《深入贯彻落实中央10号文件精神，开拓党校函授教育事业的新局面》的工作报告。会议期间，欧亚平作了《严格把关，确保质量，按照中央10号文件精神做好2001年招生工作》的讲话。全体代表分组用两个半天认真讨论了郑必坚、张志新在总结表彰大会上的重要讲话和黄士安、欧亚平在年度工作会议上的报告和讲话。年度工作会议结束时，7个小组的代表分别汇报交流了本组的讨论情况。刘利群作了会议总结。

10月 《党校函授教育学》、《党校函授教育特点规律研究》、《中共中央党校函授教育年鉴（1998）卷》等编辑出版。

11 月

11月3日 总院在上海青浦县委党校

召开专业、课程设置座谈会。副院长张东升参加了座谈会。上海分院及部分区、县辅导站的负责同志以及教师代表20余人，围绕新形势下如何进一步调整和完善专业设置和课程设置等问题进行了热烈讨论。

11月5日 中央党校副校长、函授学院院长张志新在副院长张东升陪同下，在浙江省鄞县县委党校就县党校发展和函授辅导站建设问题进行调研，并与鄞县县委党校的校领导和部分教职工进行了座谈。在谈到党校函授教育时，张志新指出，党校函授教育最重要的问题是坚持正确的办学方向，走以质取胜、内涵发展的道路。

11月7日至11日 总院2000年下半年备课会在兰州召开，副院长刘利群到会并致开幕词。甘肃省委党校副校长杨大明出席开幕式并讲话。出席备课会的有各分院有关课程教师代表共168人。会议由教学处处长鲁金波主持。这次备课会就《邓小平理论基本问题》和《市场经济法律制度概论》两门课程请教材主编为与会代表示讲，帮助面授教师更好地理解教材的体系、结构以及有关的重点和难点。

12 月

12月2日至5日 总院第五次教学管理工作会议在上海市委党校召开。参加这次会议的有各分院主管教学工作的负责同志和总院有关人员130人。上海市委党校主持工作的副校长奚洁人出席开幕式并致欢迎词，上海市委组织部、宣传部的有关同志及上海市委党校的有关同志出席了开幕式。总院副院长刘利群作题为《深化教学改革，强化素质教育，努力把党校函授教育推向21世纪》的工作报告。会议明确了今后教学工作的重点，即为适应新世纪的发展，党校函授教育必须调整班次、学制、专业和课程设置，完善教学计划，规范教学大纲，加大教学计划的弹性度，为实行弹性学制、学分制和课程选修制创造条件；在启动网络教学、革新教学手段、改革考试考核制度及加强科研工作等方面加大改革力度。会议由总院教学处处长鲁金波主持。

12月 总院为贯彻落实中央10号文件和中办转发的《深化干部人事制度改革纲要》的有关精神，进一步推动党校函授教育事业的发展，结合党校函授教育的实际，在广泛征求群众意见的基础上，经过深入调查研究，提出了《关于函授学院实行内部岗位聘任制的意见》和《关于函授学院加强经济核算的意见》。这两项改革方案已经得到了中央党校校委批准，目前正在进入组织实施阶段。

12月24日至30日 总院在云南省委党校召开了部分分院主管教学工作的负责同志参加的改革专业、课程设置研讨会。总院副院长张东升到会并作题为《改革专业、课程设置，顺应时代发展要求》的讲话。与会人员就改革专业、课程设置问题进行了深入研讨。大家一致认为，面向21世纪，党校函授教育要走以质取胜、内涵发展的路子，就必须从专业和课程设置方面进行大胆的改革。在专业设置方面，应以“大专业小方向”为体系，同时增设“公共事务管理”等专业，以适应培养人才的需要；在课程设置方面，应减少每一个专业的课程门数，开设选修课和加强计算机、外语课程，以适应时代的要求。研讨会由总院教材编研室主任曹玉海主持。

12月底 总院文艺演出队在中央党校迎接新世纪文艺联欢会上参加演出。